Charlotte Kurbjuhn
Kontur

Quellen und Forschungen
zur Literatur- und Kulturgeschichte

Begründet als
Quellen und Forschungen
zur Sprach- und Kulturgeschichte
der germanischen Völker

von
Bernhard Ten Brink und
Wilhelm Scherer

Herausgegeben von
Ernst Osterkamp und
Werner Röcke

81 (315)

De Gruyter

Kontur

Geschichte einer ästhetischen Denkfigur

von

Charlotte Kurbjuhn

De Gruyter

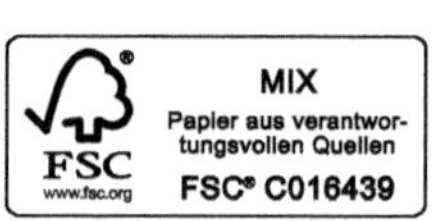

ISBN 978-3-11-055361-1
e-ISBN 978-3-11-035048-7
ISSN 0946-9419

Library of Congress Cataloging-in-Publication Data

A CIP catalog record for this book has been applied for at the Library of Congress.

Bibliografische Information der Deutschen Nationalbibliothek

Die Deutsche Nationalbibliothek verzeichnet diese Publikation in der Deutschen Nationalbibliografie; detaillierte bibliografische Daten sind im Internet über http://dnb.dnb.de abrufbar.

Dieser Band ist text- und seitenidentisch mit der 2014 erschienenen gebundenen Ausgabe.

Satz: Konrad Triltsch, Print und digitale Medien GmbH, Ochsenfurt
Druck und buchbinderische Verarbeitung: Hubert & Co. GmbH & Co. KG, Göttingen
♾ Gedruckt auf säurefreiem Papier

Printed in Germany

www.degruyter.com

Dank

Die vorliegende Studie wurde im Sommersemester 2010 von der Philosophischen Fakultät II der Humboldt-Universität zu Berlin als Dissertation unter dem Titel *Eine Spur auf dem Grunde der Einbildungskraft – Zur Geschichte der ästhetischen Denkfigur ‚Kontur‘* angenommen. Für den Druck wurde sie überarbeitet, aktualisiert und gekürzt. Zustande gekommen wäre sie nicht ohne die Unterstützung vieler Menschen.

Ganz besonders danke ich Prof. Dr. Ernst Osterkamp für die Betreuung der Dissertation, für unschätzbaren Rat, wertvolle Hinweise und Kritik, gelegentlich notwendige nüchterne Zwischenfragen und pragmatische Erinnerungen, vor allem aber das Ideal eines akademischen Lehrers. Dem Vortrefflichen gegenüber gibt es viel Freiheit. – Prof. Dr. Lothar Müller danke ich für Anregungen und seine Bereitschaft, das Zweitgutachten zu übernehmen. Für die Aufnahme der vorliegenden Studie in die „Quellen und Forschungen zur Literatur- und Kulturgeschichte“ möchte ich den Herausgebern der Reihe, Prof. Dr. Ernst Osterkamp und Prof. Dr. Werner Röcke, meinen Dank aussprechen.

Die Promotionszeit wurde von der *Studienstiftung des deutschen Volkes* unterstützt; auch für diese Förderung möchte ich an dieser Stelle danken. Dem SFB 644 *Transformationen der Antike* danke ich für einen Beitrag zu den Satzkosten. Darüber hinaus gilt mein Dank der *Richard M. Meyer-Stiftung*, Hamburg, die die Überarbeitung der vorliegenden Studie wesentlich gefördert hat, indem sie der Dissertation den *Scherer-Preis 2012* zuerkannte.

Mit großer Freundschaft war in den vergangenen Jahren Selma Jahnke zu jeder Zeit und unter allen Umständen für mich da; in Weimar gaben mir Dr. Peter-Henning Haischer und Dr. Ariane Ludwig ein Zuhause. Dafür möchte ich hier meinen Dank sagen. Ebenso möchte ich Prof. Dr. Felix Mundt für Freundschaft und bereichernden Austausch, Prof. Dr. Steffen Martus für eine Perspektive und Florian Pehlke für seine umsichtige Lektüre einer früheren Fassung des Manuskriptes danken.

Mein größter Dank aber gilt von ganzem Herzen meiner Familie: meinen Eltern, Karin und Dr. Wolfgang Kurbjuhn, die mich auf jede erdenkliche Weise unbedingt und fraglos gefördert und unterstützt haben, wie auch meinen Geschwistern, Dr. Konstanze Kurbjuhn-Raapke, Kristofer Kurbjuhn (für viele frohe Waldstunden) und Katja v. Zeddelmann, die mir alle immer Rückhalt gaben.

Gewidmet ist dieses Buch meinen Eltern. Was immer Liebe und Güte vermögen, haben sie mir geschenkt. Dafür danken zu dürfen, ist das größte Glück.

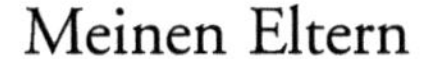

Meinen Eltern

Inhalt

Einleitung: Eine „*Spur* auf dem Grunde der Einbildungskraft"

Den ästhetischen Kategorien ‚Umriss' und ‚Kontur' kommt innerhalb ästhetischer und erkenntnistheoretischer Diskussionen verschiedenster Epochen zentrale Bedeutung zu. Dies gilt in besonderem Maße für die Entwicklung der deutschsprachigen Kunstliteratur. Anhand der Problemgeschichte dieser Kategorien ergeben sich somit Diagramme einer Geschichte ästhetischen Denkens, seiner Konstanten, Brüche und Modifikationsmechanismen im Spiegel von Kunst und Literatur. Besonders an Epochenschwellen werden Reflexionen über die erkenntnistheoretischen und produktions- wie wirkungsästhetischen Implikationen von Umrissphänomenen zudem als Medium kunsttheoretischer Abgrenzung ausgestaltet,[1] und nicht zuletzt dienen Umrissphänomene häufig als Reflexionsmedium für literarische Diskurse.

Die Studie unternimmt den Versuch, die Geschichte dieser Denkfigur in signifikanten Stationen nachzuzeichnen und somit den Verlauf dieser ‚Diagramme' ästhetischen Denkens in einem größeren historischen Überblick darzustellen, als es bisher geschehen ist: Gibt es doch jeweils Studien, die den Stellenwert des ‚Umriss'- oder ‚Kontur'-Konzepts bei einzelnen Autoren[2] oder in einzelnen, meist zeitlich begrenzten und lokal fokussierten kunsttheoretischen Diskursen behandeln, wie es für die Debatten um den *disegno* in der italienischen Hochrenaissance oder den *dessin* im französischen Klassizismus der Fall ist.[3] Auf dem Grundriss dieser

1 Ein Ansatz zu einer systematischen Untersuchung der epochenübergreifenden Relevanz der Denkfigur ‚Umriss' bzw. ‚Kontur' findet sich, allerdings begrenzt auf den Übergang von der Klassik zur Romantik, bei Günter Oesterle: *Die folgenreiche und strittige Konjunktur des Umrisses in Klassizismus und Romantik*, in: *Bild und Schrift in der Romantik.* Hg. v. Gerhard Neumann und Günter Oesterle in Verbindung mit Alexander von Bormann. Würzburg 1999, 27–58.

2 Am gründlichsten wurde dies für Winckelmann (vgl. Kap. 10) geleistet, aber auch, im Hinblick auf graphische Umrisse, für August Wilhelm Schlegels Auseinandersetzung mit Flaxman (vgl. Kap. 20).

3 Da der Schwerpunkt dieser Untersuchung auf der Entwicklung der Denkfigur im deutschsprachigen Raum liegt, werden die Etappen der internationalen ‚Vorgeschichte', die jeweils an anderen Orten umfassend – und kritisch – dargestellt sind,

Einzelaspekte soll hier ein zusammenhängendes Gebäude Stockwerk für Stockwerk errichtet werden – da es sich jedoch um eine historische Rekonstruktion handelt, die methodisch behutsam zu Werke gehen soll, werden mitunter, um mutwillige und historisch verzerrende Konstruktionen zu vermeiden, Räume nur spärlich ausgestattet oder Übergänge sperrig sein, werden Wege über leere Flure führen oder abrupt in kleinen Kammern enden – mitunter jedoch auch in prächtig ausgestatteten Repräsentationsräumen, vor allem in der Bel Etage des späten 18. Jahrhunderts. Gelegentlich kann es auch passieren, dass der Blick dort von den Altanen des Klassizismus auf die fernen Landschaften des Sentimentalischen gelenkt wird und diese utopischen Räume in das festgemauerte Gebäude miteinbezieht, während demjenigen, der die Begegnung mit realistischem Personal auf den Treppenstiegen des 19. Jahrhunderts nicht scheut, in der großstädtischen Mansardenwohnung, die Rilke um 1900 im Kontur-Palazzo bezogen hat, noch eine letzte Begegnung mit der Statuensammlung des Hauses bevorsteht.

Die Titel der vorliegenden Studie sowie dieser Einleitung – *Kontur. Geschichte einer ästhetischen Denkfigur* bzw. *Eine* „Spur *auf dem Grunde der Einbildungskraft*" – führen mit mindestens fünf Begriffen bereits ins Zentrum der Untersuchung; es sind dies die *Spur*, die *Einbildungskraft*, das *Ästhetische*, die *Denkfigur* und, vor allem, der *Kontur*.

Zunächst zum Begriff des ‚Kontur'. Um den Terminus zu erklären, bietet sich ein kleiner Vorgriff auf seine literarische Ausgestaltung im 18. Jahrhundert an. Sie beruht in diesem Falle auf Herders Konzept des plastisch fühlbaren Kontur gegenüber der visuell wahrnehmbaren Umrisslinie, denn Herders Ideal von Plastizität sollte nicht nur auf Goethes poetische Prinzipien wesentlichen Einfluss haben, sondern inspirierte auch

hier nur in einigen Schlaglichtern präsentiert, die weniger auf die genauen internen Entwicklungen zielen, als vielmehr auf diejenigen Aspekte, die für die weitere Geschichte der Denkfigur Wirkungspotential aufweisen sollten. Dabei wurde die Auswahl der späteren deutschsprachigen Texte nicht als vorheriges Selektionskriterium für die Betrachtung früherer Diskurse angewandt, sondern beide Textgruppen wurden zunächst im Hinblick auf ihre historische Eigengesetzlichkeit durchgesehen, woraufhin sich auf zweierlei Weise bestimmte Positionen konfigurierten: Zum einen diejenigen, die eine ‚Traditionslinie' begründen oder innerhalb dieser eine historisch charakteristische Etappe markieren, zum andern jene, die signifikante individuelle Abweichungen von diesen Entwicklungslinien markieren.

Wieland auf kongeniale Weise: In dessen *Musarion* aus dem Jahre 1768[4] findet sich eine kleine Stelle über einen eifrigen „Jünger des Pythagoras", der, „vertieft in Sinus und Tangenten" (also den Busen und seine ‚Berührungslinien'), an einer üppigen Dame gerade den „wallenden Kontur gewisser Sphären maß". In Wielands allerdings wohl erst 1795 hinzugefügtem Kommentar heißt es in einer Anmerkung zu diesem sinnlichen Kontur ausgesprochen differenziert:

> * Das Wort Kontur (Contour, Conturno) scheint uns unter diejenigen ausländischen Kunstwörter zu gehören, welche man sonst, aus Ermanglung eines gleichbedeutenden Deutschen Wortes, immer nur durch Umschreibung zu geben genötigt wäre. Denn Kontur und Umriß sind keineswegs gleichbedeutend. Umriß heißt bloß das, was von der Form eines Körpers durch den Sinn des Gesichts erkannt wird: Kontur hingegen bezeichnet eigentlich die Vorstellung, die wir von einer körperlichen Form vermittelst des Gefühls und Betastens erhalten. Es ist eine bloße Täuschung – nicht unsrer Sinne, sondern unsres voreiligen Urteils, wenn wir den Kontur eines Körpers (z. B. der Sphären, wovon hier die Rede ist) zu sehen glauben. Bevor wir ihn durch das Gefühl ausgetastet, haben wir von seiner Form nur eine sehr mangelhafte Vorstellung [...].[5]

Zumindest für einen männlichen Leser hat Wieland wohl das treffendste Beispiel gewählt, um mit seiner Definition von Umriss und Kontur die Differenz in beider sinnlicher Wahrnehmung und die Notwendigkeit haptischer Erkenntnis deutlich zu machen. Die Definition, die wie ein Lexikoneintrag anhebt und sich allmählich zu den weiblichen „Sphären" zurücktastet – und in spannungsvollem Gegensatz zu dem Gebrauch des „Kontur" in den zugehörigen Versen steht – ist insofern bedeutend, als sie genauer als beispielsweise selbst Winckelmann die Differenz der Termini ‚Umriss' und ‚Kontur' handhabt; damit hebt sich Wieland – wohl tatsächlich von Herder angeregt – aus der ansonsten zunächst im 18. Jahrhundert zu beobachtenden Prävalenz von ‚Kontur', auf beide Kunstformen bezogen, und dem am Ende des Jahrhunderts erfolgenden Wechsel zum zunehmend ausschließlichen Gebrauch des Wortes ‚Umriss', ebenfalls für beide Kunstformen, heraus. Während zunächst ‚Umriss' und ‚Kontur' von Autoren abwechselnd und unsystematisch gebraucht werden, ist dies später

4 Zur Beeinflussung dieser Stelle durch Herders Schriften vgl. Hans Dietrich Irmscher: *Zur Ästhetik des jungen Herder*, in: *Johann Gottfried Herder: 1744–1803.* Hg. v. Gerhard Sauder. Hamburg 1987, 43–76, 68, Anm. 68.

5 Chr. M. Wieland: *Musarion oder Die Philosophie der Grazien.* Ein Gedicht in drei Büchern. Mit Erläuterungen und einem Nachwort hg. v. Alfred Anger. Stuttgart 2001, 41.

anders: Der ‚Kontur‘ verschwindet so gut wie ganz; der ‚Umriss‘ wird alleiniger Terminus[6] – eine Entwicklung, deren Implikationen Wieland, besäße seine Differenzierung allgemeine Gültigkeit, sicher bedauert hätte. Schließlich ist noch anzumerken, dass das Grimmsche *Deutsche Wörterbuch*[7] unter dem Lemma „Kontur“ eben diese Anmerkung Wielands als Belegstelle anführt – allerdings ohne das plastische Beispiel aus den Versen. Im Folgenden wird in Anlehnung an die plastische Unterscheidung Wielands mit „Umrissen“ die *graphische*, mit „Kontur“ die *plastische* Erscheinungsform von ‚Umrissphänomenen‘ bezeichnet.

Die ‚Erscheinungsform‘ von ‚Umrissphänomenen‘ leitet über zu dem nächsten Aspekt des Titels, dem *[Ä]sthetischen*, denn Umrissphänomene, wie darzustellen ist, vermitteln zwischen beiden Komponenten, die dem ‚Ästhetischen‘ zumindest nach Baumgarten zukommen können: zwischen dem Aisthetischen der Wahrnehmung, besonders in Anlehnung an antike und neuzeitliche sensualistische Theoreme, und dem Ästhetischen der Schönen Künste, deren Theorie sich gleichzeitig mit der Hochkonjunktur der Denkfigur ‚Kontur‘ als philosophische Disziplin entwickelt. Beide Komponenten des Ästhetischen vereinigen sich bei der Frage nach der Relevanz von Umrissen als Reflexionsmedium der literarischen Poiesis, wie sich besonders um 1800 zeigen wird.

Mit dem metaphorisch-sensualistischen Wahrnehmungskonzept verbunden ist gleichfalls die Formulierung von der „*Spur* auf dem Grunde der Einbildungskraft“, die in Karl Philipp Moritz’ umfassender Lineärästhetik begegnet und auf die antiken Theoreme von der Wahrnehmung als geprägt-umrissenem Eindruck (*typosis*) im Seelenpneuma zurückweist, zugleich aber mit dem (literarisch radikal amimetischen) Autonomiekonzept der Klassik wie der Moderne verbunden ist und somit auch eine ‚Spur‘ vom theoretischen Fundament dieser Untersuchung bis hin zu Rilkes genuin moderner Statuenästhetik erkennen lässt. Zudem klingen in den zahlrei-

6 Dies ist auch vor dem Hintergrund eines Wechsels der Reflexionsmedien zu sehen: Sind dies zunächst die *graphischen* Umrisse in den Debatten um *disegno* und *dessin* und auch noch in den aufklärungspoetischen Konzepten zur ‚poetischen Mahlerey‘, so bilden im späteren 18. Jh. primär plastische Konturen das Bezugsmedium; nach 1800 tritt an deren Stelle aber fast ausschließlich die Malerei, aus der sich dann in vorerst unüberwindbarem künstlerischem Epigonalitätsbewusstsein die Innovationspotentiale und *Reflexions*potentiale ins Literarische verschieben, bis, bezeichnenderweise wieder an einer Epochenschwelle, Rilke abermals den ‚Kontur‘ unter freilich anderen Vorzeichen plastisch wiederbelebt.

7 *Deutsches Wörterbuch* von Jacob und Wilhelm Grimm. Leipzig 1854 ff., hier Bd. 11, 2. Abt., s. v. „UMRISZ“, Sp. 1046 ff., Zitat 1046.

chen Verbindungen von Umrissphänomenen und der ‚Spur', wie sie in dieser Studie begegnen werden, oftmals Residuen eines vormodernen Analogiedenkens bzw. einer (teils säkularisierten, ästhetischen) Signaturenlehre mit.

Es bleibt zu klären, warum der ‚Kontur' eine ‚Denkfigur' sein soll. Er ist es – und er ist es sogar mehr als jeder andere Begriff es sein kann, denn er berührt sich in allen Komponenten seines Bedeutungsspektrums mit jenen des Begriffes der ‚Figur', die ja schließlich in der ‚Denkfigur' selbst bereits als ‚Denkfigur' erscheint. Die Figur, lat. *figura*, weist etymologisch auf den Akt plastischen Bildens, *fingere*, zurück und benennt das Resultat dieses Aktes, die plastisch konturierte Gestalt, kann aber auch die geometrisch abtrakten, stilisierten Linearzeichnungen – umrissene geometrische Figuren, Diagramme – meinen.[8] Dabei kündigt die *figura* als Produkt des *Fingierens* jedoch ebenso die literarischen ‚Fiktionen' der plastisch tätigen Einbildungskraft, der Poiesis, an; und wie Erich Auerbach in seiner Studie zur ‚Figur' bemerkt hat, eignet bereits dem Wort *figura* (im Gegensatz zu der ebenfalls belegten, frühen Variante *fictura*) in seiner „besonderen Bildung [...] etwas Lebend-Bewegtes [...] und Spielendes".[9]

Die Nähe der *Figur* zur Funktion des Kontur als eines künstlerischen Darstellungsmediums ist evident: Nicht nur ist der Kontur mit all diesen Bedeutungsmomenten zu verbinden; er ist vielmehr konstitutiver, integraler Bestandteil der Entstehung dessen, was einmal Figur werden soll und zugleich das zentrale Medium von deren Erscheinen und Repräsentieren. Im Kontur erst realisiert sich die Figur, der Kontur macht sie sichtbar. Zudem wird auch dem Kontur stets, in spannungsvollem Verhältnis zu seiner repräsentativ-statuarischen Komponente, eine innere Bewegtheit zugesprochen, die wiederum die Einbildungskraft des Betrachters anregt und in Tätigkeit versetzt.

Die *Figur* begegnet ferner in theologisch-hermeneutischem Sinne in der typologischen, figuralen Deutung von biblischer Überlieferung und Weltgeschichte – und mag es auch nur ein kleiner Nebenaspekt sein, so ist es doch ‚gestalttheoretisch' bemerkenswert, dass auch Kontur-Charakte-

8 Vgl. dazu die Definition von *desseigner*, die Félibien 1676 in seinem *Dictionnaire* in den *Principes* gibt: „DESSEIGNER. Lat. *Figurare, delineare, designare.* Vitr. in prœm. l. 3. *deformare.* Il dit *deformationes gramicæ*, au lieu de *descriptiones & designationes quæ per lineas sunt.* Car *γραμμὴ* signifie *linea*, comme dans son 5. l. c. 4. Il se sert de *διάγραμμα*, pour *designatio, descriptio, figura.*" (André Félibien: *Des Principes de l' Architecture, de la Sculpture, de la Peinture, et des autres Arts qui en dependent. Avec un Dictionnaire des Termes propres à chacun de ces Arts.* Paris 1676.)

9 Erich Auerbach: *Figura*, in: Archivum Romanicum Jg. 22, 1938, 436–489, 436.

ristiken von Künstlern und Epochenstilen zu quasi-heilsgeschichtlichen Genealogien der Kunstentwicklung *konfiguriert* werden, die beispielsweise in der Abfolge von Parrhasius (dem antiken Meister der Umrisskunst), Raffael und Mengs die triumphale Parousie der klassizistischen Kunst vorbereitet sehen.

Schließlich aber lässt sich die *Figur* als rhetorische Figur verstehen, als übergeordnete, auch die Tropen beinhaltende Kategorie der umfassenden Gedanken- und Wortfiguren.[10] In dieser Funktion nimmt der „Begriff ‚Figur‘ […] unter den Kategorien der Rhetorik hinsichtlich Gebrauch, Popularität und historischer Bedeutung gewiss den ersten Platz ein“; er bezeichnet dort „bestimmte sprachliche […] Gestaltphänomene der Oberflächen- oder Tiefenstruktur von Texten“[11] – wie sie in dieser Studie auch als Effekte der literarischen Ausgestaltung von Kontur-Konzepten, beispielsweise in Rilkes typographischen ‚Konturen‘ herausgearbeitet werden. Es lässt sich also sagen, dass im generell linearen Medium der Literatur die *Fiktion* plastischer Gestalten mittels rhetorischer *Figuren* vollzogen werden kann. Bereits Quintilian (Inst. Orat. IX, 1, 10) definiert die Figur mit einer Parallele, die in vielen Texten dieser Studie ausgestaltet werden wird, als „qualiscumque forma sententiae, sicut in corporibus, quibus quoquo modo sunt composita, utique habitus est aliquis“: Die ‚Figur‘ bezeichne also welche Form auch immer, „in der ein Gedanke gestaltet ist, wie sich ja auch die Körper, sie mögen in jeder beliebigen Weise gestaltet sein, jedenfalls immer in irgendeiner Haltung befinden.“[12] Vielfach werden Autoren die Stellungen der Statuen, die Ballungen von Muskelsträngen oder die Physiognomie besonders des Gesichtes mit den Buchstaben des Alphabetes vergleichen; der ‚figurale‘ Sprachcharakter der Umrisserscheinungen vermittelt dabei zwischen Körperzeichen und Verbalsprachlichem und bereitet so auch häufig den Boden zu literarischen Kontur-Gestaltungen.

Das erkennntistheoretische Interesse an *Figuren* betraf stets besonders die „primär semantisch funktionierenden Figuren, also […] Tropen und

10 Im Griechischen erscheint u. a. im rhetorischen Sinne und wohl spätestens seit Theophrast der Terminus *schema* (vgl. Joachim Knape: *Figurenlehre*, in: *Historisches Wörterbuch der Rhetorik* [= HWRh]. Hg. v. Gert Ueding. Tübingen 1992 ff.; Bd. 3 (1996), Sp. 289–342, hier 303; vgl. die Kapitel zu Fernow und Keller (Kap. 19 bzw. 24) zu Akzentuierungen dieses Begriffs.

11 HWRh, 3, 290.

12 M. Fabius Quintilianus: *Ausbildung des Redners* [Institutionis Oratoriae Libri XII]. Zwölf Bücher. Hg. u. übs. v. Helmut Rahn. Zweiter Teil: Buch VII–XII. Darmstadt 1975, 254 f.

gewisse Inhaltsfiguren“.[13] Eminenter Stellenwert kommt hier der Metapher zu, über deren Funktionsweise Cicero (Orator 39, 134) bemerkte, sie lenke „aufgrund der Ähnlichkeit den Geist hin und her“ und leite ihn „hierhin und dorthin“ – dies sei „eine gedankliche Bewegung, die infolge ihrer Schnelligkeit schon an und für sich selbst erfreut [quod eae propter similitudinem transferunt animos et referunt ac movent huc et illuc, qui motus cogitationis celeriter agitatus per se ipse delectat].“[14] Zum einen erscheinen hier anhand der „Metapher“ wahrnehmungspsychologische Facetten, die, angeregt durch François Hemsterhuis' Statuenästhetik, besonders die frühromantische Auffassung von Umrissphänomenen hinsichtlich ihrer Wirkungen auf die Tätigkeit der Einbildungskraft und die möglichst schnelle Geschwindigkeit einer möglichst umfassenden Wahrnehmung beeinflussten. Zum andern leitet dies über zu einer wesentlichen Facette der Denkfigur Kontur: ihre Funktion als konzeptuelle Metapher bei der Genese der deutschsprachigen Kunstliteratur.

Zur Funktion der Metaphern „Umriss“ und „Kontur“ bei der Genese der deutschsprachigen Kunstliteratur. Entwurf einer Ikonologie

Zu einer Geschichte der ästhetischen Denkfigur ‚Kontur‘ gehört auch die Geschichte ihrer metaphorischen Verwendungen. Da ‚Umrisse‘ und ‚Konturen‘ jedoch inflationär gebraucht werden, um einem Plan ‚Konturen‘ zu verleihen oder die ‚Umrisse‘ eines Forschungsvorhabens zu skizzieren, sollen metaphorische Erscheinungen von Umrissphänomenen hier exemplarisch aus einem ganz bestimmten Blickwinkel und in einem begrenzten Zeitraum betrachtet werden, in dem sie auf besondere Weise, geradezu ‚organisch‘, mit dem von ihnen umschriebenen Bedeutungsfeld verbunden sind: Im Folgenden soll die Funktion der Metaphern „Umriss“ und „Kontur“ bei der Genese der deutschsprachigen Kunstliteratur dargestellt werden.[15]

13 HWRh, 3, 322 – wobei ja auch ‚bloße‘ Wortfiguren semantische Funktion besitzen.

14 M. Tullius Cicero: *Orator*. Lat.-dt. Hg. v. Bernhard Kytzler. München 1975, 112 f.

15 Weitere über den schon konventionalisierten Gebrauch der Umriss-Metaphern hinausgehende Akzentuierungen finden sich in den virtuos und programmatisch ‚prägnanten‘ Verwendungen der Begriffe bei Herder, vgl. dazu Kap. 14.

Hierzu ist zunächst ein Rückblick auf Vasaris Definition des *disegno* von 1568 hilfreich:[16]

> [I]l disegno, padre delle tre arti nostre architettura, scultura e pittura, procedendo dall' intelletto cava di molte cose un giudizio universale simile a una forma ovvero idea di tutte le cose della natura, [il disegno] conosce la proporzione che ha il tutto con le parti e che hanno le parti fra loro e col tutto insieme; e perché da questa cognizione nasce un certo concetto e giudizio, che si forma nella mente quella tal cosa che poi espressa con le mani si chiama disegno, si può conchiudere che esso disegno altro non sia che una apparente espressione e dichiarazione del concetto che si ha nell' animo, e di quello che altri si è nella mente imaginato e fabbricato nell'idea.[17]

Wie im Kapitel zum *disegno* dargestellt (vgl. Kap. 4), wird die wörtliche Bedeutung des Begriffs als „Zeichnung", als erste sichtbare Fixierung des künstlerischen Konzepts, durch die Kopplung des *disegno* an den Begriff der *idea* geistig aufgewertet; der solchermaßen angereicherte Begriff *disegno* bedeutet nicht nur „den künstlerischen Vorstellungsinhalt, als vielmehr das künstlerische Vorstellungsvermögen".[18]

Die Frage, was der *disegno* sei, bestimmte die kunsttheoretischen Diskussionen im Cinquecento. Sie propagierten eine intellektuelle Aufwertung des künstlerischen Schaffensprinzips und eine damit einherge-

16 Die folgenden Überlegungen finden sich auch in: Verf.: *Zur konstitutiven Rolle der Metaphern „Umriss" und „Kontur" bei der Genese der deutschsprachigen Kunstliteratur. Entwurf einer Ikonologie*, in: Elena Agazzi (Hg.): *Tropen und Metaphern im Gelehrtendiskurs des 18. Jahrhunderts.* Hg. v. E. Agazzi in Zusammenarbeit mit Ulrike Zeuch unter Mitwirkung von Guglielmo Gabbiadini. Archiv für Begriffsgeschichte, Sonderheft 10 (Jg. 2011), 119–130.

17 „*Disegno* ist der Vater unserer drei Künste Architektur, Bildhauerei und Malerei, der aus dem Geist hervorgeht und aus vielen Dingen ein Allgemeinurteil schöpft, gleich einer Form oder Idee aller Dinge der Natur, die in ihren Maßen einzigartig [Panofsky übersetzt: „überaus regelmäßig"] ist. So kommt es, dass der *disegno* nicht nur in menschlichen und tierischen Körpern, sondern auch in Pflanzen, Gebäuden, Skulpturen und Gemälden das Maßverhältnis des Ganzen zu den Teilen, der Teile zueinander und der Teile zum Ganzen erkennt. Und da aus dieser Erkenntnis eine gewisse Vorstellung und ein Urteil entsteht, das im Geist die später von Hand gestaltete und dann Zeichnung genannte Sache formt, so darf man schließen, dass *disegno* nichts anderes sei als eine anschauliche Gestaltung und Darlegung jener Vorstellung, die man im Sinn hat, von der man sich im Geist ein Bild macht und sie in der Idee hervorbringt." Zitiert nach Giorgio Vasari: *Einführung in die Künste der Architektur, Bildhauerei und Malerei. Die künstlerischen Techniken der Renaissance als Medien des disegno.* Erstmals übersetzt von Victoria Lorini. Hg., kommentiert u. eingeleitet v. Matteo Burioni. Berlin 2006, 98.

18 Erwin Panofsky: *Idea. Ein Beitrag zur Begriffsgeschichte der älteren Kunsttheorie.* Berlin ^{3}1975, 34.

hende Nobilitierung der auf dem *disegno* beruhenden Künste ebenso wie derjenigen Literatur, die sich mit ihnen und ihren Künstlern befasst. Somit legt die *disegno*-Debatte, wenngleich auf Umwegen, die Grundlagen auch der deutschsprachigen klassizistischen Kunsttheorie, wie sie sich im 18. Jahrhundert besonders in der Folge von Winckelmanns Schriften etabliert. Vasaris Antwort auf die Frage, was der *disegno* sei, führt direkt zu der Frage, welche Bedeutung die Metapher des „Umrisses“ für die entstehende deutschsprachige Kunstliteratur hat: Denn angesichts der metaphorischen Metamorphose, die sich in dem eben zitierten Abschnitt am *disegno* vollzieht, erweist sich die Geburt der neuzeitlichen Kunstliteratur aus dem Geiste des *disegno* als eine Geburt aus dem Geiste der Metapher.

Die Kunstliteratur entwirft aber mit ihrer Fundierung im *disegno* den ‚Umriss‘ um ihren eigenen Gegenstandsbereich von Anbeginn in den Grenzen einer solchen Metapher, die in ihrer Aufwertung zum universalen geistigen Schaffensprinzip immer noch zugleich das materielle Fundament dieser Künste bedeutet und es durch seine intellektualisierende Transformation in dessen sinnlicher Anschaulichkeit negiert. Wer von nun an über Werke der bildenden Kunst schreibt, muss sich an dieser metaphorischen Grenze entlangtasten, die Empfinden und Erkennen zugleich trennt und verbindet.

Vielfach wurde darauf hingewiesen, welche Prägnanz die Metapher der „Grenze“ für die Gegenstandsbestimmung der Philosophie, zumal der Metaphysik, besitzt.[19] Für die Kunstwissenschaft gilt eben dies für die metaphorische Rede von den ‚Umrissen‘. Diese findet sich freilich in vielen, bei weitem nicht nur geisteswissenschaftlichen Texten, um die ‚Umrisse‘ des darzustellenden Gegenstands zu ‚skizzieren‘. Während der ‚Umriss‘ jedoch in den meisten Fächern eine Metapher ist wie viele andere auch, bezeichnet eben diese Metapher in der Kunstwissenschaft zugleich einen ihrer prominentesten Termini; der Umriss stellt eine, wenn nicht die

19 Vgl. Rüdiger Zill: Art. *Grenze*, in: Ralf Konersmann (Hg.): *Wörterbuch der philosophischen Metaphern.* Darmstadt, 2007, 135–146, mit Hinweis auf Kants *Kritik der reinen Vernunft* (B 755 f.), 142 f., und die *Prolegomena zu einer jeden künftigen Metaphysik, die als Wissenschaft wird auftreten können*, 144. Vgl. ebd., 144: „Am Kantischen Begriff des Symbols zeigt sich, dass die Metapher der Grenze nicht nur zentral ist für die Bestimmung des philosophischen Begriffs, sondern auch für die seines Seitenstücks, der philosophischen Metapher. [...] Kants Beispiele für die Analogie, für die symbolische Hypotypose – sind ohne Zweifel Metaphern, obwohl er sie an dieser Stelle so nicht nennt. Die Metapher der Grenze bezeichnet das Territorium der Metapher“.

zentrale ästhetische Kategorie derjenigen Künste dar, deren System und deren Werke den Gegenstand der betreffenden Wissenschaft bilden.

Bemerkt Kant in der Vorrede zur zweiten Auflage der *Kritik der reinen Vernunft*, diese „sei nicht das System der Wissenschaft selbst, verzeichne aber ‚den ganzen Umriss derselben sowohl in Ansehung ihrer Grenzen, als auch den ganzen inneren Gliederbau derselben'",[20] so zeigt sich der Unterschied zwischen Umriss und Grenze bezüglich der Binnenstrukturen, die der Umriss im Gegensatz zur Grenze gleichfalls bezeichnet. Bei Herder tritt dieser organische Strukturaspekt nun im Hinblick auf den Gegenstandsbereich der Ästhetik deutlich zu Tage: In der *Plastik* (1778) schreibt er: „Hier ist der nackte Umriß, wie ich glaube, daß die Künste des Schönen sich zu einander verhalten. Einen Sinn haben wir, der Theile außer sich neben einander, einen andern, der sie nach einander, einen dritten, der sie in einander erfasset. Gesicht, Gehör und Gefühl." Deren korrespondierende „drei Gattungen der Schönheit" „verhalten sich zu einander, als Fläche, Ton, Körper, oder wie Raum, Zeit und Kraft", die „Medien", mittels derer die „allweite[] Schöpfung [...] alles fasset, alles umschränket."[21] Unter der verhüllenden Metapher der Unverhülltheit – des nackten Umrisses –, gewinnt so das System der Künste eine schematische, aber raumzeitlich organisierte Gestalt.

Indem Herder die Metapher des Umrisses verwendet, um die Grundstrukturen im Verhältnis der Künste zu bezeichnen, rekurriert er auf den Topos von der Einheit der Künste im gemeinsamen Ursprung in der Zeichnung, im *disegno.* Der Umriss des Systems der Künste erscheint metaphorisch visualisiert als Zeichnung, zugleich aber wird in der Metapher des Umrisses auch die Konzeptgeschichte eben desjenigen bedeutungsreichen ästhetischen Terminus evoziert, auf der die Geschichte der Disziplin: der Ästhetik der bildenden Künste beruht. Hinzu kommt, dass der Umriss zugleich als Abbreviatur des Gründungsmythos der Kunst gelten kann, demzufolge die Geburtsstunde der Kunst in dem Umriss lag, den eine Töpferstochter um den Schatten ihres scheidenden Geliebten zog. Damit erfüllt der Umriss als Metapher tatsächlich in überraschend wört-

20 Immanuel Kant: *Kritik der reinen Vernunft.* Nach der 1. und 2. Orig.-Ausg. hg. v. Jens Timmermann. Hamburg 1998, B XXII.

21 *Herders sämmtliche Werke* [= SW]. Hg. v. Bernhard Suphan. Bd. VIII. Berlin 1892, 15.

lichem Sinne die Definition, die Vico 1744 gab, als er die Metapher als einen „kleinen Mythus“[22] bezeichnete.

Der Umriss als selbstreflexive Metapher der Kunstwissenschaft erweist sich somit als eine genuine „Figur des Wissens“.[23] Er fungiert als kognitive Metapher, als Denkfigur und Anschauungsform. Wie Lakoff und Johnson hervorgehoben haben, besitzen unter den kognitiven besonders die räumlichen Metaphern wichtige strukturbildende Funktion.[24] Der Umriss als formkonstituierendes Element entspricht dieser Beobachtung im Hinblick auf eine Territorialpolitik der geisteswissenschaftlichen Differenzierungen: Ähnlich der Metapher der Grenze in der Philosophie steckt er auf der akademischen Landkarte des 18. Jahrhunderts das Territorium der sich etablierenden Kunstwissenschaft ab. Zudem bedeutet in einem Jahrhundert sich scheinbar grenzenlos erweiternder Kenntnisse die Konzentration auf Umrisse, die im 18. Jahrhundert vornehmlich die Umrisse der menschlichen Gestalt bezeichnen, eine Figur der Rückwendung – auf den Menschen in seiner körperlichen Integrität inmitten zerfallender Gewissheiten. Kunstwissenschaft als Wissenschaft von den Umrissen wird so zur Wissenschaft vom Menschen und seiner künstlerischen Reflexionsfähigkeit. Nicht zuletzt eignet dem Umriss als Darstellungs- und Reflexionsmedium auch eine zeitliche Komponente, die sich nicht nur in dem Konzept des unmittelbaren ‚Totaleindrucks‘ oder der prozessualen Wahrnehmung linearer Strukturen, die sich einer Lektüre annähert, erschöpft. Umrisse werden vielmehr gegen Ende des 18. Jahrhunderts in der Bildenden Kunst zum Index eines Historizitätsbewusstseins: Sie reflektieren durch ihre antikisierende Stilisierung – wie im Falle Flaxmans – die irreversible Distanz zwischen Gegenwart und idealer Vergangenheit. So kann der Umriss bei Karl Philipp Moritz als anthropologisch-kulturhistorische Metapher erscheinen, wenn er zu Beginn seines Buches *Anthousa* – wie auch seine Götterlehre illustriert mit Kupferstichen nach antiken geschnittenen Steinen – über die Altertümer Roms schreibt, angesichts der allgemeinen, beschleunigt erfahrenen Transitorik der Wirklichkeit müsse die bildende Kunst durch Fixierung – und das heißt Verräumlichung – des

22 Giambattista Vico: *Die neue Wissenschaft über die gemeinschaftliche Natur der Völker.* Nach der Ausg. von 1744 übers. und eingel. von Erich Auerbach. 2. Aufl. mit einem Nachw. von Wilhelm Schmidt-Biggemann. Berlin/New York 2000, 171. Vgl. dazu Ralf Konersmann, *Figuratives Wissen*, in: R. K. (Hg.): *Wörterbuch der philosophischen Metaphern.* Darmstadt 2007, 7–21, 8.

23 Konersmann, *Figuratives Wissen*, 8.

24 Vgl. grundlegend: George Lakoff/Mark Johnson: *Metaphors we live by.* Chicago [u. a.] 1980, hier 56 und 59.

in der Zeit Entschwindenden bleibende Spuren der menschlichen Bildungskraft hinterlassen: „Auf die[se] Weise muss das Gebildete in dem Geiste des Menschen, dessen Tage dahin eilen, wieder abgebildet sich verjüngen, und wir müssen in der Flucht der Zeit von den Bildern, die vorüberrauschen, gleichsam nur die Umrisse stehlen“.[25]

In diesem Konzept einer fortwirkenden Tradition künstlerischer Werke als Spuren menschlicher Bildungskraft werden die Umrisse zur Metapher für die Leistung der Kunstwissenschaft als historische Anthropologie. ‚Umrisse‘ sind konzentrierende und abstrahierende Abbreviatur, sind stenographisches Archiv geistesgeschichtlicher Epochen – mehr Anschauungssubstrat als diese Inzitamente zur Vermittlung zwischen sinnlicher und rationaler Erkenntnis, so Moritz' implizite Diagnose, steht einer anthropologischen Ästhetik und ihrer Methodik nicht zur Verfügung.

In besonderer poetischer Verdichtung präsentiert sich die Metapher des Umrisses bei Johann Joachim Winckelmann. Hier ist das Erscheinen dieser Metapher besonders signifikant, da für Winckelmann der plastische Kontur – und sein graphisch-malerisches Äquivalent, der Umriss – die ästhetische Kardinalkategorie darstellt. Idealiter erscheint der plastische Kontur für Winckelmann – und dies ist wichtig für die Frage nach den gemeinsamen Darstellungs- und Wirkungsmodi von Umrissphänomenen und Metaphern – in einer fluide-unbezeichneten Form, die sich der genauen zeichnerischen Wiedergabe ebenso entzieht wie die Metapher der begrifflich-rationalsprachlichen Definition. An Winckelmanns programmatischen Äußerungen zum Kontur in den *Gedancken über die Nachahmung* (1755) und in den Statuenbeschreibungen in der *Geschichte der Kunst des Alterthums* (1764) lässt sich zeigen, wie der Betrachter, so Winckelmanns Konzept, im geistigen Nachvollzug des plastischen Kontur die Idee des Künstlers gestalthaft begreifen kann, die in der Materie nur defizitär zu realisieren war; der Kontur fungiert als „Graphem[] der Gedanken des Künstlers“.[26] Am Ende von Winckelmanns *Geschichte der Kunst des Alterthums* erscheint nun ein metaphorisches Umrissphänomen:

> Ich bin in der Geschichte der Kunst schon über ihre Gränzen gegangen, und ohngeachtet mir bey Betrachtung des Untergangs derselben fast zu Muthe gewesen ist, wie demjenigen, der in Beschreibung der Geschichte seines Vaterlandes die Zerstörung desselben, die er selbst erlebet hat, berühren müßte, so konnte ich mich dennoch nicht enthalten, dem Schicksale der Werke der

25 Karl Philipp Moritz: *ΑΝΘΟΥΣΑ oder Roms Alterthümer. Ein Buch für die Menschheit. Die heiligen Gebräuche der Römer.* Berlin 1791, 6.

26 Markus Käfer: *Winckelmanns hermeneutische Prinzipien.* Heidelberg 1986, 99.

Kunst, so weit mein Auge gieng, nachzusehen. So wie eine Liebste an dem Ufer des Meeres ihren abfahrenden Liebhaber, ohne Hofnung ihn wieder zu sehen, mit bethränten Augen verfolget, und selbst in dem entfernten Segel das Bild des Geliebten zu sehen glaubt. Wir haben, wie die Geliebte, gleichsam nur einen Schattenriß von dem Vorwurfe unserer Wünsche übrig; aber desto größere Sehnsucht nach dem Verlohrnen erwecket derselbe, und wir betrachten die Copien der Urbilder mit größerer Aufmerksamkeit, als wie wir in dem völligen Besitze von diesen nicht würden gethan haben.[27]

Der Kardinalbegriff seiner Kunstanschauung, der Umriss, erscheint in diesen Sätzen als metaphorische Signatur der antiken Kunst selbst: Die abstrakte geistige Form, hier das Ideal der antiken Kunst, erscheint auf der Projektionsfläche der Imagination als „Schattenriß von dem Vorwurfe unserer Wünsche“. Die „desto größere Sehnsucht nach dem Verlohrnen“, die aus diesem Schattenriss als Repräsentant des Abwesenden resultiert, erinnert zugleich an den Gründungsmythos der Kunst im Schattenriss. Der für die Kunst konstitutive Entzug des geliebten Objekts wird bei Winckelmann mit seinem ästhetischen Kardinalbegriff und seiner eigenen kunsttheoretischen Imaginationskraft in einer metaphorischen Abbreviatur zusammengefasst: dem Schattenriss, dem Umriss. Als kunstliterarischer Maler beweist Winckelmann nicht zuletzt mit dieser Zeichnung, dass, wie er es für die Malerei mit Blick auf die Allegorie gefordert hatte, sein Pinsel wahrhaft „im Verstand getunckt“[28] war.

Vierzig Jahre später, 1810, als der internationale Umrissstil seine Hochkonjunktur erlebt, findet sich ein bemerkenswerter Reflex dieser allegorisch-kunsthistorischen Umrisszeichnung in einem in Dresden erschienenen Werk mit dem Titel: *Die Malerey der Griechen oder Entstehung, Fortschritt, Vollendung und Verfall der Malerey.* Der Verfasser, Johann Jakob Grund, bemerkt dort über die kunsthistorischen Überlieferungen bei Plinius d. Ä., dessen Werk „haben wir es zu danken, daß dieser Schattenriß einer Geschichte der Malerey auf uns gekommen und selbst der einzige ist,

27 Johann Joachim Winckelmann: *Geschichte der Kunst des Alterthums. Textband.* Erste Auflage Dresden 1764, zweite Auflage Wien 1776. Hg. v. Adolf H. Borbein, Thomas W. Gaethgens, Johannes Irmscher (†) und Max Kunze. Mainz 2002, 836 f.

28 J. J. Winckelmann: *Gedancken über die Nachahmung der Griechischen Wercke in der Mahlerey und Bildhauer-Kunst.* Zitiert nach: *Bibliothek der Kunstliteratur.* […] Bd. 2: *Frühklassizismus. Position und Opposition: Winckelmann, Mengs, Heinse.* Hg. v. Helmuth Pfotenhauer, Markus Bernauer und Norbert Miller unter Mitarbeit von Thomas Franke. Frankfurt a.M. 1995, 11–50, 50.

womit sich unsre Neugierde im Betreff dieses Gegenstandes begnügen muß“.[29]

Eine der wichtigsten antiken Quellen zur Kunstgeschichte wird durch die Metapher des Schattenrisses auch hier mit dem Gründungsmythos der Kunst parallelisiert, der durch das eine Wort metaphorisch als Mythos evoziert wird; die Metapher dient als genealogische Konstante, als Traditionslinie der Wissenschaftsgeschichte der Kunstgeschichte, die sich so als metaphorische Mythographie stilisiert. Diesen Aspekt führt Grund weiter aus:

> Da aber die Geschichte der Malerey sich nicht von der allgemeinen Geschichte der Kunst trennen läßt; so sehe ich mich in der Nothwendigkeit, meine eigenen Ansichten von der letzten mitzutheilen, doch so, daß ich auf die bekannte Grundlinie ihrer Form, wie dort mit den Linien des Apelles und Protogenes der Fall war, eine neue und feinere Linie ziehe, womit ich den Umriß dieser allgemeinen Geschichte genauer und schöner zu geben denke, als er bisher bekannt ist.

Grund zitiert mit diesem dichten Geflecht von Lineaturen abermals Plinius d. Ä., und zwar mit der bei diesem überlieferten Künstleranekdote um die antiken Maler Apelles und Protogenes, die einen Wettstreit um die *linea summae tenuitatis*, die Linie größter Subtilität, austrugen, in dessen Verlauf die jeweils subtilste Linie zweimal an „Feinheit“ übertroffen wurde, bis Apelles als Sieger hervorging. Zu der Frage, was genau man sich unter dieser linea und ihrer Feinheit vorzustellen habe, existierten bereits um 1800 Dutzende Lösungsvorschläge, an denen entlang allein sich eine Geschichte kunsttheoretischer Paradigmen schreiben ließe (vgl. Kap. 2). Grund jedoch vereinnahmt diese Anekdote, um sein kunsthistorisches Vorwort, nach der Winckelmann entlehnten Metapher vom Schattenriß, nun mit einer zweiten Linearmetapher zu illustrieren, die mit den Metaphern der „Grundlinie“, der „Linie“ und des „Umrisses“ auch strukturell den Dreischritt der Anekdote mit den mehrfach durchzogenen Linien nach- und gleichsam abbildet. Grund stellt sich mit diesem metaphorischen Zitat des Linienwettstreits, kurz nach dem Zitat der Winckelmannschen Umrissallegorie, somit auch in einen kunstliterarischen Wettstreit mit dem Meister des theoretischen Konturkonzepts.

Doch erschöpft sich die Verbindung von Umrissphänomenen und Metaphern nicht allein im häufigen metaphorischen Gebrauch der betreffenden Termini; sie deutet vielmehr auf eine prinzipielle Ähnlichkeit

---

29 Johann Jakob Norbert Grund: *Die Malerey der Griechen oder Entstehung, Fortschritt, Vollendung und Verfall der Malerey.* Dresden 1810/11, X.

der Darstellungsmodi hin, die die Metapher des Umrisses zugleich als Metapher für das Metaphorische, oder mehr noch, die „Metaphorizität des Ästhetischen“[30] erscheinen lassen.

Konstitutiv für die Wirkungsweise der Metapher ist deren Unbestimmtheit, das Gleitende der Designation. Dies nun trifft auf verschiedene Weise auch auf Umrissphänomene zu, wie sie die Ästhetik des 18. Jahrhunderts begreift. Während bei Winckelmann der plastische Kontur idealer Weise fluide-unbezeichnet erscheint, um so die ästhetische Empfindung des Betrachters zum geistigen Nachvollzug der künstlerischen Idee anzuregen, so wird in den *Betrachtungen über die Mahlerey* des Dresdner Kunsttheoretikers Christian Ludwig von Hagedorn (1762) ein Darstellungsideal propagiert, das zwar auch durch seine Unbezeichnung definiert ist, diese aber auf gänzlich andere Weise realisiert sieht: Hagedorns Ideal primär malerischer Darstellungsweise besteht im sanften Farbverlauf verschwommener Umrisse, dem *sfumato* wie in Werken Leonardo da Vincis. Hagedorn bemerkt, „[d]er Schmelz der Farben“ dürfe „den genauesten Umriß nicht verbergen, sondern verhüllen“,[31] so dass er sich dem reflektierenden Betrachter erschließe. Überraschenderweise finden sich dieselben Formulierungen, die den verschwommenen Umrissen und ihrer Wirkungsweise auf den Betrachter gelten, fast wörtlich in Hagedorns Kapitel zur „Allegorie“ wieder. Diese sieht er als zentrales Darstellungselement sowohl der bildenden Kunst als auch der Literatur; beide hätten das Recht, „Dinge, die nicht in die Sinne fallen, in sinnlichen Bildern vorzustellen.“ Allerdings gesteht er ein, dass zu große „Dunkelheit“ die Allegorie der Kritik ausgesetzt habe; manche Künstler hätten vergessen, „daß man die Allegorie selbst allegorisch unter einem Schleyer bilde, der sie verhülle, aber nicht unsern Augen verberge.“ Dabei habe doch

> [n]ur ein mäßig verhülltes, nicht aber ein verstecktes Geheimnis [...] die Gabe, uns zu gefallen. Dessen Auflösung reizet unsern Verstand, und des Künstlers Vertrauen zu demselben schmeichelt unserer Eitelkeit. Ja [...], unser Verstand gewinnet gerade so viel Beschäftigung, als uns nöthig ist [...]. In den Gegenständen der schönen Künste will unser Verstand aufgemuntert, in angenehmer Uebung erhalten, aber durch Anstrengung nicht ermüdet seyn.[32]

30 Stefan Willer: *Metapher/metaphorisch*, in: Karlheinz Barck (Hg.): *Ästhetische Grundbegriffe [ÄGB]. Historisches Wörterbuch in sieben Bänden.* Bd. 7: Supplemente, Register. Stuttgart 2005, 89–147, 106.

31 Christian Ludwig von Hagedorn: *Betrachtungen über die Mahlerey. Erster Theil.* Leipzig 1762, 562.

32 Hagedorn: *Betrachtungen über die Mahlerey*, 458 f.

Eben denselben Reiz, den die allegorische Darstellungs- und Bedeutungsweise auf den Verstand des Betrachters ausübt, indem sie „mäßig verhüll[t]“, „nicht aber [...] versteckt[]“, konstatiert Hagedorn aber auch für den Liebhaber der Malerei, der die Umrisse der Gegenstände am liebsten wie unter einem dünnen Schleier verhüllt, aber nicht verborgen sieht. Hagedorn veranschaulicht diesen Reiz des *sfumato* am Beispiele eines Portraits: „Angenehmer erscheinen gefällige Gesichtszüge zuweilen unter einem dünnen Flor, der uns [...] noch mehr Schönheit errathen läßt. [...] Unsere Neugier will durch mehrern Anreiz vergnügt, aber nicht gesättiget seyn.“[33]

Die Allegorie der Allegorie präsentiert sich zugleich als Allegorie der *sfumato*-Malerei: „unter einem Schleyer [...], der sie verhüll[t], aber nicht unsern Augen verb[i]rg[t]“, sondern vielmehr gerade erst recht durch den „Flor“ ihrer Darstellungsweise die Einbildungskraft dazu anregt, sich mit ihrer anschaulich-unanschaulichen Gestalt zu beschäftigen und ihr so imaginäre Plastizität zu verleihen. Bei Hagedorn tritt die inhaltliche Komponente nunmehr ganz zurück hinter eine prinzipielle, strukturelle Parallele der Bedeutungsweisen und Wirkungspotentiale von sfumatohaften Umrissen und Allegorie. Doch eher als um die Allegorie geht es hier – um den Darstellungsmodus der Metapher: Denn eben die Metapher, unter der Hagedorn die Allegorie der Allegorie auftreten ließ: der Schleier – erscheint unter anderem bei Kant (in der *Rezension von Herders Ideen zur Philosophie* von 1785) in der metaphorischen Rede von der Metapher als einem sprachlichen Schleier oder einem semitransparenten Gewand, unter dem die Wahrheit „angenehm hervorschimmern“ solle,[34] woraus sich als Bedeutungsmodus der Metapher „das Durchscheinende, die Zone des Übergangs zwischen vollkommener Opazität und reiner Transparenz“[35] ergibt. Dabei korrespondiert die aus der Differenz von Zeichen und Bedeutung resultierende Unschärfe der Metapher, das Gleitende der Designation als poetische Qualität, in der Bildenden Kunst sowohl dem Prinzip des malerischen *sfumato* als auch dem des fluide-unbezeichneten plasti-

33 Hagedorn: *Betrachtungen über die Mahlerey*, 561.

34 Kants Vorwurf an Herder besagt, diese habe mit kühnen Metaphern und poetischen Bildern den „Körper der Gedanken wie unter einer Vertugade“ versteckt, statt ihn „wie unter einem durchscheinenden Gewande angenehm hervorschimmern zu lassen“. (Kants Werke: *Akademie – Textausgabe. Abhandlungen nach 1781* (Bd. 8). Nachdruck: Berlin 1968, 58–66.) Zu dieser Kritik an „der trügerischen Evidenz metapherngeleiteter Argumentationswege“ vgl. Konersmann, *Figuratives Wissen*, 9.

35 Konersmann, *Figuratives Wissen*, 10.

schen Kontur. Und nicht zuletzt scheinen sich streng lineare Umrisszeichnungen auf besondere Weise als Metapher des Metaphorischen selbst zu empfehlen: Die Wirkungsweise von Umrisszeichnungen, durch Abstraktion und Stilisierung die eigene Medialität zu exponieren und Synthetisierungsappelle an den Betrachter zu richten, entspricht dem der Metapher eigenen Irritationsmoment, das die Reflexion über die Kluft zwischen Zeichen und Sinn anregt und ein nicht kommensurables Surplus an Bedeutung generiert.

Hat die Metapher ihren Ort an der Grenze von „sinnlicher Erkenntnis“ und „deutlicher Vernunfterkenntnis“ bzw. in der Übertragung der einen auf die andere auf dem Wege der Analogie, wie es Baumgarten zu Beginn seiner *Aesthetica* für die Ästhetik selbst bestimmt – so dass man eine prinzipielle „Metaphorizität des Ästhetischen“ auf dem Wege der analogischen Erkenntnis konstatieren kann[36] – so entspricht die Vermittlung der Metapher zwischen Vernunft und Einbildungskraft, zwischen Unanschaulichkeit und Versinnlichung der kognitiven Leistung der Umrissdarstellung. Wie der Metapher als Element der Differenz, des synthetisierenden Denkens der Differenz und der Analogie[37] eine prinzipielle selbstreflexive Komponente eigen ist, so gilt dies auch für das Konzept des Umrisses. So können Umrisse und Konturen in kunstliterarischen Texten auch als Metapher der Metapher gelesen werden, als Figur der Anschaulichkeit dessen, dem kein Vernunftbegriff je gemäß sein kann, wie es in Kants Theorie der „Hypotypose“ verhandelt wird. Die Hypotypose, als „‚Übertragung der Reflexion über einen Gegenstand auf einen ganz andern Begriff, dem vielleicht nie eine Anschauung direkt korrespondieren kann [KdU § 59]‘“[38] und Unterlegen einer sinnlichen Anschauung qua Analogie, wird zwar von Kant als „symbolische Versinnlichung“ bezeichnet, in der

36 Willer, *Metapher/metaphorisch*, 106.

37 Vgl. David Wellbery: *Retrait/Re-entry: Zur poststrukturalistischen Metapherndiskussion*, in: Gerhard Neumann (Hg.): *Poststrukturalismus. Herausforderung an die Literaturwissenschaft.* Stuttgart/Weimar 1997, 194–207, 196 f.: Derrida denke die Metapher „als Funktion der Unterscheidung, der Grenze, der Differenz“ und betone damit nicht ihren „aussagenlogische[n] Status, sondern ihr grundsätzlich selbstbezügliches Operieren“; „[d]ie Metapher ist *Thematisierung der Grenze als Paradoxie*, als Einheit der Differenz und differentielle Einheit der metaphorisch relationierten Begriffe.“ Vgl. auch Willer, *Metapher/metaphorisch*, 143.

38 Immanuel Kant: *Kritik der Urteilskraft.* Mit einer Einleitung und Bibliographie hg. v. Heiner F. Klemme. Hamburg 2001, § 59.

Forschung jedoch mit der „metaphorischen Versinnlichung“ gleichgesetzt.[39]

Die versinnlichende Anschaulichkeit der Metapher des Umrisses als einer Figur ästhetischer Erkenntnis verbleibt, als dezidiert ‚graphische‘ Figur, jedoch selbst an der Grenze von Bild zu Schrift; sie ist denkbar abstrakt und konkret zugleich. Gerade aufgrund dieser Ambivalenz stellt die Metapher des Umrisses ein zentrales Reflexionsmedium für die Herausforderung der Kunstwissenschaft dar, Bilder in Worte zu fassen. Sie scheint gerade jenen im 18. Jahrhundert hart umkämpften Grenzbereich zwischen den Bildenden Künsten und der Literatur zu bezeichnen und zwischen beiden Domänen zu vermitteln. Der Umriss wird als Metapher für literarische Aspekte verwendet, beispielsweise in Karl Philipp Moritz’ Konzept einer amimetischen sprachlichen Nachahmung des Schönen, die in einer „*Spur* auf dem Grunde der Einbildungskraft“ resultiere, deren Umrisse denen des Urbildes genau entsprechen.[40] Bei Herder hingegen, der 1773 beklagt, dass den zeitgenössischen Dichtungen im Gegensatz zu denen eines Homer oder Ossian der „runde Contour“ mangele,[41] zielt die Metapher auf fiktionale Plastizität und Unmittelbarkeit. Die Übertragung des Umrisses von der Kunst auf die Literatur führt, auf dem Wege der Metapher, das synästhetische Zusammenwirken der Erkenntnisvermögen vor, das Herder selbst hervorhebt, indem er die natürliche Disposition des Menschen zu metaphorischem Denken damit begründet, dass dieser ein

39 Vgl. Willer, *Metapher/metaphorisch*, 114: Kants „ästhetische Idee“ lasse sich mit der Metapher gleichsetzen, da dieser die „ästhetische Idee als ‚Vorstellung der Einbildungskraft’ bestimmt, ‚die viel zu denken veranlasst, ohne dass ihr doch irgend ein bestimmter Gedanke, d. i. *Begriff* adäquat sein kann.’ Damit ist sie das Gegenstück zur Vernunftidee, ‚welche umgekehrt ein Begriff ist, dem keine *Anschauung* (Vorstellung der Einbildungskraft) adäquat sein kann.’“ (KdU § 49) Vgl. ferner Zill, *Grenze*, 144, und Rüdiger Campe: *Vor Augen Stellen. Über den Rahmen rhetorischer Bildgebung*, in: Gerhard Neumann (Hg.): *Poststrukturalismus. Herausforderung an die Literaturwissenschaft*, 208–225, hier 212 zum „radikal amimetischen Zug in der Darstellung“ in Kants *Hypotypose.* Vgl. auch Rodolphe Gasché: *Überlegungen zum Begriff der Hypotypose bei Kant*, in: Ch. L. Hart Nibbrig: *Was heißt Darstellen?* Frankfurt a.M. 1994, 152–174, hier 158, und Olaf Jäkel: *Wie Metaphern Wissen schaffen.* Hamburg 2003, 116.

40 Karl Philipp Moritz: *In wie fern Kunstwerke beschrieben werden können?* In: Ders.: *Werke.* Hg. v. Heide Hollmer und Albert Meier. Bd. 2: *Popularphilosophie. Reisen. Ästhetische Theorie.* Frankfurt a.M. 1997, 992–1003, 998.

41 Johann Gottfried Herder: *Auszug aus einem Briefwechsel über Ossian und die Lieder alter Völker*, in: Herder/Goethe/Frisi/Möser: *Von deutscher Art und Kunst. Einige fliegende Blätter.* Stuttgart 1999, 5–62, 36.

„denkendes sensorium commune“ sei, „in dem sich die unterschiedlichen Sinne analogisch und ‚dunkel‘“ verknüpfen.[42]

Doch auch umgekehrt werden auf den Umriss Metaphern des Sprachlichen bezogen, wie bei Sulzer, der bereits 1767 ein Wörterbuch philosophischer Metaphern forderte, und in seiner *Allgemeinen Theorie der Schönen Künste* (1771) im Artikel *Umriss* bemerkt:

> Im Umriß kann nicht einerley Ton herrschen, wenn es ihm nicht ganz an Kraft fehlen soll. [...] So wie die Wörter der Rede, die Redesätze und ganze Perioden ihre verschiedenen Accente, Hebung und Abfall der Stimme haben müssen um wolklingend zu seyn, so muß auch der Umriß Ton und Stimme abändern.[43]

Die Stilistik des idealen graphischen Umrisses wird mit den akustischen Metaphern von Ton und Stimme um synästhetische Effekte angereichert. Bemerkenswert ist dabei, dass für Sulzer der „Ton“ besondere anthropologisch-erkenntnistheoretische Relevanz besitzt, da er in ihm das Medium sieht, das zwischen rationalem Erkennen und sinnlichem Empfinden zu vermitteln vermag. Durch die metaphorische Übertragung des Tons werden dessen mediale Qualitäten im Hinblick auf eine Erkennen und Empfinden verknüpfende Ästhetik – die ja auch der Wirkungsweise der Metapher entspricht – auf den Umriss übertragen. Die metaphorischen Grenzwechsel des Umrisses zwischen den Künsten, bei denen, nicht zuletzt durch synästhetische Effekte, Aspekte der einen Seite auf die andere geschmuggelt werden, reflektieren so strukturell die „Metaphorizität des Ästhetischen“ als einer Übertragung der „niedere[n] sinnliche[n] Erkenntnis auf die höhere, deutliche Vernunfterkenntnis“ „auf dem Wege der Analogie“.[44]

Die Metapher des Umrisses stellt also in mehrfacher Hinsicht eine Figur kunstwissenschaftlicher Erkenntnis dar: Zum einen im Hinblick auf deren eben genannte analogische Erkenntnisweise, zum andern hinsichtlich der Ambivalenz des Umrisses zwischen Gründungsmythos, Konzeptgeschichte des Terminus und dem wörtlich bezeichneten, anschaulichen Gegenstand der metaphorisch zu charakterisierenden Kunstwissenschaft. Und nicht zuletzt wird an den Umrissen der Kunstwerke die Sprache auf sich selbst und ihre genuinen Darstellungsmittel zurückgebogen. Eine Lehre von den Bildern, ihren Darstellungsinhalten, -modi und Entstehungsbedingungen, ist

42 Vgl. Herder: *Abhandlung über den Ursprung der Sprache*, in: *Werke in zehn Bänden.* Hg. v. Martin Bollacher. Frankfurt a.M. 1985, Bd. 1, 743 f.

43 Johann Georg Sulzer: *Allgemeine Theorie der Schönen Künste in einzeln, nach alphabetischer Ordnung der Kunstwörter auf einander folgenden, Artikeln abgehandelt.* Neue vermehrte zweyte Auflage. Leipzig, 1794, IV, 629 f.

44 Vgl. Willer, *Metapher/metaphorisch*, 106.

somit immer auch eine immanente Lehre von den Sprachbildern, mittels derer die Sprache die Bilder zu fassen versucht. Der Begriff der Ikonologie wendet sich so metaphorisch auf sich selbst zurück.

Zu Gegenstand und Perspektive dieser Studie

Die Bezeichnungen „Umriss" und „Kontur" bedeuten eine doppelte Exklusion: Betrachet werden in dieser Untersuchung Reflexionen über jene linearen Gebilde, die *gegenstandkonstituierend* sind – und das heißt in den meisten Fällen, dass sie die menschliche *Gestalt* zur Darstellung bringen. Damit sind also zum einen die Grundrisse und perspektivischen Aufrisse der Architektur ausgeschlossen (mit Ausnahme von Autoren, bei denen dem Umriss/Kontur generell eine zentrale Rolle zukommt und die selbst Bezüge zwischen den linearen Darstellungsformen der Künste herstellen). Prinzipiell werden jedoch konventionalisierte metaphorische Verwendungen der Termini (wie „der Grundriss meines Untersuchungsgegenstandes") nicht behandelt, außer wenn sich eine bewusste Reflexion des Autors über andere Umrissenheitsmomente mit dieser Metapher verbindet. Zum andern bedeutet eine Begrenzung auf *gegenstandkonstituierende*, ‚gestalthafte' Umrisse/Konturen, dass diese Untersuchung Theorien der freien Linie nur dort berührt, wo sie von Autoren auf gegenständliche Darstellungen bezogen werden. Dies gilt vor allem für Hogarths *Analysis of Beauty* mit ihren für die ästhetischen Debatten im späteren 18. Jahrhundert so wirkmächtigen Theorien zur Wellenlinie als ‚Linie der Schönheit' und zur Schlangenlinie als ‚Linie des Reizes', denen hier um der genannten Beschränkung willen kein eigenständiges Kapitel gewidmet wird: Stattdessen erscheinen sie, rezeptionshistorisch aufschlussreich, in dem Kapitel über Christian Ludwig von Hagedorns *Betrachtungen über die Malerei* (1762), in denen der Verfasser in einem umfangreichen Exkurs die Geschichte der Linientheorien in einem beeindruckenden komparatistischen Überblick darstellt und auf ihre Relevanz und Konsequenz für die (gegenständliche) Malerei hin überprüft.

Sabine Mainberger hat in einer vielschichtigen Studie zum *Experiment Linie* (*„Künste und ihre Wissenschaften um 1900"*)[45] Akzentuierungen des Linearen um die Jahrhundertwende betrachtet, mit einigen Rückgriffen in das 19. Jahrhundert. Ihre Untersuchung schließt damit zeitlich dort an, wo

45 Sabine Mainberger: *Experiment Linie: Künste und ihre Wissenschaften um 1900.* Berlin 2010.

meine Analyse ihren Endpunkt findet (mit Ausnahme von Rilkes Rodin-Studien in ihrer Transformation des winckelmannschen Kontur-Konzepts), vor allem aber ist ihre Perspektive wesentlich von der meinigen verschieden; während am Anfang meiner Studie ursprünglich die Frage nach dem (gegenstandbezeichnenden) Kontur als einer *literarischen Reflexionsfigur* stand, liegt Mainbergers Akzent primär auf der (autonomen) bewegten Linie im Rahmen einer „‚Faszinationsgeschichte der geschwungenen Linie'",[46] deren vielgestaltige Aktualisierungen sie in kultur- und kunst- wie auch wissenschaftshistorischer Perspektive verfolgt. Die Definition dessen, was laut Mainberger um 1900 Funktion der Linie sein kann, trifft indessen zu großen Teilen auch für die Funktion der Denkfigur des *Kontur* bzw. der *Umrisse* in den früheren Jahrhunderten zu: Sie fungieren als „epistemologische Metapher, […] Epochensignatur, […] poetologisches Graphem, kulturkritischer Kampfbegriff, […] stilgeschichtliches Indiz"[47] und werden auf vielfältige andere Weise inszeniert.

Ebenfalls nicht Gegenstand dieser Untersuchung ist die ‚Reflexionsform' der Arabeske, deren konzeptuelle Akzentuierungen seit dem 18. Jahrhundert am ehesten Parallelen zur Geschichte der Denkfigur ‚Kontur' aufweisen; dies gilt besonders für die Koppelung an den ‚geistigen' Gehalt und die spezifisch *lineare* Verfasstheit, durch welche die Arabeske in besonderem Maße als strukturelles Reflexionsmedium narrativer Formen qualifiziert erscheint, wie es in virtuosester Weise im Zeichen der romantischen Ironie und Universalpoesie ausgestaltet und programmatisch theoretisiert wurde. Die Bedeutung der Arabeske als ‚Reflexionsform' im Spannungsgefüge von „Wirklichkeitsaneignung und Stilisierung in der deutschen Kunst des 19. Jahrhunderts" hat Werner Busch,[48] vor allem auch im Hinblick auf zeitgenössische Säkularisierungsprozesse und den Verlust der Ikonographie, grundlegend dargestellt.

So eng auch ‚Umrisse' mit dem legendären Ursprung der Kunst in der Umzeichnung eines menschlichen Schattens verbunden sind, so häufig diese ‚Traditionslinie' auch von Autoren bemüht wird und so populär, wie Schattenrisse in der Silhouettenmode des 18. Jahrhunderts auch werden: Diese Studie stellt keine ‚Geschichte des Schattens' dar, eine solche, überaus anregende und perspektivenreiche, hat Victor Stoichita[49] verfasst. Die

46 Mainberger, *Experiment Linie*, 381.

47 Mainberger, *Experiment Linie*, 10.

48 Werner Busch: *Die notwendige Arabeske: Wirklichkeitsaneignung und Stilisierung in der deutschen Kunst des 19. Jahrhunderts*. Berlin 1985.

49 Victor Ieronim Stoichita: *Eine kurze Geschichte des Schattens*. München 1999.

Diskurse, die sich von der Schattenproblematik aus erschließen lassen, führen in gänzlich andere Bereiche (Doppelgängertum, Narzissmus und das ‚Unheimliche‘ der Psychoanalyse etc.) als diejenigen, welche die Denkfigur ‚Kontur‘ eröffnet; eine Ausnahme bilden die *Physiognomischen Fragmente* Lavaters, in denen es allerdings auch primär um die *Umrisse* der Silhouetten, freilich bezogen auf ihre Eigenschaft als Schattenumrisse im Hinblick auf die *imago dei* geht. Vor allem aber markieren sie für die vorliegende Untersuchung einen zentralen Punkt in der Verbindung von Umrissphänomenen und sprachtheoretischen Konzepten (vgl. Kap. 13).

Wenngleich sich diese Studie mit ‚Umrissen‘ und ‚Konturen‘ als gegenstandkonstituierenden darstellerischen Reflexionsformen befasst, so ist ihr Anliegen nicht primär auf das Moment der Rahmung von *Texten*[50] gerichtet – außer in den Fällen, wo Autoren explizit Verknüpfungen zwischen dem ‚Umriss‘ oder ‚Kontur‘ der Bildenden Kunst und den ‚Grenzen‘ ihres literarischen Textes herstellen – wie es beispielsweise bei Plinius d. Ä. (paradoxerweise) der Fall ist (Kap. 2), in Herders literarischem ‚Denkmal‘ Winckelmanns (Kap. 14) oder in Rilkes literarischer Transformierung von Rodins plastischem Kontur in typographische und akustische Strukturen (Kap. 26).

Die Koppelung der Kategorie Umriss bzw. Kontur an die *idea* stellt einen der zentralen Aspekte in der „Geschichte der ästhetischen Denkfigur ‚Kontur‘“ dar; gleichwohl kann diese Verbindung hier nur in einer Perspektive behandelt werden, nämlich im Hinblick darauf, inwiefern die jeweiligen Autoren den Umriss/Kontur als Träger der Idee (oder einer bestimmten Idee oder eines Ideals, wie beispielsweise des „Schönen“) deuten und entsprechend in ihren Schriften propagieren, im Kontext zeitgenössischer ästhetischer Debatten und mit Blick auf den Stellenwert, welcher der ‚Idee‘ darin gerade zukommt. Die Geschichte der *idea* jenseits dieser historischen Positionen zu ihrem ‚Sichtbarwerden‘ kann unmöglich Gegenstand dieser Studie sein; Erwin Panofskys *Idea. Ein Beitrag zur Begriffsgeschichte der älteren Kunsttheorie*[51] ist in dieser Hinsicht das grundlegende Standardwerk.

50 Vgl. dazu die Studie von Till Dembeck: *Texte rahmen: Grenzregionen literarischer Werke im 18. Jahrhundert (Gottsched, Wieland, Moritz, Jean Paul).* Berlin 2007.

51 Panofsky, *Idea*, s. o.

Die Begriffe ‚Umriss' und ‚Kontur' berühren sich ebenso wie mit dem Begriff der ‚Form'[52] vielfach mit jenem der ‚Gestalt', ebenfalls einer „zentrale[n] ästhetischen Grundkategorie";[53] mit diesem verbindet sie die konzeptuelle Affinität zur ‚Denkfigur'. So gibt auch Annette Simonis ihrer Studie zur *Gestalttheorie von Goethe bis Benjamin* den Untertitel *Diskursgeschichte*[54] *einer deutschen Denkfigur.* Außer für ‚Konturen' und ‚Umrisse', wie oben dargelegt, mag dieser Terminus wohl für keine andere ästhetische Kategorie so angemessen sein wie für die ‚Gestalt', da ihre Bedeutungsmomente am ehesten mit dem Potential der *figura,* wie es oben skizziert wurde, übereinstimmen, vor allem im Hinblick auf die ‚Bewegtheit' und die Verwandlungsmöglichkeit (die Metamorphose), die beide – eher als beispielsweise die ‚Form' – charakterisieren bzw. sich in ihnen oder durch sie realisieren können.

Während Simonis darlegt, dass „Gestalt" – „im Gegensatz zu Form" – ein „typisch deutsches Wort"[55] sei, „für das es [...] in den anderen modernen europäischen Sprachen kein genaues semantisches Pendant zu geben scheint", ist dies im Falle des ‚Kontur' und der „Umrisse" anders – sie beziehen zusätzlichen konzeptuellen Reiz und Gehalt durch die terminologischen Verschiebungen, die sich bei der Genese einer erst allmählich, in gleichem Schritt mit ihrer Begriffssprache sich formierenden deutschsprachigen Kunstliteratur ergeben. Die Kategorien werden durch diese begriffsgeschichtlichen Sedimente verschiedentlich angereichert. Mag der

52 Diese Studie soll keine Untersuchung zur (Literatur-)Geschichte der „Form" sein, eine solche liegt vor bei: Dieter Burdorf: *Poetik der Form. Eine Begriffs- und Problemgeschichte.* Stuttgart/Weimar 2001.

53 Annette Simonis: *Gestalttheorie von Goethe bis Benjamin. Diskursgeschichte einer deutschen Denkfigur.* Köln [u.a.] 2001, 1.

54 Die vorliegende Studie verzichtet auf den Terminus ‚Diskursgeschichte', da diese Geschichte der ästhetischen Denkfigur ‚Kontur' weniger auf allgemeine (oder spezielle wissenschaftshistorische) Diskurse zielt und den Stellenwert der betreffenden Denkfigur darin zu verorten sucht, als vielmehr ihre jeweilige Funktion innerhalb der Ästhetik oder Poetik eines Autors zu bestimmen unternimmt; der Fokus liegt dabei auf der individuellen, ‚poietischen' Gestaltung und Transformation der Denkfigur ‚Kontur'. Diskursgeschichtliche Elemente grundieren gleichwohl besonders die einleitenden Kapitel 1 bis 6, die als Fundament der folgenden Entwicklungen notwendig sind, um die individuellen Facettierungen der Konzepte späterer Autoren ermessen zu können.

55 Simonis, 15 f., meint sogar, der Gestaltbegriff beziehe „einen wesentlichen Teil seiner Attraktivität" – besonders für den deutschen Kulturraum – aus der „engen Verbindung" dieses Konzepts zum „‚Nationalautor'" Goethe, so dass sich im Gestaltbegriff der Anspruch einer „‚Nationalkultur'" und in ihrem Dienste konzipierte „‚Klassikerpflege'" überschneiden.

„Gestaltbegriff“ eine „geheimnisvolle und suggestive Aura“ ausstrahlen, so verhält es sich im Falle des ‚Kontur‘ oder der ‚Umrisse‘ anders. Ihren Reiz beziehen sie aus der vermeintlichen Transluzidität, der wohlkalkulierten, präzisen Artifizialität, die gemeinhin mit ihnen verbunden wird – nicht wenige der Quellen, deren ‚Kontur‘-Gestaltungen diese Studie untersucht, unterminieren jedoch gerade diese geläufig assoziierten Komponenten und generieren damit spannungsvoll ‚verschwommene‘ Begriffe anstelle von ‚klar konturierten‘ Konzepten. In jedem Falle ist die im Gestaltbegriff nur „latente Semantik der Kreativität und des künstlerischen Schaffensprozesses“[56] bei ‚Kontur‘ wie ‚Umriss‘ offenbar.

Diese Studie untersucht die Geschichte des Kontur bzw. der Umrisse als ästhetische Denkfigur in kunstliterarischen und dichterischen Zeugnissen; wenngleich die jeweiligen Tendenzen der zeitgenössischen Kunstproduktion in vielfältigen Wechselwirkungen mit diesen Reflexionen stehen, kann es sich hier nicht um eine kunstwissenschaftliche Studie zur historischen Entwicklung der Umriss-Aspekte in Plastik, Zeichnung, Buchillustration oder (Reproduktions-)Graphik handeln, wobei besonders letztere aufs engste mit den konzeptuellen Umakzentuierungen der Umrisse/Konturen verknüpft ist. All diese Komplexe wurden andernorts in ihren vielfachen epochencharakteristischen Wechselwirkungen mit der Kunsttheorie umfassend dargestellt;[57] die Perspektive dieser Untersuchung gilt dem Kontur als *Denkfigur*, die gleichwohl natürlich von den jeweiligen künstlerischen Realisierungen ihren Ausgang nimmt.

56 Simonis, 13.

57 Zur Entwicklung des Zeichnerischen um 1800 und zur „allgemeinen Theoretisierung der Gattung Zeichnung, die sich in einer ungewöhnlich stark reflektierten Zeichenpraxis niederschlägt“, sowie den vielfältigen Formen der „Stilisierung“ und den „bisweilen befremdlich ‚unzeichnerischen‘ Formen der Handzeichnung um 1800“ als Symptom der inneren „Brüche und Aporien“, die hervorragende Darstellung der Zusammenhänge bei: Johannes Grave: *Medien der Reflexion. Die graphischen Künste im Zeitalter von Klassizismus und Romantik*, in: *Geschichte der bildenden Kunst in Deutschland. Bd. 6: Klassik und Romantik.* Hg. v. Andreas Beyer. München u.a. 2006, 439–455, Zitat 454. Vgl. das Standardwerk von Robert Rosenblum: *The international style of 1800. A study in linear abstraction.* New York 1976. Vgl. außerdem Caecilie Weissert: *Reproduktionsstichwerke. Vermittlung alter und neuer Kunst im 18. und frühen 19. Jahrhundert.* Berlin 1999; ferner Regine Timm (Hg.): *Die Kunst der Illustration. Deutsche Buchillustration des 19. Jahrhunderts.* Weinheim 1986, und R. Timm (Hg.): *Buchillustration im 19. Jahrhundert.* Wiesbaden 1988, sowie Viola Hildebrand-Schat: *Zeichnung im Dienste der Literaturvermittlung. Moritz Retzschs Illustrationen als Ausdruck bürgerlichen Kunstverstehens.* Würzburg 2004.

Den ersten Impuls zu dieser Untersuchung gab die Lektüre von Plinius' d. Ä. *Naturalis Historia.* In den Kapiteln zur Geschichte der Malerei liest man dort in der Würdigung des Malers Parrhasius, der *in liniis extremis* der kunstvollste gewesen sei, dass es die „äußerste Feinheit [summa suptilitas/sublimitas] in der Malerei" bedeute, „die Konturen der Körper [extrema corporum] zu zeichnen und dort, wo die Malerei aufhört, richtig abzusetzen [desinentis picturae modum includere]": „Die Kontur [extremitas] muss nämlich um sich selbst herumlaufen [ambire se ipsa] und so aufhören, dass sie anderes erwarten lässt und hinter sich auch das zeigt, was sie verbirgt [promittat alia post se ostendatque quae occultat]." (Nat. Hist. 35, 67 f.) Die Frage, inwiefern der Verfasser einer siebenunddreißigbändigen ‚Naturgeschichte', die das gewaltige Imperium Romanum – und mehr noch: den gesamten Kosmos – in einem sprachlichen Akt der Umgrenzung darzustellen sucht, in dieser Äußerung sein eigenes Verfahren reflektiert haben könnte (bei allen Vorbehalten gegen den gerade in kunsttheoretischen Dingen als Kompilator geltenden Plinius), war der Ausgangspunkt einer Untersuchung dessen, was zunächst eine *Literaturgeschichte des Kontur* werden sollte. Relativ bald stellte sich jedoch heraus, dass Umrisse und Konturen zwar als zentrale Denkfigur in Texten zur ‚Ästhetik', und zwar sowohl in wahrnehmungs- als auch kunsttheoretischer Akzentuierung, fungieren, dass sie jedoch in Bezug auf die Literatur überwiegend nur als ebenfalls literatur*theoretische* Denkfigur erscheinen, selten aber als tatsächlich poetisch umgesetzte poetologische Reflexionsform. Dies ist möglicherweise ein Trugschluss, der jedoch auf einer methodischen Entscheidung beruht, die unvermeidbar war, um dieser Studie gewisse Schranken zu setzen. So reizvoll und ästhetisch befriedigend eine Suche nach Konturen-Gestaltungen beispielsweise in Personen oder (Kunst-)Gegenstände beschreibenden Prosa-Passagen oder in Gedichten gewesen wäre (vor allem angesichts der Trockenheit mancher theoretischer Quellen), so beliebig hätte doch jede Auswahl und Deutung bleiben müssen, sofern nicht gezielte Äußerungen des Autors beispielsweise über Parallelen zwischen seiner literarischen Personencharakteristik und den Konturen plastischer Bildwerke vorliegen. Vergleiche zwischen den Linienverläufen graphischer Umrisse einerseits und Syntax, Rhythmus und sonstiger Stilistik dichterischer Sprache andererseits müssten ebenso beliebig erscheinen, wo sich nicht ausdrücklich im Text selbst, in Titel, Motto oder in ferneren ‚Paratexten' wie Tagebüchern oder Briefen Reflexionen des Autors dazu finden.

Diesen Auswahlkriterien gemäß musste eine wohl beträchtliche Anzahl an (qualitativ vielleicht sogar hochwertigeren, da subtiler verfahrenden) poetischen Texten zum Bedauern der Verfasserin von vornherein ausgeblendet werden, doch bestätigt das Kapitel zu Rilke, der alle ‚Voraussetzungen' im Hinblick auf poetologische Äußerungen überdeutlich erfüllt, wie schwierig selbst in diesem Fall eine Identifizierung derjenigen poetischen Verfahren, die literarische Transformierungen von Konturkonzepten darstellen, im einzelnen Gedicht sein kann (vgl. Kap. 26).

Um die erste Orientierung im historischen Gebäude der Denkfigur ‚Kontur' mit einem Grundriss zu erleichtern, gebe ich nun eine Synopsis dessen, was in den einzelnen Kapiteln zu erwarten ist.

Synopsis

Umrisse zeichnen sich wahrnehmungstheoretisch durch ihre Tendenz zum „Totaleindruck" aus: Sie sind ebenso schnell wie deutlich zur Gänze erfassbar und einprägsam. Dies gilt sicherlich nicht für die vorliegende Studie. Die folgende Synopsis[58] stellt den Versuch eines – *sit venia verbo* – Umrisses dar.

Das erste Kapitel zur antiken Wahrnehmungstheorie stellt Theoreme zu wahrnehmungstheoretischer Akzentuierung und Funktion von Momenten der Umrissenheit dar, die sich als grundlegende und wiederkehrende Elemente späterer Konzepte erweisen. Im Kontext des mehrfach variierten Vergleichs der menschlichen Wahrnehmung mit dem Abdruck eines Siegels in einer Wachsmasse kommt den Momenten des Abdrucks oder Eindrucks (der *typosis en psyche*) im Hinblick auf die Vorstellung (*phantasia*) ebenso Relevanz zu wie der Rede von der (mnemotheoretischen) ‚Spur'. Durch Franciscus Junius werden die antiken allgemein wahrnehmungstheoretischen Konzepte im 17. Jahrhundert in den Bereich der Kunsttheorie übertragen und wirken von dort an in einer spannungsvollen Koexistenz von sensualistischen und idealistischen Positionen im 18. Jahrhundert fort, sowohl in den klassizistischen Theoretisierungen des Abdrucks bzw. Abgusses (auch im Kontext populärer medialer Entwicklungen, zu denen die Daktyliotheken als pädagogisches Medium, vor allem aber als integraler Bestandteil der Gelehrtenkultur gehören) als auch noch bei Karl Philipp Moritz in seinem so radikal amimetischen Konzept

58 Diese Synopsis kann keine regelrechte Zusammenfassung bieten, da eine solche zu vieler Textbelege bedürfte. Eher als Thesen finden sich in der Synopsis also Hinweise auf *ausgewählte* Aspekte, die in den einzelnen Kapiteln hervorhebenswert sind.

der Ekphrasis, das auf die „*Spur* auf dem Grunde der Einbildungskraft" zielt.

Das zweite Kapitel skizziert die grundlegenden antiken Überlieferungen zur Geschichte der Kunst, die sich auf Momente von Umrissenheit beziehen: Es sind dies neben den vagen und teils legendenhaften Berichten über den Ursprung von Malerei und Plastik die Anekdote über einen Künstlerwettstreit um die ‚subtilste' *linea* und die Bewertung des gemeinhin als Meister *in liniis extremis* geltenden Malers Parrhasius. Diese Überlieferungen stellen für die gesamte Kunstgeschichtsschreibung u. a. auch Modelle für Typologien von Künstlern bereit – so erscheint häufig die genealogisch-typologische Reihe der Maler Parrhasius, Raffael und Mengs. Anhand der Umakzentuierungen, Neuinszenierungen und Deutungen, welche die Anekdote und die Beschreibung der Leistungen des Parrhasius erfahren, indem sie als Spiegel der zeitgenössischen ästhetischen Paradigmen dienen, ließe sich wohl bereits ein Diagramm kunsttheoretischer Entwicklungslinien erstellen.

Das kurze Kapitel zum *deus incircumscriptus* behandelt unter starker Akzentuierung der begrenzend Gestalt konstitutierenden *circumscriptio* jene theologischen Konzepte, welche besonders in Zeiten des Bilderstreits zur Basis der existentiell wichtigen theologischen Legitimation der Kunst werden, indem der Künstler sich auf das Vorbild des *deus artifex* berufen kann. Durch die Verbindung der technischen *circumscriptio* mit dem göttlichen *logos* ist zudem die Koppelung des Zeichnerischen an die *Ratio* grundgelegt.

Im Kapitel zu den italienischen *disegno*-Konzepten wird dargestellt, wie sich die Bindung von *idea* und (Umriss-)Zeichnung etabliert, getragen u. a. von dem Bestreben, den Status des neuzeitlichen Künstlers zu nobilitieren und ihn des ‚Handwerker'-Status' zu entheben. Der Begriff des *disegno* dient als Dreh- und Angelpunkt der Schlichtungsversuche im *Paragone* der Künste, indem Vasari deren Einheit durch den gemeinsamen Ursprung im *disegno* propagiert. Damit ist auch die theoretische Basis für all jene Konzepte etabliert, die funktionale und konzeptuelle Parallelen zwischen dem graphischen Umriss und dem plastischen Kontur als jeweiligem Träger des geistigen Gehaltes implizieren. Zudem handelt es sich bei den im *disegno*-Kapitel präsentierten Positionen um diejenigen Texte, die in ihren frühen deutschsprachigen Übersetzungen im 16. und 17. Jahrhundert den Grundstein zu einer deutschsprachigen Kunstliteratur legen.

Bevor aber der Fokus dieser Studie ganz auf die Entwicklungsgeschichte der Denkfigur ‚Kontur' in der deutschsprachigen Kunstliteratur gerichtet wird, ist zunächst im Kapitel zu Franciscus Junius der oben bereits erwähnte Transfer von wahrnehmungstheoretischen antiken Konzepten auf die Kunsttheorie – also von der Aisthetik zur Ästhetik *avant la lettre* – zu betrachten. Junius' Versuch einer Kunsttheorie der Antike aus ihren Quellen erfolgt unter drastischen ‚Verschiebungen', indem er eine ‚*ars pingendi*' verfasst, deren Theoreme sich fast gänzlich aus Quellen zur Rhetorik und Poetik speisen. Bereits dies lässt Rückschlüsse auf den Status des Ideellen in Junius' Kunstauffassung (auch und gerade im Hinblick auf den Status von Umriss-Elementen) zu. Er überträgt die sensualistischen wahrnehmungstheoretischen Konzepte der Antike in einer hocheklektizistischen (und strategisch subtilen) Kombination von stoischen, aristotelischen, epikureischen und (neu-)platonischen Theoremen auf die Bildende Kunst. Im Kapitel zur Herkunft der *Ideen* des Künstlers legt er damit die paradox sensualistische Fundierung der idealistischen Ästhetik.

Besonders wirkmächtig im Hinblick auf die deutschsprachige Kunsttheorie des 18. Jahrhunderts erweisen sich die Einflüsse aus dem Kontext der Debatten um den Primat von *dessin* oder *coloris* an der französischen *Académie Royale* im 17. Jahrhundert und noch darüber hinaus. Wenngleich dort Roger de Piles die Rolle des *coloris* radikal aufwertet, können viele der in dieser Studie dargestellten Theoretiker der Umrisse auf zahlreiche Dokumente jener französischen Debatten zurückgreifen, die von einer Favorisierung der ratio-betonten zeichnerischen Elemente zeugen. Das Konzept der prinzipiell *ideellen* Verfasstheit des *dessin*, wie es bei Félibien begegnet, wirkte u. a. auf Winckelmanns komplexes Kontur-Konzept. Neben den rein auf Bildende Kunst bezogenen Positionen finden sich unter den Debatten um den *dessein* (in dieser orthographischen Variante) auch literaturtheoretische Verwendungsweisen des Begriffs, der nun mit dem Konzept der Einheit in der Mannigfaltigkeit verknüpft wird: Der *dessein*, in diesem Sinne verwendet, soll die Ganzheit des Kunstwerks gewährleisten und zudem, der rhetorischen Kategorie des *aptum* gemäß, als Korrektiv zur stilhöhenabhängigen literarischen Darstellung dienen.

Nach einem kurzen Auftakt in der Kinderstube der Kunstliteratur, den bilderreichen Musterbüchern oder sogenannten ‚Kunstbüchlein' mit ihren modellhaften „Lineamenten“ für Künstler und Handwerker, beginnt die deutschsprachige Geschichte der ästhetischen Denkfigur ‚Kontur' – zunächst überwiegend im Modus des Übersetzens, das aber bereits in Walther Ryffs (Rivius') frühen Vitruv- und Alberti-Übersetzungen mehr ist als bloße Übertragung. Gerade am Beispiel der Umriss-Terminologie, die sich so oft mit der *inventio* verbunden zeigt und damit ins Zentrum der produktionsästhetischen Thematik führt, zeigen sich unweigerlich Ansätze zu eigenständigen kunsttheoretischen Beiträgen in interpretierenden, alternativen Doppelübersetzungen der Termini, und gerade die Umrisse sind es, die den Mathematiker Rivius im Falle der Skulptur dazu veranlassen, in Albertis Übersetzung eine Ergänzung aus dem Traktat von Gauricus zu interpolieren, der anders als Alberti auf die ‚Lineamenta' der Skulptur genauer eingeht.

Mehr noch als bei Rivius zeigt sich jedoch in der in jeder Hinsicht opulenten *Teutschen Academie* Sandrarts, wie sehr die Arbeit an der Sprache auch Arbeit am Begriff, Arbeit am ästhetischen Konzept ist. Der sprachliche und literarische Anspruch des Werkes wie auch die Schaffung einer deutschsprachigen Kunstterminologie, an der vor allem Sigmund von Birken maßgeblich beteiligt war, stehen zugleich im zeitgenössischen Kontext kulturpatriotischer Bemühungen der Sprachgesellschaften. Die Errungenschaften und besonderen ‚abbildenden' Qualitäten von Sandrarts und Birkens Formulierungen werden umso deutlicher im Vergleich mit der drastisch veränderten Neuausgabe der *Teutschen Academie* durch Volkmann. Die Neuedition verdeutlicht den Sprung der kunsttheoretischen Entwicklung in deutscher Sprache, erscheint jedoch zu ihren Ungunsten bereits im sterilen Lichte des akademischen Klassizismus und lässt so Sandrarts/Birkens Leistung erst wirkungsvoll im eigenen Glanze erstrahlen.

Im Kapitel zum Konzept der „Poetischen Mahlerey" in der Aufklärungspoetik begegnen hingegen die wirkungs- und wahrnehmungstheoretischen Konzepte zur „Spur" und zum „Eindruck" im „Gemüt" des Lesers wieder – nun nämlich in literaturtheoretischer Akzentuierung, die besonders die *Sukzession* der poetischen Bilder hervorhebt, indem der Dichter eine notwendige Wahrnehmungslinie vorgibt und sukzessive „Pinsel=Züge" (Breitinger) ihr Bild in das Gemüt des Lesers malen. Auch das Konzept der *typosis* begegnet hier, jedoch unter dem Mimesispostulat normativer Poetik, wenn der Dichter als Stempelschneider oder als bloßer „Abdrücker" mit dem „Pitschaft der Natur" zu Werke geht, wobei das abgeschwächte Relief des künstlerisch vermittelten ‚Eindrucks' im Sinne der ästhetischen Distanzierung und Affektkontrolle aufklärerischer Wirkungsästhetik von Vorteil ist. Parallelen von Linearität und Eindrücklichkeit in Bildender Kunst und Literatur werden damit sowohl in produktions- als auch wirkungsästhetischer Perspektive reflektiert und in den Kontext der Aufklärungspoetik und ihrer Wirkungsabsichten integriert. Zugleich ist damit eine weitere Basis für Moritz' – dann aber amimetisches – Konzept der „*Spur* auf dem Grunde der Einbildungskraft" etabliert.

Um die Mitte des 18. Jahrhunderts steht, am Beginn der eigentlichen deutschsprachigen Kunstwissenschaft als einer solchen, der ‚Kontur' im konzeptuellen Mittelpunkt der Kunstanschauung desjenigen, dessen

Denken die Kunsttheorie, und besonders im Hinblick auf die Entwicklungsgeschichte der Denkfigur ‚Kontur', fortan maßgeblich und unhintergehbar prägen sollte, dessen übergroßes Vorbild Ansporn, Maßstab und oftmals Hemmnis zugleich werden sollte: In Winckelmanns Schriften erscheint der ‚Contour' als ästhetische Kardinal-Kategorie; in ihm manifestiert sich die idealistische Synthesis von schönem Ideal und schönster Natur. Der ‚Contour' fungiert gleichsam als ‚Graphem' des künstlerischen Konzeptes; im Anschmiegen der ‚Empfindung' an den sichtbaren Kontur kann der Betrachter auch den geistigen Kontur des künstlerischen Konzepts umfassen. Die Funktionen, die dem ‚Contour' in Winckelmanns Kunstanschauung zukommen, sind komplex, hier seien nur einige Aspekte der in Kap. 10 ausgeführten Zusammenhänge genannt: Der Kontur ermöglicht beim ersten Anblick einen schnellen ‚Totaleindruck', gibt aber gleichzeitig die Möglichkeit zum sukzessiven Nachvollzug und reflektierenden Nachempfinden der Form und damit zum dauerhafteren, tieferen Einprägen derselben in die Wahrnehmung. Indem der Kontur die formale Einheit in der Mannigfaltigkeit gewährleistet, macht er durch diese Einheit auch die Schönheit des Ganzen, indem sie fassbar wird, erhaben (so Winckelmanns eigenwilliges Verständnis des Erhabenen) und erweitert in dieser Empfindung – angesichts der Begrenzung – den Geist des Betrachters. Indem im Kontur das geistige Konzept als Synthesis von schönster Natur und schönem Ideal geborgen ist, bleibt es zugleich überzeitlich zugänglich – und mit ihm der ‚Geist' der antiken Kunst im ‚Graphem der Gedanken' ihrer Künstler. Dank der *symmetria* ermöglicht selbst ein fragmentierter Kontur die (imaginäre) Rekonstruktion des ursprünglichen Konzepts durch das ‚Anschmiegen' der ‚Empfindung' an diesen fragmentarischen Kontur. Durch seine spannungsvolle „Unbezeichnung" und sein Changieren zwischen Potentialität und Evidenz regt der bewegte, unfixierbare Kontur die Reflexion des Betrachters fortwährend zur aktiv bildenden Empfindung des Schönen an. Damit sind bereits Aspekte gegeben, aus denen auch frühromantische Abgrenzungen resultieren, als deren Reflexionsmedium Umrissphänomene dienen werden. Zugleich ist das andere formale Extrem, die absolute Präzision strenger Umrisse, die bei Winckelmann primär als historisches Phänomen archaischer Kunstepochen gerechtfertigt wird, symptomatisch für die empiristischen Wissenschaftsdiskurse seiner Zeit, mit denen die Umrissmode (nicht nur) der Reproduktionsgraphik in Wechselwirkungen steht. Auch in diesem strengen Umrissideal zeigen sich wiederum beide Entwicklungsmöglichkeiten: die des strenglinearen Klassizismus *à l'antique* und die aus diesem an dem Umschlagspunkt, den das Phänomen der Flaxman-Stiche markiert, sich entwickelnde frühromantische Favorisierung der ebenfalls strenglinearen, vor-raffaelischen Kunst als bedeutsame ‚Hieroglyphen' katholisch akzentuierter Kunstreligion.

Die innere Bewegtheit des elusiven Kontur wird einerseits durch die bewegte Meereswellen-Metaphorik in Abgrenzung gegen die einheitliche Spiegelfläche verbildlicht und andererseits durch die Bevorzugung einer rauen gegenüber einer geglätteten Oberfläche konkretisiert: Da die eigentliche geistige Form wie unter dem elusiv-fluiden Kontur verborgen liegt, bannt sie den Blick des Betrachters und lässt diesen zum bildenden Reflexionsmedium des inneren geistigen Konzepts werden, anstatt ihn an einer *spiegelnden*, glatten Oberfläche abgleiten zu lassen und auf die Welt der Erscheinungen zurückzuwerfen.

Für Winckelmann ist der Kontur zudem Ausdrucksträger für die Seelenbewegung des Darzustellenden; durch bestimmte metaphorische Bereiche, die dem Kontur zugeordnet werden, wird auch der ontologisch-ideelle Status der Gestalt (menschlich/heroisch/göttlich) gekennzeichnet. Zugleich dient er als Index des soziokulturellen historischen Umfeldes und damit auch dekadenzkritischer Aspekte. Als Gegenstand beschreibender Metaphorik wird der Kontur zur plastisch-allegorischen Gedanken- und Denk-Figur, wenn die Konturen eines ‚Herkules' die Einbildungskraft seine Taten ‚schauen' lassen und eine Entrückung an deren Schauplätze initiieren.

Ferner dient der Kontur als Kristallisationsmedium eines (archaischen) Analogiedenkens der universal-idealschönen Form (von jugendlich-männlichen Körpern bis hin zu Vasen und Henkeln). Der Kontur wird interpretiert als allgemeine kultur- bzw. stilgeschichtliche „Figur", als kunsthistorisches Diagramm; dies gilt sowohl für die Literatur als auch für die Malerei und Plastik); an einer imaginierten Überblendung aller dieser synchronen Epochen-Figuren lässt sich eine diachrone „Figur" der stilhistorischen Entwicklung(-sgesetze) *ablesen.* Der Kontur als Kategorie der Betrachtung, Bewertung und Einordnung der antiken Kunst, besonders der Malerei, stellt damit Klassifizierungsmuster für eine analoge Geschichte (und Prognose) der neuzeitlichen Kunstgeschichte bereit; prominente Maler der Antike, Renaissance und aus Winckelmanns Gegenwart werden dabei mitunter zu Paaren oder Trios arrangiert, die nach einem Typus-Antitypus-Modell strukturiert sind.

Der Kontur als Gegenstand antiquarisch-philologischer Debatten gibt Winckelmann Gelegenheit, auf diesem Felde ‚konventionelle' Diskussionsbeiträge zu leisten und darin mehr oder weniger subtil Prämissen der eigenen Ästhetik durch die antiken Quellen zu legitimieren. Zuletzt dient der Kontur Winckelmann in der metaphorischen literarischen Schlussvignette der *Geschichte der Kunst* zu dreierlei: Er erscheint als ‚Figur‘ und ‚Begriff‘ von Winckelmanns Methode, er verbildlicht den kunstliterarischen Anspruch der *Geschichte* als Kunstwerk und erscheint zugleich als Allegorie der Archäologie.

Im Kapitel zu Hagedorns *Betrachtungen über die Mahlerey*, 1762 erschienen zwischen Winckelmanns *Gedancken* und seiner *Geschichte der Kunst*, präsentiert sich eine bemerkenswerte zeitgenössische ‚Parallelwelt‘ ästhetischer Konzepte, die bestimmt werden von der Aufwertung des Empfindens gegenüber der Ratio – eine Position, die sich besonders in Hagedorns Favorisierung des duftig verschwommenen Farbverlaufs der Umrisse ausdrückt. Er überträgt den Terminus *sfumato* zunächst als das „Verblasene“, bezogen auf die Malerei, ins Deutsche, geht dann jedoch einen Schritt weiter und bezieht es auch auf die ideale Gestaltung der Skulptur. Ähnlich verfährt er mit dem traditionell primär mit dem *dessin* bzw. *disegno* verbundenen Moment der *inventio*, das er zunächst auf die gesamte Ausführung des Gemäldes bezieht, als „überdachte Zeichnung der Flächen“, um es sodann in den Bereich der Skulptur zu übertragen, wo er die „überdachte Zärtlichkeit der Oberflächen“ favorisiert. Er propagiert eine subtile ganzheitliche Gestaltung als progressives Produkt der *inventio*, wobei ihm als Korrelat zum Umriss der ambivalente „Zug“ des Pinsels als Mittlerinstanz zwischen Malerischem und Zeichnerischem terminologisch entgegenkommt: Der Terminus „Zug“ vereint das Körperlich-Taktile mit dem im Akt des Applizierens fixierten Übertragungsmoment im Schweben zwischen geistigem Konzept und äußerem Entwurf und kann andererseits (wie die Umrisse im Bezug zum ‚Charakteristischen‘) im Sinne von bedeutungstragendem, charakteristischem körperlichen Erscheinungsmerkmal verwendet werden. Hinzu kommen geradezu moderne Komponenten einer mimetischen Ausdrucksästhetik der Maltechnik, wenn für die starken Arme der ‚Titanen‘ ein ‚kräftiger Zug‘ des künstlerischen Pinsels gefordert wird.

Nicht zuletzt inszeniert Hagedorn ein zeitgenössisch signifikantes Vexierspiel zwischen der Allegorie der Allegorie und der Allegorie der *sfumato*-Malweise im Hinblick auf beider Darstellungsweise und Bedeuten.

Hinsichtlich der kulturhistorischen, epochentypischen Konditionierungen ist es bemerkenswert, in welcher Weise sich bei Hagedorn Umschlagsmomente von akribischer Empirie und Szientifischem zu ästhetischer ‚Verklärung‘ und einer Aufwertung der Empfindung zeigen, als verschwimme die übergroße Präzision eines Mikroskops im schmeichelnd sanften *sfumato*. Damit ist, zeitgleich mit dem Beginn der Konjunktur der präzise-strengen Umrisslinien der Reproduktionsgraphik (in Wechselwirkung mit neuen archäologischen Funden und deren Reproduktionen, v. a. von Vasen und Wandmalereien) und ihren Wirkungen bis hin zur ‚Umrissmode' des ‚International Style' im späten 18. Jahrhundert, die sich durchaus in Kongruenz mit dem zeitgenössischen Streben nach wissenschaftlich exakten Erkenntnissen sehen lassen, auch das Gegenmodell präsent: Hagedorns *sfumato*-Ideal erscheint als Umschlagspunkt oder Kehrseite derselben Tendenzen. Die genaue optische Beobachtung führt zu einem ‚verklärten' Realismus der Darstellung, gerade die absolute Präzision lässt sich künstlerisch nur als Unschärfe der Gegenstandsgrenzen wiedergeben, in der zugleich mit der genauen Form der Zauber der Dinge verschleiert gewahrt bleibt.

In größerem erkenntistheoretischem und vor allem anthropologischem Zusammenhang erscheinen Umrisse in Sulzers Ästhetik: Sie werden konzipiert als Mittler zwischen den menschlichen Vermögen von *Empfinden* und *Erkennen*, dem konstitutiven Dualismus seines Denkens, auf dem zugleich die Autonomie des Ästhetischen beruht.

Zu einer vermittelnden Funktion zwischen den Vermögen erscheinen Umrisse prädestiniert aufgrund ihrer einerseits offensichtlichen visuell-unmittelbaren Eindrücke auf den Gesichtssinn, andererseits aber aufgrund ihrer traditionellen Koppelung an die Ratio. Indem Sulzer die Darstellungsweise von Umrissen mit Stimmmodulationen und dem „Ton" vergleicht, dem in seiner Musik-Ästhetik zentrale Bedeutung (ebenfalls als Mittlerinstanz) zukommt, werden die rationale und die visuelle Komponente noch synästhetisch erweitert und damit das Potential der Umrisse an ästhetischer „Kraft" bedeutend erhöht. Hierzu trägt auch die schnelle „Wahrnehmbarkeit" von Umrissdarstellungen bedeutend bei. Zudem akzentuiert Sulzer mehrfach den Sprachcharakter der „Umrisse", die „gleichsam ausgesprochen" werden; er verbildlicht ihre ideale Beschaffenheit durch Parallelen zur rhetorischen *actio*, und damit zu derjenigen Produktionsstufe der Rede, von der die *Lebendigkeit* des Werkes und die Wirkung auf die Rezipienten am meisten abhängt. Dabei parallelisiert er „Ton und Stimme" des Umrisses bzw. der einzelnen Linienabschnitte und die durch sie bezeichneten Muskeln, Körperteile oder Figuren implizit mit Wendungen wie „Wörter[n] der Rede", „Redesätze[n] und ganze[n] Perioden". Durch „verschiedene[] Accente, Hebung und Abfall der Stimme" werden „Kühnheit" und „Sanfte[s]", wellenförmiges Ineinanderfließen und Wechsel von Biegungen und Krümmungen der Umrisse verbildlicht.

Die Relevanz der Umrisse für Sulzers Denken erhellt zudem aus dem Stellenwert, der dem Vollkommenen in seiner ‚Ganzheitsästhetik' mit dem Akzent auf den Kategorien der Ordnung, Klarheit und Einheit in der Mannigfaltigkeit zukommt: Hängt doch von dem Gestaltungsmedium des Umrisses die Formkonstituierung und -begrenzung ebenso ab wie die Gestaltung der formalen Einheit des Mannigfaltigen: Dies ist relevant für die Empfindung des Schönen, das für Sulzer um so größer ist, je klarer die Erkenntnis sich gestalte. Somit ermöglicht der aktiv perzipierende Nachvollzug des Umrissverlaufs höhere Stufen dieser Empfindung: Die Linearität der Umrisse konditioniert neben der abstrakt-konzentrierten, schnellen visuellen Eindrücklichkeit *auch* eine progressive Empfindung im optischen Nachvollzug der Lineamente, die somit dem von Sulzer propagierten Vergnügen entgegenkommt, das die Seele bereits in der Erkenntnistätigkeit an sich empfinde. Konsequent spricht Sulzer den klaren Ideen den Vorzug vor den dunklen, den deutlichen vor den undeutlichen zu, und der Umriss ist durch seine besondere Affinität zum klar Definierten gekennzeichnet als ein wesentliches Element ‚klarer' und ‚deutlicher' visueller Darstellung.

Ist der unmittelbare Eindruck auf das Empfinden einmal vollbracht, setzt in der Perzeption der linearen Denotation, mittels derer der Umriss ja auch die ‚Idee', den (auch sittlich-moralischen) Gehalt des Kunstwerks darstellt, die progressive Erkenntnis ein, in der der Gegenstand des Empfindens zu einem Objekt der ‚Vorstellung' und der Reflexion des Verstandes wird: Somit kann der Umriss seine Vermittlungsleistung zwischen beiden Vermögen, dem Empfinden und dem Erkennen, wirksam entfalten.

Der Umriss vermag als gestalterisches Element der Begrenzung (und damit Gegenstand oder erst ermöglichende Bedingung des Urteils) und zugleich als sinnlich wahrnehmbares Objekt des Gefallens zwischen der *Erkenntnis* des *Vollkommenen als eines Ganzen* und der *Empfindung* des *Vollkommenen als eines Schönen* zu vermitteln und beider Wirkungsweisen zu kombinieren.

Zu den prägnantesten Umriss-Konzepten des 18. Jahrhunderts gehören Lavaters physiognomische Studien mit der hohen Wertschätzung von reinen Schattenrissen. Ihnen kommt aufgrund ihrer anthropologisch-ästhetischen Verdichtungsleistung zentraler Stellenwert zu. In allen sichtbaren menschlichen Körperzeichen erkennt er lesbare Signaturen des göttlichen Schöpfers und Reflexe der *imago dei.* Diese Signaturen, die freilich nicht sukzessiv gelesen werden können, sondern vielmehr als unerschöpflicher, augenblickshafter Totaleindruck unmittelbar auf den Betrachter wirken, gelten Lavater als „Natursprache". Zwar könne er nicht „das tausendbuchstäbige Alphabeth zur Entzieferung [!] der unwillkührlichen Natursprache im Antlitze" geben, doch wolle er „einige Buchstaben dieses göttlichen Alphabeths [...] leserlich vorzeichnen". Als dessen Fibel und Wörterbuch dienen die zahllosen Silhouetten seiner *Physiognomischen Fragmente.* Weit über die angestrebte ‚Menschenkenntnis' hinausgehend drückt sich jedoch in Lavaters Utopie einer jenseitigen, unmittelbaren und nonverbalen Sprache nach der Auferstehung die durchaus epochentypische Sehnsucht nach sinnlicher Transzendenzerfahrung aus, die sich hier einmal mehr, wenngleich in sehr spezifischer Ausprägung, an *Umrissen* manifestiert.

Bei Herder begegnen Konturen erwartungsgemäß in den Entwürfen zur *Plastik* im Rahmen seiner Aufwertung des Tastsinns. Dem plastischen Kontur wird es aufgebürdet, die Dissoziations- und Zersetzungsängste des Individuums zu kompensieren; dem Kontur als Körpergrenze kommt zentrale Relevanz zu bei der Konstituierung des Subjekts aus dem Gestus der sensualistischen „ich fühle mich! Ich bin!"-Emphase Herders. Spannender jedoch erscheinen Herders ungemein komplexe Verwendungen der ‚Umrisse' als literaturtheoretische Metapher für poetische Plastizität, poetische Unmittelbarkeit und poetisch-monadologische Theodizee mittels ästhetischer, also dunkler Erkenntnis. Zudem fungieren sie als Reflexionsmedium und Modell für ‚gestalttheoretisch'-werkbiographische Darstellungsformen (im *Denkmal Winckelmanns*) oder als Metapher für den produktiv-selektiven Umgang mit geistigen Anregungen (in Baumgartens *Meditationes*, in denen Herder „den ganzen Grundriss zu seiner Metapoetik finde[t], und die [er für sich selbst] als jene Kuhhaut betrachten darf, aus der eine ganze Königsstadt der Dido, eine wahre Philosophische Poetik umzirkt werden könnte"). Schließlich erscheinen sie im wundersamen *hapax legomenon* „Sonnenriß" als ‚performative' Metapher für die Kombination von ästhetischer, ‚dunkler' Erkennntis und klarer Erkennntis des Verstandes, wenn die Dramen Shakespeares als „dunkle kleine Symbole zum Sonnenriß einer Theodizee Gottes" bezeichnet werden und wie die Corona einer Sonnenfinsternis hinter den verdichteten, ‚dunklen' Silhouetten der Shakespeareschen Dramen der Verweis auf transzendente Geborgenheit als strahlender Kranz hinter den Umrissen hervorscheint.

Funktion und Stellenwert von Konturen in Heinses Roman *Ardinghello* oder in seinen italienischen Reisenotizen (oder womöglich in beiden gemeinsam) zu bestimmen, erscheint kaum in befriedigendem Maße möglich. Umrisse und Konturen zeigen sich dort keineswegs als mögliche scharfe Trennlinie von Klassizismus und Antiklassizismus, sondern präsentieren sich vielmehr als irisierende Spiegelachsen: Die Äußerungen zu Umrisskomponenten, die aufgrund ihrer ästhetikhistorischen Tradition mehr als andere Elemente zu Positionsbestimmungen prädestiniert wären, changieren programmatisch unprogrammatisch zwischen Klassizismus und Antiklassizismus. Sie zeigen somit das ganze epochale Dilemma Heinses, der sich oftmals in akribischem Konturen-Nachvollzug am klassizistischen Erbe abzuarbeiten scheint, wobei dieser Konturen-Nachvollzug häufig in den Notizheften als Erkenntnismedium fungiert und eine Änderung der Urteile herbeiführt – freilich *sowohl* hin zu einer antiklassizistischen Deutung *als auch* zugunsten einer Bestätigung winckelmannscher Urteile. Zudem finden sich jedoch als individuelle Erweiterungen des Kontur-Begriffs anthropologisch-ethnographische Komponenten, die mit der Stilistik von malerischen Konturen gekoppelt werden (so hätten die Florentiner Maler die mangelnde Schönheit ihrer Landsleute – wie auch die Hetrurier – durch fleißigen Detailrealismus zu kompensieren gesucht). Auch auf topographische Momente wird der ‚Kontur‘ bezogen – die durchreiste Kulturlandschaft erscheint Heinse als physiognomisch ausdeutbare, beseelte *Kontur*landschaft.

In seinen Bildbeschreibungen im engeren Sinne ist Heinse eher als am Nachvollzug von Umrissen an den „Linien des Lebens“ gelegen; auch ‚Parallelogramme der Kräfte‘ (G. Boehm) und Achsen der Blickbezüge bezeichnen die von ihm hervorgehobenen linearen Elemente – sei es aus dem Bestreben um den ‚Anschluss‘ des Betrachters an das Bild und eine dadurch ermöglichte Ganzheitserfahrung mit der umgebenden Natur oder bedingt durch Heinses charakteristische Transgression von Natur und Kunst, indem er Bilder wie reale Szenen beschreibt und daher die Lebendigkeit von Blicken und emotionalen Attraktionen an die Stelle von Kompositionslinien setzt.

Die umfassendste Linear-Ästhetik, dominiert von der Figur des Umkreises und der inkommensurablen Kreislinie des höchsten Schönen, findet sich in den Schriften Karl Philipp Moritz’. Die Umgrenzung der Gestalt ist hier von existentieller Wichtigkeit zur Rettung des Gebildeten aus der amorphen, als dissoziierend erfahrenen Alltagswelt; der Umriss gewährleistet die Enthebung des Kunstwerks aus der Bedrohung durch Zersetzung, indem er es isolierend bewahrt. Prägnant für die Geschichte der Denkfigur ‚Kontur‘ sind besonders Moritz’ autonomieästhetisches Konzept des Schönen als eines ‚in sich selbst Vollendeten‘ und das – titelgebende – Konzept einer amimetischen Beschreibung des Schönen, das eine dennoch identische abstrakte „*Spur* auf dem Grunde der Einbildungskraft“ generiert. Bei Moritz finden sich nicht nur Transformationen säkularisierter Modelle der Signaturenlehre, sondern auch der sensualistischen wahrnehmungstheoretischen Theoreme der Antike, wie sie bei Junius und den Aufklärungspoetikern begegneten. Zuletzt findet sich eine nahezu unwahrscheinlich wirkende umfassende Ausgestaltung der eigenen Lineärästhetik als poetologisches Strukturmodell in zwei literarischen Texten von Moritz, in der *„Allegorie“ Andreas Hartknopf* und in der *Neuen Cecilia*: Von der in sich selbst vollendeten ‚monadischen‘ Darstellungsform im klassizistischen Brief-Roman über facettenreiche Umriss-Motivik hin zu antiallegorisch-allegorischer Ausgestaltung der eigenen Lineärästhetik findet der Linientheoretiker hier literarisiert, was das Herz nur begehrt.

Eine weitere Facette stellen die Umrissillustrationen dar, die Carstens zu Moritz' *Götterlehre* anfertigte – auch sie dienen als ‚Spuren‘ zur Vergangenheit, mittels derer Moritz' *Götterlehre* zugleich gewissermaßen die Teleologie der Phantasie, wie er sie aus den Mythen herausliest, vollendet, indem er dem „Grenzenlosen und Unbeschränkten“ der mythischen Urzeit die absolute Bestimmtheit der in Umrissen gebannten Göttergestalten gegenüberstellt. Diese, als mehrfach mittelbare Bildungen nach geschnittenen *Steinen*, visualisieren aber zugleich auch die *Petrifizierung* einer solchen „Sprache der Phantasie“, welche die Mythologie selbst schon als „Horizont“ für den „Gesichtskreis“ ihrer Bildungen begreift, an dem durch Unterfangen wie eine fein bestimmende, Umrisse definierende und Gestalten isolierende *Götterlehre* der Mensch selbst eine „neue Mörgenröte“ heraufzubeschwören vermag: Er beherrscht die Grenzen und setzt das Maß.

Erwartet man im Rahmen von Goethes klassischer Ästhetik, der Bedeutung, die Winckelmann für seine Kunstanschauung zukommt, oder im Kontext seiner kunstpolitischen Strategien zu Zeiten der ‚Weimarischen Kunstfreunde‘ dezidierte programmatische Äußerungen zu den Darstellungsmodi oder dem ästhetischen Wert von Konturen oder Umrissen, so sieht man sich schnell getäuscht. Goethe spart bereits die *Termini* Kontur und Umriss weitgehend aus. Die Konzepte um Umrisse und Konturen weisen genau in den Kern der inneren Spannungen von Goethes Ästhetik: Sie bezeichnen die Grenze, an der linear verfasste klassizistische Präferenzen und Goethes persönliches Interesse an der Farbenlehre aufeinanderstoßen; fixierend-abstrahierende Umrissdarstellungen stehen in der Mitte zwischen den Prinzipien von Natur- und Kunstanschauung, zwischen dem klassizistisch-sistierenden Formwillen und dem entschiedenen, für Goethes Disposition existentiell notwendigen Beharren auf dem morphologisch-*lebendigen* Gestalt-Zusammenhang. Die Begriffe *Gestalt* und *Form* treten so auch meist an die (mögliche) Stelle von *Kontur* oder *Umriss.*

Hinzu kommt die Spannung zwischen einer klassizistischen Umriss-Favorisierung und dem kunstpolitischen Abgrenzungswillen gegen den frühromantischen Umriss-Enthusiasmus. Die Stilisierungstendenzen der frühromantischen Umrisseuphorie dienen Goethe somit möglicherweise als Erkenntnismedium der eigenen sentimentalischen Zeitgenossenschaft in ästhetischen Fragen, so dass der Abbruch des *Achilleis*-Projektes gegebenenfalls in diesem Kontext zu bewerten ist. Erst spät findet sich eine explizite Parallelisierung von Prinzipien der eigenen literarischen Poiesis und der Blick-Konditionierung des Kunstbetrachters im Hinblick auf ‚scharfe‘ Figuren-Charakterisierung.

Im Umfeld der *Propyläen* werden die Konturen von Abgüssen als Erkennntismedium der klassizistischen Kunstpädagogik inszeniert, indem das Fortschreiten von ‚stumpfen‘ Abgüssen über bessere bis zu den marmornen Orginalen wie der Aufstieg aus einer platonischen Höhle des künstlerischen Unverstands erscheint: Das unbestimmte Gefühl, dem an mangelhaften Abgüssen nur das ‚Allgemeinste‘ erkennbar ist, entwickelt sich zur Erkenntis des ‚Bestimmtesten‘, das jeweils nur vor Originalen gedacht werden müsse.

Die entsprechende Theoretisierung dieser produktionsästhetischen Facette hat Humboldt in seiner Studie über Goethes *Herrmann und Dorothea* hingegen bereits über 20 Jahre zuvor unternommen: Er führt dabei wohl alle literarisch möglichen Bezugspunkte für eine Theorie und Analyse poetischer ‚Konturen‘ an, sowohl im Hinblick auf Plastizität der Charaktere als auch auf sprachliche Stilistik, Handlungsdarstellung und ‚Totaleindruck‘. Dies alles steht, mit dem Blick auf das Wesen der Dichtkunst im Allgemeinen wie des Dichters Goethe im Besonderen, im Kontext eines universalen Bildungsprogramms der *inneren* Konturen: Humboldt kommt es wohl als einzigem der Autoren, die sich um 1800 theoretisch über Umrisse äußern, zu, im Angesicht einer als haltlos und amorph erfahrenen Lebenswelt die eigene Favorisierung, ja die Behauptung der Notwendigkeit des begrenzenden, festbestimmte Formen definierenden Umrisses als Darstellungsmedium und ästhetische Denkfigur kritisch reflektiert zu haben. Der integre Kontur zumal der menschlichen Gestalt und ihres Schicksals als Individuum wie auch als Gattung dient als zentrales Reflexionsmedium, dessen Unversehrtheit und Lückenlosigkeit sich der Ästhetiker beständig versichern muss und nur versuchen kann, dieses Anliegen mittels der Literatur in einer Bildungsmission an den „innern Formen des Charakters“ voranzutreiben – „jetzt, wo die äussern der Umstände und der Gewohnheit mit so furchtbarer Gewalt einen allgemeinen Umsturz drohen.“

Die Reflexionen über Umrisse erscheinen so als Notate eines Seismographen, der die Erschütterungen der Zeit in den Konturen der Gestalten sichtbar macht.

Wieder auf die bildende Kunst bezogen erscheint das von ebenso intensiver Winckelmann-Lektüre wie Transformation seiner Position zeugende Kontur-Konzept Fernows, das im Kontext der mit Hirt geführten Weimarer Debatten um ein Konzept des Charakteristischen zu verstehen ist. Bei Fernow ergibt sich ein komplexes Äquivalent zum ‚Kontur' Winckelmannscher Prägung aus einem „Schema der Gestalt" und einem „Schema der Schönheit", die sich *als* „idealische Schönheit" „jedem Karakter" erst anschmiegen müssen. Sie erschließen sich dem Betrachter nicht in einer *Empfindung des [idealischen] Schönen*, sondern in einem semiotisch-anthropologisch geschulten „*fisiognomische[n] Gefühl*", das sich keinem rein idealischen Kontur anschmiegt, sondern „im Totaleindruk der Gestalt" den „*ganzen* (dargestellten) Menschen" zu erfassen versucht: zwischen Individuum und Ideal. Fernows anschmiegsame Schemata erscheinen so als charakteristische Siegelabdrücke des späten Klassizismus.

Während sich in A. W. Schlegels Vorlesungen ein Schwanken zwischen Klassik und Romantik zeigt, erweist er sich hingegen in seiner Flaxman-Besprechung als theoretischer Vorreiter der romantischen Umriss-Euphorien. Schlegel greift Hemsterhuis' wahrnehmungspsychologische Theoreme von der Geschwindigkeit der Umrisswahrnehmung und dem darin realisierten Maximum an Ideen auf, das frühromantischen Konzepten der tätigen Einbildungskraft besonders entgegen kommt. Umrisszeichnungen werden nun als quasi poetische ‚Hieroglyphen' gedeutet, die auf eine der Dichtung analoge Weise wirken und an die Einbildungskraft des Betrachters appellieren, sie fortzubilden. Flaxmans Umrissdarstellungen versinnlichen für Schlegel das Unendliche gerade durch das begrenzte und begrenzende Medium der Umrisszeichnung, indem deren lineare Stilistik selbst symbolisch bedeutet, was sie nicht abbilden kann: „So wie die Worte des Dichters eigentlich Beschwörungsformeln für Leben und Schönheit sind, denen man nach ihren Bestandteilen ihre geheime Gewalt nicht anmerkt, so kommt es einem bei dem gelungenen Umriß wie eine wahre Zauberei vor, daß in so wenigen und zarten Strichen so viel Seele wohnen kann." Mehrfach akzentuiert A. W. Schlegel den Sprach-Charakter der Umrisse – so müsse „man seine Phantasie schon malerisch geübt und vollständige Kunstwerke viel gesehen haben, um diese Sprache geläufig lesen zu können."

Was sich bei A. W. Schlegel in diesen kunsttheoretischen Positionen erst als frühromantische Programmatik andeutet, findet sich in den Gemäldebeschreibungen Friedrich Schlegels aus Paris ungleich deutlicher akzentuiert. Ihm gelten die umrissbetonten Gestalten besonders der frühitalienischen Malerei ebenfalls als Hieroglyphen, aber damit nicht genug: War der „menschliche[] Leib[]" – bzw. sein Kontur! – in seiner rundplastischen Gestaltung für die klassizistische Ästhetik der Inbegriff der Synthese von Ideal und schöner Natur, so wird von Friedrich Schlegel der Umriss der flächigen Gestalten mittelalterlicher Malerei, deren „Würde und Heiligkeit" die „Hieroglyphe" des „menschlichen Leibes" glänzen lässt, zur Insignie religiös motivierter Kunstandacht. Bei aller Beschwörung des frühromantischen Topos der (graphischen) Hieroglyphe ist es für F. Schlegel aber primär relevant, *dass* Umrisse auf die eine oder andere Weise ‚bedeutsam' erscheinen. Im Falle des *sfumato* wird diese Bedeutsamkeit, die den höchsten Zweck der Kunst, ihren religiösen Symbolwert gewährleistet, durch signifikanterweise als „*verschwebend*" bezeichnete Umrisse generiert, wenn es über Leonardo da Vincis *Johannes der Täufer* heißt, „die zarten Umrisse" seien „im Vorüberschweben ergriffen, und schwebend erhalten, und hingestellt und ausgearbeitet mit einer nie zu ergründenden Gründlichkeit". Die Gestalt erscheint gänzlich in schwebende Elemente aufgelöst, zwischen denen die poetische Einbildungskraft nach dem Modell der frühromantisch-unendlichen Reflexion in Anlehnung an Fichtes Philosophie, in „nie zu ergründende[r]" Grund-Losigkeit, gründlich hin- und herprojiziert wird.

Bei der Wahrnehmung von Architektur dienen F. Schlegel Umrissphänomene als Medium zur illusionären Geschichtsklitterung im Modus des Scheins: Die Umrisse eines Rathauses in der Dämmerung suggerieren eine Integrität der Substanz und Struktur, wo längst keine mehr ist. Signifikant sind zudem die nationalistischen Akzentuierungen, besonders in F. Schlegels späteren Überarbeitungen der frühen – ja immerhin durch die historisch einmalige Präsenz der in Paris angehäuften Kunstschätze überhaupt erst möglich gewordenen – Aufsätze, die sich bis auf die Terminologie erstrecken, wenn er konsequent jeden ‚Kontur' in einen ‚Umriss' verwandelt.

Es ist überraschend und doch auch bezeichnend, dass gegenständliche Umrisse oder Konturen in der romantischen Literatur so gut wie keine programmatische Ausgestaltung erfahren: Bietet sich doch einerseits die Arabeske eher als neuartiges narratives Modell und visuelle Reflexionsform an, während andererseits gestalthafte Umrisse als Signum poetischer Plastizität und Charakteristik oder eines ‚gemeißelten', klaren literarischen Stils maßgeblich klassizistisch besetzt sind, so dass eine romantische Umakzentuierung hier nicht möglich ist. Können *graphische* Umrisse unmittelbar das beabsichtigte historische Ideal – die altitalienische oder altdeutsche „naive“ Kunst – vor Augen stellen, so können *literarische* Inszenierungen ‚umrissbetonter‘ Gestalten in all ihrer Simplizität der Einbildungskraft des Lesers schwerlich andere als *klassische* Bilder suggerieren. So erscheinen poetologische Umriss-Figurationen erst im Modus der umfassenden Ironisierung in der Dichtung, und zwar der Ironisierung eben derjenigen Kunstform, die den epigonal-sentimentalischen Umrissstil pflegte: In E. T. A. Hoffmanns Erzählung *Der Artushof* fungieren Umrisse zum einen als poetologisches Reflexionsmedium im Kontext des ‚Serapiontischen Erzähl-Prinzips‘ der ‚inneren Schau‘; zum anderen kennzeichnen sie Momente der kunsthistorischen Blickkonditionierung und Prädisposition, der psychologischen (epochal konditionierten) Projektion eines angehenden Künstlers im Zeichen des Deutschrömertums. Zugleich markieren Umrisserscheinungen die ewig trennende und dennoch verknüpfende Grenze zwischen innerer Schau und äußerem Leben, Vergangenheit und Gegenwart, und dienen als bevorzugtes Kunstmittel der deutsch-römischen Malerei in all ihrer Sentimentalität zudem als symbolische ‚Figur‘ dieser Kunstströmung, die zur Ironisierung einer Kunst genutzt wird, deren Protagonisten zeitweise den ‚altteutschen Rock‘ tragen und also tatsächlich gerade unter den Malern wandelnde Kunstgestalten produzieren, die wie aus den eigenen Gemälden entsprungen scheinen. Dabei erweisen sich die Umrissdarstellungen als letztlich elusives Medium der Illusion und Selbsttäuschung.

In durchaus wegweisender Nuancierung aber werden zeichnerische Umrisse im *Artushof* auch als narrative Reflexionsfigur gestaltet, um die spezifischen Möglichkeiten literarischer Gestalten‚konturierung‘ durch deren eigene Rede und ihr in der Handlung sich abzeichnendes Ethos hervorzuheben. Damit deutet diese narratologische Reflexion der Umrisse einerseits den Medienwechsel der kommenden Jahrhundertmitte an, in der sich die künstlerischen Innovationspotentiale zeitweise von der Bildenden Kunst auf die Literatur verschieben, andererseits weist die erzählerische Technik der indirekten Charakterisierung auf Verfahrensweisen des realistischen Romans wie bei Fontane voraus.

Um die Mitte des 19. Jahrhunderts präsentieren sich die Umrisse von Künstlern wie Cornelius und Overbeck in August Kestners *Römischen Studien* (1850) in schon nahezu atavistischer Perspektive, indem Kestner eine auch gattungstheoretisch strikte Kopplung der strengen Umrisse an die hohe Idee propagiert und hoffnungsvoll das „befruchtende Wesen“ der nazarenischen Malerei beschwört.

Bereits fünf Jahre später kann Gottfried Kellers *Grüner Heinrich* (1854/55) in dieser Fruchtbarkeit nurmehr verzweifelnd die unbedingte Epigonalität der zeitgenössischen Malerei erblicken. Am Übergang von der Romantik zum Realismus gewinnt eine konstitutive Facette von Umrissphänomenen (wieder) an Relevanz: Scheint doch bereits im mythischen Ursprung der Malerei, in der Umzeichnung des menschlichen Schattens, als prinzipielle, ontologische und strukturelle Eigenschaft von Umrissphänomenen impliziert zu sein, dass der Schattenriss, in dem der „Schatten der Dinge“ die „erste, bildliche Struktur“ annimmt, stets wie „wie ein Vorgriff“ erscheint, „eine Metapher von Struktur, auf das hin, was dieser vorausgeht an Form, um ihr von nun an als Form auf ewig zu entgehen“ (Haverkamp). In Kellers „Desillusionierungsroman“ (Osterkamp) fungieren Umrissphänomene als Reflexionsmedien künstlerischen epigonalen Bewusstseins und des Medienwechsels, der mit der Verschiebung der Inovations- und Reflexionspotentiale zwischen den Künsten, von Malerei hin zur Literatur, erfolgt. Zudem werden Umrissphänome verschiedentlich zum Reflexionsmedium des poetischen Realismus ausgestaltet.

Nachdem der plastische ‚Kontur‘ bereits um 1800 allmählich und schließlich gänzlich als ästhetische Reflexionsfigur verschwunden war, während graphisch-malerische ‚Umrisse‘ (im Schatten der frühromantisch wuchernden Arabeske) zunächst noch ein gewisses Reflexionspotential boten, verlieren auch sie in der zweiten Hälfte des 19. Jahrhunderts ihren Status als Reflexionsmedium der Literatur. Mehrere Faktoren wirken bei dieser Ablösung zusammen: Zum einen war der Reiz von Umrissdarstellungen in der Buchillustration erschöpft, da reproduktionstechnische Neuerungen den Markt bestimmten, die besser geeignet waren, um malerische Effekte wiederzugeben – und somit auch andere Blickkonditionierungen und sekundär literarische Reflexionsprozesse bedingten. Zudem schuf das restaurative Klima der Wilhelminischen Ära zuletzt ein anderes Subjektsgefühl als in der Umbruchssituation an der Epochenschwelle um 1800: Die Konzentration auf den integren Kontur der fest umrissenen Menschengestalt in einer amorph erfahrenen Lebenswelt war nicht mehr stilbildend. Den folgenden künstlerischen Stilrichtungen, zunächst Realismus und Naturalismus, dann aber vor allem Impressionismus, konnten Umrisse und Konturen kaum als gemäße Reflexionsfiguren erscheinen, da jene auf andere Effekte als den entweder klassizistisch geschlossenen Kontur oder die romantisch an die Einbildungskraft appellierenden suggestiv-sentimentalischen Umrisse zielten.

In gleichem Maße, wie die ‚Umrisse‘ ihr Reflexionspotential für die Literatur verlieren, erscheinen sie auch als bloße metaphorische Schemen bzw. Schematismen, die schablonenhaft sinnentleert gebraucht werden können. Dies ‚illustriert' exemplarisch das *Epilog*-Gedicht zu Paul Heyses *Landschaften mit Staffage*, das wie ein Kinematograph (metaphorisches) Schattenbild um Schattenbild vorüberziehen lässt.

In Fontanes „Zeitroman" *Der Stechlin* hingegen erscheint die umrissgeprägte Malerei von Peter Cornelius im Rahmen eines Kunstgesprächs immerhin noch motivisch als Medium der Charakterisierung der (konservativen) Figur eines Kunstprofessors, zu dessen Ironisierung seine eigenen Kunstansichten beitragen, die umrissbetonte Kunst als Symbol für rettungslosen Reaktionismus erscheinen lassen.

Angesichts dieser eher antiklimaktischen Entwicklung der Denkfigur ‚Kontur' im späten 19. Jahrhundert erscheint Rilkes markante Transformation des Winckelmannschen Kontur-Konzepts, das er in der Auseinandersetzung mit Rodins Plastik im Zeichen der Sprach- und Erkenntniskritik der Moderne entwickelt, geradezu als ästhetischer Fanfarenstoß: Konturen dienen ihm nicht nur, wie vieles andere ‚Sichtbare' auch, zur poetologischen und existenziellen Selbstvergewisserung, sondern er setzt die plastischen Konturen zunächst in den Schriften (und Vorträgen) über Rodin in typographische und akustische Konturen wie in Figurengedichten um, entwickelt aber in diesem Zusammenhang auch die für sein mittleres Werk charakteristische Poetik der ‚Figur', die in den Gedichten zwar selten konkret in Kontur-Phänomenen oder -Reflexionen greifbar wird, aber diese von innen her organisiert und damit die Geschichte der ästhetischen Denkfigur ‚Kontur' mit einer Neuakzentuierung der *Denkfigur* beschließt, bevor die Konturen der klassischen Kunst in den formalen (und formalistischen) Stilpluralismen zersplittern wie die Fassung der bisherigen Weltordnung in den kommenden Katastrophen des 20. Jahrhunderts.

1. Die *typosis* in antiker Wahrnehmungstheorie

Die frühesten Elemente zu einer Geschichte der ästhetischen Denkfigur ‚Kontur' finden sich in der antiken griechischen Wahrnehmungstheorie. Dort begegnet das Konzept der Umrissenheit mit unterschiedlich stark akzentuiertem – und nicht immer eindeutig zu bestimmendem – metaphorischen Charakter sowohl bei Platon und Aristoteles als auch in den fragmentarisch überlieferten wahrnehmungstheoretischen Ansätzen der Stoa. Dabei handelt es sich vor allem um die bei Diogenes Laertius überlieferte Aussage von Zenon aus Kition, dem Begründer der Stoa, die *phantasia* sei ein ‚Eindruck in der Seele' (s. u.) bzw. im steuernden Hauptteil der Seele, dem Pneuma. Die mit der Aussage Zenons verbundenen Vorstellungen von Wahrnehmungsprozessen und die Modifikationen, welche die Schüler Zenons aufgrund von Kritik aus anderen Schulen vornahmen, sollen ebenso in einem kurzen Überblick dargestellt werden wie die betreffenden Äußerungen bei Platon und Aristoteles. Auf diesen Theoremen, die für alle sensualistischen Konzepte prägend waren, beruhen wesentliche Prämissen der Schrift *De Pictura Veterum* von Franciscus Junius (1637), die für die klassizistische Kunsttheorie lange maßgeblich war.

1.1 Platons *Theaitetos:* Die Typologie der Seelenwachs-Charaktere

Bereits Platon macht im *Theaitetos* ausgiebig Gebrauch von der Bildlichkeit des sensualistisch gedachten Siegelwachs-Abdrucks, um den Wahrnehmungsprozess zu verdeutlichen. Sokrates fordert Theaitetos auf, er solle sich vorstellen, dass es „in unsern Seelen einen wächsernen Guß (ἐν ταῖς ψυχαῖς ἡμῶν ἐνὸν κήρινον ἐκμαγεῖον)" gebe,

> welcher Abdrücke aufnehmen kann, bei dem einen größer bei dem andern kleiner, bei dem einen von reinerem Wachs bei dem andern von schmutzigerem, auch härter bei einigen und bei andern feuchter, bei einigen auch gerade wie er sein muß. […] Dieser, wollen wir sagen, sei ein Geschenk von der Mutter der Musen, Mnemosyne, und wessen wir uns erinnern wollen von dem Gesehenen oder Gehörten oder auch selbst Gedachten, das drücken wir in diesen Guß ab (ἀποτυποῦσθαι), indem wir ihn den Wahrnehmungen und

Gedanken unterhalten, wie beim Siegeln mit dem Gepräge eines Ringes (ὥσπερ δακτυλίων σημεῖα ἐνσημαινομένους). Was sich nun abdrückt (ἐκμαγῆ), dessen erinnern wir uns und wissen es, solange nämlich sein Abbild (εἴδωλον) vorhanden ist. Hat sich aber dieses verlöscht oder hat es gar nicht abgedruckt werden gekonnt: so vergessen wir die Sache, und wissen Sie nicht?
Theaitetos: So soll es sein.

(*Theait.* 191c-e)[1]

Platon lässt Sokrates hier also erstens von einem „wächsernen Guß" in der Seele sprechen, der zweitens „Abdrücke aufnehmen" könne, wobei die Fähigkeit dieser Aufnahme drittens differiere nach Veranlagung der Menschen. Viertens wird dieser wächserne Guss in Verbindung zum Erinnerungspotential des Menschen gesetzt, wobei fünftens bereits von bewusster Entscheidung zum Merken-Wollen und dem aktiven Vorgang des „Unterhaltens" der Wachsmasse die Rede ist. Sechstens, so die Argumentation, sei die Erinnerungsmöglichkeit gebunden an den Fortbestand des eingeprägten *eidolon.*

Anschließend wird dieser Prozess des Erkennens und Urteilens aufgrund von solchermaßen eingeprägten Gedächtniseindrücken zu der Möglichkeit der falschen Vorstellung von etwas Bekanntem in Bezug gesetzt. Wenn man zwei Menschen kenne, und von „beiden wie von Siegelringen in […] Wachs die Abdrücke [τὰ σημεῖα] habe[]", beide aber

> dann von weitem und nicht deutlich genug sehe, und [sich] Mühe gebe, das einem jeden zugehörige Abzeichen mit der ihm zugehörigen Gesichtswahrnehmung […] zu vereinigen, [um] diese gleichsam in ihre vorigen Spuren wieder einzuführen […], damit eine Wiedererkennung erfolge, [dies jedoch] verfehle, und wie beim Wiederanlegen der Schuhe, beide vertauschend, die Anschauung eines jeden zu dem fremden Abdruck hinwerfe,

so könne es zu einer „Verwechslung der Vorstellung" und zum „Falschvorstellen" kommen (Theait. 193b–d) – sobald also eine Wahrnehmung mit den „Spuren" eines nicht zugehörigen Gedächtniseindrucks verbunden und die Diskrepanz nicht bemerkt wird. Zweierlei ist an dieser Passage relevant: Zunächst erscheint bereits hier der Begriff der „Spur", dessen konzeptuelles Spektrum sich fortan häufig mit demjenigen der Umrissenheit überschneiden wird; zum andern wird auch bereits hier eine charakteristische Perspektive auf Umrissphänomene eingeführt: der Modus der Fernwahrnehmung, in dem Objekte zwar grob zu erkennen, aber nur „von weitem und nicht deutlich genug" zu sehen sind. Wird doch

1 Platon: *Werke in acht Bänden* (griech. u. dt.); Bd. 6: *Theaitetos [u.a].* Hg. v. Gunther Eigler. Übers. von Friedrich Schleiermacher. Darmstadt 1970.

dieser Aspekt ab 1800, zur Zeit der Hochkonjunktur von Umrissdarstellungen, besonders bei Goethe distinktes Qualitätsmerkmal von Umrisswahrnehmungen.[2]

Bei Platon schließt sich nun eine Passage an, die den Ursprung des Irrtums im Allgemeinen mittels einer bildlich-plastischen Differenzierung der „Seelenwachs"-Beschaffenheit veranschaulicht. Sokrates differenziert, bei Menschen, deren „Wachs in der Seele stark aufgetragen [...] und reichlich und glatt und gehörig erweicht" sei, seien

> alle aus den Wahrnehmungen kommenden und in dieses Mark der Seele [...] eingezeichneten Abdrücke, da sie rein sind und Tiefe genug haben, auch dauerhaft, und solche Menschen [seien] [...] gelehrig, dann auch von gutem Gedächtnis, ferner verwechseln sie nicht die Abdrücke der Wahrnehmungen, sondern stellen immer richtig vor. Denn sie können ihre festen und geräumig gelegenen Abbilder leicht an das ihnen Zugehörige (τα αὑτῶν ἕκαστα ἐκμαγεῖα – „ihre jeweiligen Stempel") verteilen, was das Wirkliche heißt, und solche Menschen selbst heißen weise. [...]
>
> Wenn nun jemandes Mark rauh ist [...], oder wenn es schmutzig ist und nicht von reinem Wachs, oder auch zu feucht oder zu hart, so sind die mit dem feuchten gelehrig zwar, aber auch vergeßlich, die mit dem harten aber das Gegenteil. Die aber haariges und rauhes, und steiniges oder mit Erde und Schmutz vermischtes haben, die haben auch undeutliche Abdrücke, undeutlich auch, die zu hartes haben, denn sie sind nicht tief genug; undeutlich auch die feuchtes, denn weil sie sich verlaufen, werden sie bald unkenntlich. Sind sie nun überdies noch aus Mangel an Raum übereinander gedrängt, wenn jemandes Seelchen nur klein ist, so werden sie noch undeutlicher als jene. Also diese nun werden falsch vorstellende; denn wenn sie etwas sehen oder hören oder überdenken, so können sie nicht schnell jedem das Seinige zuweisen, sondern sind langsam, und weil sie falsch anweisen, so versehen und verhören und verdenken sie sich oftmals [...].
>
> (*Theait.* 194c–195a)

Die anschauliche Typologie der Seelenwachs-Arten lässt erkennen, wie die ideale Erkenntnisgrundlage der menschlichen Seele beschaffen sein sollte: dick, reichlich, glatt und von angemessener Konsistenz – so dass die idealen Abdrücke, die dem „Wirklichen" am ehesten entsprechen, „rein" und hinreichend tief geraten können. Dies ist die wahrnehmungstheoretische Basis für das wirkungsmächtige rhetorische Ideal der *enargeia* bzw. der Evidenz, die sich durch einige Kapitel zumal der literarischen Geschichte der Denkfigur ‚Kontur' ziehen wird.[3]

---

2 Wie er nicht nur zu Beginn seines Laokoon-Aufsatzes ausführt; vgl. dazu Kap. 17.

3 Vgl. besonders Kap. 9 zur Linearität der ‚poetischen Malerei' und zur Relevanz der Deutlichkeit in der Aufklärungspoetik; zur Auffassungsgabe von „trucken[en]" „Gehirn[en]" und „feuchten Temperamenten" vgl. Kap. 9.3 zu J. J. Bodmer.

Wie gebrochen auch alle Referenzen auf dieses wahrnehmungstheoretische Modell erscheinen mögen: Sein Potential als veranschaulichende Denkfigur, sei es auch ironisch oder lediglich metaphorisch gebraucht, wird dadurch keineswegs verringert – gerade als solche konzeptuelle Metapher wird der „Kontur“ im Gegenteil besonders fruchtbar für erneuerte Anknüpfungen.[4]

1.2 Aristoteles: Zum *typos* in *De Anima* und *De Memoria*

Der Siegel/Wachs-Vergleich – der freilich neben Platons *Theaitetos* „in der griechischen Erkenntnis- und Wahrnehmungslehre durchaus nicht ohne Beispiel“[5] ist – begegnet auch in Aristoteles' *De Anima*; dort heißt es über die „Wahrnehmung“, sie sei

> das Aufnahmefähige für die wahrnehmbaren Formen ohne die Materie, wie das Wachs vom Ring das Zeichen (Siegel) aufnimmt ohne das Eisen oder das Gold. [6] [...] Ebenso erleidet die Wahrnehmung (der Sinn) von jedem Objekt, das Farbe, Geschmack oder Ton hat, aber nicht, sofern es jedes einzelne von ihnen ist, sondern sofern es von solcher Art und gemäß dem Begriff ist.
>
> (*De Anim.* 424 a)

Hier ist das wahrnehmungstheoretische Modell jedoch ungleich abstrakter gefasst; der Akzent liegt deutlich stärker auf dem strukturellen Moment, das den immateriellen *Zeichencharakter* des imaginären ‚Eindrucks‘ veranschaulicht.[7]

---

4 Vgl. beispielsweise Kap. 16 zu Moritz' Konzept der „*Spur* auf dem Grunde der Einbildungskraft“.

5 Vgl. Andreas Graeser: *Zenon von Kition. Positionen und Probleme.* Berlin/New York, 1975, 33.

6 „Καθόλου δὲ περὶ πάσης αἰσθήσεως δεῖ λαβεῖν ὅτι ἡ μὲν αἴσθησίς ἐστι τὸ δεκτικὸν τῶν αἰσθητῶν ἄνευ τῆς ὕλης: οἷον ὁ κηρὸς τοῦ δακτυλίου ἄνευ τοῦ σιδήρου καὶ τοῦ χρυσοῦ δέχεται τὸ σημεῖον“. *Aristotelis De Anima Libri III.* Rec. Adolfus Torstrik. Hildesheim/New York 1970 (= reprograph. Nachdruck der Ausgabe Berlin 1862); die deutsche Übersetzung nach: *Aristoteles. Philosophische Schriften in sechs Bänden. Bd. 6: Physik. Über die Seele* [nach der Übersetzung von Willy Theiler bearb. v. Horst Seidel]. Hamburg 1995.

7 Vgl. den Kommentar in: Aristoteles: *Werke in deutscher Übersetzung.* Hg. v. Ernst Grumach. Bd. 13: *Über die Seele.* Übers. v. Willy Theiler. 3., durchg. Aufl. Darmstadt 1969, 128 f. (mit Hinweis auf Plat. Theait. 191d). Dies bedeutet nicht nur, dass die Wahrnehmung nicht die materiellen Eigenschaften des Wahrnehmungsgegenstandes übernimmt, sondern auch, dass sie diese nicht in eine andere Materie überführt, sondern in eine rein geistige Form, da auch der wahrnehmende

Auch in der kleinen Schrift *De memoria* begegnet der Siegel/Wachs-Vergleich, der nun mit dem Bild eines „Gemäldes“ (im Griechischen als unübertroffener Ausdruck: *zographema*/ζωγράφημα) in der Vorstellungskraft kombiniert wird. Nachdem Aristoteles dargelegt hat, dass es „ohne Vorstellung“ auch kein „Denken“ geben könne (νοεῖν οὐκ ἔστιν ἄνευ φαντάσματος) und dass offensichtlich derselbe Seelenteil für das Gedächtnis zuständig sei wie für die Vorstellung, bemerkt er, dass Gegenstand des „Gedächtnis[ses]“ all dasjenige sein könne, „wovon es Vorstellung gibt“, und geht schließlich auf die Frage ein, „wie man – wenn die Affektion zwar anwesend, die Sache jedoch abwesend ist – [dennoch] das Abwesende im Gedächtnis habe[n]“ könne:

> Denn es ist klar, dass man denken muss, dass solch eine durch die Wahrnehmung in der Seele und dem Körperteil, der die Seele enthält, entstehende Affektion dergleichen wie ein Gemälde (οἷον ζωγράφημά τι) ist, dessen Besitz nach unserer These das Gedächtnis ist. Denn die entstehende Bewegung senkt ein Zeichen ein (ἐνσημαίνεται), gleich einem Abdruck des Wahrnehmungseffekts (οἷον τύπον τινὰ τοῦ αἰσθήματος), ähnlich wie Leute, die mit Siegelringen Siegel aufstempeln (σφραγιζόμενοι).[8] (450 a)

Die Vorstellung (*phantasia*) fungiert dabei als Mittlerinstanz zwischen Wahrnehmung und Gedächtnis; das Wahrgenommene kann (dem Begriff seiner Form nach, wie in *De anima* dargelegt) *wie* ein *typos* (Abdruck) oder „Gemälde“ mittels der *phantasia* vom Gedächtnis ‚besessen‘ werden.[9]

Sinn selbst nicht körperlich zu denken ist. Vgl. Ronald M. Polansky: *Aristotle's „De anima“.* Cambridge [u. a.] 2007; 341 ff. zum Siegel/Wachs-Vergleich; zu den Quellen der „wax imagery“ vgl. 341, Anm. 5; zum Zeichencharakter der Wahrnehmungsform (und der Inversion von Erhöhung und Vertiefung beim Abdruck des Gegenstandes) vgl. bes. 345 ff.

8 Im Anschluss begegnet die Platonische Typologie der Seelenwachsarten modifiziert und im Kontext der aristotelischen Konzeption von Wahrnehmung als Bewegung wieder; zu ungeklärten Aspekten in diesem Konzept vgl. den Kommentar (in: Aristoteles: *Werke in deutscher Übersetzung.* Begründet v. E. Grumach, hg. v. Hellmut Flashar. Bd. 14,2: *Parva Naturalia. De memoria et reminiscentia.* Übers. u. erläut. v. R. A. H. King. Darmstadt 2004) ad loc., 101. Die deutsche Übersetzung ebd., vgl. Arist. *De memoria et reminiscentia,* in: Aristoteles: *Opera Omnia Graece et Latine cum indice nominum et rerum absolutissimo.* Vol. III ed. Cats Bussemaker. Hildesheim/New York 1973.

9 Vgl. dazu die Erläuterungen in *Parva Naturalia,* 28 f., und den detaillierten Kommentar ebd., 97 ff.

1.3 Die Wahrnehmungslehre der Stoa

Die Siegel/Wachs-Bildlichkeit erscheint auch in der Wahrnehmungstheorie der Stoa; es handelt sich dabei um einige bei Diogenes Laertios überlieferte Lehrmeinungen Zenons und seines Nachfolgers Chrysipp. Die stoische Wahrnehmungstheorie geht von der Existenz eines leitenden Seelenteils aus, des *hegemonikon*, dem mehrere Funktionen der Seele – u. a. die Sinneswahrnehmungen und die Stimme – untergeordnet sind;[10] in diesem *hegemonikon* sind auch die Funktionen zu verorten, die mit dem Siegel/Wachs-Modell veranschaulicht werden. Von welcher genauen Beschaffenheit das Zentralorgan der Seele jedoch gedacht wird, variiert bei den einzelnen Vertretern der Stoa.

1.3.1 Wahrnehmung bei Zenon: Der Abdruck im Seelen-Pneuma

Zenon, der Begründer der Stoa,[11] sah in der sinnlichen Wahrnehmung (*aisthesis*) die Grundlage jeder Erkenntnis. Die Erkenntnis an sich zerlegte er in zwei Phasen, wobei die Seele in der ersten Phase passiv zu denken sei, indem sie einen Eindruck durch einen Gegenstand der Außenwelt erfahre. Nach der optischen Sinneswahrnehmung nennt Zenon diesen Eindruck *phantasia* (Vorstellung), unterscheidet jedoch verschiedene Arten der Vorstellung nach dem Grad, in dem sie den Gegenstand erfassen bzw. auch nach dessen Substantialität als Voraussetzung für ein richtiges Erfassen. Die Hierarchie staffelt sich hinab bis zu jener Art von Vorstellungen, die nicht durch realexistierende Gegenstände, sondern durch Träume und dergleichen hervorgerufen werden: die *phantasmata* (leere Vorstellungen). Die Voraussetzung für diese Art von Trennung ist die deutliche Differenzierung zwischen dem Gegenstand, der die Vorstellung bewirkt (*hyparchon*), und

10 Julia Annas: *Hellenistic Philosophy of Mind.* Berkeley [u. a.] 1992, 61, zu Diog. Laert. 7.110/SVF 2.828. Vgl. Diogenes Laertius: *Leben und Meinungen berühmter Philosophen.* Buch I–X. Hamburg ²1967. Übs. v. Otto Apelt unter Mitarbeit v. Hans Günter Zekl. Neu hg. sowie mit Vorwort, Einleitung u. neuen Anmerkungen zu Text u. Übs. versehen v. Klaus Reich.

11 Zu Zenon aus Kition ist lediglich sein Tod um 262/61 v. Chr. in Athen nachweisbar; dort hatte er wohl um 301/300 die Lehrtätigkeit in der „Bunten Halle“ an der Agora aufgenommen (Vgl. Hellmut Flashar (Hg.): *Die Philosophie der Antike.* Bd. 4: *Die hellenistische Philosophie.* Von Michael Erler, Hellmut Flashar, Günther Gawlick, Woldemar Görler, Peter Steinmetz. Basel 1994, 520). Vgl. dazu Diog. Laert. 7, 49.

dem Bild, das davon in der Seele erzeugt wird (*phantasia*)[12] – und dies ist der Aspekt, in dem das Konzept des Abdrucks und seiner Umrissenheit Relevanz gewinnt.

Die Vorstellung definierte Zenon der Überlieferung zufolge als Einprägung (*typosis*) in die Seele, wobei die meisten Interpreten davon ausgehen, dass Zenon die Seele als körperlich, „das heißt aus feinem Feuerstoff bestehend", vorausgesetzt habe. Demnach stellt die erste Wahrnehmungsphase einen physikalischen Akt dar: eine Einwirkung eines Körpers auf einen anderen.[13] Diogenes Laertius berichtet in seinem Abschnitt zu Zenon dessen Lehrsätze mit den folgenden Worten:

> Die Vorstellung [φαντασία] aber sei ein Eindruck [τύπωσις] in der Seele – eine bildliche Bezeichnung, hergenommen von den eigentlichen (wirklichen) Eindrücken, die durch den Siegelring im Wachs entstehen. Die Vorstellung sei teils eine unmittelbar durch den Begriff erfaßte, teils eine nicht unmittelbar begrifflich gewonnene. Unmittelbar ergriffen sei [...] diejenige, die sich aus dem, was zugrunde liegt, bildet, indem sie sich, genau entsprechend dieser Grundlage, in uns abdrückt und ausprägt. Nicht begrifflich gewonnen dagegen sei die, welche nicht von einem zugrunde Liegenden herstammt; oder zwar von einem zugrunde Liegenden, ohne aber genau dem zugrunde Liegenden zu entsprechen, also ohne ein wahrer Abdruck zu sein. (Diog. Laert. 7, 45 f.)

Inwiefern Zenons eigene Formulierungen[14] des Einsiegelns und Abdrückens lediglich bildlichen Charakter hatten oder tatsächlich konkret gemeint waren (denn der Hinweis auf die Bildlichkeit stammt von Diogenes Laertius), lässt sich nicht mehr ermitteln, wenngleich die ‚plastische' Bildlichkeit zu stark für reine Metaphorik erscheint; ein formvollendeter Abdruck musste nach Zenon zumindest folgende Eigenschaften aufweisen: Der Abdruck und damit auch die Vorstellung mussten von einem real

---

12 Systematischer als andere antike Ansätze erörtert die Wahrnehmungstheorie der Stoa den Aspekt der Wahrnehmungs*inhalte* und konzentriert sich stärker darauf als auf die phänomenologischen Qualitäten – wenngleich die stoische Wahrnehmungstheorie insgesamt eher unterentwickelt sei, so sieht Annas in vielfacher Hinsicht dennoch gerade in diesem Denken den interessantesten „account of perception" der Antike. Vgl. dazu Annas, 63 und 71, das Zitat 71.

13 Vgl. Flashar (Hg.), *Die hellenistische Philosophie*, 530. Zenons Ansicht, wie es bei einem solchen Konzept zu einer Bildung von Allgemeinbegriffen kommen könne, lässt sich nicht rekonstruieren.

14 Zenon schließt deutlich an Platons *Theait.* 191 ff. und die dort referierte sensualistische Auffassung von der Einprägung in die Seele wie in eine Wachsmasse an; die Übereinstimmungen reichen bis in den Wortlaut hinein. Vgl. dazu Max Pohlenz: *Kleine Schriften I.* Hg. v. Heinrich Dörrie. Hildesheim 1965. Darin: *Zenon und Chrysipp* (1938), 1–38, 3.

existenten Objekt verursacht werden, dem beide sodann genau entsprechen, und Abdruck und Vorstellung mussten derart beschaffen sein, dass sie so nicht von etwas nicht Existierendem hätten verursacht werden können.

Der konkret plastische Charakter von Zenons *typosis*-Konzept scheint im Vergleich mit Diogenes Laertius' Überlieferung zur Lehre Zenons über die bloßen Einbildungen gestützt zu werden:

> Vorstellung [φαντασία] aber ist zu unterscheiden von der (unwillkürlichen) Einbildung [φάντασμα]. Denn Einbildung ist ein Wahngebilde des Geistes, wie es sich in den Träumen einzustellen pflegt. Dagegen ist Vorstellung ein wirklicher Eindruck in der Seele, folglich eine Veränderung, wie Chrysipp im zwölften Buch von der Seele annimmt. Man darf sich nämlich diesen Eindruck nicht wie den eines Siegelringes denken. Denn es ist nicht denkbar, dass viele Abdrücke an derselben Stelle in bezug auf das nämliche statthaben. Es wird aber die Vorstellung gedacht als eine solche, die sich von etwas Wirklichem genau nach dessen Muster gebildet, abgedrückt und abgeprägt hat, ein Vorgang, der nicht möglich ist bei etwas, was nicht wirklich vorhanden ist. (7, 50)[15]

Es sind diese Formulierungen, *enapotetypoméne kai enapesphragisméne*, also „abgedrückt und abgeprägt“, auf die sich ein ‚plastisch‘ konkretes Verständnis von Zenons Konzept jenseits aller Bildlichkeit stützen könnte.[16]

1.3.2 Wahrnehmung bei Chrysipp: Die Modifikation des Abdruck-Bildes

Chrysipp, geboren zwischen 281 und 277 v. Chr. in Soloi in Kilikien, war zwar stark beeinflusst von der Lehre Zenons, erachtete dessen Begründungen jedoch als dialektisch nicht hinreichend scharf durchdacht. Chrysipps Verfahrensweise, Grundansichten Zenons zu übernehmen, sie aber durch Auslegung zu modifizieren und weiterzuentwickeln, lässt sich

15 Vgl. *Diogenis Laertii Vitae Philosophorum*, e S. Long, Tom. II, Oxford 1964: „φαντασία δέ ἐστι τύπωσις ἐν ψυχῇ, τουτέστιν ἀλλοίωσις, ὡς ὁ Χρύσιππος ἐν τῷ δευτέρῳ Περὶ ψυχῆς ὑφίσταται. οὐ γάρ δεκτέον τὴν τύπωσιν οἱονεὶ τύπον σφραγιστῆρος, ἐπεί ἀνένδεκτόν ἐστι πολλοὺς τύπους κατὰ τὸ αὐτὸ περὶ τὸ αὐτὸ γίνεσθαι. νοεῖται δὲ φαντασία ἡ ἀπὸ ὑπάρχοντος κατὰ τὸ ὑπάρχον ἐναπομεμαγμένη καὶ ἐναποτετυπωμένη καὶ ἐναπεσφραγισμένη, οἵα οὐκ ἂν γένοιτο ἀπὸ μὴ ὑπάρχοντος.“

16 Vgl. dazu Pohlenz, 4, mit der Ansicht, Zenon habe den Abdruck „ganz sinnlich“ verstanden, dies sei „[v]öllig sicher“ bei Beschreibung der katalektischen Vorstellung, die „dem Objekt adäquat im Hegemonikon ‚abgeknetet und abgesiegelt‘“ (*enapomemagméne kai enapesphragisméne*; 7, 50) werde – dies seien „Ausdrücke, die gerade in der Definition gewiß nicht bildlich aufgefasst werden sollen“. Vgl. auch Graesers Kritik an dieser Position; Graeser, 34.

besonders in der Erkenntnistheorie beobachten.[17] Er hielt am Wortlaut von Zenons Definition der Vorstellung fest: *phantasia* sei „*typosis en psyche*". Er kritisierte allerdings die Deutung, die Kleanthes der *typosis* beigelegt hatte, indem dieser die Seele als festen Körper und die *typosis* als materiellen Abdruck wie in Wachs verstanden hatte. Daher vollzog Chrysipp eine Umdeutung der *typosis*, die er nun als „qualitative Veränderung der Seele"[18] darstellte, wobei das *hegemonikon*, das „Zentralorgan der Seele", die „bunte Fülle gleichzeitiger Vorstellungen auf[nehme] wie die Luft, die, wenn gleichzeitig viele Personen sprechen, unzählige verschiedene Stöße erhalte und dadurch im selben Augenblick verschiedene Wandlungen erfahre". Unbestreitbar setzen beide Konzepte aber ein „Zentralorgan" der Seele voraus, das nicht gänzlich von der Materie gelöst ist.[19]

Die Wahrnehmung eines Objekts verläuft nach stoischer Vorstellung – so schreibt die Überlieferung es Chrysipp zu –, indem eine Art pneumatischen Stroms, der vom *hegemonikon* ausgeht und sich zur Pupille bewege, dort mit jenem Luftabschnitt in Kontakt tritt, der sich zwischen Auge und Objekt befindet. Dieser Kontakt produziert sodann eine gewisse Spannung innerhalb der Luft, die sich in Form eines erleuchteten Kegels ausbreitet, dessen Spitze im Auge zu verorten wäre, dessen Basis aber durch unser Gesichtsfeld begrenzt wird; die so erzeugte Spannung der Luft wird als Sicht erfahren.[20] In dieser Erklärung der visuellen Wahrnehmung lässt sich mithin eine Generalisierung der taktilen Empfindung erkennen:[21] Wenn ein Objekt sich in zu großer Distanz von uns befindet, müsste man einen Stab zu Hilfe nehmen, um es zu berühren. Für die stoische Erkenntnistheorie scheint das ontologische Problem der Erkenntnis gelöst, sobald ein „direkter" Kontakt des Außenobjekts mit dem Subjekt, und sei es im ‚Aktionsstrahl'[22] des Pneumas, etabliert ist.[23] Eine solche taktile Komponente der visuellen Sinneswahrnehmung antizipiert in gewisser Weise

17 Chrysipp definierte die verschiedenen Teile der Seele nicht als eigenständige „Wesenheiten", sondern „eher als Funktionen der einen materiell als Pneuma gefassten Seele" bzw. des führenden Seelenteils (*Die hellenistische Philosophie*, 593 f.); er fasste gegenüber Zenons Position die „sozusagen physiologischen und psychologischen Grundlagen der Erkenntnistheorie schärfer" und brachte so die „materialistisch-monistische Auffassung der Seele" stärker zur Geltung (ebd., 593).

18 *Die hellenistische Philosophie*, 594.

19 Gérard Verbeke: *L'evolution de la doctrine du pneuma du stoicisme à S. Augustin.* Paris 1945 (Reprint), 51.

20 Vgl. Annas, 72.

21 Verbeke, 74.

22 Verbeke, 75 („rayon d'action").

23 Vgl. dazu Sext. Emp. *Adv. Math.* VII, 162, SVF, II, 63.

bereits Diskussionen um ‚haptische‘ Wahrnehmungskonzepte im Hinblick auf Kontur-Erfahrung, wie sie im 18. Jahrhundert auch im Kontext sinnesphysiologischer Studien aktuell werden (vgl. Kap. 14).

In der *Pyrrhonischen Skepsis* wird die Kritik an der materiellen Konzeption der *typosis* noch um die prinzipielle Unerkennbarkeit bereits der Seele und sodann des *hegemonikon* ergänzt, in deren bestenfalls hauchartiger ‚Substanz‘ keine physische *typosis* möglich sei. Sextus Empiricus bemerkt zu den Kriterien, nach denen geurteilt werden könne:

> Zuerst ist darüber zu sagen, daß die Vorstellung undenkbar ist. Die Vorstellung soll nämlich ein Abdruck im Zentralorgan [*typosin en hegemoniko*] sein. Da nun die Seele und das Zentralorgan ein Hauch sind oder etwas noch Feinteiligeres als ein Hauch, wie sie sagen, so kann man sich keinen Abdruck darin denken, weder plastisch, wie wir es bei den Siegeln sehen, noch als jenen abenteuerlichen „verändernden Abdruck“[24] [den Chrysipp vorgeschlagen hatte]. Das Zentralorgan könnte dann nämlich nicht das Gedächtnis so vieler Lehrsätze aufnehmen [...], weil bei den nachfolgenden Veränderungen die vorher schon vorhandenen ausgelöscht würden. Aber selbst wenn man die Vorstellung denken könnte, so ist sie doch unerkennbar. Denn da sie ein Erlebnis des Zentralorgans ist, das Zentralorgan sich aber nicht erkennen läßt [...], so können wir auch sein Erlebnis nicht erkennen. (II, 70)

So weit ich sehe, ist allerdings diese Problematik von keinem der in dieser Studie behandelten Autoren verfolgt worden. Dies ist insofern signifikant, als es zeigt, dass die *typosis* als *Denkfigur* von solch suggestivem Potential war, dass sie aller frühen Kritik ungeachtet *unreflektiert* tradiert oder, ebenfalls ohne kritische Vorbehalte, produktiv transformiert wurde wie in Karl Philipp Moritz’ Konzept der amimetisch verbal zu generierenden „*Spur* auf dem Grunde der Einbildungskraft“ (vgl. Kap. 16).

Diese verschiedenen Zeugnisse antiker Wahrnehmungstheorien, deren Erklärungsmodellen ein stark sensualistischer Charakter gemeinsam ist, gewinnen für die Frage nach der Relevanz von Umrisskonzepten als ästhetisches bzw. besonders literarisches Reflexionsmedium besondere Bedeutung, da Franciscus Junius 1637 in seiner Schrift *De pictura veterum* –

24 Sextus Empiricus: *Grundriss der pyrrhonischen Skepsis.* Eingeleitet u. übers. von Malte Hossenfelder. Frankfurt a.M. 1985. Vgl. *Sexti Empirici Opera* rec. Hermannus Mutschmann Vol. I *Πυρρωνείων Ὑποτυπωσέων libros tres continens editionem stereotypam emendatam curavit addenda et corrigenda adiecit I. Mau.* Leipzig 1958: „[...] λέγουσι γὰρ [Stoic. Fr. I 484 Arn.] φαντασίαν εἶναι τύπωσιν ἐν ἡγεμονικῷ. ἐπει οὖν ἡ ψυχὴ καὶ τὸ ἡγεμονικὸν πνεῦμά ἐστιν ἢ λεπτομερέστερόν τι πνεύματος, ὡς φασίν, οὐ δυνήσεταί τις τύπωσιν ἐπινοεῖν ἐν αὐτῷ οὔτε κατ’ εἰσοχὴν καὶ ἐξοχήν, ὡς ἐπὶ τῶν σφραγίδων ὁρῶμεν, οὔτε κατὰ τὴν τερατολογουμένην ἑτεροιωτικήν [...]“.

und damit in dem Werk, das als Inkunabel idealistischer Kunsttheorie mehrere Jahrhunderte lang Geltung besaß – seine Herleitung der Ideen des Künstlers auf die skizzierten Traditionen zur *phantasia* als *typosis* im Seelenpneuma stützt (vgl. Kap. 5).

2. Die *Naturalis Historia* Plinius' d. Ä. und die Frage nach den Umrissen eines Kunstwerks

Neben wahrnehmungstheoretischen Konzepten, die mit der Denkfigur der Umrissenheit operieren, stellen die kunsthistorischen Überlieferungen in der *Naturalis Historia* Plinius' d. Ä. die wichtigste antike Quelle für eine Geschichte der Umriss-Konzepte dar. Zum einen findet sich hier, im Abschnitt über den Maler Parrhasius, ein so schlichter wie komplexer – und wirkungsmächtiger – Passus über die Bedeutung des Umrisses für die Malerei (Kap. 2.2); zum anderen überliefert Plinius die Künstleranekdote zum Versuch der beiden Maler Apelles und Protogenes, sich in der ‚subtilsten' Linie zu übertreffen, an deren Deutungstradition durch die Jahrhunderte hindurch sich wohl eine Geschichte der Ästhetik und ihrer Paradigmen schreiben ließe (Kap. 2.3). Nicht zuletzt finden sich bei Plinius auch die zwei leicht divergierenden Berichte über den Ursprung der Malerei im Umriss des menschlichen Schattens.

2.1 Die antiken Legenden zum Ursprung der Kunst im menschlichen Schattenriss

Plinius berichtet, die „Frage über den Ursprung der Malerei" sei „ungeklärt" und „gehör[e] nicht in den Plan [s]eines Werkes". Alle seien sich jedoch einig,

> man habe den Schatten eines Menschen mit Linien nachgezogen [*umbra hominis lineis circumducta*]; deshalb sei die erste Malerei so beschaffen gewesen, die nächste habe nur je eine Farbe verwendet und sei <später> die einfarbige (*monochromaton*) genannt worden, nachdem eine kunstvollere Malerei erfunden war; in dieser Weise besteht sie auch heute noch. Die Strichzeichnung [*liniarem*] soll von dem Ägypter Philokles oder Kleanthes aus Korinth erfunden worden sein; zuerst haben Arideikes aus Korinth und Telephanes aus Sikyon sie ausgeübt, aber auch sie noch ohne irgendwelche Farbe, jedoch schon mit Strichzeichnungen im Innern [*iam tamen spargentes linias intus*]. Deshalb war es auch üblich, die Namen der gemalten Personen anzuschreiben. (Nat. Hist. 35, 15 f.)[1]

1 *C. Plini Secundi naturalis historiae libri XXXVII* post Ludovici Iani obitum recogn. et scripturae discrepantia adiecta ed. Carolus Mayhoff. Vol. V. Lipsiae; ed. ste-

Während bei Plinius hier die Lichtquelle nicht näher bestimmt ist, findet sich bei Quintilian der Hinweis darauf, dass es sich um den Schatten eines Menschen in der *Sonne* gehandelt habe: Um Innovationen anschaulich zu legitimieren, bemerkt Quintilian, wenn man keine Neuerungen hätte einführen dürfen, gäbe es schließlich auch immer noch keine andere Malerei als jene, welche die äußersten Umrisse des Schattens, den Körper in der Sonne warfen, nachzeichnete („non esset pictura, nisi quae lineas modo extremas umbrae, quam corpora in sole fecissent, circumscriberet";[2] Quint. Inst. Orat. X, 2, 7).

An späterer Stelle der *Naturalis Historia* berichtet Plinius über den Ursprung der plastischen Kunst: Der korinthische Töpfer Butades habe als erster „poträtähnliche Bilder [similitudines] aus Ton" geformt (fingere), wobei er die Erfindung seiner Tochter verdankte,

> „die aus Liebe zu einem jungen Mann, der in die Fremde ging, bei Lampenlicht an der Wand den Schatten seines Gesichtes mit Linien umzog [lineis circumscripsit]; den Umriss füllte der Vater mit daraufgedrücktem Ton und machte ein Abbild [typum], das er mit dem übrigen Tonzeug [cum ceteris fictilibus] im Feuer brannte […]." (Nat. Hist. 35, 151)

Victor Stoichita hat in seiner *Kurzen Geschichte des Schattens* auf die fundamentalen Unterschiede zwischen beiden Varianten hingewiesen: Während in der einen Version, in welcher der „erste, fundamentale Transpositions- und Reduktionsvorgang […] der Natur selbst anvertraut" ist,[3] das (*natürliche*) Licht (der Sonne) einen *horizontalen* Schatten produziert (und vom Subjekt *selbst* nachgezogen wird in einem Akt der Selbsterkenntnis), wodurch die Sterblichkeit des Menschen strukturell abgebildet und bildlich fixiert wird, handelt es sich in der zweiten Version, in der der „nächtliche[] Schatten" bereits „aus der natürlichen Ordnung der Zeit heraustritt und den Fluss des Werdens aufhält",[4] um einen Akt der künstlerischen Selbstermächtigung, die sich artifiziellen – ‚prometheischen' – Lichtes bedient, um den Schatten, der hier ausdrücklich der eines *anderen* ist, in einer magisch konnotierten Prozedur[5] *in der Vertikalen* zu

reotypa ed. prioris (1897) 1967. Die deutsche Übersetzung nach: C. Plinius Secundus d. Ä.: *Naturkunde* (lat.-dt.). Bd. 35: *Farben, Malerei, Plastik.* Hg. u. übers. von Roderich König. München [u.a.] 1978.

2 *M. Fabi Quintiliani institutionis oratoriae libri XII*, ed. Ludwig Radermacher. Tom. II: Libros VII–XII continens. Lipsiae; ed. stereotypa corr. ed. primae XXXV 1965.

3 Victor Ieronim Stoichita: *Eine kurze Geschichte des Schattens.* München 1999, 13.

4 Stoichita, 20.

5 Stoichita, 15.

fixieren und ihn so der Sterblichkeit zu entheben[6] – bezeichnenderweise wird dieses Verfahren noch potenziert durch die plastische Komponente, indem der Vater der Zeichnerin den Umriss in Ton modelliert, und diesen, wohl als medaillonartiges Relief, als ‚Stellvertreter' für den scheidenden Geliebten der Tochter im Tempel weiht.[7] Wichtig ist die Beobachtung, die Stoichita zu Plinius' Beschreibung dieser plastischen Produktion macht: Dass der Vater diesen „typus" mit den anderen „fictilibus", vermutlich Gefässen, im Brennofen härtet, als gehöre das Abbild zu diesen, deutet Stoichita im Kontext der u.a. bei Cicero formulierten Gleichsetzung des Körpers mit einem Gefäß, das die Seele aufzunehmen in der Lage sei (Cic. Tusc. Disp. I, 52–53).[8] Auf diesem Topos werden jene Konzepte beruhen, in denen wie bei Winckelmann oder später wieder bei Rilke (vgl. Kap. 10 und 26) die Kunstwerke als „Gefäße" bezeichnet oder mit solchen verglichen werden, die von etwas Geistigem ‚angefüllt' werden. So dient in Winckelmanns Beschreibung des Apoll, dessen „Umschreibung" von einem „himmlische[n] Geist" angefüllt sei, der *Kontur* zur Fassung dieses Geistigen wie die Wand eines Gefäßes, und er selbst stellt Vergleiche zwischen den Konturen der idealen Plastiken und jenen griechischer Keramikgefäße her.

Für die weitere Deutungstradition dieser Ursprungslegenden der Kunst sind neben diesem Aspekt der Einfassung eines geistigen Inhalts besonders drei Elemente prägnant: Zum einen die ‚kontaktmagische' Komponente des Schattens, die sich aus dem Kontiguitätsverhältnis einer einmaligen faktischen Anwesenheit des Urbildes ergibt (vgl. Kap. 13 zu Lavater), ferner die Beschwörung des Umrisses als Garant der Unversehrtheit bzw. die Formung eines plastischen Substitutions-‚Körpers', der die Seele in sich bergen kann, und schließlich die Bedeutung von ‚Licht' und auch ‚Fackel' als Metaphern der künstlerischen Schaffenskraft (vgl. Kap. 3 zum *deus incircumscriptus*, Kap. 4 zum *disegno* sowie die zahllosen (kunst-)literarischen Inszenierungen von Statuenbetrachtung im nächtlichen Fackelschein, die mit (pygmalionischen) Verlebendigungsphantasien kokettieren).

6 Stoichita, 16.

7 Stoichita vermutet, dass Plinius die Ursprungslegende insofern sinnentstellend „geschönt" habe, als er den Tod des Geliebten verschweige, den Stoichita als notwendige Zwischenstation sieht, aus welcher der Substitut-Körper erst seine Berechtigung erhalte; vgl. Stoichita, 18.

8 „Corpus quidem quasi vas est aut aliquod animi receptaculum"; vgl. Stoichita, 17 f.

2.2 Über Parrhasius und die Notwendigkeit der Umrisse eines Kunstwerks

Wenngleich Plinius' in kunsthistorischen Belangen als unreflektierter Kompilator angesehen wird,[9] stellt sich die Frage, inwiefern er in den Urteilen über den Maler Parrhasius nicht eine Poetologie seines eigenen enzyklopädischen Werkes formuliert hat.[10] Plinius schreibt also (seinem heurematischen Prinzip von Kunstgeschichtsschreibung gemäß), dass Parrhasius als erster

> dem Munde Anmut verlieh und nach dem Zugeständnis der Künstler in den äußeren Umrisslinien [in liniis extremis] die größte Vollkommenheit erreichte. Dies gilt als die äußerste Feinheit [suptilitas/sublimitas] in der Malerei. Denn Körper und die Innenfläche der Gegenstände zu malen, ist sicherlich eine große Leistung, worin auch viele Ruhm erlangt haben; die Konturen der Körper [extrema corporum] zu zeichnen und dort, wo die Malerei aufhört, richtig abzusetzen [desinentis picturae modum includere], findet man selten im Verlauf der Kunst. Die Kontur [extremitas] muss nämlich um sich selbst herumlaufen [ambire [...] se ipsa] und so aufhören, dass sie anderes erwarten

---

9 Er stützte sich dabei auf mehrere, heute verlorene Texte, u. a. jene des Duris von Samos (um 300 v. Chr.), dem er wohl die anekdotischen Elemente entlehnt hat, und von Xenokrates (frühes 3. Jh. v. Chr.), dem Plinius die Bemerkungen über die künstlerische *téchne* und die historische „Formentwicklung" verdankt. Zu Plinius' Quellen vgl. ausführlicher den Beitrag von I. Scheibler: *Zur Kunstgeschichte des Plinius*, in: *Plinius d. Ä., Naturgeschichte*, 378 ff.

10 Dass Plinius mit diesem auch literarischen Anspruch verband, lässt sich dem bemerkenswerten, mehr als nur topischen Bezug auf Catull entnehmen, dessen erstes neoterisches Programmgedicht er in der Widmung an Kaiser Vespasian zitiert (*Praefatio* I, 1). Bekanntlich waren die *nugae* Catulls von kallimacheisch geprägtem Anspruch, der zwar – paradox im Hinblick auf Plinius' *opus magnum* – die *kleine* Form favorisierte, aber auch besonderen Wert auf die subtile Ausgestaltung im Einzelnen legte und dies in zahlreichen Metaphern des Feilens, Polierens etc. immanent reflektierte. Vgl. Thorsten Fögen: *Wissen, Kommunikation und Selbstdarstellung. Zur Struktur und Charakteristik römischer Fachtexte der frühen Kaiserzeit.* München 2009; zu Plinius d. Ä. 201–264, zur *Praefatio* der Nat. Hist. 205–210, bes. 206. Zur kallimacheischen Poetik in der lateinischen Literatur vgl. Walter Wimmel: *Kallimachos in Rom. Die Nachfolge seines apologetischen Dichtens in der Augusteerzeit.* Wiesbaden 1960, zu Catulls kallimacheeischer Poetik: Peter E. Knox: *Catullus and Callimachus*, in: Marilyn B. Skinner (Hg.): *A Companion to Catullus*, Oxford 2007, 151–172, sowie W. R. Johnson: *Neoteric Poetics*, ebd., 175–189, 180 ff. – Zur Praefatio vgl. auch Patrick Sinclair: *Rhetoric of Writing and Reading in the Preface to Pliny's Naturalis Historia*, in: A. J. Boyle/W. J. Dominik (Hg.): *Flavian Rome. Culture, Image, Text.* Leiden/Boston 2003, 277–300.

lässt und hinter sich auch das zeigt, was sie verbirgt [promittat alia post se ostendatque quae occultat]. (Nat. Hist. 35, 67 f.)[11]

Die Methode, in der begrenzten Darstellung auch das zu zeigen, was nicht dargestellt ist, lässt sich auch auf die gewaltige darstellerische Aufgabe beziehen, die Plinius selbst mit seinem enzyklopädischen Werk unternommen hat.[12] Kompilator, der er ist, muss er auktorial eine Auswahl treffen und dennoch dabei dem Anspruch nach tatsächlich allumfassender Darstellung gerecht werden.[13] Das enzyklopädische Werk konstituiert sich

11 „Primus symmetrian picturae dedit, primus argutias voltus, elegantiam capilli, venustatem oris, confessione artificum in liniis extremis palmam adeptus. Haec est picturae summa suptilitas. [In den Hss. auch die Variante ‚sublimitas'.] Corpora enim pingere et media rerum est quidem magni operis, sed in quo multi gloriam tulerint; extrema corporum facere et desinentis picturae modum includere rarum in successu artis invenitur. Ambire enim se ipsa debet extremitas et sic desinere, ut promittat alia [‚et' bei Mayhoff/Jan hinzugefügt; Hss.: aliae/alia] post se ostendatque etiam, quae occultat." – Vgl. zu den antiken Zeugnissen zu Parrhasius auch Johannes Overbeck: *Die antiken Schriftquellen zur Geschichte der bildenden Künste bei den Griechen.* Leipzig 1868; Zeugnisse Nr. 1692–1730.

12 Ein weiterer Hinweis darauf, dass Plinius die Begrenztheit seiner Darstellung im Kontrast zum unermesslichen Umfang der darzustellenden Welt bewusst reflektiert, lässt sich dem Beginn des eigentliches Werkes in Buch 2 entnehmen, wo er bemerkt, die Welt selbst sei *„finitus et infinito similis"*, begrenzt und dennoch dem Unbegrenzten ähnlich (Nat. Hist. 2, 2). Das Buch beginnt mit den Worten: „Mundum et hoc quodcumque nomine alio caelum appellare libuit, cuius circumflexu degunt cuncta, numen esse credi par est, aeternum, immensum, neque genitum neque interiturum umquam." (Nat. Hist. 2, 1) – „Die Welt und alles das, was man mit einem anderen Wort ‚Himmel' zu nennen beliebte, in dessen Umfassung jegliches sein Leben führt, betrachtet man zutreffend als ein göttliches Wesen, das ewig ist, unermesslich, weder erzeugt noch jemals vergehend." Das Konzept, auf dessen Implikationen ich hier nicht näher eingehen kann, ist aufschlussreich im Hinblick auf Kap. 3 zum *deus incircumscriptus*; bemerkenswert ist hier v. a. auch die Verbindung von *circumflexus* und *immensum.*

13 Sorcha Carey (*Pliny's Catalogue of Culture. Art and Empire in the Natural History.* Oxford 2003) hat darauf hingewiesen, in welch paradoxer Weise Plinius' Verfahren der Klassifizierung und Anordnung des darzustellenden Wissens dem Gegenstand – „the universe in its entirety" (ebd., 26) – gerecht zu werden versuchen beim Bemühen um „[t]he appearance of totality" (30): „Classification is integral to the games of totality and incompleteness, of authorial control and chaos, success and failure, which Pliny plays with his reader." (26) – Zu Charakteristika antiker Fachtexte, gerade auch in sprachlicher bzw. terminologischer Hinsicht, vgl. Fögen, *Wissen, Kommunikation und Selbstdarstellung*, 9–42. Zu Aspekten des Kolonialismus vgl. Valérie Naas: *Imperialism, Mirabilia, and Knowledge: Some Paradoxes in the Naturalis Historia*, in: Roy K. Gibson/Ruth Morello (Hg.): *Pliny the Elder: Themes and Contexts.* Leiden/Boston 2011, 57–70.

somit in seinen Umrissen, die gewissermaßen auch die Konturen der exzerpierten Autoren nachzeichnen, vor allem aber die dreidimensionalen *extrema corporum* der Welt in der Ebene des Text-Corpus wiedergeben. Zudem ähnelt Plinius' Aufgabe den Anfängen der Malerei, die die Namen der Dinge hinzuschrieb, um sie allererst kenntlich zu machen – allerdings dient die benennende Kenntlichmachung – mit nie gehörten Namen – bei Plinius anderen Zwecken, nämlich denen des linguistischen Kolonialismus: Die sprachlichen, und das heißt *lateinischen* Umrisse des Imperium Romanum genügen dessen immenser Ausdehnung nicht mehr und bedürfen der Neologismen, Fremd- und Lehnwörter[14] aus den Sprachen der eroberten Weltgegenden zur Erweiterung der eigenen Sprachgrenzen. Die lateinisch verfasste *Naturalis Historia* zeichnet also mit eigenem Duktus die fremden Züge nach und eignet sie sich, im (transformierenden) Überzeichnen, letztlich als die ihrigen an. Die Züge, um die es sich handelt, zeigen aber keinen geringeren Gegenstand als das Antlitz der Erde.

Von diesen Momenten immanenter Sprach- und Methodenreflexion abgesehen, stellen Plinius' Äußerungen über Parrhasius einen der antiken Grundlagentexte für die Geschichte der ästhetischen Denkfigur ‚Kontur' dar – die Kunstliteratur der folgenden Jahrhunderte wird sich an der Ausdeutung der knappen Worte ausgiebig abarbeiten. Die Frage, was unter *extrema corporum facere et desinentis picturae modum includere* und *ambire enim se ipsa debet extremitas et sic desinere, ut promittat alia post se ostendatque etiam, quae occultat* zu verstehen sei, wird jeweils vor dem Horizont des zeitgenössischen kunsttheoretischen Paradigmas beantwortet; mitunter dient die antike Quelle auch als Referenz, um bestehende Stilpräferenzen der Malerei zu verwerfen und neue – durch entsprechende Vereinnahmung der Parrhasius-Sequenz – zu propagieren. Zugleich lässt sich eine Künstler-Typologie derjenigen Maler beobachten, die als moderne Erben des Parrhasius benannt werden: Je nach zeitgenössischem Kunstgeschmack sind dies beispielsweise Raffael, Correggio oder Mengs. Eine parallele Deutungsgeschichte hat die letzte Textstelle Plinius' erfahren, die sich den

14 Vgl. dazu Carey, 32–40. Zu fremdsprachigen Termini bei Plinius vgl. auch Thorsten Fögen: *Zur Rolle des Fachwortschatzes in der Naturalis historia des Älteren Plinius*, in: Annette Imhausen/Tanja Pommerening (Hg.): *Writings of Early Scholars in the Ancient Near East, Egypt, Rome and Greece. Translating Ancient Scientific Texts.* Berlin/New York 2010, 93–115. Vgl. auch Th. Fögen: *Plinius der Ältere zwischen Tradition und Innovation: Zur „Ideologie" der Naturalis Historia*, in: Norbert Kramer/Christiane Reitz (Hg.): *Tradition und Erneuerung. Mediale Strategien in der Zeit der Flavier.* Berlin/New York 2010, 41–62.

Umrissen in der Kunst widmet – oder als Äußerung über Umrisse *gelesen* wurde, denn die Rede ist stets nur von einer *linea.*

2.3 Über Apelles, Protogenes und die *linea summae tenuitatis*

Einst kam Apelles nach Rhodos, um dort die Werke des Protogenes „der ihm nur dem Rufe nach bekannt war, kennen zu lernen, [und] begab [...] sich sofort in dessen Werkstätte“:

> Der Künstler selbst war abwesend, eine alte Frau aber bewachte eine auf seiner Staffelei stehende Tafel von beträchtlicher Größe, die für das Malen zurechtgemacht war. <Die Frau> gab Bescheid, Protogenes sei fortgegangen, und fragte, wen sie als Besucher nennen solle. „Diesen“, sagte Apelles, nahm einen Pinsel und zog mit Farbe eine farbige Linie höchster Feinheit [adreptoque penicillo lineam ex colore duxit summae tenuitatis per tabulam] über die Tafel. Nachdem Protogenes zurückgekehrt war, berichtete ihm die alte Frau, was sich ereignet hatte. Man erzählt, der Künstler habe die Feinheit <der Linie> betrachtet [artificem protinus contemplatum subtilitatem] und sogleich gesagt, Apelles sei gekommen, eine so vollendete Leistung [tam absolutum opus] passe zu keinem anderen; dann habe er selbst mit einer anderen Farbe eine noch feinere Linie in jene gezogen [tenuiorem lineam in ipsa illa duxisse] und beim Weggehen den Auftrag gegeben, wenn Apelles wiederkomme, solle sie ihm diese zeigen und hinzufügen, der sei es, den er suche. Und so traf es ein. Denn Apelles kehrte zurück und, beschämt, besiegtworden zu sein, durchzog er mit einer dritten Farbe die Linien, so dass für etwas noch Feineres kein Platz mehr war [tertio colore lineas secuit nullum relinquens amplius subtilitati locum]. Protogenes aber bekannte sich als besiegt und eilte zum Hafen, um seinen Gast zu suchen; man beschloss, die Tafel so der Nachwelt zu überliefern, zum ehrfürchtigen Staunen aller, besonders aber der Künstler. Ich vernehme, dass sie bei dem ersten Brand von Caesars Haus auf dem Palatin vernichtet wurde; vorher aber konnte man sie auf Rhodos sehen; sie enthielt auf einer großen Fläche nichts anderes als kaum sichtbare Linien [lineas visum effugientes]; unter den herrlichen Werken vieler Künstler war sie gleichsam leer, lockte aber gerade darum an und war berühmter als jedes andere Kunstwerk.
>
> Apelles übrigens hatte es sich zur beständigen Aufgabe gemacht, niemals, auch wenn er noch so beschäftigt war, einen Tag vergehen zu lassen, ohne durch Ziehen einer Linie sein Können zu üben [numquam tam occupatum diem agendi, ut non lineam ducendo exerceret artem], was durch ihn zum Sprichwort wurde. (Nat. Hist. 35, 81–84)[15]

15 Die Stelle „spectatam *Rhodi*“ ist verderbt und textkritisch ausgesprochen strittig; vgl. hierzu die Ausgabe der Ed. Belles Lettres (Pline l’Ancien: *Histoire naturelle*, Livre 35. Paris, 1985). – Vgl. zu den antiken Zeugnissen zu Apelles und Protogenes auch Overbeck, 1827–1906 bzw. 1907–1936.

Die Verlockung, die Anekdote auf eine gegenständliche Umrisszeichnung zu beziehen, ist naturgemäß groß; viele neuzeitliche Exegeten haben Plinius denn auch so gelesen.[16] Wenngleich mittlerweile mehrere philogische und kunsthistorische Studien mit einem Forschungsüberblick zu den verschiedenen Deutungen der Anekdote erschienen sind,[17] soll hier nur ein *historischer* solcher ‚Forschungsbericht' aus dem Jahr 1803 kurz betrachtet werden, da es nicht um Vollständigkeit der Deutungen und ihre genaue Abfolge geht, sondern darum, exemplarisch zu veranschaulichen, welch verschiedene Ansätze es bereits im 18. Jahrhundert gab und in welcher Weise sie bereits dort, am Scheitelpunkt einer Geschichte der Linientheorien, erkennen lassen, für welch vielfältige ästhetische Paradigmen die Anekdote vereinnahmt wurde. Es handelt sich um eine kleine Studie von Johann Dominicus Fiorillo,[18] der eingangs bemerkt:

> Vielleicht fand kein klassischer Schriftsteller mehr Ausleger als Plinius, und doch ist manche seiner Nachrichten ein Räthsel für den Leser. [...] Ich will hier nur bey einer Stelle stehen bleiben, die an und für sich merkwürdig, in mancher Rücksicht aber schwierig und dunkel ist.

16 Gestützt würde eine solche Deutung, sofern man von innerer Kohärenz in Plinius' Aussagen über Malerei ausgehen dürfte, durch seine Bemerkung, unvollendete Werke fänden so große Bewunderung, weil man in ihnen noch die *liniamenta reliqua ipsaeque cogitationes*, also die Skizzen und „Gedankengänge selbst" der Künstler noch sehe und der Schmerz über die im Schaffen erstarrte Hand zu höherer Betrachtung anreize (Nat. Hist. 35, 145). Hier wäre ein Verständnis von *liniamenta* im Sinne des neuzeitlichen *disegno* gegeben, das eine Wertschätzung als *tam absolutum opus* plausibel erscheinen ließe. Die Auslegung jedoch, die m. E. die Textstelle am plausibelsten erklärt – auch im Hinblick auf die erhaltenen Reste antiker Malerei, wie sie heute, anders als im 18. Jahrhundert, zugänglich sind – hat Ernst Gombrich vorgeschlagen. Leider ist eine Kategorie für sie gänzlich unwesentlich: der Kontur. Gombrich schlägt stattdessen eine Abstufung von drei verschiedenen Farben vor, die durch Höhung mit einer helleren Farbe und die Schattenlinie mit einer dunkleren Farbe simple, aber hochwirksame Effekte von Plastizität hervorrufen; die Linien, die sich gleichsam der Sicht entziehen, runden sich also illusionistisch in die räumliche Tiefe. Vgl. Ernst H. Gombrich: *The Heritage of Apelles. Studies in the art of the Renaissance III.* Oxford 1976, 3–18, bes. 17 zu „splendor" bzw. „highlights".

17 Vgl. Hans van de Waal: *The Linea summae tenuitatis of Apelles. Pliny's Phrase and its interpreters*, in: *Zeitschrift für Ästhetik und allgemeine Kunstwissenschaft* 12/1, 1967, 5–32.

18 Johann Dominicus Fiorillo: *Ueber eine Stelle des Plinius Hist. Natur. XXXV.10*, in: *Kleine Schriften artistischen Inhalts.* Erster Band. Mit Kupfern. Göttingen 1803; 229–242.

Es handelt sich natürlich um die „Anekdote, die er vom *Apelles* und *Protogenes* erzählt". Laut Fiorillo sah die „beliebteste Deutung" in dem Produkt des Wettstreits eine „senkrechte feine Linie", die „jeweils wieder unterteilt" wurde, „bis es fünf Linien waren" (232). Fiorillo bemerkt, wenn die erste Linie bereits „ein so vollendetes Werk" war, wie Plinius schreibt, hätte sie nicht in sich zwei weiteren Linien Raum gelassen. Außerdem sei die Linie „penicillo", mit dem Pinsel gezogen, und Protogenes sei kein Miniaturmaler gewesen. Auch habe die Tafel für ein großes Gemälde bereitgestanden, auf der die beiden Maler dann ihr minimalistisches Werk ausführten. Vehement widerspricht Fiorillo anderen Deutungen, beispielsweise derjenigen des Franzosen Durand, dessen Ansicht nach Protogenes den *Umriss* des Apelles *verbesserte* – da es doch ein *tam absolutum opus* gewesen sei, ereifert sich Fiorillo: „Läßt sich etwas Empörenders denken?" (233)

Weiter referiert er den Vorschlag Michelangelos (235), es habe sich um einen ohne abzusetzen gezogenen Kontur gehandelt, wie man es bei Vincenzo Carducho (*Dialogos de la Pintura*, Madrid 1633) lesen könne, „der das Verdienst des Künstlers nicht in einer feinen Linie, sondern in einen kühnen Umriß setzte, mit dem er in einem Zuge den Contour einer Figur vollendet habe." Fiorillo weist allerdings auch darauf hin, dass Salvator Rosa diese Praxis leichthändig nachgeahmt und gesagt habe, er wäre ein „povero Rosa", wenn er nur dies könnte und sich dessen rühmen müsste (235 f.). Fiorillo verweist auch auf die bei Vasari überlieferte Anekdote um Giotto, der in einem Zuge einen vollendeten Zirkel aus freier Hand gezogen habe (vgl. Kap. 2.4), bemerkt jedoch gleich, auch dies sei keine große Gabe (236 f.).

Ausgesprochen humorvoll wird Fiorillos etwas trockenes Resümee, als er auf Hogarths Deutung der Stelle zu sprechen kommt (237): Dieser, „ein Mahler von Feuer, aber ohne Geschmack, schrieb eine Zergliederung der Schönheit […], die er besser nicht geschrieben hätte", und habe dort am Ende seiner Vorrede über die Anekdote bei Plinius bemerkt, „beide Maler hätten eine Schlangen- eine Schönheitslinie gezogen […]." Diese Linie, die Hogarth in seiner *Analysis of Beauty* erschöpfend untersucht und hier auch den antiken Malern unterzuschieben sucht, kommentiert Fiorillo zunächst mit einem Zitat: „*Falconet* erklärt diese Linie wohl mit Recht für die Linie der Trunkenheit", bevor er kurz anmerkt, Hogarth sage, diese Schönheitslinie sei bei keinem Tiere vorhanden – doch ihm, Fiorillo, fällt ein Beispiel ein. Die Schlangenlinie „findet […] sich doch in auffallender Vollkommenheit bey den Schweinen; welches freylich das Thier nicht scheint, das auf Schönheit oder Anstand Anspruch machen könnte" (237).

In solche Gedankenarabesken flüchtet sich bereits um 1800 die Theorie, wenn sie das Gewirr der Deutungslinien zu ordnen versucht.

Die zu seiner Zeit vorherrschende Ansicht ist laut Fiorillo die Meinung Hagedorns (vgl. Kap. 11), der die Anekdote im Hinblick auf die Verschönerung von Umrissen, und zwar eines *Profils* deutet (237 f.). Fiorillo weiß jedoch auch hier etwas einzuwenden: Denn *Profil* heiße bei Plinius stets *obliqua imago* (238). Er schlägt also vor:

> Wie, wenn diese Linien gewesen wären, was Plinius sie nennt? *Striche*, aus freyer Hand, mit einem schlechten Pinsel gezogen, wie sie gerade dem Apelles einfielen. Nicht Linien eines Umrisses, eines Profils, oder irgend einer bestimmten Gestalt, weil *Plinius* sonst dieser Vorstellung erwähnen würde, sondern, wie ich die Sache ansehe, Striche, welche die Regeln einer Proportion angeben, und hinreichten, dem *Protogenes* die Hand des Meisters zu verrathen.

Fiorillos Ansicht nach hätten Plinius und seine Gewährsmänner diese Striche gesehen und nicht verstanden, wobei Fiorillo auch auf Polyklets *Canon* verweist (240 f.):

> Diese Eintheilungen hatten nun, wie die Fortschreitung der Farben, unendliche Verstufungen; der größere Künstler wusste mehrere Regeln, und so nach verstehe ich Plinius Worte ohne Schwierigkeit.
>
> *Apelles* deutete die ersten Regeln der Kunst mit wenig Strichen an, gleichsam wie jemand das Skelet einer Figur entwirft. *Protogenes* verbesserte an diesen Strichen nichts, da ihm aber diese Regeln geläufig waren, so fügte er mit anderer Farbe neue Unterabtheilungen hinzu, wie wir z. B. den Knochen, Muskeln zusetzen können, und endlich bezeichnete *Apelles* mit einer dritten Farbe, die Züge der Schönheit und Vollendung, bey deren Anblick *Protogenes* sich überwunden erkannte. (241 f.)

Ob man Fiorillo dies nun „ohne Schwierigkeit" abnimmt oder nicht – die kurze Auswahl aus seinem ‚Forschungsbericht' zu Plinius' Anekdote dürfte gezeigt haben, wie die Deutungslinien im Laufe der neuzeitlichen Kunsttheorie ein anschauliches Diagramm von deren Paradigmen verzeichnen.[19]

---

19 In den einzelnen Kapiteln werde ich jeweils auf die signifikanten Deutungen oder Transformationen der Anekdote (wie auch der Parrhasius-Sequenz) bei den behandelten Autoren eingehen. Zum Ende der Anekdote ist anzumerken, dass das angedeutete „proverbium", das ja bei Plinius selbst gar nicht in seiner geläufigen Form *Nulla dies sine linea* erscheint, auch nicht einmal in der *antiken* Literatur zu finden ist. Es handelt sich dabei (in diesem Wortlaut) vielmehr um eine humanistische Prägung; so begegnet in der ersten gedruckten lateinischen Sprichwortsammlung des Polydorus Vergilius (ca. 1470–1555) vorerst noch die Formulierung *Nulla dies sit sine linea*, die mit der bekannten Apelles-Anekdote erläutert wird. Die geläufige sprichwörtliche Formulierung *Nulla dies sine linea*

2.4 Exkurs zu Giottos „O“

Eine Anekdote um Giottos künstlerische Fähigkeiten, die sich als neuzeitliche Variante zu jener um die antike *linea* des Apelles verstehen lässt, hat ein reges Eigenleben entwickelt. Vasari berichtet in seiner Giotto-Vita, dieser habe einem päpstlichen Gesandten, der nach einem Künstler für die Ausführung eines bestimmten Projektes suchte, zur Probe seines Könnens etwas zeichnen sollen. Giotto habe daraufhin freihändig einen vollendeten Kreis gezogen. Der einfältige Gesandte habe damit nichts anzufangen gewusst, doch habe Giotto ihm versichert, der Papst werde seine Kunst schon zu schätzen wissen. Tatsächlich erhielt Giotto den Auftrag.

Paul Barolsky hat in seinem Buch der Vasari-Fiktionen und ihrer Quellen darauf hingewiesen, dass sich eine Anspielung auf diese Begebenheit bereits im Florenz des 15. Jahrhunderts in einer Verszeile Polizianos findet, die als „Gemeinplatz“ gelten könne:

> *Al tuo goffo ghiotton darò del macco / Che più dell' O di Giotto mi par tondo*
>
> *Eine Schale Brei spendier ich Deinem plumpen Freßsack, der runder ist als Giottos O.*[20]

Hier ist deutlich das überbordende Wort- und Klangspiel mit den Assonanzen und Konsonanzen von *goffo / ghiotton / Giotto* und das Spiel mit den ebenfalls über die Vokale verknüpften Bildern der Rundlichkeit – *goffo / O / tondo* inszeniert. Bei Vasari wird daraus eine plausible Geschichte um die Virtuosität Giottos, die der Einfältigkeit des „plumpen“ (was „tondo“ auch heißen kann) Gesandten gegenübergestellt wird. Barolsky meint zudem, eine weitere Quelle Vasaris in Dantes *Inferno* ausgemacht zu haben, und zwar im XXIV. Gesang bei der Schilderung brennender Diebe, in der es über einen der Gestraften heißt:

---

jedoch, wie Oleg Nitikinski nachgewiesen hat (*Zum Ursprung des Spruches Nulla dies sine linea*, in: *Rheinisches Museum für Philologie*, 142, 1999, 430 f.), erscheint erstmals, im Zusammenhang der Apelles-Anekdote, in den *Epistolae proverbiales* des neulateinischen Dichters Publio Fausto Aurelini. Dieser integriert das ‚Sprichwort‘ auch in ein Epigramm seines *Hecatodistichon: „Nulla dies sine linea“*: *„Nulla dies abeat quin linea ducta supersit: / Non decet ignavum praeteriisse diem.“* – Diesen ersten Vers zitiert bereits Claude Saumaise (in seinen *Plinianae Exercitationes in C. Jul. Solini Polyhistora*, Paris 1629), ohne sich des richtigen, einst berühmten Verfassers zu entsinnen: Er schreibt ihn Horaz zu. Wie Nitikinski darlegt, war also bereits im 17. Jahrhundert unter Gelehrten die Identität des Verfassers nicht mehr geläufig, das Sprichwort verselbständigte sich.

20 Zitiert nach Paul Barolsky: *Warum lächelt Mona Lisa? Vasaris Erfindungen.* Berlin 1996, 21.

Kein O oder I wurde je so schnell geschrieben, wie er Feuer fing.[21]

Verstünde man dies als weitere Inspiration bei der Ausgestaltung der Anekdote von Giottos „O", so betonte die Dante-Referenz vor allem die wundersame *Schnelligkeit* des künsterischen Virtuosentums, die, wie auch Ernst Kris und Otto Kurz nachgewiesen haben,[22] ebenso wie die Demonstration von besonderem Witz gegenüber einfältigen Kunstrichtern zu den besonders häufig erwähnten Elementen in Künstleranekdoten gehört. Beide Elemente werden in Vasaris Anekdote von Giottos „O" kombiniert.

Vasari beließ es jedoch nicht bei dieser Referenz auf das „O" des Künstlers, sondern nutzte es, wie Barolsky hervorhebt, in der Vita des Andrea Pisano als geistreiche literarische Anspielung. Dort bemerkt er lobend, Pisano habe, statt die Verfahren der „Gotti" und „Greci goffi" (der unbeholfenen Goten und Byzantiner, also mangelhaften Stil) weiterzuführen, von Giottos neuer Zeichentechnik gelernt. Hier wird nun das von Barolsky als „Goffismus" pointierte Phänomen der antiquierten, verglichen mit Giottos Neuerungen unbeholfenen Darstellungsweise mit den richtungweisenden Gestalten des neuen Meisters kontrastiert – unter Zuhilfenahme eines weiteren Wortspiels voller Assonanzen und Konsonanzen um G und O. Der Kreis als Symbol der Vollkommenheit wird als Signatur im Namen des Künstlers entziffert, der die Vervollkommnung der neuzeitlichen Malerei initiierte.[23] Als eben solche Signatur lässt Vasari den Meister seinen Kreis ziehen, wie Apelles seine *linea* zog. Nullum saeculum sine interpretatione.

21 Zitiert nach Barolsky, 22.

22 Ernst Kris/Otto Kurz: *Die Legende vom Künstler. Ein geschichtlicher Versuch.* Mit einem Vorwort von Ernst H. Gombrich. Frankfurt a.M. [3]2003, 127 f. und 131 f.

23 Vgl. Barolsky, 21.

3. Der *deus incircumscriptus* und die *circumscriptio* der Schöpfung

In der ikonographischen Tradition des Mittelalters begegnen Darstellungen, die Gott als Weltumfasser zeigen, hinter dem Kreisrund seiner Schöpfung stehend, das medaillon- oder scheibenartig entweder die einzelnen Tagewerke oder den gesamten Kosmos verbildlicht.[1] Erst 1588 wurde durch Giordano Brunos Einwand, es sei widersinnig, den „Beweger der Welt an ihrem Umkreis anzusetzen statt in ihrer Mitte",[2] diese Bildtradition des weltumfassenden Schöpfers hinfällig. Ungeachtet dessen markiert diese Tradition für die Denkfigur des Umrisses einen wichtigen Punkt; das Konzept bleibt durch mehrere Epochen hindurch wirksam und wird je nach epochentypischem Selbstverständnis charakteristisch variiert. Denn wenngleich sich das Umrisshafte dieser Darstellungen auf das strenge Kreisrund beschränkt, ist es doch dieses zugrundeliegende Konzept der Umschreibung, der *circumscriptio*, das den Begriff für die Kunstterminologie liefert, wie ihn Alberti im Italienischen gebraucht, von wo er durch die erste Übersetzung durch Rivius 1547 in die entstehende deutschsprachige Kunstterminologie einwandert (vgl. Kap. 7). Hinzu kommt das für die Tradition des künstlerischen Selbstverständnisses prägende Konzept des Weltenschöpfers als *deus incircumscriptus:* Besonders betont erscheint das Moment der kreisrunden Umschreibung der Schöpfung in denjenigen Darstellungen, die Gott als Welterschaffer mit dem Zirkel in der Hand beim Akt der Schöpfung abbilden, indem er mit diesem den Himmelskreis, der die Welt umschließt, abzirkelt.[3] Diese Tradition zeigt mithin die Schöpfung Gottes als das „Umschriebene (circumscriptum)", den Schöpfer selbst hingegen – obwohl in Menschengestalt dargestellt – als den „Unumschriebene[n] (incircumscriptus)", wobei diese Verbildlichung der „Lehre von seinem unanschaubaren Unumschriebensein" widerspricht; (der anschaulich dargestellte) Gott steht lediglich außerhalb alles Geschaffenen, außerhalb von Zeit und Raum. Auf eben diese Enthobenheit

1 Friedrich Ohly: *Deus incircumscriptus.* Mittellateinisches Jahrbuch Bd. 27 (1992), 7–16, 7.

2 Ohly, 7.

3 Ohly, 7.

im Gegensatz zur raum-zeitlichen Begrenztheit des Menschen („circumscriptio") zielt die Rede von der „Unumschriebenheit (incircumscriptio)" Gottes, deren Tradition auf Augustinus[4] und besonders Gregor den Großen zurückgeht. Letzterer argumentierte gegen anthropomorphisierende Gottesvorstellungen, denn Gott sei unermesslich und übersteige „in der Unumschreibbarkeit seines Geistes (*incircumscriptione sui spiritus*)"[5] alles Vorstellbare. Dass die genannten Konzepte in der Kunsttheorie der Renaissance bekannt waren, findet sich u. a. belegt bei Benedetto Varchi (vgl. Kap. 4.1). Auch Leibniz, dessen Schriften auf zahlreiche in dieser Studie behandelte Autoren prägenden Einfluss ausübten, bezieht sich in den *Principes de la Nature et de la Grâce fondés en Raison* auf die Denkfigur der Unumrissenheit Gottes. Er bemerkt, die „Schönheit des Universums" ließe sich „in jeder Seele erkennen, wenn man alle ihre Einfaltungen entfalten könnte, die sich merkbar nur mit der Zeit entwickeln".[6] Leibniz konstatiert die Unmöglichkeit einer umfassenden Erkenntnis des Unendlichen und fügt hinzu: „Gott allein hat eine deutliche Erkenntnis von allem, denn er ist dessen Quelle. Man hat sehr richtig gesagt, daß er überall wie ein Zentrum ist, dessen Umfang nirgends ist [qu'il est comme centre partout, mais que sa circonférence est nulle part], weil alles ihm unmittelbar gegenwärtig ist, ohne jegliche Entfernung vom Zentrum." Die Umfanglosigkeit, Unumrissenheit Gottes (bzw. des Unendlichen) wird, von Leibniz ausgehend, zur basalen Denkfigur in der durch und durch ‚linearen' Ästhetik Karl Philipp Moritz' werden, die auf vielfältige Weise mit den Konzepten des Umrisses, Umkreises und des Überblicks über das ‚Ganze' operiert, dabei aber stets das Moment der Zeitlichkeit menschlicher Wahrnehmung mit der vollkommenen Simultanwahrnehmung des Unendlichen kontrastiert (vgl. Kap. 16).

Friedrich Ohly, der die Konzeptgeschichte des *deus incircumscriptus* in einer Studie nachgezeichnet hat, weist auch auf „[w]ohl weniger weit wirkend[e]" Bezugnahmen auf dieses Konzept der *incircumscriptio* Gottes hin; so finden sich beispielsweise im *Periphyseon* Johannes Scotus Eriugenas

4 Vgl. Ohly, 8, u. a. *Confessiones* 5, 2, 2: „Überall bist du, den kein Ort umschreibt", „quem nullus circumscribit locus."

5 Ohly, 8; Gregor, *Moralia* 10, 9, 14 u. a.

6 Im Französischen: „si l'on pouvoit deplier tous ses replis qui ne se developpent sensiblement qu'avec le tems." – G. W. Leibniz: *Principes de la Nature et de la Grâce fondés en Raison, § 13,* in: G. W. L.: *Monadologie und andere metaphysische Schriften.* Frz./dt. Hg., übs., mit Einl., Anm. u. Registern versehen v. Ulrich Johannes Schneider. Hamburg 2002, 166 f.; das folgende Zitat ebd., 168 f.

aus dem 9. Jahrhundert[7] lange Reihen von Oxymora zur Benennung Gottes, unter denen auch die *incircumscripti circumscriptio* erscheine. Eben dieses Oxymoron wird aber auch auf den *intellectus* des Menschen und besonders seine Gottähnlichkeit bezogen, und zwar im Hinblick darauf, dass dieser „nur weiß, dass er ist, nicht aber, was er ist“: Wenn die *mens humana* ihr „Wassein“ erkennen könnte, wäre sie in gewisser Weise umschrieben („*circumscripta*“) und könnte „das Bild ihres Schöpfers nicht vollkommen in sich zum Ausdruck bringen“, der gänzlich unumschrieben sei („*qui omnino incircumscriptus est*“). Gerade, indem er die Argumente auslässt, die sonst die Begrenztheit des Menschen betonen, kann Johannes Scotus somit auch ihm das Merkmal der Unumschriebenheit zusprechen.[8]

Ebenfalls in einer Reihe von Oxymora begegnet die Unumschriebenheit bei Alan von Lille (Alanus), in dessen *De planctu naturae* der Versuch unternommen wird, die Unbegreiflichkeit der Menschwerdung Gottes sprachlich in Form einer „Orgie von Oxymora“ darzustellen, als „Beschreiben auch des Unumschriebenen“.[9]

Das Hauptanliegen von Ohlys Studie liegt jedoch darin, eine bis dato unbekannte frühmittelhochdeutsche Belegstelle für die Verwendung des Konzeptes aufzuweisen – die einzige beachtete Stelle fand sich zuvor nur in Des Armen Hartmann *Rede vom Glauben*, wo es über Gott heißt, er sei „ein spiritus incircumscriptus“ (VV. 86–87), also „ohne *umbevang*“.[10] Ohly weist nun auf eine textkritisch umstrittene Stelle im St. Trutperter Hohenlied (nach 1160) hin, wo es zur Stelle Cant. 5, 10 („Dilectus meus candidus et rubicundus“) mit Bezug „auf das Weiß Christi“ heiße:[11] „er ist das umbe gescribene lieht der heiligen vernunste“, wobei sich hier die Vernunft auf den „intellectus als […] zweite[] Gabe des Hl. Geistes“ beziehe. Ohly plädiert aufgrund der angeführten Belege für die verschiedenen Bedeutungshorizonte des *Umschriebenseins* für eine Konjektur: „daz umbe gescribene lieht“ solle man entgegen der handschriftlichen Überlieferung zu „unumbeschribene lieht“ zu ändern. Diese Lesart werde bestärkt durch die besonders im Zusammenhang mit Kontemplation oder Vision „ausgeprägte[] Tradition vom *lumen incircumscriptum*“.[12] Dieses Konzept, das Gott als *lumen incircumscriptum* paradox veranschaulicht, geht auf Gregor

7 Ohly, 9 f., zum *Periphyseon:* ed. I. P. Sheldon-Williams, libri I–III, Dublin 1968–1981; libri IV–V, in Migne *PL* 122, 741–1022.
8 Vgl. zu all diesem Ohly, 10, Zitate ebd.
9 Ohly, 13.
10 Vgl. Ohly mit Hinweis auf VV. 110, 122, 141.
11 Vgl. Anm. 33 bei Ohly, 13.
12 Vgl. Ohly, 13. Zu den textkritischen Varianten vgl. ebd., Anm. 34.

den Großen zurück,[13] der ja, wie bereits bemerkt, vor „Täuschungen durch umschriebene Bilder für Gott"[14] warnte, die niemals dessen Unumschriebenheit abbilden könnten. Auch bei Bernhard von Clairvaux findet sich später der Gedanke, der Mensch könne mit dem „inneren Auge [seiner] Seele", der „*intelligentia (intellectus)*", in der Kontemplation Gott, der das „unumschriebene Licht" sei, „und sein Unsichtbares wie auch immer" wahrnehmen, denn dabei werde „dem inneren Auge das Licht des Schöpfers eingegossen [...], so dass es wahrnimmt". Eine solche Erkenntnis entspricht, wie Ohly darlegt, damaligem Verständnis gemäß der *Inkarnation*, indem Gottes Menschwerdung ebenfalls als Übergang aus seiner Unumschriebenheit in die Umschriebenheit des menschlichen Daseins verstanden wurde.[15]

Säkularisierte Reflexe dieser theologischen Gestaltwerdung werden in den *disegno*-Konzepten vor allem im Hinblick auf die Transformation des *disegno interno* in den *disegno esterno* wiederbegegnen. Als weitere bildliche Metapher für den künstlerischen *disegno* fungiert jedoch das *Licht*, das sich sowohl aus den antiken Ursprungslegenden zur Kunst herleiten lässt als auch aus den theologischen Konzepten vom göttlichen *lumen incircumscriptum*. In den folgenden Kapiteln zu Konzepten von Umrissenheit wird sich immer wieder zeigen, wie nicht nur die *circumscriptio* der menschlichen Zeichnung, vor allem in Bezugnahmen auf den Ursprung der Kunst im menschlichen Schattenriss, reflektiert wird, sondern auch dasjenige Moment, das diese Umschreibung allererst ermöglicht: das Licht, das fortan als *disegno*-Symbol erscheinen kann (vgl. das folgende Kapitel)[16] – in Bezug auf die von ihm aus dem Dunkel hervorgeschälte und mit Effekten der Lebendigkeit versehene Form in der Fackelbeleuchtung von Statuen oder als manifeste Projektion des Vergänglichen, durchdrungen und gebildet vom *intellectus* des *divinus artista.*

---

13 Vgl. zu den Belegen Ohly, 14, Anm. 35.

14 Ohly, 14.

15 Vgl. Ohly, 15.

16 Vgl. die Abbildung (Abb. 1) eines Freskos zum Ursprung der Kunst in Vasaris Florentiner Haus – der Maler als Theoretiker des *disegno* setzt sich damit ein doppeltes Denkmal; vgl. auch den Hinweis auf die Symbolfunktion des Lichtes auch in kunsttheoretischen Schriften bei Bernd Roggenkamp: *Die Töchter des „Disegno". Zur Kanonisierung der drei Bildenden Künste durch Giorgio Vasari.* Münster 1995, 64.

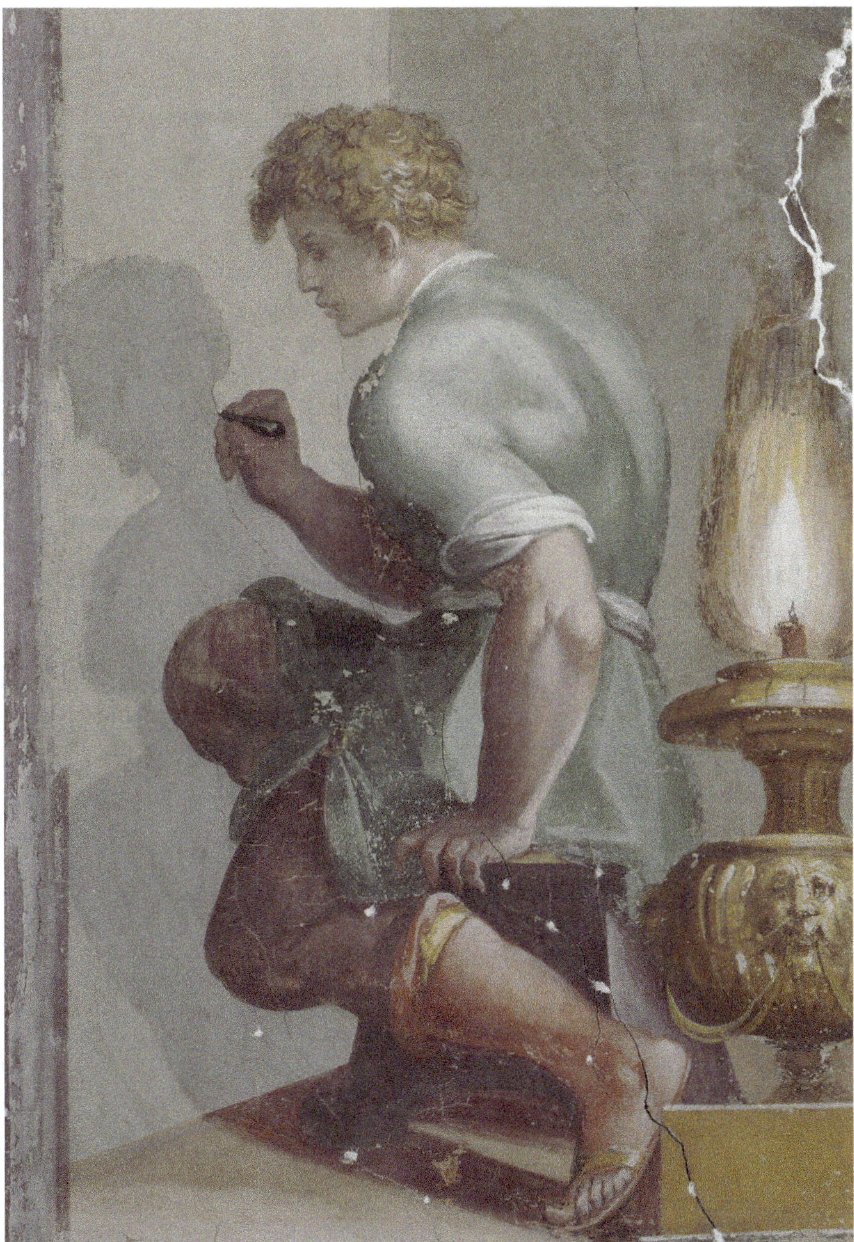

Abb. 1 Giorgio Vasari: *Der Ursprung der Kunst (Gyges)*, Ausschnitt. Florenz, Casa Vasari. – Foto: Kunsthistorisches Institut in Florenz – Max Planck Institut.

4. Die italienischen *disegno*-Theorien: „Circumscriptioni igitur opera detur“

Die Debatten der florentinischen Hochrenaissance und des Manierismus um die Bedeutung des *disegno* – als dessen Synonyme häufig auch *circumscriptio* (Umschreibung), *lineamenti* (Umrisse) oder *contorni* (Konturen)[1] erscheinen, wenngleich der Begriff *disegno* jeweils mehr umfasst als diese Einzeltermini – stellen die unabdingbare theoretische Grundlage des künstlerischen Selbstverständnisses in der Neuzeit dar, deren Konzepte in der Kunsttheorie der folgenden Jahrhunderte konsequent fortwirken und eine Geschichte der Denkfigur *Kontur* allerererst möglich machen. Im Folgenden soll die Entwicklung der Debatte um den *disegno* anhand ihrer markantesten Stationen kurz nachvollzogen werden, wobei 1. die jeweils propagierte Relevanz von Umrissenheitskonzepten für die künstlerische Imagination und den schöpferischen Prozess herausgearbeitet wird, sodann im Hinblick darauf 2. die Bedeutung dieser Konzepte im Rahmen der Paragone-Debatte und 3. ihre Verbindung zu den sich wandelnden Konzeptionen dessen, was unter „Idee“ (*idea, concetto*) verstanden wird.[2]

---

1 Vgl. den Glossar-Eintrag *disegno* in: Giorgio Vasari: *Kunstgeschichte und Kunsttheorie. Eine Einführung in die Lebensbeschreibungen berühmter Künstler anhand der Proemien.* Neu übersetzt von Victoria Lorini; hg. und kommentiert v. Matteo Burioni und Sabine Freser. Berlin 2004 (im Folgenden zitiert als: Vasari, *Kunstgeschichte und Kunsttheorie*), 193 ff. – Das Zitat der Kapitel-Überschrift („Der Beschreibung also gilt unser Bemühen“) entstammt: Leon Battista Alberti: *Das Standbild. Die Malkunst. Grundlagen der Malerei. [De Statua. De Pictura. Elementa Picturae]* Hg., eingeleitet und komm. v. Oskar Bätschmann und Christian Schäublin unter Mitarbeit v. Kristine Patz. Darmstadt 2000, hier: *De Pictura* 31, 248.

2 Wenngleich die historische Entwicklung dabei den Leitfaden bietet, geht es hier nicht darum, diese in allen Einzelaspekten detailliert nachzuvollziehen. Da der Fokus der Studie auf der Geschichte der Denkfigur ‚Kontur‘ in der deutschsprachigen Kunstliteratur liegt, sollen lediglich die genannten Momente herausgestellt werden, um in den folgenden Kapiteln darauf zurückgreifen zu können. Eine genaue historische Differenzierung der einzelnen *disegno*-Konzepte ist für die deutschsprachige Kunstliteratur nicht primär relevant, da diese Konzepte erst auf dem Wege oftmals zeitlich deutlich verzögerter Übersetzung – und ohne Nennung

Die Diskussion um den *disegno* setzt in der italienischen Kunstliteratur um das Jahr 1400 mit Cennino Cenninis *Libro dell'arte* ein. Cennini nennt darin die Zeichnung – zusammen mit der Farbgebung – als Grundlage der Kunst; in ständiger Zeichenübung sieht er die Möglichkeit, als erfahrener Künstler einst „viel Zeichnung im Kopf zu haben" („capace di molto disegno entro la testa tua").[3] Bereits hier ist ein geistiges Vermögen jenseits der rein praktischen Tätigkeit mit dem Begriff *disegno* verbunden: Der Künstler gewinnt über die Zeichnung „Zugang zur Idee (*idea*) und Form (*forma*) aller natürlichen Dinge".[4]

Wurden in Vitruvs antikem Architekturtraktat (vgl. Kap. 7.2.4) *lineamenta* lediglich als „Basis architektonischer Theorie und Praxis postuliert",[5] wird bei Cennini nun der „disegno entro la testa" als „geistige[r] Entwurf" zur „Basis jeder künstlerischen Tätigkeit".[6] Ausgehend von dieser Erweiterung wird dem *disegno* im Cinquecento nach und nach der höchste Stellenwert zugesprochen – er avanciert zum „Grundprinzip aller bildenden Künste".[7]

4.1 Zum *disegno*-Begriff bei Varchi und Vasari

Für eine Geschichte der ästhetischen Denkfigur *Kontur* stellen im Rahmen der *disegno*-Debatten die *Lebensbeschreibungen der berühmtesten Maler, Bildhauer und Architekten* Giorgio Vasaris die wichtigste Quelle dar. Vasaris *Vite* erschienen 1550 in erster und 1568 in zweiter Fassung, wobei die zweite Ausgabe um theoretisch weitreichende Aspekte zum *disegno* erweitert wurde. Vasaris Schriften war zu diesem Zeitpunkt eine lange Diskussion um die Bedeutung des *disegno* vorausgegangen, besonders im Zusammenhang der Debatten um den *Paragone* der Künste, wobei Vasari

---

der Quellen oder unter Vermischung mehrerer Autoren sowie mit eigenen Korrekturen und Ergänzungen – ihre Wirkung entfalten.

3 Alle Zitate nach: Matteo Burioni: *Gattung, Medien, Techniken. Vasaris Einführung in die drei Künste des disegno* (im Folgenden: Burioni, *Einleitung*), in: Giorgio Vasari: *Einführung in die Künste der Architektur, Bildhauerei und Malerei. Die künstlerischen Techniken der Renaissance als Medien des disegno.* Erstmals übersetzt von Victoria Lorini. Hg., kommentiert u. eingeleitet v. Matteo Burioni. Berlin 2006 (im Folgenden: Vasari, *Einführung in die Künste*), 7–24, 10.

4 Burioni, *Einleitung*, in: *Einführung in die Künste*, 10.

5 Glossar-Eintrag *disegno*, in: Vasari, *Kunstgeschichte und Kunsttheorie*, 193 ff.

6 Glossar-Eintrag *disegno*, in: Vasari, *Kunstgeschichte und Kunsttheorie*, 194.

7 Glossar-Eintrag *disegno*, in: Vasari, *Kunstgeschichte und Kunsttheorie*, 194.

den aktuellen Diskussionsstand bei Benedetto Varchi publiziert finden konnte.[8] Dieser hatte den Paragone zu schlichten gesucht und in diesem Kontext im März 1547 zwei öffentliche Lektionen an der Accademia Fiorentina gehalten, die fast zeitgleich mit Vasaris Torrentiana 1549 bei Lorenzo Torrentino in Florenz[9] als *Due Lezzioni* gedruckt wurden. Die erste der Lektionen widmete sich der Analyse eines Michelangelo-Sonetts. Es handelt sich um das bekannte *Non ha l' ottimo artista,* in dem Michelangelo die Bildhauerkunst mit der Liebe als Movens in Verbindung setzt. Es beginnt mit den Versen:

> Non ha l'ottimo artista alcun concetto,
> c'un marmo solo in sé non circonscriva
> col suo superchio, e solo a quello arriva
> la man che ubbidisce all' intelletto.[10]

Varchi schreibt, dieses Quartett solle ausdrücken, dass all die Dinge, die als Kunstgegenstände gebildet werden sollen, nicht nur *potentiell* in ihrem Material bereits enthalten seien [„non solo sono in potenza nei loro subbietti“], sondern in vollkommenerer Gestalt, als sie vorgestellt werden könne [„ancora nella piú perfetta forma che si possa immaginare“]. Diese könnten sich nun aber nicht alle Künstler gleichermaßen schön vorstellen oder „in derselben Vollkommenheit“ umsetzen; hierzu bedürfe es sowohl „Begabung“ als auch „Erfahrung“, um auch gut auszuführen, was man sich zuvor „im Hirn vollkommen vorgestellt hat [„perfettamente immaginato con cervello“].“[11]

Michelangelo hatte nach Varchis Ansicht also die Notwendigkeit der Verbindung beider Entstehungskomponenten des Kunstwerks, der geistigen und der handwerklichen, betont, durch die allein der Künstler Vollendetes schaffen könne. Was hier jedoch besonders interessiert, ist die Bedeutung von *circonscriva* in Michelangelos erstem Quartett. Varchi greift bei seiner Interpretation desselben auf Averroes' Aristoteles-Kommentar zurück: Dort fand er das gedankliche Modell für den Übergang aus der *forma potentialis* in die *forma realis* – den Prozess mithin, in dem eine Form

8 Bernd Roggenkamp: *Die Töchter des „Disegno“. Zur Kanonisierung der drei Bildenden Künste durch Giorgio Vasari.* Münster, 1995, 56.

9 Vgl. dazu: *Trattati d'arte del Cinquecento fra Manierismo e Controriforma, Volume primo: Varchi – Pino – Dolce – Danti – Sorte.* A Cura di Paola Barocchi. Bari 1960, 335.

10 Michelangelo: *Gedichte* (Ital. u. dt.). Hg. u. übers. v. Michael Engelhard. Frankfurt a.M. 1999, 204 f.

11 Zitiert nach Roggenkamp, *Die Töchter des „Disegno“*, 57.

bei ihrer Bildung aus der Potenz in den Akt überführt wird: „Die ‚Umschreibung' und Bestimmung des Ortes, den die Idee des Künstlers einnehmen soll, ist daher gleichbedeutend mit dem Vorgang der „Potentia ad Actum".[12] Dabei müssen die *potenza attiva*, die Anteil des Künstlers ist, und die *potenza passiva*, die im zu gestaltenden Material verborgen ist, einander möglichst entsprechen.[13] In Michelangelos Gebrauch des *circonscriva* meint nun also das „Umschreiben" die Grenze zwischen der „[p]otentielle[n] Gestalt" und der „zu entfernende[n] Materie" und damit die „Übertragung des ‚Concetto' ins Handwerk". Dem Herausarbeiten der Plastik aus dem Stein kommt somit bei Michelangelo die Bedeutung zu, „ihre Oberfläche aus der Umschließung zu befreien oder, anders ausgedrückt, ihr erst eine reale Oberfläche zu geben".[14] Varchis Analyse des Gedichtes definiert philologisch-komparatistisch:

> ‚Circonscrivere' bedeutet in unserer Sprache eigentlich dasselbe wie im Lateinischen, woher es kommt, nämlich umgeben, umschließen und einschließen. Daher nennt man etwas dann umschrieben, wenn es geschlossen, ganz umgeben also in einem anderen enthalten ist, so wie die Fläche eines Kreises in der Linie enthalten ist, die ihn umschreibt.[15]

Auch oder gerade hier, am Beginn der neuzeitlichen Kunstdebatten, ist der Begriff der ‚Umschreibung' prinzipiell erklärungsbedürftig[16] – und be-

12 Roggenkamp, 58.

13 Vgl. dazu Roggenkamp, 58.

14 Roggenkamp, 58. – Das Konzept der plastischen Gestaltgebung durch Entfernen der Materie begegnet auch bei Vasari: „Die Kunst der Bildhauerei besteht darin, das Überflüssige der zugrundeliegenden Materie zu entfernen und ihr die körperliche Form zu verleihen, die in der Vorstellung des Künstlers vorgezeichnet ist." (Vasari, *Über die Bildhauerei. Della Scultura*, in: *Einführung in die Künste*, 75.)

15 „Circonscrivere significa propriamente nella nostra lingua, quello, che egli significa nella latina, dalla quale è tratto, ciò è circondare, serrare e chiudere. Onde circoscritta si chiama una cosa quando è chiusa e circondata d' ogn' intorno, ed in somma contenuta da un' altra, come è contenuto lo spazio d' un cerchio da quella linea che lo circonscrive". Zit. nach Roggenkamp, *Die Töchter des „Disegno"*, 58. Zur eigenwilligen Auslegung des aristotelischen Raumbegriffs bei Varchi (*Metaphysik* 1028 b 16–18) vgl. Roggenkamp, 59.

16 Zu den genannten Aspekten tritt zudem das graphische Verständnis von *circumscriptio* im Sinne von „Umreißen" und „Umzeichnen" (Roggenkamp, 60) hinzu, wie es bereits in der Antike begegnet (vgl. Kap. 2) und das in besonderem Maße im Konzept des *deus incircumscriptus* der mittelalterlichen Theologie an Relevanz gewann, insofern es sich auf Gott bezog, der nicht umschrieben, also als auf einen Ort reduziert gedacht werden könne, da er allgegenwärtig sei (vgl. Kap. 3). Dass diese Komponenten der *circumscriptio* Varchi geläufig waren, zeigt sich nicht zuletzt daran, dass er mit Bezug auf eine Dante-Stelle, die in Anlehnung an den

sonders mit Blick auf die *literarische* Komponente einer Geschichte der ästhetischen Denkfigur *Kontur* erscheint es bemerkenswert, dass derjenige Initialimpuls, durch den die Debatten um das Konzept des Umschreibens in eine neue Phase gelangten und letztlich große Teile der abendländischen Kunsttheorie beeinflussten, von einem *Gedicht* ausging. So ist es vielleicht auch angemessen, die Geschichte der ästhetischen Denkfigur ‚Kontur‘ mit einem Kapitel zum Lyriker Rilke ausklingen zu lassen.

4.2 Vasaris Formulierungen des *disegno*

Die bereits in der Bedeutung „geistiger Entwurf“ in Cenninis Gesamtkonzeption des Begriffs angelegte philosophische Akzentuierung des Schaffensprinzips tritt bei Vasari nun forciert in den Vordergrund und propagiert dadurch eine intellektuelle Nobilitierung der auf dem *disegno* beruhenden Künste, wozu der Terminus besonders geeignet erscheint, da sich in diesem Grundprinzip technische und theoretische Komponenten untrennbar verknüpft erweisen. Für Vasari ist der *disegno* das „Maß aller Dinge“, „die Künste, die später einmal als die ‚schönen’ oder ‚bildenden Künste’ bezeichnet werden sollten, sind für ihn schlichtweg die ‚Künste des *disegno*‘.“[17] Für sein *disegno*-Konzept sind vor allem zwei Textstellen aufschlussreich. Die erste, die sich im Abschnitt *Über die Malerei. Della Pittura*[18] findet, formuliert die vielzitierte Genealogie der Künste:

> *Disegno* ist der Vater unserer drei Künste Architektur, Bildhauerei und Malerei, der aus dem Geist hervorgeht und aus vielen Dingen ein Allgemeinurteil schöpft, gleich einer Form oder Idee aller Dinge der Natur, die in ihren Maßen einzigartig [Panofsky: „überaus regelmäßig“] ist. So kommt es, dass der *disegno* nicht nur in menschlichen und tierischen Körpern, sondern auch in Pflanzen, Gebäuden, Skulpturen und Gemälden das Maßverhältnis des Ganzen zu den Teilen, der Teile zueinander und der Teile zum Ganzen erkennt. Und da aus dieser Erkenntnis eine gewisse Vorstellung und ein Urteil entsteht, das im Geist die später von Hand gestaltete und dann Zeichnung genannte Sache

---

Vaterunser-Beginn Gott als „non circonscritto“ preise, Betrachtungen über menschliches und göttliches Schaffen anstellt, die dem gleichen Prinzip der *circumscriptio*, verbildlicht im Motiv des *deus artifex* mit *einem Zirkel*, unterliegen, wobei der Mensch aber im Gegensatz zu Gott nur aus dem Bereich des von ihm selbst Geschaffenen, nicht aber aus der Grenze der Natur heraustreten könne.

17 Burioni, *Einleitung*, in: Vasari, *Einführung in die Künste*, 7.

18 Vasari: *Über die Malerei. Della Pittura*. 15. Kapitel: „*Was der disegno sei, wie man gute Malerei ausführt und erkennt und ihre Bestimmung versteht, und über die Erfindung der Istorie.*“, in: Vasari, *Einführung in die Künste*, 98.

formt, so darf man schließen, dass *disegno* nichts anderes sei als eine anschauliche Gestaltung und Darlegung jener Vorstellung, die man im Sinn hat, von der man sich im Geist ein Bild macht und sie in der Idee hervorbringt.[19]

[I]l disegno, padre delle tre arti nostre architettura, scultura e pittura, procedendo dall' intelletto cava di molte cose un giudizio universale simile a una forma overo idea di tutte le cose della natura, la quale è singolarissima nelle sue misure, di qui è che non solo nei corpi umani e degl' animali, ma nelle piante ancora e nelle fabriche e sculture e pitture, conosce la proporzione che ha il tutto con le parti e che hanno le parti fra loro e col tutto insieme; e perché da questa cognizione nasce un certo concetto e giudizio, che si forma nella mente quella tal cosa che poi espressa con le mani si chiama disegno, si può conchiudere che esso disegno altro non sia che una apparente espressione e dichiarazione del concetto che si ha nell' animo, e di quello che altri si è nella mente imaginato e fabbricato nell'idea.[20]

Diese Passage, der man die Formulierungsschwierigkeiten bei der Suche nach einer treffenden Definition anmerkt,[21] wurde von Vasari erst in die zweite Ausgabe der *Vite* eingefügt – unter anderem wohl, da er nicht über die Diskussionen um den *disegno* hinweggehen konnte, die seit der Erstausgabe stattgefunden hatten.[22] Beachtung verdient in dieser Definition nun besonders, wie Vasari den „Idea-Begriff[] mit jenem des disegno“[23] verknüpft: Die *idea* bezeichnet hier „nicht sowohl den künstlerischen Vorstellungs*inhalt*, als vielmehr das künstlerische Vorstellungs*vermögen*“.[24] Die „Idee“ ist hier als dem Menschen *durch den disegno* prinzipiell verfügbar gedacht: Sie „entsteht im Geist des Künstlers und bildet“ – als zwischen Natur und Kunst vermittelnde Instanz[25] – „aus vielen Dingen einen Allgemeinbegriff“.[26] Indem der *disegno* bei Vasari zur „anschaulichen Gestaltung und Darlegung jener Vorstellung“ geworden ist, „die man im Sinn hat, von der man sich im Geist ein Bild macht und sie in der Idee

19 Vasari, *Einführung in die Künste*, 98.

20 Giorgio Vasari: *Le vite de' più eccellenti pittori, scultori e architettori: nelle redazioni del 1550 e 1568.* Testo a cura di Paola Barocchi. Commento secolare a cura di Rosanna Bettarini. Testo, Vol. 1. Firenze 1966, I, 111. Vgl. Panofsky, *Idea*, 34.

21 Vgl. dazu Roggenkamp, *Die Töchter des „Disegno“*, 95 f.

22 Vgl. Wolfgang Kemp: *Disegno. Beiträge zur Geschichte des Begriffs zwischen 1547 und 1607.* Marburger Jahrbuch für Kunstwissenschaft, 19. Bd., Marburg 1974, 219–240, 226.

23 Glossar-Eintrag *Idee*, in: Vasari, *Kunstgeschichte und Kunsttheorie*, 226 ff., 228.

24 Vgl. Panofsky, *Idea*, 34, und, unter Rückgriff darauf, den Glossar-Eintrag *Idee* in: Vasari, *Kunstgeschichte und Kunsttheorie*, 229.

25 Vgl. den Glossar-Eintrag *disegno* in: Vasari, *Kunstgeschichte und Kunsttheorie*, 193 ff.

26 Burioni, *Einleitung*, in: Vasari, *Einführung in die Künste*, 11.

hervorbringt",[27] hat hier allerdings eine radikale Umdeutung der platonischen „Idee" stattgefunden.[28] Diese erscheint bei Vasari nunmehr als „Derivat" der Wirklichkeit und „Produkt" der „menschlichen Erkenntnis" statt als ihr „gegebener Inhalt oder gar als transzendenter Gegenstand"; sie existiert nicht mehr „a priori im Geiste des Künstlers", „der Erfahrung vorausgehend", sondern wird „aufgrund der Erfahrung erzeugt", „a posteriori von demselben [Geist des Künstlers] hervorgebracht".[29]

Nach der Bestimmung des *disegno* als „künstlerische[s] Vorstellungs*vermögen*" und „urteilende[ ] Erkenntnis[instanz]"[30] verbindet Vasari diese geistige Komponente des Begriffs sogleich mit der praktisch-technischen: Wenn der *disegno* „dem Urteilsvermögen die Erfindung einer Sache abgerungen" habe, so Vasari, bedürfe er einer schnellen und durch langes Studium geübten Hand, die dies zu Papier bringe. Wenn auf diese Weise „der Intellekt geläuterte Konzepte voller Urteilskraft" hervorbringe, sei an diesen Zeichnungen nicht nur die handwerkliche Perfektion, sondern auch „das Wissen des Künstlers" zu erkennen.[31] Der materielle *disegno* ist dessen sichtbare Signatur.

Mit seinem genealogischen Modell, das die drei weiblichen Schwester-Künste vom männlichen Vater-Prinzip *disegno* abstammen lässt, greift Vasari auf die „aristotelische Vorstellung der passiven weiblichen Materie" zurück, „die durch aktive männliche Form" erst „Gestalt" annimmt.[32] Über

---

27 Vgl. Roggenkamp, *Die Töchter des „Disegno"*, 96: Vasari verstehe unter disegno „ein urteilendes Erkenntnisvermögen", das „vor allem im richtigen Erfassen von Maßverhältnissen besteht". Zur Verbindung von *idea* und *disegno* bei Vasari besonders Panofsky, *Idea*, 33 ff.

28 So hebt Burioni unter Rückgriff auf Panofsky hervor, der schärfer urteilte und das „Umdeuten" als ein „Verkennen" der philosophischen Tradition verstand; vgl. dazu Burioni, *Einleitung*, in: Vasari, *Einführung in die Künste*, 11, und Panofsky, *Idea*, 33 f.

29 Panofsky, *Idea*, 34.

30 Roggenkamp, *Die Töchter des „Disegno"*, 96.

31 Vasari, *Einführung in die Künste*, 99.

32 Vgl. Burioni, *Einleitung*, in: Vasari, *Einführung in die Künste*, 31. Zur Unterscheidung von *disegno* und *invenzione* vgl. Vasari, *Kunstgeschichte und Kunsttheorie*, Glossar: *invenzione*, 208, und ebd. Glossar: *disegno*, 193 ff.: Vasari entwickle besonders in der zweiten Ausgabe der *Vite* die „Konzepte von DISEGNO und ERFINDUNG (*invenzione*) als voneinander abhängige Konterparte", wobei disegno hier vor allem den „Entwurf der menschlichen Gestalt und deren Visualisierung im Bild" meine und den Begriff eng mit dem technischen Geschick des Künstlers verklammert erscheinen lasse, während *invenzione* auf das „phantasievolle Einbringen der Figur in einen erzählerischen Zusammenhang" ziele.

die Genealogie des *disegno* und der drei Schwesterkünste werden auch die Entwurfsprozesse von Malerei, Skulptur und Architektur parallelisiert:[33]

> Die [Zeichnungen] mit den wichtigsten Umrißlinien werden Konturen-, Umriß- oder Linienzeichnungen genannt [quegli poi che hanno le prime linee intorno sono chiamati profili, dintorni o lineamenti[34]]. Sie alle, gleich ob sie nun als Konturenzeichnung oder anders bezeichnet werden, dienen Architektur und Bildhauerei im gleichen Maß wie der Malerei, vor allem aber der Architektur, da ihre Zeichnungen aus nichts anderem als Linien bestehen. Für den Architekten bedeuten sie Anfang und Ende ihrer Kunst [E tutti questi, o profili o altrimenti vogliam chiamarli, servono così all'architettura e scultura come alla pittura; ma all'architettura massimamente, perciò che i disegni di quella non sono ch'il principio e la fine di quell'arte], da alles übrige mittels der aus den Linien abgeleiteten Holzmodelle ausschließlich die Arbeit von Steinmetzen und Maurern ist. In der Bildhauerei hingegen benötigt man eine Zeichnung aller Umrisse [il disegno di tutti i contorni], da dem Bildhauer die einzelnen Ansichten dazu dienen, den Teil zu entwerfen, der ihm am besten gelungen scheint und den er Seite für Seite in Wachs, Ton, Marmor, Holz oder einem anderen Material auszuführen plant.[35]
>
> In der Malerei dient die Linienzeichnung unterschiedlichen Zwecken, vor allem aber dem Umreißen der einzelnen Figur. Ist diese gut gezeichnet und in korrekten Proportionen wiedergegeben, werden die anschließend hinzugefügten Schatten und Lichter dafür sorgen, dass die Umrißlinien der dargestellten Figuren eine sehr große Plastizität bekommen und in bester Qualität und Perfektion gelingen.[36] Dies ist der Grund, dass jeder, der sich auf diese Linien versteht und sie gut zu handhaben weiß, mit Hilfe von Übung und Urteilskraft in jeder dieser Künste hervorragend sein wird.[37]

Die „Konturen, Umriß- oder Linienzeichnungen (*profili, dintorni, lineamenti*)" als „gemeinsames Entwurfsverfahren"[38] verknüpfen für Vasari somit alle drei Künste, während die *lineamenti* zuvor besonders für die Architektur zentral galten. Hier kam der reinen Linienzeichnung bereits bei Alberti besonderer Stellenwert zu, da sie es möglich macht, dass die „ge-

33 Vgl. Burioni, *Einleitung*, in: Vasari, *Einführung in die Künste*, 11.

34 Barrocchi/Bettarini, I, 112.

35 Vasari, *Einführung in die Künste*, 99.

36 Vgl. hierzu auch Vasaris Definition dessen, „*Was die Malerei sei*": „Es handelt sich dabei um eine plane Oberfläche, die aus einer Holztafel, einer Wand oder einer Leinwand besteht und mit farbigen Gründen bedeckt ist, eingegrenzt von der oben beschriebenen Linienzeichnung, die kraft eines guten *disegno* die Figur mit umlaufenden Linien umgibt." Vasari hat bei allem Primat des Zeichnerischen ein durchaus ganzheitliches Konzept der malerischen Komponenten; vgl. Vasari, *Einführung in die Künste*, 101.

37 Vasari, *Einführung in die Künste*, 99 f.

38 Burioni, *Einleitung*, in: Vasari, *Einführung in die Künste*, 11.

samte Form des Gebäudes gänzlich in ihr aufgehoben ist".[39] Vasari sieht nun in den *lineamenta* „Anfang und Ende" des künstlerischen Anteils in der Architektur: Der Rest sei Handwerk auf Grundlage der aus den Zeichnungen abgeleiteten Modelle. Was bei Alberti also lediglich ein „Lob der Linie" und ihres Potentials war, wird bei Vasari zum „systematische[n] Argument",[40] das in unterschiedlicher Perspektive auf alle drei Künste angewandt wird und so zu einem Ausgleich in der *Paragone*-Debatte beitragen kann.

Für diese „Einheitskonzeption" der Bildenden Künste lassen sich zwei Gründe sehen: Zum einen mag es der allgemeine „Überdruss am ‚Paragone'" gewesen sein, aus dem der Versuch resultierte, dessen Argumente mit dem Hinweis auf ein gemeinsames Fundament der Künste im *disegno* zu entkräften; zum andern jedoch kam ein theologisch fundiertes Interesse hinzu, da „[b]ildfeindliche Tendenzen vor und während des Trienter Konzils" gleichermaßen „Künstler und Auftraggeber" zwangen, „gemalte und modellierte Bildnisse biblisch zu rechtfertigen".[41] Zu diesem Zweck ließ sich der künstlerische *disegno* mit dem göttlichen *Logos* der Schöpfung, vor allem hinsichtlich der Erschaffung des Menschen, parallelisieren. Dieser Aspekt kommt auch an einer anderen Stelle zum Tragen, bei der es sich, neben der oben zitierten signifikanten Stelle zur Genealogie der Künste, um die „berühmteste und für spätere Theorien einflussreichste Definition"[42] handelt; sie findet sich der *Einleitung* zur zweiten Ausgabe der *Vite*, die 1568 in Florenz erschien. In diesem *Proemio delle vite* vertritt Vasari die Ansicht, „dass der *disegno*, die Grundlage der einen wie der anderen Kunst [Skulptur und Malerei] und mehr noch die eine Seele, die aus sich selbst heraus alle Tätigkeiten der denkenden Wesen gebiert und nährt, beim Ursprung aller Dinge vollkommen war." Bei der Schöpfung habe Gott „dank seiner anmutigen Erfindungskraft in der Formung des Menschen die erste Form von Bildhauerei und Malerei" entdeckt.[43] Hier findet sich also neben der Differenzierung einer theoretischen und prak-

39 Zit. nach Burioni, *Einleitung*, in: Vasari, *Einführung in die Künste*, 11. Alberti wählte in seiner lateinisch verfassten Schrift den aristotelischen Terminus „*lineamentum*", während Vasari sich an der Alberti-*Übersetzung* Cosimo Bartolis orientierte, der bereits *disegno* als Übersetzung für *lineamentum* verwendet hatte.

40 Burioni, *Einleitung*, in: Vasari, *Einführung in die Künste*, 11.

41 Roggenkamp, *Die Töchter des „Disegno"*, 96 f.

42 Florian Härb: *Theorie und Praxis der Zeichnung bei Giorgio Vasari*, in: *Zeichnungen aus der Toskana. Das Zeitalter Michelangelos.* Hg. v. Ernst-Gerhard Güse und Alexander Perrig. München/New York 1997, 54–63, 54.

43 Vasari, *Proemio delle vite (1568)*, in: Vasari, *Kunstgeschichte und Kunsttheorie*, 47.

tischen Bedeutungskomponente vor allem der Versuch einer philosophischen Fundierung[44] des *disegno* als eines „schon am Weltenanfang vollkommen ausgeprägten Prinzip[s]",[45] dem alle Künste entstammen. Vor dem Hintergrund des Bilderstreits gibt somit auch Vasari eine theologische Rechtfertigung von Malerei und Skulptur durch ihren Ursprung im gottentstammten *disegno.*

Signifikanterweise erscheint der *disegno* an zentraler Stelle im „eigentliche[n] Manifest der Kunstanschauung Giorgio Vasaris", seiner Vorrede zum dritten Teil der *Vite*, der sich den Künstlern der Epoche nach Masaccio widmet. In dieser Vorrede umreißt Vasari „seine fünf zentralen Bewertungskriterien (Regel, Ordnung, Proportion, *disegno*, Stil)".[46] „*Disegno*" bedeute, so schreibt Vasari dort,

> das Nachbilden des Allerschönsten der Natur in allen Figuren, sowohl der gemeißelten wie der gemalten. Dafür bedarf es einer Hand und eines Geistes, die all das, was das Auge sieht, korrekt und punktgenau auf eine Fläche übertragen [...]; dies gilt gleichermaßen für die Reliefwerke der Bildhauerei. Durch die Gewohnheit des ständigen Wiedergebens der allerschönsten Dinge [...] entstand schließlich dieser schönste der Stile [in der dritten Epoche nach Vasaris Einteilung], wobei durch das Zusammenfügen all dieser schönen Teile die schönstmögliche Figur geschaffen wird, die dann in allen Werken und für jede Figur zu verwenden ist.[47]

Dabei seien die Künstler der dritten Epoche jedoch erst durch eine „gewisse[] Freiheit in der Regel" zur Vollendung der Kunst gelangt, und zwar eine Freiheit, „die – obwohl außerhalb der Regeln stehend – doch von ihnen gelenkt wird und die bestehen kann, ohne die Ordnung durcheinanderzubringen oder zu beschädigen".[48] Dem gegenüber hätten die Künstler der Epoche vor Masaccio auch im *disegno* nicht die „höchste Perfektion" erreicht, da ihnen „bei der Gestaltung der Muskeln die

44 Härb, *Theorie und Praxis der Zeichnung bei Giorgio Vasari*, 54.

45 Burioni in der Einleitung zur Vorrede der *Vite*, in: Vasari, *Kunstgeschichte und Kunsttheorie*, 44.

46 Matteo Burioni: *Einleitung zur Vorrede des dritten Teils*, in Vasari: *Kunstgeschichte und Kunsttheorie*, 91.

47 Vasari, *Proemio della terza parte* (1568), in: *Kunstgeschichte und Kunsttheorie*, 93 f. Vgl. dazu Panofskys Feststellung, vermittelt durch die oben nachvollzogene Umakzentuierung des *Disegno*-Konzepts erscheine die „kunsttheoretische Ideenlehre der Hochrenaissance" in Bezug „auf das Problem der Schönheit [...] gleichsam als eine vergeistigtere Form der alten Elektionstheorie", wobei die Schönheit „nicht durch ein äußeres Zusammensetzen der Teile, sondern durch ein inneres Zusammenschauen der Einzelfälle" entstehe (Vgl. Panofsky, *Idea*, 35).

48 Vasari, *Kunstgeschichte und Kunsttheorie*, 94.

Kenntnis [fehlte], die mit jener anmutig-zarten Leichtigkeit zwischen dem Sichtbaren und dem Unsichtbaren hervorscheint, wie dies dem menschlichen Körper und den lebenden Dingen überhaupt zu eigen ist.“[49]

Disegno erscheint hier, als Gegenstand und Medium jener mit „anmutig-zarte[r] Leichtigkeit zwischen dem Sichtbaren und dem Unsichtbaren“ hervorscheinenden „Kenntnis“, als elusives, nur dem über den Regeln stehenden Künstler greif- bzw. darstellbares Moment, dessen formale Charakteristik und Bedeutung in ganz ähnlicher Akzentuierung in Sulzers Verklärung des ‚Umrisses‘ als künstlerisches Arkanum aufscheinen wird (vgl. Kap. 12) – vor allem aber findet sich hier auch ein Aspekt von Winckelmanns Kontur-Ideal, das sich durch seine „Unbezeichnung“ auszeichnet (vgl. Kap. 10). Wie bei Winckelmann der Kontur bzw. die graphischen Umrisse erscheint hier bei Vasari der *disegno*, an dessen Stilistik sich der Stand der Kunstentwicklung ablesen lässt, als kunsthistorische Epochensignatur.

4.3 Der Kontur im Wasserkasten – Die Quelle einer produktiven Fehllektüre

Eine Textstelle Vasaris, die sich dem bildhauerischen Verfahren beim Übertragen von plastischen Modellen widmet, sollte sich aufgrund einer Fehlinterpretation als besonders wirkmächtig für Winckelmanns Kontur-Konzept und damit seine Kunsttheorie erweisen. Im Kapitel über die proportionale Vergrößerung von Modellen beschreibt Vasari, wie man beim Hineinarbeiten der Figur in den Stein und dem Abtragen der Schichten mit dem Meißel die mit Hilfe zweier Winkelmaße „nach und nach berechnete Figur aus dem Stein hervortreten“ lasse. Man verfahre mithin „auf die gleiche Weise, als würde man eine Wachsfigur unter der glatten Oberfläche eines Wasserbeckens hervorziehen“.[50] Vasaris Vergleich, der von Winckelmann wörtlich genommen wurde, trug somit indirekt zu Winckelmanns Kontur-Konzept und dessen bevorzugtem Bildbereich bei: der Wasser- und Wellenmetaphorik (vgl. Kap. 10).

49 Vasari, *Kunstgeschichte und Kunsttheorie*, 95.

50 Vasari, *Einführung in die Künste*, 80 ff.

4.4 Die *circumscriptio* bei Alberti

Für die Genese der deutschsprachigen Kunstliteratur kommt den Schriften Leon Battista Albertis große Bedeutung zu, da sie zu den ersten gehörten, die ins Deutsche übersetzt wurden (vgl. Kap. 7). Gerade seine Funktions- und Begriffsbestimmungen, von denen die deutschsprachige Terminologie ausgehen wird, sind daher von Interesse.

Schon in Albertis *De Pictura* kommt der „Umschreibung“ (*circumscriptio*) beträchtliche Bedeutung zu. Alberti unterteilt die „Malkunst in drei Bereiche“, wobei „diese Einteilung [...] uns von der Natur selbst vermittelt worden“ sei:

> (1.) Wenn wir etwas erblicken, sehen wir zunächst, dass es sich um etwas handelt, was einen Ort besetzt hält. Der Maler aber wird die Ausdehnung dieses Ortes ‚umschreiben‘, und er wird dieses Verfahren, d. h. einen ‚Saum‘ zu ziehen, mit passendem Wort ‚Umschreibung‘ nennen. [Principio quidem cum quid aspicimus, id videmus esse aliquid quod locum occupet. Pictor vero huius loci spatium circumscribet, eamque rationem ducendae fimbriae apto vocabulo circumscriptionem appellabit.] (2.) Bei näherer Betrachtung können wir danach erkennen, wie mehrere Flächen eines in den Blick genommenen Körpers gegenseitig aneinanderstoßen; und diese Verbindungen von Flächen wird der Künstler [...] zutreffend ‚Komposition‘ heißen. (3.) Blicken wir schließlich noch genauer hin, so unterscheiden wir die Farben der Flächen; die Darstellung dieses Sachverhalts in der Malerei mag bei uns [...] den Namen ‚Lichteinfall‘ tragen.[51]

Dies führt Alberti zu seiner Dreiteilung der Malerei: „Mithin sind es die Umschreibung, die Komposition und der Lichteinfall, welche die Malerei insgesamt ausmachen. [Picturam igitur circumscriptio, compositio et luminum receptio perficiunt.]“[52]

Das Verfahren der Umschreibung, der *circumscriptio*, besteht für Alberti grundlegend darin, „die Grenzen der Körper und Flächen festzuhalten und die Komposition und den Lichteinfall vorzubereiten“.[53] *Circumscriptio* und *compositio* erscheinen in Albertis Konzept eng gekoppelt, wobei bereits

51 Leon Battista Alberti: *Das Standbild. Die Malkunst. Grundlagen der Malerei. [De Statua. De Pictura. Elementa Picturae]* Hg., eingeleitet und komm. v. Oskar Bätschmann und Christian Schäublin unter Mitarbeit von Kristine Patz. Darmstadt 2000, 30.

52 Alberti, *De Pictura*, 31.

53 Bätschmann, *Einleitung*, in: Alberti, 77. Zur *compositio* sowie zum Lichteinfall vgl. weiter Alberti, *De Pictura*, 30 und 50, vgl. dazu auch Bätschmann, *Einleitung*, in: Alberti, 77, sowie Roggenkamp, 61. In der italienischen Fassung erscheint bezeichnenderweise *disegno* als Synonym für *circonscrizione*.

circumscriptio bei ihm nicht nur die Wiedergabe der Umrisse an sich, sondern auch schon ihre perspektivische „Positionierung in einer korrekt konstruierten Raumdarstellung“ meint. Im Hinblick auf Albertis *compositio*-Konzept ist bei ihm unter „Umschreibung“ ein „linearer Entwurf der perspektivischen Konstruktion mit Körpern und Gebäuden“[54] zu verstehen. Sein Konzept der *circumscriptio* ist somit ein ausgesprochen dreidimensionales, das die lineare Zeichnung, wie die Grundrisse der Architektur, in ihrem Zeichencharakter begreift, der in der zweidimensionalen Darstellung auf Plastizität verweist.

Alberti kommt jedoch noch einmal genauer auf die *circumscriptio* zu sprechen, indem er an das oben gesagte anknüpft und bemerkt: „‚Umschreibung‘ heißt der Vorgang, der darauf abzielt, den Verlauf der Säume in einem Bild mit Linien festzuhalten.“ Um zu veranschaulichen, wie dies idealerweise geschehen solle, beruft sich Alberti auf die antiken Überlieferungen zu Parrhasius:

> Darauf verstand sich, wie es heißt, Parrhasius besonders gut [...]: er soll seine Linien ganz ungewöhnlich fein und genau gezogen haben. Bei einer solchen Umschreibung aber gilt es, denke ich, insbesondere darauf zu achten, dass sie Linien bilden, die so dünn wie möglich, ja geradezu unsichtbar sind. (Nach der Überlieferung pflegte der Maler Apelles sich eigens in der Herstellung solcher Linien zu üben, und er soll darin mit Protogenes einen Wettkampf ausgetragen haben.) Eine Umschreibung ist nämlich nichts anderes als die Festlegung der Säume; erfolgt diese mit einer sehr deutlich sichtbaren Linie, so werden auf dem Bild nicht die Ränder der Flächen sichtbar werden, sondern so etwas wie feine Risse. Darum wünschte ich mir, dass die Umschreibung sich darauf beschränkte, dem Verlauf der Säume zu folgen [...]. In der Tat werden keine Komposition und kein Lichteinfall jemals Lob gewinnen, hat nicht zuvor eine Umschreibung stattgefunden. Demgegenüber geht nicht selten von einer Umschreibung, ganz für sich allein, eine höchst angenehme Wirkung aus.[55]

> Circumscriptio quidem ea est quae lineis ambitum fimbriarum in pictura conscribit. In hac Parrhasium pictorem [...], pulchre peritum fuisse tradunt, illum enim lineas subtilissime examinasse aiunt. In hac vero circumscriptione illud praecipue servandum censeo, ut ea fiat lineis quam tenuissimis atque admodum visum fugientibus; cuiusmodi Apellem pictorem exerceri solitum ac cum Protogene certasse referunt. Nam est circumscriptio aliud nihil quam fimbriarum notatio, quae quidem si valde apparenti linea fiat, non margines superficierum in pictura sed rimulae aliquae apparebunt. Tum cuperem aliud nihil circumscriptione nisi fimbriarum ambitum prosequi [...]. Nulla enim compositio nullaque luminum receptio non adhibita circumscriptione laudabitur. At sola circumscriptio plerunque gratissima est.

---

54 Bätschmann, Einleitung, in: Alberti, 78. Vgl, dazu Alberti, *De Pictura*, 33 u. ö.
55 Alberti, *De Pictura*, 31.

Ein Blick auf die lateinischen Formulierungen Albertis zeigt, dass er die Ambivalenzen der plinianischen Termini – subtilissime, lineis quam tenuissimis atque admodum visum fugientibus – wörtlich übernimmt, so dass man geneigt wäre, die Deutung der idealen Linien als besonders „feine“ nur dem Übersetzer zuzuschreiben; doch indem Alberti die ästhetische Problematik durch das Bild der – unfreiwillig illusionistisch wirkenden – „Risse“ (rimulae) veranschaulicht, erhellt auch sein Verständnis der Linien als besonders „feine“.

4.5 Die Differenzierung von *disegno interno* und *disegno esterno* bei Zuccari

Die Entwicklung des *disegno*-Verständnisses hin zu einer immer stärkeren Akzentuierung des Konzeptuellen im Sinne der „Idea“ – bei gleichzeitiger Ausdifferenzierung eines untergeordneten zweiten *disegno*-Aspekts, der die praktische Ausführung bezeichnet – findet ihren Höhepunkt in den Äußerungen Federico Zuccaris. Dieser unternimmt eine Differenzierung von *disegno esterno*, worunter Zuccari die konkrete, sich in Linien manifestierende Zeichnung versteht, und dem konzeptuellen *disegno interno.*

Zuccari, der die Leitung der 1593 gegründeten *Accademia di San Luca* in Rom innehatte, wollte aus Unzufriedenheit über die Praxis-Lastigkeit der dortigen Diskussionsbeiträge zum *disegno* mehr über den „Disegno nel Idea e nell' intelletto“ erfahren und ging dieser Frage in einer eigenen ausführlichen Rede nach.[56] Bereits zu Beginn bestimmt er den *disegno* als „ein alle Tätigkeiten des menschlichen Geistes übergreifendes Prinzip“,[57] das nicht nur für die drei Künste „Pittura, [...] Scultura, & [...] Architettura“ notwendig sei, sondern in allen Tätigkeiten und Erkenntnisbereichen des menschlichen Geistes („in tutte l'intelligenze [intelligêze], ò cognizioni humane, che capir possa il nostro intelletto“), da der *disegno* „la causa di luce generale del nostro intelletto“ sei, „alimento e vita“ aller Tätigkeiten und „primo motore interno speculativo humano“, der den Intellekt *erleuchte* und anrege („che alluma, e muoue l'intelletto“) und die Erkenntnis aller Dinge ermögliche („da la cognizione di tutte le cosa“).[58]

56 *Scritti d'arte di Federico Zuccaro* a cura di Detlef Heikamp. Firenze, 1961. Darin: Romano Alberti e Federico Zuccaro: *Origine e Progresso dell'Accademia del Disegno di Roma.* Pavia 1604, 1–99 (im Folgenden: Zuccaro), Reprint 28 (Erstdruck: 16).

57 Kemp, *Disegno*, 231.

58 Zuccaro, 29 (17).

Ausgiebig verweilt Zuccari bei der Lichtmetaphorik und vergleicht die Wirkungen des *disegno* auf den menschlichen Intellekt mit den Wirkungen der Sonne in der Natur; der *disegno* sei also „quasi un altro sole nell' anima, e nell' intelletto humano, che moue, viuifica, & alluma tutte le nostre operazioni, e necessario in noi come il Sole nel mondo.“[59]

Dabei knüpft auch Zuccari die erleuchtende Wirksamkeit des *disegno* an eine theologische Legitimation, denn Gott habe dem Menschen erst die Fähigkeit verliehen, in sich selbst einen *disegno* zu schaffen.[60] Wie auch bei Vasari, der vor allem malerisch den Aspekt des *deus artifex* mit dem Zirkel in der Hand als Moment künstlerischen Selbstverständnisses reflektierte, aber auch theoretisch den *disegno* an den göttlichen Schöpfungslogos zurückband, finden sich somit, wenngleich über viele Instanzen vermittelt, auch bei Zuccari noch Reflexe des mittelalterlichen *deus incircumscriptus* mit der Konnotation des Leben wie Erkenntnis schenkenden *lumen incircumscriptum.*

Relevant für die Entwicklung der *disegno*-Debatten ist jedoch primär die Definition des *disegno interno*, die Zuccari 1607 in seiner Schrift *Idea dei Pittori*[61] gab: Dieser sei weder „materia“ noch „corpo“ noch Akzidenz irgendeiner Substanz, sondern „forma, idea, ordine, regola, termine, & oggetto dell' intelletto“, in welchem all diejenigen Dinge ausgebildet seien,

---

59 Zuccaro, 30 (18). – Wolfgang Kemp hat gezeigt, dass Zuccari sowohl bei der Differenzierung von *disegno interno* und *disegno esterno* als auch in der Licht-Metaphorik auf Gedanken zurückgreifen konnte, die Cellini bereits Anfang der 1560er Jahre in seinen Erläuterungen zu einem Entwurf für ein Amtssiegel der *Accademia del Disegno* in Florenz formuliert hatte (Kemp, *Disegno*, 231). Cellini bemerkt dort, der *disegno* sei „von zweierlei Art. Die erste ist die, welche in der Einbildung (Imaginativa) geschieht, die zweite geht aus der ersten hervor und zeigt sich in Linien und hat den Menschen so kühn gemacht, dass er es unternahm“, in der Schöpfung „mit dem großen Vater Apoll zu wetteifern“, der das ganze Universum erleuchte. Vgl. Kemp, *Disegno*, 221 und 219, zum Einfluss auf Zuccaris Theoreme: ebd., 232 f.

60 Zuccaro, 33 (21). – Gegen Ende seiner Schrift *Idea dei Pittori* resümiert Zuccari seine Thesen; der *disegno* gilt ihm als der glühende Funke der Göttlichkeit in uns („scintilla ardente della divinità in noi“) (Kemp, *Disegno*, 295). Ein solcher Funke wird u. a. im Titelkupfer von Lavaters *Physiognomischen Fragmenten* wiederbegegnen, wo er in Gestalt einer Pfingstflamme bzw. Flammenzunge, die auf die transzendente, nonverbale Sprache unmittelbaren Verstehens vorausdeutet, über dem Genius der Physiognomie schwebt.

61 Federico Zuccaro: *L'Idea de' Pittori, Scultori e Architetti.* Torino 1607, Reprint in: *Scritti d'arte di Federico Zuccaro* a cura di Detlef Heikamp, Florenz 1961, 131 – 312 (im Folgenden: Zuccaro, *Idea*).

die er zu schaffen anstrebe.[62] Kurz darauf definiert Zuccari noch einmal prägnanter: „Il disegno dunque interno, in genere, & in universale è vna Idea, & vna forma nell' intelletto rappresentante distintamente, & veramente la cosa intesa."[63]

Über den *disegno esterno* schreibt Zuccari hingegen, er sei nichts anderes, als was *der Form nach umschrieben* sei, ohne jede körperliche Substanz („che appare circoscritto di forma senza sostanza di corpo"):

> Semplice lineamento, circonscrittione, misuratione, e figura di qualsi voglia cosa imaginata, e reale. Il qual Disegno così formato, e circoscritto con linea, è esempio, e forma della imagine Ideale. La linea dunque è proprio corpo, e sostanza visiua del Disegno esterno, in qual si voglia maniera formato.[64]

Der *disegno esterno, Lineament, Umschreibung* oder *Figur*, dessen sichtbare Substanz in rein linearen Gebilden besteht, fungiert somit als „Form" der Idee, des künstlerischen Konzepts (das sich sowohl auf einen realen Gegenstand als auch auf eine ‚ideale' Vorstellung der künstlerischen Einbildungskraft beziehen kann). In dieser Funktion ist der *disegno esterno* tatsächlich *figura*, insofern er in seiner sichtbaren Gestalt zugleich etwas anderes, das künstlerische Konzept, mitbedeutet, denn die Linie als eine „cosa morta" gilt Zuccari nur als „operatione" des *disegno*, sie sei jedoch nicht der *disegno* selbst, sondern diesem untergeordnet.[65]

Zuletzt zeigt sich in Zuccaris *disegno*-Konzept eine ausgesprochen individuelle Komponente, die zwar keine Auswirkungen auf spätere kunsttheoretische Positionen hatte, jedoch eine bemerkenswerte Verknüpfung charakteristisch manieristischer Sprachspielereien mit eben jenen Aspekten einer Signaturenlehre erkennen lässt, die prinzipiell häufig mit Umriss-Phänomenen verbunden werden. So kündigt Zuccari an, er

62 Zuccaro, *Idea, Libro Primo del Disegno interno*, Capitolo III *Diffinitione del Dissegno interno in genere*, 153.

63 Zuccaro, *Idea, Libro Primo del Disegno interno*, Capitolo III *Diffinitione del Dissegno interno in genere*, 155.

64 Zuccaro, *Idea, Libro Secondo del Disegno esterno*, Capitolo Primo, *Che cosa sia Disegno Esterno*, 222.

65 Ebd., 222. Jenes „imagine ideale" aber, das im Geiste entworfen und durch Linien veranschaulicht worden sei, werde gemeinhin *disegno* genannt („espressa, e dichiarata per linea, ò in altra maniera visiua" schließt hier also wohl beispielsweise auch plastische Tonmodelle o. ä. unter *disegno esterno* mit ein), da es die Gestalt des künstlerischen Konzeptes, das sich in der ‚Idee' (der Einbildungskraft) eingeprägt habe, abbilde und es unseren Sinnen wie unserem Verstand vorzeige („perche segna, e mostra al senso, & all'intelletto, la forma di quella cosa formata nella mente, & impressa nell'idea." – Zuccaro, *Idea, Libro Secondo del Disegno esterno*, Capitolo Primo, *Che cosa sia Disegno Esterno*, 222).

wolle „à particolar gusto, e piacere nostro, come anche de gl'amici del Disegno" etwas zu dessen Etymologie beitragen (300 ff.). Das sieht nun folgendermaßen aus: Zuccari zerlegt den *disegno* in „Di/segn/o", dieser sei ein *Zeichen* des Gottesnamens, „segno del nome di Dio", da er aus drei-plus-vier Buchstaben bestehe und damit die gerade und die ungerade Anzahl in sich vereine, wie auch in Gott alles vereint sei. Zudem stehe das O am Ende des Wortes, um anzuzeigen, wie unvollständig allle Dinge seien, wenn sie nicht durch die göttliche Vollkommenheit vollendet würden, die erst im Kreisrund des O ausgedrückt werde. Die Dreieinigkeit der Buchstaben D I O bedeute die Heilige Trinität von Gottvater, Sohn und Heiligem Geist: nämlich „Onnipotenza [O], Imagine [I], e dono [D]". Außerdem stelle bereits der Buchstabe *D* eine Vereinigung eines Kreisrunds mit einer geraden, senkrechten Linie dar und sei damit ein Symbol der Vereinigung der göttlichen Liebe von Vater und Sohn, aus welcher der Heilige Geist (das ‚dono') hervorgehe. Die „linea retta" des I hingegen bedeute die feststehende Säule „della sapienza diuina del verbo increato" (also den Sohn), und das O eben die genannte Vollkommenheit und „onnipotenza del Padre eterno" (302). Um schließlich noch ein wenig mit dem Namen des *disegno* zu scherzen („per scherzare ancora vn poco intorno à questo nome del Disegno"), bemerkt Zuccari, dieser sei gleichsam der Vizeregent des Dio im Bereich des Intellektes und des menschlichen Schaffens in der „Republica de sensi", der uns in dieser Amtsgewalt das Privileg zur künstlerischen Tätigkeit *einsiegele* (*sigilla*) mit seinem Namen „Di,segn,o", dem Zeichen der Ebenbildlichkeit und der Ähnlichkeit des göttlichen Schaffensprinzips unserer Seele: „segno d'imagine, e similitudine diuina nell'Anima nostra" (303). Damit sei das Wort Disegno, „simbolo della potenza diuina", letztlich selbst nichts anderes als ein ‚*Schatten, Typus [Abdruck] und unvollkommenes Zeichen*' („ombra, tipo, e segno imperfetto") und nicht zu vergleichen mit jener höchsten göttlichen Allmacht, von der alles entstamme (304). In einer gewaltigen Volte hat Zuccari somit eine von der Signaturenlehre geprägte, allegorisierende Etymologie mit der theologischen Legitimierung künstlerischen Schaffens in einer manieristischen Sprachspielerei verknüpft – wen das nicht freut, der ist wohl kein echter *amico del disegno.*

5. Franciscus Junius' *De Pictura Veterum*

Während diejenigen Umriss-Theoreme, die ihren Ursprung in den italienischen *disegno*-Debatten hatten, über die frühen deutschsprachigen Übersetzungen nur mit kurzer Verzögerung auf die deutschsprachige Kunstliteratur einwirkten, die zudem von den französischen Konzepten zum *dessin* im 17. Jahrhundert relativ zeitgleich wie im Ursprungsland beeinflusst wurde, verhält sich dies im Falle der antiken wahrnehmungstheoretischen Komponenten (vgl. Kap. 1) anders: Für diese gab es im *kunsttheoretischen* Bereich keine Tradition kontinuierlicher Auseinandersetzung; sie bildeten weder Teil der *disegno-* noch der *dessin*-Konzepte. Dennoch sollten sie Einfluss auf die deutschsprachige Kunstliteratur des 18. Jahrhundert nehmen – dass dies möglich wurde, ist dem 1589 geborenen und seit 1621 als Bibliothekar von Thomas Howard, Second Earl of Arundel, tätigen Franciscus Junius zu verdanken, einem der prominentesten Humanisten und Kunsttheoretiker in der ersten Hälfte des 17. Jahrhunderts. Junius bezieht in seinem einflussreichen Werk *De Pictura Veterum*, dessen drei Bände 1637 in Amsterdam in erster Fassung erschienen,[1] die genannten wahrnehmungstheoretischen Konzepte auf die *Malerei* und räumt dabei den Konzepten um die *typosis*, die er nunmehr kunsttheoretisch akzentuiert, großen Stellenwert ein. Eine deutschsprachige Übersetzung von Junius' Werk erschien 1770, woraus die erneute Virulenz des Themas ersichtlich wird;[2] nach dieser Ausgabe wird im Folgenden der deutsche Text zitiert.

De Pictura stellt ein erstaunliches Konglomerat antiker und neuzeitlicher Quellen zur Kunsttheorie dar; die angeführten Texte ergeben ein Panorama der antiken Textstellen, auf denen klassizistische Theoreme

---

1 Eine zweite veränderte und erweiterte Ausgabe erschien 1638 als von Junius selbst übersetzte englische Fassung. Zur Rezeption von Junius' *De Pictura* sowie zum postum erschienenen *Catalogus artificum et operum* vgl. Max Kunze: *Franciscus Junius bei Winckelmann*, in: Kathrin Schade/Detlef Rößler/Alfred Schäfer (Hg.): *Zentren und Wirkungsräume der Antikerezeption. Zur Bedeutung von Raum und Kommunikation für die neuzeitliche Transformation der griechisch-römischen Antike.* Münster 2007, 145–150, hier 145.

2 *Franciscus Junius von der Mahlerey der Alten in drey Büchern.* Aus dem Lateinischen. Breslau 1770.

fußen konnten. Der Kommentar der jüngsten französischsprachigen Ausgabe des Werkes weist darauf hin, dass lediglich ein Fünftel des Textes im ersten Buch – in dem sich auch das hier relevante Kapitel zur Bedeutung der typosis für die *phantasia* befindet – von Junius selbst stammt, während der Rest eine facettenreiche Montage von Zitaten darstelle.[3] Offensichtlich war Junius bemüht, soweit es ihm irgend möglich war, seine Gedanken in den Worten antiker Autoren zur Sprache kommen zu lassen, und je mehr Zitate ihm zur Verfügung standen, um so mehr Autoritäten konnte er versammeln, um dem Gedanken im Rahmen seiner rhetorischen Strategie nachdrücklich Gewicht zu verleihen. Eine solche Rhetorik der Abundanz sollte aber, wie die Herausgeber der englischsprachigen Ausgabe von *De Pictura* bemerken, nicht darüber hinwegtäuschen, dass Junius, dessen Werk tatsächlich kunsttheoretisch und -historisch ein Novum darstellte, den Leser an seiner schieren Freude daran teilhaben lassen wollte, *wie viele* Quellen und Äußerungen doch verfügbar seien, deren eine die andere stützt und sie wie ein Echo aus veränderter Richtung nachklingen lässt.[4]

Treffend bezeichnen die Herausgeber der englischen Ausgabe Junius' Werk als „a great oration by a philologist-historian who, as he surveys the past, speaks to us in the voice of the past itself."[5] Besonders hervorzuheben ist dabei der auffällige Rückgriff des „philologist-historian" auf primär rhetorische und philosophische Schriften sowie Poetiken – neben der omnipräsenten *Naturalis Historia* Plinius' d. Ä. Die *ars pingendi*, als die sich *De Pictura* präsentiert, entlehnt ihre Theorie somit weitestgehend bei der

3 Colette Nativel (*Kommentar*, in: Franciscus Junius: *De pictura veterum libri tres (Roterodami 1694)*. Edition, traduction et commentaire du livre I par Colette Nativel. Genf 1996), 15. Zu beachten sei dabei, dass Junius' typographische Absetzungen mitnichten verlässlich die Grenzen der Zitate anzeigten; zudem seien die griechischen Zitate lediglich in Übersetzung angegeben. Der Index verzeichne beachtliche 320 Namen, von denen allein im ersten Teil des Werkes bereits 129 in Erscheinung treten.

4 Vgl. Franciscus Junius, *The Literature of Classical Art. I The Painting of the Ancients. De Pictura Veterum, according to the English translation (1638)* [*The Painting of the Ancients, in three Bookes: Declaring by Historicall Observations and Examples, The Beginning, Progresse, and Consummation of that most Noble Art.* […] Written first in Latine by Franciscus Junius, F. F. And now by Him Englished, with some Additions and Alterations. London, 1638], ed. by Keith Aldrich/Philipp Fehl/Raina Fehl. Berkeley [u. a.] 1991, lii–liii.

5 *The Literature of Classical Art. I The Painting of the Ancients*, liii. Dennoch hat das Werk mitunter unorganische Züge und abrupte Übergänge in seinen additiven Argumentationsschemata, so spannend die einzelnen Stellen und das Bild, das sich aus ihrer Komposition ergibt, auch insgesamt seien mögen.

ars dicendi.[6] Eine Geschichte der Malerei zu verfassen, die sich primär auf rhetorisch-poetische und philosophische Texte stützt, erscheint gerechtfertigt angesichts des Stellenwerts, der dem „Bild" sowohl in Poetik und Rhetorik als auch Erkenntnistheorie der Antike zukam.[7] Junius steht mithin, indem er bildtheoretische Quellen auf dem Umweg über Vergleiche zwischen den Künsten herauspräpariert, wie sie seit Simonides zu Analogien von Wort und Bild angestellt wurden,[8] in bester antiker Tradition. Dabei verfährt er zweigleisig: Mitunter belässt er es bei Vergleichen der Künste, wie sie sich in den Texten finden, mitunter ersetzt er – durch diese Analogien gleichsam autorisiert – die Worte *orator* oder *poeta* durch *pictor* und überträgt Theorien aus dem Bereich der Rhetorik bzw. Poetik auf die Malerei.[9] Junius nähert sich der Malerei *zeichentheoretisch* prinzipiell wie einer Sprache, wobei freilich Philosophie und Rhetorik lediglich Anhaltspunkte zu Produktions- und Wahrnehmungsbedingungen der Werke bieten.[10]

De Pictura beruht tatsächlich *gänzlich* auf Textbefunden und kann sich nicht auf Autopsie stützen, da Junius beispielsweise nie eine Italienreise unternommen hat. Er selbst rechtfertigte dies damit, dass er sich zwar an seinem Aufenthaltsort nie diese Reize mit eigenen Augen habe aneignen können, aber ohnehin glaube, worum auch immer es sich dabei handle, müsse mit dem Geiste ausschöpfend zu betrachten sein („perspiciendum").[11] Welch hohen Erkenntniswert Junius diesem *imaginären* Bild der

6 Nativel, *Kommentar*, 15. Nativel stützt dies mit dem Hinweis auf die Tatsache, dass der Titel *De Pictura* nicht vom Autor, sondern von Vossius oder dem Drucker bestimmt worden sei. Allerdings kann „pictura", damaligem Sprachgebrauch gemäß und besonders im englischsprachigen Raum bedingt durch eine gerade erst im Entstehen begriffene Kunstterminologie, auch universal auf alle darstellenden Künste bezogen werden, ungeachtet ihres Mediums. England sei hier, so Nativel, 16, relativ isoliert gewesen, während in Kontinentaleuropa jeweils bereits ein präzises Vokabular ausgearbeitet gewesen sei (für den deutschsprachigen Raum trifft das nur bedingt zu, vgl. Kap. 8); um eine englischsprachige Terminologie bemühe sich John Evelyn in *Sculptura, or the history and art of chalcography and engraving in copper*, London 1662.

7 Nativel, *Kommentar*, 19.

8 Den er auch zitiert: Vgl. Junius, dt. 83 ff.

9 Vgl. zu all diesem Nativel, *Kommentar*, 19 f., hier bes. 20.

10 Nativel, *Kommentar*, 20.

11 Vgl. Nativel, *Kommentar*, 19: Die Sammlung Arundels habe, wenn auch keine Fresken, so doch zweifellos Vasenfragmente enthalten, die Junius jedoch an keiner Stelle erwähne. Eben so wenig erwähne er bei der Behandlung der Skulptur jene Werke, die ihm in Arundels Sammlung vor Augen waren. – Es scheint somit, als

antiken Kunst beimisst, zeigt sich in seiner Bemerkung, ein tieferes Bedürfnis habe ihn veranlasst, die Regeln, die er gleichsam aus ihrem eigentlichen Körper herausgetrennt und vereinzelt Stück für Stück aus den Schriften der Alten herausgepflückt habe, in eine kunstgerechte Form zu bringen – um irgendein Bild („aliquam [...] imaginem") der antiken Malerei, oder zumindest einen Schatten eines Bildes („saltem qualemcunque imaginis umbram"), den er mit dem Geiste umfasst/begriffen („animo complexus") habe, und die reizende Lieblichkeit der „commendatissimarum artium" gänzlich zu erkennen („pernoscerem" [!]).[12] Das Elektionsprinzip wird hier also theoretisch auf die Regeln der Kunst selbst angewandt und zu einem abstrakten ‚Kunstkörper' (oder dessen Schatten) zusammengefügt.

Im Prooemium kündigt Junius den Aufbau seines dreibändigen Werkes an:

> Da es die Absicht unsers Vorsatzes erfordert, den Anfang, Fortgang und die Vollendung der Mahlerey zu zeigen: so wollen wir im ersten Buche den Unterricht ertheilen, wodurch sie ihren Anfang genommen; im andern Buche, wodurch sie ihr Wachsthum erhalten; im dritten Buche, wodurch sie ihre Vollkommenheit erlangt hat. Wir wollen zuvörderst im ersten Buche, einige allgemeine Betrachtungen, über die angebohrne Neigung der Menschen, alles nach zu ahmen, vorausschicken, und hernach zeigen, daß die Einbildungskraft bey dieser Kunst das beste Hülfsmittel sei, und zu großen Unternehmungen anreize; wenn sie nur nicht durch die Anfälle einer ungemäßigten, und einer zu kindisch ausschweifenden Phantasie verdorben wird. Die heftige Neigung, welche Dichter und Mahler in gleichem Grade besitzen, alles was sie wollen zu erdichten, wird uns Gelegenheit geben, das gemeinschaftliche der Mahlerey und Dichtkunst an zu zeigen. Bisweilen werden wir auch denen einigen Unterricht ertheilen, welche die Gemählde mit Nutzen betrachten wollen. (dt. 3/ lat. 1)

Im ersten Buch will Junius also die Entstehungsbedingungen der Kunst darstellen – wie man zunächst vermutet, nach dem Modell von Geburt, Aufstieg und Vollendung strukturiert. Doch behandeln die Quellen der Malerei, die er dann analysiert, eher die psychologischen und ästhetischen Faktoren schöpferischer Kontemplation und Kreation; das zweite Buch, für das Junius eine Darstellung des künstlerischen Fortschritts angekündigt

---

habe er den imaginären, *ideellen* Charakter seiner Abhandlung bewusst inszenieren wollen.

12 Junius, Widmung an Charles I, in: *The Printed Sources of Western Art.* General editor: Theodore Bestermann. 25: François du Jon: *De pictura veterum.* Collegium Graphicum, Portland, Oregon 1972 (= Francisci Iunii F. F. *De pictura veterum libri tres.* Amstelaedami, MDCXXXVII), [V].

hat, benennt die pädagogischen und soziologischen Voraussetzungen künstlerischen Fortschritts. Das letzte Buch – hier hatte Junius Bemerkungen zur Vervollkommnung der Kunst behandeln wollen – exponiert schließlich eine Kunsttheorie, die die Ausarbeitung des Werkes bis zur Vollendung behandelt.[13] Junius meint also im ersten Buch von *De Pictura* mit dem Wort „initium" nicht den absoluten Ursprung primitiver Kunst in der Menschheitsgeschichte, sondern vielmehr die Quelle künstlerischen Schaffens:[14] Als wichtigsten Anreiz der Kreativität nennt Junius den allen Menschen angeborenen Nachahmungstrieb („ingenitum mortalibus omnia imitandi studium") und entwickelt dabei systematisch die jeweiligen Funktionsweisen der Imitation und der Imagination. Dabei ergibt sich eine dreifache Unterteilung der Imitation: zum einen die realistische Nachahmung eines tatsächlich Existierenden, dann die synthetisierende oder idealisierende Nachahmung, die verschiedene natürliche Modelle kombiniert, und schließlich die ideale Nachahmung eines rein geistigen Modelles. Diese Unterteilung mündet im zweiten Kapitel des ersten Buches in Reflexionen zum Status des *Bildes*, das nicht mehr nur Kopie der Wirklichkeit ist, auch nicht Kopie einer idealisierten Natur, sondern Mimesis des Schönen Ideals, das einzig der Einbildungskraft zugänglich ist.[15]

5.1 Umrissenheit und antike Wahrnehmungstheorie in Junius' Konzept der Imagination

Von besonderem Interesse für die Frage nach Umrisskonzepten, ihrer Deutung und Relevanz bei Junius und nicht zuletzt ihrer Wirkung auf die nachfolgenden klassizistischen Kunsttheorien sind jene Seiten, auf denen Junius zu Beginn des Kapitels I, 2 eine umfassende Theorie der Einbil-

13 Dabei entspricht diese Dreiteilung jener, die Quintilian in der *Institutio Oratoria* mit der Gliederung nach *ars*, *artifex* und *opus* vorgenommen hat. Vgl. Nativel, *Kommentar*, 18.

14 Nativel, *Kommentar*, 18.

15 In Kapitel 3 folgen Überlegungen zur Nachahmung von Vorbildern, die zu einer doppelten Parallele zwischen Malerei und Dichtung auf der einen und Malerei und Rhetorik auf der anderen Seite führen. Das letzte Kapitel schließlich widmet sich den wissbegierigen Kunstliebhabern (die „picturas cum cura inspicere volunt") und gibt eine Anleitung zur künstlerischen Betrachtung, die somit auch dem ‚Dilettanten' seinen Platz im künstlerischen Schaffenskontext zuweist. Vgl. zu all diesem Nativel, *Kommentar*, 18 f.

dungskraft ausarbeitet.[16] Wie wirksam die prägnante Positionierung dieser Konzepte am Beginn und somit als Fundament des anspruchsvollen Werkes war, lässt sich am Beispiele Rubens' erkennen. Dieser greift in einem Brief, in dem er Junius für die Übersendung des Buches dankt, das dort eingangs zitierte sensualistisch-wahrnehmungstheoretische Konzept auf und betont dabei die besondere Intensität visueller sinnlicher Erfahrung, die sich der Erinnerung nachdrücklich einpräge – womit er zugleich sehr dezent Junius' Primat des Ideellen unterläuft, *indem* er sich auf die von diesem selbst angeführte sensualistische *typosis* bezieht, die präziser ausfalle, wenn man die Gegenstände wirklich vor Augen sehe.[17]

Insgesamt stellen Junius' einleitende Überlegungen zur Einbildungskraft vielleicht die wichtigsten, sicherlich aber gehaltvollsten und dichtesten Passagen in *De pictura* dar,[18] die auch für die folgenden Epochen wirksam bleiben. Im Hinblick auf die Tradierung und vor allem Neuakzentuierung antiker wahrnehmungstheoretischer Konzepte von Umrissenheit ist besonders das Kapitel zur *phantasia* aufschlussreich. Junius beginnt folgendermaßen:

> Praeter eam, quam diximus, naturalium corporum imitationem, cujus operâ artifices, quidquid oculis obire datur, exprimunt, alia adhuc & quidam longè nobilior imitationis species occurrit; quum videlicet peritus artis audaci co-

---

16 Vgl. Nativel, *Kommentar*, 455.

17 Rubens' Dankschreiben an Junius stammt vom 1. August 1637, es wurde erstmals in der niederländischen Übersetzung von *De Pictura Veterum* von 1641 publiziert. Neben ausführlichem Lob dafür, wie Junius die selbstgesetzte Aufgabe erfüllt habe, hebt Rubens die Präzision der Regeln sowie die Anschaulichkeit der Exempla hervor (gemessen am Potential schriftlicher Quellen, Rückschlüsse auf die antike Malerei zuzulassen) und würdigt auch Junius' eleganten Stil und Gelehrsamkeit. Ferner äußert Rubens den Wunsch, es möge auch eine mit gleicher Sorgfalt erstellte Abhandlung über die Malerei der Italiener erscheinen: Deren Exempla stünden bis zum gegenwärtigen Tage vor den Augen der Öffentlichkeit, worin er den bedeutenden Vorteil sieht, dass *jene Dinge, die unsere Sinne direkt berühren, sich schärfer im Geiste einprägen („are more sharply imprinted on the mind"), sie bleiben bei uns und verlangen eine eingehendere Betrachtung,* zudem bieten sie mehr Vorteile für angehende Maler als jene Gegenstände, die sich nur über die Vorstellung (imagination) enthüllen und von Worten überwuchert seien, so dass man sie mitunter dreimal vergebens zu haschen versuche und sie einem doch entgleiten – wie Eurydike dem Orpheus in der Unterwelt. Rubens widerruft also Junius' Idealismus durch eine stärkere Akzentuierung der von diesem genannten Theoreme zur *typosis.* Vgl. Franciscus Junius. *The Literature of Classical Art*, dort 325–330 Rubens' Brief; die paraphrasierten Zitate v. a. 327 f.; vgl. ebd., Anm. 9, zum Topos der nachdrücklicheren Erinnerung an sinnliche, besonders visuelle Wahrnehmung.

18 Nativel, *Kommentar*, 455.

natu accingitur ad producendum imagines earum quoque rerum, quae subduxere se mortalium oculis. atque hujus imitationis tota vis in phantasiâ, sive in facultate imaginativâ, quam nonnulli ἐιδωλοποιΐαν dicunt, consistit. primam tamen omnium rerum notionem oculorum sensui potissimùm debemus. (lat. 8, Kap. I, II)

Ausser der Nachahmung der natürlichen Körper, von der wir schon geredet haben, vermöge welcher die Künstler durch ihre Bemühung, alles ausdrücken, was sie sehen, giebt es noch eine weit edlere Art der Erfindung; da nemlich der Künstler einen kühnen Versuch wagt, Bilder von solchen Dingen zu schildern, die sich dem Anblick unsrer Augen entziehen. Die ganze Stärke dieser Nachahmung besteht in der Phantasie, oder in der Einbildungskraft, welche einige ἐιδωλοποιαν [!] nennen. Doch die ersten Begriffe von allen Dingen erlangen wir durch den Sinn unsers Gesichtes. (dt. 25)

Das Konzept der *phantasia* wird also ausgehend von der Nachahmung behandelt, wobei Junius den Primat der visuellen Wahrnehmung betont.[19] Wenn Junius hier als zweiten Typus der Nachahmung Bilder der Dinge, die sich den Augen der Sterblichen entziehen, anführt und höher stellt als das Sichtbare, so beruht diese Unterscheidung, wie Nativel ausführt, auf einer irrtümlichen Auslegung einer Platon-Stelle im *Sophistes* (Plat. Soph. 235 d–236 c), wo Platon eine Nachahmung *eikastiké*, die naturgemäß abbilde, und eine Nachahmung *phantastiké* unterscheidet, bei der der Künstler versuche, zu idealisieren. Junius deutet jedoch die existenten, aber nicht malerisch nachzuahmenden Proportionen, Farben etc. der Dinge ganz prinzipiell zu *jenen* Dingen um, die sich sterblichen Augen *ganz* entziehen.[20] Es geht nicht mehr nur um die Art der Darstellung als vielmehr um die Objekte dieser Darstellung selbst:

Uebrigens nennt *Plato* im Sophisten diese Kraft der fruchtbarsten Seelen ἐιδωλοποικτην oder ἐιδωλοποιητικτην oder ἐιδωλῶργικτην [sic!]; und macht davon zwo Gattungen, ἐικαστικτην und φανταστικτην; jene ahmet die lebendigen Gestalten [vivas formas] der Dinge nach, die sie für sich siehet; diese

19 Diese Fundierung erscheint besonders plausibel angesichts der Rechtfertigung, die Junius selbst in seinem Widmungsbrief an den König von England formuliert, indem er bemerkt, dass er in *De Pictura* nicht allein die Geschichte der Künstler („non artificium modo historiam") darstellen, sondern auch das Wesen der nachahmenden Künste überhaupt gründlich analysieren wolle („sed et artium imitatricium naturam, penitius inspicere atque annotare coepi"). Zu diesem Zweck sind Prämissen zur Wahrnehmungstheorie und zum Potential der *phantasia* unabdingbar. Junius, *De Pictura Veterum* (MDCXXXVII; *The Printed Sources of Western Art.*), [I]. – Die zitierte Ausgabe setzt so gut wie keine Akzente in den griechischen Zitaten; das jeweilige Druckbild wurde nach Möglichkeit beibehalten.

20 Vgl. Nativel, *Kommentar*, 457.

aber schildert solche Dinge, die sich nur bloß der Einbildungskraft vorstellen [res imaginatione tantùm repræsentatas] (dt. 27 f./ lat. 9)

Die Verschiebung gegenüber Platon ist also in der Umdeutung der Nachahmung *phantastike* von „anscheinerweckend" zu „auf der Einbildungskraft beruhend" zu sehen;[21] Junius propagiert damit eine deutlich ‚idealistische' Kunst und legt so wesentliche Grundlagen für die klassizistische Kunsttheorie in der Gestalt, wie sie sich auch bei Winckelmann[22] finden und im Medium des ‚Kontur' reflektiert werden wird. Vor diesem Hintergrund ist Kapitel I, 2 zu lesen, das sich zunächst dem ersten Typ der Nachahmung widmet: jener, die Bilder realer Körper nachahmt und direkt von der Sinneswahrnehmung abhängt. Die bei Junius breiten Raum einnehmende Rekapitulation sensualistischer Wahrnehmungstheorien geht vor allem auf Kommentatoren aristotelischer Schriften zurück, nach denen das geistige Bild sich von dem sinnlich Wahrnehmbaren ausgehend forme: Es ist Mittler zwischen den Sinnen und dem Geist. Junius referiert zunächst stoische Theorien (§ 1), bevor er den zweiten Typ der Nachahmung darstellt – jene, die fähig sei, das nachzuahmen, was sich den menschlichen Augen entziehe, die also von den Sinnen abstrahieren und einzig auf der Imagination beruhen könne.[23]

21 Nativel, *Kommentar*, 457; zu Junius' Quellen in dieser Deutungstradition vgl. ebd.

22 Vgl. die Einleitung von Aldrich/Fehl etc. zur englischen Junius-Ausgabe, lxxvff., zu Winckelmanns Junius-Bezügen und – mehr noch – Verschleierungen derselben. So habe er, bei allen despektierlichen Äußerungen über den „gelehrten Betrüger und Windmacher" (zit. nach der Einleitung), sogleich nach seiner Ankunft in Rom darum gebeten, dass man ihm aus Dresden ein Exemplar von *De Pictura Veterum* nachsende. Auch seine Exzerpte in der Pariser *Bibliothèque Nationale* zeugen von den umfangreichen Informationen, die er Junius' Werk entnommen hat. – Ich danke an dieser Stelle Frau Prof. Dr. Élisabeth Décultot sehr herzlich dafür, mir Einblick in Kopien der betreffenden Unterlagen ermöglicht zu haben. Winckelmann erwähnt Junius' Schrift in der *Geschichte der Kunst* nur *en passant*, obwohl er ihr viel verdankt – auch Irrtümer, indem er Äußerungen, die Junius stillschweigend von der Poetik oder Rhetorik auf die Bildende Kunst bezogen hatte, als antike Äußerung über dieselbe übernimmt; vgl. die Einleitung mit dem Hinweis auf Lessings im *Laokoon* geäußerte Kritik an Winckelmanns Umgang mit seinen Quellen: „It is clear that he used *De pictura veterum* as a convenient handbook of quotations that he did not acknowledge. […] Had Winckelmann read Junius as carefully as he seems widely to have used him, he might have known that Junius repeatedly claimed the license to let one art speak for another." (Einleitung, lxxvi.) Zur Bedeutung von Junius für Winckelmann vgl. auch Max Kunze: *Il manoscritto fiorentino di J. J. Winckelmann/Das Florentiner Winckelmann-Manuskript.* Hg. u. komm. v. Max Kunze. Florenz 1994, 232–234.

23 Vgl. Nativel, *Kommentar*, 458.

Das bei Junius dargestellte Schema beruht auf der Annahme, dass die Sinne Informationen der Objekte empfangen, indem diese Simulacra ihrer selbst entsenden.[24] Die so empfangenen Informationen passieren den *sensus communis*, dessen Rolle Junius nicht definiert; in Aristoteles' Schrift *De Anima* (424 b–427 a), die er mehrfach zitiert, besteht die Funktion des *sensus communis* darin, die Sinneswahrnehmungen aufzunehmen, in bewusste Perzeption zu überführen und die Wahrnehmungen der verschiedenen Sinne zu vereinigen – also ähnlich dem Zentralorgan der Seele in der stoischen Theorie. Sodann tritt die Einbildungskraft hinzu und vermittelt dem Verstand Formen und Bilder, die ihm fasslich sind. Nach Aristoteles' Lehre, so Nativel, gebe es keinen Gedanken ohne Bild (De Anim. 432 a 7–10): Geistige Bilder (φαντάσματα) seien wie (immaterielle) Empfindungen (αἰσθήματα). Der Einbildungskraft also kommt Mittlerfunktion zwischen *sensus communis* und Verstand zu, wobei diese Vermittlung durch Erzeugung und Übertragung von Bildern vonstatten geht.[25]

Der Argumentationsgang bei Junius verläuft nun so, dass nach einigen Zitaten von u.a. Strabo, Macrobius und Boethius, die allesamt die Funktionen der Sinne und des Intellekts genauer belegen sollen (die Sinne stellen die Informationen zur Verfügung, der Intellekt strukturiert sie[26]), die Untersuchung der *phantasia* aus aristotelischer Perspektive folgt. Junius beginnt mit einem Zitat aus Themistius' Paraphrase von Aristoteles' *De Anima* und stimmt diesem zu, „wenn er sagt: ‚Die Phantasie ist der Typus und das Merkmal [„vestigium"] des Sinnes [τυπος της ἀισθησεως και ἴχνος ἐστιν ἡ Φαντασια [sic!]]'."[27] Wie die Hand einen Stab bewege und mit diesem wiederum einen Stein in Bewegung setze, oder wie das von den Winden bewegte Meer ein Schiff schaukle, so verhalten sich Ursache und Wirkung auch bei der Sinneswahrnehmung:

> Denn der Sinn, welcher von der Bewegung des äusserlichen Gefühles, die Vorstellung von der bewegenden Sache erhält, erregt nachgehends in vollkommenen Thieren, diejenige Kraft der Seele, welche wir die Einbildung oder Phantasie [φαντασιαν] nennen: Diese ist so beschaffen, daß sie die Form der Dinge, welche durch die Sinnen ihr vorgestellt und bekannt gemacht werden, durch den äußerlichen Eindruck erhält, und sich so deutlich eindrückt, daß sie

24 Dabei verweist der Terminus nicht nur auf epikureische Momente, sondern wird zudem durch einen Hinweis auf Cicero untermauert, worin sich Junius' Eklektizismus exemplarisch erkennen lässt. Vgl. Nativel, *Kommentar*, 459.

25 Vgl. zu all dem Nativel, *Kommentar*, 459.

26 Vgl. Nativel, *Kommentar*, 463.

27 Dt. 26, die folgende Übersetzung des griechischen Textes [„Paraphrasi in Aristot. L. III de Anima"] in einer Anmerkung ebd.; lat. 9.

> die Merkmale [„vestigia" bzw. „footsteps"] auf einige Zeit erhalten kann, wenn auch der äußerliche Gegenstand entzogen ist.[28]

Hier begegnet also die *typosis* in ihrer Funktion als Erinnerungsspur [„vestigium", „print" oder „footstep"; s. Anm.] wieder, auf der aber nicht nur die *phantasia* beruht, sondern die mit ihr identisch ist. Zur *phantasia* merkt Junius ferner an: „Man kann φαντασιας, wie Quinctilian behauptet [Inst. Orat. VI, 2, 29], durch *visiones* (Gesichte oder Einbildungen) übersetzen."[29] – Auch die ideellen Konzepte werden also mit den besonders wirksamen *visuellen* Wahrnehmungen parallelisiert, sie haben, als Produkte der Vorstellungskraft, *Bild*-Qualität. Daran anschließend geht Junius zu Theoremen stoischer Erkenntnistheorie über, indem er sich auf Diogenes Laertius bekannten Beitrag zu Zenon (vgl. Kap. 1) beruft:[30]

> Die Stoiker sagen, daß die Phantasie ein Eindruck in die Seele wäre, und nahmen diese Benennung (des Eindrucks) eigentlich von den Figuren her, welche man mit einem Siegelringe in Wachs eindruckt.

---

28 Dt. 26; die Übersetzung ebd. in der Anm. In der lateinischen Erstausgabe lesen sich die zitierten Passagen wie folgt: „*Typus & vestigium sensus est visio. Quemadmodum enim baculus à manu motus movet lapidem, & mare motum à ventis movet navem ; ita nihil mirum si hoc idem in sensu quoque noscatur. sensus enim à sensilibus exterioribus commotus simulachrum recipiens moventis, movet deinde illam animae vim in perfectis animalibus, quam imaginationem seu visionem vocamus: cujus ea est natura, ut formas rerum, quas praebet & renunciat ipsi sensus, à sensilibus recipiens, retineat, & consignet in se, & ut possit, remotis sensilibus, ad tempus quoddam servare vestigia.*" (9)

In der von Junius selbst übersetzten englischen Ausgabe heißt es: „*Themistius* doth wonderfull well expresse all this: 'the phantasie,' sayth he, 'is like a print or footstep of sense: for as a leaver mooved by the hand mooveth a stone, and as the sea stirred by the winde stirreth a ship, so is it no wonder at all that our sense should be subject to the same: for our sense being stirred by outward sensible things, and receiving the shape of such things as doe stirre it, stirreth also in perfect creatures another power of the soule, commonly called *phantasie:* whose nature is to lay up the prints delivered her by sense, and to seale them up after so sure a manner, as to keepe still the footsteps of the same, after that now the visible things are gone out of our sight.'" (23) Das Moment des Empfangens und Einprägens der Spur („footsteps") wird hier wie auch im Lateinischen wesentlich deutlicher als im deutschen „Merkmal".

29 „*Φαντασίας autore Quintiliano *visiones transferre licet.*" – Nativel, *Kommentar*, 465, meint mit Recht eine gewisse Skepsis in Junius' Bezugnahme auf Quintilians Übersetzung von *phantasia* durch *visio* zu erkennen, indem er selbst im gleichen Zitat *imaginatio, sive visio* schreibe.

30 Dt. 27, der deutsche Text wiederum in der Anm., ebd. In der lat. Fassung schreibt Junius: „*Phantasiam esse impressionem in animo, voce eâ* (impressionis) *proprie translata à figuris quae in cera per annulos fiunt. Laert. lib. VII in Zenone.*" (Lat. 9)

Mit einem Hinweis auf die Differenzierung der Qualitäten von „φαντασια, φανταστον, φάνταστικον, φαντασμα“ [sic!] je nach ihrem Realitätsgehalt bei Plutarch, die Junius jedoch selbst nicht ausführt, endet der erste Paragraph des 2. Kapitels. [31] Junius überspringt bei diesem Einstieg den Ursprung des Bildes vom „Abdruck“, wie es sich bei Aristoteles in *De Anima* auf die Sinne bezogen findet: Dort wird die sinnliche Wahrnehmung als Vermögen bezeichnet, wahrnehmbare Formen ohne materielle Substanz zu empfangen, wie das Wachs den Abdruck des Ringes ohne Gold und Eisen empfangen könne (De Anim. 424 a 18–21; vgl. Kap. 1). Dennoch suggeriert Junius in diesem Kapitelbeginn am Anfang des ersten Buches die Verwandtschaft der stoischen Wahrnehmungstheorie mit der aristotelischen Lehre, indem er Texte auswählt, die auf den Siegel-Wachs-Vergleich zurückgreifen. Dabei verschweigt er jedoch die Kritik, die Chrysipp (nach der Überlieferung bei Sextus Empiricus) an Zenons Lehre geübt haben soll, indem er lediglich von einer Veränderung/Modifizierung (*alloiosis*) der Seele sprach. Besonders betont Junius den Beitrag der stoischen Wahrnehmungstheorie – wie Nativel unterstreicht, zu Recht, denn in der Tat habe diese als erste unterschieden zwischen Einbildungskraft (*phantasia*/bildlicher Vorstellung), die auf real Existentem fuße (dem, was die Darstellung, das Dargestellte, das *phantaston*, produziere) und einer Einbildungskraft, die sich als nichtige Bewegung der Seele (*phantastikon*) auf das Imaginäre gründe (vgl. Kap. 1): nämlich jene der Melancholiker und Verrückten.[32]

In diesem ersten Paragraphen präsentiert Junius ein nahezu komplettes Panorama antiker Repräsentationstheorien; mit Themistius ist eine aristotelische Quelle vertreten, doch führt Junius auch die anderen Schulen an, denen er Einflüsse verdankt: die Epikureer, denen er den Terminus der *simulacra* entlehnt und einem ihrer abgespaltenen Anhänger den Primat des Gesichtssinnes in den Mund legt. Der Terminus „typos“ erlaubt ihm eine Verbindung zwischen Aristoteles und den Stoikern. Zuletzt bezeugen seine Bezugnahmen auf Macrobius, Boethius und Johannes Damascenus den Einfluss aristotelischen Denkens auf den Neuplatonismus und

31 Plutarch, „Chrysippus de Placitis Philosophorum L. IV. Cap. 12.“ – Dt. 27; in der lateinischen Ausgabe (9): „*Quid inter se discrepent quatuor haec, φαντασία, φανταστὸν, φανταστικὸν, φάντασμα, docet nos ex Chrysippo Plutarchus [...].*“

32 Vgl. Nativel, *Kommentar*, 464.

christliches Gedankengut– was besonders im Kontext des Bilderstreits von argumentativer Bedeutung ist.[33]

Die hier beschriebene Einbildungskraft als *eidolopoiia* entspricht jedoch noch nicht jenem bilderschöpferischen Vermögen, das der Ausdruck bei Pseudo-Longin (*De Sublimitate*, 15) bezeichnet, woher Junius ihn entlehnt. Seine *eidolopoiia* meint eher die Vorstellungskraft als ein Vermögen, das Bilder zu empfangen und zu strukturieren in der Lage ist.[34] Dabei bleibt diese Vorstellungskraft keineswegs rezeptiv, sondern wird aktiv, wie Junius' Vokabular zeigt, wenn er von der *vis informans* spricht, also einer ‚Kraft, die Formen schafft', oder einer *vis imaginatrix* (‚die Bilder schafft') und so eine Verbindung zwischen Form und Bild herstellt: Die Emanationen der Bilder, die auf den Gesichtssinn treffen, sind nicht die *imagines*; die *imago* ist erst das, was vom *Verstand* erfasst wird, wenn die *Sinne* die Eindrücke der *simulacra* empfangen haben: Das Bild ist bei Junius also bereits die Form der Dinge, deren Reflexion sie als *eidolon* zugleich ist.

Mit Nativel lässt sich das Konzept der *phantasia* bei Junius dergestalt zusammenfassen, dass diese bei ihm gebunden ist an die bewusste Perzeption des Gesichtssinnes – was natürlich gerade für einen Malereitraktat relevant ist. Zugleich ist sie eine Art geistigen Sehens, ihre Funktion erschöpft sich nicht in simplem Empfangen und Verzeichnen der Sinneswahrnehmungen: Sie muss diese vielmehr organisieren, ihnen eine Form geben und kohärente Bilder zusammensetzen, die vom Verstand verarbeitet werden können, woraus sich ihre Relevanz für eine Theorie künstlerischen Schaffens erschließt. Das Bild ist damit in jedem Stadium des Erkenntnisprozesses, von den Sinneswahrnehmungen bis zur Abstraktion des Verstandes, das Medium der Einbildungskraft.[35] Bei allem Primat des Ideellen in Junius' Kunsttheorie bleibt dieses doch fundamental gebunden an die sensualistisch konzipierte *Einprägung* dieses Bildes als „vestigium" – und auf diesem Grundriss wird die klassizistische Kunsttheorie ihr auf dem *dessin* und dem *beau ideal* basierendes Gebäude errichten.

---

33 Nativel (*Kommentar*, 465) weist darauf hin, dass, indem Junius sich auch auf Johannes Damascenus, den Verteidiger der Ikonen, stütze, wenn er die Ansicht vertrete, ohne Bilder sei kein Denken möglich, sein Aufriss der Repräsentationstheorien sich als implizite Verteidigung der Bilder im Bilderstreit lese, wenn Bilder zwischen Sinnen und Intellekt vermitteln und unverzichtbarer Beitrag zum Denken sind. Vgl. dazu, besonders im anglikanischen Kontext, auch Nativel, *Kommentar*, 21.

34 Vgl. Nativel, *Kommentar*, 464.

35 Vgl. Nativel, *Kommentar*, 465.

5.2 Die Überlieferungen aus der *Naturalis Historia* bei Junius

Junius referiert die üblichen Textstellen bei Plinius, teilweise jedoch auch auf andere Autoren gestützt. So erwähnt er den Ursprung der Kunst im Schattenriss ebenso wie (charakteristisch für die zeitgenössische Kunstproduktion) Quintilians Argument für künstlerische Innovationen:

> Wenn es unbillig gewesen wäre, zu dem erstern etwas hinzu zu fügen: so würden wir noch keine andre Mahlerey haben, ausser diejenige, welche in den äussersten Linien bestand, die um den Schatten eines Körpers gezogen wurden, den die Sonne verursachte.[36]

Wenn es dazu in der deutschen Übersetzung von *De Pictura Veterum* heißt, dass „inzwischen aus dieser Gewohnheit die Benennung der *Schattirung* entstanden" sei, zeigt dies jedoch ein Missverständnis des lateinischen Terminus *adumbratio*, der eben auch den Umriss meinen kann (wie es bei Junius auch der Fall ist).[37]

In einer Abhandlung *De Pictura Veterum* darf natürlich auch die Anekdote um Apelles und Protogenes nicht fehlen. Nach der Mitteilung „Appelles ließ seiner Gewohnheit nach keinen Tag vorbey, er mochte so beschäftiget seyn, als er wollte, ohne seine Kunst durch Linienziehen zu üben, daher von ihm das bekannte Sprichwort entstanden" und der Überleitung, „daß Apelles durch diese tägliche Uebung im Linienziehn, in dem berühmten Wettstreite, wegen der feinen Linien, den Sieg über den Protogenes erhalten habe",[38] schließt Junius seine Erläuterung an (die zeigt, wie strittig die Stelle bereits zu seiner Zeit war):

> Ich weiß gar wohl, viele geben dieser Stelle des Plinius eine sehr verschiedene Auslegung; jedoch sie verleiten mich nicht, seine Worte von etwas anders, als von dem bloßen Wettstreite, wer aus freyer Hand die feinsten Linien zöge, zu verstehen.[39]

---

36 Kap. I, III, dt. 40 f./ lat. 14.– Vgl. Quint. Inst. Orat. X, 2, 7.

37 „Respexit ad rudia haec artis primordia Quintilianus in eo loco quem mox plenius adducemus, *si prioribus,* inquit, *adjicere nefas fuisset, non esset pictura, nisi quae lineas modò extremas umbrae, quum corpora in sole fecissent, circumscribit.* exinde semper ab hac primâ consuetudine *adumbrandi* vox obtinuit." (lat. 14)

38 In Junius' lateinischer Erstausgabe lautet die Stelle: „Apellem ex quotidiano hoc lineas ducendi exercitio palmam præripuisse Protogeni in celeberrimo subtilium linearum certamine." (114)

39 Dt. 308. In der lateinischen Fassung: „non latet me, quàm multi passim Pliniani hujus loci longè aliam faciant mentem; minimè tamen movent ut verba hæc aliter accipienda putem, quàm de nudo linearum suspensâ manu subtilissimè ductarum certamine." (115) In diesem Sinne übersetzt die deutsche Fassung auch die Plinius-

Wenngleich die Deutung der deutschen Übersetzung als „fein" in Junius' Kontext plausibel klingt (lateinisch schreibt Junius konsequent ambivalent „subtilis"), so bleiben doch Zweifel; denn eine möglichst „dünne" Linie zu ziehen, wie die Übersetzung suggeriert, steht ja nicht in direktem Zusammenhang mit der Freihändigkeit. Da die Schrift jedoch lateinisch erschien und so die ambivalente Wortwahl von Plinius beibehielt, blieb Junius selbst für (spätere) Leser ebenso beliebig ausdeutbar wie seine Quelle. Und wie sein Gewährsmann Plinius ein eifriger Kompilator war, dem sich mitunter Widersprüche zwischen seinen Quellen einschlichen, so scheint es auch Junius im Hinblick auf die Umriss-Konzepte der antiken Autoren gegangen zu sein: Denn dafür, dass Junius selbst ein anderes Umriss-Ideal favorisiert als die besondere „Feinheit" der Linien, sprechen seine Formulierungen, wenn er die plinianische Überlieferung zu *Parrhasius* behandelt. Junius schreibt dort:

> Außer [der] Verschmelzung, welche die verschiedensten Farben, nach und nach unmerklich vermischet, muß der Künstler auch nicht geringen Fleiß auf die äußersten Linien wenden: besonders da die Vollendung der Kunst von ihnen fordert, die unbestimmten Grenzen der Körper [interminatos corporum terminos] so zart und so leicht zu zeichnen, daß man noch mehr daraus schließen möge, als man sieht, und das Auge was es nicht sieht, zu sehen glaube, und diß geschieht nur, wenn die äußersten Linien der Figuren unserm Auge durch eine täuschende Flucht sanft entschlüpfen [extremis imaginum lineis paulatim se nostris oculis fallaci fugâ teneriter subducentibus, evanescentibus], verschwinden und sich gleichsam im Rauch [fumum] verlieren. [...] Parrhasius hat nach einmüthigem Geständnis der Künstler, in den äußersten Linien den Vorzug erhalten. Hierinnen bestehet die größte Feinheit des Gemähldes. Denn Körper und die mittelsten Theile derselben zu mahlen, ist zwar eine Arbeit von Wichtigkeit, worinn aber nicht wenige Ruhm erlanget. Hingegen das äußerste der Körper zu zeichnen, und die Grenzen, da ein Gemählde aufhöret, diese Geschicklichkeit findet man auch selten bey Meistern. Denn es müssen die Enden sich selbst einschließen und so aufhören, daß sie noch einiges hinter sich verrathen, und das, was sie verbergen, zugleich zeigen.[40]

Stellen, die ja in Junius' lateinischer Ausgabe nur zitiert werden, ausdeutend mit „und zog mit Farbe eine Linie von der äussersten Feinheit über die Tafel" bzw. „darauf habe er mit andrer Farbe auf eben derselben Linie eine noch feinere gezogen" bzw. „theilte er diese Linie noch mit einer dritten, und so feinen, daß man unmöglich eine feinere ziehen konnte." (308) Dabei nimmt das deutsche „fein" dem lateinischen „subtilis" jedoch die nie ganz zu leugnende Ambivalenz.

40 III, 3, dt. 456. Die lateinische Fassung lautet im Zusammenhang: „Praeter hanc Harmogen, cujus virtute diversissimi colores sensim sine sensu miscentur, extremis quoque lineis artifex non levem impendet curam: praesertim cùm artis hujus consummatio requirat interminatos corporum terminos tam leviter leniterque

Die lateinischen Formulierungen bei Junius, die Plinius' Formulierungen auslegend verändern (und die Tatsache, dass er diese Erläuterungen an die zur „Verschmelzung" anschließt), zeigen deutlich, dass Junius' malerisches Ideal der Umrisse *hier* von dem ausgeht, was der deutsche Übersetzer 1770 bereits mit Hagedorns Terminus des „Verblasenen" hätte übersetzen können: Die Umrisse sollen sich in einen „Rauch" verlieren; von einer (dünnen) „Feinheit" ist *hier* nicht die Rede. Doch zuletzt findet man in Junius' Abhandlung doch noch eine andere Auffassung von idealen Umrissen – die als Ansicht von Petron und auch Plinius *referiert*, dann aber auch auf die zuvor behandelte Plinius-Stelle zum Wettstreit um die *subtilste* Linie bezogen wird: So heißt es bei Junius, mit einem Zitat aus Petrons *Satyricon*, in dem Apelles gelobt wird:

> „Denn die äußerste Grenze der Bildnisse war so fein nach der Ähnlichkeit gezogen, daß man sie für Gemählde ihrer Seelen gehalten hätte." Hieraus sehen wir nun, welche Feinheit der äußersten Linien Arbiter und Plinius zu einer genauen Schilderey erfordern. Und es läßt sich vermuthen, daß diese Linien jenen ungebildeten, die man geometrische nennt, und worunter man Längen ohne Breiten verstehet, nicht unähnlich seyn.[41]

Die Berufung auf die geometrischen Linien definiert die „subtilitas" eindeutig als sehr *präzise, dünne* Linien. Junius merkt an, der Beweis für eine solche Linie als „Länge[] ohne Breite[]" sei die „Grenze zwischen lichten und beschatteten Orten", denn wenn diese eine „Breite" habe, sei sie

> entweder ganz erleuchtet, oder ganz beschattet, weil es hierinn kein Mittel giebt. [...] Man merkt aber deutlich eine bloße Linie in der Mitten, die allein nach der Länge gezogen, blos den erleuchteten Theil vom beschatteten unterscheidet. Denn wenn sie von einander unterscheiden sind, so muß nothwendig sich etwas dazwischen befinden, was sie unterscheidet, und also weder erleuchtet, noch beschattet, noch breit ist.[42]

Es ist bemerkenswert, dass als Beweis ausgerechnet die „Grenze" von Licht und Schatten, also der Umriss im engsten Sinne angeführt wird; relevant

---

ductos, ut intelligatur ex iis etiam quod non cernitur, putetque oculus videre se quod non videt, extremis imaginum lineis paulatim se nostris oculis fallaci fugâ teneriter subducentibus, evanescentibus, & quasi in fumum abeuntibus" (172 f.)

41 Dt. 457. – „Vides quantam hîc extremarum linearum subtilitatem Petronius Arbiter ac Plinius in exactiore picturâ requirant. unde etiam suspicari libet, eos in extremitatibus imaginum postulasse lineas haud absimiles imaginariis istis lineis, quas Geometricas vocant. longitudinem latitudinis expertem dicunt. μῆκος ἀπλατές. totamque hanc subtilissimarum linearum rationem sic satis illustrare videntur verba Ammonii, in Aristotelis praedicamenta [...]". (173)

42 Dt. 458; die Erläuterung stammt aus Ammonius' *In Aristotelis praedicamenta.*

für Junius' eigene Ansicht ist hier aber vor allem, dass er es nicht bei einer historischen Erläuterung von Petron und Plinius belässt, sondern seine eigene Präferenz darauf gründet:

> Jeglicher also, der auch nur obenhin einsiehet, wie sehr dicke Linien der Zierlichkeit eines Gemähldes hinderlich sind, wird auf die entgegen gesetzten seinen Sinn richten, und sie als ein nothwendiges Stück eines Gemähldes von der äußersten Kunst betrachten müssen. Ja aus des Protogenes und Apelles Wettstreite [...] wird er urtheilen, daß aus dieser Ursache vor Zeiten die Künstler sich auf den Vorzug, aus freyer Hand die feinsten Linien zu ziehen, so emsig beflissen haben.[43]

Die inneren Widersprüche zu Junius' befürwortender Deutung von Parrhasius' Umrissen, in denen er *sfumato*-Effekte erkennen wollte, bleiben indessen unaufgelöst – für die auf seiner Schrift aufbauenden späteren Kunsttheoretiker sind damit beide Wege offengelassen.

43 „quisquis ergo vel leviter modò intelliget, quantopere crassae pinguesque lineae adversentur picturam elegantiae, non poterit non tales aliquas lineas animo concipere, atque eas in consummatae artis operibus requirere. quinetiam ob hoc ipsum summos olim artifices in tenuissimis lineis suspensâ manu ducendis plurimùm desudasse judicabit ex eo Protogenis atque Apellis certamine [...]." (174)

6. Debatten der französischen Akademie zum Primat von *dessein/dessin* oder *coloris*

War es im 16. Jahrhundert die italienische Kunsttheorie, die die wegweisenden Konzepte zum Darstellungsmedium der Umrisse beisteuerte, so verschiebt sich im späten 17. Jahrhundert der Schwerpunkt dieser kunsttheoretischen Debatten nach Frankreich. An Stelle des *disegno* wird nun der Stellenwert des *dessin* bzw. *dessein* diskutiert. Wie bei den *disegno*-Konzepten die Koppelung an die *Idea*, so ist es in den *dess(e)in*-Debatten die Verknüpfung mit der *ratio*, die für die folgenden Epochen den intellektuellen Gehalt aller Umriss-Konzepte mitbestimmen wird. Bei *dessin* und *dessein* handelt es sich zunächst nur um „orthographische Varianten"[1] zur Bezeichnung desselben Sachverhalts, bis sich im 18. Jahrhundert ihre Bedeutung ausdifferenziert. Gemeinsam mit den Begriffen des *coloris* und der *composition* gehört der *dess(e)in* zu Beginn des 18. Jahrhunderts zu den drei „Schlüsselbegriffe[n]" der zeitgenössischen Kunsttheorie.[2]

Während sich die französische Kunsttheorie zu Beginn des 17. Jahrhunderts zunächst hauptsächlich auf Literaturtheorie beschränkt hatte, lässt sich von der Jahrhundertmitte an zunehmend ein Streben nach theoretischer Fundierung der bildenden Künste beobachten, wobei Poetik und Rhetorik als Muster dienen. Der Initialimpuls zu einer solchen „Diskussion um eine allgemeingültige Theorie der darstellenden Künste"[3] geht auf die Gründung der *Académie royale de peinture et de sculpture* zurück, in deren Debatten besonders die Frage nach dem Rang der künstlerischen Mittel des *dessin* und des *coloris* verhandelt wurde.[4] Dabei wandelte sich nicht nur die Bedeutung bzw. der Bedeutungsumfang des Wortes *dessin*, sondern die sich abzeichnende Binnendifferenzierung fand ihren Niederschlag schließlich in der orthographischen Bedeutungsvariante

1 Art. *dessin/dessein*, in: Peter-Eckard Knabe: *Schlüsselbegriffe des kunsttheoretischen Denkens in Frankreich von der Spätklassik bis zum Ende der Aufklärung*, Düsseldorf 1972, 165–173, 165.

2 Art. *coloris*, Knabe, 129–140.

3 Vgl. Knabe, 9. Zitat ebd.

4 Zu den Debatten um den Primat von *dessin* oder *coloris* vgl. grundlegend Max Imdahl: *Farbe. Kunsttheoretische Reflexionen in Frankreich*. München 1987.

dessein. Die Wandlung des Begriffs spiegelt den methodischen Wandel der Denkweisen in der Entwicklung hin zum 18. Jahrhundert wider: Zunächst ist die in cartesianischer Tradition stehende Sicht leitend, Erkenntnisse würden aus Prinzipien deduziert, die als „*ideae innatae* der Vernunft" gegeben sind, wobei die *raison* nicht nur „Quelle der apriorischen Erkenntnis" ist, deren „Aussagen allgemeingültigen, notwendigen Charakter" haben, die der Kunst überzeitlich gültige Regeln zu setzen vermag, sondern zugleich auch die „empirischen Daten kritisch überprüft".[5] Vor diesem Hintergrund – *raison* als Ideal der Wissenschaften wie der Künste der französischen Klassik – erhellt die Relevanz des Begriffs *dessein/dessin* in seiner Verbindung zur *ratio* und damit als Angelpunkt zwischen Denken und künstlerischem Schaffen: Die *raison*, als „*Ursprung* der Erkennntisse" und „*Instrument* alles Denkens wie auch des künstlerischen Schaffens, das wie die Wissenschaft Wahrheit aussagen soll", forderte mithin die „Übereinstimmung mit der Natur"[6] als notwendige Bedingung jedes „schönen" Werks. Somit war der (konzeptuelle) *dessein* unabdingbar, um die „Wahrheit" (der Natur) klar und deutlich zu erfassen, auf dass der (praktische) *dessin* sie wiederum deutlich richtig und getreu darstellen könnte (zur Differenzierung der Begriffe s. u.). Gegenüber dem unbedingten Primat der *raison* gewann zunehmend eine an naturwissenschaftlichen Studien orientierte „induktive Denkweise" an Einfluss, für welche die *raison* lediglich als „kritischer Apparat *funktionalen* Charakter"[7] bei der Auswertung der Sinnesdaten und der Findung empirisch gewonnener Gesetzmäßigkeiten hat. Überwunden wurde die *raison*-geprägte Denkweise klassizistischen Musters jedoch erst durch die empiristische Philosophie; für die Kunsttheorie gewannen Locke, Hume und die sensualistische Philosophie Condillacs Bedeutung: „Eine empiristische Psychologie wird zum Instrument der Analyse der Erlebnisse, die beim seelischen Akt des Wirkens von Kunst wie beim Schöpfungsprozess im Künstler ablaufen".[8] Nicht mehr der Anspruch auf Wahrheit wird mit dem kunsttheoretischen Urteil verknüpft, sondern der Charakter „der weniger exakten Wahrscheinlichkeit".[9] Dies spiegelt sich in der Entwicklung von der einstigen Forderung nach *justesse* des *dessin* hin zu der Position, für einen guten *dessin* müsse der Maler nicht mehr nur nach der Elektions-

5 So bei Boileau, vgl. Knabe, 14.
6 Vgl. Knabe, 12, Zitate ebd.
7 So bei du Bos, vgl. Knabe, 15.
8 Knabe, 15.
9 Knabe, 15 f.

theorie gemäß einem überzeitlich gültigen Ideal des Schönen und Wahren verfahren, sondern vielmehr übernehme die Absicht des Künstlers, der *dessein*, die regulierende Funktion beim Blick auf die Natur. Die *justesse* wird relativiert durch künstlerische Individualität, als deren sichtbare Signatur nunmehr der *dessin* fungiert.

6.1 Charles Le Brun: *dessin intellectuel* und *dessin pratique*

Wie in den Diskussionen italienischer *disegno*-Theoretiker mehr und mehr differenziert wurde, was zuletzt bei Zuccari als *disegno interno* und *disegno esterno* erscheint, so differenziert auch Charles Le Brun zwischen *dessin intellectuel* und *dessin pratique*. 1672 formuliert er, es gebe „deux sortes de dessin: l'un est intellectuel ou théorique, et l'autre pratique". Dabei sei der erste (*dessin intellectuel*) „purement de l'imagination" abhängig, die sich ausdrücke (exprime) „par des paroles et se répand dans toutes les productions de l'esprit"; der zweite, der *dessin pratique*, sei „produit par l'intellectuel et dépend par consequent de l'imagination et de la main", könne sich jedoch auch „exprimer par des paroles". Der *dessin pratique* sei es aber auch, der – als konkrete Zeichnung – „avec un crayon, donne la forme et la proportion", und der alle sichtbaren Dinge nachahme, „jusqu'à exprimer les passions de l'âme, sans qu'il ait besoin pour cela de la couleur" – außer zur Darstellung des Errötens oder der Blässe.[10] Dem materiellen *dessin pratique* kommt also die Funktion zu, die Leidenschaften, das innere Leben äußerlich sichtbar darzustellen; und diesem *dessin* als malerischem Darstellungsmedium spricht Le Brun zentrale Funktion für die Malerei zu,[11] während die Farben lediglich „akzidentellen Charakter" haben.[12]

Es lassen sich bei ihm also *dessin intellectuel* als „bewusstseinsimmanente Idee" und „*dessin pratique* als deren konkreter Ausdruck, als Realisierung der Idee"[13] unterscheiden, welche jedoch nicht auf die *malerische* Umsetzung angewiesen ist, sondern auch im Bereich der Literatur wirksam werden kann. Verglichen mit den *disegno*-Konzepten erscheint der *dessin (intellectuel)* bei Le Brun als umfassenderes Prinzip, da er explizit auf die Möglichkeit hinweist, dass der *dessin* auch literarisch gestaltet werden

10 Charles Le Brun, in: André Fontaine: *Conférences inédites de l'Académie Royale de Peinture et de Sculpture.* Paris (o.J.) [1903]; alle Zitate nach Knabe, 165.
11 Zum Primat der Zeichnung bei Le Brun vgl. auch Imdahl, *Farbe*, 35 ff.
12 Charles Le Brun: *Conférences inédites*; Knabe, 165 f.
13 Knabe, 165.

könne. Dem liegt die prinzipiell *sprachliche* Verfasstheit der *imagination* – im Zeichen eines Primats der *raison* – zugrunde, die nun sehr viel rational-diskursiver erscheint als in dem visuell-imaginativen Urteilsvermögen des *disegno.* Die Erweiterung des *dessein*-Begriffs hinsichtlich seiner allgemein künstlerisch-konzeptuellen Eigenschaft ist nicht zuletzt auch vor dem Hintergrund des Bemühens zu sehen, die „Künste in ihrer Gesamtheit zu betrachten und daraus Prinzipien für alle Künste zu entwickeln" sowie letztlich „eine universale kunsttheoretische Terminologie zu schaffen".[14]

6.2 Félibien: „une image visible des pensées de l'esprit"

Félibien definiert in seiner Schrift *Des Principes de l'Architecture, de la Sculpture, de la Peinture […]*[15] 1676 die Malerei als „un Art, qui par des lignes, & des couleurs represente sur une surface égale & unie tous les objets de la nature" (392). Das durch diese Kunst geschaffene Bild nenne man „Tableau", für das drei Dinge zu beachten seien: die „*Composition*", der „*Dessein*" und der „*Coloris*", die alle drei abhingen vom „raisonnement" und der „execution", die man auch „THEORIE" und „PRATIQUE" nenne. Das „raisonnement" sei „comme le Pere de la Peinture, & l'execution comme la Mere" (392 f.).[16] Gegenstand des *dessein* ist für Félibien – bezogen auf alle bildenden Künste – „la figure des corps que l'on represente, & que l'on fait voir tels qu'ils paroissent simplement avec des lignes", also reine Linear-Gestalt der nachzuahmenden Dinge. In diesem Sinne betreffe der *dessein* alle Maler, Bildhauer, Architekten, Graveure und generell alle Künstler, für deren Werke „grace" und „simmetrie" erforderlich seien (393): (Epochencharakteristische) Anmut und korrekte Maßverhältnisse werden durch den *dessein* gewährleistet, der darin als einheitstiftendes Prinzip unter den Künsten dient. Zudem bedürfe der *dessein* als solcherart verstandenes Prinzip (auf den menschlichen Körper bezogen) anatomischer Kenntnisse und sei schließlich auch notwendig, um die Gestalten eines Kunstwerks

14 Knabe, 19.

15 André Félibien: *Des Principes de l'Architecture, de la Sculpture, de la Peinture, et des autres Arts qui en dependent. Avec un Dictionnaire des Termes propres à chacun de ces Arts.* Paris 1676. – Zitate werden im Folgenden nach dieser Ausgabe im Text nachgewiesen.

16 Vgl. Knabe, 165. – Félibien verwendet zwar auch ein genealogisches Modell der Kunstprinzipien, allerdings stärker auf den einzelnen Schaffensakt bezogen als in Vasaris generellem Konzept von der Einheit der Künste (vgl. Kap. 4). Die geistige Komponente des *disegno* ist hier ganz dem *raisonnement* übertragen.

„sur un centre & equilibre" anzuordnen, also der Bilderfindung in der Komposition Einheit zu verleihen. Dies alles steht im Kontext des Mimesis-Postulats der Künste, wie Félibien anschließt; denn der Künstler bedarf des *dessein*, „pour bien imiter les divers mouvemens que la nature peut faire." (393)

Auf die Malerei bezogen[17] definiert Félibien den *dessein* kurz darauf als „une expression apparente, ou une Image visible des pensées de l'Esprit, & de ce qu'on s'est premierement formé dans l'imagination" (396); dieses „Image de nos pensées" drücke sich in unterschiedlich stark ausgearbeiteten Darstellungsweisen aus: die *„Esquisses"* meinten diejenigen „Desseins", welche die „premieres productions de l'Esprit encore informes" zeigten, jene Entwürfe hingegen, in denen die „contours des Figures sont acheves",[18] nenne man „*Desseins* ou traits *Arrestez*" (396). In den *Esquisses* dient der *dessein* als heuristische Methode, als auf die Imagination und die Formengebung rückwirkendes Reflexions- und Korrekturmedium. Der *dessein* im eigentlichen Sinne, als Linienzeichnung ausgearbeiteter ‚Konturen', dient als ‚sichtbarer Ausdruck' oder sichtbare ‚Abbildung', als ‚Bild' der künstlerischen Konzepte des Geistes, die man zuvor in der Einbildungskraft geformt hat.[19] In seiner materiellen Fixierung vereinigen sich rationale und imaginative Komponenten – und aus dieser Tradition, gesteigert um Reflexionen zur Synthesis von schönem Ideal und schönster Natur, entwickelt sich Winckelmanns wegweisendes Kontur-Konzept (vgl. Kap. 10).

6.3 Roger de Piles: Die Aufwertung des *coloris*

Ein dreifach differenzierter *dessein*-Begriff findet sich im *Dialogue sur le coloris* von Roger de Piles (1673): Es gebe, so de Piles, zunächst einen *dessein*, der „la volonté de faire ou de dire quelque chose" bezeichne. Ferner meine man mit *dessein* auch „la pensée d'un Tableau que le Peintre met au dehors sur du papier ou sur de la toile pour juger de l'effet de l'Ouvrage qu'il medite", und auf diese Weise könne man mit *dessein* auch nicht nur eine

17 Félibien, *Principes*, Kap. III, *De ce que l'on appelle Dessein* (396 f.).

18 Die „contours" definiert Félibien in seinem *Dictionnaire* im Anhang als „les extremitez d'une Figure, & les lignes qui décrivent & environnent quelque corps, & par le moyen desquelles on en marque la forme." (536)

19 Vgl. auch den Eintrag in Félibiens *Dictionnaire* im Anhang der *Principes*; dort definiert er *dessein* allgemein als „projet, Plan, Elevation & Profil d'un ouvrage qu'on veut faire" und verweist auf die Anlage von „Cartons" für Fresken (398).

„equisse" bezeichnen, sondern auch ein „Ouvrage bien entendu de lumieres & d'ombres, ou mesme un Tableau bien colorié." Dem *dessein* in diesem Sinne kommt also die Funktion eines Korrektivs, eines Reflexionsmediums zu. Zuletzt nenne man *dessein* auch die „justes mesures, les proportions & les formes exterieures que doivent avoir les objets qui sont imitez d'aprés la Nature." In diesem letzten Sinne – als regelkonforme (Umriss-)Zeichnung – verstehe man *dessein* als einen Teil der Malerei.[20]

35 Jahre später variiert de Piles seine eigene Differenzierung und unterscheidet im *Cours de peinture* (1708) drei Bedeutungen des *dessein* in der Malerei: Erstens meine der Begriff das Konzept, die ‚Idee' des Bildes in seiner Anlage mit Helldunkel und Farbgebung („la pensée de tout l'Ouvrage avec les lumieres & les ombres, & quelquefois avec les couleurs mêmes, & pour lors il n'est pas regardé comme une des parties de la Peinture; mais comme l'idée du Tableau que le Peintre médite"). Zweitens meine *dessein* auch eine modellhafte Studie, welche die ‚Wahrheit' der Naturnachahmung verbürgt („quelque partie de figure humaine, ou quelque animal, ou quelque draperie" nach dem Vorbild der Natur, um im Gemälde eingefügt zu werden als „témoin de la vérité, & cela s'appelle une étude"). Außerdem verstehe man unter *dessein* als Teil der Malerei die ‚Umschreibung' und die ‚Proportionen' der sichtbaren Dinge („la circonscription des objets", „les mesures & les proportions des formes exterieures; & c'est dans ce sens qu'il est une des parties de la Peinture").[21] Zu diesem Aspekt des *dessein* gehörten als grundlegende Bestandteile „La Correction, le bon Goût, l'Elegance, le Caractere, la Diversité, l'Expression & la Perspective".[22] Dabei ist es charakteristisch für den zeitgenössischen Geschmack, „Elegance" und „bon Goût" für die Umrisse zu fordern, deren sichtbarer Exponent sie sein sollen.[23] Signifikant ist jedoch, was de Piles diesen konventionellen Differenzierungen hinzufügt:

---

20 Vgl. Knabe, 166, Zitate ebd. – Roger de Piles: *Dialogue sur le Coloris.* Paris 1699, 14 f. Vgl. auch 24 f.: *Dessein* sei „une partie essentielle de la Peinture", *Dessein* sei „le genre de la Peinture" und *Coloris* „sa difference"; *Dessein* komme auch folgenden Künsten zu: „A la Sculpture, [...], à la Graveure [!], à l'Architecture, & aux autres Arts qui donnent des mesures & des proportions."

21 Knabe, 166. Roger de Piles: *Cours de Peinture par Principes.* Paris 1708, 126–195 „Du Dessein", hier 126 f.

22 De Piles, *Cours de Peinture*, 128.

23 Die Kunsttheorie der italienischen Renaissance hatte hier eher ein sichtbares Zeichen des (anatomischen) ‚Wissens' verlangt. Bei de Piles eignet dem geschmackvollen *dessein* jedoch auch eine pädagogisch wertvolle Komponente: Er betont die geschmacks- und auch urteilsbildende *Wirkung* des *dessein* („Qu'il donne un goût pour la connoissance des Arts", weshalb „jeunes Gentils-Hommes"

> Si le Dessein est, comme il est vray, la circonscription des formes exterieures, s'il les réduit dans les mesures & dans les proportions qui leur conviennent, il est vray de dire aussi que c'est une espece de creation, qui commence à tirer du néant, les productions visibles de la Nature, qui sont l'objet du Peintre.[24]

Der *dessein* als ‚Umschreibung der äußeren Formen' wird von de Piles also wegen dieser – allerdings gänzlich regelkonformen – Abstraktionsleistung als Beispiel eines Schaffensaktes gepriesen, der aus dem Nichts heraus die sichtbaren Hervorbringungen der Natur entwerfe: Der *dessein* fungiert als eine zweite Natur, die er sogar darin übertrifft, dass er nicht aus der Materie, sondern in einer *creatio ex nihilo* nur aus dem Geiste schafft. Um diese Schöpfung zu gewährleisten, muss der *dessein* auch vor allen anderen Teilen der Malerei erlernt werden: Ist er doch für de Piles „la clef des Beaux Arts", der erst den anderen Teilen der Malerei ihr Dasein ermögliche („qui donne entrée aux autres parties de la Peinture"), und mehr noch: Er bezeichnet ihn als „l'organe de nos pensées, l'instrument de nos demonstrations, & la lumiere de nôtre entendement."[25] Der *dessein*, andernorts von de Piles schon als Korrektiv und Reflexionsmedium beurteilt, gilt ihm nun als *bildendes Organon des künstlerischen Denkens*, des Konzeptuellen, und mit einer Aufklärungsmetaphorik des „lumiere", die jedoch der Licht-Metaphorik der *disegno*-Debatte entspricht, wo sie sowohl auf die Ursprungsszene der Kunst als auch auf die belebende, inspirierende Kraft des *disegno* verwies, wird auch der *dessein*, als autopoietisch hervorgebrachtes „instrument" des Künstlers, nun zur illuminierenden Instanz von dessen intellektuellem Schaffenspotential.

In de Piles' Differenzierung meint die erste Facette des *dessein* also so viel wie Intention oder Absicht des Künstlers und steht damit noch vor der Realisierung in einem Medium; die beiden anderen Aspekte beziehen sich jedoch in engerem Sinne auf die Malerei: zunächst im *dessein* als „Studie" oder „Umrißzeichnung als lineare Projektion",[26] dann aber auch als geistiges Vermögen des Malers, sich „die Form seines Werkes, d. h. die wahren Proportionen, in seiner Einbildungskraft vorzustellen und in die Realität zu projizieren."[27] Im Laufe des 18. Jahrhunderts trennten sich die beiden letzten, konkreter auf die Malerei bezogenen Aspekte als orthographisch

---

auch Zeichnunterricht erhielten (de Piles, *Cours de Peinture*, 327). – Unter den genannten Facetten des *dessin* werden für das 18. Jahrhundert jedoch eher ‚Charakter', ‚Mannigfaltigkeit' und ‚Ausdruck' relevant werden.

24 De Piles, *Cours de Peinture*, 127.

25 De Piles, *Cours de Peinture*, 127.

26 Knabe, 166.

27 Knabe, 166 f.

unterschiedener *dessin* von dem allgemeinen *dessein* im Sinne von „Intention“ ab.[28] So ist auch (eine weitere) Definition des *dessein* bei de Piles im Hinblick auf die Malerei zu verstehen: erstens als „la pensée d'un Tableau“, die ein Maler auf die Leinwand oder auf Papier übertrage, um sein Werk zu beurteilen und zu korrigieren,[29] zweitens als „les justes mesures, les proportions & les contours que l'on peut dire imaginaires des objets visibles, qui n'ayant point de consistance que l'extrémité même des corps, resident veritablement & réellement dans l'esprit“. Dieser *dessein* werde nur um der Schüler willen oder zu eigenen Studienzwecken in Umrisslinien fixiert („rendu[] sensible [...] par des lignes qui en font la circonscription“). Deutlicher als andere Autoren reflektiert de Piles den ‚imaginären‘ Status der Umrisse, ihren artifiziellen und ‚fiktiven‘ Charakter, der auf Konvention beruhe und vor allem pädagogische und heuristische Funktion habe, weswegen die Umrisse an sich ebensowenig im vollendeten Gemälde erscheinen dürften wie die architektonische Hilfskonstruktion beim Bau eines Gewölbes in der vollendeten Architektur verbleibe. In dieser dritten, heuristischen Funktion sei der „Dessein“ ebenfalls „une des parties essentielles de la Peinture“.[30] Umrisse der Dinge sind für de Piles prinzipiell insubstantiell und folglich unsichtbar: Sie existieren eigentlich nur im ‚Esprit‘, im Deutschen wohl am ehesten der ‚Einbildungskraft‘, er misst ihnen aber keinen vollkommen autonomen Kunstwert zu. Auf diese Konzepte kann sich gut fünfzig Jahre später Hagedorn stützen, wenn er schreibt, die Umrisse müssten, wie die perspektivischen Hilfslinien bei einer Gebäudedarstellung, nach Belieben in das Gemälde hineinzuprojizieren sein (vgl. Kap. 11).

Wenngleich de Piles die Ansicht vertritt, der *dessein* sei „le fondement & le commencement de la Peinture“,[31] so liegt die Betonung doch auf dem ‚Anfang‘, denn der *dessein* allein macht für ihn noch kein vollständiges Kunstwerk aus – dazu bedürfe es vielmehr des *coloris*, denn der Maler als ein „parfait imitateur de la Nature“, sofern er über ein „excellent Dessein“ verfüge, müsse „la couleur comme son objet principale“[32] ansehen. Vor dem Horizont des Mimesis-Postulats (und auch im Sinne eines Alleinstellungsmerkmals der Malerei unter den Künsten) darf sich die Darstel-

28 Vgl. Knabe, 167.
29 Zit. nach Knabe, 167. De Piles, *Cours de Peinture*, 322 f.
30 De Piles, *Cours de Peinture*, 323 f.
31 De Piles, *Cours de Peinture*, 328.
32 De Piles, *Cours de Peinture*, 311 f.

lung also nicht auf die noch so schöpferische Abstraktionsleitung des *dessein* beschränken.[33]

Das gewohnte Argument, der *coloris* basiere nur auf dem *dessein*, entkräftet de Piles durch das Argument, dass der empfangende Teil eben vor demjenigen da sein müsse, den es zu empfangen gelte;[34] ebenso habe es sich ja bei der Schöpfung des Menschen verhalten: Der Körper musste vollendet sein, um die Seele aufnehmen zu können;[35] er konnte zwar ohne sie existieren, doch wolle wohl niemand behaupten, der Körper sei der edelste und wichtigste Teil des Menschen. Und abermals beruft er sich auf das Schaffensprinzip der Natur, denn diese beginne immer mit den am wenigsten vollkommenen Dingen, und „l'art qui en est l'imitateur suit la même regle." Der Maler verleihe seinem Gemälde also erst mit der Farbe *die* Vollendung, zu der die Malerei fähig sei[36] – allerdings seien beide Teile notwendig; wie es ja auch keinen ‚Menschen' gebe, solange die Seele nicht an einen Körper gebunden sei, so gebe es kein Gemälde, wenn der *coloris* nicht an den *dessein* gebunden sei.[37] Hatte bei Le Brun der *dessin* in der Malerei Vorrang vor dem *coloris*, so hat sich bei de Piles die Hierarchie umgekehrt. Die an Farben gebundene „Erscheinungsweise" der Objekte ist an die Stelle der Form als wichtigster Bestandteil der Malerei getreten.[38] De Piles räumt jedoch ein, wenn man den *dessein* separat und als „instrument" betrachte, das man „en toutes rencontres dans la plupart des Arts" benötige, dann könne man ihn wegen seiner „utilité", der alle Welt überall nachstrebe, wohl höher schätzen als den *coloris*:[39] Der *dessein* sei durch seine mathematisch-geometrische Anwendbarkeit ebenso nützlich wie dadurch, dass er in noch so flüchtigen Zeichnungen doch die „pensées des Ouvrages que l'on propose" erkennen lasse. Im Jahrhundert der Aufklärung zeichnet sich der *dessein* somit auch durch seine doppelte, naturwissenschaftlich-exakte wie konzeptuell deutliche Nützlichkeit aus – und durch seine Transparenz auf das rationelle Moment hinter dem Gemälde, nicht aber durch seinen autonomen *ästhetischen* Wert.

33 Die Wertschätzung des *coloris* hängt bei de Piles auch mit der Definition der Eigengesetzlichkeit der Malerei als Kunstform zusammen. Nur durch die Farbgebung werde der Maler ein „parfait imitateur de la Nature", wie es der *dessein* allein nie erreichen könne (de Piles, *Cours de Peinture*, 312 f.).

34 De Piles, *Cours de Peinture*, 317 f.

35 Zu Roger de Piles und der „Farbe als Beseelung der Form" vgl. Imdahl, *Farbe*, 55 ff.

36 De Piles, *Cours de Peinture*, 318 f.

37 De Piles, *Cours de Peinture*, 319.

38 Vgl. Knabe, 168.

39 De Piles, *Cours de Peinture*, 319.

6.4 Jombert: *dessin* als „faculté de l'entendement" und „science-pratique"

Jombert beginnt 1755 das erste Kapitel seiner *Méthode pour apprendre le dessin* mit der These, der *dessin* sei „l'ame de la Peinture"[40] – und gibt damit ein durchaus nicht seltenes Beispiel für die jeweils wechselnde Apostrophierung der Darstellungsmittel von *dessin* oder *coloris* als ‚Seele' oder ‚Körper', die je nach favorisiertem Prinzip gewählt wird. Der *dessin*, heißt es weiter, sei „la proportion des traits & la convenance entr'eux pour représenter les choses visibles" – wie sie seien oder wie sie sein sollten „dans leur plus grande perfection": die regelkonforme Darstellung der ‚Züge' der schönsten (sichtbaren!) Natur. Also könne der *dessin* zunächst verstanden werden als ein Erkenntnisvermögen („faculté de l'entendement"), das in der Kenntnis der „belle proportion" bestehe, zweitens aber als „une science-pratique qui dirige les opérations de la main, lorsqu'elle se propose d'imiter les divers objets de la nature dans leur proportions"[41] – ein praktisches Wissen, das als Korrektivinstanz bei der künstlerischen Naturnachahmung diene. Beide hier genannten Bedeutungen entsprechen einem rein „malerei-interne[n]" Verständnis.[42] Der *dessin* stelle nicht nur „le trait extérieur de tous les corps" dar, „mais encore il exprime la difference de leurs superficies & les apparences visibles de la matiere dont ils sont composés."[43] Für Jombert beschränkt sich *dessin* in der Malerei also nicht auf reine Umrisszeichnungen, sondern begreift auch Oberflächentexturen und die Wiedergabe der Stofflichkeit in sich – Hagedorn spricht, nur knapp ein Jahrzehnt später, ganz ähnlich von der „überdachte[n] Zeichnung der Flächen" (vgl. Kap. 11). Bei Jombert findet sich mithin erwartungsgemäß ein absoluter Primat dieses so umfassend konzipierten *dessin:* „enfin il peut representer tous les objets de la nature sans le secours de la varieté des couleurs";[44] die zeichnerische Komponente ist damit abermals, ein halbes

40 *Méthode pour apprendre le dessin, ou l'on donne les regles générales de ce grand art, & des préceptes pour acquérir la connoissance, & s'y perfectionner en peu de temps.* Par Charles-Antoine Jombert. Paris 1755, 1.

41 Jombert, *Methode*, 2. Zu früheren Definitionen, an denen Jombert sich auch in den Formulierungen orientierte, vgl. Knabe, 168 f.

42 Vgl. Knabe, 169, Zitat ebd.

43 Jombert, *Methode*, 1.

44 Jombert, *Methode*, 2.

Jahrhundert nach de Piles' Aufwertung des *coloris*, als wichtigster und autonomer Bestandteil der Malerei verabsolutiert.[45]

6.5 *Dessein* in der Literatur

Dessein (in dieser orthographischen Form) wird im 17. Jahrhundert auch im Hinblick auf die Literatur verwendet. So spricht Rapin (1674) dem „sujet" und dem „dessein" den „premier lieu dans les parties de l'art" zu, da diese die erste „production" des „genie" darstellen: der *dessein* sei in einem „Poëme", was die „ordonnance" (Anordnung) in einem Gemälde sei.[46] So wie nur die großen Maler – wie ein Raffael, ein Giulio Romano oder ein Poussin – zu einem „grand dessein" in der Malerei fähig seien, könne niemand als „les grands genies" ein solches in der „Poësie" hervorbringen, ein „esprit mediocre" könne sich zwar „un dessein vaste & grand" vorstellen, aber man brauche ein „genie extraordinaire", um diesen *dessein* auch wahrheitsgetreu und in den richtigen Verhältnissen darzustellen („pour le renfermer dans la justesse & dans la proportion"). Ein und derselbe „esprit" müsse nämlich in dem Ganzen herrschen, damit alles auf einen Zweck hin

45 In seinem 1773 erschienenen Werk *Principes de Dessein, Appliqués à la Pratique*, das für die theoretischen Prämissen der akademischen Zeichenausbildung aufschlussreich ist, äußert Jombert einen – zumal zu diesem Zeitpunkt (immerhin 15 Jahre nach Winckelmanns *Gedancken*) verständlichen Überdruss an *dessein*-Definitionen, von denen der Großteil „plus curieuses & recherchées qu'instructives" sei. – Zu weiteren zeitgenössischen Definitionen und Differenzierungen des *dess(e)in* vgl. Knabe (passim), der u. a. den von Watelet stammenden Artikel der *Encyclopédie* mit einer wiederum zweigliedrigen Definition anführt. Watelet bezieht sich allerdings lediglich auf praktische Aspekte: Erstens sei damit „la production" gemeint, die der Künstler mit irgendeiner Art von „crayon" oder mit der Feder hervorbringe. In einer weiter gefassten Bedeutung meine *dessin* aber „en général l'art d'imiter, par des traits, les formes, & sur-tout les contours que les objets présentent à nos yeux." In dieser zweiten Bedeutung – also vor allem als Konturzeichnung – gebrauche man das Wort *dessin*, wenn man sage, der *dessin* sei einer der Hauptteile der Malerei – „une des parties principales de la peinture, ou plutôt que l'art de la peinture ne peut avoir lieu sans l'art du *dessin*" (1754) (zit. nach Knabe, 170). Auch Diderot schreibt 1765 im ersten Kapitel seiner *Essais sur la peinture* mit der Überschrift *Mes idées bizarres sur le dessin:* „C'est le dessin qui donne la forme aux êtres" (zit. nach Knabe, 170).

46 Zitiert nach der Ausgabe: *Œuvres du P. Rapin qui contiennent les reflexions sur l'Eloquence, la Poetique, l'Histoire et la Philosophie.* Dernière edition, augmentée du Poëme des Jardins. T. II. La Haye 1725. Darin: *Reflexions sur la Poëtique e sur les Ouvrages des Poëtes anciens et modernes*, 99–219.

abziele und die einzelnen Teile einen geheimen Bezug zueinander hätten; von dieser Verknüpfung hänge alles ab.[47] Der literarische *dessein* steht somit im Dienste der Einheit in der Mannigfaltigkeit und soll die Ganzheit des Kunstwerks gewährleisten. Dieser „dessein general“, so Rapin, sei nichts anderes als „la forme qu'un Poëte donne à son ouvrage“.[48] Zugleich handle es sich dabei um „la partie la pus difficile de l'art, parce que c'est l'effet d'un jugement consommé.“[49] Oft mangle es jedoch dem *dessein* an „ordonnance“, und nichts sei so selten wie ein „dessein grand, juste, & bien imaginé“. Der vollendetste *dessein* unter den „Poëmes modernes“ finde sich bei Tasso, wenn auch mit „grands défaut dans l'execution“, während „le dessein le plus judicieux, le plus admirable, le plus parfait de tous les desseins de l'Antiquité“ sich in Vergils *Aeneis* zeige: „tout y est grand, & tout y est proportionné au sujet“. Die moderne Dichtung hingegen verfahre nur additiv und ermangle der Einheit eines *dessein.*[50] Vor dem Hintergrund dieser literarkritischen Verwendung des *dessein* ist auch Humboldts Analyse von Goethes *Herrmann und Dorothea* zu lesen, deren Zentralbegriff die „Umrisse“ des Einzelnen wie des Ganzen sind (vgl. Kap. 18).

Zudem sei der literarische *dessein* gattungs- bzw. stilhöhenabhängig: „chaque espece de Poësie doit avoir son dessein proportioné: un grand dessein dans les grands Poëmes, un petit dans les petits.“ Zu einer solchen Beachtung des *aptum* sei wiederum nur ein „genie accompli“ in der Lage, denn man müsse „renfermer sa pensée dans un tour, d'oú il resulte une convenance & une proportion de parties“, aus der „l'harmonie & la construction“ entstünden.[51] Dies ist wiederum ein Konzept, das, wenn auch unter ganz anderen Vorzeichen – nämlich in genieästhetischer Ablehnung der normativen Regelästhetik – wiederkehrt, wenn Herder an den

47 Vgl. auch seinen Hinweis auf Horaz Ep. 2, 3: „Mais la souveraine perfection d'un dessein, au sentiment d'Horace, est qu'il soit simple, & que tout aille au même but.“ (126)

48 Vgl. Knabe, 170, Zitate ebd., und Rapin, 125.

49 Rapin, 126.

50 Die antiken Autoren seien „plus exact“ als die Modernen in Bezug auf die Verknüpfung der Partien unter einander und in deren Verhältnis zum *dessein*; die Modernen „expriment leurs pensées les unes après les autres, sans suite et sans liaison: s'il y a du dessein, ce n'est jamais avec cette unité scrupuleuse, qui est la vertu principale qui doit regner dans un sujet, afin qu'il soit juste & accompli.“ (126 f.)

51 Rapin, 127 f.

modernen Dichtungen beklagt, sie seien stets ‚nachgezirkelt', es fehle ihnen der unmittelbar erzeugte ‚runde Contour' (vgl. Kap. 14).

Während *dessein* in der hier beabsichtigten Bedeutung[52] – die von de Piles als dritter Aspekt vertreten wurde – bei Rapin auf Literatur (im direkten Vergleich mit der Malerei) bezogen erscheint, weist Knabe darauf hin, dass diese Verwendung im 18. Jahrhundert nicht gebräuchlich sei und Diderot stattdessen beispielsweise von *plan* oder *esquisse* spreche.[53] Im Sinne von *Absicht* und *Intention* (also in der ersten Bedeutung von *dessein*, die de Piles erwähnte) findet sich *dessein* auf Literatur bezogen ebenfalls bereits im 17. Jahrhundert, doch wird diese Bedeutung später noch verstärkt. Knabe weist hier auf La Motte hin, der 1716 im Bemühen um eine „eindeutigere Definition von Dichtung [...] als nur ‚la poésie est une imitation de la nature'" dem Begriff des *dessein* – im Sinne von Absicht – große Bedeutung im Hinblick auf die Naturnachahmung gibt. Man müsse, so schreibt La Motte, unter „imitation" eine „imitation adroite" verstehen, eine Kunst, die – ebenfalls nach dem Prinzip des *aptum*, das für den literarischen Gebrauch des *dessein* wesentlich ist – nur das auswähle, was geeignet sei, den beabsichtigten „effet" zu erzeugen. Denn der Dichter dürfe nie seine „imitation" von seinem „dessein" trennen, da es dieser *dessein* sei, der sozusagen „donne la loi à l'imitation, c'est lui qui lui prescrit ses véritables bornes" und über das Gelingen der Nachahmung entscheide, je nachdem, ob sie sich diesen vom *dessein* vorgeschriebenen ‚Grenzen' (!) füge oder widersetze.[54]

La Motte definiert schließlich die Dichtung als diejenige Kunst, die „par le discours en vers [im Gegensatz zur Rhetorik], imite la nature avec choix & avec un dessein sensible de donner certaines idées, ou d'exciter certains sentimens."[55] Damit ist die „Bedeutung von *dessein* als (künstlerische) Absicht" deutlich definiert – und trennt so den Begriff *dessein* von

52 Rapin führt diese Definition des *dessein* in der Literatur weiter aus, indem er sich auf die Poetik Aristoteles' bezieht: „Le dessein d'un Poëme doit être composé de deux parties, de la verité & de la fiction: la verité en est le premier fond, la fiction en fait l'accomplissement", Aristoteles nenne „le mêlange de l'une & de l'autre, *la Constitution des choses*, ou bien la fable, qui n'est autre chose que le sujet du Poëme." (Rapin, 128.)

53 Vgl. Knabe, 170.

54 Dabei sei zu differenzieren: Die „imitation générale" eines Werkes sei anhand des „dessein général" zu beurteilen, die „imitations particulieres" der einzelnen Partien aber jeweils anhand der einzelnen „desseins particuliers". Vgl. Knabe, 171, Zitate ebd.

55 Zit. nach Knabe, 172. Die folgenden Zitate ebd.

den beiden anderen, eher auf die malerische Umsetzung bezogenen Bedeutungen, die unter *dessin* (in dieser Schreibweise) verstanden werden. Im „allgemeinen Wortschatz" hat *dessein* schließlich „ab der Mitte des 18. Jahrhunderts" die Bedeutung „Absicht" und betont, gegenüber der strengen Naturnachahmung mit dem Akzent auf Wahrheit und äußerer Richtigkeit, die innere Stimmigkeit im Hinblick auf das individuelle Konzept des Künstlers.

6.6 Exkurs: Deutschsprachige Kunstterminologie in einer frühen de Piles-Übersetzung

1710, als eine deutschsprachige Kunstliteratur noch kaum existierte, erschien in Hamburg eine Übersetzung von de Piles' *Historie Und Leben Der berühmtesten Europæischen Mahler [...]*,[56] die hier in ihrer *deutschen* Fassung kurz betrachtet wird, da diese Rückschlüsse auf den zeitgenössischen Stand der kunsttheoretischen Terminologie zulässt. De Piles definiert zu Beginn die Malerei als „eine Kunst/ welche vermittelst des Risses [Dessein] und der Farbe/ alle sichtbare *objecta* auf eine ebene Fläche nachmachet. Durch diese *definition* muß man 3. Dinge begreiffen/ den Riß/ das *Colorit* und *Composition*" (3), wobei letztere sich unterteile in „Erfindung und Eintheilung" (4). Abgesehen vom „Riß" [„Dessein"] finden sich also die französischen Termini. Ähnlich liest man in der Forderung, der Maler müsse

> auch *correct*, von guten [!] *gout*, und mit einer Veränderung zeichnen/ bißweilen heroisch/ bißweilen auch wild/ nach dem *caracter* derer einzuführenden Figuren: in Betracht die *elegantz* der Umrisse [l'élegance des contours]/ welche zum Exempel/ der Gottheit zukommen/ nicht bey denen gemeinen Leuten können angebracht werden: [...] Anbey muss er auch nicht vergessen/ daß von aller Zeichnungs=Art [maniéres de dessiner] keine gut sey/ als diese/ welche mit einem guten *naturell* und der *Antiquité* vermischet ist. (4 f.)

Den „gute[n] *gout* und die *Correction* des Abrisses" (also des *dessein* als Zeichnung) fordert de Piles nochmals nachdrücklich: ebenso, wie der „Riß der Grund und Eckstein von allen andern Theilen der Mahlerey" sei, der

56 [...]/ *samt einigen REFLEXIONS darüber/ Und Abbildung eines Vollkommenen Mahlers/ Nach welcher die Mahlerey als einer Regul kann beurtheilet werden/ Wobey auch der Nutzen und Gebrauch der Kupferstücke/ und Erklärung der gebräuchlichen Mahler-Wörter/* Verfertiget von Mons. de Piles. Hamburg 1710, bzw. ders.: *Abregé de la vie des peintres, avec des reflexions sur leurs ouvrages.* Paris 1699.

„auch die Farben bezeichnen/ und die *objecta* erklären muß/ also ist seine Zierligkeit und *correction* nicht minder in der Mahlerey nöthig/ als die Reinligkeit der Sprache in der Beredsamkeit.“ (50 f.)[57] Auch bei de Piles findet sich somit eine Parallelisierung von zeichnerischem und rhetorischem *dessein*, bezogen auf beider Ausführung und Stilistik. Ganz ähnlich wird sich die Forderung an die ideale Stilistik des Umrisses, verglichen mit rhetorischen Komponenten, in Sulzers *Allgemeiner Theorie der Schönen Künste* lesen (vgl. Kap. 12).

In einem gesonderten Kapitel „Von denen Rissen.“ begegnet die aus anderen *dessein*-Definitionen bekannte Gleichsetzung von realisierter Zeichnung und künstlerischem Konzept:

> Die Risse [les Desseins] [...] seynd die Gedancken [pensées]/ welche die Mahler *ordinair* zu der Ausführung eines Werckes/ so sie aussinnen [méditent]/ auff das Papier entwerffen. Es gehören auch unter diese Risse [Desseins] die *Studia* [Etudes][58] der grossen Meister/ das ist die Theile/ welche sie nach der Natur gezeichnet; [...] endlich alles/ was bey der *Composition* eines Gemähldes vorkömmt. Denn/ es sey nun/ daß man entweder einen guten Riß in Ansehung des Gemähldes/ dessen *idée* es ist/ oder in Betracht einiger Theile/ dessen *Studium* [étude] es ist/ betrachtet/ so verdienet solches doch jederzeit *curieuser* Gemüther Aufmercksamkeit.

Zwar sei die „Erkäntniß der Risse [connoissance des Desseins] nicht so hoch zu halten/ noch so weitläuffig [...]/ als der Gemählde“, doch sei sie „nichts destoweniger *delicat* und *piquant*, dieweiln ihre große Anzahl denen Liebhabern ihre *critique* auszuüben/ Gelegenheit giebet/ und weiln auch hiernechst die Arbeit/ welche sie dabey finden/ voller Geist [esprit] ist“ (79 f.) – ihnen kommt also auch gesellschaftliche Bedeutung für die kennerschaftlichen Diskurse zu; zudem können sie als Kompendium künstlerischer Stile betrachtet werden, da in ihnen die Eigenart der Künstler, sowohl ethisch als auch stilistisch, manifestiert ist:

> Die Risse bezeichnen den *caracter* eines Meisters genugsam/ und zeigen/ ob seine *Genie* lebhafft oder schwer/ seine Gedancken hoch oder gemein; und endlich ob er von guter Erfahrenheit sey/ und eine guten *gout* von allen Theilen habe/ welche sich auf dem Papiere *exprimie*ren können.

57 Im Original, 42 f.: „comme le Dessein est la base & le fondement de toutes les autres Parties, que c'est lui qui termine les Couleurs & qui débrouille les objets, son élegance & sa correction ne sont pas moins nécessaires dans la Peinture que la pureté du langage dans l'Eloquence.“

58 Dass für einen französischen Terminus in der deutschen Übersetzung ein latinisierter italienischer Ausdruck gesetzt wird, gibt ein deutliches Beispiel für den aktuellen Stand der Terminologie.

„Risse" haben geradezu brisant enthüllenden Charakter: Wenn der Maler „einen Riß machet/ so ergiebet er sich seiner *Genie*, und zeiget würklich/ was er verstehet." Risse sind somit nicht nur komplett transparent auf die „idée" des Künstlers, sondern auch auf dessen Wesen selbst.

Und nicht zuletzt dienen Risse dazu, an ihrer Wertschätzung die kennerschaftliche Spreu vom Weizen zu sondern, denn es gebe nur

> wenig Leute/ welche von wegen der Risse *curieus* seyn/ und wenn unter diesen *curieus*en noch ein und andere gefunden werden/ welche die Manieren kennen/ so seynd ihrer doch wenig/ so deren Entzweck sehen können. Die halben Kenner haben wenig *passion* wegen dieser *curio*sität/ dieweiln sie/ wegen allzuschwacher *penetration* in den Geist des Risses/ nicht alles Plaisir davon empfinden können / und hat ein solcher bey denen Kupfern/ welche mit Fleiß nach denen guten Gemälden gestochen worden/ vielmehr Empfindung [...]. (80 f.)[59]

An der Abgrenzung gegen die hier vergleichsweise ‚malerisch' gemeinten Kupferstiche wird nochmals deutlich, dass de Piles in diesem Zusammenhang mit „Rissen" wirklich umrissbetonte Darstellungen, Zeichnungen meint. Die Stilistik der Übersetzung hingegen lässt gerade hier erkennen, welch großen Schritt Winckelmanns (Beschreibungs-)Sprache für die deutsche (Kunst-)Literatur bedeuten wird. – De Piles aber bemüht sich, sich als wahrhafter Kenner zu erweisen, dessen „*penetration* in den Geist des Risses" gut ausgebildet ist:

> Die angelegten und wenig ausgeführten Risse haben viel Geist [touchés et peu finis ont plus d'Esprit]/ und gefallen weit besser/ als wenn sie mehr ausgearbeitet wären/ wann sie nur einen guten *car[a]cter* haben/ und die *idée* des Anschauenden auff einen guten Weg bringen: Die Ursache dessen ist/ weiln die Einbildung [imagination] dabey alle Theile vollkommen machet/ welche daran fehlen/ oder welche nicht *termini*ret seyn/ und ein jeder dieselben nach seinem *gout* ansiehet. (83/frz. 69 f.)

Mit diesem Hinweis darauf, wie sehr Umrisse die Einbildungskraft anregen, ist bereits grundgelegt, was Hemsterhuis als besonderes Wirkungspotential von Umrissdarstellungen benennen wird – woran sich wiederum vor allem die frühromantische Ästhetik orientiert (vgl. Kap. 20). Die phantasieanregende Wirkung beobachte man, so de Piles, besonders an den Rissen von Meistern, die mehr Genie als Wissenschaft hätten, während die Risse exzellenter Maler, auch wenn sie ausgeführt seien, die Einbildungskraft nicht weniger anregten (83/frz. 70); die „Risse" dienen somit auch hierin als Prüfstein.

---

59 Im Original alle Zitate 66 f.

Den Stellenwert des *„caracter[s]"* kann de Piles gar nicht genügend hervorheben, er bezeichnet ihn als

> eine Sache/ welche so zu reden das Saltz des Risses ist [le Sel des Desseins]/ und ohne welche ich dabey wenig oder nichts überall thun würde/ und kann ich es nicht besser/ als durch das Wort *caracter* [Caractere] ausdrücken. Dieser *caracter* bestehet als in der Manier/ nach welcher der Mahler die Sachen ausdrucket [pense [!] les choses]/ es ist gleichsam der Spiegel [sceau]/ welcher ihn von andern *distingui*ret/ und welche[n] er auff seine Wercke/ als ein lebendiges Bildniß seines Geistes drucket [imprime sur ses Ouvrages comme la vive image de son Esprit]. Dieser *caracter* ermuntert unsere Einbildungs=Krafft [imagination] [...]. (83/frz. 71)

De Piles sieht damit, unter verklausulierenden Formulierungen, Umrisszeichnungen als eine lesbare Künstler-‚Graphologie', die nach Art einer Signaturenlehre den Abdruck des individuellen künstlerischen „Geistes" trägt – worin sich die Wirkung jedoch nicht erschöpft, sondern von Geist auf Geist fortwirkt und so den Betrachter animiert. Mit dieser Kettenreaktion, die die Teilhabe am künstlerischen Genius ermöglicht, ist abermals eine Vorstufe zu Winckelmanns Konzept der sich den Umrissen des Werkes anschmiegenden *Empfindung des Schönen* gegeben (vgl. Kap. 10).

Neben diesen systematischen kunsttheoretischen Erörterungen findet sich in de Piles' Band auch der kunsthistorische Teil im *II. Buch/ Welches eine kurtze Beschreibung Von Dem Leben Der Griechischen Mahler/ Wie auch Vom Ursprung der Mahlerey ist.*[60] Dort geht er, auf die üblichen Quellen gestützt, auch auf Parrhasius und seine Vollendung „in den Rissen [le Dessein]" ein; diesen hätten alle Autoren dafür gelobt, „wie er sehr *correct* und zierlich habe reissen können [dessiné très-correctement & et trèsélégament]" (137–139/frz. 112–113). Auch zu Apelles referiert de Piles die plinianische Anekdote um die subtilste *linea* und kommentiert sie ausgiebig (142–153/frz. 116–128); Apelles habe es demnach

> zur Regul [gehabt]/ keinen Tag ohne Zeichnung [sans dessiner] vorbey gehen zulassen: Welches denn Anlaß zu dem Sprich=Wort geben: *Nulla dies sine linea*, oder/ es soll kein Tag/ ohne Zeichnung einer Linien [sans tirer quelque

60 Vgl. auch ebd., 128 f., zu de Piles' Einwand gegen die Ursprungslegende der Malerei im Schattenriss, den das junge Mädchen um die *„Extremi*täten oder äusserste[n] *lineamenten*" [im Französischen (105) heißt es nur: „les extrêmités"; die *lineamente* scheinen eine geläufigere deutsche Form gewesen zu sein] ihres Geliebten zog; de Piles beruft sich auf den angeborenen und wesentlich älteren Nachahmungstrieb des Menschen – denn schließlich gebe es Schatten, solange es Menschen gegeben habe.

> ligne]/ das ist/ ohne sich im Zeichnen zu üben [s'exercer au Dessein]/ vorbey gehen. (143/frz. 117)

Linea, hier im Kontext des humanistischen Verses (vgl. Kap. 2), wird also *pars pro toto* für „Zeichnen" aufgefasst. Die deutsche Übersetzung zu Apelles' Linien-Ziehen im Wettstreit mit Protogenes spricht davon, dass Apelles „einen Pinsel mit Farbe [nahm]/ und [...] etwas von großer Zärtlichkeit [d'une extrême délicatesse]" zeichnete:

> Als nun *Protogenes* nach Hause kam [...] [und] mit Aufmercksamkeit die Schönheit dieser Züge [traits] besahe/ sagte [er]/ daß dieses *Apelles*, welcher da gewesen wäre/ massen er nicht glaubete/ dass ein anderer *capabel* gewesen/ ein so schönes Stück zu verfertigen. Er nahm derowegen eine andere Farbe/ und machete über dieselben Züge [traits] einen viel besseren und zärterern Umriss [contour plus correct & plus délicat] [...] [Apelles schließlich] nahm [...] von einer dritten Farbe/ und zog zwischen die/ welche gemachet waren/ noch andere dermassen künstliche und wundernswürdige Züge [si savans & [...] si merveilleux]/ daß er dabey alle Zärtlichkeit [subtilité] der Kunst erwiese. (144 f./frz. 117 f.)

Zum Verständnis der *linea* bemerkt er abschließend, es sei „fast nicht glaublich", dass Plinius damit nur eine „schlechte[] sich in die Länge erstreckende[] abgesonderte[] Linie [une simple ligne partagée le long de son étendue]" gemeint habe, denn dies sei „der gesunden Vernunft zuwieder/ und kömmet allen den jenigen lächerlich vor/ welche nur ein wenig Verstand von der Mahlerey haben; indem sie darinne nicht das geringste Kenn=Zeichen einer Fähigkeit haben/ oder Verständniß finden."[61] Er kommentiert weiter:

> Dasjenige/ was zu dieser unrechten Erklährung Anlaß geben können/ ist nach meiner Meynung das Wort *linea*, welches nicht recht verstanden worden: Denn *linea* will an diesem Orte nichts anders als eine Zeichnung oder Umriß [Dessein, ou Contour] zu verstehen geben. Und bedienet sich dessen Plinius selbsten in diesem Verstande an einem andern Orte/ allwo er von dem Apelles saget/ daß er keinen Tag ohne Zeichnung vorbey lasse; *Nulla dies sine linea*; Denn dieses ist nicht von Zeichnung einer schlechten Linie [tirer de simples lignes] [...]/ womit *Apelles* beschäfftiget war/ sondern daß er sich eine Geschicklichkeit in einem *correcten* Risse [Dessein correct] zuwege bringen wolte/ zu verstehen. Eben auff solche Weise muss auch das Wort *Subtili*tät [*Subtilitas*] verstanden werden/ nicht damit man ihr eine *idée* von einer sehr zarten Linie [d'une ligne très-déliée]/ sondern von der *precision*, oder Zierlichkeit auch Zärtlichkeit [de la précision & de la finesse] des Risses geben. Allso bestehet die

61 De Piles, 145 (frz. 118). De Piles deutet Plinius' Hinweis, die Linien seien *visum effugientes* gewesen, damit, dass auf der Leinwand „nichts anders als einige Linien" gewesen seien, „welche man mit grosser Mühe unterscheiden könnte" (145).

Subtilität [subtilité] nicht schlechter Dinges in der Linien/ als in einer Linie/ sondern in der Verständniß der Kunst [dans l'intelligence de l'Art]/ welche man durch die Linien [par des lignes] zu erkennen giebet.

Ich sage derowegen daß das Wort *Tenuitas* oder Zärtlichkeit [frz. nur *Tenuitas*]/ welches an eben demselben Orte des *Plinii* zu finden/ einige Schwürigkeit machen kan/ nichts destoweniger aber kann selbige noch wohl beantwortet werden; Denn man kan durch dieses Wort sehr wohl die Sauberkeit und Zierlichkeit eines Umzuges [la finesse & la précision d'un contour] verstehen. Ja es ist gar zu behaupten/ daß es gantz wieder die gesunde Vernunfft sey/ wenn man hiedurch verstehen wolte/ daß der Sieg im Streit des *Apelles* und *Protogenes*, weiter in nichts als in Ziehung einer zärterern Linie [une ligne plus déliée] als die andere gewesen/ bestanden; Und daß/ soferne ja *Plinius*, welcher sich an diesem Orte übel *explicir*et/ solches von dieser letzteren Art verstanden haben möchte/ derselbe wenig Verstand von denen guten Künsten gehabt haben müsse. (146 f./frz. 118 f.)

Wenngleich de Piles das Kunstverständnis Plinius' wohl überschätzt, so ist doch seine Argumentation in ihrer Ausführlichkeit gerade insofern bemerkenswert, als er entgegen seinen eigenen Präferenzen die Anekdote nicht für den *coloris* vereinnahmt, sondern die *linea*, darin allerdings anderen zeitgenössischen *dessein*-Favorisierungen konform, als gegenständlichen Umriss deutet.[62] Die besondere Beachtung der „Zärtlichkeit" (in der deutschen Übersetzung) scheint ebenso zeitgenössischer Geschmackskultur zu verdanken zu sein, wenngleich de Piles die „Subtilität" wohl zu Recht im *konzeptuellen* Sinne (neben der „Sauberkeit" der Ausführung) verstanden wissen will: als Zeichen solch konzeptueller Subtilität ist die *linea* umso mehr Zeichen eines subtilen *dessein.*

6.7 Ende der konzeptuellen Vorgeschichte

Die bisherigen Kapitel haben einen Überblick über jene Konzepte gegeben, die als kunst- bzw. wahrnehmungstheoretische Vorraussetzungen gelten müssen, wenn nun der Blick auf die deutschsprachige Kunstliteratur gerichtet wird. Nicht alle dieser Konzepte wirken zu allen Zeiten und auf alle Autoren gleichermaßen, doch erscheinen sie alle immer wieder, oft in mehrfach tradierter und jeweils charakteristisch transformierter Gestalt, aber doch erkennbar auf die bis hierher vorgestellten Theoreme zurückweisend.

62 In der deutschen Übersetzung stellt der „Umzug[ ]" ein seltenes terminologisches Synonym zu Umriss, ‚Umreißung' oder ‚Umschreibung' dar, das aber treffend den materiellen Aspekt des *Pinsel*zuges vermittelt.

7. Übersetzung und beginnende Rezeption italienischer Kunsttheorie in Deutschland bei Walther Ryff (Rivius)

7.1 Die Kunstbüchlein: Der Auftakt

Während in der italienischen Kunstliteratur des 16. Jahrhunderts bereits auf hohem Niveau der *disegno* diskutiert wird, stellen den Auftakt zu einer Geschichte der deutschsprachigen Kunstliteratur die sogenannten *Kunstbüchlein* dar, die eher als Musterbücher zu bezeichnen sind – wie beispielsweise jenes, das als später Exponent noch 1592 in Wien erscheint mit dem Titel

> *Kunstbüchlin/ Darinn allerley Lineamenten von Gesichtern/ an Händen und Füssen/ deßgleichen viel alten Mann unnd Weibs Trachten/ auch schönen Kriegsristungen/ wol unnd künstlich abgerissen/ und zusamen begriffen.*
> *Newlichen allen Malern/ Bildschnitzlern/ unnd sonst dieser löblichen Kunst Liebhabern/ zu sonderm nutz unnd gefallen in Truck verfertigt.*
> *Getruckt zu Wienn in Osterreich/ per Nicolam Pierium. Anno M. D. LXXXXII.*[1]

Dieses Musterbuch ist reich versehen mit umrisshaften Abbildungen verschiedenster Damen- und Herrenköpfe; es zeigt diverse Stellungen von Händen und Füßen, präsentiert mannigfaltige Formen von Schwertern und anderen Waffen sowie üppige Helmvariationen, doch findet sich keinerlei Text, der das Dargestellte erläuterte.[2] Trotzdem lässt sich anhand

1 Es ließen sich etliche frühere ‚Kunstbüchlein' anführen; dieses Exemplar ist jedoch im Hinblick auf die Umrissterminologie aufschlussreich und belegt den Stand der ‚Kunstliteratur' im 16. Jahrhundert, so dass Rivius' Leistung deutlich wird.

2 Zur textlosen Gattung der Kunstbüchlein vgl. Julia Kleinbeck/Carolin Ott: *Einführungstext [IV. Orte des Künstlerwissens]*, in: Anna Schreurs (Hg.): *Unter Minervas Schutz. Bildung durch Kunst in Joachim von Sandrarts „Teutscher Academie"*. Kat. Wolfenbüttel 2012. Wiesbaden 2012, 225–229, bes. 225 f., sowie den Beitrag von Julia Kleinbeck: *Künstlerwissen in und aus dem Buch – Zu einigen deutschsprachigen Kunstbüchlein vor Sandrarts ‚Teutscher Academie'*, ebd., 123–133. Kleinbeck nennt als Beispiel das frühe Kunstbüchlein von Heinrich Vogtherr (*Ein fremds und wunderbars Kunstbüchlein allen Malern, Bildschnitzern, Goldschmiden, Steinmetzen, Schreinern, Waffen- und Messerschmiden hochnützlich zu gebrauchen. Der gleich vor nie keins gesehen oder inn Truck kommen ist.* Straßburg 1537). Auch hier werden

des Titels eines erkennen: Der Terminus „Lineamente[ ]" wird hier nicht (wie später üblich) auf architektonische Grund- und Aufrisse, sondern vielmehr auf die zeichnerische, auf Umrisse und Binnenlinien reduzierte Darstellung des menschlichen Körpers und verschiedenster anderer plastischer Gegenstände bezogen. Der ursprüngliche Zweck dieser simplifizierenden Darstellungsweise ist, wenngleich es sich ausdrücklich auch an die „Liebhaber[ ]" der Kunst wendet, die Nützlichkeit: *„zu sonderm nutz unnd gefallen"* den *„Malern/ Bildschnitzlern/ unnd sonst dieser löblichen Kunst Liebhabern"* sind diese Exempla durch den Druck vervielfältigt und in Umlauf gebracht worden und geben damit auch ein Beispiel für die Wechselwirkungen von Reproduktionstechniken, Druckmedium und Umrissdarstellung – die hier beginnende Erfolgsgeschichte wird so lange andauern, bis ‚malerischere' Reproduktionstechniken und vor allem die Photographie die linearen Umrissreproduktionen ablösen werden. Zwar wird hier der Wert der bildenden, *„dieser löblichen Kunst"* generell hervorgehoben, doch wird das Medium der Umrissdarstellung nicht als autonomes Kunstprinzip, sondern eben lediglich als nützliches Kommunikationsmittel angesehen; eine ästhetische Wertschätzung von Umrissdarstellungen, die aus bewusstem Stilwillen abstrahieren und mit autonomem Werkcharakter konzipiert werden, liegt hier fern.

Zeitgleich mit simplen Kunstbüchlein wie diesem beginnt jedoch bereits im Nürnberg des 16. Jahrhunderts mit den Übersetzungen des Universalgelehrten Walther Ryff die eigentliche Geschichte deutschsprachiger Kunstliteratur.

7.2 Kunsttheorie in Deutschland: Walther Ryff (Rivius)

Die deutschsprachige Kunstliteratur des 16. und 17. Jahrhunderts entwickelt sich aus den Übersetzungen primär italienischer Kunsttraktate. Entscheidende Bedeutung kommt dabei neben den *Vite* Vasaris vor allem Albertis Schriften *De Pictura* und *De Statua* zu. Während nach Albertis Tod 1472 sein Architekturtraktat *Libri Decem De Re Aedificatoria* immerhin bereits 1485 erschien, wurden die Traktate zur Malerei und Skulptur

„Darstellungen in bloßen Umrisszeichnungen wiedergegeben", es fehlt „[j]eglicher erklärender, einordnender oder gar didaktischer (Anleitungs-)Text" (ebd., 125). Kleinbeck weist jedoch auf die „bewusste Kompilation" der Motive und die subtile Komposition der einzelnen Tafeln hin (ebd.).

hingegen erst „um die Mitte des 16. Jahrhunderts“[3] gedruckt. Etwa hundert Jahre lang beruhten demnach die „Überlieferung und Verbreitung der beiden ersten kunsttheoretischen Schriften der Renaissance, *De Pictura* und *De Statua*, [...] allein auf Abschriften“.[4] Zeugnis dafür, dass trotzdem „beide Abhandlungen auch außerhalb Italiens die kunsttheoretische Diskussion“ bereits zu diesem Zeitpunkt beeinflusst oder gar „bestimmt“[5] haben mögen, ist die Schrift *Der furnembsten/ notwendigsten/ der gantzen Architectur angehörigen Mathematischen vnd Mechanischen künst/ eygentlicher bericht/ vnd vast klare/ verstendliche vnterrichtung/ zu rechtem verstandt der lehr Vitruuij/ in drey furneme Bücher abgetheilet [...]*, die in Nürnberg 1547 bei Johann Petreius erschien. Walther Hermann Ryff bzw. Gualtherus Hermenius Rivius, „humanistisch gebildete[r] Mediziner und Mathematiker“, veröffentlichte hier erstmals in deutscher Sprache Albertis Traktate *De Pictura* und *De Statua*,[6] wobei er sie jedoch in sein eigenes Textcorpus integrierte, ohne auf den ursprünglichen Verfasser bzw. seine Übersetzung einer fremden Schrift hinzuweisen. Im darauffolgenden Jahr publizierte Rivius bei Petreius eine weitere Schrift zur Kunst, *Vitruuius Teutsch. Nemblichen des aller namhafftigisten vnd hocherfarnesten, Römischen Architecti, vnd Kunstreichen Werck oder Bawmeisters, Marci Vitruuij Pollionis, Zehen Bücher von der Architectur vnd kunstlichem Bawen*, die „erste deutsche Übersetzung des vitruvianischen Werkes mit Kommentierung und Illustration“.[7]

Angesichts der Tatsache, dass Albertis Schrift *De Statua* erst 1568 „erstmals vollständig und unter dem Namen ihres Verfassers“, aber ins

3 *De re aedificatoria* erschien 1485 mit einem von Angelo Poliziano verfassten Vorwort an Lorenzo de' Medici. – Kristine Patz und Ulrike Müller Hofstede: *„Alberti Teutsch“. Zur Rezeption rhetorischer Kunstlehre in Deutschland*, in: Hartmut Laufhütte (Hg.): *Künste und Natur in Diskursen der Frühen Neuzeit.* Wiesbaden 2000, II, 809–822, 810.

4 Patz/Müller Hofstede, 811; vgl. zu den erhaltenen Manuskripten und zur Überlieferung der kleineren Abhandlungen Albertis, *De Pictura* und *De Statua*, ebd., 809.

5 Patz/Müller Hofstede, 811.

6 Zu den Wegen, auf denen Albertis noch nicht publizierte Traktate nach Nürnberg gelangten, vgl. ebd., 812. Während Patz und Müller Hofstede für *De Pictura* eine hypothetische Überlieferungsgeschichte entwerfen können, bezeichnen sie die Frage danach, „auf welchen Wegen Dürer und Rivius ihre Kenntnis von Albertis *De Statua* bezogen“ haben „und welche Manuskripte zu ihrer Verfügung standen“, als „noch völlig ungeklärt“ (ebd., 813).

7 Patz/Müller Hofstede, 811.

Italienische übersetzt unter dem Titel *Della Statua* erschien,[8] kommt der deutschen Übersetzung der beiden Schriften Albertis schon im Jahre 1547 durch Rivius „besondere[r] Stellenwert“ zu.[9] Dabei ergänzt Rivius seine ‚Ausgabe‘ von Albertis Schriften durch „Exzerpte aus der jüngeren italienischen Kunstliteratur“, u. a. aus Pomponius Gauricus’ Schrift *De Sculptura*, die 1504 in Florenz, 1542 aber auch bei Rivius’ Verleger Petreius in Nürnberg gedruckt worden war. Dadurch „kommentiert und aktualisiert“ er Albertis *De Pictura*, während er *De Statua* durch die Ergänzungen aus Gauricus’ *De Sculptura* „zu einem vollständigen Traktat erweitert“.[10] Rivius strebte offensichtlich nach „eine[r] gleichermaßen aktuelle[n] wie universale[n] Kunstlehre für jede der Kunstgattungen“; das Verschweigen seiner Quellen brachte ihm allerdings sowohl unter Zeitgenossen als auch bei Späteren „den Ruf eines der größten Plagiatoren“ ein.[11]

Wie groß auch immer der Anteil fremden Gedankenguts in Rivius’ Schriften sein mag: Sein Verdienst, diese Gedanken in deutscher Sprache formuliert zu haben, wird dadurch nicht geschmälert, und gerade angesichts des kompilativen Charakters wird es im Folgenden weniger um eine Quellenanalyse gehen, als vielmehr um den Gesamteindruck, den ein zeitgenössischer Leser, dem diese Quellen nicht bekannt waren, von den darin formulierten und neu ‚arrangierten‘ Umriss-Konzepten und ihren ‚teutschen‘ Formulierungen bekam.

Gerade der Terminologie des Zeichnerischen kommt für die sprachlichen Ausdruckspotentiale der erst zu schaffenden ‚teutschen‘ Kunsttheorie besondere Bedeutung zu, da sie in der italienischen Kunsttheorie als Grundelement der Malerei bzw. Grundprinzip aller Künste des *disegno* eminent wichtig waren (und zu Rivius’ Zeit noch sind; vgl. Kap. 4). Rivius verfügt über ein relativ breites Spektrum an begrifflichen Nuancen für zeichnerische Komponenten, die teils synonym gebraucht werden.

---

8 Patz/Müller Hofstede, 813.

9 „Das Sammelwerk fällt nicht nur zeitlich zusammen mit der ersten Drucklegung der italienischen Übersetzung von *De Pictura* durch Ludovico Domenichi, sondern sie enthält in deutscher Translation auch die erste Publikation von Albertis *De Statua* überhaupt, bevor das [!] Traktat, von Cosimo Bartoli ins Italienische übersetzt, 1568 […] veröffentlicht wurde.“ (Patz/Müller Hofstede, 814.)

10 Patz/Müller Hofstede, 814. Vgl. ebd., 815, Anm. 23, zu den von Rivius bei Serlio entlehnten Stellen.

11 Patz/Müller Hofstede, 814.

7.2.1 Die Umriss-Terminologie in der Alberti-,Übersetzung'

Auf dem Titelblatt benennt Rivius den Inhalt der drei enthaltenen Bücher zur „Bauwkunst der Architectur", zunächst

> Der Newen Perspectiua das I. Buch: Vom rechten gewissen Geometrischen grund/ alle Regulierte vnd Vnregulierte Cörperliche ding/ deßgleichen ein yeden Baw/ vnd desselbigen angehörige glider/ vnd was vns im gesicht furkomen mag/ künstlichen [...]/ auff zureissen/ in grund zu legen/ vnd nach Perspektiuischer art auff zu ziehen/ mit weiterem bericht des grundts der abkurtzung/ oder vermerung aller ding nach verendrung der distantz/ mit erklerung der furnembsten Puncten/ Künstlichs vnnd Perspectiuischen Reissens vnd Malens/ verstandt der Farben/ Mit getrewer vnterweisung der gantzen Sculptur oder Künstlicher Bildung/ ein yedes ding aus gewissem grund in rechter Proportion vnd Simmetria/ artlichen vn[d] gerecht zu Formieren vnd Bilden [...] Mit sonderlicher abtheilung/ der rechten proportion vnnd Simmetria Menschlichs Cörpers/ vnd was weiter zu der Kunst der Perspectiua erfordert werden mag/ alles mit schönen Figuren fur augen gestellet.[12]

Das ,Aufreißen' steht vor allem im Zeichen der „Newen Perspektiua", ist also als zentralperspektivisch-geometrisch konstruierte Projektion aller Dinge in die Fläche konzipiert und beinhaltet sowohl die architektonischen Grundrisse als auch Proportionslehre und perspektivische Verkürzung entfernterer Körper und Gegenstände; die ,Aufrisse' zielen auf plastische, räumliche Wirkung. An der Begrifflichkeit für den Vorgang des Zeichnens fällt jedoch auf, dass sich hier keine Anlehnung an die italienische Terminologie findet, sondern schlicht von „Auf[]reissen/ in Grundt zu legen/ vnd nach Perspektivischer arth Auff[]ziehen" die Rede ist, vom „Künstlich [en] vnd Perspectivischen Reissen[] vnd Mahlen[]".

Im Dienste der „Newen Perspectiva" werden sogleich zu Beginn des ersten Buches ihre Darstellungsmittel Punkt, Linie, Fläche und dergleichen definiert:

---

12 Das zweite und das dritte Buch widmen sich laut Titel unter anderem der *„Geometrischen Büxenmeisterey/ und Geometrischen Messung"*, dies werde, so die Ankündigung, *„alles mit schönen Figuren für Augen gestellet"* und „Allen Künstlichen Handtwerkern/ Werckmeistern/ Steinmetzen/ Bawmeistern/ Zeug oder Büxenmeisteren/ Maleren/ Bildhaweren/ Goltschmiden/ Schreineren/ vnd was sich des Zirckels vnd Richtsscheidts künstlichen gebraucht/ zu sonderlichem nutz vnd vilfeltigem vortheil in Truck verordnet/ Durch// Gualtherum H. Rivium Medi. & Math." Nürnberg 1547. Wie bereits im Falle des oben erwähnten Kunstbüchleins wird der Nützlichkeitsaspekt des Werkes als Muster- und Lehrbuch für Handwerker und Künstler betont.

> Nach Mathematischer abteilung ist ein punckt/ oder püncklein/ das aller kleinest/ reinest vnnd subtilest stüpfflein/ oder gemerck/ so man im sinn verstehn oder mercken mag/ vnd weiter nit zerteylet werden kann [...].

Ausgehend davon heißt es zur Linie:

> Ein Lyni/ ist ein strich oder riß/ von einem punckt zum andern/ nach der lenge / on alle breite gezogen oder imaginiert (das ist im sinn fürgenome[n])[13] als ob ein püncktlein nach ordnung/ auß dem andern flusse/ dann alle Geometrische figuren iren vrsprung haben/ von dem obgesetzten puncktlein [...]. (I)

Rivius lässt daraufhin die Abbildung einer Linie *„AB"* folgen, unter der sich eine fein punktierte Linie befindet. Mehrere Aspekte dieser fundamentalen geometrischen Definitionen sind bemerkenswert für den Kontext dieser Studie: 1.) Rivius ist sich durchaus des auch *konzeptionellen* Charakters der „Risse" bewusst: Er spricht neben der äußeren Zeichnung immer auch von einer inneren – wenn auch nur im geometrisch-abstrakten Bereich, so ist doch ein doppeltes ‚disegno'-Konzept bereits hier angelegt. 2.) „Risse" (oder „Strich[e]" oder Linien, aus denen Umrisse sich zusammensetzen) gelten Rivius als unendliche Ausfließung aus einem imaginären Ursprungspunkt; Linien besitzen für ihn, so scheint es, fluktuierenden Charakter, eine innere Bewegung oder ‚Linearität'. Zudem zeigt der Terminus „Riss" in diesem frühen Stadium und wie Rivius ihn in den Kontext integriert, dass der Darstellungsmodus in der deutschsprachigen Terminologie tatsächlich ursprünglich von der Vorstellung einer unendlich feinen, eigentlich immateriellen Linie als bloßer Bezeichnung der Differenz, der Trennung ausgeht: wie bei einem *Riss*, der ein Blatt durchtrennt. Schließlich wendet Rivius 3.) bereits ein Verfahren an, mit dem die *Teutsche Academie* die deutschsprachige Kunstterminologie prägen wird, er übersetzt nämlich durch Alternativformulierungen: *„imaginiert (das ist im sinn fürgenome[n])"* (vgl. Kap. 8).

Die relevanten Passagen finden sich in den bei Alberti entlehnten Passagen im fünften Teil bzw. im sogenannten *drit[ten] Buch der newen Perspectiva: Vom rechten grund vnd fürnembsten puncten/ recht künstlichs Malens [...].* Dort heißt es zu Bedeutung und Ursprung der Malerei:

> Dann nach der Regel und kunst des Malers/ werden alle werck der Steinmetzen/ Sculptoren oder Bildnern/ vnnd was dergleichen künstlicher arbeit/ ist/ gerichtet also das kein kunst oder handtwerck so gering oder verachtet ist/ welche nit die kunst des Malens annemen oder zulassen müg/ Also das wir wol sprechen mögen/ das alle schonheit vnd zier aller ding auff Erden/ von der

13 Rivius' vielfältig eingesetzte Mußestriche sind aufgelöst und werden durch Ergänzungen in [...] wiedergegeben.

kunst des Malens genomen sey. Darum[b] auch die alten diese kunst in solchen hohen ehren und wirden gehalten haben/ das sie vor allen andern Handtwercke[n]/ allein die Malerkunst außgenomen/ vnd nit Fabrilem sonder Picturam genant/ vnd fur ein freye kunst vnd kein Handtwerck geachtet haben/ Darumb etliche nach Poetischem gedicht nit vnfüglich furgeben/ wie solche kunst erstlichen vom *Narcisso* auffkommen/ welcher in ein blum verwandlet worden. Dan[n] dieweil die kunst des künstlichen Malens aller kunst die blum ist/ mag die gantze fabel oder gedicht vom *Narcisso*/ nit vnfüglich auff die selbig gezogen oder gedeutet/ vnd also außgelegt werden/ dan[n] was mag sich besser reimen auff die schöne gestalt/ welche dieser Jüngling in de[m] klaren Brunne[n] schawet als in einem spiegel/ wan[n] das recht künstlich wol erhaben gemele der Contrafactur? *Quintilianus* vermeint/ das die kunst des Malens in der erste den vrsprung vnd anfang gehabt hab/ von dem schatten/ welchen die Son[n] wirffet/ nach welchem die alten die erste auffreissung/ oder bezeichnu[n]g der haupt strich genomen haben sollen/ dann hernach die innern linien zu vnderscheidung der glyder/ bezeichnet nach dem augenmaß/ vnnd das also von tag zu tag/ durch newe erfindung/ dise kunst ye mehr gebessert worden sey. ([III] I v)

Mit der Übersetzung dieser um Albertis Ovid-Allegorese zentrierten Passage wird damit auch der grundlegende Anspruch der italienischen Kunsttheorie nach Deutschland übertragen, die Malerei als „freye kunst" und Grundlage der anderen bildenden Künste zu nobilitieren. Angesichts der Bedeutung und der Potentiale, die dem ‚Aufreißen' in der zu Rivius' Zeit florierenden „Newen Perspektiva" zukommt, gewinnt auch die Berufung auf Quintilians *innovatio*-Argument neue Relevanz: Die „erste aufreissung/ oder bezeichnung der haupt strich" (also der eigentlichen „Umrisse") sowie der „innern Linien" zur „underscheidung der glyder", die nicht mehr „nach dem augenmaß" erfolgt, sondern mit wissenschaftlicher Präzision, erscheint als Medium (technischen wie künstlerischen) Fortschritts überhaupt.

Nach Erwähnung der üblichen potentiellen Erfinder der Malerei bei Ägyptern und Griechen bricht Rivius jedoch ab mit der Begründung, sein Vorhaben sei es vielmehr, „ein gewisse eygentliche vnderrichtung" zu geben „recht künstlichs Malens/ als vil vns hiervon zu wissen ist/ Dieweil solchs von keinem bißher/ vnter den alten Scribenten ye furgenommen vnd noch vil weniger in Teutscher sprach/ ye von yemandts vnderstanden worde[n]" (II r): Rivius ist sich der sprachgeschichtlichen Bedeutung seiner Schrift bewusst und verweist stolz darauf.

7.2.2 Zur „umbreissung" bei Rivius: „ein Circumscription oder ein erste entwerffung"

Kurz darauf folgt die Übertragung derjenigen Passagen, die sich eingehender dem Umriss widmen. Zunächst solle man „die kunst des Malens/ in drey sonderliche theil abtheilen", wie wir es „von der natur/ selber erlernen vnd abnemen mögen." (III r) Die erste Stufe dieser „abtheilung", die sich an den natürlichen Sehvorgang anlehnt, lautet bei Rivius wie folgt:

> [S]o wir durch das Malen/ ein sichtbarlich ding representiern oder furstellen wölle[n]/ müssen wir erstlich warneme[n]/ wie dasselbig in das gesicht furfalle/ Was vns aber im gesicht furstellet/ das sehen wir solcher gestalt/ das wir merken das dasselbig ein spacium begreifft/ dasselbig spacium muss nun fur das erst der Maler umbzeichnen/ vn[d] in seine haubtstrich fassen/ welche umbreissung/ wir nit vnfüglich ein Circumscription oder ein erste entwerffung nennen mögen. So wir nun solches ding [...] in der nahe beschawen/ erkennen wir [...]/ wie mancherley superficies sich gegen einander des gesehenen Corpus vereinigen/ vnd gegen einander schicken.

Die erste Wahrnehmungsstufe des Sehvorgangs besteht, wie zu Alberti dargelegt (Kap. 4), darin, dass alles, was sich dem Gesichtssinn darbiete, als etwas Raumeinnehmendes wahrgenommen werde; die Grenze von diesem „spacium" muss der Maler auf der ersten Stufe der künstlerischen Produktion „umbzeichnen". Neben dem bereits oben angeführten Begriff der „haubtstrich" erscheint hier also zunächst das Verb „umbzeichnen", gefolgt von der synonymen „umbreissung", die als Übersetzung der latinisierend-italianisierenden Mischform des Terminus „Circumscription" angeboten wird. Indem diese Art der Zeichnung, die eine Fläche umgrenzt, als „erste entwerffung" bezeichnet wird, klingt darin jedoch – so mechanisch auch der natürliche Sehprozess und die zeichnerische Fixierung ablaufen – der konzeptuelle Charakter (gegenüber dem rein mechanischen „aufreissen") mit.

Nach der „Circumscription" bildet mithin die Anordnung des Darzustellenden, die „*Compositio*", bei welcher die „vereinigung der superficies/ innerhalb den haubtstrichen/ artlich verzeichnet wirt" (III r), die *zweite*, die Farbgebung samt Schattierung und Höhung – die „Reception des liechts" – die *dritte* Produktionsstufe. Die „Circumscription" wird folgendermaßen definiert:

> Durch solche Circumscription/ verstand die eynigen umbher gezogen linien/ so wir die eussersten haubtstrich nennen/ vnd schribt man das Parrhasius/ bey den alten dieser auffreissung vast geübt/ vnnd wol verstendig gewesen sey/ dann er seiner handt die linien zureissen/ vast fertig vnd wol geübt/ vnd

> derselbigen eygenschafft vnnd gerechtigkeit/ groß verstendig gewesen ist/ dan [n] nit wenig daran gelegen/ das solche erste auffreissung/ mit sehr reinen subtilen linien beschehe/ wie sich dann die reinen/ vnd aller subtilisten linien zu reissen/ der künstreich Apelles hoch beflissen hat/ vnd hierin den Prothagoram [!] weit vbertroffen. (III v)

Die Definition bestimmt „die eussersten Haubtstrich" genauer, indem sie die Geschlossenheit – und vielleicht sogar bereits eine gewisse Einheit[14] – der „eynigen umbher gezogenen linien" als Charakteristikum nennt. Dabei steht nicht Albertis Text, sondern Plinius selbst wohl Pate für die Formulierung der „eussersten Haubtstrich", denn dort wird bekanntlich Parrhasius die Vollendung *in lineis extremis* zuerkannt.[15] Dass eine solche Umrisszeichnung mit dem Terminus „aufreissung" synonym ist, erschließt sich aus dem Kontext dieser Stelle bei Rivius. Dieser orientiert sich nun wieder an Albertis Fomulierung, dass Parrhasius die Linien „subtilissime" ausgestaltet habe, wenn er übersetzt, es sei „nit wenig daran gelegen/ das solche erste auffreissung/ mit sehr reinen subtilen linien beschehe".[16] Dabei unterschlägt er beinahe das höchstens in dem „rein" geborgene „admodum visum fugientibus" in Anlehnung an Plinius, was jedoch programmatisch ist, wie gleich deutlich wird, denn diese Forderung wird nochmals aufgenommen im Rekurs auf die zweite, obligatorische Umriss-Stelle bei Plinius, die wie bei Alberti als bekannt vorausgesetzt wird: „wie sich dann die reinen/ vnd aller subtilisten linien zu reissen/ der künstreich Apelles hoch beflissen hat/ vnd hierin den Prothagoram [!] weit vbertroffen." Als Begründung, warum es sich bei jener *linea* um eine „reine" und „aller subtiliste[ ] linie" gehandelt haben müsse, führt Rivius, Alberti gemäß, an:

> Dann dieweil solche haubtstrich nichts anders sind/ dann anzeigung der eussersten fassung/ des dings so man Malen wil/ wil es sich nit zymen das solche grob seyen/ dann es würde mehr einem spalt dann einer reinen linien gleich/ vnnd darfur angesehen werden. Es sol aber weiter mit solchen eussersten linien/ nichts angezeigt werden/ weiter/ dann die fassung solchs dings/ so man zum gemehl darin begreifft. Vnd ist solche Circumscription in sonderheit von nöten/ dann on die selbigen mag/ kein außeinander bringung noch erhöhung/ oder Reception des liechts wolstehn oder gelobt werden/ dann

14 Dieses Verständnis von „einigen" entspricht am ehesten dem „Verlauf der Säume", als den Alberti die *circumscriptio* definiert („Circumscriptio quidem ea est quae lineis ambitum fimbriarum in pictura conscribit"), da ja auch die ‚Säume' in sich geschlossen sind und dadurch etwas lückenlos begrenzen.

15 Während bei Alberti lediglich die Rede davon ist, dass Parrhasius „lineas subtilissime examinasse".

16 Wobei es allerdings an dieser Stelle bei Alberti heißt, die Darstellung solle mit „lineis quam tenuissimis" geschehen.

> solche blosse auffreissung/ oder Circumscription der haubtstrich/ vil mals fur sich selber löblich ist/ darumb man sich vor allen dingen/ in solchem reissen wol vnd fleissig üben sol. (III v)

Nicht um die Sichtbarkeit der Linien an sich darf es gehen (*deshalb* sollen sie „rein" sein, also möglichst *visum effugientes*), denn eine solche Sichtbarkeit erschiene als illusionsstörender „spalt" inmitten der Darstellung, wie gemalte Firnisrisse in einem Trompe-l'œil-Gemälde. In Anbetracht der obigen Definitionen von Rivius, die mit der Immaterialität des „Risses" als bloßer Linie der Differenz operieren, die „ohne alle Breite" sei, ergibt sich so jedoch eine gewisse Spannung zwischen den lateinischen *rimulae*, vor denen Alberti warnt, und den „Rissen", die den gebräuchlichsten deutschen Terminus zu Rivius' Zeit darstellen. Mit dem etwas vergröbernden „spalt" zieht er sich jedoch einigermaßen elegant aus der Affäre – und liefert mit „fassung" zuletzt eine überzeugende Übersetzung für den *ambitum fimbriarum.*

Was nun folgt, geht augenscheinlich über den auch im Titel von Rivius (wie in den Kunstbüchlein) noch hervorgehobenen Nützlichkeitsaspekt der Zeichnungskunst hinaus, denn ferner, so Rivius mit Alberti, solle man sich „in solchem reissen wol vnd fleissig vben", denn „solche blosse auffreissung/ oder Circumscription der haubtstrich" sei „vil mals fur sich selber löblich". Die „aufreissung", die sich abermals als Synonym für Umrisszeichnung erschließt, hat damit autonomen Kunstwert gewonnen; ein kleiner Widerspruch zu Rivius' Titel mag jedoch jenseits der publikationsstrategischen Absichten darin begründet sein, dass hier die primär mathematisch-technischen Interessen des Übersetzers und die Gedanken des malenden Verfassers eines Kunsttraktates aufeinandertrafen.

7.2.3 Die „Lineamenta" der Skulptur

Rivius behandelt auch, dieses Mal dem Skulpturtraktat von Pomponius Gauricus (1504) folgend, die Bedeutung der Umrisszeichnungen, die hier als „Lineamenta" bezeichnet werden, für die Skulptur. So heißt es im Teil über die „Vnterrichtung der Sculptur":

> Vnd nennen wir aber dises orts die Lineamenta ein rechte gerade bezeichnung/ vnd fassung oder in schliessung/ solcher gestalt gezogen/ das dardurch die form vnd gestalt/ eygentlichen representirt/ oder fur augen gestelt werde/ desselbigen dings/ so wir bezeichnen wöllen. Vnd beschicht aber solche furstellung vn[d] augenscheinliche auffreissung/ durch zweyerley linien/ so wir die haubtstrich nennen mögen/ als die eussern/ so das Corpus allenthalben umbher

> beschliessen/ vnd die jnneren/ so die glider bezeichnen/ vnnd von einander vnterscheiden/ aber sonderliche Reglen zu setzen/ gemelte eusserste Linien/ nach mancherley stellung vnd thun/ gerecht zu reissen/ erfordert ein eygen Büch [...]. (XXVI v)[17]

Zunächst springt die Übersetzung zwischen mehreren Alternativen umher: *Lineamenta* meinen eine „rechte gerade bezeichnung/ vnd fassung oder einschliessung", wie also bereits die *Circumscriptio* in der Malerei die „*umbreissung*" des „*spaciums*" bezeichnete, das vom Darzustellenden eingenommen wurde. Ebenso müssen nun auch die „*Lineamenta*" auf solche Weise „gezogen" werden, „das dardurch die form vnd gestalt/ eygentlichen representirt/ oder für augen gestelt werde". Wiederum fällt die Alternativformulierung für den Terminus „representirt" ins Auge. Diese ‚furstellung' (oder Darstellung, wobei der Begriff hier auch in das ideell-konzeptuelle Bedeutungsfeld der späteren Vorstellung zu verweisen scheint) und „augenscheinliche Auffreissung" geschehen „durch zweyerley linien": die bereits aus der Malerei bekannten, die Körpergrenzen umreißenden „haubtstrich", und jene ebenfalls bereits bekannten „jnnern" zur Unterscheidung der Gliedmaßen. Gerade der Zusatz, dass „form vnd gestalt" mittels der *Lineamenta* „eygentlichen representirt" werden müssen, zeigt, welch große Bedeutung dem Medium zuerkannt wird. Der Text fährt sodann fort mit der Bemerkung, „das alle Lineament aus der eygentlichen Simmetria aller glider/ deßgleichen auß der Optice/ so wir Perspectiuam nennen/ vnd auß der Phisiognomi genomen wirt." (XXVI v) Hierauf folgen konkrete Anweisungen, „wie solche Lineament vnd haubtstrich/ gerecht a[u]ffgerissen werden sollen", beispielsweise das Prinzip, dass Gliedmaßen mit dem „dritten theil der abgemessnen Circumferentz/ auff der flache ebnen erstreckt/ vnnd also mit umgezognen haubtstrichen bezeichnet werden" sollen. (XXVI v) Für den dieser Regel kundigen Betrachter trifft nun tatsächlich zu, was Plinius knapp zur Leistung der perfekten Umrisslinie notiert hatte: Sie müsse auch das vermuten lassen, was nicht dargestellt sei. Der in der „Newen Perspectiva" geschulte Be-

17 Vgl. die 1542 bei Rivius' Verleger Petreius erschienene Ausgabe von Gauricus, wo es heißt: „dicendum nunc de lineamentis. Lineamenta autem sunt rectæ congruarum linearum ductiones, ad uniuscuiusque speciem demonstrandam. Linearum uero aliæ extremæ, quæ et ambientes dicuntur, quom extrema complectimur : Aliæ uero intermediæ, quom res medias significari, membrorumque iuncturas distingui uolumus. Ambientium autem ducendarum ratio, ex actionum uarietate multiplex, ac pene infinita." (*Pomponii Gaurici Neapolitani De Sculptura.* Nürnberg 1542, 19 r.)

trachter weiß um das Verhältnis der umrissenen Fläche zum realen Körpervolumen und ergänzt im Geiste die Körperlichkeit.

Obwohl es sich bei Malerei und Skulptur in den Zeichnungen bzw. Vorzeichnungen um die gleichen Kunstmittel – äußere und Binnenkonturen – handelt, wird also sowohl bei Alberti als auch bei Rivius terminologisch unterschieden: Während die *Circumscriptio* von vornherein als Bildelement und im fertigen Werk enthalten bleibende Produktionsstufe definiert wird, die unmittelbare Signatur des Wahrnehmungsprozesses ist, der zur Selektion des Darzustellenden führte, tragen die *Lineamenta* konzeptuelle Züge, da in ihnen die plastisch zu realisierende „form vnd gestalt" erst in Potenz enthalten ist; dennoch müssen sie diese Potentialität als aktualisierbar ‚fur Augen stellen'.

7.2.4 Zur Programmatik von Rivius' Vitruv-Übersetzung

Ein Jahr nach seiner gewissermaßen propädeutischen Schrift, der die Traktate Albertis und Gauricus' integriert waren, erscheint 1548 Rivius' *Vitruvius Teutsch*, seine umfassend kommentierte Übersetzung der *Zehn Bücher über die Architektur* von Vitruv[18], das für „ein[en] yede[n] Kunstbegirige[n] leser" sowie all jene, „welche sich des Zirckels vn[d] Richtscheids künstlichen gebrauchen/ zu sonderlichem nutz vnnd vilfeltigem vortheil Erstmals verteutscht/ vnd in Truck verordnet" wurde, wie der Untertitel verrät. Ein Zusatz hebt das besondere Verdienst nochmals hervor: „Vormals in Teutsche sprach zu transferiren/ noch von niemand sonst vnderstanden/ sonder für vnmüglichen geachtet worden."

Wie Rivius in seiner Vorrede vermerkt, sei Vitruv bis zum gegenwärtigen Zeitpunkt zwar schon

> in mancherley sprachen tranßferiert worden/ furnemlichen in Italianischer/ auch hernach in Hispanischer/ vnd yetzund in Frantzösischer sprachen/ welche aber doch […] dem Teutschen kunstbegirigen Leser den mehrer theil frembd/ also das allein durch mangel der tranßlation/ oder verteutschung/ dise herliche Bücher vnd kostbarlicher Schatz/ den Teutschen Künstneren [!] noch bißher vnbekant/ verborgen vnd vnuerständig bliben. (III r/v)

18 *Vitruvius Teutsch. Nemlichen des aller namhafftigisten vnd hocherfarnesten/ Römischen Architecti/ vnd Kunstreichen Werck oder Bawmeisters/ Marci Vitruuij Pollionis/ Zehen Bücher von der Architectur vnd künstlichem Bawen. Ein Schlüssel vnd eynleitung aller Mathematische[n] vn[nd] Mechanischen künst […].// […]* Erstmals verteutscht/ vnd in Truck verordnet// Durch D. Gualtherum H. Riuium Medi. & Math. Nürnberg 1548.

Dabei sei doch gerade der Zeitpunkt so günstig für die Aufnahme dieses Wissens – und Rivius' folgende Sätze pulsieren vom erfinderischen Geist einer Epoche, deren künstlerische Fähigkeiten sich rapide entwickelten (und ebenso atmen sie einen gewaltigen Nationalpatriotismus, in dessen Dienste bereits hier die Übersetzung auch der Terminologie gestellt wird):

> Dieweil aber auch diser zeit/ in welcher alle künst/ und scharpffsinnige erfindung/ von tag zu tag/ ye höher gebracht werden/ von souil herlichen/ trefflichen Ingenien/ Teutscher Nation/ dadurch die selbig allen andren außlendischen Nationen/ nit allein Conferirt/ sonder auch die selbige[n]/ in hohem verstandt/ weit übertreffen mag/ solcher nutzlichen/ vnd gemeinem nutz vnd wolfart notwendiger arbeit vnd mühe/ noch keiner als eins unmüglichen fürnemens hat vnternemen wöllen (souil mir dann zuwissen) [...]. ([IV] r)

Wenn Rivius nun in der Vorrede die Schriften Vitruvs preist als „de[n] rechte[n] warhafftige[n] grund/ vn[d] aller gewissest fundament/ aller/ der Architectur angehörigen Künsten" [III], so ist zwischen den Zeilen mitzulesen, dass diese seine Übersetzung nichts anderes ist als die Grundrisszeichnung, die *Lineamenta*, für dieses Fundament einer neuen „Teutschen" Baukunst – und das Fundament einer erst im Entstehen begriffenen „Teutschen" Kunstliteratur, wie seinen folgenden Kommentaren zu entnehmen ist.

Im eigentlichen Vitruv-Text ist im hier relevanten Kontext nur auf wenige Stellen hinzuweisen, so auf Vitruvs einführendes Kapitel zur Frage, „Was die Architectur sey": Einem angehenden Architekten sei das

> Reissen und Mahlen [...] in sonderheit von nöten/ yedes Werck/ so er jm furnimbt/ desto augenscheinlicher in grundt vnnd zu besserem verstandt entwerffen vnnd furreissen. Die Geometri lernet jn die Messung/ gibt jm auch grundt vnd bericht der gerechtigkeit Zirckels vnd Richtscheidts/ das jm nit wenig vortheil bringt in der außtheilung/ niderlegung vnd auffziehung der werck in grundt [...]. (III r)

Zeichnen und Malen dienen dem Architekten zur „augenscheinlicher[en]" Darstellung des geplanten Bauwerks, indem er es als Grundriss („in grundt") „entwerffe[ ] und furreisse[ ]"; leitend bei allem müssen aber die Regeln der Geometrie sein, die auch hier gänzlich das Verständnis der ‚Grundrisse' („der außtheilung/ niderlegung vnd auffziehung der werck in grundt") als gerechtfertigte und verlässliche Basis regelkonformer Baukunst bestimmt. Interessant ist Rivius' Kommentar zum betreffenden ersten Kapitel, in dem er die polyhistorischen Anforderungen Vitruvs an den Architekten zum Anlass nimmt, die in der Vorrede bereits erwähnte Situation der Kunstliteratur in „teutscher" Sprache nicht ganz selbstlos weiter auszuführen.[19] Zunächst betont er die Wichtigkeit der Sprachenkenntnis auch für den Architekten, vor allem des Lateinischen, aber auch des Griechischen:

> Wiewol den Teutschen neben disen beiden etliche neben sprachen nit wenig dienstlich/ dieweil in keiner Barbarischen frembden sprachen bißher weniger guter schrifft vnd bücher/ dann in der Teutschen sprach von newerfundenen künsten außgangen sindt/ außgenommen des weidtberümpten künstlichen Albrecht Durers bücher/ vnd yetzundt negst verschiner zeit etliche andere nützliche vnnd gemeinem nutz hoch verstendige bücher/ so teglichen nit on grossen verdrieß solcher sachen vnuerständigen Neydischen Tadlern/ vnd deren so allein aller guten künst vnerfaren in Truck kommen. Dann dieweil dise Kunst allezeit bey unsern Nachtbaurn frembden Nationen/ von alter her in grossem werd vnd ehren gewesen ist/ sich nit zuverwundern das vns die selbigen dises orts das veldt furbehalten.[20] (VIII r)

Rivius' Übersetzung als Fundament einer gerade sich den Baugrund ebnenden „Teutschen" Kunstliteratur tritt also mit großen Ambitionen an, und die prachtvolle Ausstattung des illustrierten Bandes gewinnt somit auch die repräsentative Funktion einer Prachtfassade.

Rivius' mathematische Faszination und sein geometrisches Interesse kommen im weiteren Verlauf des Kommentars zum ersten Kapitel zum Ausdruck und weisen zurück auf den definitorischen Beginn seiner ersten kunsttheoretischen Schrift mit der Bestimmung dessen, was Punkt und Linie eigentlich seien: „Nach dem Reissen vnnd Malen", so schreibt Rivius,

> setzet Vitruuius nit vnbilliche[n] am aller negsten die Geometri/ dieweil alle ding in der welt begriffen/ samenthafft oder sonderlichen alle gestalt sind/ vnd eingeschlossen in jre eussere fleche vnd Corpus mit mancherley linien

19 Zu der Frage, für wen Rivius eigentlich eine solche Übersetzung dieses Werkes angefertigt habe, da die interessierten Humanisten Vitruv ebensogut lateinisch hätten lesen können, während die – im Titel als Adressaten genannten – Handwerker auch mit einem „Teutschen" Vitruv kaum etwas hätten anfängen können, vgl. die Einleitung von Erik Forssmann zum Reprint von Rivius' Erstausgabe (Hildesheim, 1973), XI*. Forssmann zieht zwar in Betracht, dass die zeitgenössischen Baumeister – da es „Architekten im römischen oder italienischen Sinne [...] in Deutschland noch gar nicht" gegeben habe – bei aller Überforderung mit dem Text doch dadurch angeregt wurden, „sich allmählich [...] als humanistisch gebildete Architekten zu fühlen", weist jedoch nur andeutend auf die Tragweite hin, die Rivius' Anstoß zu einer deutschsprachigen Terminologie besitzt. Vgl. auch Forssmanns Hinweise auf Rivius' Übernahmen des italienischen Kommentars aus der Ausgabe von Cesare Cesariano (Como 1521) sowie zur zeitgenössischen Architekturtheorie, ebd., VI*.

20 „*Außlegung oder erklerung des ersten Capitels/ des Ersten buchs Vitruuij von der Architectur*", VIII r.

> vnderschiedlicher qualitet/ grösse/ vnd proportion formirt/ welches allein durch die Geometri in rechten verstand gebracht werden mag [...]. (VIII v/ IX r)

Für Rivius geht es, das zeigt sich hier, nicht nur um abstrakte Linien und Aufrisse: Alle Wahrnehmung von Welt ist für ihn nur möglich oder eigentlicher die ganze Erscheinungswelt ist nur vorhanden als von „*mancherley Linien*" verschiedenster Art „*begriffen*", „*gestaltet*", „*eyngeschlossen*" und „*formiert*".

Somit steht am Beginn der deutschsprachigen Kunstliteratur der maßgebliche Beitrag eines übersetzenden Mathematikers, bevor mit Joachim von Sandrart ein Künstler es unternimmt, zwischen (zahlreichen) Buchdeckeln den Grundriss zu einer *Teutschen Academie* der Künste zu legen.

8. Joachim von Sandrarts *Teutsche Academie* und seine Zusammenarbeit mit Sigmund von Birken: Zur Genese deutschsprachiger Kunstterminologie

Sandrarts *Teutsche Academie*, die „erste enzyklopädische Kunstgeschichte in deutscher Sprache",[1] markiert die zweite Etappe einer Geschichte der Denkfigur „Kontur" im deutschsprachigen Raum. Aufmerksamkeit verdient wie bereits im Falle von Rivius' Vitruv- und Alberti-Übersetzungen auch Sandrarts Bemühen um eine kunsttheoretische Terminologie. Welch hohen Stellenwert dieser Aspekt für Sandrart selbst besaß, zeigt sich in seiner Zusammenarbeit mit Sigmund von Birken, der auf ausdrücklichen Wunsch Sandrarts an der sprachlichen Gestaltung der *Teutschen Academie* beträchtlichen Anteil hatte, so dass sie „[i]hre literarische Qualität [...] der gründlichen und vollständigen sprachlichen Überarbeitung und redaktionellen Einrichtung durch Sigmund von Birken [verdankt], der auch die Drucklegung betreute".[2]

Die Meinungen über die inhaltliche Eigenständigkeit von Sandrarts *Teutscher Academie* sind durchaus geteilt: Den einen erscheint sie als „keineswegs nur unselbständige Kompilation", sie habe vielmehr neuartige Systematisierungen bereitgestellt, auch wenn sich Sandrart reichlich früherer Quellen und Vorbilder bedient habe.[3] Bei deren Übernahme lassen sich wiederum Veränderungen bemerken, vornehmlich in Modifikationen von einzelnen Worten oder in Zusätzen zu den Ursprungstexten, so dass sich doch in diesen Abänderungen ein eigenständiges Konzept manifestiere.[4] Andere betonen den kompilatorischen Charakter der *Teutschen*

1 Martin Bircher/Andreas Herz (Hg.): *Die Fruchtbringende Gesellschaft unter Herzog August von Sachsen-Weißenfels. Süddeutsche und österreichische Mitglieder*, Tübingen 1997. Zu Joachim von Sandrart d. Ä.: 243–302, 257. – Vgl. zu Sandrart den umfassenden Katalog: Anna Schreurs (Hg.): *Unter Minervas Schutz. Bildung durch Kunst in Joachim von Sandrarts „Teutscher Academie"*. Kat. Wolfenbüttel 2012. Wiesbaden 2012.

2 Bircher/Herz, *Die Fruchtbringende Gesellschaft*, 257.

3 Vgl. Bircher/Herz, *Die Fruchtbringende Gesellschaft*, 257.

4 Michèle-Caroline Heck: *Théorie et pratique de la peinture. Sandrart et la Teutsche Academie*. Préface de Christian Michel. Paris 2006, 8.

Academie, die, ihre Vorbilder dabei allerdings „luxuriös übertreffend", vor allem Vasari, van Mander und Cornelis de Bies *Het Gulden cabinet van de edele vry schilder const* (Antwerpen 1661)[5] „in Anlage wie Ausstattung rezipiere[] und imitiere[]" und schließlich ein „enzyklopädisch orientiertes Konglomerat aus kunsttheoretischen wie kunstpädagogischen Überlegungen" enthalte, „vorbildliche Exempla" präsentiere und „antiquarische Grundlagen" behandle.[6] Aus dem Umstand, dass die „Texte und Tafeln der *Teutschen Academie*" nur „zum geringeren Teil vom Autor selbst" stammten, resultiere die „additive, prinzipiell erweiterbare Grundstruktur des Werkes, wie sie sich speziell in den zur Verselbständigung tendierenden, thesaurusartig heterogenen altertumskundlichen Abschnitten manifestier[e]".

Dennoch muss Sandrarts kompilatorisches Wirken gewürdigt werden, auch im Hinblick auf „seine Paraphrasierungs- und Übersetzungsleistung sowie sein Bemühen um die Ausbildung einer deutschen Fachterminologie",[7] wie es sich auch an dem beigefügten italienisch-deutschen ‚Wörterbuch' für architektonische Fachtermini zeigt.[8] Dieses Anliegen Sandrarts verbindet seine „kunstakademischen Bemühungen"[9] mit den „literarischen Anliegen der F[ruchtbringenden] G[esellschaft] und des zeitgenössischen Dichtungsdiskurses überhaupt",[10] hier also besonders hinsichtlich der „Bestrebungen der Sprachgesellschaften", „ausländische Wörter durch

5 Vgl. Bircher/Herz, 257, zu weiteren Quellen; vgl. im Einzelnen die quellenkritische Studie von Jean Louis Sponsel: *Sandrarts Teutsche Academie kritisch gesichtet,* Dresden 1896. Doris Gerstl (*Joachim von Sandrarts Teutsche Academie der Edlen Bau-, Bild- und Mahlerey-Künste – zur Genese,* in: Hartmut Laufhütte (Hg.): *Künste und Natur in Diskursen der Frühen Neuzeit.* Wiesbaden 2000, Bd. II, 883–898, 894), bemerkt, das Werk sei „in Polygenese" entstanden und gehe in den „Künstlerlebensbeschreibungen […] nicht allein zurück auf Vasari, van Mander und andere Quellen", sondern enthalte auch „zumindest in den Lebensbeschreibungen dreier zeitgenössischer Künstler Beiträge lebender Zeugen: des schwedischen Hofmalers David Klöckner und des italienischen Dichters Blasio Ludovico Teppati." Der Grad der Überarbeitung durch Sandrart lasse sich dabei allerdings nicht mehr nachvollziehen.

6 Gerstl, 883.

7 Karl Möseneder: *Ars docta – Joachim von Sandrarts* Teutsche Academie, in: Hartmut Laufhütte (Hg.): *Künste und Natur in Diskursen der Frühen Neuzeit.* Wiesbaden 2000, Bd. I, 157–214, 167.

8 *Teutsche Academie* (1675) I, 18 f. Zur Zitierweise vgl. Kap. 8.2.

9 Bircher/Herz: *Die Fruchtbringende Gesellschaft,* 259.

10 Bircher/Herz: *Die Fruchtbringende Gesellschaft,* 259. Zu Sandrart als Mitglied der Fruchtbringenden Gesellschaft vgl. Andreas Herz: *‚Der Gemeinnützige'. Joachim von Sandrart und die fruchtbringende Gesellschaft,* in: Anna Schreurs (Hg.): *Unter Minervas Schutz,* 33–41.

neue deutsche Äquivalente zu ersetzen und die bislang fehlende eigene Begrifflichkeit auf dem Feld der Künste auszubilden".[11] Insbesondere vor dem zeitgeschichtlichen Hintergrund ist Sandrarts „kulturpatriotische[s]" Bestreben dabei zu verstehen als Versuch, „die deutsche Nation nach dem verheerenden Krieg [...] an den internationalen Standard heranzuführen": „durch verbesserte Künstlerausbildung, genauer durch die theoriebewusste Grundlegung", Darstellung der Geschichte der Künste anhand „historisch-biographischer Exempla" sowie durch „Erschließung bildlicher wie literarischer Quellen".[12]

Die *Teutsche Academie* kann somit als Äquivalent zu der „Transmissionstätigkeit" gesehen werden, „die – gleichfalls in Nürnberg – bereits Georg Philipp Harsdörffer mit den *Frauenzimmer-Gesprechspielen* (1641–49), als Annäherung der deutschen an die gesamteuropäische Konversationsliteratur",[13] sowie dem *Poetischen Trichter* und den *Mathematisch-Philosophischen Erquickstunden* vorexerziert hatte. Wie die *Teutsche Academie* charakterisieren auch diese Werke eine „kompilatorisch-additive Struktur" und ein „europaweite[r] Bezug", darüber hinaus verbindet sie der Versuch einer „ästhetische[n] Vereinheitlichung mittels Lehrgedichten und Emblemen".[14] Dass die *Teutsche Academie* dabei mit prachtvoller Ausstattung auftritt,[15] erscheint wie bereits in Rivius' Fall als „kulturpatriotische[r]" Ehrgeiz, dem theoretischen Fundament deutscher Kunst eine repräsentative Gestalt zu verleihen. Aus dieser Perspektive gibt besonders der anspielungsreiche Titel der *Teutschen Academie* Aufschlüsse über die mit der Sprachproblematik verbundenen Interessen: Nach Ansicht Klemms ersetzt das „den ‚Teutschen [...] Kunst Helden' gewidmete Buch" in gewisser Weise „die im zersplitterten Reich nicht vorhandene zentrale Kunstschule." Dabei werde der „national pädagogische Zweck [...] in erster Linie durch die Wahl der deutschen Sprache angestrebt", wobei diese „auch im nicht-fiktionalen Bereich" aufgewertet werde. Inhaltlich jedoch bewege sich Sandrart „entsprechend seinen Vorlagen ganz auf internatio-

11 Möseneder, 167.
12 Möseneder, 166.
13 Möseneder, 167.
14 Möseneder, 168.
15 Karl Mösenender bezeichnet sie als das „opulenteste[ ] und bestausgestattete[ ] Werk[ ] der gesamten Kunstliteratur" (166); die beigefügten Tafeln beruhen teilweise auf Sandrarts eigenen Stichen, die von 1629 bis 1635 in Rom für die „Stichpublikation der Galleria Giustiniani, einen der ersten illustrierten Museumskataloge, entstanden waren" (ebd., 162).

nalen Bahnen“ und bleibe auch in den Wertungen der behandelten deutschen Künstler „durchaus im Rahmen des Angemessenen“.[16]

8.1 Die sprachliche Überarbeitung der *Teutschen Academie* durch Sigmund von Birken

Weniger als die vielfältigen kunsttheoretischen Quellen[17] ist für die Fragestellung dieser Studie die sprachliche Mitgestaltung der *Teutschen Academie* durch Sigmund von Birken von Interesse, der auch 1676 Sandrarts Aufnahme in die Fruchtbringende Gesellschaft organisiert hatte.[18] Anhand der Briefe Sandrarts, die sich im Nachlass von Birkens erhalten haben, lassen sich Erkenntnisse über den „wechselseitigen Arbeitsprozess“[19] gewinnen. So heißt es in einem Brief Sandrarts vom 16. September 1672 aus Augsburg:

> Hiebey volgt zu unserm werck ein Capitel von der Mahl-Kunst welches ich verhoffe in etlichen theilen besser alß voriges Exprimirt, deßwegen verlange daß an voriger Stellen eingericht werde, mit dienstfreündlichem ersuchen in verbesserung meiner incapacitet und fehler nicht sparsam sondern nach meines hochgeehrten Herrn überflisigem geist und grosen gaben alles nach belieben verenderen[.][20]

Der Grad der Überarbeitung durch Birken kann allerdings, da keine korrigierten Manuskripte überliefert sind, nur anhand von Tagebuch-Einträgen ermessen werden.[21] Gestützt auf die Erwähnungen in Birkens Tagebüchern geht Klemm jedoch von „tiefgreifende[n] Veränderungen“

16 Vgl. Christian Klemm: *Sigmund von Birken und Joachim von Sandrart. Zur Entstehung der Teutschen Academie und zu anderen Beziehungen von Literat und Maler*, in: John Roger Paas (Hg.): *Der Franken Rom. Nürnbergs Blütezeit in der zweiten Hälfte des 17. Jahrhunderts*, Wiesbaden 1995, 289–313, 294, Zitate ebd.

17 Abgesehen von den für Umriss-Konzepte relevanten Passagen, zu denen auf die jeweiligen Referenztexte und gegebenenfalls auf Sandrarts Modifikationen der Texte hingewiesen wird.

18 Vgl. Klemm, *Sigmund von Birken und Joachim von Sandrart*, 297 f.; die Aufnahme erfolgte am 28. April 1676; zur Vorgeschichte vgl. ebd., 291.

19 Bircher/Herz: *Die Fruchtbringende Gesellschaft*, 258.

20 Zit. nach Bircher/Herz: *Die Fruchtbringende Gesellschaft*, 258. Vgl. auch Christian Klemm: *Joachim von Sandrart. Kunst-Werke u. Lebens-Lauf.* Berlin 1986, 359 f.

21 Vgl. zu den Fortschritten der Arbeit an den einzelnen Teilen, beginnend mit dem Malerei-Traktat im August 1672 bis hin zur Vollendung von Sandrarts *LebensLauf* im Juli 1675 und der Auslieferung des Werkes im September desselben Jahres, Klemm, *Sigmund von Birken und Joachim von Sandrart*, 295.

aus, wobei er diese Annahme wohl mit Recht durch einen „stilistische[n] Vergleich des gedruckten Textes mit Sandrarts Briefen ohne weiteres bestätigt“ findet.[22]

Die „sprachlichen Eigenarten“ der *Teutschen Academie* lassen sich also möglicherweise zu großen Teilen auf die Umgestaltung durch Birken zurückführen. Insbesondere scheint er die zahlreichen Fremdwörter – deren Verwendung Sandrart bereits in der Vorrede zu rechtfertigen sucht und für die er im Teil zur Architektur eigens ein italienisch-deutsches Glossar beifügt – „durch die Beifügung einer deutschen Alternative [...] entschärft zu haben“.[23] Vielleicht sollte man angesichts von Sandrarts patriotisch-kulturpädagogischen Bestrebungen jedoch nicht von einer Entschärfung, sondern vielmehr von einer Vermittlungsleistung sprechen, die die neuen Termini übersetzend einführt und so die ‚teutschen‘ Synonyme etabliert. Das kreisende Suchen nach dem treffenden Begriff zeigt sich besonders an dem ungemein dichten und gehaltreichen Passus zur Bedeutung der Zeichnung für die Malerei (s. u.), in der teilweise drei deutsche Alternativen angegeben werden, um das Bedeutungsspektrum der hoch- bzw. überdeterminierten italienischen Begriffe auszuloten.

Welch große Freiheit Sandrart Birken bei der sprachlichen Gestaltung ließ,[24] lässt sich neben dem oben zitierten brieflichen Zeugnis auch der Vorrede zur *Teutschen Academie* entnehmen, in der Sandrart mit dem Bekenntnis, er habe „die Verbässerung dieser meiner Arbeit der verständigern hiermit überlassen wollen“, sogleich zu erkennen gibt, „dass dieses kompendiöse, polyhistorische Volumen von einem Literaten überarbeitet

---

22 Klemm, *Sigmund von Birken und Joachim von Sandrart*, 295 f. Verbesserungen vermutet er besonders im Hinblick auf „eine orthographische und grammatikalische Regulierung, eine stilistische Glättung und eine leichte rhetorische Aufpolierung“ (ebd., 295). Den Briefen sei zu entnehmen, „daß Birken den ganzen Text sprachlich völlig überarbeitet“ habe. Auch den „Aufbau der Sätze“ habe Birken vermutlich „gestrafft und in sich stimmig gemacht“ (ebd., 309, Anm. 40). Klemm orientiert sich dabei an Birkens besser dokumentierten Überarbeitungen der *Aramena* Herzog Anton Ulrichs von Braunschweig, vgl. ebd., 295, und 309, Anm. 39 f.

23 Klemm, *Sigmund von Birken und Joachim von Sandrart*, 296.

24 Dies ist nicht so ungewöhnlich, wie es auf den ersten Blick scheinen mag: Schließlich hätten „selbst Adlige“ nach der „Regulierung der deutschen Schriftsprache in der mit Martin Opitz’ Namen verbundenen Reform“ der Unterstützung durch Sprachgelehrte bedurft (vgl. dazu Klemm, *Sigmund von Birken und Joachim von Sandrart*, 289 und 294 f.).

wurde".[25] Der Umfang der Mitarbeit von Birkens war auch sonst beträchtlich: Gemeinsam mit Jacob Sandrart, „dem Kupferstecher und Verleger" und „Vetter des Verfassers" – war er es, der „die Drucklegung des Werks überwachte, Gedichte beisteuerte und für die Formulierung der Marginaltitel und Merkverse sorgte".[26] Dies ist insofern von Interesse, als sich an einigen Stellen die radikalere, pointiertere Formulierung einer These oder die Prägung eines zentralen Terminus primär in den Marginaltiteln findet. Zudem entsprechen die Marginaltitel häufig nicht dem Inhalt der ihnen zugeordneten Absätze, zeigen dabei aber Entwicklung und Fortschreiten der Gedanken in einer Weise an, die Sandrarts praktischen Lehrkonzepten besser angepasst ist.[27] Ein Grund hierfür mag in den durch Umstellungen und Erweiterungen bewirkten Modifikationen der Quellentexte Sandrarts liegen: In den Marginaltiteln ergibt sich inmitten der kompilatorischen Arbeit eine weitere Ausdrucksmöglichkeit für eigenständige Gedanken und Absichten. Wenn der Text Sandrarts auch strukturell die rhetorische Prägung wahrt, die den Quellen eignete, benutzt er doch eine konkretere Ausdrucksweise und vollzieht eigenständig Zäsuren, durch welche die Gedanken häufig ohne verbindende Worte aneinandergereiht erscheinen. Zudem werden Übersetzungen mit diversen Zusätzen in Form von erkennbaren „collages" arrangiert.[28] Sandrart kann somit seine Vorlagen buchstabengetreu übersetzen und dennoch zugleich grundlegend den „esprit" der Texte erneuern:[29] Im kreisenden Suchen nach der treffenden Übersetzung konfiguriert sich dabei die *Teutsche Academie*

---

25 So Klemm, *Sigmund von Birken und Joachim von Sandrart*, 289. – Die Formulierung lässt sich allerdings auch als Bescheidenheitsgestus in Richtung der Leserschaft verstehen.

26 Von Birken war wohl auch derjenige, der der Vita Sandrarts, „dieser ersten Künstlermonographie in deutscher Sprache[,] spezifische poetisch-rhetorische Konturen verlieh." – Möseneder, 163. Neben den häufig mit Vignetten verzierten „Epigramme[n] oder mahnenden Sinnsprüche[n]" (Klemm) handelt es sich bei den eigenständigen Texten Birkens vor allem um die „vierzehn Gedichte auf Sandrarts Darstellungen der Monate, des Tages und der Nacht". Vgl. hierzu Klemm, *Sigmund von Birken und Joachim von Sandrart*, 296 f. – Zur Entstehung und Verbreitung der TA vgl. den differenzierten Beitrag von Susanne Meurer: *Zu Herstellung, Vermarktung und Verkauf der ‚Teutschen Academie'*, in: Anna Schreurs (Hg.): *Unter Minervas Schutz*, 113–122.

27 Vgl. Heck, *Théorie et pratique*, 8, die allerdings nicht auf die sprachliche Überarbeitung der *Teutschen Academie* durch Sigmund von Birken und daraus resultierende mögliche Unstimmigkeiten hinweist.

28 Vgl. Heck, *Théorie et pratique*, 8.

29 „Tout en restant fidèle à la lettre, Sandrart renouvelle profondément l'esprit des textes"; Heck, *Théorie et pratique*, 9.

als ein einziges Nachdenken über Kunst, als „pensée sur l'art". Gerade die Tatsache, dass Sandrart in deutscher Sprache erst eine spezifische kunsttheoretische Sprache habe ‚erfinden' müssen, bewirke, so Heck, dass die Bemühung um eine „terminologie adéquate" zur „partie intégrante de l'acte de création intellectuelle" werde.[30] Dies bringt auch entscheidende Konsequenzen für das Verhältnis von Künstlern und „amateurs" mit sich, die Sandrart in einem sich gerade erst konstituierenden „langage commun" vereinigt.[31]

Angesichts der Bedeutung, die Sandrart selbst der sprachlichen Gestalt seines Werkes beimaß, mochte sie auch noch so sehr Zeugnis vom Anfangsstadium deutschsprachiger Kunstterminologie ablegen, erscheint das Nachleben, das die *Teutsche Academie* im 18. Jahrhundert fand, zumindest in dieser Hinsicht wenig erfreulich: Zwischen 1768 und 1775 veranstaltet Johann Jacob Volkmann eine neue Ausgabe der *Teutschen Academie* unter Verwendung der ursprünglichen Platten. Dabei nimmt er, da der Text mittlerweile „völlig veraltet erscheinen" muss, radikale sprachliche Überarbeitungen vor, doch diese Modernisierung „machte die Sache nur schlimmer".[32] Im Urteil der Zeitgenossen erheben sich sogleich kritische Stimmen: Der junge „Goethe, soeben mit Erwin von Steinbach beschäftigt, verteidigt nun das ‚krause' ‚Genie', das die alten Teutschen Meister verherrlichte, gegen seinen Verleger, und der Rezensent der *Göttingischen Anzeigen von Gelehrten Sachen* spottet, ebenfalls 1772: ‚Das Rauhe, Unpolirte und Steife wird nun weit merklicher, da es hin und wieder mit dem modernen, schlaffen, wässerichten Ausdruck durchgespület ist. Einen Künstler hört man immer lieber in seiner ungrammatischen, oft weitschweifigen, aber nervichten und bedeutenden Sprache reden.'" Dies „ist zwar ein merkwürdiges, aber doch kein geringes Lob für Birkens Bearbeitung, der Sandrarts *Teutsche Academie* bis heute ihre sprachliche Strahlkraft verdankt."[33]

Wenngleich man über die „sprachliche Strahlkraft" der *Teutschen Academie* durchaus unterschiedlicher Ansicht sein kann: Den Sätzen, denen man ihr Ringen um eine deutsche Kunst-Terminologie gerade im Bereich der hier relevanten Fragen zum Konnex von Idee, Einbildungskraft

30 Trotz der „précocité" der Schriften Dürers habe ein solches kunstliterarisches Vokabular in deutscher Sprache zuvor nicht existiert; vgl. Heck, *Théorie et pratique*, 9.

31 Heck, *Théorie et pratique*, 9.

32 Klemm, *Sigmund von Birken und Joachim von Sandrart*, 301.

33 Zitiert nach Klemm, *Sigmund von Birken und Joachim von Sandrart*, 301.

und Zeichnung in jedem Wort und jedem erläuternden, eine deutsche Entsprechung (oder auch mehrere) zum fremdsprachigen Terminus suchenden Halbsatz entnehmen kann, lässt sich ein Flackern und Funkenstieben nicht absprechen, das aus der Amalgamierung der internationalen Kunstsprache mit der „teutschen“ ensteht; den Schmelztiegel dieser Reaktion bildet die *Teutsche Academie* in der Form, die Sandrart und Birken ihr gaben. Volkmanns Fassung hingegen bietet nicht nur keine „nervichte []“ und „bedeutende[] Sprache“, sondern löscht die Spuren eines Arbeitsprozesses, der Arbeit an der Sprache *als* „pensée sur l'art“, indem Volkmann die mittlerweile konventionalisierten Termini oder blasse, neutrale Worte (z. B. „Strich“) verwendet (Kap. 8.10 und 8.11).

8.2 „*Concept*“ und „Abriß“ in der Genealogie der Künste

Das Gesamtwerk, gedruckt ab 1675 bei Miltenberger in Nürnberg,[34] trägt den Titel: „*L'Academia Todesca della Architectura, Scultura & Pittura:* Oder Teutsche Academie der Edlen Bau-Bild-und Mahlerey-Künste: Darinn enthalten Ein gründlicher Unterricht/ von dieser dreyer Künste Eigenschafft/ Lehr-Sätzen und Geheimnissen […] Durch Joachim von Sandrart […]“ und beginnt mit einer „Vorrede zum Edlen Leser/ über die erste zwey Bücher dieser Teutschen Academie“, in der sich der Verfasser zunächst zum Paragone bzw. zum „Vorzugstreit der Bildhauer- und Mahlerey“[35] äußert, um sodann Personifikationen beider Künste für sich sprechen zu lassen. Nach der stolz auftretenden *Scultura*, die sich auf die Schöpfung Adams berufen hat, welchen der „himmlische[] Erz-Künstler/ aus Lämen und Erde *posi*rt/ *plasmi*rt/ und gleichsam zu einem beredten Bild und *Statue* gemacht“ habe, führt die „*Pictur* und Mahler-Kunst“ als Argument für ihre „*Præeminenz*“ an, dass auch sie schließlich

> in Griechischer Sprache *Plastice*, zu Latein *Pictoria*, und bei den Teutschen Mahlwerk/ *Plasmatura* und Posirung benahmet werde. Es hat auch *Praxiteles*, der trefliche Bildhauer und *Statuarius*, die Mahlerey/ als eine Seugamme seiner Kunst/ verehret/ und solche zum öftern ihre Tochter benamet; weil/ aus

34 Der zweite Teil erschien 1679, der dritte 1680.

35 *Teutsche Academie* 1675 I, Vorrede, 1. – Ich orientiere mich bei der Zitierweise der Bandangaben etc. an der Online-Edition der *Teutschen Academie* [=TA] unter www.sandrart.net. Neben Abbildungen und Transkriptionen der Texte finden sich dort umfassende Stellenkommentare mit detaillierten Quellennachweisen und Hinweisen zur Forschungsliteratur; ebenso ausführlich dokumentiert sind die Daten zu den Bildtafeln und Vignetten der TA.

> Zeichnung und Abriß der *Pictur*, die *Scultura* entstanden. Dann ehe und bevor der Bildhauer auf den Stein oder andern Stoff arbeitet/ *designi*ret und zeichnet er ihme nothwendig in seinem *Concept* und Verstand/ wie er dieses und jenes *porportionir*lich zur Stell bringen wolle: welches nichts anders/ als ein Abriß oder Zeichnung/ diese aber der Mahlerey Erstling/ ist.[36]

Die Passage gibt ein exzellentes Beispiel für die sprachliche Komplexität der *Teutschen Academie:* in den Reihen der teils mehrfach übersetzten oder synonym angeführten Wörter und Termini scheinen die deutschen Varianten miteinander und mit ihren fremdsprachigen Äquivalenten um ihre Gültigkeit zu ringen; die allegorischen Figuren der Künste scheinen sich mit dem volltönenden, exotisch-gelehrten Klang der „mächtigen Wörter-Mänge“[37] von Termini zu schmücken wie mit Juwelen; eine möglichst große Zahl von Bezeichnungen in den alten Sprachen wird als Adelszertifikat angeführt – und dient doch vor allem dem Zweck, die gemeinsame Genealogie der beiden edlen Künste zu belegen, wie es bereits seit langem in der italienischen Kunstliteratur zu den Künsten des *disegno* üblich war. Und so schlichtet Sandrart den international überholten, von ihm aber noch einmal in ‚teutscher Sprache‘ angezettelten Streit der Künste mit der oben bereits eingeleiteten Berufung auf „Abriß oder Zeichnung“ bzw. „*Designation*, Austheilung und Zeichnung“ als Ursprung beider Künste, die „von einer Mutter [...] zugleich/ als Zwillinge/ gebohren worden“.[38] Der Wert der Kunstwerke beruhe einzig auf der Fähigkeit der jeweiligen Künstler – welcher Kunstform auch immer.[39] Der Begriff der *Designation* wird wiederum doppelt übersetzt, was diesmal allerdings tatsächlich die Mehrschichtigkeit des Begriffs ausdrückt. An den zitierten Passagen treten

36 *Teutsche Academie* 1675 I, Vorrede, 2. Die Abstammung der Skulptur wie der Malerei aus dem „*Concept* und Verstand“ als *disegno*-Aspekten spricht Sandrart wiederholt an, so auch zu Beginn seiner Skulptur-Abhandlung („Der Teutschen Academie Ersten Theils Zweytes Buch/ von Der *Scultura* oder Bildhauer-Kunst. Das I. Capitel. Bildhauerey-Kunst-Regeln.“) wenn er schreibt, zunächst müsse der Künstler, bevor er „durch Abnehmung und Stümmelung des überflüssigen Stoffs oder *materie*“ dem Material „die verlangte Form und Gestalt gibet“, „entweder aus einem *formular*, oder aus eignem *Concept* und Verstand/ das jenige fürbilden/ was er vorstellen will“ (TA 1675 I, Buch 2 (Skulptur), 29).

37 So die Kritik der *Pictur* an der Rede der *Scultura*, TA 1675 I, Vorrede, 2.

38 TA 1675 I, Vorrede, 4.

39 *Teutsche Academie* I, I, 4. Möseneder weist allerdings darauf hin, dass Sandrart, im Widerspruch zu seiner eigenen Einleitung, die den Paragone ausgleichend darstellte, dennoch der „Malerei im Frontispiz [...] eine höhere Position zugewiesen“ habe (Möseneder, 161). In Anlehnung an die *disegno*-Debatten erscheint nun hier der Begriff der *Designation* zwar nicht als „padre“, jedoch als „Mutter“.

als signifikante sprachliche Charakteristika der *Teutschen Academie* deutlich eben diese mehrfache Übersetzung eines fremdsprachlichen Terminus und die Beibehaltung dieses Wortes als synonym eingereihtes Fremdwort neben der deutschen Variante hervor.

8.3 Ursprung und Wesen der Malerei und der Zeichnung

Mit Blick auf die Umriss-Konzepte in der *Teutschen Academie* ist besonders der im zweiten Hauptteil[40] („*Der Teutschen Academie Zweyter und letzter Haupt-Theil/ Von Der Edlen Bau- Bild- und Mahlerey-Künste*") enthaltene Passus zur Malerei in dem Abschnitt „Ein vollkommener Unterricht/ von dieser dreyen Künste Eigenschafften/ Lehr-Sätzen und Geheimnissen" relevant. Diesem Passus kommt auch innerhalb des Gesamtwerks besondere Bedeutung zu, da er sich, „alle wesentlichen Kunstteile" behandelnd und als ein „eigentlicher Traktat in der Nachfolge von Karel van Manders ‚Grondt der Edel vry Schilder-Const' und Giorgio Vasaris *Della Pittura*", von den Büchern zur Architektur und Skulptur unterscheidet, in denen die zahlreichen Tafeln lediglich mit knappen Texten begleitet werden, die „auf wenigen Seiten allgemeinste Rudimenta […] und etwas historisch antiquarischen Kommentar zu den Reproduktionen bringen" und somit eher „Mustersammlungen" ähneln.[41]

In diesen Passagen jedoch erweist sich die *Teutsche Academie* als „*ars docta*"[42] und trägt durch ihre nicht zu unterschätzende Übersetzungs- und Kompilationsleistung zum kulturellen Transfer im kunsttheoretischen Bereich bei: So sind die Passagen zur Architektur teils wörtlich aus Vasaris *Vite* übernommen; die Graphiken richten sich „nach den Architekturhandbüchern des Abraham Bosse, Sebastiano Serlio und Andrea Palladio, der hier durch Sandrart seine früheste Rezeption in deutscher Traktatliteratur erfährt".[43] An der zweiten Auflage von Vasaris *Vite* orientieren sich auch die Passagen zur Skulptur,[44] und der Passus zur Malerei folgt zum

40 Der erste Teil des ersten Hauptteils der *Teutschen Academie* enthält vor allem „theoretische Reflexion, historische Betrachtung" und „praktische Anleitung zur Kunst"; der zweite Teil dieses ersten Hauptteils beinhaltet die Lebensbeschreibungen von antiken, holländischen, flämischen, italienischen, französischen und deutschen Künstlern (Gerstl, 884).

41 Klemm, *Sigmund von Birken und Joachim von Sandrart*, 292.

42 So der Titel der Studie von Karl Möseneder.

43 Möseneder, 161.

44 Möseneder, 161 f., vgl. Sponsel 5 f.

einen Vasaris Einleitung, zum andern Leonardos (1651 im Druck erschienenen) Malerei-Traktat, vor allem aber dem *Grondt der Edel vry Schilder-Const* Karel van Manders (in der Amsterdamer Ausgabe von 1618).[45]

Recht zu Beginn von Sandrarts Buch zur Malerei[46] finden sich Äußerungen zum Ursprung dieser Kunst,[47] die an Albertis Gedanken und ihre erste deutsche Formulierung in den Schriften Rivius' erinnern. Auch hier erscheint der Hinweis darauf, dass die Malerei in der Antike eine freie Kunst gewesen sei und als „stumme Schwester und Dolmetscherin der Geistreichen Poesey oder Dichtkunst" gelte. Daher sei die Deutung „sehr artlich", dass der Narziss-Mythos vom Ursprung der Malerei handle: Sei doch die Malerei „die Blume aller Künste", und

> was solte der schönen Gestalt dieses Jünglings/ so sich in dem Krystall-klaren Brunnen/ gleich als in einem Spiegel/ zeigte/ wol besser und füglicher gleichen/ dann ein vortrefflich/ künstlich und nach dem Leben gemahltes Bild/ von der erfahrnen Hand eines kunstreichen Mahlers?

Nun jedoch fügt Sandrart eine beachtliche Zwischenbemerkung ein, die mit einem Mal einen individuellen Unterton in die übernommene Allegorese bringt: Er müsse sich, bemerkt Sandrart, „indem [er] dieses schreibe",

> selbsten darüber verwundern/ wiewol diese Gleichnis alhier zu statten komme/ darinn ich unsere Kunst damals schon einem Schatten des wahren Wesens/ und dem Scheine des Seyns verglichen/ finde. Dann/ wie Einige schreiben/ so soll diese edle *natürliche Himmels-Gabe* eine Tochter des Schattens seyn. Dieses bezeuget der hochgelehrte *Quintilianus:* [Marginaltitel:[48] Gemähld ein Schatten des wahren Wesens.] als dessen Meinung ist/ sie habe ihren Ursprung aus dem Schatten/ welchen die Sonne giebt/ wornach die Alten/ mittels Umzeichnung dieses Schattens/ die Hauptrisse genommen haben sollen. So

45 Vgl. Möseneder, 162. Vgl. auch Klemm, *Sigmund von Birken und Joachim von Sandrart*, 292, zu einer solchen „Adaption der europäischen, insbesondere der niederländischen und italienischen Theorie", die „für die Situation in Deutschland um die Mitte des 17. Jahrhunderts allgemein charakteristisch" sei und „für die Literatur von Opitz bis zu den Pegnitzschäfern ebenso wie für die Malerei" gelte.

46 *Der Teutschen Academie Zweyten Haupt-Theils Dritter Theil: Welcher zuvorderst Der Edlen Mahler-Kunst rechten Grund/ Eigenschafften/ und Geheimnisse/ durch gewisse Regeln/ Unterweis- und Beschreibungen erörtert; beynebenst/ von der Zeichnung/ Maß/ und Proportion der Leiber* [...] handelt [...]. Nürnberg M.DC.LXXIX.

47 Ebd., 6 ff. Vgl. die beiden Abb. Sandrarts zum Ursprung der Kunst am Ende des Kapitels.

48 Marginaltitel werden hier immer an der Stelle in den Text eingefügt, neben der sie im Druck erscheinen.

> schreibt auch *Plinius* im zwölfften Capitel des fünf und dreysigsten Buchs/ von der Tochter eines Töpffers/ Namens Deburates, welche verliebt in einen Jüngling/ mit einer Kohlen die Seiten seines Angesichts (wie es von dem Schatten einer Kertzen auf eine Mauer gefallen) nachgezeichnet; damit sie ihn allezeit vor Augenund [!] im Gedächtnis haben möchte; worauf der Vatter das erste Gesicht von Erde erhaben gemacht und gebrannt haben solte: weswegen auch die Zeichen-Kunst des Rechts der Vorgeburt wider das Bildhauen sich solte zurühmen haben. [Marginaltitel: Zeichenkunst älter dann das Bildhauen.] Und zwar solte / nach vorerzehltem/ die Mahlerey vom *Phœbus* und *Vulcanus*, das ist/ vom Schatten der Sonnen oder des Feuers/ erzeugt und entsprossen seyn.[49]

Die bei Sandrart gebrauchten Begriffe für die Umriss-Elemente der bekannten Mythen lauten zunächst „Umzeichnung" für den Akt des Umriss-Ziehens um den Schatten herum und „Hauptrisse". Es fällt besonders auf, dass der Schattenumriss als Nukleus aller folgenden Malerei allegorisierend geadelt wird, indem er nicht nur „vom Schatten der Sonnen oder des Feuers/ erzeugt und entsprossen" sei (Sandrart nennt beide mythischen Varianten in ontologischer Hinsicht unterschieds- und kommentarlos nebeneinander), sondern deren göttlichem Prinzip entstamme: „vom *Phœbus* und *Vulcanus*". So wird aus „diese[r] edle[n] *natürliche[n] Himmels-Gabe*", die keine „Tochter des Schattens" sein soll, eine Tochter der Sonne (Phoebus) und des Feuers (Vulcanus); dies ist auch relevant im Hinblick auf die nach der Vorrede folgende zweiseitige Versrede der „Kunstvorsteherin Pallas", die „vom Kupfer Titelblat dieses Dritten Theils/ Zur Kunstliebenden Jugend" (9 f.) spricht. Der erste Vers setzt konsequenterweise ein mit einem mehrdeutigen Bezug auf das Feuer als zugleich ursprünglichen Impuls aller Kunst wie auch aller Schaffenskraft (V. 1 f.): „KOm[m]/ Jugend/ die du trägst das Feuer in den Sinnen/ den Pinsel in der Hand." (TA 1679, III, 9)

Unter welchem Leitprinzip nun auf dem langen Weg vom Auge zur Hand die Vermittlung zwischen dem *Concept* im Verstand bzw. schon der inspirierten Wahrnehmung mit den „Sinnen" in die künstlerisch-praktische Ausführung (der Weg vom *disegno interno* zum *disegno esterno* mithin) vor sich gehen soll, verdeutlicht die unter den Versen stehende Abbildung der Artemis von Ephesos mit großem zoologischen Aufgebot (sowie in

49 TA 1679, III, 6 f. – In einem kurzen Rückverweis bezieht sich Sandrart sodann auf das erste Buch, in dem man bereits „von der Zeichenkunst Erfindung des *Gyges*, einem Lidier/ angefangen" und neben etlichen anderen auch „Protogenem, Apellem und andere Griechische Künstler aufgeführt" habe (ebd., 7).

Gesellschaft zweier Putti),[50] die an den oberen Rändern von den Versen gesäumt wird:

> Schau dieses Bild, das die Natur dir zeiget:
> die Alles hier, als Mutter, zeugt und seuget,
> und die des höchsten Schöpfers Tochter ist.
> Lern ihn, aus seinen großen Wercken, kennen.
> Folg der Natur: wan du begierig bist,
> das man dich mög auch einen Künstler nennen.[51]

Der Künstler solle also der Natur folgen (die als „des höchsten Schöpfers Tochter" sogleich zu einem Argument gegen Bilderfeindlichkeit wird, wenn sie doch Führerin der Künste ist). Wie bereits in der italienischen Kunsttheorie (vgl. Kap. 4) werden von Sandrart bzw. Sigmund von Birken, der vermutlich die Verse verfasste, indirekt *natura* und *disegno* parallelisiert. Sogleich im nächstfolgenden Abschnitt „Von Der *Pictura*, oder Mahler-Kunst"[52] wird diese Parallele wieder aufgegriffen. Neben dem Marginaltitel „die Zeichen-Kunst ist die Seugamme aller dieser dreyer freyen Künste" liest man dort, es müsse

> allhie zuvörderst wiederholet werden/ daß die Zeichenkunst/ (als die bey den Alten/ Reissen genandt war) die rechte und einige Mutter und Nährerin unserer dreyer Künsten ist/ und aus der Vernunfft/ durch gewisse *imagination*, oder Einbildung/ in dem Verstand/ zuvorderst alles *formirt*, was hernacher durch die Hand zu Papier gebracht wird. Dieser erkenntliche Entwurff/ und *concept* unserer *Ideæ*, oder Sinn-Musters/ welches wir/ im Gemüt gleichsam ausgebreitet vor Augen stellen/ soll vor allem befördert werden/ also; daß man gleich anfangs einer zierlichen saubern Zeichen-Manir und Handlung/ es sey gleich mit der Feder/ Kreiden/ oder Pensel / zu dieser edlen Zeichenkunst/ sich befleisse und gewöhne/ dardurch vor allem erlerne/ die Bilder als allerhöchste

50 Zu einem möglichen Vorbild für Sandrarts Darstellung der Artemis vgl. den Katalogeintrag von Carolin Ott (Kat. Nr. 3.3) in Anna Schreurs (Hg.): *Unter Minervas Schutz,* 200, zu François Perriers 1638 in Rom erschienenen Statuen-Radierungen. Unter den Abbildungen findet sich die Ephesische Artemis aus dem Palazzo Lancelotti; mit dem Hinweis auf ein unmittelbares antikes Vorbild wird die Lesart gestärkt, als „wahre Lehrmeisterin der Künste" propagiere Sandrart tatsächlich „die von der Antike vermittelte Natur" (Ott, ebd.).

51 TA 1679, III, 10; die Anm. der Online-Edition zu dieser Stelle weist darauf hin, dass das Gedicht in „Birkens handschriftlich erhaltener Gedichtsammlung Birkenwälder zu finden" sei. (http://ta.sandrart.net/de/text/999#tapagehead; 02. 12. 2013)

52 „Der Teutschen Academie Zweyten Haupt-Theils Dritter Theil/ Von Der *Pictura*, oder Mahler-Kunst. // Das I. Capittel.// Begreift eine kurze Anweisung des rechten Weges zur Erreichung der Mahler-Kunst/ und Warnung für den Irrweg." (TA 1679, III, 11)

> Schul erkennen/ den Anfang machen nach guten Kupferstichen und Handrissen/ ferner nach erhabenen runden und stillstehenden Bildern/ oder *Statu*en von Marmel/ Gyps und folgends nach dem Leben selbst/ so wol der nackenden als bekleidten Leiber.[53]

Das „Reissen" vermittelt also zwischen „Vernunft", „Einbildung", „Verstand" und künstlerischer Technik, und zwar als sichtbare Fixierung des bereits gestalthaft entworfenen, aber noch bewusstseinsimmanenten „*concept[s]* unserer *ideæ*". Dieser Text ist in enger Verbindung mit dem bereits im ersten Hauptteil integrierten ausführlichen Abschnitt „Von Der *Pittura* oder Mahlerey-Kunst. Das I. Capitel. Von Der Erfindung und Zeichnung." zu betrachten. Dort, wo es laut Titel um „Erfindung und Zeichnung" gehen soll, findet sich der Marginaltitel „*Definition* der Mahlerey-Kunst", die also lautet:

> Die Adeliche Mahlerey-Kunst/ ist eine Kunst/ mit unterschiedlichen Farben/ auf einer Tafel/ Mauer oder Tuch/ nach dem Abriß oder Zeichnung/ zu überziehen: welche durch vernünftige Austheilung und künstlich-gezogene Striche/ eine Figur oder Bildnis entwerffen.[54]

Auf den ersten Blick erscheint es paradox, dass Sandrart das Kapitel zur Zeichnung und Erfindung mit einer Definition der Malerei beginnen lässt, doch weist Heck darauf hin, dass Sandrart diese Passage in der *lateinischen* Ausgabe durch ein Zitat von Julius Caesar Bulengrus (Boulenger) ergänze, das den Widerspruch zumindest erklärt:[55] Malen (pingere) sei demnach nichts anderes, als Linien mit einem Pinsel zu ziehen und Farben hinzuzufügen.[56] Dennoch handle es sich bei Sandrart um eine wohlüberlegte und gewollte Substitution – hatte er doch bereits im Vorwort die *Malerei* als „Seugamme" *aller* Künste bezeichnet und damit auf die Malerei übertragen, was Vasari dem *disegno* zugesprochen hatte (vgl. Kap. 4).[57] Eine

53 TA 1679, III, 12. – Sandrart propagiert damit die üblichen akademischen Studienmethoden.

54 „Der Teutschen Academie Ersten Theils Drittes Buch/ Von Der *Pittura* oder Mahlerey-Kunst. Das I. Capitel. Von Der Erfindung und Zeichnung"; Zitat TA 1675, I, 60.

55 Heck, *Théorie et pratique*, 139.

56 „Pingere nihil est aliud quam penicillo lineas ducere et colores addere, quibus homines, bruta, plantae, arbores, et aliquaeque res exprimuntur [...] Ea est vita memoriae, lux vitae, testis temporum, nuncia virtutis, mortuorum a morte restitutio, famae gloriaeque immortalitas, vivorum propagatio; quae facit ut absentes praesto sint, et variis dissitisque locis uno tempore repraesentur." Zit. nach Heck, *Théorie et pratique*, 355 f., Anm. 5.

57 Heck, *Théorie et pratique*, 140.

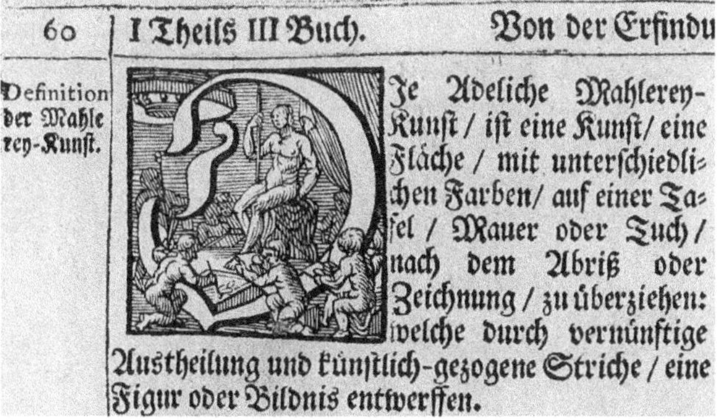

60 | I Theils III Buch. | Von der Erfindu

Definition der Mahlerey-Kunst.

Die Adeliche Mahlerey-Kunst / ist eine Kunst/ eine Fläche / mit unterschiedlichen Farben/ auf einer Tafel / Mauer oder Tuch/ nach dem Abriß oder Zeichnung / zu überziehen: welche durch vernünftige Austheilung und künstlich-gezogene Striche / eine Figur oder Bildnis entwerffen.

Abb. 2 Joachim von Sandrart: *Teutsche Academie* 1675, I, Buch 3 (Malerei), S. 60 (Vignette). © Städel Museum, Frankfurt am Main.

Verknüpfung von *disegno* und Malerei als gemeinsames Grundprinzip scheint jedoch die Wahl der Initiale anzudeuten, die das Kapitel einleitet (vgl. Abb. 2):[58]

In einem großen „D" (für „Die Adeliche Mahlerey-Kunst") sitzt ein akademisches Modell wie in einem Rahmen; in diesen Rahmen hinein beugen sich, dabei sich auf ihm abstützend, drei Maleradepten, von denen einer deutlich einen *Pinsel* (und keine Kohle o.ä.) in der Hand hält, mit dem er einen Entwurf zu Papier bringt. Der *disegno* gibt so die konzeptuelle *Einfassung* für Studium und *Entwurf* ab, der jedoch bereits *malerisch realisiert* wird. Auf den konzeptuellen Charakter des *disegno* weist der *Buchstabe* „D" hin: Auch die vorliegende Schrift, die *Teutsche Academie*, soll Teil des umfassenden *disegno* als eines schöpferischen Vermögens werden. – Es ließe sich wohl eine (nicht immer nur) komplementäre *Teutsche Academie* allein anhand ihrer Initialen schreiben. Ein Beispiel dafür findet sich auch zu Beginn der Vorrede,[59] deren Initiale „E" vor einem Kamin positioniert

58 *Teutsche Academie* 1675, I, Buch 3 (Malerei), S. 60, Abbildung nach: „Joachim von Sandrart, Teutsche Academie der Bau-, Bild- und Mahlerey-Künste, Nürnberg 1675–1680, Online-Edition des Projektes Sandrart.net (www.sandrart.net, Kunstgeschichtliches Institut Frankfurt am Main/Kunsthistorisches Institut Florenz)", http://ta.sandrart.net/de/purl/facs-147, 02.12.2013.

59 *Teutsche Academie* 1675, I, Vorrede, S. 1, http://ta.sandrart.net/de/purl/text-12 – Dasselbe Motiv erscheint auch zu Beginn von TA 1675, II, Buch 1 (antike Künstler), 11. Die doppelte Verwendung zu Beginn eines Buches betont damit den programmatischen Charakter. Vgl. die Vignette bei http://ta.sandrart.net/de/purl/facs-209, 02.12.2013.

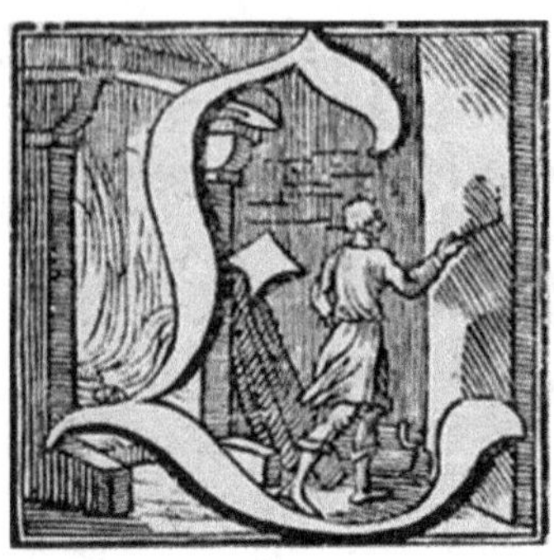

Abb. 3

ist, dessen Licht einen Schatten auf die Wand wirft, den ein Zeichner umreißt (vgl. Abb. 3 und 4).

Durch die Positionierung des Buchstabens wirkt es jedoch, als entstamme das Licht der Schrift. Kaum zufällig erscheint es daher, dass Sandrart die Initiale nochmals zu Beginn eines Buches verwendet, wo er auf der dort gegenüberliegenden vorigen Seite die von Kriegserfahrungen geprägte Hoffnung bekundet, wenn die Kunst wieder zugrunde gehen sollte und alle Kenntnisse

> in Abgang und Vergessenheit kämen/ sie durch diese meine willig übernommene Mühwaltung sich *mainten*iren/ schützen und erhalten/ oder bässern fals/ die *subtil*e und edle *Ingeni*en/ ein mehrers und bässers hierinn zu finden und aufzusuchen/ ermuntert werden mögen. (TA 1675, II, Vorrede, 10)

In diesem Lichte soll die Sandrartsche Schrift also strahlen und den Künstlern – der Gegenwart und kommender Zeiten – vielleicht zu einer neuen Ursprungserkenntnis vom Wesen ihrer Kunst verhelfen.

Das Verhältis von Wort und Bild, Schrift und Illustration in der *Teutschen Academie* scheint auch überraschend in einem Vergleich mitzuklingen, mit dem Sandrart abermals die Frage nach der Genealogie der Künste veranschaulicht. Es sei gewiss, so Sandrart,

> daß die Zeichen=Kunst vor der Mahlerey und Bildhauerey gewesen/ denen sie nachmals den Ursprung gegeben/ und hat sie diesen beyden so wenig/ als die Buchdruckerey der Schreib-Kunst den Vorzug zu *ced*iren und abzutretten.[60]

Durch diesen außergewöhnlichen Vergleich scheint einmal auf, wie sehr Sandrart den gänzlich neuen Status seiner *Teutschen Academie* reflektiert. Sie erscheint als ein *Kunstwerk*, das Bild und Wort vereint, denn der

60 TA 1675, II, Vorrede, 4.

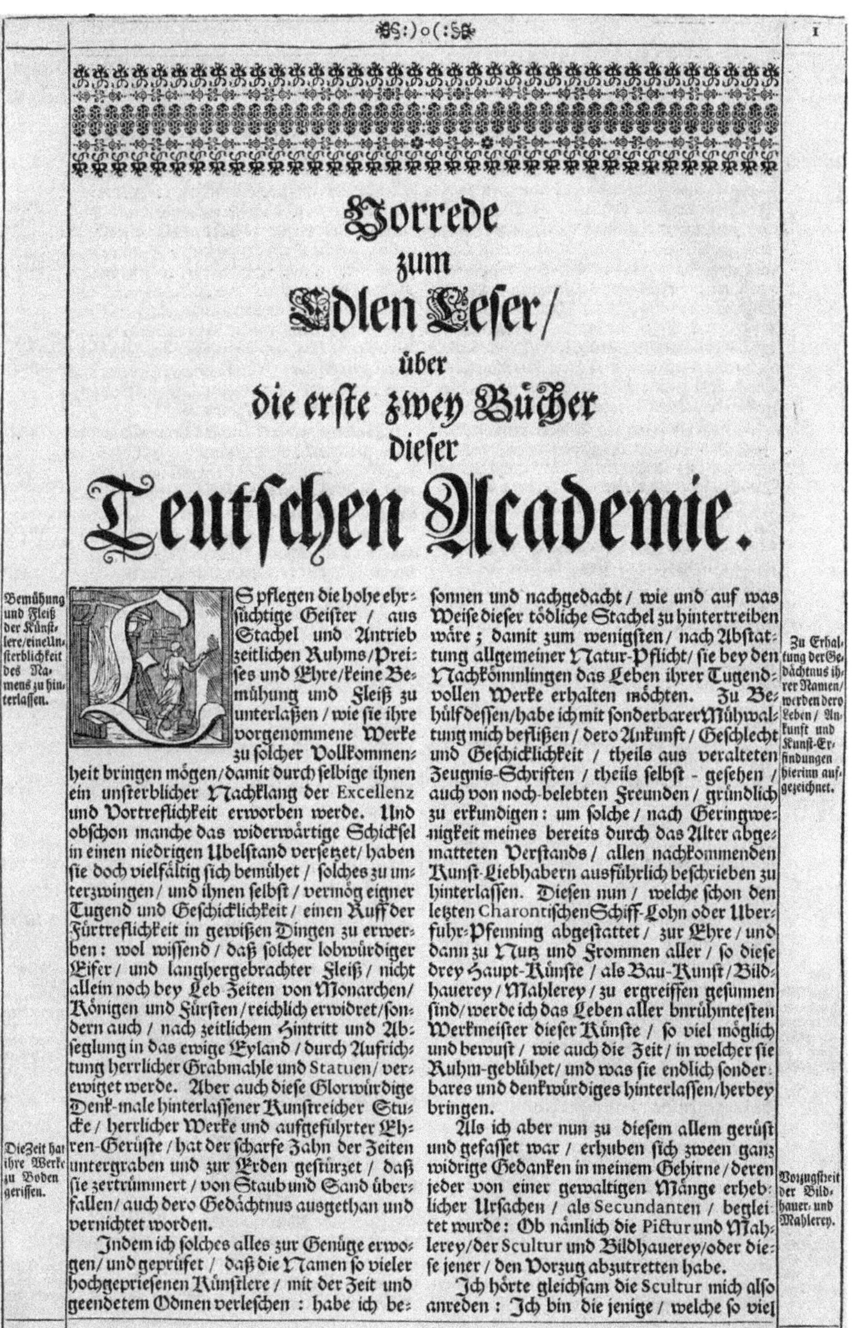

I

Vorrede zum Edlen Leser / über die erste zwey Bücher dieser Teutschen Academie.

Bemühung und Fleiß der Künstlere/ eine Unsterblichkeit des Namens zu hinterlassen.

Es pflegen die hohe ehrsüchtige Geister / aus Stachel und Antrieb zeitlichen Ruhms/Preises und Ehre/keine Bemühung und Fleiß zu unterlaßen / wie sie ihre vorgenommene Werke zu solcher Vollkommenheit bringen mögen/damit durch selbige ihnen ein unsterblicher Nachklang der Excellenz und Vortreflichkeit erworben werde. Und obschon manche das widerwärtige Schicksel in einen niedrigen Ubelstand versetzet/ haben sie doch vielfältig sich bemühet / solches zu unterzwingen / und ihnen selbst / vermög eigner Tugend und Geschicklichkeit / einen Ruff der Fürtreflichkeit in gewißen Dingen zu erwerben: wol wissend / daß solcher lobwürdiger Eifer / und langhergebrachter Fleiß / nicht allein noch bey Leb-Zeiten von Monarchen/ Königen und Fürsten/reichlich erwidret/sondern auch / nach zeitlichem Hintritt und Absegelung in das ewige Eyland / durch Aufrichtung herrlicher Grabmahle und Statuen/ verewiget werde. Aber auch diese Glorwürdige Denk-male hinterlassener Kunstreicher Stucke / herrlicher Werke und aufgeführter Ehren-Gerüste / hat der scharfe Zahn der Zeiten untergraben und zur Erden gestürzet / daß sie zertrümmert / von Staub und Sand überfallen/ auch dero Gedächtnus ausgethan und vernichtet worden.

Die Zeit hat ihre Werke zu Boden gerissen.

Indem ich solches alles zur Genüge erwogen/ und geprüfet / daß die Namen so vieler hochgepriesenen Künstlere / mit der Zeit und geendetem Odmen verleschen : habe ich besonnen und nachgedacht / wie und auf was Weise dieser tödliche Stachel zu hintertreiben wäre ; damit zum wenigsten / nach Abstattung allgemeiner Natur-Pflicht/ sie bey den Nachkömmlingen das Leben ihrer Tugendvollen Werke erhalten möchten. Zu Behülf dessen/habe ich mit sonderbarer Mühwaltung mich beflißen / dero Ankunft / Geschlecht und Geschicklichkeit / theils aus veralteten Zeugnis-Schriften / theils selbst - gesehen / auch von noch-belebten Freunden / gründlich zu erkundigen: um solche / nach Geringwenigkeit meines bereits durch das Alter abgematteten Verstands / allen nachkommenden Kunst-Liebhabern ausführlich beschrieben zu hinterlassen. Diesen nun / welche schon den letzten Charontischen Schiff-Lohn oder Uberfuhr-Pfenning abgestattet / zur Ehre / und dann zu Nutz und Frommen aller / so diese drey Haupt-Künste / als Bau-Kunst / Bildhauerey / Mahlerey / zu ergreiffen gesinnen sind/ werde ich das Leben aller bnrühmtesten Werkmeister dieser Künste / so viel möglich und bewust / wie auch die Zeit / in welcher sie Ruhm-geblühet/ und was sie endlich sonderbares und denkwürdiges hinterlassen/herbey bringen.

Zu Erhaltung der Gedächtnus ihrer Namen/ werden dero Leben / Ankunft und Kunst-Erfindungen hierinn aufgezeichnet.

Als ich aber nun zu diesem allem gerüst und gefasset war / erhuben sich zween ganz widrige Gedanken in meinem Gehirne / deren jeder von einer gewaltigen Mänge erheblicher Ursachen / als Secundanten / begleitet wurde: Ob nämlich die Pictur und Mahlerey/der Scultur und Bildhauerey/oder diese jener / den Vorzug abzutretten habe.

Vorzugsheit der Bildhauer- und Mahlerey.

Ich hörte gleichsam die Scultur mich also anreden : Ich bin die jenige / welche so viel

A ij köstli-

Abb. 3 (Vignette) und Abb. 4: Joachim von Sandrart: *Teutsche Academie* 1675, I, Vorrede, S. 1. © Städel Museum, Frankfurt am Main.

„zeichnerische" Aspekt ist in dem gedruckten schriftlichen Werk in Gestalt der zahlreichen Stiche und Initialen enthalten, die zu dessen Inhalt oftmals alternative Deutungen zulassen oder weitere Kontexte eröffnen.[61] Mehr als andere ‚illustrierte' Bücher erhält das Werk somit einen insgesamt *ikonischen* Charakter – und beansprucht damit auch, wie ein Kunstwerk einem künstlerischen *concept* zu entstammen.

Wie sehr Sandrarts Schrift insgesamt in der Tradition Vasaris steht, zeigt der Passus mit dem Marginaltitel „Die Vernunft/ ist der Zeichnung Ursprung/ und nicht der ungefähre Zufall":

> Die Zeichnung/ gleichwie sie eine rechte Mutter ist mehr-ermeldter unserer dreyen Künste/ und ihren Ursprung aus der Vernunft hat/ so erfordert solche ein sonderbares Urtheil/ als die *universal*-Form/ *Idea* oder *Modell* aller Dinge/ so die Natur jemals gebohren. Dann diese machet in dem menschlichen Leib/ in den Thieren und Pflanzen/ folgbar auch in der Gebäu= Bildhauer= und Mahler-Arbeit/ die *proportion* und Gleichheit zwischen dem ganzen völligen *Corpo* und seinen Theilen/ [...] erkennen. Und aus dieser Erkäntnis entspringet eine gewiße *imagination*, Einbildung/ Meinung und Urtheil/ welches ihm der Künstler in seinem Verstand vor-formet/ und nachmals mit Kreide/ Rötel oder Kohlen/ durch die Hand/ zu Papier bringet. (TA 1675, I, Buch 3 (Malerei), 60)

Die „Zeichnung" erscheint hier als legitimer ‚teutscher' Erbe des *disegno* als ‚giudizo universale' bei Vasari; auch sie hat eine konzeptuelle Komponente, die der künstlerischen Realisierung vorausgeht. Schließlich folgt die eigentliche „*Definition* oder Beschreibung der Zeichnung" (so der Marginaltitel): Es sei

> nun leichtlich zu schließen/ daß die Zeichnung nichts anders seye/ als ein erkantlicher Entwurff/ Abbildung oder Erklärung unsers *Concepts*/ welchen wir in dem Gemüt ausgebrütet/ und der Einbildung/ als eine Form oder *Idea*, vorgestellet.[62]

---

61 So zeigt beispielsweise die Vignette zur Initiale „Z" des Artikels zu Zeuxis den Vorhang aus dessen bekanntem Wettstreit mit Parrhasius (TA 1675, II, Buch 1 (antike Künstler), 18); in der hinten angefügten Bibliographie hingegen wird der Buchstabe „Z" mit den Trauben, die Zeuxis beim gleichen Anlass gemalt hatte, versehen.

62 Daran anschließend erläutert Sandrart, was für ihn aufs engste mit dem *Concept* oder der *Idea* verbunden ist: die in dem „Welt-kündige[n] Sprüchwort der Alten: *Ex ungue Leo*" zusammengefasste Ansicht, dass, „wann einem vernünftigen Manne nur ein Stuck von einem natürlichen *Corpo* vorgewiesen werde/ er alsofort in seinem Verstand den ganzen Leib mit allen dessen Teilen/ in seine *imagination* oder Einbildung fasse/ gleich als ob ihm derselbe völlig und lebhaft vor Augen gestellet wäre." – Zu diesem für Sandrart zentralen Prinzip begegnen in der *Teutschen Academie* an zwei Stellen passende Vignetten (TA II, Buch 1, 24 und II, Buch 3,

Die Hand des Künstlers müsse dabei geübt sein und „färtig und hurtig", alles

> abzuzeichnen oder wol nachzubilden/ was die Natur hervor gebracht. Dann wann der Verstand seine wol-ausgesonnene *Concepte* heraus lässet/ und die Hand/ durch vieler Jahre langen Fleiß in zeichnen geübet/ solche nach der Vernunft zu Papier bringet/ so wird die vollkommene Vortrefflichkeit so wol des Meisters/ als der Kunst/ verspüret.

Mit diesem Nachsatz zur Abhängigkeit von „*Idea*" und *ars*, im Sinne seiner praktischen Lehr-Vorsätze, unterstreicht Sandrart die Bedeutung der *ars* für die Erlangung künstlerisch „vollkommene[r] Vortrefflichkeit", die nicht allein im bloßen „*Concept[ ]*" einer reinen „*Form*" oder „*Idea*" bestehen kann, sondern des „erkantliche[n] Entwurff[s]" durch die technisch geübte Hand bedarf. Sandrarts Passus ist nicht nur sprachlich hochkomplex und verdient einen genauen Blick auf Gedankenstruktur und Begrifflichkeit. „Zeichnung" wird hier nun definiert als sichtbare „Abbildung" desjenigen „*Concepts*", das „wir" (es fragt sich, welcher Teil des künstlerischen Verstandes hiermit gemeint ist) „in dem Gemüt" (zweite künstlerische Instanz) ersonnen und „der Einbildung" (dritte künstlerische Instanz) „vorgestellet" haben (Handlung der ersten Instanz, die also Verstand und (rezeptiv gedachter?) Einbildungskraft als Vorstellungskraft übergeordnet ist) – und zwar „als Form oder *Idea*", die Sandrart hier synonym gebraucht und somit die *Idea* als Produkt des „*Concept[s]*" aus dem „Gemüt" und an eine „Form" gebunden begreift.[63]

Sandrart lässt auf diese allgemeinen Bestimmungen eine differenzierte Betrachtung der Funktionen folgen, die Umrisszeichnungen für die ein-

---

325), jedoch nicht hier. Matthias Winner („*Ex Ungue Leonem*". *Eine kunsttheoretische Vignette in Sandrarts „Teutscher Academie"*, in: Sibylle Ebert Schifferer/ Cecilia Mazzetti di Pietralata (Hg.): *Joachim von Sandrart. Ein europäischer Künstler und Theoretiker zwischen Italien und Deutschland. Akten des Internationalen Studientages der Bibliotheca Hertziana Rom 2006.* München 2009, 194) betont, dass es verwundere, warum „Sandrart die Vignette nicht dem Text seiner Zeichnungsdefinition" beigefügt habe und auch nicht der Vita desjenigen antiken Künstlers, dem der Lehrsatz zugesprochen wurde, nämlich Phidias. Dennoch wird, was als dessen Verdienst galt – dass in ihm der Paragone, der „alte[ ] Rangstreit" von Malerei und Bildhauerkunst, aufgehoben sei – bei Sandrart mit bildlichen Mitteln reflektiert, indem er „die Vignette [...] wie eine Steinplatte" wiedergibt, „die in einem Relief Rahmenleiste, Löwenköpfe und Pranke" enthält und so „durchaus als [...] Bildtafel verstanden werden sollte". Zur Relevanz des Prinzips für Sandrart sowie zu den antiken und neuzeitlichen Quellen der Vignette vgl. Winner, 193.

63 Sandrart nimmt hier subtile, aber deutliche Verschiebungen gegenüber dem Text Vasaris vor, vgl. dazu unten.

zelnen Künste besitzen. Besondere Bedeutung kommt ihnen bei der „*Correctur*" des entstehenden Werkes zu, die „zuvor in dem Verstand/ durch Überleg- und Erwägung der Fehler/ ausgekocht und erzogen" werden müsse. „Aus diesem langen *discurri*ren und nachsinnen des Verstandes" resultierten dann „nach und nach die Erfahrenheit und Gewonheit". Umrisszeichnungen sind also, wie schon bei Vasari, nicht nur statische, Gestalt gewordene Darstellungen eines *Concepts*, sondern (Reflexions-) Medium dieses in stetiger Wandlung begriffenen *Concepts.* Klarer als Vasari stellt Sandrart allerdings die Interaktion von Intellekt, Imagination und Realisierung dar.[64]

Erinnert man sich an Sandrarts oben zitierten Einschub, die Zeichnung gehe der Malerei ebenso voraus wie die Schreib-Kunst dem Buchdruck, so mag man hier auch einen produktionsästhetischen Reflex auf die Entstehungsgeschichte der *Teutschen Academie* erkennen – mit dem Unterscheid, dass hier die sprachlich und stilistisch „groben" Entwürfe Sandrarts von Birken überarbeitet und korrigiert wurden, bis auch hier „[a]us diesem langen *discurri*ren und nachsinnen des Verstandes" eine deutschsprachige Kunstterminologie Gestalt angenommen hatte.

8.4 Zur Bedeutung der Umrisse

Die größte Relevanz kommt Sandrart zufolge Umrisszeichnungen im Falle der Architektur zu. Neben dem Marginaltitel „*Profil*; Umriße: dienen meist zur *Architectur.*" liest man dort:

> Eine andere Art ist/ die um und um mit Linien umzogen/ *Profil*, Umriß oder Liedmaß[65] genennet wird. Diese sind zwar/ sowol zur Bau-Kunst und Bildhauerey/ als zur Mahlerey/ dienlich/ aber am allermeisten zur Bau-Kunst: weil deren Zeichnung allein in Linien bestehet/ als ihrem Anfang und Ende/ daher sie auch den Namen bekommen/ und das übrige vermittels des *Modells* von

64 Vgl. Heck, *Une compilation ou une relecture*, 246, die sich jedoch darin irrt, dass dies eine gänzlich neue Bestimmung der Zeichnung durch Sandrart sei.

65 Vgl. *Deutsches Wörterbuch* Bd. VI, Leipzig 1885 [1984]; „LIEDMASZ, n. gliedmasz," auch im Sinne von „ebenmasz"; ferner „LIEDMASZE, f. *länge eines glieds*", auch im Sinne von „*art und ansehen des körpers: physionomia [!] [...] und übertragen:* lidmasz, *lineamentum*". Besonders scheint hier allerdings der Aspekt der Proportion mitzuklingen, dem ja für Sandrart eine ausgesprochen hohe Relevanz zukam; deutlicher ist dies im adjektivischen Gebrauch von „LIEDMÄSZIG", für das im *Deutschen Wörterbuch* die Bedeutung „*wolgegliedert, ebenmäszig gewachsen*" verzeichnet wird (Sp. 995).

> Holz/ nach diesen Linien gemacht/ den Steinmetzen und Maurern zugehöret. (TA 1675, I, Buch 3 (Malerei), 60)

In den *Lineamenta* sieht Sandrart also den alleinigen künstlerischen Beitrag des Architekten, während die Ausführung der Grundrisspläne den Handwerkern obliegt. Gerade der abstrakte und technisch codierte Charakter dieser *Lineamenta*, die das Prinzip ganzer Gebäude in sich bergen, erhöht ihren Wert für Sandrart. In der Kunst, in der die Umrisszeichnungen am weitesten von der Umsetzung entfernt sind, gewinnen sie (in der Abgrenzung gegen das Handwerk) autonomen Kunstwert. Nach einem knapp gehaltenen weiteren Kommentar zur heuristischen Funktion *zeichnerischer* Umrisse für die Skulptur[66] kommt Sandrart schließlich auf den Stellenwert von Umrisszeichnungen in der Malerei zurück. Dort

> dienen diese Zeichnungen auf unterschiedliche Manier/ absonderlich von jeder Figur oder Bildnis einen Umriß zu machen. Wann nun diese gut/ just und nach *proportion* geschihet/ so ist der Schatten und das Liecht/ welches nachmals beyfüget/ eine Ursach/ daß die *lineamenten* oder Striche der Figur/ welche man bildet/ besonders erhoben heraus kommen/ und an dem ganzen Bild eine beliebliche Güte und Vollkommenheit erhellet. Wer nun diese Linien wol zu brauchen und anzuwenden weiß/ wird mit der Zeit/ durch stätige Ubung und reiffe Vernunft/ in allen diesen Künsten ein vollkommener Meister werden. (TA 1675, I, Buch 3 (Malerei), 60)

In der Wertung von Licht und Schatten, die erst den „*lineamenten* oder Striche[n]" Plastizität und der Darstellung somit „Vollkommenheit" verleihen,[67] drückt sich Sandrarts malerisch-ganzheitliches Kunstideal jenseits eines absoluten Primats des Zeichnerischen aus, so sehr er auch dessen Bedeutung hervorhebt.[68]

---

66 „In der Bildhauerey/ dienet die Zeichnung zu allen Umrißen: welche der Bildhauer also von Gesicht zu Gesicht absehen und in sein Werk bringen kan/ sonderlich wann [ein] Theil [...] bässer herfür kommen soll [...]."

67 Vgl. die poetische Schilderung der Weltschöpfung als malerischen Prozess der Höhung durch Glanzlichter, Kap. 8.6.

68 Zugleich zeigt sich hierin eine Spur von Albertis Gedanken. Was die Überlieferungsgeschichte von Albertis Kunsttheorie in Deutschland anbelangt, so lässt sich laut Kristine Patz und Ulrike Müller Hofstede (*„Alberti Teutsch". Zur Rezeption rhetorischer Kunstlehre in Deutschland,* in: Hartmut Laufhütte (Hg.): *Künste und Natur in Diskursen der Frühen Neuzeit.* Wiesbaden 2000, Bd. II, 809–822) eine „indirekt[e]" Vermittlung bei Sandrart nachweisen, vermutlich „über die Kenntnis italienischer und niederländischer Autoren des 16. Jahrhunderts und besonders über Karel van Manders Lehrgedicht von 1618 [...], in dem Alberti und Rivius explizit genannt sind", nicht aber eine „kontinuierliche[] Textüberlieferung" seiner Schriften, denn Sandrart nenne weder Alberti noch Rivius namentlich (ebd., 819

Terminologisch festzuhalten bleibt, dass Sandrart für Umrisszeichnungen vor allem die Worte „Zeichnung" und „Abriss" gebraucht, ebenso wie den zuvor bei Rivius gängigen Terminus „Riss"; ferner spricht er bisweilen, vor allem aber auf die Architektur bezogen, auch von „*lineamenten*" oder, wie oben, den neutralen „Strichen". „Zeichnung" kann bei ihm aber auch im Sinne von sichtbarem „Entwurf" ein plastisches Modell bedeuten. Wie bereits bei Vasari kommt der „Zeichnung" bei Sandrart ein Doppelcharakter zu, da sie neben dem äußeren Entwurf auch die Erfindung, die „Idea" bezeichnen kann, die der Künstler in seiner Vorstellung geformt hat;[69] zudem fungiert sie als Erkenntnisinstanz und schöpferisches Urteilsvermögen wie auch als Korrektiv in der Interaktion von Sinnen, Intellekt und künstlerischer Realisation, auch bei der Reflexion des Geschaffenen. Nicht zuletzt steht die Zeichnung, wie bei Vasari, für das in der Natur grundgelegte universale Formprinzip aller Dinge, das dem Künstler als Urteilsmaßstab gilt. Neu an Sandrarts Konzeptionen ist allerdings, dass er sie auch auf die Farbe ausweitet,[70] wie an den folgenden Passagen zu erkennen ist. Dabei lassen sich in den Modifikationen, die Sandrart an Vasaris Text vornimmt, zugleich die Kerngedanken seiner Theorie erkennen.[71]

8.5 Zum Zusammenspiel von Linie und Farbe

Eine eingeschobene Erzählung über Sandrarts italienische Erfahrungen in Landschaftsmalerei illustriert seine Wertung des Verhältnisses von Zeichnung und Malerei, Linie und Farbe. Der Passus, der sich im Kapitel „Vom Landschaft-Mahlen" findet, trägt den programmatischen Marginaltitel „Mahlen ist besser/ als Zeichnen/ nach dem Leben". Gemeinsam mit

---

und Anm. 34). – Es sind jedoch Passagen fast wörtlich übernommen, auch wird Alberti als Quelle zitiert (zur Ursprungslegende der Töpferstochter, s. u.). Die Online-Edition weist weitere Stellen nach, vgl. dort die Anmerkungen ad loc.

69 Zeugnis für den „nun geläufigen Gebrauch, den disegno als geistige Konzeption zu verstehen", sei die „Tatsache, dass Sandrart in seinem Kapitel *Von der Erfindung und Zeichnung* von beiden zugleich" (Patz/Müller Hofstede, 821) handle. Vgl. Heck, *Théorie et pratique*, 140 ff., zu Verschiebungen im *Idea*-Konzept im Verhältnis zu Vasari und zu möglichen Entsprechungen zu Junius.

70 Vgl. Heck, *Théorie et pratique*, 328.

71 Vgl. Heck, *Théorie et pratique*, 140, die von diesen Aspekten als den „idées essentielles" dieses Kapitels spricht: „la rapport entre dessin et peinture; le rôle de la raison; la distinction entre la ligne et la distribution des lumières et des ombres; et la notion d'invention."

Claude Lorrain habe Sandrart oft „in offnem Feld/ zu *Tivoli, Frescada, Subiaca,* und anderer Orten [...] die Berge/ Grotten/ Thäler und Einöden/ die abscheuliche Wasserfälle der Tyber/ den Tempel der *Sibylla,* und dergleichen/ mit Farben [...] völlig nach dem Leben" gemalt; dies sei seiner Ansicht nach

> die beste Manier/ dem Verstande die Warheit eigentlich einzudrucken: weil gleichsam dadurch Leib und Seele zusammen gebracht wird. In den Zeichnungen wird hingegen alzuweit zuruck gegangen/ da die wahre Gestalt der Sachen nimmermehr also pur eigentlich heraus kommet.[72]

Dabei erscheint nicht nur das bekannte Konzept des Siegelabdrucks wieder, das erstmals zu einem *farbigen* Abdruck hin modifiziert wird, sondern auch der Anspruch auf die „Warheit" des Wahrgenommenen und Dargestellten, der durch das „eigentlich" bekräftigt wird.[73] Ähnlich formuliert Sandrart kurz darauf: „ES ist/ zwischen der Zeichenkunst und Mahlerey/ eine Vergleichung wie zwischen Leib und Seele: weil/ durch die Farben/ die todte Striche der Zeichnung erst recht auferwecket/ rührend und lebendig gemacht werden."[74]

Entgegen Positionen, denen die reine Umrisszeichnung als wichtigstes Darstellungsmedium des ideellen Gehaltes gilt, finden für Sandrart, in Anlehnung an van Mander formuliert, erst in farbiger Malerei „Leib und Seele" zusammen.[75] In einem Vergleich mit Dichtkunst und Musik kehrt er die Deutung der Zeichnung als Darstellungsmedium der *Idee* um:

72 TA 1675, I, Buch 3 (Malerei), 70 f., hier 71.

73 Vgl. zum Verhältnis von Zeichnung und Farbe bei Sandrart auch Gerstl, 892, und Heck, *Théorie et pratique*, 329, mit Blick auf Félibien (vgl. Kap. 5). Zur Frage, ob Sandrart eine präklassizistische Theorie vertreten habe, wobei gerade seine Wertung des *coloris* berücksichtigt werden müsse, vgl. Heck, *Théorie et pratique*, 322 f.

74 *Vom Wohl-Mahlen*, TA 1675, I, Buch 3 (Malerei), 72.

75 Der Vergleich mit „Leib und Seele", demzufolge erst die Farbe den „todte[n] Striche[n]" Leben verleiht, findet sich im *Schilderboek* Karel van Manders: „Falls nach gewöhnlichem Ausspruch das Zeichnen mit dem Körper mit seinen verschiedenen Gliedern zu vergleichen ist, so wird das Malen nicht ungeschickt mit dem Geist oder der Seele verglichen. Denn durch die Farben erhalten die toten Striche der Zeichnung Leben und Bewegung und wird ihnen die rechte Auferweckung gegeben. [By den Gheest oft de Siele zijn gheleken: // Want door verwen worden de doode streken // Der teyckeninghen te roeren en leven/ // En de rechte verweckinghe ghegheven]" – *Das Lehrgedicht des Karel van Mander. Text, Übersetzung und Kommentar nebst Anhang über Manders Geschichtskonstruktion und Kunsttheorie*, von Dr. R. Hoecker. Haag 1916, 264 f.; 12. Kapitel: *Van wel schilderen/ oft coloreren – Vom Malen.* – Vgl. dazu auch Heck, *Théorie et pratique*, 158, die darauf aufmerksam macht, dass Sandrart gerade in jenen Passagen van

> Also werden auch diese beyde Künste/ von den Poeten/ der Sing= und Reim-Kunst verglichen: weil die Poesy der Musik/ wie das Mahlen der Zeichnung/ die Seele gibet/ und durch die *Coloriten* das Strichwerk/ ja so schön/ als der Gesang und Kunstklang durch geistige Reimgedichte/ gezieret und gleichsam belebet wird. (TA 1675, I, Buch 3 (Malerei), 72)

Sandrart gilt Farbe als die belebende „geistige" Komponente, die mit „Reimgedichte[n]" verglichen wird; die „todte[n] Striche der Zeichnung" entsprechen nur dem „Kunstklang".

8.6 Die theologisch-ästhetische Legitimation der Künste

Die für Sandrarts Denken charakteristischen Wertungen von Farbgebung einerseits und Licht-und-Schatten-Verteilung andererseits begegnen bemerkenswerterweise auch im Kontext seiner theologischen Legitimationsversuche der Künste, bei denen sich andere Autoren stets auf den *disegno* der göttlichen Schöpfung des *deus artifex* beriefen (vgl. Kap. 4.5). Bei Sandrart führt dieser keinen Zirkel, sondern einen Pinsel. Zu Beginn seines Buches über die Künstler-Leben[76] findet sich mit dem Marginaltitel „Der erste Erfinder der Bildhau- un[d] Mahlerey=Kunst/ ist Gott/ der Schöpfer aller Dinge" eine theologische Rechtfertigung der Bildenden Künste.

Bevor man, wie es bisher stets gehandhabt wurde, einzelnen Völkern die Erfindung der Künste zu- oder abspreche, müsse man festhalten, dass

> der ur-erste Erfinder/ wie alles Guten/ also auch dieser Künste/ der Allerhöchste GOtt und Schöpfer Himmels und der Erden [ist]. Dieser grosser [!] Bau= und Erz-Meister aller Dinge hat erstlich / durch sein Wort und Geist/ das Liecht hervorgebracht/ und damit die finstere Tieffe des ungeformten *Chaos* beleuchtet. Nach diesem hat er den erschaffenen Himmel mit hellglänzenden Liechtern/ und die Erde mit tausendfärbigen Baum=Blüten/ Kräutern und Blumen/ gezieret/ auch alles in Liecht und Schatten/ zur al-

---

Mander aufs genaueste folge, in denen die Beiträge Albertis (auf dem Umwege über die Übersetzung von Rivius), Gauricus' oder Leonardo da Vincis am wichtigsten seien. Äußerst getreu übernehme Sandrart all diese Passagen und unterdrücke dabei lediglich die von van Mander zitierten Beispiele und dessen „digressions" (Heck, *Une compilation ou une relecture*, 250).

76 „Der Teutschen Academie Zweyter Theil/ Von der alt= und neu-berühmten Egyptischen/ Griechischen/ Römischen/ Italiänischen/ Hoch= und NiederTeutschen Bau=Bild= und Mahlerey-Künstlere Lob und Leben." Darin: „Der Teutschen Academie/ Zweyten Theils/ Erstes Buch/ Von der ur-alt-berühmten Egyptischen/ Griechischen und Römischen Ersten Kunst-Mahlere Leben und Lob. Vorrede", 1.

lerschönsten Vollkommenheit/ eingerichtet/ [Marginaltitel: Die Erde das erste und vollkom[m]enste Gemälde.] und an der Erde/ durch Erhöh= und Vertieffung der Berge und Thäler/ den herrlichsten Bau vorgestellet/ und also eine vollkommene Zeichnung und Mahlerey in die Natur geleget. (TA 1675, II, Vorrede, 1)

Wie im Abschnitt zu den Komponenten der Malerei gezeigt, misst Sandrart der Lichtverteilung die größte gestalterische Relevanz bei: In seiner Schilderung folgt auf die Emanation des Lichtes aus dem göttlichen Logos (dem *disegno*) ein Schaffensprozess, in dem die fortschreitende „Beleuchtung“ der Schöpfung Gestalt für Gestalt aus dem Dunkel schält; selbst die Schöpfung von Bergen und Tälern wird mit Termini benannt, die ihre „Erhöh= und Vertieffung“ wie eine Schöpfung mit dem Pinsel wirken lassen. Der *deus artifex* hat also von allem Anfang an „eine vollkommene Zeichnung und Mahlerey in die Natur geleget“, wobei Sandrarts doppelter Begriff der „Zeichnung“ deutlich wird, der hier sowohl (bildlich) die konkrete Gestalt als auch das ideelle Konzept aller Dinge meint. Der Künstler, so er der oben als Leitprinzip gepriesenen Natura nur Folge leisten will, kann sich auf den göttlichen *primus pictor* berufen.[77]

8.7 Die Ursprungslegenden der Kunst in der *Teutschen Academie*

Nach diesen theologisch-kunsttheoretischen Spekulationen geht Sandrart zu den wohlbekannten Ursprungslegenden über. „*Gyges Lydius* in Egypten“ sei „[n]ach der Aussage *Plinii*“

der erste gewesen/ der ein Bild gezeichnet. Er soll hierzu veranlasset worden seyn/ als er/ beym Feuer stehend/ seinen Schatten ersehen: da er dann/ mit einer Kohle/ an der Wand sich selber abgerissen. Also haben auch andere von dem Schatten derer/ so in der Sonne stunden/ die äuserste [!] Linien abgezeichnet/ wie *Quintilianus* schreibet/ und das/ mit *Lit. B* bezeichnete und hie beygefügte Kupferblatt weiset.[78]

77 Neben dem Marginaltitel „Der Mensch die erste un[d] bäste *Statua*“ führt Sandrart die Parallelisierung von göttlicher Schöpfung und künstlerischem Schaffensprozess fort. Schließlich habe Gott mit dem Menschen „die erste und allerfürtrefflichste *Statue*, aus einem Erd-Klosse/ *plasmi*ret und gebildet/ und dardurch ein gewisses und unfehlbares *modél*, *Idea* und *exemplar* der Bildhauerey aufgestellet.“ Mit der Schaffung des Menschen entsteht die ihm selbst als Gestalt eingeborene „Idee“ des plastischen Kunstwerks, für die Sandrart hier gleich drei nicht eingedeutschte Begriffe anführt: „*modél*, *Idea* und *exemplar* der Bildhauerey“.

78 TA 1675, II, Vorrede, 2. – Zu Sandrarts künstlerischem Anspruch besonders in der zugrundeliegenden Zeichnung zum ‚Ursprung der Kunst‘ vgl. Meurer, *Zu Her-*

Sandrart führt auch die Geschichte der Töpferstochter an (und nennt u. a. Alberti als Quelle):

> Etliche machen die Liebe zur ersten Erfinderin dieser schönen Wissenschaft/ wann sie wollen/ daß ein verliebtes Mägdlein/ nämlich die Tochter des *Dibutade Stovigliaio*, eines ungemeinen irdenen Geschirr-Arbeiters/ den Schatten ihres von ihr in ferne Länder scheidenden Liebsten an der Maur/ vermittelst eines Latern=Liechts/ erblicket/ desselben Angesicht zu Behuff ihrer Gedächtnis/ mit Kohlen umrissen/ nachgezeichnet/ und also diese Zeichnungs=Kunst erfunden haben solle/ wie von diesen mancherley Meinungen handeln *Leo Baptista Alberti lib. 1 della Pittura*, *Cœlius Rhodiginus* und andere. (TA 1675, II, Vorrede, 3)

Die Abbildung (vgl. Abb. 5) illustriert gleichberechtigt beide Varianten (dabei den Kontrast von Tag und Nacht, natürlichem und künstlichem Licht inszenierend). Wichtiger als alle Mythen ist Sandrart jedoch der ursprüngliche Schaffens-Impuls im Menschen: Der „Erz-Ursprung dieser Künste“ sei

> die menschliche Natur selber/ auch deren erste *Idea, modell* und *exemplar* der erschaffene herrliche Bau dieser grossen Welt/ und der wahre Lehrmeister hierin[n] das übernatürliche Liecht des Verstandes gewesen/ welches/ aus sonderer Gnade/ die him[m]lische Allmacht den Menschen eingegossen und ertheilet. Und durch solches Liecht ist der Mensch/ als deren Oberherrscher/ über alle unvernünftige Thiere erhoben/ ja Gotte selber/ gewisser massen/ gleich gebildet und gestaltet worden.[79] (TA 1675, II, Vorrede, 4)

---

stellung, Vermarktung und Verkauf der ‚Teutschen Academie‘, 116. Zum Stecher, Georg Andreas Wolfgang (1631–1716), vgl. die Angaben bei sandrart.net: http://ta.sandrart.net/de/person/view/3049; 02.12.2013 – Auf Gyges kommt Sandrart nochmals kurz zurück: „die erste Mahlerey ware eine geraume Zeit nur ein bloser Umriß/ und hieße bei den *Latin*ern *Linearis Pictura*, in gezogenen Linien bestehend.“ Es sei „der *Lydi*sche *Gyges* […] der erste gewesen […]/ der die Zeichen-Kunst herfürgebracht […] habe/ da er im *profil* seinen selbst-eigenen Schatten/ an der weisen Wand/ mit einer Kohle/ die er vom Feuer genommen/ abgerissen […].“ (TA 1675, II, Buch 1 (antike Künstler), 13.)

79 Dass der Ursprung im menschlichen Geist selber liege, zeige sich darin, dass selbst Kinder entlegener Gegenden zum Zeichnen kämen: „Wieviel mehr ist glaublich/ daß die erste Menschen/ welche um soviel vollkommener am Verstand/ je näher sie noch ihrem ersten Göttlichen Ursprung gewesen/ daß sie/ sage ich/ durch Anleitung der Natur und Verstandes/ aus den vielfältigen schönen *Ideen* und *modell*en des erst-aufgeführten Welt-Gebäudes/ diese löbliche Künste/ die nichts anders als eine Nachahmung und Folge der Natur sind/ abgesehen/ auch nach und nach verbässert/ und zu endlicher Vollkommenheit gebracht haben.“ (TA 1675, II, Vorrede, 4.)

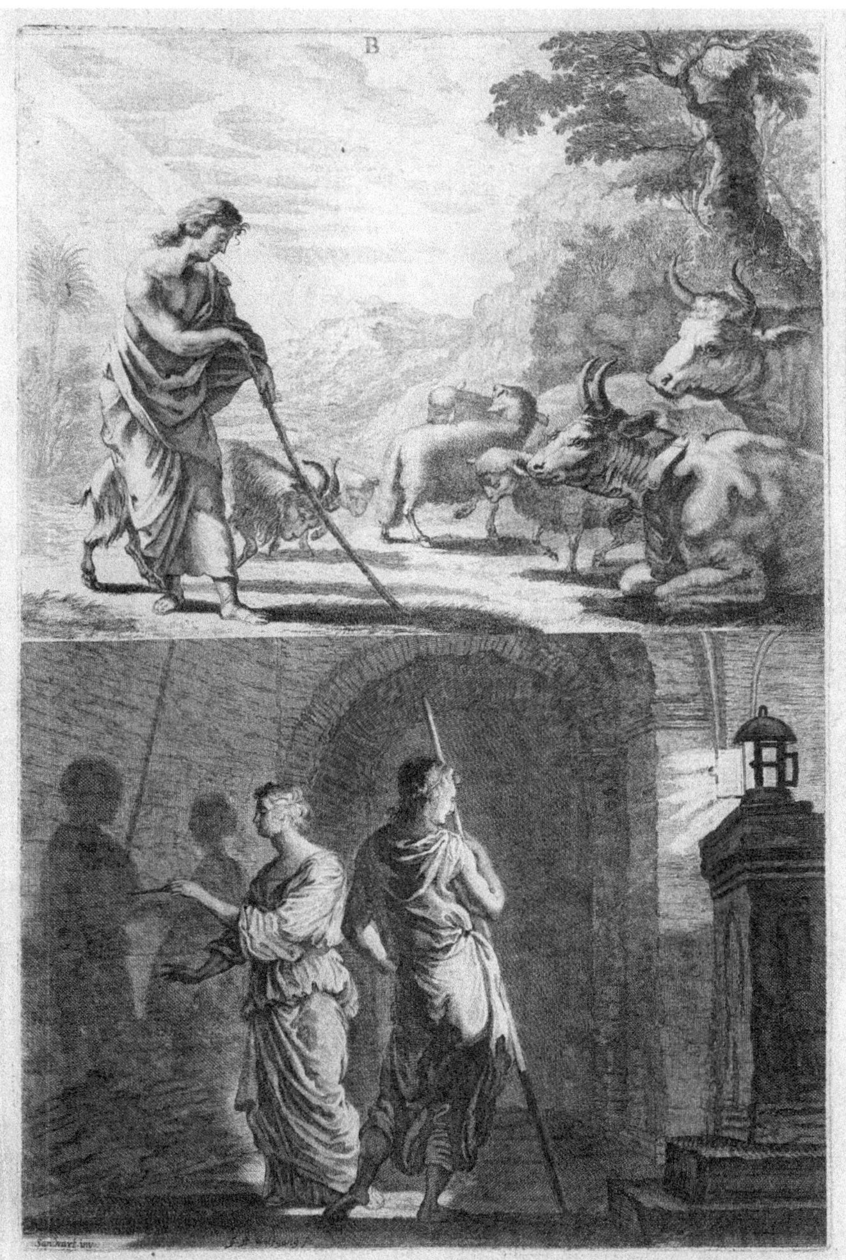

Abb. 5 Joachim von Sandrart: *Teutsche Academie* 1675, II, Vorrede, Tafel B (nach S. 2). © Städel Museum, Frankfurt am Main.

Wie bereits in der italienischen *disegno*-Tradition klingt hier die Parallelisierung von göttlichem Logos, Licht und letztlich auch Zeichnung an, da das Licht auf deren legendäre Ursprungssituation verweist.[80]

8.8 Die Umrisskunst des Parrhasius bei Sandrart

Was die bei Plinius gelobten Kunstheroen der Antike betrifft, so finden sich Übertragungen der entsprechenden Passagen auch bei Sandrart. Über Parrhasius erfährt der Leser der *Teutschen Academie* gemäß dem *locus classicus:*

> Er war der erste/ so die Gleichheit/ Ebenmaß und Gestalt eines menschlichen Angesichts wol treffen/ das Haar künstlich ausmachen/ auch die Schönheit und Rundigkeit des Halses/ samt dem freundlichen Lachen des Mundes beobachten kunte. (TA 1675, II, Buch 1 (antike Künstler), 21)

Dann kündigt der Marginaltitel „War kunstreich mit Gesicht= und Haarbilden/ auch einen Umriß zu machen" seinen stets besonders hervorgehobenen Ruhm an:

> Es wurde ihm auch/ von dem Urtheil aller damals-lebenden Mahlere/ das Lob gegeben/ daß er der verständigste gewesen/ einen schönen Umriß zu machen und sein Werk vollkomen auszuführen/ welches doch/ in unsrer Kunst/ eines der schweresten und fast unmöglichsten Dinge ist. Dann des Menschen nackenden Leib/ nach allen Gliedmassen/ und mit gutem Umriß/ absonderlich den innern Theil/ in seiner Vollkommenheit für zu stellen/ erfordert Kunst und Geist. Man findet ja/ die hierinn *excell*iren/ aber derer/ die einen vollkommenen schönen Haupt-Riß zu machen wissen/ werden wol gar wenig gefunden. Dann der äußere Umriß muß ein Bild so rund und gut vorstellen/ daß man darinn mehr sehe/ als darinn zu seyn scheinet/ ja daß daraus herfür scheine/ was darunter verborgen ist. (ebd.)

Zum einen bekommt der Passus schon im Munde eines selbst praktisch tätigen Künstlers einen anderen Klang als in rein antiquarischen Schriften, zum andern aber ergänzt Sandrart den Text bzw. verschiebt Versatzstücke, so dass die bei Plinius überlieferten Sätze paradox erscheinen: Er übersetzt die Aussage, Parrhasius habe „in liniis extremis" den Siegespreis davongetragen, damit, er habe am besten verstanden, „einen schönen Umriss zu machen"; dann lässt er jedoch folgen, Parrhasius habe auch am besten

80 Vgl. Kap. 4 zum Licht als *disegno*-Metapher in bildlicher und schriftlicher Kunsttheorie. Vgl. auch Kap. 3 zu den theologischen Konzepten einer *circumscriptio* der Schöpfung durch Gott, der als *lumen incircumscriptum* die ganze Schöpfung durchdringt und auch den Menschen ‚illuminiert'.

gewusst, „sein Werk vollkomen auszuführen", was er vermutlich dem später folgenden Plinius-Satz „desinentis picturae modum includere" entnimmt – „dort, wo die Malerei aufhört, richtig abzusetzen" (oder „die Grenzen des Dargestellten in sich zu runden"). Dies unterschlägt er dann an der zugehörigen Stelle, was jedoch an dieser Stelle und in dieser – nicht unbedingt notwendigen – Übersetzung den Sinn dahingehend verändert, dass nicht Umrisse an sich die „größte Feinheit" („summa subtilitas") der Malerei seien, sondern nur zur vollkommenen Gesamtausführung beitragen. Das Wichtigste ist in Sandrarts Fassung statt der Umrisse an sich die Vollendung aller maltechnischen Schritte: Erst das Zusammenspiel von Farbigkeit und Licht-Schatten-Modellierung wäre für ihn, nach oben erläuterten Prämissen, „in unsrer Kunst/ eines der schweresten und fast unmöglichsten Dinge." Aus Künstlerperspektive wird der Anspruch an solche Vollkommenheit mit anderen Kategorien – Kategorien der Produktionsästhetik und der Machbarkeit – betrachtet als in der antiquarischen Kritik: An die Stelle einer „subtilitas" tritt nun die Schwierigkeit, ja Unmöglichkeit, auf die noch Sulzer sich in seiner *Allgemeinen Theorie* im Artikel über Umrisse beziehen wird (vgl. Kap. 12).

Der kryptischste Satz des lateinischen Textes – *Ambire enim se ipsa debet extremitas et sic desinere, ut promittat alia post se ostendatque etiam, quae occultat* – gewinnt bei Sandrart eine gewisse Plausibilität bzw. Verständlichkeit, und dies vielleicht gerade vor dem Hintergrund, dass Sandrart die Modellierung durch Licht- und Schattenverteilung als so wesentlich für das Gelingen der Darstellung hervorhebt und dies in den Text hineinliest, wenn er *ambire* übersetzt mit „so rund und gut vorstellen": „Dann der äußere Umriß muß ein Bild so rund und gut vorstellen/ daß man darinn mehr sehe/ als darinn zu seyn scheinet/ ja daß daraus herfür scheine/ was darunter verborgen ist."[81] Was sich bei Plinius selbst und bei anderen Übersetzern eher wie ein autonomes Linienziehen bzw. wie ein geschlossenen Konturen folgender Blick denn als ein vollplastisches Modellieren liest, klingt bei Sandrart, als rücke der „äußere Umriß" das Dargestellte aus der Bildfläche heraus, schaffe Luft um es herum und „stell[e]" es „vor" die Augen des Betrachters – wobei der Umriss paradoxe illusionistische Zauberstücke vollbringen soll, damit „man darinn mehr sehe/ als darinn zu seyn scheinet/ ja daß daraus herfür scheine/ was darunter verborgen ist".

81 TA 1675, II, Buch 1 (antike Künstler), 21. – Vgl. dagegen die wörtlichere Übersetzung bei Roderich/Winkler: „Die Kontur muss nämlich um sich selbst herumlaufen und so aufhören, dass sie anderes erwarten lässt und hinter sich auch das zeigt, was sie verbirgt." (Vgl. Kap. 2.)

Was bei Plinius ein Verweisen auf das nicht Dargestellte und ein Exponieren auch des durch den Gegenstand selbst Verborgenen ist, wird bei Sandrart zu einem Spiel mit dem Schein: *scheinbar* nur soll das Dargestellte nicht alles darstellen, aber eben auf solch (reflexive) Weise, dass man doch „darinn […] sehe", was nicht dargestellt ist. Hier ist also das Doch-Dargestelltsein scheinbar verborgen; die technische Illusion soll sich nicht als solche exponieren. Sandrart arbeitet mit rhetorischen Strategien und Kategorien, zumal, wenn er sodann schreibt, der Umriss solle bewirken, „daß daraus herfür scheine/ was darunter verborgen ist": „herfür scheine[n]" heißt, als rhetorischer Terminus, nichts anderes als Evidentia, die sich idealerweise transparent macht auf das Dargestellte hin. Es soll also mehr dargestellt *sein*, als es *scheint*, aber in dem Dargestellt-*Seienden* soll etwas Anderes, durch das Dargestellte Verborgenes, dennoch „herfür *scheine[n]*": Umrisse fungieren in Sandrarts Theorie wie ein Spiegelkabinett, das Vorder- und Rückseite, Sein und Schein, hin und wider wirft und verwirrend kaleidoskopische Perspektiven der Mehransichtigkeit eröffnet, die den Blick bündeln auf den Stellenwert des Umrisses innerhalb des Sandrartschen Denkens: Der Umriss ist dasjenige Zeichen, an dem Wahrnehmung, Auswahl und Vorstellung als Elemente des Verstandes einerseits und erste umrisshafte Darstellung als Fundament für die vollkommene Nachahmung mit Farbigkeit und Licht-Schatten-Modellierungen als Elementen der künstlerisch-technischen Praxis andererseits aufeinander treffen; der Umriss ist die Signatur der vom Künstler getroffenen Auswahl zwischen Dargestelltem und Nicht-Dargestelltem, das dennoch im Dargestellten mit darzustellen ist und somit die Signatur von Sichtbarkeit schlechthin, da Umrisshaftigkeit für Sandrart allein den gestaltenwahrnehmenden Blick, die Aufteilung von Farben zu Flächen und die Zuteilung von Licht und Schatten ermöglicht.

8.9 Der Wettstreit um die *linea* zwischen Apelles und Protogenes

Ähnliche Verfahren einer Sinn-Modifizierung durch Ergänzungen und verschiebende oder bereits im Hinblick auf eigene Argumente beeinflusste Übersetzungen wendet Sandrart auch in der Passage an, die er dem bekannten Maler-Wettstreit zwischen Apelles und Protogenes widmet; nach dem üblichen einleitenden Teil der Geschichte liest man bei Sandrart:

> *Apelles*, ein leeres Tuch auf der Staffeley erblickend/ ergriefe den Pinsel/ und zoge darauf einen sehr *subtil*en Umriß/ sagende: Sie sollte den Meister be-

> richten/ daß dieser/ so den Riß gemacht/ nach ihne gefragt hätte. Als nun *Protogenes [...]* den gemachten Umriß ersehen/ hat er alsobald des *Apelles* Hand daraus erkant/ und geschlossen/ er müße zu *Rhodus* seyn/ weilen kein anderer einen so *subtil*en Zug thun könte: Er machte aber auf selbiges Tuch/ mit einer andern Farb/ einen noch zärtern Umriß/ und befahle der alten Frauen/ daß/ wann voriger Künstler wider käme/ solte sie ihm diesen seinen Riß zeigen/ und vermelden: Dieses seye die Hand dessen/ den er suche. *Apelles* kame wider/ besahe den schönen Umriß/ und schämte sich/ daß *Protogenes* ihn in der Kunst dieses Zugs überwunden hätte: Ergriefe gleichwol den Pinsel noch einmal/ und durchschnitte mit einem neuen Riß/ und einer andern Farbe/ die zwey erste so künstlich/ daß er unmöglich fürtrefflicher gemacht werden mögen/ dabey seinen Abschied nehmend. (TA 1675, II, Buch 1 (antike Künstler), 31 f.)

Sandrart wendet hier den übersetzerischen Kunstgriff an (wie ihn auch Rivius in genau diesem Kontext vorexerziert hatte), indem die *linea[] summae tenuitatis* als ein „sehr *subtil*e[r] Umriß" übertragen wird und mit dem Fremdwort auf die folgende Vokabel vorausdeutet, die Plinius dem Protogenes in den Mund legt, um Apelles' Linie zu charakterisieren: die *subtilita[s]*, die Sandrart zunächst nur als „den gemachten Umriss" – also die *linea* bereits als gegenständlich deutend – aufgreift, dann aber das bei Plinius folgende „*tam absolutum opus*" als „einen so *subtil*en Zug" erscheinen lässt und damit das vollendete Kunstwerk mit „subtilem Umriss" gleichsetzt. Erst bei der dritten „Linie" übersetzt er das *tenuiorem lineam* als „einen noch *zärtern* Umriss" (meine Hervorhebungen), übergeht dies jedoch in der Deutung. Vielmehr scheint er das „*subtil*" übernommen zu haben, um die Ambivalenz des Lateinischen als Argument für seine Interpretation nutzen zu können: So *ergänzt* er auch bei der Rückkehr des Apelles, dass dieser dort den „schönen Umriß" betrachtete, und lässt so die Vorstellung einer gegenständlichen Zeichnung sich nach und nach im Geist des Lesers verfestigen. In gleichem Sinne übersetzt er – wie er unten ausführt, gegen die eigentlich vom Wortlaut nahegelegte Bedeutung – *secuit* bereits als „durchschnitte", an dem er dann zeigt, dass er als Künstler Plinius in Kunstdingen besser verstehe als dieser es als Laie selbst habe ausdrücken können.

Ein weiteres Mal noch folgt bei Plinius die *subtilitas* – denn so, wie Apelles die Linien „durchschnitt", ließ er für größere *subtilitas* keinen Raum –, doch dieses Mal setzt Sandrart sie wiederum mit Vollkommenheit gleich: bei ihm zeichnet Apelles einen „neuen Riß", und zwar „so künstlich/ daß er unmöglich fürtrefflicher gemacht werden mögen".

Plinius' Aussage über die in Ehren gehaltene Tafel mit den drei *lineae* dieses Wettstreits übersetzt Sandrart wiederum in seinem Sinne, wenn er schreibt, dass es „geschienen habe/ als ob nur ein raues/ leeres Tuch/ unter allen köstlichen Gemälden hienge", auf dem „nur drey gar dünne/ und fast unsichtbare Riße [...] gemahlet gewesen." – Bei Plinius ist wiederum schlicht von *linea[e] visum effugientes* („kaum sichtbare[n] Linien" (Roderich/Winkler) oder „sich dem Blick entziehende[n]" Linien) die Rede, aber wie im ganzen Text zuvor nicht von Zeichnungen oder „Rissen".

Bevor er dem weiteren Textverlauf bei Plinius folgt, fügt Sandrart nun neben dem Marginaltitel „Was des *Apelles* Linie seye" seine Schlussfolgerungen zur Frage nach der Beschaffenheit der *lineae* ein, diesem Mysterium unter den antiken Künstler-Anekdoten:

> Meine Meinung hiervon zu entdecken/ halte ich nicht darfür/ daß es schlechte gezogene Linien/ wie viele der Kunst Unverständige vermuhten/ sondern vollkommene Umriße gewesen seyen/ etwan von einem Angesicht/ Arm/ Fuß in *profil*, oder sonst eines Dinges/ die mit dreyerley Farben einander künstlich durchschnitten/ welches *Plinius*, als der Kunst unerfahren/ spalten oder zertheilen/ nennet/ auf solche Weise/ wie auch noch heutiges Tages viele Gelehrte unverständig von unsren Kunstwerken reden und schreiben. Und diese meine Meinung bekräftige ich aus dem Plinio selbst/ wann er zeuget/ daß die Kunst-Verständige sich höchlich über diese Riße verwundert hätten/ welches sie über schlechte einfache Linien nicht würden gethan haben/ ja so fürtrefliche Meistere selbsten würden über bloße Linien nicht in einen Wett-Streit/ gerathen seyn/ da ja wol mancher Schulmeister/ Schreiber/ oder anderer/ so niemals einen Pinsel angerühret/ vermittelst des Linials/ eine gerade Linie würden ziehen können/ worüber sich Kunst-Verständige nicht so hoch verwundern dörften/ aber wol über einen artigen und Kunst-reichen Umriß/ der mit verständiger Behändigkeit/ von freyer Hand/ gezogen wird/ als worinn meistentheils das fürnehmste Stuck der Zeichen-Kunst bestehet. (TA 1675, II, Buch 1 (antike Künstler), 32)

Innerhalb der beiden Hauptlinien der Deutungstradition, der philologisch-antiquarischen und der praktisch-künstlerischen, positioniert sich Sandrart deutlich als Künstler und motiviert aus diesem Selbstbewusstsein heraus die Überlegenheit seines Arguments, indem er zugleich Kritik von anderer Seite durch Disqualifizierung der nicht „professionellen" kritisierenden Instanzen abschwächt. Abgesehen davon gibt Sandrarts erläuternde Passage Aufschluss über seine kunsttheoretischen Prämissen, wenn er über den „artigen und Kunst-reichen Umriß" schreibt, in diesem bestehe „meistentheils das fürnehmste Stuck der Zeichen-Kunst". In der Verbindung „verständige[ ] Behändigkeit" findet sich komprimiert Sandrarts Ideal der Kombination von Verstand und künstlerischer Technik, von innerer und äußerer „Zeichnung"; und ‚subtil' bleibt er einerseits in Übereinstimmung mit Plinius' oben behandelten Äußerungen zur Relevanz der Umrisse am Beispiel von *Parrhasius*, ohne jedoch andererseits seinen eigenen Ansichten von der Bedeutung der richtigen Verbindung von Zeichnung, Farbigkeit und Licht-Schatten-Modellierung in der *Malerei* zu widersprechen, wenn er den Umrissen zuspricht, „meistentheils das fürnehmste Stuck der *Zeichen*kunst" (meine Hervorhebung), wohlgemerkt aber auch nur dieser zu sein.

Zuletzt lässt Sandrart noch seine Deutung des in der Kunstliteratur ebenfalls um- und umgewendeten Satzes über Apelles und seine sprichwörtliche *linea* folgen:

> Neben diesem schliese ich auch/ daß der bekandte Lehr-Spruch des Apelles:
> Nulla dies sine linea:
> Apelles hat allzeit vor einen Riß gemacht /
> Eh um die Abends-Zeit den Tag vertrieb die Nacht.
>
> nicht von einfachen Strichen oder Linien/ sondern vollkom[m]nern Umrißen und Gemälden zu verstehen sey. Es erhellet aber daraus seine große Liebe zu der Kunst/ und beharrlicher Fleiß/ indem er nicht einen Tag/ ohne nuzliche und kunstreiche Arbeit/ hat wollen vorbey gehen lassen/ wie viel groß auch seine andere Geschäfte waren. (TA 1675, II, Buch 1 (antike Künstler), 32)

Was bei Plinius nur als Bericht über Apelles' Gewohnheit steht, *quod ab eo in proverbium venit*, was durch ihn dann zum Sprichwort geworden sei, wird bei Sandrart zum akademischen Imperativ als „Lehr-Spruch",[82] dessen humanistischer Ursprung in dieser Gestalt freilich auch Sandrart nicht mehr bekannt ist (vgl. Kap. 2.3). Eine Interpretation im Sinne von Sandrarts Ansichten erfährt die Aussage jedoch besonders in den beiden sich anschließenden Versen, die vermutlich Birken beisteuerte (und die aus der *Brevitas* einer pars pro toto verstandenen *linea* eine längere Wortmalerei machen, um den „Lehr-Satz" sentenzartig zu versifizieren): Hier ist wiederum deutlich von einer gegenständlichen Zeichnung, einem „Riß" die Rede.

Für die Plinius-Referenzen lässt sich also insgesamt, wie auch im Falle von Sandrarts Vasari-Bearbeitungen, festhalten, dass auf dem Wege mitunter sinnverschiebender Übersetzungen, Umstellungen oder Ergänzungen auf subtile Weise Nuancen der Vorlagentexte im Sinne von Sandrarts

82 Matthias Winner hat darauf hingewiesen, dass Sandrart offensichtlich auch das Sprichwort „Nulla dies sine linea" als Vignette seiner *Teutschen Academie* beigeben wollte, da eine „lavierte Kreidezeichnung im Berliner Kupferstichkabinett, vielleicht von der Hand des Jacob von Sandrart", diesen Lehrsatz illustriere: Vgl. Winner, *„Ex Ungue Leonem"*, 195, zu dem Entwurf, der „[v]or dem kreisrunden Ziffernblatt der Tierkreiszeichen" den „Grenzstein *Terminus*" zeige, der „mit den drei weiblichen Köpfen der zeichnenden Künste als Gnomon seinen Schatten auf den *Zodiacus*" werfe (Winner versteht *terminus* als Synonym von *linea*).

theoretischen Prämissen umgeformt werden. Angesichts dieser textuellen Strategien lässt sich also von der *Teutschen Academie* durchaus als einer „*ars docta*" (Möseneder), einer gelehrten Kunstlehre sprechen. Dabei verfährt diese *ars* selbst nach dem Prinzip der *dissimulatio*, das Sandrart auch in der deutungsreichen Übertragung von Plinius Passage zum idealen Umriss zu umschreiben schien: Sandrarts Zitatauswahl und -Übersetzung, gleichsam der „äußere Umriss" der *Teutschen Academie*, stellen das darin entworfene „Bild" der eigenen Kunsttheorie „so rund und gut vor[]", „daß man darinn" – nämlich in den deutenden Umstellungen und Übertragungen – bereits „mehr" sieht, „als darinn zu seyn scheinet/ ja daß daraus herfür scheine/ was darunter verborgen ist." Aus Sandrarts zitierten Quellen scheinen seine Prämissen „herfür", verborgen bleibt der eigentliche Sinn der schon bei Plinius kompilierten Anekdoten und Theoreme.

8.10 Nachspiel: Die Neuausgabe der *Teutschen Academie* durch Johann Jacob Volkmann

Gegenüber den hoch reflektierten und für das Gesamtanliegen der *Teutschen Academie* konstitutiven sprachlichen Charakteristika des Texts von Sandrart und Birken erscheint die Neuausgabe der *Teutschen Academie* durch Johann Jacob Volkmann ab 1768[83] nicht nur verflachend, sondern schlicht grob verfälschend. Das zeigt eindrücklich das bei Sandrart höchst komplexe Kapitel „Von der Erfindung und Zeichnung",[84] die dort ihren „Ursprung aus der Vernunft hat" und „ein sonderbares Urtheil" erfordert, „als die *universal*-Form/ *Idea* oder *Modell* aller Dinge/ so die Natur jemals gebohren", und über die Sandrart ferner schreibt, dass aus dem ihr zu verdankenden Proportionssinn „eine gewiße *imagination*, Einbildung/ Meinung und Urtheil [entspringet]/ welches ihm der Künstler in seinem Verstand vor-formet/ und nachmals mit Kreide/ Rötel oder Kohlen/ durch die Hand/ zu Papier bringet". Dies alles lautet in Volkmanns Worten ganz glatt:

---

83 *Teutsche Academie der Bau- Bildhauer- und Maler-Kunst: worinn die Regeln und Lehrsätze dieser Künste gegeben, nicht weniger zu mehrerer Erläuterung die besten Exempel der alten und neuen Künstler in Kupfer beygefüget worden [...]*/ Zusammengetragen und mit vielen Kupfern gezieret durch Joachim von Sandrart auf Stockau. Nunmehr aber bey dieser neuen Ausgabe verändert, in eine bessere Ordnung gebracht und durchgehends verbessert von Johann Jacob Volkmann Dr. Nürnberg 1768 ff. [=Volkmann]

84 Volkmann Bd. 6 (= III, 1) [1773] I 1. Kap. Von der Erfindung und Zeichnung, 9.

> Die Zeichenkunst ist die Mutter der drey Künste, der Maler= Bildhauer= und Baukunst. Sie erfordert also, daß der Künstler seinen ganzen Fleiß, und alle Ueberlegungskraft dazu anwende, auf alle Gegenstände der Natur Acht gebe, und sich davon richtige Vorstellungen in den Kopf bringe. Durch beständiges Zeichnen, und durch die Uebung der Hand macht er sich mit allen bekannt, und erwirbt sich davon abgezogene Begriffe, die sich, wenn sie einmal dem Gemüthe wohl eingeprägt sind, der Einbildungskraft wieder darstellen, wenn der Künstler etwas mit Kreide, Röthel, oder Kohle entwerfen will. Eine lange Erfahrung und Uebung muß ihm alle Gegenstände geläufig machen. Die geschickte Wahl derselben zu einem gewissen bestimmten Endzweck beruhet auf der Erfindungskunst: und die kluge Vereinigung aller erforderlichen Gegenstände zu diesem bestimmten Endzwecke, heißt die Zusammensetzung, Composition. Nachdem nun diese Vereinigung bey einem Bilde in einem hohen Grade erreicht worden, nennt man die Zusammensetzung schön oder groß.[85]

Wo bei Sandrart jedem Satz das Ringen um die treffende Formulierung anzumerken war, stehen bei Volkmann Sätze, die durch die Schule mehrerer Jahrzehnte ästhetiktheoretischer deutscher Sprache gegangen sind: Der Künstler solle sich von den Dingen der Natur lapidar „richtige Vorstellungen in den Kopf bringe[n]“ (an Stelle einer „*universal*-Form, *Idea* oder *Modell* aller Dinge“) und durch praktische „Uebung der Hand“ abstrakte, „abgezogene Begriffe“ von ihnen erwerben, die „dem Gemüthe wohl eingeprägt“ werden müssen, um sich dann, wenn der Künstler etwas „entwerfen will“, „der Einbildungskraft wieder darstellen“ zu können. So nüchtern formuliert gestaltet sich bei Volkmann also der Vorgang der Wahrnehmung, der Vermittlung zwischen Verstand und den Sinnen und der Übergang von der „inneren“ zur „äußeren“ Zeichnung. Auch Sandrarts anschließende, in jedem Wort von Lektürereflexen italienischer Kunstliteratur geprägte Definition der Zeichnung klingt bei Volkmann ganz simpel; statt

> Hieraus ist nun leichtlich zu schließen/ daß die Zeichnung nichts anders seye/ als ein erkantlicher Entwurff/ Abbildung oder Erklärung unsers *Concepts*/ welchen wir in dem Gemüt ausgebrütet/ und der Einbildung/ als eine Form oder *Idea*, vorgestellet.

liest man nun, neben dem Marginaltitel „die Zeichnung“:

> Die Zeichnung ist also nichts anders als die Abbildung eines oder mehrerer Gegenstände nach den Begriffen welche wir davon dem Verstande eingeprägt, und nunmehr durch die Einbildungskraft gleichsam wieder hervorbringen, und mit der Hand entwerfen. (Volkmann 6, 10)

---

85 Volkmann 6, 9 f.

Während bei Sandrart das „Gemüt“ als aktives Organon des gesamten Schaffensprozesses nicht nur künstlerische „*Concept*[e]“ „aus[ ]brütet“, die sodann vom Individuum wiederum selbst aktiv der „Einbildung/ als eine Form oder *Idea*, vorgestellet“ werden, sondern auch die gesamte den Prozess beschreibende Sprache von diesem künstlerischen „Gemüt“ anscheinend erst als „*Concept*“ „ausgebrütet“ werden muss, so stehen Volkmann die fertigen, nicht erst „auszubrütenden“ „Begriffe[ ] welche wir davon dem Verstande eingeprägt, und nunmehr durch die Einbildungskraft gleichsam wieder hervorbringen, und mit der Hand entwerfen“ ebenso handlich zur Verfügung, wie es mit der konventionalisierten Kunstterminologie der Fall ist, die sich dem gelehrten Verstand eingeprägt hat. Es ist vielleicht kein Zufall, dass bei Volkmann mit dem „einprägen“ der den Verstand als rein rezeptiv und passiv kennzeichnende Begriff des Sensualismus erscheint, während Sandrart das Bild eines geradezu mütterlich-naturhaften (wie die „Zeichnung“ „Mutter“ der Künste ist) Entstehungsprozesses entwirft.

Von zeitgenössischen Problemen der Kunstproduktion hingegen ist wohl Volkmanns Überarbeitung von Sandrarts Abschnitt „Was für eine Hand zum Zeichnen erfordert werde“ geprägt. Dort wurden, in der Gründungszeit einer sich etablierenden „Teutschen Academie“ der Malerei, genaues Naturstudium und eine durch ständiges Nachbilden geübte Hand als Bedingung gelungener Kunst gefordert:

> Dann wann der Verstand seine wol-ausgesonnene *Concepte* heraus lässet/ und die Hand/ durch vieler Jahre langen Fleiß in zeichnen geübet/ solche nach der Vernunft zu Papier bringet/ so wird die vollkommene Vortrefflichkeit so wol des Meisters/ als der Kunst/ verspüret. (TA 1675, I, Buch 3 (Malerei), 60)

Zu Volkmanns Zeit hingegen haben sklavische Nachahmung und klassizistische Normen zu einer Erstarrung der Kunst geführt, so dass hier neben einem Postulat auch eine Warnung steht:

> Zur Zeichnung wird ein langer anhaltender Fleiß, und eine unaufhörliche Uebung nothwendig erfordert, um eine feste hurtige Hand zu bekommen, sonst wird man derselben allemal ein ängstliches studirtes Wesen ansehen. Die größten Meister haben sich deswegen beständig darinn geübt. Je mehr die Zeichnung aus der Idee der Natur nahe kommt, desto geringern Unterschied merkt das Auge zwischen der Natur und der Nachahmung, und desto vollkommener ist dieselbe. (Volkmann 6, 10)

Dennoch scheint gerade Volkmanns Nachsatz zur Übereinstimmung von Idee und Natur gerade wieder die Gefahr des „ängstliche[n] studirte[n] Wesen[s]“ in sich zu bergen – und dies war auch nicht eigentlich die Aussage

Sandrarts gewesen, der nur von „wol-ausgesonnene[n] *Concepte[n]*" und Entwürfen „nach der Vernunft" spricht, aber eher im Sinne von deren (zuvor genannter) innerer Stimmigkeit (*proportion*). Wie in der Eingangsvignette die Natura als Lehrmeisterin der Künste gepriesen worden war, so stellt sie auch hier als bildendes *Prinzip* das Vorbild des Künstlers dar: Er soll *der* Natur und ihrem Bilden nachahmen, nicht aber nur *die* Natur nach vorher davon gesammelten und verinnerlichten Ideen eines makellosen, jedoch sterilen Klassizismus.

Eine zeitgenössische Überformung erfährt bei Volkmann auch der Abschnitt zur „Skizze":

> Es gibt verschiedne Arten von Zeichnungen, nachdem solche mehr oder weniger ausgeführt sind. Wenn man eine Zeichnung erst überhaupt entwirft [...], so nennt man es eine Skizze (von dem Italiänischen Kunstworte *Schizzo.*) Aus diesem allgemeinen Enttwurf siehet der Künstler was an seinen ersten Ideen zu verbessern ist; er ändert die Fehler, vergrössert die kleinen Figuren, giebt ihnen eine andere Stellung, damit das Ganze die gehörige Uebereinstimmung erhalte. Hier muß er alle Ueberlegung anwenden, weil darauf das Schöne in der Zusammensetzung beruhet, und alle seine Erfindungskraft zusammen nehmen, damit er den höchsten Grad der Vollkommenheit in diesem Puncte erreiche. Weil dergleichen Skizze [!] die ersten Gedanken sind, die der Meister in der Hitze der Einbildung entwirft, und auf die Leinwand bringt, so werden sie von Liebhabern, zumalen wenn sie von der Hand berühmter Künstler kommen, fast eben so begierig als die Gemälde selbst ausgesucht. (Volkmann 6, 10)

In diesem Abschnitt scheint sehr viel mehr Genie-Ästhetik enthalten zu sein als Sandrartisches Denken, zumal der Passus ergänzt wurde. Sulzer preist Handzeichnungen beispielsweise, da sie „in dem vollen Feuer der Begeisterung verfertiget werden, dem wahren Zeitpunkt, da der Künstler mit der größten Lebhaftigkeit fühlt, und am glücklichsten arbeitet", weshalb „das größte Feuer und Leben darin" sei (vgl. Kap. 12). Sandrart hingegen schrieb:

> Diese erste Erfindung [die Skizze oder der „Abriß"]/ bildet den *Concept* und die *Idea* des Verstandes/ und machet/ nur mit einem groben Entwurf/ die Form und Eintheilung des künftigen Gemäldes. Aus solchem schlechten Entwurf/ ersihet der Künstler die Fehler/ so er zu vermeiden hat/ ergrößert zum Theil die kleine Figuren/ und stümmelt die großen/ nach dem Ebenmaß der Vernunft/ damit alles in eine rechte *proportion* komme. Dann diese *Correctur* oder Verbässerung/ welche nachfolglich geschehen soll/ mus zuvor in dem Verstand/ durch Uberleg- und Erwägung der Fehler/ ausgekocht und erzogen werden. [...] Aus diesem langen *discurri*ren und nachsinnen des Verstandes/ wird nach und nach die Erfahrenheit und Gewonheit reiff und zeitig. (TA 1675, I, Buch 3, 60)

Wiederum werden die vielen Wendungen, die Sandrart braucht, um das „*discurri*ren und nachsinnen des Verstandes" bei „Überleg- und Erwägung der Fehler" auszudrücken, bei Volkmann zu einer schlichten Handlung: „er ändert die Fehler" und muss (immerhin) „alle Ueberlegung anwenden [...] und alle seine Erfindungskraft zusammen nehmen"; doch der Satz hat seine abbildende Funktion als Schmelztiegel zugleich der Rede über die Kunst als auch der in ihr darzustellenden Theoreme eingebüßt.

Eine gefestigte deutschsprachige Kunstterminologie lässt sich besonders an den Erläuterungen (mit dem Marginaltitel „Umriß") zur Bedeutung der Umrisszeichnungen für die einzelnen Künste ablesen:

> Eine andere Gattung von Zeichnung ist der Umriß mit blossen Linien angezeigt, ohne daß etwas hineingezeichnet wird. Diese sind zwar auch in der Malerey und Bildhauerey üblich, besonders aber in den Rissen der Baukunst, deren Zeichnung bloß in Linien bestehet, nach welchen das Modell verfertiget wird, zu gebrauchen. (Volkmann 6, 10)

Bei Sandrart wurde diese Art der Zeichnung geradezu lautmalerisch, den Verlauf der Linien nachziehend, beschrieben als „um und um mit Linien umzogen"; die bei Sandrart angeführten Alternativen, dass diese Zeichnung „*Profil*, Umriß oder Liedmaß genennet" werde, entfallen zugunsten des konventionalisierten Terminus „Umriß". Bei Volkmann wiederum ist die bei Sandrart allgemein als „Zeichnung" bestimmte Grundlage der Architektur nun mit dem Terminus „Rissen der Baukunst" belegt; Sandrarts Hinweis auf „Anfang und Ende" der Architektur in den Linien, die daher hier auch Lineamenta hießen („weil deren Zeichnung allein in Linien bestehet/ als ihrem Anfang und Ende/ daher sie auch den Namen bekommen") kann und muss somit entfallen, da die deutschen „Risse" durch Sinnverengung und Spezialisierung die „Lineamenta" bereits verdrängt haben.

Bei Sandrart ist der Passus zur Relevanz der Umrisszeichnungen für die Malerei neutral gehalten, wenn er schreibt, dass ihr „diese Zeichnungen auf unterschiedliche Manier [dienen]/ absonderlich von jeder Figur oder Bildnis einen Umriß zu machen", der, wenn er „gut/ just und nach *proportion* geschihet" dazu führt, dass „der Schatten und das Liecht/ welches nachmals beyfüget/ eine Ursach [sind]/ daß die *lineamenten* oder Striche der Figur/ welche man bildet/ besonders erhoben heraus kommen/ und an dem ganzen Bild eine beliebliche Güte und Vollkommenheit erhellet." Volkmann hingegen akzentuiert die Funktion der Umrisse stärker:

> Den größten Nutzen aber haben die Zeichnungen der Umrisse in der Malerey. Denn wenn diese richtig gefunden, und in gehörigem Verhältnisse angebracht

> sind, so darf man nachgehends nur Schatten und Licht hineinbringen, wodurch der Umriß die gehörige Erhebung und Rundung erhält, und die Zeichnung zu einem schönen Gemälde wird. Wer im Stande ist einen guten Umriß einer Figur zu entwerfen, dem wird es leicht fallen, alle übrige Theile der Zeichenkunst zu erlernen, und meisterhaft auszuüben. (Volkmann 6, 10)

Sofern er mit „Zeichenkunst" im letzten Satz nicht alle Künste des *disegno* meint, engt er allerdings Sandrarts Schluss ein, bei dem von „allen diesen Künsten" die Rede war:

> Wer nun diese Linien wol zu brauchen und anzuwenden weiß/ wird mit der Zeit/ durch stätige Ubung und reiffe Vernunft/ in allen diesen Künsten ein vollkommener Meister werden. (TA 1675, I, Buch 3 (Malerei), 60)

Vor allem aber ändert Volkmann Sandrarts eigentliche Akzentuierung „diese[r] Linien", denn Sandrart betonte ja an dieser Stelle besonders das jeweilige Zusammenspiel von Umrisszeichnung, Licht- und Schatteneffekten, nicht aber den Primat des Zeichnerischen.

8.11 Strichmännchen: Die *linea* des Apelles bei Volkmann

Volkmanns Überarbeitung von Sandrarts Maler-Episoden in Anlehnung an Plinius zeigt besonders deutlich, wie aus seinem Bemühen um eine aktualisierte und entschlackte Sprache eine wenig aussagekräftige und reichlich erkältende Sachprosa resultiert. So heißt es dort an den oben zitierten Stellen jener Anekdote zum Wettstreit zwischen Apelles und Protogenes (Volkmann 7, 40 f.) zunächst immerhin (wenn auch schon verändernd), Apelles habe „mit dem Pinsel einen sehr feinen Umriß" (linea) gezogen, doch danach ersetzt Volkmann mehrfach Sandrarts Varianten „Umriß" oder „Riß" durch das farblose Wort „Striche". Protogenes folgert also, „keiner könne sonst einen so feinen Strich machen" wie Apelles, und zieht selbst „noch einen feinern Strich", wobei einerseits das ambivalente, suggestive „subtil" oder „zärter" durch das Adjektiv „feiner" ersetzt wird, andererseits aber zudem die äußerst neutrale Vokabel „Strich" geradezu im Widerspruch zu Sandrarts Überzeugung von einer gegenständlichen Zeichnung zu stehen scheint, wenngleich auch Volkmann danach schreibt, dass Apelles „die feinere Zeichnung sahe" und also immerhin doch eine „Zeichnung" erwähnt, dann aber wieder berichtet, dass Apelles „in diesem zweyten Striche einen noch weit feinern mit einer neuen Farbe [machte], mit solcher Geschicklichkeit, dass es unmöglich war ihn zu übertreffen". Die Vorstellung eines „Strich[s]", der mit so unübertrefflicher

„Geschicklichkeit" gezogen wurde, hat etwas ausgesprochen Widersprüchliches (Volkmann 7, 40).

In gleichem Duktus äußert sich Volkmann über die noch lange danach bewunderten *linea[e] visum effugientes* (Volkmann 7, 41), die „drey dünne[n] Striche" (bei Sandrart „drey gar dünne/ und fast unsichtbare Riße") auf der Tafel, von denen auch er sagt, es habe sich nicht um „blosse gerade Linien" gehandelt, sondern eher um Umrisse von einer menschlichen Figur oder sonst einer Sache, und „daß in diese Zeichnung immer eine feinere hinein gemacht worden". Denn „einen geraden Strich könnte ein jeder ziehen, aber in eine freye Zeichnung dünnere Striche zu machen, dazu wird mehr Kunst erfordert." Wiederum irritiert die Vorstellung einer so kunstvollen „Strich"-Zeichnung; Sandrart sprach an dieser Stelle auch gar nicht von der Leistung, noch „dünnere Striche" zu ziehen, sondern „über einen artigen und Kunstreichen Umriß/ der mit verständiger Behändigkeit/ von freyer Hand/ gezogen wird/ als worinn meistentheils das fürnehmste Stuck der Zeichen-Kunst bestehet." Volkmann geht von seinem Lob der Striche nun über zu seiner Wertung der Apelles zugeschriebenen Maxime. Da die besprochenen Strich-Zeichnungen so viel Kunst verlangten, müsse man in diesem Sinne auch den Wahlspruch des Apelles

> *Nulla dies sine linea, kein Tag ohne Strich,*
> nicht von blossen Strichen verstehen [...].

Man vergleiche nun einerseits den barock-wuchernden „Lehr-Spruch des *Apelles*" in der wohl von Birken versifizierten Fassung[86]

> *Apelles* hat allzeit vor einen Riß gemacht/
> Eh um die Abends-Zeit den Tag vertrieb die Nacht.

und andererseits Volkmanns auf ein Minimum an Stilistik reduziertes „kein Tag ohne Strich" und frage sich nicht nur nach Qualität und Leistung eines solchen Sprechens über Kunst (zwischen Suggestion und Sachlichkeit), sondern auch, wie die Variante zu den Prämissen in diesem Kapitel der *Teutschen Academie* steht, wo Sandrart immerhin anschließt, die Maxime sei eben „nicht von einfachen Strichen oder Linien/ sondern vollkom[m]nern Umrißen und Gemälden zu verstehen". Und welche „große Liebe zu der Kunst/ und beharrlicher Fleiß/ indem er nicht einen Tag/ ohne nuzliche und kunstreiche Arbeit/ hat wollen vorbey gehen lassen", sprechen aus dem „Wahlspruch" „kein Tag ohne Strich"?

---

86 TA 1675 II, Buch 1 (antike Künstler), 32. Vgl. auch den Kommentar ad loc.: http://ta.sandrart.net/de/text/232; 02.12.2013.

Wie sehr die Perspektive Sandrarts als die eines bildenden Künstlers von der nüchternen Ansicht Volkmanns verschieden ist, der sich wohl als „Kenner" selbst mitbezeichnet, zeigen die bei letzterem überarbeiteten Aussagen über Parrhasius und die Leistung der Umrisslinie: Der dafür viel gepriesene antike Maler habe

> sowohl einen guten Umriss zu zeichnen, als ihn nachgehends sehr fleißig auszumalen gewußt. Einen guten Umriss ohne Tadel zu machen, ist unstreitig eines der schwersten Stücke der Malerey. Er muss die ganze Stellung und Beschaffenheit schon anzeigen, ehe er ausgemalt wird, und der Kenner muss daraus schon schliessen können, wie das ausgeführte Bild beschaffen seyn werde (Volkmann 7, 30)

An Stelle der bei Sandrart fluktuierenden Sätze, die das Illusionistische und zugleich Elusive des Umrisses vergegenwärtigen und mit dem Wechselspiel von Schein und Sein, Offenbaren und Verbergen operieren, steht bei Volkmann der an akademischen Mustern geschulte und nur Erwartbares ergänzende Blick des „Kenner[s]", für den der Umriss ein fixes stenographisches Zeichen, eine Abbreviatur des „ausgeführte[n] Bild[es]" ist, während für Sandrart der Umriss konstitutives Moment der „Vorstellung" als Inbegriff der künstlerischem Leistung ist, mit ihren Mitteln etwas (re)präsentieren zu können, und als solches geradezu ehrfürchtig und mit tastenden Sätzen umschrieben wird, in denen der immer neue Zauber und das Geheimnis dieser gelingenden scheinbar-seienden Gegenwart einen Ausdruck findet.

9. Contoure, Lineamente und ‚Eindrücke' in Konzepten „poetischer Mahlerey" bei Gottsched, Breitinger und Bodmer

9.1 Johann Christoph Gottscheds Definition der *Hypotyposis*

In der zweiten Hälfte des 18. Jahrhunderts werden Umrissphänomene auf vielfache Weise als ästhetische und besonders literarische Reflexionsfigur ausgestaltet. Zwei Konzepte, die hierbei variiert werden, sind in den Schriften der Aufklärungspoetik grundlegend formuliert worden. Es handelt sich dabei erstens um das linear-sukzessive Moment der Umrisse, welches den Theoretikern der ‚poetischen Mahlerey' als Vermittlungsinstanz zwischen Darstellungs- und Wirkungsweisen von Bildender Kunst und Literatur dient.[1] Zweitens handelt es sich um das Konzept der ‚Einprägung' in die Seele des Betrachters bzw. Lesers oder Zuhörers, das von den empiristischen Studien Lockes beeinflusst ist.[2] Es verweist zugleich auf die seit der antiken Wahrnehmungstheorie überlieferten und durch Franciscus Junius kunsttheoretisch reaktualisierten Traditionen, dessen Schrift *De pictura veterum* signifikanterweise subtil zwischen Poetisch-Rhetorischem und Bildender Kunst operiert (vgl. Kap. 5). So bereitet dieses Konzept den Boden für Karl Philipp Moritz' Theorem von der „*Spur* auf

1 Zur „Poetischen Mahlerey" bei Bodmer und Breitinger vgl. Carsten Zelle, ‚*Vernünftige Gedanken von der Beredsamkeit' – Bodmers und Breitingers ästhetische Schriften und Literaturkritik*, in: Anett Lütteken/Barbara Mahlmann-Bauer (Hg.): *Bodmer und Breitinger im Netzwerk der europäischen Aufklärung.* Göttingen 2009, 25–41, hier 37–41.

2 Vgl. Bruno Markwardt (*Grundriss der Germanischen Philologie 13/II: Geschichte der deutschen Poetik von Bruno Markwardt. Band II: Aufklärung, Rokoko, Sturm und Drang.* Berlin [2]1970), 87, zu einer Beeinflussung Bodmers durch Lockes' *Thoughts concerning Education* (1693) und durch Addison und den *Spectator* mit den *Pleasures of the Imagination.* Bodmer zitiert Lockes „vortreffliche[s] Buch von dem menschlichen Verstande" mit der „artigsten Parabel" über den Vorzug der Malerei vor der Skulptur, bemerkt jedoch, der Dichter übertreffe beide, weil die Worte, mit denen er seine Bilder erzeuge, „nicht nur unfühlbar sondern auch unsichtbar sind" und er „mit einer Schrift in die Phantasie aller seiner Leser mahlet." (Jacob Bodmers *Critische Betrachtungen über die Poetischen Gemählde Der Dichter.* Mit einer Vorrede von Johann Jacob Breitinger. Zürich 1741, 32 ff.)

dem Grunde der Einbildungskraft" als dort freilich radikal amimetische „Signatur des Schönen" (vgl. Kap. 16).

Zentraler Stellenwert kommt innerhalb der Aufklärungspoetik und -rhetorik den Idealen der *Klarheit* und *Deutlichkeit*[3] und damit besonders der rhetorischen Kategorie der *Evidentia* zu. Vor diesem Hintergrund ist der – späte – Eintrag zur „*Descriptio oder Hypotyposis*" in Gottscheds *Handlexicon*[4] von Interesse:

> *Descriptio oder Hypotyposis*
>
> die Beschreibung, ist eine Figur in ganzen Sprüchen, darinnen man eine lebhafte und ausführliche Abbildung von einer Sache giebt, und sie dem Zuhörer gleichsam vor Augen malet. Bey der Aussprache dieser Figur muß ein Redner dieses beobachten, daß er bey dem Anfange jedes Theiles, die Stimme gewissermaßen erhebe, oder verändere; damit es der Zuhörer wahrnehme, wie vielerley er zu merken habe. Doch muß er mehr langsam und gelassen, als hurtig fortreden.[5]

Während hier die „*Hypotyposis*" im Sinne der rhetorischen *evidentia* verstanden wird, die in der Lehrbuchliteratur des 18. Jahrhunderts „[f]ast

---

3 Zum Verhältnis von „Klarheit" und „Deutlichkeit" in erkenntnistheoretischer und poetologischer Perspektive der Aufklärung vgl. Helmut Holzhey: *Befreiung und Bindung der Einbildungskraft im Prozess der Aufklärung*, in: Anett Lütteken/Barbara Mahlmann-Bauer (Hg.): *Bodmer und Breitinger im Netzwerk der europäischen Aufklärung*, 42–59, 51. Siehe dazu auch den Vergleich in Bodmers fünftem Abschnitt, „*Von der Kunst der poetischen Gemählde in Absicht auf den Ausdruck*" (86 f.): „Die vornehmste und brauchbarste Tugend des Ausdruckes besteht in der Deutlichkeit, denn was ist eine Rede, die man nicht versteht? [...] Zu diesem Ende dienen am allerbesten die eigensten und nächsten Worte [...]. Wie die Schmincke auf dem Gesichte einer schönen Weibsperson die natürlichen Züge der Schönheit verdecket, also verdunckelt sie auch in der Rede den natürlichen Gedancken. [...] Das Natürliche ist ihm [dem poetischen Mahler] wegen seiner Gabe der Deutlichkeit zierlich [...]." Rhetorische Deutlichkeit wird so durch die den „Lineamenten" (s. u.) entsprechenden „natürlichen Züge" verbildlicht, die nicht durch rednerischen Ornatus übertüncht werden sollen.

4 *Handlexicon oder Kurzgefaßtes Wörterbuch der schönen Wissenschaften und freyen Künste. Zum Gebrauche der Liebhaber derselben herausgegeben*, von Johann Christoph Gottscheden [...]. Leipzig 1760. Zum „*Contour*" hingegen findet sich in Gottscheds *Handlexicon* nur ein durchgängig konventioneller Artikel, der auf Hogarths linientheoretischen Konzepten beruht: „Der Umfang, oder Umriß. So nennet man in der Malerey die Linien, welche eine Figur umgeben und gleichsam einschließen. Die Schönheit derselben besteht darinn, daß sie fließend zu seyn scheinen, mit Leichtigkeit gezeichnet sind, bogenweise nach Art der Feuerflammen oder der Krümme einer Schlange ähnlich laufen. Sie müssen mit den Muskeln wohl verbunden seyn, wie es die Kenntnis der Zergliederungskunst erfodert." (Sp. 429)

5 Gottsched, *Handlexicon*, Sp. 519 f.

immer [...] das Vor-Augen-Stellen, mehrheitlich Ausmalung und Ausführlichkeit", also die *enargeia*, und, wie hier bei Gottsched, „gelegentlich auch die Lebendigkeit",[6] also eigentlich den Aspekt der *energeia*, meint, ist die Entwicklung interessant, die der Begriff in Kants *Kritik der Urteilskraft* nehmen wird, wo er auch, wenngleich auf ganz andere Weise, auf das Motiv des ‚Eindrucks' in der Einbildungkraft bezogen erscheint (vgl. die *Einleitung* dieser Studie). Bemerkenswert ist an diesem Artikel zudem, dass er offensichtlich Sulzer als Vorbild für dessen „*Umriss*"-Artikel diente, in dem der Verlauf eines idealen Umrisses mit der Stimm-Modulation eines talentierten Redners verglichen wird (vgl. Kap. 12): Ist dies doch genau derjenige Aspekt, um den bereits Gottsched die rhetorische *evidentia* ergänzt. Die geistig-konzeptuellen Umrisse der „*Hypotyposis*", zurückgehend auf die *typosis en psyche* (vgl. Kap. 1), werden so um akustische Konturen erweitert, die eine ‚anatomische' Binnensegmentierung „jedes Theiles" vornehmen und ebenso „langsam und gelassen" verlaufen sollen wie der auch für Gottsched idealerweise „fließend"-sanft geschwungene „*Contour*".

Was hier noch einmal gedrängt erscheint, hat Gottsched bereits in seinem *Versuch einer Critischen Dichtkunst vor die Deutschen*[7] 30 Jahre zuvor ausgeführt. Dort bemerkt er im Kapitel *Von den drey Gattungen der Poetischen Nachahmung, und insonderheit von der Fabel*, dass die „Nachahmung der Natur, darinn [...] das Wesen der gantzen Poesie besteht, [...] auf dreyerley Art geschehen" könne:

> Die Erste ist eine bloße Beschreibung, oder sehr lebhaffte Schilderey von einer natürlichen Sache, die man nach allen ihren Eigenschafften, Schönheiten, Fehlern, Vollkommenheiten und Unvollkommenheiten seinen Lesern klar und deutlich vor Augen mahlet, und gleichsam mit lebendigen Farben entwirfft, daß es fast eben so viel ist, als ob sie wircklich zugegen wäre.[8]

---

6 A. Kemmann: Artikel *Evidentia*, in: *Historisches Wörterbuch der Rhetorik*. Bd. 3. Hg. von Gert Ueding. Darmstadt 1996, Sp. 33–47; dort auch der Hinweis auf die „Erweiterung" um die „Anleitung zur Vortragsweise", 45.

7 *Versuch einer Critischen Dichtkunst vor die Deutschen;/ Darinnen erstlich die allgemeinen Regeln der Poesie, hernach alle besondere Gattungen der Gedichte, abgehandelt und mit Exempeln erläutert werden:/ Uberall [!] aber gezeiget wird/ Daß das innere Wesen der Poesie in einer Nachahmung der Natur bestehe./ [...]* von M. Joh. Christoph Gottsched. Leipzig 1730. – Zitate werden im Folgenden nach dieser Ausgabe im Text nachgewiesen.

8 *Versuch einer kritischen Dichtkunst*, 118. – Die zweite Möglichkeit seien Gedichte aus der Perspektive einer Figur (120) und darauf beruhend die „Theatralische Poesie" (122), am höchsten stehe jedoch die Fabel als dritte Möglichkeit der Nachahmung.

Diese „Beschreibung“ lässt sich differenzieren in mehrere, einander verwandte rhetorische Prinzipien, die Gottsched einzeln erläutert. Seine Gedanken zu *Hypotyposis* und *Descriptio* lesen sich hier noch komplexer als der Artikel in dem späteren *Handbuch.* Im Kapitel *Von den Figuren in der Poesie* schreibt er, die zunächst zu erläuternde „Figur“ könne

> auf Deutsch eine *Schilderung* (*Hypotyposis* s. *Icon*) heißen, weil sie einen so lebhafften Abriß einer Sache macht, als ob sie wircklich verhanden [!] wäre. Das macht die starcke Einbildungs=Kraft, welche sich im Affecte die deutlichsten Bilder von sinnlichen Sachen hervorbringet, die offt den wircklichen Empfindungen an Klarheit nichts nachgeben, und also abwesende oder vergangene Sachen als gegenwärtige vorstellet. (268)

„Abriß“ ist hier jedoch so allgemein gebraucht, dass auf die Vorstellung einer primär umrisshaften Darstellung nicht wirklich geschlossen werden kann; festhalten lässt sich aber zumindest das Zusammentreffen der topischen Eigenschaften von der „Klarheit“ mit den „deutlichste[n] Bilder [n]“, die in der „Einbildungskraft“ rhetorisch evoziert werden, und zwar in Gestalt eines „lebhafften Abriss[es]“, der als Repräsentation eines Abwesenden fungiert, also ähnlich wie die *typosis* in der antiken Erkenntnistheorie als Hohlform und Spur eines einmal Wahrgenommenen gedacht wurde. Im *Versuch einer Critischen Dichtkunst* differenziert Gottsched noch zwischen *Hypotyposis* und *Descriptio:*

> Nun folgt [...] die *Beschreibung* (*Descriptio*), welche von der vorigen darin unterschieden ist, daß jene in der Entzückung Dinge abmahlet, die nicht zugegen sind, diese hergegen wircklich vorhandene Sachen. Zwar lebhafft und munter, aber nicht so hitzig und handgreiflich als jene vorstellet. (269)

Neben dieser (durch Realität oder Fiktionalität der Gegenstände bedingten) graduellen Abstufung der Darstellung führt er jedoch noch eine weitere Differenzierung mit einer Figur an, welche „die *Zergliederung* (*Distributio*) heißen“ möge, „und [...] aus einer ausführlichen Erzehlung aller Theile, die bey einer Sache vorkommen [besteht], wodurch denn dieselbe dem Gemüthe sehr deutlich und ausführlich vorgestellet wird.“ (271)

Nur letztere, die er ausgerechnet nicht mit „Abriss“-Bildlichkeit veranschaulicht, stimmt in ihrer Detailliertheit mit der rhetorischen *enargeia* überein, während in den beiden anderen Kategorien der Aspekt der Lebendigkeit und damit der *energeia* dominiert.

9.2 Johann Jacob Breitinger: Der Poetische Maler als „guter Abdrücker" der Natur

Im Kontext der skizzierten rhetorischen Mittel der Vergegenwärtigung und Illusionierung müssen die Schriften Bodmers und Breitingers gelesen werden. Breitingers Interesse „an den Techniken der Leserillusionierung", „im Horizont der rhetorischen Evidentia-Lehre", wie sie bei Gottsched präsentiert wird, „durchzieht [...] sein wie auch Bodmers literaturtheoretisches Werk wie ein roter Faden" und ist charakteristisch für die „Literaturtheorie der Aufklärung", in welcher die „Illusion der Nähe und Gegenwart der poetischen Materien" zur „unabdingbaren Voraussetzung der Kunst poetischer Gemütsbemeisterung erhoben"[9] wurde. Als Reflexionsmedium dieser Interessen fungiert die Linearität der ‚poetischen Mahlerey'. Dies zeigt sich an den Reflexionen Bodmers und Breitingers über deren Potential.[10] Breitinger vollzieht im ersten Abschnitt seiner *Critische[n] Dichtkunst*[11] eine „Vergleichung der Mahler=Kunst und der Dicht=Kunst" und weist auf den Vorteil des Dichters hin, im Gegensatz zum Maler mehrere Ansichten einer Sache geben zu können; zudem könne er das „[U]nsichtbare[ ]" darstellen, welches dem Maler nur gelinge,

> insofern es sich in dem Leibe durch Merckzeichen sichtbar machet; er kann zwar einige Züge und Lineamente der Gemüthes=Neigungen in dem Angesicht und der Stellung seiner Personen nachbilden, aber die Zeugung, den Schwung und die Verwirrung derselben kennet seine Kunst nicht, und es mangelt seinen künstlichsten Bildern allemahl an der Bewegung, welche das einzige Merckmahl des Lebens ist.[12]

Die *malerischen* „Lineamente der Gemüthsneigungen" werden zwar als „Merckzeichen" der Seelenregungen anerkannt, aber als statisch und daher nicht kausallogisch psychologisierbar beurteilt, während der Dichter deren komplexe Lineaturen – „den Schwung und die Verwirrung" – darzustellen vermag.

---

9 Friedrich Schlegel: *Sich „von dem Gemüthe des Lesers Meister" machen. Zur Wirkungsästhetik der Poetik Bodmers und Breitingers.* Frankfurt [u. a.] 1986, 136 f.

10 Vgl. auch Carsten Zelle, *„Vernünftige Gedanken von der Beredsamkeit". Bodmers und Breitingers ästhetische Schriften und Literaturkritik*, 37–40.

11 *Johann Jacob Breitingers Critische Dichtkunst Worinnen die Poetische Mahlerey in Absicht auf die Erfindung Im Grunde untersuchet und mit Beyspielen aus den berühmtesten Alten und Neuern erläutert wird.* Mit einer Vorrede eingeführet von Johann Jacob Bodemer. Zürich 1740.

12 *Breitingers Critische Dichtkunst*, 1, 18 f.

Auf ganz andere Weise erscheinen die „Lineamente" noch einmal in Breitingers *Fortsetzung Der Critischen Dichtkunst* im Kapitel „Von dem mahlerischen Ausdruck":[13] Breitinger tadelt die Sprache von Dichtern, die im Streben nach „Majestät, Artigkeit, und Neuheit" nur „schwülstig, aufgeblasen, und unordentlich" werde, indem sie zu viele und „zuweilen [...] verwegene" Metaphern und „überspannte Hyperbole[n]" anwenden. Diese „Bilder" seien so „seltsam[] und vermessen[]", dass sie „keinen Grund der Wahrheit, oder der Wahrscheinlichkeit, weder in dem Verstande, noch in der Phantasie haben", so dass sie „den Weisen Verdruß" bereiteten und „die Natur ungeschickt [nachahmten]". Der „Poet" vergehe sich also „nicht wenig", wenn er „bedacht ist, die Gemüther seiner Zuhörer in Verwunderung zu setzen" und dabei „die Sachen so übermässig vergrössert und verkleidet, daß man die Lineamente der Natur gäntzlich aus dem Gesichte verliehrt." (2, 431) Wie sonst also die „Lineamente" bei Breitinger entweder als natürliche (und damit auch naturgemäße) „Merckzeichen" der Gemüthsbewegungen erscheinen oder in den ‚Abdrücken' der nachgeahmten Natur dieser möglichst getreu entsprechen sollen, so erscheint der Begriff „Lineamente" – und damit die älteste deutschsprachige Erscheinungsform aus dem Begriffsfeld um Konturen und Umrisse, die häufig auch mit den maßstabsgetreuen Grundrissen architektonischer Zeichnungen verknüpft war – auch hier im Sinne von maßgebender Norm; die „Lineamente" meinen gesetzmäßige Formen und Proportionen der Natur, die dem Mimesis-Postulat entsprechend unbedingte Geltung auch für die Kunst besitzen. Zugleich wird damit jedoch, in der Rückübertragung des hochartifiziellen und abstrahierenden Terminus der „Lineamente", auch das Koordinatennetz der Regelästhetik auf die Natur projiziert. Dies geschieht freilich alles nur im Metaphorischen, denn Breitinger handelt ja hier „Von dem mahlerischen Ausdruck". Die Möglichkeit eben dieser sprachlichen Kunstgriffe zählt für Breitinger zu den Vorteilen der Dichtkunst, die auf „einen [Sinn] nach dem andern" wirke,

> und da die Worte alle die Vorstellungen und Begriffe, welche die Einbildung entweder von den Sinnen empfangen, oder selbst erschaffen hat, auszudrücken und zu schildern fähig sind, so ist in der Poesie alles das Ergetzen, welches die andern Sinnen nur einzeln gewähren können, zusammen vereinet. (1, 19)

13 *Johann Jacob Breitingers Fortsetzung Der Critischen Dichtkunst Worinnen die Poetische Mahlerey In Absicht auf den Ausdruck und die Farben abgehandelt wird*, mit einer Vorrede von Johann Jacob Bodemer. Zürich 1740, Bd. 2, 430 f. – Zitate werden im Folgenden nach dieser Ausgabe im Text nachgewiesen.

Einen „besondern Vortheil" der Poesie gegenüber der Malerei sieht Breitinger darin, dass ihre Nachahmung durch Worte statt durch Farben geschehe,

> denn da dieses willkührliche Zeichen der Begriffe und Bilder sind, die sich alleine dem Verstande vernehmlich machen, kan sie dadurch ihre Bilder unmittelbar in das Gehirn anderer Menschen schildern, und so seine Gemählde verfertigen, die für die Sinnen zu zart und unbegreiflich sind. (1, 20)

Indem also der Verstand die Begriffe direkt aufnehme und nicht erst über Sinne vermittelt, da die Worte für die Sinne bloß „leere Thöne oder zusammengeordnete Character und Littern sind, und keineswegs [...] Zeichen der Gedancken und Farben der Dinge", habe

> die poetische Mahler=Kunst in ihrer Nachahmung der Natur einen kürtzern Weg gefunden, das Gemüthe in eine angenehme Bewegung zu setzen, als die eigentliche so genannte Mahler=Kunst, indem sie ihre Bilder der Seelen unmittelbar einprägen, und dem Verstande zur Beurtheilung vorlegen kan, da diese, die sich des Auges bedienet, den Menschen in Bewegung zu bringen, den weitern Weg gehet.[14]

Doch erfolgt der verbal dem „Gemüthe" eingeprägte Eindruck nicht nur schneller und unmittelbarer, sondern auch, der aufklärerischen Ästhetik gemäß, klarer und deutlicher als durch einen visuellen Eindruck: Selbst wenn die „malerische[] Vorstellung" eine „nicht geringere Kraft auf das menschliche Gemüthe habe, als das gegenwärtige Urbild selbst haben würde", so seien doch die „Begriffe", die das „Anschauen der gegenwärtigen Gegenstände in der Natur bey dem grösten Haufen der Menschen erwecket", dennoch „dunckel und ungewiß" (1, 21 f.). Gleiches gilt nach Breitingers Ansicht für den „Begriff", der nach Betrachtung eines Gemäldes im „Gehirn" haften bleibe. Ganz anders im Falle der Dichtung, da der

> poetische Mahler hingegen das Auge des Gemüthes aus der Zerstreuung sammelt, von einem merckwürdigen Umstande zu dem andern gemächlich hinführet, und es nöthigt, bey jeglichem absonderlich diejenige Betrachtung zu machen, welche seinen Zweck zu befördern dienet. Denn indem dieser künstliche Mahler mit einem jeden Worte, als mit einem neuen Pinsel=Zuge, sein Gemählde in der Phantasie des Lesers vollführet, und immer einen Begriff an den andern hinzusetzet, so läßt er demselben keine Freyheit, mit flüchtigem und ungewissem Gemüths=Auge müssig herumzuschweifen, oder sich in der Vermischung des Mannigfaltigen zu verirren; sondern er bindet seine Aufmercksamkeit auf das Absonderliche, dessen künstliche Verknüpfung er ihm der Ordnung nach vorweiset, auch zuweilen kurtze, aber nützliche Unterrichte miteinfliessen läßt, wodurch nothwendig Licht und Klarheit in dem Begriff

---

14 Ebd., vgl. dazu Schlegel, *Sich „von dem Gemüthe des Lesers Meister" machen*, 130 f.

> entstehen muß, und auf diese Weise bleibet er allezeit meister, den Eindruck, den jeder Zug seiner Schilderey verursachen soll, auf denjenigen Grad zu erhöhen, und auf die Weise zu mässigen, wie es seiner Haupt=Absicht vorträglich seyn kan.[15]

In dem Vergleich der „Worte“ mit dem einzelnen „Pinsel=Zuge“ erscheint die Linearität der poetischen Malerei geeigneter zur Aufmerksamkeitslenkung des Lesers; der Dichter gibt eine notwendige Wahrnehmungslinie vor, die in der Lektüre nicht verlassen werden kann. Ähnlich wie später Lavater über seine physiognomischen Studien bemerken wird, der „Schattenriß“ fasse „die zerstreute Aufmerksamkeit zusammen; concentriert sie bloß auf Umriß und Gränze, und macht daher die Beobachtung einfacher, leichter, bestimmter“,[16] so „sammelt“ bei Breitinger die linear verfahrende poetische Malerei „das Auge des Gemüthes aus der Zerstreuung“. Während der Maler – und die Natur – keinen Einfluss auf diesen „Eindruck“ hätten, den ihre „Wercke“ auf das „Gemüthe“ des „Zuschauers“ haben, eigne den „Gemählde[n] der Poesie“ immer ein „lehrreiche[r]“ Charakter, und der „poetische Mahler“ habe somit „auch die Würkung seiner Gemählde in seiner Gewalt, und regiert dieselbe nach seinem Belieben, so daß sich der Leser solcher nicht erwähren kan.“ Mithin könne man mit Recht behaupten, dass er durch seine „Nachahmung die Schönheit und Kraft seines Urbildes [...] übertreffen könne“.[17] Im Gegensatz zu den als bloß oberflächlich beurteilten visuellen „Lineamenten“ und ihren nur „dunckel“ und „ungewiss“ vermittelten Begriffen erscheinen die unmittelbar auf den Verstand wirkenden sukzessiven „Pinsel-Z[ü]ge“ der linearen „poetischen Mahlerey“ mit ihren ‚klaren‘ und ‚deutlichen‘ Eindrücken auf das „Gemüthe“ als beängstigend zweckdienliches Instrument auf der Linie aufklärerischen Strebens.

Besonders häufig erscheint in den Texten zumal Breitingers der Bildbereich des *Eindrucks*, *Abdrucks*, des *Nachdrucks* und des *Einprägens*. So

15 *Breitingers Critische Dichtkunst*, 1, 22 f. – Als Beispiel nennt Breitinger Hallers *Alpen:* Weder ein Gemälde noch die Ansicht einer Landschaft selbst könnten „einen so deutlichen und vollkommenen Begriff erwecken“ oder in dem Maße die „angenehme Verwunderung“ steigern, wie es Hallers „Alpen“ tun, da es nur wenige vermöchten, selbst „aus dem Gemische so unzehliger Umstände alleine diejenigen auszusuchen, und mit einander zu verbinden, die einen gewissen Eindruck auf das Gemüthe befödern können.“ (Ebd., 27.)

16 Lavater, *Physiognomische Fragmente*, Bd. II, *XI. Fragment: Ueber Schattenrisse*, 91 (vgl. Kap. 13).

17 *Breitingers Critische Dichtkunst*, 1, 28.

heißt es beispielsweise bei Breitinger, er verstehe unter „poetische[r] Mahler=Kunst"

> diejenige höchste Kraft der Wohlredenheit, die eben so lebhafte, Hertz und Sinnen rührende Bilder in die Phantasie der Menschen einpräget, als diejenigen sind, so die Kunst des Mahlers dem sinnlichen Auge, und dadurch dem Gemüthe vorleget, die auch öfters unsere Sinnen mit solcher Kraft rühren, und entzüken [!], daß wir meinen, wir sehen die Sachen selbst gegenwärtig vor uns.[18]

Die Dichte dieses Bildbereichs mag bei aller katachretischen Konventionalität doch auf zwei wesentliche Einflüsse hindeuten: einerseits die antiken Wahrnehmungskonzepte um die oben mit dem Hinweis auf Gottscheds Definitionen erläuterte rhetorische *Evidentia*, die auf die Einprägung des Wahrgenommenen in die Seele verweisen, wie sie im Siegel-Wachs-Vergleich vorgestellt wurden, und andererseits die Einflüsse der empiristischen englischen Philosophie auf die Schweizer Aufklärer,[19] die, wie Bodmer begrüßte, „durch ‚neue Werkzeuge' dem Dichter neue Bilderwelten erschließe".[20]

Breitinger bezieht sich explizit auf die antike Tradition, wenn er von der „lebhafte[n] Deutlichkeit der Schildereyen" spricht, „von welcher die wunderbare Kraft die Phantasie zu rühren entstehet", die „ενεργειαν und Evidentiam" bedeute.[21] Auf das antike Konzept vom Abdruck eines Erinnerungsbildes als ‚Hohlform', mit dem eine neue Erfahrung abgeglichen werde, spielt er ebenfalls an, indem er bemerkt: „Wir sehen nemlich eine

---

18 *Breitingers Critische Dichtkunst*, 1, 30. – Vgl. auch ebd, 31 f.: „Die Poesie ist ein beständiges Gemählde, denn der Poet ist so wohl, wenn er den Lauf und Zusammenhang der Begebenheiten erzehlet, als wenn er sich verweilet, das Verwundersame in den Gegenständen un[d] Handlungen ausführlich zu beschreiben, immer bemühet, die Bilder, die ihm seine glückliche Phantasie lehnet, mit solchem Nachdruck und Klarheit, solcher Lebhaftigkeit und Empfindlichkeit vorzustellen, daß das Gemüthe dadurch eben so starck entzücket wird, als durch die sichtbare Vorstellung eines lebhaften Gemähldes."

19 Vgl. Markwardt, *Geschichte der deutschen Poetik*, 77–79, zum Einfluss „des *englischen* (vorwiegend Lockeschen) *Empirismus* über Addisons Abhandlungen im ‚Spectator' (bes. 1712) in die rationalistische Struktur" der Poetik Bodmers und Breitingers. Vgl. dazu, besonders zur *tabula rasa*-Metaphorik, auch Bodmer, 39.

20 Markwardt, *Geschichte der deutschen Poetik*, 78.

21 *Breitingers Critische Dichtkunst*, 1, 66 f. Der Gebrauch von *energeia* und *enargeia* bzw. *evidentia* wird in der Begriffsgeschichte nicht immer strikt getrennt; Verwechslungen sind nicht selten, wenngleich es hier möglich ist, dass Breitinger tatsächlich primär den dynamischen Aspekt der Lebendigkeit und weniger denjenigen, obschon auch genannten, der „Deutlichkeit" meint.

geschickte Nachahmung an, als einen Abdruck von einem Urbilde, das wir schon zuvor in dem Kopf haben".[22] Zu dieser „Nachahmung der Natur" könne der Maler nur sichtbare Mittel verwenden, die auf die „sinnlichen Werckzeuge des Gesichtes durch Licht und Farben" wirken, während die „poetische[ ] Mahler=Kunst" es vermöge, „alles [...] nach dem Leben und der Natur abzuschildern", „was mit Worten und Figuren der Rede auf eine sinnliche, fühlbare und nachdrückliche Weise [...] nachgeahmet und der Phantasie, als dem Auge der Seele, eingepräget werden" könne.[23] Die Wirkung der poetischen Malerei kann geradezu plastisch, wie ein Stempel*abdruck* dem Wachs, „der Phantasie, als dem Auge der Seele, eingepräget werden". Der Dichter selbst wird dabei gewissermaßen zum Stempelschneider, der freilich der (zumindest potentiellen) Faktizität seiner Gegenstände verpflichtet bleibt:

> Wenn nun der Poet die Originale, welche ihm die grosse Künstlerin, die Natur, auf dem unendlich geraumen Schauplatz dieser würcklichen Welt darstellet, [...] nachschildert, so handelt er bloß als ein guter Abdrücker, und unterscheidet sich von dem Historico alleine durch den Zweck und die Kunst seiner Gemählde. (1, 55)

Durch das Mimesis-Gebot sieht Breitinger für die Malerei ebenso wie für die Dichtkunst „die gröste Vollkommenheit dieser beyden Künste in der vollkommenen Uebereinstimmung zwischen dem Urbild in der Natur und der durch die Kunst verfertigten Schilderey." (1, 63 f.) Diese erkenne man an dem „gleichen Eindruck" „auf ein gleiches Gemüthe", wobei er eingesteht, dass der „Eindruck, welchen die Natur durch die Gegenwart ihrer Urbilder auf das Gemüthe würcket", immer verschieden sei von „demjenigen Eindruck, welchen auch die geschickteste Nachahmung der Kunst verursachet". Doch gelte dies nicht für die „Art des Eindruckes", sondern nur für „seine[ ] Kraft; denn da die Gegenstände der Natur eine wahre Würcklichkeit haben, so muß ihre Würckung auch strenger, ernsthafter, und dauerhafter seyn, als die Würckung des nachgeahmten Bildes, welches nur den Schein der Wahrheit und Würcklichkeit annimmt" (1, 64). Mit anderen Worten: Der artifizielle ‚Stempelabdruck' kann durch seine selektive und sukzessive Darstellung zwar besser dem aufklärerischen Zweck gemäß gestaltet werden, doch ist er nicht von solcher Plastizität wie der ‚Stempel' der Natur; die Eindrücke geraten weniger ‚klar' und ‚deutlich'.

22 *Breitingers Critische Dichtkunst*, 1, 73. Mit dem „Urbilde" ist der natürliche Gegenstand gemeint.

23 *Breitingers Critische Dichtkunst*, 1, 52 f.

Doch auch dies wird von Breitinger der aufklärerischen Wirkungsästhetik geschickt integriert. Da es nämlich die Absicht der Kunst sei, durch ihre

> nachgeahmten Rührungen zu belustigen, so ist nothwendig, daß ihre Eindrücke in einem geringern Grade streng und dauerhaft seyn, als diejenigen sind, die von der Kraft des Wahren herrühren; indem alles Widrige und Unangenehme in den Gemüthes=Bewegungen von der Heftigkeit und Dauer derselben entstehet. (1, 65)

Die artifiziellen „Eindrücke" und ihr notwendig schwächer profiliertes Relief im „Gemüthe" werden somit zum poetischen Prinzip aufklärerischer Wirkungsästhetik.

9.3 Johann Jacob Bodmer: Poetische Malerei mit dem „Pitschaft der Natur" als Variation antiker Wahrnehmungstheorie

Ähnlich bemerkt Bodmer im Hinblick auf die *„Absicht der poetischen Gemählde"*,[24] ebenso wie die Schönheit der Natur durch ihre erfreuende und tröstende Anmut dem Menschen nützlich sei und stets auf den Schöpfer dieser Pracht verweise, gelte dies auch für die jene nachahmende Kunst.[25] Keiner, „der die machtvolle Kunst des Schöpfers in der Schönheit seiner Wercke" erkenne, könne umhin, „dieselbe zu bewundern und zu verehren", und ebenso müsse einjeder

> die Kunst desjenigen hoch [...] achten, der jene in so weit zu erreichen weiß, daß er ihre Wercke gleichsam widerholet [!], und verdoppelt[.] Zumahl da er seiner Kunst, so zu sagen, das *Pitschaft der Natur* [meine Hervorhebung, C. K.] aufdrücket, indem er eben dergleichen Eindrücke und Würckungen damit zuwegebringet, wie die Wercke der Natur hervorzubringen pflegen. Und weil diese Eindrücke, wenn sie auf das Gute gelencket werden, zur Beförderung der Glückseligkeit ungemein viel beytragen, so mag man daraus abnehmen, ob dem Staat ein weniges an der Dichtkunst gelegen sey. (1, 145 f.)

Der Dichter als „Abdrücker" der Natur (Breitinger) arbeitet also mit diesem „Pitschaft der Natur", mit dem er pädagogisch wertvolle „Eindrücke" in die „Gemüthe" der Untertanen stempelt, an zentraler Stelle in der Verwaltung des aufgeklärten Gelehrtenstaates.

---

24 *Johann Jacob Bodmers Critische Betrachtungen über die Poetischen Gemählde Der Dichter.* Mit einer Vorrede von Johann Jacob Breitinger. Zürich 1741, 145. – Zitate werden im Folgenden nach dieser Ausgabe im Text nachgewiesen.

25 Vgl. *Critische Betrachtungen über die Poetischen Gemählde Der Dichter*, 144.

An zunächst unerwarteter Stelle findet sich in *Johann Jacob Bodmers Critische[n] Betrachtungen über die Poetischen Gemählde Der Dichter* ein Rekurs auf die Abdruck-Semantik der antiken Wahrnehmungstheorie. Im ersten Abschnitt, „*Von den Mitteln die Phantasie mit Bildern zu bereichern und verständig anzuführen*“, stellt Bodmer fest, die Einbildungskraft werde am stärksten angeregt durch eine „Neigung für den Gegenstand, der uns beschäftigt hält“. Bei besonderer „Liebe“ zu diesem werde man „so lange dabey stehen bleiben“, bis man ihn „um und an aufs genaueste betrachtet hat“. Wie „der Wind das Feuer“ entfache diese Neigung die Einbildungskraft:[26]

> Daher nehmen wir bey zärtlichen und empfindlichen Seelen, die von einem jeden Dinge leichtlich in einen Affect gebracht werden, insgemein eine hohe Einbildungskraft wahr. Es ist auch überall angenommen, daß Leute von wollüstigem Temperament überhaupt eine feurige Einbildungskraft besitzen: Welches nach der Meinung der meisten Leute daher kommt, weil ihr Gehirn trucken ist, und deßwegen die Bilder, welche die Einbildungskraft darinnen schildert, nicht so leicht auslöschen, als bey feuchten Temperamenten, die weniger Festigkeit haben; [sic] Denn sie stellen sich die Einbildungskraft als ein Behältniß vor, worinnen die Schildereyen der Dinge verwahret werden, und wo das Gedächtniß sie nach Belieben wieder hervorlanget. (20 f.)

Indem er sich auf die „Meinung der meisten Leute“ bezieht, knüpft Bodmer jedoch an die Typologie der Wahrnehmungscharaktere an, wie sie Platon im *Theaitetos* entworfen hatte (vgl. Kap. 1.1). Die eigentümliche Mischung aus antiker Wahrnehmungstheorie und Säftelehre, die Bodmer so skizziert, lässt er jedoch rational in einer psychologisierenden Allegorese münden:

> Aber diese Meinung führet nicht mehr Grund mit sich, als eine wohlersonnene und geschickte Allegorie. Die wahre Grundursache von diesem Phänomenon bestehet darinn, daß cholerische und hitzige Köpfe sich viel geschwinder und heftiger, als andere, in ein Ding verlieben, welches die Sinnen, und unter denselben sonderlich das Auge, füllet; und weil bey diesen Naturen die Lebensgeister gemeiniglich sehr geschäftig, fertig, und hitzig, sind, geschieht daher daß auch die Eindrücke solche Gemüther weit strenger und stärcker rühren.[27]

Die platonische Vergleichsreihe der unterschiedlichen Wahrnehmungssubstrate und Erkenntnispotentiale wird zwar explizit zur „Allegorie“ er-

---

26 Zur Rolle der „Einbildungskraft im Prozess der Aufklärung“, u. a. bei Bodmer und Breitinger, vgl. Holzhey, *Befreiung und Bindung der Einbildungskraft*, bes. 50–53, sowie Zelle, *Vernünftige Gedanken*, 29–37.

27 Bodmer, *Critische Betrachtungen*, 21.

klärt, dient jedoch zur anschaulichen Darlegung „*Von den Mitteln die Phantasie mit Bildern zu bereichern und verständig anzuführen*". Neben Motiven der Abdruck-Konzepte findet sich auch in Bodmers Schrift mehrfach der Bezug auf die „Lineamente" künstlerischer Darstellung. Im zweiten Abschnitt seiner Abhandlung, „*Von der Gleichheit zwischen der eigentlichen Mahlerey und der poetischen*", geht er wie Breitinger auf das Mimesis-Postulat ein, das für den Dichter, Maler und Bildhauer gleichermaßen gelte. Alle diese darstellenden Künste folgten der Natur als dem „Urbilde, und [...] Muster ihrer Wercke":

> Sie führet dem Scribenten die Feder, dem Mahler den Pinsel, und dem Bildhauer den Grabstichel: Sie weiset dem ersten die Worte zu den Gedancken, dem andern die Farben zum Licht und Schatten, dem dritten die Höhen und Tiefen eines Marmors zu den Lineamenten. (28)

Feder, Pinsel und Grabstichel werden ebenso parallelisiert wie Gedanken, Licht und Schatten und Lineamente – wobei letztere, aus „Höhen und Tiefen eines Marmors" entstehend, sich hier als zeitgenössischer Kontur-Begriff zu erkennen geben[28] und bezeichnenderweise mit den „Gedancken" des Dichters, nicht mit seinen Worten als Darstellungsmittel auf einer Stufe stehen. Die „Lineamente" erscheinen kurz darauf auch bei Bodmer neben dem rein formalästhetischen Moment zudem als ‚Merckzeichen' des dargestellten Charakters,[29] wenn Bodmer bemerkt, durch gekonnte Nachahmung des „Natürliche[n]" könnten die Künstler selbst „dem Erschrecklichen, dem Traurigen, dem Häßlichen, ja der Boßheit selber, mittelst der Vorstellung etwas angenehmes mit[ ]theilen. Wir erfreuen uns in einer Statue die drohenden Lineamente eines Grausamen zu sehen [...]." (29) Die „Lineamente" als Medium der künstlerischen Nachahmung und Mittelbarkeit leisten so auch die wirkungsästhetisch erforderliche ästhetische Distanzierung; sie *abstrahieren* in doppeltem Sinne. Diese abstra-

28 Vgl. auch ebd., 32, wo die „Lineamente" als kleinste darstellende Einheit der skulptierten Menschengestalt erscheinen, wenn Bodmer bemerkt, der Bildhauer „hauet mit dem Grabstichel ein Stücke Holtz oder Stein in alle die Lineamente, Gliedmassen, und gantze Form eines Menschen oder Thieres, oder einer andern Sache, und bringet die zärtlichen Merckmahle dieser Gestalten, die darinne verborgen lagen, an den Tag hervor." Hier liegt zudem ein aristotelisches Verständnis von der Potentialität der Form zugrunde, wie es auch Michelangelo in seinem Sonett formulierte (vgl. Kap. 4.1).

29 Vgl. dazu auch ebd., 34, wo es heißt, Maler und Bildhauer hätten auch die Möglichkeit, Gefühle etc. darzustellen, indem man „aus der Gesichtes=Bildung, den Lineamenten, den Augen, den Stellungen, und gewissen sehr feinen Zügen in diesen Sachen" auf Gedanken, Neigungen und Leidenschaften schließen könne.

hierten „Lineamente“ bewirken demnach für Bodmer zwar wahrheitsgetreue, aber gemäßigtere, reinere „Eindrücke“ als die „würcklichen Gegenstände“:

> Auf diese Weise sind der Poete, der Mahler, und der Bildhauer, einander verwandt, sie treten nämlich in die Spur der Natur, sie befleissen sich durch ihre Vorstellungen, Bilder und Gemählde, eben solche Eindrücke in der Phantasie der Menschen zu erwecken, als die würcklichen Gegenstände durch ihre eingepflanzte natürliche Kraft erwecken würden. [...] Und sie können durch diese geschickte Nachahmung ihres kunstreichen Fleisses, welche die Eindrücke von allem dem befreyet, was sie in der Natur eckelhaftes, unangenehmes, und gewaltsames hatten, das menschliche Gemüthe mit einer lehrreichen und empfindlichen Lust anfüllen. (31 f.)

In der „Spur der Natur“ lässt sich ein weiteres Moment vom Umrisshaftigkeit erkennen, das auf das Signaturendenken in einer Kette von Ursache und Effekten anspielt und den ebenfalls abstrahierten, stilisierten „Spur [en]“ des Künstlers, dem „Eindruck“ seiner „Lineamente“ im „Gemüthe“ des Betrachters, eine höhere Spiegelungsebene überordnet.

Noch in einer weiteren Akzentuierung erscheinen die (hier anders bezeichneten) Lineamente bei Bodmer. Es gebe, so bemerkt er im dritten Abschnitt, „*Von dem Stoffe zu poetischen Gemählden*“, „zwo Arten der Nachahmung“:

> eine da der Poet die Natur in ihren hervorgebrachten Wercken nachahmet, und eine andere, da er ihr in ihren Rissen folget. Entweder beschreibet derselbe, was die Natur würcklich hat werden lassen, mit Beybehaltung ihrer Absichten, so fern ihm solche von einer Sache oder Begebenheit bekannt worden sind, oder er schreibet von solchen Sachen, die sie in andern Absichten, wahrscheinlicher Weise, wie diese Absichten dann erfodert hätten, zwar in einer andern Ordnung, jedoch ohne Veränderung ihrer gewöhnlichen und angenommenen Gesetze, hervorgebracht hätte. Und diese letztere Art der Nachahmung ist dem Poeten wahrhaftig eigen, und unterscheidet ihn hauptsächlich von dem Geschichtschreiber [...]. (67)

Hier wird die ‚gesetzmäßige‘ Wahrscheinlichkeit der Handlung, wie sie nach aristotelischem Poetikverständnis vom Dichter gefordert wird, durch „Risse“ veranschaulicht, die dem Terminus nach (wie die „Lineamente“, die oben in ganz ähnlicher metaphorischer Bedeutung bei Breitinger erschienen) auf den frühen deutschsprachigen Ausdruck besonders für Architekturzeichnungen und also auf Grundrisse von Bauplänen des fiktionalen Weltgebäudes verweisen, das nur auf gesetzmäßigen Grundmauern ruhen kann.

Besonders subtil ist zuletzt ein „Exempel von der sinnlichen Kraft der poetischen Vorstellung“, das Bodmer wählt. Es handelt sich um Ovids

„Beschreibung der künstlich=erhobenen Schnitz=Arbeit auf dem Becher, welchen der König und Hohepriester Arius dem Trojanischen Eneas bey dessen Abreise verehret hat" (*Metamorphosen* XIII, 680 ff.). Dabei stellt Bodmer diesem verzierten Becher mit seinen *eingegrabenen* plastischen Formen die Genese und Qualität des *Eindrucks* der *poetischen Mahlerey* im Gemüt des Lesers gegenüber. Er misst dasjenige, was durch die „zarten und gelenckigen Stiche des Grabstichels" zur Darstellung gebracht wurde, an dem, was erst die Dichtung wahrnehmbar mache, denn man finde darin „viel mehrere Begriffe und solche mit mehrerm Nachdruck ausgedrückt [...]. Von der Kunst des Poeten wird gar deutlich erkläret, was der Bildschnitzer nur errathen ließ." Die Worte des Dichters

> geben sein Urtheil von der vorgestelleten Handlung des Bildstechers zu vernehmen, seine Bewunderung [des ‚Heldenmuthes' einer „Weibsperson"], sein Lob [...]. Dadurch wird die Vorstellung erst lebendig. [...] Wer auch diesen bilderreichen Becher in dem Urbilde betrachtet hätte, würde die historische Verbindung dieser Figuren nicht so leicht gefunden haben, nach welcher die Handlungen der einen Figuren vorhergehen, der andern nachfolgen: Hingegen führet die Poesie von dem ersten Bilde zum andern, und so weiter nach ihrer historischen Ordnung [...]. Hieraus erhellet, daß die Poetische Nachahmung viel nachdrücklicher, und lehrreicher, und unbetrüglicher ist, als die Nachahmung, die durch den Grabstichel vorgenommen wird. Sie hat Mittel genug in ihrer Hand [!], denjenigen Nachtheil zu bessern, den sie durch den langsamern Eindruck [!] der Worte, welche durch das Gehör in die Phantasie eindringen, statt daß die gemahleten Bilder den geschwindern Weg durch das Auge nehmen, empfangen könnte; in welchem Geschäft sie von einer feurigen Phantasie gewaltig befödert wird.[30]

Die *Poetische Mahlerey* besiegt die Kunst des Grabstichels auf deren eigenem Gebiet.

30 Bodmer, *Critische Betrachtungen*, 45–48.

10. Winckelmanns Kontur-Konzept: Ästhetische Funktionen seiner Kardinal-Kategorie

War der Kontur bereits in der *disegno*-Theorie der italienischen Hoch- und Spätrenaissance zentrales Reflexionsmoment gewesen und im 17. Jahrhundert in den Debatten der französischen *Académie* um den Primat von *dessin/dessein* oder *coloris* zum obersten Darstellungsprinzip auf der Seite der Poussinisten avanciert, so erfuhr er seine Kanonisierung zum Kardinalbegriff der klassizistischen Kunstanschauung im deutschsprachigen Raum durch die Schriften Johann Joachim Winckelmanns.

Dabei lassen sich hinter seinen an die Kategorie des Kontur gebundenen Konzepten von Wahrnehmung, Imagination und Darstellung nicht nur die offensichtlichen (neu-)platonischen Einflüsse, sondern auch Theoreme von materialistischer bzw. sensualistischer Erkenntnistheorie erkennen, die (inmitten zeitgenössischer Diskurse) unter anderem seiner Lektüre von Franciscus Junius' *De pictura veterum* entstammen dürften,[1] wo er die relevanten antiken Überlieferungen zum Siegel/Wachs-Vergleich am Beginn des Kapitels über die Einbildungskraft des Künstlers und den Ursprung künstlerischer Ideen versammelt finden konnte (vgl. Kap. 5). Nicht zuletzt sind die Bedeutung des Kontur und Varianten seiner sprachlichen Vergegenwärtigung[2] in den Statuenbeschreibungen Winckelmanns zentral für kunstliterarische Positionen und Entwicklungen der Beschreibungssprache in den folgenden Jahrzehnten, in denen kaum ein Autor dem Bannkreis des ‚Kontur' zu entkommen vermag.

1 Zur Bedeutung Franciscus Junius' für Winckelmann vgl. Max Kunze: *Franciscus Junius bei Winckelmann*, in: Kathrin Schade/Detlef Rößler/Alfred Schäfer (Hg.): *Zentren und Wirkungsräume der Antikerezeption. Zur Bedeutung von Raum und Kommunikation für die neuzeitliche Transformation der griechisch-römischen Antike.* Münster 2007, 145–150.

2 Vgl. zu Winckelmanns Beschreibungskunst generell Hans Zeller: *Winckelmanns Beschreibung des Apollo im Belvedere.* Zürich 1955, und Hanna Koch: *Johann Joachim Winckelmann. Sprache und Kunstwerk.* Berlin 1957, sowie Lepenies, Wolf: *Fast ein Poet. Johann Joachim Winckelmanns Begründung der Kunstgeschichte*, in: ders.: *Autoren und Wissenschaftler im 18. Jahrhundert. Linné – Buffon – Winckelmann – Georg Forster – Erasmus Darwin.* München/Wien 1988, 91–120, hier 91 und 115.

10.1 Einleitung: Zur Bedeutung des Kontur in den *Gedancken über die Nachahmung*

Bereits in den *Gedancken über die Nachahmung* erscheint der Begriff des Kontur in seiner prägnantesten Formulierung, die gemeinsam mit dem Lob der „edlen Einfalt" und „stillen Größe" die zentralen Theoreme für die nachfolgende klassizistische Ästhetik lieferte.[3] Doch nicht unvermittelt macht Winckelmann den Sprung aus seiner Gegenwart zur Antike, sondern schlägt eine Brücke über die Malerei der Renaissance. Um den „Vorzug der Nachahmung der Alten vor der Nachahmung der Natur" zu beweisen, empfiehlt Winckelmann den Versuch, von zwei gleichermaßen talentierten Künstlern den einen nur „das Alterthum, den andern die bloße Natur studiren" zu lassen. Während letzterer „die Natur bilden" würde, „wie er sie findet", allerdings nach den jeweiligen nationalen Besonderheiten der Gestalten geformt – denn Winckelmann meint mit „Natur" zumeist den menschlichen Körper – würde derjenige, der nach antiken Kunstwerken gearbeitet habe, „die Natur bilden", „wie sie es verlanget, und Figuren mahlen, wie Raphael." Raffael, der der französischen klassizistischen Kunsttheorie (abgesehen von seiner Farbgebung) als der vollkommene Künstler galt, erscheint auch in Winckelmanns Wertung als der Höhepunkt einer Kunst, die sich an der Verbindung der schönsten Natur mit dem schönen Ideal orientiert. Diese Synthese jedoch sei nicht durch reine Naturbetrachtung zu erreichen, sondern nur durch das Studium der griechischen Kunst: „Könnte auch die Nachahmung der Natur dem Künstler alles geben, so würde gewiß die Richtigkeit im Contour durch sie nicht zu erhalten seyn: diese muß von den Griechen allein erlernet werden."[4] Die „Richtigkeit" des Kontur beruht also nicht allein auf korrekter

---

3 Vgl. zu Winckelmanns *Gedancken:* Gottfried Baumecker: *Winckelmann in seinen Dresdner Schriften. Die Entstehung von Winckelmanns Kunstanschauung und ihr Verhältnis zur vorhergehenden Kunsttheoretik mit Benutzung der Pariser Manuskripte Winckelmanns dargestellt.* Berlin 1933. Vgl. ebd., 48–54, zur Bedeutung des Kontur in den *Gedancken*; Baumecker wertet dazu Winckelmanns Exzerpthefte im Hinblick auf Quellen und Gegenpositionen seines Konzeptes aus und zeigt, inwiefern Winckelmanns Kontur-Auffassung über die vorigen Positionen hinausgeht, indem er den Konturbegriff – mit der „vereinigende[n], gestaltende[n] Wirkung des Kontur" (Baumecker, 53) – wesentlich auf den *Körper* bezieht und nicht nur als Darstellungsmittel sieht, das generell Anmut und Schönheit konstituiert und das „Geistige, Seelische" zum Ausdruck bringt (ebd., 52).

4 Johann Joachim Winckelmann: *Gedancken über die Nachahmung der Griechischen Wercke in der Mahlerey und Bildhauer-Kunst.* Zitiert nach: *Bibliothek der Kunstliteratur.* [...] Bd. 2: *Frühklassizismus. Position und Opposition: Winckelmann,*

Naturnachahmung, sondern bedarf der Veredelung durch das Ideal: „Der edelste Contour vereiniget oder umschreibet alle Theile der schönsten Natur und der Idealischen Schönheit in den Figuren der Griechen; oder er ist vielmehr der höchste Begrif in beyden.“[5]

Kaum einem „unter den neueren Künstlern“ – sofern sie es überhaupt versucht hätten – sei es gelungen, „den Griechischen Contour nachzuahmen“.[6] Im Begriff des Kontur, vorgestellt in seiner größtmöglichen Vollkommenheit, wird die vollendete Synthesis von schönster Natur und idealischer Schönheit imaginiert. Das Resultat dieser Synthesis, in der die geistige Form die materielle Form durchdrungen und geprägt hat, wird visuell und haptisch im Kontur erfahrbar, der die Einheit des Mannigfaltigen konstituiert und das Kunstwerk als ein Ganzes erfahrbar macht.[7]

Mengs, Heinse. Hg. v. Helmuth Pfotenhauer, Markus Bernauer und Norbert Miller unter Mitarbeit von Thomas Franke. Frankfurt 1995, 11–50, 25 (im Folgenden: *Gedancken*). Wenn Winckelmann vom Kontur spricht, dann meint dies immer den Kontur der menschlichen Gestalt, die ihm anthropologisch notwendig als edelster Gegenstand der Kunst gilt. In diesem Sinne bemerkt er in der *Erinnerung über die Betrachtung der Werke der Kunst* (1759): „Der höchste Vorwurf der Kunst für denkende Menschen ist der Mensch, oder nur dessen äußere Fläche, und diese ist für den Künstler so schwer auszuforschen, wie von den Weisen das Innere desselben“, da die „Schönheit […] nicht unter Zahl und Maaß fällt.“ (Johann Joachim Winckelmann: *Kleine Schriften. Vorreden. Entwürfe.* Hg. v. Walther Rehm. Berlin 1968, 151 [im Folgenden: KS])

5 *Gedancken*, 25.

6 *Gedancken*, 25 f.

7 Vgl. hierzu auch den Kommentar in: *Frühklassizismus*, 370 f.: „Mit „Contour“ ist also mehr als bloße Umrisszeichnung gemeint; er gewährleistet die Einheit in der Mannigfaltigkeit der menschlichen Gestalt, er ist das synthetisierende, vergeistigende, das gemeine Sinnliche veredelnde Prinzip. Contour entspricht hier dem seit Vasari für die Kunstliteratur zentralen Begriff des ‚disegno‘, der ja auch geistigen Entwurf und Konkretisierung in der Umrißzeichnung zugleich meint und vorrangig ist gegenüber allen anderen Ausdrucksmitteln der Kunst. Im französischen Klassizismus des 17. Jahrhunderts […] heißt dasselbe Prinzip dann eben ‚contour‘. Von daher stammt Winckelmanns Begriff.“ Vgl. auch den Kommentar zur *Geschichte der Kunst* (Johann Joachim Winckelmann: *Geschichte der Kunst des Alterthums. Allgemeiner Kommentar.* Erste Auflage Dresden 1764; Zweite Auflage Wien 1776. Hg. v. Adolf H. Borbein, Thomas W. Gaethgens, Johannes Irmscher (†) und Max Kunze. Mainz 2007 [= Johann Joachim Winckelmann: *Schriften und Nachlaß. Band 4,3*]), 68: „Das meist im Plur. gebrauchte Kontur (älter und bis ins 19. Jh.: Contour bzw. Contours) wurde als Ausdruck der bildenden Kunst im 18. Jh. von frz. contour (ital. contorno) entlehnt. Der kunstästhetische Terminus findet sich schon in W.s frühen Schriften. Bereits in *Beschreibung* (KS 20–21) verwendet W. ihn für seine Gemäldebeschreibungen: ‚*Contours sind die äußersten Linien, die eine Figur umschreiben*‘ […] Von engl. Outline (= lines forming the

Bei dieser ideellen Formgenese handelt es sich nicht um eine „eklektische Addierung von Formen, sondern [um eine] originale geistige Schöpfung des Künstlers",[8] die in einer „Art synthetischer Abstraktion"[9] besteht. Nach Winckelmanns Sicht des künstlerischen Entstehungsprozesses – und der Rolle, die dem Kontur dabei zukommt – ermöglicht die „sinnliche Einfühlung der rezeptiven Organe in die Formen des Urbilds [...] der abstrahierenden Kraft des künstlerischen Verstandes, die der jeweiligen Naturform immanente Idee als geistiges Formprinzip zu ‚begreifen'." Die „‚Gedanken' des Künstlers umgreifen [das] Bild [der geistigen Form] zugleich mit dem geistigen Kontur. Erst dann wird die Materie dieser geistigen Kunstform nachgestaltet."[10] Dabei wird das innere Formprinzip der Naturform in einer geistigen Neuschöpfung zur „Kunstform umgewandelt".[11] Was bei dieser „Übertragung" in die „Gegenständlichkeit der Materie"[12] notwendigerweise verloren geht, kann der Betrachter in der Empfindung des inhärenten Formprinzips dennoch wiedergestaltend begreifen.[13] Am höchsten zu schätzen ist für Winckelmann, idealistischem Denken gemäß, jene Form künstlerischen Schaffens, die ohne ein reales Vorbild rein aus dem Geiste entwirft,[14] wie es bereits in den *Gedancken* über die griechischen Künstler heißt: „[I]hr Urbild war eine bloß im Verstande entworfene geistige Natur".

In seiner größten Verfeinerung präsentiert der plastische Kontur für Winckelmann das geistige Formprinzip, das er in der konkreten Gestalt des

contour of a figure; so im Engl. seit 1662 belegt) stammt die in der zweiten Hälfte des 18. Jhs. auftauchende Lehnübers. ‚Außenlinie' [...]."

8 Ingrid Kreuzer: *Studien zu Winckelmanns Ästhetik. Normativität und historisches Bewußtsein.* Berlin 1959, 42. – An Kreuzers ausgesprochen textnaher Studie zu Winckelmanns Kontur-Konzept orientiere ich mich im Folgenden, da eine genaue Analyse der Funktionen des ‚Kontur' bei Winckelmann die Ausgangsbasis für die in der vorliegenden Studie behandelten Autoren bildet.

9 Kreuzer, 41.

10 Kreuzer, 40.

11 Dass Kreuzer, 40, dies allerdings als eine frühe „naturalistische" Sicht Winckelmanns vor seinem eigentlich idealistischen Konzept bewertet, ist m. E. nicht plausibel.

12 Kreuzer, 37.

13 Vgl. auch Kreuzer, 37: Da der „eigentliche künstlerische Akt" sich für Winckelmann „bereits im Innern des Künstlers" vollendet, wird die Relevanz des „geistige [n] Nachvollzug[s]" (ebd., Anm.1) beim Betrachter plausibel, denn nur so kann er Wert und geistigen Gehalt des Kunstwerks ermessen.

14 Vgl. dazu Kreuzer, 43.

Kunstwerks „umschreibt", so rein, dass es ihm scheint, als habe in der Statue des Apoll von Belvedere „nur allein der Geist [...] gewirkt":

> Die Statue des Apollo ist das höchste Ideal der Kunst unter allen Werken des Alterthums, welche der Zerstörung derselben entgangen sind. Der Künstler derselben hat dieses Werk gänzlich auf das Ideal gebauet, und er hat nur eben so viel von der Materie dazu genommen, als nöthig war, seine Absicht auszuführen und sichtbar zu machen. [...] Gehe mit Deinem Geist in das Reich unkörperlicher Schönheiten, und versuche ein Schöpfer einer Himmlischen Natur zu werden, um den Geist mit Schönheiten, die sich über die Natur erheben, zu erfüllen: denn hier ist nichts Sterbliches, noch was die Menschliche Dürftigkeit erfordert. Keine Adern noch Sehnen erhitzen und regen diesen Körper, sondern ein Himmlischer Geist, der sich wie ein sanfter Strohm ergossen, hat gleichsam die ganze Umschreibung dieser Figur erfüllet.[15]

Der vollkommene Kontur ist, seinem ideellen Ursprung gemäß, dem Immateriellen so sehr angenähert wie irgend möglich, um überhaupt noch sinnlich wahrnehmbar zu sein; er dient als notwendiges „Gefäß",[16] um die Idee zu fassen und zur Darstellung zu bringen. So wird der Kontur hier auch gleichsam nur aus dem ‚Innern', aus dem „himmlische[n] Geist" heraus gedacht, der die Umschreibung anfüllt. Für Winckelmann zeichnen Konturen in ihren Formen den Übergang des Geistigen in die Materie nach und erscheinen als lesbare „Grapheme" des künstlerischen Konzeptes. Im Nachvollzug dieser „Grapheme" kann sich dem Betrachter das „heuristische Verfahren" des Künstlers erschließen;[17] dies geschieht in einer Umkehrung der „Phasen des künstlerischen Aktes", wenn die äußere „Wahr-

15 J. J. Winckelmann: *Geschichte der Kunst des Alterthums. Textband.* Erste Auflage Dresden 1764, zweite Auflage Wien 1776. Hg. v. Adolf H. Borbein, Thomas W. Gaethgens, Johannes Irmscher (†) und Max Kunze. Mainz 2002, GK I, 780 (= J. J. W.: Schriften und Nachlass, Bd. 4, 1; im Folgenden beziehe ich mich auf die Erst- bzw. Zweitausgabe mit GK I bzw. II und Seitenzahlen). Zu Winckelmanns Beschreibungen des Apoll grundlegend: Zeller, *Winckelmanns Beschreibung des Apollo im Belvedere*, und neuerdings die Ausgabe J. J. W.: *Geschichte der Kunst des Alterthums. Statuenbeschreibungen. Materialien zur ‚Geschichte der Kunst des Alterthums'. Rezensionen.* Hg. v. Adolf H. Borbein und Max Kunze. Mainz 2012 (= J. J. W.: Schriften und Nachlass, Bd. IV, 5), 3–15; vgl. auch Kunze, *Florentiner Manuskript*, 221 f., und Renate Reschke: *Die Erfindung eines Gottes aus dem Geist der Aufklärung. Johann Joachim Winckelmanns „Apollon im Belvedere"*, in: Veit Elm/Günter Lottes/Vanessa de Senarclens (Hg.): *Die Antike der Moderne. Vom Umgang mit der Antike im Europa des 18. Jahrhunderts.* Hannover-Laatzen 2009, 309–341. Zur Synthesis von Ideal und Natur im Apoll vgl. Reschke, 331.

16 Dieses Konzept von der Umrissgestalt als „Gefäß" für einen ideellen Gehalt wird, wenngleich transformiert, in Rilkes Rodin-Studien wiederbegegnen (vgl. Kap. 26).

17 Markus Käfer: *Winckelmanns hermeneutische Prinzipien.* Heidelberg 1986, 99.

nehmung der konkreten plastischen Form“ den „inneren Sinn“ zur Gestaltung des geistigen Bildes anregt,[18] also zu dem, was Winckelmann mit der „Empfindung“ bezeichnet, deren vollkommene Ausprägung er in der *Abhandlung von der Fähigkeit der Empfindung des Schönen in der Kunst* aus dem Jahre 1763 schildert.

10.2 Die anschmiegsame Empfindung des Schönen: gleich einem „flüßigen Gipse“

Winckelmanns *Abhandlung von der Fähigkeit der Empfindung des Schönen in der Kunst, und dem Unterrichte in derselben [...]* (1763),[19] dem Freiherrn von Berg aus Livland gewidmet, beginnt mit einem Motto aus der zehnten *Olympischen Ode* Pindars (Ol. 10, 8 f.), dessen Übersetzung Winckelmann sogleich nach der Anrede an den Freund in den ersten Absatz integriert:

> Ueber den Verzug dieses Ihnen versprochenen Entwurfs von der Fähigkeit das Schöne in der Kunst zu empfinden, erkläre ich mich mit dem *Pindarus*, da er den *Agesidamus*, einen edlen Jüngling von Locri, „welcher schön von Gestalt, und mit der Gratie übergossen war“, auf eine ihm zugedachte Ode, lange hatte warten lassen: „Die mit Wucher bezahlte Schuld, sagt er, hebet den Vorwurf.“[20]

Diese persönliche Aufmerksamkeit gegen den Freund, deren metaphorische Elemente nicht in direktem Bezug zur Abhandlung zu stehen scheinen, erweist sich als subtile Vorbereitung des zentralen ästhetischen Konzepts, das im Verlauf des Textes entwickelt wird. Zunächst umgrenzt Winckelmann Gegenstand und Komponenten seiner Abhandlung. Die „Empfindung“ des „Schönen“, das gedacht dem Kunstwerk zugrunde liegt,

---

18 Kreuzer, 87 f.

19 *Abhandlung von der Fähigkeit der Empfindung des Schönen in der Kunst, und dem Unterrichte in derselben [...]*, in: KS 211–233.

20 KS 212. Vgl. dazu auch Barbara Maria Stafford: *Beauty of the Invisible: Winckelmann and the Aesthetics of Imperceptibility*, in: *Zeitschrift für Kunstgeschichte*, Sonderdruck XLIII (1980), 65–78, 67, mit dem Hinweis auf Platons *Phaidros* (252) und zu der Seele, die sich in den Wassern der Schönheit badet. Zur Wassermetaphorik Winckelmanns, auf die „Grazie“ bezogen, vgl. Eckart Goebel: *Charis und Charisma. Grazie und Gewalt von Winckelmann bis Heidegger*. Berlin 2006, 17–33, hier 25–28. Zum Pindar-Motto in der Widmung an Friedrich Reinhold von Berg vgl. Susanne Kochs: *Untersuchungen zu Johann Joachim Winckelmanns Studien der antiken griechischen Literatur*. Mainz/Ruhpolding 2005, 86.

bedarf des wahren Gefühls auf Seiten des Betrachters (KS 212 f.). Über dieses heißt es an späterer Stelle unter Verwendung des bereits mit dem Eingangs-Motto vorbereiteten Bildbereichs des Übergießens: „Das wahre Gefühl des Schönen gleichet einem flüßigen Gipse, welcher über den Kopf des Apollo gegossen wird, und denselben in allen Theilen berühret und umgiebt." (KS 217)

In einem Modell, das sich zu jener sensualistischen Wahrnehmungstheorie, nach der sich Gegenstände der Wahrnehmung einprägen wie ein Siegel in eine Wachsmasse (vgl. Kap. 1),[21] genau komplementär verhält, schmiegt sich hier die Empfindung des sensiblen Betrachters angesichts des „Schönen" dem Kunstwerk an wie ein „flüßige[r] Gips[ ]" den Konturen der vollkommenen plastischen Darstellung der idealen Schönheit. Damit erschaffe die Empfindung im Geist des Betrachters angesichts des einzelnen Schönen ein plastisches Modell des Begriffs der idealen Schönheit wieder,[22] das in dem bestehe, „was der innere feinere Sinn, welcher von allen Absichten geläutert seyn soll, um des Schönen willen selbst, empfindet" (KS 217). Nachdem Winckelmann eingeräumt hat, dass es sich freilich um einen idealischen Entwurf ästhetischer Empfindung handle, bestimmt er deren Vermögen genauer: „Das Werkzeug dieser Empfindung" sei „der äußere Sinn, und der Sitz derselben der innere: jener muß richtig, und dieser empfindlich und fein seyn." Zum äußeren Sinn zählt Winckelmann die seltene wirkliche „Richtigkeit des Auges", die in der „Bemerkung der wahren Gestalt und Größe der Vorwürfe" bestehe, wobei er unter „Gestalt" sowohl „Farbe" als auch die „Form" begreift. (KS 217 f.). Dabei ist die

21 In pädagogischem Kontext finden sich Residuen der hier implizierten sensualistischen Theoreme auch in der *Geschichte der Kunst.* Winckelmann bemerkt über die Rhetorikübungen der Griechen im Jugendalter: „Der unmündige Verstand, welcher, wie eine zarte Rinde, den Einschnitt behält und erweitert, wurde nicht mit bloßen Tönen ohne Begriffe unterhalten, und das Gehirn, gleich einer Wachstafel, die nur eine gewisse Anzahl Worte oder Bilder fassen kann, war nicht mit Träumen erfüllet, wenn die Wahrheit Platz nehmen will." (GK I, 224) Dies ließe sich als Aufruf zu einer frühen Erziehung zur „Empfindung des Schönen" lesen, bei der sich der Kontur vorbildlicher Kunstwerke (als Ideogramm ethischer Ideale) als komprimiertes, lesbares geistiges ‚Graphem' in den empfindenden Verstand des Zöglings einprägt.

22 Vgl. dazu auch Kreuzer, 87 f.: Die Empfindung durch den „inneren Sinn" entspricht der „Erzeugung der geistigen Form im künstlerischen Akt. Die Wahrnehmung der konkreten plastischen Form, des bewegten Kontur, durch den äußeren Sinn regt den inneren Sinn zur organischen Erzeugung des geistigen Bildes an", so dass „der Betrachter – […] in umgekehrter Folge – die Phasen des künstlerischen Aktes" wiederholt.

plastische Einbildungskraft des „innere[n] Sinn[s]“ besonders relevant, wie der anschließende Passus zeigt:

> Wenn der äußere Sinn richtig ist, so ist zu wünschen, daß der innere diesem gemäß vollkommen sey: denn es ist derselbe wie ein zweyter Spiegel, in welchem wir das Wesentliche unserer eigenen Aehnlichkeit, durch das Profil, sehen. Der innere Sinn ist die Vorstellung und Bildung der Eindrücke in dem äußeren Sinne, und, mit einem Worte, was wir Empfindung nennen. (KS 218)

Erst der „vollkommen[e]“ „innere Sinn“ vermag es, als Korrelat des „richtig[en]“ äußeren dem Gegenstand eine geistige Plastizität zu verleihen,[23] die dessen eigentlichen Begriff erkennbar macht, wie ein rechtwinklig neben einem frontal vor dem Betrachter stehenden Spiegel positionierter „zweyter Spiegel“ erst in der Widerspiegelung des charakteristischen „Profil[s]“ dem Betrachter die Erkenntnis seiner Gestalt ermögliche. Während sich im Falle des tatsächlichen Spiegels jedoch die Dreidimensionalität erst im geistigen Reflexionsraum ergibt, indem aus den Wahrnehmungsdaten beider Bilder die Vorstellung einer Gestalt konstituiert wird, fungiert im inneren Sinn dieser selbst als doppeltes Reflexionsmedium im technischen wie im imaginativ-integrierenden Sinne: Die Plastizität ist allein durch die „Empfindung“ als produktive Wiederschaffung des geistigen Konzepts als des „Wesentliche[n]“[24] zu erzeugen.

Um zur Vollkommenheit der „Empfindung“ des Schönen zu gelangen, muss der „innere Sinn“ dreierlei Eigenschaften haben: er muss „fertig, zart, und bildlich seyn“ (KS 219). Nacheinander erläutert Winckelmann diese Bedingungen:

> Fertig und schnell muß derselbe seyn, weil die ersten Eindrücke die stärksten sind, und vor der Ueberlegung vorhergehen: was wir durch diese empfinden, ist schwächer. Dieses ist die allgemeine Rührung, welche uns auf das Schöne ziehet, und kann dunkel und ohne Gründe seyn [...]. Wer hier von Theilen auf das Ganze gehen wollte, würde ein Grammaticalisches Gehirn zeigen, und

23 Die Perfektibilität der reinen Vorstellung von Formen durch lange Übung sieht Winckelmann durch einen Hinweis auf seinen römischen Förderer belegt: „[D]er Herr Cardinal Alex. Albani ist im Stande, bloß durch Tasten und Fühlen vieler Münzen zu sagen, welchen Kaiser dieselben vorstellen.“ (KS 218) Hier zeigt sich nochmals der Stellenwert des taktil erfahrbaren Kontur, dessen plastisches Gepräge an reliefartigen Münzbildnissen als mögliche alleinige Erkenntnisquelle hervorgehoben wird.

24 Kreuzer, 90 f., liest die Formulierung anthropologisch; der Mensch erkenne in der Konturierung der plastischen Gestalt das „‚Wesentliche‘ seiner eigenen Existenz“ (ebd., 91) und werde dadurch zurückgeführt zu einer harmonischen Mitte seines Daseins; man kann dies jedoch nüchterner als *formalästhetische* Empfindung lesen.

> schwerlich eine Empfindung des Ganzen und eine Entzückung in sich erwecken.

Aus dieser primären Forderung an die Veranlagung zur „Empfindung" des Schönen erhellt wiederum die Relevanz derjenigen Beschaffenheit des Kunstwerks, die es besonders für einen möglichst prägnanten *Totaleindruck* im Gemüt des Betrachters prädestiniert. Dies gewährleistet der ideale Kontur durch seine Integrationsleistung des Mannigfaltigen in „Einheit" und „Einfalt". In Baumgartenscher Tradition propagiert Winckelmann die Berechtigung der *dunklen* und nicht rational begründbaren ästhetischen Erkenntnis, die durch den ersten Eindruck dieser Gestalt initiiert werde und auf die erst die rationale, analytische Beurteilung des Gegenstands durch die „Ueberlegung" folge. Allein die „Rührung" durch den ersten, nachdrücklichen „Eindruck" des Schönen (durch seine im Kontur schnell als Einheit perzipierbare mannigfaltige Gestalt) vermag es, den Sinn „auf das Schöne [zu] ziehe[n]", während die analytische „Ueberlegung" schwerlich zur „Empfindung" des Schönen als eines „Ganze[n]" und zu einer intensiven ästhetischen Erfahrung durch das Schöne gelangen könnte. Winckelmann begreift mithin die Einheit (und damit das „Schöne") des Kunstwerks zwar als objektive Qualität, die dem Werk inhärent ist, die aber erst als subjektiv im Gemüt des Betrachters zu konstituierende Wirkung realisiert werden kann. Voraussetzung dafür ist der Kontur.

Die zweite notwendige Beschaffenheit des inneren Sinnes besteht darin, dass er „zart" sein müsse, und zwar im Gegensatz zur Heftigkeit,

> weil das Schöne in der Harmonie der Theile bestehet, deren Vollkommenheit ein sanftes Steigen und Sinken ist, die folglich in unsere Empfindung gleichmäßig wirket, und dieselbe mit einem sanften Zuge führet, nicht plötzlich fortreißet. [...] Es ist auch die heftige Empfindung der Betrachtung und dem Genusse des Schönen nachtheilig, weil sie zu kurz ist: denn sie führet auf einmal dahin, was sie stuffenweise fühlen sollte. (KS 219)

Scheint dies auch zunächst der vorherigen Forderung nach einer schnell empfänglichen Empfindung zu widersprechen, so erweist es sich doch als kompatibel: Der erste Eindruck soll die Empfindung erwecken und auf den Gegenstand als *Einheit* bannen, doch die Empfindung dieser harmonischen Einheit des Schönen kann erst recht eigentlich in der sanften Betrachtung und bildenden Integration des Einzelnen – unter dem vorherigen Eindruck des Ganzen – bestehen, wenn die Biegungen des Kontur in Bewegung und Gegenbewegung nach und nach vom Blick abgetastet werden. Auch hier wirkt die rezeptionsästhetische Wertschätzung der *Li-*

nearität fort, wie sie von den Theoretikern der *Poetischen Mahlerey* befürwortet wurde. Ganz im Sinne einer klassischen Ästhetik des Maßvollen wird von Winckelmann eine Überwältigungsästhetik abgelehnt; der Geist des Betrachters soll bewusst und reflektiert durch das Mittelbare der ästhetischen Erfahrung zu einer Erkenntnis des Schönen gelangen, anstatt sich (einer Erhabenheitsästhetik gemäß) fortreißen zu lassen.[25]

Zuletzt erläutert Winckelmann die „dritte [...] Eigenschaft des inneren Gefühls, welche in einer lebhaften Bildung des betrachteten Schönen bestehet". Im Gegensatz zu den „beyden ersteren" wachse ihre „Kraft [...] wie das Gedächtniß, durch die Uebung, welche jenen nichts beyträget." (KS 220) Während also die ersten beiden Bedingungen der Empfindung, Fertigkeit und Zartheit, von der Natur gegebene Eigenschaften des Geistes je nach Veranlagung sind, die, wenn sie nicht vorhanden sind, auch nicht ausgebildet werden können, so kann die letzte Eigenschaft, die Fähigkeit zur produktiven inneren Bildung und damit erst Umfassung des Schönen (in einem Anschmiegen der Empfindung an dessen sichtbare Konturen als ‚Graphem' seiner selbst), durch Übung verbessert werden.

10.3 Der Kontur-Begriff im Verhältnis zu weiteren zentralen Komponenten der Winckelmannschen Ästhetik: Schönheit, Erhabenheit, Einheit, Einfalt

Bevor die Besonderheiten von Winckelmanns Kontur-Konzept differenziert werden, ist kurz sein Verständnis einiger zentraler ästhetischer Kategorien zu skizzieren, insofern diese mit dem Kontur-Begriff wesentlich zusammenhängen: Schönheit, Erhabenheit, Einfalt und Einheit. Den „Begriff der Menschlichen Schönheit" in seiner größtmöglichen Vollkommenheit entwirft Winckelmann in der *Geschichte der Kunst des Alterthums* bildlich als von den Schlacken der Materie befreite, geläuterte geistige Form, die selbständig aus dem ihr inhärenten Schaffensimpuls heraus bildend wirkt und dabei dem Urprinzip der göttlichen Schöpfung des Menschen nachahmt:

> Dieser Begriff der Schönheit ist wie ein aus der Materie durchs Feuer gezogener Geist, welcher sich suchet ein Geschöpf zu zeugen nach dem Ebenbilde der in dem Verstande der Gottheit entworfenen ersten vernünftigen Creatur. Die

25 An die Stelle einer Ästhetik des Erhabenen setzt Winckelmann in der *Geschichte der Kunst* eine Ästhetik des maßvoll Großen, vor allem aber Fasslichen (s. den folgenden Abschnitt).

> Formen eines solchen Bildes sind einfach und ununterbrochen, und in dieser Einheit mannigfaltig, und dadurch sind sie harmonisch; eben so wie ein süßer und angenehmer Ton durch Körper hervorgebracht wird, deren Theile gleichförmig sind. (GK I, 250)

Die Unmittelbarkeit dieses geistigen Schöpfungsaktes bringt eine Gestalt hervor, deren Formen – in „ununterbrochen[em]" Kontur – von vollkommener Einheit in der Mannigfaltigkeit bestimmt sind. Die wirkungsästhetischen Konsequenzen dieser Formgebung vergleicht Winckelmann zunächst dem „süße[n] und angenehme[n] Ton" eines wohlproportionierten Klangkörpers, doch treten neben diese Elemente des Schönen sogleich die Kategorien der Größe und des Erhabenen, wenn er fortfährt:

> Durch die Einheit und Einfalt wird alle Schönheit erhaben, so wie es durch dieselbe alles wird, was wir wirken und reden: denn was in sich groß ist, wird, mit Einfalt ausgeführet und vorgebracht, erhaben. Es wird nicht enger eingeschränkt, oder verliehret von seiner Größe, wenn es unser Geist wie mit einem Blicke übersehen und messen, und in einem einzigen Begriffe einschließen und fassen kann, sondern eben durch diese Begreiflichkeit stellet es uns sich in seiner völligen Größe vor, und unser Geist wird durch die Fassung desselben erweitert, und zugleich mit erhaben. (GK I, 250/252)

Dreierlei gilt es hieran festzuhalten. Zunächst unterscheidet Winckelmann nicht zwischen Gegenständen an sich, die Empfindungen des Schönen *oder* des Erhabenen hervorrufen können; für ihn handelt es sich um ein Stufenmodell der Darstellung: Schönheit und Größe eignen dem Gegenstande, die Ausführung vermag ihn durch „Einheit und Einfalt" in der Darstellung auch „erhaben" erscheinen zu lassen. Sodann gelten Winckelmann nicht Unermesslichkeit und Unübersehbarkeit des Gegenstandes als Konstituentien erhabener Wirkung, sondern diese wird gerade durch die „Begreiflichkeit" des in „Einheit und Einfalt" Dargestellten hervorgerufen, da der „Geist" sich im Akt der „Fassung" dieser Wahrnehmung der großen und erhabenen Gestalt ebenfalls „erweitert"[26] und „zugleich mit erhaben" wird. Somit wird die Wirkung des ästhetischen Aktes zu einer Gemütsverfassung des Betrachters.

26 Besonders am Beispiel der Torso-Beschreibung und dessen mittels Landschaftsmetaphern von Meereswellen und weiten Hügeln evozierten Anschauungs-„Raums" lässt sich dieses Phänomen einer Entgrenzung beobachten, wenn Winckelmann die Beschreibung mit einer rhetorischen Entrückung in mythische Räume unterbricht (dazu s. u.). Erst der Blick auf *einzelne* Muskelpartien ruft die entrückte Betrachtung wieder zum Gegenstand zurück.

Im Hinblick auf die „Begreiflichkeit“ und „Fassung“ der wahrgenommenen Gestalt deutet sich nun ein Konzept an, das um 1800 virulent wird: die Rede vom ‚Totaleindruck‘ des Wahrgenommenen auf das Gemüt des Betrachters. Der Begriff deutet bereits durch das Bildfeld des Einprägens zurück auf erkenntnistheoretische Topoi von Eindruck und Abdruck des Wahrgenommenen im Seelenpneuma, in der Einbildungskraft oder einem sonstigen Substrat im Geiste des Betrachters. Dass Winckelmann den Kontur als gestaltgewordenes geistiges Notat des künstlerischen Konzepts begreift, macht sein Konzept umso mehr anschlussfähig für die Favorisierung des unmittelbaren „Totaleindrucks“ in der Ästhetik der nachfolgenden Jahrzehnte. „Begreiflichkeit“ und „Fassung“ sind dazu notwendige Prinzipien, die ihr geeignetes Medium in Kontur und Umrissdarstellung finden. Winckelmanns Passus zum Erhabenen lässt zuletzt auch Rückschlüsse auf die eigenen stilistischen Ansprüche zu:

> Durch die Einheit und Einfalt wird alle Schönheit erhaben, so wie es durch dieselbe alles wird, was wir wirken und reden: denn was in sich groß ist, wird, mit Einfalt ausgeführet und vorgebracht, erhaben.

Mithin gilt für den Kunstschriftsteller, dass er so formulieren muss, dass „unser Geist“ den Gegenstand „wie mit einem Blicke übersehen […], und in einem einzigen Begriffe […] fassen kann“, und „unser Geist […] durch die Fassung desselben erweitert, und zugleich mit erhaben“ wird (GK I, 250 f.). Winckelmanns Stil, bildreich und wortmächtig in seinen Beschreibungen, strebt doch nach *Klarheit* der Darstellung und *Einheit* des Gesamteindrucks (auch wenn Kritiker wie Moritz dies als misslungen sehen). Das Hauptaugenmerk der Beschreibung gilt dabei dem Darstellungsmittel, das die Mannigfaltigkeit in die Einheit integriert: dem Kontur.[27]

Aus derjenigen „Einheit“, die als unabdingbare Voraussetzung für die „hohe[] Schönheit“ gilt, „folget“, so Winckelmann, „eine andere Eigenschaft“ dieser „hohen Schönheit“, nämlich

> die Unbezeichnung derselben, das ist, deren Form weder durch Puncte, noch durch Linien, beschrieben werden, als die allein die Schönheit bilden; folglich eine Gestalt, die weder dieser oder jener bestimmten Person eigen sey, noch irgend einen Zustand des Gemüths oder eine Empfindung der Leidenschaft ausdrücke, als welche fremde Züge in die Schönheit mischen, und die Einheit unterbrechen […]. (GK I, 252)

27 Zu Winckelmanns Favorisierung des Kontur im Hinblick auf die aufklärerischen Ideale der Klarheit und Deutlichkeit vgl. Reschke, 352.

Es handelt sich um keine Gestalt, die sich in dieser Form in der Natur finden ließe, eine bloß „schöne Natur" mithin, sondern um eine durch das Ideal gesteigerte Form der reinen Schönheit ohne jeglichen davon abweichenden Zug: Die vollkommen schöne Einheit resultiert aus ausschließlich nichts-als-schönen „Puncte[n]" und „Linien". Auch darf diese Einheit nicht durch Regungen beeinträchtigt werden, die Gemütszustände oder Leidenschaften ausdrückten, die dem Begriff der Schönheit und damit dem Ideal der „edle[n] Einfalt" und „stille[n] Größe" widersprächen. Der idealschöne Kontur, dessen Bewegtheit Ausdruck der inneren Bewegungen ist, kann nur in der Darstellung von Figuren erscheinen, deren Haltung und Ethos dem Ideal gänzlich konform sind.

10.4 Versuche, den idealen Kontur zu bestimmen

Die ausführlichste Definition dessen, was Winckelmann unter der idealen Gestalt des realisierten Kontur versteht, findet sich bei den Gedanken, die er der „schönen Jugend" der Griechen widmet. In dieser hätten „die Künstler die Ursache der Schönheit in der Einheit, in der Mannigfaltigkeit, und in der Uebereinstimmung" gefunden:

> Denn die Formen eines schönen Körpers sind durch Linien bestimmt, welche beständig ihren Mittelpunct verändern, und fortgeführt niemals einen Cirkel beschreiben, folglich einfacher, aber auch mannigfaltiger, als ein Cirkel [sind.] (GK I, 254)

Vom menschlichen (genauer: männlichen) jugendlichen Körper ausgehend, verfolgt Winckelmann so eine „Topographie" idealer Konturen, die sich insgesamt durch „Einheit" und „Mannigfaltigkeit" sowie harmonische Proportionierung („Uebereinstimmung", die antike „symmetria") auszeichnen und dabei jeweils als variiert bewegte Wellensegmente erscheinen. Der schöne Kontur zeigt sich als „in sich geschlossene[ ], zart gewellte[ ]" Linie, deren Streckenabschnitte keine gleichmäßigen Biegungen beschreiben – wie ein Kreis oder eine Ellipse –, sondern eine zunehmend enger bzw. weiter werdende (geometrisch also nicht bestimmbare) Kurve beschreiben und dann sanft in die nächste Biegung fließen."[28] Diese formalen Aspekte gelten Winckelmann jedoch nicht nur bei der Darstellung menschlicher Gestalten als maßgeblich; er weitet seinen Blick auf geo-

28 Vgl. dazu den Kommentar zur GK, 210, Zitat ebd.

metrische Konstanten der schönen Form auch auf die Konturen griechischer Keramik aus:

> Diese Mannigfaltigkeit [elliptischer Elemente] wurde von den Griechen in Werken von aller Art gesuchet, und dieses Systema ihrer Einsicht zeiget sich auch in der Form ihrer Gefäße und Vasen, deren svelter und zierlicher Conturn nach eben der Regel, das ist, durch eine Linie gezogen ist, die durch mehr Cirkel muß gefunden werden: denn diese Werke haben alle eine Elliptische Figur, und hierinn bestehet die Schönheit derselben. (GK I, 254)

Universeller Maßstab für Winckelmanns Verständnis der Schönheit ist mithin der Kontur der schönen Jünglingsgestalt; der ideale Kontur besteht in einer subtil „gewellten Linie“, deren Biegungen nach dem Ideal der Einheit in der Mannigfaltigkeit eine aus der anderen unmerklich ineinander hinübergleiten:[29] „Je mehr Einheit aber in der Verbindung der Formen, und in der Ausfließung einer aus der andern ist, desto größer ist das Schöne des Ganzen.“ (GK I, 254) Dieses Formideal leitet auch seine Bewertung antiker Keramik. Die Analogie scheint bereits in der *Erinnerung über die Betrachtung der Werke der Kunst* (1759) auf, wo Winckelmann versucht, den vollkommenen Kontur formal zu beschreiben. Schwierig sei es, die „Schönheit“ darzustellen, „weil sie [...] nicht unter Zahl und Maaß fällt.“ (KS 151)[30] Zwar lasse sich die allgemeine „Linie, die das Schöne beschreibet“, geometrisch fassen, sie sei „elliptisch, und in derselben ist das Einfache und eine beständige Veränderung: denn sie kann mit keinem Zirkel beschrieben werden und verändert in allen Puncten ihre Richtung.“ Doch

> welche Linie mehr oder weniger elliptisch die verschiedenen Theile zur Schönheit formet, kann die Algebra nicht bestimmen; aber die Alten kenneten sie, und wir finden sie vom Menschen bis auf ihre Gefäße. So wie nichts

29 Vgl. dazu den Kommentar in *Frühklassizismus*, 370, sowie den Kommentar zur GK, 210.

30 Akademische Proportionslehre genügt nicht, denn „Schönheit“ erscheint in der ‚Unbezeichnung‘ des bewegten Kontur; dabei sei „das Verständniß des Verhältnisses des Ganzen, die Wissenschaft von Gebeinen und Muskeln nicht so schwer und allgemeiner, als die Kenntniß des Schönen; und wenn auch das Schöne durch einen allgemeinen Begriff könnte bestimmet werden“, so müsse man es doch überhaupt erst empfinden können. (KS 151 f.) „Das Schöne“, so Winckelmann, „bestehet in der Mannigfaltigkeit im Einfachen“, und dies sei „der Stein der Weisen, den die Künstler zu suchen haben“. Die künstlerische Fixierung des inneren, auf dem geistigen Urbild beruhenden Konzepts im materiellen Kontur wird zur alchemistischen Arkanlehre erklärt, wie es ähnlich bei Sulzer in der Verbindung des Umrisses mit dem je-ne-sçais-quoi-Topos aufscheint, vgl. Kap. 12.

Zirkelförmiges am Menschen ist, so macht auch kein Profil eines alten Gefäßes einen halben Zirkel.

Das „Profil" der Gefäße führt zum sogenannten ‚griechischen' Profil:

> Die Form der wahren Schönheit hat nicht unterbrochene Theile. Auf diesen Satz gründet sich das Profil der alten jugendlichen Köpfe, welches nichts Linealmäßiges, auch nichts eingebildetes ist; aber es ist selten in der Natur, und scheinet sich noch seltener unter einem rauhen, als glücklichen Himmel zu finden: es bestehet in der sanft gesenkten Linie von der Stirn bis auf die Nase. Diese Linie ist der Schönheit dermassen eigen, daß ein Gesicht, welches, von vorne gesehen, schön scheinet, von der Seite erblicket, vieles verlieret, jemehr dessen Profil von der sanften Linie abweichet. (KS 152)

Wenngleich diese ideale Erscheinung in der Natur (mit klimatheoretisch-geographischen Abstufungen) selten existiere, müsse sie dennoch als *Konzept* unter den griechischen Künstlern verbreitet gewesen sein, denn diese „scheinen Schönheiten entworfen zu haben, wie ein Topf gedrehet wird: denn fast alle Münzen ihrer freyen Staaten zeigen Köpfe, die vollkommener sind von Form, als was wir in der Natur kennen […]."[31] Winckelmann fragt angesichts der zahlreichen überlieferten und gut zugänglichen Anschauungsbeispiele, wieso dieses Ideal so lange von den modernen Künstlern ignoriert oder nicht erkannt worden sei:

> Hätte nicht Raphael, der sich beklagte, zur Galatee keine würdige Schönheit in der Natur zu finden, die Bildung derselben von den besten Syracusischen Münzen nehmen können […]? Weiter, als diese Münzen, kann der menschliche Begriff nicht gehen, und ich hier auch nicht. (KS 154)

Raffaels *Galatea* mit einem griechischen Münzprofil ist in der Tat eine aparte Vorstellung. Bereits in den *Gedancken* findet sich allerdings in der Nähe zur Bewunderung des „groß[en] und ed[len]" Kontur von Raffaels *Sixtinischer Madonna* der Hinweis auf die griechische Kunst auch im Kleinsten, wo es heißt, die griechischen Künstler hätten den „Contour in allen Figuren wie auf die Spitze eines Haars gesetzt" (*Gedancken*, 26).[32] Winckelmann missachtet auch angesichts der größten Kunstwerke in Rom die bescheideneren Anschauungsmaterialien der antiquarischen Tradition nicht.

---

31 *Erinnerung über die Betrachtung der Werke der Kunst*, KS 153 f.

32 Vgl. dazu Philipp Eckhardt: *Maß und Umriss. Bilder als Regulative bei Winckelmann und Warburg*, in: Ingeborg Reichle/Steffen Siegel (Hg.): *Maßlose Bilder.* München 2009, 247–261.

10.5 Formanalogien: Keramik und Körper

Die für Winckelmanns Ästhetik konstitutive Formanalogie, orientiert am Ideal des schönen jugendlich-männlichen Körpers, findet sich pointiert im *Sendschreiben von den Herculanischen Entdeckungen.*[33] „Die vornehmste Betrachtung über alte […] Gefäße", so fordert Winckelmann hier, „sollte auf die Zierlichkeit derselben gerichtet seyn", da alle „ihre Formen" „einem schönen jungen Menschen [gleichen], in dessen Geberden" sich unbewusst „die Grazie bildet": „Die Nachahmung derselben könnte einen ganz andern Geschmack einführen, und uns von dem Gekünstelten ab auf die Natur leiten".[34] Die Formen griechischer Keramik werden hier nicht nur unter formalästhetischen Gesichtspunkten betrachtet, sondern in den Kontext gängiger Konzepte zum Konnex von Natürlichkeit, „Zierlichkeit" und „Grazie" gegenüber dem „Gekünstelten" gestellt. Die genauere Erscheinungsform der Keramikgefäße beschreibt Winckelmann mit den bereits bekannten Vokabeln des idealen, geometrisch nicht fixierbar bewegten Kontur und seiner „Unbezeichnung" bei dennoch gleichzeitiger Fassbarkeit für den Betrachter:

> Die Schönheit dieser Gefäße bildet sich durch die sanft geschweiften Linien der Formen, als welche hier, wie an schönen jugendlichen Körpern, mehr anwachsend als vollendet sind, damit unser Auge in völlig halbrunde Umkreise seinen Blick nicht endige, oder in Ecken eingeschränkt und auf Spitzen angeheftet bleibe.[35]

Die visuelle Komponente der sinnlichen Erfahrung wird synästhetisch ergänzt durch eine imaginierte haptische Erfahrung des Blicks: „Die süße Empfindung unserer Augen bey solchen Formen ist wie das Gefühl einer zarten sanften Haut, und unsere Begriffe werden, als vom Vereinten, leicht und faßlich." Wiederum resultiert die Fasslichkeit der „Begriffe" – wie jene der „hohen Schönheit" – aus der Einheit, dem „Vereinten" der Darstellung. In dem hier zugrundeliegenden Analogiedenken zeigt sich der vormoderne Zug in Winckelmanns epistemologischem Modell.[36] Damit gilt für jegli-

---

33 *Sendschreiben von den Herculanischen Entdeckungen an den Reichsgrafen von Brühl*, in: *Winckelmann's Werke hrsg. v. C. L. Fernow. Zweyter Band, welcher die Schriften über die Herculanischen Alterthümer, die Abhandlung von der Fähigkeit der Empfindung des Schönen, und den Versuch einer Allegorie enthält.* Dresden 1808, 3 – 148.

34 *Sendschreiben von den Herculanischen Entdeckungen*, 93.

35 *Sendschreiben von den Herculanischen Entdeckungen*, 93.

36 Vgl. zum Analogiedenken als epistemologischem Prinzip Winckelmanns: Élisabeth Décultot: *Johann Joachim Winckelmann. Enquêtes sur la genèse de l'histoire de*

ches Kunstwerk, sei es anthropomorphes Werk der Plastik oder Keramikgefäß, die Maxime der Einheit in der Mannigfaltigkeit der ineinander verfließenden Konturen:

> Je mehr Einheit aber in der Verbindung der Formen, und in der Ausfließung einer aus der andern ist, desto größer ist das Schöne des Ganzen. Ein schönes jugendliches Gewächs aus solchen Formen gebildet ist, wie die Einheit der Fläche des Meers, welche in einiger Weite eben und stille, wie ein Spiegel, erscheinet, ob es gleich alle Zeit in Bewegung ist, und Wogen wälzet. (GK I, 254)

10.6 Die ‚Unbezeichnung'

Winckelmanns Wellenmetaphorik verbildlicht das Ungreifbare, Elusive des idealen Kontur, seine „Unbezeichnung". Die vollkommene Darstellung der Einheit in der Mannigfaltigkeit sieht Winckelmann gebunden an die Jugend der dargestellten Gestalten, die aber gerade aufgrund der „Unbezeichnung" ihres Kontur am schwierigsten darzustellen seien: Da

> in dieser großen Einheit der jugendlichen Formen die Gränzen derselben unmerklich eine in die andere fließen [...], so ist aus diesem Grunde die Zeichnung eines jugendlichen Körpers, in welchem alles ist und seyn, und nicht erscheinet und erscheinen soll, schwerer, als einer Männlichen oder betagten Figur, weil in jener die Natur die Ausführung ihrer Bildung geendiget, folglich bestimmet hat, in dieser aber anfängt, ihr Gebäude wiederum aufzulösen, und also in beyden die Verbindung der Theile deutlicher vor Augen lieget. (GK I, 254)

Der Unbezeichnung des Kontur korrespondiert die noch nicht abgeschlossene Gestaltwerdung des jugendlichen Körpers an sich, die jedoch in diesem Transitorischen der Form dargestellt werden soll. Die Verbindung von Potentialität und Evidenz verweist auf die fiktionale Komponente der Kunstbetrachtung, deren Reflexion eben nicht an der einheitlich glatten „Spiegel"-Fläche des Meeres abprallt, als die die Oberfläche dem ersten Blick aus der Ferne erscheinen mochte, sondern die im Nachvollzug der ineinanderfließenden einzelnen Windungen stets wieder angeregt wird, eben dieses Verhältnis von möglicher und gerade sichtbarer, sich aber bereits wieder entziehender Form zu reflektieren. Durch die Differenziertheit der Körperteile an einer erwachsenen männlichen Gestalt mit definiten Formen bzw. an einer greisen Gestalt im Zustande bereits be-

---

l'art. Paris 2000, 200. Vgl. Michel Foucault: *Die Ordnung der Dinge. Eine Archäologie der Humanwissenschaften.* Frankfurt a.M. 1991, 46 ff.

ginnender Formauflösung kann die Einheit in der Mannigfaltigkeit dort nicht mehr gewährleistet werden, der Blick verliert sich im Einzelnen und wird nicht gleitend zur Reflexion ineinanderfließender Formmöglichkeiten weitergeleitet.

Hat Winckelmann in der ersten Ausgabe der *Geschichte der Kunst* versucht, eine geometrisch begründete Definition des idealen Kontur zu geben, treten diese Formalia in der Fassung der zweiten Ausgabe stärker in den Hintergrund. Während es sich in der ersten Fassung liest, als verleihe der schöne Kontur dem Körper erst seine Schönheit, ohne dass die Entstehung des schönen Kontur hinterfragt wurde, hebt Winckelmann nun hervor, dass erst die sportliche Betätigung die schönen Körper hervorbrachte, und dass es den öffentlichen Einrichtungen wie den Gymnasia zu verdanken war, dass die künstlerische „Einbildung" durch den Anblick der schönen jugendlichen Körper „erhitzt" wurde. Gegenüber der rein ästhetischen Betrachtung zeigt die zweite Fassung also eine stärkere Berücksichtigung sozialhistorischer Komponenten.[37] Wichtiger aber ist, dass nun die Ausdrucksqualitäten des Kontur als Medium der Seelendarstellung stärkeres Gewicht erhalten, wenn Winckelmann (GK II, 255) unter Auslassung des Passus über die elliptischen Segmente an die These, die antiken Künstler hätten die „Ursache der Schönheit in der Einheit, in der Mannigfaltigkeit und in der Uebereinstimmung" gefunden, zunächst direkt als Begründung anschließt, was in der ersten Fassung später folgt, nämlich dass „die Formen der schönen Jugend der Einheit der Fläche des Meeres" gleichen, „welches in einiger Entfernung eben und stille, als ein Spiegel erscheinet, ob es gleich alle Zeit in Bewegung ist und Wogen wälzet":

> Denn so wie die Seele, als ein einfaches Wesen, viele verschiedene Begriffe auf einmal [...] hervorbringet, eben so ist es auch mit dem schönen jugendlichen Umriße, welcher einfach scheinet, und unendlich verschiedene Abweichungen auf einmal hat. (GK II, 255)[38]

Obgleich die Formulierungen der Meeres-Metapher denjenigen der ersten Ausgabe wörtlich entsprechen, erhalten sie durch den angefügten Vergleich mit der Seele eine gänzlich andere Bedeutung. An die Stelle einer abstrakten Einheit geometrischer Formen unter einen ebenso rein formal begriffenen subsumierenden Kontur, sei er auch noch so unbezeichnet und bewegt, tritt nun die „Seele" als generatives Prinzip, zugleich jedoch als im Gestal-

37 Vgl. dazu den Kommentar zur GK, 210 f., und Käfer, 96–131.

38 Anschließend folgt der Text wieder der ersten Ausgabe, beginnend mit „Da nun in der großen Einheit der jugendlichen Formen [etc.]".

tungsprozess bereits die Einheit gewährleistendes Agens. War in der Fassung der ersten Ausgabe das „Meer" Bild für die Oberfläche oder eher den Kontur der Gestalt, so wird es in der späteren Fassung zum Bild der „Seele" als des generativen Prinzips, das erst die Form des wogenden Kontur als äußeres Zeichen der inneren Regungen prägt. Dem Kontur kommt nun eine weitaus stärkere Funktion als Ausdrucksträger zu; jenseits der äußeren Formalia der Schönheit wird er mit ideeller Bedeutung aufgeladen. Dabei changiert die Unbestimmbarkeit seiner Formen, wie jene der wogenden Meereswellen, zwischen den Gemütszuständen und lässt die Reflexion des Betrachters nicht zur Ruhe kommen, sondern regt ihn zur steten Aktualisierung der sich in seinem Geiste konstituierenden Form und ihrer Bedeutung an.

Winckelmanns Auffassung vom Akt ästhetischer Erkenntnis wird deutlich in seinem kontrastierenden Vergleich mit den „Untersuchungen der Gelehrsamkeit in den Alterthümern". Während sich in diesen nur „schwer [...] etwas neues" finden lasse, sei bei den „Betrachtungen über die Kunst" der Gegenstand unerschöpflich. Dafür sei ein Kunstwerk jedoch auch nicht unmittelbar zugänglich, und

> das Schöne und das Nützliche nicht mit einem Blicke zu greifen [...]: denn das Wichtige und Schwere gehet tief, und fließet nicht auf der Fläche. Der erste Anblick schöner Statuen ist bey dem, welcher Empfindung hat, wie die erste Aussicht auf das offene Meer, worinn sich unser Blick verlieret, und starr wird, aber in wiederholter Betrachtung wird der Geist stiller, und das Auge ruhiger, und gehet vom Ganzen auf das Einzelne. Man erkläre sich selbst die Werke der Kunst auf eben die Art, wie man andern einen alten Scribenten erklären sollte: denn insgemein gehet es dort, wie in Lesung der Bücher; man glaubet zu verstehen, was man liest, und man verstehet es nicht, wenn man es deutlich auslegen soll. (GK I, 558)

Die Wassermetaphorik wird hier ergänzt um den Aspekt eines oszillierend-verbergenden Fluidums. Der konzeptuelle Gehalt des Kunstwerks kann nur durch „Empfindung" erkannt werden. Dem ersten Blick hingegen präsentiert es nur die Einheit der – wenn auch nicht spiegelnden[39] – doch scheinbar ebenen Oberfläche, in der sich der „Blick verlieret" (und zwar gerade aufgrund der ästhetischen Empfänglichkeit), anstatt zur wiedererschaffenden inneren Reflexion des Kunstwerks angeregt zu werden. Wie sehr der Erkenntnisakt bei dieser Reflexion für Winckelmann mit sprachlicher Fassbarkeit verbunden ist, zeigt sein Vergleich mit philologischer Übersetzung beim Erklären eines „alten Scribenten": Nur in der

---

39 Vgl. dazu ausführlich: Barbara Maria Stafford: *Beauty of the Invisible*, passim.

sprachlichen Explikation kann der Betrachter sich Rechenschaft ablegen über die Sicherheit, mit der er seinen Gegenstand ergriffen hat; die gleichsam philologische Lektüre der Konturen des Kunstwerks transformiert im Akt der aneignenden Übersetzung den geistigen Gehalt des Empfundenen, seinen Logos, von Wort zu Wort und Satz zu Satz in sprachliche ‚Konturen'.

10.7 Michelangelos anschmiegsames Wasserbad bei Winckelmann

Eine besonders suggestive Facette von Winckelmanns Kontur-Konzept stellt sich in seinem wohl auf einem Missverständnis der zugrundeliegenden Vasari-Stelle beruhenden „Werkstattbericht" über Michelangelos plastisches Verfahren beim Übertragen eines Modells in das endgültige Material dar.[40] Was bei Vasari nur als Vergleich gemeint war (vgl. Kap. 4.3), legt Winckelmann als faktische künstlerische Praxis aus: Michelangelo solle

40 *Frühklassizismus*, 40 ff. Vgl. dazu den Kommentar ebd., 371. Zu Winckelmanns Missverständnis, seinen Quellen und den Argumenten gegen die Annahme, dass es sich um eine empfehlenswerte (geschweige denn wirklich praktizierte) Methode handle, vgl. Carl Justi: *Winckelmann und seine Zeitgenossen*. Bd. 1: *Winckelmann in Deutschland*. Leipzig ^{3}1923, 445–451. Justi versteht die Methode (gestützt auf Cellinis Traktat) in dem Sinne, dass Michelangelo „nach Vollendung des Modells eine Zeichnung der Hauptansicht seines Werkes" anfertigte und die Statue sodann „[v]on dieser Seite her […] aus dem Block heraus[holte], ganz so, als wollte er eine Figur in Halbrelief meißeln." (ebd., 449) Justi weist indes auf den spezifischen ästhetischen Kontext hin, in dem Winckelmanns „Interpretationsfehler" steht: Berührt sich dieser doch mit Winckelmanns Favorisierung der „plastischen Schönheitslinie", da er „Schönheit vorzüglich als Schönheit des Umrisses, der Linie" „fühlte und begriff": „Um die feinen Linienmodulationen eines schönen Körpers, um diese zarten Übergänge der nach dem wahren Geschmack des Altertums gebildeten Kurven der Oberfläche in dem starren Marmor hervorzubringen, dazu schien ihm seine Methode vorzüglich geeignet. Indem das Modell stufenweise aus der Ebene des Wassers hervortaucht, beschreibt es eine Reihe von Umrisskurven." Zu Winckelmanns Ansicht, für das ‚Feinste der Kunst', die „Arbeit der letzten Hand" bei der abschließenden Überarbeitung, stelle der „Meister" das Modell nochmals in den Wasserkasten, um durch das sich den Formen anschliegende Wasser auch den „Schwung" der „unmerklichsten Teile" übernehmen zu können, bemerkt Justi, dass diese ‚sklavische' Methode „mehr für Studien nach der Natur oder nach der Antike passe[] als für die letzte Hand des Meisters, der sich hier seinem eigenen Gefühl überlässt, das ihm viel feinere Dinge zuflüstert, als das Modell." (450 f.) Justi vermutet, dass die Deutung auf Oeser zurückgehe (451).

demnach das Modell einer Plastik in ein mit Wasser gefülltes Bassin gestellt haben, aus dem er nach und nach Wasser abließ, um so zu ermessen, wie viel er von dem Marmorblock, aus dem das Werk entstehen sollte, in jeder Schicht jeweils entfernen müsse:

> Die Fläche des Wassers hatte ihm eine Linie beschrieben, von welcher die äussersten Puncte der Erhobenheiten Theile sind. Diese Linie war mit dem Fall des Wassers in seinem Gefässe gleichfalls wagrecht fortgerücket, und der Künstler war dieser Bewegung mit seinem Eisen gefolget, bis dahin, wo ihm das Wasser den niedrigsten Abhang der erhabenen Theile, der mit den Flächen zusammen fließt, bloß zeigete. Er war also mit jedem verjüngten Grad in dem Kasten seines Modells einen gleich gesetzten grösseren Grad auf seiner Figur fortgegangen, und auf diese Art hatte ihn die Linie des Wassers bis über den äussersten Contour in seiner Arbeit geführet, so, daß das Modell nunmehro vom Wasser entblößt lag. (*Gedancken*, 41 f.)

Im zweiten Arbeitsschritt habe er dann die Konturen feiner nuanciert herausgearbeitet:

> Bey der Wiederholung seiner Arbeit suchte er den Druck und die Bewegung der Muskeln und Sehnen, den Schwung der übrigen kleinen Theile, und das Feinste der Kunst, in seinem Modelle, auch in seiner Figur auszuführen. Das Wasser, welches sich auch an die unmercklichsten Theile legte, zog den Schwung derselben aufs schärfste nach, und beschrieb ihm mit der richtigsten Linie den Contour derselben. (*Gedancken*, 42)

Was sich in diesem Missverständnis von Vasaris anschaulichem Vergleich bei Winckelmann zeigt, ist jedoch bezeichnend für das Maß an Sinnlichkeit, das seinem Kontur-Konzept eignet: So liest er in die bildhaft imaginierte Verfahrensweise Michelangelos sein eigenes Ideal der vollkommenen Empfindung des Schönen hinein, die sich dem Schönen anschmiege, wie ein „flüßige[r] Gips[]", den man über den Kopf des Apoll gegossen habe. Analog zu seinem Konzept einer reversiblen Bildung, in der sich dem Betrachter in der anschmiegenden Empfindung des geformten Kontur die geistige Gestalt erschließt, die dem Künstler vor (seinen geistigen) Augen stand, als er schönste Natur und idealische Schönheit in seiner Einbildungskraft synthetisierte, findet Winckelmann hier die stofflich-konkrete Entsprechung bereits auf der Produktionsebene, die gleichsam als Legitimation für das emphatisch-empathische Empfindungskonzept gelesen werden kann. Die Gestalt, die der Künstler vom einmal selbst geschaffenen Modell mit Hilfe des Wassers überträgt, kann auch der Betrachter im Fluidum seiner Empfindung zurück übertragen: *transsubstantiieren* zurück in das ideale geistige Anschauungsbild. Nicht zufällig fügt sich die Bedeutung des Wassers als Übertragungsmedium in den dominanten Bildbereich winckelmannscher Beschreibungskunst, die Wasser- und Wellenmetaphorik. Darin schmiegt auch die Sprache sich den Skulpturen an wie das umschließend umfließende Wasser in Michelangelos vermeintlichem Modellkasten.

10.8 Unter koischen Gewändern: Das Verhältnis von Kontur und Draperie

Winckelmanns Kontur-Konzept bestimmt auch seine Auffassung der Draperie, wie eine Bemerkung in den *Gedancken* zeigt:

> Auch unter den Gewändern der Griechischen Figuren herrschet der meisterhafte Contour, als die Haupt-Absicht des Künstlers, der auch durch den Marmor hindurch den schönen Bau seines Cörpers wie durch ein Coisches Kleid zeiget. (*Gedancken*, 27)

Doch nicht nur von Gewändern spricht Winckelmann hier:[41] Der Marmor selbst, zeigte er auch nur den unbekleideten schönen Körper, wird in seinen Worten zum Gewand, das um die geistigen Konturen des imaginierten Körpers gelegt wird, der das schöne Ideal und die schöne Natur in sich vereinigt. Die Relevanz der „schönen" Körpergestalt (also der schönsten Natur und ihres Kontur) und, sofern diese bekleidet nur vermittelt dargestellt ist, die Bedeutung des „meisterhafte[n] Contour" der Draperie als Zeichen und Stellvertreter der schönen Natur, fasst Winckelmann einige Seiten darauf bei der Behandlung der Draperie nochmals zusammen:

> Unter dem Wort Drapperie begreift man alles, was die Kunst von Bekleidung des Nackenden der Figuren und von gebrochenen Gewändern lehret. Diese Wissenschaft ist nach der schönen Natur, und nach dem edlen Contour, der dritte Vorzug der Wercke des Alterthums.[42]
>
> Die Drapperie der Vestalen ist in der höchsten Manier: die kleinen Brüche entstehen durch einen sanften Schwung aus den grösseren Partien, und verlieren sich wieder in diesen mit einer edlen Freyheit und sanften Harmonie des Gantzen, ohne den schönen Contour des Nackenden zu verstecken, welcher ohne Zwang vor Augen liegt. (*Gedancken*, 29)

---

41 Vgl. auch den Kommentar in *Frühklassizismus*, 371: Die Draperie sei eine „Spezifizierung des Contours im Hinblick auf den Sonderfall der Gewandfigur" mit dem Zweck, die Körperschönheit zu unterstreichen.

42 Zu den weiteren Elementen vgl. *Gedancken*, 35: „Nach dem Studio der schönen Natur, des Contours, der Drapperie, und der edlen Einfalt und stillen Grösse in den Wercken Griechischer Meister, wäre die Nachforschung über ihre Art zu arbeiten ein nöthiges Augenmerck der Künstler".

Die Beschreibung der Draperie deutet bereits auf Winckelmanns spätere Statuen-Beschreibungen voraus, die sprachlich den unmerklichen Richtungswechsel im „schönen Contour des Nackenden" und die so generierte Einheit nachzuvollziehen suchen.

10.9 Der Kontur als Ausdrucksträger und Distinktionsmerkmal

Doch nicht nur unter formalen Gesichtspunkten ist der Kontur zentrales Darstellungsmoment. Er ist zugleich der primäre Ausdrucksträger; seine Bewegtheit spiegelt die Bewegtheit der dargestellten Seele wider. Dies lässt sich bereits jener These entnehmen, die meist *pars pro toto* für Winckelmanns Gesamtwerk angeführt wird. Im Kontext der Darstellung gleichsam nass erscheinender Gewänder antiker Statuen konstatiert Winckelmann:

> Das allgemeine vorzügliche Kennzeichen der Griechischen Meisterstücke ist endlich eine edle Einfalt, und eine stille Grösse, so wohl in der Stellung als im Ausdruck. So wie die Tiefe des Meers allezeit ruhig bleibt, die Oberfläche mag noch so wüten, eben so zeiget der Ausdruck in den Figuren der Griechen bey allen Leidenschaften eine große und gesetzte Seele.[43]

Damit leitet Winckelmann zu seinen Betrachtungen über die Darstellung der Laokoon-Statuengruppe über, an deren Ende er schließlich folgert: „Der Ausdruck einer so grossen Seele gehet weit über die Bildung der schönen Natur: Der Künstler muste die Stärcke des Geistes in sich selbst fühlen, welche er seinem Marmor einprägete." (*Gedancken*, 31)

Auch hier wird dem Kontur in der Synthese von „schöne[r] Natur" und idealer geistiger Schönheit die größte Bedeutung für die Darstellung zugesprochen: Diese Synthese muss im Künstler durch Empathie in den Gegenstand geleistet werden, um sodann „jede Regung und jeden Zustand der Seele in den sinnlichen Formen erfahrbar zu machen"[44] und sie dem Marmor *einzuprägen* – wie ein Siegel in eine Wachstafel, wie das Wahrgenommene in die erkennende Seele. In einem reversiblen Prozess kann der Betrachter, der den Kontur der Darstellung durch Einfühlung nachempfindet, nun diese Prägung wieder geistige Gestalt annehmen lassen. Der

43 *Gedancken*, 30. Dass diese Kategorien gleichermaßen für Malerei und Plastik gelten, zeigt Winckelmanns Äußerung über Raffaels *Sixtinische Madonna:* „Wie groß und edel ist ihr gantzer Contour!" (Ebd., 34)

44 Kreuzer, 74.

Kontur ist also wesentlicher Träger der plastischen „Ausdruckskraft",[45] seine Bewegtheit spiegelt die Regungen der dargestellten Seele wider: Je stiller die darzustellende Seele ist, in umso schöneren Formen wird sie sich ausdrücken, „[j]e bewegter die Seele ist, desto bewegter ist der formenbildende Kontur". Indem der Kontur sowohl die „Formen des Leibes bildet" als auch die „Stellungen, Handlungen und Gebärden umgreift, kann im plastischen Kunstwerk Bewegung und Ruhe miteinander verschmolzen und alle „mögliche Mannigfaltigkeit" in die geistige Einheit eingebunden werden."[46]

10.10 Der Kontur als Index kulturgeschichtlicher und sozialhistorischer Komponenten

Winckelmann begründet die schöne Gestalt der Körper griechischer Jünglinge nicht nur allgemein mit den Lebensumständen und besonders der sportlichen körperlichen Übung, sondern führt sie bis ins Detail der Bewegungsabläufe auf einen Nationalcharakter zurück, der zugleich den Stempel der *sprezzatura* zu tragen scheint, wie sie seit Castigliones *Corteggiano* als Ideal höfisch weltgewandter Haltung galt. So begegnet Winckelmann in der *Erläuterung* den Einwänden, die „Uebungen" der griechischen Knaben seien der „schönen Form" ihrer Gestalt „mehr nachtheilig als vortheilhaft gewesen", da sie „dem jugendlichen Umrisse zarter Leiber anstatt des sanften Schwungs etwas eckigtes und fechtermässiges gegeben" haben müsste, mit dem Hinweis auf den „Character der Nation. Ihre Art zu handeln und zu denken war leicht und natürlich; ihre Verrichtungen geschahen, wie Perikles sagt, mit einer gewissen Nachlässigkeit".[47] Die formalästhetischen Prämissen des schönen Kontur erscheinen somit auch an ein soziokulturelles Ideal gekoppelt: Der *sprezzatura* als durch Bewusstsein vollendet-veredelter Nachlässigkeit entspricht der Kontur als Zeichen der durch das Ideal vervollkommneten Natur.[48]

45 Kreuzer, 74. Vgl. auch Volker Riedel: *Vom Muster der Kunst zur Beispielhaftigkeit des Lebens. Differenzierungen des Antikebildes bei Winckelmann und im weimarisch-jenaischen Kulturkreis*, in: ders.: *Literarische Antikerezeption zwischen Kritik und Idealisierung. Aufsätze und Vorträge.* Bd. III, Jena 2009, 107–133, bes. 110.

46 Vgl. dazu Kreuzer, 76; Zitate ebd.

47 *Erläuterung*, in: *Frühklassizismus*, 98.

48 In Winckelmanns Bemühen um dessen konstitutive Prinzipien könnte man auch einen Reflex der Sehnsucht nach Zugehörigkeit zu einer anderen Gesellschaftsschicht erkennen. Waetzold versteht Winckelmanns Bewunderung für Raffaels

10.11 Der Kontur als Index des ideellen Status

Dem Kontur kommt auch die Denotation des ideellen Status der dargestellten Gestalt zu. Die griechische Skulptur sei „stuffenweis von der Menschlichen Schönheit bis an die Göttliche hinauf gestiegen", und in den „Helden" der Griechen, „näherten sie sich bis an die Gränzen der Gottheit, ohne dieselben zu überschreiten, und den sehr feinen Unterschied zu vermischen." (GK I, 280) Wie in den Überlegungen zum schmalen Grad zwischen Magerkeit und Schwulst in den *Gedancken* (vgl. Kap. 10.17) fungiert der Kontur als ideelle Demarkationslinie. Er entspricht der rhetorischen Kategorie des *aptum*, des angemessenen, passenden Ausdrucks auf einer dem Gegenstand adäquaten Stilebene, deren Verfehlung einem Akt ästhetischer Hybris gleichkäme. Ähnlich dem jugendlichen Körper in seiner transitorischen „Unbezeichnung" ist es hier der Heros, der Winckelmann als ästhetisch reizvollster Gegenstand erscheint: Muss seine Darstellung doch zwischen mehr-als-menschlicher und dennoch nichtgöttlicher Schönheit potentiell changieren, ohne die „Gränze" zu überschreiten. Die Stilistika bestehen in einer Überhöhung der menschlichen Gestalt:

> Die Formen bildeten sie an Helden heldenmäßig, und gaben gewissen Theilen eine mehr große als natürl. [!] Erhobenheit; in den Muskeln legten sie eine schnelle Wirkung und Regung, und in heftigen Handlungen setzten sie alle Triebfedern der Natur in Bewegung. (GK I, 280 f.)

Die Übersteigerung des Dargestellten über die Natur hinaus bewirkt die maximale „Mannigfaltigkeit" (ebd.), die innerhalb der Grenzen des *aptum* „möglich[]" sein kann. Im Streben nach der äußersten *Grenze* von Potentialität, die der ideale Kontur in seiner unfixierbaren Bewegtheit kurz vor ihrer Transgression *bezeichnet*, entfaltet das ideale Kunstwerk des Heroischen seine Wirkung und seinen Reiz; seine Schönheit besteht in dieser changierenden „Unbezeichnung". Besonders lasse sich eine solche „durch das Ideal erhöhete Natur" am Laokoon erkennen. Die Regung von

---

Sixtinische Madonna („Wie groß und edel ist ihr ganzer Kontur!") in diesem Sinne: „Winckelmann legte höchsten Wert" auf Stilistik, „sammelte charakteristische Aussprüche, Kritiken, Grundsätze über Stil" und habe die „‚erleuchtete Kürze'" gesucht; er „wollte [...] mit halben Worten von der Kunst reden, wie die Maler gewöhnt sind. [...] In der Wärme des Tons, der Markigkeit und sentenzenhaften Kürze der Sätze, in Leichtigkeit, Beweglichkeit des Stiles, Durchsichtigkeit des Aufbaues und in der Urbanität des Vortrags" strebe Winckelmann nach dem „Umgangston der guten Gesellschaft". Diese Stilideale ließen sich fast sämtlich auf Winckelmanns Kontur-Ideal übertragen.

dessen seitlichen Muskeln am Oberkörper sei „über die Wahrheit bis zur Möglichkeit getrieben, und sie liegen wie Hügel, welche sich in einander schließen, um die höchste Anstrengung der Kräfte im Leiden und Widerstreben auszudrücken."[49] Allein die idealische „Möglichkeit" vermag, die „Wahrheit" darzustellen.

10.12 Die Metaphorik der Beschreibungen

Bezeichnenderweise bedient sich Winckelmann an dieser Stelle zur Beschreibung des Kontur einer Metapher. Diese erweitert die Betrachtung mit ihrer verfremdenden Bildlichkeit[50] und führt zugleich im sprachlichen Medium vor, wie das Mögliche jenseits der Wahrheit (hier also eine Landschaftsmetapher an Stelle eines exakten Begriffes) den expressiven Gehalt („Leiden und Widerstreben") erst eigentlich darzustellen vermag. Doch nicht Landschaftsmetaphern überwiegen in Winckelmanns Sprache. In den Beschreibungen des Torso[51] und des Apoll von Belvedere erscheint sein favorisierter Bildbereich:

> In dem Rumpfe des vergötterten Hercules ist in [den Seiten-]Muskeln eine hohe idealische Form und Schönheit; aber sie sind wie das Wallen des ruhigen Meers, fließend erhaben, und in einer sanften abwechselnden Schwebung. Im Apollo, dem Bilde der schönsten Gottheit, sind diese Muskeln gelinde, und wie ein geschmolzen Glas in kaum sichtbare Wellen geblasen, und werden mehr dem Gefühle, als dem Gesichte, offenbar. (GK I, 282)

Hier handelt es sich wohlgemerkt zunächst um eine „vergötterte[ ]" Gestalt und schließlich um das „Bild[ ] der schönsten Gottheit": Der Bildbereich der Wellenmetaphorik, die die realisierte ideale Einheit in der Mannigfaltigkeit verdeutlicht und Harmonie und Ruhe impliziert, im Gegensatz

---

49 Zu den Entwürfen und Fassungen der Laokoon-Beschreibung vgl. J. J. W.: *Geschichte der Kunst des Alterthums. Statuenbeschreibungen. Materialien [...]. Rezensionen* (= Schriften und Nachlass Bd. 4, 5), 16–24; vgl. auch Kunze, *Florentiner Manuskript*, 225–229.

50 Vgl. dazu oben Winckelmanns Ansicht, wie in Darstellungen Erhabenheit erzeugt werden könne (Kap. 10.3).

51 Die Entwürfe und Fassungen der Torso-Beschreibung (und der Beschreibung anderer Statuen) sowie die zugehörigen Exzerpte sind nun umfassend erschlossen in: J. J. W.: *Geschichte der Kunst des Alterthums. Statuenbeschreibungen. Materialien [...]. Rezensionen*, 25–38; vgl. auch Kunze, *Florentiner Manuskript*, 222–225. Zur Rezeptionsgeschichte des Torso vgl. den reich bebilderten Katalog: Raimund Wünsche (Hg.): *Der Torso. Ruhm und Rätsel.* Kat. München/Rom 1998.

zu den Muskeln des sich aufbäumenden Laokoon, bleibt der Sphäre des Göttlichen vorbehalten – bzw., im Gegensatz zum Laokoon als einer „durch das Ideal erhöhete[n] Natur“, der Sphäre der „hohen idealische[n] Form und Schönheit“ und dem „Bilde der schönsten Gottheit“, deren ideale Schönheit sich nun wiederum in einem Kontur ausdrückt, der durch seine „Unbezeichnung“ bestimmt ist. Diese wird, im Gegensatz zum „greifbaren“ Bild der „Hügel“ im obigen heroischen Beispiel, auch metaphorisch durch den fließend-elusiven Bildbereich des Wassers und der Wellen dargestellt, wobei im Falle des Apoll das Moment des Immateriellen noch gesteigert wird durch das Bild des „geschmolzen[en] Glas[es], das in „kaum sichtbare Wellen geblasen“ zu sein scheint. Sie sind optisch kaum wahrnehmbar und offenbaren sich am ehesten dem Tastsinn. Evozieren das „geschmolzen Glas“ und seine „kaum sichtbare[n] Wellen“ bereits ein Höchstmaß an Transparenz, das noch durch die absolute Immaterialität des Hauchs als Schöpfungsprinzip übertroffen wird, so erinnert diese weitere Steigerung der „Unbezeichnung“ an Winckelmanns emphatische Verbildlichung des Begriffs der höchsten Schönheit, der einem „aus der Materie durchs Feuer gezogene[n] Geist“ gleiche. Zudem weist die Metaphorik voraus auf Winckelmanns Äußerungen zum „hohen Stil[]“ der griechischen Kunst, zu dessen „vornehmsten Eigenschaften“ der „gleichsam unerschaffene Begriff der Schönheit“ gehöre, wobei „[d]iese Schönheit […] wie eine nicht durch Hülfe der Sinne empfangene Idea“ sei,

> welche in einem hohen Verstande, und in einer glücklichen Einbildung, wenn sie sich anschauend nahe bis zur Göttlichen Schönheit erheben könnte, erzeuget würde; in einer so großen Einheit der Form und des Umrisses, daß sie nicht mit Mühe gebildet, sondern wie ein Gedanke erwecket, und mit einem Hauche geblasen zu seyn scheinet. (GK I, 448)

Der Stufenleiter von der menschlichen Schönheit über die heroische hin zur göttlichen und schließlich bis zum „Bilde der höchsten Schönheit“ im Apoll von Belvedere entsprechen somit, bei einigen Überschneidungen, gestaffelte metaphorische Bereiche. Es sind dies im Wesentlichen zunächst der Bereich des geschwungenen Materiellen („Hügel“), dann des elusiv Fluiden der Meereswogen und -wellen und schließlich des nahezu immateriellen, transparenten Geistigen. Dessen Schöpfungsprinzip und dessen Unmittelbarkeit werden als Hauch verbildlicht, der einen von der Materie geläuterten, rein geistig konzipierten (ideellen) Begriff der Schönheit generiert, welcher „gleichsam unerschaffen[]“ erscheint und sich in einem wenn auch in seinen unbezeichneten Einzelheiten kaum differenzierbaren Kontur verwirklicht. In dessen nahezu vollkommener „Einheit der Form und des Umrisses“ scheint die Unmittelbarkeit dieser Schöpfung aus dem Ideal („wie ein Gedanke erwecket“) auf.

Die „hohe Einfalt“ dieser „Schönheit“ erweckt den Anschein der größtmöglichen Unmittelbarkeit eines von der Materie unabhängigen, rein geistigen bzw. ideellen Schaffensaktes im Verstande (der bei Winckelmann das Vermögen der „gestaltschaffende[n] Einbildungskraft“ meint[52]), als habe er sich beinahe bis zur Anschauung des höchsten Begriffs der „Göttlichen Schönheit“ erhoben – die „große[ ] Einheit der Form und des Umrisses“ suggeriert eine solche Geschlossenheit und Unmittelbarkeit, dass sie ihren Entstehungsprozess zu negieren und im Moment der Konzeption bereits Gestalt geworden zu sein scheint, wobei die Partizipien „erwecket“ und „mit einem Hauche geblasen“ das Bild der Beseelung des Menschen durch den Schöpfer evozieren. Die Einheit des Umrisses lässt den Schaffensprozess im vollendeten Kunstwerk unsichtbar werden und suggeriert zugleich die Transparenz auf die zugrundeliegende Idee der Schönheit. Diese, die sich dem Betrachter in *einem* ‚Totaleindruck‘ offenbart, resultiert also aus einem korellierenden ‚Totalkonzept‘ auf Seiten des Künstlers, das ablesbares Zeichen geworden ist in einem ‚Totalkontur‘ vollendeter Einheit. Als Beispiel für diese größtmögliche Einheit der Form und des Umrisses und somit die Transluzidität des Kunstwerks auf das Ideal führt Winckelmann als neuzeitlichen Künstler Raffael an, dessen „fertige Hand als ein schnelles Werkzeug“ des „Verstandes“ dessen Konzepte möglichst unmittelbar ins Kunstwerk umsetzte – und zwar „mit einem einzigen Zuge der Feder“ und so korrekt, dass ein auf diese Weise entworfener „schönste[r] Umriß des Kopfs einer heiligen Jungfrau“ auch „unverbessert richtig“ als Zeichnung für das vollendete Gemälde dienen konnte (GK I, 448). Was Winckelmann hier an Raffael lobt, ist nichts anderes als eine derjenigen Fertigkeiten, die man (angelehnt an die Anekdote um Giottos „O“, vgl. Kap. 2.4) vielfach als Lösung für die Frage nach der *linea summae subtilitatis* des Apelles bei Plinius vorgeschlagen hatte, und dennoch kommt dieser Fertigkeit bei Winckelmann eine ganz andere Bedeutung zu, da der unabgesetzt in „einem Zuge“ gezogene Umriss ja nicht als Selbstzweck lobenswert erscheint, sondern gerade darin, dass er sich selbst aufgrund dieser Unmittelbarkeit in seiner Materialität negiert und als ‚Graphem‘ des Ideellen, als Ideogramm im engsten Sinne firmiert. Je unmittelbarer die Idee in den Umriss umgesetzt wird, umso weniger geht

52 Vgl. dazu den Kommentar, 322.

(mit den Worten des Malers Conti in Lessings *Emilia Galotti*)[53] auf „dem langen Wege, aus dem Auge [hier freilich dem geistigen, das auf die Idee gerichtet ist] durch den Arm in den Pinsel" verloren.

10.13 Die *Torso*-Beschreibungen: Fragmentarische Konturen

Wie Winckelmanns Kontur-Begriff gleichsam selbst erst modelliert wird, und welchen Facettenreichtum der Begriff dabei entwickelt, lässt sich an den Varianten zur Beschreibung des Torso vom Belvedere nachvollziehen. So heißt es im Florentiner Manuskript, die antike Skulptur übertreffe selbst Michelangelos Florentiner Grabfiguren „sehr weit in der Zarte und [...] Annehmlichkeit", Michelangelos Skulpturen fehlte immer „ein wenig in der Leichtigkeit, in dem eleganten Zug des Contours, in der Größe der Einbügung", sie blieben „alle Zeit Stein", während der Torso „Fleisch zu seyn" scheine.[54] Hier ist der Kontur noch wesentlich durch den Begriff der Eleganz definiert und abhängig von den rokokohaft anmutenden Kategorien „Zarte", „Annehmlichkeit" und „Leichtigkeit"; erst nach diesen Charakteristika kommt der formale Aspekt der „Größe der Einbügung" zur Sprache. Der Wechsel der Biegungen ist also auch hier bereits ein, wenn auch nicht zentrales, Betrachtungselement, ebenso wie die aus den vorher genannten Kategorien resultierende ‚Fleischlichkeit' des antiken Torso. Wesentlich komplexer liest sich Winckelmanns folgende Beschreibung des Torso:

> Man [siehet] findet in diesem Stück alle Ideen der grösten Kunst der alten Meister. [...] Man findet gleichsam das göttliche Wesen, was einen Leib, der nicht mehr mit Menschlicher Speise genähret wird, zu kommt <.> Die flüßigen Conturen eines Apollos sind in dem Systema der Kunst auch in diesem Stück zu finden. [...]

53 Gotthold Ephraim Lessing: *Emilia Galotti. Ein Trauerspiel in fünf Aufzügen*, in: ders.: *Werke in drei Bänden. Bd. 1: Fabeln. Gedichte. Dramen.* München 2003, 521 f. (I/4).

54 Alle Zitate in *Frühklassizismus*, 168. Vgl. im Einzelnen Max Kunze: *Il manoscritto fiorentino di J. J. Winckelmann/Das Florentiner Winckelmann-Manuskript.* Hg. u. komm. v. Max Kunze. Florenz 1994. Kunze weist darauf hin, dass die Entwürfe Winckelmanns im Florentiner Manuskript jene komplementären ‚Beschreibungen nach der Kunst' darböten, die Winckelmann der ‚idealischen Beschreibung', wie sie in der *Bibliothek der schönen Wissenschaften und der freyen Künste* erschien, an die Seite stellen wollte (vgl. ebd., 229–231). – Zu den verschiedenen Fassungen vgl. auch J. J. W.: *Geschichte der Kunst des Alterthums. Statuenbeschreibungen. Materialien [...]. Rezensionen.*

> In der Form ist er mächtig und in der Arbeit zärtlich. [...]
>
> Die Gebeine [sind] scheinen mit einer fettlichen Haut überzogen: die Muskeln sind feist ohne den geringsten Überfluß.[55]

Der Torso erscheint Winckelmann nicht nur als idealische Darstellung einer bestimmten Gestalt der Natur, sondern als Realisierung „alle[r] Ideen“ vollkommener antiker Kunst. Die Idealisierung geht in seinen Augen so weit, dass der marmorne Leib nicht nur menschlich erscheint, sondern von „göttliche[m] Wesen“ durchdrungen derart vergeistigt, dass er – als reine, nur eben sichtbar gemachte Idealität – keiner Speise mehr bedarf. Wie am Apoll von Belvedere bewundert Winckelmann auch am Torso die „flüßigen Konturen“, deren Wellenmetaphorik er wenig später wieder aufgreifen wird. Die Formen, an sich „mächtig“ und doch „zärtlich“ ausgearbeitet, bieten sich dem Blick weich fließend dar – insgesamt also Beobachtungen, die mit seinen Kriterien aus der frühen Beschreibung übereinstimmen, aber die geschmacklichen Kategorien durch formale und vor allem metaphysische Aspekte ersetzt haben, die an die Faszination durch „Zarte“ der Form und sinnliche Suggestion der Fleischlichkeit gebunden werden. Hatte Winckelmann noch zuvor die mangelnde Eleganz von Michelangelos Skulpturen kritisiert, so fragt er nun nach Realisierungsmöglichkeiten eines Kunstwerks wie des Torso in der neueren Kunst und kann einzig ein arbeitsteiliges, synthetisch wirkendes Künstlerkollektiv einer solchen Aufgabe gewachsen glauben, dem allerdings auch Michelangelo angehört, der gerade der Wucht seiner Figuren wegen schätzenswert erscheint:

> Um so ein schönes Stück in Malerey vorzustellen, so müste Raphael den ersten Riß davon geben, Michel Angelo ihn mit seinen mächtigen Umschweifen vergrößern, und nur allein Correggio könnte ihn mahlen. Denn wer könte sonsten die immerwährend veränderten Formen so in diesem Körper erscheinen, mahlen und mit Licht und Schatten ausdrücken.
>
> Die Umkreise des g<an>tzen Körpers sind so wunderbarlich, daß [ihm] im nachzeichnen niemand sich der Richtigkeit versehen kan, indem eine immerwährende Ausfließung einer Form in die andere alle Striche regieren muß <.> Wie der Fluß Achelous. Es würde dem Zeichner gehen, wie dem Herkules, da er Achelous überwinden wollte. Meereswellen.
>
> Es ist in allem dieser Körper wie die Natur, wenn sie bis auf den Göttlichen Grad erhöhet wäre [...].[56]

Wenngleich Winckelmann hier einmal von „Riß“, dann von kühner Vergrößerung des Entwurfs und zuletzt vom Malen spricht, so meint er

55 *Frühklassizismus*, 169: *Br. il Torso.*

56 *Frühklassizismus*, 170.

doch auch mit letzterem nichts anderes als die Umrisse: die „immerwährend veränderten Formen“, die durch „Licht und Schatten“ zu modellieren sind. Winckelmanns Verständnis des vollkommenen Kontur zeigt sich hier als Korrespondenz von Zeichnerischem und Malerischem, von Umrisslinie und durch Licht-Schatten-Effekte erzielter Vermalung, da höchstens letztere die Unbestimmtheit des bewegten Kontur der Plastik, die „Ausfließung einer Form in die andere“, angemessen wiederzugeben vermag. Ein Zeichner hingegen muss daran scheitern, wie Herkules beim Versuch, den seine Gestalt beständig wandelnden Flussgott Achelous zu überwinden: Die Formen sind elusiv wie „Meereswellen“, und in diesem Bild verliert sich auch Winckelmanns Notiz – um in der nächsten Zeile die spätere Definition des Kontur vorzuformulieren, die hier jedoch noch auf die gesamte Gestalt des Torso bezogen ist: Dieser zeige die „auf göttlichen Grad“ erhöhte, durch das Ideal gesteigerte Naturschönheit.

Aus Winckelmanns weiteren Äußerungen zum Torso erhellt, dass er die Kategorie der antiken *symmetria*, „die Vollkommenheit in der Gleichförmigkeit aller ihrer Umrisse“,[57] als wesentliche Voraussetzung für die Vollkommenheit einer Skulptur ansah. Das 1763 von Winckelmann ausformulierte Konzept der „Fähigkeit zur Empfindung des Schönen“ ist bereits hier notwendige Voraussetzung für den Betrachter, der die bildenden Form- und Maßverhältnisse der Skulptur empfindend erkannt hat und, im Wissen um die *symmetria* griechischer Plastik, das Fragmentarische geistig ergänzen, den empfundenen Kontur selbst weiterziehen kann.[58]

In der *Beschreibung des Torso im Belvedere zu Rom*, die 1762 in der *Bibliothek der schönen Wissenschaften und der freyen Künste* erschien,[59] wird deutlich, welche Relevanz dieser „Fähigkeit“ zur „Empfindung des Schönen“ bei der Erkenntnis des Kunstwerks zukommt. Räumt er dem Adressaten gegenüber ein, der erste Anblick werde ihn womöglich „nichts,

57 *Frühklassizismus*, 170 f.

58 Francesca Favoro (*I „Pensieri sull'imitazione“ di Winckelmann: grecità e frammento*, in: Mario Andrea Rigoni (Hg.): *La brevità felice. Contributi alla teoria e alla storia dell'aforisma*. Venezia 2006, 277–287) vergleicht auch Wickelmanns Schreibverfahren mit dem Prinzip des Fragmentarischen und dessen Ergänzung, u. a. das Verhältnis von Wickelmanns *Gedancken* zu seiner GK (ebd., 284). Die *Gedancken* zeigten, dass auch für uns „moderni“ der einzige Zugang zur „classicità“ im Fragmentarischen liege (ebd., 283).

59 Vgl. *Beschreibung des Torso im Belvedere zu Rom*, in: *Frühklassizismus*, 174 ff., Zitate ebd. Ursprünglich in: *Bibliothek der schönen Wissenschaften und der freyen Künste*, 5,1 (1762).

als einen ungeformten Stein sehen lassen“,[60] so könne er dennoch „ein Wunder“ der Kunst erblicken, wenn er „in die Geheimniße der Kunst einzudringen“ vermöge und das „Werk mit einem ruhigen Auge“ betrachte: „Alsdenn wird dir *Herkules* wie mitten in allen seinen Unternehmungen erscheinen, und der Held und der Gott werden in diesem Stücke zugleich sichtbar werden.“ Der kontemplativen Kunstbetrachtung erschließt sich das Kunstwerk als Abbreviatur des gesamten Herkules-Mythos; alle Stufen seines Daseins, einschließlich der Apotheose, erscheinen in dem einen Moment verdichtet dargestellt. Darüber hinaus zeige der Torso Herkules zu einem Zeitpunkt, von dem die literarischen Überlieferungen nicht mehr berichten, nämlich nach seiner Vermählung mit Hebe, der „Göttinn der ewigen Jugend“, als er bereits unter die Götter aufgenommen worden ist. Der bildende Künstler zeige uns Herkules also „in einer vergötterten Gestalt, und mit einem gleichsam unsterblichen Leibe“,

> welcher dennoch Stärke und Leichtigkeit zu den grossen Unternehmungen, die er vollbracht, behalten hat.
>
> Ich sehe in den mächtigen Umrissen dieses Leibes die unüberwundene Kraft des Besiegers der gewaltigen Riesen, die sich wider die Götter empöreten, und in den phlegräischen Feldern von ihm erleget wurden: und zu gleicher Zeit stellen mir die sanften Züge dieser Umrisse, die das Gebäude des Leibes leicht und gelenksam machen, die geschwinden Wendungen desselben in dem Kampfe mit dem *Achelous* vor, der mit allen vielförmigen Verwandlungen seinen Händen nicht entgehen konnte. [ ]
>
> In jedem Theile dieses Körpers offenbaret sich, wie in einem Gemählde, der ganze Held in einer besondern That, und man siehet [...] den Gebrauch, zu welcher That ein jedes Theil gedienet hat.[61]

Die Umrisse des Torso erscheinen als lesbare Abbreviaturen der Taten des Herkules. Wie schönste Natur und ihre Steigerung durch das Ideal, aber auch wie die heroischen und göttlichen Wesenheiten des Herkules überlagern sich in diesen Umrissen gleichsam zwei Linien: die Linie der „mächtigen“ Formen und jene der „sanften“ Gestaltung. Die einen spiegeln die übermenschliche Kraftanstrengung des Heros wider, während die anderen, „sanften Züge dieser Umrisse“ noch an die in früheren Textstadien bewunderte Eleganz und ‚Leichtigkeit‘ erinnern. In einer Weiterentwicklung der Notiz zum Wellenförmigen der Umrisse und der Anspielung auf den Kampf des Herkules mit dem elusiven Flussgott Achelous, der dort jedoch als Vergleich zur Vergeblichkeit eines Versuchs genannt

60 *Frühklassizismus*, 175.

61 *Frühklassizismus*, 175 f.

wird, die Umrisse zeichnerisch fixierend zu bewältigen, werden die „sanften" wellenförmigen *Umrisse* nun aber zum *allegorischen Zeichen* für den Kampf selbst; ihre Windungen *bedeuten* für Winckelmann die „geschwinden Wendungen" des Herkules und zugleich, so suggeriert nicht zuletzt die lautmalerische Klanggestalt der parallelen alliterierenden Formulierung, versinnbildlichen sie auch die „vielförmigen Verwandlungen" seines Gegners. Jenseits ihres rein formalen Charakters und jenseits ihrer Eigenschaft als ‚Grapheme' des künstlerischen Konzeptes (Käfer) bieten sich die Umrisse des Torso hier als lesbare, bedeutungsvolle *allegorische Konturen* dar. Die Betrachterposition rückt damit gleichsam in die beschriebene Doppelrolle hinein: Zum einen müht sich der an der Oberfläche tastende Blick ebenso vergebens um einen Halt im Fluidum der elusiven Umrisse wie des Herkules' Hände am Leib des Achelous, zum andern vollzieht der Blick gerade in diesem Versuch auch die Wendungen des Herkules selbst und *formt* diesen Leib in der quasi taktilen Betrachtung noch einmal; die Betrachtung schmiegt sich den Konturen an wie „ein flüßige[r] Gips[]".

Bei der Beschreibung der Muskelpartien auf der linken Seite des Torso widmet sich Winckelmann eingehender den widerstreitenden Momenten in deren Umrissen. Er bewundert „Wirkung und Gegenwirkung" der Muskeln, die „mit einem weislichen Maaße von abwechselnder Regung und schneller Kraft wunderwürdig abgewogen" und Voraussetzung für die Leistungen des Herkules gewesen seien. Dieses Wechselspiel der Bewegungen führt ihn zum Vergleich der Konturen mit „Meereswellen", und der Absatz zeigt beispielhaft die sprachliche Schönheit von Winckelmanns Beschreibung, die sich, als lesbares ‚Graphem' der empathischen „Empfindung", dem Kontur selbst anzuschmiegen sucht:

> So wie in einer anhebenden Bewegung des Meers die zuvor stille Fläche in einer lieblichen Unruhe mit spielenden Wellen anwächset, wo eine von der andern verschlungen, und aus derselben wiederum hervorgewälzet wird: eben so sanft aufgeschwellet und schwebend gezogen, fließet hier eine Muskel in die andere, und eine dritte, die sich zwischen ihnen erhebet, und ihre Bewegung zu verstärken scheinet, verlieret sich in jene, und unser Blick wird gleichsam mit verschlungen.[62]

Die durch Wellenmetaphorik vergegenwärtigten Konturen erscheinen niemals fixiert: sie „umschreiben" je nach Blickwinkel die dargestellte Gestalt. Wo sich in der frühen Notiz noch Winckelmanns eigener Kommentar in dem einen Wort „Meereswellen" verlor, da „verschlingt" nun, wie

62 *Frühklassizismus*, 176 f.

der bewegte Kontur den Blick, seine Syntax beinahe ihre eigenen Satzglieder, indem sie über die Wellenmetaphorik hinaus auch strukturell das Hin- und Herwogende, einander Umspielende der Wellen vergegenwärtigt.[63] Direkt daran anschließend folgt eine reflexive rhetorische Wendung, die zugleich die Illusion der virtuos versprachlichten Konturen durchbricht und doch gerade verstärkt, indem sie die Analogie von materiellem Kontur und haptischer Wahrnehmung exponiert – sei sie eigentlich visuell, sei sie literarisch vermittelt:

> Hier möchte ich stille stehen, um unsern Betrachtungen Raum zu geben, der Vorstellung ein immerwährendes Bild von dieser Seite einzudrücken; allein die hohen Schönheiten sind hier ohne Grenzen, und in einer unzertrennlichen Mittheilung.[64]

Wie in sensualistischen wahrnehmungstheoretischen Modellen gewinnen die plastischen Umrisse des Torso auch in der nicht taktilen Wahrnehmung materielle Qualität: als könnten sie sich der Wahrnehmung einprägen wie Siegel in Wachs. Aber da die an sich begrenzenden Umrisse in ihrer wellenartigen Bewegtheit eben nicht durch die Wahrnehmung fixierbar sind (auch sie „ohne Grenzen" wie die durch sie dargestellte unbegriffliche Schönheit), bricht der deskriptive Versuch an dieser Stelle ab. Die fließenden Konturen („in einer unzertrennlichen Mittheilung") entziehen sich dem diskursiven Zugriff.

Winckelmann inszeniert eine (autopoietische) Entrückung[65] an die mythischen Schauplätze von Herkules' Taten, die durch die Betrachtung des Kontur initiiert wird, der nicht nur diese Taten allegorisch bedeutet, wie im Beispiel mit Achelous, sondern der, deutlich in der ambivalenten Bezeichnung als „entfernte[] Züge", zum ‚Translokations'-Medium wird:

> In diesem Augenblicke durchfährt mein Geist die entlegensten Gegenden der Welt, durch welche Herkules gezogen ist, und ich werde bis an die Grenzen seiner Mühseligkeiten und bis an die Denkmale und Säulen, wo sein Fuß ruhete, geführet, durch den Anblick der Schenkel von unerschöpflicher Kraft, und von einer den Gottheiten eigenen Länge, die den Held durch hundert

63 Vgl. zu dieser ästhetischen Strömung in Verbindung mit der „imperceptibility" den Hinweis Staffords auf den virulenten „taste for strange, invisible fluids" in Theorien des späten 18. Jahrhunderts: „Superfine, subtle liquids – whether electric, caloric, galvanic, or magnetic – were thought to lave and surround all bodies. Miraculous gases – whether phlogiston, ether, or fire soul – provided an adumbration of the correspondence existing between the visible and invisible worlds." (Stafford, 74.)

64 *Frühklassizismus*, 177.

65 Vgl. dazu auch Stafford, 69.

Länder und Völker bis zur Unsterblichkeit getragen haben. Ich fieng an, diese entfernte Züge zu überdenken, da mein Geist zurück gerufen wird durch einen Blick auf seinen Rücken.

Die ‚Empfindung' gibt sich jedoch abermals dem Konturverlauf hin, so dass sie alles Raumgefühl verliert und in den Körperkonturen Bergzüge erkennt:

> [] und dieses alles zeiget sich wie eine von der Höhe der Berge entdeckete Landschaft, über welche die Natur den mannichfaltigen Reichthum ihrer Schönheiten ausgegossen. So wie dessen luftige Höhen sich mit einem sanften Abhang in gesenkte Thäler verlieren, dahier sich schmälern und dort erweitern:[66] So mannichfaltig, prächtig und schön erheben sich hier schwellende Hügel von Muskeln, um welche sich oft unmerkliche Tiefen, gleich dem Strome des *Mäanders*, krümmen, die weniger dem Gesichte, als dem Gefühle, offenbar werden.[67]

Im Vergleich mit den aus dem Füllhorn der Natur über eine Landschaft gegossenen Schönheiten scheint eine prominente Gedankenfigur Winckelmanns auf. Die Schönheiten erscheinen über die Landschaft (bzw. über die Gestalt des Torso) gegossen wie der „flüßige[] Gips[]" bei der „Empfindung des Schönen"; dort wie hier liegt das Konzept des Anschmiegens zugrunde – dort der Empfindung, hier der Schönheit an sich, die jedoch gleich wieder aus der Rezeptions-Perspektive *empfunden* wird, wenn es heißt, die Mannigfaltigkeit der schönen Gestalt werde „weniger dem Gesichte, als dem Gefühle, offenbar".

Der emphatische Nachvollzug des gestalteten Kontur durch den Betrachter resultiert im Falle des Torso in einer imaginativen Rekonstruktion des fragmentarisch Vorhandenen, dessen inneres Formprinzip empfindend erkannt wird: Bei der Betrachtung des Kontur „sammlet sich ein Ausfluß aus dem Gegenwärtigen und wirket gleichsam eine plötzliche Ergänzung"[68]. Der (fragmenatrische) Kontur wird somit, im Zeichen der *sym-*

---

66 Winckelmanns abstrahierende Formen-Wahrnehmung, der sich die „schwellende [n] Hügel" der Muskeln in eine Landschaft verwandeln, wird in Rilkes Rodin-Studien eine Fortsetzung finden, wobei dieser emphatisch die unvoreingenommene, sich begrifflicher Definitionen enthaltende Sicht auf die Dinge propagiert; vgl. Kap. 26.

67 *Frühklassizismus*, 177.

68 *Frühklassizismus*, 178. „Scheint es unbegreiflich, außer dem Haupte, in einem anderen Teil des Körpers eine denkende Kraft zu zeigen, so lernt hier, wie die Hand eines schöpferischen Meisters die Materie geistig zu machen vermögend ist. Mich deucht, es bilde mir der Rücken, welcher durch hohe Betrachtungen gekrümmt scheint, ein Haupt, das mit einer frohen Erinnerung seiner erstaunenden Taten beschäftigt ist, und indem sich so ein Haupt voll von Majestät und Weisheit vor

metria, dem empfindenden Betrachter zum spekulativ-imaginären Rekonstruktionsmedium.

Angesichts von Winckelmanns eindringlichen *Torso*-Beschreibungen erscheint es signifikant, dass seine konzentrierte und wiederholte ästhetische *Beobachtung*, verbunden mit größtem Bemühen um die adäquate Beschreibung nicht nur des betrachteten Kunstwerks, sondern auch der Wirkungen auf den Betrachter, zu einer Zeit erfolgt, als der Siegeszug empirischer Wissenschaften unaufhaltsam voranschreitet; signifikanter aber ist noch, dass Winckelmann diese Empirie nicht nur in vollendeter literarischer Form mit größter Schönheit auszudrücken sucht,[69] sondern auch, dass alle Empirie nur dazu dient, dasjenige spekulativ zu erfassen, was nur der empathischen „Empfindung" des Schönen zugänglich sein kann, das in den Dingen nur defizitär realisierte Ideal. Prinzipiell gehört aber auch die (wenngleich bei Winckelmann nicht darauf beschränkte) Favorisierung des strengen, präzisen Kontur in diesen wissenschaftshistorischen Kontext, dem die Exaktheit der (reproduktionsgraphischen) Umriss-

meinen Augen erhebt, so fangen sich an in meinen Gedanken die übrigen mangelhaften Glieder zu bilden: es sammelt sich ein Ausfluß aus dem Gegenwärtigen und wirkt gleichsam eine plötzliche Ergänzung." – In ähnlicher Weise wird Rilke an Rodins fragmentarischen Plastiken Eigenschaften und Funktionen der fehlenden Körpersegmente auf die dargestellten Teile übertragen.

69 Vgl. zur parallelen Entstehungszeit von „Kunstgeschichte" und der Bedeutung wissenschaftlicher Empirie: Wolf Lepenies: *Johann Joachim Winckelmann. Kunst und Naturgeschichte im achtzehnten Jahrhundert*, in: Thomas W. Gaehtgens: *Johann Joachim Winckelmann*. 1717–1768. Hamburg 1986, 221–237, 223, mit dem Hinweis auf Buffons „methodologische[ ] Abhandlung *De la manière d'étudier et de traiter l'histoire naturelle*", in der dieser die Notwendigkeit der Autopsie, ja der wiederholten Beobachtung des zu Beschreibenden betone. Die ästhetische Komponente des Erkenntnisprozesses gewinne noch an Bedeutung, wenn es um die Formulierung der Beobachtungen gehe: „Beobachtung und Beschreibung gehören in der Tradition der Naturgeschichte zusammen wie Forschungs- und Darstellungsweise." Neben dem analytischen Blick auf den „Prozeß des Wissensgewinns" gilt das Interesse ebenso der „angemessenen Art und Weise der Wissensvermittlung". Vgl. weiter dort zu Parallelen zwischen Buffons stiltheoretischen Prämissen hinsichtlich der „Naturgeschichte" und Winckelmanns stilistischem Anspruch für die Kunstgeschichte. Lepenies räumt ein, dass Winckelmann Buffons Schriften wie die *Réflexions sur l'art d'écrire* wohl kaum gekannt habe, doch mit den „methodologischen Bemerkungen Buffons zur Naturgeschichte" (ebd., 224) vertraut gewesen sei, in denen dessen Konzept des Stils bereits implizit enthalten sei.

stiche[70] absolut gemäßes und in Wechselwirkung auch *konstitutives* Medium war.

10.14 Äußerungen zu Oberflächeneffekten

Neben Betrachtungen zum konzeptuellen Gehalt des Kontur finden sich in der *Geschichte der Kunst* auch Analysen von technischen Aspekten der Oberflächenbehandlung. Entgegen den Idealen eines kühl-sterilen Klassizismus – oder der Lieblichkeit einer Rokoko-Ästhetik – bewundert Winckelmann gerade die nicht geglättete Ausarbeitung an Marmor-Skulpturen, unter denen sich „einige der schönsten" befinden,

> denen die letzte Hand bloß mit dem Eisen, ohne Glätte, gegeben worden [...]. Am Laocoon sonderlich kann ein aufmerksames Auge entdecken, mit was für meisterhafter Wendung und fertiger Zuversicht das Eisen geführet worden, um nicht die gelehrtesten Züge durch Schleifen zu verlieren. (GK I, 484/486)

Für die Ausarbeitung des Marmors werden dabei Vokabeln verwendet, die ebenso (oder sogar eher) zur Beschreibung zeichnerischer Verfahren geeignet wären, obgleich die Skulptur aufgrund des größeren Materialwiderstands, der eine unmittelbare Fixierung des inneren Konzepts in einem ersten vollendeten ‚Kontur' nicht erlaubt, sich nicht unbedingt mit graphischen Verfahren vergleichen lässt: Die Spuren der Bearbeitung ergeben „Züge", wie sie mit einer Feder gemacht würden; das Eisen wird „geführet" wie ein Pinsel. Die „gelehrtesten Züge" finden am meisten Winckelmanns Bewunderung, wenn sie nicht nachgebessert wurden, da sie so eher als Zeichen des inneren Konzepts gelesen werden können. Die „Züge" der Oberfläche fungieren wie die „Umrisse" Raffaels als ‚Grapheme' des künstlerischen Konzepts, und in diesem Falle gerade dann, wenn sie ihre Gemachtheit maßvoll exponieren – solange dabei der Eindruck der Einfalt nicht beeinträchtigt wird.

Die Vergleiche, die Winckelmann zur Beschreibung der bewunderten Oberflächengestaltung verwendet, gehen über das bloß Deskriptive hinaus:

> Die äußerste Haut dieser Statuen, welche gegen die geglättete und geschliffene etwas rauchlich scheinet, aber wie ein weicher Sammt gegen einen glänzenden Atlas, ist gleichsam wie die Haut an den Körpern der alten Griechen, die nicht

70 Vgl. auch Stafford, 76, zum Konnex von *Umrissmode* und der „exactitude appropriate to the scientific tenor of the times", mit Hinweis auf: Francois-Georges Pariset, *L'art neoclassique, Les neuf muses*, Paris 1974, 10.

> durch beständigen Gebrauch warmer Bäder, wie unter den Römern bey eingerissener Weichlichkeit geschah, aufgelöset, und durch Schabeeisen glatt gerieben worden, sondern auf welche [!] eine gesunde Ausdünstung, wie die erste Anmeldung zur Bekleidung des Kinns, schwamm. (GK I, 486)

An der Favorisierung der „rauchlichen" Erscheinung der Marmoroberfläche zeigt sich, dass Winckelmann mitnichten den strengen, harten Umriss an sich als ideal ansah,[71] sondern durchaus auch einem Stilideal weicheren Charakters zuneigte, solange es mit seinen sonstigen Prinzipien von der ‚Unbezeichnung' des vollkommenen wellengestaltig bewegten Kontur übereinstimmte – und damit stand Winckelmann nicht vereinzelt.[72] Die von ihm andernorts gepriesene Strenge und Präzision des Kontur meint mithin nicht ausschließlich – außer bei der Bewertung harter Umrisse im stilhistorischen Entwicklungszusammenhang – eine Favorisierung des scharfen, präzisen Kontur an sich; die Präzision ist im Sinne von ideeller Exaktheit des Konzepts zu verstehen, diesem kann jedoch durchaus eine „rauchliche" Ausführung entsprechen, die den ideellen Gehalt in den materiellen Spuren seiner Realisierung durch den Künstler nachvollziehbar macht.

Ein weiterer Aspekt, der an Winckelmanns Lob der „rauchliche[n]" Oberfläche zu Tage tritt, betrifft die sozialhistorische Komponente, mit der er die ungeglättete Oberfläche als Abbild der Haut unverzärtelter Griechen versteht und diese mit verweichlichten Römern dekadenter Zeit kontrastiert. Gleichwohl meint Winckelmann hier kein Lob der Borstigkeit,

---

71 Auch Waetzoldt geht von einem verengten Kontur-Ideal aus, wenn er schreibt, Winckelmann sei „fast ausschließlich der harte Umriß" zugänglich gewesen (Waetzold, 55).

72 Winckelmann bemerkt (GK I, 486), er verstehe unter dem Rauchlichen etwas wie „χνους", „Flaum", bei Dionysius von Halicarnassus (*De Demosthenis oratione* 38), und weist zudem auf Aristophanes' *Nubes* hin, wo sich die Formulierung „die wolligte Haut der Aepfel" finde (Nub. 978, mit Bezug auf Schambehaarung; zu Winckelmanns griechischen Quellen für die GKA vgl. Kochs, 83–85). Ein Blick auf Christian Ludwig von Hagedorns Bemerkungen über *sfumato*-Effekte in der Malerei, die ihn zu einem Vergleich mit der „wollichten Haut" des Pfirsichs veranlassen und die er mit dem deutschen Terminus des „Verblasenen" benennt (vgl. Kap. 11), lässt vermuten, dass Winckelmann hier, wenn er auch nur auf Aristophanes' „wolligte Haut der Äpfel" Bezug nimmt, Hagedorns Ausführungen im Sinn hatte, indem er ein analoges *sfumato* des plastischen Kontur propagierte. Dass Winckelmann zumindest Hagedorns *Eclaircissemens* schätzte, lässt sich der *Erläuterung* entnehmen, in der Winckelmann Hagedorns Werk dafür lobt, dass es „mit so vieler Weisheit als Einsicht in dem Feinsten der Kunst abgefasset ist" (*Frühklassizismus*, 109).

sondern immer noch einen „Flaum“, „wie die erste Anmeldung zur Bekleidung des Kinns“ – und verbleibt somit bei seinem Ideal des jugendlichen männlichen Körpers. Dessen Schönheit, die bisher erklärt wurde durch den Hinweis auf die sportlichen Übungen, wird nun zudem durch eine kosmetikgeschichtliche Komponente motiviert, die aber sogleich in dekadenzkritischem Kontext präsentiert wird. In der Fassung der zweiten Auflage wird der Passus zur Oberfläche ergänzt um handwerklich-technische Aspekte; die beschriebene letzte Bearbeitung sollte einen „grellen Schein“ der Flächen im Lichte verhindern, da „im Schleifen und Glätten der Statuen die gelehrtesten Züge und die feinsten Drucke verlohren gehen können, weil solche Arbeit nicht vom Bildhauer selbst verrichtet wird.“ (GK II, 487) Wie bereits oben der ideale Kontur mit dem einheitlichen „Spiegel“ der Meeresfläche verglichen worden war, um dann zu zeigen, dass er doch eigentlich in sich mannigfaltig bewegt sei, wird das Widerspiegeln der glatten Oberfläche mit der favorisierten opak erscheinenden Ausarbeitung kontrastiert (in der hier zitierten zweiten Ausgabe deutlicher noch als in der ersten). Es soll eine Oberfläche geschaffen werden, deren Konturen die *innere* Reflexion des empfindenden Betrachters anregen und so im reversiblen Schöpfungsprozess ein rein geistiges „Abbild“ der Idee erzeugen, das dem Urbild derselben möglichst nahe kommt. Nach platonischem Verständnis reflektieren die Darstellungen der Bildenden Kunst nur die sinnliche Welt, die wiederum das Reich der unwandelbaren Ideen reflektiert. Eine spiegelnde, glatte Oberfläche setzt am Kunstwerk als potenziertem Abbild der Idee nur das Spiegelungssystem der sinnlichen Außenwelt fort, der Betrachterblick wird stets in die Erscheinungswelt zurückreflektiert. In der „Empfindung“ des unbezeichneten Kontur hingegen wird der Blick durch Opazität und innere Bewegtheit gebannt und zur geistigen Reflexion animiert, bei der er kontemplativ zur immanenten Idee durchzudringen vermag.[73]

---

73 Zu Differenzen von Spiegel- und Wassermetaphorik vgl. Stafford, 66, mit dem Hinweis auf die platonische Abbildtheorie, die sich schließlich in „metaphors of reflection“ – wie Schatten, Spiegelbilder oder Reflexionen im Wasser – ausbilde, die allesamt nur *Erscheinungen* darstellen. Der bei Winckelmann implizierte, entscheidende Unterschied zwischen den Reflexionsflächen von *Spiegel* oder *Wasser* sei, dass der Spiegel „reveals *on* or just *in* its flat, hard surface“, während das Meer auf etwas *Darunterliegendes* (also die Ideen) verweise („conceals *beneath* the soft plasticity of a slight motion of surface waves“; ebd. 67).

10.15 Zeichnung und Malerei: Winckelmanns Konzept graphischer Umrisse

Winckelmanns Aussagen zur antiken Malerei beruhen auf dem kargen Anschauungsmaterial aus den zeitgenössischen archäologischen Funden. Folglich konzentriert er sich vor allem an Vasenmalereien, so dass er eine Sammlung bemalter Gefäße als „Schatz an Zeichnungen“ preist (s. u.). Dennoch schließt er angesichts der desillusionierenden Überreste antiker Malerei, die ihm bekannt waren, diese könnten nur von mittelmäßigen Malern stammen, „da die Wissenschaft der schönen Verhältnisse, der Umrisse der Cörper, und des Ausdrucks bey Griechischen Bildhauern, auch ihren guten Mahlern eigen gewesen seyn muß.“[74] Hieraus folgt, dass er unter gelungenen Umrissen in der Malerei ein zwar zweidimensionales, ansonsten aber dem plastischen Kontur formal äquivalentes Darstellungsprinzip sieht.

In der *Erläuterung* schreibt Winckelmann, die „Zeichnung“ bleibe „bey einem Maler, wie die Action bey dem Redner des Demosthenes das erste, das zweyte und das dritte Ding.“[75] In zweierlei Hinsicht kennzeichnet diese Äußerung Winckelmanns Auffassung der graphischen Umrisslinie. Zum einen entspricht die Zeichnung tatsächlich in gewisser Weise der rhetorischen *actio*, indem das geistige Konzept in die Tat umgesetzt, die Gedanken geäußert werden; zum andern aber kommt bei Winckelmann der Zeichnung unter den Darstellungsmitteln der Malerei in der Tradition der italienischen *disegno*-Theorien sowie des Primat, der im französischen Klassizismus dem *dessein* vor dem *coloris* zugesprochen wurde, höchster Stellenwert zu, da sie die (erste) wahrnehmbare Darstellung des künstlerischen Konzepts, dessen ideellen Gehalt, intellegibel macht. Die Zeichnung präsentiert die Gedanken des Künstlers wie die Rede die Gedanken des Redners. Im Entstehungsprozess ist dabei beider Linearität analog: Die Zeichnung entsteht von Biegung zu Biegung – bei Winckelmann idealiter in unabgesetztem Zuge, um die Einheit des Gedankens nicht zu unterbrechen –, die Rede entwickelt fortscheitend ihre Argumente (vgl. Kap. 12 zu Sulzer).

Dem Anliegen einer *Geschichte der Kunst des Alterthums* gemäß beginnt Winckelmann sein Werk mit einem Kapitel „Von dem Ursprunge der Kunst, und den Ursachen ihrer Verschiedenheit unter den Völkern“ (GK I, 4). Zunächst entwirft er sein dreistufiges Modell von Aufstieg, Höhepunkt

74 *Gedancken*, 44.
75 *Frühklassizismus*, 113.

und Niedergang der „von der Zeichnung abhängen[den] Künste“[76] in der Entwicklung vom „Nothwendigen“ über die „Schönheit“ zum „Ueberflüßige[n]“, um dann auf die Entstehung der „Künste“ aus dem Umriss des menschlichen Körpers einzugehen:

> Die ältesten Nachrichten lehren uns, daß die ersten Figuren vorgestellet, was ein Mensch ist, nicht wie er uns erscheint, dessen Umkreis, nicht dessen Ansicht. Von der Einfalt der Gestalt gieng man zur Untersuchung der Verhältnisse, welche Richtigkeit lehrete. (GK I, 4)

In der zweiten Ausgabe liest sich dieser Satz leicht verändert, es heißt:

> [] hier lehren uns die ältesten Nachrichten, daß die ersten sonderlich gezeichnete Figuren vorgestellet, was ein Mensch ist, nicht wie er uns erscheint, den Umriß des Schattens desselben, nicht die Ansicht des Körpers. Von dieser Einfalt der Gestalt gieng man zur Untersuchung der Verhältnisse, welche Richtigkeit lehrte [...]. (GK II, 5)

Während alle Kunst, die eine illusionistische „Ansicht“ der menschlichen Gestalt geben kann, von Winckelmann in den Bereich der Erscheinung verwiesen wird, wertet er den Umriss als getreues Abbild und Zeichen desjenigen, was der Mensch „ist“, ungeachtet aller Einwände gegen den ontologischen Status, der der zumeist mit „Umkreis“ des menschlichen Körpers bezeichneten Form, nämlich dem Schatten, zuerkannt wird. Für Winckelmann gilt der Umriss der menschlichen Figur – wenn er das Urbild, dessen Formprinzip vom Künstler im Kontur als sichtbarem Zeichen dieses geistigen Konzepts darzustellen ist, so ähnlich wie möglich wiedergibt – eher denn eine illusionistische Malerei als Darstellung des Wesens. Da Winckelmann ohnehin die *Einheit* und „Einfalt der Gestalt“ an Kunstwerken schätzt, ist ein wesentliches Kriterium bereits in diesem frühen Stadium der Kunst erfüllt.

Einleitend vorangestellt wird dem Absatz zum „Umriss des Schattens“ in der zweiten Ausgabe ein Überblick über die Geschichte der frühen antiken Kunst, dessen anschauliche Vergleiche wiederum aus Winckelmanns favorisiertem Bildbereich des Wassers stammen: Blüte und Abnahme der Kunst verhielten sich wie der Lauf eines Flusses, der in ein Delta ende, die Kunstproduktion verliere sich in kleine Rinnsale oder versiege gänzlich. Die Flussmetapher gewinnt bei der Beschreibung der „Kunst der Hetrurier“ und jener der Griechen noch eine weitere Referenzebene hinzu; denn nun wird der Lauf des Flusses nicht nur zum Sinnbild der Kunsthöhe,

76 Zugrunde liegt also Vasaris Konzept von der Einheit der ‚Künste des *disegno*‘ im gemeinsamen Ursprung (vgl. Kap. 4).

sondern zugleich zum Repräsentanten des Stils der jeweiligen Zeichnung, die der betreffenden Kunstepoche zugrunde lag:

> Die Kunst der Hetrurier kann in ihrer Blüte verglichen werden mit einem reißenden Gewässer, welches mit Ungestüm zwischen Klippen und über Steine hinschießet: denn die Eigenschaft ihrer Zeichnung ist hart und übertrieben. Die Kunst der Zeichnung unter den Griechen aber gleichet einem Fluße, dessen klares Wasser in öftern Krümmungen ein fruchtbares Thal durchströmt, und anwächset [...]. (GK II, 5)

Die Charakteristik des Stils der griechischen „Kunst der Zeichnung" stimmt mit den oben für den Torso beobachteten Stilistika des sanft mäandrierenden, wellenförmigen Kontur überein – im Gegensatz zum „ältern und ersten Stil[ ]" in der „hart[en] und übertrieben[en]" Zeichnung „hetrurische[r]" Malerei, die Winckelmann mit einem „reißenden Gewässer" vergleicht und deren Charakteristika er bereits in der ersten Fassung (GK I, 168) genauer definiert. Es sind

> die geraden Linien ihrer [der Hetrurischen Künstler] Zeichnung, nebst der steifen Stellung und der gezwungenen Handlung ihrer Figuren, und zweytens der unvollkommene Begriff der Schönheit des Gesichts. Die erste Eigenschaft bestehet darinn, daß der Umriß der Figuren sich wenig senket und erhebet, und dieses verursachet, daß dieselben dünne und spillenmäßig aussehen, [...] weil die Muskeln wenig angedeutet sind; es fehlet also in diesem Stile die Mannigfaltigkeit. In dieser Zeichnung lieget zum Theil die Ursache von der steifen Stellung, vornehmlich aber in der Unwissenheit der ersten Zeiten: denn die Mannigfaltigkeit in Stellung und Handlung kann ohne hinlängliche Kenntniß des Körpers, und ohne Freyheit in der Zeichnung, nicht ausgedruckt und gebildet werden; die Kunst fängt, wie die Weisheit, mit Erkenntniß unser selbst an.

Größter Mangel des frühen „Hetrurischen" Stils sind für Winckelmann die „geraden Linien" – mithin das genaue Gegenteil seines Stilideals vom bewegten, wellenförmig fließenden Kontur. Der „Umriß" der „Figuren [...] senket und erhebet" sich nicht genügend, woraus Steifheit, Gezwungenheit und Magerkeit der Figuren resultieren. Zudem verstoßen sie durch die Monotonie gegen Winckelmanns zentrales klassizistisches (wiederum an den bewegten Kontur gebundenes) Formideal, die Einheit in der Mannigfaltigkeit. Für diesen Mangel gibt Winckelmann anthropologische Gründe an: Bei einer zu geringen Kenntnis des menschlichen Körpers und zu geringem Zeichenstudium vor Modellen (so scheint er mit „Freiheit" andeuten zu wollen) konnte sich kein variationsreicher Stil entwickeln; (Zeichen-)Kunst wird von Winckelmann als andere Philosophie dargestellt, an deren Beginn das Subjekt den Blick auf sich selbst richten müsse. Die „Erkenntnis unser selbst" ist die Grundvoraussetzung für die Erkenntnis sowohl der schönsten Natur (aus der Kenntnis der Körper) als auch der Erkenntnis des schönen Ideals (durch abstrahierende „Weisheit" gewonnen); aus beider Synthese erst kann der vollkommene Kontur und mit ihm der vollkommene Stil entstehen.

Aufgrund der begrenzten ihm zur Verfügung stehenden überlieferten Beispiele griechischer Zeichenkunst und Malerei im engeren Sinne kommt, wie eingangs erwähnt, der Betrachtung der Vasenmalereien für Winckelmann zentraler Stellenwert zu. Aus diesen Zeugnissen, so schreibt er in einem in die zweite Ausgabe aufgenommenen Passus über „Gefäße", „aus der Zeichnung [auf den Vasen] müssen die mehresten griechischen Künstlern zugeschrieben werden, und diese so wohl als die Mahlerey ist ein würdiger Vorwurf der Betrachtung und Nachahmung unserer Künstler." (GK II, 199) Klassizistischer Kunstanschauung gemäß wendet Winckelmann den Primat des *dessin* auf die antike Vasenmalerei an, indem er hinzufügt:

> Da wir nun aus Zeichnungen mehr als in ausgeführten Gemälden den Geist der Künstler, ihre Begriffe, nebst der Art dieselben zu entwerfen, nicht weniger als die Fertigkeit erkennen, mit welcher die Hand ihrem Verstande zu folgen und zu gehorchen fähig gewesen ist [...]; so wird diese Absicht [der Sammlungen dieser Zeichnungen] noch edler in oben gemalten Gefäßen, da diese wirkliche Zeichnungen und, nebst vier Marmorplatten des herculanischen Musei, [...] die einzigen Zeichnungen der Alten sind. (GK II, 199)

Geist, *Begriffe*, inneres Konzept und Umsetzung des *Verstandes* in die „Zeichnungen": Winckelmann versammelt hier die einschlägigen Elemente der auf einen Primat der Zeichnung fixierten Kunsttheorien aus italienischer Renaissance und französischem Klassizismus. Im Gegensatz zu den hypothetischen Ursprüngen der Kunst, von denen er zu Beginn seiner *Geschichte der Kunst* den antiken Quellen folgend geschrieben hatte, man müsse sie sich als „einlinichte Umschreibungen des Schattens eines Menschen", sogenannte „Monogrammen" (GK I, 12), vorstellen, handle es sich bei den genannten Darstellungen auf den Vasen um Zeichnungen, wie sie „seyn müssen":

> Denn die Figuren sind hier bloß conturnirt, das ist, wie Zeichnungen seyn müssen; nämlich es sind nicht allein die äußeren Umriße der Figuren, sondern auch alle Theile derselben, nebst dem Schlage und den Falten der Gewänder nicht weniger als deren Zierrathen angegeben, aber durch Linien und Züge, ohne Licht und Schatten. Wir nennen also dieselben Gemälde, nicht im eigentlichen Verstande, sondern weil es Zeichnungen sind, die mit Farben aufgetragen worden, unerachtet dieses auch in Zeichnungen üblich ist; und man kan diese Gefäße ohne Misdeutung gemalt heißen, so wie wir in Kupfer gestochen nennen, was nur mit Scheidewasser geätzet ist. (GK II, 199/201)

Zeichnung *an sich* ist für Winckelmann, das wird hier deutlich, in ihrer regelkonformen Ausprägung identisch mit seinem Begriff von *Contour*; als Stilmerkmale der korrekt „conturnirt[en]“[77] Zeichnung bestimmt er 1. die Wiedergabe der „äußeren Umriße der Figuren“ und der Binnenkonturen (im Gegensatz zu den „*Monogrammen*“), 2. die Umrisse aller Körperteile sowie 3. jener der Draperie und die Verzierung der Gewänder. Dabei ist all dies nur durch „Linien und Züge“ darzustellen.

Winckelmann bewundert den Variationsreichtum der „Bilder[]“ auf antiken Vasen und bemerkt zu ihrer „Zeichnung“, sie sei auf den meisten Gefäßen „so beschaffen, daß die Figuren in einer Zeichnung des Raphaels einen würdigen Platz haben könnten“ (GK I, 200).[78] Dieser nimmt in Winckelmanns kunsthistorischem Entwurf die zentrale Position als Erneuerer einer vom Primat der Zeichnung bestimmten, an der Kunst der Antike orientierten Malerei ein. Bereits in den *Gedancken* notiert er begeistert zu Raffaels Sixtinischer Madonna: „Wie groß und edel ist ihr gantzer Contour!“[79] Auch in einem der oben betrachteten Entwürfe zur Torso-Beschreibung äußert er, wenn irgendein Künstler der Neuzeit sich an der Darstellung des Torso versuchen sollte, dürfe allein Raffael „den ersten Riß davon geben“ (KS 282). Was dort jedoch nur als erstes Stadium eines idealen Arbeitsprozesses gemeint ist, wird mit einem Blick auf die künstlerische Praxis antiker Vasenmalerei zu einer Tugend aus der Not der Materialbedingtheit: Denn die „meisterhafte und zierliche Zeichnung“ erscheint umso bewundernswerter, als der Ton, auf dem sie ausgeführt wird, dem Pinsel sofort jede Feuchtigkeit entziehe, so dass ein schneller Umriss unbedingt notwendig ist, da sonst,

> wenn die Umriße nicht schnell mit einem einzigen Striche gezogen werden, im Pinsel nichts, als die Erde, zurück bleibet. Folglich da man insgemein keine Absätze, oder angehängte und von neuem angesetzte Linien findet, so muß eine jede Linie des Umrisses einer Figur unabgesetzt gezogen seyn, welches in

77 Der Kommentar (zur GK II), 174, weist zu „conturnirt“ auf den Transfer des Terminus *Contour* zunächst aus dem italienischen „contorno“ hin, „einer Ableitung von mittellat. contornare, einfassen, Umrisse zeichnen, zu lat. tornare, drechseln, mit dem Dreheisen runden, aus griech. τορνευειν, drehen, drechseln, zu griech. τορνος (mask.) [tórnos], Kreisstift, Zirkel, Dreheisen.“ Ursprünglich eignete dem Wort also bereits eine rundplastische Komponente. Der Wandel in der Terminologie, die bezogen auf graphische Linien fast nur noch von „Umrissen“ spricht, ist mithin bedeutungshistorisch konsequent, wenn auch wohl nicht (primär) davon beeinflusst, vgl. Kap. 20 zu Friedrich Schlegel.

78 Vgl. dazu auch den Kommentar, 175.

79 *Gedancken*, 34. Vgl. dazu Baumecker, *Winckelmann in seinen Dresdner Schriften*, 137 ff.

der Eigenschaft dieser Figuren beynahe wunderbar scheinen muß. Man muß auch bedenken, daß in dieser Arbeit keine Aenderung oder Verbesserung statt findet, sondern wie die Umrisse gezogen sind, müssen sie bleiben. (GK I, 202)

Diese Einsicht in die künstlerische Praxis der Vasenmalerei stimmt dennoch mit der topischen Künstleranekdote zu Giottos unabgesetzt und freihändig gezeichnetem, perfekten Zirkel überein (vgl. Kap. 2.4). Das Staunen über eine solche Fertigkeit klingt in Winckelmanns Parallelisierung nach, die Raffael mit der Antike verknüpft, denn

so wie in Raphaels ersten Entwürfen seiner Gedanken der Umriß eines Kopfes, ja ganze Figuren, mit einem einzigen unabgesetzten Federstriche gezogen, dem Kenner hier den Meister nicht weniger, als in dessen ausgeführten Zeichnungen, zeigen, eben so erscheinet in den Gefäßen mehr die große Fertigkeit und Zuversicht der alten Künstler, als in andern Werken. (GK I, 202)

Die in einem Zug vollzogenen Zeichnungen auf den Vasen sind mithin besonders schätzbar, da sie – als „Grapheme der Gedanken“[80] der antiken Künstler – wie die „ersten Entwürfe[ ]“ der „Gedanken“ Raffaels so auch deren Konzepte im ersten Moment der Exteriorisierung und Gestaltgebung fixiert haben und noch dem heutigen Betrachter lesbar machen, wobei sie zugleich Zeugnis über die „große Festigkeit und Zuversicht“ der antiken Künstler ablegen. Als dem verständig empfindenden Betrachter immer wieder aktualisierbare Möglichkeit, unmittelbaren Zugang zum geistigen Entstehungsmoment der Kunstwerke zu erlangen, eignet den Vasenmalereien als ewigen ‚ersten Rissen‘ bei Winckelmann eine überzeitliche Komponente, die ihren Ursprung in gleicher Weise geistig verfügbar erscheinen lässt wie die anderthalbtausend Jahre späteren Zeichnungen Raffaels. Als Abbreviatur des geistigen Konzepts sind sie dem Kenner selbst ausgeführten Werken vorzuziehen: „Diese Gefäße sind, wie die kleinesten geringsten Insecten die Wunder in der Natur, das Wunderbare in der Kunst der Alten“, und eine „Sammlung derselben ist ein Schatz von Zeichnungen.“ (GK I, 202)

Während Winckelmann bei der Suche nach Zeugnissen antiker Zeichnung auf die Vasenmalereien zugreifen muss, bietet sich ihm im Falle der neuzeitlichen Malerei eine ganz andere Fülle künstlerischer Zeugnisse an, anhand derer er eine Gesetzmäßigkeiten folgende Stilentwicklung gewinnt, die er analog auf die antike Zeichnung meint übertragen zu können. Und wiederum kommt Raffael eine zentrale Rolle innerhalb dieser Konstruktion zu. Winckelmann unternimmt diesen Versuch einer allge-

80 Käfer, 99.

meinen stilhistorischen Entwicklungslinie in den 1767 erschienenen *Anmerkungen über die Geschichte der Kunst des Alterthums.*[81] Er betont die Notwendigkeit, kontinuierliche zeichnerische Zeugnisse der unterschiedlichen Epochen zu vergleichen, denn „[v]on dem Ursprunge, Fortgange und dem Wachsthume der Griechischen Kunst“, so schreibt er,

> können sich diejenigen mehr als andere einen Begriff machen, welche die seltene Gelegenheit gehabt haben Gemählde und sonderlich Zeichnungen von den ersten Mahlern in Italien bis auf unsere Zeiten zu sehen. Vornehmlich wenn man eine ununterbrochene Folge von Zeichnungen von mehr als drey hundert Jahren wie mit einem Blicke durchlaufen und übersehen kann, wozu ein Theil der grossen Sammlung von Zeichnungen Herrn Barth. Cavaceppi[82] [...] eingerichtet ist, und wenn man aus denselben die Stuffen der neueren Kunst, mit denen welche sich in der Kunst der Alten entdecket, vergleichet, so erlanget man deutlichere Begriffe von dem Wege zur Vollkommenheit unter den Alten. (AGK 52)

Die Stilentwicklung sowohl der antiken als auch der modernen Malerei folgt Winckelmanns Ansicht nach einem gemeinsamen Prinzip; die Geschichte der Zeichnung beschreibt eine bestimmte geistige Linie, die sich als lineares Modell – und damit selbst wie ein großer umfassender Kontur der Malereigeschichte – „mit einem Blicke durchlaufen und übersehen“ lässt. Diese Entwicklungslinie der Zeichnung folgt einem Schema, das Winckelmann mit dem allegorischen „Weg zur Tugend“ gleichsetzt. Dabei werde „klar, daß wie der Weg zur Tugend rauh und enge, der zur Kunst, und zwar welcher zur Wahrheit derselben führet, strenge und ohne Ausschweifung sey und seyn müsse.“ (AGK 32) Die ästhetischen Qualitäten der exakten Umrisszeichnung werden metaphorisch ethisch konnotiert und dadurch als alleingültige gerechtfertigt. Das nachdrückliche Lob der

81 *Von der Kunst der Griechen:* Erster Theil. Das vierte Capitel. (J. J. W.: *Anmerkungen über die Geschichte der Kunst des Alterthums* [AGK], Dresden 1767. Texte und Kommentar. Hg. v. Adolf H. Borbein und Max Kunze. Mainz 2008 [= J. J. W.: *Schriften und Nachlaß.* Band 4,4], 52) Die *Anmerkungen* hatte Winckelmann in dem bereits kurz nach der Publikation der *Geschichte der Kunst* deutlicher werdenden Bewusstsein der Unvollständigkeit und Verbesserungsbedürftigkeit seines Werkes, allein aufgrund fortschreitender Erkenntnisse der Altertumswissenschaft durch neue Funde, verfasst. Wenngleich die hier zu betrachtenden Absätze später nicht von Winckelmann zur Übernahme in die zweite Auflage vorgesehen wurden, gewähren sie doch aufschlussreiche Erkenntnisse über seine Methodik und Argumentationsbildung.

82 Zu Cavaceppis Sammlung vgl. den Kommentar, 190; und Ingrid R. Vermeulen: *„Wie mit einem Blicke“: Cavaceppi's Collection of Drawings as a Visual Source for Winckelmann's History of Art,* in: Jahrbuch der Berliner Museen 45, 2003, 77–89.

„strenge[n] Zeichnung" (ebd.),[83] wie es sich auch bei Friedrich Schlegel finden lässt, zeigt, wie fließend die Übergänge zwischen den sich später differenzierenden und als Abgrenzungsmedium ausgestalteten Wertungen des Umrisses bei Winckelmann ursprünglich waren, so dass sich beide Positionen, die klassizistische und die (früh-)romantische, als logische mögliche Entwicklungen erweisen. Ein beträchtlicher Unterschied zwischen Winckelmann und Friedrich Schlegel liegt freilich darin, dass bei Winckelmann die „Wahrheit", die die ihr gemäße zeichnerische Form im strengen Umriss findet, eine abstrakt formale Wahrheit der Idee, des Urbildes ist, nicht aber eine Wahrheit dogmatischen – beispielsweise katholischen – Inhalts. Zeigten bereits die bisher zitierten Sätze dieses Passus, welche methodische Bedeutung der vergleichende Blick auf die antike und die moderne Stilgeschichte für Winckelmanns kunsthistorisches Denken hatte,[84] so belegt der folgende Satz nochmals die zentrale Position, die in Winckelmanns Entwicklungsmodellen immer wieder Raffael zukommt:

> Man unterscheidet daher noch jetzo einige Zeichnungen des Penni, genannt Fattore, die denen vom Raphael, dessen Schüler er war, am nächsten kommen, blos an den oft abgesetzten Linien und Umschreibungen der Figuren, die in des Meisters ersten Gedanken, wie diese selbst, eine aus der andern fliessen und geschrieben heißen können. (AGK 52)

Wenngleich der Gedanke, dass zeichnerische Meisterschaft sich in der *unabgesetzten* Umrisszeichnung offenbare, die das geistige Konzept möglichst unmittelbar zu Papier bringt, bereits mehrfach in Winckelmanns Schriften variiert wurde, spricht sich in diesem Passus doch deutlicher als zuvor die geistig-konzeptuelle Komponente des schöpferischen „ersten Gedanken[s]" aus, als deren direktes äußeres Zeichen die Umrisse gewertet werden. Die Wassermetaphorik erscheint hier vom Kunstwerk und seiner Wirkung auf den Betrachter ausgedehnt auf den Produktionsprozess selbst (wenn die Gedanken ungehemmt in der noch inneren Zeichnung ineinander über „fliessen", bevor sie als wellenförmig-bewegte Konturen äußerlich realisiert werden), die ununterbrochene einheitliche Linearität des sogleich als Ganzes konzipierten Entwurfs findet ihre Entsprechung im

---

83 Als Exempel führt Winckelmann die frühesten Meister der modernen Kunst an und verlängert die Traditionslinie des präzisen Umrisses wiederum bis hin zur Vervollkommnung der modernen Malerei in Raffael: „Die Altväter neuerer Kunst annoch in der Kindheit derselben, haben so wie Raphael in ihrem höchsten Glanze that, den Umriß ihrer Figuren mit einer genauen Bestimmung angegeben […]. Durch solche strenge Zeichnung gelangeten dieselben endlich zur Richtigkeit […]." (AGK 52)

84 Vgl. dazu auch den Kommentar, 190.

ununterbrochen einheitlichen Umriss. Zudem wird der innere Umriss des geistigen Konzepts als eine andere *Schrift* dargestellt, die im malerischen Notat das künstlerische Konzept begrifflich und linear[85] lesbar macht. Wenn sich auch hierin eine Vorwegnahme frühromantischer Konzepte der zwischen allen Künsten vermittelnden Universalpoesie zu präsentieren scheint, handelt es sich dennoch auch in diesem Falle wieder um einen rein formalen Gehalt der „Gedanken". Bei Winckelmann sind Umrisse keine Hieroglyphen oder Symbole poetischer oder religiöser Inhalte, sondern intellegible Abbreviaturen *formaler* Ideen und Begriffe (z. B. der „höchsten Schönheit", wie sie sich in der Gestalt des Apoll von Belvedere manifestiere). Zumindest in der Plastik: Denn hier, in der Haltung gegenüber der Allegorie, zeigen sich Differenzen in seiner Auffassung von plastischem Kontur und graphisch-malerischem Umriss.

Zunächst gilt Winckelmann der Kontur der Plastik wie der Umriss der Zeichnungen als „geistige[s] Element" der Kunst, in dem das künstlerische Konzept sich manifestiert. Während jedoch der plastische Kontur „rundplastische[] Form" ist, stellt der zeichnerische Umriss eine Projektion in die Fläche dar, die niemals in dem Maße an sich „sinnliche Form und geistiger Begriff zugleich" sein kann, wie es in der Plastik der Fall ist, deren Werke als (im Kontur) sinnlich wahrnehmbare Gestalt der Idee die „künstlerisch erzeugte Wirklichkeit mit dem metaphysischen Bereich" verbinden.[86] Der graphische Umriss hingegen, der nicht unmittelbar „sinnliche Wirklichkeit" des Dargestellten bedeuten kann und daher nicht allein auf „sinnlichen Darstellungsmitteln beruhen" darf, muss stärker auf seine Nähe zum Zeichencharakter der Schrift zurückgreifen, um nicht-sinnliche Inhalte zu vermitteln.[87] Daher propagiert Winckelmann, auch

85 Vgl. dazu auch Kreuzer, 36.

86 Vgl. Kreuzer, 74.

87 Vgl. Kreuzer, 74 (Zitate ebd.) und 97 f., mit Hinweis auf Winckelmanns missverständlichen Gebrauch des Wortes „Verstand": Dieser sei nur in den Passagen über die Malerei im Sinne rationalistischer Aufklärungsästhetik zu verstehen, meine sonst aber bei Winckelmann „das schöpferische Organ, in dessen geistigem Bereich sich gerade das irrationale Mysterium der Formwerdung vollzieht; die Funktion des ‚Denkens' in diesem Prozeß gilt der Erzeugung des Kontur, dem Bindeglied zwischen Geist und Form, das der plastischen Kunst ihre Spannweite zwischen Immanenz und Transzendenz verleiht. Auch die Begriffe der Sinnlichkeit und Empfindung wurden zuweilen missverstanden […]. Alle Sinnlichkeit ist bei Winckelmann jedoch geistig sublimiert und nimmt mit der ‚Empfindung' an der schöpferischen Leistung der Rezeption teil […]." (98)

aus Ablehnung gegenüber der Inhaltsleere tändelnder Rokokokunst,[88] die *Allegorie* für die Malerei, wenn er in den *Gedancken* fordert, der „Pinsel, den der Künstler führet, soll im Verstand getunckt seyn".[89]

10.16 Stilgeschichte: Analogien von Zeichnung und Literatur

Aufschlussreich für eine Analyse von Winckelmanns Kontur-Konzept und den impliziten Prämissen seiner Parallelisierung von literarischem und zeichnerischem Stil, wie sie in dem soeben zitierten Passus über Raffael erschien, ist insbesondere sein Vergleich des ältesten griechischen Stils „mit der Schreibart eben derselben Zeit":[90]

> Es könnte dieser Stil vielleicht mit der Schreibart des Herodotus, des ältesten Griechischen Geschichtsschreibers und dessen Zeitgenossen verglichen werden, Aristoteles merket an, daß dieselbe die alte Form des Ausdrucks behalten, in welcher die Redensarten eine von der andern getrennet sind, und keine Verbindung haben, daher auch den Perioden die gewünschte Rundung mangelt. Dieses wird sonderlich auf die Gemählde dieses ersten Stils der Kunst als eine Vergleichung dienen können; denn es wird denselben die Rundung gefehlet haben, die durch Licht und Schatten entstehet, so wie dieses an den Mahlern vor dem Raphael [...] ausgesetzet werden kann.

Der Abschnitt, den Winckelmann schließlich auch nicht in die zweite Auflage übernehmen wollte, lässt gut erkennen, wie seine Argumentation sich offensichtlich mitunter anhand von Assoziationen bildete,[91] die auch recht zufälliger Natur sein konnten. Doch schlägt Winckelmann mit seinem Lob der strengen und harten, „genau bezeichnete[n]" Umrisse früher griechischer Kunst, in denen sich „die Gewißheit der Kenntniß, wo alles

88 Vgl. Waetzold, 70 f., zur „tiefe[n], ja leidenschaftliche[n] Sehnsucht eines Sohnes der sinnenfrohen Rokokozeit nach gehaltvollen Kunstwerken".

89 *Gedancken,* 50.

90 Winckelmann meint hier „die Werke in welchen die Kunst bereits ihre Form erlanget hatte und in ein Systema gebracht war", also nicht die eingangs erwähnten einfarbigen „Monogrammata" (Kap. 10.15 zu GK I, 4).

91 So auch der Kommentar, 190: Der „Vergleich zwischen einer abgerundeten, geschliffenen Sprache und der malerischen Darstellung eines dreidimensionalen Rundkörpers" vermöge „kaum zu überzeugen [...], da er auf einer mehr oder weniger zufällig aus der Wortwahl resultierenden assoziativen Verbindung basiert." Zudem habe Winckelmann *Arist. Rhet.* 3, 9, 2 in Bezug auf Herodot „recht eigenwillig" interpretiert, da Aristoteles zufolge Herodot, „der für den alten Schreibstil steht, gerade durch eine gleichmäßig fließende Sprache ohne rhythmische Perioden charakterisiert" werde.

aufgedeckt vor Augen liegt", offenbare, auch in Analogie zu musikalischen und sprachlichen Lernprozessen einen Bogen zu literarischen Stiläquivalenten:

> Die Eigenschaften dieses ältern Stils waren unterdessen die Vorbereitungen zum hohen Stil der Kunst, und führeten diesen zur strengen Richtigkeit und zum hohen Ausdruck: denn in der Härte von jenem offenbaret sich der genau bezeichnete Umriß, und die Gewißheit der Kenntniß, wo alles aufgedeckt vor Augen liegt. Auf eben diesem Wege würde die Kunst in neueren Zeiten, durch die scharfen Umrisse, und durch die nachdrückliche Andeutung aller Theile vom *Michael Angelo*, zu ihrer Höhe gelanget seyn, wenn die Bildhauer auf dieser Spur geblieben wären. Denn wie in Erlernung der Music und der Sprachen, dort die Töne, und hier die Sylben und Worte, scharf und deutlich müssen angegeben werden, um zur reinen Harmonie und zur flüßigen Aussprache zu gelangen: eben so führet die Zeichnung nicht durch schwebende, verlohrne und leicht angedeutete Züge, sondern durch männliche, obgleich etwas harte, und genau begränzte Umrisse, zur Wahrheit und zur Schönheit der Form.[92] Mit einem ähnlichen Stile erhob sich die Tragödie zu eben der Zeit, da die Kunst den großen Schritt zu ihrer Vollkommenheit machte, in mächtigen Worten und starken Ausdrücken, von großem Gewichte, wodurch Aeschylus seinen Personen Erhabenheit, und der Wahrscheinlichkeit ihre Fülle gab. (GK I, 444)

Für Winckelmann entspricht also der streng umrissenen Formensprache, die zu Erhabenheit, Wortgewalt, „Wahrheit und Schönheit" führt, im literarischen Bereich die Tragödiendichtung des Aischylos – eine Parallele, die auch bei August Wilhelm Schlegel wiederkehrt (vgl. Kap. 21).[93]

92 Vgl. auch die Parallelisierung des harten Stils mit den Werken von Lukrez und Catull, deren alte Majestät für „unerleuchete[] Sinne" nur „rauh" klingen müsse, wenn man sie mit der „Lieblichkeit" Ovids und dem Glanze Vergils vergleiche (GK I, 446).

93 Eine aufschlussreiche Parallelisierung des Verhältnisses von „Ausarbeitung" und „Verstand" des plastischen Künstlers einerseits und literarischen Qualitäten andererseits findet sich in der *Erinnerung über die Betrachtung der Werke der Kunst:* „Die Hand des Meisters" zeige „sich, so wie in der Schreibart an der Deutlichkeit und kräftigen Fassung der Gedanken, also in der Ausarbeitung des Künstlers an der Freyheit und Sicherheit der Hand." (KS 155) Wie in der „Schreibart" die „Gedanken" *deutlich* und *kräftig gefasst* sein sollen, so müssen die „Gedanken" des Künstlers mit „Freyheit und Sicherheit" im Material der Skulptur formuliert werden.

10.17 Der ideale Kontur als Scheidelinie zwischen Magerkeit und Schwulst: Parrhasius und Apelles bei Winckelmann, mit einem Blick auf gattungs- und medienspezifische Momente

Die doppelte Nennung der „Linien und *Züge*" (GK II, 199; meine Hervorhebung) als erlaubten Darstellungsmitteln der „conturnirten" Zeichnung im oben zitierten Absatz über die Vasenmalereien lässt erkennen, dass es Winckelmann prinzipiell um Form und Verlauf der Konturen, nicht aber um spezielle Feinheit gegangen ist; die „Spitze eines Haars", auf das „der griechische Künstler" seinen Kontur „in allen Figuren" gesetzt habe, meint in den *Gedancken* (26) mithin die ideelle schmale Grenzlinie der konzeptuellen Richtigkeit des vollkommenen Kontur, nicht aber die Feinheit der Linie an sich. Im *Sendschreiben* findet sich eine Stelle, die dieses Verständnis des Kontur nahe legt. Dort fingiert Winckelmann gegen seine These, der richtige Kontur müsse „allein von den Griechen erlernet werden", zunächst den Einwand, dass man an den Akademien mit Recht vor der Nachahmung antiker Kunst im Hinblick auf die „Wahrheit des Umrisses" warne, da die antiken Künstler an bestimmten Körperstellen wie „Schlüsselbeinen" und „Ellenbogen" die Knorpel und die „Tiefen und Höhlungen", die sich durch sie ergeben, ignoriert und an den Gelenken nur über die Knochen gezogene Haut gebildet hätten. Entgegen dem antiken Vorbilde sollten heutige Künstler die knochigen Stellen „eckigter" zeichnen, und diejenigen, „wo sich das meiste Fett ansetzet", auf gerade entgegengesetzte Weise. Das *Sendschreiben* verweist dann auf die ebenfalls in den *Gedancken* hierzu angeführte Plinius-Stelle über Parrhasius, der, um die Schwulst zu vermeiden, „in das Magere verfallen" sei, da er „die Linie, welche das Völlige von dem Ueberflüssigen scheidet, nicht zu treffen gewust" habe – obwohl er doch als der „größte im Contour" gelte. Nicht nur wird hier der antike Meister der Umrisse als defizitär dargestellt, sondern Zeuxis, der Körperteile seiner Gestalten fülliger gemalt haben soll, um sie „ansehnlicher und vollkommner zu machen", wird im *Sendschreiben* mit dem Stil Rubens' in Verbindung gebracht, um die Vorrangstellung antiker strenger und schmaler Umrisse zu untergraben: Auch damals habe man fülligere Formen in der Kunst zu schätzen gewusst.[94] Hierauf antwortet Winckelmann in der *Erläuterung*, indem er zunächst den späten Bernini und damit den Exponenten der nachdrücklich abgelehnten Barock-

94 Vgl. das *Sendschreiben* (*Frühklassizismus,* 72 f.; alle Zitate ebd.): „Zeuxis hat vielleicht seinen Contour wie Rubens gehalten […]."

Skulptur als Negativ-Beispiel für eine Naturnachahmung nennt, die von der „schönen Form" wegführe. Vorbildlich unter neueren Künstlern sei nur „Raphael in seiner besten Zeit und Manier".[95] Parrhasius und Zeuxis als Beispiele zur Entschuldigung „holländische[r] Formen" lässt er nicht gelten, und zwar gestützt auf einen philologischen Kunstgriff, der die Plinius-Stelle in seinem Sinne interpretierbar macht: Er weist auf die innere Widersprüchlichkeit von Plinius' Text hin, die er ihm so nicht zugestehen will. Er versucht in einer Ehrenrettung von Plinius' Kohärenz zugleich seine eigene These zu untermauern, indem er mit seiner Deutung bei der Frage ansetzt, was Plinius denn meine, wenn er schreibt, „Parrhasius scheine mit sich selbst verglichen, sich unter sich selbst herunter zusetzen [!], in Ausdrückung der mittlern Körper".[96] Dieser meine wohl mit den „mittleren Körpern" nicht nur das, was von dem einen äußersten Umriss eingeschlossen werde. Aber ein Zeichner solle den Körper aus jeder Perspektive und in jeder Bewegung kennen, so dass der äußere Umriss schließlich niemals derselbe sei, sondern sich beständig verschiebe. Mithin gebe es für den Zeichner gar keine „mittlere[n] Theile des Körpers", da „eine jede Muskel" zum „äussersten Umrisse" des Körpers gehöre. In Parrhasius' Falle könne es sich keineswegs um den Umriss handeln, „auf welchem das Magere oder die Schwulst beruhet", sondern eher um eine Frage von „Licht und Schatten" und der „gehörige[n] Erhöhung und Vertiefung" der ‚mittleren' Körperteile.[97]

Da der vollkommene Kontur sich vor allem durch seine ‚Unbezeichnung' auszeichnen soll, hängt die Vollendung dieser Linie der Potentialität wesentlich davon ab, inwieweit sie mit dem schmalen Grat zwischen Magerkeit und Schwulst kongruent ist. Mit Hinweis auf Rubens' Mängel in dieser Hinsicht fährt Winckelmann fort:

> Die Linie, welche das Völlige der Natur von dem Ueberflüßigen derselben scheidet, ist sehr klein, und die grösten neueren Meister sind über diese nicht allezeit greifliche Grentze auf beyden Seiten zu sehr abgewichen. Derjenige, welcher einen ausgehungerten Contour vermeiden wollen, ist in die Schwulst verfallen; der diese vermeiden wollen, in das Magere. (*Gedancken*, 26)

---

95 *Erläuterung*, in: *Frühklassizismus*, 103 f.

96 *Erläuterung*, in: *Frühklassizismus*, 104.

97 *Erläuterung*, in: *Frühklassizismus*, 105; sollte das Lob für Parrhasius einem *sfumato*-artigen „sanft[en]" Vermalen der Umrisse „im Hintergrunde" gegolten haben, so ließe sich der Tadel der „mittleren Körper" darauf beziehen, dass die Figuren sich dennoch nicht illusionistisch rundeten, da die inneren Teile nicht in gleich virtuoser Weise modelliert erschienen.

Nur Michelangelo sei es vielleicht – „aber nur in starcken musculösen Figuren" – gelungen, das Alterthum darin zu erreichen. Die griechischen Künstler allein seien stets auf dem schmalen Grad der richtigen Verhältnisse geblieben, wie es in den *Gedancken* heißt: „Der Griechische Künstler hingegen hat seinen Contour in allen Figuren wie auf die Spitze eines Haars[98] gesetzt, auch in den feinsten und mühsamsten Arbeiten, dergleichen auf den geschnittenen Steinen ist." (*Gedancken,* 26)

Winckelmann ist es nicht nur um den Kontur der Meisterwerke griechischer Großplastik zu tun; selbst in den kleinsten Arbeiten wie den geschnittenen Steinen, so hebt er hervor, lasse sich die Präzision und Korrektheit des idealen Kontur in seiner höchsten Vollkommenheit erkennen. Es wird nicht zuletzt an materiellen Bedingungen, d. h. dem verfügbaren Anschauungssubstrat, gelegen haben, dass Winckelmann, dem zu diesem Zeitpunkt ja noch nicht in dem Maße römische Marmorkopien von Skulpturen nach griechischen Originalen zugänglich waren, wie sie es später in den Kunstsammlungen Roms sein würden, hier auf geschnittene Steine Bezug nimmt: Seine Anschauung musste zu einem großen Teil auf diesem Bildmaterial beruhen – in Form echter Gemmen und Kameen, oder aber in Gestalt von Daktyliotheken oder Stichwerken nach ihren bedeutendsten Gegenständen. Gerade durch die zeitgenössische Reproduktionsgraphik im Bereich der Altertumswissenschaft wurde eine konturorientierte Betrachtungsweise wie jene Winckelmanns begünstigt: Die rein lineare, farblose Wiedergabe der Motive von Gemmen und Kameen konditionierte einen an abstrakten Darstellungsprinzipien geschulten Blick des Betrachters.[99]

Auch die antike Künstleranekdote zur *linea* des Apelles darf in einer Ästhetik, deren Kardinal-Kategorie der Kontur bildet, kaum fehlen.[100] Die

98 Es stellt sich die Frage, ob nicht Winckelmann, obwohl er selbst gründliche Kenntnis der alten Sprachen hatte, vielleicht in diesem Falle einer – von mir bisher nicht identifizierten – deutschsprachigen Bemerkung eines Verfassers folgt, der das sprichtwörtliche lateinische „ad summum capillum" (das bereits bei Plaut. Epid. 623 belegt ist im Zusammenhang „usque ab unguiculo ad capillum summum est festivissima") im falschen Sinne übersetzt hat, nämlich mit „bis zur Spitze des Haares" anstelle von „bis zum Scheitel" (vgl. „vom Scheitel bis zur Sohle"). Vgl. *Georges Deutsch-lateinisches Handwörterbuch.* Leipzig 1861. Bd. 2. s. v. *unguiculus.*

99 Vgl. dazu Valentin Kockel/Daniel Graepler (Hg.): *Daktyliotheken. Götter & Caesaren aus der Schublade. Antike Gemmen in Abdrucksammlungen des 18. und 19. Jahrhunderts.* München 2006.

100 Ohne nähere Quellenangabe fügt Winckelmann auch den seit Plinius d. Ä. topischen Hinweis auf Parrhasius hinzu, der „insgemein vor den stärcksten im Contour gehalten" werde (*Gedancken,* 26). Dass dieser freilich als der Meister der

Passage findet jedoch bei Winckelmann lediglich eine knappe Erwähnung, und auch erst in der zweiten Auflage der *Geschichte der Kunst.* Er stellt fest, man habe sich bisher von der Bedeutung des *ut non lineam ducendo exerceret arte* „insgemein keinen deutlichen Begriff gemachet"; Plinius wolle damit sagen, Apelles habe

> alle Tage etwas gezeichnet, das ist, außer seinen gewöhnlichen Arbeit, entweder nach der Natur, oder auch, wie man vermuthen kann, nach Werken älterer Künstler; und dieses deutet das Wort *linea* an. So aber wie dieses von dessen Beschäfftigung überhaupt erkläret wird, wäre es ohne Salz gesaget: denn welcher Künstler auf der Welt machet nicht jeden Tag wenigstens so viel, als eine Linie bedeuten kann; oder was wäre es für ein Lob, mit dem Bayle zu sagen, daß er alle Tage seinen Pinsel geübet habe? (GK II, 681)

Wenngleich Winckelmann hier mit einiger Beiläufigkeit über die Episode hinweggeht,[101] klingt doch in den wenigen Zeilen seine persönliche Akzentuierung in der Textauslegung mit, wenn er nicht umhin kann, der Möglichkeit eines Zeichnens nach der Natur wie selbstverständlich auch zu Apelles' Zeiten bereits ‚Gedanken über die Nachahmung der Alten' an die Seite zu stellen: Dieser könne doch „auch, wie man vermuthen kann, nach Werken älterer Künstler" gezeichnet haben, „und dieses deutet das Wort *linea* an". *Linea* wird hier in der Schwebe gehalten, als könne es auch eine denkbar geistige, abstrakt-synthetische Linie sein, ein Winckelmannscher Kontur eben: *lineam ducere* wird hier zum praktischen Nachvollzug des künstlerischen Aktes im Ziehen eines neuen (konzeptuellen) Kontur.

10.18 Der Kontur als *Sphragis*

Winckelmann beschließt seine *Geschichte der Kunst des Alterthums* mit einer eindrucksvollen kunstliterarischen Konturzeichnung:

> Ich bin in der Geschichte der Kunst schon über ihre Gränzen gegangen, und ohngeachtet mir bey Betrachtung des Untergangs derselben fast zu Muthe

malerischen (und nicht der plastischen) Umrisse galt, zeigt, dass für Winckelmann die bei ihm zuvor herangezogenen Konturen geschnittener Steine der gleichen Kategorie, nämlich graphischen bzw. im weitesten Sinne malerischen Umrissen angehören.

101 Nicht ohne dabei (wie es charakteristisch für ihn ist) seine Quelle zu kritisieren, das *Dictionnaire historique et critique* Pierre Bayles, das er allerdings „exzessiv" exzerpiert hatte. Vgl. den Kommentar, 256, und ebd., 436, mit dem Hinweis auf Pierre Bayle, *Dictionnaire historique et critique*, Rotterdam 1697, Bd. 1, 257–260 s.v. Apelles, bes. 259–260 Anm. L.

gewesen ist, wie demjenigen, der in Beschreibung der Geschichte seines Vaterlandes die Zerstörung desselben, die er selbst erlebet hat, berühren müßte, so konnte ich mich dennoch nicht enthalten, dem Schicksale der Werke der Kunst, so weit mein Auge gieng, nachzusehen. So wie eine Liebste an dem Ufer des Meeres ihren abfahrenden Liebhaber, ohne Hofnung ihn wieder zu sehen, mit bethränten Augen verfolget, und selbst in dem entfernten Segel das Bild des Geliebten zu sehen glaubt. Wir haben, wie die Geliebte, gleichsam nur einen Schattenriß von dem Vorwurfe unserer Wünsche übrig; aber desto größere Sehnsucht nach dem Verlohrnen erwecket derselbe, und wir betrachten die Copien der Urbilder mit größerer Aufmerksamkeit, als wie wir in dem völligen Besitze von diesen nicht würden gethan haben. (GK I, 836/838)

Der Kardinalbegriff seiner Kunstanschauung, der Kontur, erscheint in diesen abschließenden Sätzen als Signatur der antiken Kunst selbst:[102] Die abstrakte geistige Form, hier das Ideal *der* antiken Kunst, erscheint auf der Projektionsfläche der Imagination als „Schattenriß von dem Vorwurfe unserer Wünsche“. Die „desto größere Sehnsucht nach dem Verlohrnen“, die aus diesem Schattenriss als Repräsentant des Abwesenden resultiert, erinnert zugleich an den in der antiken Literatur überlieferten Gründungsmythos der Kunst: jenen von der Töpferstochter, die das Schattenprofil ihres scheidenden Geliebten an der Wand umriss, das sodann ihr Vater mit Ton plastisch modellierte. Dieser für die Kunst konstitutive Entzug des geliebten Objekts wird bei Winckelmann mit seinem ästhetischen Kardinalbegriff und seiner eigenen kunsttheoretischen Imaginationskraft in *einer* Abbreviatur, einem Zeichen zusammengefasst: dem Schattenriss, dem Umriss. Als kunstliterarischer Maler beweist Winckelmann nicht zuletzt mit dieser Zeichnung, dass, wie er es für die Malerei gefordert hatte, sein Pinsel wahrhaft „im Verstand getunckt“ war.

10.19 Funktionen des Kontur bei Winckelmann im Überblick

Zusammenfassend lassen sich folgende Funktionen des Kontur bzw. des Umrisses innerhalb von Winckelmanns Ästhetik ausmachen: Der Kontur ermöglicht beim ersten Anblick einen schnellen „Totaleindruck“, er gibt

102 Vgl. Günter Oesterle: *Die folgenreiche und strittige Konjunktur des Umrisses in Klassizismus und Romantik*, in: Gerhard Neumann (Hg.): *Bild und Schrift in der Romantik.* Würzburg 1999, 27–58, 29. Vgl. auch Verf.: *Konturen – Zur Geschichte einer ästhetischen Denkfigur zwischen Klassik und Moderne (Winckelmann, F. und A. W. Schlegel, Keller, Rilke)*, in: Julia S. Happ (Hg.): *Jahrhundert(w)ende(n). Ästhetische und epochale Transformationen und Kontinuitäten 1800/1900.* Berlin 2010, 93–114.

aber gleichzeitig die Möglichkeit zum sukzessiven Nachvollzug und reflektierenden Nachempfinden der Form und damit zum dauerhafteren, tieferen Einprägen derselben in die Wahrnehmung. Indem der Kontur die Fassung des Mannigfaltigen in die Einheit der Form gewährleistet, macht er auch die Schönheit des Ganzen, indem sie fassbar wird, erhaben. Dadurch trägt der Kontur, als Medium dieser Erkenntnis, zur Erweiterung des Geistes in der *Empfindung* des Erhabenen bei.

Zudem ermöglicht der Kontur dem Betrachter, die konzeptuelle Synthesis von schönster Natur und idealischer Schönheit gestalthaft zu begreifen. Indem im Kontur das geistige Konzept geborgen ist, ist es zugleich überzeitlich zugänglich, es gewährt gewissermaßen den möglichst unmittelbaren Kontakt mit dem „Geist" der Antike im ‚Graphem der Gedanken' (Käfer) ihrer Künstler. Dank der *symmetria* ist der Kontur sogar im fragmentarisch Überlieferten erkennbar und ermöglicht dessen (imaginäre) Rekonstruktion in der *Empfindung* des ursprünglichen Konzepts durch ‚Anschmiegen' derselben an den fragmentarischen Kontur.

Durch seine spannungsvolle „Unbezeichnung" und sein Changieren zwischen Potentialität und Evidenz regt der bewegte, unfixierbare Kontur die Reflexion des Betrachters fortwährend zur aktiv bildenden Empfindung des Schönen an. Damit sind bereits Aspekte gegeben, aus denen sich auch frühromantische Abgrenzungen ergeben werden, als deren Reflexionsmedium der Kontur dient. Zugleich ist das andere formale Extrem, die absolute Präzision strenger Umrisse, die bei Winckelmann primär als historisches Phänomen archaischer Kunstepochen gerechtfertigt wird, symptomatisch für die empiristischen Wissenschaftsdiskurse seiner Zeit, mit denen die Umrissmode nicht nur der Reproduktionsgraphik in Wechselwirkungen steht. Auch in diesem strengen Umrissideal zeigen sich wiederum beide Entwicklungsmöglichkeiten: die des strenglinearen Klassizismus à l'antique und die aus diesem an dem Umschlagspunkt, den das Phänomen der Flaxman-Stiche markiert, sich entwickelnde frühromantische Favorisierung der ebenfalls strenglinearen, vor-raffaelischen Kunst als bedeutsame ‚Hieroglyphen' katholisch akzentuierter Kunstreligion.

Die innere Bewegtheit des elusiven Kontur wird einerseits durch die bewegte Meereswellen-Metaphorik in Abgrenzung gegen die einheitliche Spiegelfläche verbildlicht und andererseits durch die Bevorzugung einer rauen gegenüber einer geglätteten Oberfläche konkretisiert. Da die eigentliche geistige Form wie unter dem elusiv-fluiden Kontur verborgen liegt, bannt sie den Blick des Betrachters und lässt diesen zum bildenden Reflexionsmedium des inneren geistigen Konzepts werden, anstatt ihn an einer (nicht einmal wörtlich zu nehmend) *spiegelnden*, glatten Oberfläche abgleiten zu lassen und auf die Welt der Erscheinungen zurückzuwerfen.

Der Kontur ist Ausdrucksträger für die Seelenbewegung des Darzustellenden; durch bestimmte metaphorische Bildfelder wird der ideelle Status der Gestalt (menschlich/heroisch/göttlich) gekennzeichnet. Zugleich dient der Kontur als Index des soziokulturellen historischen Umfeldes und damit auch dekadenzkritischer Aspekte.

Als Gegenstand beschreibender Metaphorik wird der Kontur zur plastisch-allegorischen Gedanken- und Denk-Figur, wenn die Konturen eines ‚Herkules' die Einbildungskraft dessen Taten ‚schauen' lassen und eine Entrückung an deren Schauplätze initiieren.

Der Kontur dient als Kristallisationsmedium eines vormodernen Analogiedenkens der universal-idealschönen Form, von jugendlich-männlichen Körpern bis zur Keramik.

Der Kontur wird interpretiert als allgemeine kultur- bzw. stilgeschichtliche „Figur", als kunsthistorisches Diagramm; dies gilt sowohl für die Literatur als auch für die Malerei und Plastik. An einer imaginierten Überblendung aller dieser synchronen Epochen-Figuren lässt sich eine diachrone „Figur" der stilhistorischen Entwicklung(-sgesetze) *ablesen*. Der Kontur als Kategorie der Betrachtung, Bewertung und Einordnung der antiken Kunst, besonders der Malerei, stellt damit Klassifizierungsmuster für eine analoge Geschichte (und Prognose) der neuzeitlichen Kunstgeschichte bereit; gewisse prominente Maler der Antike, Renaissance und aus Winckelmanns Gegenwart werden dabei mitunter zu Paaren oder Trios arrangiert, die nach einem Typus – Antitypus – Modell strukturiert sind (Parrhasius – Raffael – Mengs).

Als Gegenstand antiquarisch-philologischer Debatten gibt der Kontur Anlass, auf diesem Felde ‚konventionelle' Diskussionsbeiträge zu leisten und darin mehr oder weniger subtil Prämissen der eigenen Ästhetik durch die antiken Quellen zu legitimieren.

Zuletzt dient der Kontur Winckelmann in der metaphorischen literarischen Schlussvignette der *Geschichte der Kunst* zu dreierlei: Er erscheint als ‚Figur' und ‚Begriff' von Winckelmanns Methode, er verbildlicht den kunstliterarischen Anspruch der *Geschichte* als Kunstwerk und erscheint zugleich als Allegorie der Archäologie.

11. Christian Ludwig von Hagedorns Favorisierung sanfter Umrisse: Vom *sfumato* in der Skulptur und dem allegorischen Potential des ‚Verblasenen'

Christian Ludwig von Hagedorns *Betrachtungen über die Mahlerey* erschienen 1762;[1] sie haben damit eine interessante Zwischenposition *nach* Winckelmanns *Gedancken*, aber vor seiner *Geschichte der Kunst* inne.[2] Wie

1 Christian Ludwig von Hagedorn: *Betrachtungen über die Mahlerey. Erster Theil.* Leipzig 1762 [Zitate hieraus werden im Folgenden mit Seitenzahlen im Text nachgewiesen]. Vorabdrucke aus den *Betrachtungen* waren in der *Bibliothek der Schönen Wissenschaften und der Freyen Künste* erschienen, sie begannen mit der 56. *Betrachtung* zur Wellenlinie und Hogarths *Zergliederung*; u. a. erschienen auch in beiden Stücken des 7. Bandes 1761 Texte Hagedorns zur *Sittenlehre des Künstlers* und über *Antike und die schöne Natur* und damit „zwei Herzstücke seiner Kunstlehre". Vgl. Claudia Susannah Cremer: *Hagedorns Geschmack: Studien zur Kunstkennerschaft in Deutschland im 18. Jahrhundert.* Bonn, Univ. Diss., 1987, 228. Einige Jahre zuvor hatte er die Beschreibung seiner eigenen Kunstsammlung publiziert, den *Lettre à un amateur de la Peinture avec des Eclaircissemens historiques sur un Cabinet et les Auteurs des Tableux qui le composent.* Dresden 1755. – Zu Hagedorn als Sammler und Künstler vgl. Alexander Rosenbaum: *Der Amateur als Künstler. Studien zu Geschichte und Funktion des Dilettantismus im 18. Jahrhundert.* Berlin 2010, 218–236. Zu Hagedorns Tätigkeit als Diplomat sowie zu seiner Kunstsammlung vgl. Moritz Stübel: *Christian Ludwig von Hagedorn. Ein Diplomat und Sammler des 18. Jh.* Leipzig 1912. Vgl. auch Wilhelm Waetzoldt: *Deutsche Kunsthistoriker.* Bd. 1: *Von Sandrart bis Rumohr.* Leipzig 1921, 99, der bemerkt, Hagedorn sei auch in Fragen der Kunst „Diplomat". In ihm vereinten sich „Verehrung der Antike", „Bewunderung holländischer Landschaft", „Sehnsucht nach der großen Historie und Geschmack am bürgerlichen, dichterischen oder malerischen Rührstück". In der Tat lesen sich die *Betrachtungen* als bemerkenswert friedfertiges Dokument unter den vielen Grabenkämpfen der Kunstliteratur des 18. Jahrhunderts. – Zum aktuellen Forschungsstand zu Hagedorn vgl. jetzt Roland Kanz: *Christian Ludwig von Hagedorn als Kunsttheoretiker der Aufklärung*, in: *Das achtzehnte Jahrhundert.* Zeitschrift der Deutschen Gesellschaft für die Erforschung des achtzehnten Jahrhunderts. Jg. 37 (2013), 251–261.

2 Winckelmann und Hagedorn waren einander aus Winckelmanns Dresdner Zeit bekannt, wo Hagedorn nachmals das Amt des Generaldirektors der Sächsischen Kunstsammlungen und der Kunstakademie innehatte. Hagedorn blieb für Winckelmann ein (auch strategischer) Ansprechpartner; er war für ihn besonders in den „ersten sieben Jahren von dessen Italienaufenthalt einer der zuverlässigsten

die Kapitel zu späteren Autoren zeigen, wirkte sein Kontur-Konzept, das ausgesprochen individuell entworfen und begründet wird, vielfältig fort, doch meist, ohne dass Hagedorn und sein verdienstvolles Werk als Quelle genannt würden. Justi hat auf die Vorreiter-Position Hagedorns hingewiesen, der sich „die Sprache des Faches", also der deutschsprachigen Kunsttheorie, „erst schaffen mußte. […] Mühsam mußte er sich diese Rundung, Eleganz und Kürze erringen, wie seine weitschweifigen und oft bis zur Sinnlosigkeit verworrenen Briefe und seine angeblich ebenso weitschweifige Unterhaltung beweisen."[3] Aufschluss über die zeitgenössische Rezeption der *Betrachtungen* gibt jedoch ein Brief Sulzers an Hagedorn vom 24. Mai 1762,[4] in dem er ihm für die Zusendung seines „traitté de la peinture"[5] dankt, den er „avec une avidité" lesend durcheile;[6] er habe, so

und aufgrund seiner freundschaftlichen Beziehungen zu Nicolai und Weiße auch einer [!] der wichtigsten Kontaktpersonen in Deutschland" (Cremer, *Hagedorns Geschmack*, 304). – Cremer bemerkt, Hagedorn habe allerdings „Zweifel an Winckelmanns Kompetenz in Sachen Malerei" gehabt; sie zitiert exemplarisch einen Brief an Nicolai (2. 10. 1762), in dem Hagedorn die „Hoffnung aus[spreche], dass Winckelmann nur über die Antike schreiben werde": „Denn er hat nicht die Zeit, den Sätzen der Mahlerey überall nachzusinnen, und ketzert oft ein wenig, wenn ich mich so ausdrücken darf" (zit. nach Cremer, 305, Anm. 434). – Winckelmann wiederum erwähnt Hagedorns *Eclaircissemens* lobend, vgl. zu Hagedorn und seinem Verhältnis zu Winckelmann: Justi, *Winckelmann und seine Zeitgenossen*, I, 380–389. Vgl. auch die Briefe Winckelmanns an Hagedorn, die am Ende des Bandes Christian Ludwig von Hagedorn: *Briefe über die Kunst von und an Christian Ludwig von Hagedorn*. Leipzig 1797, 362–380, abgedruckt sind, gefolgt nur von einem Brief eines „Ungenannten" (380–382) über den Tod Winckelmanns, der mit dem „dernier souhait des anciens" schließt: „sit tibi terra levis" – und so Hagedorns Briefwechsel zu einem Monument Winckelmanns umwidmet.

3 Justi, *Winckelmann und seine Zeitgenossen*, I, 383.

4 Vgl. Kap. 12 zu Wirkungen Hagedorns in Sulzers *Allgemeiner Theorie*, deren meiste Artikel zur Bildenden Kunst sich an Hagedorns *Betrachtungen* anlehnen. Vgl. Cremer, 288 f., zu Hagedorns Einfluss auf Sulzer: Dieser habe in „rund 50 Artikeln auf die *Betrachtungen* hingewiesen", besonders dort, wo „es um die künstlerischen Mittel" gehe, sei eine „deutliche Orientierung an Hagedorn spürbar"; bei Sulzer zeige sich die „nachweisbar umfassendste Rezeption der Betrachtungen", auch habe er „besonders die Übertragung der französischen Fachbegriffe ins Deutsche aufrichtig gelobt". Vgl. Cremer, Anm. 367, mit Hinweis auf den oben zitierten Brief (318 f.). Sulzer übernehme „auch inhaltlich" Begriffe wie „Farbengebung" mit Hinweis auf Hagedorn, „besonders deutlich" werde der „Einfluss" aber „in so grundsätzlichen Artikeln wie ‚Mahlerey. Mahlkunst', ‚Gemähld' und ‚Landschaft'".

5 Hagedorn, *Briefe*, 317 f.

6 Hagedorn, *Briefe*, 318.

bemerkt er, davon abgesehen, sich eine „traduction de de Piles“[7] zu kaufen, da er das Original besitze; wenn also dessen Übersetzung keine *Anmerkungen* habe, so nütze sie ihm auch gar nicht weiter, außer „pour la terminologie allemande, que je trouve suffisemment dans votre ouvrage.“[8] Sulzers Brief belegt eindrücklich die Aktualität und Notwendigkeit von Hagedorns Werk. Dessen Beitrag zu einer deutschsprachigen Kunstterminologie ist eine beträchtliche, aber nicht die einzige Leistung, die seinen wirkungsreichen *Betrachtungen* zuzuschreiben ist. Im Falle seines Kontur-Konzepts sind aber sein systematischer Beitrag und die Prägung der Terminologie signifikant gekoppelt.

Vorauszuschicken ist ein markanter Unterschied zwischen Hagedorns und Winckelmanns ästhetischen Prämissen, der sich auch in der Terminologie zeigt: Besonders hebt Hagedorn in seiner Einleitung die Rolle des „Empfindens“ für die Kunstbetrachtung hervor[9] – dies sei, so meint er, idealerweise mit den Grundsätzen der Gelehrsamkeit zu vereinigen: „Bey Beobachtung der Gemählde ist der mit dem Wesentlichen der Kunst beschäftigte Verstand insgemein der wahre Vertraute des Herzens“ (XIV).

Hagedorns Gebrauch des Wortes „Empfinden“ ist dabei deutlich verschieden von Winckelmanns „Empfindung“, und diese Differenz bezeichnet bereits einen wesentlichen, da noch *epochalen* Unterschied. Meint bei Winckelmann das „Empfinden“ ein Zusammenspiel von Verstand (der bei Winckelmann selten die *ratio* meint, sondern eher die Bedeutung von

7 Die Initiative zur Übersetzung von de Piles’ *Cours de Peinture* geht auf Hagedorn zurück; er verfasste auch das Vorwort, vgl. Cremer, 304.

8 Hagedorn, *Briefe*, 319. Er bemerkt ergänzend, Hagedorns „terme de Helldunkel“ scheine ihm „bien choisi“, doch fürchte er, dass jener der „Farbengebung, ne soit pas suffisant pour vous dispenser du terme de *Colorit**. Hagedorn merkt dazu – in der Edition seiner Briefe – selbst an: „* Aussi ne m’en suis je pas dispensé. Vid. Betrachtungen über die Mahlerey p. 643, 655, 743, 746 &c. *Hagedorn*]. Il y a des endroits où je ne puis pas mettre le premier pour le dernier, comme p. ex. Das frische Colorit.“ (319)

9 Zu Hagedorns Stellung in der Kunstliteratur seiner Zeit vgl. generell Waetzoldt, 94–103, bes. 98: Die „Sonderstellung“ der Betrachtungen liege auch in ihrem „neue[n] Ausgangspunkt“: „Hagedorn verhilft der ästhetischen Empfindung wieder zu ihrem Recht gegenüber dem von Winckelmann und Mengs so überschätzten Verstande“; er gründet „künstlerischen Genuß“ auf die „Empfindungsfähigkeit, auf das Bedürfnis nach reinen, heiteren, die Freude am Dasein steigernden Eindrücken“: „Das ist der Ton des Herzens, der uns daran erinnert, daß Hagedorn ein Sohn der Rousseauzeit ist. Sehnsucht nach Empfindung ist das Zeichen der Zeit. […] Gemütsbildung wird Sache der Methode.“ Zu Hagedorns ‚plauderhaftem‘ Stil vgl. ebd., 97. – Vgl. auch Cremer, 249, zu Hagedorns Aufwertung von „Empirie“ und „Empfindung“ neben dem Rationalen.

tätiger „Einbildungskraft“ hat, vgl. Kap. 10) und sinnlich-rezeptivem Vermögen, so ist es bei Hagedorn tatsächlich noch stimmungs- und gefühlsbetont im Sinne der „Empfindsamkeit“. Diese prägt auch seine Konzepte zum Kontur.

11.1 Hagedorns Antike in sanften Umrissen

Interessant sind die frühen Lektürespuren Winckelmanns in Hagedorns *Betrachtungen.* Hagedorn stimmt, sieben Jahre nach Erscheinen von Winckelmanns *Gedancken über die Nachahmung*, in den Aufruf zur Nachahmung der antiken Kunst mit ein; so heißt es im Kapitel über *Die Antike und die schöne Natur:*

> Die Antike soll uns lehren die Natur wählen, und die sogenannten idealischen Schönheiten zur Wirklichkeit bringen. Sie zeiget den Bau des menschlichen Körpers in sanften Umrissen und den ausgesuchtesten Verhältnissen: der hohe Grad der Schönheit, den die Zusammenstimmung dieser Verhältnisse und die kluge Wahl und Richtung der Gliedmassen geben, wird durch ihre unzertrennliche Gefährtinn, die Anmuth, erhöhet [...]. (67)

Gleichwohl klingt dies noch ungleich konventioneller als Winckelmanns Formulierungen in den *Gedancken* – an Stelle der abstrakten Synthesis von schönster Natur und idealischer Schönheit zeigt sich in Hagedorns Formulierungen bloß eine eklektizistische Idealisierung: Es geht ihm primär um ein „[W]ählen“ der Natur, nicht um ein Schaffen aus dem genuin geistigen Konzept. Aber wenngleich die „sanften Umrisse“ hier weniger pointiert erscheinen als in Winckelmanns konzeptueller Nobilitierung des Kontur-Begriffs, so kommt ihnen doch auch bei Hagedorn die gleiche Funktion zu: Als formbestimmendes Element gewährleisten letztlich sie, als Demarkationslinien der vollkommenen Proportionen (der antiken *symmetria*) und der angemessenen Stellung der Figur, die Realisierung der durch das Vorbild der Antike klug gewählten und durch die „sogenannten idealischen Schönheiten“ gesteigerten Natur. Dennoch erweckt der Absatz insgesamt den Eindruck, als habe Hagedorn *hier* die „Umrisse“ nicht wirklich zwingend benötigt – als stellten sie eine Hommage an den Verfasser der *Gedancken* dar, hinter dessen *Contour* der spätere Autor nicht mehr zurück konnte, dessen Konzepte er jedoch den seinigen nicht überall organisch zu integrieren wusste. Doch Hagedorn hat eigene konzeptuelle Stärken, die sich gerade an seinem individuellen Umriss-Konzept zeigen werden. Schon seine Formulierung der „sanften Umrisse“, die hier bei dem mit Winckelmann vertrauten Leser die Vorstellung *sanft gewellter* Umrisse hervorruft, birgt bei ihm, wie sich zeigen wird, eine prinzipiell andere Komponente.

11.2 Zeichnung und Kontur: „*Grenzen* der Nachahmung"?

Nachdem Hagedorn das „Colorit" behandelt hat, geht er im Kapitel *Grenzen der Nachahmung* schließlich auf die Zeichnung ein, die „schwerer, als das Colorit, in der Natur vollkommen zu finden" sei, weshalb man „nach den Antiken und den Meistern, die demselben [!] gefolget sind, de[n] Grund zu der Zeichnung […] legen, und mit der Natur […] verbinden" solle:

> Auf solche Maasse ehren wir die vollkommensten Marmorbilder der Alten, und begeistert fühlen wir den hohen Werth ihrer idealischen Schönheit. Wir zeichnen nach jenen; wir bilden und erweitern unsere Begriffe nach diesen: allein wir suchen die Farben in der Natur mit *Titian* und mit dem in den Gegenständen seiner Kunst nicht minder vollkommenen *Claude Gillee.* (88 f.)

Wie Winckelmann propagiert Hagedorn eine Nachahmung der antiken Kunst im Hinblick auf die „Zeichnung", wobei sein Konzept von ‚idealischer Schönheit' wiederum ein lediglich eklektizistisch-idealisierendes ist,[10] in dem neben die Kombination des Schönsten in der Natur noch die Komponente der antiken Kunstwerke tritt. Von einem rein geistigen „Ideal", das hinzuträte, ist keine Rede. Hagedorn jedoch hebt dafür stärker den Eigenwert der Farbigkeit hervor, für deren künstlerische Verwendung ihm die Antike kein Vorbild zu geben vermag – und so stellt er kom-

10 Dieses Konzept zeigt sich auch in Hagedorns Bemerkungen zu den verschiedenen Arten des „*Wahren*" (89): „Das edelste idealische Wahre ist blos dichterisch. Es wählet und verknüpfet getheilte Vollkommenheiten, die ordentlicher Weise, oder in der gemeinen Natur, nicht beysammen anzutreffen sind." Hagedorn kontrastiert das „*einfältige[] Wahre[]*", eine getreue Naturnachahmung, und das aus dieser Nachahmung verbunden mit einer „feinen Wahl" hervorgehende „*zusammengesetzte* und *vollkommene Wahre*, dasjenige Kleinod, um welches jeder Künstler ringen soll." – Hagedorns höchstes, „blos dichterisch[es]" Wahres meint also „synthetisch" im Sinne von „eklektizistisch"; eine Steigerung durch das Ideal wird nicht erwähnt. Um dieser synthetisch-idealen Schönheit künstlerische Gestalt zu verleihen, muss der Künstler sich bei der Darstellung aber an der getreuen Naturnachahmung des Vorhandenen orientieren und sich deren illusionistisches Potential nutzbar machen.

mentarlos den beispielhaften antiken „Marmorbildern" die Malerei der Neuzeit gegenüber.[11] Von deren Kontur ist keine Rede.

11.3 Vom notwendigen *sfumato:* Hagedorns Kardinal-Kategorie

Dem *Zweyten Theil* seiner *Betrachtungen* stellt Hagedorn auf dem Titel als Motto ein Horaz-Zitat voran: *Vos exemplaria Graeca / Nocturna versate manu, versate diurna.* Tatsächlich arbeitet er sich nun streckenweise philologisch-antiquarisch an antiken Textbelegen zur Kunst ab – ohne jedoch die antike Kunst als alleinigen Maßstab für die Gegenwart zu propagieren.

Zu den bemerkenswertesten Passagen in Hagedorns *Betrachtungen* gehören zweifellos seine Überlegungen zu *sfumato*-Effekten, die er mit einem Kontur-Konzept verbindet, das sich signifikant von allen übrigen, zumal späteren Positionen unterscheidet. Im „*Wahrnehmung sanfter Umrisse in der Natur*" betitelten Kapitel XXXVIII unternimmt Hagedorn eine empirisch begründete Legitimation der „sanfte[n] Umrisse" als „Nothwendigkeit" in der Malerei:

> Das Sanfte und *Verblasene* (Sfumato) in den Umrissen wird dem Mahler nicht etwan, als ein blosser Kunstgriff empfohlen. Vermöge der Haltung und Luftperspectiv sowohl, als nach der Wendung und Linienperspectiv, wird sie ihm von der Natur selbst, als eine Nothwendigkeit aufgeleget werden. (555)

Nach diesen generellen Äußerungen zu den optischen Erscheinungsbedingungen der Gegenstände und ihrer Umrisse im Hinblick auf ihre je nach Perspektive geänderten Farbabstufungen und Verkürzungen führt Hagedorn in einer auf eigentümliche Weise gleichermaßen mikroskopisch-präzisen wie sinnlichen und atmosphärisch-verschwommenen Nahaufnahme den weiteren Beweis für seine These:

> Allein je näher der Gegenstand, je leichter der Beweis für das Sanfte an den Aussenlinien. Der Mund verbindet sich durch keinen scharfen Abschnitt mit der benachbarten Haut, unter welcher oft, bey dem mindesten Unterschiede sanft angezogener Muskeln, bestimmende Züge der Schönheit spielen. Mit gebrochenen Mittelfarben verschmelzet hier der Künstler den Umriß des Mundes. Ein mit dieser Farbe mäßig genährter Pinsel schwinget sich von dem

11 Vgl. auch Waetzoldt, *Deutsche Kunsthistoriker*, 99: Für Hagedorn seien zwar sichere Kenntnis und ein durch das Studium antiker Kunst gebildeter Geschmack Voraussetzung für das Studium der schönen Natur, aber für die Farbengebung sei die „unmittelbare Natur" der Maßstab, dies stelle „eine bewusste und kühne Einschränkung des Antikenkultus" dar: „Ist das Buch Hagedorns ohne Winckelmann undenkbar, so ist es doch nicht nur eine Winckelmann-Paraphrase."

> Abhang der sanft erhöheten Lippe und verliert sich, von der Grazie geleitet, in die nächste (558) Grenze der weissen Haut. Hier schließt die zaserichte Weichlichkeit (*morbidezza*) alle Härte auf einmal aus: sie ist die Frucht einer festen Hand, wenn sie spielend den Pinsel führet. Aber auch hier muss der Künstler zu rechter Zeit aufzuhören wissen. Der Spiegel wird es ihn lehren können.
>
> Von dem Reiz des Mundes in den Gemählden des *Parrhasius* wird man geneigt, auf das Sanfte in dessen äussersten Umrissen, in welchen ihm Plinius *) vor allen den Vorzug giebt, zu schliessen. (557 f.)

Wenn es auf den ersten Blick auch scheint, als vermenge Hagedorn bloß Schlagworte der Kunsttheorie – „Züge der Schönheit", „Grazie" und noch nicht eingeführte deutsche Übertragungen eines italienischen Terminus wie *morbidezza* – in einem stimmungsvollen kunstliterarischen Rokokoportrait, das – wie es Hagedorn mitunter von zeitgenössischen Kritikern vorgeworfen wurde – spätestens dann ein wenig dunkel gerät, wenn es in dem nicht unmittelbar verständlichen Hinweis auf Leonardo da Vincis Rat einmündet, die Illusionskraft eines Gemäldes im Spiegel zu überprüfen: Strategisch geht Hagedorn ausgesprochen subtil vor. Auch seine anschauliche Argumentation erscheint als „Frucht einer festen Hand, wenn sie spielend den Pinsel führet": Zunächst beschreibt er aus nächster Nähe die fließenden farblichen Übergänge und die unmerklichen Erhöhungen des Mundes, die vom Maler beide in die farbliche Wiedergabe integriert werden müssen, was einzig durch sanfte Übergänge gelingen könne. Hagedorn verknüpft den optischen Wahrnehmungsprozess des Künstlers und dessen künstlerische Umsetzung des Gesehenen in der Formulierung, der „Pinsel schwinget sich von dem Abhang der sanft erhöheten Lippe", indem der Pinsel (auf der Leinwand) gleichsam die Erhöhung abtastet (indem er sie erschafft und mit der Umgebung verschmilzt) wie eigentlich der (taktile) Blick es im Übergang zur Haut getan hat. Nachdem die sinnliche Verschmelzung der Farben am Paradebeispiel des Mundes solchermaßen als Naturnotwendigkeit vorgeführt worden ist, kann Hagedorn dann wie selbstverständlich auf die scheinbar allseits anerkannte antike Entsprechung verweisen. Entgegen den sonstigen neuzeitlichen Bezugnahmen auf den antiken Maler Parrhasius, die fast alle mit dem obligatorischen Plinius-Zitat beginnen, demzufolge Parrhasius die größte Vollendung in den Umrisslinien erlangt habe, erwähnt Hagedorn zunächst den – wiederum scheinbar allseits geläufigen – „Reiz des Mundes in den Gemählden des *Parrhasius*", von dem man – ebenso selbstverständlich – „auf das Sanfte in dessen äussersten Umrissen" schließen könne.

In einer Anmerkung auf derselben Seite übersetzt Hagedorn die bekannte folgende Plinius-Stelle zu Parrhasius und fügt einen ausgesprochen suggestiven Vergleich mit neuzeitlicher Malerei hinzu:

> * Zwar ist es viel für die Kunst, sagt Plinius XXXV, 10. die Körper und deren mittlern Theile zu mahlen; jedoch darinn haben noch viele einen Ruhm erlangt. Allein den Umriß der Körper zu bilden, und wo dieser aufhören solle, Ziel und Maas zu halten, das kommt im Fortgange der Kunst seltener vor ? [sic] Denn diese äusserste Begrenzung muß gleichsam um die Figur herum *schlagen*, und so aufhören, daß sie noch mehr nach sich verspreche, und auch selbst dasjenige andeute, was sie unsern Augen entziehen muß."[12] An dieser Stelle haben wir gewisser massen [sic] eine Beschreibung des vordern Engels in dem Gemählde vom Sanct Georg des *Corregio.* Dessen Umzug verliert sich in den Schmelz der Farbe. Hier hat der gerundete Körper Luft, und das Auge des Beobachters kann gleichsam um denselben herum gehen. Für das Vergnügen der Einbildungskraft sind durch die Kunst des Mahlers diejenigen Grenzen erweitert, die der scharfe Umriß anderer Mahler nur einschränkte.

Es gehört schon eine gewisse Kühnheit dazu, eine antike Äußerung über malerische Darstellungstechniken als adäquate „Beschreibung" eines Engels von Correggio zu propagieren. Zur Plausibilität der Argumentation trägt auch bei, dass Hagedorn an einer Stelle im als Übersetzung *erscheinenden* Text Plinius bereits interpretierend paraphrasiert, um sodann die eigentliche Übersetzung als eigene Beschreibung des Correggio-Engels zu integrieren. Heißt es im lateinischen Text über den Umriss: *Ambire enim se ipsa debet extremitas et sic desinere, ut promittat alia post se ostendatque etiam, quae occultat* – „Das Äußerste des Köpers muss sich nämlich selbst von allen Seiten umgeben/von allen Seiten um sich selbst herumlaufen und so absetzen, dass es anderes hinter sich verspricht und zugleich präsentiert, was es doch verbirgt" (vgl. Kap. 2) – so spricht Hagedorn hier dezent relativierend

12 Vgl. dazu auch die Bemerkungen zu Lairesse und der Empfehlung von Blautönen, die die „fleischichten Teile [...] bey der letzten Höhung [...] auf das zärteste runden"[]. „Die äussersten Theile des Körpers haben an jenen blaulichten Tinten den nächsten Anspruch. Durch Mittelfarben dieser Art, mit welchen wir, wegen des Zwischenstandes der Luft, die Gegenstände erblicken, wird gegen den Umris [!] das Auge annehmlich betrogen. Es wird [...] über die Grenzen des Umrisses hinaus gelocket. Getäuscht folgt, oder glaubt es, der gemahlten Figur in ihrer Wendung, mit eben der Freyheit, als den gerundeten Werken des Bildhauers, zu folgen." (687) In einer späteren Anmerkung (744 f.) bemerkt Hagedorn, gegen das „Unvermögen der Kunst", die „Rundung der Gegenstände durch die Farbengebung" zu erreichen, helfe „gewisser massen das Verblasene bey den Umrissen, dasjenige *Sfumato*, bey welchem man glaubt *mehr zu sehen, als wirklich da ist.*" (Meine Hervorhebung, C. K.) – Damit bezieht er sich mehr oder weniger wörtlich auf Plinius' Äußerung zum idealen Umriss: „ut promittat alia post se ostendatque etiam, quae occultat".

davon, dass die Begrenzung „gleichsam [!] um die Figur herum *schlagen*“ müsse und so auch das Verborgene „andeute“, was zwar für den ihm vorschwebenden *sfumato*-Effekt zutrifft, aber nicht unbedingt mit der Bedeutung von „ostendat“ übereinstimmt. Wichtiger aber ist, dass er kurz darauf die wörtliche Übersetzung des „Ambire enim se ipsa ...“ auf Correggios Umrisse anwendet: Hier heißt es über das „Auge des Beobachters“, es könne „gleichsam [!] um [den gerundeten Körper] herum gehen“. Durch diese Volte wird das Argument gestärkt, dass des Parrhasius’ Umrisse so und nicht anders ausgesehen haben. Das „Vergnügen“ der sich in Rocaillen und duftigen Genrebildern genussvoll verlierenden „Einbildungskraft“ wird als Wahrnehmungsprämisse in eine Rokoko-Antike zurückprojiziert, die von keinerlei Formstrenge geprägt erscheint: „Für das Vergnügen der Einbildungskraft sind durch die Kunst des Mahlers diejenigen Grenzen erweitert, die der scharfe Umriss anderer Mahler nur einschränkte“. Gänzlich anders als Winckelmann, dem gerade die formale Geschlossenheit, die „Einheit“ des zugleich in sich mannigfaltigen Kontur zum Medium der Entgrenzung von Empfindung und Reflexion wird, verbildlicht in der enthusiastisch evozierten autopoietischen Entrückung bei Betrachtung des *Torso* als allegorisches Kontur-Ideogramm, kann Hagedorn die Kategorie des Umrisses nur in ihrer Auflösung und Transformation in eine nach zeitgenössischem Geschmack imaginierte Duftigkeit zum Medium der „Grenz[erweiterung]“ werden lassen.

Nach dieser zusätzlichen Legitimation „sanfter Umrisse“ durch gelehrt-antiquarischen Rückgriff auf antike Quellen kehrt Hagedorn zu seinem eigentlichen Anliegen zurück, der Begründung dieser Darstellungsweise aufgrund empirisch belegbarer Naturerscheinungen:

> Soll ich für dessen [d. h. des Sanften in den äussersten Umrissen] Nothwendigkeit überhaupt meine Gründe zählen: so wird, nächst der Luftperspectiv, folgendes den zweyten Grund an die Hand geben.
>
> Es klebt nämlich das Weiche des Umrisses, dieser gelinde Duft, wie die sanfte Wolle der Pfirsich, auf gewisse Maasse allen Körpern oder deren Flächen an. Der geschickte Zeichner muß hier zugeben, oder zu mässigen, der Mahler aber die Nachahmung zu vollziehen wissen. (558 f.)

Unversehens wird der Blick von der *morbidezza* des Mundes zur weichen Pfirsichhaut,[13] vom Portrait zum Stilleben gewendet und dabei Allgemeingültigkeit für das Phänomen des weich verschwommenen Umrisses beansprucht. Hagedorn differenziert die Anforderungen, die diese Beob-

13 Vgl. Kap. 10.14 zu Winckelmanns Entlehnung des „Flaums“ bei Dionysius von Halicarnassus.

achtung an die Wiedergabe durch zeichnerische oder malerische Mittel stellt, und bleibt dabei recht vage, doch zeigt seine Formulierung, der Zeichner müsse „hier zugeben, oder zu mässigen […] wissen“, in diesem Kontext, dass Hagedorn anders als die meisten Theoretiker ein sehr differenziertes Verständnis von *zeichnerischen* und *malerischen* Umrissen hat: Der Zeichner muss bei Umrissen einen artifiziellen Wiedergabemodus anwenden, der auf den gewünschten Effekt berechnet ist, sofern es das Medium zulässt, der also immer *Zeichencharakter* hat, während der Maler theoretisch „die Nachahmung zu vollziehen wissen“ *kann* und seine Kunst prinzipiell illusionistische Resultate zu erzielen vermag: Nur die Malerei vermag mit ihren genuin *malerischen* Mitteln die dunstig verschwommene Oberfläche der ‚wollichten‘ Körpergrenzen mit ihrem Farbenschmelz nachzuahmen.

Nach dieser doppelten bzw. dreifachen Beweisführung – durch Naturbeobachtung, Berufung auf die *auctoritas* antiker Schriftquellen zur Kunst und eine weitere empirische Begründung – fügt Hagedorn noch eine weitere Argumentationsebene hinzu: jene der exakteren optischen Versuchsanordnung. Er tut dies, nach Bezugnahme auf die maßgebliche antike Quelle, unter Berufung auf die dominierende Instanz der zeitgenössischen Kunsttheorie, die französische Académie. Nach Testelins Ansicht[14] vermute man als Ursache für verschwommene Übergänge „ausser jenem Zwischenstande der Luft“ noch eine „sanftere Wirkung“ der „doppelten Augenstrahlen“:

> Die unbemerklichen Härchen der zartesten Haut, das wollichte Wesen, das sich über den feinsten Stoff erhebt, und endlich sogar der Staub, der jeglichem Körper in freyem Felde anhängt dürfen unserer Aufmerksamkeit nicht entgehen, sobald wir die Ursache der sanftern Züge in der Natur aufsuchen wollen. (559 f.)

Hagedorn geht von der perspektivischen Überschneidung der Sehflächen beider Augen als optische Begründung der „sanften Umrisse“ jedoch sogleich wieder zur Allgegenwärtigkeit verschwommen wahrzunehmender Körpergrenzen in der Natur über, seien ihre Umrisse nun durch „feine Härchen“, Fasern von „wollichte[m] Wesen“ oder bloßen „Staub“ verhüllt. Denn auf formvollendete Verhüllung zielt Hagedorns mikroskopischer Blick auf Gegenstände und Darstellungsweisen der Malerei (562):

14 Hagedorn verweist auf Henry Testelin: *Sentimens des plus habiles Peintres sur la pratique de la Peinture et Sculpture, avec plusieurs Discours Academiques*, à Paris 1696, p.10.

> Der Schmelz der Farben soll den genauesten Umriß nicht verbergen, sondern verhüllen.[15] Es müßte derselbe, wie der richtigste perspectivische Aufriß, an welchem die blinden Linien ausgelöschet worden, auf Erfodern herzustellen seyn. Darf doch das Gewand die Gliedmassen so gar nur nach der richtigsten Auszeichnung verhüllen. Schwankende Zeichner gewinnen hier keine Ausflucht, und der Künstler, der in seiner Wissenschaft gegründet ist, findet in der letzten Art des *Raphaels* die trockenen Züge der Schule des *Perugins* entbehrlich.

Verhüllen versteht Hagedorn im Gegensatz zum Verbergen mithin als kunstvolles Andeuten, als formales koisches Gewand gewissermaßen, das den „genauesten Umriss" zwar nicht exponiert, ihn aber dem bewusst schauenden Betrachter erkennbar werden lässt, der, mit den Darstellungsgesetzen vertraut, diesen präzisen Umriss wie eine imaginäre Folie auf die duftig verschwommenen Körper auflegen könnte. Hagedorns Vergleich ist überaus treffend: Stellten doch die *lineamenta* besonders in der von streng geometrisch-perspektivischer Darstellung geprägten Architekturzeichnung stets das Medium dar, in dem sich der Architekt als Künstler (im Gegensatz zum ausführenden Handwerker) erwies. Hagedorn versteht die idealerweise nur mehr imaginativ vorhandenen exakten Umrisslinien mithin, wie er es zu Beginn des Passus durch Bezug auf die Luft- und Linienperspektive bereits andeutete, als primär perspektivische Mittel, die im illusionistischen Gemälde nicht erscheinen dürfen, ihm aber als formkonstituierend zu Grunde liegen und als solche vom kenntnisreichen Betrachter erkannt werden können – wie im plastischen Kontur Winckelmanns, dessen Wertung der Draperie als unterstützende Gestaltung des Kontur Hagedorn hier aufgreift, das inhärente geistige Formprinzip zu begreifen ist. Und wie für Winckelmann, so gilt nun auch für Hagedorn Raffael, und zwar der späte Raffael – aber eben nicht ausschließlich Correggio – als Inbegriff der vollendeten Malerei in Abgrenzung gegen die „trockenen Züge" im Stile Peruginos, der durch bedeutend strengere Umrisse gekennzeichnet ist.[16]

---

15 Hierzu merkt Hagedorn an (562, Anm.): „Dessen Beobachtung oder Verwahrlosung wirket die Rundung oder schwächet die Erhobenheit der Figuren in ihrer [!] Verhältnissen gegen den Hintergrund."

16 In der Betrachtung *Von der fleissigern und flüchtigern Behandlung* erörtert Hagedorn die Notwendigkeit sanfter Umrisse im Vergleich mit größeren, auf Fernwirkung konzipierten Gemälden; mehr noch seien diese erforderlich für Bilder, die aus der Nähe betrachtet sein sollen. Diese benötigen eine „fleissige Ausführung und feine Verschmelzung der Tinten", doch wolle er „von den fleissigsten Gemählden gewisse Höhungen eines markigen Pinsels, welche die letzte Hand des Meisters verräth, nicht ganz ausschliessen" (774 f.). Dies erinnert an Winckelmanns Fa-

Auf diese Erwägungen folgt eine genauere Betrachtung „*Von dem Charakter der Umrisse und den verschiedenen Zeichnungsarten insbesondere*" (563). Hagedorn kann nach der konzeptuell gehaltvollen Vorlage, die Winckelmann für den Kontur-Begriff in seinen *Gedancken* gegeben hat, nicht umhin, dessen formale Charakteristika in seinen *Betrachtungen* zu reflektieren, und so beginnt er den betreffenden Abschnitt mit einer etwas holprigen Paraphrase von Winckelmanns idealem Kontur-Konzept:

> Die Umrisse sollen fliessend, wohlgeleitet, und von höckerichten Erhebungen und gähen Brüchen befreyet bleiben. Das stärkere oder sanftere in diesen Zügen wird durch Alter und Geschlecht, und besonders durch den Charakter des Bildes bestimmet. (563)

Zusätzlich zu dieser Relativität der Umrissgestalt je nach Charakteristischem der Figur weist auch Hagedorn in historisch sondernder Perspektive auf die stilistisch harten Ursprünge der Kunst – und einen entsprechenden Stilwillen – hin, indem er allerdings ein Beispiel aus mythischer Vorzeit der Kunstgeschichte gibt: „An dem hölzernen Bilde des Herkules von der Hand des *Dädalus*" sei der „Mangel" an Schönem durch „Stärke" ersetzt worden; hier drückten die Werke des Künstlers

> durch diese harten Züge die Majestät der Götter am besten aus[ ]. Aber was für Götter, und in welchem Zeitraum der Kunst? Noch jetzt bezeichnen die starken und groß gehaltenen Umrisse an dem Sohn der Alkmene Gliedmassen von mehr als menschlicher Stärke, wenn die edelste und mit sanfter Rundung umwölbte Form uns den Gott der Sonne bildet. Zu dem Pöbel der fabelhaften Götter gehören die Satyren und Silene. (563 f.)

Stillschweigend ist Hagedorn von malerischen Umrissen zur Betrachtung plastischer Konturen übergegangen. Seine historisierenden stilkritischen Äußerungen legitimieren dabei die „harten Züge" nicht nur als historische Entwicklungsphänomene, sondern sprechen ihnen einen eigenen Bedeutungswert zu, der als bewusster Stillwille noch in der Blütezeit der griechischen Kunst jene Darstellungen präge, die „mehr als menschliche[ ] Stärke" in „starken und groß gehaltenen Umrissen" ausdrücken sollen, wie im Falle des *Torso*, den er hier meint. Damit ist zugleich auch eine weitere Winckelmann-Referenz gegeben, indem er (allerdings allgemein gehalten und nur das Sujet benennend) auf diejenigen beiden Statuen als Beispiele für die Extreme der kräftigen, starken oder sanften Ausführung anzuspielen

---

vorisierung der rauen Oberfläche an Skulpturen, an denen man die „gelehrtesten Züge" des Meisters erkenne (vgl. Kap. 10). Wenig später gesteht Hagedorn, dass er die „freyesten Züge der Meisterhand" zu sehr „liebe", um die bloß „fleissige Manier" zu befürworten (779).

scheint, denen in der Ausbildung der Winckelmannschen Beschreibungsästhetik zentraler Stellenwert auch im Hinblick auf sein Kontur-Konzept zukommt: den als Herkules gedeuteten Torso vom Belvedere[17] und die laut Winckelmann am meisten vom Ideal durchdrungene, „geistigste" Statue des Apoll vom Belvedere. Der abrupte Übergang zum „Pöbel" unter den Göttern, den Satyrn und Silenen, und die nachfolgende Behandlung ihrer Darstellung in der Kunst scheint ein wenig darüber hinwegtäuschen zu sollen, dass Hagedorn nicht näher auf Winckelmanns komplexe Konturen-Ästhetik eingeht. Möglicherweise wollte er aber dem bewunderten Vorbild zwar seine Referenz erweisen, jedoch nicht näher auf dessen Konzepte eingehen, da das Erscheinen der *Geschichte der Kunst* bevorstand.[18]

Gelten Winckelmann die „fließenden" Konturen antiker Statuen als ideale Form des unbezeichneten Kontur, die im Falle des Torso eine an ihre konkrete Wellengestalt gebundene allegorische Interpretation als Zeichen des Kampfes mit dem Flussgott Achelous erfahren, so referiert Hagedorn eine ungleich simplere Deutung eben dieser konkreten „fließenden" Formgebung, und zwar an Flussgöttern:

> Wenn deren Umrisse, wie z. B. an den alten Statuen des Nils und des Tibers, [...] einigen Kunstrichtern fliessender als an andern Marmorbildern geschienen, haben sie den Charakter eines Flusses dadurch merklicher angedeutet finden wollen [...]. Dieses verdiente vielleicht eine Untersuchung. (568)

Für Hagedorn ist jedoch eine andere Darstellungskomponente von größerem Interesse. So schreibt er, es sei doch der „ruhige Stand des Körpers [...] der Vorstellung der Flussgötter eigen", zumindest, wenn sie nicht gerade Nymphen verfolgten oder um sie kämpften. Und so kritisiert er eine Darstellung von Flussgöttern, an denen im Zustande der Ruhe die Muskeln wie in größter Anspannung geschwollen erscheinen: „Wie wollen in jenem Stande der Ruhe die Muskeln, die doch den Umriss bestimmen, wie bey Kämpfenden hervortreten", denn schließlich handle es sich bei den Flussgöttern nicht um trainierte Kämpfer, deren Muskeln auch im Ruhezustand hervortreten. Auch für Hagedorn ist also der Umriss maßgebliches Kriterium zur Überprüfung des Angemessenen (*aptum*) in der for-

17 Dessen Identifizierung als über seine Taten sinnenden Heros übernimmt auch Hagedorn an anderer Stelle explizit; vgl. 566 f.

18 So äußert er nach einem Lob der *Gedancken*: „Nun sitzt er mit kennenden [!] Auge an der Quelle des Schönen. Wir sehen seiner Historie der Kunst mit Verlangen entgegen."

malen Darstellung des Status der Gestalt, zugleich drückt sich jedoch auch hierin seine Vorliebe für in jeder Hinsicht ‚sanfte', gefällige Umrisse aus.

Hagedorn präsentiert sodann ein (an französischen Theoretikern orientiertes) Klassifikationssystem zur „Eintheilung der Kunstschulen" der Antike:

> Man pflegt […] die sycyonische Schule durch die eben so sanften und fliessenden, als grossen Umrisse, welche man an jenem Rumpfe von Belvedere wahrnimmt, zu erklären. Man setzt die hieran wahrgenommene Manier der starken und ausgedrückten Weise der Athenienser, der schwächern und weiblichern Art der corinthischen Kunst und der Anmuth der rhodiser Schule entgegen. (569)

Hieran schließt sich eine weitere Typologie antiker Schulen an, die Hagedorn mit einer Parallel-Typologie neuzeitlicher Künstler, die am ehesten dieser oder jener Schule gefolgt seien, ergänzt. Dabei beruft er sich nun auch explizit auf Winckelmann:

> [Es] vergleicht Herr Winkelmann den Tydeus, aus der Stoschischen Sammlung, mit der Zeichnungsart des Michelangelo, die höchste Kunst der Hetrurier, mit den Werken des größten florentinischen Zeichners. An einem Abdrucke des Steins glaubt man, der Zeichnung, und den Umrissen nach, eine Figur aus dem jüngsten Gerichte, des neuen Künstlers zu sehen. (570)

Dabei stellt Michelangelo jedoch nicht unbedingt das Stilideal von Hagedorn dar. Stets vor dem Hintergrund seines Anliegens, die sanften Umrisse als überzeitliches malerisches Ideal zu befördern, äußert er sich kritisch über das Lehrverfahren, Schülern der Malerei „die sogenannte schnelle, flache und eckigte Art zu zeichnen anfänglich vor der sanften und gelinden Zeichnung" zu vermitteln, denn letztere pflege „auszuarten" „in eine kleine magere und gebrechliche Manier". Der Künstleradept gerate durch solche Übungen in Gefahr, „alle Kleinigkeiten ausdrücken zu wollen" und darüber „den grossen und edlen Schwung einzubüssen, der allein den Meister zeiget, und sich auch in flüchtigen Zeichnungsentwürfen (*croquis*) der Mahler" erhalte (572). Nicht nur an der geschmackshistorisch epochenbedingten Favorisierung malerisch verschwommener Duftigkeit in den Umrissen ist Hagedorn mithin gelegen; in diesen Worten scheint auch bereits ein Funke der Genieästhetik auf, wie sie besonders in Sulzers Lexikon-Artikel das Konzept des zeichnerischen Umrisses, seiner Bedingungen und Wirkungen bestimmen wird (vgl. Kap. 12).

So sehr Hagedorn also „den großen und edlen Schwung" meisterhafter zeichnerischer Entwürfe schätzt, so sehr lehnt er einen strengen Zeichnungsstil ab:

> Nur die scharfen und trockenen Aussenlinien werden in der Schule des Zeichners, wie des Mahlers *) verboten.[19] Und von jenen Entwürfen des Mahlers darf man auf diejenigen Gemählde nicht schliessen, in welchen der Schmelz der Farben sich mit der Richtigkeit der Zeichnung vereinigen soll, um die Natur, wie in einem Spiegel, sanft zu zeigen. Das Leben lehret keine Härte, und die Grenzen des Körpers scheinen durch keine andere Züge eingeschränkt, als die sich mit der Farbe des Grundes oder des Feldes **),[20] gegen welches sie sich darstellen, gleichsam wie in einem leichten Nebel verlieren. (573)

Aus dieser Äußerung wird ersichtlich, dass Hagedorn in der zeichnerischen Skizze des Malers ein Medium der Erfindung und Reflexion sieht, das aber keinen integralen formalen Bestandteil im vollendeten Werk darstellen muss; die Umrissenheit einer Vorzeichnung sage nichts über das Konzept für die farbige malerische Umsetzung voller „Schmelz der Farbe" aus. Nur so wirke das Gemälde „wie [ein] Spiegel". Zusätzlich beruft sich Hagedorn nun hier auf den (neuzeitlichen Protagonisten) des meisterhaften *sfumato*, Leonardo da Vinci.

In Hagedorns Präferenz für das duftig Verschwommene, das er durch naturwissenschaftliche Empirie aufwendig begründet hat, lässt sich nicht zuletzt auch eine Gegenreaktion auf den szientifischen Tenor seiner Zeit sehen. Wie nicht nur die präzise-strengen Umrisslinien der Reproduktionsgraphik, sondern auch die verbreitete ‚Umrissmode' des späten 18. Jahrhunderts sich (neben ihrer Verbindung zu neuen archäologischen Funden und deren Reproduktionen) in Kongruenz mit dem zeitgenössischen Streben nach wissenschaftlich exakten Erkenntnissen sehen lässt, so erscheint Hagedorns *sfumato*-Ideal als Umschlagspunkt derselben Tendenzen. Die genaue optische Beobachtung führt zu einem ‚verklärten' Realismus der Darstellung, gerade die absolute Präzision lässt sich künst-

---

19 Hagedorn verweist hier in der Anmerkung auf Alberti und dessen Vorstellung idealer Umrisse (vgl. Kap. 4), allerdings hier nicht auf *De Pictura* gestützt: „*) Leo Baptista Alberti nennt [...] der [sic!] Zeichnung *circumscriptionem.* Er urtheilt in der italiänischen Uebersetzung des Ludwig Domenichi (nel monte Regale 1565. fol) L. II. p. 318. davon also. *Hora in questa circonscrittione giudico io, che questo sovra tutto si debba servare, ch' ella si faccia con linee sottilissime, e che fuggano molte da essere vedute del modo che dicono, che Apelle era usato essersitarsi, e haver conteso con Protogene. Percioche circonscrittione non è niente altro, che notatione di contorni: la quale se sara fatta con linea che sono molto paia, non appariranno margini di superficie nela dipintura, ma alcune fissure picciole.*"

20 Hagedorn bezieht sich hier auf Leonardo da Vincis Traktat; die Quelle nennt er in der zugehörigen Anmerkung.

lerisch nur als Unschärfe wiedergeben, die zugleich den Zauber der Dinge verschleiert bewahrt.

11.4 Vom *sfumato* in der Skulptur I

Es sagt viel über die zeitgenössiche akademische Kunstpraxis aus, dass Hagedorn einen Absatz den genuin malerischen Effekten von Skulpturen widmet, um deren Studium den Malern nachdrücklich zu empfehlen. Das „idealische Wahre" der Statuen hindere

> keinen Künstler, die einfältige Wahrheit zu suchen. Der Mahler vermag, wie der Bildhauer, an dem glücklich bearbeiteten Steine die fleischichten Theile gleichsam weich, und die äusserste und zarteste Haut durch die lichte [!] Hand des Künstlers empfindlich ausgedrücket zu finden, und nach ihrem Umrisse, dazu ich auch [s. XXXVIII. Betr.] auf gewisse Maasse jede Erhabenheiten oder Vertiefungen der Fläche rechne, wahr, leicht, und, so zu reden, duftend (*sfumato*) zu mahlen. (90)

Durch die gelungene Verknüpfung seiner darstellerischen Ideale in der antiken Skulptur, dem Materialwiderstand zum Trotz, gleichsam grundlegend gerechtfertigt, sieht Hagedorn das Studium der Maler nach den Antiken legitimiert, in denen die Verbindung von idealischem und einfältigem Wahren ausgebildet sei und deren illusionistische Oberflächenbeschaffenheit er hervorhebt: Die Statuen erscheinen „fleischicht" und „weich", ihre „äusserste und zarteste Haut" sei „empfindlich ausgedrücket"; die Hand des Künstlers wird als „licht" charakterisiert und damit als rationales Instrument des Verstandes im Streben nach klarer und deutlicher Darstellung (nach dem Muster der Rhetorik) apostrophiert; dementsprechend wird das Resultat (die „Haut" der Statue) als Ausdruck („ausgedrücket") betrachtet. Da diese Oberflächenbeschaffenheiten für den Maler, um dessen Perspektive es Hagedorn schließlich zu tun ist, einen wesentlichen Aspekt der Darstellung bilden, muss Hagedorn ihre Qualitäten loben, um den Vorbildcharakter marmorner Statuen für Gemälde in dieser Hinsicht zu rechtfertigen.

Der malerische „Umriss" umfasst für Hagedorn die „Erhabenheiten oder Vertiefungen" der Oberfläche; ihm obliegt die an Licht, Schatten und Verkürzung gebundene Darstellung der Plastizität. Diese jedoch gilt es für Hagedorn, „so zu reden [...] duftend (*sfumato*) zu mahlen". Ganz dem Zeitgeschmack verhaftet, schwebt Hagedorn das Ideal einer sanft verschwommenen Rokokomalerei vor; die Bewegtheit des Kontur, als Verlaufslinie der Oberflächenstrukturen, sieht er in der Malerei nur durch eine sich im Hintergrund verlierende Wiedergabe darstellbar.

Ganz im Sinne Winckelmanns jedoch weist Hagedorn noch auf die Bedeutung des Kontur als Ausdrucksmedium „der Seele“ hin und zitiert die „edele Einfalt“: Beides könne der Maler nur erreichen, wenn er die Statuen in ihrer imaginierten Fleischlichkeit wiederzugeben bestrebt sei, die allein gewährleistet wird durch den „Schwung des Umrisses“.[21]

11.5 Vom *sfumato* in der Skulptur II

In seinem Kapitel „*Von verhältnismässiger Andeutung der Muskeln*“ propagiert Hagedorn die getreue Nachahmung *der schönen Natur* und ihrer farbig-luftigen Erscheinungsmodi als Mittel, um die Schönheit antiker (synthetisch-idealistisch verstandener) Skulptur nochmals zu steigern.[22] Direkt im Anschluss an Äußerungen zur Verschönerung der als steif empfundenen allzu antikischen, auf Perfektion der Umrisse festgelegten „Manier“ durch „reizende[] Farbgebung“ (576) führt Hagedorn, in Übertragung des italienischen „sfumato“, die Kategorie des „Verblasene[n]“ in die Kunstbetrachtung ein, und zwar sowohl im Hinblick auf Malerei als auch auf Skulptur bezogen:

> Das *Verblasene* in der Mahlerey und der Marmor, an dem
> weder schönes Maas, noch jenes Weiche fehlet,
> Das alter Griechen leichte Hand
> Von Grazien geführt, mit hartem Stein verband,
> Uz.
>
> wenn er unter dem Eisen des Bildhauers scheinet erweichet zu seyn, setzt allemal voraus, es sey die Haut, mit welcher die Natur die Werkzeuge der Bewegung überzogen hat, in der Nachahmung nicht verfehlet worden. (576)

Allein schon die Tatsache, dass Hagedorn die Kategorie des Verblasenen mit diesen drei Versen von Johann Peter Uz – und damit eines Vertreters der anakreontischen Lyrik – einführt, zeigt den ‚poetischen‘ Rokoko-Charakter dessen, was er unter „[v]erblasene[n]“ Umrissen begreift: „jenes Weiche“ und Tändelnde, das entsteht, wenn die „leichte Hand“ doch von anderen Grazien geführt wird als jenen des *antiken* Kunstideals.

---

21 Auch die von Hagedorn (90 f.) genannten Darstellungskriterien wie „Weichlichkeit“, „sanfte[] Drucke“ oder „Folge und Andeutung der Muskeln“ gehören in den Darstellungsbereich des Kontur.

22 Vgl. ebd., 574.

Wie Hagedorn das „Sanfte" malerischer Umrisse schon in extremer Nahsicht auf den Übergang der Lippe zur umgebenden Haut betrachtet hatte, so steht nun auch bei den Darstellungsprinzipien der Skulptur der pygmalionische Blick auf die Haut im Vordergrund: Deren Wiedergabe muss in ihrem „Weiche[n]" – nach epochentypischen Präferenzen – ein Äquivalent zum *sfumato* des Gemäldes darstellen; und es ist kein Zufall, dass Hagedorn an dieser Stelle auf den Begriff des „Geschmack[s]" zurückgreift:

> An dem Ausdrucke der obersten Haut äussert sich [...] der Geschmack der Arbeit, der Vorzug des grossen Bildhauers. Dieser Geschmack würde in der Mahlerey den *Raphael* vom Michelangelo allemal noch daran unterschieden haben, wenn jener das Nackende so oft, als dieser, vorgestellet hätte.
>
> Es ist ein trauriger Vorzug, durch Aufdeckung der Muskeln gelehrter zu scheinen, wenn es mit Aufopferung der gefälligsten Natur geschiehet. (576 f.)

So habe Wright vermutet, Michelangelos Stil resultiere aus der Befürchtung, der Betrachter könnte sonst „nicht inne werden, daß der Künstler ein Meister in der Zergliederungskunst sey" (577). Berechtigt, wie Hagedorns Einwände gegen allzu bemühte anatomisch korrekte Darstellung der Körper in der Kunst auch sind, so wird doch deutlich, dass es ihm um eine atmosphärisch „gefärbte" Wirklichkeit geht, die primär malerisch konzipiert ist; ein plastisches Formverständnis wendet sich bei ihm, sobald es anzuklingen scheint, von der Betrachtung der Form in den Umrissen zur Betrachtung der Ober*fläche.* So erklären sich auch die Gedankensprünge wie im obigen Zitat, in dem zunächst vom „Geschmack" des „großen Bildhauers" die Rede ist, der sich im „Ausdrucke der obersten Haut" erweise, während im nächsten Satz jedoch ohne Umschweife zur „Mahlerey" und der Kontrastierung des Stils von Raffael und Michelangelo übergegangen wird. Im weiteren Verlauf der zitierten Passage wird deutlich, dass nach Hagedorns Verständnis in der Malerei der „reizenden Farbengebung", indem sie täuschend zeigt, wie die „Haut die Muskeln verhülllet", sie aber zugleich auch „mit sanften Zügen verräth" (577), eben die Funktion zukommt, die (für Winckelmann und die vorige Tradition) in der Skulptur erstens die Draperie und zweitens, besonders bei Winckelmann, der fließende Kontur haben. Hier wird deutlich, dass Hagedorn Konzept und ästhetische Funktion des Kontur, auch in der Skulptur, *auflöst* in seinem Ideal des duftigen *sfumato* und der „reizenden Farbengebung".

Daher erstaunt es auch nicht, dass zumeist dort, wo Hagedorn sich tatsächlich über *Umrisse* äußert, dies im Modus der Referenz geschieht. Und ebenso wenig erstaunt, dass er für Kritik an der „Einförmigkeit der Muskeln und Umrisse an den Figuren der Jungen und Alten" in Michelangelos *Jüngstem Gericht* als Gewährsmann gerade da Vinci und damit den Protagonisten des *sfumato* bemüht (578).

Wenngleich aus anderem Interesse entstanden, so weist Hagedorns Präferenz der „reizenden Farbengebung" und sanfter Umrisse doch eine Parallele zu Winckelmanns Ansichten auf. Betont doch auch dieser den Vorzug der Darstellung jugendlicher Körper mit sanft fließenden Körperkonturen, deren Muskeln noch nicht anatomisch distinkt hervortreten. Allerdings steht das, was bei Winckelmann zu einem komplexen Gefüge von ästhetischen Konzepten gehört, die ihren spannungsvollen Reiz aus dem Changieren der Form zwischen Distinktion und Evidenz auf der einen und unbezeichneter, potentieller Form auf der anderen Seite beziehen, bei Hagedorn primär unter einem Aspekt: dem des Geschmacks, der durch keine extrinsischen Argumente begründet wird.

Gemäß diesem Geschmack versteht Hagedorn auch die relevanten Passagen in Plinius' Büchern zur Geschichte der Kunst. Mit einem philologisch-antiquarischen Kommentar deutet er die antike Quelle in seinem Sinne. Wie Winckelmann den *nulla-dies-sine-linea*-Nachsatz zur Episode um den Linienwettstreit zwischen Apelles und Protogenes bei Plinius nicht anders lesen konnte, als dass Apelles sich täglich im Zeichnen nach (älteren) Skulpturen und also in einer ‚Nachahmung der Alten' geübt habe, so kann Hagedorn nicht umhin, dieselbe Episode als eine Verschönerung einer zu strengen Zeichnung zu verstehen (582):

> Verschönerungen des vollen Umrisses gaben vermuthlich auf diese Maasse der Zeichnung des *Apells* den Vorzug vor der Zeichnung des *Protogenes.* Die Geschichte ist bekannt. Bey einzelnen Schlangenlinien verlangen wir den Wettstreit nicht zu suchen. Mannichfaltig, wie die lodernde Flamme, erscheinen sie bey der Auszeichnung der Muskeln, und bald schwellen, bald verjüngen sich die Züge für die Schönheit des Umrisses.

Hagedorns fast kryptisch knapper Kommentar setzt beim Leser Vertrautheit mit den Debatten um die Schönheitslinie und besonders der Ansicht Hogarths, des eifrigen Verfechters der Schlangenlinie, voraus. Die Position jedoch, die hier nur von einem Wettstreit um abstrakte „einzelne[ ] Schlangenlinien" ausgeht, verabschiedet Hagedorn kurz und apodiktisch zugunsten der größeren plastischen „Mannichfaltig[keit]", die die „Auszeichnung der Muskeln" erscheinen lasse „wie die lodernde Flamme". Es bleibt allerdings an dieser Stelle ungeklärt, in welchem Verhältnis diese eminent manieristische ästhetische Position zu Hagedorns voriger Ablehnung anderer manieristischer Züge von Kunst steht. An späterer Stelle seiner *Betrachtungen* widmet Hagedorn der komplexen Frage um die „Regel Michelangelos", um die es sich hier handelt, ohne dass er es erwähnte, ein eigenes ausführliches Kapitel, das unten eingehend analysiert wird (Kap. 11.10).

11.6 Zu Ausdruckskraft und Zusammenspiel der Darstellungsmittel

Entsprechend der Funktionsübernahme der „Farbengebung“ gegenüber dem Kontur wird auch die Rolle des Kontur als *Ausdrucksträger* bei Hagedorn auf die farbige Ausgestaltung der Haut, das Inkarnat übertragen. Dies steht in enger Verbindung mit Hagedorns zuvor ausgesprochener Ansicht, dass die anatomisch korrekte Zeichnung des Körpers erst den „Leitfaden“ (579) für die Vollendung des Gemäldes durch das reizende Inkarnat bereitstelle. Im Kapitel *Von dem Ausdrucke der Leidenschaften* benennt Hagedorn seine zentrale Forderung an die traditionell oberste Bildgattung: „Das historische Gemälde soll überall die Sprache des Herzens reden.“ (608) Zu dieser Ausdrucksästhetik leiten seine Bemerkungen zur Vorgehensweise des Künstlers hin: „Schon bey der ersten Anlage eines Bildes überlegt der Geschichtmahler das Vornehmste zu erst, die Seele, der er die Hülle des Körpers geben will.“ Als weitere Schritte folgen Stellung der „Figur“ mit entsprechend gespannten „Muskeln“, Darstellung der „Haut“ und Anlage der Draperie. „Alles“ jedoch „vereinbaret sich mit den Zügen des Antlitzes, die Fassung der Seele anzukündigen [...].“ (607 f.)

Auffällig ist Hagedorns Metaphorik. Einerseits entspricht die „Fassung der Seele“, wenn auch in Hagedorns Verständnis nicht der formgebenden Demarkationslinie des Umrisses, so doch dessen flächiger malerischer Ausgestaltung des Inkarnats. Zudem verwendet er an späterer Stelle den „Zug“ des Pinsels im ganzen ambivalenten Bedeutungsspektrum des Wortes, einerseits als körperlich-taktiles, auf dem Untergrund im Akt des Applizierens mit fixiertes Übertragungsmoment zwischen geistigem Konzept und äußerem Entwurf, andererseits als (wie hier) bedeutungstragendes, charakteristisches körperliches Erscheinungsmerkmal.

Anders als bei Winckelmann, dem die Bewegtheit des Kontur als Index der inneren Seelenbewegung und Gemütsverfassung der Figur galt, wird diese Funktion, „die Fassung der Seele anzukündigen“, bei Hagedorn also primär den „Zügen des Antlitzes“ zugesprochen. Wie er sich deren ideale Ausgestaltung vorstellte, zeigt ein Rückblick auf seine oben zitierte Beschreibung des Mundes als Beispiel für die sanft verlaufenden Farbübergänge:

> Der Mund verbindet sich durch keinen scharfen Abschnitt mit der benachbarten Haut, unter welcher oft, bey dem mindesten Unterschiede sanft angezogener Muskeln, bestimmende Züge der Schönheit spielen. Mit gebrochenen Mittelfarben verschmelzet hier der Künstler den Umriss des Mundes. (558)

Von nichts ist Hagedorn weiter entfernt als von der Begeisterung für ein griechisches Profil in reliefartig zeichnerischer Präzisionsdarstellung und der Bewunderung für athletische Körper wie den Torso vom Belvedere oder auch nur in Bewegung begriffener Körper, deren Muskeln einen starkbewegten Kontur generieren. Unter „Muskeln" stellt sich Hagedorn am liebsten die „sanft angezogene[n]" eines reizenden Mundes vor, die keine Konturen erzeugen, sondern mit der umgebenden Haut in zart „gebrochenen Mittelfarben verschmelze[n]". Hagedorns Ideal ist keine Statue Pygmalions, die erst durch autopoietischen Enthusiasmus des Beschreibenden animiert werden muss; Hagedorn kann sich das Ideal gar nicht anders denn aus sanftem Fleisch und mit sichtbar pulsierendem Blut in den Adern vorstellen.

11.7 Hagedorns malerische Oberflächenästhetik: Die „überdachte Zeichnung der Flächen"

Wichtig wird nun die Art und Weise, in der Hagedorns Ästhetik der Oberfläche die geistig-konzeptuellen Elemente, die traditionell dem Umriss zugesprochen werden, mittels des schon erwähnten ambivalenten „Zuges" auf die Oberfläche überträgt. Es ist dabei ausgesprochen auffällig, wie häufig Hagedorn in diesem Kontext seine Ansätze rhetorisch reflektiert und zugleich deren konzeptuell neuartigen Charakter exponiert. Insbesondere geht er auf die spezifischen Anforderungen an die Elemente der Ausführung – Umrisse, Oberflächengestaltung, Farbigkeit – jenseits des rein technischen Könnens ein (758 f.): Es reiche nicht aus, richtig „zu zeichnen, mit Verstand zusammen zu setzen, mit Wahrheit die Farben zu geben" und die genauen „Wirkungen des Lichts" darzustellen:

> Unter diesem Gesichtspunkte ist die Schönheit der Behandlung (*maniment, le faire,*) mehr, als blos mechanisch. Sie ist, wenn ich mich so ausdrücken darf, die überdachte Zeichnung der Flächen.
>
> In der geistvollen Zeichnung zeugt jeder Strich von der Gewisheit und Leichtigkeit der Hand. […]
>
> Der ähnliche Geist und der Ausdruck durch Tinten, geben den Vergleichungspunkt um so viel richtiger an, als, in der Ausmahlung, diese Tinten an

die Stelle des gezeichneten Umrisses treten, und endlich Tinten blos in Tinten übergehen.[23] Man erhält, nach den Grundsätzen erfahrner Mahler, den guten *Conturn*, doch so, daß er sich wegfliessend runde, und niemals zu hart werde. (758 f.)

Mit der – wie bereits gesagt: rhetorisch zugleich relativierten und betonten – These, dass die gelungene „Behandlung" die „überdachte Zeichnung [!] der Flächen [!]" sei, weitet Hagedorn die sonst dem Umriss attestierte rationell-konzeptuelle, „geistige" Bedeutung auch auf die Teile der Ausführung aus, die Farbgebung und -auftrag beinhalten. Konsequenterweise *muss* die geistige Komponente innerhalb Hagedorns Ästhetik auf das Kolorit übertragen werden: Hat er doch bereits vorher formuliert, dass der Umriss zwar in seiner Linearität zuletzt aufgelöst und nicht mehr sichtbar sei, jedoch als verhüllte Form jederzeit unter den verschmolzenen Farben zu rekonstruieren sein müsste. Wo also der Farb*verlauf* – dem Hagedorn ein eigenes, ausführliches Kapitel widmet, in dem er ausgiebig die antike Überlieferung zum *tonos*[24] erörtert – den linearen Umriss ersetzt hat, als „guter *Contur*[]", der „sich wegfließend runde[t], und niemals zu hart" wird, muss die Farbgebung die ästhetische Funktion – die Denotation – der vorherigen Zeichnung übernehmen. Was bei Winckelmann dem Kontur als Träger des Ausdrucks der Seelenzustände zukam, gilt bei Hagedorn für das verschwommene *sfumato* des Gemäldes.

Dies ist ganz im Sinne seiner bereits zuvor geäußerten Ansicht, dass „die Ausführung des Gemähldes überhaupt [...] die Frucht der fortwirkenden Erfindung"[25] sei, denn die „Erfindung [...] wählet die Gegenstände: die Anordnung weiset ihnen den Platz an." Weder dieser noch der „Ausbildung" dürfe „die fortgesetzte Wahl des Schönern fehlen", denn „das dichterische und mechanische der Kunst sind beyde so wenig bey der Erfindung in dem Verstande des Künstlers, als bey der Ausführung auf dem Gemählde von einander zu trennen (155).

An Hagedorns Entwurf ist bei seiner Entsprechung zu den rhetorischen Kategorien *inventio*, *dispositio/compositio* und *elocutio* bzw. den gängigen kunsttheoretischen Unterteilungen in Erfindung, Zusammensetzung und Ausführung neuartig, dass er die Rolle des Schöpferischen, des „[D]ichterischen [...] der Kunst" nicht auf die beiden ersten Teile beschränkt,

23 Hagedorn verweist hierzu auf seine Betrachtungen XXXVIII und XLVIII.
24 Vgl. besonders 679 und 688 ff. zu *tonos*, *splendor* und dem *clair-obscur*.
25 Auf die er auch selbst sogleich (759) verweist, es handelt sich um Betrachtung XII, *Von der Verbindung des dichterischen und des mechanischen bey dem ersten Plan des Gemähldes* (155).

sondern als bis in jeden einzelnen Zug hinein fortgesetzt postuliert – und nicht nur in die Züge des Umrisses, sondern eben auch der „überdachte[n] Zeichnung der Flächen“ in der malerischen Behandlung als „unabläßig beschäftigte Erfindung, Bildung und Schöpfung“:

> Selbst die Ausführung des Gemähldes ist vielmehr eine beständig wirkende Erfindungskraft in unendlichen Fällen, für welche ein Kenner dem Künstler Dank weis, und, so zu reden, allen seinen Zügen und ihren Ursachen folget. Bedeutende Züge erhalten den Künstler für uns immer im Leben; denn er spricht durch dieselbe, und so gemessen, als ein Schriftsteller, der durch angemessene Worte den richtigen Gedanken verstärket, sich mit würdigen Lesern unterhält. (164)

Was Hagedorn hier formuliert, trägt auf eigenwillige und für ihn charakteristische Weise Züge zweier geistesgeschichtlicher Epochen: Zum einen zeigt sich eine erstaunlich große Entsprechung zu Winckelmanns Kontur-Konzept, demzufolge der Kontur wie ein „Graphem[] der Gedanken des Künstlers“ (Käfer) lesbar ist, wenn Hagedorn schreibt, der Betrachter könne dem Künstler und seiner Erfindung in „allen seinen Zügen […] folge[n]“, wobei er diese Züge mit den Worten eines Schriftstellers vergleicht, der zum Leser spricht. Wie bei Winckelmann kommt hier der Einbildungskraft und dem Moment des geistigen Konzeptes in seinem rationellen, „[b]edeutende[n]“ Gehalt große Relevanz zu. Anders als bei Winckelmann jedoch handelt es sich um kein stilles, „klassisch“ ruhevoll wirkendes Prinzip, sondern bei Hagedorn behaupten Momente der Genieästhetik ihren Anspruch am künstlerischen Prozess. Somit geht es ihm verstärkt um den Impetus des Schaffensaktes selbst, nicht als Moment der Übertragung des Konzepts in die Materie, sondern als enthusiastischen Moment künstlerischer Schöpfung.

Es ist in eben diesem ekstatischen Moment in der Gegenwart, dass auch der zeitgenössische Künstler aus seiner Zeitgenossenschaft heraustreten kann und in diesem Furor an einer Überzeitlichkeit des genialisch wirkenden Schöpfungsprinzips teilhat, in dem er gleichberechtigt neben den – nach Hagedorns Projektion – ebenso geschaffen habenden Künstlern der Antike steht. Der künstlerische Genius und der Moment seines überzeitlichen ekstatischen Schöpfungsaktes werden damit als Argument inszeniert, das die Spannung der *Querelle des Anciens et des Modernes* bereits an der Basis aufzulösen sucht.

> Ein dichterischer Geist belebet den Künstler, der dieses Namens würdig ist, in allen Meisterzügen. Die Fertigkeit der Hand, durch deren Mittel die erhabensten Gedanken den Augen reden, ist ein Zuwachs an Talenten, und niemals

> in den Augen des Kenners eine Minderung des Dichterischen in der Kunst (165),

denn der *Geist* ist auch dabei immer tätig. Das genialisch inspirierende Schöpfungsprinzip „belebet“ den Künstler, durch dessen technisches Können sich die „erhabensten Gedanken“ „reden[d]“ äußern können. Die technische Perfektion unterstützt dabei die Darstellung des geistigen Gehalts, wobei der „Geist“ in jedem Schritt der Ausführung tätig ist, wie Hagedorn es in der LIII. Betrachtung *Von dem Ausdrucke überhaupt und der Ausführung insbesondere* dann wieder aufgreift und weiter ausführt:

> Der Geist, der bey der geistvollen und reizenden Zeichnung geschäftig gewesen, der jetzt die Hand lenket, welche die Gegenstände mit Farben, die, mit ihren Höhungen und Vertiefungen der Natur sind abgesehen worden, kleiden soll; wird dieser Geist, sage ich [...] in der letzten Ausführung ermüden [...]? – (759 f.)

Nein, Hagedorn geht vielmehr nicht nur von einer prinzipiell gleich starken Begabung jedes einzelnen Künstlers sowohl für die Zeichnung als auch die Farbengebung und Ausführung aus,[26] sondern auch von einer allgemeinen Analogie der Darstellungselemente im Hinblick auf den dichterischen Anteil an ihrer Ausführung und den Grad ihres Ausdrucksvermögens:

> Wer die Wuth der Titanen durch Züge, welche die kühne Seele schildern, lebhaft ausgedrücket hat, vergißt weder die Wendung der Muskeln bey dem angestrengten Arm, der Felsenstücken ergreift, mit festem Zuge des Pinsels zu begleiten, noch bey dem schroffen Felsen zum angemessensten Auftrage der, ich möchte beinahe sagen, gleich schroffen Farbe sich zu erinnern, daß die Mahlerey auch hier nichts, als ein Ausdruck seyn

müsse und „diesen Charakter“ „in den Theilen wie in dem Ganzen“ zu behaupten habe.

Mehr noch lässt sich dem Zitat entnehmen: Hagedorns Verständnis der malerischen Ausführung beinhaltet eine umfassend *mimetische* Korrelation zwischen dem Inhalt bzw. geistigen Gehalt der Darstellung, der Zeichnung als sichtbarer Äußerung desselben und der Auftragsweise sowohl der linear-zeichnerischen (die bei Hagedorn ja letztendlich prinzipiell im *sfumato* aufgelöst zu denken sind) als auch der malerischen Elemente – der muskulöse, „angestrengte[] Arm“ ist idealerweise „mit festem Zuge des

---

26 Darin unterscheidet er sich wiederum von Winckelmann, der mit Verweis auf das „schlechte Colorit“ Poussins bemerkt, dass nicht alle Künstler für alle Komponenten gleichermaßen talentiert seien (KS 217).

Pinsels" zu zeigen, der „schroffe[] Felsen" soll – Hagedorn relativiert hier wieder rhetorisch – mit „gleich schroffe[r] Farbe" so täuschend nachgeahmt werden, dass der pastose Farbauftrag Qualitäten gewinnt, die dem Darstellungsgegenstand entsprechen.

Doch geht es Hagedorn hier nicht um reine Illusion als Selbstzweck: die Erwähnung des „angemessensten Auftrage[s]", der Kategorie des *aptum* mithin, zeigt, dass es ihm um eine innere wesentliche Korrespondenz zwischen Zeichen und Bezeichnetem, Gehalt und Ausdruck zu tun ist. Die Rückbindung jedes einzelnen Zuges als eines haptisch-mimetischen Transformationsmoments von Gegenstand und „Geist" zur Ausführung gewährleistet dabei – und dies ist insbesondere bemerkenswert, da Hagedorn nicht, wie einige seiner Vorgänger im Bereich der Kunstliteratur, als Künstler, sondern aus der Perspektive der Kennerschaft und des Liebhabers schreibt – eine Aufwertung der rein technischen Komponenten der Malerei zu schöpferisch-reflektiertem Handeln mit dem höchsten Zweck, den beabsichtigten „Ausdruck" in jedem Zug sichtbar zu machen. Bei aller analytischen Zergliederung des Gemäldes in die einzelnen Nuancen hinein stellt auch dies letztlich eine Form des klassizistischen Konzepts von der Einheit des Mannigfaltigen dar: den einen „Charakter" „in den Theilen wie in dem Ganzen" auszudrücken.

Dazu bedarf es aber nicht nur des Kontur als eines verabsolutierten obersten Ausdrucks- und Bedeutungsmediums; dies kann nur die Vereinigung der Darstellungsmedien leisten, denn:

> Dieser Charakter lieget demnach in der Wahrheit der Umrisse und in der Wahrheit der Tinten: nur vereinigt überreden beyde. Niemals hätte an dem Gemählde des *Parrhasius*, das den Vorhang vorstellte, der Ausdruck der Natur des Stoffes an demselben allein den *Zeuxis* betriegen können, wenn die Ordnung der Falten [!] unnatürlich gewesen wäre. Eben so wenig würde der richtigste Wurf der Falten das Auge haben überreden können, wenn ihnen die ausgedrückte Wahrheit des Stoffes gemangelt hätte. Die Züge, denen die Ueberlieferung jener überredenden Tinten anvertrauet worden, sollen mit der Rauhigkeit [...] oder der Glätte, der Weichlichkeit oder der Härte, der Zärte oder der Durchsichtigkeit [...] der Körper, wie mit ihren Formen überein treffen. Das heißt: Zeichnung, Farbe und Behandlung sind einstimmig. (760 f.)

Hagedorns argumentativer Kunstgriff an dieser Stelle ist bemerkenswert. Als Beispiel für die notwendige Verbindung der Darstellungsmittel beruft er sich auf eine weitere bei Plinius d. Ä. (Nat. Hist. 35, 65) überlieferte antike Künstleranekdote zu einem Malerwettstreit, den Zeuxis und Parrhasius um das größte Illusionspotential austrugen. Nach der Überlieferung sahen die Zuschauer, als man den Vorhang vom Gemälde des Zeuxis zurückzog, eine Darstellung von Weintrauben, die so täuschend gelungen waren, dass Vögel herbeiflogen, um daran zu picken. Daraufhin habe man des Parrhasius' Gemälde zu sehen verlangt, und Zeuxis, ungeduldig vor dessen Vorhang stehend, verlangte, dass Parrhasius diesen Vorhang vor dem Gemälde beiseite ziehen solle. Dieser jedoch eröffnete ihm, dass der Vorhang selbst das Gemälde sei, woraufhin sich Zeuxis für besiegt erklärte, weil er lediglich die Tauben, Parrhasius jedoch ihn, einen Maler, zu täuschen vermocht habe.

Nun ist es besonders geschickt von Hagedorn, gerade diese Anekdote, in der mit Parrhasius wiederum der antike Meister der Umrisslinie erscheint, zur Untermauerung seiner These von der Notwendigkeit der Vereinigung aller Kunstmittel heranzuziehen: Während nach traditionellem Verständnis der Meisterschaft des Parrhasius – die dem linearen Umriss galt – allein die Vollkommenheit des Faltenwurfs am Vorhang, der Draperie, in dessen *zeichnerischen* Begabungsbereich gefallen wäre, weitet Hagedorn im Rahmen seiner Zerlegung der Kunstmittel bis in die einzelnen *Züge* hinein den Wirkungsbereich des Talents auf „Farbe und Behandlung“ zur Vergegenwärtigung der „ausgedrückte[n] Wahrheit des Stoffes“ aus. „Ausdruck“ und „Täuschung“ werden hier, und auch dies ist bemerkenswert, nicht anhand eines Gewandes, sondern anhand einer hochgradig selbstreflexiven Anekdote um künstlerische Illusion an sich, und zwar an der wie in extremer Nahsicht verfremdeten stofflichen Struktur des Vorhangs exemplifiziert; wie ein Gewebe nur durch die Verbindung der Fäden zu einem Stoff wird, entsteht die Textur des Gemäldes, die diesen Stoff nachahmt, erst durch die Vereinigung von „Zeichnung, Farbe und Behandlung“; das Talent des Parrhasius kann sich in dieser Sichtweise nicht auf vollkommene zeichnerische Umrisse beschränkt, sondern muss ebenso für die „überdachte Zeichnung der Flächen“ gegolten haben.

11.8 Hagedorns Ästhetik plastischer Konturen: Die „überdachte […] Zärtlichkeit der Oberfläche“

Während Hagedorn in der Malerei eine ausgesprochen moderne Position vertritt, indem er die eigentlich illusionsbrechenden „markigen“ Züge als persönliche Signatur des Meisters gegenüber einer minutiösen Feinmalerei favorisiert, äußert er im selben Kapitel nochmals seine Vorliebe für fein *geglättete* Skulpturen:

> Die sanfte Oberhaut am Marmor ist nicht wegen ihres Glanzes, sondern, als eine überdachte, der Bewegung der Muskeln unter den völligern Theilen zustimmende Zärtlichkeit der Oberfläche, allen Kennern schätzbar. [...] Dieses war der einige Weg, dem Ganzen, nach dem Leben, die Weichlichkeit, und gewissermassen das Verblasene zu geben, das man von Gemählden rühmet [...]. (777)

Wie er die Ausführung des Gemäldes als „überdachte Zeichnung der Flächen" bezeichnet, so überträgt Hagedorn hier die Kategorie des „Überdachten" auf die plastische Oberfläche der Skulptur: Wie dort zum Gesamteindruck Zeichnung, Farbgebung und Oberflächenbehandlung zusammenstimmen mussten, so erfordere die gelungene Skulptur die Verknüpfung der korrekten Darstellung der „Bewegung der Muskeln" (dem anatomisch-zeichnerischen Anteil der Skulptur) mit den „völligern Theilen" (dem über den Muskeln liegenden Fleisch als Äquivalent zum Inkarnat des Gemäldes als Anteil der Farbengebung an demselben) und der „Zärtlichkeit der Oberfläche" (als der illusionistischen Wiedergabe der richtigen Textur). Eine solche Zusammenstimmung kann Hagedorn sich jedoch hier wie dort, in der Skulptur wie in der Malerei, nicht anders denken, denn *allo sfumato.* Eine solche „schmeichelnd[e]" Darstellung der Körperglieder je nach Bewegung lindere die kräftigen Muskelformen und „erhöhe[]" und „belebe[]" zugleich die „Schönheit" der fleischigen Teile, deren Völligkeit ungeschmälert bleibt.

Angelehnt an seine Maximen für die naturgetreue Darstellung in der Malerei sieht Hagedorn auch für die Skulptur die „Weichlichkeit, und gewissermassen das Verblasene" als unabdingbare Darstellungsprinzipien (777). Diese Passage verknüpft er mit der oben behandelten XL. Betrachtung zur Andeutung der Muskeln, in der er bereits das „Verblasene in der Mahlerey" durch die Verse von Uz mit dem „Marmor" der Skulpturen verbunden hatte, dem „jenes Weiche" nicht fehle, das die von den „Grazien geführt[e]" Hand griechischer Künstler „mit hartem Stein verband", so dass der Marmor „unter dem Eisen des Bildhauers scheinet erweichet zu seyn" (576). Während Hagedorn dort jedoch noch vom „*Verblasene[n]* in der *Mahlerey*" [meine Hervorhebung] gesprochen hatte und die Behandlung des Marmors zwar direkt nachgestellt, aber nicht explizit mit dem neu geprägten deutschen Terminus für das *sfumato*, dem „Verblasenen", verbunden hatte, bezieht er hier das Darstellungsprinzip sanfter Umrisse deutlich auch auf das plastische Kunstwerk, als *sfumato* der Konturen in der Skulptur, wenngleich er die Übertragung durch ein den Wortgebrauch reflektierendes „gewissermassen" als noch nicht etabliert kennzeichnet.

Ein solches *sfumato* findet Hagedorn, anders als Winckelmann, der den bewegten Kontur in nicht ganz geglätteten oder wieder überarbeiteten Oberflächen verwirklicht sah (und anders als in seiner eigenen Ansicht von den „markigen" Zügen in der *Malerei*), im Bereich der plastischen Kunst nur in einer beispielhaft geglätteten Oberfläche. Hagedorn warnt allerdings davor, auf diese „Glätte" den „eigentlichen Geschmack der Arbeit ein [zu]schränken, den jene Glätte an den Marmorbildern insgemein, aber nicht immer begleitet." (777 f.) Die Bemerkung: „In keinem Falle wird der Bildhauer, so lange er keinen *Nicias* anzutreffen weis, die letzte Verschönerung fremden Händen überlassen"[27], deutet an, dass für Hagedorn die „gelehrtesten Züge" in der Bildhauerkunst eben in deren vollkommener Zartheit und „Glätte" liegen.

11.9 Die Allegorie der sanften Umrisse

Wenn Hagedorns Allegorie-Konzept auf den ersten Blick auch nicht wesentlich für seine Favorisierung der sanften Umrisse erscheint, ist es doch ausgesprochen relevant. Wie oben bereits bemerkt, gelten für Hagedorn bildende Kunst und Literatur als prinzipiell ähnlich verfahrende, nachahmende Künste, deren Verhältnis zueinander er nicht weiter problematisiert.[28] Von dieser Prämisse ausgehend erscheint der Beginn seiner XXXII. Betrachtung, *Die Allegorie* (458), nur konsequent:

---

27 Er verweist dazu auf die Überlieferung bei Plin. d. Ä., XXXV.11, der zu Folge der Maler Nikias die Werke des Praxiteles habe vollenden müssen; Hagedorn vermutet dabei nicht das „Eisen in der Hand des Mahlers" (dass also Nikias die Skulptur plastisch überarbeitet habe), will sich aber nicht auf „Firnis oder eine andere Ueberfahrung (*circumlitionem*)", wie z. B. eine polychrome Fassung, festlegen (778). Vgl. allerdings Cremer, *Hagedorns Geschmack*, 305, zu einem Brief Hagedorns an Nicolai (7. 2. 1759), in dem er bemerkt, er wolle Winckelmann „nächstens schreiben, er solle die Circumition des Nicias beym Praxitiles im Plinius näher bestimmen." Winckelmanns Formulierung „Hand angelegt" stellt Hagedorn nicht zufrieden; er fragt sich, ob „es ein Firniß, eine feine Tünche?" gewesen sei. Cremer, 306, bemerkt, einzig Winckelmann habe bei Hagedorn eine für diesen „untypische Mischung aus Spott und philologischer Spitzfindigkeit" hervorgerufen.

28 Vgl. auch Cremer, *Hagedorns Geschmack*, 285: Hagedorn gehe „mit größter Selbstverständlichkeit", und „ohne das geringste Interesse an einer Rangfolge, von der Verschwisterung der Künste" aus. Zum Gegensatz zu Lessing vgl. Cremer, ebd., mit dem Hinweis auf einen Brief an Nicolai (29. 10. 1766), in dem Hagedorn aber über Lessing bemerkt, er glaube nicht, dass sie „im Wiederspruch" zu einander stünden.

> Die Mahlerey und die Kunst des Bildhauers würden der Dichtkunst unähnlich, und eines ihrer größten Vorrechte beraubet seyn, wenn man beyden nicht vergönnen wollte, Dinge, die nicht in die Sinne fallen, in sinnlichen Bildern vorzustellen.

Hagedorn sieht mithin, symptomatisch für die zeitgenössische Kunstsituation,[29] in der Allegorie ein zentrales Darstellungsprinzip der Bildenden Kunst. Wogegen er sich jedoch wendet, ist der übermäßige oder dunkle Gebrauch der Allegorie als Selbstzweck:

> Einige haben zwar in der Dunkelheit selbst den größten Witz gesucht. Sie vergaßen, daß man die Allegorie selbst allegorisch unter einem Schleyer bilde, der sie verhülle, aber nicht unsern Augen verberge. (459)

Die Folge davon sei gewesen, dass „Willkühr und Phantasey" dominierten und „das Gefühl in einer der schönsten Künste" beinahe „von der Zeichendeutung verdrungen worden" sei (459 f.). Dagegen fordert Hagedorn für die Allegorie in der bildenden Kunst „dasjenige [...], was der Trope dieses Namens [...] in der Redekunst" zukomme: Sie solle erstens „klar" sein, zweitens solle „die Verbindung des Zeichens und des Bezeichneten gleiche Eigenschaft habe[n]" und drittens dürfe die Allegorie „durch gar zu häufigen Gebrauch keine Dunkelheit verursache[n]." (460 f.) Denn:

> Nur ein mäßig verhülltes, nicht aber ein verstecktes Geheimnis hat die Gabe, uns zu gefallen. Dessen Auflösung reizet unsern Verstand, und des Künstlers Vertrauen zu demselben schmeichelt unserer Eitelkeit. Ja, was noch mehr, unser Verstand gewinnet gerade so viel Beschäftigung, als uns nöthig ist, unsern natürlichen Hang zur Bequemlichkeit ein wenig zu verlassen, ohne ihm zu entsagen. In den Gegenständen der schönen Künste will unser Verstand aufgemuntert, in angenehmer Uebung erhalten, aber durch Anstrengung nicht ermüdet seyn. (462)

Der Reiz der allegorischen Darstellungsweise liegt also für Hagedorn in zwei Punkten: Erstens gibt sie der bildenden Kunst eine geistige Bedeutung, und zwar auf eine Weise, in der sie der Bedeutungsweise der Literatur konform ist. Hagedorn sieht darin eine wesentliche Qualität der bildenden Künste. Zweitens verleiht die Allegorie dem Kunstwerk den Reiz, der aus der Dialektik von Zeigen und Verbergen entsteht und der den „Verstand"

29 Vgl. Waetzoldts Hinweis, dass Hagedorn bei aller Vorliebe für Darstellungen à la Watteau, in denen der „Reiz anakreontischer Poesie" lebe und die „Luft Gleims, Uzens, Weißes" wehe, doch besonders für große öffentliche Säle und deren Decken allegorische Darstellungen fordere, damit diese nicht „an Gedanken leer" blieben (Hagedorn) – dies sei „die Stimme der Zeit, die Winckelmanns Buch über die Allegorie entstehen sah" (*Deutsche Kunsthistoriker*, 99 f.).

des Betrachters in eben dem richtigen Maße anregt und beschäftigt, dass er sich in der hermeneutischen Auflösung der Allegorie gefordert, ernst genommen und geschmeichelt fühlt.

Hagedorns Ansicht stimmt soweit mit jener Winckelmanns überein, der fordert, der „Pinsel des Künstlers" müsse „im Verstand getunckt" sein, da die Malerei, anders als die Skulptur, nicht unmittelbar sinnlich wirken könne und als der Schrift näher stehende Darstellungsweise der Allegorie bedürfe (vgl. Kap. 10). Doch die partielle Übereinstimmung mit Winckelmann besteht auch in einer unerwarteten Komponente: Sind für Winckelmann die allegorischen Elemente des Bildes – auch des plastischen Bildes – jenseits der inhaltlichen Ebene des Werkes im Umriss bzw. Kontur gleichsam zu bedeutungsvollen, aber mitunter fast mimetisch gedeuteten ‚Graphemen' verdichtet (der bewegte Kontur des *Torso*, der als Zeichen der Windungen im Kampf von Herkules mit Achelous gelesen wird), so liegt bei Hagedorn die allegorische Komponente in einer subtilen strukturellen Parallele der Bedeutungsweisen: In der Betrachtung über die „sanften Umrisse" in der Natur und die Notwendigkeit ihrer adäquaten malerischen Wiedergabe im Modus des *Sfumato* warnt Hagedorn davor, dass zu große „Sauberkeit" und „Deutlichkeit" auch „zu vollkommen" geraten können, „um *schön* zu bleiben", beispielsweise, wenn das „Entfernte[ ]" zu „scharf[ ]" dargestellt werde, so dass „Haltung" und „Luftperspektiv" mangelhaft erschienen (561). Besonderen Wert legt Hagedorn aber auch hier wieder auf sein Lieblingssujet, das zarte Gesicht, in dessen Darstellung ihm besonders am Schmelz der Farben gelegen ist:

> Die zärteste Haut würde bey der äussersten Deutlichkeit verlieren, wenn unser Auge jegliche Fäserchen derselben sollte unterscheiden können. Angenehmer erscheinen gefällige Gesichtszüge zuweilen unter einem dünnen Flor, der uns, wo nicht die Mängel der Haut zu verbergen hat, doch noch mehr Schönheit errathen läßt. Diesen Flor haben wir gewisser massen in der Mahlerey dem ofterwehnten Zwischenstande der Luft zu verdanken. Unsere Neugier will durch mehrern Anreiz vergnügt, aber nicht gesättiget seyn. (561)

Aufmerksamkeit verdient auch die Anmerkung, die Hagedorn an dieser Stelle einfügt (und die sich dem ihm zumeist als Lieblingsgenre attestierten Bereich, der Landschaftsdarstellung,[30] zuwendet):

---

30 Zu deren Aufwertung trug er wesentlich bei; vgl. Waetzoldt, *Deutsche Kunsthistoriker*, 100: Hagedorn habe als „Neuland für die kunstgeschichtliche Forschung" die „Landschaftsmalerei und das Problem des Kolorits" „erobert", wobei sich darin für ihn „kulturphilosophische Betrachtung und eine rein gefühlsmäßige" überkreuzten.

> Warum gefallen in Landschaften gewisse mit der Nadel in Kupfer gerissene Blätter oft mehr, als ein fester Grabstichel? Mir deucht, die scheinbare Undeutlichkeit zeige hier an dem Laube und an solchen Gegenständen, die wallend dem geringsten Lüftchen zu Gebote stehen, mehr Natur, als die zu genau bestimmenden Züge des festen Stichels ausdrücken können. Zugleich ist dem forschenden Auge des Beobachters vieles für die Einbildung überlassen worden. Er darf errathen, was mit flüchtigen, aber geistreichen Zügen mehr angedeutet, als mühsam ausgedrücket scheint. Aus diesem und mehrern Gründen werden von vielen Liebhabern [...] [derartige] in Kupfer gerissene Blätter sorgfältig gesammlet. (561 f.)[31]

Entnimmt man diesen beiden Zitaten die Argumente, die Hagedorn neben der aus der Naturbeobachtung sich ergebenden Notwendigkeit für sanfte Umrisse in der Malerei (bzw. Graphik) anführt, so ähneln sie auf bemerkenswerte Weise jenen Aspekten, die ihm die Allegorie so schätzenswert erscheinen lassen: Die „gerissene" Darstellung als graphisches Äquivalent zum malerischen *sfumato* ermöglicht, dass auch durch ihren „Flor" „[u]nsere Neugier [...] durch mehrern Anreiz vergnügt, aber nicht gesättiget" wird, denn „dem forschenden Auge des Beobachters [ist] vieles für die Einbildung überlassen worden. Er darf errathen, was mit flüchtigen, aber geistreichen Zügen mehr angedeutet, als mühsam ausgedrücket scheint." Der Unterscheid zur allegorischen Darstellungsweise besteht freilich darin, dass jene sich durch eine ausgesprochen überlegte Bedeutung auszeichnet, die hermeneutisch erschlossen sein will, während die Darstellungsweise des *sfumato* zwar auch dem kennerschaftlichen Blick, der die Wirkungsweise des *sfumato* reflektiert, gefallen will, allerdings ebenso unmittelbar die illusionistischen Qualitäten des Bildes steigern und somit direkt das Auge des Betrachters täuschen soll.

Die Allegorie der Allegorie, die er oben beschrieben hat, könnte dennoch ebenso als Allegorie des *sfumato*, des Verblasenen (und, da dieses die ideale malerische Darstellungsweise ist, als Allegorie des Malerischen selbst), auftreten: Sie erscheint „unter einem Schleyer [...], der sie verhüll[t], aber

---

31 Dieses Lob derjenigen Kunst, die die Einbildungskraft des Betrachters angenehm in Tätigkeit versetzt, liest sich beinahe wie eine Vorwegnahme frühromantischer Programmatik, zeigt aber nur, vor allem in der Entsprechung zu ähnlichen Bemerkungen bei Winckelmann, wie sehr manche frühromantischen Elemente, besonders jene Aspekte, die in Verbindung mit der tätigen Einbildungskraft stehen, sich aus der Ästhetik des Rokoko herschreiben lassen. – Erstaunlich ist es, dass Hagedorn, der so vehement die Bedeutung der Farbengebung betont, gerade am Genre der Landschaftsdarstellung – das ihm sonst immer Anlass zur Betonung der Notwendigkeit der verschmolzenen Übergänge in Luftperspektive und Haltung ist – die wirkungsästhetische Qualität der graphischen Abstraktion hervorhebt.

nicht unsern Augen verb[i]rg[t]“, sondern vielmehr gerade erst recht durch den „Flor“ ihrer „verblasenen“ Darstellungsweise die Einbildungskraft dazu anregt, sich mit ihrer Gestalt zu beschäftigen, ihren Rundungen imaginär zu folgen und ihr so fiktive Plastizität zu verleihen. Bei Hagedorn verbirgt das *sfumato* wie eine Allegorie die eigentliche Bedeutung, die hier in der Gestalt selbst besteht und die im Kontur fixiert wäre, den es zu verhüllen, aber nicht zu verbergen gilt, um die Einbildungskraft anzuregen. Bei Winckelmann hingegen wird dem bewegten Kontur selbst, auch jenem der Plastik (wenn auch diesem nicht konsequent), allegorische Funktion zugeschrieben, und zwar in seiner Gestalt an sich, nicht der Art seines Bedeutens, denn diese ist für Winckelmann alles andere als allegorisch, sondern vielmehr als „höchster Begriff“ der Synthese von Natur und Ideal so unmittelbar wie nur möglich.

11.10 Anhang: Internationale Linientheorien bei Hagedorn

Besondere Aufmerksamkeit widmet Hagedorn der zeitgenössisch viel diskutierten Frage nach der „Linie der Schönheit“.[32] 1753 war Hogarths *Analysis of Beauty* erschienen, in der er die Wellenlinie als *Linie der Schönheit,* die Schlangenlinie aber als *Linie des Reizes* propagierte;[33] die deutsche Übersetzung von Mylius erschien bereits 1754.[34] Wie in den meisten Fällen nimmt Hagedorn auch in diesen Belangen eine ausgleichende Zwischenposition ein,[35] doch äußert er sich mitunter für seine Verhältnisse geradezu polemisch gegen Hogarths dogmatischen Anspruch

32 Zur Schönheitslinie im 18. Jahrhundert vgl. Ulrike Zeuch: *Umkehr der Sinneshierarchie: Herder und die Aufwertung des Tastsinns seit der frühen Neuzeit.* Tübingen 2000, 229–238, zu Hogarth 230 ff., zur Verbindung von „Schönheit“ und Linientheorie: 235 ff.

33 Zur Linienästhetik bei und nach Hogarth vgl. Sabine Mainberger: *Einfach (und) verwickelt. Zu Schillers „Linienästhetik“. Mit einem Exkurs zum Tanz in Hogarths „Analysis of beauty“*, in: DVjS 79 2005, H. 2, 196–252.

34 *Zergliederung der Schönheit, die schwankenden Begriffe von dem Geschmack festzusetzen*/ geschrieben von Wilhelm Hogarth. Aus dem Englischen übersetzt von C. Mylius. Berlin und Potsdam 1754. Vgl. zur englischen Originalausgabe: William Hogarth: *The Analysis of Beauty.* With the rejected passages from the manuscript drafts and autobiographical notes. Edited with an introduction by Joseph Burke. Oxford 1955.

35 Vgl. Cremer, *Hagedorns Geschmack*, 311 ff. zu Hagedorns Auseinandersetung mit Hogarth, und 314 zu Herders Lob für Hagedorns „ebenso bescheiden[e] als gründlich[e]“ Betrachtungen zu Hogarth (Herder SW XXII, 45).

auf die Festlegung jeweils *einer* bestimmten *Linie der Schönheit* und einer *Linie des Reizes.*

An zwei Stellen in den *Betrachtungen* widmet er der „Linie der Schönheit" ganze Kapitel: Zum einen in der XXXVII. Betrachtung, *Von der sogenannten Linie der Schönheit in der Stellung und den Umrissen* (548), zum andern in einem ausführlichen, sich mit Hogarth und dessen Theorien befassenden Anhang. In der XXXVII. Betrachtung stellt Hagedorn allgemein fest, dass die „Wirkung und Gegenwirkung der Muskeln [...] und auch die blosse Lage derselben [...] unter der zarten Haut eines jugendlichen Körpers dem Umrisse eine liebliche und schlangenförmig gewundene Gestalt" (548) verleihen. Zu dieser Wirkung trage die „ungezwungene Stellung des Menschen", der Kontrapost, wesentlich bei, wie man es bereits an den „vornehmsten Statuen" habe erkennen können; zudem habe man „vorlängst in den Schulen der Kunst bald von Wellen und Schlangenlinien, bald von der ungezwungenen Richtung des Menschen, die der emporsteigenden, aber in sanfter Bewegung lodernden Flamme gleichet, dasjenige reden und lehren" hören können, „was Hogarth in neuern Zeiten die Linie der Schönheit und des Reizes genennet hat." (548 f.)[36] Die unterschiedlichsten Positionen hätten verschiedene Ansichten von der Gestalt dieser Linie gehabt; für die einen habe sie notwendigerweise in einer schlangenförmigen Linie bestehen müssen, für die anderen in einer Ellipse, wieder andere hätten das Zirkelrund favorisiert.

Hagedorn gesteht all diesen Linien ihre eigene Schönheit und Berechtigung zu. So erkennt er Nutzen und Angemessenheit der „elliptische[n] Linie" „für die Schönheit der Gefässe" (550) an, sieht jedoch für den Busen den Venus (550 f.) eindeutig das Zirkelrund im Vorteil; das nicht zuletzt von Winckelmann vielgerühmte griechische Profil auf „geschnittenen Steine[n]" und Reliefs empfiehlt er dem „Mahler" mit dem Rat, „die sanften Einbiegungen dieses Seitengesichts" auch „in den Tinten des vorwärts gewendeten Gesichts" zu berücksichtigen – nur dürften in einem Gemälde nicht zu „viele Gesichter in vollkommenem Profil" wiederholt werden (551), und auch die Einzelfigur brauche mannigfaltige Formen: „Am schönen Ganzen nimmt man Umrisse und Flächen wahr, die durch sanfte Einbiegungen und Erhöhungen Mannichfaltigkeit verbreiten, und durch ihre ungezwungenen

36 Vgl. Hagedorn, 14 und 16 f.: Zu zeitgenössischen Streitigkeiten über die Terminologie habe geführt, dass Parent die „zierlichsten Umrisse[ ]" „allmähliche und sanfte Einbiegungen (inflexions lentes et douces)" nenne (16, vgl. die Anm. ebd.), aber betont habe, er meine damit eben das, was Félibien „zierliche Umrisse (*contours elegans*) nenne".

Verbindungen auch dem Auge die Folge erleichtern." (551) Als übergeordnetes Schönheitsprinzip gilt Hagedorn eine schnell perzipierbare, bewegt variierte Wellenlinie, ähnlich dem idealen Winckelmannschen Kontur. Wie jener betont Hagedorn, diese Erscheinungsform sei am ehesten an der „blühenden Jugend" zu beobachten, „und die in Bewegung gesetzte Schönheit, die Anmuth selbst, nimmt keine andere Wendung an. [...] Mehr oder weniger schlängelt sich die wahrgenommene Linie: selbst an den Zügen des Mundes werde ich sie in entgegen gesetzter Richtung gewahr." (552)

Unversehens ist Hagedorn wieder bei seinem liebsten Anschauungs- und Beweisobjekt angelangt: dem Mund. Seine Ausführungen gipfeln in dem fanfarenartig geäußerten Satz: „Was hindert mich, die Bezeichnerin so schöner Theile selbst die *Linie der Schönheit* zu nennen? Sie sey es – die *einige* – und *in allen Fällen.*" Doch nach diesem apodiktisch formulierten Postulat beginnt Hagedorn mit dessen Widerlegung: Erschienen die nämlichen, jeweils identischen Linien überall, würden sie das Auge ermüden, zumal sie nicht überall gleichermaßen zweckmäßig am Platze seien, wie z. B. in der Baukunst, die durchaus senkrechte Linien verlange. Mit einem ausgesprochen reizvollen Beispiel, das seine Verwurzeltheit in spätbarocken Bildtraditionen (hier der Emblematik) bekundet, unterstützt Hagedorn seine These, die er nun auf die dreidimensional gewundene Liniengestalt ausweitet: „Umschlingend, wie die Rebe um den Baum, den sie liebet, hat die Wellenlinie mehr Mannichfaltigkeit. Sie sey die Linie des Reizes, auch für die Stellung." (553)

Nach diesem Prinzip ergebe sich beispielsweise auch die ideale Stellung einer „Atalanta", wie sie sich im Laufe wende. Aber Hagedorn verwahrt sich auf das bestimmteste gegen eine als Regel formulierte Einförmigkeit der Linie: Eine zu starke Wendung könne die Anmut der dargestellten Figur mindern; es sei also gegebenenfalls die Linie weniger geschwungen zu zeichnen, um den sanften Ausdruck beizubehalten. Hagedorn beruft sich wie schon bei seinen Beobachtungen zum *Sfumato* der Umrisse auf unmittelbare Naturanschauung, wenn er wiederum im Sinne der Genieästhetik bemerkt, die Natur selbst versage eine Regel und „Einschränkung" (554): „Eine wesentliche Eigenschaft des Reizes ist die Ungezwungenheit im Mannichfaltigen". Auf spannungsvolle Weise koexistieren so in Hagedorns Kunstanschauung sowohl die Weinrebe der barocken Emblematik als auch Hogarths und Winckelmanns ideale Linienmodelle ebenso wie die genieästhetische Ablehnung klassifizierender Regelsysteme.

Eingehender noch widmet sich Hagedorn der „Linie der Schönheit" in einem Kapitel im Anhang, in der LVI. *Betrachtung über die Stellung nach der sogenannten Wellenlinie, und über die hogarthische Zergliederung der Schönheit* (797). Er wiederholt die

> allen Künstlern bekannte[] Erfahrung [...], daß die geschwungene Linie, vermöge der Lage ruhiger Muskeln, und der mannichfaltigen Wendung dieser angestrengten Werkzeuge der Bewegung, beydes den Aussenlinien und den übrigen Theilen belebter Figuren Abwechselung und Schönheit mittheilet.

Bilde eine solche Linie die „*Mittellinie*" in der Stellung einer Figur, verleihe ihr dies eine gewisse „Annehmlichkeit", da sie „der ungezwungensten Bewegung der sich selbst gelassenen Natur am nächsten" komme und eine Statue dadurch zudem „das Leblose" verliere (797). Man könne diese Stellung nach Belieben als „*Flammen=, Wellen= oder Schlangenlinie*" bezeichnen (800), in jedem Falle sei sie bereits ein gängiges Vorbild für „Lehrlinge[] fast in allen Zeichnungsschulen" gewesen, und es sei also verwunderlich, dass so viele Leser die Theoreme Hogarths für „neuentdeckte Wahrheiten" hielten, der

> unter den nach einem solchen Zuge gekrümmeten Linien, die von einer vorgezeichneten mittlern Krümmung, unter mehrern Wellenlinien, die *Linie der Schönheit*, und demnächst diejenige, die sich, wie um einen Kegel windet, unter mehrern Schlangenlinien, die *Linie des Reizes* nennet. (801)

Über die in Hagedorns Anmerkungen geführten Kleinkriege um engere Definitionen und Unterschiede zwischen „Wellen= und Schlangenlinien"[37] kann hier getrost hinweggegangen werden; Hagedorn selbst bemerkt schließlich (802), er halte die Erörterung von Nutzen und Sinn einer Frage nach der idealen Wellenlinie für wichtiger als deren exakte Bestimmung (sofern diese überhaupt möglich sein sollte). Und so folgert er:

> Man mag die Figur *nach der Stellung*, oder *nach den Aussenlinien* betrachten: die Bestimmung einer *einzigen* Wellenlinie für die Schönheit, und einer *einzigen* Schlangenlinie für den Reiz würde keinen merklichen Nutzen für das ganze Lehrgebäude haben. (807)

Hagedorns umständliche Argumentation braucht hier im Einzelnen nicht weiter ausgeführt zu werden; er beschränkt sich allerdings dabei nicht auf Erörterungen von Hogarths Theorien und behandelt, obwohl er in einer rhetorischen *captatio benevolentiae* – zu Recht! – seine Furcht vor „kritische[r] Dürre" (836) geäußert hat, in einem weiteren Anhangs-Kapitel (LVIII) auf das ausgiebigste die sogenannte „Regel des Michelangelo", die bei Lomazzo überliefert ist und, so Hagedorn, von Hogarth missverstanden worden sei oder

37 „Dieser Unterschied der Wellen= und Schlangenlinien findet sich nur bey dem Herrn Hogarth." (801, Anm.)

zumindest bei ihm „oder sein[em] Uebersetzer“ nicht adäquat wiedergegeben werde. Da die Kenntnis des Textes von Lomazzo „unentbehrlich“ sei „zum Verständnisse der hogarthischen Schrift, oder dessen, was ihr Verfasser, wie es scheint, nicht zu deutlich [habe] verstehen wollen“ (837 f.), will Hagedorn sie nun ins rechte Licht setzen und wendet sich emphatisch an den fiktiven Adressaten seiner *Betrachtungen* mit den einleitenden Worten:

> Vernehmen Sie nur die vielberufene Regel des *Michelangelo: man soll allezeit eine Figur pyramidenförmig, schlangenförmig, und mit Eins, Zwey und Drey mannichfaltig machen:* und sagen Sie mir, wie ist Ihnen bey diesem delphischen Ausspruche zu Muthe? (837)

Nach und nach unternimmt Hagedorn es nun, das vermeintlich Verrätselte der Äußerung, bei welcher „der englische Künstler die dunkele Stelle des *Michelangelo* aus dem Lomazzo zum Grunde“ lege, philologisch aufzulösen. So werde eine „Stelle aus dem du Fresnoy [...] vorzüglich als ein Beyspiel angeführet“. Dieser drücke sich „gleichwohl von den schlangenförmigen Umrissen oder der geflammten Form“ ebenso deutlich wie Lomazzo aus, dessen knappe Zitate aber bei Hogarth, „wenigstens im Deutschen, falsch übersetzet“ seien (838).

Entgegen dem Wortlaut, wie er sich bei du Fresnoy finde, werde bei Hogarth jedoch „der Schluß aus einem vermeinten Widerspruch gezogen“, und „[e]ines noch größern Widerspruchs soll sich de Piles [der du Fresnoys *De Arte Graphica* ins Französische übersetzte] schuldig machen.“ (839) Aufgrund dieser von einem Missverständnis ausgehenden Lesart argumentiere Hogarth, „‚[a]lle englische Schriftsteller, [...] welche von dieser Materie geschrieben‘“, hätten „‚diese Stellen nachgebetet. Da her ist das: *je ne sai* [!] *quoi*, ein Modeausdruck geworden.‘“ Diese signifikante Verknüpfung des Topos der Inkommensurabilität mit der Gestalt der Linie der Schönheit veranlasst Hagedorn zu einer komparatistisch-philologischen Mikroanalyse der unterschiedlichen Texte:

> Um solches besser darzuthun, finden Sie auch das *ich weis nicht was* in der angeführten Uebersetzung aus dem du Fresnoy. Nur ist es für den Beweis immer Schade, daß es weder in der Urschrift, noch in der französischen Uebersetzung des von Piles, und eben so wenig in der ungleich freyern Uebersetzung des Dryden anzutreffen ist, die vermuthlich dem Herrn Hogarth gedienet hat. (839)

Die von Hagedorn in der zugehörigen Anmerkung zitierten Verse du Frenoys lauten:

> *Membrorumque Sinus ignis flammantis ad instar,*
> *Serpenti vndantes flexu ; sed laevia, plana,*

> *Magnaque signa, quasi sine tubere subdita tactu,*
> *Ex longo deducta fluant, non secta minutim.*
> *De A. G. v. 106*

Die ebenfalls dort abgedruckte englische Übersetzung von Dryden lautet:

> *The Parts must be drawn with flowing glideing Outlines, large and smooth, rising gradually, not swelling suddenly, but which may be just felt in the statues, or cause a little Relievo in Painting. [...]*
>
> *Insertisque toris sint nota ligamina iuxta*
> *Compagem Anatomes, et membrificatio Graeco*
> *Deformata Modo, paucisque expressa lacertis,*
> *Qualis apud Veteres &c.*
>
> *Let the Muscles have their Origin and Insertion according to the Rules of Anatomy; let them not be subdivided into small Sections, but kept as entire as possible, in imitation of the Greek Forms and expressing only the principal Muscles.* [An einer anderen] Stelle aus dem du Fresnoy [hat] Dryden das darinnen in der mehrern Zahl vorkommende Wort *signum* durch *principal Lines* und *Out-lines* (Aussenlinien) übersetzt [...]. In gegenwärtiger Stelle hat der glücklichere Übersetzer des Virgils in dem Worte *signum [...]* Marmorbilder der Alten zu finden geglaubt, die doch weiter unten nicht vergessen worden, mithin die Wiederholung in der Urschrift hätten zweifelhaft machen können. Vermuthlich dürfte auch das *non secta minutim (sans interruption*, wie es de Piles gegeben hat,) von einer Warnung vor der kleinen Manier in den Umrissen [...] nicht so glücklich seyn getrennet, als eine ähnliche Vorschrift in dem folgenden, wiewohl auch diese ohne Noth, dadurch seyn bereichert worden. Man [darf] bey der Uebersetzung des de Piles nicht [vergessen], daß dieser die Meynung des dy Fresnoy, seines Freundes, der jene selbst übersehen hat, am richtigsten treffen müssen. (838 ff.)

Im Haupttext fährt Hagedorn mit der Kommentierung der Übersetzung fort:

> Freylich hat Dryden dafür die Vergleichung mit der lodernde [!] Flamme und der kriechende [!] Schlange ausgelassen; und nicht vom du Fresnoy, sondern vom de Piles ist die Stelle, die in der deutschen Uebersetzung der hogarthischen Schrift also lautet: „Breitlaufende fliessende Aussenlinien, welche wellenförmig gehen, geben nicht allein dem Theile, sondern auch dem ganzen Körper, einen Reiz; wie wir an dem Antinous und vielen andern antiken Figuren sehen. Eine schöne Figur *) und ihre Theile müssen allezeit eine schlangenförmige und geflammte Form haben. Diese Art von Linien hat natürlicher Weise, *ich weis nicht, was* lebhaftes und eine scheinbare Bewegung in sich, welche der Wirksamkeit der Flamme und der Schlange sehr ähnlich ist.“ (840)

In einer Anmerkung [*)] druckt Hagedorn wiederum die originale Anmerkung de Piles’ ab:

Outre que les Figures et leurs Membres doivent presque toujours avoir naturellement une forme flamboyante et serpentive (vielleicht soll es *serpentine* heissen*), ces sortes de Contours ont un je ne sçay quoi de vif et de remuant qui tient beaucoup de l'activité du feu et du serpent.* In der Anmerkung zum 107. V. des du Fresnoy. (841)

In die Übersetzung ist mithin die *Anmerkung* de Piles' zu dessen französischer Übersetzung des du Fresnoy interpoliert worden, so dass die entstandene Verwirrung um den originalen Wortlaut und dessen Bedeutung nicht überrascht.

Im Hinblick auf Hogarths missverständliche oder vielmehr missverstandene Lomazzo-Lektüre zitiert Hagedorn nun diejenigen Sätze, in denen Hogarth sich auf denselben bezieht: Lomazzo habe, so Hogarth, „eine gewisse Regel des *Michelangelo*" überliefert, derzufolge man *„allezeit eine Figur pyramidenförmig, schlangenförmig und mit Eins, Zwey und Drey mannichfaltig machen*" solle. „In dieser Regel" bestehe seiner [also Lomazzos] Meinung nach „das ganze Geheimnis der Kunst":[38]

„Denn der größte Reiz und das größte Leben, so ein *Gemählde* haben kann, bestehet darinne, daß es eine *Bewegung* ausdrücke: welches die Mahler den Geist eines Gemähldes nennen. Nun ist aber keine Gestalt so geschickt diese *Bewegung* auszudrücken, als die Gestalt der Flamme des Feuers, [...] [so] daß also ein *Gemählde*, welches diese *Form* hat, am schönsten ist." (845 f.)

Hagedorn weist nun darauf hin, dass Hogarth von der Schönheit des Gemäldes, Lomazzo aber von der Schönheit der Figur *und* jener des Gemäldes spreche: nämlich jeweils aus der Perspektive Michelangelos, der vermutlich von der *figura* gesprochen habe, und jener Lomazzos, der aus der Sicht der *Malerei* argumentierte. Lese man an den meisten Stellen anstelle von *„pittura*" *„figura*", dann stelle die vermeintlich rätselhafte Äußerung keinen Orakelspruch mehr dar (847).[39] Schließlich vermutet

38 Michelangelos Äußerung über die Regel der Mannigfaltigkeit mit „Eins, Zwey und Drey" versteht Hagedorn später (855) mit Bezug auf Lomazzo im Sinne von „Verhältnissen", den Proportionen des Körpers, deren Behandlung durch Lomazzo Hogarth übergehe.

39 Dass „pittura" jedoch auch (vgl. Kap. 4) zeitweise pars pro toto für die „Künste" stehen kann, lässt Hagedorn unkommentiert. Er fügt in der Anmerkung die Stelle im Original bei Lomazzo bei („Lomazzo, *Trattato dell'Arte della Pittura, Scoltura et Architettura*, L.I c.1. p.22."), in der sich in der Tat an fast allen Stellen „figura" finden lässt, in der aber von den „pittori" die Rede ist, die von der „furia della figura" sprechen (hier ist es allerdings wiederum wesentlich, dass von der „figura" die Rede ist, nicht von der „pittura"). Deutlicher auf die Malerei bezogen erscheint jedoch auch bei Lomazzo selbst der Satz: „Et in questo precetto parmi che consista tutto il secreto de la pittura"; danach ist wieder nur von der „figura" die Rede.

Hagedorn, dass das Missverständnis aus der englischen Übersetzung Lomazzos durch Haydock entstanden sei, „und das einzelne Bild (*figura*) etwan durch *picture*, so auch ein Gemählde bedeutet, gegeben worden."[40] (848) Hagedorn hebt den „nachtheiligen Einfluß der Worte", besonders der mehrdeutigen, für die „Lehren von den schönen Künsten" hervor, zumal im Falle von Übersetzungen. Halb scherzhaft fragt er sodann: „Was fehlt mir noch zu einem Wortforscher?" Doch diese Frage zielt in die eigentliche Problematik der Kunstliteratur zu Hagedorns Zeit, die nicht nur unter den antiquarischen Auslegern der antiken Quellen, sondern auch unter den zeitgenössischen Autoren häufig vor allem in mehr oder weniger philologischen Debatten und Anfangsschwierigkeiten bei der Schaffung einer exakten, international kompatiblen deutschsprachigen Kunstterminologie bestand, die noch nicht gerade zu Kürze und Präzision neigte.

Zuletzt noch zu einer scherzhaften Prophetie Hagedorns: Kritisch weist er auf die Mode unter den Künstlern hin, sich bei der Stellung aller Figuren an der Kurvatur eines schrägen *S* zu orientieren, so dass darüber die Schlangen-Gestalt „bey nahe [...] in Vergessenheit gekommen" sei. Doch werde sie „vermuthlich, wenn anders die Wasserwoge sie nicht verdrängt, für die ähnliche Wendung der Gliedmassen ihre Vorrechte behalten." (854) Anzunehmen, dass diese Ironisierung der *Wellen* auf Winckelmanns favorisierte Konturgestalt zielt, geht wohl fehl; es bleibt aber eine prophetisch-prophylaktische Ironisierung aller Übereifrigen, die künftig nicht nur den Kontur in sich wellenförmig gestalten, sondern auch die Stellung der Figuren und ihrer Gliedmaßen zu „Wasserwogen" biegen würden. Nicht auszudenken, wie Hagedorns liebster malerischer Demonstrationsgegenstand, der zarte Mund, sich dabei kräuseln müsste.

---

40 Vgl. zum Terminus „Bild" den Brief Sulzers an Hagedorn vom 30. Januar 1759, in dem er diesem zustimmt, dass „Bildsäule" kein guter Ausdruck für Statuen sei: „Le mot Bild seroit propre pour exprimer la Statue, mais comme il est ordinaire qu'on écrive ein gegossenes Bild, on dit aussi ein gemaltes Bild. [...] Je trouve dans un vieux Manuscript de la main du grand Leibniz le terme *Bilderkunst* et de *Bildkunst* pour exprimer en general tous les art dependans du dessein et je l'ai employé dans mon dictionnaire pour l'article dans lequel je parle de ces arts en general, pour les Statues j'ai toujours employé le mot Statue, sauf un meilleur avis." (Hagedorn, *Briefe*, 309.)

12. Sulzers *Allgemeine Theorie der Schönen Künste:* Erkennen und Empfinden im Medium des Umrisses

Die Entstehung von Sulzers *Allgemeiner Theorie der Schönen Künste* reicht zurück bis ins Jahr 1753, als Sulzer die Übersetzung einiger Artikel aus dem gerade in Paris erschienen *Dictionnaire portatif des Beaux-Arts* von Jacques Lacombe unternahm.[1] Damit steht er am Beginn der „Zeit des *ästhetischen Bewußtwerdens*".[2] Doch die *Allgemeine Theorie* erschien erst in den Jahren 1771 bis 1774, und so finden sich dort (besonders im Blick auf Sulzers Gesamtwerk) spannungsreiche Konstellationen von nur schwer kompatiblen Konzepten; Sulzer erscheint als ein „Grenzgänger zwischen Rationalismus und Empirismus", als „exemplarische Übergangsfigur zwischen Früh- und Spätaufklärung".[3] Zumal in diesem epochengeschichtlichen Kontext sind seine Positionen für die historisch sich wandelnde Funktion von Umrisskonzepten relevant.

Zentraler Begriff jener *Ästhetik*, die Sulzer in seiner *Allgemeinen Theorie der Schönen Künste*, wenn auch nicht immer kohärent, darlegt,[4] ist die „Empfindung". Sie stellt die eine Seite seines dualistischen Kognitions-

1 Vgl. zur Entstehungsgeschichte der *Allgemeinen Theorie* [= AT]: Armand Neville: *Kunst- und Dichtungstheorien zwischen Aufklärung und Klassik*. 2., durchges. u. erg. Aufl. Berlin/New York 1971, zu Sulzer 47–55, 47.

2 Vgl. Neville, 47.

3 Wolfgang Riedel: *Erkennen und Empfinden. Anthropologische Achsendrehung und Wende zur Ästhetik bei Johann Georg Sulzer*, in: Hans-Jürgen Schings: *Der ganze Mensch. Anthropologie und Literatur im 18. Jahrhundert.* Stuttgart [u.a.] 1994, 410–439, 411. Zu einem kritischen Blick auf die Epochensituierung Sulzers und zum Entstehungskontext der AT vgl. Carsten Zelle: *Ästhetischer Enzyklopädismus: Johann Georg Sulzers europäische Dimension*, in: Berliner Aufklärung 4 2011, 63–93.

4 Neville, 47, bezeichnet Sulzer als „Eklektiker", dessen Schriften ein „leitendes Prinzip" mangle. Zum Aufbau der AT als Wörterbuch statt als Abhandlung vgl. Zelle, *Ästhetischer Enzyklopädismus*, 66 f.; zu Sulzers „Klassifikations- und Verweissystem" und dessen Problematik vgl. 74 ff. Zu den Schwierigkeiten, aus den Einzelartikeln der AT ein konsistentes System zu rekonstruieren, vgl. bereits Anna Tumarkin: *Der Ästhetiker Johann Georg Sulzer.* Frauenfeld/Leipzig 1933, 71. Tumarkins materialreiche Untersuchung stellt noch immer eine grundlegende, differenzierte Studie zu Sulzers Ästhetik dar.

konzepts dar, dessen anderen Part das „Erkennen" bildet. Von den *drei Vermögen* des menschlichen Geistes, die Sulzer unterscheidet, gehören in den Bereich des *Erkennens* die *Vernunft,* die über wahr oder falsch der Dinge urteilt, und das *sittliche Urteil*; in den Bereich des *Empfindens* hingegen fallen Urteile des *Geschmacks,* als derjenigen Instanz, durch die das Schöne empfunden werde und deren Urteile, so Sulzers Ansicht, jenseits ontologischer oder moralischer Erkenntnisse erfolgen.[5]

Wolfgang Riedel hat dargelegt, dass Sulzer sich in der frühesten psychologischen Schrift, zum „*Ursprung der angenehmen und unangenehmen Empfindungen*" aus dem Jahre 1751, noch in der Tradition der „scholastischen Psychologie" zeige, wobei er von Wolffs Verständnis der „vis repraesentativa" ausgehe, wenn er das „Wesen der Seele" in der „Vorstellungskraft" sieht.[6] Aus dieser rational konzipierten „Grundkraft" resultierten alle Regungen der Seele, auch das „Empfinden", das Sulzer bisher nicht genügend gewürdigt sieht.[7] 1763 jedoch veröffentlicht er eine Schrift, in der er die „Basishypothese der einen seelischen Grundkraft"[8] – der Vorstellungskraft – aufgegeben hat zugunsten eines Dualismus: die *Anmerkungen über den verschiedenen Zustand, worinn sich die Seele bey Ausübung ihrer Hauptvermögen, nämlich des Vermögens, sich etwas vorzustellen und des Vermögens zu empfinden, befindet.*[9] Hier zeigt sich die „Opposition von Vorstellen und Empfinden",[10] mit der Sulzer über Wolf und Baumgarten hinausgeht.[11] In diesem „disjunktive[n] Paradigma" kann Sulzer das Empfinden als „das Andere der Vernunft" statt nur wie bisher als „Analogon und

5 Neville, 49, verweist auf andere Stellen, in denen Sulzer den „Geschmack" „in den Einflussbereich des sittlichen Gefühls und des Verstandes" als den *beiden* Vermögen der Seele verweise; aus dem Artikel „Geschmack" ergibt sich für ihn eine Dreiteilung menschlichen Vermögens in Vernunft, sittliches Gefühl und Geschmack.

6 Riedel, 414, Sulzer (4) zit. nach Riedel. Vgl. hingegen zu einer Revision der „Lektüre von Sulzers früher philosophischer Entwicklung" im Blick auf eine „Emanzipation von dem Wolffschen Modell" in dieser Schrift Élisabeth Décultot: *Von der Seelenkunde zur Kunsttheorie. Zu Sulzers „Untersuchung über den Ursprung der angenehmen und unangenehmen Empfindungen"* (1751/52), in: Scientia poetica 12, 2008, 69–88, bes. 74.

7 Zitate nach Riedel, 414 (Sulzer: 5–11).

8 Riedel, 415.

9 J. G. Sulzer: *Vermischte philosophische Schriften. Aus den Jahrbüchern der Akademie der Wissenschaften zu Berlin gesammelt.* Bd. I: Leipzig 1773, 225–243.

10 Riedel, 415.

11 Riedel, 415.

Grenzwert der Erkenntnis" hervorheben.[12] Die Hauptdifferenz zwischen Erkennen und Empfinden bezeichnet dabei die Einstellung der Seele: Bei der Erkenntnis gehe sie ganz im Objekt auf, während sie in der Empfindung ausschließlich mit sich selbst beschäftigt sei.[13] In der Empfindung erfolgen keine Vorstellungen; sie sind jedoch eng mit dem Körper verbunden, dessen Verquickung mit dem Geist in sinnlichen Empfindungen man an den jeweiligen Nervenreizen und Kreislaufphänomenen beobachten könne.[14] Die Betonung dieser Korrespondenz von sinnlicher Empfindung und körperlicher Reaktion bezeichnet Riedel als „Sulzers anthropologische Achsendrehung" gegenüber der Dichotomie von Leib und Seele in der schulphilosophischen Tradition des „wolffischen Cartesianismus".[15] Das an diese Dichotomie gebundene Konzept der Vernunft und damit der Willensfreiheit muss Sulzer aufgrund seiner „empfindungspsychologischen Befunde"[16] verabschieden und auch hier die Herrschaft einer Notwendigkeit zugestehen.[17] Daraus folgt die Erkenntnis, dass die „heteronomen Empfindungen [...], und nicht die selbstbestimmten Vorstellungen und Denkakte" die „wahren antreibenden Kräfte in der Seele"[18] seien, da die Empfindungen die Seele durch die „Erregung des ‚Nervensystems'" sogleich heftig bewegten. Gestützt auf eine weitere Abhandlung Sulzers aus dem Jahr 1759[19] arbeitet Riedel zudem als letzten Punkt der „Sulzerschen Empfindungslehre" heraus, dass es die „‚klaren Vorstellungen" seien, die auf den „Verstand" wirkten, die „dunklen" aber, die ihre Macht „‚unmittelbar' auf die ‚Empfindung'" ausübten.[20] Damit kommt die Empfindung dem erst die „perceptio clara" bedenkenden Verstande zuvor und bewirkt die Handlung. Das „psychologische[] Axiom" des „Dualismus von Erkennen und Empfinden" ist grundlegend für die *Allgemeine Theorie*; auf diesem „disjunktive[n] Schema" fußt die „Eigenständigkeit des Ästhetischen" bei Sulzer[21] – und aus diesem

12 Riedel, 416.

13 Sulzer, *Vermischte philosophische Schriften*, 229 f.

14 Riedel, 417; Sulzer, *Vermischte philosophische Schriften*, 232.

15 Riedel, 417.

16 Riedel, 418.

17 Sulzer, *Vermischte philosophische Schriften*, 242 f.

18 Vgl. Riedel, 419; Sulzer, *Vermischte philosophische Schriften*, 213, 215 f.

19 J. G. Sulzer: *Vermischte philosophische Schriften*, 99–121: *Erklärung eines psychologischen paradoxen Satzes: Daß der Mensch zuweilen nicht nur ohne sichtbare Gründe sondern selbst gegen dringende Antriebe und überzeugende Gründe handelt und urtheilet.*

20 Riedel, 423.

21 Riedel, 427.

Dualismus ergibt sich auch das besondere Potential von *Umrissen*, zwischen den Vermögen vermittelnd wirksam zu werden.

Gerade das Empfinden soll nach Sulzers Konzepten in den Dienst von Vernunft und Sittlichkeit gestellt werden: und zwar, indem es durch adäquate Kunstformen und ihre wohlkalkulierten Wirkungen in beabsichtigter Weise herangebildet wird, bis auf diese Weise ein Programm der ‚ästhetischen Erziehung' den Charakter der Menschen geprägt haben wird. Denn, so formuliert Sulzer, „eine allgemeine, wol geordnete Empfindsamkeit des Herzens" sei „der allgemeineste Zweck der schönen Künste", und

> der wichtigste Dienst, den die schönen Künste den Menschen leisten können, besteht ohne Zweifel darinn, daß sie wolgeordnete herrschende Neigungen, die den sittlichen Charakter des Menschen und seinen moralischen Werth bestimmen, einpflanzen können.[22]

In dem 1772 vorab publizierten und u.a. von Goethe scharf kritisierten, programmatischen Artikel *Die Schönen Künste, in ihrem Ursprung, ihrer wahren Natur und besten Anwendung betrachtet*[23] führt Sulzer sein pädagogisches Kunstkonzept weiter aus. Da doch „in der ganzen Natur alles auf Vollkommenheit und Würksamkeit abziel[e]", sei es nur plausibel, dass die „Natur" den „Reiz der Schönheit" als „das Zeichen und die Lockspeise des Guten"[24] anwende. Sulzer glaubt an die Perfektibilität der menschlichen Empfindung.[25] In Anbetracht dieses Vermögens gelten die „schönen Künste" Sulzer als die „nothwendigen Gehülfen der Weisheit",[26] deren besonderes Potential eben darin liegt, dass sie nicht auf den Verstand, sondern auf das Empfinden wirken, da in diesem die „Kraft zu handeln" liege: Nur das *Empfinden* der „Wahrheit [...] in Gestalt des Guten [...]

22 Sulzer, AT (im Folgenden zitiert mit Bandnummer und Seitenzahl nach der Ausgabe: J. G. Sulzer: *Allgemeine Theorie der schönen Künste, in einzeln, nach alphabetischer Ordnung der Kunstwörter auf einander folgenden, Artikeln abgehandelt [...].* Neue vermehrte *zweyte* Auflage. 4 Bde.; Leipzig, 1792–1794 [= Reprographischer Nachdruck der 2., vermehrten Auflage Leipzig 1792. Mit einer Einleitung v. Giorgio Tonelli. Hildesheim 1967/70]), Art. „*Empfindung*" (II, 53–59), II, 55 und II, 57. Vgl. dazu Tumarkin, 127, Zitate ebd.; vgl. auch die Vorrede zur ersten Auflage der AT, IIIf.

23 *Die Schönen Künste, in ihrem Ursprung, ihrer wahren Natur und besten Anwendung betrachtet von J. G. Sulzer.* Leipzig 1772 [= SK].

24 SK, 21.

25 SK, 23, vgl. auch ebd., 28.

26 SK, 28 f.

reizt die Begehrungskräfte".[27] Wenn „die schönen Künste" aber wirklich „Schwestern der Philosophie, nicht blos leichtfertige Dirnen seyn" sollen, „die man zum Zeitvertreib herbey ruft," (AT II, 54) so bedürfen sie der „beständigen Führung"[28] und müssen „bey Ausstreuung der Empfindungen von Verstand und Weisheit geleitet werden." (AT II, 54) Angesichts der komplexen Verknüpfungen der seelischen Vermögen bemerkt Sulzer, die „Theorie der Sinnlichkeit" sei „ohne Zweifel der schwerste Theil der Philosophie". Zugleich kommt ihr eminent demagogisches Potential zu; Sulzer folgert, diese „so wichtige[] Wissenschaft" zeige „der Philosophie den Weg zur völligen Herrschaft über den Menschen".[29]

12.1 Die Leistung der Sinne

Um dieses fragwürdige Ziel zu erreichen, gebe es nur ein Mittel: „Ueberhaupt ist nur ein Weg in die Seele zu dringen, nämlich die äußern Sinnen [...]."[30] Nicht alle Sinne seien jedoch gleich wirkungsmächtig – und auch nicht gleich geeignet für künstlerische Empfindungen:

> Die höchste Kraft auf die Seele, haben die niedrigern gröbern Sinnen, das Gefühl, der Geschmack und der Geruch, aber diese Wege auf die Menschen zu würken, sind für die schönen Künste unbrauchbar, weil sie allein den thierischen Menschen angehen.[31]

Nach dieser apodiktischen Feststellung, die zumindest im Hinblick auf das *Gefühl* angesichts zeitgenössischer Diskurse zur Betrachtung plastischer Kunstwerke kurzsichtig urteilt,[32] erstellt Sulzer eine Rangfolge

27 SK, 29. Als „höchste Erfindung der Kunst" sieht Sulzer demnach das „Schauspiel", das das Potential besitze, das „vollkommenste" Mittel zur Rührung der „Gemüther" zu werden (SK, 80 f.). Zur „Rolle der unteren Begehrungskräfte" bei Sulzer vgl. Zelle, *Ästhetischer Enzyklopädismus*, 68 ff.

28 SK, 31.

29 SK, 72 f. Vgl. auch Riedel, 429, und ebd. zum grundlegenden Unterschied zu Schillers Konzept der ästhetischen Erziehung. Vgl. zu diesem Kontext auch Maurizio Pirro: *Sulzers Physik der Seele und die Dramentheorien Schillers*, in: Zeitschrift für Germanistik 16 2006, H. 2, 314–323.

30 SK, 73, mit Hinweis auf seine eigene *Rede über die angenehmen und unangenehmen Empfindungen*. Diese Prämissen Sulzers hier einleitend darzulegen, ist notwendig, um die Funktion der Umrisse ermessen zu können, die in Sulzers Konzept auf komplexe Weise zwischen den Vermögen des Geistes vermitteln.

31 SK, 74 f.

32 Vgl. Kap. 14 zu Herder.

der Sinne.[33] Besondere Relevanz kommt dem Gesichtssinn zu: Dem Auge sei das „Schöne, das einen so vortheilhaften Eindruck auf die Seele macht, [...] fast in allen seinen Gestalten sichtbar; aber es entdecket auch das Vollkommene und das Gute" und sei damit für die drei stärksten Kräfte empfänglich; das Auge könne „beynahe alles, was in der Seele vorgeht, lesen". „Was kann nicht ein geübtes Auge in den Gesichtern, in der Form, in der Stellung und Bewegung des menschlichen Körpers lesen? Diesen Weg zur Seele nehmen die *zeichnenden Künste*".[34] Hier deutet sich bereits an, welche Relevanz Sulzer dem *Umriss* beimessen muss, der die sinnliche Wahrnehmbarkeit von „Form", „Stellung" und „Bewegung" des Dargestellten erst konstituiert. Zudem vereinigt der Umriss, wie sich im betreffenden Artikel zeigen wird, visuelle und gleichsam ‚akustische' Momente in sich, wodurch sich seine Wirksamkeit erhöht. Da das Visuelle für sich genommen zugleich eine starke Wirkung auf die menschliche Empfindung auszuüben vermag und der Gesichtssinn nach Sulzer zudem tiefen Einblick in den Bereich von Verstand und Vernunft erlangt, eignen sich prinzipiell Künste, die auf diesem Wege die Seele interessieren, auf besondere Weise zur Vermittlung zwischen Erkenntnis bzw. Vorstellung und Empfindung, und auch hier kündigt sich bereits die Bedeutung des Umrisses an, da dieser traditionell ja als das ‚rationale' Darstellungselement gilt und somit zum Mittler zwischen Erkenntnis und Empfindung taugt:

> Das Gesicht gränzet in vielen Stücken so nahe an das blos Geistige (intellektuelle), daß die Natur selbst keinen Mittelsinn zwischen dem Gesichte und den innern Vorstellungen geleget hat; oft sehen wir, wo wir blos zu denken glauben, ohne uns des Eindrucks eines körperlichen Gefühls bewußt zu seyn.[35]

Die Annahme dieser besonderen Relation beruht auf Sulzers Konzept der „Vorstellung". Da im Visuellen für ihn Vorstellung und Sinnesempfindung annähernd kongruent sind, muss sich ihm angesichts dieser vermeintlich unmittelbaren Identität von Erkennen und Empfinden und damit der doppelt wirksamen „Kraft"[36] der Gesichtssinn besonders empfehlen. Dies wird im Hinblick auf den Stellenwert, den Sulzer dem Umriss beimisst,

---

33 Erst beim Gehör fange „das Gebiete der schönen Künste an." (SK, 76) Sulzer bezieht hier akustische Eindrücke primär auf die Musik; in den „redende[n] Künste[n]" diene Klangliches nur als Nebeneffekt; anders wird er dies jedoch in seinem Artikel zum *Umriss* darstellen.

34 SK, 77.

35 SK, 77 f.

36 Vgl. Kap. 12.2.

und dessen Relevanz für Konzepte zur ‚Vorstellung' nochmals zu berücksichtigen sein.

Nachdem Sulzer als kunstgeeignete Sinne Gehör und Gesichtssinn behandelt hat, stellt er fest, dass anscheinend „für die Künste kein Sinn mehr übrig" sei. Dennoch habe

> das menschliche Genie, durch göttliche Vorsehung geleitet, [...] sich noch ein weit reichendes Mittel erdacht, in jeden Winkel der Seele hineinzudringen. Es hat Begriffe und Gedanken, die nichts körperliches haben, in Formen gebildet, die sich durch die Sinnen durchschleichen, um wieder in andere Seelen zu dringen. Die Rede kann, vermittelst des Gehörs oder des Gesichts, jede Vorstellung in die Seele bringen, ohne daß diese Sinnen sie verstellen, oder ihnen die ihrem Baue eigene Gestalt geben. Weder in dem Klange eines Worts, noch in der Art, wie es durch die Schrift sichtbar wird, liegt die Kraft seiner Bedeutung.[37]

Was Sulzer hier formuliert, ist ein ausgesprochen oszillierendes Konzept von Sprache. Nicht nur wirken Worte für ihn unmittelbar, indem sie sich ohne jegliche körperliche Gestalt „durch die Sinnen durchschleichen" können, zugleich wirken sie doch „vermittelst des Gehörs oder des Gesichts", da die reine unmittelbare Geistigkeit keine Vorstellung hervorbringen könnte, derer die Empfindung doch als Substrat bedarf, um *etwas* empfinden zu können. Dabei übersieht Sulzer in seiner Utopie der bei jedem Rezipienten *identischen* Vorstellung freilich die Verschiedenheit der Assoziationen zu den „Begriffen und Gedanken", die somit doch jeweils eine zwar nicht unbedingt dem „Baue" der Sinne, aber doch der Einbildungskraft des Rezipienten „eigene Gestalt" erhalten. Im Unterschied zu genuin akustischen oder visuellen *äußeren* Reizen sind diese sekundär visualisierten oder klanglich ausgebildeten Vorstellungen jedoch rein geistigen Ursprungs. Während Sulzer später – nämlich unerwarteter Weise in Analogie zum *Umriss* – der Stimmmodulation große Bedeutung beimisst, spricht er hier dem „Klange eines Worts" ebenso wie seiner sichtbaren Schriftgestalt die „Kraft seiner Bedeutung" ab, die er ganz in den Bereich des Konzeptuellen verlegt. So räumt er auch ein, die „*redenden Künste*" stünden an „äußerlicher Kraft" „den andern weit nach", da sie im Allgemeinen nicht die äußeren Sinne erschüttern. Aber dafür „rühren [sie] alle Sayten der Einbildungskraft, und können dadurch jeden Eindruck der Sinnen, selbst der gröbern, ohne hülfe der Sinnen selbst fühlbar machen."[38]

37 SK, 78.
38 SK, 79.

Signifikant in Sulzers Konzept ist der Unterschied zwischen *Vorstellung* und *Empfindung:* Während in der Vorstellung die Seele bloß *in* dem Gegenstand der jeweiligen Vorstellung gegenwärtig sei und sich selbst dabei nicht empfinde, fühle sie sich in der *Empfindung* gänzlich selbst.[39] Da die Empfindung des Schönen jedoch „verwickelter als die bloße Empfindung" sei und dennoch „Vergnügen vor jeder Erkennntis der Beschaffenheit", also vor dem Einsetzen der Vernunft oder des sittlichen Gefühls bereite, folgert Sulzer, dass es ein drittes von beiden unabhängiges „seelische[s] Vermögen" zur Empfindung des Schönen (nämlich den Geschmack) geben müsse.[40] In „offenbare[m] Gegensatz" zu den Lehren von Wolff und Baumgarten heißt es bei Sulzer, dass die „Kraft der Seele" die „klaren Ideen lieber als die dunklen und die deutlichen lieber als die bloß klaren hat".[41] Die Seele müsse jedesmal, wenn aus einer verworrenen Idee eine deutliche werde, „Vergnügen darüber empfinden", und weil „nun jede Schönheit eine Menge besonderer Ideen in sich schließt, so stellt sie uns so lange vom Ganzen eine verwirrte Idee vor, bis wir die Einheit, durch welche wir die Mannigfaltigkeit entwickeln können, gefunden haben; und alsdann wird die Idee des Ganzen, die bisher nur undeutlich gewesen war, deutlich."[42] Dem Umriss kommt dabei zentrale Bedeutung zu.

12.2 Zur Bedeutung von Form und Umriss des Kunstwerks bei der Vermittlung zwischen den Vermögen und im Kontext von Sulzers Ganzheitsästhetik

Im Hinblick auf die Frage nach der Relevanz von Umrissphänomenen innerhalb von Sulzers Ästhetik ist zunächst zu betrachten, welcher Stellenwert darin der *Form* des Kunstwerks zukommt. Diese hat besondere Bedeutung im Kontext seiner wirkungsästhetischen, auf eine ‚ästhetische Erziehung' zielenden Konzepte. Um die optimale Wirkung des Kunstwerkes – welcher Gattung auch immer – zu gewährleisten und „die Seele zu

39 Vgl. Tumarkin, 81.

40 Vgl. zum Argumentationsgang zur Herleitung der drei Vermögen genauer Neville, 49 f., Zitate ebd.

41 *Untersuchung über den Ursprung der angenehmen und unangenehmen Empfindungen.* Vom Jahre 1751 und 1752, in: Sulzer: *Vermischte philosophische Schriften*, 1–98, 10.

42 *Untersuchung über den Ursprung der angenehmen und unangenehmen Empfindungen*, 39.

‚interessieren'", so dass „sich der Inhalt dem Betrachter mit Lebhaftigkeit einprägt", ist die Form des Kunstwerks maßgebliches Konstituens des beabsichtigten Eindrucks. Die wesentlichen formalen Eigenschaften, durch die dieser Eindruck begünstigt wird, stellen „Ordnung und Klarheit", die „Einheit" des Kunstwerks (inklusive „Mannigfaltigkeit"), seine „Einfalt" und der Charakter des Werks als ein harmonisches „Ganzes" dar. Die *ars*, die „Technik", gilt es, im Hinblick auf die optimale Wirkung und „Empfindung", nicht zu exponieren; sie hat vielmehr hinter dem Inhalt zurückzutreten,[43] damit das Kunstwerk seine maximale „Kraft"[44] entfalten kann.

Dem Umriss, als demjenigen Gestaltungsmedium, von dem die Formkonstituierung und -begrenzung abhängt, und der zudem bedingt durch die schnelle „Wahrnehmbarkeit" ein hervorragendes ästhetisches Wirkungspotential besitzt, kommt erwartungsgemäß hohe Bedeutung zu. Dies erhellt zudem angesichts der Tatsache, dass Sulzer den klaren Ideen den Vorzug vor den dunklen, den deutlichen vor den undeutlichen zuspricht: Ist doch der Umriss aufgrund der eben genannten Charakteristika gekennzeichnet durch eine besondere Affinität zum klar Definierten als ein wesentliches Element „klarer" und „deutlicher" visueller Darstellung. Nicht zuletzt ist es auch Leistung des Umrisses bzw. des Kontur, am

43 Zur Relevanz der Form für Sulzers Ästhetik vgl. Neville, 52 f.

44 Eine ästhetische Kraft besitzt ein Gegenstand für Sulzer dann, wenn unsere Aufmerksamkeit von seiner „Beschaffenheit" abgelenkt und stattdessen auf die „Würkung" gerichtet werde, die er auf unsere Empfindung ausübt. Dem Begriff kommt in Sulzers ästhetischen Konzepten besondere Relevanz zu: *„Kraft. (Schöne Künste.)* Wir schreiben jedem Gegenstand des Geschmaks eine ästhetische Kraft zu, in sofern er vermögend ist eine Empfindung in uns hervorzubringen." (Art. *Kraft:* AT III, 61–66) Es gebe nur drei „wesentliche[] Kräfte": jene, die aus „Vollkommenheit, aus Schönheit und aus Güte" entstehen. Diejenige Kraft, die aus der Vollkommenheit resultiere, befriedige den „Verstand", weswegen Vollkommenes gefalle (III, 62). Zu dessen Bereich gehören „Wahrheit, Richtigkeit und Deutlichkeit" (III, 62); diese müssen ganz besonders ausgeprägt sein, um unsere Empfindung maximal zu erfreuen. Vgl. Tumarkin, 130, zur bildenden Wirkung der unterschiedlichen „ästhetischen Kräfte[]". Vgl. auch Sulzers Definition der „Vollkommenheit" (AT IV, 688 f.). Aus der dort formulierten Bedingung, dass die Vollkommenheit „gleichsam auf einen Blik" erkannt werden müsse (ebd., 689), um als solche zu wirken, erhellt wiederum für den Bereich der bildenden (und redenden, übertragen in Sulzers Konzept der poetischen Malerei) Künste die besondere Funktion des Umrisses als desjenigen Gestaltungsmomentes, das den optimalen ‚Totaleindruck' zu gewährleisten und, durch Appelle an Schönheitsempfinden und Verstand, gleichermaßen zwischen Erkennen und Empfinden zu vermitteln imstande ist.

Kunstwerk die formale Einheit in der Mannigfaltigkeit zu gestalten. Dies steht in enger Verbindung mit der Relevanz des Umrisses für die Empfindung des Schönen, das nach Sulzer umso größer ist, je klarer die Erkenntnis sich gestalte. Somit ermöglicht der aktiv perzipierende Nachvollzug des Umrissverlaufs höhere Stufen dieser Empfindung: Die Linearität der Umrisse konditioniert neben der abstrakt-konzentrierten, schnellen visuellen Eindrücklichkeit *auch* eine progressive Empfindung im optischen Nachvollzug der Lineamente, die somit dem von Sulzer propagierten Vergnügen entgegenkommt, das die Seele bereits in der Erkenntnistätigkeit an sich empfinde.

Als denotierendes, den Inhalt bzw. die „Idee" vermittelndes Darstellungselement ist es auch der Umriss, der Bilderfindung und -aussage, bis hin zu moralisch-sittlichen Aspekten, gestalten, zugleich aber seine Gestaltetheit vergessen machen muss; d. h. er muss über möglichst große ästhetische „Kraft" nach Sulzer verfügen,[45] um durch diese Dissimulation und Suggestion von Unmittelbarkeit – zu der wiederum die abstrakt-konzentrierende Eindrücklichkeit beiträgt – die Wirkung auf das Empfinden des Betrachters zu optimieren. Mit anderen Worten: je größer die „Kraft", umso tiefer der ‚Eindruck'. Ist dieser in der Empfindung einmal vollbracht, setzt in der Perzeption der linearen Denotation die progressive Erkenntnis ein, in der der Gegenstand des Empfindens zu einem Objekt der „Vorstellung" und der Reflexion wird: Dem Umriss kommt also Vermittlungsleistung zwischen beiden Vermögen, dem Empfinden und der Erkenntnis, zu.

Für eine weitere zentrale Kategorie der Sulzerschen Ästhetik besitzt der *Umriss* Bedeutung: Es handelt sich um den Begriff des „Ganzen", dem Sulzer einen Artikel von besonderem Stellenwert widmet.[46] Dabei schließt er an Leibniz' Position insofern an, als auch er letztlich nur die Welt als ein „wahres Ganzes" gelten lässt, außerhalb derer Einzelnes niemals für sich bestehen könnte.[47] Dennoch vertritt er die Ansicht, auch einzelne Teile

45 Zur Ablösung der „Nachahmung" als oberstes Prinzip der Künste durch den Begriff der ästhetischen „Kraft" bei Sulzer vgl. Zelle, *Ästhetischer Enzyklopädismus*, 70 f.

46 Vgl. Johannes Dobai: *Die bildenden Künste in Johann Georg Sulzers Ästhetik. Seine „Allgemeine Theorie der Schönen Künste"*. 308. Neujahrsblatt der Stadtbibliothek Winterthur, 1978, 48 f.

47 Sulzer, AT II, 291–296: „*Ganz (Schöne Künste)*": „Im strengen philosophischen Sinn macht nur die Welt ein wahres Ganzes; jedes in der Welt vorhandene Einzele aber ist ein Theil, der für sich nicht bestehen, auch nicht einmal erkennt werden kann. Aber ein so metaphysisches Ganzes darf ein Werk der Kunst nicht seyn. Die

bildeten relative „Ganzheiten“, so dass auch gelegentlich von einer „Ganzheitsästhetik“ Sulzers gesprochen wird, denn der „Wunsch nach dem Erstellen von ‚Ganzheiten'“ stehe „im Mittelpunkt seines Denkens“. Darin gelange für ihn der „ganze[ ]“, also der „sittlich ausgewogene[ ] Mensch[ ]“ zum Ausdruck, das „Ganze“ sei damit „bei ihm nicht nur ein ästhetischer, sondern auch ein ethischer Hauptbegriff“.[48] Das Ganze gilt ihm als „Grund der Vollkommenheit und der Schönheit“: „[V]ollkommen ist das, was gänzlich und ohne Mangel das ist, was es seyn soll; schön ist das, dessen Vollkommenheit man sinnlich fühlt und empfindet.“[49] Im Hinblick auf die Funktion von Umrissphänomenen im Kontext des Sulzerschen Ganzheitskonzepts ist es signifikant, dass dem eng mit dem Begriff des „Ganzen“ verbundenen Begriff der „*Einheit*“ große Bedeutung zukommt. Sulzer nennt „zwey Bedingungen“, die „einen Gegenstand zu einem Ganzen“ machten: „eine ununterbrochene Verbindung der Theile, und eine völlige Begränzung des Gegenstandes. Durch die Verbindung werden die Theile in *einen* Gegenstand zusammengefasst, und durch die völlige Beschränkung wird dieser Gegenstand Ganz.“[50] Mit Bezug auf Aristoteles untermauert Sulzer seine Ansicht, denn diesem zufolge sei das

---

Gegenstände werden da nie in allen ihren metaphysischen Verhältnissen und Verbindungen, sondern allemal nur aus einem einzigen Gesichtspunkte betrachtet: also ist es genug, daß sie in Rücksicht auf denselben ein Ganzes seyen. Wenn man also nur für den besondern Gesichtspunkt, aus welchem ein Gegenstand angesehen wird, außer ihm zu völliger Kenntniß der Sache nichts nöthig hat; wenn gar alles vorhanden ist, was zur besondern Absicht des Künstlers dienet, so ist sein Gegenstand hinlänglich von der Masse der in der Welt vorhandenen Dinge abgerissen, um für sich ein Ganzes auszumachen.“ (II, 292) Vgl. Dobai, 48 f., und seine Anm. 242 auf 269.

48 Dobai, 48 f.

49 Vgl. Dobai, 49, Zitate ebd.

50 AT II, 291: „Man nennet dasjenige Ganz, von dem kein Theil abgebrochen, oder was nicht selbst ein Theil einer andern Sache ist. Nach diesem Begriff ist ein Gegenstand ganz, dessen Schranken überall so bestimmt sind, daß jeder hinzugesetzte Theil etwas fremdes und überflüßiges, jeder davon genommene aber einen Mangel anzeigen würde. So ist ein Dreyek, ein Zirkel, oder jede einen Raum einschließende Figur ein Ganzes, weil ihr Umriß den Raum völlig begränzt oder einschließt, so daß alles, was man hinzusetzen wollte, außer dem Raum läge, hingegen jeder von dem Umriß weggenommene Theil sogleich einen Mangel anzeigen würde.“ – Im Hinblick auf die komplexe Linearästhetik Karl Philipp Moritz' (vgl. Kap. 16) und dessen ubiquitäre Konzepte der Umschließung sowie des Schönen als des ‚in sich selbst Vollendeten‘ ist die Fortsetzung des Artikels bei Sulzer bemerkenswert, in dem sich u. a. ein Vergleich mit dem Blick „von einer Anhöhe“ auf „eine nahe Stadt“ findet, die man mit ihrer Gegend als einen abge-

> Unbeschränkte nicht angenehm, ja so gar nicht begreiflich [...]. Der Grund ist offenbar; denn der Mangel der Begränzung hindert uns, einen bestimmten Begriff von der Sache zu haben; wir können nicht wissen, was sie seyn soll. Da wir also nicht urtheilen können, ob sie das ist, was sie seyn soll, so kann sie auch nicht gefallen. Und hieraus erhellet, daß jedes Werk der Kunst ein wahres Ganzes seyn müsse, weil es sonst nicht gefallen könnte. Darum gehört die Betrachtung derjenigen Eigenschaften der Gegenstände, wodurch sie zum Ganzen werden, in die Theorie der Künste. (II, 291 f.)

Eine „eigene Beschränkung“, durch welche er „als etwas für sich bestehendes angesehen, und nicht blos für einen Theil von etwas andern gehalten wird“, erhalte ein Gegenstand „dadurch, daß er außer aller Verbindung mit andern Dingen gesetzt wird; und hernach, daß er seine merkliche oder sichtbare Begränzung hat.“ (II, 292) Die Relevanz des Umrisses lässt sich in diesem Kontext abermals unschwer ahnen. Zwar ist hier eine Inkonsistenz in Sulzers Kategorien zu beobachten, denn die Begrenzung als Voraussetzung des Gefallens verlagert dieses, eigentlich ein Element der Empfindung, aus dem Bereich des Empfindens in den Bereich der Erkenntnis, so dass die geforderte deutliche Begrenzung dem Postulat maximaler Kraft der Darstellung zu widersprechen scheint, in der die Dargestelltheit zugunsten der unmittelbaren Wirkung zurücktritt. Sulzer jedoch umgeht diesen Widerspruch, indem er die Ganzheit dem Moment der Unmittelbarkeit überordnet, wenn er schreibt, die „Würkung der Werke der Kunst auf unser Gemüthe“ sei „allemal dem Grad der Aufmerksamkeit angemessen, womit wir es betrachten. Was aber nicht als ein für sich bestehendes Ganzes, sondern als ein Theil eines weit größern Ganzen erscheinet, kann unsre Aufmerksamkeit nie ganz haben.“ (II, 293) Gerade hier wird deutlich, welch zentrale Vermittlerrolle zwischen Empfinden und Erkennen dem Umriss zukommt. Der Umriss vermag als gestalterisches Element der Begrenzung (und damit Gegenstand oder erst ermöglichende Bedingung des Urteils) und zugleich als sinnlich wahrnehmbares Objekt des Gefallens zwischen der *Erkenntnis* des *Vollkommenen als eines Ganzen* und der *Empfindung* des *Vollkommenen als eines Schönen* zu vermitteln und beider Wirkungsweisen zu kombinieren.

In dem Artikel, den Sulzer dem „Ganzen“ widmet, fordert er, auch in den „redende[n] Künste[n]“ müsse jedes Element „seine merkliche oder sichtbare Begränzung, seinen Anfang und sein Ende haben“, denn „[j]ede Periode der Rede, jedes Glied, so gar meist jedes Wort macht wieder ein

lösten Gegenstand betrachte: „Diese eigene von allen andern Dingen unabhängliche Existenz muß jeder Stoff eines Kunstwerks haben.“ (II, 293)

kleineres Ganzes aus. Also müssen in einer Periode die Worte, und in einem Worte die Sylben, so geordnet seyn, daß das Ohr den Anfang und das Ende empfinden könne." (II, 294) Sulzer lässt Anweisungen zur Stimm-Modulation folgen und erörtert die notwendigen Hebungen und Senkungen der Rede innerhalb der Perioden, die klanglich deutlich zu beenden seien: Ihr Steigen und Fallen solle allmählich erfolgen und sich abwechseln, zuletzt müsse die Stimme aber einen „merklichen Fall oder Schluß" machen. Doch nicht nur für ganze Perioden beansprucht Sulzer akzentuierende Aufmerksamkeit und Trennschärfe. Selbst einzelne Wörter würden „ohne die verschiedenen Accente sich nie von einander ablösen" (II, 294). Diese Verbindung von Stimm-Modulation und einem Ganzheitsbegriff, der auf einer Demarkation der Grenzen gründet, begegnet unerwartet wieder in dem Artikel zum „*Umriß*".

12.3 Der Artikel zum Umriss in der *Allgemeinen Theorie der Schönen Künste*

Unter dem Begriff „*Umriß*", so liest man in Sulzers gleichnamigem Artikel,[51] verstehe man:

> Die äußersten Linien, wodurch die Schranken, folglich die Form eines Körpers bestimmt wird. Vorzüglich versteht man dadurch die äußersten Linien bey Zeichnung der menschlichen Gestalt, die den wichtigsten Theil der Zeichnung ausmachen. Jede besondere Ansicht des Körpers läßt einen besondern Umriß sehen, und in jeder möglichen Ansicht verändert er sich nach der Stellung oder Bewegung der Gliedmaaßen. Also kann eine Figur nach unendlich viel verschiedenen Umrissen gezeichnet werden.[52]

Neben der allgemeinen Definition als formbestimmendes Gestaltungselement gilt der „Umriß" Sulzer also in besonderem Sinne als diejenige Zeichnung, durch welche die äußeren Linien der „menschlichen Gestalt" in Bewegung, und damit zwar nach den Gesetzen der Anatomie und Perspektive, insgesamt aber in einer „unendlichen" Mannigfaltigkeit der Stellungen und Ansichten dargestellt werden können. Im Anschluss an diese Definition geht Sulzer zu den Eigenschaften des gelungenen Umrisses über:

> Bey jeder Zeichnung des Umrisses ist auf zwey wesentliche Punkte zu sehen, auf Richtigkeit und auf Schönheit. Die Richtigkeit des Umrisses entsteht aus

51 AT IV, 628–630: Art. „*Umriß. (Zeichnende Künste.)*"
52 AT IV, 628 f.

> Beobachtung der wahren Verhältnisse, und der wahren Wendung einzeler Theile. (IV, 629)

Während das „Schöne“ wiederum zur interessierten Betrachtung reizen und die Empfindung anregen kann, gehört für Sulzer, wie bereits oben gesehen, die „Richtigkeit“ zu den Konstituentien der „Vollkommenheit“. Die hierfür zu treffenden „wahren Wendungen“ führen Sulzer zur Definition der idealen Liniengestalt:

> Nämlich, der ganze Umriß besteht aus unzähligen krummen, aus- und eingebogenen, mehr oder weniger gekrümmten und immer in einander fließenden Linen. Die Erhöhungen und Vertiefungen dieser Linien entstehen aus den unter der Haut liegenden Muskeln und Knochen. Jene sind nicht nur in jedem einzelen Körper, sondern bey jeder Stellung und Bewegung, sowol in Verhältniß, als in Form anders. (II, 629)

Deutlich sind hier Nachklänge jener Positionen, nicht nur Hogarths, zu vernehmen, in denen die Wellenlinie als Linie der Schönheit favorisiert wurde, besonders aber erinnern Sulzers Formulierungen der „in einander fließenden Linien“ – die freilich auch auf Drydens „flowing glideing Outlines“ im Anschluss an du Fresnoy bzw. Lomazzos Michelangelo-Paraphrase rekurrieren (vgl. Kap. 11.10) – an Winckelmanns Lob des wellenförmig bewegten plastischen Kontur. Neben diesen idealen Formen misst Sulzer jedoch auch hier der Angemessenheit der Darstellung eines jeden Gegenstands Bedeutung bei, wie er auch im Artikel zur „Zeichnung“ fordert, der „nach dem besondern Zwek wol gewählte[] Gegenstand“ müsse so gezeichnet werden, „daß er in seiner Art die höchste Würkung thue“:

> Menschen von gewisser Lebensart zeigen Umrisse, die ihrer Gattung eigen sind. Ein Kämpfer, der sich täglich in gewaltsamen Bewegungen übet, bekommt an allen Theilen andere Umrisse, als ein weichlicher und meist stillsitzender Mensch. Dergleichen Veränderungen entstehen auch durch das Temperament und das Alter. Man erstaunet bey einigem Nachdenken über die Schwierigkeiten, in jedem Falle die Richtigkeit der Umrisse zu treffen. (II, 629)

Bereits in diesen Sätzen zeigt sich, dass Sulzer die Ausdrucksmöglichkeiten der Umrisse als eine Art sprachliches System versteht, dessen Kombinationsmöglichkeiten an sich „unendlich“ sind, wie er es oben angesichts der Stellungen und Bewegungen formulierte, das aber dennoch von gewissen Schemata geprägt wird: Der Umriss, einmal eingeschränkt auf die engere Bedeutung des *menschlichen* Umrisses, wird zum Bedeutungsträger oder vielmehr zur visuellen Abbreviatur des *Charakteristischen* (sei es auf soziokulturelle Aspekte, Temperament oder das Lebensalter bezogen), als welchem ihm besonders innerhalb des anthropologisch-pädagogischen Kunstverständnisses bei Sulzer große Relevanz zukommt. Konsequent gilt ihm eine „sehr gute Kenntniß der Anatomie" und „ausgebreitete Beobachtung der Bewegungen an nakenden Körpern von allerley Alter und Temperament" als unabdingbare Voraussetzungen gelungener Umrisszeichnungen:

> Und doch wird die ausgebreiteste Kenntniß hierin für tausend Fälle noch nicht hinreichen, wenn man nicht die Natur selbst vor Augen hat. [...] Einem guten Zeichner des Nakenden müssen die Muskeln des menschlichen Körpers so bekannt seyn, als die Buchstaben des Alphabets dem, der Wörter zu schreiben hat. (II, 629)

Die Parallelisierung von Sprachsystem und unerschöpflich generativem Potential der Natur, von Mannigfaltigkeit sprachlicher Ausdrucksformen einerseits und Mannigfaltigkeit der Naturerscheinungen sowie ihrer zeichnerischen Darstellungsmöglichkeiten andererseits, wird hier nun explizit geäußert. Die Muskeln übernehmen in diesem Sprachsystem die Funktion der Buchstaben, mit deren Hilfe sich das „Charakteristische" ausdrücken lässt. Bemerkenswert ist an Sulzers Position, dass er, obwohl er von einem erlernbaren Zeichensystem ausgeht, als Gegenstand dieses Lernprozesses die „Natur selbst" – mit ihrem unendlichen Schaffenspotential – propagiert, nicht aber die leichter systematisierbaren, konventionell-schematischen Akademie-Studien nach Statuen: möglicherweise, um durch direkte Orientierung an der Natur[53] die von Sulzer so emphatisch gepriesene „Lebhaftigkeit" der Darstellung und damit die maximale Wirkung auf die Empfindung des Betrachters zu erzielen. Freilich bedarf die zeichnerische Mannigfaltigkeit, zumal im Hinblick auf Sulzers „ganzheitsästhetische" Konzepte, einer synthetisierenden Einheit. Diese wird, seiner Ansicht nach, geleistet durch die Darstellung der „Haut":

> Das allgemeine Kleid, oder die Haut, die den Körper bedekt, giebt eigentlich der menschlichen Figur die Schönheit [...]. Sie mildert alles Harte und Steiffe, bringt alle Linien des Umrisses zur Einheit der Form, und giebt ihm die liebliche Harmonie, und das sanfte Wesen, wodurch die menschliche Gestalt, auch blos in Absicht auf den Umriß allein, die höchste Schönheit der Form erhält. (II, 629)

53 Auch hierin mag sich wiederum der Einfluss von Hagedorns *Betrachtungen* auf Sulzers Ansichten von Malerei zeigen, wie es auch im Folgenden – der Wertschätzung der Haut als eines gestalterischen Momentes – wohl der Fall ist.

Es wird nicht ganz deutlich, was Sulzer hier unter der Darstellung der „Haut" versteht – fällt sie als Gegenstand des Inkarnats doch eigentlich in den Bereich des Colorit, von dem er an dieser Stelle jedoch nicht handelt. Verstanden als bloß zeichnerisch wiedergegebene Haut erweckt sie freilich eine reichlich abstrakte, eben lineare Vorstellung. Relevant ist jedoch in diesem Kontext ihre „Einheit" konstituierende und damit „Harmonie" und letztlich die „höchste Schönheit der Form" bewirkende Funktion, durch die sie die Wirkung auf die Empfindung des Betrachters zu maximieren vermag, wie es die anatomisch korrekte, aber analytisch-nüchterne Darstellung eines Skeletts oder eines *ecorché* nicht vermocht hätte.

Wie sich Sulzer die „höchste Schönheit der Form" an der Umrissgestalt vorstellt, war bereits zu Beginn seines Artikels angeklungen, als er die „unzähligen krummen, aus- und eingebogenen, mehr oder weniger gekrümmten und immer in einander fließenden Linien" als Bestandteile der Umrisses genannt hatte. Auf dieses Ideal der Wellenlinie kommt er nun zurück, indem er sie mit der „Einheit" der Form und seinem Ganzheitskonzept verbindet:

> Die Einheit der Linie des ganzen Umrisses scheinet die erste nothwendige Eigenschaft der Schönheit des Umrisses zu sein. Eine einzige unabgebrochene Linie muß die ganze Figur umschließen. In dieser Linie muß nichts gerades seyn; alles muß sich wellenförmig bald mehr, bald weniger runden; aber mit so sanften Abwechslungen, daß man vom ausgebogenen auf das eingebogene, von dem mehrgekrümmten, auf das gerade laufende,[54] durch unmerkliche Stufen kommt, so daß das Auge um den ganzen Umriß sanft fortglitschen könne. (II, 629)

War bereits oben in der Favorisierung der „immer in einander fließenden Linien" der Einfluss Drydens (bzw. Du Fresnoys) herauszuhören, so wird der Bezug hier nun deutlich, wenn im „sanft fortglitschen" des Blickes das

54 Vgl. auch Sulzers Artikel zur „*Harmonie. (Mahlerey)*" (AT II, 479–483), in dem er auch von eckigen Umrissen in der Zeichnung handelt, dabei aber die Angemessenheit der Darstellung betont, wiederum unter Rücksichtnahme auf deren größtmögliche „Kraft": „Auch in der Zeichnung muß Harmonie seyn. Die Vermeidung des Ekigten und Spitzigen in den Umrissen, das Schlängelnde und Wellenförmige darin, macht eigentlich die Formen sanft und harmonisch. Mengs sagt von Correggio, daß er alle Eken vermieden und seine Umrisse schlängelnd gemacht habe, und daß dieses vom Gefühl der Harmonie hergekommen sey. In den meisten antiken Formen zeiget sich dieses ebenfalls. Aber es ist nicht so zu verstehen, als wenn jeder Umriß den höchsten Grad des Sanften und Weichen haben müßte; denn dieses würde oft dem Ganzen die Kraft benehmen. Der Grad des Harmonischen in den Umrissen muß dem Charakter der Gegenstände selbst angemessen seyn." (II, 482)

„flowing, *glideing* Outlines" aus Drydens Übersetzung auch lautlich nachklingt (meine Hervorhebung, C. K.). Handelt es sich hierbei jedoch lediglich um Anknüpfungen an längst etablierte Konzepte zur Linie der Schönheit, so präsentiert der folgende Passus aus Sulzers Umriss-Artikel eine höchst individuelle Perspektive auf dieses Gestaltungsmittel:

> Einer der wichtigsten Punkte der Schönheit liegt in der abwechselnden Stärke und Schwäche, in der Kühnheit, womit einige, und der bescheidenen Vorsichtigkeit, womit andere Theile gleichsam ausgesprochen werden. Im Umriß kann nicht einerley Ton herrschen, wenn es ihm nicht ganz an Kraft fehlen soll. Wer den vortrefflichsten Umriß, wie ihn Raphael gemacht hätte, mit einer dünnen, überall gleichen Linie, nachzeichnen würde, benähme ihm dadurch fast alle Kraft; er würde nur den Schatten eines schönen Umrisses, wiewol in der größten Richtigkeit der Verhältnisse, darstellen. So wie die Wörter der Rede, die Redesätze und ganze Perioden ihre verschiedenen Accente, Hebung und Abfall der Stimme haben müssen, um wolklingend zu seyn, so muß auch der Umriß Ton und Stimme abändern. Einiges muß sich durch Kühnheit, anders durch das Sanfte auszeichnen. (II, 629 f.)

Eingeleitet durch einen weiteren Vergleich mit der Sprache – die Umrisse werden „gleichsam ausgesprochen" – verbildlicht Sulzer die ideale Beschaffenheit schöner Umrisse durch Parallelen zur rhetorischen *actio*, und damit zu derjenigen Produktionsstufe der Rede, von der die *Lebendigkeit* des Werkes und die Wirkung auf die Rezipienten am meisten abhängt (zugleich zeigt sich hierin natürlich auch eine Entsprechung zur emphatischen Wertschätzung der Handzeichnung als *actio* ebenso wie als Notation des konzeptuellen Gehaltes). So verwundert es nicht, dass hier der „Kühnheit" (im Wechsel mit Sanftheit) besondere Bedeutung zukommt,[55] während es zuvor um „Richtigkeit" und „Harmonie" gegangen war. Von diesem Wechsel der zeichnerischen *Töne* hängen die *„Kraft"* und damit die Wirkung des Werkes auf die Empfindung ab.[56] Wiederum, wie im Falle der

---

55 Es sollte nicht unterschätzt werden, welchen Stellenwert die in diesem Passus zweimal genannte „Kühnheit" bei Sulzer besitzt, welche die Wirkung der Lebendigkeit und damit die Resonanz in der Empfindung des Rezipienten noch zu steigern vermag. Es gebe „unter allen Aeußerungen der Seelenkräfte nichts, das unsre Hochachtung so stark an sich zieht, als das Schöne und Gute, das mit Kühnheit verbunden ist". (Art. *„Kühn. (Schöne Künste)"*; AT III, 70–72, hier 70); Vgl. dazu Dobai, 59 f.

56 Vgl. dazu Gottscheds Bemerkungen über das rhetorische Ideal der Evidentia in seinem *Handlexikon* (*Handlexicon oder Kurzgefaßtes Wörterbuch der schönen Wissenschaften und freyen Künste.* Zum Gebrauche der Liebhaber derselben herausgegeben, von Johann Christoph Gottscheden [...]. Leipzig 1760, Sp. 519), in dem er unter den Gestaltungsmöglichkeiten der Evidentia die Vortragsweise mitein-

zweckmäßigen Darstellung des Unschönen in passenden Gegenständen, wird „Raphael" als Beispiel herangezogen: Selbst dessen „vortrefflichste[r] Umriß", unter Beibehaltung korrekter Proportionen, verlöre „fast alle Kraft", wenn die Umrisslinie nicht moduliert würde. Das Bild, das Sulzer hier evoziert – eine einförmige Umrisslinie präsentiere „nur den Schatten eines schönen Umrisses" – bewirkt eine subtile Verschiebung des abbildtheoretischen Status: Stand der Schattenumriss am mythischen Beginn der Malerei, so wird nun der ideale Umriss als *körperhaft* propagiert und (bildlich) an die Stelle des Urbildes gesetzt, als *dessen* „Schatten" wiederum ein nicht variierter Umriss nur gelten könnte. Als einen solchen freilich hat man sich wohl mit Sulzer den mythischen Umriss der Töpferstochter zu denken.

Mit einem detaillierteren Vergleich von Redekunst und Umrisszeichnung greift Sulzer auf den bereits zweimal angedeuteten Bildbereich zurück: „Ton und Stimme" des Umrisses bzw. der einzelnen Linienabschnitte und die durch sie bezeichneten Muskeln, Körperteile oder Figuren werden implizit mit „Wörter[n] der Rede", „Redesätze[n] und ganze[n] Perioden" parallelisiert, durch „verschiedene[] Accente, Hebung und Abfall der Stimme" werden „Kühnheit" und „Sanfte[s]", wellenförmiges Ineinanderfließen und Wechsel von Biegungen und Krümmungen der Umrisse verbildlicht. An dieser Stelle, an der Sulzer die Sprachlichkeit des Umrisses verhandelt, bricht er jedoch abrupt ab mit den Worten:

> Aber es wäre Tollheit, eine Sache, die man blos zu fühlen, nie aber zu erkennen im Stand ist, und wozu die Sprache keine Worte hat, ausführlich beschreiben wollen. Der Künstler übe sein Auge an der Natur, an den besten Antiken, an den Werken des Raphaels, M. Angelo und andrer großer Männer, und lerne zuerst fühlen; dann suche er das, was er fühlt, auszudrüken. (IV, 630)

---

bezieht: „*Descriptio oder Hypotyposis:* die Beschreibung, ist eine Figur in ganzen Sprüchen, darinnen man eine lebhafte und ausführliche Abbildung von einer Sache giebt, und sie dem Zuhörer gleichsam vor Augen machet. Bey der Aussprache dieser Figur muß ein Redner dieses beobachten, daß er bey dem Anfange jedes Theiles, die Stimme gewissermaßen erhebe oder verändere; damit es der Zuhörer wahrnehme, wie vielerley er zu merken habe. Doch muß er mehr langsam und gelassen, als hurtig fortreden." (Vgl. Kap. 9) Dieses Konzept verbindet (lange vor Erscheinen der *Allgemeinen Theorie*) Sulzers Bemerkungen zur Funktion der idealen literarischen Zeichnung in der poetischen Malerei mit jenem Vergleich, in dem Sulzer die variierte Umrisszeichnung mit der stimmlichen Modulation des Redners parallelisiert – ohne jedoch die Verbindung zur Beschreibung als Gegenstand der Rede herzustellen.

Die Umrisszeichnung, traditionell dasjenige Moment, das im künstlerischen Produktionsprozess mit der Ratio in Verbindung gebracht wird und als primäres Notat des künstlerischen Konzepts gilt, wird hier von Sulzer im Stile des je-ne-sçais-quoi-Topos verklärt (den er schließlich ja auch in Hagedorns ausführlichem Referat der Linientheorien finden konnte, vgl. Kap. 11). Gerade dadurch, dass sich dieses gestalterische Element – „eine Sache, die man blos zu *fühlen*, nie aber zu *erkennen* im Stand ist, und wozu die Sprache keine Worte hat" – dem diskursiv-rationalen Zugriff der Erkenntnis entzieht, erscheint es auf besondere Weise qualifiziert für eine Mittlerfunktion in Sulzers Konzept der ästhetischen Erziehung durch die *Empfindung:* Als Fixierung des künstlerischen Schaffensaktes aus dem freilich durch Studium verfeinerten Gefühl vermag die Umrisszeichnung direkt an das Gefühl des Betrachters zu appellieren. Der Erkenntnis aber entzieht sie sich, so Sulzers Ansicht, wohl in dem Maße, in dem das Auge an den ineinanderfließenden Wellenlinien „fortglitsch[t]". Die Stilisierung des Umrisses zum Arkanum der Kunst steigernd, fährt Sulzer fort:

> Neue Schwierigkeiten zeigen sich in Absicht auf den Umriß, wenn der Zeichner statt der Reißfeder den Pensel führet. Da muß er einigermaaßen zaubern können, um uns Sachen sehen zu lassen, die nicht da sind. Denn wir sehen Begränzung, ohne die Gränzen zu sehen. Aber ich enthalte mich von einer Sache zu sprechen, die für die Meister der Kunst selbst zum Theil noch ein Geheimniß ist. Einige Lehren hierüber giebt Leonh. da Vinci in [seinen] Beobachtungen und Anmerkungen. Plinius merkt an, daß auch von den alten Mahlern wenige in diesem Stüke der Kunst glüklich gewesen.[57] (IV, 630)

Bei diesem Übergang vom zeichnerischen zum malerischen Umriss orientiert sich Sulzer wohl wiederum an Hagedorn, der vom Ideal der sanft verschwommenen *sfumato*-Darstellung ausgeht und auch die ebenfalls hier bei Sulzer zitierte Plinius-Stelle über die Umrisse des Parrhasius als Dokument antiker Bewunderung des *sfumato* deutet (vgl. Kap. 11). Mit einem zweiten Bemühen des Unsagbarkeitstopos' für dieses künstlerische „Geheimniß" verstummt Sulzer nun tatsächlich – nachdem er vom präzise notierten und denotierenden graphischen Umriss zum malerischen *sfumato* und damit zum semiopaken Grenzbereich von Sichtbarkeit und Unsichtbarkeit (der ‚Begränzung-ohne-Gränzen') übergegangen ist, deren dem Blick sich entziehender Unschärfe auf rhetorischer Ebene hier das Raunen über die Unsagbarkeit korrespondiert.

57 Sulzer zitiert hier (lateinisch) die topischen Plinius-Sätze zu Parrhasius.

12.4 Der Begriff der Empfindung in der *Allgemeinen Theorie der Schönen Künste:* Die Abhängigkeit von den Formalia der einzelnen Künste – und das unerwartete Erscheinen von Parrhasius in der „poetischen Mahlerey"

Eingangs wurde bereits die Bedeutung der „Empfindung" für Sulzers Denken dargestellt.[58] Während sich die *Erkenntnis* auf den Gegenstand richte, wendeten wir bei der *Empfindung* unsere Aufmerksamkeit mehr auf uns selbst und den „Eindruk, den der Gegenstand auf uns macht": „Die Erkenntniß ist hell oder dunkel, deutlich und ausführlich, oder confus und eng eingeschränkt; die Empfindung aber ist lebhaft oder schwach, angenehm oder unangenehm." (AT II, 54) Die Künste haben für Sulzer ihren Sinn darin, „daß die Seele ihre Empfindsamkeit daran üben" und moralische Begriffe entwickeln könne. An diesem Zweck müsse sich die Darstellung „[a]lle[r] Gegenstände des Geschmaks […] im Gemählde, in der Beschreibung, in der Ode, in der Epopee oder im Drama, in jeder Gattung der Behandlung" stets orientieren (II, 55):

> Hiebey hat also der Künstler nur dafür zu sorgen, daß jedes in seiner wahren Gestalt hell vor uns stehe, damit wir es empfinden mögen. Er hat sich vor dem unbestimmten und unwürksamen zu hüten, auf die richtigste Zeichnung jedes Gegenstandes zu befleißigen, und auf eine gute Form seines Werks zu denken, wodurch es im Ganzen interessant wird. (II, 56)

Diese Sätze zeigen, welche Relevanz Sulzer wiederum der Klarheit und Deutlichkeit der Darstellung zumisst: Nur, wenn diese ‚wahr', ‚hell', ‚richtig', ‚bestimmt' und ‚würksam' und in ‚guter Form' sich darbietet, kann der Rezipient das Kunstwerk „empfinden" und an ihm als einem „Ganzen" *interessiert*[59] werden – nur dadurch also können die Voraussetzungen zu einer adäquaten Wirkung der Künste als ethisch-ästhetisches Propädeutikum erfüllt werden. Das *Kunstmittel*, dem die entsprechenden

---

58 Sulzer unterscheidet im Artikel zur „*Empfindung. (Schöne Künste.)*" (AT II, 53–59) zwei Bedeutungskomponenten des Begriffs, einen „moralischen" Sinn und einen allgemeineren psychologischen. In letzterer Bedeutung werde „Empfindung der deutlichen Erkenntniß entgegen gesetzt, und bedeutet eine Vorstellung, in so fern sie einen angenehmen oder unangenehmen Eindruk auf uns macht, oder in so fern sie auf unsre Begehrungskräfte würkt, oder in so fern sie die Begriffe des Guten oder des Bösen, des Angenehmen oder Widrigen erwekt" (II, 53).

59 Zu Sulzers Verständnis des „Interessanten" vgl. den entsprechenden Artikel in AT II, 691–694.

Eigenschaften obliegen, ist, im Falle der Malerei, der *Umriss*,[60] in der Literatur jedoch, wie aus Sulzers Parallelisierung der Verfahren erhellt, die sprachliche Perspektive und „Zeichnung", die er in seinem Artikel zum „Gemählde" in den „Redende[n] Künste[n]" erläutert: „Die Dichtkunst hat auch ihre Art zu zeichnen und ihr Colorit, wie die Mahlerey" (AT II, 349). Im „poetischen Gemählde[ ]" müsse der Dichter „seinen Gegenstand genau und bisweilen nach den kleinesten Theilen [...] beschreiben, und dem Ausdruk die nöthigen poetischen Farben [...] geben".[61] Während hier die „poetischen Farben" vom Konzept der literarischen Zeichnung wegzuführen scheinen, vollzieht der Artikel nun stillschweigend eine erstaunliche Kehrtwende:

> Aber *das Feine der Kunst* besteht darin, daß er [der Dichter; C. K.] bey dem Gemählde kurz und nachdrüklich sey, daß er ihm mit *wenig meisterhaften Zügen* das wahre Leben zu geben wisse. Es ist eine *schwere Kunst sichtbare Gegenstände in wenig Worten zu beschreiben.* Und doch ist die Kürze dabey unumgänglich nothwendig; denn es würde höchst langweilig und verdrüßlich seyn, jedes Einzele, das der Phantasie vorschweben muß, um einen Gegenstand ganz nahe zu sehen, besonders auszudrüken. Darum muß der Dichter hier Worte zu wählen wissen, die *sehr viel mehr Begriffe erweken, als unmittelbar darin liegen*; er muß Ausdrüke und Wendungen finden, die plötzlich alle Nebenbegriffe erweken, die sich einzeln nicht ausdrüken lassen. *Darin besteht die eigentliche Kunst der poetischen Mahlerey.* [Meine Hervorhebungen, C. K.] (II, 351)

Der Text, der diesem Absatz Sulzers zugrundeliegt und wie in einem Palimpsest darunter hervorscheint, ist jene Passage aus Plinius' *Naturalis Historia*, in der die Leistung des vollendeten malerischen *Umrisses* am Beispiel von Parrhasius verhandelt wird: Dieser habe (vgl. Kap. 2) „in den äußeren Umrisslinien die größte Vollkommenheit" erreicht, und dies gelte

---

60 Als ausgezeichnete Hilfsmittel in seinem pädagogischen Programm der ästhetischen Erziehung sieht Sulzer *Geschnittene Steine* (vgl. seinen umfangreichen Artikel in AT II, 385–402 [!]), die er „blos als Werke der zeichnenden Künste betrachtet", statt sie als kulturhistorische Quelle auszuwerten. Deutlich klingen in Sulzers Wortlaut die Winckelmann-Referenzen an. Die geschnittenen Steine eignen sich aus verschiedenen Gründen besonders, um in Sulzers Programm der ästhetischen Erziehung gewinnbringend eingesetzt zu werden, denn „[w]egen der edlen Einfalt in Darstellung der Schönheit, und des kräftigsten Ausdruks der Bedeutung, dienen sie überhaupt zur Bildung des Geschmaks. [...] Zum Glük hat man leichte Mittel, diese fürtrefflichen Werke der Kunst überall auszubreiten [...]." (Zitate II, 386.)

61 AT II, 349–357, hier 351. Vgl. II, 214: Unter *„Farben. (Dichtkunst.)"* versteht Sulzer u. a. „Bilder, und alle Tropen und Figuren, wodurch die Einbildungskraft lebhafter gerührt wird, als sie durch die eigentliche Beschreibung, durch den natürlichen Ausdruk geworden wäre."

„als die äußerste Feinheit [*subtilitas*] in der Malerei", denn „die Konturen der Körper zu zeichnen und dort, wo die Malerei aufhört, richtig abzusetzen, findet man selten im Verlauf der Kunst. Die Kontur muss nämlich um sich selbst herumlaufen und so aufhören, dass sie anderes erwarten lässt und hinter sich auch das zeigt, was sie verbirgt." Das Lob der Umrisskunst des Parrhasius überträgt Sulzer hier als Postulat der „Kürze" („Worte [...], die sehr viel mehr Begriffe erweken, als unmittelbar darin liegen") und Nachdrücklichkeit (in der vielleicht auch das Konzept des plastischen „Eindrucks" der Wahrnehmung nachklingen mag) auf die „Züge" der literarischen „Zeichnung" im „poetischen Gemählde[]". Wie die Leistung des Parrhasius sich „selten im Verlauf der Kunst" findet, so handelt es sich bei der poetischen Malerei in wenigen, die Imagination anreizenden Worten („mit wenig meisterhaften Zügen") um „eine schwere Kunst", das eine wie das andere gilt den jeweiligen Autoren als „das Feine der Kunst" oder als „die äußerste Feinheit in der Malerei".

Im Anschluss an diese transformierende Paraphrase kommt Sulzer auf den Wirkungsaspekt zu sprechen – sind doch die „Gemählde [...] überhaupt in der Dichtkunst von der größten Wichtigkeit, weil sie den Gegenständen die höchste Deutlichkeit und Kraft geben." Das „Wesentliche" dieser Kunst sieht Sulzer in der „genauen Beobachtung der allgemeinen *Perspektiv*", die „jedem einzeln Theil des Gedichts seine Entfernung, seine Größe, seine Ausführlichkeit in Zeichnung und Farbe bestimmt."[62] Dabei will Sulzer diese Regeln nicht auf „poetische[] Gemählde" begrenzen. Sie gelten seiner Ansicht nach auch für all jene „Stellen eines Gedichts oder einer Rede",

> wo besondere Gedanken näher bestimmt und ausgezeichnet werden. Die schöne Rede, die nicht blos ein Werk des Verstandes, sondern auch des Geschmaks ist, verhält sich zu der blos philosophischen Rede, der es allein um die genaue und methodische Entwiklung der Gedanken zu thun ist, wie die perspektivische Zeichnung einer Landschaft zu einem Grundriß, oder wie eine gemahlte Landschaft, zu einer Landcharte, die dieselbe Gegend vorstellt. In der Landcharte ist jeder Ort gleich deutlich und in seiner wahren Lage angedeutet; alles ist uns da gleich nahe; in der Landschaft aber fällt jedes so ins Gesicht, wie man es aus einem gewissen Stand und aus einem Gesichtspunkt sieht; das Nahe ist groß und ausführlich, das Entfernte klein und undeutlich. In einem blos auf den deutlichsten Unterricht abzielenden Vortrag, wie philosophische und mathematische Beweise sind, muß alles gleich deutlich, gleich bestimmt, und, so zu sagen, gleich nahe vor dem Auge liegen, wie die Oerter in einer Landcharte, oder in einem Grundriß; aber das Werk des Redners ist

62 AT II, 351 f.; Sulzer empfiehlt dem Dichter, „[d]iese Kunst [...] von dem Landschaftsmahler [zu] lernen." (Ebd.)

> gleichsam perspektivisch entworfen. Die Hauptsache kömmt in die Nähe, wird umständlich gezeichnet und bis auf die kleinsten Theile ausgeführt; die Nebensachen werden flüchtig behandelt, und viele zugleich nehmen wegen der Entfernung nur einen kleinen Raum ein. Also macht auch da, wo keine sichtbaren Gegenstände vorkommen, das Nahe oder Ausführliche eine Art des Gemähldes. [...] Es würde von großem Nutzen seyn, wenn sich ein verständiger Kunstrichter die Mühe geben wollte, die Theorie dieser rednerischen Perspektiv [...] besonders auszuarbeiten.[63]

Wie planer Grundriss und perspektivische Zeichnung einer Landschaft oder wie „Landcharte" und Landschaftsgemälde, so verhalten sich „philosophische[ ]" und „schöne Rede" zu einander, auch im abstrakten Sinne, wenn letztere keinerlei beschreibende Elemente habe. Nicht nur die „Farben" und den Umriss-Begriff an sich überträgt Sulzer also auf die Rhetorik (und Dichtkunst), sondern auch die Kategorie der „rednerischen Perspektiv[e]" – deren Gesetzen auch die *Umrisse* der literarischen *Zeichnung* gehorchen müssen, da jeder Umriss, sobald er sich vom „Grundriß" unterscheiden soll, perspektivisch definiert ist. Die größere *Deutlichkeit* eignet zwar den „philosophischen" Grundrissen, die größere ästhetische „Kraft" jedoch, durch welche unsere Aufmerksamkeit von der „Beschaffenheit" des Gegenstandes abgelenkt und stattdessen auf die „Würkung" gerichtet wird, die er auf unsere Empfindung ausübt, kommt den perspektivisch auf den Betrachter ausgerichteten „Zeichnung[en]" zu.

12.5 Zur Charakterisierung von Zeichnungen und Handzeichnungen in der *Allgemeinen Theorie der Schönen Künste*: „der mit den wenigsten wesentlichen Strichen fühlbare Charakter jedes Gegenstandes [...] rührt auf das Lebhafteste"

Die Rangfolge der Darstellungsmittel Farbe und Zeichnung, die Sulzer auch in seinem Artikel zum „poetischen Gemählde" thematisiert und zugunsten der Zeichnung entschieden hat, wird ausführlicher im Artikel „*Zeichnung (Zeichnende Künste)*" (AT IV, 749–756) behandelt. Sulzer setzt den Primat der Zeichnung voraus, denn „[d]aß in der Form der Körper überhaupt mehr Kraft liege als in ihrer Farbe, ist wol keinem Zweifel unterworfen. Die Form hängt aber größtentheils von der Zeichnung ab." Die „Kraft" als zentrale wirkungsästhetische Kategorie der Sulzerschen

63 AT II, 353; zu diesen perspektivischen Leitlinien vgl. auch Kap. 16 zu Karl Philipp Moritz.

Ästhetik fungiert in diesen Sätzen als unwiderlegbares Argument für den Primat der Zeichnung, doch Sulzer führt auch die Gegenargumente jener an, die die Farbe favorisieren, da „in den Gemählden [...] eben diese Kraft der Form ihren Nachdruk vom Colorit zu bekommen" scheine. Die Farbe ermögliche die „vollkommene Täuschung".[64] (AT II, 749) Auf diesem eher dilettantisch geprägten, auf illusionistische Effekte fixierten Kunstverständnis beruht freilich Sulzers Theorie der „Kraft": Kann doch die Illusion der Wirklichkeit am ehesten über die Darstellung an sich hinwegtäuschen und vermag somit stärker auf die Empfindung zu wirken. Sulzer entschließt sich zu einem Kompromiss, wie er bereits bei de Piles erschien, wenn er nun folgert:

> Man kann das Colorit mit der Schönheit des Ausdruks, die Zeichnung aber mit dem Sinn, oder dem nakenden Gedanken vergleichen. Der richtigste und wichtigste Gedanken thut erst alsdann seine volle Würkung, wenn er in einem vollkommenen Ausdruk erscheint. [...] Wie der Redner mit den vortrefflichsten Gedanken, die er elend vorträgt, nichts ausrichtet; und wie der beredteste Mensch durch den höchsten Glanz des Ausdruks das gedankenlose der Rede nicht würde verbergen können: so verhält es sich auch mit dem Mahler, dem es an Colorit oder an Zeichnung fehlte. (II, 749)

Damit ist zwar augenscheinlich das Colorit aufgewertet, verbleibt aber dennoch als schmückendes Beiwerk dem geistigen Gehalt untergeordnet, der allein der „Zeichnung" als konzeptuellem bzw. ideellem Moment (in konsequenter Fortführung der *disegno-* und sowie der *dessin-*Debatten) zugesprochen wird. Innerhalb Sulzers Ästhetik kann mithin der Farbe der gleiche Anteil an der Wirkung zugesprochen werden, der auch der „Schönheit" im Allgemeinen bei Sulzer als Reizmittel zukommt – das Colorit wird jedoch in keiner Weise als geistiges Ausdrucksmittel eigenen Gehalts definiert; diese Funktion kommt allein der Zeichnung zu. Im Artikel zum „Umriß" lässt sich erkennen, auf welche Weise Sulzer die Bedeutungskomponenten des Colorit ebenfalls unter der Zeichnung subsumiert, indem er, wiederum im Vergleich mit der Redekunst, nun von den *Modulationen* und dem variierten *Ausdruck* des *Umrisses* spricht.

Ähnelten Wirkung und Funktion des Colorit jenen der Schönheit, so verweist die Zeichnung in den Bereich der Vollkommenheit und damit in

64 Als Beispiel nennt er (ebd.) v. a. das Portrait und den „Eindruk" desselben durch die „völlige Wahrheit der Farben und die daher entspringende Haltung und das Leben". Zu den Bezügen zu Hagedorn sowie besonders zur Differenzierung von Haltung und Helldunkel vgl. Hans Joachim Dethlefs: *Zur Theorie der Haltung in Johann Georg Sulzers „Allgemeiner Theorie der schönen Künste"*, in: Germanisch-romanische Monatsschrift 59 2009, H. 2, 257–279.

die Domäne der Erkenntnis: „Zur Vollkommenheit der Zeichnung gehören Richtigkeit und Geschmak. Da die Zeichnung nichts anders ist, als eine Bezeichnung sichtbarer Gegenstände, so ist sie um so viel vollkommener, je genauer und richtiger diese Bezeichnung geschieht." (II, 749) Ausgehend von dem Grundsatz, Gegenstand und Darstellungsmodus müssten einander gemäß sein, könne Sulzer auch nicht Winckelmann oder Lessing zustimmen, die behaupten, „der erste Grundsatz der zeichnenden Künste sey, alles widrige zu meiden, und überall Schönheit zu suchen." (II, 751)

Was Sulzer nun folgen lässt, verlässt die Ebene, auf der die Zeichnung als Komponente der Malerei betrachtet wurde; in den nächsten Sätzen behandelt er Voraussetzungen und Eigenschaften der Zeichnung an sich – und liefert damit einen Sekundärartikel zum „Umriß":

> Aber auch solche [widrigen] Gegenstände müssen in ihrer Art nach guten Verhältnissen, mit fließenden leichten Umrissen, mit Geist und Leben, gezeichnet seyn. Wie in Gemählden die Zeichnung die Hauptsache ist, so ist in der Zeichnung der Geist und das Leben das Vornehmste. Richtigkeit befriediget; Anmuthigkeit und Schönheit gefallen; aber das Leben, der mit den wenigsten wesentlichen Strichen fühlbare Charakter jedes Gegenstandes, rührt auf das lebhafteste. (II, 751)

Zunächst wird daran – neben der Forderung nach gelungenen Proportionen – nochmals Sulzers Favorisierung der „fließenden leichten Umrisse[]" deutlich, also des variiert-mannigfaltigen, wellenförmigen Kontur. Dann jedoch tritt gemeinsam mit dem zuvor auch schon von der Zeichnung als Bestandteil der Malerei geforderten „Geist" ein weiterer zentraler Begriff in Erscheinung, der weniger auf vorige kunsttheoretische Positionen zurück als vielmehr direkt in Sulzers zeitgenössische Kunstumgebung hinein verweist: das „Leben".

Man muss sich Sulzers Satz hier genau ansehen: „aber das Leben, der mit den wenigsten wesentlichen Strichen fühlbare Charakter jedes Gegenstandes, rührt auf das lebhafteste." Die Zeichnung erscheint hier nicht nur als Ausdruck des geistigen Konzepts, sondern vielmehr als möglichst unmittelbarer Ausdruck des in diesem Konzept durch seinen Schöpfer, den Künstler, geschaffenen „Charakters", mithin als Ausdruck des individuellen Schöpfungsprinzips. Diese „fühlbare", unmittelbare und nicht durch Nachzirkeln erkünstelte Lebendigkeit vermag es auf besondere Weise, die Empfindung zu „rühren" – und damit den Betrachter „auf das lebhafteste" zu animieren. Aus Geist und Leben des Künstlers entspringt die Zeichnung als lebendiger Schaffensakt; die Zeichnung wiederum vermag im Betrachter Lebendigkeit zu erzeugen.

Der Artikel „*Zeichnung; Handzeichnung. (Zeichnende Künste.)*" zeigt dementsprechend auch eine deutliche Verbundenheit mit Konzepten der Genie-Ästhetik des Sturm-und-Drang,[65] wenn es über die „Handzeichnungen großer Meister", die „von Kennern und Künstlern sehr hoch geschätzt" und häufig zu Studienzwecken „den nach diesen Zeichnungen vollendeten Werken selbst vorgezogen" würden, heißt, dass „sie insgemein in dem vollen Feuer der Begeisterung verfertiget werden, dem wahren Zeitpunkt, da der Künstler mit der größten Lebhaftigkeit fühlt, und am glüklichsten arbeitet", daher sei „auch das größte Feuer und Leben darin." (II, 756) Anschließend an die *disegno*-Konzepte liegt der Wert der (skizzen- oder entwurfsartig verstandenen) Zeichnungen hier in der (relativen) Unmittelbarkeit der äußeren Fixierung der künstlerischen Idee, so dass die Handzeichnung nicht nur als Graphem dieser Idee, sondern auch des Transformations- und Produktionsprozesses selbst erscheint.

12.6 Erkennen und Empfinden zwischen Malerei, Sprache und Musik: Zur ästhetischen Funktionsanalogie von Ton und Umriss

Wolfgang Riedel hat in einer präzisen Studie die Bedeutung des „Tons" für Sulzers Ästhetik herausgearbeitet. Dabei fallen signifikante Parallelen zu Relevanz und Wirkungsweise des Umrisses in Sulzers Konzept ins Auge. Riedels Argumentation geht aus von Sulzers „Paradigma der ästhetischen Wirkung": der *Musik* mit ihrem „Zwang", dem die Empfindung nicht widerstehen könne. Nur diese Kunst verfüge über die „Zauberkraft, so gewaltig über unser Herz zu herrschen".[66] Damit ist sie prädestiniert für den obersten Rang auf der Sulzerschen Skala der Künste, an ihr „offenbart" sich ihm „das Wesen der Kunst",[67] und in ihrer „psychagogischen Effizienz" wird sie ihm damit auch zum Modell für die Dichtung.[68]

Vor allem der Sprachcharakter der Musik ist für die parallele Wirkungsweise von Musik und umrissgeprägter Kunst zentral.[69] Dieser besteht

65 Vgl. auch Tumarkin 142 ff., zum „Genie" bei Sulzer, mit dem Hinweis auf die Rede Sulzers (1757) zur „Entwicklung des Begriffs vom Genie".

66 Art. „*Ausdruck. (Schöne Künste)*", AT I, 256–275, zur Musik: 271 ff., hier 271. – Zur Relevanz der Musik in der AT vgl. ausführlich Riedel, 429–439.

67 Riedel, 430.

68 Riedel, 430.

69 Riedel, 430 ff.

für Sulzer[70] in ihren melodischen und rhythmischen Qualitäten: Bereits Folgen von Tönen, die sich durch „Höhe, Tempo, Takt und Akzent“ gliedern, dienten als „‚verständlich[es]’“ Kommunikationsmedium. Diese Auffassung beruht auf einer bei Batteux grundgelegten doppelten Sprachauffassung: einerseits jener diskursiven der Wortsprache, und andererseits jener der nonverbalen musikalischen Ausdrucksweise, einer Sprache, die jener der Worte überlegen sei, nicht nur durch ihren universell verständlicheren Charakter, sondern auch durch die Fähigkeit, *dem* Ausdruck zu verleihen, wofür die Verbalsprache keine Worte habe.[71] Diese „Zwei-Sprachen-Lehre“ projiziere Sulzer „auf seinen Dualismus von Erkennen und Empfinden“.[72] Setzt man mit Sulzer voraus, dass Musik Empfindungen und keine Vorstellungen zum Ausdruck bringen solle, so bedarf sie auch keiner Worte; der Gegenstandsbereich ihrer „Sprache“ ist ohnehin das Begriffslose. Mit dieser „Entdeckung des Sprachcharakters der Musik“, so Riedel, gehe bei Sulzer die „Entdeckung des Musikcharakters der Sprache“ einher. Vom Gesang, der an beiden „Sprachen“ zugleich partizipiere und an Vorstellungen sowohl als an Empfindungen appelliere, überträgt Sulzer diese Doppelseitigkeit auf die Dichtung – mit der Konsequenz, dass er als das „Poetische“ gerade das Nonverbale, Musikalische daran ansieht, dasjenige, was den „Repräsentationscharakter der Sprache transzendiert“. Dies, und das ist bedeutsam für Sulzers Artikel zum „Umriß“, fasse Sulzer „zusammen im Begriff des ‚Tons‘. Dieser allein [verwandle] die bloße Wortsprache in eine ‚Sprache des Herzens‘“.[73] Auch hier trete der „Dualismus von Erkennen und Empfinden“ in Erscheinung, da die „Vorstellungsinhalte eines Gedichtes [...] nur auf den Verstand wirkten, der ‚Ton‘“ aber auf die Empfindung.

Aufschlussreich für Sulzers Konzept ist Riedels Hinweis auf Daniel Webbs[74] Annäherung von Musik und Poesie in beider Wesen und Wirkungsweise. Töne (jene der Dichtung wie jene der Musik) seien Bewegungen; daraus erhelle auch ihre Wirkung auf die analogen inneren Gemütsbewegungen in einer Art „Bewegungskontinuum“.[75] Im Hinblick auf die Verbindung der Konzepte von musikalischem „Ton“ und zeichneri-

70 Bzw. für seine musiktheoretischen „Berater und Koautor[en]“, Johann Philipp Kirnberger und später (ab Buchstabe S) Johann Abraham Peter Schulz.

71 Vgl. Riedel, 433 f.

72 Riedel, 434.

73 Riedel, 434. Sulzers Artikel zur „Sprache“: AT IV, 448–450, hier 448.

74 Riedel, 437, räumt zwar ein, dass Sulzer sich nirgends direkt auf Webb berufe, es aber genügend Hinweise auf eine Lektüre der *Observations* gebe.

75 Vgl. Riedel, 436 f.

schem „Umriß" bei Sulzer ist bemerkenswert, dass im Artikel „*Musik*" der „Ton" nicht nur als Luftbewegung definiert wird, die als „Stoß" auf die Sinne wirke, sondern auch als „körperliche Kraft".[76] Dies ist angesichts des zentralen Stellenwerts, der dem Begriff „Kraft" in Sulzers *Theorie* zukommt, und angesichts der Rede von der „Kraft" des Umrisses, die mit jener des (rednerischen) „Tones" verglichen wird, beachtlich:

> Im Umriß kann nicht einerley Ton herrschen, wenn es ihm nicht ganz an Kraft fehlen soll. Wer den vortrefflichsten Umriß, wie ihn Raphael gemacht hätte, mit einer dünnen, überall gleichen Linie, nachzeichnen würde, benähme ihm dadurch fast alle Kraft; er würde nur den Schatten eines schönen Umrisses, wiewohl in der größten Richtigkeit der Verhältnisse darstellen. So wie die Wörter der Rede, die Redesätze und ganze Perioden ihre verschiedenen Accente, Hebung und Abfall der Stimme haben müssen, um wolklingend zu seyn, so muß auch der Umriss, Ton und Stimme abändern. Einiges muß sich durch Kühnheit, anders durch das Sanfte auszeichnen.

Damit ist das Potential des Umrisses – und auch der Anspruch, den eine ästhetische Pädagogik an ihn erhebt – formuliert: Vom Wechsel seiner ‚Töne' hängt seine ‚Kraft' ab, die eine doppelte und besonders mächtige ist, da Umrisse, visuell als Ganzheit[77] wahrnehmbar (und darin der Erkenntnis gemäß), zugleich als quasi musikalische Notation von rhythmischen „Accente[n]" und melodischen Linienverläufen auf dem unmittelbaren Wege des Tones zur Empfindung ‚sprechen'. Dabei vollzieht das Auge die (mit dem Ton assoziierte) „Bewegung" in der Modulation des Umrisses nach. Galten die Umrisse sonst *nur* als rationales Moment der Kunst, als ‚Graphem' des künstlerischen Konzepts, so gelten sie Sulzer *auch* als wirkungsvolles Faszinosum, das „man blos zu fühlen, nie aber zu erkennen, im Stand ist, und wozu die Sprache keine Worte hat". Und so bemüht *auch* er den Ton. Jenseits des rationalen, den Gegenstand konstituierenden bzw. repräsentierenden Momentes der Umrisse, das auf die *Erkenntnis* zielt, wirken auch die formale, darstellerische und expressive Qualität der Umrisse, ihr „Ton" und dessen Modulation, auf die *Empfindung*. Umrisse fungieren somit in Sulzers „Dualismus von Erkennen und Empfinden" einmal mehr als zwischen den Vermögen vermittelnde exemplarische ‚Leitlinie' des Ästhetischen.

---

76 Vgl. den Art. „*Musik.*", AT III, 421–483, hier bes. 422, und dazu Riedel, 437, Anm. 59 (Zitate ebd.).

77 Auch ‚Ganzheit' hatte Sulzer im entsprechenden Artikel mit Stimm-Modulationen in Verbindung gebracht, s. o.

13. Lavaters Sehnsucht nach immanenter Transzendenzerfahrung: Silhouetten, die *imago dei* und die Utopie einer unmittelbaren jenseitigen Sprache

Unter denjenigen Konzepten, die im 18. Jahrhundert Umrisse und Konturen als literarisches Reflexionsmedium ausgestalten, ist Johann Kaspar Lavaters utopisches Sprachkonzept, das er an seine Physiognomischen Studien knüpft, besonders markant. Die *Physiognomischen Fragmente* erschienen in den Jahren 1775 – 1778 in vier Folianten;[1] die Resonanz auf die üppig illustrierten Bände war „in nahezu ganz Europa […] ungeheuer[ ]",[2] wie nicht nur die schnell erfolgten Übersetzungen ins Englische,[3] Französische[4] und Holländische[5] belegen.

Dem Werk vorangestellt ist ein Motto, das mit einem für Lavaters Sprachduktus charakteristischen, emphatischen Ausrufezeichen versehen ist: „Gott schuf den Menschen sich zum Bilde!" Damit ist bereits das Fundament von Lavaters Physiognomie-Konzept benannt, denn in allen sichtbaren menschlichen Körperzeichen erkennt er lesbare Signaturen des göttlichen Schöpfers und, wenn auch noch so verfremdete, Reflexe der

---

1 Ich zitiere im Folgenden nach der Faksimile-Ausgabe: Johann Caspar Lavater: *Physiognomische Fragmente. Zur Beförderung der Menschenkenntnis und Menschenliebe*, 4 Bände, Zürich/Leipzig 1968 – 1969 [Faksimiliedruck nach der Ausgabe 1775 – 1778, Leipzig/Winterthur].

2 Vgl. Horst Weigelt: *Johann Kaspar Lavater. Leben, Werk und Wirkung.* Göttingen 1991, 28.

3 Es wurden zwei englische Fassungen publiziert: Neben einer ausgezeichnet gedruckten fünfbändigen Ausgabe, die seit 1789 erschien und eine Übersetzung der ersten drei französischen Bände darbot, wurde 1789 bis 1793 in drei Bänden eine Übersetzung der deutschen Edition publiziert; weitere Übersetzungen schlossen sich an. Vgl. Weigelt, 99.

4 Die Ausgabe in vier Foliobänden wurde 1781 begonnen und 1783 und 1786 bis Band 3 fortgeführt. Der vierte Band konnte nach den Wirren der Französischen Revolution erst postum von Lavaters Sohn herausgegeben werden. Auch für diese, wiederum mit 700 Kupfern prächtig ausgestattete Edition, hatte Lavater eine neue Textfassung geliefert. Vgl. Weigelt, 99.

5 Erschienen 1780 – 1783 in vier Großoktavbänden, Lavater hatte den zu übersetzenden Text überarbeitet und gekürzt, vgl. Weigelt, 98. Bei den 430 Kupfern und Vignetten handelte es sich um Neuschöpfungen v. a. von Lips und Schellenberg.

imago dei. Diese Signaturen, die freilich nicht sukzessiv gelesen werden können, sondern vielmehr als unerschöpflicher, augenblickshafter Totaleindruck unmittelbar auf den (für diesen Eindruck empfänglichen) Betrachter wirken, gelten Lavater als „Natursprache", die er in der Vorrede zu den *Physiognomischen Fragmenten* mit einem bedeutsamen Vergleich veranschaulicht. Einleitend bemerkt er, zwar könne er nicht „das tausendbuchstäbige Alphabeth zur Entzieferung [!] der unwillkührlichen Natursprache im Antlitze" geben, doch wolle er „einige Buchstaben dieses göttlichen Alphabeths [...] leserlich vorzeichnen".[6]

Dies unternimmt er in den vierbändigen physiognomischen Studien, die daher auch als „Fragmente" bezeichnet werden und von suggestiv improvisiert erscheinender, rhapsodierender Sprache geprägt sind. Die „leserlich[en] [V]orzeichn[ungen]" jedoch erfolgen eben nicht im verbalsprachlichen Bereich, sondern in den zahlreichen Kupferstichen besonders von Lips, Schellenberg und Chodowiecki, mit denen die Bände reich illustriert sind. Damit ist auch das primäre *Ausdrucksmedium* dieser visuellen Lese-Übungen für das „göttliche[] Alphabeth[]" festgelegt: Anstelle von Buchstaben finden sich in dieser opulenten physiognomischen Fibel vor allem Umrissdarstellungen menschlicher Körper, Köpfe und einzelner Gliedmaßen bzw. Organe. Dies hat seinen spezifischen Grund.

Der augenscheinlichste Grund, weshalb Umrissen in Lavaters *Fragmenten* zentraler Stellenwert zukommt, erhellt sofort aus seiner Präferenz für reine Schattenrisse.[7] In charakteristischer Ausdrucksweise bemerkt er dazu im XI. Fragment *Ueber Schattenrisse:*

---

6 Lavater, *Physiognomische Fragmente, Vorrede.* Bd. 1, [XIV]. Zur Physiognomik Lavaters vgl. Ursula Caflisch-Schnetzler: *„Wegzuleuchten die Nacht menschlicher Lehren, die Gottes Wahrheit umwölkt". Johann Caspar Lavaters literarische Suche nach dem Göttlichen im Menschen, dargestellt an den Wurzeln der Zürcher Aufklärung,* in: Lütteken/Mahlmann-Bauer (Hg.): *Bodmer und Breitinger,* 497–533, bes. 511 f. Vgl. auch das Kapitel „III. Lavaters visuelle Hermeneutik – eine Bildwissenschaft *avant la lettre*" in der Studie von Daniela Bohde: *Kunstgeschichte als physiognomische Wissenschaft. Kritik einer Denkfigur der 1920er bis 1940er Jahre.* Berlin 2012, 35–46. Zu Lavaters (physiognomischer) „Buchstabengläubigkeit" vgl. Rainer Metzger: *Das göttliche Alphabet. Buchstäblichkeit bei Johann Caspar Lavater,* in: Markus Dauss/Ralf Haeckel (Hg.): *Leib/Seele – Geist/Buchstabe. Dualismen in der Ästhetik und den Künsten um 1800 und 1900.* Würzburg 2006, 209–219, bes. 212–214.

7 Vgl. Metzger, 213: Lavater habe die „Konjunktur" der „Silhouetten, jene[r] Modeerscheinungen seiner Zeit [...] noch verstärk[t]; seine Vorliebe entspreche „dem klassizistisch motivierten Faible für Kontur". Vgl. weiter ebd., 213 f., zur Bedeutung der Schattenrisse für Lavaters Physiognomik.

> Das Schattenbild von einem Menschen, oder einem menschlichen Gesichte, ist das schwächste, das leerste, aber zugleich, wenn das Licht in gehöriger Entfernung gestanden; wenn das Gesicht auf eine reine Fläche gefallen – mit dieser Fläche parallel genug gewesen – das wahreste und getreueste Bild, das man von einem Menschen geben kann; das *schwächste*; denn es ist nichts Positifes [!]; es ist nur etwas Negatifes [!], – nur die Gränzlinie des halben Gesichtes; – das *getreueste*, weil es ein unmittelbarer Abdruck der Natur ist, wie keiner, auch der geschickteste Zeichner, einen nach der Natur von freyer Hand zu machen im Stande ist.
>
> [...]
>
> In einem Schattenrisse ist nur Eine Linie; keine Bewegung, kein Licht, keine Farbe, keine Höhe und Tiefe; kein Aug', kein Ohr – kein Nasloch, keine Wange, – nur ein sehr kleiner Theil von der Lippe – und dennoch, wie entscheidend bedeutsam ist Er! (90 ff.)

Der Beginn des Fragments rekurriert auf die konventionelle Kritik am Schatten und seiner immateriellen Abbildlichkeit, die auf das Schattenbild als „nur etwas Negatifes" übertragen wird. Flächigkeit und Mangel an Binnendifferenzierungen, die Charakteristisches wiederzugeben vermöchten, scheinen die Aussagequalität wesentlich zu verringern. Und dennoch propagiert Lavater gerade das Bedeutungspotential dieser Darstellungen (sofern sie einem streng wissenschaftlich-experimentellen Versuchsaufbau entsprechend durchgeführt werden, denn seine Physiognomik stellt den Anspruch einer paradoxen exakt-divinatorischen Wissenschaft): Das Schattenbild wird durch das einzigartige Kontiguitätsverhältnis ausgezeichnet, in dem es als „unmittelbarer Abdruck der Natur"[8] mit dem (sekundären) Urbild, dem Menschen, steht, woraus sich auch die von magischem Bilddenken geprägte Substitut-Funktion erklärt, die der Ursprungslegende der Kunst aus dem Schattenumriss beigelegt wird (vgl. Kap. 2). Auf diese Ursprungsszene beruft sich auch Lavater zunächst mit dem knappen Satz: „Schatten von Körpern waren vermuthlich die ersten Veranlasser und Lehrer der Zeichnungs- und Mahlerkunst." Er kommt dann jedoch sogleich wieder zurück auf die „Wahrheit" im *Ausdruck* der Schattenrisse:

> Sie drücken, wie gesagt, wenig, aber dieß wenige sehr wahr aus. Keine Kunst reicht an die Wahrheit eines sehr gut gemachten Schattenrisses.
>
> Man versuch' es, und lege den zartesten Schattenriß mit der äussersten Genauigkeit erst nach der Natur, und mit eben dieser Genauigkeit hernach auf ein feines durchsichtiges Oelpapier ins Kleine gezeichnet, auf eine gleich große Profilzeichnung von dem besten, geschicktesten Zeichner, die auch noch so

8 Lavater, *Physiognomische Fragmente*, Bd. II, *XI. Fragment: Ueber Schattenrisse*, 90.

ähnlich scheinen mag. Man wird leicht Unterschiede und Abweichungen bemerken.[9]

Das Abnehmen von Schattenrissen erscheint für Lavater, gegenüber der „Kunst", die immer defizitär bleibe, auf der Seite der „Natur" und damit auf der Seite des wahren, unverfälschten Ausdrucks, selbst noch in vermittelter Form, wenn die Schattenrisse verkleinert werden. Was im realen Verhältnis von Natur und Kunst jedoch nicht möglich ist, erlauben die Bildmedien untereinander: Ein Gesicht an sich lässt sich nie zum Vergleich auf eine „Profilzeichnung" legen, eine von diesem abgenommene Silhouette hingegen sehr wohl. Die Transformation in die Zweidimensionalität reflektiert Lavater aber nicht; er fährt fort mit der Charakterisierung der „Natur", in so fern sie sich in Schattenrissen zeigt:

> Ich habe [...] gefunden, daß die größte Kunst – die Natur nicht erreicht; nicht erreicht die *Freyheit* und *Bestimmtheit* der Natur – daß sie immer lockerer oder gespannter ist, als die Natur.
>
> Die *Natur* ist *scharf* und *frey*. Wer ihre Schärfe mehr beobachtet, als ihre Freyheit, wird *hart* – wer ihre Freyheit mehr studiert, als ihre Schärfe, wird *locker* und *unbestimmt*.
>
> Der sey mein Mann, der beyde, ihre Schärfe und ihre Freyheit, gleich studiert, gleich gewissenhaft und unpartheyisch nachahmt. In dieser Absicht, Künstler – Nachbilder der Menschheit, – übe dich erst im genauen Schattenrissziehen – dann im Nachzeichnen derselben von freyer Hand – dann vergleiche und verbessere sie! – ohne dieß wirst du das große Arkanum – *Bestimmtheit* und *Freyheit zu vereinigen*, schwerlich finden können. (91)

Schattenrisse bilden somit nicht nur Propädeutikum und Korrekturmedium für den Zeichner, sondern erscheinen als einzig mögliche Annäherung an die Realisierung des „große[n] Arkanum": der paradoxen Verknüpfung von „Bestimmtheit und Freyheit" der Zeichnung, wie sie sich nur in der Natur zeige, niemals aber in der Kunst darstellen lasse. Mit der Antithese sind zugleich auch die Entwicklungsmöglichkeiten der Umrisslinie genannt: als „frey[e]" Linie der Handzeichnung oder als „scharf[er]" Umriss, wie er in der zunehmend stilisierten Umriss-‚Mode' um 1800 die Zeichnungen dominieren wird. Lavater sieht jedoch die ideale Koexistenz beider Momente in Schattenrissen realisiert. Darüber hinaus erkennt er in ihnen vielfältige Vorteile, die seine Präferenz für diese unmittelbaren „Abdr[ücke]" der Natur bei seinen physiognomischen Studien begründen:

9 Lavater, *Physiognomische Fragmente*, Bd. II, *XI. Fragment: Ueber Schattenrisse*, 91.

> Aus bloßen Schattenrissen hab' ich mehr physiognomische Kenntnisse gesammelt, als aus allen übrigen Porträten; durch sie mein physiognomische Gefühl mehr geschärft, als selber durch's Anschauen der immer sich wandelnden Natur. –
>
> Der Schattenriß fasst die zerstreute Aufmerksamkeit zusammen; concentriert sie bloß auf Umriß und Gränze, und macht daher die Beobachtung einfacher, leichter, bestimmter; – die Beobachtung und hiemit auch die Vergleichung.
>
> Die Physiognomik hat keinen zuverlässigern, unwiderlegbarern Beweis ihrer objektifen [!] Wahrhaftigkeit, als die Schattenrisse.[10]

Reinen Schattenrissen kommt in Lavaters physiognomischen Studien zentraler Stellenwert zu aufgrund ihrer anthropologisch-ästhetischen Verdichtungsleistung, deren durchaus ambivalente Sistierung der „immer sich wandelnden", also als metamorphotisch-amorph, proteusgestaltig erfahrenen „Natur", Lavater keineswegs reflektiert. Er sieht die abstrahierende Stilisierung ausschließlich positiv: „Der Schattenriß fasst die zerstreute Aufmerksamkeit zusammen; concentriert sie bloß auf Umriß und Gränze".[11] Umrisse werden hier nicht primär als Form allererst konstitutierende Elemente gesehen, sondern als Lese- oder Blickanleitung, die im geschlossenen Linienverlauf die „Aufmerksamkeit" wie in einem Brennglas bündelt und zugleich umschließt. Diese konzentriert-kondensierten Konturen, die ihm als das „wahreste und getreueste Bild, das man von einem Menschen geben kann", gelten, als „ein unmittelbarer Abdruck der Natur", an dessen Authentizität „keine Kunst" heranreiche, verschaffen somit der Physiognomik als einer exakt-divinatorischen Wissenschaft ihre Legitimation: Können sie durch ihre anthropologisch-ästhetische Verdichtungsleistung als zugleich unmittelbares *und* abstrahiertes, dabei beobacht- und vergleichbares Studienobjekt dienen, so gewährleisten sie Lavater die „objektife[] Wahrhaftigkeit" seiner Physiognomik. Die im Titel angekündigte Menschenkenntnis und Menschenliebe ist jedoch nicht Lavaters einziges Interesse; vielmehr gilt ihm die Physiognomik vor dem Hintergrund seiner Sehnsucht nach sinnlicher Transzendenzerfahrung als Möglichkeit, eine Anschauung des Göttlichen im Menschen zu gewinnen. Ausgehend von der Gottesebenbildlichkeit des Menschen meint Lavater, in allen Einzelheiten des menschlichen Äußeren – nicht nur in seinem Aussehen, sondern selbst in seinen Bewegungen und in seiner Handschrift –

10 Lavater, *Physiognomische Fragmente*, Bd. II, *XI. Fragment: Ueber Schattenrisse*, 91.

11 Damit vollbringt der Schattenriss eben jene Leistung, die Breitinger (vgl. Kap. 9) der *poetischen Mahlerey* zuspricht: die ‚lineare' Konzentration, die hier im Visuellen, dort in der zeitlichen Abfolge der Dichtung stattfindet.

müssten sich wenn auch noch so verblasste und durch den Sündenfall entstellte Spuren des Schöpfers zeigen. Die größte Bedeutung misst Lavater freilich dem Gesicht und dessen Zügen bei.[12] Dabei geht er von der Prämisse aus, dass äußere Schönheit der Gestalt auch auf moralische Schönheit schließen lasse; folglich müsse sich die vollkommenste Schönheit in der Gestalt Christi verkörpert haben – eine These, die Lavater durch passionierte Suche nach Christus-Darstellungen zu untermauern suchte.[13]

Durch die Spuren der *imago dei* in allen menschlichen Körperzeichen schließt Lavater auf die *eine* prägende Kraft, deren Wirkung sich in allem sichtbar äußere. In einem Brief an Charles Bonnet vom 21. August 1778 schreibt Lavater:

> Es ist eine unverzeihliche Sünde wider die Natur, und, wenn ich's sagen darf, beynahe eine *Lästerung des Geistes* der Natur, daß man behaupten durfte; ‚Die Natur setze Gesichtstheile zusammen, wie der Buchdrucker Buchstaben.' Die Natur arbeitet immer aus Einem in Eins. Alles bildet Eins; Eins alles; die Kraft, die das Auge bildet, dieselbe, und keine andere Kraft bildet die Nase, u.s.w. und sie bildet nach keinem andern Plane als nach dem ersten ewigen Grundrisse des Ganzen […].[14]

Die bedeutungsvollen Lineaturen des Gesichts werden von Lavater hier mit Buchstaben *kontrastiert*, in so fern diese nur selektiv und additiv ein Kompositum ergäben; an anderer Stelle wird jedoch deutlicher werden, wie sehr auch sein Konzept von (menschlichen) Umrissen von sprachlichem Charakter geprägt ist. Anders als die „Buchstaben" des „Buchdruckers" jedoch prinzipiell beliebigen Kontexten integriert werden können, besitzen die menschlichen Umrisse nur Sinn in ihrer individuellen, aus einem Guss entstandenen Konfiguration, deren einzelne Komponenten stets auf den Ursprung in der Gottesebenbildlichkeit verweisen. Und hier erscheint bei Lavater metaphorisch eine weitere Facette von Linearität: der

12 Vgl. Weigelt, 97.

13 Vgl. Weigelt, 98, mit Hinweisen auf entsprechende literarische Beschreibungen Christi in Lavaters Prosa und Gedichten, in denen Christus als „Schönster aller Menschen" gepriesen wird (so der Beginn des Gedichtes *Charakter unsers Herrn Jesu Christi*, zit. nach Weigelt, ebd.). Zu Lavaters Interesse an Christus-Darstellungen vgl. Metzger, 216–219, und Gerhard Wolf/Georg Traska: *Povero Pastore. Die Unerreichbarkeit der Physiognomie Christi*, in: Gerda Mraz/Uwe Schögl (Hg.): *Das Kunstkabinett des Johann Caspar Lavater.* Katalog. Wien 1999, 120–137, sowie Ingrid Goritschnig: *Faszination des Porträts*, ebd., 138–151, 149.

14 Brief an Charles Bonnet vom 21. August 1778, zit. nach dem *Nachwort* von Christoph Siegrist in: Johann Caspar Lavater: *Physiognomische Fragmente. Zur Beförderung der Menschenkenntnis und Menschenliebe. Eine Auswahl.* Hg. v. Christoph Siegrist. Stuttgart 1984, 380.

immanente Plan der göttlichen Schöpfung, veranschaulicht als „erste[r] ewige[r] Grundriss des Ganzen". Die Signifikanz der von Lavater favorisierten *Schattenrisse* als sprechende Spuren der *imago dei* erscheint mit Blick auf dieses Zitat implizit legitimiert durch den ebenfalls linear visualisierten Schöpfungsplan in dessen „Grundrissen". Für Lavater steht dabei das auf einer bildenden Kraft beruhende Verweisungsverhältnis zwischen linearem göttlichem Grundriss der Schöpfung und linearen Körperzeichen der Menschen im Vordergrund:

> Wer dies [dass die Natur „aus Einem in Eins" arbeite; C. K.] annimmt, muß, wenn er richtig fortschließen will, a priori, an die Physiognomie glauben. Er muß die Möglichkeit vorempfinden, aus Einem aufs Ganze, aufs einzelne vom Ganzen schließen zukönnen [!]. Er muß eine Homogeneität aller Theile, mithin eine Homogeneität der Kraft und der Wirkung von Geist und Körper, die *Ein* ganzes ausmachen, eine unwillkürliche Harmonie des Sichtbaren und Unsichtbaren annehmen. Jede Wirkung ist wie die Kraft, die sie hervorbringt. Wirkung ist Physionomie. Kraft ist ein gewisses Maaß von Geist, Geistigkeit, Reiz oder, wie man das unsichtbare wirkende Ich nennen will.[15]

Die Körperzeichen stellen die sichtbare Spur des unsichtbaren Geistigen dar, sie sind, als „Wirkung", gleichsam das lesbare Diagramm von deren generativer „Kraft". Aus der „Homogeneität" aller dieser sichtbar-lesbaren Komponenten, der „unwillkürliche[n] Harmonie des Sichtbaren und Unsichtbaren", folgt für Lavater die Legitimität der Physiognomik – als Hermeneutik des Unmittelbaren. Denn die Bedeutung, die Lavater Schattenrissen beimisst, steht auch im Kontext seiner eschatologisch-sprachutopischen Theoreme. Eschatologischen Konzepten kommt besonderer Stellenwert in seinem Denken zu;[16] er entfaltet sie besonders in den *Aussichten in die Ewigkeit.* Die in Briefform abgefassten Texte, die ursprünglich als Grundlage zu einem „großen Lehrgedicht über die Unsterblichkeit"[17] konzipiert waren, erschienen in drei reich illustrierten Bänden[18] von 1769 bis 1773 (ein Revisionsband folgte 1778),[19] während Lavater das bereits vor den *Aussichten in die Ewigkeit* begonnene Lehrgedicht nicht weiter ausarbeitete.[20]

---

15 Brief an Charles Bonnet, 380.
16 Vgl. dazu Weigelt, 79.
17 Weigelt, 82.
18 Vgl. Weigelt, 98.
19 Vgl. Weigelt, 82 f.
20 Im Mai 1776 waren ausgewählte Strophen in Lavaters Wochenschrift *Der Erinnerer* erschienen; vgl. dazu Weigelt, 82.

Die „sehnsuchtsvolle[] Erwartung sensitiver Transzendenzerfahrung“[21] im *Diesseits* ist konstitutiv für Lavaters Denken und durchzieht sein Werk wie ein roter Faden, wie es sich auch an den *Physiognomischen Fragmenten* mit der Suche nach Spuren der *imago dei* in den menschlichen Körperlineaturen zeigt, wobei jedoch die Erkenntnisse, die man aus dem Studium der anthropologisch-ästhetisch verdichteten Charaktersilhouetten gewinnen könne, in den Dienst der „Förderung der Menschenliebe und Menschenkenntnis“ gestellt werden sollen, wie es im Vorwort heißt. Ebenso lässt sich auch in den *Aussichten in die Ewigkeit* eine primär „ethische Zielsetzung“ erkennen, die, wie Weigelt bemerkt, über dem Plan eines „systematischen Entwurf[s] einer Eschatologie“ oder einer „Utopie im engeren Sinn“ gestanden habe; Lavater habe zeigen wollen, „dass die postmortale Existenz die Notwendigkeit eines sittlich qualifizierten Lebens impliziere“, und zwar gestützt auf das von Lavater vielfältig umkreiste Motiv der „Manifestation der Transzendenz in der Immanenz.“

Eine Erscheinungsform dieser Manifestationen steht in enger Verbindung mit seinen physiognomischen Interessen: Es handelt sich um Lavaters Vision der jenseitigen „Sprache“.[22] In den *Aussichten in die Ewigkeit* (1773) formuliert er seine von der Sehnsucht nach immanenter, sinnlicher Transzendenz-Erfahrung geprägten Gedanken in einer Vision dieser jenseitigen Sprache nach der Auferstehung, die „unaussprechlich verschieden“[23] von der arbiträr und konventionell verbildeten irdischen Verbalsprache sein müsse. Denn diese habe nach dem Verlust der adamitischen Ursprache immer mehr die ursprüngliche „Natursprache des ganzen Menschen“ verdrängt. Die jenseitige Sprache jedoch müsse gänzlich „Wahrheit und Natur seyn“[24] und ohne willkürliche Töne wirken: als „eine *Mittheilungsart [...]* die lauter unmittelbare Sprache ist. – “[25] Lavater entfaltet diese Utopie im sechzehnten Brief der *Aussichten* (publiziert 1773), der mit einer metasprachlich-methodischen Vorbemerkung beginnt:

21 Weigelt, 80; das folgende Zitat ebd.

22 Vgl. Weigelt, 83 und 79.

23 Johann Caspar Lavater: *Aussichten in die Ewigkeit, in Briefen an Herrn Joh. George Zimmermann*, Bd. 3 (1773), in: J. C. L.: *Ausgewählte Werke in historisch-kritischer Ausgabe*; Bd. 2: *Aussichten in die Ewigkeit*, 1768–1773/78. Hg. v. Ursula Caflisch-Schnetzler. Zürich 2001, 449–457, 449.

24 Johann Caspar Lavater: *Sechzehnter Brief:* in: J. C. L.: *Aussichten in die Ewigkeit, in Briefen an Herrn Joh. George Zimmermann*, 450.

25 Lavater: *Aussichten in die Ewigkeit, Sechzehnter Brief*, 451.

> Mein theurer Freund!
>
> Lassen Sie mich ein wenig von unserer Sprache im Himmel stammeln; stammeln, sag' ich – denn unaussprechlich verschieden von unserer izigen Sprache muß unsere himmlische seyn.[26]

Lavaters „[S]tammeln" erscheint hier unter dem gleichen Gesichtspunkt wie der sprachliche Charakter der eben auch als „Fragmente" bezeichneten physiognomischen Studien, die, wie Lavater dort im Vorwort bemerkte, schließlich nicht das „tausendbuchstabige Alphabeth"[27] durchexerzieren können und stattdessen gleichsam einzelne lineare ‚Vokabeln' vermitteln, deren verbalsprachliche Beschreibungselemente dann zu Wortkaskaden wie dieser „Classifikation von Linien, welche die menschlichen Gesichter zu bestimmen und zu begränzen pflegen" im XII. Fragment führen:

> *Perpendikulare – lockere perpendikulare, hart gespannte! So vorwärts sinkende; so zurückstrebende! gerade – weiche Linien – gebogne, gespannte, wellenförmige Sektionen von Zirkeln – von Parabolen, Hyperbolen; konkave, konvexe, gebrochne, eckigte – gepreßte, gedehnte, zusammengesetzte, homogene, heterogene – kontrastirende!* – Diese alle, wie rein können diese durch den Schatten ausgedrückt werden, und wie mannichfaltig, bestimmt und sicher ist ihre Bedeutung![28]

Die Bedeutung dieser differenzierten Schattenvokabeln erhöht sich zumal vor dem Hintergrund von Lavaters jenseitiger Sprachutopie nochmals, da die adäquate, differenzierte verbalsprachliche Vermittlung noch so subtiler Linienvarianten die Verbindung zu jener transzendenten Sphäre gewährleisten muss. Und doch exponiert ihre Konfiguration als „[S]tammeln" ihre prinzipielle Defizienz als Verbalsprache; sie unterliegen Lavaters sprachkritischem Verdikt:

> Willkürliche Töne, die mit dem, was sie vorstellen sollen, in keiner natürlichen unmittelbaren Verbindung stehen, scheinen offenbar ein so unvollkommnes zufälliges, unbestimmtes Mittel zu seyn, unsere Gedanken und Empfindun-

26 Lavater: *Aussichten in die Ewigkeit, Sechzehnter Brief,* 449.

27 Lavater, *Physiognomische Fragmente, Vorrede.* Bd. 1, [XIV].

28 J. C. Lavater: *Physiognomische Fragmente, zur Beförderung der Menschenkenntnis und Menschenliebe.* Zweyter Versuch, 96. Auch hier zeigt sich die „stammeln[de]" Suggestion von Unmittelbarkeit, die erreicht wird, indem der Text durch expressive oder vermeintlich spontane Satzzeichen strukturiert wird, dabei insgesamt aber fragmentarisch bleibt und vor allem aus parataktischen Komponenten besteht. Vgl. zur Stilistik Lavaters in den Fragmenten das Nachwort in der Reclam-Auswahl, 385. Vgl. auch ebd., 384: Lavater sei kein „Systematiker", sondern ein „schwärmerischer Enthusiast"; die fragmentarische Rhapsodie sei seine „adäquateste Darstellungsform", in der die „Intensität" wichtiger sei als die Vollständigkeit.

gen andern mitzutheilen, daß ich mir schlechterdings nicht vorstellen kann, daß diese in jenem Lande der Wahrheit noch sollten Statt haben können.

—

Fürs erste muß *Eine allgemeine* Sprache angenommen werden. Die Verschiedenheit der Sprache ist offenbar eine Folge grosser Zerrüttungen; eine Quelle von Trennung und Zank; setzt Disharmonie in den Gemüthern voraus; hindert den Geist der Gemeinnützigkeit [...].[29]

—

In der adamitischen Ursprache müssten Form und Inhalt kongruent, Ausdruck und Bedeutung eins gewesen sein, während alle gegenwärtigen Sprachen nur deren entstellte Verfallsstufen präsentieren:

> Alle willkürlichen Sprachen scheinen Abarten, Verdrehungen, Verstümmelungen einer ersten Natursprache zu seyn. [...]
>
> So mag vielleicht nach und nach eine Sprache, so nachher jede Art von Sprachen entstanden seyn. Nach und nach wurde das Natürliche von dem Nachgeahmten, dieses von dem Willkürlichen verdunkelt und verdrängt.
>
> Die Tonsprache verdrängte die Natursprache des ganzen Menschen – die physionomische [!], die Gebärdensprache; so wie die Buchstaben die Bilder verdrängt haben mögen.[30]

An diesem Punkt setzt Lavaters utopisches Projekt der Rückkehr zu einer unmittelbaren Sprache ein:

> Wenigstens muß also diese Abartung in der Zukunft aufhören. Unsre Worte, wenn wir je noch Worte brauchen sollten, müssen getreue unwillkürliche Bilder, unsere Sprache Wahrheit und Natur seyn.
>
> [...]
>
> Mich dünkt, es lasse sich eine Sprache gedenken, die alle gedenkbaren Vollkommenheiten hätte, und die alle auch nur im mindesten willkürliche, das ist, bloß uneigentlich nachahmende Töne, durchaus entbehrlich machte; Oder: Es läßt sich eine *Mittheilungsart* unserer Gedanken, Empfindungen, Bilder u.s.f. gedenken, die alle erlernte Sprache entbehrlich macht, die lauter unmittelbare Sprache ist. –[31]

Diese unmittelbare Sprache stellt sich Lavater unter anderem „physionomisch [!]" vor. Er geht davon aus, dass

> Christus das redendste, lebendigste, vollkommenste Ebenbild des unsichtbaren GOttes ist, ein Ebenbild, wo alles Ausdruck, alles von unerschöpflicher und unendlicher Bedeutung ist; ein so wahrhafter, unerschöpflicher Ausdruck, daß eine succeßive, durch alle Ewigkeiten fortgehende Wortbeschreibung des höchsten Erzengels den Reichthum und die Erhabenheit dieses

29 Lavater: *Aussichten in die Ewigkeit, Sechzehnter Brief*, 449.
30 Lavater: *Aussichten in die Ewigkeit, Sechzehnter Brief*, 449 f.
31 Lavater: *Aussichten in die Ewigkeit, Sechzehnter Brief*, 450 f.

> Ausdruckes nicht erreichen, das ist, die Eindrücke nicht verursachen könnte, die das Urbild auf den, der dazu organisirt ist, es zu verstehen, in wenigen Augenblicken, machen muß.[32]

In diesem idealen Fall der *imago dei*[33] erscheint die maximale Unmittelbarkeit der physiognomischen „Mittheilungsart" realisiert. Jedes sichtbare Körperzeichen ist „so wahrhafter Ausdruck" und „von unerschöpflicher und unendlicher Bedeutung", wie ihn eine selbst eine unendliche verbalsprachliche Beschreibung niemals erreichen könne, selbst wenn sie vom „höchsten Erzengel[ ]" als Mittler zwischen den Sprach-Sphären stammte. Grund für diese Diskrepanz ist neben dem babylonischen Fall der Verbalsprachlichkeit vor allem der augenblickshafte *Totaleindruck* der physiognomischen „Sprache", dessen Prägnanz und Evidenz eine „succeßive", diskursive Beschreibung nie gleichzukommen vermöchte.

Wie im Falle Christi, wenngleich mit geringerer Ebenbildlichkeit, sei nun auch

> jeder Mensch – (ein Ebenbild *GOttes und Christi*) so ganz Ausdruck, gleichzeitiger, wahrhafter, vielfassender, unerschöpflicher, mit keinen Worten erreichbarer, unnachahmbarer Ausdruck. Er ist ganz Natursprache.[34]

Auf gewisse Weise ist es frappierend, wie wenig Lavater in seinem Furor für die ästhetisch-anthropologische Verdichtungsleistung der graphischen Umrissdarstellungen in seinen Werken reflektiert, dass die *Medien*, die ihm zur Visualisierung seines „göttlichen Aphabethes" dienen, eben mehrfach *medial*, *vermittelt* sind, und also von der „Natursprache" auch zunehmend entfernt erscheinen. Einzig das Kontiguitätsverhältnis von „Urbild" und Schattenrissen, die er, obwohl „nur etwas Negatifes", als direkten „Abdruck" der „Natur" sieht, vermag dies zu überbrücken. Zugleich jedoch wird damit abermals die Sistierung der „immer sich wandelnden Natur" ignoriert, die das unerschöpfliche Bedeutungspotential des „Urbild[es]" fixierend und definierend reduziert: An den scharfen Umrissen der Silhouetten wird ja gerade ihre „Bestimmtheit", bei aller lockeren „Freyheit", gelobt – von einem elusiven Kontur, dem bei Winckelmann in der Plastik das maximale Bedeutungsspektrum zukommt, ist hier keine Rede. Lavater zeigt aber seine Zeitgenossenschaft im Hinblick auf Linientheorien wie

32 Lavater, *Aussichten in die Ewigkeit, Sechzehnter Brief*, 452.
33 Lavater vermengt hier allerdings die Hierarchie von „Urbild" und „Ebenbild".
34 Lavater: *Aussichten in die Ewigkeit, Sechzehnter Brief*, 452.

jener Hogarths,[35] wenn er – unter anthropologischem Vorzeichen – bemerkt:

> Jedes Profil, das nur aus einer Art von Linien besteht, z. E. nur aus konkaven, oder konvexen, nur aus geraden oder gespannten, ist Karikatur oder Mißgeburt.
>
> Proportionierte Mischung und sanfte Ineinanderfließung – verschiedener Linien bildet die feinsten und besten Gesichter.[36]

Nicht *unbezeichnete* Konturen, aber immerhin „sanft [i]neinanderfließend[e]" gelten Lavater als Ideal, das seinen Ursprung in den Linientheorien nicht verleugnen kann: Auch das Profil der *imago dei* kommt im späteren 18. Jahrhundert nicht ohne wellenförmige Linien der Schönheit aus.

Eine Reflexion zum Medialitätsbewusstsein findet sich bei Lavater schließlich doch, im XI. Fragment, und zwar in Form einer euphorischen Steigerung:

> Wenn ein Schattenriß, nach dem allgemeinen Gefühl und Urtheil aller Menschen, für oder wider einen Charakter entscheiden kann – was wird das volle lebendige Antlitz, was die ganze physiognomische und pantomimische Menschheit entscheiden? – wenn Ein Schatten Stimme der Wahrheit, Wort Gottes ist, wie wird's das beseelte, von Gottes Licht erfüllte, lebende Urbild seyn![37]

Dies betont jedoch eher den Zugewinn im „lebende[n] Urbild", als den Ausdrucksgehalt des Schattenrisses wesentlich zu reduzieren – zudem ist ja immerhin auch dem „Urbild" die *Bildlichkeit*, wenn auch als Ebenbildlichkeit, namentlich und sichtbar eingeschrieben. Bemerkenswert ist aber generell, wie abermals der „Schatten" durch die Metaphern „Stimme der Wahrheit" und „Wort Gottes" mit verbalsprachlichen Elementen parallelisiert wird, die doch prinzipiell dem Verdikt der Arbitrarität unterliegen – um so mehr, als es sich bei diesen, die unmittelbare Bedeutungs- und „Mittheilungsart" bezeichnenden Benennungen, eben um *Metaphern* handelt. Auf wohl unbeabsichtigte Weise scheint hier in der Kluft zwischen Zeichen und Bezeichnetem sowohl das verbalsprachlich eben nicht zu

35 Vgl. dazu Raphael Rosenberg: Johann Caspar Lavater. *Die Revolution der Physiognomie aus dem Geist der ästhetischen Linientheorie*, in: Matthias Haldemann (Hg.): *LINEA. Vom Umriss zur Aktion. Die Kunst der Linie zwischen Antike und Gegenwart* [Austellungskatalog Zug], Ostfildern 2010, 73–86, zu Lavater und Hogarth ebd., 76.

36 Lavater, *Physiognomische Fragmente*, Bd. II, *XII. Fragment: Wie viel man aus bloßen Schattenrissen sehen kann*, 97.

37 Lavater, *Physiognomische Fragmente*, Bd. II, *XI. Fragment: Ueber Schattenrisse*, 91.

Benennende als auch die Methode (oder besser: der negative Umriss der verbalsprachlich nicht zu realisierenden Methode) auf.

Die physiognomischen Körperzeichen, am lebenden Urbild oder im Schattenriss, sprechen freilich nur zu dem, „der dazu organisirt ist, [sie] zu verstehen“. Als Propädeutikum zu einem solchen schon irdisch möglichen Verständnis der jenseitigen „Mittheilungsart“ kann das physiognomische Studium dienen – mit beträchtlichem globalen Vorteil, der jedes Esperanto-Projekt in den Schatten stellt: Denn wer bereits jetzt auf Erden diese Natursprache nur gut genug beherrsche, könne selbst in Ländern, deren Sprache er vollkommen mächtig sei, mittels dieser „Sprache“ mehr verstehen als auf dem Wege verbaler Verständigung.

> Alles, nicht nur die beredsamen Augen, nicht nur die geist- und herzvollen Lippen, – jede Hand, jeder Finger, jeder Muskel ist izo schon eine alldeutsame Sprache für die Augen, die das Vorurtheil oder die Dummheit nicht umwölkt hat, die Natur zu sehen, die nichts als Ausdruck, nichts als Physiognomie, als sichtbare Darstellung des Unsichtbaren, nichts als Offenbarung und Wahrheitssprache ist.[38]

Der Mensch ist ganz „alldeutsame [Natur-]Sprache für die Augen“, denn seine Gestalt, seine ganze „Natur“ ist „nichts als [...] sichtbare Darstellung des Unsichtbaren, nichts als Offenbarung und Wahrheitssprache.“ Wenngleich in völlig anderer Akzentuierung besteht hier eine gewisse *strukturelle* Parallele zu Winckelmanns „Kontur“-Konzept: Während dort der Kontur des plastischen Körpers als sichtbares ‚Graphem‘ die unsichtbare künstlerische *idea* visualisiert, so dient bei Lavater der natürliche, lebendige Körper – vor allem in seinen silhouettenhaften Umrissen – als Visualisierungsmedium des Unsichtbaren, in diesem Falle nicht der *künstlerischen* Idee, sondern der *imago dei* und des *göttlichen* „ersten ewigen Grundrisse[s] des Ganzen“.[39] Der bezeichnende Unterschied liegt in der Richtung der Denkbewegung: der intellektualisierend-idealisierenden Tendenz des Winckelmannschen Konturen-Konzepts auf der einen Seite und der Evidenzsehnsucht Lavaters auf der anderen Seite, der idealerweise keine Lineaturen mehr *lesen* will, sondern dies nur als Propädeutikum für die unmittelbare, nicht verbalsprachliche Wahrnehmung in der jenseitigen „Mittheilungsart“ sieht. Benennen ließe sich die Differenz auch durch die beiden charakteristischen wirkungsästhetischen Bewegungen: Entrückung in die Welt der Mythologie (in Winckelmanns *Torso*-Beschreibung) und Offenbarung des Transzendenten in der Im-

38 Lavater: *Aussichten in die Ewigkeit, Sechzehnter Brief,* 452.
39 Brief an Charles Bonnet, 380.

manenz für den, der da Augen hat, physiognomisch zu sehen. Gleichzeitig tritt daran auch der produktive Anteil des Menschen – des Künstlers wie des Rezipienten – zutage: In Winckelmanns idealistischem Konzept verleiht der Künstler der Idee Gestalt, der Betrachter erlangt im Nachvollzug des Kontur Zugang zu diesem – künstlerischen – geistigen Bereich. Bei Lavater offenbart *sich* das Göttliche bzw. die Natur, indem sie sich im Schattenriss abdrückt. Idealerweise nähme der Betrachter augenblickshaft die gesamte Bedeutung der Gestalt in all ihren Dimensionen wahr, ohne die Lektüre von ‚Graphemen'. Diese Offenbarung geschieht sinnigerweise in der Silhouettenkunst tatsächlich als Epi-Phanie, als in Erscheinung-Treten im Licht und durch das Licht. In der Immanenz jedoch bleibt als dessen Abdruck „nur etwas Negatifes", der Schattenriss.

Ausgehend von seinem Konzept einer „Wahrheitssprache" der sichtbaren Evidenz, die als unmittelbarer ‚Totalausdruck' einzig einen unmittelbaren ‚Totaleindruck' zu generieren vermag, kann Lavater, wie eingangs bereits zitiert, seine *Physiognomischen Fragmente* mit den Worten einleiten, zwar könne er nicht „das tausendbuchstäbige Alphabeth zur Entzieferung [!] der unwillkührlichen Natursprache im Antlitze" geben, doch wolle er „einige Buchstaben dieses göttlichen Alphabeths [...] leserlich vorzeichnen".[40] Grammatik und Syntax dieser zur *Lesbarkeit* gesteigerten, im Schattenriss konzentrierten Sichtbarkeit entwirft er nun beispielsweise, indem er das menschliche Profil in neun Abschnitte einteilt: „Jeder einzelne Theil dieser Abschnitte ist an sich ein Buchstabe, oft eine Sylbe, oft ein Wort, oft eine ganze Rede – der Wahrheit redenden Natur." (vgl. Abb. 6)[41]

Diesem Sprachsystem gemäß kann er dann auch über die Stirnlinie eines weiblichen Profils äußern:

> Die Stirn ist, besonders in dieser Verbindung mit der Nase, schlechterdings entscheidend für *mächtigen*, schnell umfassenden Verstand. – Die äussere Linie von oben an der Stirne bis unter die Nase ist – *Buchstabe des Verstandes*, wie *o* Buchstabe der Verwunderung oder des Erstaunens ist.[42]

Wie man sieht, dekliniert und konjugiert Lavater seine metaphorische Parallelisierung von Verbalsprache und idealer Wahrheitssprache der

40 Lavater, *Physiognomische Fragmente, Vorrede.* Bd. 1, [XIV].

41 Lavater, *Physiognomische Fragmente*, Bd. II, *XII. Fragment: Wie viel man aus bloßen Schattenrissen sehen kann*, 97 (die Abbildung dazu: 99).

42 Lavater, *Physiognomische Fragmente*, Bd. II, 121, zur *Eilfte[n] Tafel* mit „*Vier weibliche[n] Silhouetten von zwo Personen*" (dort auf Seite 120).

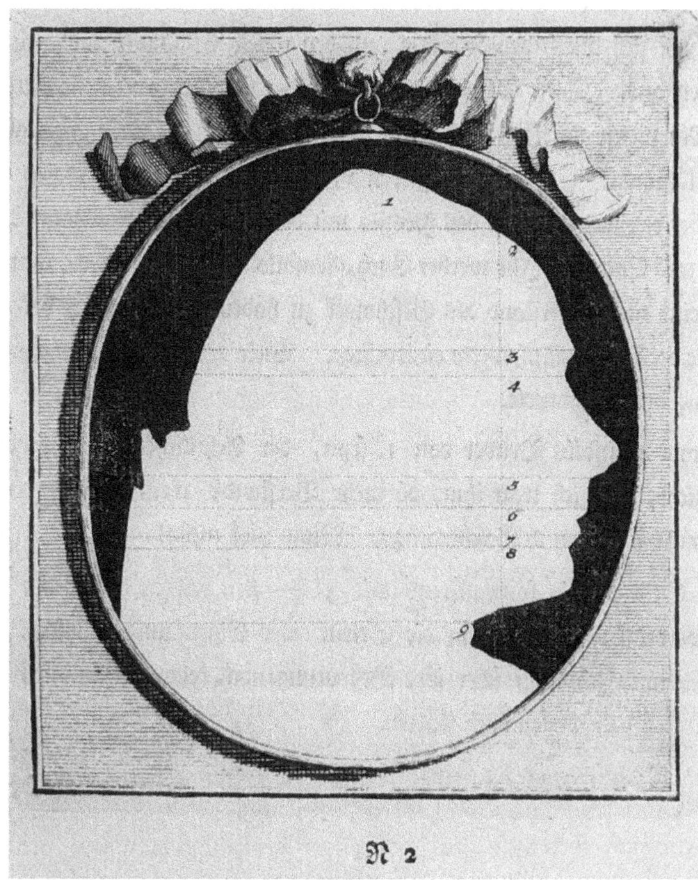

Abb. 6 Johann Caspar Lavater: *Physiognomische Fragmente, zur Beförderung der Menschenkenntniß und Menschenliebe.* Bd. II (1776), *XII. Fragment: Wie viel man aus bloßen Schattenrissen sehen kann,* Abb. S. 99. – Herzog August Bibliothek Wolfenbüttel, Signatur M: Vc 4° 3:2.

Unmittelbarkeit in allen Fällen und Modi durch. Als Fibel und Wörterbuch dienen die Schattenrisse und Kupferstiche der *Physiognomischen Fragmente.*

13.1 In Silhouetten und in Zungen reden: Das physiognomische Pfingstwunder

Mit Blick auf Lavaters Sehnsucht nach einer adamitischen Ursprache, in der Ausdruck und Bedeutung identisch waren, erhellt auch seine ontologische Favorisierung der Schattenrisse gegenüber freien Zeichnungen: Betont er doch den mythischen Ursprung aller Kunst aus dem Schattenriss eines menschlichen Angesichts. Der Schattenriss erscheint somit als regenerierbares Residuum einer Ursprünglichkeitserfahrung im visuellen Bereich, die so im sprachlichen nicht möglich ist. In jedem Schattenriss wird über das Individuelle und die verblassten und entstellten Züge der *imago dei* hinaus die Ursprünglichkeitserfahrung sichtbar.

Blickt man abschließend auf das Titelkupfer zu den *Physiognomischen Fragmenten* (vgl. Abb. 7), so erscheinen die darin gehäuften Symbole durchaus ambivalent. Die züngelnde Flamme auf dem Haupt des physiognomischen Genius, der vor einer Schautafel mit Portraitzeichnungen[43] hingelagert dargestellt ist (und zudem auch als Engel erscheinen kann, der bereits der unmittelbaren Sprache des Jenseits teilhaftig ist und sie die Menschen lehrt), mag einerseits für das Licht der göttlichen Schöpfung (und sekundär die Ratio als Licht des Verstandes) stehen, andererseits kann sie aber auch auf die topische Bildmetapher für den *disegno* – Flamme oder Fackel – hindeuten, wie sie beispielsweise bei Vasari erscheint (vgl. Kap. 4). Vor allem aber verweist sie auf die Flammenzungen, von denen im Pfingstwunder berichtet wird: „Und es erschienen ihnen Zungen wie von Feuer, die sich verteilten; auf jeden von ihnen ließ sich eine nieder. Alle wurden mit dem Heiligen Geist erfüllt und begannen, in fremden Sprachen [in anderen Zungen] zu reden, wie es der Geist ihnen eingab." (Apostelgeschichte 2, 3–4).[44] Als solche Flammenzunge symbolisiert die kleine Flamme bei Lavater das Fernziel und die Utopie der *Physiognomischen Fragmente:* Die Wiederherstellung einer unmittelbaren, nonverbalen Sprache, die die babylonische Sprachverwirrung rückgängig macht. Die

43 Die Tafel wird gehalten von einer Frauengestalt, deren Kopfbedeckung an Darstellungen der Artemis von Ephesos erinnert; bemerkenswert ist, dass eine Darstellung einer ähnlich ausgestatteten *Natura* bei Sandrart als Mutter der Zeichenkunst dem Werk vorangestellt erscheint; auch hier hätte man es demnach mit einer *Natura* zu tun, die, wie bei Sandrart, als Mutter der (Umriss-)Zeichenkunst dargestellt wird, aber auch als Grundprinzip der Physiognomik, insofern diese auf der „immer aus Einem in Eins" bildenden Natur beruht.

44 Zitiert nach: *Die Bibel. Altes und Neues Testament. Einheitsübersetzung.* Freiburg [u. a.] 1980.

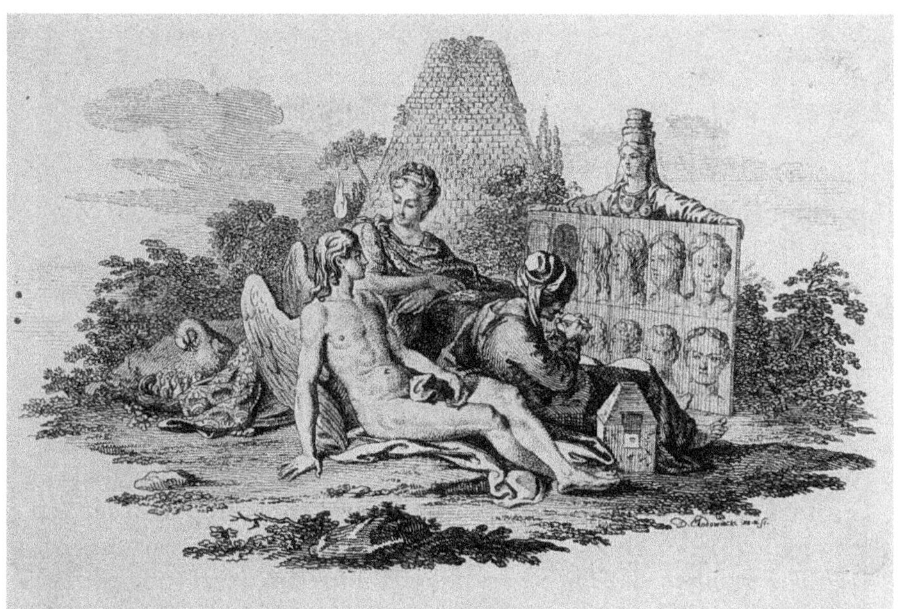

Abb. 7 Johann Caspar Lavater: *Physiognomische Fragmente, zur Beförderung der Menschenkenntniß und Menschenliebe.* Bd. 1 (1775), Titelkupfer. – Herzog August Bibliothek Wolfenbüttel, Signatur M: Vc 4° 3:1.

Symbole der unmittelbaren Sprach-Utopie und der zeichnenden Künste, die ihren Ursprung in einem mittels einer Fackel gezeichneten Schattenumriss hatten, werden im Titelkupfer kombiniert, auf dass die Physiognomik in beider Licht erstrahle und ihr Feuer beredt durch die Welt trage.

14. „Contour“ und Umriss als literaturtheoretische Metaphern in Herders Schriften: Zum Problem poetischer Unmittelbarkeit, Plastizität und Theodizee – mit Blicken auf die *Plastik*

14.1 „Contour“, Umriss und Schattenriss als literaturtheoretische Metaphern in den Schriften über Winckelmann und Shakespeare

Angesichts von Herders umfangreichen Arbeiten zur *Plastik* sollte man erwarten, dass dem ‚Kontur‘ vor allem in diesen Schriften zentraler Stellenwert bei der Aufwertung des Haptischen zukommt; wenngleich der Begriff dort auch tatsächlich relevant ist, finden sich doch außergewöhnlichere Bezüge in anderen Schriften Herders, in denen Konturen als poetologische und generell methodologische *Denkfigur* reflektiert werden.[1]

14.1.1 Der „runde Contour“ der Gedichte: *Über Ossian und die Lieder alter Völker*

Eine charakteristische Verwendungsweise des ‚Kontur‘ in poetologischem Kontext findet sich bereits in Herders Abhandlung *Über Ossian und die Lieder alter Völker* (1772), die 1773 anonym in *Von deutscher Art und Kunst* publiziert wurde.[2] Herder klagt darüber, dass es unter den zeitgenössischen Werken die „Sicherheit und Festigkeit des Ausdrucks“ nicht mehr gebe, wie sie „Dichter, Skalden, Gelehrte“ in „der alten Zeit“ in ihren Dichtungen

1 Hier zeigt sich besonders eindrücklich, inwiefern der Terminus wirklich als *Denkfigur* genutzt wird, deren Funktion sich von einem rein metaphorischen Gebrauch deutlich unterscheidet.

2 *Von Deutscher Art und Kunst. Einige fliegende Blätter.* Hamburg 1773, 3–70 und 113–118. Herders fiktiver ‚Briefwechsel‘ über Ossian war als anonymer Einzeldruck bereits im November 1772, mit einer Vordatierung auf 1773, erschienen. Ich zitiere im Folgenden im Text mit Seitenzahlen nach folgender Ausgabe: *Über Ossian*, in: Johann Gottfried Herder: *Werke in zehn Bänden* [= W]. Hg. v. Martin Bollacher u. a. Bd. 2: *Schriften zur Ästhetik und Literatur 1767–1781.* Hg. von Gunter E. Grimm. Frankfurt a.M. 1993.

bzw. Gesängen „mit Wohlklang, mit Schönheit zu paaren wußten [...] und [...] also Seele und Mund in den festen Bund gebracht hatten, sich [...] zu unterstützen“ (W 2, 473), denn „die Kunst“ sei dazwischengetreten und habe „die Natur aus[ge]löscht[ ]“. Die Gemüter werden „von Jugend auf“ verbildet mit Regeln, „die [ihnen] nicht mehr Ohr und Natur zu fühlen“ geben. Zum Stoff seien „Gegenstände“ bestimmt worden, „über die sich nichts denken, noch weniger *sinnen*, noch weniger imaginieren“ lasse; nicht existierende „Leidenschaften“ müssten „erkünstel[t]“ werden, „Seelenkräfte“ seien „nachzuahmen“, über die man gar nicht verfüge (W 2, 473 f.). Das Resultat davon sei:

> Alles Falschheit, Schwäche, und Künstelei. Selbst jeder beste Kopf ward verwirret, und verlor Festigkeit des Auges, und der Hand, Sicherheit des Gedankens und des Ausdrucks: mithin die wahre Lebhaftigkeit und Wahrheit und Andringlichkeit – Alles ging verlohren. (W 2, 474)

In der Dichtung, so Herders vernichtendes Urteil, finde man nur noch „fein oft corrigirte Knaben- und Schulexerzitien“. Die Dichtungen eines „*Homer*“ und „*Ossian*“, die Herder als ursprünglich und unverbildet gelten, beurteile man zudem aus dieser anachronistischen, verkünstelten Perspektive (vgl. Kap. 6.5). Bemerkenswert ist nun, mit welchem Topos Herder die ganz einer normativen Regelästhetik verpflichtete Schreibsituation seiner Zeit in einer Epochenkritik veranschaulicht: Heutzutage „sehe[ ] und fühle[ ]“ man „kaum mehr, sondern denke[ ] und grüble[ ] nur“:

> wir dichten nicht über und in lebendiger Welt, im Sturm und im Zusammenstrom solcher Gegenstände, solcher Empfindungen; sondern erkünsteln uns entweder Thema, oder Art, das Thema zu behandeln, oder gar beides – [...] Daher also auch, daß unsern meisten neuen Gedichten, die Festigkeit, die Bestimmtheit, der runde Contour so oft fehlet, den nur der erste Hinwurf verleihet, und kein späteres Nachzirkeln erteilen kann. Einem *Homer* und *Ossian* würden wir bei solchem poetischen Fleiß gewiß nicht anders vorkommen, als einem *Raphael* oder *Apelles*, der durch Einen Umriß sich als Apelles zeigt, der schwachhändig kritzelnde Lehrknabe – u.s.w. (W 2, 474 f.)

Der Gegensatz von „poetische[m] Fleiß“, „Nachzirkeln“ und solchermaßen „erkünstelt[en]“ Werken einer strikten Regelästhetik einerseits und unmittelbarem Gefühlsausdruck des Genies andererseits wird unter Rückgriff auf einen Künstlertopos dargestellt. Dieser erscheint bei Herder als doppelter, indem mit „Raphael“ und „Apelles“ je ein Protagonist der modernen und der antiken Malerei gleichberechtigt nebeneinander stehen. Es handelt sich bei dem betreffenden Topos um eine derjenigen Anekdoten, die die Kunstgeschichte als Künstlergeschichte konstitutiv prägen, und die sich in vielfältigen Variationen für unterschiedliche Künstler verschiedenster Epochen (und Kulturräume) verfolgen lassen:[3] die als Signatur des Künstlers dienende *eine* „linea" (vgl. Kap. 2). Und hier beginnen die voraussetzungsreichen Widersprüchlichkeiten, von denen Herders Vergleich gekennzeichnet ist. Bei Plinius erscheint der Topos im legendären Linien-Wettstreit zwischen Protogenes und Apelles, aus dem Apelles mit seiner „linea summae subtilitatis" als Sieger hervorgeht. Je nach zeitgenössischer Ästhetik wurde die Anekdote, wie bereits verschiedentlich gezeigt, zum Beleg für das aktuelle Paradigma; die Möglichkeit, in dieser (in der Anekdote dreifachen) „linea" eine Umrisszeichnung (bzw. drei einander überlagernde und durchschneidende), jeweils in einem Zuge ohne Absetzen vollführt, zu sehen, stellt nur eine der vielen Deutungsmöglichkeiten dar, in der sich allerdings die Vermischung der plinianischen Episode mit Vasaris Anekdote über ‚Giottos ‚O" zeigt (vgl. Kap. 2.4). Paradox erscheint mit Blick auf Herder, dass die Anekdote bei Plinius weitergeführt wird zum sentenzartigen Anhängsel über Apelles, der keinen Tag habe vergehen lassen, ohne eine *linea* zu ziehen. Dieses Anhängsel der Anekdote, in der humanistisch-sprichwörtlichen Formel „Nulla dies sine linea" (vgl. Kap. 2), pointiert gerade die auf Fleiß und *téchne* beruhende Virtuosität des Künstlers und damit das Gegenteil des impulsiv schaffenden Naturgenies. Herder dient der Topos hier dennoch als Beleg für das unmittelbare, naturgleiche, regellose Schaffen des Genies, das in einem einzigen Moment das Werk in seiner geschlossenen, runden Gestalt konzipiert und vollendet. Aus einem solchen Akt entstehen, dies suggeriert Herder, indem er den Topos auf die Dichtung überträgt, Werke von „Festigkeit, […] Bestimmtheit" und „runde[m] Contour" – also ganz anders, als in „den meisten neuen Gedichten". Es wären vielmehr Werke, von dem geprägt, was Herder zuvor als Merkmale der Dichtung „wilder […] Völker" charakterisiert hat: „je wilder, d. i. je lebendiger, je freiwirkender ein Volk ist, […] desto wilder, d. i. desto lebendiger, freier, sinnlicher, lyrisch handelnder müssen auch" seine Dichtungen bzw. „seine Lieder sein!" (W 2, 452) Deren „Wesen", „Zweck" und „ganze wundertätige Kraft" hänge neben den musikalischen Momenten und „lebendiger Gegenwart der Bilder" ab „vom Zusammenhange und gleichsam Notdrange des Inhalts, der Empfindungen, von Symmetrie der Worte, der Sylben, bei manchen sogar der Buchstaben, vom Gange der Melodie, und von hundert andern Sachen" (W 2, 452). Die sinnlichen Elemente der Dichtung, „Form, Klang, Ton, Melodie" (W 2, 451) bewirken zusammen mit der inneren

3 Vgl. Kris/Kurz, 127 f.

Notwendigkeit von „Inhalt[]“ und „Empfindungen“ einen solch „runde[n] Contour“ eines in allen Teilen in sich stimmigen Werkes (vgl. W 2, 474 f.). Vor allem aber ist der Aspekt des „runde[n] Contour“ bei Herder natürlich im Kontext seiner eigenen genuin *plastischen* Konzeption von Darstellung zu sehen (vgl. Kap. 14.4).

14.1.2 Herder über Shakespeares Werke: „dunkle kleine Symbole zum Sonnenriß einer Theodizee Gottes“

In den verschiedenen Entwürfen Herders zu seiner *Shakespeare*-Schrift lässt sich an einer jeweils minutiös umgeformten Textstelle verfolgen, wie er das Bild vom „Schattenriß“ (bzw. „Sonnenriß“) als Metapher für literarische Darstellungs- und Bedeutungsmodi reflektierte.

In der Fassung, die 1773 in *Von Deutscher Art und Kunst* erschien,[4] kontrastiert Herder das Theater der Griechen mit jenem Shakespeares, dem er sich „näher“ fühle. Dessen suggestiv-illusionistische Wirkung entfalte sich nicht erst auf der Bühne:

> Mir ist, wenn ich ihn lese, Theater, Akteur, Koulisse verschwunden! Lauter einzelne im Sturm der Zeiten wehende Blätter aus dem Buch der Begebenheiten, der Vorsehung <,> der Welt! – einzelne Gepräge der Völker, Stände, Seelen! die alle die verschiedenartigsten und abgetrenntest handelnden Maschinen, alle – was wir in der Hand des Weltschöpfers sind – unwissende, blinde Werkzeuge zum Ganzen Eines theatralischen Bildes, Einer Größe habenden Begebenheit, die nur der Dichter überschauet. [...]
>
> Wie vor einem Meere von Begebenheit, wo Wogen in Wogen rauschen, so tritt vor seine Bühne. Die Auftritte der Natur rücken vor und ab; würken in einander so disparat sie scheinen; bringen sich hervor, und zerstören sich, damit die Absicht des Schöpfers, der alle im Plane der Trunkenheit und Unordnung gesellet zu haben schien, erfüllt werde – dunkle kleine Symbole zum Sonnenriß einer Theodizee Gottes. (W 2, 509 f.)

Inmitten der wie spontane Interjektionen aneinandergereihten Intrigen, Begebenheiten, Höhe- und Wendepunkte der Shakespeareschen Dramen fällt in Herders Schrift immer wieder die Betonung des „Ganzen“ auf, zu dem sich Shakespeares Werke formen. So im *King Lear*, über den Herder ausruft: „Alles im Spiel! zu Einem Ganzen sich fortwickelnd – zu einem *Vater-* und *Kinder-*, *Königs-* und *Narren-* und *Bettler-* und *Elend-Ganzen*

4 Ich zitiere im Folgenden im Text mit Seitenzahlen weiter nach der Ausgabe: J. G. Herder: *Werke in zehn Bänden* [=W]. Bd. 2: *Schriften zur Ästhetik und Literatur 1767–1781.*

zusammen geordnet“, von dem man nichts wegnehmen oder ihm hinzufügen könnte. Hieran zeige sich Shakespeares mireißende dramatische Kunst, indem er „hundert Auftritte einer Weltbegebenheit mit dem Arm umfaßt, mit dem Blick ordnet, mit der Einen durchhauchenden, Alles belebenden Seele erfüllet“ (W 2, 511).

Shakespeare erscheint als göttlich schaffendes Genie, das mit seiner Schaffenskraft – seinem „Arm“ und „Blick“ – sein Werk, das eine ganze Welt in sich begreift, „umfasst“, wie der Schöpfergott die *circumscriptio* seines Wirkens. Der Dramatiker Shakespeare herrscht als souveräner Pantokrator über sein Universum, und Herders Emphase zum *Lear* gipfelt in dem Ausruf:

> – und hier – Himmel! wie wird das Ganze der Begebenheit mit tiefster Seele fortgefühlt und geendet! – Eine Welt dramatischer Geschichte, so groß und tief wie die Natur; aber der Schöpfer gibt uns Auge und Gesichtspunkt, so groß und tief zu sehen! (W 2, 511)

Shakespeare versetzt den Leser mit sich an die Stelle des *deus incircumscriptus*, der außerhalb dieses Mikrokosmos das Ganze zu betrachten vermag. Wie sich im weiteren Textverlauf zeigen wird, ist dies die notwendige Bedingung, um die „dramatische Geschichte“ Shakespeares als „Theodizee“ apostrophieren zu können.

Ähnlich euphorisch wie über den *Lear* äußert sich Herder über *Macbeth*; ebenfalls nach einer Kaskade von sich überstürzenden Szenen und Momenten des Dramas unterbricht er sich:

> – ich müßte alle, alle Szenen ausschreiben, um das idealisierte Lokal des unnennbaren Ganzen, *der Schicksals-, Königsmords- und Zauberwelt* zu nennen, die als Seele das Stück, bis auf den kleinsten Umstand von Zeit, Ort, selbst scheinbarer Zwischenverwirrung, belebt, Alles in der Seele zu Einem schauderhaften, unzertrennlichen Ganzen zu machen – und doch würde ich mit Allem nichts sagen.
>
> Dies *Individuelle* jedes Stücks, jedes einzelnen Weltalls, geht mit Ort und Zeit und Schöpfung durch alle Stücke. (W 2, 513 f.)

Nochmals heißt es kurz darauf: „Hätte ich doch Worte dazu, um die einzelne Hauptempfindung, die also jedes Stück beherrscht, und wie eine Weltseele durchströmt, zu bemerken.“ (W 2, 514) Für „*Shakespears* Drama und dramatische[n] Geist“ sei

> die ganze Welt [...] zu diesem großen Geiste allein Körper: alle Auftritte der Natur an diesem Körper Glieder, wie alle Charaktere und Denkarten zu diesem Geiste Züge – und das Ganze mag jener Riesengott des Spinosa „Pan! Universum!“ heißen. (W 2, 515)

Wie Herder in seinen *Ossian*-Äußerungen zum „runden Contour" fordert, dass alle dichterischen Schöpfungen aus einem Guss sein müssten, von plastischer Individualität bestimmt und in sich zusammengehalten, so entfaltet er dies hier an Shakespeares Dramen, indem er in ihnen eine – aus Shakespeares „dramatischem Geist" entsprungene – „Seele" entdeckt, die als „Weltseele" diesen Mikrokosmen ihre illusionistische Plastizität verleiht und es zugleich vermag, diese wiederum „in der Seele [des Lesers] zu Einem schauderhaften Ganzen zu machen". Dieses „Ganze" veranschaulicht Herder, Natur und Kunst in Formulierungen wie „alle Auftritte der Natur" konfundierend, als anthropomorphe Gestalt des spinozistischen „Riesengott[es]".

Festzuhalten ist dieser Gedanke des „Ganzen", das durch ein „Individuelles" konstituiert, geprägt und belebt wird. In diesem erscheinen das „*Vater-* und *Kinder-*, *Königs-* und *Narren-* und *Bettler-* und *Elend-Ganze[ ]*" aus dem *Lear* oder das „d[a]s unnennbare[ ] Ganze[ ], d[ie] *Schicksals-*, *Königsmords- und Zauberwelt*" des *Macbeth* eben doch als ein „Wunderganze[s]" (W 2, 508), bei all ihrem Zusammengeworfen-Sein. Dies ist konstitutiv für Herders Gedanken über die universelle Bedeutung von Shakespeares Dramen – denn, wie oben zitiert, „rücken" in diesen die

> Auftritte der Natur [...] vor und ab; würken in einander so disparat sie scheinen; bringen sich hervor, und zerstören sich, damit die Absicht des Schöpfers, der alle im Plane der Trunkenheit und Unordnung gesellet zu haben schien, erfüllt werde – dunkle kleine Symbole zum Sonnenriß einer Theodizee Gottes. (W 2, 509 f.)

Auf Leibnizschen Theoremen basierend setzt Herder einen vernünftigen Plan, einen Grundriss der göttlichen Schöpfung voraus, als deren „Sonnenriß" für ihn der Mikrokosmos von Shakespeares dramatischer Menschheitsgeschichte fungiert, deren Sinn, deren Teleologie sich dem Leser erschließt, der vom dramatischen Geist mit diesem in die übergeordnete Beobachterposition über dem Strudel der „disparat" scheinenden „Auftritte" katapultiert wird und so die Zweckmäßigkeit des vermeintlichen „Plane[s] der Trunkenheit und Unordnung" zu erblicken vermag. „Symbolisch" scheint in der Anschauung dieses mikrokosmischen Ganzen die Zweckmäßigkeit des großen Ganzen der göttlichen Schöpfung auf.

Mit einem Blick auf die verschiedenen Entwürfe zu Herders Shakespeare-Schrift wird zudem deutlich, wie er dem Wort „Symbol" eine weitere Nuance verleiht, indem er dessen Etymologie anfangs mitreflektiert: Ist in der oben zitierten Fassung nur noch der Plural des als Zeichenbegriff konventionalisierten „Symbols" zu erkennen, so hatte Herder 1771 im ersten Entwurf geschrieben:

> Wie die Auftritte in der Natur wechselnd vor- und abrücken, und in einander würken, so entfernt und unähnlich sie sich scheinen: so wechselt in Shakespear Ort und Zeit und Szene, und Inhalt – lauter einzelne Fragmente! ausgerissne wehende Blätter aus dem großen Buch der Vorsehung! im Sturm der Zeiten und Begebenheiten dahin geworfen wehen sie daher und schweben vors Auge: nichts als anscheinende Unordnung und Zerstückung und Plane der Trunkenheit. – aber in der Absicht des Schöpfers, im Haupte des Dichters: da schwindet Ort, Zeit und Disparater Inhalt – Ein Ganzes! Eine große lebendige Täuschung! Der Schattenriß einer Symbole a posteriori zur Theodizee der unendlichen Weisheit! (W 2, 526 f.)

Im zweiten Entwurf von 1771 lautet die Stelle:

> Wie [die Auftritte in der Natur wechselnd vor- und] abrücken; in einander würken, so entfernt und disparat sie scheinen, sich einander hervorbringen und zerstören und damit die Absicht der Natur befördern; so stehe ich bei Sh. vor dem Wechsel der Örter und Zeiten und Szenen und ihres Inhalts! *Geschichte der Welt, der Natur, der Menschheit!* lauter einzelne Fragmente! ausgerissne, zerrissne [Blätter aus dem großen Buch der Vorsehung! im Sturm der Zeiten und] Begebenheiten wehen sie daher, rücken vors Auge und verschwinden: dem Auge nichts als zerrissne Blätter, Unordnung und Plane der Trunkenheit; aber [in der Absicht des] Schöpfers? im Haupt des Dichters? Ort, Zeit, und Disparater Inhalt ist verschwunden! Ein Ganzes! [Eine große lebendige] Täuschung! Der Schattenriß einer dunkeln Symbole zur Theodizee! zur Rechtfertigung eines unendlichen Plans der Weisheit! (W 2, 533 f.)

Deutlicher noch als in der späteren Fassung tritt das Motiv des „Ganzen" in Erscheinung, dessen „lebendige Täuschung" notwendig ist, um als „Schattenriß" der „Theodizee" gelten zu können. Hier jedoch handelt es sich beide Male noch um einen „Schatten-", keinen „Sonnenriß"; die Verschiebung hin zur späteren Variante legt den Akzent stärker auf das schöpferische, generative Potential als auf das passiv entstandene Resultat, zugleich werden durch das *hapax legomenon,* wie unten weiter auszuführen ist, *dunkle* ästhetische und rationale, *clare et distincte* erfolgende Erkenntnis kontrastiert; das ungewöhnliche Kompositum mit seinem unkonventionelleren und damit größeren bildlichen Evokationspotential bildet diese Erkenntnisweise gewissermaßen ab. Signifikant ist ferner, dass hier von „einer Symbole" die Rede ist, in deren weiblicher Form noch die griechische Bedeutung des Zusammengeworfenen mitklingt: Das im neueren Sinne ‚Symbolische' der Werke Shakespeares wird so mit deren Struktur als einem „Wunderganze[n]" von so vielen disparaten „Welt[en]" verknüpft, wie sie in der späteren Fassung in Herders Charakterisierungen von *Lear* oder *Macbeth* gesehen werden; stilistisch bildet Herder dies dort durch die Reihung von Komposita ab, deren additive, asyndetische Folge das Symbolische, Zusammen-Geworfene des „Ganze[n]" spiegelt. Besonders in der zweiten Fassung entspricht diesen Stilistika, dass der Text im Vergleich zum ersten Entwurf durch zahlreiche Ausrufungs- und Fragezeichen interjektionsartig ‚zerstückt' wird, um so die sprunghafte Struktur der Dramen in all ihrer Disparatheit abzubilden. Markanter als in der letzten Fassung veranschaulicht die Metaphorik der beiden Vorstufen, wie die einzelnen „Auftritte" der Shakespeareschen Dramen mit ihren für „Fragmente" typischen zerrissenen Rändern – die also kaum zum tröstlichen „Schattenriß" einer „Theodizee" eines sinnvollen „Plans der unendlichen Weisheit" taugten – als gestalthaft wahrgenommene Gebilde fungieren, die metaphorisch-materiell ‚zusammengeweht' werden. Zugleich leistet die Metapher der „Blätter" aus dem „Buch der Vorsehung" die Verknüpfung zwischen der Buchgestalt der Shakespearschen Dramen und dem Topos vom *liber naturae:* Die Gesamtheit der Dramen entspricht dem Gesamtzusammenhang der Schöpfung.

Bemerkenswert ist im Vergleich der Fassungen ferner, dass die (weibliche) „Symbole", als die Herder die Dramen bezeichnet, zunächst als eine „Symbole a posteriori" bezeichnet wird, also resultierend aus einer auf ästhetischer Erfahrung des Subjekts beruhenden einigermaßen deutlichen Erkenntnis: Die Anschauung des zerstückt sym-bolischen Mikrokosmos, der letztlich dennoch als in sich sinnvoll erfahren wird, gewährt den Analogschluss auf die Zweckmäßigkeit der Welt. In der zweiten Fassung ist jedoch bereits von einer „dunklen Symbole" die Rede: Denn die Erkenntnis, die die Dramen gewähren, bleibt dem Bereich der *ästhetischen* Erkenntnis verhaftet, mit allen Defiziten und all ihrem Potential, das diese als ‚niedere' Erkennntis gegenüber der rationalen auszeichnet: Sie erfolgt nicht *clare et distincte*, vermag aber mittels der Ahndung, das große Ganze augenblickshaft – symbolisch – zu umfassen, wenn auch der rational subordinierende Verstand daran scheitern muss.[5]

5 Die sinnliche Evidenz „a posteriori" der Shakespeareschen Dramen betont Herder im zweiten Entwurf, indem er beschwört, wie die Begebenheiten „vors Auge" rücken – doch hebt er damit nicht nur die Bedeutung dieser ästhetischen Erfahrung hervor; hier findet sich vielmehr sein Terminus vom „große[n] Eräugnis" präfiguriert. Mit diesem Terminus, so formuliert Herder in der *Shakespeare*-Schrift von 1773, lasse sich für ihn der Charakter von Shakespeares Dramen pointieren. Deren zusammengesetztes „Wunderganze[s]" wolle er, wenn nicht „Handlung" im griechischen Sinne, „in der Sprache der neuern Zeiten *Begebenheit* (evenement), großes *Eräugnis* nennen" (W 2, 508). Dieses Vor-Augen-Treten ist jedoch notwendi-

Herder scheint bemüht darum, „das Dunkle oder Verworrene der Sinneswahrnehmung allgemein nicht nur als eine Voraussetzung der Erkenntnis von Vollkommenheit zu fassen, sondern als völlige Adäquanz zum ‚clare et distincte‘ deutlicher Erkenntnis“.[6] Dies zielt auf die „Einheit von Empfinden und Erkennen in der menschlichen Seele, [auf] die Sinnengeleitetheit des Erfassens gerade auch des großen Ganzen. Das Dunkle ist in paradoxer, bewusster Verwirrung alter Begriffe das Klare.“[7] In diesem Bemühen um eine Einheit der beiden Vermögen steht Herder Sulzer nahe, bei dem dieses Potential markanter Weise auch und gerade am Medium der Umrissdarstellung aufschien (vgl. Kap. 12). In Herders Ästhetik verschiebt sich im *Vierten Kritischen Wäldchen* und in den Studien zur *Plastik* die Perspektive auf das „Dunkle“ von „erkenntnistheoretischen [...] Aspekte[n]“ in Auseinandersetzung mit der philosophischen Tradition hin zu einer „anthropologischen“ Akzentuierung: „Das Dunkle ist für Herder dann die Domäne eben vor allem dieses einen spezifischen Sensoriums, des Tastsinns“[8] (dazu s. u.). Mit seiner Propagierung einer „dunklen“ Erkenntnis steht Herder in der Nachfolge Baumgartens, in dessen Schriften zur Theorie der Sinneswahrnehmungen sich „Dunkelheit in einem doppelten Sinn“ als „Leitgedanke“ bezeichnen ließe.[9] In dieser Hinsicht ist es signifikant, auf welche Weise Herder im Zusammenhang mit der ‚Dunkelheit‘ und ‚Prägnanz‘ die Denkfigur des Umrisses in seinen Bemerkungen über Baumgartens „Denkart“ reflektieren wird (s. u.).

Als wolle Herder nun den Kontrast von „klarer“, im Hinblick auf die Zweckmäßigkeit der Schöpfung aber nicht möglicher, und „dunkler“, auf ästhetischem Wege realisierbarer Erkenntnis veranschaulichen, erscheinen die Dramen Shakespeares in der letzten Fassung nun als „*dunkle* kleine Symbole zum *Sonnen*riß einer Theodizee Gottes“: Wie die Corona einer Sonnenfinsternis scheint hinter den solchermaßen verdichteten, ‚dunklen‘

---

gerweise nur von kurzer Dauer, denn die Begebenheiten „rücken vors Auge und verschwinden“, wobei letzteres, ihr momenthaftes Aufscheinen, ihre zugleich symbolische Bedeutungsweise akzentuiert: Im „Wunderganze[n]“ der zusammengewehten Blättern scheint augenblickshaft das große Ganze der göttlichen Schöpfung auf.

6 Helmut Pfotenhauer: *Gemeißelte Sinnlichkeit. Herders Anthropologie des Plastischen und die Spannungen darin*, in: ders.: *Um 1800. Konfigurationen der Literatur, Kunstliteratur und Ästhetik*. Tübingen 1991, 79–102, 88.

7 Pfotenhauer, *Gemeißelte Sinnlichkeit*, 88 f.

8 Pfotenhauer, *Gemeißelte Sinnlichkeit*, 89.

9 So Pfotenhauer mit Blick auf Herders Baumgarten-Rezeption, *Gemeißelte Sinnlichkeit*, 88.

Silhouetten der Shakespeareschen Dramen der Verweis auf transzendente Geborgenheit als strahlender Kranz hinter den Umrissen hervor.

Auch aus dem Vergleich der Entwürfe zu demjenigen Absatz, der dem „Schatten-“ bzw. „Sonnenriß“ jeweils vorausgeht, lassen sich Herders Prämissen erkennen, die in der letzten Fassung teilweise nur verknappt erscheinen. So heißt es im ersten Entwurf:

> Theater, Koulisse, Komödiant, Nachahmung ist verschwunden: ich sehe Welt, Menschen, Leidenschaften, Wahrheit! [...] Alle ganze, individuelle Wesen, jeder aus seinem Charakter und von seiner Seite historisch teilnehmend, mitwürkend, handelnd; jeder gleichsam für sich Absicht und Zweck, und nur durch die schöpferische Kraft des Dichters, als Zweck zugleich Mittel; als Absicht zugleich Mitwürker des Ganzen! So spielt im großen Weltlauf vielleicht ein höheres, unsichtbares Wesen mit einer niedern Klasse von Geschöpfen,

die „unwissend“ dadurch „blinde Werkzeuge zu einem höhern Plan“ werden, „zu dem Ganzen eines unsichtbaren Dichters!“ (W 2, 526)

In der Fassung von 1773 lautet die Stelle, ihm sei bei der Lektüre Shakespeares

> Theater, Akteur, Kulisse verschwunden! Lauter einzelne im Sturm der Zeiten wehende Blätter aus dem Buch der Begebenheiten, der Vorsehung <,> der Welt! – einzelne Gepräge der Völker, Stände, Seelen! die alle die verschiedenartigsten und abgetrenntest handelnden Maschinen, alle – was wir in der Hand des Weltschöpfers sind – unwissende, blinde Werkzeuge zum Ganzen Eines theatralischen Bildes, Einer Größe habenden Begebenheit, die nur der Dichter überschauet. (W 2, 509)

Figuren, die in sich selbst vollendet, „ganz[], individuell[]“, sind, die ein individuelles „Gepräge“ und damit charakteristische ‚Plastizität‘ besitzen, deren Zweck zyklisch in sich selbst zu liegen scheint, dabei aber zugleich teleologisch seine Funktion im Plan des großen „Ganzen“ hat. Wenngleich diese ‚monadologischen‘ Konzepte bei Herder, indem sie auf Leibnizschen Theoremen aufbauen und diese ins Ästhetische transponieren, eine beträchtliche Nähe zu Moritz’ Konzepten des schönen Kunstwerks als des ‚In sich selbst Vollendeten‘ aufweisen, so ist doch der Unterschied unabweisbar und zeigt eine tiefe Kluft zwischen dem Denken beider Autoren: Denn bei Moritz ist die Theodizee eine rein ästhetisch gerechtfertigte;[10] hinter dem großen Ganzen in all seiner höchsten, unerkennbaren und undarstellbaren

10 Vgl. Thomas P. Saine: *Die ästhetische Theodizee. Karl Philipp Moritz und die Philosophie des 18. Jahrhunderts.* München 1971. Vgl. Kap. 16.

Schönheit steht kein Schöpfergott wie jener „unsichtbare[] Dichter[]“ Herders.

Betrachtet man die Sprachkaskaden, mit denen Herder die Dramen Shakespeares begrifflich zu charakterisieren versucht, so erscheinen diese tatächlich als Sym-bole: als Zusammengeworfenes, dessen disparate Einzelheiten *symbolisch* zum „Sonnenriß“ einer „Theodizee“ verdichtet erscheinen können. Ein ganzes sprachliches Universum evoziert Herder bei der Beschreibung des *Macbeth* in Kaskaden von mehreren Komposita, die auf *-welt* enden, wenn er ausruft: „ – ich müsste alle, alle Szenen ausschreiben, um das idealisierte Lokal des unnennbaren Ganzen, der *Schicksals-, Königsmords- und Zauberwelt* zu nennen“. Dabei erscheinen alle diese Facetten wie Planetenbahnen in einem Sonnensystem zentriert um das „*Individuelle* jedes Stücks, jedes einzelnen Weltalls“ (W 2, 513 f.). Und so steht am Ende denn auch ein Universum, das von einem „Riesengott“ regiert wird: Ein Pantocrator im Angesicht seiner *circumscriptio*, der den Leser an seine Seite empor nimmt, um das ganze Universum seiner Schöpfung von außen zu betrachten. Shakespeares „dramatischem Geist“ ist „die ganze Welt […] zu diesem großen Geiste allein Körper“, mit „alle[n] Auftritte[n] der Natur“ als seinen „Glieder[n]“ und „alle[n] Charaktere[n] und Denkarten“ als „Züge[n]“ zu seinem „Geiste“ (W 2, 515).

Herder formuliert eine gestalthafte Wahrnehmung von Geist, der als formendes, bildendes, synthetisierendes Prinzip den Umriss um das Ganze zieht, es so konstituiert und als Gravitationszentrum zugleich in sich zusammenhält. Unter diesem „dramatische[n] Geist“ versteht Herder besonders das Konzept der ‚dramatischen Geschichte‘. So heißt es in der ersten Fassung des Textes, „[a]lle Shakespearsche Stücke“ seien „eigentlich Geschichte“, doch „so voll, so ganz, so lebendig, wie sie im großen Zusammenlauf der Weltbegebenheiten nur geschehen kann.“ (W 2, 525) In der zweiten Fassung legt Herder mehr Emphase auf die universal-teleologische Bedeutung der Dramen, er formuliert nun: „Alle [Shakespearschen Stücke sind eigentlich] ‚*Geschichte der Menschheit:*‘ aber Geschichte, so ganz, so voll, so lebend, wie [sie im großen Zusammenlauf] von Weltbegebenheit nur geschehen kann.“ (W 2, 532)

Die Änderung von „Weltbegebenheiten“ zu „Weltbegebenheit“ bringt eine signifikante Bedeutungsverschiebung mit sich, die noch durch eine weitere sprachliche Besonderheit unterstrichen wird: Wenn Herder in der zweiten Fassung an späterer Stelle bemerkt, Shakespeares Stücke seien „Dramatische Geschichte“ zu nennen (W 2, 537), so verstärkt er den universalen Anspruch, der die Gesamtheit der aus einzelnen Dramen als Einzelsymbolen bestehenden „Geschichte“ als komplexes Symbol kennzeichnet, welches das eine Ganze „von Weltbegebenheit“ ästhetisch-sinnlich erfahrbar macht. Herder, dem Natur und Geschichte als untrennbare Prinzipien erscheinen, versteht Geschichte bei Shakespeare somit als der Natur analoge künstlerische Darstellung der „Menschheitsgeschichte“[11] – das Medium dieser Darstellung ist der literarische „Sonnenriß“.

14.1.3 Der „runde[] Contour“ der Shakespearschen Werke

Shakespeares „[d]ramatische Geschichte“ als sinnenfälliges „dunkle[s] kleine[s] Symbol[] zum Sonnenriß einer Theodizee Gottes“ wird zwar, bei aller *ubertas* und Lebendigkeit ihrer Darstellungsweise („so voll, so lebend“), wie die Silhouettendarstellung gekennzeichnet durch Negativität und Abstraktion, doch ergibt sich gerade daraus ihr spezifisches *dunkles* Bedeutungspotential, das das rational nicht Erkennbare und in seiner Gänze nicht Darstellbare veranschaulicht. Die „dunkle[n] kleine[n] Symbole“ wirken aus heutiger Perspektive wie ein Schwarzes Loch mit unermesslich potenzierter Gravitation.

Im Gegensatz weisen sie jedoch ein Kriterium auf, das für Herders Verständnis von Dichtung und besonders von poetischer Plastizität entscheidend ist: Sie sind höchst definiert umrissen, die ‚Sonnenrisse‘ weisen genau jenen „runde[n]“ – also plastisch wirkenden – „Contour“ auf, den Herder in seinem *Ossian*-Text in der zeitgenössischen Dichtung vermisst. Vor diesem Horizont ist auch auf das Moment des Charakteristischen zu verweisen, das den „Sonnen-“ bzw. Schattenriss eines Menschen kennzeichnet: Laut Lavater ist die Silhouette stark *individualisiert*, sie ist die *charakteristischste Darstellung* eines Menschen. Dies ist im Falle von Herders Shakespeare-Wertung, die „[d]ramatische Geschichte“ gestalthaft umrissen wahrnimmt, signifikant, wenn die Dramen durch symbolisch verdichtende Darstellung das Ganze der Menschheitsgeschichte veranschaulichen sollen.

Das „Charakteristisch-Individuell[e]“ der Shakespearschen Figuren hebt Herder im ersten Entwurf von 1771 als Merkmal des *„noch ganze[n] Mensch[en]“* hervor und stellt dies der Dichtung seiner eigenen Zeit als Ideal gegenüber, die, von normativer Regelpoetik geprägt, allgemeine, nicht individualisierte Charaktere aufweist:

---

11 Vgl. den Kommentar in: J. G. Herder: *Werke in zehn Bänden*, Bd. 2, 1166 f., zum Verständnis von „Geschichte“ in Herders Shakespearebild.

> Jeder *noch ganze Mensch* in allen seinen Stücken hat bloß Charakteristisch-Individuell zu denken, zu sprechen, und durch beides vielmehr zu handeln. Jedes Allgemeine, was ein Solcher sagt, ist von Individual- und Zeit- und Charakterkräften gleichsam hervorgedrungen und errungen. (W 2, 523)

In Shakespeares Dramen seien die Figuren

> Alle ganze, individuelle Wesen, jeder aus seinem Charakter und von seiner Seite historisch teilnehmend, mitwürkend, handelnd; jeder gleichsam für sich Absicht und Zweck, und nur durch die schöpferische Kraft des Dichters, als Zweck zugleich Mittel; als Absicht zugleich Mitwürker des Ganzen! (W 2, 526)[12]

Notwendigkeit, innere Plausibilität und (scheinbare) innere Teleologie, die jedoch auf Makrostrukturebene in der universalen Teleologie aufgeht, tragen somit zur *symbolischen* Plastizität der Charaktere bei und verleihen ihnen, indem sie als „*ganze*“ – wie es bei Moritz heißen wird: ‚in sich selbst Vollendete‘ – erscheinen, den von Herder geforderten „runde[n] Contour“, der literarische (und prinzipiell künstlerische) Schöpfungen auszeichnen soll. Die sinnlich-ästhetisch erfahrbare Zweckmäßigkeit dieser individuellen Charaktere im Hinblick auf das große Ganze ermöglicht den Analogschluss auf die transzendente Zweckmäßigkeit des Schöpfungsplans: durch „dunkle kleine Symbole zum Sonnenriß einer Theodizee Gottes.“[13]

Der Umriss als „Sonnen-“ oder „Schattenriß“ erweist sich somit in Herders literarästhetischem Denken als tatsächlich „symbolischer“ Reflexionsbegriff für die Bedeutungsweise der Shakespeareschen Dramenkunst *als* symbolisches Instrument der Theodizee. Er erscheint gleichfalls, und strukturell ähnlich wie später in Karl Philipp Moritz’ eigenwilligem Monaden-System der metaphysischen Schönheitslinie, auch als Reflexionsmedium der Mittlerfunktion des Dichters – mit dem oben bereits angemerkten Unterschied, dass es sich bei Herder nicht um eine rein

---

12 Ähnlich heißt es in der zweiten Fassung, „[j]eder *noch ganze Mensch*“ habe bei Shakespeare: „bloß nach seinem Individualcharakter zu denken und zu sprechen, und durch beides nur zu handeln.“ (W 2, 530 f.)

13 Hans Adler (*Die Prägnanz des Dunklen. Gnoseologie – Ästhetik – Geschichtsphilosophie bei Johann Gottfried Herder* [= *Prägnanz*]. Hamburg 1990, 149) bemerkt zu dieser Stelle nur, die Historiendramen Shakespeares gälten Herder als „erfahrbare[ ] Versinnlichung – Ästhetisierung – der Schöpfung“ (148 f.), geht aber nicht auf die Verbindung zum anthropologischen Ganzheitsaspekt (verbunden mit der Plastizität der Darstellung) und dessen teleologische Verankerung an dieser Stelle ein, obwohl er prinzipiell immer wieder betont, wie sehr Herder die Selbsterfahrung des Menschen als eines *Ganzen* akzentuiere; im Rahmen der „dargestellte[n] Totalität“ werde diese Ganzheit „sichtbar“ (149).

immanente *ästhetische Theodizee*, sondern eben wirklich noch um eine „Theodizee Gottes“ handelt (bzw., in den früheren Fassungen, um die Theodizee einer nicht genau benannten, aber transzendenten, vernünftig geordneten Vorsehung).

14.1.4 Herders Umrisse zu einem „Denkmal Johann Winkelmanns“ (1777)

Als Seitenstück zu Herders eigener Auseinandersetzung mit dem plastischen ‚Kontur‘ kann sein „Denkmal Johann Winckelmanns“[14] gelten, das Herder 1777 auf die Ausschreibung der Kasseler Fürstlichen Akademie der Altertümer hin verfasst hat. Im einleitenden Teil seiner Denkschrift rechtfertigt Herder sein Anliegen, diese Schrift auf Deutsch verfertigt zu haben; er beschließt die Argumentation mit dem Bild eines „Deutsche[n] Denkmal[s]“, als welches sie, wenn sie nicht geschätzt werde und es nicht verdiene, übersetzt zu werden, „dau[ern]“ solle: „ein roher ungebildeter Stein mit Winkelmanns Namen beschrieben und wie ein einsamer Grabhügel, dem Andenken eines Helden heilig.“[15] Indem die „Erste Akademie der Altertümer in Deutschland“ als Preisaufgabe „ein Lob“ auf Winckelmann bestimmt habe, stelle sie „also die Bildsäule eines Edlen an die Pforte ihres Tempels“, die allen zum Beispiel gereichen möchte (W 2, 631). Herder erteilt zunächst dem traditionellen Elogen-Typus französischer Prägung (und Sprache) eine harsche Absage; die Aufgabenstellung der Akademie – „*Wo Winkelmann anfing und wo er aufhörte?*“ – nimmt er zum Anlass, sich auf Winckelmanns Werke selbst zu berufen, denn, so Herder, „[d]ie Schriften eines Gelehrten müssen sich selbst Lob sein“, und Winckelmann bleibe „sich immerdar selbst das beste Denkmal“ (W 2, 632 f.). Sodann beginnt er mit der Nachzeichnung von Winckelmanns geistigem Werdegang – in eben dem metaphorischen ‚Flussbett‘, mit dem

14 *Denkmal Johann Winkelmanns. Demselben vor der Fürstl. Akademie der Altertümer zu Cassel bei Anlass der ersten Preisaufgabe im Jahr 1777 errichtet, in:* Herder: W 2, 630–673 (Zitate werden im Text in Klammern nachgewiesen). – Zum „literarischen Denkmal“ (und der „Kritik an der Lobschrift“) bei Herder vgl. Ingeborg Nerling-Pietsch: *Herders literarische Denkmale: Formen der Charakteristik vor Friedrich Schlegel.* Münster 1997, 27 ff. Zu den beiden Winckelmann-Denkmal-Schriften vgl. ebd., 114 ff. zur ersten, 158 ff. zur zweiten.

15 Zu ganz ähnlichen Formulierungen des Bescheidenheits-Topos, ebenfalls mit ‚nordischer‘ Akzentuierung, vgl. die Vorrede zu den drei Nekrologen auf „Winkelmann, Lessing, Sulzer“ aus dem Jahr 1781 (W 2, 676–712, hier 676).

Winckelmann die Stilentwicklung der Künste veranschaulicht hatte: dem Lauf eines Stromes.

Die Berufung auf die deutsche Sprache stellt nicht zuletzt auch eine Hommage an Winckelmanns Leistung dar, dem Deutschen eine *kunstliterarische* Sprache von Rang geschaffen zu haben, wovon seine eigenen Werke als „Denkmal“ ebenso zeugen, wie es Herders eigene Schrift als „Bildsäule“ tun möge – im Bescheidenheitsgestus wird die eigene sprachliche Leistung jedoch als „roher ungebildeter Stein“ apostrophiert.

Wenn Herder, mit Bezug auf den prominentesten Kontur-Theoretiker und die sprachliche Durchgestaltung von literarischen ‚Denkmälern‘, von diesen sowie von der „Bildsäule“ spricht, so wäre zu vermuten, dass auch derjenige Begriff metaphorisch erscheinen müsse, der Winckelmanns Leitkategorie bei der Betrachtung von „Bildsäule[n]“ war: der Kontur. Er erscheint auch – jedoch nur im Modus des Zitats, noch dazu in der deutschsprachigen (und eher auf das graphische bezogenen) Variante, nämlich als ‚Umriss‘. Herder vertritt die These, dass in Winckelmanns *Gedancken über die Nachahmung* bereits all sein Denken (W 2, 644) in „Knospe“ oder „Keim“ enthalten sei, und auch

> [d]ie Schreibart dieses Werkchens ist wie der Keim zu seiner künftigen Schreibart und überhaupt hat man mit diesen *Gedanken* beinah, was die Akademie verlanget „den Umriß von Winkelmanns Seele und Römischem Leben“: den Punkt, von dem er ausging, *die Liebe des Schönen in der Kunst der Griechen,* und den Punkt, wohin er wollte, *ihre natürliche und schöngebildete Denkart wieder rege zu machen* in dem Zeitalter, worin er lebte. *Allegorie* war das Ende dieser Schrift und *Allegorie* die letzte deutsche Schrift seines Lebens. (W 2, 644)

Nicht als ‚Abriss‘ seines Werkes, sondern als „Umriß von Winkelmanns Seele und Römischem Leben“, also als Umriss der gesamten ‚Gestalt‘, werden die *Gedancken* – „beinah“ – gesehen, wenngleich denkbar verklausuliert. Damit ist auch bereits der „Umriß“ des „Denkmals“, der „Bildsäule“ bezeichnet: Herder zieht ihn, indem er sich an Winckelmanns Denken, das eine Ästhetik des Kontur ist, Zug um Zug entlangtastet. Dabei schließt sich in Herders Perspektive in einem doppelt zyklischen Modell mit dem Umkreis der *Gedancken* als miniaturhaft gespiegeltem „Umriß“ von Gestalt[16] und Denken Winkelmanns auch der Umkreis seiner Schriften.

---

16 Zum Charakter als „Gesichtspunkt“ der Werk-Bewertung und zur „Darstellung des Werkes als integrale[m] Bestandteil der Darstellung des Charakters“ vgl.

Auf markante Weise beurteilt Herder Winckelmanns kunsthistorisches Verfahren: Dieser habe, „statt Geschichte, die nicht geschrieben werden *kann*, ein historisches *Lehrgebäude*“ verfasst, „d. i. er setzte aus den Nachrichten oder Denkmälern, die ihm bekannt waren, nur zuerst *Unterscheidungszeichen* zwischen Völkern, hernach in ihnen zwischen Zeiten und Klassen, oder Arten des Styls fest und so fing er an zu ordnen und zu schreiben.“ (W 2, 656 f.) Bei aller „Unvollständig[keit]“ habe diese „[i]dealisch[e]“ Geschichte vielleicht mehr Nutzen gebracht, als ihn „die dürftige Geschichte gäbe.“ Herder pointiert, „ein solches Idealgebäude, wenns nur für sich selbst *auf guten Gründen* beruhet“, sei „lehrreicher, als Namen und Jahrzahlen sein würden.“ Und er gesteht zu, dass „eine Kunstgeschichte im Schattenriß *solcher Klassen und Charaktere* zu schreiben, [...] wohl unumgänglich“ gewesen sei (W 2, 657). Das Lehrgebäude der *Geschichte der Kunst des Alterthums* als ein Idealgebäude, auf idealem Grundriss erbaut, der ein allerdings „gut[ ]“ begründeter „Schattenriß“ der eigentlichen Geschichte ist – auch auf diese Weise erscheint in Herders „Denkmal“ der *Umriss* von Winckelmanns Werk, und zwar implizit als strukturelle Entsprechung zu dessen Konzept vom plastischen Kontur als ‚Graphem‘ der Gedanken des Künstlers (Käfer). Winckelmanns „Schattenriß“ als Grundriss seines idealen Lehrgebäudes[17] wird von Herder als Umriss verstanden, in dessen Nachvollzug der aufmerksame Leser die undarstellbare, weil nicht (*mehr*) materiell verfügbare eigentliche Kunstgeschichte rekonstruieren könnte. Damit erweist er nicht zuletzt auch Winckelmanns eigener Sphragis am Ende der *Geschichte der Kunst* seine Referenz: Dort erschien der „Schattenriß von dem Vorwurfe unserer Wünsche“ als Signatur von Winckelmanns Werk.[18]

Nerling-Pietsch, 165 ff. Vgl. auch ebd., 175, zum „Werk als Form der Existenz des Selbst“.

17 Nerling-Pietsch geht auf die Funktion der Denkfigur ‚Kontur‘ bzw. des ‚Schattenrisses‘ in Herders Winckelmann-*Denkmal* nicht ein; zum ‚historischen Lehrgebäude‘ vgl. 151 und 171.

18 Im späteren Nekrolog (1781) auf Winckelmann findet sich ein weiteres Mal der „Umriß“: Herder vertritt wie schon in seinem „*Denkmal*“ die Ansicht, in Winckelmanns Erstlingsschrift sei bereits all sein Denken angelegt, und er fügt hinzu: „Was jetzt folgen mochte, war immer nur *Anwendung*, mehrere *Begründung* und *Bestimmung*, ein schärfrer Umriß im kleinen.“ – Diese abermalige Verwendung des Bildes schlägt den Bogen zu Herders Begriff des „runden Contour“, wie er sich bereits in der Ossian-Schrift von 1773 findet: als „Umriß“ um ein fest bestimmtes Ganzes, das sich, in all seinen Teilen harmonisch zueinander stimmend, in sich rundet. Herder nimmt somit Winckelmanns Werk gewissermaßen *plastisch*, als wohl konturierte *Gestalt* wahr.

14.2 Herder über Baumgartens Schriften: Grundriss und Umzirkung seines Denkens aus Didos „Kuhhaut“

In Anbetracht der Tatsache, dass Herder am Beispiele Shakespeares die ‚dunkel-symbolische‘ ästhetische Erkenntnis propagiert, ist es aufschlussreich, dass das Motiv des Umrisses gerade in der direkten Auseinandersetzung mit dem Werk Baumgartens wiederkehrt.[19] Herder bezieht es in seiner Schrift *Von Baumgartens Denkart in seinen Schriften* (1767) auf verschiedene Weise markant auf philosophische Methodik, um die Bedeutung von Baumgartens Schriften für sein ästhetisches, besonders poetologisches Denken zu charakterisieren.[20] So bemerkt er über Baumgartens *Meditationes*, sie seien

> eine kleine Akademische Schrift, in der ich aber den ganzen Grundriß zu seiner Metapoetik finde, und die ich *für mich selbst* als jene Kuhhaut betrachten darf, aus der eine ganze Königsstadt der Dido, eine wahre Philosophische Poetik umzirkt werden könnte. (SW XXXII, 184)[21]

Virtuos vermischt Herder zwei lineare Modelle: Grundriss und Umriss. Deutlich illustriert er durch die eigenwillige Konfiguration der methodologischen Metaphern „Grundriß“ und „umzirk[en]“, welche Bedeutung er Baumgartens Schriften beimisst: Diese bieten sich ihm dar als Grundriss, der in linearer Abstraktion eine Fläche nicht nur umgrenzt, sondern auch all ihre Binnenstrukturen mittels *Lineamenten* verzeichnet (in der engsten Bedeutung dieses ältesten Ausdrucks in der deutschen Kunstterminologie) – eben so, wie Baumgartens Denken sich in strengen Paragraphenfolgen zu entwickeln scheint. *Diese* Explikation aber nutzt Herder nicht, oder zumindest nur begrenzt; der „Grundriß“ dient ihm vielmehr, wie er ganz offen eingesteht, zu äußerst produktiver eigener „Entfaltung der potentiell in [Baumgartens] Definitionen enthaltenen Gedanken“.[22] Er zerlegt den Grundriss zu Baumgartens Denkgebäude gleichsam in Einzellineamente, aus deren Neukonfiguration er sich eine ungleich größere Lineatur vor-

---

19 Vgl. dazu auch: Friedhelm Solms: *Disciplina aesthetica. Zur Frühgeschichte der ästhetischen Theorie bei Baumgarten und Herder.* Stuttgart 1990.

20 Zu Herders Auseinandersetzung mit „Begriff und Methode der Ästhetik bei Baumgarten“ vgl. Hans Dietrich Irmscher: *Zur Ästhetik des jungen Herder*, in: Gerhard Sauder (Hg.): *Johann Gottfried Herder: 1744–1803.* Hamburg 1987, 43–76, 57.

21 Zitate werden im Folgenden nach der Ausgabe *Herders sämmtliche Werke* [= SW], hg. v. Bernhard Suphan, nachgewiesen, hier Bd. XXXII, Berlin 1899. – Vgl. auch Irmscher, 47.

22 Irmscher, 41.

stellt: Diese, als Umriss einer gewaltigen „Philosophische[n] Poetik", umgrenzte eine bedeutend weitere Fläche, verzichtete aber darum auf die exakten – klaren und distinkten – Binnenstrukturen; auf einer Landkarte dieser „ganze[n] Königsstadt" wären keine Straßenzüge verzeichnet, sondern sie bliebe im Innern „dunkel", wie Shakespeares Dramen in ihrer symbolischen Bedeutungsweise. Es ist signifikant, dass diese ‚Umzirkung', die einer philosophischen Grundlegung und Aufwertung der „Poetik" dienen soll, verbildlicht wird durch die Kombination der am strengsten mathematisch-systematisch fundierten Kunst – der Architektur mit ihren Grundrissen – mit der durch Baumgarten zu philosophischen Ehren erhobenen Poesie, die auf originelle Weise ebenfalls in einem Linearmodell veranschaulicht wird: Durch den Rekurs auf die Geschichte Didos, deren Tod aus verschmähter Liebe, wie sie Vergil im IV. Buch der *Aeneis* schildert, paradigmatisch als ‚poetischer' Stoff gelten kann.

Für eine Einschätzung von Herders Beeinflussung durch seine Quellen ist bemerkenswert, dass dieser, wie Adler nachweist, beispielsweise zu Baumgartens *Meditationes* nur aus den ersten elf Paragraphen Exzerpte notiert habe, also „wenig mehr als die Exposition mit der Definition des Gedichts".[23] Auch im Falle der *Aesthetica* beschränkten sich die Notizen in Herders Kritik des Textes auf die ersten 25 Paragraphen, im *Vierten Kritischen Wäldchen* „sogar explizit auf die Prolegomena der „Aesthetica"", also „auf den Teil, der die Definition der Ästhetik, hypothetische Kritik und die Gliederung der Disziplin umfasst". Adler formuliert zu Herders „Rezeptionsgewohnheiten" somit die Frage, ob Herder „ – zumindest bisweilen – die Exposition des Ausgangstexts als dispositio zur eigenständigen inventio und elocutio genügte?" Adler erkennt darin eine Analogie zum Stellenwert des „Keims", „der Prägnanz einer Ideenexposition", die dann in Herders eigener Ästhetik „durch ‚Selbstdenken' zu entwickeln ist".[24] Eben dieses Prinzip formuliert Herder selbst in der Äußerung über Baumgartens *Aesthetica*, die ihm als Grundriss diene, aus dessen Neukonfiguration er eine „ganze Königsstadt der Dido" zu einer „Philosophische[n] Poetik umzirk [en]" wolle.[25] Ein ganz ähnlicher Umgang ließe sich an Herders Winckelmann-Rezeption nachweisen, wenngleich diese insgesamt gründlicher war; dennoch finden sich auch dort die meisten ‚Explikationen' zu Konzepten oder Begriffen, die zu Beginn der jeweiligen Texte formuliert

23 Adler, *Prägnanz*, 85.
24 Adler, *Prägnanz*, 85 f.
25 Adler weist nicht auf diese Stelle hin.

werden: So verhält es sich im Falle des Kontur-Begriffs in den Gedanken und auch im Falle der „Empfindung des Schönen“.

Neben der Bedeutung des Umriss-Motivs als methodologische oder generell konzeptuelle Metapher finden sich in Herders Schrift über Baumgarten jedoch auch andere Momente, die Umrissenheit und sprachlichen Stil miteinander verknüpfen. Welche Relevanz Herder der Ausdrucksweise Baumgartens beimisst, wird mehrfach deutlich. Gleich zu Beginn heißt es (SW XXXII, 178): „Ich trete dem Innern der Baumgartenschen Philosophie näher, und bemerke, wie sehr dieselbe mit der Sprache verknüpft sey“. Vor diesem Hintergrund sind Fülle und Spektrum der folgenden Bemerkungen zu bewerten.

14.3 Umriss, Dunkelheit und Prägnanz

Auch in Herders Ausführungen über Baumgarten zeigt sich die Verbindung von Umrissenheit und Dunkelheit, wie sie in den Entwürfen zu *Shakespeare* entwickelt wird. Hier tritt jedoch ein weiteres Moment hinzu, das gewissermaßen die ‚symbolische‘ Bedeutungsweise der ‚dunklen‘, schattenrissartigen Dramen Shakespeares vorbereitet. Es handelt sich um das Merkmal der *Prägnanz*, der Bedeutungsträchtigkeit, deren eigentliche Etymologie im 18. Jahrhundert noch deutlich im Wort mitzuhören ist.[26] Dem Sinn nach verwandt ist die bei Herder ebenfalls in den Äußerungen über Baumgarten häufige Metapher des „Keims“; sie erscheint an markanter Stelle, wenn Herder über die *Meditationes* bemerkt, „dieser Aufsatz“ sei „das Werk eines scharfsinnigen Zergliederers, der aus dem Keime einer kleinen Erklärung von drei Worten: *oratio sensitiva perfecta* das ganze Wesen der Poesie, diesen so herrlichen und fruchtbaren Baum entwickelt.“ (SW XXXII, 184) Programmatisch inszeniert er dabei das Verhältnis der absoluten Kürze der Formulierung zu dem darin enthaltenen poetischen Potential einer Realisierung dieser ‚vollkommenen sinnlichen Rede‘.[27]

---

26 Vgl. Adler, *Prägnanz*, 90. Herder spricht beispielsweise im selben Text einmal von „jene[r] schwangere[n], jene[r] nachdrucksvolle[n] Vorstellung“ (SW XXXII, 186).

27 Zur Prägnanz von Baumgartens „oratio sensitiva perfecta est poema“ und Herders „Faszination“ für diese Definition vgl. Adler, *Prägnanz*, 128. – Herder bemerkt, Baumgartens „Erklärungen von der Poesie“ seien für ihn die *„am meisten philosophischen“* (SW XXXII, 184), und dies nicht, weil sie aus „dunkeln […] Kunstwörtern“ bestünden und „ihre Worte *oratio sensitiva perfecta* die unbestimmtesten“ seien, „wobei sich also am längsten *erklären*“ ließe; diese Erklärungen führten

Die mit der gehaltvollen stilistischen Knappheit (*brevitas*) einhergehende Dunkelheit dieser „Kunstwörter“ wird als dem Gegenstand angemessener Darstellungsmodus favorisiert. Sie bedürfen der hermeneutischen *Explikation*, die ihren Ursprung in der menschlichen „Seele“ nehmen müsse: Baumgarten habe geahnt, dass „in der Seele“ die „Poesie ein Gebiet des Eigenthums“ haben müsse, dass dort die „Kräfte“ lägen, „die dieselbe hervorbrachten, und Kräfte, die sie wieder beschäftiget.“ Daraus folgt für ihn der ästhetische Imperativ: „Hin also in diese dunkle Gegenden, um aus ihnen, wie aus einer Wunderhöle [!] Nachrichten zu bringen, wo diese Göttin wohne“ (SW XXXII, 185). Der „Grund der Dichtkunst“ ist für Baumgarten, laut Herder, somit auch „in diesem dunkeln Grunde“ (SW XXXII, 185) zu suchen. Damit aber ergibt sich nun die Verknüpfung des dunklen Grundes der Seele mit der ‚dunklen‘ Bedeutungsweise poetischer Werke, wie Herder es für Shakespeares Dramen ausführt: Denn Herder greift mit dem Konzept des dunklen Grundes der Seele zurück auf Leibniz’ Konzept des *fundus animae*, wie dieser es in der *Monadologie* (§ 60–61) entwickelt. Für Leibniz fasst „der Grund der Seele dunkel das ganze Weltall in sich“;[28] Herder gilt einerseits „die dunkle Gegend unsrer Seele, in der der Zunder zu der Flamme liegt, die eine Kunst erheben oder erhöhen kann“, und die sich dem Zugriff und den „Gesetzen [...] eines regelmäßigen Verstandes“ entziehe (SW XXXII, 102), in produktionsästhetischer Hinsicht als Ursprung des Schöpferischen;[29] andererseits aber bietet eben der

vielmehr „*am weitesten in die Seele hinein[]*“ und ließen „gleichsam das Wesen der Poesie aus der Natur des Menschlichen Geistes entwickeln“, außerdem werde „*mit diesen wenigen Worten das Meiste angedeutet [...],* das bis auf den Grund der Dichtkunst sehen“ lasse (185). Der „Keim“ fungiert damit bei Herder nicht wesentlich verschieden vom Umriss; er birgt gewissermaßen eingehüllt in sich, was im „Grundriß“ zeichnerisch entfaltet und schnell erfassbar vor Augen liegt. Wichtig ist dabei, dass dasjenige, was (im Keim) „angedeutet“ ist, nicht zu beliebigen, „unbestimmte[n]“ Auslegungen berechtigt, sondern im Gegenteil genau definiert ist.

28 Zu Herders Rückgriff auf Leibniz’ Konzept des *fundus animae* vgl. Irmscher, 49, Zitat ebd. Zur Aufwertung des dunklen *fundus animae* bei Herder vgl. auch Inka Mülder-Bach: *Im Zeichen Pygmalions. Das Modell der Statue und die Entdeckung der „Darstellung“ im 18. Jahrhundert.* München 1998, 51, sowie Niklaus Largier: *The plasticity of the soul: Mystical darkness, touch, and aesthetic experience*, in: MLN 125 2010, 3, 536–551.

29 Vgl. Herders emphatischen Passus in seiner Studie über Baumgarten: „Die Menschliche Seele liegt vor ihm, ihrem *sinnlichen* d.i. ihrem würksamsten und lebendigsten Theile nach, wie ein ungeheures Weltmeer [...]. Nun [, Philosoph des Gefühls,] siehe in den dunkeln Abgrund der Menschlichen Seele hinunter [...] siehe herab in den Abgrund *dunkler* Gedanken, aus welchem sich nachher Triebe

Appell an dieses ‚dunkle‘ Erkennntisvermögen, wie die Poesie es ausübt, rezeptionstheoretisch betrachtet, Erkenntnismöglichkeiten, die der Ratio verschlossen bleiben – wie im Falle der „Theodizee“, deren „Sonnenriß“ Herder in Shakespeares Dramen als „dunklen kleinen Symbolen“ sieht.

Hans Adler hat in seiner Studie zur „Prägnanz des Dunklen“ bei Herder darauf hingewiesen, dass „beim frühen Herder“ immer wieder „der *fundus animae*, der dunkle Grund der Seele“[30] erscheine. Er stützte sich damit auf Baumgartens *Metaphysik*, in der dieser den ‚Komplex‘ der ‚dunklen Perzeptionen‘ der Seele als *fundus animae* bezeichnet (*Metaphysik* § 511: „Sunt in anima perceptiones obscurae […]. Harum complexus FUNDVS ANIMAE dicitur.“[31]) – als, wie er „ab der vierten Auflage“ übersetzte, „Grund der Seele“.[32] Ebenfalls Baumgartens *Metaphysik* konnte Herder den Begriff der „prägnanten Vorstellungen“ (§ 517) entnehmen, mit welcher dieser solche Vorstellungen meint, die mehrere *Eindrücke* in sich begriffen und dadurch machtvoller seien („Quo plures notas perceptio complectitur, hoc est fortior […]. PERCEPTIONES plures [sc. notas] in se continentes PRAEGNANTES [„vielsagende Vorstellungen“] vocantur. […] Hinc ideae habent magnum robur […].“[33]) Aus diesem Konzept lassen sich die Traditionslinien zu Lessings Theorie des „fruchtbaren“ oder „prägnanten“ Augenblicks in der Darstellung ziehen, wie sie für Malerei und Skulptur entwickelt wird.[34] Für Herder jedoch, der gerade die Plastik als genuine Domäne des „dunkelste[n], langsamste[n], trägste[n] Sinn[es]“, des „*Gefühls*“[35] sieht, ist dieser temporale Aspekt weniger von Bedeutung als die stimulierende Wirkung, die die dunkel-prägnanten Vorstellungen auf die Einbildungskraft des Rezipienten haben: Dunkle und prägnante Vorstellungen tragen so zur Vermittlung zwischen Werk und Rezipient bei, und damit stellen sie „ein wesentliches Element der Humanitas der Kunst“

und Affekten, Lust und Unlust heben.“ (SW XXXII, 186). Vgl. zum Stellenwert des dunklen Seelengrundes für Herders Konzept des Schöpferischen Irmscher, 50.

30 Adler, *Prägnanz*, 64.

31 Alexander Gottlieb Baumgarten: *Metaphysica/Metaphysik*. Historisch-kritische Ausgabe. Übs., eingeleitet und hg. v. Günter Gawlick und Lothar Kreimendahl. Stuttgart 2011, 270.

32 Adler, *Prägnanz*, 39. Gegenüber den Positionen von Wolff, Baumgarten und auch Sulzer falle auf, dass für Herder der *fundus animae* „nicht mehr *Anteil* der dunklen Wahrnehmungen ist, sondern der ‚*ganze Grund*‘“.

33 Baumgarten, *Metaphysica/Metaphysik*, 274.

34 Adler, *Prägnanz*, 94 f.

35 Herder: *Plastik* (1778), SW VIII, 31. Zum Konzept des „Gefühls“ vgl. Marion Heinz: *Sensualistischer Idealismus. Untersuchungen zur Erkenntnistheorie des jungen Herder (1763–1778)*. Hamburg 1994.

dar.[36] In besonderem Maße trifft dies, in Herders Ästhetik, für die Plastik zu, deren haptische Wahrnehmung im Abtasten der sich windenden ‚Linie der Schönheit' (ohnehin im Dienste der Selbsterfahrung des Subjekts im „Gefühl") dunkle und prägnante Vorstellungen *par excellence* generiert und zugleich die wechselseitige (scheinbare) Animierung von Werk und Rezipient zur Folge hat.

Noch auf eine andere Weise aber hat das ‚Dunkle' Bedeutung für Herders Ästhetik, besonders im Hinblick auf die Denkfigur des Umrisses in seinen Schriften. (Ästhetische) Dunkelheit an sich bleibt „gnoseologisch-systematisch solange von untergeordneter Bedeutung, wie [sie] nur als Grenzbereich des Erkennbaren benannt wird."[37] Dieser Aspekt des Dunklen klingt in der Shakespeare-Schrift noch nach, wo in dem einen Satz über die „dunkle[n] kleine[n] Symbole zum Sonnenriß einer Theodizee Gottes" gewissermaßen Licht und Schatten, ‚klare' und dunkle Erkenntnis sich wechselseitig begrenzen – und zwar an den Umrissen der Metapher „Sonnenriß". Relevant wird das Dunkle aber besonders, indem es über die „Grenzbezeichnung menschlicher Erkenntnis" hinaus eine „neue Funktion" erhält, und eine solche Transformation in Herders Konzept des Dunklen sieht Adler in einer „Revision" dessen, was er als „gnoseologisches Paradigma" bezeichnet. Dies zeige sich begrifflich daran, dass das Dunkle unter dem Mantel der *Metapher* Einzug in die philosophische Sprache finden muss. Auf diese Weise erhält das Konzept der Prägnanz nicht nur „als Wort und Begriff", sondern „vor allem [...] in einer Palette von Metaphern" eine „grundlegend strukturierende Funktion"[38] in

36 Adler, *Prägnanz*, 96.

37 Adler, *Prägnanz*, 90.

38 Adler, *Prägnanz*, 96. – Zu Herders „‚Analogieverfahren'", das „Vergleiche, Metaphern und Metonymien diskursiv *als Argumente*" zulasse, vgl. Hans Adler: *Herders Stil als Rezeptionsbarriere*, in: Tilman Borsche (Hg.): *Herder im Spiegel der Zeiten. Verwerfungen der Rezeptionsgeschichte und Chancen einer Relektüre.* München u. a. 2006, 15–31, 22 f. Die „analogische Vagheit der Metapher" sei in diesem Sinne „einem Großteil des Ensembles der Erkenntniskräfte des Menschen angemessener [...] als Syllogismen" (ebd., 23). Adler spricht von einer „irreduzible[n] Präzision des Metaphorischen bei Herder", die von der Forschung bisher wenig gewürdigt worden sei und vielleicht als „Dokument eines kritischen Gegenentwurfs zu Rationalismus und Transzendentalismus" der Epoche gelten könne (Adler, *Herders Stil*, 23). – Liisa Steinby (*Die Situiertheit der Metapher und des Begriffs bei Herder*, in: Herder-Jahrbuch 10 2010, 143–163) spricht von einer „Situiertheit der Metapher und des Begriffs bei Herder", da dieser Metaphern nicht in konstanter Bedeutung verwende; werde eine solche Metapher „entkontextualisiert", könne ihre Bedeutung nicht mehr ermessen werden (154). Zur Bildlichkeit

Herders Denken und Schriften. Dabei sieht Adler „diejenige zentrale Metapher, mit der Herder den Zugriff auf das anthropologische Datum des Dunklen sucht“, in der „Metapher der *Prägnanz*“.[39] Mit Blick auf die *Shakespeare*-Schrift und Herders signifikante Reflexion der subtil variierten Denkfigur des Umrisses in den Äußerungen über Baumgarten sollte aber gezeigt worden sein, dass die Metaphern aus dem Bildbereich des Umrisshaften (*Sonnenriß, Schattenriß, Grundriß, umzirken*) gleichberechtigt als methodische bzw. methodologische Medien neben die Metapher der *Prägnanz* treten bzw. diese sogar ‚symbolisch‘ mitbedeuten und so paradigmatisch die Funktionsweise des Dunklen (als methodische Metapher) repräsentieren.[40]

Wie bedeutsam das Moment des Umrisshaften für Herders Konzept von Dunkelheit und Prägnanz ist, erhellt aus seinem Lob für Baumgartens rhetorische *Brevitas*, deren dunkel-prägnante Darstellungsweise dem dunklen Erkenntnisgegenstand Poesie ebenso wie der dunklen Erkenntnisweise der Ästhetik angemessen ist. Er habe, so bemerkt Herder, „[m]it würklicher Freude […] den Versuch Baumgartens, die Poesie in ihren beträchtlichsten Eigenschaften aus diesen dreien Worten herzuleiten“, gelesen: „So wie der treflichste Edelgestein in der feinsten Einfaßung eben am herrlichsten erscheinet: so ein Grundsatz voll von Gedanken und Aussichten, dem die Worte mit Spartanischer Hand zugewäget worden.“ (SW XXXII, 188 f.) Die „feinste[] Einfassung“ des Ausdrucks erhöht die Wirkung des reichsten Gehaltes; wie es bereits oben hieß: „mit diesen *wenigen Worten*“ werde „*das Meiste angedeutet*“. Baumgartens *Brevitas* entspricht damit der Darstellungsweise der *Umrisszeichnung*, die mit minimalen Zeichen maximale Bedeutung transportiert – sie ist also, ebenso

von Herders Stil vgl. auch Lothar van Laak: *Bildlichkeit und Bildkonzepte beim späten Herder*, in: Sabine Groß/Gerhard Sauder (Hg.): *Der frühe und der späte Herder: Kontinuität und/oder Korrektur.* Heidelberg 2007, 321–329.

39 Adler, *Prägnanz*, 90.

40 Darüber hinaus scheint sich in Herders Symbolbegriff, wie er ihn in Bezug auf Shakespeares Dramen anwendet, bereits sein Konzept des „Natursymbols“ anzudeuten, wie er es in der *Kalligone* entwickeln wird: Kunstwerke gelten ihm als solche „Natursymbole“, als „eine lebende, organische Einheit, wo Ding und Begriff, Natur und Einbildung, eins werden.“ In einem solchen *Natursymbol* drückt nach Herders Ansicht der Künstler „seine ganzheitliche Auffassung von Natur und Welt“ aus, „die er nicht in rationale Begriffe zu fassen mag“ (vgl. Pochat, 432 f.). Gerade dies entspricht der Formulierung „dunkle kleine Symbole zum Sonnenriß einer Theodizee Gottes“ und ihrer eben dargestellten metaphorisch-‚dunklen‘ Bedeutungsweise. Denn neben Werken der bildenden Kunst – vor allem jenen der Plastik – gelten Herder als ‚Natursymbole‘ eben auch die Metaphern der Dichtung.

wie Baumgartens literarischer Stil, charakterisiert durch *Prägnanz.* In Anbetracht der Anklänge an die Darstellungsweise des Umrisses ist es bemerkenswert, dass Herder gerade an dieser Stelle in seiner Baumgarten-Schrift auf *die* Referenz für Konturen-Theorie Bezug nimmt; er bemerkt über Baumgartens Schriften:

> Seine Philosophischen Lehrbücher sind in ihren Vorzeichnungen gleichsam ganz Geist, der nur so viel Materie angenommen, als zur Sichtbarkeit nöthig war, und ich kenne wenig andere, denen es mit einem Einstrich, mit einem Monogramm so gelänge, den verwickelten Begrif in aller seiner Größe und Wahrheit zu zeichnen.[41] Man sollte glauben, daß ihm das Bezeichnungsvermögen zugewogen wäre, und nur eben soviel als zur äußersten Richtigkeit nöthig war. (W 1, 689)

Was Herder hier über das Verhältnis von Gedanke und philosophischem Ausdruck im Ideal der *Brevitas* bzw. Prägnanz bei Baumgarten vermerkt, erweist sich als Winckelmann-Paraphrase: Mit fast wörtlich diesen Formulierungen hatte sich dieser in der Beschreibung des Apoll von Belvedere über das Verhältnis von Ideal und Materie geäußert (vgl. Kap. 10); was dort für das künstlerische Sichtbarmachen des Ideals durch den *Kontur* galt, transponiert Herder hier in den Bereich sprachlichen Ausdrucks. Zugleich klingen die knappen, bei Plinius d. Ä. überlieferten Charakteristika der frühesten Malerei, der *Monogrammata*, an (vgl. Kap. 2), auf die auch Winckelmann in seiner *Geschichte der Kunst* Bezug genommen hatte; und auch die (bei Plinius anlässlich des Parrhasius-Lobes geäußerte) Forderung, man müsse bei *Umrissen* das Maß einzuhalten und rechtzeitig aufzuhören wissen, lässt sich hier wiedererkennen. Herder verknüpft mithin abermals rhetorische *Brevitas* und zeichnerische Umrissdarstellung – unter unschlagbar *prägnanter* Bündelung einer Vielzahl antiker und moderner Umrisstheoreme.

Ganz ähnlich wie in seinem Text *Von Baumgartens Denkart in seinen Schriften* äußert sich Herder auch im *Vierten Kritischen Wäldchen*; hier schreibt er nochmals: „In so viel Sprachen ich Erklärungen der Poesie kenne: so finde ich in keiner bündigere und reichere Worte, als in die *Baumgarten* sie, wie einen Edelgestein in die feinste Einfaßung, vestgestellt hat." (SW IV, 132) Hier bemerkt Herder zudem, Baumgartens Wort

41 Zur Baumgarten attestierten Prägnanz seiner Schriften ist im Hinblick auf Herders Reflexion der Umriss-Denkfigur in diesem Text erwähnenswert, dass eine posthume Schrift Baumgartens den Titel *Sciagraphia Encyclopaediae philosophicae* (Halle 1769) trägt; „sciagraphia" ist, wie auch *monogrammata*, ebenfalls ein Terminus, den Plinius d. Ä. zur Kennzeichnung einer bestimmten Entwicklungsstufe in der Geschichte der Malerei verwendet.

„*sinnlich*“ sei „bis zur Vieldeutigkeit reich und prägnant“, doch wer vor dem Hintergrund von Wolffs Lehre diesen Begriff deutlich verstehe, werde diese Erklärung „deutlich, bündig, kurz, vollkommen finden“; und schließlich folgert er, Baumgarten sei „der Verkürzer einer ganzen Wissenschaft in eine Metaphysische Hauptformel, in deren Kürze, Bestimmtheit und Vollständigkeit Alle sein Verdienst liegt“ (SW IV, 133). *Brevitas* und Prägnanz – die ebenfalls, und auch für Herder, wie soeben gezeigt, die wesentlichen Charakteristika der Umrissdarstellung sind – markieren somit, auf die Ästhetik bezogen, bei Herder einen äußerst pointiert formulierten, paradoxen Umschlags- oder vielmehr Indifferenzpunkt, in dem (die aufklärerischen Idealen konträre) *Dunkelheit* mit *Deutlichkeit* ebenso wie mit *Vollkommenheit*, und damit zwei zentralen Aspekten der Ästhetik des 18. Jahrhunderts, in eins fällt.

Dass Herder das Moment des ‚Umrissenen‘ als Denkfigur mitreflektiert, zeigt sich, wenn er abermals Baumgartens Sprache preist, die, wenngleich „barbarische[s]“ Neulatein, diesem doch so „außerordentlich zur Hand“ sei. Baumgartens „*sensitive*[ ] Rede“ sei

> immer so schwanger von Gedanken, daß ich kurz kein ander Wort, keine *Umschreibung* dagegen mag. Man muß sich in das Innerste der Wolfischen [!] Terminologie zu finden wißen, selbst, wenn man diesem Ausdruck *Grenzen bestimmen* soll: ich mag ihn also wegen seines innern Gehalts nicht vertauschen. (SW XXXII, 189; meine Hervorhebungen, C. K.)

Nicht nur die schon mehr oder weniger konventionalisierte Metapher der „Umschreibung“ verwendet Herder, sondern auch jene (nicht minder konventionalisierte) der „Grenze“: Während Herder die „Umschreibung“ einer Formulierung als eine äußerliche, die *Brevitas* und Prägnanz verwässernde Zutat ablehnt, fordert er die „Grenze“, die sich nur von innen heraus im Akt intensivsten Nachvollzugs konstituieren lasse: Das ästhetische Denken soll seinen Umriss um sich selbst ziehen; das Resultat wäre der Begriff – und das heißt in diesem Falle und bei Baumgarten: die Definition der Poesie als *oratio sensitiva perfecta.*

14.4 Zur Relevanz des Kontur in Herders Wertungen des „Gefühls“: „zum Zaume unsres körperlichen Daseyns“

Bisher wurde dargestellt, welche Funktion der Denkfigur der ‚Umrissenheit‘ in poetologischen und methodologischen Kontexten in Herders Schriften zukommt. Darüber hinaus kommt jedoch dem plastischen

‚Kontur‘ als Domäne des haptischen ‚Gefühls‘ im ästhetischen wie anthropologischen Denken Herders großer Stellenwert zu. Bereits im *Vierten Kritischen Wäldchen* gilt ihm das „Gefühl“ als primärer Garant der Selbsterfahrung und Ich-Konstituierung:[42] „Unmittelbar, durch ein inners Gefühl bin ich eigentlich von nichts in der Welt überzeugt, als daß ich bin, daß ich mich fühle.“ (SW IV, 7) Sowohl ontogenetisch als auch menschheitsgeschichtlich sieht er das „Gefühl“ als ersten Sinn:

> Das Gefühl ist gleichsam der erste, sichre und treue Sinn, der sich entwickelt: er ist schon bei dem Embryon in seiner ersten Werdung [...]. Mit der Geschichte der Künste unter den Völkern ists genau, wie mit der Geschichte der Menschlichen Natur. Formung für das Gefühl ging lange voran, ehe Schilderung für das Gesicht werden konnte [...]. (SW IV, 79)[43]

Auf interessante Weise verknüpft Herder im *Vierten Kritischen Wäldchen* die Wahrnehmung durch das „Gefühl“ mit sensualistisch-materialistischen Konzepten, wenn er bemerkt: „Das grobe Gefühl hat die Natur gleichsam zum Zaume unsres körperlichen Daseyns gemacht: es ist auf die Oberfläche unsrer Existenz, wie ein zartes Wachs ausgegossen [...].“ (SW IV, 110)

Herder lässt die Oberfläche des Körpers und seine Konturen vollständig in dem als „Zaum[ ]“ benannten „Gefühl“ aufgehen; anders als in sensualistischen Erkenntnistheorien spricht er hier nicht von einem konkret materiellen Seelenpneuma oder einer metaphorischen Wachsschicht in der Seele, in die sich die verschiedensten Sinneswahrnehmungen gleichsam ‚eindrücken‘.[44] Er imaginiert stattdessen die gesamte „Oberfläche unsrer

42 Vgl. zu Kontextualisierungen von Herders Aufwertung des Tastsinnes in zeitgenössischen Diskursen, u. a. in Verbindung zum Sensualismus Condillacs, grundlegend Ulrike Zeuch, *Umkehr der Sinneshierarchie*, und Inka Mülder-Bach, *Im Zeichen Pygmalions.* Zu Herders Auseinandersetzung mit Sulzers Position hinsichtlich des ‚commercium mentis et corporis‘ vgl. Monika Sproll: *„aus der Seele heraus charakterisieren“. Herders Theorie des Charakters in seiner Abhandlung Vom Erkennen und Empfinden der menschlichen Seele (1778)*, in: Dauss/Haekel (Hg.): *Leib/Seele – Geist/Buchstabe*, 37–57, hier 40–46, zur zeitgenössischen Sinnesphysiologie ebd., 46–57. Zur Problematisierung einer Gleichsetzung von „Gefühl“ und „Tastsinn“ in Herders *Plastik* vgl. Dimitri Liebsch: *Herders Gefühle. Einige Anmerkungen zum „Vierten Kritischen Wäldchen“ und zur „Plastik“*, in: Das achtzehnte Jahrhundert 34 2010, 1, 24–39; Liebsch weist darauf hin, dass Herder das „Moment des Sensitiven öfters mit ‚Gefühl‘ wiedergegeben“ habe (ebd., 29).

43 Vgl. Pochat, 430, zur geschichtsphilosophischen Akzentuierung der Entwicklung von Plastik und Malerei.

44 Herders Lektüren sensualistischer Philosophen lassen sich nicht einzeln nachweisen; Irmscher, 63, bemerkt, es sei wohl „zweifelhaft“, dass Herder um 1769

Existenz“ als Wahrnehmungssubstrat, vom „Gefühl“ wie von einem metaphorischen „zarte[n] Wachs“ übergossen, das freilich nur von dem einen, dem primären Sinn seine ‚Eindrücke‘ empfängt. Und noch eine weitere Referenz auf einen markanten ästhetischen Aspekt integriert Herder, dem es ja schließlich um eine Fundierung einer Ästhetik der Plastik im Taktilen geht, in dieser kurzen Formulierung. Auf subtile Weise alludiert er hier auf *das* Paradigma der Statuenbegeisterung des späteren 18. Jahrhunderts – und zugleich einen bemerkenswerten Text dazu: Erscheint Herder das „Gefühl“, der Tastsinn, „auf die Oberfläche unsrer Existenz, wie ein zartes Wachs ausgegossen“, so hatte Winckelmann in seiner *Abhandlung über die Fähigkeit zur Empfindung des Schönen* geschrieben, das „wahre Gefühl [!] des Schönen“ gleiche „einem flüßigen Gipse“, der den „Kopf des *Apollo* [...] in allen Teilen berühret und umgibt.“ (Vgl. Kap. 10.) War es dort das Gefühl, das sich imaginativ in der Nachempfindung des immateriellen Ideals dem sicht- (und theoretisch auch tastbaren) Kontur der Plastik anschmiegte, so verschiebt Herder den Akzent signifikant auf das Subjekt als empfangend-empfindende Instanz: die Wahrnehmung durchs „Gefühl“ erfolgt nicht wie bei Winckelmann in einem imaginativ-intellektuellen Anschmiegen im Modus des „flüßigen Gipse[s]“, sondern in einem Zulassen der unablässig einströmenden taktilen Empfindungen.[45]

14.4.1 Die Konstituierung des Subjekts: Plastik und Kontur

Dass Herder sich auf die fühlbare Form des plastischen Statuenkörpers konzentriert, ist charakteristisch für die dialektische Konstellation, in der sich Autonomisierungsbestrebungen und Dissoziierungsängste in der zeitgenössischen Ästhetik formieren. Beide Phänomene resultieren aus

---

Lockes Essay bereits „aus eigener Lektüre gekannt“ habe, gegebenenfalls sei er ihm aber durch Kants Vorlesungen vermittelt worden. Auch für Condillacs 1754 erschienenen *Traité des Sensations* ist nicht belegt, dass Herder ihn 1769 gekannt hätte.

45 Hans-Dietrich Irmscher (*„Weitstrahlsinniges“ Denken. Studien zu Johann Gottfried Herder.* Hg. v. Marion Heinz. Würzburg 2009, 164 f.) meint, es sei „denkbar, daß die in Winckelmanns Schriften stillschweigend vorausgesetzte enge Beziehung zwischen Tastsinn und plastischer Form Herder überhaupt erst auf die Idee einer systematischen Begründung der Künste in den verschiedenen Sinnesbereichen gebracht hat“; Irmscher zitiert dazu Winckelmanns Bemerkungen über den subtilen Tastsinn des Kardinals Albani beim Münzen-Studium. Vgl. Irmscher, *„Weitstrahlsinniges“ Denken*, 164 f., bes. ebd., Anm. 41.

dem „Ende der metaphysischen Einbettung des Leibes im Vollzug der Aufklärung“, mit dem die wachsende Konjunktur einer „Physik des Körpers, welche ihn zerlegt, um seine Funktionen beherrschen zu können“, einhergeht. Die Konsequenz dieser Entwicklung sind neuartige Ängste: Der seiner weltanschaulichen Hüllen entkleidete und daher „nackte Körper wird nicht nur als besser durchschaubar und heilbar erlebt, sondern auch als schutzlos.“[46] In der zeitgenössischen Ästhetik führt dies zu einer Rückbesinnung auf die fest umrissene Menschengestalt. Bei Karl Philipp Moritz wird daher auch die Haut aufgewertet, nicht als Organ des Gefühls, sondern als eigentlicher Kontur, den die Gestalt um sich selbst zieht und mit dem sie sich isolierend zum autonomen, der amorphen und dissoziierenden Umwelt entrissenen, über sie erhabenen Kunstwerk auratisiert (vgl. Kap. 16). Im „klassizistische[n] Diskurs“ wird der nackte Menschenkörper „idealisiert [...] zum transfigurierten Leib der antiken Statue, der Göttergestalt angenähert“.[47] Doch dessen bedarf es bei Herder nicht einmal; sein Augenmerk gilt primär der sinnlich wahrnehmbaren Umgrenzung der Gestalt an sich, auch ohne deren ideelle Überhöhung, wenn er im *Vierten Kritischen Wäldchen* notiert, die Plastik schaffe autonome Gestalten: „immer nur Substanzen, als für sich bestehend, nie, wie fern sie im grossen Expansum der Natur und gleichsam im Continuum mit andern enthalten sind“ (SW IV, 74). Individualität und Isolierung heben die plastische Gestalt aus der amorphen Lebenswelt heraus: „Jede Figur steht auf ihrem Boden, hat den fühlbaren Kreis ihrer Würkung und Schönheit lediglich in sich, und ist also auch dem Hauptgesetz der Kunst nach als ein Einzelnes zu behandeln.“ (SW IV, 68)

Mit der Konzentration auf die klar umrissene Form geht die Angst vor Dissoziierung und Zerstückung der Gestalt einher: Davon zeugen die emphatischen Beschwörungen der „Ganzheit“, der Einheit des Mannigfaltigen. Dies jedoch ist ein entscheidender Punkt für die Modi der Kunstbeschreibung und ihre Voraussetzungen im Hinblick auf dasjenige, was der schönen, vollendeten Form Abbruch tun könnte. Wie soll eine auf Unversehrtheit der Gestalt zielende Ästhetik mit *Fragmenten* von Statuen umgehen, wie mit Darstellungen verwundeter Gestalten? Helmut Pfotenhauer hat für die zeitgenössische Kunstliteratur darauf hingewiesen, wie

---

46 Pfotenhauer, *Gemeißelte Sinnlichkeit*, alle Zitate 92. Pfotenhauer behandelt in dieser Perspektive vor allem psychiatrische, medizinische, hygienische und disziplinarische Aspekte; ich konzentriere mich hier auf Konsequenzen für Herders Ästhetik und darin besonders auf die Rolle des Ganzheit konstituierenden Kontur.

47 Pfotenhauer, *Gemeißelte Sinnlichkeit*, 93.

sehr „Zersetzungsangst“ und „Abscheu vor den Gefahren der Dekomposition […] hinter all den emphatischen Aufschwüngen und Einfühlsamkeiten“ beispielsweise Winckelmannscher Statuenbeschreibungen „lauern“; einen Reflex dieser Ängste sieht er in Winckelmanns stetem Bemühen, das Vergessenmachen der „Verhaftung im Endlichen und Sterblichen“ an den Statuen zu betonen.[48] Der Status des synthetisierten harmonischen Ideals ist durchaus prekär. Und dennoch ist prinzipiell eine Kunstbetrachtung, die wie jene Winckelmanns primär von visuellen, auf Fernwahrnehmung beruhenden Sinnesdaten ausgeht, offenkundig in ganz anderem Maße zu einer Ergänzung des Fragmentarischen in der Einbildungskraft fähig (wie im Falle des Torso, vgl. Kap. 10) als die taktil orientierte Wahrnehmung Herders. Ebenso kann die rein visuelle Wahrnehmung auch über Hässliches und Deformiertes in der Darstellung eher hinweggehen und das Ungestalte dennoch nachträglich zu einer Gestalt synthetisieren; die haptische Erfahrung hingegen bedarf – und darin sieht Pfotenhauer Herders genuin „klassizistisch[e]“ Prägung – der weichen „Rundungen“ und „Glättungen des Marmors“. Dem Tastsinn ist „Dissoziierende[s]“ „inkommensurabel“, denn wo das „Auge […] das Disparate noch zusammenfügen“ könnte, müsste „das Gefühl […] nur erschreckende Zerstückung wahr[nehmen]“.[49] Herders Überlegungen zu jeweils einzelnen „polygonalen“ Flächen, welche seiner Ansicht nach die visuelle Wahrnehmung an Statuen sehe und dann nachträglich zu einer vermeintlich plastischen Vorstellung zusammenstückele,[50] stehen in diesem Kontext; nur aufgrund der geübten Abstraktionsleistung vermag das Auge die Einzelflächen zu einem plastischen Gebilde zu rekonstituieren.[51] Dem ein Fragment abtastenden „Gefühl“ bliebe diese Synthese versagt; Unversehrtheit und Ganzheit der Gestalt sind jedoch unerlässlich für die reflexive Funktion der Plastik, dem betrachtenden Subjekt in der Einfühlung in das Andere zur Selbstvergewisserung zu dienen; jegliche Deformation müsste das Subjekt als Bedrohung empfinden. So heißt es paradigmatisch in der *Plastik:*

> Jedes Häßliche von Gestalt ist zugleich ein Monstrum: es hat fühlbare Mängel der Vollkommenheit, fühlbare Begriffe des Unvollkommenen. […] Ein zerschellter Kopf, eine zermorschte Brust, ein zerschlagner Fuß, was [ist das]

48 Pfotenhauer, *Gemeißelte Sinnlichkeit*, 92.

49 Pfotenhauer, *Gemeißelte Sinnlichkeit*, 91.

50 Zu „Herders Kritik an der optischen Wahrnehmung“, u. a. im Hinblick auf die „Zerstreutheit“, vgl. Zeuch, 125–133.

51 Vgl. dazu Pfotenhauer, *Gemeißelte Sinnlichkeit*, 91.

> anders, als fühlbare Zeichen der innern Unvollkommenheit und eines annahenden Todes? (SW VIII, 163)

Als widrig empfindet Herder aber auch bereits die „runzlichte Stirn, eine knotichte Augenbranenmitte, ein tiefes, holes, kleines, gezognes Auge“ oder „[n]ervenlose Arme“ und ähnlich geringfügige ‚Deformationen‘ (SW VIII, 163). Mehr als bei Winckelmann steht daher in Herders Beschreibungen auch die „Immanenz des Zusammenhangs der Teile“ im Vordergrund;[52] ob die Gestalt als schön empfunden wird, ist abhängig von dem Maße, in dem sich der Betrachter „in der Körperlichkeit des fremden Gebildes“ selbst „vollkommen“ fühlen kann.[53] Diese Einfühlung beschreibt Herder in der *Plastik* (1778) folgendermaßen:

> Ich weiß nicht, ob ich ein Wort wagen und es *Statik* oder *Dynamik* nennen soll, was da von Menschlicher Seele in den Kunstkörper *gegossen*, jeder *Biegung, Senkung, Weiche, Härte*, wie auf einer Waage *zugewogen*, in jeder *lebt* und beinahe die Gewalt hat, unsre Seele in die nämliche sympathetische *Stellung zu versetzen*. Jedes Beugen und Heben der Brust und des Knies, und wie der Körper ruht und wie in ihm die Seele sich darstellt, geht stumm und unbegreiflich in uns hinüber: wir werden mit der Statue gleichsam verkörpert oder diese mit uns beseelet. (SW VIII, 60)

Die Empfindung verläuft als zyklischer, wechselseitiger Prozess von Einfühlung in das Andere und Projektion des Anderen in das Selbst, ‚Verkörperung‘ und ‚Beseelung‘ bedingen sich gegenseitig in einer doppelt pygmalionischen Verlebendigungsrelation zwischen Betrachter und Statue.[54] Zum Gelingen dieses Verlebendigungsaktes, der das Subjekt sich selbst und sich selbst als vollkommen fühlen lässt, ist es unabdingbar, dass alles an der Statue zusammenstimme: Ergänzungen müssten immer als widrig erfahren werden, „wenn sie nicht vom Ganzen des *Einen* lebendigen Geistes beseelt“ werden, denn alles müsse „vom zarten Finger des innern Sinnes und harmonischen Mitgefühls durchtastet seyn, als ob es aus den Händen des Schöpfers käme. –“ (SW VIII, 60)[55]

52 Pfotenhauer, *Gemeißelte Sinnlichkeit*, 93. Zu einer Lektüre von Herders römischen Statuenbeschreibungen im Hinblick auf die eigene in der *Plastik* entwickelte Ästhetik vgl. Thorsten Fitzon: *„Sein Auge ward Hand, der Lichtstrahl Finger“. Johann Gottfried Herders synästhetische Kunstbeschreibungen in Rom*, in: Germanisch-romanische Monatsschrift 57 2007, H. 1, 73–89.

53 Irmscher, 70.

54 Zu Herders „Emphatisierung und Überbietung der pygmalionischen Ästhetik Winckelmanns“ in der *Plastik* vgl. auch Mülder-Bach, 71 ff. (Zitat 72).

55 Natalie Binczek betont allerdings, dass bei Herder auch die Draperie antiker Skulpturen in den Bereich der haptischen Sinneswahrnehmung gehöre, wenn-

Abermals zieht Herder die Parallele zwischen Menschenkörper und Statuenkörper. Soll der Mensch sich in der Statue fühlen können, muss diese nach denselben Prinzipien geschaffen sein wie er selbst, also ohne artifizielle Ergänzungen. Dabei imaginiert Herder den *geistigen* Schaffensprozess (wie die Betrachtung) ebenfalls als einen *taktilen* Akt des „innern Sinns“ – und steht damit Winckelmanns Kontur-Konzept ausgerechnet im Hinblick auf die Vervollständigung *fragmentarischer* Statuen nahe: Bei diesem kann die Empfindung, beispielsweise im Falle des *Torso*, im Nachvollzug des Kontur (als einem Anschmiegen der Empfindung gleich „einem flüßigen Gipse“, vgl. Kap. 10) zur Erkenntnis des einenden Formprinzips gelangen und eben so das Fehlende imaginativ ergänzen. Auch ungeachtet dieser Parallele ist aber deutlich, welch entscheidende Relevanz der (integre) Kontur der menschlichen Statuengestalt für Herders anthropologische Ästhetik besitzt.

Im Kontext dieser Dissoziierungs- und Zersetzungsängste erscheinen Bemerkungen, die die Sinnlichkeit des gleichsam unter der Hand des Liebhabers belebten Marmors beschwören, geradezu existentiell. In den Vorarbeiten zur *Plastik* (1769) fällt besonders eine Notiz *Von der Bildhauerkunst fürs Gefühl* ins Auge, die über die „zwei Hauptstücke der Sculptur *Fleisch und Geist!*“ (bezeichnenderweise spricht Herder von der Materie als „*Fleisch*“) vermerkt:

> *Fleisch.* Seine Illusion ist offenbar fürs Gefühl. Das Auge tritt in die Spitzen der Finger: wir vergessen die kalte Oberfläche, als obs Malerei wäre: wir sehen nicht, wir fühlen die zarte Haut, das runde Knie, die sanfte Wange, die schöne Brust, die weiche Hüfte – den schönen Umriß des Körpers. (SW VIII, 88)

Wenngleich Herder sonst die Malerei ob ihrer bloßen Flächigkeit, die kein Empfinden im empathischen Sinne erlaubt, nicht sehr hervorhebt, dient sie hier noch als transitorisches Vergleichsmoment: von der Kälte des Marmors über das gemalte Inkarnat hin zum „Fleisch“ in einer graduellen Transsubstantiation. Herder bedarf gleichwohl des synästhetischen Tricks, das „Auge [...] in die Spitze der Finger“ treten zu lassen, um den Kontur von der visuellen Leitkategorie der Plastik-Betrachtung zur haptischen Komponente vollends umzudeuten: nur als gefühlter, als „zart[]“ oder „sanft[]“ oder „weich[]“ empfundener ist der „Umriss“ als solcher „schön[]“ – und er ist

gleich sie bei Winckelmann in den *Gedancken* im Vergleich mit koischen Gewändern und damit in den Bereich des Visuellen gerückt erschienen war. Vgl. dazu N. Binczek: *Zur Deutung der Gewänder: Viertes kritisches Wäldchen, Plastik und Kalligone*, in: Sabine Groß/Gerhard Sauder (Hg.): *Der frühe und der späte Herder*, 331–339, zu Winckelmann bes. ebd., 331.

nicht länger Kontur einer Statue, sondern eines „Körpers". Damit ist er allerdings auch gänzlich immanent, oder eher reflexiv, indem er das Subjekt auf die Empfindung seiner selbst in der Einempfindung in das Andere der Skulptur zurückführt. Aber der „Umriss" Herderscher Prägung ist nicht, wie bei Winckelmann, materielles „Graphem" einer künstlerischen Idee, dessen geistiger Nachvollzug zu einer imaginativen Rekonstruktion des Undarstellbaren führen könnte.

Weniger mit Blick auf die Dissoziierungsängste als mit einem stärker sozialkritischen Fokus deutet Irmscher das Interesse des jungen Herder an „der für sich dastehenden, autonomen schönen Gestalt des Menschen": Es sei charakteristisch für die „auf Selbstbestimmung drängende Generation der siebziger Jahre des 18. Jahrhunderts", an der solchermaßen konzipierten Plastik, „die das Körpergefühl erfasst und in der es sich zugleich erfüllt, ein Bild für das Ziel des eigenen Strebens nach freiem Selbstsein" erkannt zu haben.[56] Auch in einem solchen Verständnis erklärt sich die Relevanz des Kontur, der, nach seiner einerseits stilhistorischen, andererseits idealistischen Akzentuierung bei Winckelmann und einer allgemein erkenntnistheoretischen, zwischen Erkennen und Empfinden vermittelnden, ästhetischen Komponente bei Sulzer nun in den 1770er Jahren bei Herder (und in seinen Wirkungen auf Goethe) zum Reflexionsmedium des Strebens nach Plastizität avanciert – sei sie plastischer, malerischer, literarischer oder individueller Art.

Großen Raum widmet Herder der Analyse derjenigen Unterschiede, die sich für visuelle Fernwahrnehmung und unmittelbare taktile Wahrnehmung plastischer Kunstwerke ergeben. Mit diesen Wertungen verbunden sind erwartungsgemäß einerseits der Stellenwert des Kontur für die jeweilige Wahrnehmungsform, andererseits aber überhaupt erst die unterschiedlichen Möglichkeiten der jeweiligen Sinne, diesen wahrzunehmen. Im *Vierten kritischen Wäldchen* behandelt Herder zunächst die visuelle Wahrnehmung plastischer Gebilde: „Was sehen wir an einem Körper durchs Auge? Nichts, als Fläche; sie sei nun Elevation, oder hingeworfner Schattenriß: sie hat nur immer zwo Ausmeßungen, Länge und Breite! Die dritte Ausmeßung, die Dicke, können wir so wenig *sehen*", wie man etwas, das „hinter [einer geschlossenen] Thür" sei, „mahlen" könnte. (SW IV, 63) Nur durch Konvention, durch Gewöhnung an die Kooperation von „Gesicht und Gefühl", meinten wir, die „Dicke" doch „sehen" zu können – was wir aber sehen, die „Fläche", nach „Länge und Breite" begrenzt, ist, auch wenn Herder es nicht ausdrücklich sagt, umrissen – gleichermaßen

56 Irmscher, 76.

bei erhobenen Gegenständen oder einem „Schattenriß“ ohne jegliche „Dicke“. Nichts anderes gilt nun für die Betrachtung einer Plastik. Auch an einem „Körper der Kunst“ sehe das Auge „nichts anders“ als „Fläche“, dabei sei es gleichgültig, von welcher Seite man an eine „Bildsäule“ herantrete: Das Auge habe „nur Einen Gesichtspunkt, aus welchem es Einen Theil derselben, wie Fläche, übersiehet, und den es also so oft verändern muß, als es Einen neuen Theil der Bildsäule, wie eine neue Fläche, übersehen will.“ Ohne die Zusammenrechnung und Überblendung der Sinnesdaten durch den dazu gewöhnten Verstand ergäbe sich an Stelle einer rundplastischen Vorstellung nur eine Reihe von flächigen, fest umrissenen Ansichten. Im Gegensatz zur Malerei, die stets „einen Gesichtspunkt“ habe, habe die

> Sculptur […] so viel Gesichtspunkte, für die sie arbeiten muß, als es Radius Punkte in einem Cirkel gibt, den ich um ihr Werk ziehen, und aus deren jedem ichs betrachten kann. Aus keinem übersehe ich das Werk ganz; ich muß den Cirkel herum, um es betrachtet zu haben: jedweder zeigte mir nur eine kleine Fläche, und wenn ich den ganzen Umkreis durch bin, noch nichts, als ein Polygon von vielen kleinen Seiten und Winkeln. (SW IV, 63)[57]

Den vollkommenen „Umkreis“ der räumlichen Wahrnehmung könne visuelle Wahrnehmung nie erreichen, an Stelle eines runden „Cirkel[s]“ (vgl. Moritz’ Konzept der inkommensurablen metaphysischen Schönheitslinie in Kap. 16) gelangte sie höchstens zu einer infinitesimalen Annäherung in einem facettierten „Polygon“.[58] Ihr Resultat muss gewissermaßen ein ‚kubistisches‘ Gemälde *avant la lettre* sein. Die auf diese Weise generierten unzähligen „Seitenflächen“ müsse nun, so Herder, „die Einbildungskraft erst zusammensetzen, um sich ein Ganzes daraus, als Körper zu denken: und dies Körperliche Ganze also ists ein Geschöpf meines Auges? oder meiner Seele?“ Für Herder ist die Antwort eindeutig:

> Es gibt also durchaus keine Bildhauerei für das Auge! Nicht Physisch, nicht Aesthetisch! Nicht Physisch, weil das Auge keinen Körper, als Körper sehen kann: nicht Aesthetisch, weil, wenn dies Körperliche Ganze in der Bildhauerei verschwindet, alles Wesen ihrer Kunst, und ihres eigenthümlichen Effekts verschwindet. (SW IV, 64)

Zum Beweis des zweiten Punktes führt Herder an:

> Das Wesen der Bildhauerei ist schöne Form: nicht Farbe, nicht blosse Proportion der Theile, als Flächen betrachtet, sondern Bildung. Es ist die schöne

57 Zu Winckelmann-Referenzen auch an dieser Stelle (dazu genauer s. u.) vgl. Irmscher, 70 f.

58 Vgl. zu Herders Konzept der ‚polygonalen‘ Annäherung an die Kreisform Adler, *Prägnanz*, 120.

> elliptische Linie, die in allen Theilen ihre Bahn verändert, die nie gewaltsam unterbrochen, nie stumpf vertrieben, nie scharf abgeschnitten, sich mit Pracht und Schönheit um den Körper gleichsam umherwälzet, und ihn mit ihrer beständigen Einheit in Mannichfaltigkeit, mit ihrem sanften Guß, mit einem schöpferischen Hauche, bildet. (SW IV, 64)

Um den Eigenwert der vollplastischen „Form“ gegen die umrisshafte und also linear definierte „Fläche“ abzugrenzen, bemüht Herder „die schöne elliptische Linie“, die nun aber nicht im Sinne der gängigen Linientheorien des 18. Jahrhunderts als zweidimensionale Linie der Schönheit verstanden, sondern als rundplastische Figur propagiert wird.[59] Ihr kontinuierlicher Richtungswechsel, ihre weiche, allmähliche Rundung und ihr unablässiger Verlauf werden für Herder, in die Dreidimensionalität projiziert, zur idealen Figur haptischer Wahrnehmung. Dazu empfiehlt sich die Ellipse zudem, da sie mit zwei Brennpunkten der Vielansichtigkeit der Skulptur eher Rechnung trägt als beispielsweise der zuvor noch genannte „Cirkel“. Eine solchermaßen charakterisierte „Form im Ganzen der Gestalt und im Ganzen ihrer Theile“ könne nun wohl kaum „durch das Gesicht begriffen werden“: „So wenig als eine Bildsäule, als solche, im Plan eines Kupferstichs gezeigt werden kann, so daß sie noch runde Bildsäule bleibe.“ (SW IV, 64) Nicht nur der konstitutiv unzureichenden Reproduktionsgraphik gilt das Verdikt, sondern bereits der unzulänglichen visuellen Wahrnehmung an sich, denn indem das Auge immer aus einem fixen „Gesichtspunkt“ sehe, verwandle es die betreffende Seite sogleich „in Fläche“:

> es geht weiter, verwandelt eine andre eben so, und zwischen beiden wird ein Winkel. Die sanft verblasne Form des Körpers, die von keinem Winkel wusste, ist also in ein zusammengesetztes Polygon von winklichten Flächen verwandelt, und eben dadurch, ist nicht jene in ihrer eigentlichen runden, sich immer wälzenden Schönheitslinie zerstöret? und eben dadurch, scharf gesprochen, nicht auch das Wesen der Kunst verschwunden? Das sind nicht Werke der Bildhauerei mehr, die durch ihr solides Schöne, als solches, entzücken; es sind Zusammensetzungen von Flächen und Spiegeln, die weit sind, wenn sie jenem nur nicht augenscheinlich widersprechen. (SW IV, 64 f.)

Herder variiert hier das Modell des Polygons, das ihm zuvor noch als perspektivische Figur für die infinitesimale Annäherung an die räumliche 360°-Vorstellung diente, zur Figur des betrachteten Objekts, das nun, nach optischer Segmentierung der rundplastischen elliptischen Schönheitslinie, tatsächlich ‚kubistisch‘ verfremdet erscheint. Die Gestalt kann nicht mehr

59 Was für Hogarth die dreidimensionale Schlangenlinie als ‚Linie des Reizes‘ ist (vgl. Kap. 11).

als Ganzes dem betrachtenden Subjekt zur Einfühlung verhelfen, sondern nur noch als vielfach facettiertes, verzerrendes „Spiegel“-Gebilde einzelne Aspekte gebrochen reflektieren. Quellenkritisch ist es bemerkenswert, dass Herder hier, um die fest umrissenen Einzelflächen der visuellen Wahrnehmung gegen das plastische Gefühl der Gestalt abzugrenzen, auf Hagedorns oben beschriebenen Neologismus zurückgreift, indem er „die sanft verblasne Form des Körpers“ lobt (vgl. Kap. 11)– und sie den „Winkel[n]“ und ihren Betrachtern entgegen setzt. Während Hagedorn sonst, außer in den deutlichen Wirkungen auf Sulzer, von der nachfolgenden Ästhetik kaum angemessen gewürdigt wird, schließt Herder konsequent an Hagedorns ausgesprochen sinnliche Anschauung von Kunst an. Allerdings unterschlägt er, dass Hagedorns Anschauung ihren Ausgang von duftig-„verblasener“ Rokokomalerei nahm und er von dort den eingedeutschten Terminus *sfumato* erst auf die Skulptur übertrug, wo er die konkrete Oberflächenbearbeitung meinte.[60] Bei Herder ist das ‚Verblasene‘ allerdings zusätzlich konnotiert mit dem „eine[n] schöpferischen Hauche“, der für ihn die „schöne elliptische Linie“ kennzeichnet, die „mit ihrer beständigen Einheit in Mannichfaltigkeit, mit ihrem sanften Guß“ (SW IV, 64) die Form als schönes Ganzes konstituiert. Das ‚Verblasene‘ erscheint somit auch als Index dieser formalen Integrität.

Bestätigt sieht Herder seine Thesen, dass Plastik nicht für den Gesichtssinn, sondern für das Gefühl bestimmt sei, dadurch, dass bei der Betrachtung einer Statue letztlich alle „Operationen des Auges“ darauf

60 Herder äußert sich auch zum Unterschied von Umriss-Modi in der Malerei und in der Skulptur; dabei meint er mit „Contour“ den fest bestimmten malerischen Umriss: „Der Contour der Malerei ist mir immer, wie die Umkreislinie einer Figur auf einer Fläche: daher nimmt er Gesetze in Absicht auf seine Genauigkeit, seinen Geschmack und seinen Ausdruck. Die sanfte Rundung desselben, die einen Körper gleichsam vorhebt, und uns auch hinter das, was wir sehen, sehen läßt, ist in der Malerei bloß schöner Trug zur Linderung der Härte; in der Skulptur ist sie die erste Wahrheit.“ (SW IV, 68) – In der Malerei also empfindet Herder den harten „Contour“ als genuin (geometrisch-)zeichnerisches Element; die illusionistische *sfumato*-Malerei erscheint ihm hingegen als – wenngleich „Trug“ bleibende und damit stets unbefriedigende – Annäherung an die ‚wahre‘ Plastizität der Skulptur. Es ist bemerkenswert, dass sich auch Herder in der Definition der Leistung der „sanfte[n]“ Umrisse, ebenso wie Hagedorn, offenbar auf die Plinius-Stelle (oder eher deren Überlieferung bei Hagedorn!) bezieht, in der es im Rahmen des Lobs für Parrhasius über den vollendeten Umriss heißt: „Denn diese äusserste Begrenzung muß gleichsam um die Figur herum *schlagen*, und so aufhören, daß sie noch mehr nach sich verspreche, und auch selbst dasjenige andeute, was sie unsern Augen entziehen muß.“ – Vgl. Kap. 11.

zielten, „sich an die Stelle des Gefühls zu setzen; zu sehen, als ob man tastete und griffe.“ (SW IV, 65) Dies verknüpft Herder mit einem Hinweis auf Winckelmanns Apoll-Beschreibungen (wenngleich er diesen nicht namentlich nennt); er streicht heraus, dass diese sich zwar als rein visuelle Beschreibungen gäben, dabei aber letztlich von dem Streben nach einem rundplastischen Eindruck motiviert seien:

> Bemerket jenen stillen, tiefsinnigen Betrachter am Vatikanischen Apollo: er scheint auf einem ewigen Punkte zu stehen, und nichts ist weniger; er nimmt sich eben so viel Gesichtspunkte, als er kann, und verändert jeden in jedem Augenblick, um sich gleichsam durchaus keine scharfe, bestimmte Fläche zu geben. (SW IV, 65)

Ein zentraler Aspekt, den die klassizistische Ästhetik (beispielsweise Goethe zum *Laokoon*) dem Kontur zusprach, nämlich einen möglichst deutlichen, simultanen ‚Totaleindruck‘ des Kunstwerks zu gewährleisten, wird von Herder hier subversiv negiert, indem er einen solchen Kontur als Illusion darstellt, was den *einen* Gesichtspunkt angeht; kann der Totaleindruck nicht mehr von einem Punkt aus erfolgen, kann er auch nicht mehr in einem „Augenblick“, also simultan generiert werden. Er entsteht vielmehr, so Herders implizite These, prozessual im Versuch, in der Bewegung durch den Raum haptisch zu sehen. Herder imaginiert gewissermaßen die Geburt des Kontur als ästhetische Kategorie, wie sie sich bei Winckelmann darstellt (nämlich sanft gewellt, in unablässigem Flusse), aus der Vermeidung der Fläche:

> Zu diesem Zweck gleitet er nur in der Umfläche des Körpers sanft dahin, verändert seine Stellung, geht und kommt wieder; er folgt der in sich selbst umherlaufenden Linie, die einen Körper und die hier mit ihren sanften Abfällen das Schöne des Körpers bildet. Er gibt sich alle Mühe, jeden Absatz, jeden Bruch, jedes Flächenartige zu zerstören, und so viel als möglich, das vielwinkelichte körperliche Polygon, das ihm sein Auge so zerstückte, in die schöne Ellypse wiederherzustellen, die als solche, nur für sein Gefühl gleichsam hervorgeblasen war. (SW IV, 65)

Herder sieht demzufolge Winckelmanns Methode der Betrachtung bzw. seine Beschreibung dieser Betrachtung als „Verkürzung des ursprünglichen Sinnes, eine abbrevirte Formel der Operationen des Gefühls“ (SW IV, 65). Es scheint, als wolle Herder hier eine eigene Definition des Kontur und seiner Leistungen geben. Dies wird nachdrücklich unterstützt durch die sich anschließenden Überlegungen zu Beschreibungsmodalitäten der Plastik. Wer eine Statue beschreiben wolle, so Herder, der müsse nicht „schildern“, was er sehe, sondern das Kunstwerk anderen „fühlbar“ machen, es komme auf die „fühlende Einbildung“ an (SW IV, 66):

da fühlet sie den Herkules immer in seinem ganzen Körper und diesen Körper in allen seinen Thaten. Sie fühlet in den mächtigen Umrißen seines Leibes die Kraft des Riesenbezwingers, und in den sanften Zügen dieser Umriße den leichten Kämpfer mit dem Achelous [...]. (SW IV, 67)

Sie fühle all die verschiedenen Taten des Herkules in jedem der dargestellten Glieder, und „[d]ie fühlende Einbildungskraft hat hier kein Maas, keine Schranken.“ Abermals subsumiert Herder, unter mehrfacher Bezugnahme auf die „Umrisse“, den empathischen Konturen-Nachvollzug, wie ihn Winckelmann am *Torso* vorexerziert hatte, seinem eigenen Konzept von Wahrnehmung durch das „Gefühl“. Und wie bei Winckelmann resultiert die Einfühlung entlang der quasi-haptisch empfundenen Umrisse in einer Entrückung des Subjekts über diese fest umrissenen „Schranken“ hinaus ins Imaginäre, in den Mythos des Sujets.

Winckelmann erscheint bei Herder als Vorläufer der eigenen haptischen Ästhetik,[61] und er unternimmt das Gedankenspiel, anzunehmen, Winckelmann habe es durch seine quasi-haptische Betrachtung auf dem Wege der Übertragung letztlich doch geschafft, den eigentlich nur fühlbaren „Effekt“ der Plastik zu „erfahren“; angenommen also,

daß sein tausendfach verändertes Umherschauen und gleichsam sichtliches Umfühlen der Bildsäule seine Einbildungskraft in den Stand gesetzt, das ganze Schöne in Form und Bildung sich innerlich so vollkommen körperlich zu gedenken, daß das Wenige blos Flächenartige gleichsam verschwindet, und sie das Polygon würklich in der ganzen soliden Ellypse sich vorstelle; die Illusion ist geschehen: was blos ein Compositum kleiner gerader Flächen war, ist ein schöner fühlbarer Körper geworden – sehet, nun empöret sich die Phantasie,

61 Allerdings erweist sich diese Ästhetik der Plastik verhaftet in spezifischen wahrnehmungstheoretischen Diskursen seiner Zeit um die Sinneswahrnehmungen von Blindgeborenen oder zum Sehen Geheilten, wenn er über die „fühlende Einbildungskraft“, die er in Winckelmanns *Torso*-Beschreibung erkennt, bemerkt, sie habe „sich gleichsam die Augen geblendet, um nicht blos eine todte Fläche zu schildern: sie siehet nichts, was sie vor sich hat; sondern tastet, wie in der Finsterniß, und wird begeistert von dem Körper, den sie tastet, und durchzeucht mit ihm Himmel und Hölle und die Enden der Erde, und fühlet von neuem, und spricht alles, dessen sie ihr Gefühl erinnert.“ (SW IV, 67) Zum ästhetischen Faszinationspotential der zeitgenössischen Blindendiskurse vgl. Pfotenhauer: *Gemeißelte Sinnlichkeit*, 87. – Die *Plastik* (1778) beginnt ebenfalls mit einem Reflex dieser zeitgenössischen Diskurse; Herder schreibt hier: „Jener Blindgebohrne, den *Diderot* [im *Lettre sur les aveugles*] bemerkte, stellte sich den Sinn des Gesichts wie ein Organ vor, auf das die Luft etwa den Eindruck mache, wie ihm ein Stab auf die fühlende Hand. Ein Spiegel dünkte ihm eine Maschiene, Körper im Relief ausser sich zu werfen, wobei er nicht begrif, wie dies Relief sich nicht fühlen laße [...].“ (SW VIII, 3)

> und spricht, – – als ob sie nichts als fühlte. Sie spricht von sanfter Fülle, von jenem Weichen,
>
> das alter Griechen leichte Hand
> von Grazien geführt, mit hartem Stein verband,
>
> von prächtiger Wölbung, von schöner Rotundität, von rundlicher Erhobenheit, von dem sich regenden, und gleichsam unter der fühlenden Hand belebten Marmor. (SW IV, 66)

Unter dem Vorwand, Winckelmanns Methode als ein Gesicht und Gefühl kombinierendes, „gleichsam *sicht*liches Um*fühlen*" (meine Hervorhebungen; C. K.) und damit als angemessen bestätigen zu wollen, so dass dessen beschreibender Nachvollzug des Kontur die rundplastische Vorstellung zu generieren vermöchte, gelangt Herder doch wieder bei einem anderen Theoretiker der Plastik an, auf den er bereits zuvor Bezug genommen hatte: Hagedorn. Denn dieser illustriert seine Ausführungen zum *sfumato* der Skulptur mit eben diesen von Herder anonym angeführten Versen von Uz (vgl. Kap. 11.5). Herder kommt gewissermaßen das Verdienst zu, im Zeichen der Sinnlichkeit erkannt zu haben, wie nahe sich der „unbezeichnete" Kontur Winckelmanns und die „verblasenen" Formen Hagedorns konzeptuell stehen – und damit auch, dass Winckelmanns Theoreme durchaus in Geschmackstraditionen des Rokoko gründen.

Herder gibt dieser ästhetischen Allianz im Kontext der Siebziger Jahre des achtzehnten Jahrhunderts allerdings eine charakteristische Wende, indem er den Fokus auf das betrachtende Subjekt und dessen Verlebendigung im Akt der Empfindung des Schönen verschiebt. So erhält auch die Favorisierung des Sanften, Weichen bei Herder spezifische Relevanz, die über eine rein ästhetizistische oder wahrnehmungspsychologische Motivierung hinaus geht: Da alle „gewaltsame Unterbrechung, Schärfe, also Diskontinuität" in der Form als Bedrohung für die Integrität der menschlichen Gestalt und damit des sympathetisch empfindenden Individuums erfahren werden, müssen solche Charakteristika, wie oben gezeigt, in einer negativen Bewertung des Kunstwerks resultieren, das dann als „widrig und hässlich" empfunden wird.[62] Denn auch die schöne Linie, die sich „um den Körper mit Pracht und Schönheit gleichsam umherwälzet", ist keineswegs ästhetizistischer Selbstzweck; ihr kommt die Aufgabe zu, die Dekompositionsängste des Subjekts formal zu bannen, indem sie diesem den geschlossenen, integren Kontur *greifbar* vor Augen hält. In

62 Vgl. zur Bedeutung des Weichen, Runden in Herders Ästhetik der Plastik auch Irmscher, 70, Zitate ebd.

diesem Kontext ist auch Herders Forderung zu sehen,[63] die Plastik dürfe keine Adern darstellen, da sie nur dem *Gesicht* als von Blut pulsierend wahrnehmbar sind und sein sollen; in der Skulptur hingegen erregten sie als „kriechende Würme“ den widerwärtigsten Effekt,[64] indem sie eine Fragmentierung des Ganzen hervorrufen und mit ihren Dissoziationsmomenten auf Verwesung und Zerfall vorausdeuten: „in ihnen schleicht der lebendige Tod“ (SW VIII, 27 f.).

Gerade in Herders unbedingtem Idealisierungswillen, der sogar das bei Winckelmann noch integrierte Fragmentarische ausblenden muss und auch keinen Raum für ‚Charakteristisches‘ lässt, wird eben diese strenge Blick-Verweigerung von der eigenen abwehrenden Semantik untergraben. In Herders Texten mit ihren Häufungen von Zersetzungs- und Zerstückungsphantasmen kehrt sich die Tendenz um: „[W]as das Ideal sublimieren soll“, hält seine Sprache „als Gegenstand des Grauens, des Ekels und der Angst präsent. Indem sie sich in Vernichtungsphantasien ergeht, sagt sie nicht nur, warum die Idealisierung nötig ist, sondern schafft eine Körpervorstellung, die, einmal zur Sprache geworden, ihre […] eigene, gegen Sublimationen resistente Realität behauptet. So höhlt die sensualistische Ästhetik ihr eigenes klassizistisches Wunschbild schon im Zuge seiner Begründung aus.“[65]

63 Vgl. dazu auch Mülder-Bach, 100.

64 Herder bemerkt über die Notwendigkeit der „ununterbrochene[n] schöne[n] Form“ für den „tastenden Sinn“: „Adern an Händen“ oder „Knorpel an Fingern“ etc. „müßen so geschont und in Fülle des Ganzen verkleidet werden; oder die Adern sind kriechende Würme, die Knorpel aufliegende Gewächse dem stillen dunkeltastenden Gefühl. Nicht ganze Fülle *Eines* Körpers mehr, sondern Abtrennungen, losgelöste Stücke des Körpers, die seine Zerstörung weißsagen […]. Dem Auge sind die blauen Adern unter der Haut nur sichtbar: sie duften Leben, da wallet Blut; als Knorpel und Knochen sind sie nur fühlbar und haben kein Blut und duften kein Leben mehr, in ihnen schleicht der lebendige Tod.“ (SW VIII, 27 f.) Die Forderung nach weicher Gestaltung der Plastik bezieht Herder dann auf Winckelmanns Formulierung aus der *Apoll*-Beschreibung (vgl. Kap. 10), dass ein „himmlischer Geist […] sich wie ein sanfter Strom ergoßen“ und „den Umfang der Gestalt erfüllet“ habe (SW VIII, 28).

65 Mülder-Bach, 102.

14.4.2 Herders Entwürfe zur *Plastik*

Seine im *Vierten Wäldchen* (und zahlreichen Entwürfen seit 1768) bereits vorbereiteten Konzepte formuliert Herder in der *Plastik* (1778)[66] aus: Ihm gilt allein die haptische Empfindung als Möglichkeit, die Realität wahrheitsgemäß zu erfahren. Visuelle Wahrnehmung ohne haptische Empfindung bleibe stets „Phänomenon, *Erscheinung*", nicht anders, als sich in Platons Höhlengleichnis die Schatten der Dinge darstellten, ohne dass man einen „eigentlichen *Begrif*" von „[ ]einer einzigen Körpereigenschaft, als solcher", gewinnen könne (SW VIII, 7). Die alltägliche Erfahrung lehre,

> daß *das Gesicht uns nur Gestalten, das Gefühl allein, Körper zeige:* daß *Alles, was Form ist, nur durchs tastende Gefühl, durchs Gesicht nur Fläche,* und zwar nicht körperliche, sondern nur *sichtliche Lichtfläche erkannt werde.* – (SW VIII, 5 f.)

Anders als bei vielen Autoren ist „Gestalt" mithin bei Herder negativ, mit dem Moment des Scheinhaften besetzt, sie ist „nur *sichtliche Lichtfläche*", also in ihrer Substanz nichts anderes als ein (farbiger) Schatten; sein positiver Gegenbegriff dazu ist die „Form", die nur haptisch wirklich erfahren werde könne. Konsequent bemerkt Herder, auch „Zeichnung oder Schilderei" gäben „nur Schatten auf der Fläche", und „je mehr wir alle Dinge als Schatten, als Gemählde und vorüberstreichende Gruppen ansehen", blieben wir „dieser *körperlichen Wahrheit* immer um so ferner". (SW VIII, 61) Emphatisch beschwört er die Notwendigkeit haptischer Erfahrung, wenn man die Schönheit einer „Form" empfinden wolle:

> Daß man Bildsäulen sehen kann, daran hat niemand gezweifelt; ob aber aus dem Gesicht sich ursprünglich bestimmen laße, was schöne Form ist? [...] Laßet ein Geschöpf ganz Auge, ja einen Argus mit hundert Augen hundert Jahr eine Bildsäule besehen und von allen Seiten betrachten: ist er nicht ein Geschöpf, das Hand hat, das einst tasten und wenigstens sich selbst betasten konnte; ein Vogelauge, ganz Schnabel, ganz Blick, ganz Fittig und Klaue, wird nie von diesem Dinge als Vogelansicht haben. Raum, Winkel, Form, Rundung lerne ich als solche in leibhafter Wahrheit nicht durchs *Gesicht* erkennen; geschweige das Wesen dieser Kunst, *schöne* Form, *schöne* Bildung, die nicht Farbe, nicht Spiel der Proportion, der Symmetrie, des Lichtes und Schattens, sondern *dargestellte, tastbare Wahrheit* ist. (SW VIII, 11 f.)

Durch den verfremdenden Vergleich mit der visuellen Wahrnehmung eines Vogels illustriert Herder, wie unzureichend jegliche bloße Ansicht der Erkenntnis einer „Form" bleibe. Diese ist für ihn *„dargestellte, tastbare*

66 Zur Entstehung von Herders Entwürfen zur Plastik vgl. Mülder-Bach, 49, Anm. 2, und den Kommentar in Herder, *Werke in zehn Bänden*, W 4, 998–1002.

Wahrheit“, die Plastik nimmt er also von dem mit dem Höhlengleichnis, auf das er sich ja eingangs berufen hat, verbundenen Verdikt aus, das aller künstlerischen Nachahmung gilt, die nur den Abbildstatus der Sinnenwelt potenziere.

Wie bereits im *Vierten Kritischen Wäldchen* äußert sich Herder auch in der *Plastik* umfangreich zur Linie der Schönheit, die die Plastik räumlich umgibt; während sie dort jedoch als „Ellipse“ definiert wird, bleibt sie hier geometrisch und begrifflich unbestimmt:

> Die schöne Linie, die hier immer ihre Bahn verändert, sie, die nie gewaltsam unterbrochen, nie widrig vertrieben sich mit Pracht und Schöne um den Körper wälzet, und nimmer ruhend und immer fortschwebend in ihm den Guß, die Fülle, das sanft verblasene entzückende *Leibhafte* bildet, das nie von Fläche, nie von Ecke oder Winkel weiß; diese Linie kann so wenig Gesichtsfläche, so wenig Tafel und Kupferstich werden, daß gerade mit diesen Alles an ihr hin ist. Das Gesicht zerstört die schöne Bildsäule, statt daß es sie schaffe: es verwandelt sie in Ecken und Flächen, bei denen es viel ist, wenn sie nicht das schönste Wesen ihrer Innigkeit, Fülle und Runde in lauter Spiegelecken verwandle; unmöglich kanns also *Mutter dieser Kunst* seyn. (SW VIII, 12)

Wiederum zeigen sich deutlich, bis in die Wortwahl hinein, die Winckelmann-Referenzen in der Beschreibung des ‚unbezeichneten‘ Kontur, die an Winckelmanns *Torso*-Beschreibungen erinnert; und abermals scheint auch hier in der Euphorie über das „sanft [V]erblasene“ die Hagedorn-Lektüre Herders hindurch. Indem für Herder der Kontur konstitutiv räumlich definiert ist, als Linie, die sich nie aus einer Perspektive erschließt, sondern nur in der tastenden Bewegung um die Plastik herum erfahren werden kann, muss er konsequent auch die mediale Transformation dieser Linie – die sonst, als begrenzendes lineares Moment, erst die zeichnerische Wiedergabe ermöglichte – für alle Reproduktionen ablehnen. Zugleich ist damit für ihn in der traditionellen Debatte um den Ursprung der Künste die Vorgängigkeit der Plastik vor Zeichnung und Malerei erwiesen. Wie im *Vierten Kritischen Wäldchen* führt er die Defizite der zerstückenden, „Ecken“, „Winkel“ und polygonale „Flächen“ produzierenden visuellen Wahrnehmung aus, indem er auf Winckelmanns Statuenbetrachtung anspielt:

> Seht jenen Liebhaber […]. Was thut er nicht, um sein Gesicht zum Gefühl zu machen, zu *schauen*, als ob er im Dunkeln *taste?* Er gleitet umher, sucht Ruhe und findet keine, hat keinen Gesichtspunkt, wie beim Gemählde, weil tausende ihm nicht gnug sind, weil, so bald es eingewurzelter *Gesichtspunkt* ist, das Lebendige Tafel wird, und die schöne runde *Gestalt* sich in ein erbärmliches *Vieleck* zerstücket. Darum gleitet er: sein Auge ward Hand, der Lichtstral

> Finger, oder vielmehr seine Seele hat einen noch viel feinern Finger als Hand und Lichtstral ist, das Bild aus des Urhebers Arm und Seele in sich zu *faßen.* Sie hats! die Täuschung ist geschehn: es lebt, und sie fühlt, daß es lebe; und nun spricht sie, nicht, als ob sie sehe, sondern taste, fühle. (SW VIII, 12 f.)

Herder variiert hier das sensualistische Bild vom ‚Eindruck‘ des Wahrgenommenem in einem (metaphorisch) materiell gedachten Seelensubstrat. Bei ihm wird die Seele selbst haptisch und gleichsam personifiziert, so dass sie aktiv mit einem subtilen „Finger“ die Plastik im engsten Wortsinn „*fassen*“ – umgrenzen – und ‚begreifen‘ kann. Dieser von Herder als pygmalionischer Verlebendigungsmoment beschriebene Akt der Empfindung gilt aber nun nicht nur der materiellen Form „aus des Urhebers Arm“, sondern ‚umfasst‘ auch das „Bild aus [dessen] Seele“. Der Herdersche Seelenfinger der haptischen Ästhetik gelangt zu eben jenem, was bei Winckelmann der empfindende, sich dem sichtbaren Kontur anschmiegende geistige Nachvollzug des Betrachters bewirkte: die Erkenntnis des bildenden Formprinzips, wie es sich als Idee im Geist des Künstlers darstellte. An die Stelle dieser ‚Idee‘ ist allerdings bei Herder, wenn auch nicht ganz die sinnliche Immanenz der Form, so doch deren Charakter als Natursymbol getreten, dessen Bedeutung sich nur haptisch unmittelbar erschließt: „Das Auge ist nur Wegweiser, nur die Vernunft der Hand; die Hand allein gibt *Formen*, Begriffe dessen, was sie *bedeuten* [...].“ (SW VIII, 39)

14.4.3 Die Linie der Schönheit als Signatur der Wahrheit

Herder gilt als Linie der Schönheit, wie man auch im *Vierten Wäldchen* liest, jene „schöne elliptische Linie“,

> die in allen Theilen ihre Bahn verändert, die nie gewaltsam unterbrochen, nie stumpf vertrieben, nie scharf abgeschnitten, sich mit Pracht und Schönheit um den Körper gleichsam umherwälzet, und ihn mit ihrer beständigen Einheit in Mannichfaltigkeit, mit ihrem sanften Guss, mit einem schöpferischen Hauche, bildet. (SW IV, 64)

Wenngleich er „elliptisch“ sagt, liest sich der beschriebene Linienverlauf doch eher als gewellte bzw. als Schlangenlinie, da es sich bei der gegebenen Definition um das „Wesen der Bildhauerei“ handelt und die Linie dezidiert dreidimensional gedacht ist. Wichtigste Eigenschaft dieser Linie ist jedoch, dass sie die Ganzheit des Kunstwerks und seine „Einheit in Mannigfaltigkeit“ konstituiert. In der *Plastik* setzt sich Herder mit Hogarths Linientheorie auseinander und vertritt die Ansicht, die „Linie der Schönheit" besitze nur da Geltung, wo sie

> in *Formen* und also *dem Gefühl* erscheinet. Kritzelt auf die Fläche zehntausend Reiz- und Schönheitslinien hin, sind sie an keiner Form und also in keiner Bedeutung, so thun sie dem Auge um ein klein wenig mehr wohl, als jedes Kindergewirre. (SW VIII, 39)

Selbst wenn sie „auch nur an Schnürbrust oder Topf erschienen", wäre dies immerhin ein Zugewinn, da sie so dem *Tastsinn* zumindest theoretisch wahrnehmbar würden:

> Ich begreife es wohl, daß man die aufschwebende Lichtflamme nicht tasten und das wallende Meer in jeder Welle nicht als Solidum umfaßen kann; daraus folgt aber nicht, daß unsre *Seele* sie nicht umfaße, nicht taste. Kurz, so wie die Fläche nur ein Abstraktum vom Körper und Linie das Abstrakt einer geendeten Fläche ist; so sind beide *ohne Körper* nicht möglich. (SW VIII, 39)

Auf diesem Umwege, durch die Rückführung der Abstraktion auf die konkreten Körper, gelingt es Herder, selbst gegenstandslose Linien oder Lineaturen insubstantieller Gebilde seiner These von der haptischen Wahrnehmung der Seele zu subsumieren. Für ihn hängen „alle Umrisse und Linien der Mahlerei von *Körper* und *lebendigem Leben* ab[ ]" (SW VIII, 39 f.); auch von *„Silhouette[n]"* und „blosse[n] *Umriß[en]"* hält Herder nicht viel, sie gelten ihm als „gleichsam ein *gezeichnetes Nichts*", dem man allerdings gerecht werde, wenn man es eben auch nur als solches betrachte und nicht (wie Lavater, vgl. Kap. 13) mehr darin vermute, „als eben nur dieser *Umriß*, das umschränkte *Nichts* zeigt. Denn eben dazu sagts *so wenig*, um, was es sagen soll, *scharf, treu* und *ganz* zu sagen." Um zu erkennen, ob man den Umriss „verstehe[ ]", müsse man sehen, ob man ihn sich *„körperlich* machen *könne[ ]"*, ob man aus der *„Silhouette"* eine imaginäre *„Buste"* bilden könne (SW VIII, 40). Graphische Lineaturen sind Herder mithin, wenn sie denn ‚Graphem' für etwas sind, ‚Grapheme' der *plastischen Form*, aber keine mystizistischen Signaturen: Schließlich finde auch „eine bestochene, fliegende oder feindselige Phantasie im schwarzen oder weißen Fleck eines Schattenbildes eben so viel Spielraum", um „alles hinein zu schreiben, was ihr gefället" (SW VIII, 40 f.).[67] In der Auseinandersetzung mit Hogarth differenziert Herder den Charakter bestimmter Linienformen. So gilt ihm die „gerade Linie", ähnlich wie Moritz in dessen Ausführungen zur Baukunst, als „die *Linie der Vestigkeit*, das sagt uns Sinn

---

67 Es schließt sich eine harsche Kritik an der Physiognomik an, vgl. die folgenden Zeilen ebd.

und Auge.“ (SW VIII, 64) Als „Linie der *Vollkommenheit*“ hingegen sieht Herder – wiederum wie Moritz – den „*Kreis*, wo Alles aus Einem Mittelpunkt stralet und in ihn zurückfällt, wo kein Punkt dem andern gleich ist und doch Alles zu einem Kreise wallet.“ (SW VIII, 64) Herder verbleibt nicht bei den Abstrakta: „Wo es anging, hat die Natur die *Linie* der *Richtigkeit* mit dem *Kreise* der *Vollkommenheit* umwunden.“ (VIII, 64 f.) Seinem Interesse an der plastischen Menschengestalt gemäß sucht er die Kombination beider Linienformen am menschlichen Körper: „So hat [die Natur] auch am Körper die Linie der *Vestigkeit* mit *Rundheit* umkleidet: Arm und Beine, Finger und Hals zusammt dem Himmel, den er trägt, sind geründet: jeder Bruch, jede Ecke und Winkel dieser Theile sind unerträglich.“ (SW VIII, 65) So ist Herder, ausgehend von abstrakten Linienformen, wiederum bei seinem Konzept von der notwendig sanft geformten schönen Menschengestalt angelangt. Aus dieser leitet er mit quasi physikalischer Gesetzmäßigkeit die Genese der Schlangenlinie her:

> Da aber die Gefäße hienieden der *Vollkommenheit* nicht fähig sind, und die Linie der *richtigen Nothdurft* sie immer überwältigend zu sich ziehet, siehe, so ward, wie im Weltgebäude durch den Streit zweier Kräfte die Ellipse ward, in der sich die Planeten, so hier die *Linie der Schönheit*, in der sich die *Formen der Körper* winden. Sie entstand, wie bei Plato die *Liebe* von *Bedürfnis* und *Ueberfluß*, aus der geraden Linie und Rundheit. Der Zirkel war für uns zu *voll*, nicht zu umschauen, nicht zu *umfassen*; die gerade Linie zu *dürftig*, um den vielseitigen Organismus zu geben, zu dem unser Körper da seyn sollte. Sie *schwebt* also und *neigt sich*, damit *dies* oder *jenes überwiege*. In der vesten Brust, im vesten Rücken wenig Krümme, nur Wölbung: dieser ist Mauer und Stütze, jene Panzer. Der Unterleib, beim Weibe der Busen, die Glieder der Schwachheit wurden mit Weiche und dem Anschein der Vollkommenheit bekleidet. (SW VIII, 65)

Die Geburt der Schlangenlinie aus dem Geiste Platons: Herder führt die abstrakte Schönheitslinie konsequent auf die Notwendigkeit des lebendigen „Organismus“ zurück, und im Konsens mit den zeitgenössischen Linientheorien sieht er „Reiz“ durch „Bewegung“ bewirkt; in den Linien entstehe der „Reiz“ durch Darstellung des „*Schöne[n] in Bewegung*“ (SW VIII, 66). Zugleich unterlegt Herder seiner Ästhetik der *Plastik* durch die *Symposion*-Referenz eine philosophisch überhöhende Komponente, die auch an anderer Stelle schon aufschien, wo von der „Wahrheit“ der plastischen Form im Gegensatz zu den phantasmatischen „Gestalten“ flächiger Darstellung die Rede war: Der „Liebhaber“ der Plastik, wie er im Untertitel erscheint, empfindet im „Gefühl“ der rundplastischen Lineaturen die Liebe zum Schönen als Liebe zum Wahren; die schönen Lineaturen der Plastik sind greifbare Signaturen der „Wahrheit“, die in Herders Verständnis keine

Ideenwelt ist, sondern eine zutiefst anthropologische: Denn die Statuen gelten ihm als „sichtbar gewordene[] bedeutende[] Menschheit“ (SW XVII, 345), als, wie er in einem Brief an Knebel schreibt, ein „Kodex der Humanität in den reinsten und ausgesucht'sten, harmonischen Formen.“[68]

So bezeichnet Herder auch in den *Briefen zur Beförderung der Humanität* die Plastik als eine „sichtbare Logik und Metaphysik“ des Menschengeschlechts „in seinen vornehmsten Gestalten“ (SW XVII, 344 f.). Sie gibt eine Typologie idealer Menschen;[69] in den Statuen erblickt der Mensch wie in einem Spiegel das, was die Menschheit sein soll und sein kann – „das *Ideal der Menschenbildung in ihren reinsten Formen*“ (SW XVII, 345). Wenn Herder formuliert, die griechische Kunst habe im Gegensatz zur zeitgenössischen Physiognomik eine „Charakteristik menschlicher Denkarten und Seelenformen“ dargeboten, und zwar auf die „reinsten Begriffe gebracht und in unzerstörbaren Formen dargestellt“,[70] so heißt dies, dass diese „reinsten Begriffe“ am deutlichsten in jener „Linie“ gefasst werden können, deren Verlauf Herders haptische Ästhetik zum Gegenstand ihres „Gefühls“ macht: das, was bei Winckelmann der Kontur heißt, dem auch die Funktion zukommt, Charakter und Status des Dargestellten zu denotieren (vgl. Kap. 10). Nicht anders gilt Herder die Plastik als Sichtbarmachen von „*Gedankenformen, ewige[n] Charaktere[n]*“, die Statuen repräsentieren „anschauliche *Kategorien der Menschheit*“.[71] Von einem solchen „Humanitätsgedanken“[72] wird Herders Ästhetik zunehmend geprägt; dieser Aspekt steht über einer historischen ebenso wie über einer rein ästhetizistischen Betrachtungsweise, denn nach Herders Ansicht ist die menschliche Gestalt in ihrer formalen Vollkommenheit unveränderlich, und gleiches gelte demnach für die Formgesetze der Plastik: „Die Formen der Skulptur sind so einförmig und ewig, als die einfache reine Menschennatur; die Gestalten der Mahlerei, die eine Tafel der Zeit sind, wechseln ab mit Geschichte, Menschenart und Zeiten.“[73] Nun zeugt diese

68 Brief Herders vom 13. Dez. 1788 an Knebel, in Johann Gottfried Herder: *Bloß für dich geschrieben: Briefe u. Aufzeichnungen über eine Reise nach Italien 1788/89.* Hg. v. Walter Dietze u. Ernst Loeb. Berlin 1980, 179. Vgl. dazu: Gunter E. Grimm: *Kunst als Schule der Humanität. Beobachtungen zur Funktion griechischer Plastik in Herders Kunst-Philosophie*, in: Sauder (Hg.): *Johann Gottfried Herder: 1744–1803*, 352–363; zum ‚Kodex‘: 356.

69 Vgl. Grimm, *Kunst als Schule der Humanität*, 359.

70 SW XVII, 358; vgl. dazu Grimm, *Kunst als Schule der Humanität*, 358.

71 SW XVII, 344; vgl. dazu auch Grimm, *Kunst als Schule der Humanität*, 359.

72 Grimm, *Kunst als Schule der Humanität*, 359.

73 SW VIII, 35; vgl. dazu auch Grimm, *Kunst als Schule der Humanität*, 360.

Bemerkung freilich von keiner besonders differenzierten stilkritischen Betrachtung von Statuen (und auch nicht von markanten Spuren Winckelmannscher Methodik). Herder, der so bemüht ist um die leiblich-sinnliche Selbstvergewisserung des Subjekts im Gefühl, ist blind für das „Individuelle und Epochenspezifische“[74] der dargestellten Gestalten bzw. ihrer Künstler. Bemerkenswert ist aber an der Äußerung Herders, dass dies nur für die Plastik zutrifft: Die Malerei nimmt er von der überzeitlichen, naturnotwendigen Gültigkeit der Formprinzipien aus; ihre Werke werden ihm zu Werken einer ‚Kunst in der Zeit‘ in dem Sinne, dass die „Tafeln“ mit ihren historisch stilabhängigen Gestalten ihm als Epochendiagramme erscheinen.

14.4.4 Lineaturen der schönen Zweckmäßigkeit

Herder bindet, wie gezeigt wurde, abstrakte Theorien zur ‚Linie der Schönheit‘ stets wieder zurück an den lebendigen menschlichen Körper. Dessen Schönheit besteht für Herder nicht in allgemeingültigen Linearformeln, sondern ist abhängig von der inneren Zweckmäßigkeit:

> Ist denn der Menschliche Körper nicht schön, so fern er gut ist? so fern Jedes seiner Theile und Formen zu Zwecken, mithin ein Abdruck und Werkzeug einer innern Vollkommenheit und Realität ist? Der Abdruck einer innern Vollkommenheit ist der nicht Schönheit? [...] – kurz, daß jede Form an sich schön ist, weil sie die übereinstimmendste Beziehung auf das innere lebendige Wesen zu haben scheint, dessen äußerer fühlbarer Umkreis sie geworden ist. (SW VIII, 161 f.)

Hier geht Herder so weit, die Kalokagathia durch eine Kalo-Teleologia zu ersetzen: Schön ist, was innere Zweckmäßigkeit besitzt, oder: ‚form follows function‘. Der „Umkreis“, der fühlbare räumliche Kontur also, ist „Abdruck“ dieser Kalo-Teleologia, die sich unmittelbar in der (haptischen) Wahrnehmung erschließt. Sein und Bedeutung sind kongruent, es handelt sich um das, was Herder später als ‚Natursymbol‘ bezeichnen wird. Als solche *Natursymbole* gelten ihm vor allem Werke der Plastik, in denen Sein und Bedeuten in eins fallen, so dass die Erfahrung dieser schönen, in sich bedeutungsvollen und sich als solche der haptischen Wahrnehmung unmittelbar erschließenden Form den Menschen in einen „Gemütszustand seelischer Integrität“ versetzt; in der *Kalligone* bemerkt er zur Bedeutung von bestimmten Linienformen, „[k]eine Linie, keine Gestalt und Um-

74 Grimm, *Kunst als Schule der Humanität*, 362.

gränzung der Natur“ sei „ein willkührliches Spiel; an Körpern ist sie, dem tastenden Sinn sogar, *reeller Ausdruck ihres Wesens, ihres Seyns*“ (SW XXII, 48). Kurz darauf führt er aus:

> Der gemeinste Finger versteht, daß eine Spitze steche, eine Schärfe schneide [...], daß sie sich, als solche, die sie sind, *reell darstellen* und unserm Gefühl sehr empfindlich werden. Auf gleiche Weise erkennet der Sinn und in ihm der Verstand das Sanftgebogene, das mit sich und dem Gefühl Uebereinstimmende, das in sich selbst Beschlossene, Umschränkte. Je mehr Ideen der Sinn dem Verstande, in gehörigem Maas, in einer angemessenen Zeit gewähret, je tiefer, reicher, ausgedrückter diese Ideen sind, desto schöner erscheint die Gestalt dem Verstande. (SW XXII, 51 f.)

Anders als beispielsweise Hemsterhuis[75] die Präferenz für die sanft gewellte Linie mit dem wahrnehmungspsychologischen Aspekt begründete, dass sie vom Auge besonders schnell erfasst werden und so innerhalb kürzester Zeit die meisten Ideen vermitteln könne, weswegen sie vom Verstand als schön empfunden werde (vgl. Kap. 20.1), begründet Herder die Schönheit der sanften Kurvatur mit der Annehmlichkeit für den Tastsinn, den er als anderen ‚Verstand‘ etabliert.[76] An die Stelle der schnellen Erfassung ist die dem bewusst favorisierten ‚dunkelsten‘ und ‚langsamsten‘ Sinn, dem Gefühl, entsprechende „angemessene[] Zeit“ getreten. Die gebogene Linie wird von Herder wiederum nicht als abstrakte Form für schön befunden, sondern sogleich auf „das in sich selbst Beschlossene, Umschränkte“ bezogen. So heißt es auch kurz darauf: „Das *Seyn* oder die *Bestandtheit* eines Dinges beruhet auf seinen *wirksamen Kräften* in einem *Eben- und Gleichmaas*, mithin auf seiner *Umschränkung.*“ (SW XXII, 52).

Abermals wird deutlich, wie sehr für Herder die ‚symbolische‘ Bedeutungsweise der Plastik von der „Umschränkung“ der tastbaren Form abhängt. Vor dem Hintergrund dieser These von einer sich unmittelbar

---

75 François Hemsterhuis: *Ueber die Bildhauerey in einem Briefe an H. Theodor von Smeth zu Amsterdam* [*Lettre sur la sculpture*; 1769], in: F. H.: *Vermischte philosophische Schriften des H. Hemsterhuis*, Bd. I. Leipzig 1782, 1–70.

76 Zu Herders Ansicht von der „Bedeutung des Tastsinns für die Erkenntnis“ vgl. Zeuch, 133 ff. Zu Differenzen bzw. Überschneidungen von „Tastsinn“ und „Gefühl“ bei Herder vgl. ebd., 17–31, besonders 30, zum Konnex von „Gefühl“ und *sensorium commune.* Zur ihrer Ansicht nach bei Herder unentschiedenen Frage nach derjenigen „Instanz“ (der „Leib im Sinn eines denkenden (!) *sensorium commune* oder die Seele“), die zwischen den verschiedenen Sinneswahrnehmungen eine „Einheit“ konstituiert, und zum „Gefühl“ als „erste[n] Organum der Seele“, die „sich in die Welt körperlich hineinbilden muss“, sofern sie „unmittelbar erkennen“ wolle, und dies mittels des „Leib[es] als nach außen gestülpte[r] Seele“ gewährleiste, vgl. Zeuch, 142 ff., v. a. 148.

sinnlich erschließenden Bedeutungshaftigkeit der Lineaturen, Konture und Oberflächen in plastischen Kunstwerken übt Herder am Ende des ersten Teils der *Kalligone* Kritik an den arbiträren Zeichen von Schrift und Sprache und fragt: „Was haben die Buchstaben mit den Ideen gemein, die sie bezeichnen? Weit natürlicher“ sprächen die Körperzeichen, diese bildeten ein subjektives „Alphabet“ für denjenigen, dem sie gelten, sie bilden nach Herders Ansicht – darin nun doch Lavaters Theoremen nicht fern stehend, aber freilich auf den *plastischen Körper* bezogen, nicht auf Schattenrisse – ein „Naturalphabet“ (SW XXII, 121 f.). Diese These in der Tradition der Signaturenlehre unterstützt Herder mit einem Zitat aus Bacons *Novum Organum*, in dem es heißt:

> Des menschlichen Verstandes Idole sind nichts als beliebige Abstraktionen; die Ideen des göttlichen Verstandes sind *wahre Bezeichnungen* [signacula] des Schöpfers auf den Geschöpfen, wiefern sie der Materie durch *wahre, ausgesuchte Lineamente* eingedrückt und in ihr beschränkt werden [per lineas veras et exquisitas imprimuntur et terminantur]. (SW XXII, 122)

Damit wären also göttliche Signaturen und die Linien der schönen Zweckmäßigkeit als Lineamente der *„dargestellte[n], tastbare[n] Wahrheit“* (SW VIII, 12) zum Zirkel geschlossen.

14.5 Die Notizen zu Winckelmanns Schriften

Dass sich Herder intensiv besonders mit Winckelmanns Konzept des Kontur wie auch der „Empfindung des Schönen“ auseinandersetzte, in deren Kontext auch der Vergleich der sich anschmiegenden Empfindung mit einem „flüßigen Gipse“ seinen Ort hat, bezeugen neben den Spuren in den zitierten Texten auch Herders Lektürenotizen zu Winckelmanns *Abhandlung von der Fähigkeit der Empfindung des Schönen*, die er unter dem Titel „Ueber die Empfindung“ (SW VIII, 107 f.) nach eigenen „Bemerkungen bei Winkelmann's Gedanken über die Nachahmung der griechischen Werke“ (SW VIII, 105 ff.) notierte. In diesen kommentiert er den „Contour“ wie folgt:

> Aus *Gefühl der glücklichen Zeugung*, der seligen Natur, die durch Leibesübungen gebildet ist, *die alle ihre Glieder fühlt*, in der alle Säfte munter fliessen, entspringt der selige Contour der Kunst, wie also als fühlbar? Eine Plastik ist eine *Physiologie der seligen Natur:* eine körperliche Psychologie des Paradieses. (SW VIII, 105)

In der Paraphrase und anschließenden direkten Kommentierung lässt sich Herders Verfahren beobachten, Winckelmanns Gedanken der eigenen Ästhetik anzugleichen: Er greift Winckelmanns Äußerungen zur Körperlichkeit auf und forciert sie; der „Contour“ wird zur haptischen Kategorie erklärt, die nicht ‚Graphem‘ einer künstlerischen Idee ist (also idealistisch und gegebenenfalls sogar synthetisch), sondern *fühl*bare und damit unmittelbare Körpersprache der „seligen Natur“: tastbare „Physiologie“ und „Psychologie“ zugleich. Herders „seliger Contour“ markiert damit eine eigenwillige Position in der Nähe zu Lavaters physiognomischen Bestrebungen; an Stelle des Schattenrisses favorisiert er freilich die fühlbare Plastik.[77] So bedarf es auch einer etwas gezwungenen Umdeutung von Transparenz ebenso wie der „Einheit“ des Mannigfaltigen; Herder notiert: „Der Durchschein, oder vielmehr das Ertasten der Seele im Körper ist ganz Plastisch; und die höchste Einfalt, so wie das Maas der Leidenschaft und der Handlung nur durchs Gefühl erklärbar.“ (SW VIII, 106)

Am Beispiel des sich krümmenden *Laokoon*, dessen „Unterleib [...] sich zum innern Ach!“ höhle (also in der tastbaren Wölbung den inneren Seelenlaut äußerlich nicht sicht-, sondern fühlbar macht), führt er seine Gedanken zu „Leidenschaft“ und „Handlung“ näher aus, indem er seinen sonstigen Gebrauch des ‚Gefühls‘ ambivalent werden lässt und schöpferisches Empfinden bei der Bildung und rezeptiv-reflexives Empfinden des sympathetischen „Beobachter[s]“ (der ja kein solcher, sondern ein Tastender ist) kurzschließt: „Das musste der bildende Künstler fühlen, wie es der sehende Beobachter tastet. [...] Eine Symbolik!“ (SW VIII, 106) Abermals deutet Herder hier das eigene Konzept des Kunstwerks als ‚Natursymbol‘ an. Während er Winckelmanns Äußerungen zum plastischen Kontur begierig dem eigenen Denken anverwandelt, übt er Kritik an den Rückschlüssen, die Winckelmann von der Plastik auf die antike Malerei ziehen zu können meine:

77 Nicht nur Lavater, auch Hagedorns Vorliebe für das „Verblasene“ an der skulptierten Oberfläche bringt Herder abermals mit in seine Winckelmann-Lektüre ein, indem er fortfährt: „Das sanft gespannte und geblasene der Haut [...] ist nie so wahr, als durch ein Principium des Fühlens.“ Denn an dieser Stelle tritt wiederum Herders Zersetzungsangst auf den Plan; er argumentiert gegen veristische Darstellung in der Plastik: „Da sind Runzeln und Falten Zerstörungen, und jede Aufgeblasenheit eine solche schmerzliche Krankheit, als das Aufdunsten [s. Hallers Physiol. von der *tela cellulosa*] nicht seyn kann. Die Haut wird in schönen Körpern dem Gefühl, was der Punkt zur Linie und die Mathematische Fläche zum Körper ist: Ende, nicht aber Bestandteil.“ (SW VIII, 106)

> Es läßt sich von der Plastik nicht einmal auf grosse Zeichnung zu strenge schließen: denn ein Kind kann formen, aber auch deßwegen malen? Der Kontour der Bildhauerei ist durchaus nicht Malerei an sich, ohne Abweichung: und eben diese Abweichung ist das Feine der Kunst. (SW VIII, 107)

Welche „Abweichung" meint Herder? Die Abweichung des plastischen Kontur von dem, der malerisch notwendig wäre, und gerade diese dem künstlerischen Medium und seinen Rezeptionsbedingungen geschuldete Abweichung mache das „Feine der Kunst" aus? Oder meint er mit „Abweichung" die plastische Rundung, das nach hinten Zurück*weichende* des Gegenstands, das in der Malerei nur illusionistisch, in der Plastik aber tatsächlich umgesetzt werden kann? In jedem Falle ist hervorhebenswert, dass Herder sich abermals auf eine Äußerung bezieht, die Plinius zu den Umrissen des Parrhasius bemerkt hatte: Dass die Fähigkeit, die Grenzen des Dargestellten so zu gestalten, dass sie um sich selbst herum liefen und auch das nicht Dargestellte zeigten, die höchste Feinheit, *summa subtilitas,* der Kunst sei.

In seinen Notizen zu Winckelmanns Abhandlung *über die Fähigkeit zur Empfindung des Schönen* bemerkt Herder unter dem Titel: *Ueber die Empfindung:*

> Gesicht fühlt würklich nichts; es tüncht nur, es übertüncht die Gestalten mit Licht und Farben, daß sie auf einmal und schön erscheinen! Gefühl des Schönen also, ist erweislich mehr aus dem Sinn des Gefühls, als des Sehens [...]. Das Gesicht hängt sich nur an, und glitscht über weg: da ist also das Schöne kurz, und wird nur sehr leicht Elektrisch angezogen; aber das Gefühl greift ein, und durchschauert mit allen Nerven. (SW VIII, 107)

Winckelmanns Konzept einer „Empfindung des Schönen", in der sich das „wahre Gefühl" desselben wie ein „flüßiger Gips[ ]" dem Kopf des Apoll vom Belvedere anschmiegt, wird stattdessen, sofern es nur auf visueller Wahrnehmung beruht, als bloßes „[Ü]bertünch[en]" bezeichnet. Zudem bringt Herder die temporale Komponente zur Sprache: Dem – bei anderen Autoren positiv gewerteten – ‚Totaleindruck', den die visuelle Wahrnehmung des Kontur „auf einmal" gewährt,[78] stellt Herder die von ihm höher

78 Hervorhebenswert ist der naturwissenschaftlichen Diskursen der Zeit entlehnte Vergleich der visuellen Wahrnehmung mit einer „sehr leicht[en] Elektrisch[en]" Wirkung, während das „Gefühl" durch wirklichen Kontakt „mit allen Nerven" affiziert werde. Die (ästhetische) Spannung des Kunstobjekts überträgt sich auf den Betrachter, die zeitgenössischen Spekulationen über Verlebendigung von Statuen verkehrend. Zu den Spuren wahrnehmungsphysiologischer Ansätze in Herders ‚elektrischer' Wahrnehmungstheorie vgl. Zeuch, *Umkehr der Sinneshierarchie: Herder und die Aufwertung des Tastsinns seit der frühen Neuzeit*, passim.

geschätzte allmählich erfolgende haptische Erfahrung gegenüber. Dies steht auch im Kontext von Herders Favorisierung des *Dunklen, Prägnanten* (s. o.), denn die Vorstellungen, die durch haptische Erfahrungen hervorgerufen werden, sind *„dunkel“* und *„langsam“* und damit in beiderlei Hinsicht nicht nur konträr zu den am Umriss gelobten visuell wahrnehmbaren Eigenschaften, sondern auch generell zu den Idealen der „Schulphilosophie“, die auf „völlige Klarheit und Simultaneität“ zielte.[79] Das Gefühl, darauf weist Herder selbst hin, ist der „dunkelste, langsamste, trägste“ Sinn (SW VIII, 31), und dessen dunkle Wahrnehmungsweise möchte er „nicht nur als eine Voraussetzung der Erkenntnis von Vollkommenheit [...] fassen, sondern als völlige Adäquanz zum ‚clare et distincte‘ deutlicher Erkenntnis“.[80] Dies zielt auf die „Einheit von Empfinden und Erkennen in der menschlichen Seele, um die Sinnengeleitetheit des Erfassens gerade auch des großen Ganzen. Das Dunkle ist in paradoxer, bewusster Verwirrung alter Begriffe das Klare.“[81] Die Achse, an der diese Konzepte gespiegelt werden, ist einerseits der plastische *Kontur*, der wie bei Sulzer zwischen den menschlichen Vermögen vermittelt (wenngleich Sulzer die *Deutlichkeit* des graphischen Umrisses als Reflexionsmedium favorisierte). Andererseits übernimmt diese Funktion aber auch das literarisch-abstrakte „Symbol“, der „Sonnenriß“, der schon als Kompositum das Helle und das Dunkle, die Sonne und den Schatten, in sich vereint.

Mit Blick auf die Stellen, an denen Herder sich auf jene sensualistischen erkenntnistheoretischen Traditionen bezieht, die von materiellen ‚Eindrücken‘ in der Seele sprachen, ist bemerkenswert, dass sich direkt im Anschluss an die Winckelmann-Kommentare eine sehr knappe Notiz zum Begriff der *eidolopoiia* und der *typosis* bei Franciscus Junius findet. Dabei bezieht sich Herder genau auf dasjenige Kapitel, das oben zu diesen Aspekten vorgestellt wurde (Kap. 5): Junius führt dort die Ideen des Künstlers auf sinnliche Eindrücke zurück, wobei er die überlieferten knappen Äußerungen stoischer Provenienz zitiert. Eben diese Interdependenz von *eidolopoiia*, der bildenden Vorstellungskraft, und *typosis*, dem (metaphorisch) materiellen ‚Eindruck‘ in der Seele, beschäftigt auch Herder; er notiert:

79 Vgl. dazu Adler, *Prägnanz*, 103; Zitate ebd.
80 Pfotenhauer, *Gemeißelte Sinnlichkeit*, 88.
81 Pfotenhauer, *Gemeißelte Sinnlichkeit*, 88 f.

Zu Franz Jun. 2. Kap.

Wenn die Phantasie *ειδωλοποιια* heißt, nach welchem Sinn formt sie die Eidole? Nimmt sie das *σχημα* aus Gesicht oder Gefühl? die *τυπωσις* welcher Art ursprünglich? – Wie die Idee die man – (SW VIII, 108)

Die Frage nach dem materiellen, reliefartigen oder bloß metaphorischen Charakter der *typosis* ist für Herder von entscheidender Tragweite. Seine Präferenz liegt auf der Hand; bemerkenswert ist in jedem Falle, dass diese Gedanken zur *typosis* bei Junius an die Notizen zu demjenigen Text Winckelmanns anschließen, in dem dieser von der quasi ‚plastischen', sich wie im Gipsabguss anschmiegenden Empfindung spricht. Herder, dem an der ‚leibhaftigen' Bedeutung der Statuen gelegen ist, lässt seine Notiz bei der „Idee" abbrechen.

15. Heinses Reisenotizen und der *Ardinghello:* Nachgezeichnete und verwischte Konturen Winckelmanns

15.1 Eine Konkurrenzvermeidung?

Im Vorwort zum *Ardinghello*, einer *Italiänische[n] Geschichte aus dem sechszehnten Jahrhundert,*[1] bemerkt der ‚Herausgeber', er habe das Manuskript in der italienischen Bibliothek einer „verfallnen Villa" gefunden und gebe nun eine „getreue Übersetzung" davon. Zugleich warnt er, wenn man darin manches „dunkel oder zu gelehrt" finde, solle man es „bequem überschlagen und sich bloß an den Faden der Begebenheiten halten." (A 7) Und in der Tat nehmen lange theoretische, dabei mitunter handfest polemische Kunstgespräche großen Raum im *Ardinghello* ein. In ihnen finden sich zahlreiche Passagen, die oftmals in großem Umfange fast wörtlich aus Heinses Notizheften zumal der italienischen Zeit übernommen wurden.[2] Zuweilen erscheinen die einzelnen Bemerkungen auf verschiedene Gesprächspartner verteilt oder werden durch „Herausgeber"-Kommentare im

---

1 Wilhelm Heinse: *Ardinghello und die glückseeligen Inseln. Eine Italiänische Geschichte aus dem sechszehnten Jahrhundert.* Lemgo 1787, zit. nach der Kritischen Studienausgabe [= A], Stuttgart 1998 (Bibliographisch ergänzte Ausgabe der Ausgabe 1975). Zitate aus dem Roman werden im Folgenden mit Seitenzahlen im Text nachgewiesen. Zu einem Überblick über die neuere Literatur zu Heinse vgl. den Forschungsbericht von Cord-Friedrich Berghahn: *„Zu weiterm Gebrauch für künftige poetische Werke". Wilhelm Heinse: Forschung und Philologie 2002–2010,* in: Zeitschrift für Germanistik 21 2011, 2, 345–356.

2 Die Aufzeichnungen Heinses werden als NA (mit Seitenzahlen im Text) zitiert nach der Ausgabe: Wilhelm Heinse: *Die Aufzeichnungen. Frankfurter Nachlass.* Hg. v. Markus Bernauer u. a. 5 Bde. München 2003–2005. Zur Überlieferungsgeschichte der nachgelassenen Aufzeichnungen sowie zu deren Struktur vgl. Jan Broch: *Poetik des Notats. Wilhelm Heinses nachgelassene Aufzeichnungen*, in: J. Broch/Markus Rassiler (Hg.): *Schrift-Zeiten. Poetologische Konstellationen von der Frühen Neuzeit bis zur Postmoderne.* Köln 2006, 65–87, hier 74–84. Für Heinse seien die Aufzeichnungen, die Broch ähnlich wie zeichnerische Skizzen als künstlerische Vorstudien, als „Essays" verstanden wissen möchte, ein „individuelles, aber gelehrtes Selbstgespräch" (ebd., 84), eine „Hybridform" zwischen Publikation und Privatem.

Kontext der fingierten Editions-Situation relativiert,[3] so dass sich umso mehr die Frage nach dem Verhältnis der jeweiligen Äußerungen zueinander und zu Heinses allgemeiner Ästhetik stellt, sofern sich von einer solchen überhaupt durchgängig sprechen lässt. Kommt es Goethe (vgl. Kap. 17) darauf an, dass angesichts von Kunstwerken das „Bestimmteste" gedacht werde, scheint es Heinse im *Ardinghello* mitunter eher darum zu gehen, dass *überhaupt* etwas gedacht werde, um den Verstand in lebendige Bewegung zu versetzen. Dem „Anteil", also der Kategorie, die Gottfried Boehm (s. u.) neben der ‚Lebendigkeit' als Leitgedanken für Heinses Bildbeschreibungen dargestellt hat, lässt sich somit auch das „Gegenteil" gegenüberstellen: Die Lust am Widerspruch inszeniert im *Ardinghello* Künstlerrunden-Gesprächspiele, die den ganzen Kreis der Kunsttheoreme und -positionen ausschreiten und in einem *perpetuum mobile* der sich gegenseitig befeuernden Argumentationen in Gang halten. Nicht zuletzt potenzieren sich die Spannungsverhältnisse durch Transponierung der Handlung in die Kunstepoche des Paragone, die italienische Spätrenaissance, indem deren zeitgenössische Debatten um den Primat von *disegno* und *colorito* nicht nur zum Spiegel der Debatten von Poussinismus und Rubenismus, von Klassizismus und Antiklassizismus werden, sondern auch Anlass zu Äußerungen über Verhältnis und Grenzen von Literatur und Bildender Kunst geben. Vor diesem undeutlichen Hintergrund sind die im Roman zum Ausdruck gebrachten Ansichten in ihrem Verhältnis zu zeitgenössischen kunsttheoretischen Positionen zu betrachten (und gegebenenfalls im Widerspruch zu Heinses Notaten[4]); im Falle des *Kontur* betrifft dies besonders das Verhältnis zu Winckelmann.

---

3 Vgl. auch Leonhard Herrmann: *Klassiker jenseits der Klassik. Wilhelm Heinses ‚Ardinghello'. Individualitätskonzeption und Rezeptionsgeschichte*. Berlin 2010. – Zu den Kunstbetrachtungen im *Ardinghello* vgl. auch Björn Vedder: *Wilhelm Heinse und der so genannte Sturm und Drang. Künstliche Paradiese der Natur zwischen Rokoko und Klassik.* Würzburg 2011, 174–184. Zur erotischen Komponente der Kunstbetrachtungen (wie des Romans überhaupt) vgl. Gert Theile: *Wilhelm Heinse: Lebenskunst in der Goethezeit.* Paderborn 2011, 164–187, zu den Kunstgesprächen bes. 172–176.

4 Deren Einschätzung wird erschwert dadurch, dass es sich teils um nicht kritisch oder zustimmend kommentierte Exzerpte handelt, in den hier vorliegenden Fällen v. a. aus Schriften von Winckelmann, Mendelssohn und Aristoteles. Charis Goer (*Ungleiche Geschwister. Literatur und die Künste bei Wilhelm Heinse.* München 2006, 175 f.), merkt zu den Beschreibungen der Statuen an, diese seien „von vornherein intertextuell bzw. im ‚Ardinghello' zugleich inter- und intratextuell als Kontrafaktur zur klassizistischen Ästhetik eines Winckelmann und Mengs bzw. zur aus klassizistischen Versatzstücken bestehenden Kunstauffassung Demetris kon-

Heinse, der selbst durchaus ein beachtlicher Exzerptor war,[5] lässt die Vielschichtigkeit der sich überlagernden Textkomponenten im Roman kommentieren durch Hinweise auf die berufliche Tätigkeit Dimitris, eines der Hauptdisputanden der Kunstgespräche. Über ihn heißt es, er sei ein Grieche, der im Hause der Giustiniani lebe und sich ein Nebenverdienst dadurch erwerbe, „dass er griechische Handschriften aus der vatikanischen Bibliothek für auswärtige Gelehrten teils kopierte, teils die verschiednen Lesarten daraus sammelte." (A 191) Dieser Hinweis erfolgt ausgerechnet, nachdem Dimitri Ardinghello in dessen kunsttheoretischem Furor unterbrochen hat mit den einlenkenden Worten:

> Wir haben den Kreis durchlaufen und sind unvermerkt auf derselben Seite wieder angekommen, wovon wir ausgingen. [...] Man behauptet in der Hitze des Streits oft Dinge, die man selbst für falsch und übertrieben hält. Zuhörer, die Verstand haben, nehmen von selbst das Wahre heraus [...]. (A 190)

In diesem Lichte sind demnach, zusätzlich zur Perspektive der jeweiligen Figurenrede, auch die Kunstgespräche des Romans zu betrachten.

---

zipiert", v. a. der Laokoon sei prädestiniert für eine solche Rolle als „pietra di paragone", als „Prüfstein des künstlerischen Selbstverständnisses". Trotzdem bleiben aber Spannungen zwischen dem, was Heinse in seinen Notaten akribisch als eigene Beobachtung entwickelte, und dem, was schließlich im *Ardinghello* erscheint bzw. „nur" Demetri und damit distanzierend in den Mund gelegt wird. Vgl. auch Berghahn, 351: Goer deute den *Ardinghello* „unter dem Begriff des *Paragone Universale* als perspektivisches Spiel mit den Disziplinen des Wissens zwischen 16. und 18. Jahrhundert."

5 Relevanz und Umfang seines Exzerpierens hat Élisabeth Décultot anhand der Nachlass-Notizen nachgewiesen und dabei auch in dieser Hinsicht sein Verhältnis zu Johann Joachim Winckelmann, dem anderen großen kunsttheoretischen Meister-Exzerptor, herausgearbeitet (É. D.: *Heinse als Leser Winckelmanns: eine kritische Beleuchtung*, in: Markus Bernauer (Hg.): *Wilhelm Heinse. Der andere Klassizismus*, Göttingen 2007, 86–98). Auch aus den kunsthistorischen Büchern der *Naturalis Historia* Plinius' d. Ä. exzerpierte Heinse (u. a. notierte er kommentarlos, dass Parrhasius „Grazie" in seinen Umrissen gehabt habe, und zitierte die Stelle über die tägliche „linea" des Apelles mit dem knappen Vermerk, diese sei in seiner Ausgabe (ed. Louis Poinsinet de Sivry, Paris 1771–1782, Bd. XI 1778; der Übersetzer geht von drei immer schmaler werdenden farbigen „simple linéaments" aus, ebd. 249) „Gut erklärt." (NA I, 305). Heinse lässt Plinius zwar im Roman spöttisch als „Alles-Aus-und-Ab-und-Aufschreiber" (A 236) bezeichnen, gesteht ihm aber doch Lob zu, wenn es heißt, zwar habe er „in der Eile [...] unglaublich[ ]e Fabeln sich aufbinden lassen", doch sage er „sonst Dinge mit göttlichem Verstand, und zuweilen erhabne Poesie." (A 237) Die *Naturalis Historia* als „erhabne Poesie" zu bezeichnen, lässt vielleicht auch Rückschlüsse auf das Poetizitätsverständnis der eigenen kunsttheoretischen Passagen im *Ardinghello* zu, wenngleich man es kaum glauben mag.

15.2 Die Statuenbeschreibungen

15.2.1 Der Torso

Charakteristisch für Heinses Stellung zu klassizistischen Positionen und seinen Umgang mit deren „kanonischen" Werken ist der Umgang mit seinen eigenen Notaten von der italienischen Reise. Dies zeigt sich an den Äußerungen zu den betreffenden Kunstwerken, die sich schließlich im *Ardinghello* wiederfinden. So heißt es im Roman zugespitzt:

> Die vier Statuen vom ersten Range der alten Kunst im Belvedere, und nebst wenigen andern, auf dem ganzen Erdboden, sind der Apollo, der Torso, Laokoon und sogenannte Antinous [...] Man hat dieselben in Versen und Prosa bis zum Ekel beschrieben, ihre Gipsabgüsse wie Apostel zu Türken und Heiden versandt, jeder neue Ankömmling trägt Anmerkungen darüber in sein Tagebuch ein [...].[6] (A 236)

Heinse aber hatte nicht nur Winckelmanns *Torso*-Beschreibung in den Notizheften exzerpiert, sondern in Rom den *Torso* selbst in mehrfachen Ansätzen wortreich beschrieben. So finden sich unter den Winckelmann-Exzerpten neben der übernommenen Identifizierung als *Herakles anapauomenos* unter anderem die im Hinblick auf die Kategorie des Kontur relevanten Bemerkungen: „Sein Rücken ist in hohen Betrachtungen gekrümmt. – Immerwährende Ausfließung einer Form in die andre. Die Muskeln sind feist ohne Ueberfluß, und eine so abgewogne Fleischigkeit findet sich in keinem andern Bilde." (NA I, 307) Heinses eigene Beobachtungen zum Torso lesen sich dann wie folgt:

> Ist das höchste von einem Ringerkörper [...] Schönrer und vollfleischigerer Kernstärke, und alles in lebendigster Form abgewogen mit dem feinsten Wahrheitsgefühl, findet man nichts mehr übrig von alter Kunst. [...] Das Brustbein ist so zart gehalten u mit sanfter Fettigkeit überzogen, daß man es kaum merkt. Brust u Schultern u Stärke vom Rücken herum sitzen über der schlanken Mitte ganz unüberwindl. u erdrückend. Die Schenkel sind lauter Mark. Alles ist an ihm in Fluß und Bewegung; und doch ists der allersanfteste Contur. Man sieht alle Theile und ihre Kraft u Stärke, und doch tritt kein Knochen scharf hervor. Es ist recht das höchste Vermögen in höchster Bescheidenheit u Schönheit.[7] (NA I, 747)

---

6 Vgl. zu diesem „Ekel" und der dennoch erfolgten Auseinandersetzung bei Heinse: Ernst Osterkamp: *Laokoon in Präromantik und Romantik*, in: Jahrbuch des Freien Deutschen Hochstifts 2003, 1–18, 4 f.

7 Vgl. zum Torso auch NA I, 781 f. Ich konzentriere mich hier auf diejenigen Aspekte von Heinse Äußerungen zum Torso, die für die Bedeutung des Kontur und

Die „sanfte[] Fettigkeit", muskulöser Ausdruck von Kraft bei gleichzeitigem Verbergen aller scharfen Knochigkeit, „Fluß und Bewegung" des Ganzen sowie vor allem der „allersanfteste Contur" erinnern deutlich an Winckelmann. Anders als dieser jedoch inszeniert Heinse gerade nicht die „Unbezeichnung" des Kontur, beschwört auch keine pygmalionische Entrückung in mythische Gefilde des (vermeintlich) Dargestellten, sondern bemüht sich um eine geradezu trocken-geometrische sprachliche Nachzeichnung der Körperumrisse in ihrer „immerwährende[n] Ausfließung einer Form in die andre":

> Das Große ist hier herausgebracht ohne das scharfe eckichte; keine gerade Linie, die nicht ein wenig sich krümmt, wie denn das stärkste Leben keinen geraden Zug macht; u das Fleisch ist da warm u natürlich, ohne die großen Formen zu vereinzeln, bloß durch große Stücke Verschiedenheit vom runden. So ist der Unterleib vom Nabel fast nur eine der allerfeinsten Abweichungen von gerader Linie, dann kömt der tiefe Nabel, alsdenn der Einbug der Brust, tiefhohl ohne scharf und spitzeckicht zu seyn, alsdenn wölbt sich in vier verschiedenen Rundungen die Kraft des Fleisches hinauf. (NA I, 784 f.)

Der Wechsel von geraden Linien, Rundungen, Wölbungen, Vertiefungen und Krümmungen bewirkt allerdings eine nicht gerade poetische und vor allem desintegrative sprachliche Kontur-Zeichnung. Anstelle des imaginativ rekonstruierten „Ganzen" des fragmentarischen *Torso* werden auch dessen Formkomponenten noch fragmentiert bis hinein in die aktive grammatikalische Verbform, in der „sich" „in vier verschiedenen Rundungen" die „Kraft des Fleisches hinauf[wölbt]".

Zunächst. Denn die pygmalionische Verlebendigung erscheint auch bei Heinse, sogar als zentraler Aspekt, der in den Kern seiner Kunstbetrachtung zielt. Deutlich kündigt sich dies in einer Notiz zu einer Kleopatra-Statue an, vor welcher Heinse bemerkt: „Ach da sitz ich so da, u verwandle mir den Marmor in Leben mit Geist u Fleisch u Blut." (NA I, 344) An die eben zitierte „geometrische" Studie zum Torso schließt Heinse nun die Sätze an:

> Es ist göttlich, u ich glaube nicht, daß es viel weiter in der Arbeit kann gebracht werden, u mehr *Mannichfältigkeit von Lebensbewegungen zu erfinden sind*, als hier in Brust, Seiten u Rücken.
>
> Die Schenkel machen in ihrer Rundung ein Oval das sich dem Geraden der höchsten Stärke so weit nähert als möglich ist. Die Krümmung des Rü-

---

Heinses Verhältnis zu Winckelmann in dieser Hinsicht relevant sind. Vgl. zu weiteren zentralen Komponenten auch Juliane Blank: *„Ein rechtes Wollustferkel": Erotisierung und Selbstzensur in Wilhelm Heinses italienischen Kunstbeschreibungen*, in: Lenz-Jahrbuch 17 2011, 45–73.

> ckens vermehrt noch mehr die Mannichfaltigkeit, u bildet so recht für den Sinn das Mark, die Quinteßenz des Lebens. Es ist ein göttliches Bild nichts todtes, steifes unregsames nirgends. (NA I, 785)

Während es zunächst scheint, als gelte sein Lob nur dem technischen Aspekt der „Arbeit", wird an Heinses Hervorhebung bereits die Emphase deutlich, die dem für sein Kunstverständnis zentralen Begriff gilt: dem Leben und dessen Ausdruck in der *„Mannichfältigkeit von Lebensbewegungen*". In diesem Sinn werden in den anschließenden Sätzen dann auch die weiteren „geometrischen" Formen integriert in den Gesamtzweck der Heinseschen Beschreibung: der Beschreibung der Wirkung „für den Sinn", in dem nun die geometrisch-abstrakten Einzelformen zusammengefügt werden zum „Mark" und zur „Quinteßenz des Lebens" – eines Lebens, das sich dadurch ausdrückt, dass es an seinen sichtbaren Formen „nichts todtes, steifes unregsames nirgends" gibt. Sie sind *unbezeichnet.* Heinses durch die zentralen Kategorien von Lebendigkeit und Bewegung charakterisierte Kunstbetrachtung, die alle Stille und Ruhe (die Laokoon-Debatten kontrastierend) ablehnt, kommt aufgrund der gleichen Beobachtungen des Kontur zu einem Winckelmann gänzlich konträren Verständnis – oder einer ‚Empfindung' – des Schönen am *Torso.*

Im Grunde verwundert es, dass Heinse im *Ardinghello* seine emphatische Lebens-Ästhetik so sehr zurückschraubt:

> Der Torso ist das Höchste von einem Ringerkörper; der Sohn der Wundernacht, aus dessen Armen sich der dreifache Geryon nicht loswand, ruht und sitzt auf seinem Löwenfell. Man findet nichts mehr übrig von alter Kunst, wo Kernstärke schöner und vollfleischiger und alles in der lebendigsten Form mit dem feinsten Wahrheitsgefühl so abgewogen wäre. [...] Das mächtige Brustbein ist so zart gehalten und mit nervigter Fettigkeit überzogen, daß man es kaum merkt. Brust und Schultern und Mark vom Rücken herum sitzen über der schlanken Mitte ganz unüberwindlich und erdrückend. Die Schenkel sind lauter Kraft. Alles ist an ihm in Fluß und Bewegung in den allergelindesten Umrissen. Man sieht alle Teile und ihre Macht und Gewalt, jede Fiber ist in Regung: und doch tritt weder Muskel noch Knochen scharf hervor. Es ist recht das höchste Vermögen in höchster Bescheidenheit und Schönheit. (A 243)

Der Passus entspricht in den wesentlichsten Formulierungen der oben zuerst zitierten Sequenz aus den Notizen. Aber durch die Verstärkung der „sanfte[n] Fettigkeit" durch „nervigte[] Fettigkeit" oder die Änderung von „Die Schenkel sind lauter Mark" in „Die Schenkel sind lauter Kraft" wird doch die Emphase der späteren, sich (noch) weniger poetisch lesenden und daher wohl schwerlich für den Roman zu adaptierenden Notizen in die Beschreibung übernommen. Deutlicher wird dies noch gegen Ende der

Sequenz, wo „Fluß und Bewegung" mehr Aufmerksamkeit gewidmet wird und wo nun „jede Fiber [...] in Regung" ist, „Kraft und Stärke" (allerdings wohl auch um der Variation willen) zu „Macht und Gewalt" gesteigert werden – und doch alles im Modus der wenn auch höchsten Potentialität in nahezu klassischer „höchster Bescheidenheit und Schönheit" gebändigt wird.

15.2.2 Der Apoll von Belvedere

Wie verhält es sich nun im Falle des *Apoll von Belvedere*, der allein aufgrund seiner Gestalt weniger zu einer vitalistischen Überhöhung geeignet erscheint? Auch die Notizen zum *Apoll* entsprechen in vielerlei Aspekten den Formulierungen und Beobachtungen Winckelmanns. Wie dieser hält auch Heinse einerseits den Moment des *Transitorischen*, des Übergangs von der Jugend zur reifen Männlichkeit für eine besonders reizvolle Facette des Apoll, andererseits den schmalen *Grat* zwischen Völligkeit und Magerem des Körpers, dessen gelungene künstlerische Gestaltung Winckelmann in den *Gedancken* als weiteres Merkmal der griechischen Kunst gepriesen hatte (vgl. Kap. 10). In Heinses Notizen zum Apoll findet sich unter anderem die Bemerkung:

> Die Fülle der Jugend besonders an der Brust und dem Unterleibe ist auf ein Haar abgewogen, wo sie die Schönheit berührt; gerad ihre Blüthe. (NA I, 746)

Heinse kombiniert hier den Moment des Transitorischen und das richtige Maß an „Fülle" in einem Satz. Es mag Zufall sein, ist jedoch auffällig, dass hier beim Lob der Körperformen wiederum die Formulierung „auf ein Haar" erscheint, die sich bei Heinse auch auf Malerei bezogen über ein (vermeintliches) Raffael-Gemälde findet – wobei Heinse dort wie gegebenenfalls auch hier auf Winckelmanns Lob der griechischen Künstler rekurriert, die den „Contour in allen Figuren wie auf die Spitze eines Haars gesetzt" haben (vgl. Kap. 10). Auch für Heinse werden mithin die „Unbezeichnung" Winckelmanns im Hinblick auf den transitorischen Übergang von Jugend zur Reife und die Grenze zwischen Fülle und Magerem bezeichnet durch den subtil gestalteten Kontur. Dieser spielt jedoch in den Passagen, die im *Ardinghello* der Beschreibung des *Apoll* gewidmet sind, fast keine Rolle. Ardinghello geht nach dem „sogenannte[n] *Antinous*" zu *Apoll* über, indem er beide miteinander kontrastiert: Während „dieser Jüngling am mehrsten an die Menschheit grenz[e]", sei hingegen *Apollo* ganz Gott, und es herrscht eine Erhabenheit durchaus, besonders aber im Kopfe, die niederblitzt; göttliche Schönheit in allem von dem nachlässig sanft gewundnen Haare bis zu den schlanken behenden Schenkeln und Beinen, ihre geistige Blüte, nicht die irdische Fülle. [...] Sein kurzer schlank und zart geformter Oberleib zu den langen Beinen macht ihn zu einer ganz besondern Art von Wesen und gibt ihm Übermenschliches.

Ein erstaunliches Werk von Erfindung und Phantasie! Das Problem ist aufgelöst: da steht ein Gott, aus der Unsichtbarkeit hergeholt und in weichem Marmor festgehalten für die Melancholischen, die ihr Leben lang nach einem solchen Bilde schmachteten. Es ist der höchste Verstand und die höchste Klugheit mit Zornfeuer und Übermacht gegen Verächtliches; darauf zweckt alle Bildung.[8] (A 246)

Auch Ardinghello gilt der *Apoll* als vollkommenste mögliche Darstellung des Ideals, das jedoch nicht ohne stoffliches Substrat der dann gesteigerten „schönsten Natur", wie es bei Winckelmann heißt, zustandegekommen sein kann:

Er ist zwar lauter Ideal, nichtsdestoweniger hat der Kopf Natur, die man gesehen hat, welches der Ausdruck noch verstärkt. Ein außerordentlicher Jüngling gab gewiß den Stoff dazu her, und der Künstler brachte das Höchste und Äußerste von lebendiger Einheit hinein. (A 247 f.)

Wenn Heinse seinen Briefschreiber Ardinghello hinzufügen lässt, „[e]inige stolze Erdensöhne" könnten „dies bewunderte und schier noch angebetete Bild nicht ohne Verdruß und Widerwillen betrachten" und nennten den *Apoll* „eher hager und ärgerlich im ganzen, und es wittre daraus etwas von einem römischen Kaiserprinzen, etwas Neronisches, das nicht auf eigner natürlicher Kraft beruhte", so redigiert Heinse hier wiederum augenzwinkernd nach dem eingestandenen Verfahren der Textkollation seine eigenen Reisenotizen, in denen er bemerkte, er bemängele am *Apoll* einzig, dass er zu wenig griechische Physiognomie habe, eher etwas „Neronisches in seinem ganzen Wesen. Er ist schier etwas hager vor Stolz, und sieht mehr ärgerlich, als glücklich aus." (NA I, 746) Allerdings fügte Heinse in den Notizen direkt hieran die ebenfalls in den *Ardinghello* übernommenen und bereits zitierten Bemerkungen an:

Nach dem Homer ist er aber doch gewiß gebildet; sein kleiner kurzer Oberleib zu den langen Beinen macht ihn zu einer ganz besondern Art von Wesen, und giebt ihm in der That etwas übermenschliches. Es bleibt gewiß ein erstaunliches Werk menschlicher Erfindung u Phantasie; das Problem ist aufgelöst! Da steht ein Gott, aus der Unsichtbarkeit hervorgehohlt, und in zartem Marmor festgehalten für die melancholischen die ihr lebenlang nach so einem

8 Vgl. NA I, 769.

> Blick schmachteten. Es ist der höchste Verstand u die höchste Klugheit. [...] Alles, was Apollo hat, ist Individuell und läßt sich außer dem Ausdruck nicht übertragen. (NA I, 746)

Während Heinse der *Torso* als Inbegriff verhaltener Potenz – Kraft, Macht, Gewalt – erschien, wird der *Apoll* mit demselben prädikativen Gestus des „Es ist ..." als *die* Manifestation ideell-geistigen Potentials bestimmt: „Es ist der höchste Verstand u die höchste Klugheit." Winckelmanns Ansicht, der Künstler habe beim *Apoll* gerade so viel als nötig von der Materie genommen, um das Ideal darzustellen, klingt in Heinses verschiedenen, allesamt in den Roman übernommenen Bemerkungen zur „zarte[n]" Gestaltung nach, besonders in der Formulierung, der Gott sei „aus der Unsichtbarkeit hervorgeholt" als „erstaunliches Werk menschlicher Erfindung u[nd] Phantasie", oder der oben zitierten, wiederum auf Potentialität und „Unbezeichnung" zielenden Äußerung, der *Apoll* zeige „die geistige Blüte, nicht die irdische Fülle" der „göttliche[n] Schönheit". Bei der Erwähnung dieser „göttliche[n] Schönheit in allem" erscheinen in der *Apoll*-Beschreibung des Romans einige wenige formale Charakteristika: Ardinghello empfindet daran alles „von dem nachlässig sanft gewundnen Haare bis zu den schlanken behenden Schenkeln und Beinen" als göttlich schön, kurz darauf folgt das gegenüber den Notizen deutlich elegantere Lob für seinen „kurze[n] schlank und zart geformte[n] Oberleib zu den langen Beinen". Was jedoch zum größten Teil nicht in die Beschreibung Ardinghellos übernommen wurde, sind die Notizen Heinses, die wesentlich klarer seinen Blick auf die formalen Einzelheiten und besonders die Wirkung des jeweiligen Kontur auf die Formwahrnehmung zeigen:

> Der Apoll hat schon nicht das Lebendige des Herkules; besonders ein wenig härtlich ist der Unterleib; u der ganze Conturn des Körpers ist mehr geleckt u glatt, als daß er junges regsames Fleisch wäre. Zierlich u völliglich sind die Linien des Umrißes u bilden eine geistige Stärke; aber mich däucht, sie wäre doch nicht mächtig genug für so einen Gott, u ein wenig milchhaft, nicht recht markig. Die Linien sind an der Brust zu rund, und stemmen sich hernach nicht genug abwechselnd in einander, u bilden feste starke Kraft. [...]
>
> [...] Der ganze Leib herunter macht eine wenig abwechselnde Linie. Wer ihn gemacht hat, war ein Mensch von hohem Verstand ohne Ueberfluß von Leben, der sich mit nichts niedrigem abgab; eine edle himmlische Seele.
>
> Die Beine sind sehr lang in Proportion, dieß giebt ihm eine erstaunliche Leichtigkeit. Der Coturn über den Körper ist sehr scharfwellicht, u so der Schwung des dicken Beines über den Knöchel die Knie hinab zum Fuß. Dieß giebt ihm das erhabne, u so ist alles Einheit vom Kopf herunter, u das volle Stirnhaar, der volle Schwung an der Brust u am Schenkel u die strafe Wade bilden die jugendliche Kraft. (NA I, 785 f.)

Die einzigen Aspekte dieser Aufzeichnungen, die in den Roman Eingang gefunden haben, sind die eher neutral formulierten Beobachtungen zum Verhältnis von langen Beinen und zartem Oberkörper. Bemerkenswert ist jedoch die Art und Weise, in der Heinse auch hier, wenn auch nicht mit gleich scharfer geometrischer Präzision wie im Falle des *Torso*, den Verlauf des Kontur nachzeichnet, aber auch hier diese offensichtlich desintegrativen Beobachtungen betrachtender Selbstvergewisserung nicht in den Roman übernimmt – allerdings diesmal, anders als beim *Torso*, damit die Tendenz seiner Beurteilung mildernd. Hat sich dies bereits in der durch Figurenrede geäußerten Ablehnung der eigenen Kritik am *Apoll* als neronischem Prinzen gezeigt, so wird es nun an zahlreichen Aspekten noch deutlicher: Es beginnt mit dem Urteil, der *Apoll* habe weniger „das Lebendige des Herkules" – er verfügt damit also bereits nicht über das für Heinse andernorts oberste Kriterium vollkommener Kunst. Die Bearbeitung des Marmors erscheint Heinse zu geglättet, um als „junges regsames Fleisch" zu erscheinen; die gesamte Gestalt ist ihm zu vergeistigt, um dem Begriff eines „mächtig[en]" Gottes zu entsprechen. Zu wenig Abwechslung und dadurch zu wenig Ausdruck von schlummernder „Kraft" beobachtet Heinse in den „Linien der Brust" des Gottes und dessen „ganze[n] Leib herunter". Bündig fasst Heinse demnach sein Urteil zusammen: Der Künstler müsse „ein Mensch von hohem Verstand ohne Ueberfluß von Leben" gewesen sein – und aus der Vermutung einer „edle[n] himmlischen Seele" scheint nicht unbedingt nur Bewunderung zu sprechen, wenn dies Edle sich einem Mangel an dem verdankt, was für Heinse das konstitutive Moment von Kunst ist: Lebendigkeit. Dass Heinse freilich all diese Kritikpunkte am *Apoll* im Roman gänzlich ausblenden lässt, erstaunt umso mehr, als gerade dies doch ein scheinbar willkommener Ansatzpunkt für Kritik am gipsernen Klassizismus all jener gewesen wäre, die, „[a]nstatt das Licht zum Wegweiser zu wählen [,] sich die Augen daran verblendet" haben.

Blickt man genauer auf das obige Zitat und die Vermutung, wer den Apoll geschaffen habe, sei eine „edle himmlische Seele" gewesen, so stellt man eine fast wörtliche Entsprechung zu Winckelmanns Beschreibung des *Apoll* (in der *Geschichte der Kunst*) fest, und zwar an jener Stelle, wo ein Synonym zum Kontur erscheint. Winckelmann schreibt: „ein Himmlischer Geist, der sich wie ein sanfter Strohm ergossen, hat gleichsam die ganze Umschreibung dieser Figur erfüllet" (GK I, 780; vgl. Kap. 10.1) Bemerkenswert ist nun gerade im Hinblick auf Heinses Stellung zu Winckelmann, auf welchen künstlerischen Darstellungsmitteln Heinse sein Urteil aufbaut. Denn prinzipiell sind es die „Linien", an denen entlang die Kritik entwickelt wird:

> der ganze Conturn des Körpers ist mehr geleckt u glatt, als daß er junges regsames Fleisch wäre. Zierlich u völliglich sind die Linien des Umrisses u bilden eine geistige Stärke; aber mich däucht, sie wäre doch nicht mächtig genug für so einen Gott, u ein wenig milchhaft, nicht recht markig. Die Linien sind an der Brust zu rund, und stemmen sich hernach nicht genug abwechselnd in einander, u bilden feste starke Kraft (NA I, 785)

und: „Der ganze Leib herunter macht eine wenig abwechselnde Linie". Auch die positiv bewerteten Beobachtungen zur „Einheit" werden an der Kategorie des Kontur entwickelt:

> Der Coturn über den Körper ist sehr scharfwellicht, u so der Schwung des dicken Beines über den Knöchel die Knie hinab zum Fuß. Dieß giebt ihm das erhabne, u so ist alles Einheit vom Kopf herunter, u das volle Stirnhaar, der volle Schwung an der Brust u am Schenkel u die strafe Wade bilden die jugendliche Kraft. (NA I, 786)

Betrachtet man die Abfolge der Linienverläufe, die Heinse hier nachzeichnet, so zeigt sich, dass seine Wertung des Kontur sich gewissermaßen im nachvollzogenen Schwung der Linien wandelt und sein Verständnis sich von „geleckt u glatt" und „ein wenig milchhaft" zu „erhab[en]" und dem Eindruck „jugendliche[r] Kraft" ändert, während er dem Gott zuvor bestenfalls „geistige Stärke" zugestehen wollte. Der Nachvollzug des Kontur im Akt der sprachlichen Beschreibung erweist sich als Organ des Formempfindens und letzlich der Deutung des Kunstwerks, die soweit führt, dass Heinse seinen Protagonisten von der eigenen einstigen Kritik Abstand nehmen lässt. Und nicht zuletzt ist es die Winckelmannsche Kardinal-Kategorie, anhand derer Heinse in akkuratem Anschmiegen der „Empfindung" an das Schöne der Statue – wie ein *sprachlicher* „flüßige[r] Gips[ ]" – zu einer Revision seines Kunsturteils kommt. Dass er diese Konturen-Studie gerade an einer Statue vorgenommen hat, bei deren Beschreibung für Winckelmann der Kontur als *Begriff* nicht explizit im Mittelpunkt der Betrachtung stand, sollte als eine Form der Konkurrenzvermeidung, und sei es nur im Medium der Reisenotiz, wohl ebenfalls nicht übersehen werden.[9]

9 Norbert Miller bemerkt (Vorwort, in: Wilhelm Heinse: *Die Aufzeichnungen*, I, 10), Heinses „aus Italien in den Norden zurückgebrachte[s] Konvolut, diese meist in Hefte geordneten, zahllosen Blätter", seien zweifellos „gerade in dieser von Zeit und Zufall hergestellten Ordnung […] zusammen mit ihrer Fortsetzung in den nachitalienischen Aufzeichnungen das Hauptwerk des Antiklassikers Heinse und

15.2.3 Die Laokoon-Gruppe

Auf andere Weise als im Falle von *Torso* oder *Apoll* zeigt sich Heinses den Konturenverlauf nachvollziehende Bildbeschreibung bei der Würdigung einer Statuengruppe, deren Sujet und deren *Komponenten* in besonderem Maße zu solcher Ausgestaltung prädestiniert erscheinen: im Falle der *Laokoon-Gruppe*, mit der sich Heinse in mehrfachen Ansätzen befasst, stets um eine adäquate sprachliche Abbildung der Schlangenwindungen in mäandrierender Syntax ringend.[10] So liest man beispielsweise:

> Die andre Schlange fliegt mit grimmigem Satz rechts her, fährt mit unwiderstehlicher Gewalt um des Vaters rechten Arm, der sie abhalten will, schwingt sich geschwollen hinterm Rücken, an der Seite über dessen linken, um den rechten Arm des ältern Sohns beym Ellenbogen, windet sich über den obern Arm, und schlingt sich dann um den untern, und macht einen vollkommnen fürchterlichen Knoten darum her, und schießt nach der Hüfte des Vaters mit dem Kopf, der sie mit mächtiger Faust am Hals noch ergriff, und setzt mörderlich den Zahn ein [...]. (NA I, 758)

An anderer Stelle in den Notizen finden sich weitere Versuche, die Umschlingungen sprachlich wiederzugeben, zum Beispiel die folgende Passage:

> Die untere Schlange flicht einen Knoten mit dem äußersten Theil des Schwanzes um das linke, aufgehobne Bein des ältern, schlingt sich über dessen Schenkel, umflicht das linke über der Wade des Laokoons, u schlingt das rechte des Laokoons u das rechte des gedrehten kleinern, dessen Arschchen auf der rechten Seite die Gruppe schließt in einen Knoten, schwingt sich alsdenn über Laokoons rechten Schenkel um den linken Arm des kleinern hinauf hinterm Rücken herum, um das rechte Aermchen, u kömt der Schulter herab von hinten, u setzt den Zahn in die rechte Brust. (NA I, 771)[11]

---

zugleich eines der bedeutendsten Zeugnisse des von ihm in Frage gestellten europäischen Neoklassizismus." Die obigen Beispiele sollten dies belegt haben. Vgl. Ernst Osterkamp: *Der Maler der Gestalt. Wilhelm Heinse und Raffael*, in: M. Bernauer/Norbert Miller (Hg.): *Wilhelm Heinse. Der andere Klassizismus.* Göttingen 2007, 165–188, 172: In seinen italienischen Notaten widme sich Heinse deswegen so akribisch den Werken Raffaels, da der „Kampf um Raffael mit dem Ziel geführt" werde, „den Klassizismus von innen heraus aufzubrechen". Ähnliches gilt für die antiken Statuen.

10 Die Gruppe wird auch im *Ardinghello* beschrieben; aufschlussreicher sind jedoch die zahlreichen Notizen.

11 Während die zuerst zitierte Aufzeichnung zum *Laokoon* weitestgehend in den *Ardinghello* übernommen wurde, findet sich dort diese Beschreibung nur in sehr geglätteter Form mit weniger verwickelter Syntax; ich zitiere daher die Notiz, in der Heinses hier relevante Betrachtungsabläufe sich deutlicher ausdrücken.

Heinses syntaktische *figura serpentinata* und sein Furor bei diesem sprachlichen Knotentanz nicht nur voller Adverbien, sondern auch voller Parallelismen und Konsonanzen, die die Windungen nachzeichnen, erklären sich aus der bewegten *Lebendigkeit*, die nicht nur Heinse stets als Ideal künstlerischer Gestaltung gilt, sondern die spätestens seit Hogarth – unter Berufung auf Lomazzo nach Michelangelo (vgl. Kap. 11.10) – als Ausdruck eben derjenigen Form gesehen wird, um deren Beschreibung es hier geht: um die Schlangenlinie.[12] Heinse selbst erwähnt die Kategorie des Lebendigen kurz darauf:

> Die untere Schlange schlingt um das rechte Aermchen des sterbenden Sohns einen vollkommnen Knoten, so wie die obere eben so einen um das rechte Aermchen des ältern. Plinius hatte Recht das Gewinde der Schlangen wunderbar zu nennen, es ist fürchterlich wahr und lebendig. (NA I, 758 f.)

Eine Notiz, mit der Heinse seine Beschreibung der Kinder Laokoons und ihres jeweiligen Ausdrucks abschließt, verbindet den Aspekt des Lebendigen mit einer weiteren zentralen Kategorie: „Mit einem Wort, alle Linien des Lebens sind da, u es ist ein Sturm von Schönheit." (NA I, 771) Die „Linien des Lebens" verknüpfen *Lebendigkeit* und *Kontur* unmittelbar und zeigen, wie sehr die Kategorie des Kontur Heinses Ästhetik – mehr oder weniger latent, aber nachdrücklich – prägt. Denn auch an anderen Stellen zeigen die Äußerungen zum Laokoon, dass Heinse hier neben den Debatten um Schweigen oder Schreien des Priesters[13] stets die formale Dimension, die sich in den Konturen als „Linien des Lebens" ausdrückte, mitreflektierte, und zwar vor dem Hintergrund der bei Winckelmann zumal in den Beschreibungen des Torso (der für Heinse ja als Inbegriff von Leben und Kraft gilt) dominanten Wassermetaphorik, die hier als gar nicht gebändigter Ausdruck, als „Sturm von Schönheit" erscheint:[14]

---

12 Auch in den Gemäldebriefen bezieht sich Heinse einmal auf Hogarths Linien-Ästhetik, hier allerdings auf die Wellenlinie als Linie des (nun auch erotischen) Reizes. Dort bemerkt er über die *Susanna* (vermeintlich von Annibale Caracci, heute als Kopie nach Guercino angesehen): „Über der Hüfte, in der Wellenlinie Hogarths, die hier den höchsten Reiz hat, liegt zwischen den Beinen ein schmal gefaltetes dünnes Leinen zum Trocknen […]." (J. J. W. Heinse: *Briefe aus der Düsseldorfer Gemäldegalerie 1776–1777.* Hg. v. Arnold Winkler. Leipzig/Wien 1912 [= GB], 145–147, hier 146.)

13 Vgl. NA I, 760.

14 Vgl. Osterkamp, *Laokoon in Präromantik und Romantik*, 12, zum Gegensatz von „Wogen im Meere bei einem Sturm" zu Winckelmanns sanftbewegtem Wellenkontur und dem „klassizistische[n] Gebot zur Ausdrucksdämpfung".

> Die Brust, u insonderheit die linke Seite zeigt gerad, was eine ungestümme See zeigt, und das Leben im Aufruhr kann vom Innern in schöner Form nie stärker hervorblicken. Es ist ein schreckliches Leiden, u als ob das Wetter bey einem mit den Bissen der Schlangen einschlüge, u die Menschheit untergienge. (NA I, 760 f.)

Einige Seiten darauf notiert Heinse: „Von der Wunde an der rechten Hüfte und der Seite daran breitet sich der Schmerz wie Quell aus, u ist sichtbarlich in seinen schneidenden Bewegungen zu sehn; u wallt in alle Formen, Muskeln u Nerven." (NA I, 761)

In seinen Notizen hatte Heinse vermerkt, es sei zwar von Winckelmann „[s]chön gesagt: daß man den Grund des Menschen am besten in der Stille sehen kann, wie der Flüße u des Meers; aber falsch.[15] Die Formen seiner eigentlichen Schönheit das ist des Körpers" – aber sonst könne man nichts besser im Ruhezustand erkennen, denn erst die „Leidenschaft" zeige „im Aufruhr", „was er [der Fluß] für Erde hat. Mit Gleichnißen kann man beweisen, was man will. Und Winkelmann hat sein Meer immer und ewig im Munde." (NA I, 277) Betrachtet man Heinses Wasser-Metaphorik im Kontext dieser Kritik an der bei Winckelmann damit verbundenen anthropologisch-ästhetischen Deutung, gewinnen Heinses Bemerkungen an Profil. Sie geben eine Umkehrung des klassizistischen Gedankens, die größte Schönheit und das eigentliche Wesen zeigten sich in der Ruhe,[16] indem Heinse auch hier konsequent *seine* primären Kategorien des *Lebens* und der *Bewegung*, selbst oder vielmehr gerade im Moment großen Leidens, dagegen setzt: „Brust" und „linke Seite" Laokoons erscheinen als „ungestüme See", nicht wie der Torso als auf den ersten Blick stille Meeresoberfläche, unter der sich die bewegte Unbezeichnung des Kontur abzeichnet. Und gerade dieses „Leben im Aufruhr" findet seinen *schönstmöglichen* Ausdruck in dieser Darstellung. Im zweiten Zitat wird deutlich, wie Heinse seinen Blick nach und nach auf die einzelnen Segmente richtet und in ihnen, wie schon am *Torso* und am *Apoll*, wiederum Linie für Linie die Bewegungen nachvollzieht. Hier sind es aber nicht „Kraft" oder „geistige Stärke", die sich in den Körperformen ausdrücken, sondern „der Schmerz", der „sichtbarlich in seinen schneidenden Bewegungen zu sehn" ist. Die „Linien des Lebens", die sich hier in schönstmöglicher Form

---

15 Zu Heinses Kritik an Winckelmanns Favorisierung der Ruhe im Hinblick auf die Schönheit vgl. auch NA I, 944.

16 Der Klassizist Demetri im *Ardinghello* hingegen, der die rundplastische unmittelbare Sinnlichkeit der ‚wahren' Form den illusionistischen Oberflächeneffekten der Malerei vorzieht, möchte diese reine Form der Skulptur möglichst in der Darstellung schönster Ruhe derselben genießen (A 176; vgl. NA I, 913).

präsentieren, sind Linien des Schmerzes, der in seiner Intensität von wenn auch negativer Lebendigkeit gänzlich ästhetisiert wird. In der Verwendung der Wasser- und Wellenmetaphorik, die Winckelmann stets favorisierte, um die Stille der Darstellung menschlicher Gestalten zu umschreiben, führt Heinse mit einer Volte (die frei von Polemik ist) vor, was er in seinen Notizen vermerkt hatte: „Mit Gleichnißen kann man beweisen, was man will."

Heinses kritischer Umgang mit kanonischen Kunstwerken und seine undogmatische, durchaus zu mehrfachen Revisionen bereite Betrachtungsweise zeigen sich unter anderem auch in seiner späteren *Skepsis* an der einst beobachteten Schönheit des Laokoon: Dieser erscheine ihm bei näherer Betrachtung immer

> gekünstelt[er], und wie eine Tanzmeisterstellung, als ob die Schlangen abgerichtet wären [...] den Vater mit den zwey Söhnchen zu einem marmornen Sonnenfächer gleichsam zu flechten; und damit er einen Stiel hat, so muß der Papa auf dem Altar sitzen. (NA I, 922)

Allerdings kann die satirisch-abstrakte Sichtweise auch als Resultat von Heinses mikroskopisch-detailliertem Blick auf die Formalia der Windungen und Verflechtungen gedeutet werden, dem sich die einzeln nachvollzogenen Partien in ihrer desintegrierenden Beschreibung fragmentiert haben und nicht wieder zu dem einstigen Ganzen zusammenfügen lassen, als das sie zunächst erschienen waren. Dies mag allerdings im Sinne von Heinses Ganzheits-Ästhetik, die vor zu großer Verwicklung warnt, gerade als Argument für die Mangelhaftigkeit der Statuengruppe gewertet werden. Freilich stellt sich für die Relevanz des Kontur bei Heinses Beschreibung der Laokoon-Gruppe die Frage, inwiefern einerseits tatsächlich das Sujet die Syntax mitbedingt und inwiefern andererseits auch diese Beschreibung im Kontext dessen zu sehen ist, was Gottfried Boehm als das Hauptaugenmerk der Heinseschen Ekphrasen hervorgehoben hat: das Bemühen, die Verbindung der Bildkomponenten untereinander im Hinblick auf ihre Konstituierung des Bildganzen zu verdeutlichen, hier also das Arrangement der einzelnen Figuren zur dynamischen Gruppe.[17]

---

17 Vgl. Gottfried Boehm: *Anteil. Wilhelm Heinses „Bildbeschreibung"*, in: Helmut Pfotenhauer (Hg.): *Kunstliteratur als Italienerfahrung.* Tübingen 1991, 21–39. Zu Heinses sprachlichen Strategien in der Laokoon-Beschreibung vgl. auch Peter Kofler: *Wilhelm Heinse und Aby Warburg. Korrekturen an Lessings „Laokoon"*, in P. Kofler (Hg.): *Ekstatische Kunst – besonnenes Wort. Aby Warburg und die Denkräume der Ekphrasis.* Bozen 2009, 129–144, bes. 131 f.

15.3 Exkurs: Ekphrasis in der Beschreibung des Düsseldorfer „Johannes in der Wüste“

Ein Vergleich mit einer Düsseldorfer Gemäldebeschreibung, dem damals Raffael (heute Daniele da Volterra) zugeschriebenen „Johannes in der Wüste“, vermag die Laokoon-Beschreibung ins rechte Licht zu setzen. Dort liest man komplexe hypotaktische Passagen wie diese, die an die umständliche Beschreibung[18] einer felsigen Anhöhe mit Quelle anschließt:

> Daran hat sich Johannes, in Lebensgröße, gänzlich ohne Gewand (außer daß er eine Tigerhaut [...] unter sich gebreitet, wovon ihm ein schmaler Streif über das Gelenk an der rechten Hüfte fällt und die Scham so eben bedeckt) daran hat sich Johannes, mit dem Fuß des gestreckten rechten Beins auf eine feste, sichre Stelle tretend, an und hinter hohen Bäumen von der Rückenseite rechter Hand, über sie mit dem Oberleib etwas schräg, hinaufgehoben[.]“ (GB 138 f.)

Diese nicht weniger umständlich noch länger fortgehende Beschreibung[19] kommentiert Heinse mit den Worten:

> Vergeben Sie mir die Einschiebsel, vielen Unterscheidungszeichen, Verbindungswörter und Beziehungssilben; es ist mir nicht möglich, mit andern Worten Anschauen und Sinnlichkeit in Beschreibung dieser herrlichen Stellung hervorzubringen. (GB 139)

Das gleiche bildbeschreibende Anliegen findet dennoch seinen Ausdruck in gänzlich anderer, weniger durchrhythmisierter und stilisierter Syntax als beim Laokoon, wo sie dem Sujet gerecht zu werden sucht: und dies im Hinblick auf die Kategorie des Kontur, noch dazu (wie in einem Ablenkungsmanöver) gerade am Beispiel eben jener Statuengruppe, mit der anders als im Falle des *Torso* die erste diskursgeschichtliche Assoziation *nicht* den *Konturen* gilt, sondern der Frage nach dem Schreien oder Schweigen des Protagonisten. Heinse nutzt das Schweigen der Kontra-

---

18 Zur „desorientierend[en]“, „übertriebenen Beschreibungsgenauigkeit“ in den Gemäldebriefen vgl. Hans Georg von Arburg: *„Die bloße Vocalmusik ist eigentlich, was in den bildenden Künsten das Nackende ist“. Pathosformeln zwischen Literatur, Musik und Malerei bei Wilhelm Heinse*, in: Peter Kofler (Hg.): *Ekstatische Kunst – besonnenes Wort. Aby Warburg und die Denkräume der Ekphrasis.* Bozen 2009, 145–164, 162.

19 Heinses wiederholte Ansätze zu Beschreibungen von Kunstwerken stellen jedoch *auch* eine Methode dar; so weist Norbert Miller (Vorwort zu NA I, 9) darauf hin, dass die „Unabschließbarkeit von Empfindung und Gedanken“ bei Heinse „zwingende [...] Voraussetzung“ sei, um „den Erlebnis- als den Erkenntnis-Augenblick lebendig zu halten“. Daraus mag auch erhellen, warum Heinse sich im Nachvollzug der Konturen schier zu verlieren scheint.

henten über Laokoons Konturen, um seinen beredten Beitrag zu diesem Diskurs dort zu leisten, wo ihn keiner vermuten würde.

15.4 Die ästhetischen Prinzipien von Heinses Bildbeschreibungen: Kräftespiel und Blickbezüge

Die Kategorie der *Kraft*, deren Relevanz für Heinses Gemäldebriefe Gottfried Boehm aufgezeigt hat, erweist sich für die Statuenbeschreibungen als mindestens ebenso zentral. Ihre Bedeutung für Heinses Ästhetik sieht Boehm darin, dass „sie die starre Idee einer festen bildlichen Zeichenverbindung aufzulösen gestattet. Sie schafft vielfache Verbindungen. Denn jede Kraft ist nur in ihrer Äußerung [...]." Dabei halte sie „das Bild in einem Zustand innerer Spannung, etabliert ein Potential der Wirksamkeit. Kraft ist nicht Ursache dieser oder jener einzelnen Wirkungsfolge, sondern sie ist das Gesamtvermögen, immer neue Wirkungen zu generieren."[20] Hieraus erklärt sich, warum in den Statuenbeschreibungen so häufig die „Kraft" betont, gar als autonomes Agens („wölbt sich [...] hinauf") inszeniert wird. Heinse stellt das „Potential der Wirksamkeit" für den erlebenden Betrachter dar, nicht den Logos des Kunstwerks. Zwar teile Heinse, so Boehm, die traditionelle Prämisse, dass die Ekphrasis im Dienste des „logos" stehe, also „‚ikonographische' Funktion" habe, doch sei diese Komponente bei ihm eher nebensächlich; zentral in Heinses Bildbeschreibungen sei vielmehr die „Beschreibung der erzielten *Wirkung*". Die besondere Position Heinses in der „Geschichte der Ekphrasis", so Boehm, werde bezeichnet durch seinen Blick auf die „Wirkungseinheiten" des Bildes: „Seine Beschreibungen erschließen das Gemälde als ein Gefüge von Wirkungen, als ein Parallelogramm von Kräften."[21] In diesem Kontext steht auch Heinses Verfahren, die Blickbezüge[22] innerhalb eines Bildes zu verfolgen – und damit ersetzt er die blicklenkende Funktion des Umrisses durch ein eigenes Linearsystem der Blicke, das er wie eine Folie über die Darstellung legt. Diese „Blickführung" Heinses zielt vor allem auf den „innigste[n] Anschluss des Betrachters an das Werk", „des Auges an das Bild". Diesen Anschluss bezeichnet Heinse mit „Vereinigung", worunter er einen „sinnlichen, genusserfüllten, gesteigerten und doch höchst er-

20 Boehm, 37.

21 Boehm, 37, mit Bezug auf die *Gemäldebriefe*.

22 Vgl. zu Heinses Beobachtung von Blickbezügen: Goer, 143, vgl. auch Boehm, 30.

kenntnisgesättigten Akt" versteht.[23] Über den Gesichtssinn hinaus zielen Heinses bildbeschreibende Vereinigungs-Tendenzen aber auf das „Gefühl" als integratives „Gesamtvermögen" der einzelnen Sinneswahrnehmungen, um „Anteil" an der umgebenden Wirklichkeit zu gewinnen.[24] Diese „Rückbindung aller Sinnesleistungen an einen zentrierenden Gemeinsinn, an eine fühlende Kraft" bildet den „theoretischen Rahmen seiner Beschreibungskunst", die letztlich nach einer „Konvergenz" der dynamisch begriffenen Kraft der Natur mit jener Kraft des zentrierenden menschlichen „Gefühls" strebt, die eine Teilhabe an der Kraft der Natur ermöglicht.[25] Diese Teilhabe geht einher mit „Genuss", einer weiteren für Heinses Kunstanschauung zentralen Kategorie.[26] Diese ist gekennzeichnet durch eine „Zeitlosigkeit […], die zur Erfahrung von Evidenz" gehört, so dass „Genuss […] zur zentralen Kategorie gelingender Erkenntnis" wird. Beim vermeintlich „hedonistischen Heinse" stehen daher die „Kunstbeschreibungen" allemal „unter dem Vorzeichen eines Erkenntniswillens": „Genuss ist in diesem Sinne eine Erkenntniskategorie, in der die Vereinigung des abgespaltenen Subjekts mit […] dem übergreifenden Zusammenhang der Natur" gelingt.[27] Medium dieser Prozesse sind die Blicklinien der ‚Kräfte-Parallelogramme', die somit die Funktion übernehmen können, die für

23 Boehm sieht die „Idee dieser Konvergenz" vor dem Hintergrund des (neu-)platonisch geprägten Begriffs der „Methexis" bzw. ihres deutschen Äquivalents „Anteil"; Heinses Bildbeschreibungen seien geprägt von einem Streben nach dieser „Vereinigung". Boehm stellt Heinses Beschreibungen somit in die „Tradition der platonisierend-spinozistischen ‚Vereinigungsphilosophie'", mit der dieser vertraut gewesen sei (Boehm, 22).

24 Boehm, 24 f.

25 Boehm, 25. – Hans-Georg von Arburg erkennt in der „empathischen wie emphatischen Bildhermeneutik Heinses" Parallelen zu Aby Warburgs „kunsthistorische[r] Textpraxis", besonders im Hinblick auf Warburgs „Begriff der Pathosformel", der als „heuristischer Hebel" des Vergleichs beide Komponenten verknüpfe: „das enthusiastische Pathos einerseits und die wissenschaftliche Formel andererseits." (Arburg, 145 f.)

26 Vgl. dazu grundlegend Boehm, 26 f.: Heinses Wortgebrauch des „Genusses" beziehe sich auf den älteren Sprachgebrauch, in dem der Aspekt des Gebrauchens, Nutzen aus einer Sache ziehen, die Grundbedeutung ausmachte. Boehm weist auf die pietistische Formulierung vom „Genuss Gottes" hin, mit der „die Fähigkeit seiner teilhaftig zu werden" gemeint gewesen sei, wobei durchaus der „Begriff der Lust" sich „mit dem Akt der Teilhabe verbinden konnte." (Boehm, 27.)

27 Boehm, 26. Werke der bildenden Kunst gelten Heinse – im Gegensatz zur Poesie – als komprimierendes „Symbol" eines individuellen „Genuß"-Moments des Künstlers, und zwar desjenigen Moments, der am „lebendigsten" empfunden wurde; vgl. NA I, 1070. Vgl. dazu auch Arburg, 156 ff.

andere Autoren der Kontur hat, indem die *Teilhabe* dort durch dessen *Empfindung* erfolgt.

Zentraler Stellenwert kommt in Heinses Kunstanschauung ferner der Kategorie des „Ganzen" zu. Diese ist eng mit Heinses Gestalt-Begriff verbunden, der in den italienischen Reisenotizen große Bedeutung für seine Ästhetik gewinnt und insbesondere an Raffaels Werken exemplifiziert wird.[28] Heinses Bemühen um die Blick- und Kraft-Linien der Wirksamkeit zielt erstens auf die Verbindung der Bildteile und zweitens auf das Bildganze. Seine „Beschreibungen zielen nicht auf die ‚Form' (von einem Formalismus sind sie meilenweit entfernt), sondern sie möchten im Bau des Bildes, in der Bewegung des Auges jene Lebendigkeit zur Wirkung bringen, die herzustellen schon das Ziel des Künstlers gewesen ist. Bilder erfüllen sich in der Intensität ihrer Wirkung."[29] An die Stelle des Kontur als ‚Graphem' der Idee sind die Blick- und Kraftlinien künstlerischer „Lebendigkeit" getreten, wie sich an den Statuen-Beschreibungen zeigte.

Die zyklisch-hermeneutische Prämisse zu Heinses Ganzheits-Ästhetik liefert der römische Diskutand im erstem Kunstgespräch des *Ardinghello*, indem er behauptet: „Keiner kann einen Teil vollkommen verstehen, ohne vorher einen Begriff vom Ganzen zu haben, und so wieder umgekehrt." (A 11) In der Tat verfährt auch Heinse selbst in seinen Bild- und Statuenbeschreibungen nach diesem Prinzip. An den wiederholten Ansätzen zu Beschreibungen von Torso, Apoll und Laokoon ließ sich oben beobachten, wie Heinse sein Gesamturteil aufgrund von Detailerkenntnissen mitunter revidiert – auf negative Weise besonders dann, wenn die Detailanalyse zu einer sei es im Werk, sei es im Interpreten begründeten Zergliederung und formalen Autonomisierung führte, die nicht wieder in die Anschauung eines Ganzen zurückgeführt werden konnte (wie im Falle der Laokoon-Gruppe, die ihm als monumental-grotesker „Fächer" erscheint). Demetri fordert im Ardinghello für das (poetische) Kunstwerk (und dies gilt umso mehr für das Werk der bildenden Kunst), es müsse eine optimale Wirkung mit dem ersten ‚Totaleindruck' gewährleisten, so dass die ästhetische Erfahrung mit der Synthese aller Phantasie- und Sinnesdaten unmittelbar als „momental Gefühl" eintritt (A 184) und dem Betracher genießenden

28 Ernst Osterkamp (*Der Maler der Gestalt*) hat die Relevanz dieses zentralen Begriffs für Heinses Ästhetik mit Blick auf Raffael zuerst herausgearbeitet.

29 Boehm, 29 f., Zitat 30.

‚Anteil' an der dargestellten Schönheit ermöglicht.[30] In diesem Sinne notiert Heinse:

> Die Kunst ist weiter nicht, als die reizendste Art, den Genuss, den man gehabt hat, andern wieder mitzutheilen. Verstand u große Handlung gehört platterdings allein für die Poesie. Für die bildende Kunst gehört das Leben das sich auf der Oberfläche äußert, u auf einmal im Moment einen ganzen Begriff giebt. (NA I, 743)

Die ‚Äußerungen' des Lebens auf der Oberfläche kommuniziert freilich auch der Kontur, zumal, wenn es um den Simultaneindruck geht. Eine Oberflächen-Ästhetik im engsten Sinne vertritt Heinse allerdings nicht,[31] seine Konzepte stimmen mit Ardinghellos Bemerkung überein:

> Man kann die Natur nicht abschreiben; sie muß empfunden werden, in den Verstand übergehen und von dem ganzen Menschen wieder neu geboren werden. Alsdenn kommen allein die bedeutenden Teile und lebendigen Formen und Gestalten heraus, die das Herz ergreifen und die Sinnen entzücken [...]. (A 193)

Der hermeneutische Zirkel der Rezeption von Kunstwerken beruht für Heinse auf einem Zirkel von Empfindung der natürlichen Form, künstlerischer Transformation der empfundenen Form, die durch den „Verstand" gefiltert ist, dann aber – in anthropologisch wichtiger Akzentuierung – vom *„ganzen Menschen [...] neu geboren"* wird, also ein Produkt von Teilhabe an der Natur darstellt. Eine weitere, reflexive Schleife zu diesem Modell fügt Heinse mit der eigenen Autorschaft als Kunsttheoretiker hinzu, der die Kunstwerke empfindet, reflektierend in den Verstand

30 Die ideale Kunstwahrnehmung ist im Zeichen dieser Ganzheits-Ästhetik an bestimmte Voraussetzungen gebunden, wie Heinse in seinen Mendelssohn-Exzerpten vermerkt: „Jedes Kunstwerk muß äußerst leicht ganz auf einmal können gefaßt werden: sonst erregt es kein Gefühl von Schönheit." (NA I, 1098) Folglich dürfe das Kunstwerk nicht zu verwickelt sein, auch dürften die Teile nicht zu stark einzeln für sich betont sein. So bemerkt Demetri: „[D]ie Schönheit ist ein momental Gefühl und unterscheidet sich dadurch von bloßer Vollkommenheit, die für den Verstand, so wie jene für den Sinn, gehört." (A 184) Heinses Ganzheits-Ästhetik ist sichtlich von Moses Mendelssohns *Philosophischen Schriften* (in der Sammlung von 1761) beeinflusst, aus denen er im Konvolut N 17 exzerpierte, vgl. besonders NA I, 1096 und den Kommentar in NA III, 1316, zu Heinses Notizen zum fiktiven Briefwechsel von Euphranor und Theokles in Mendelssohns Schrift *Ueber die Empfindungen*, die große Teile seiner Kunstanschauung *in nuce* enthalten.

31 Vgl. allerdings die Bemerkung von Cord-Friedrich Berghahn im Hinblick auf den Paragone: „Heinse schreibt, vielleicht sein Leben lang, an einem gigantischen Supplement zu Lessings *Laokoon*, das eine Semiotik der Oberfläche (in der Malerei) parallel zu einer der Struktur (in der Musik) entwirft [...]." (Berghahn, 351)

überführt und dem Moment des synthetischen ästhetischen „Gefühls" und seines „Genusses" *literarische* „Form" verleiht. Als Poetik ist es demnach zu lesen, wenn Heinse notiert: „Auf den Leser wirkt auch nicht die beste Beschreibung des Gegenstandes; man muß ihn wieder selbst vorbringen."[32] (NA I, 401) Die Sprache muss demnach die „lebendigen Formen und Gestalten" selbst wiedererschaffen, nachdem diese „empfunden" wurden – wie sich bei Winckelmann die Empfindung dem Kontur der Gestalt anschmiegte. Wie eng diese Empfindung der Form dabei mit Erkenntnis der „Bedeutung" des Kunstwerks verknüpft ist, zeigt sich, wenn Heinse in den *Gemäldebriefen* ausdrücklich äußert, es gebe „keine echte Form ohne Bedeutung", und „wer die Bedeutung nicht versteht", könne auch „die Form nicht erkennen, viel weniger sich eigen machen" (GB 154). Jegliche Empfindung eines Kunstwerks sei jedoch ohnehin nur dem möglich, der „Gleiches" selbst „empfunden" habe; er geht sogar weiter und behauptet, es könne niemand außer dem eigentlichen Künstler selbst das Werk wirklich „so wahr empfinden", und jeder „Genuss" eines Werkes stehe „immer im Verhältnis mit [dem] Leben" des Betrachters (GB 154). Die große Selbstverständlichkeit, mit der Heinse seinen erotifizierenden Blick[33] auf antike Statuen und selbst Madonnendarstellungen (auf den Kontur unter ihrem Gewand) richtet, steht im Zeichen dieses Bekenntnisses zum Subjektivismus; als ‚symbolisches' Erinnerungsnotat dieses einstigen Genusses fungiert die *Form* des Kunstwerks.

15.5 Winckelmanns Kontur-Begriff in Heinses Äußerungen über Malerei

Winckelmanns vielzitierte Äußerungen über die „Unbezeichnung" des Kontur am Torso, dessen elusiven Verlaufs sich kein Künstler beim Abzeichnen gewiss sein könne, erscheinen zwar weder in Heinses italienischen Notizen noch im *Ardinghello*, sie finden sich jedoch im Gemäldebrief über

32 Ein Musterbeispiel für den Prozess der Empfindung und ihrer literarischen Wiedererschaffung ist Heinses Brief an Friedrich Jacobi aus Lucern vom 29. August 1780 zu entnehmen, in dem sich bezeichnenderweise keine Kunst-, sondern eine Landschaftsbeschreibung findet (W. Heinse: *Tagebuch der Reise nach Italien.* Mit einem biograph. Essay hg. v. Christoph Schwandt. Frankfurt a.M. 2002, 91 ff.). Nach einer mitreißenden Beschreibung, die virtuos Natur in Kunst transformiert, empfindet Heinse, hier auch tatsächlich unter Berufung auf das Göttliche, wahren *genießenden* „Anteil": „Alles ist still und schwebt im Genuß".

33 Vgl. Osterkamp, *Der Maler der Gestalt*, und Boehm, 25.

den oben erwähnten, damals allgemein Raffael zugeschriebenen *Johannes in der Wüste.* Heinse bemerkt dort: „Der höchste Ausdruck in den Gestalten Raffaels kömmt zuweilen von einer so zarten Schwingung von Linie, daß sie dem schärfsten Zeichner kaum zu wiederholtenmalen gerät." (GB 157) Damit paraphrasiert Heinse Winckelmanns Äußerungen über den Torso von Belvedere – an einem (vermeintlichen) Raffael-Gemälde, und damit am Werk desjenigen Malers, dessen *Sixtinische Madonna* Winckelmann für ihren „groß[en] und ed[len] Contour" pries. Tatsächlich exzerpierte Heinse auch Winckelmanns Äußerungen zum „Kontur" in den *Gedancken.* In seinen Notizen vermerkt er:

> Richtigkeit im Contour von den Griechen allein. Freylich ist die Linie des Völligen von dem Ueberflüßgen sehr klein, u die beyden Fehler Schwulst u das Magere sehr gemein; aber warum frag ich von den Griechen allein, wo der Beweis? Helden Mich[el]A[ngelos] allein. Kein andrer Maler hat ihn. Der griechische Contur auf die Spitze eines Haars, auch unter den Gewändern. [...] (NA I, 944)[34]

Die Formulierung „auf die Spitze eines Haars" erscheint auch bei Heinse mehrfach dort, wo es um die genaue zeichnerische Bestimmung von Momenten geht, so nicht zufällig bei der Würdigung von Raffaels *Madonna di Foligno* im *Ardinghello*: „Es ist aus des Meisters bester Zeit. Welche Gestalten, welche Charakter! Wie ist alles so rein bis aufs Haar bestimmt! Echte klassische Arbeit." (A 320) Auch der Stil Heinses ist sichtlich an Winckelmanns Kürze im betreffenden Ausruf über die (Sixtinische) Madonna orientiert. Wie sehr Heinse, der vermeintliche Rubenist, die Subtilität reiner Konturen zu würdigen weiß, zeigen seine Notizen nach einem Besuch in einer Sammlung von Zeichnungen. Heinse vermerkt unter der Notiz „Zeichnungen von Raphael bey Hamilton"[35] unter anderem Folgendes:

> Nur wenig Striche mit Feder und Dinte, aber jeder bedeutend; gerad nur das charakteristische bildende aus der Seele vom Gegenstande; und nur das allerwesentlichste vom Ganzen. Seine heilige Katharina, welch ein Kopf u wie leicht hingemacht! Nur der Kontur vom Kopfe, Augen trefend aufs äußerste,

34 Zudem notiert Heinse auch korrespondierende Gedanken zur idealen Linie der Leidenschaft: „Die guten Griechen trafen überall das rechte Maaß der Vollkommenheit, gerad die Mitte zwischen Enthusiasmus und Kälte, die schönsten Linien von Umrissen." (NA I, 908)

35 Vgl. hierzu den Kommentar, NA III, 1464. Es war dies höchstwahrscheinlich die Sammlung von Gavin Hamilton, die sonst nicht bekannt ist. Dies macht Heinses Bemerkungen umso interessanter, da sie nicht im Schatten allseits bekannter Kunsturteile stehen und somit gänzlich frei formuliert werden konnten.

> Nase aufs schärfste, Mund ganz göttlich schön. Gerade wies Gemählde, auf ein Haar der Ausdruck u die Phisiognomie. Der Engel unter ihr rechter Hand ist ein reizend Bübchen in der kindlich frohsten Stellung und dem schönsten Contur. (NA I, 1198)

Der „schönste[ ] Contur" entspricht den oben zitierten eher schematischen Urteilen, aber der Anfang der Notiz ist aufschlussreich: „jeder" der „wenig Striche" sei „bedeutend" und stelle „gerad nur das charakteristische bildende aus der Seele vom Gegenstande" dar, „und nur das allerwesentlichste vom Ganzen." Berücksichtigt man den Stellenwert, den das „allerwesentlichste vom Ganzen" und das „charakteristische" der *Gestalt* in Heinses Ästhetik haben,[36] so kann man ermessen, wie groß dieses Lob für eine Konturzeichnung ist. Die andere zentrale Kategorie der Heinseschen Kunstanschauung, die *Lebendigkeit*, erwähnt eine kurz darauf folgende Notiz über eine Zeichnung des *Torso:*

> Torso von Michel Angelo u andre Figuren nur mit wenig Strichen hingekratzt, aber es kömt alles lebendige heraus. Doch geht nichts über Raphaelen; selbst Michel Angelo ist bloße Manier hier gegen ihn was Gestalt, eigentliche Gestalt betrift; geschweige die andern. (NA I, 1198)

Mag Heinse auch an anderen Stellen behaupten, die Zeichnung sei nur das Gerüst, das ohne das „[L]ebendige" von Farbe und Licht-Schatten-Effekten nicht bestehen könne: Hier sieht er „alles lebendige" in einigen wenigen „hingekratzt[en]" Konturen, die ihm als vollgültige Signatur der „Gestalt, eigentliche[r] Gestalt" gelten und den wahren Meister anzeigen.

15.6 Der Begriff „Kontur" im Allgemeinen in Heinses Äußerungen über Malerei

In vielen Fällen verwendet Heinse den Begriff „Kontur" (oder auch „Contur") schematisch und konventionell zur Bezeichnung der zeichnerischen Komponente der Malerei (und ihrer Richtigkeit).[37] Dies zeigt sich zum einen in schematisch-summarischen Äußerungen über Bilder, beispielsweise in der Äußerung zu Raffaels Werken in der Galleria Borghese,

---

36 Heinses Konzept des „Charakteristischen" erhellt aus den Notizen *„Kunst der Darstellung"*, die Eingang in den Roman *Hildegard von Hohenthal* fanden (NA II, 442). Vgl. ebd.: Die „griechische Kunst" habe das „Bezeichnende jeder Menschenklasse" „haarscharf" gefasst und „Ideal daraus für ihre Götter" gemacht.

37 Vgl. A 219 über Raffaels *Galatea:* „Die drei fliegenden Bübchen schweben reizend in schönen Umrissen."

wo er am *Traum des Scipio* „viel Grazie im ganzen Kontur“ (NA I, 1004) lobt; und über die *Drei Grazien* vermerkt er: „Drey Grazien auf dem länglichen Bretchen [!] von Raphael, ist ein reizend Studium von Konturen“ (NA I, 1006).[38] Zum andern erwähnt Heinse die Konturen besonders dort, wo er die mitunter als trocken empfundene „Bestimmtheit“ der Zeichnung hervorheben will. So bewundert Ardinghello beispielsweise Raffaels „Theologie“ in den *Stanzen* mit den Worten: „Die Hauptgestalten zeugen von der lebhaftesten jugendlichen Einbildungskraft und haben wunderbare Bestimmtheit in den Umrissen.“ (A 205) Über die *Kreuzabnahme* Raffaels in der Galleria Borghese bemerkt er lobend: „Zeichnung fürtreflich und alle Conturen mit äußerster Richtigkeit u Bestimtheit, und das Kolorit ist gleichfalls sehr lebendig.“ (NA I, 1008). Die allzu große Bestimmtheit der Umrisse kritisiert Heinse jedoch, so zum Beispiel, indem er tadelt, den Florentiner Künstlern mangle es prinzipiell „durchaus an schöner Gestalt und Form“ (NA I, 1228). Heinse zieht hier wie auch in anderen Fällen eine Parallele zur Natur der Menschen und deren Mängeln: Die Florentiner Künstler hätten demnach versucht, den Mangel an Schönheit ihrer Mitbürger durch besonders fleißige Nachahmung wettzumachen, und dies seien die „Quellen des Hetruscischen und Florentiner Styls“ (NA I, 1228). In einer bemerkenswerten weiteren Parallelisierung führt ein ähnlicher Kontext Heinse zu einer Kritik an Winckelmann, und zwar unter implizitem Bezug auf dessen Bemerkung zu der großen Gelehrsamkeit, welche die stark umrissbetonte Kunst der „Hetrurier“ charakterisiere. Heinse vermerkt:

> (Es ist ein verfluchter Prunk von Gelehrsamkeit und Citationen die kein Mensch nachschlagen wird, gleich im Anfang; lästig und ärgerlich. Alle Anfänger wollen gelehrt scheinen, so gieng es Winkelmann [!], u den Griechen u Hetruriern der mittleren Zeiten der Kunst, u M. Angelon; nur daß Winkelmann noch lang kein M. A. ist.) (NA I, 267)

Heinse exzerpierte freilich auch Winckelmanns Bemerkungen über die Stil-Entwicklungen und die jeweils charakteristischen Umrisse (NA I, 291 ff.).

Neben scharf bestimmten Konturen an richtiger Stelle weiß Heinse jedoch auch sanfte Umrisse zu schätzen; so bemerkt er anhand der *Himmlischen und Irdischen Liebe* Tizians (um 1514), die er mit einem seiner vielen relativierten Superlative euphorisch als „das *non plus vltra*

38 Vgl. außerdem die schematische Äußerung über plastische Konturen bei einer Nymphe auf einem Relief (NA I, 751), die sich „im schönsten Contur“ zeige. – Zu den Gemälden vgl. jeweils den Kommentar ad loc.

vielleicht, worin menschliche Kunst im Kolorit gehen kann" preist, an der Irdischen Liebe sei „der herum sich verlierende Kontur [...] ein Wunder". Über eine Kopie nach Correggios sogenannter *Madonna del latte* („Skitze; Kind ausgeführt"; Original in Budapest, Museum der Bildenden Künste) im Palazzo Doria Pamphili: „Alles in den sanften Conturen, weich u wallend; Grazie u Zärtlichkeit überall." (NA I, 1023) Konturen eignen sich erwartungsgemäß hervorragend zum Gegenstand erotischer Formdeutung, von der Heinses Blick häufig geleitet wird; zu einer Flora bemerkt er demnach: „Sie gehört unter die schönsten u wollüstigsten weiblichen Konturen" (N I, 1076).[39] Die formale Kategorie des Kontur wird hier mit dem erotischen Potential des Blicks aufgeladen und zum Gegenstand des Begehrens.

Die Vielzahl der Belege zeigt, dass es sich bei aller Farben-Emphase in den Düsseldorfer Rubens-Beschreibungen durchaus nicht so verhält, dass Heinse ein strenger Rubenist wäre und die zeichnerische Komponente, besonders in ihrer deutlichsten Manifestation, dem Kontur, gering achtete; eine bemerkenswerte Notiz lautet:

> Die Manier ist das Verderben der Kunst. Die Griechen sind groß, weil sie die Natur in ihrer Vollkommenheit so getreu bis auf die feinsten Umriße wie möglich nachahmten. Selbst das runde u weiche sanfte des Correggio wird bey der Natur in Vergleich unerträglich. Warum nicht ihr scharfes, wo es wahr ist? (NA I, 901)

Heinses relativierend-objektiver Blick erweist sich also im Gegenteil als durchaus dem jeweiligen Gegenstand und dessen stilistischem ‚Kunstwollen' gemäß. Wenngleich Heinse vornehmlich als „Rubenist" wahrgenommen wird, worauf schließlich allein schon die Auswahl der in den Gemäldebriefen besprochenen Maler zu deuten scheint, so zeigt doch ein genauerer Blick auf die italienischen Reisenotizen zu verschiedensten Künstlern und Schulen, dass Heinses Kunstverständnis differenzierter war und seine Favorisierung durchaus nicht nur primär farbgeprägter Malerei galt. Aus den zu Lebzeiten publizierten Texten Heinses ergibt sich freilich ein vom Autor in abgrenzender, antiklassizistischer Tendenz forciertes Bild, von dem nicht immer eindeutig zu entscheiden ist, inwiefern es sich dabei lediglich um die *polemische Inszenierung* einer Gegenposition oder tatsächlich um eine solche handelt. Die Position, die gleich zu Beginn des

39 Besonders an der Wahrnehmung von Madonnenbildnissen (zumal Raffaels) hat Osterkamp eindrücklich gezeigt, wie Heinse sich in seiner Kunstbetrachtung als „Erotiker der Form" erweist (Osterkamp, *Der Maler der Gestalt*, 165).

Ardinghello dem Protagonisten zum *paragone* von *disegno* und *colorito* in den Mund gelegt wird, liest sich wie folgt:

> Das Zeichnen ist bloß ein notwendig Übel, die Proportionen leicht zu finden: die Farbe das Ziel, Anfang und Ende der Kunst. Es versteht sich, daß ich hier vom Materiellen spreche. Dem Gerüste den Rang über das Gebäude geben zu wollen ist ja lächerlich; dem Zeichen, welches menschliche Schwachheit erfand, vor der Sache selbst, wenn ich so reden darf. Das Hohle und das Erhobne, Dunkle und Helle, das Harte und Weiche, und Junge und Alte, wie kann man es anders herausbringen als durch Farbe? Form und Ausdruck kann nicht ohne sie bestehen. Die schärfsten und strengsten Linien, selbst eines Michelangelo, sind Traum und Schatten gegen das hohe Leben eines Tizianischen Kopfs. Profile kann jeder Stümper abnehmen, da braucht sich der andre nur vors Licht zu setzen,[40] richtiger als sie ein Raffael aus freier Hand zeichnet; aber das Lebendige mit allen den feinen Tinten in ihrer Vermischung und schwindenden Umrissen, die keine bloße Linie faßt: da gehört Auge und Gefühl dazu, das die Natur nur wenigen gab. Wer sich einmal an das Leichte gewöhnt, der kömmt mit dem Schweren gar selten fort. (A 16 f.)

Dem „Zeichnen“ als dem nur zur Konstruktion erforderlichen, aber nicht selbst als Bildelement konstitutiv zum Kunstwerk beitragenden Moment wird hier die Farbe als „Ziel, Anfang und Ende“, als „Sache selbst“ gegenübergestellt; die Zeichnung wird als lineare Abstraktion und damit als *erfundenes* Zeichen abgewertet.[41] Farbe allein könne „Form und Ausdruck“, Plastizität, Stofflichkeit und Inkarnat und damit das „hohe Leben“ in der Kunst schaffen,[42] während die vollendetsten „schärfsten und strengsten

40 Zu dieser Anspielung auf die zeitgenössische Silhouttenmode vgl. auch Heinses kritische Äußerung (NA I, 424) zu physiognomischen Studien.

41 Vgl. dagegen Demetris Position, der den Primat der Dichtkunst verteidigt, denn „[a]lle bildende Kunst“ sei „am Ende bloß Oberfläche“ (Vgl. NA I, 941): „Die ganze bildende Kunst ist ein vages unbestimmtes Wesen, das seinen Hauptwert eigentlich von der Schönheit der Formen und Umrisse enthält [!]; und dann außerwesentlich ist sie eine große Zierde der Poesie und Geschichte, die aber ganz natürlich ohne sie bestehen können. Poesie ist das innre Leben selbst: Bild von Farbe oder Stein bloß das Zeichen […].“ (A 182; die Variante der Nachlassaufzeichnungen lautet: „Schönheit der Formen und *der Konturen erhält*“, vgl. den Kommentar, A 399.) – Während Ardinghello lediglich die Zeichnung als bloßes „Zeichen“ gegenüber dem Leben der *Farbigkeit* einstuft, sieht Demetri Malerei und Sulptur, Farbe *und* Form, als bloße Zeichen verglichen mit dem „innre[n] Leben selbst“, das der Dichtung innewohne. Gerade die von Ardinghello jedoch abgewerteten Umrisse machen für den Klassizisten Demetri, da traditionell mit dem Logos verbunden, den „Hauptwert“ der bildenden Kunst aus. Vgl. zum „Verhältnis von Poesie und Malerei“ bei Heinse allgemein: Goer, 122 ff.

42 Nicht zuletzt muss man Heinses Kunstempfinden eine zeittypisch-medienspezifische Aufmerksamkeit zusprechen, wenn er zum Alterungsprozess von Gemälden

Linien" nur als „Traum und Schatten" angesehen werden, mithin einerseits als schemenhaft-immateriell bewertet werden und andererseits als auf den Ursprung der Malerei in der Umzeichnung des Schattens verweisend polemisch mit dem primitiven Ursprungsstadium der Kunstgeschichte assoziiert werden. Schlimmer noch: War dieser Umriss Schatten eines lebendigen Menschen, so werden bloße Zeichnungen hier mit dem Schatten eines von Tizian gemalten Kopfes gleichgesetzt. Die Richtigkeit der Zeichnung, in klassischen Kunsttheorien als Alpha und Omega der Malerei definiert, wird hier „jede[m] Stümper" zugetraut, da ein Schattenumriss alle Natur besser abkopieren könne als jede freie Handzeichnung; die beiden Protagonisten der zeichnungs-affinen Malerei, Michelangelo und Raffael, werden zugleich mit abgewertet. Dem Substanzlos-Schemenhaften der Zeichnung wird also mit der Farbigkeit diejenige Kategorie entgegengesetzt, der in Heinses Ästhetik stets oberste Priorität zukommt. Die „Vermischung" der Farben und die nicht-linearen, „schwindenden Umrisse[ ]" können einzig den Eindruck von Lebendigkeit evozieren. So weit die Rede Ardinghellos, doch Heinse fügt unter der Maske des Herausgebers seiner „Italiänischen Geschichte" die Anmerkung hinzu: „Man stoße sich nicht an diesen jugendlichen Ausfällen auf die römischen und florentinischen Schulen; in der Folge wird sich alles deutlicher entwickeln. Inzwischen liegt schon Wahres hier zum Grunde." (A 17)

Festhalten lässt sich, dass Heinse an denjenigen Stellen, an denen sich eigentlich die besten Ansatzpunkte böten, um eine andere Perspektive als jene Winckelmanns zu verfechten – also in jenen Äußerungen, die den „Kontur" als eine *der* Komponenten hervorheben, in der die modernen Künstler den griechischen nacheifern sollten – den Terminus fast gänzlich umgeht; er erwähnt ihn, wenn überhaupt, eher unakzentuiert, und bietet stattdessen in der Beschreibung der relevanten Passagen (besonders beim Torso vom Belvedere) eine minutiöse „lineare" Beschreibung, die Wölbung für Wölbung die Körperform nachzeichnet.

---

bemerkt: „Die Fernen u das Erhobne leidet durch die geringste Veränderung der Tinte. Wir haben uns freylich mit unsern Kupferstichen u Zeichnungen die Augen so verdorben, daß wir diese Vollkommenheit der Kunst nicht mehr fühlen" (NA I, 880). Seine Farb-Emphase erscheint somit auch zugleich als eine beabsichtigte Abkehr von zeitgenössischen Seh-Normen, die bereits im Zeitalter der Reproduktionen von einer gewissen *déformation professionelle* gekennzeichnet sind.

15.7 Sekundäre Konturen: Der „pindarische[] […] Schwung“ der Draperie

Eine Form von sekundären Konturen erscheint in Heinses Nachlassheften bei der Beschreibung einer ehemals Raffael zugeschriebenen *Himmelfahrt Mariae* (NA I, 1172 ff.), die in mehrfacher Hinsicht bemerkenswert ist, unter anderem, da sie die frühromantische Anrufung des „Hohe[n] göttliche[n] Jüngling[s] der du warst Raphael!“ vorwegnimmt (NA I, 1174). Heinse überträgt auf die Draperie, die als unterstützendes Ausdrucksmedium auch bei Winckelmann in enger Verbindung zum Kontur steht, das geistige Moment der künstlerisch-schöpferischen Lebendigkeit. Über die Christus-Figur des Gemäldes heißt es bei Heinse:

> Diese zwey Figuren sind ganz wunderbar groß gedacht, in der That pindarische Grazie u sein Schwung der Phantasie bis auf die Drapperie. Wie mächtige Falten wirft Christus Unter u Obergewand! welch ein Arm sein aufgehobner rechter mit dem Aermel! wie meisterlich gezeichnet u gemahlt, und welchen Effect macht er in der ganzen Gruppierung! (NA I, 1175)

In gewisser Weise ähnlich wie Goethe (natürlich gänzlich unabhängig von Heinses Notaten) den Faltenwurf der Raffael zugeschriebenen Apostelfiguren nach Stichen Marcantonio Raimondis als Charakterisierung der Dargestellten liest,[43] erscheint auch in Heinses Betrachtung der Gestalt Christi die Draperie nicht nur als formunterstreichende und Virtuosität exponierende Komponente, sondern einerseits als individuell charakterisierendes Element und andererseits als Fortsetzung der sich in Zeichnung (und Kontur) ausdrückenden schöpferisch-poetischen Gedanken des Künstlers und seiner ‚Lebendigkeit‘, wenn mit einem Male Pindar ins Spiel

43 Vgl. Ernst Osterkamp (E. O.: *Im Buchstabenbilde. Studien zum Verfahren Goethescher Bildbeschreibungen.* Stuttgart 1991, 54–71) zu den „Bedeutende[n] Falten“ in „Goethes Beschreibung von Marcantonio Raimondis Apostelzyklus“; ausgehend von klassizistisch Winckelmannscher Ästhetik deutet Goethe dort den ‚bedeutsamen‘ Faltenwurf der Apostelgewänder, der „den Grad [der] inneren Bewegtheit“ des Dargestellten, seinen Charakter und seine „Affektlage“ präsentiert und dem „Prinzip der Einheit in der Mannigfaltigkeit“ gemäß in dieser „Affektgestaltung“ bildend wirkt (66); „die Gewänder fassen die Apostel […] zu bedeutenden Charakteren zusammen, die sie zugleich in ihrer Ganzheit und Geschlossenheit im Faltenwurf wieder entfalten. Das Menschenideal und das Schönheitsideal gehen unauflöslich in eins, und der antike Faltenwurf schließt noch einmal zu einem Ganzen zusammen, was in der Mannigfaltigkeit der historischen Lebenswelt schon längst auseinanderzufallen droht.“ (64) Die Akzentuierung bei Heinse ist freilich eine andere.

kommt: „Diese zwey Figuren sind ganz wunderbar groß gedacht, in der That pindarische Grazie u sein Schwung der Phantasie bis auf die Drapperie.“[44] Anstelle der Parallelisierung von Umrisskunst mit beispielsweise Aischylos, den Winckelmann als literarisches Stiläquivalent zu strengen Umrissen nennt, führt Heinse Pindar ins Feld, und damit das antike literarhistorische Idol des *Sturm und Drang*, der diese Falten bauscht.[45] Die Falten von Jesu Gewand verdeutlichen dessen Majestät: „Wie mächtige Falten wirft Christus Unter u Obergewand! Welch ein Arm sein aufgehobner rechter mit dem Aermel! Wie meisterlich gezeichnet u gemahlt, und welchen Effect macht er in der ganzen Gruppierung!“ Gemessen an dem Stellenwert, der in Heinses Ästhetik der Wirkung auf den Betrachter zukommt, gewinnt die emphatische Betonung des „Effect[s]“ der durch gelungene Draperie theatralisch inszenierten Christusfigur besondere Bedeutung. Indem der maximale „Effect“ bei der Darstellung des Gottessohnes erreicht wird, verschmelzen immanent-ästhetische und theologische Komponenten des „Anteil“-Habens, des „Genießens“ miteinander. Geschickt hat Heinse bereits mit der einleitenden Beschreibung des Kircheninneren bis in die Lichtregie hinein eine Atmosphäre epiphaner Erwartung geschaffen, so dass der gelobte „Effect“ in der Ekphrasis als lang ersehnter Höhepunkt des „Genusses“ erscheint – und dem vorherigen Höhepunkt des Passus, der Anrufung des „hohe[n] göttliche[n] Jüngling[s]“ Raffael, ein religiöses Moment folgen lässt. Den Aufschwung zu diesem Punkt hat u.a. der „pindarische [...] Schwung der Phantasie“ des Künstlergenies ermöglicht, der in der Draperie als Medium fixiert ist, in dessen Nachempfindung der Betrachter ‚Anteil‘ an diesem Aufschwung gewinnen kann (der wiederum in den Notaten schriftlich inszeniert wird). Die Faltenwürfe der Draperie dienen Heinse über rein formale Aspekte hinaus also der charakterisierenden Individualisierung und damit der „Gestalten“-Bildung ebenso wie der detailliertesten Fortführung der sich in der Zeichnung bzw. im Kontur manifestierenden Erfindung, der schöpferischen Phantasie des Künstlers; nicht zuletzt dient der „Effect“ ihres „pindarische[n]“ Schwunges als Medium des ‚Aufschwungs‘ zur Emphase des Kunst-Genusses. Als Notate im Bild und als Notate dieser Seherfahrungen in den Reisenotizen erscheinen die Draperien, mit Blick auf den Titel eines

44 Hier zeigt sich, wie auch andernorts, dass für Heinse zumal in den italienischen Notizen „die Zeichnung [...] Repräsentantin des Poetischen in der Malerei“ ist. Vgl. Osterkamp, *Der Maler der Gestalt*, 170.

45 Zur Stilisierung Raffaels als Sturm- und-Drang-Künstler vgl. auch Osterkamp, *Der Maler der Gestalt*, 177.

der Nachlasskonvolute, bei Heinse somit auch als besonders feine „Hieroglyphen zur Rückerinnerung“ eines einstigen momentanen Kunst-Genusses.[46]

15.8 Äußerungen über Skulptur: Zu Umrissen und Abgüssen

In Anbetracht der Relevanz, die er einerseits in den Kunstgesprächen Ardinghellos und andererseits in seinen Reisenotizen der *Form* des Kunstwerks zugesteht, sind Heinses Äußerungen zu Oberflächeneffekten und sodann zu *Abgüssen* von Statuen aufschlussreich. Unter den Notizen findet sich folgende: „Die alten Statuen scheinen alle bey Nacht u für die Nacht ausgearbeitet worden zu seyn; die feinen Umrisse sieht man auch daran nicht bey Tag, u muß sie im Dunkeln bey der Fackel bewundern.“ (NA I, 901)

Dieser Bemerkung liegt wiederum das oberste Prinzip seiner Kunstanschauung zugrunde: auf Lebendigkeit zielende Täuschung; war doch der täuschende Effekt der Bewegung dasjenige, was von Teilnehmern nächtlicher Besuche in Statuen- und Abgussammlungen bei Fackelbeleuchtung am meisten bewundert wurde. Bemerkenswert ist dennoch, dass Heinse hier nicht auf den Eindruck der Lebendigkeit eingeht, auch nicht beispielsweise auf das Spiel der Farb- und Lichtreflexe im Fackelschein, das ja durchaus im Rahmen seiner Präferenzen zu erwarten wäre, sondern die „feinen Umrisse“ hervorhebt. Notizen belegen, dass Heinse beträchtlichen Wert auf den plastischen Kontur und seine genaue Oberflächenbeschaffenheit legte. Besonders deutlich wird dies in einer Notiz in den italienischen Reiseaufzeichnungen:

> Im Palast Farsetti ist die reichste Sammlung von Abgüßen der Antiken und der besten Neuern Statuen. Man kann hier sehen wie weit noch ein Abguß vom Original absteht; Es gehört ein großer Meister dazu, um ihn nur erträglich zu haben, denn es ist äußerst schwer, die vielen Stücke richtig zusammen zu setzen. Die Gesichtsgestalt, wo es auf die unmerklichste Veränderung ankömt, geht meistens verloren, und es kommen Fratzen heraus [...]. Und alsdenn ist gar kein Merkmal des restaurierten, und man weiß bey diesem nicht, ob es etwa der Fehler des Abgießers seyn könnte. Mit einem Wort, es sind doch weiter nichts als Uebersetzungen, und es fehlt ihnen überhaupt das lebendige, weiche, fleischerne des Marmors und die Art des Künstlers zu arbeiten [...].

46 Vgl. zu diesem Aspekt auch Norbert Miller: *„... wie Hieroglyphen zur Rückerinnerung“. Wilhelm Heinses Kunst des sinnlich erfassten Augenblicks*, in: M. Bernauer (Hg.): *Wilhelm Heinse. Der andere Klassizismus.* Göttingen 2007, 11–27.

Der Abguß trägt immer das todte der zu mechanischen plumpen Arbeit an sich. (NA I, 1250)

Heinses Kritik an den Abgüssen gilt mindestens fünf Punkten: 1. dem mangelnden Gesamteindruck des Ganzen, 2. den verfälschenden Nivellierungen an den Feinheiten der „Gesichtsgestalt", die, indem sie die subtilsten Momente der „Gestalt" und also eine der obersten Heinseschen Kunstkategorien betreffen, das Kunstwerk nur noch entstellen können; und 3. gilt die Kritik Heinses, der auch sonst besonders bei antiken Skulpturen großes Interesse an Zuschreibungs- und Ergänzungfragen zeigt[47], dem undifferenzierten Oberflächeneffekt, an dem jeder ergänzungskritische Blick abgleitet. Viertens bezeichnet Heinse in einer Parallelisierung von Plastik und Abguss mit Sprachsystemen die Abgüsse als „Uebersetzungen",[48] an denen die „Art des Künstlers zu arbeiten" nicht mehr zu erkennen sei: also die Oberflächenbeschaffenheit mit ihren Spuren des bildenden Aktes – und zugleich eines der Winckelmannschen Kriterien, die er modernen Künstlern zu Studium und Nachahmung empfohlen hatte: der griechischen Künstler „Art [...] zu arbeiten". Fünftens erschöpft sich Heinses Kritik in diesem Punkt aber nicht in antiquarischem Selbstzweck, sondern zielt wiederum auf sein primäres ästhetisches Wirkungsprinzip, die Lebendigkeit, denn eben diese sieht er durch die Abgüsse dahinschwinden. Heinses Wertung der Oberflächenbeschaffenheit von Skulptur, wie sie in der Abgusskritik deutlich wird, entspricht somit seiner Wertschätzung der „Züge" in der Malerei, in denen Materialität des Kunstwerks, Charakter des Dargestellten und individueller Stil des Künstlers im Moment des Schaffensaktes signaturhaft in eins fallen.

Letztlich ist jedoch auch Heinses Wahrnehmung von Plastik bei allem Form-Empfinden rein visuell geprägt. Nachdem er es in einer Notiz als das wichtigste darstellerische Anliegen der Malerei benannt hat, „Erhabenheit Rundung, und Ferne, Abweichung herauszubringen", wobei er „Licht u Schatten" als „ein starkes Hilfsmittel dazu" ansieht, bemerkt er prinzipiell:

---

47 Zuschreibungs- und v.a. im Falle antiker Plastik Ergänzungsfragen und Erörterungen zur Herkunft der Materialien sowie zum Zeitpunkt möglicher Ergänzungen und/oder Restaurierungen nehmen in den Reisenotizen insgesamt relativ viel Raum ein. Vgl. dazu Sascha Kansteiner: *Heinses Umgang mit antiker Skulptur*, in: M. Bernauer (Hg.): *Wilhelm Heinse*, 208–231.

48 Dieser Vergleich erscheint noch einmal in Heinses Aufzeichnungen anlässlich eines Besuchs im Mannheimer Antikensaal. Heinse bemängelt die Enge der Aufstellung und bemerkt: „Verschiedne sind schlecht abgeformt, und schlecht zusammengesetzt. Im Grunde bleiben es nur Uebersetzungen aus Marmor in Gips." (NA II, 348)

> Alle bildende Kunst ist fürs Auge; Herder ist ein Schwärmer mit seinem Gefühl bey der Bildhauerkunst. Die Formen müssen hier mehr auseinander gehen, als in der Natur; u dieß des Augs wegen, das sie sonst nicht fassen kann. Die Schwierigkeit ist, das rechte Mittel zu treffen. (NA I, 879)

Heinse gibt hier zumindest vor, Form reflektiert als eine auf menschliche Sehgewohnheiten hin konzipierte Konstruktion zu betrachten; Herders Ansätze zu einer taktilen Blicktheorie für die „Plastik" lehnt er ab. Zugleich kommentiert er mit diesen Sätzen Winckelmanns Bemerkungen zum idealen, zwischen Schwulst und Magerkeit jedoch schwer zu treffenden Kontur; die Problematik ist für ihn keine, die genuin in der Form läge, sondern in der Wirkung der Form auf den wahrnehmenden, Form in Flächigkeit transformierenden Sinn. Diese Überlegung spricht sich auch in einer anderen Notiz aus:

> Bildsäule ist ein vom Gefühl entsprungenes und vom Auge zu einem Ganzen aufgefaßtes Bild von etwas, das bloß wieder durchs Auge im Ganzen kann erkannt werden. Eine Bildsäule ist ein lediglich abgezogenes Bild fürs Gefühl durchs Auge. Bildhauerey ist die wahrste und entzückendste aller Künste. Sie giebt, was wir in der Natur nie ganz genießen können. Eine Bildsäule ist ein (geistig) unsichtbar Gefühl, und das Auge sieht den Schein des Marmors bloß wie das Glas am Spiegel, wenn man hinter einem Engel steht, und ihn darin sieht. (NA I, 375)

Diese Aufzeichnung – vermutlich eine der poetischsten unter Heinses Notizen – zeigt, in welchem Maße ihn die sinnliche Transformation von Form zu Flächigkeit beschäftigt hat. Daher gilt ihm die „Bildhauerey" als „die wahrste und entzückendste aller Künste": da sie die Verluste, die der menschliche Sehsinn bei Gegenständen der Natur hinnehmen muss, durch Einberechnung der sinngebundenen Transformationen nahezu synästhetisch ausgleichen kann im „(geistig) unsichtbar[en] Gefühl" des Kunstwerks (wobei das Kunstwerk selbst dieses „Gefühl" sei). Daraus erhellt auch, warum die obige Notiz auf Überlegungen zur herausragenden Bedeutung von illusionistischer Plastizität in der Malerei und der Rolle von „Licht u Schatten" folgte. Auch die für Lichteinfall und -brechung bestimmenden plastischen Oberflächeneffekte des Marmors müssen so gestaltet sein, dass sie nur als „Schein", als Spiegeloberfläche wahrgenommen werden, in dem ein anderer betrachtet wird. Dieses poetische Bild ist in seinem Changieren hervorragend geeignet, um den prekären Status der Illusion, ihren elusiv-phantasmagorischen Charakter zu beschreiben – dass dieser Heinse bewusst war, zeigt eine für ihn erstaunliche Streichung in der Handschrift. Denn derjenige, den Heinse nun keusch mit interesselosem ästhetischen Wohlgefallen betrachtet, der Engel, war zuerst ein Anderer, bzw. eine Andere; der Satz endete: „wie das Glas am Spiegel, wenn man sein Mädchen darin betrachtet." (NA I, 1341)

15.9 Die Düsseldorfer Gemäldebriefe: Kontur oder Kolorit?

In Heinses sogenannten Gemäldebriefen, den Beschreibungen von Bildern der Düsseldorfer Gemäldegalerie,[49] entsteht der Eindruck, mit dem Autor einen Farbenthusiasten vor sich zu haben, dem die Farb- und Fleischschlachten in den Bildern Rubens' als höchste Form der Malerei gelten.[50] Bevor Heinse auf einzelne Gemälde eingeht, bemerkt er allgemein:

> Die *Malerei* ist, obenhin betrachtet, Darstellung der Dinge mit Farben. Die Farben sind dem Maler folglich das, was die Worte dem Dichter und die Töne dem Virtuosen sind, also Stoff – die Bedeutung [ist] das Wesen.[51] Die Farben mit allem dem, was dazu gehört, machen den *mechanischen* Teil derselben aus, Bedeutungen den *höhern*; das der Kunst, was Aristoteles Metaphysik nannte. (GB 112)

49 Zur Druckgeschichte von Heinses Gemäldebriefen (1776/77) vgl. Barbara Rodt: *Ein „freundschaftliches" Beziehungsgeflecht anläßlich des Besuchs der Düsseldorfer Gemäldegalerie. Zur Druckgeschichte und Rezeption von Wilhelm Heinses Düsseldorfer Gemäldebriefen an Gleim*, in: Klaus Manger/Ute Pott (Hg.): *Rituale der Freundschaft.* Heidelberg 2006, 83–100.

50 Zu Heinses Düsseldorfer Gemäldebeschreibungen mit Ausblicken auf den *Ardinghello* vgl. auch Patrizio Collini: *Revolutionäre Museumsgänge. Von Heinse bis F. Schlegel*, in: Kenneth S. Calhoon (Hg.): *„Es trübt mein Auge sich in Glück und Licht". Über den Blick in der Literatur.* Berlin 2010, 159–170, hier 160–163. Collini sieht „Heinses Farbencredo eng verknüpft" mit dem „orgiastische[n] Feuermotiv", das schon im Namen Ardinghellos erscheine („‚brennendes Eis': wohl eine Anspielung auf die endlich entflammte klassizistische Marmorweiße"); ebd., 162. – Zur Ekphrasis in Heinses Düsseldorfer Gemäldebriefen und deren „vitalistisch-sensualistische[r] Auffassung der Malerei in Verbindung mit einer programmatischen „proklamierten Superiorität" der „konturlosen Farbe", die „subversiv und emanzipatorisch [...] alles ins Wanken" geraten lasse und die Bilder dynamisiere, die ohnehin ihren Sujets nach „einen betont Sturm-und-Drang-antityrannischen Charakter aufweisen", vgl. ebenfalls Collini, *Revolutionäre Museumsgänge*, 160–163, Zitate 160 f. Collini überzeichnet dabei allerdings etwas, da es sich immerhin um deutlich gegenständliche Malerei und historische Sujets handelt, wenngleich diese gewisse revolutionäre Potentiale bergen. Vgl. Collini, 161, Zitate ebd.

51 Winkler ergänzt der besseren Verständlichkeit halber ein „ist", im Erstdruck stehe „also Stoff – die Bedeutung, das Wesen." Vgl. Winklers Anmerkung zum Text, GB 112.

Malerei, so definiert Heinse hier, erschöpfe sich mithin nicht in ihren Oberflächeneffekten: diese stellen den „*mechanischen* Teil" dar, doch die „Bedeutung" sei das eigentliche „Wesen", wie er in einem Dualismus von Materie („Stoff") und Wesen differenziert. Anders als Autoren klassizistischer Tendenz sieht Heinse nicht die *Zeichnung* als Korrelat der „Worte"[52] und primäre materielle Manifestation der „Idee", also der „Bedeutung" oder des „Wesens", sondern bezeichnet die „Farbe" als alleiniges Darstellungsmittel, während die sonst mit der Zeichnung verbundenen Elemente bei ihm unter die „Farben mit allem dem, was dazu gehört" subsumiert werden. Deutlicher spricht er sich kurz darauf zum Verhältnis von „Stoff" einerseits und „Wesen, Geist, Seele, Idee" andererseits in der Malerei aus:

> Zuvor das Göttliche, *Idee* und *Zusammensetzung*, dann *Zeichnung* (Form, Gefäß des Göttlichen, Leben), dann Erscheinung daraus, *Kolorit* (Puls und Lebenswärme): die wesentlichsten Stücke der Kunst, ohne die das Göttliche nicht bestehen kann. Dann *Licht und Schatten* (Stellung in die Welt, Lebensatem; Zeit und Tag und Stunde und Augenblick, Gegenwart, Szene und Anordnung), dann *Bekleidung* (höchste Täuschung). (GB 112)

Diese Differenzierung nun widerspricht der vorherigen Subsumierung und entspricht geradezu dem klassisch-akademischen Schema von Erfindung, Komposition, Zeichnung, Kolorit, Licht und Schatten. Dennoch ist Heinses Steigerung aufschlussreich: Auf das „Göttliche" des ideellen Schöpfungsaktes folgt mit der Zeichnung bereits der Moment, in dem, in der materiellen Fixierung, mit der „Form" auch das „Leben" verliehen wird – aber doch erst das „Gefäß" dazu, denn erst die „Erscheinung daraus", das Kolorit, verleiht „Puls und Lebenswärme", „Licht und Schatten" fügen noch den „Lebensatem" hinzu und geben dem Dargestellten erst eine Welt um sich, in der es leben kann – und das Moment der „Gegenwart" als konstitutive Voraussetzung für Heinses auf Teilhabe und gesteigerte Daseinserfahrung im „Genuss" des Kunstwerks zielende Kunstanschauung. Heinses Wertungen der Malereikomponenten dürfen nicht verwechselt werden mit den konkreten Darstellungsmitteln (*nach* Erfindung und Komposition). So konstatiert er:

> Zeichnung, Kolorit, Licht und Schatten sind gleich schwer; das letztere insonderheit erfordert das feinste dichterischeste Gefühl. [...] Richtige Zeichnung verlangt das stärkste Gefühl, das keine Oberfläche hemmt, und das scharfsinnigste Auge. (GB 113)

52 Der Status der „Töne" im Vergleich zu „Farben" und „Worte[n]" wäre wiederum gesondert zu betrachten.

Mit Blick auf Heinses Äußerungen zur Transformation der Sehdaten bei der Betrachtung plastischer Formen wird deutlich, weshalb er demjenigen „Gefühl", das in der Zeichnung genau diese Transformation der „Oberfläche" (auf die sodann alles reduziert wird) in die materielle Darstellung übersetzen muss, das „scharfsinnigste Auge" an die Seite stellt: Das Auge muss neben dem synthetisierenden „Gefühl" bereits in der Wahrnehmung als Organ der Kombination von Verstand und Sinnen fungieren, und am schwierigsten gestaltet sich seine Aufgabe in der Destillation der „Zeichnung" aus der „Oberfläche".

15.10 Ethnologische und topographische Konturen in den Reisenotizen

Zu den originelleren Akzentuierungen von Umrissen gehören einige Notate Heinses zu Landschaft und Menschen, die er auf seiner Reise wahrnimmt. In der für Heinse charakteristischen Betrachtungsweise, Natur als Kunst wahrzunehmen bzw. Landschaften oder Menschen wie ein Kunstwerk zu betrachten oder in Konkurrenz zu diesem treten zu lassen, findet in den Reisenotizen der „Kontur" somit auch Verwendung zur – klimatheoretisch akzentuierten – Klassifizierung von Menschen. So bemerkt er über die Menschen in Mailand, denen das „sonnichte hohe welsche Feuer" fehle: „Ueberhaupt haben Männer und Weiber viel wässerichtes in ihrem Contur u Mienen, etwas aufgedunsenes volles ohne ächte Kraft u Stärke." (NA I, 1279)[53]

Besonderer Stellenwert kommt dem „Kontur" bzw. hier eher den pluralischen „Konturen" jedoch in Heinses Landschaftsbetrachtung zu, und dies zumal auf der Rückreise. Dort finden sich vielfache Bemerkungen

53 Vgl. auch die Notiz über die Gegend um die Etsch bei Rovigo: „Die *Menschen* richten sich in ihrer Bildung und *ihren Sitten*, wie überall, nach der Gegend; und die *Kunst* nach der Natur. Die Farbe, besonders der Frauenzimmer, ist hier weit blühender u zärter als in Florenz, Rom u Neapel, aber die Gestalten haben nicht die bestimmten reifen ausgeführten Formen. Man findet allerwegens die Gesichter von Tizian und Paul Veronese." (NA I, 1238) Vgl. auch die oben zitierte Äußerung über den Mangel an schöner Gestalt bei den Florentinern, deren Künstler diesen Mangel an Schönheit durch Gelehrsamkeit in der Wiedergabe auszugleichen gesucht hätten. (NA I, 1228)

über die Konture der durchreisten Gegend, die nicht nur deskriptiven Charakter haben:[54]

> Der Berg S. Oreste, oder Sorakte ist das herrlichste auf der ganzen Reise [dem ersten Streckenabschnitt auf dem Weg von Rom nach Florenz]. Er steht da wie der Tyran der weiten Gegend u beherrscht alles, ewig fest auf sich selbst gegründet. Die scharfen Einschnitte, das schroffe des ganzen Conturs der Länge u der Breite nach machen ihn zu einem bezaubernden Bild furchtbarer Majestät.[55] (NA I, 1142)

Neben diesem „bezaubernden Bild" des Erhabenen erscheinen auch liebliche „Conture" nach allen Regeln ästhetischen Reizes:

> *Il capo della Sabina, Magnana,* hat einen Berg zum Sitz von einem der reizendsten Conture, die ich je gesehen habe; wahrhaftig atheniensisch, so mit Bäumen bepflanzt, u in seinen Linien abwechselnd [...]. Bey Otricoli macht die Tyber ein völlig Hufeisen, so windet sie sich herum. Dann liegen Berge jeder immer reizender als der andre; ein ächtes Mahlermusäum. Die Conture sind äußerst geistig, und haben außerordentlich viel Gleichheit mit einer wohl gebildeten geistvollen Naturseele. (NA I, 1150)

Heinses Beschreibungen der „Conture" lassen auch Berge, Gebirge und Landschaften als „Gestalt" erscheinen, indem sie quasi physiognomisch ausgedeutet werden; ihnen eignet ein *genius loci,* der sich „geistig", wie eine „wohl gebildete[] geistvolle[] Naturseele" in ihnen zum Ausdruck bringt. Wohlgemerkt: eine „wohl *gebildete*[] Naturseele". Die Naturlandschaft wird als Kulturlandschaft gesehen, oder eher als anthropomorph-kultivierte, individuelle *Gestalt.* Die immanente Gattungsumwertung ist bemerkenswert, die Heinse in seinen Notaten vornimmt, indem er den „geistvollen" Kontur, der in der klassisch-akademischen Tradition als Manifestation von *Erfindung* und *Komposition* das rationale Moment besonders in der obersten Gattung der Malerei, der Historienmalerei, präsentierte, nun auf die *Landschaft* überträgt, die zwar literarische Landschaft

---

54 Wie in der Notiz über den Ausblick auf dem Wege nach Brescia bei Pesquiera, wo man den Gardasee erblicke: „prächtig und schön erheben sich nach und nach die Gebürge dahinter herum in frischen zauberischen Farbentönen von dunkel und braun und Luft. Die Konture sind schon schroff winkelicht und hastig abwechselnd mit Zacken und Rissen, und die großen Massen ragen gigantisch einzeln gen Himmel." (NA I, 1267) Vgl. auch: „Reizende Gebürge rund herum von allerley fremden und höchst schönen Conturen", oder: „Der Contur der Gebürge ist scharf aber doch gemäßigt u natürlich, nicht so abgerissen wie die Feuerfelsen von *Civita Castellana*" (über die Berge in der Gegend bei Narni; NA I, 1151 und I, 1150).

55 Die Beschreibung der Aussicht ist laut Kommentar in NA I, 1379 von Volkmann übernommen – in jedem Falle *war* es Heinse jedoch übernehmenswert.

ist, aber als Vorbild für die Malerei inszeniert wird, dessen Konture nur noch abgenommen werden müssen. Und bemerkenswert ist auch, dass die „geistvollen" Konture, Inbegriff griechischer Kunstleistung, nunmehr der Bildgattung überantwortet werden, die Heinses Protagonisten Demetri im Roman dann allein geeignet erscheint, die Griechen zu übertreffen.

Doch damit nicht genug: Heinse, dem wohlakklimatisierten Italienreisenden, gerät die norditalienische Landschaft in ihrer abstrahierten Kontur-Gestalt zum Projektionsmedium weiteren, uneingelösten Fernwehs. Ein italienischer Bergrücken reicht nicht mehr, er wird phantasmagorisch mit der griechischen, genauer: „atheniensisch[en]" Sehnsuchtslandschaft überblendet. In gerade umgekehrter Perspektive bemerkt Heinse über Alleen auf dem Weg „Unterwegs bis Monte Selice":

> Die Alleen [...] müssen einem Deutschen ungemein gefallen, auf den die schönsten heroischen Conturen der nackten Gebürge von Tivoli und Terni noch wenig Eindruck machen, der das reiche Gebiet der Natur und ihre höhern und mindern Vollkommenheiten noch nicht kennt. (NA I, 1239)

Am Kontur-Geschmack macht der erfahrene Italienreisende hier in einer Mischung aus Nachsicht und Hochmut nun den Grad von Kennerschaft und Geschmacksbildung fest. Die Wahrnehmung der umgebenden (Kultur-)Landschaft als Konturlandschaft verleiht schließlich auch dem Titel, den Heinse den Notizen gab, eine weitere Bedeutung: „Flüchtige Bemerkungen auf einer Reise von Rom nach Florenz über Terni und Perugia, wie Hieroglyphen zur Rückerinnerung" schrieb Heinse darüber. Doch nicht nur als „Hieroglyphen zur Rückerinnerung" erscheinen die hier evozierten literarischen Konturen, sondern auch als Hieroglyphen der Imagination – und zugleich in ihrem ja unbestreitbar vorhandenen Erinnerungscharakter als dasjenige, was Heinse über Kunstwerke im Allgemeinen behauptet hatte: dass sie nämlich *Symbole* eines einmal erlebten individuellen Moments seien, und zwar des Moments des größten Genusses.

In den beiden letzten Sätzen der obigen Beschreibung, über das „ächte[ ] Mahlermusäum" und die „Naturseele", spricht sich zudem wiederum der Blick desjenigen aus, dem es schon früher um eine Aufwertung der Landschaftsmalerei zu tun war. Dieser Aspekt kommt auch in der Notiz über die Gegend bei Civita Castellana zum Tragen:

> Es ist ein wahres Zauberthal, die Berge gehn immer weiter hinten fort, wie in einem Operntheater der Natur in ungeheurer Größe [...]. Für einen Mahler ist eine Menge da zu verschiednen Landschaften [...]. Zu Bergen lassen sich seltenschöne Conturen hier abnehmen; sie haben alle etwas fürchterlich

> schönes, wilde Macht mit hohem Reiz; der Contrast mit dem lieblichen Thal giebt ihnen das Zauberische. (NA I, 1148)

Heinse sieht die Konturlandschaft als Kulissenarchitektur und legt sie dem Maler ans Herz, der eine solche Natur doch eins zu eins „abnehmen" könne wie den Schattenriss eines Gesichts mit einer Silhouetten-Vorrichtung. Heinses Blick auf die Landschaft verwandelt sie wie eine Laterna Magica sogleich in ein Kunstwerk, in dem Schönes und Erhabenes innig verquickt sind; er appliziert Leidenschaften in die Landschaft, als schaffe er die Kulissen für Arien einer großen Opera Seria.

Kunstform und Naturform durchdringen sich im Medium des Kontur noch in einer weiteren Notiz bedeutsam. Was in Rom als Inbegriff ewiger menschlicher Denkmal-Kunst wahrgenommen worden war, die Caestius-Pyramide, wird nun in einem gewaltigen Flug von Rom über Ägypten und zurück ins norditalienische Gebirge als reine Naturform gepriesen:

> Die Berge sind meistens sehr mahlerisch in ihren Tinten und Konturen, und machen die schönsten Formen; besonders trift man einzelne ungeheure Pyramiden an, die die Natur von selbst gewiß weit prächtiger und majestätischer als die Aegyptischen gebildet hat; man sieht wenigstens woher diese ewige Form ihren Ursprung hat. Es ist eine Lust anzusehen, wie sich die Natur selbst zerstört, um sich wieder zu verjüngen. Wenn alles Fleisch weg ist, so fallen endlich die Knochen ein; und so sollt es auch mit den Menschen gehen, die eines natürlichen Todes sterben.[56] (NA I, 1300 f.)

Hier projiziert der Allegoriker Heinse auf die natürlichen Konturen (einer, wie ihm scheint, vom Erdbeben gezeichneten Landschaft) nicht nur die Hieroglyphe einer imaginierten fremden Kulturlandschaft, sondern erkennt in ihnen ein Vanitas-Symbol.

Heinse Blick auf die Welt erkennt jedoch nicht nur in Werken der Kunst oder in der Natur charakteristische „Konturen", sondern auch in der Architektur, genauer im Falle einer Brücke, die zwischen Kunst und Natur im Landschaftsprospekt rahmend und perspektivisch vermittelt. Mit Blick auf Heinses Düsseldorfer Gemäldebeschreibung der *Amazonenschlacht* von Rubens, deren kühnen Bogen er gelobt hatte, ist es interessant, welchen Nachhall dieser Brückenschlag noch auf der Rückreise aus Italien in Heinse bewirkt, als er eine von Palladio entworfene Brücke erblickt:

> Die Brücke über den Bacchilion ist eine der schönsten Sachen, die er je gemacht hat. Der Bogen ist von keinem Zirkel, sondern Ellipsenförmig, welches

56 Es handelt sich hier um Heinses Notizen über die Reise von Verona bis nach Roveredo.

> ihr einen reizenden Contur und eine ungemeine Leichtigkeit, wie einen beherzten Amazonensprung darüber giebt. (NA I, 1260)

Indem Heinse der Brücke einen „Contur" zuspricht, kann er sie zugleich auch zu einer „Gestalt" machen, die so voll vitaler Spannung ist, dass ihr Attribute der höchsten Kategorie der Heinseschen Ästhetik, Lebendigkeit und Bewegung zugeordnet werden.

16. Karl Philipp Moritz' universale Lineärästhetik

Unter den bisher betrachteten ästhetischen Positionen stechen die Schriften von Karl Philipp Moritz besonders hervor; neben Winckelmann erscheint er als der vielseitigste „Umriss"-Ästhetiker. Das Bildfeld des Linearen bestimmt zu großen Teilen Moritz' kunsttheoretische Schriften, in der Relevanz für Moritz' Denken vergleichbar nur mit der Spiegel-Metapher einerseits, die auf seine Beschäftigung mit Leibniz' Monadenlehre zurückweist, und der Gewebe-Metapher andererseits. Selbst diese beiden Bildfelder sind jedoch jeweils auch mit der Moritzschen Linear-Metaphorik verknüpft. Deren Virulenz in Moritz' ästhetischen Schriften – angefangen beim Begriff des Umrisses und des Umkreises über Rahmen, Ornamente und das Konzept des Isolierens bis hin zur signaturhaften „Spur" des Schönen – lässt es angemessen erscheinen, seine Ästhetik als eine Lineärästhetik zu bezeichnen. Dies lässt sich mit Blick auf Funktion und Stellenwert der jeweiligen Linear-Metaphern zunächst in den einzelnen ästhetischen Schriften und dann im Zusammenhang mit seinem literarischen Werk zeigen. Moritz' Lineärästhetik findet ihre literarische Ausgestaltung vor allem in *Andreas Hartknopf. Eine Allegorie* und in der fragmentarisch nachgelassenen *Neuen Cecilia.* Im *Hartknopf* werden sämtliche Linearphänomene, die Moritz bis zu diesem Zeitpunkt ästhetisch-theoretisch erörtert hat, collagenartig kombiniert; und gerade sie sind es, die häufig mit allegorischer Bedeutung aufgeladen werden. Mitunter scheint es, als stehe die Moritzsche Lineärästhetik – und damit letztlich sein säkularisiertes universales Signaturen-Konzept der Schöpfung – als *Bedeutung* hinter den Allegorien. Moritz' Lineärästhetik markiert insgesamt eine wesentliche Scharnierstelle zwischen klassizistischen Positionen einer Ganzheitsästhetik, voll innerer Spannungen im Wissen um und im Spiel mit dem prekären Charakter des Vollkommenen an der Grenze zur Zerstörung, und einer „freien" Ornament-Ästhetik frühromantischer Façon.[1]

Es erscheint bei der Betrachtung von Moritz' Schriften angebracht, eher von einer „Linear-Ästhetik" zu sprechen als von einer reinen Umriss-

1 Vgl. dazu Bernhard Fischer: *Kunstautonomie und Ende der Ikonographie. Zur historischen Problematik von „Allegorie" und „Symbol" in Winckelmanns,* Moritz' *und Goethes Kunsttheorie,* in: DVjS 64 1990, 247–277.

oder Konturen-Theorie, denn seine Konzepte kombinieren eine Vielzahl geometrischer, primär linear und zirkular geprägter Modelle, die letztlich jedoch alle auf das „große Ganze" zielen, das wie die *circumscriptio* der göttlichen Schöpfung in umrissener Zirkelgestalt verbildlicht wird. Da dieser Aspekt des Umfassens, Rahmens und, auf das autonomieästhetisch konzipierte Kunstwerk übertragen, des Isolierens und In-sich-selbst-Vollendens auch da, wo von Ornamenten die Rede ist, dominiert, gehört Moritz' Lineärästhetik auch dort in den Zusammenhang dieser Studie, wo es zunächst nicht direkt um Umriss-Konzepte zu gehen scheint. Metaphorische Verwendungen von Umriss- oder Linienphänomenen sollen im Kontext dieser Studie möglichst nur dann untersucht werden, wenn sich die übertragene Verwendung der Begriffe oder Denkmuster direkt auf explizit formulierte Umriss-Konzepte bezieht. In Moritz' Fall ist eine solche Betrachtung gerechtfertigt: Verwendet er doch die lineärästhetischen Strukturmodelle, die er in den Schriften entwickelt, die sich explizit diesen Konzepten widmen, als Gedankenfigur auch in denjenigen ästhetischen Schriften, die primär anderen Fragestellungen gewidmet sind. An diesen latenten Gedankenfiguren zeigt sich, dass Moritz' Lineärästhetik als metatheoretische Konstante sein Denken strukturiert.[2] Signifikant in seinen Linearkonzepten ist deren temporale Akzentuierung, die Moritz zudem mit konventionellen, sensualistischen wahrnehmungstheoretischen und mnemotechnischen Theoremen einerseits und ekphrastischer Programmatik andererseits verbindet.

Bedeutsam für die temporale Verfasstheit wie auch für die geometrischen Modellbilder in Moritz' ästhetischen Konzepten ist in erster Linie Leibniz' Philosophie gewesen. Moritz' Denken operiert, wie die Forschung

2 Die lineare Verfasstheit von Moritz' ästhetischen Strukturmodellen scheint sich selbst in Formulierungen wie dem Titel *Grundlinien zu einer vollständigen Theorie der schönen Künste* widerzuspiegeln (Ich zitiere im Folgenden mit Band- und Seitenzahl im Text nach der Ausgabe Karl Philipp Moritz: *Werke in zwei Bänden.* Hg. v. Heide Hollmer u. Albert Meier. Bd. 1: *Dichtungen und Schriften zur Erfahrungsseelenkunde.* 1999. Bd. 2: *Popularphilosophie. Reisen. Ästhetische Theorie.* Frankfurt a.M. 1997; hier II, 1018). In dieser Schrift summiert Moritz thesenartig seine Konzepte; er beginnt mit seinem Modell des Gesichtspunktes, aus dem sich das Kunstwerk erschließe und auf den hin sich alle seine Elemente in (scheinbarer) Zweckmäßigkeit zurückbeziehen. Aus den verschiedensten ästhetischen Schriften zusammengetragene und formelhaft verdichtete Aspekte von Umrissenheit werden in aufeinanderfolgenden Thesen gesetzt, als ordne Moritz auch hier mit „Grundlinie[]" um „Grundlinie[]", die jeweils auf den „gewissen [zentralen] Punkt" seiner Ästhetik gekrümmt sind, gleichsam Umriss um Umriss zu einem sich ineinander konfigurierenden ästhetischen Modell.

mehrfach hervorgehoben hat, nicht nur im Ästhetischen mit charakteristischen „geometrische[n] Schematisierungen" von „abstrakte[n] Zusammenhänge[n]", unter denen die größte Relevanz, wie Sabine Schneider zeigt, der „am häufigsten variierte[n] Grundfigur" zukommt, jener „von Kreis und Gerade". Beide Elemente haben „[i]m schematisierten teleologischen Weltmodell" jeweils spezifische Funktion: „der Kreis [ist] die Figur der Vollendung und des letzten Endzwecks, während die gerade Linie auf einen außer ihr liegenden Zweck verweist, und daher dem untergeordneten Bereich der Mittel zugehört."[3] Claudia Kestenholz hat ausführlich gezeigt, in welchem Maße diese durchgeometrisierte „Verbildlichung philosophischer Zusammenhänge ins Optisch-Graphische" bei Moritz „auf den Metaphern-Schatz Leibnizscher Metaphysik" verweist, dessen Verwendung bei ihm jedoch von einer signifikanten „Säkularisierung von Sinnstrukturen" gekennzeichnet sei.[4] Auch sie konstatiert, dass insbesondere drei „Graphen" Moritz' optisch-metaphorische Strukturen kennzeichnen, die auf erkenntnistheoretische Modelle zielen und dabei strukturell, jedoch ohne die transzendente Bedeutungsdimension zu übernehmen, an Leibniz' Philosopheme anschließen. Als markantes Strukturelement sieht Kestenholz besonders den Blick des göttlichen Auges auf die Schöpfung. In allen bei Moritz erscheinenden Modellen handle es sich aber um Varianten des „Kreis[es] als ästhetische Hauptlinie": Sei es bei der „Zentrierung des organisierenden Mittelpunkts im Gegenstand der Betrachtung",[5] im Konzept der ‚metaphysischen Schönheitslinie' oder im Modell des „*Feuerrades*" (s. u.).

3 Sabine M. Schneider: *Die schwierige Sprache des Schönen. Moritz' und Schillers Semiotik der Sinnlichkeit.* Würzburg 1998, 182. Schneiders Studie, die sich vor allem den beiden Aspekten einer „Semiotik der Sinnlichkeit" und der „Konstituierung von Form durch „Isolierung" aus einer amorphen Natur" (11) widmet, verdanke ich wesentliche Anregungen für dieses Kapitel. Als zweite wichtige Quelle ist unter der Forschungsliteratur vor allem Claudia Kestenholz' Studie: *Die Sicht der Dinge. Metaphorische Visualität und Subjektivitätsideal im Werk von Karl Philipp Moritz.* München 1987, zu nennen. Eine Übersicht zur neueren Forschungsliteratur bietet Reinhard Buchbinder: *Bibliographie zu Karl Philipp Moritz ab 2002*, in: Christoph Wingertszahn (Hg.): *„Das Dort ist nun Hier geworden"*. Hannover-Laatzen 2010, 261–297.

4 Kestenholz, 11. Vgl. grundlegend die Studie von Thomas P. Saine: *Die ästhetische Theodizee: Karl Philipp Moritz und die Philosophie des 18. Jahrhunderts.* München 1971.

5 Vgl. Kestenholz, 183, und die Abb. ebd., 74.

Lothar Müller hat kontextspezifische Funktionalisierungen von Moritz' Modellstrukturen am Beispiel der *Anthousa* herausgearbeitet;[6] zusammenfassend bemerkt auch er, dass „schon beim voritalienischen Moritz" Elemente wie „[d]er *Kreis*, der Spiegel, der Mittelpunkt und das Zusammenspiel von Ortsidentität und Erinnerung [...] Zentralmotive"[7] seien, denen spezifische Strukturfunktion zukomme: „Aus der Spiegelmetaphorik" beziehe Moritz „die Perspektive seiner Altertumskunde, aus der Bindung an Rom als den ‚Mittelpunkt des Schönen' ihren Fixpunkt und aus der Kreisform ihr Darstellungsprinzip", denn „[s]ein Buch rückt im Rhythmus der Monate und Jahreszeiten voran", also entsprechend der „Kreisbahn des Jahres. Das Schema zyklischer Zeit gilt ihm [...] als verlässliche Ordnung des Ineinandergreifens von Heiligem und Profanem, Alltag und Fest. Zugleich ist der Kreis Form der Vermittlung des einander scheinbar Entgegengesetzten im Sinne des mystischen Bildes der Schlange, die sich in den Schwanz beißt. Er biegt Gegensätze wie Tod und Leben, Freude und Trauer, Arbeit und Genuss zusammen."[8] Moritz stelle damit die „antike Kreisbahn der Feste [...] als um Schönheit zentrierte Kultur dem *circulus vitiosus* von Unterdrückung der Natur und Depravierung der Einbildungskraft im Dilettantismus [wie es exemplarisch im *Anton Reiser* dargestellt sei] gegenüber."[9]

Das omnipräsente Zirkelmodell erscheint in besonders prägnanter Form in Moritz' *Aus dem Tagebuche eines Geistersehers* unter dem Abschnitt „*Gegenwart und Vergangenheit*", wo es auf signifikante Weise den temporalen Aspekt seines Wahrnehmungsparadigma inszeniert. Moritz leitet sein Gleichnis ein mit dem Beispiel einer Stadt, die man am Erdboden zu Fuß erkunde, wobei sie sich dem Wanderer erst nach und nach erschließe, bis sich schließlich die nacheinander gesehenen Bilder im „Gedächtnisse" zur „Vorstellung" des Ganzen zusammenfügen.[10] Blicke man hingegen von

6 Lothar Müller: *Anthousa oder die Vergegenwärtigung der Antike*, in: Heinz Ludwig Arnold (Hg.): *Karl Philipp Moritz. Text + Kritik*, H. 118/119, April 1993, 86–99. Zur „Anthousa" vgl. auch: Angela Holzer: *ΑΝΘΟΥΣΑ oder Dauer und Nachleben der Antike. Karl Philipp Moritz als Kulturanthropologe*, in: V. Elm/G. Lottes/V. de Senarclens (Hg.): *Die Antike der Moderne. Vom Umgang mit der Antike im Europa des 18. Jahrhunderts.* Hannover-Laatzen 2009, 187–224, bes. 192 f. zur „Spur".

7 Müller, *Anthousa*, 87.

8 Müller, *Anthousa*, 88.

9 Müller, *Anthousa*, 89.

10 Vgl. Claudia Sedlarz: *Gehen, Sehen, Schreiben. Stadtwahrnehmungen und Geschichte in* Moritz' *„Reisen eines Deutschen in Italien"*, in: Anthony Krupp (Hg.): *Karl Philipp Moritz. Signaturen des Denkens.* Amsterdam [u. a.] 2010, 277–292.

einem Turm herab auf dieselbe Stadt, könne man aus der Aufsicht sogleich alles mit einem Male und „nebeneinander" übersehen, was sich zuvor bloß sukkzessive erschlossen habe. Daraus folgt für Moritz, dass das, was uns als „Folge der Dinge" erscheine, vielleicht eigentlich „bloß die Folge unserer Vorstellungen von diesen Dingen" sei (I, 741). Für einen höheren Verstand als den unsrigen stelle sich diese *Folge* aber vielleicht immer schon als gleichzeitiges *Nebeneinander* dar: Alles Vergangene, Gegenwärtige und Zukünftige wäre diesem höheren Sinn demnach gleich gegenwärtig. Moritz findet hierfür das markante Bild des „Feuerrads":

> Wenn ich ein Feuerrad mache, oder einen Funken schnell umherdrehe, so scheinet er mir da zu sein, wo er doch noch nicht ist, und scheinet noch da zu sein, wo er doch nicht mehr ist, anstatt eines Punktes bemerkt mein Auge einen Zirkel, welcher stille zu stehen scheinet, da doch die Bewegung sehr schnell ist. (I, 741 f.)

Hier handle es sich also „offenbar" um eine „Täuschung unseres Gesichts, eine unvollkommene Vorstellung". Doch könnte es nicht auch sein, suggeriert Moritz, dass

> unser Gedächtnis, oder das zurückbleibende Bild von dem Funken, vielleicht der eingeschränkten Sehkraft unserer Augen zu Hülfe gekommen wäre, so daß wir sagen müssten: ich erblicke den Funken nun wirklich da, wo er sonst noch nicht zu sein scheint?
>
> Wie, wenn wir uns hier, auf einige Augenblicke, dasjenige, was nur auf einander zu folgen schien, wirklich als nebeneinander vorgestellt, und gleichsam im Kleinen einmal das Gegenwärtige, Vergangene, und Zukünftige mit einem Blick umfasst hätten? – (I, 742 f.)

In diesem Sinne „müsste sich alles, was wir uns als einen sich fortbewegenden Punkt gedenken, in dem göttlichen Verstande, wie ein Zirkel darstellen." Moritz variiert das Modell: Im Falle eines sich drehendes Rades mit „hervorragende[n] rauhe[n] Punkt[en]" wirkten auch diese in der Drehbewegung als ein glatter, ebenmäßiger und also schönerer Zirkel. Und er leitet über zu einem konkreteren Beispiel: Ein Mann, den man unter einem Baum habe stehen sehen, der dann aber fortgegangen sei, lasse doch

> in [der] Seele [...] noch das Bild von dem Manne, der unter dem Baume stand, zurück.
>
> Der Funke in dem Feuerrade bewegt sich fort, an dem Orte aber, wo er selbst nicht mehr ist, ersetzt sein Bild in meiner Seele seine Stelle. (I, 743)

Das Bild des Funkenrades erweist sich als Moritz' Dispositiv der Struktur ästhetischer Wahrnehmung. Der „in extremer Beschleunigung erzielte Umschlag aufeinanderfolgender Punkte in den geschlossenen Kreis" veranschaulicht die „im ambivalenten Sinn ‚scheinhafte' Aufhebung der notwendigen und darin transzendentalen Täuschung erkenntnistheoretischer Sukzession".[11] Bei Moritz' literarischer Umsetzung seiner eigenen ästhetischen Modelle kommt dem Funkenrad-Dispositiv zentrale Bedeutung zu (s. u.). Besonders gilt dies für das eben zitierte Beispiel vom „Bild", das der Mann, der einmal unter einem Baum gestanden habe, „in [der] Seele" zurücklasse, so dass es der Einbildungskraft wie eine Silhouetten-Schablone über das ‚leere' Bild gelegt erscheint. Für den Briefroman *Neue Cecilia* mit seinem steten Überblenden von mehreren Perspektiven auf dieselben Szenen, die mit dem Motiv des Umrisses oder der silhouettenhaften Kontrastierung operieren, bedeutet dies, dass der Komposition der Briefe zu einem (fragmentarischen) Romanganzen dieses Modell der scheinhaft-zyklischen Aufhebung der Sukzession im Ästhetischen zugrunde liegt. Aus der Perspektive dieses Dispositivs fällt auch ein Reflex auf Moritz' Konzept der sprachlichen Beschreibung von Kunstwerken und damit die „*Spur* auf dem Grunde der Einbildungskraft", die durch die Folge der Worte sukzessiv (und amimetisch) gezeichnet werden müsse, bis „zuletzt alles ineinandersteht" und denselben „Eindruck" bildet, den das Kunstwerk mit einem Male der Wahrnehmung einprägte.

16.1 Den „eigenen Umriss um sich her" ziehen: *Vom Isolieren* und *Über die bildende Nachahmung des Schönen*

In der *Bildenden Nachahmung*, entstanden wohl in Rom im Winter 1787/88,[12] zeigt sich, wie bereits Moritz' Begriffsbestimmung methodisch mit seinen Linearkonzepten verknüpft ist. In der Schrift *Vom Isolieren, in Rücksicht auf die schönen Künste überhaupt* (II, 1012–1014) definiert Moritz das Isolieren als Grundbedingung aller Darstellung: „Jemehr etwas sich selber isoliert, seinen eigenen Umriß um sich her zieht und seinen Schwerpunkt in sich selber hat, desto weniger ist es zufällig, desto weniger fällt es zu etwas anderm und vermischt sich damit." Dem Menschen kommt dabei besondere Bedeutung zu: „Der Mensch scheidet sich durch

11 Kestenholz, 168; dieses visualisiere die „doppelte Täuschung", die „zur Wahrnehmung der analogen (= ästhetischen) Reproduktion des höchsten Schönen erforderlich ist" (ebd, 183); zum Feuerrad vgl. ebd., 161, und Schneider, *Die schwierige Sprache des Schönen*, 195.

12 Zur Entstehungs- und Publikationsgeschichte vgl. den Kommentar in Moritz, *Werke*, Bd. 2; der Text selbst ebd., II, 958–991.

die genaueste Bestimmtheit seiner Umrisse von allem, was ihn umgibt". Ausgehend von der emphatischen Wertung des Isolierens als sich-selbst-Vollenden erklärt sich die Relevanz des Nackten in der Menschendarstellung, das in jeder kleinen Facette der Oberfläche, in jeder Welle des Kontur sichtbares Zeugnis von der Bestimmtheit, mehr noch: der autonomen Selbst-Bestimmung der Form ablegt, und damit auch von der Fähigkeit der Natur zeugt, sich selbst im Menschen einen Spiegel ihres eigenen Potentials gegenüberzustellen. Diese Gedanken kehren in der großen Untersuchung *Über die Bildende Nachahmung des Schönen* bei der Bestimmung der „Begriffe von Schön und Gut" wieder (II, 959). Dabei komme es „beim Nachdenken über die Sache" im Gegensatz zum *alltäglichen* Sprachgebrauch „bloß aufs Unterscheiden an" (II, 960), so wie

> notwendig [...] auf dem Globus, gewisse feste Grenzlinien, die in der Natur selbst nicht Statt finden, gezogen werden müssen, wenn die Begriffe sich nicht wiederum [...] unmerklich ineinander verlieren und verschwimmen sollen: [...] das eigentliche Denken, welches nun einmal im Unterscheiden besteht, hört [sonst] auf.

Wenngleich die Parallelisierung von begrifflicher Definition und geopolitischer Grenzziehung konventionell ist, ist dennoch bemerkenswert, dass Moritz hier von einem *Globus* und nicht von einer Landkarte spricht, er also das *kugel*förmige Modell wählt, auf dem wie in Moritz' Modell eines unendlichen Zirkels des großen Ganzen die Wahrheits- und gekrümmten Schönheitslinien (s. Kap. 16.3) hier nun die Begriffslinien entlang der von ihnen vollzogenen Abstraktionen verlaufen, damit in einer „so feine[n] Abstufung der Begriffe" auch „das immer ineinander sich unmerklich wieder Verlierende" doch „gehörig auseinander [ge]halten" werden könne, um „es einzeln und gesondert zu betrachten" (II, 960). Die Methode zum klaren Separieren charakterisiert Moritz' ästhetische Prinzipien: Er will bestimmen, „was das Schöne *nicht zu sein braucht*, um schön zu sein", um *ex negativo* zu einem „Begriff des Schönen" zu kommen,

> indem wir uns alles, was nicht dazu gehört, um dasselbe her hinweg, und also wenigstens den wahren Umriß des leeren Raumes denken, wohinein das von uns Gesuchte, wenn es positiv von uns gedacht werden könnte, notwendig passen müßte. (II, 966)

Das Prinzip der Bestimmung *ex negativo*, um einen „wahren Umriss des leeren Raumes" zu erhalten, ähnelt dem Vergleich des Kunstwerks mit einem Schattenriss der Wahrheit des unendlichen großen Ganzen (s. Kap. 16.3); das Verfahren entspricht zudem strukturell dem Konzept, dass das Schöne als ein in sich selbst Vollendetes aus der ungeformten Umgebung herausgerissen oder -geschnitten werden müsse. Das Isolierungskonzept erweist sich insgesamt als überaus charakteristisch für Moritz, dessen Linear-Ästhetik sich damit auch methodisch an Umrissen entlang vollzieht.

Für Moritz ist der „Begriff des Schönen" mit dem „Begriff von einem für sich bestehenden Ganzen unzertrennlich verknüpft", was zugleich bedeutet, dass das Schöne nie „nützlich" sei. (II, 967) Dies genüge aber noch nicht zur Definition des Schönen; dasselbe müsse vielmehr auch in den „äußern Sinn" fallen und unmittelbar „von der Einbildungskraft umfasst" werden können. Daher könne man „auch mit dem ganzen Zusammenhange der Dinge den Begriff von Schönheit nicht eigentlich verknüpfen", selbst wenn dieser „von unserm Verstande gedacht werden könnte." Angesichts der Bedeutung der Umschließung für Moritz' Verständnis nicht nur des Schönen, sondern auch des Begriffs desselben, erhellt einmal mehr, welcher Stellenwert der Kategorie des Umrisses innerhalb seiner ohnehin von diversen Lineaturen durchzogenen Ästhetik zukommt: Er bezeichnet zwar das Schöne immer nur *ex negativo*, bleibt aber doch die einzige Möglichkeit, immerhin im „Schattenriß" oder „im verjüngten Maßstabe" den „ganzen Zusammenhang der Dinge" zu ahnen.

Moritz differenziert die sich jeweils in der aktuellen Wahrnehmung erfüllenden äußeren Sinne, die nebeneinanderstellende Einbildungskraft und die subordinierende Denkkraft sowie die für die Bildung unabdingliche Tatkraft, die momenthaft den großen Zusammenhang des Ganzen ahnt und so den Bildungstrieb steuert.[13] Da jedoch „in einem schönem Werke" nicht „die mannigfaltigen Beziehungen der einzelnen Teile zum Ganzen" ausschließlich vom „Verstande gedacht werden" könnten, sondern diese „vielmehr nur in unsern *äußren Sinn* fallen, oder von unsrer *Einbildungskraft* umfaßt werden" müssten, so schreiben laut Moritz „unsre *Empfindungswerkzeuge* dem Schönen wieder sein *Maß* vor." (II, 968 f.) Der Umriss des *Schönen* als des in sich selbst Vollendeten wird damit doch sekundär äußerlich begrenzt. Dabei ist es symptomatisch „für die anthropologische Wende der Ästhetik, daß die Grenzen des Menschen", dessen Sinne die Erfahrung des Schönen begrenzen und dessen Gestalt mit der antiken Statue selbst im Mittelpunkt der zeitgenössischen Ästhetik

13 Zur Differenzierung der Kräfte vgl. Hans Adler: *Karl Philipp Moritz' Ästhetik und der universale Metabolismus [= Metabolismus]*, in: A. Krupp (Hg.): *Karl Philipp Moritz. Signaturen des Denkens*, 195–204, 198. Zur Leistung der Tatkraft vgl. Alessandro Costazza: *Genie und Tragische Kunst. Karl Philipp Moritz und die Ästhetik des 18. Jahrhunderts.* Bern/Berlin 1999, 91–96.

steht, „an die Stelle der einstigen Totalität des Weltganzen treten“.[14] Allerdings ist diese Beschränkung charakteristisch für die menschliche Erkenntnis, denn gäbe es sie nicht in dieser Form, so wäre notwendigerweise auch für uns „der Zusammenhang der ganzen Natur [...] das höchste Schöne“ – gesetzt den Fall, dass dieser allumfassende Zusammenhang, „eigentlich das einzige, wahre Ganze“, „nur einen Augenblick von unsrer Einbildungskraft umfasst werden könnte.“ Innerhalb dieses Ganzen sei „jedes einzelne Ganze“ jedoch „wegen der unauflöslichen Verkettung der Dinge, nur *eingebildet*“; dieses eingebildete Ganze aber unterliege „eben den ewigen, festen [Bildungs-]Regeln, nach welchen [das große Ganze in unserer Vorstellung] sich von allen Seiten auf seinen Mittelpunkt stützt, und auf seinem eignen Dasein ruht.“ Moritz resümiert also:

> Jedes schöne Ganze aus der Hand des bildenden Künstlers, ist daher im Kleinen ein Abdruck des höchsten Schönen im großen Ganzen der Natur; welche das noch *mittelbar* durch die bildende Hand des Künstlers nacherschafft, was unmittelbar nicht in ihren großen Plan gehörte. (II, 969)

Dem Künstler wird, so argumentiert Moritz im Sinne einer Signaturenlehre, „von der Natur selbst, [...] das *Maß* des Schönen in Aug’ und Seele gedrückt“: Damit wird also zumindest im Künstler das Vermögen der „Empfindungswerkzeuge“, die das „*Maß* des Schönen“ begrenzen, doch von der Natur, also dem großen Ganzen bestimmt; Moritz verbildlicht dies mit dem „Abdruck“, impliziert also mit dieser Prägung zugleich eine plastische Umrissenheit dieses Abdrucks, der das Maß bestimmt. Mit diesem Kunstgriff schaffe die Natur „doch *mittelbar*“ den „Widerschein“ des vollendeten Schönen, indem sich im Künstler das „Bild [der Natur] so lebhaft abdrückte, dass es sich ihr selber in ihre eigene Schöpfung wieder entgegenwarf.“ Der Künstler müsse durch den ihm eingeprägten Bildungstrieb der Natur „nachahmen“, „und mit der lodernden Flamm’ im Busen bilden und schaffen, so wie sie“:

> Indem seine glühende Spähungskraft in das Innre der Wesen dringt, bis auf den Quell der Schönheit selbst, die feinsten Fugen löset; und auf der Oberfläche sie schöner wieder fügend, ihre edle Spur in weichen Ton eindrückt, in

14 Schneider, *Die schwierige Sprache des Schönen*, 177. Vgl. ebd. den Hinweis auf Mendelssohns Schrift „*Über die Hauptgrundsätze der der schönen Künste und Wissenschaften*“ (zuerst in der *Bibliothek der schönen Wissenschaften und der freyen Künste* I, 2 [1757]), die ebenfalls den einzigen Gesichtspunkt behandelt, aus dem der für uns die Erscheinungen konzentrierende Künstler schaffe, wie es die Natur getan haben würde, wenn nur Schönheit des einzelnen Gegenstandes ihre Absicht gewesen wäre.

> harten Stein sie bildet; oder auf flachem Grunde, mit trennender Spitze die Gestalt aus ihren Umgebungen sondert; durch kühnen Farbenanstrich die Masse selbst nachahmt; und durch Mischung von Licht und Schatten die Fläche dem Auge entgegen rückt. (II, 969 f.)[15]

Moritz' ästhetische Prinzipien sind hier mit prometheischer Metaphorik vereint: dem Herauslösen, Absondern, Isolieren durch „glühende Spähungskraft", „mit der lodernden Flamm' im Busen". In einer Verschmelzung aller drei Elemente erscheint das schaffende „[G]lühen[]" in einer prägnanten Metapher zugleich als zerstörerisch trennender, dadurch aber erst Form als in sich vollendete konstituierender, erkennender Sehstrahl als Schneideinstrument. Moritz' primär visuell konditionierte Ästhetik orientiert sich an linearen „Spur[en]". Gleichwohl wird die visuell-lineare Komponente mitunter durch eine plastische ergänzt, die geradezu diejenige Ästhetik zu antizipieren scheint, die Rilke über 100 Jahre später in der Beschreibung von Rodins plastisch formenden Händen entwickeln wird (vgl. Kap. 26): Moritz bemerkt, die „Realität" müsse

> unter der Hand des Bildenden Künstlers zur Erscheinung werden; indem seine durch den Stoff gehemmte Bildungskraft von innen, und seine bildende Hand von außen, auf der Oberfläche der leblosen Masse zusammentreffen, und auf diese Oberfläche nun alles das hinübertragen, was sonst größtenteils vor unsern Augen sich in die Hülle der *Existenz* verbirgt, die durch sich selbst schon jede Erscheinung aufwiegt. (II, 970)

Moritz konzipiert den Fixpunkt des Werkes als eine Projektion des Künstlers *in dessen Zentrum* hinein; diese projiziert-immanente „Bildungskraft" schafft „autonom" aus sich heraus und um sich herum das „in sich selbst vollendete" Werk, das zugleich „von außen" durch die Bildungskraft des Künstlers geformt wird,[16] wobei der Stoff die gleiche hemmende Funktion bei der Gestaltung hat, wie die „Empfindungswerkzeuge" in der Wahrnehmung des Schönen dessen „Maß" definie-

15 An den nachgeschobenen Halbsätzen zu Kolorit und Helldunkel werden Moritz' Prioritäten deutlich ablesbar.

16 Vgl. dazu die Schrift *Vom Isolieren, in Rücksicht auf die schönen Künste überhaupt* (II, 1012–1014): „Isolieren, aus der Masse sondern, ist die immerwährende Beschäftigung des Menschen, er mag als Eroberer die Grenzen seines Gebiets um Meere und Länder herziehen – oder aus dem Marmorblock eine in sich vollendete Bildung hervortreten lassen. Aller Reiz der Dichtung beruht auf diesem Isolieren, [...] und darin, daß dem Isolierten ein eigener Schwerpunkt gegeben wird, wodurch es sich selbst wieder zu einem Ganzen bildet." Dem Isolierungstrieb verleiht Moritz universalen anthropologischen Anspruch auch jenseits des Systems der Künste.

ren. Moritz' Konzept der „Oberfläche“ impliziert den Widerstreit von „Erscheinung“ und „Existenz“ als Opposition von leblos-sistierter, gestalteter Sichtbarkeit und lebendiger Unsichtbarkeit, wobei die „Existenz“, da sie ja nur im großen Gesamtzusammenhang der Dinge möglich ist und notwendig mit diesem verschwimmt, normalerweise wie eine „Hülle“ den Umriss dessen verbirgt, was Moritz als „Bestimmtheit [der] Form“ (II, 996) bezeichnet. Gerade auf diese sichtbare Bestimmheit (den plastischen Kontur) wird nun die Aufgabe übertragen, das unsichtbare große Ganze, die ausgeschlossene „Hülle“, *ex negativo* widerzuspiegeln. Dabei denkt Moritz nicht an eine möglichst detailrealistische Mimesis; im Gegenteil: Je lebhafter die menschlichen Vermögen die Natur widerspiegeln, um so vollständiger werde zwar das Kunstwerk, doch schließe es durch diese präzise Bestimmtheit noch mehr aus, sein Evokationsreichtum nimmt ab. Wo es jedoch möglichst viele „Anfänge und Anlässe“ (also im Sinne der *Metaphysischen Schönheitslinie:* Endpunkte der Wahrheitslinien, vgl. Kap. 16.3) verknüpfe, um so mehr „bilde[]“ es in sich den gewissen „Reiz, der sie zur vollständigen Wirklichkeit bringt“ (II, 972 f.). Damit das Kunstwerk seine größte Täuschung entfalte (indem die Krümmung der Schönheitslinie möglichst allmählich möglichst viele, jedoch nicht *zu* viele Endpunkte der Wahrheitslinien verbindet), muss es mithin den gleichen Effekt hervorrufen wie eine Umrisszeichnung in ihrer linearen Abstraktion und suggestiven Konzentration.

In der Seele des „bildenden Genie[s]“,[17] die mittels der Tatkraft in „dunkler Ahndung“ ein „Ganzes“ gefasst hat (II, 973), entsteht eine Spannung zwischen den nicht über das Einzelne hinauskommenden äußeren Sinnen, Denkkraft und Einbildungskraft auf der einen Seite und der dunklen Ahndung des Ganzen in der Tatkraft andererseits.[18] Die Tatkraft

17 Moritz' Konzept der *Bildenden Nachahmung* verbindet in den Passagen zur Veranlagung des Genies die für seine Ästhetik charakteristischen Metaphernbereiche: den Spiegel, das Gewebe und das Punkt-und-Linien-Modell. Er bemerkt, beim „bildenden Genie“ müsse „die Organisation [...] so fein gewebt“ sein „und so unendlich viele *Berührungspunkte* der allumströmenden Natur darbieten, daß gleichsam die *äußersten Enden* von allen Verhältnissen der Natur im Großen, hier im Kleinen sich nebeneinander stellend, Raum genug haben, um [...] einander nicht [zu] verdrängen“ (II, 972). Vgl. dazu Platons Typologie kognitiver Fähigkeiten im *Theaitetos* anhand der unterschiedlichen Beschaffenheiten des Seelenpneumas (Kap. 1).

18 Zur dunklen Ahndung des Ganzen vgl. Adler, *Metabolismus,* 197 ff.

drängt nach dessen Darstellung. So muss sie schließlich *„nach sich selber, aus sich selber bilden"* und

> alle jene Verhältnisse des großen Ganzen, und in ihnen das höchste Schöne, wie an den Spitzen seiner Strahlen, in einen Brennpunkt fassen. – Aus diesem Brennpunkte muß sich, nach des Auges gemessener Weite, ein zartes und doch getreues Bild des höchsten Schönen ründen, das die vollkommensten Verhältnisse des großen Ganzen der Natur, eben so wahr und richtig, wie sie selbst, in seinen kleinen Umfang faßt. (972 f.)

Wieder begegnet hier das Modell eines Brennpunktes, aus dem heraus und um den herum sich das in sich selbst Vollendete als „Schattenriß" des großen Ganzen konstituiert. Da die Denkkraft jedoch dem *„völligen Umfange"* der Verhältnisse des höchsten Schönen nie gemäß sei, könne der „*lebendige* Begriff von der bildenden Nachahmung des Schönen" jedesmal nur in jenem „ersten Augenblick der Entstehung" stattfinden, wenn das Werk der Tatkraft „als schon vollendet" in dunkler Ahndung „auf einmal vor die Seele tritt" (II, 973). Der allerhöchste „Genuss" bleibe damit dem Genie vorbehalten, zugleich habe das „Schöne [...] daher seinen höchsten Zweck" in sich und „in seinem Werden schon erreicht" (II, 974). Für Moritz folgt daraus: „Das Schöne kann daher nicht erkannt, es muss hervorgebracht – oder *empfunden* werden." (II, 974) In diesem Punkt gründet seine Unterteilung in diejenigen, die zur bildenden Nachahmung des Schönen befähigt sind, also Künstler, die über „Bildungskraft" verfügen, und diejenigen mit „Empfindungskraft", denen immerhin im Genuss des Schönen ein Anteil gewährt wird. (II, 975) In ihrem Falle sei das „Organ" allerdings „nicht fein genug gewebt [...], um dem einströmenden Ganzen der Natur so viele Berührungspunkte darzubieten, als nötig sind, um *alle* ihre großen Verhältnisse vollständig im Kleinen abzuspiegeln", so dass „noch ein Punkt zum völligen Schluss des Zirkels fehlt", was jedoch fatale Folgen habe, denn da das „Wesen des Schönen eben in seiner *Vollendung* in sich selbst besteht", komme es gerade auf diesen allerletzten „*Vollendungspunkt*" an; gleiches gelte für das „Bildungsvermögen" im „feinere [n] Gewebe der Organisation" (II, 975).[19] Diese Differenz der Begabungen sucht Moritz in seiner Fragment gebliebenen *Neuen Cecilia* literarisch zu

19 Vgl. dazu Barbara Thums: *Das feine Gewebe der Organisation. Zum Verhältnis von Biologie und Ästhetik in Karl Philipp Moritz' Kunstautonomie- und Ornamenttheorie*, in: Zeitschrift für Ästhetik und allgemeine Kunstwissenschaft 49 2004, 2, 237–260. Vgl. zur Differenzierung von Genie und Dilettant in der „Bildenden Nachahmung" auch Costazza, *Genie und tragische Kunst*, 13–35 und 137 ff.

entfalten,[20] als Medium dieser Reflexion dienen dort bezeichnenderweise abermals Umrisserscheinungen.

Doch das Ästhetische erhält bei Moritz eine wesentliche anthropologische Komponente. Er geht in seinem Modell davon aus, dass wir stets „dies große Ganze dunkel in uns fühlen“ und das Individuum daher von einem Transgressionswunsch gelenkt werde. Das „Organ“ wolle „sich nach allen Seiten bis ins Unendliche fort[ ]setzen“, denn es wolle „das umgebende Ganze nicht nur in sich spiegeln, sondern so weit es kann, selbst dies umgebende Ganze sein.“ Dieses Prinzip erkennt Moritz in der Nahrungskette der Natur, gipfelnd im Menschen, der sich nicht nur auf organischem Wege „untergeordnete“ Organisationen einverleibe, sondern auch in der künstlerischen Schöpfung, indem er „alles, was seiner Organisation sich unterordnet“, „in den Umfang seines Daseins“ aufnehmend, „verschönert außer sich wieder dar[stelle]“, sobald „sein Organ sich bildend in sich selbst vollendet“ (II, 979). Das (nie genau definierte) „Organ“ vollendet *in der Bildung* des in-sich-selbst-vollendeten Schönen *außer sich* auch *sich selbst* „in sich selbst“. Indem der Bildungstrieb an einen Gegenstand gebunden und die Tatkraft auf diesen projiziert wird, um aus ihm als Brennpunkt heraus um sich herum das in sich selbst Vollendete (als ein fest umrissenes) zu konstituieren, setzt sich zugleich der menschliche Bildungstrieb selbst eine Grenze im gestalteten Kunstwerk,[21] die die ansonsten zerstörerisch ins Weite gehende Kraft in festen Formen bannt. Der Umriss dient damit auch als anthropologisches Zivilisations-Medium.[22]

---

20 Bei dieser Ausgestaltung geht es Moritz auch um die Differenz der Veranlagungen, die er als männlich oder weiblich konnotiert; das Konzept entwickelt er ebenfalls an dieser Stelle in der *Bildenden Nachahmung* (II, 978).

21 Im genannten Transgressionswunsch sieht Moritz den Ursprung von Krieg, Eroberung und Staatenbildung: Könne der Bildungstrieb nicht ausgelebt werden, drohe er „durch *Zerstörung* [das nicht Integrierbare] in den Umfang seines wirklichen Daseins zu ziehn.“ (II, 980)

22 Zum Extremfall des Genies vgl. II, 981: Im ‚Zauberkreis‘ des Kunstwerks vermag der Mensch nicht nur die amorphe und in ihren Ausmaßen das Subjekt überwältigende Lebenswelt zu bannen; er vermag sich vielmehr darin doch zu entgrenzen. Vgl. auch II, 988 f. zum Übergang von „Leiden […] in die Erscheinung“ und „Empfindung […] in die *Bildung*“. Was dann bleibe, die „Erscheinung“, existiere nur, weil die „Wirklichkeit“, die es sonst „hätte zerstören müssen“, durch eigene „Macht“ es von sich hätte abtrennen können, indem sie es „bildend außer sich dar[stellte]“: „So wie jedes vollkommne Kunstwerk seinen Urheber, oder was ihn umgibt, würde zernichtet haben, wenn es sich aus seiner Kraft nicht hätte entwickeln können. | In diesem Punkte treffen also Zerstörung und Bildung in eins zusammen – Denn das höchste Schöne der bildenden Künste, faßt dieselbe Summe der Zerstörung, *in einander gehüllt*, auf einmal in sich, welche die erhabenste

Moritz findet für den anthropologischen Ausblick seiner Ästhetik eine irisierende Schlussvignette, die er durch eine Gattungsdifferenzierung rahmt: Während sich ein „freudige[r] Stoff der Dichtkunst [...] in sich selber" auflöse, so Moritz, löse sich „der tragische in der Veredelung unsres Wesens durch das Mitleid [...] auf".[23] Je „edler und reiner [...] unser Mitleid" werde, wenn man vor der „Vernichtung eines Wesens unsrer Art" zittre, und dennoch das „vernichtende Vollkommnere" nicht „vertilgt" wünschen könne, da man sich „zugleich selbst in ihm doppelt vernichtet fühlen würde", dann versinke unser Mitleid „ganz in sich selbst", so dass es „sich zu der unaufhaltbaren Träne ründet, worin unser ganzes mitleidendes Wesen, aus seinem zartesten Vollendungspunkte, sich aufzulösen und zu zerfließen strebt." (II, 987)[24] In diesem ephemersten Bild der Vollendung und der Gestaltwerdung des schönen Schmerzes ist zugleich die Quintessenz von Moritz' Ästhetik enthalten: in einem spiegelnden und doch transparenten Gebilde, in sich vollendet und doch von allerprekärster Gestalt, entstanden aus dem Leiden des Individuums, von dem es sich ablöst und sich in sich selber rundet.

Dichtkunst, nach dem Maß des Schönen, *auseinander gehüllt,* in furchbarer Folge uns vor Augen legt." Der Umriss des höchsten Schönen der Kunst muss damit auch gleichsam als ästhetischer Zaum fungieren. – Vgl. Heinz Drügh: *„Eine Summe der Zerstörung, ineinander gehüllt". Über Kunst und Wirklichkeit bei Karl Philipp Moritz,* in: Lenz-Jahrbuch 13–14, 2008, 123–142.

23 Vgl. II, 985 ff. zur Begründung, der Mensch bedürfe der Kunst aufgrund seiner exponierten Position in der Kette der Lebewesen: Die Menschheit „büße[ ]" den „Raub ihres höheren Daseins, an der ganzen umgebenden Natur, mit den Leiden der Seele". In der Darstellung löse sich aber „die Duldung in die Erscheinung auf", und „das individuelle Leiden [...] geht in das erhabnere *Mitleiden* über". (II, 985) Dadurch werde „eben das Individuum aus sich selbst gezogen, und die Gattung wieder in sich selbst vollendet".

24 Zum „[t]ragischen" Aspekt der künstlerischen „Bildung" bei Moritz vgl. Costazza, *Genie und Tragische Kunst,* 329 ff.

16.2 Linear-Theoreme in der Schrift *In wie fern Kunstwerke beschrieben werden können?*: „Beschreibung durch Konturen“ und „Beschreibung durch Worte“

Moritz' radikal amimetischer Beitrag zur Theorie der Kunstbeschreibung[25] interessiert im Kontext der Umrissphänomene in Moritz' Ästhetik nicht primär aufgrund seiner oft bemühten Eingangssequenz, die den Mythos von Philomele und Prokne zitiert und den Akzent auf das „komplexe[], sich selbst auslegende[] Signifikantengewebe“ legt.[26] Zwar ist bemerkenswert, dass Moritz auch hier, wo die „Beschreibung [...] mit dem Beschriebenen eins geworden“ ist, ambivalent die „stummen Charaktere“ anführt, deren „bloßes *Dasein*“ bereits den „Frevel“ bezeugt, „der sie veranlaßt hatte.“ Moritz setzt wohl bewusst mit den „Charakteren“ ein Wort, das sowohl dargestellte *Figuren*, menschliche Umrisse also, meinen kann als auch Buchstaben. Allein die Tatsache ihres Vorhandenseins macht sie jedoch ‚sprechend‘, da „[j]eder mühsam eingewebte Zug [...] laut um Rache“ schreit (II, 992). Ob gewebte Letter oder gewebte menschliche Gestalt: Beiden eignet der „Zug“ als sich selbst auslegendes Element, das sich als *Spur* oder *Signatur* des zu Bezeichnenden dem Material eingeprägt hat. Wie bereits bei anderen Autoren erweist sich damit auch bei Moritz der „Zug“ als seltsam elusiver, ambivalenter Terminus.[27]

Der Ausdruck des Kunstwerkes, so Moritz, sei nun

> über allen fernern Ausdruck durch Worte erhaben [...], welche eben da aufhören müssen, wo das echte Kunstwerk anfängt.

---

25 In: Moritz: *Werke* II, 992–1003; entstanden etwa im Juni 1788 in Rom. Vgl. zu der Schrift Lothar van Laak: *Selbstgefühl und literarische Imagination. Überlegungen zu einer Mediengeschichte der Einbildungskraft um 1800 (Goethe, Moritz, Tieck)*, in: Theorien der Literatur 5, 2011, 217–233, 223 f., sowie Edgar Landgraf: *The psychology of aesthetic autonomy. The signature of the signature of beauty*, in: A. Krupp (Hg): *Karl Philipp Moritz. Signaturen des Denkens.* Amsterdam [u. a.] 2010, 205–226, und Tomishige Yoshio: *Spur und Zeit. „In wie fern Kunstwerke beschrieben werden können?“ von Karl Philipp Moritz*, in: Ute Tintemann/Christoph Wingertszahn (Hg.): *Karl Philipp Moritz in Berlin 1789–1793.* Hannover-Laatzen 2005, 119–126.

26 Helmut Pfotenhauer: *„Die Signatur des Schönen“ oder „In wie fern Kunstwerke beschrieben werden können?“. Zu Karl Philipp Moritz und seiner italienischen Ästhetik*, in: H. Pfotenhauer (Hg.): *Kunstliteratur als Italienerfahrung*, 67–83, 69.

27 Vgl. weiter bei Moritz: „Daß sie es in dies Tuch würkte, macht ja selbst den rührendsten Zug in der Schilderung ihrer Leiden aus.“ (II, 993) – Pfotenhauer, *„Die Signatur des Schönen“*, 69, geht nicht auf die Ambivalenz der „Charaktere“ ein.

> Denn darin besteht ja eben das Wesen des Schönen, dass ein Teil immer durch den andern und das Ganze durch sich selber, redend und bedeutend wird – dass es sich selbst erklärt – sich durch sich selbst beschreibt – und also außer dem bloß andeutenden Fingerzeige auf den Inhalt, keiner weitern Erklärung und Beschreibung mehr bedarf. (II, 994)

Weiterer Erklärungsbedarf sei nur Zeichen mangelnder Vollkommenheit, „denn das erste Erfordernis des Schönen ist ja eben seine *Klarheit*, wodurch es sich dem Aug entfaltet." Hieraus erhellt die Bedeutung des Umrisses für eine solche Kunstkonzeption: Er definiert die Grenze des in sich selbst Vollendeten, er umschreibt bzw. „beschreibt" es und konstituiert das sich selbst erklärende „Ganze"; damit ist er auch der primäre Garant der „*Klarheit*". Der hiermit verbundene Gedanke der Fältelung[28] ist prägend für Moritz' ‚Oberflächen'-Ästhetik:

> Das in die Hülle der Existenz, gleich dem elektrischen Funken, verborgne Schöne findet allenthalben statt, und dient der hässlichsten Oberfläche sehr oft zur Unterlage – wo also die Kunst es auf der Oberfläche darstellen will, muss sie es auch notwendig *ganz* entwickeln, und es gleichsam aus sich selbst enthüllen.
>
> Wo dann das echte Schöne sich uns entfaltet, da ist es durch sich selbst die vollkommenste Erklärung der Vollkommenheit, die im Innern der Natur verborgen, unter tausend Gestalten lauscht [...].
>
> Es ist eine deutliche Beschreibung dessen, was unsrer Sterblichkeit nur dunkel ahndet. (II, 994)

Hier zeigt sich abermals die für Moritz' Ästhetik so zentrale (scheinbare) Simultanität des Sukzessiven in der Anschauung des Kunstwerks. Dabei stützt er sich in dem Motiv der Fältelung wesentlich auf diejenige Form der Erkenntnis, die Leibniz der göttlichen Monade vorbehalten sieht: „die Schönheit des Universums" ließe sich „in jeder Seele erkennen, wenn man alle ihre Einfaltungen entfalten könnte, die sich merkbar nur mit der Zeit entwickeln" („si l'on pouvoit deplier tous ses replis qui ne se developpent sensiblement qu'avec le tems.").[29] Allein die göttliche Monade ist also fähig, das für sterbliche Wahrnehmung Sukzessive auf einmal zu überblicken. Die „Entfaltung", die Moritz sogleich auf ihre Begrenzung und „Beschreibung" hin konzipiert, wird seinem Modell des generativen Brennpunkts inte-

---

28 Diesen entlehnt Moritz (wie auch wesentlich seine visuelle Metaphorik) Leibniz, vgl. Kestenholz, 42.

29 G. W. Leibniz: *Principes de la Nature et de la Grâce fondés en Raison, § 13,* in: G. W. L.: *Monadologie und andere metaphysische Schriften.* Frz./dt. Hg., übs., mit Einl., Anm. u. Registern versehen v. Ulrich Johannes Schneider. Hamburg 2002, 166 f. – Vgl. Kestenholz, 42.

griert, aus dem heraus sich das in sich selbst vollendende Kunstwerk entfaltet und zugleich seinen Radius um sich selbst zieht. Der „elektrische[] Funken“, Index des pygmalionischen Verlebendigungswillens seines Schöpfers, wird als zeitgenössisches Faszinosum in dieses Werk hineinprojiziert, das doch im Modus seiner umgrenzten Sistierung und damit Mortifizierung entworfen wurde.[30] Der ‚entfalteten‘ Oberfläche kommt eine über das Ästhetische hinausweisende Funktion zu: So befriedige es, wenn „die Ursach in ihrer Wirkung“, „das innere Wesen der Dinge in ihren äußren Formen und Gestalten“ *lesbar* werden; je mehr etwas „durch seine äußere Form [...] sein innres Wesen uns enthüllt“, „um desto vollkommner“ erscheine es uns. Oberfläche und sichtbarer Umriss tragen somit zur Bewältigung der sonst als amorph-kontingent erfahrenen Lebenswelt bei, indem sie unsichtbare Zusammenhänge in ihrer formalen „Beschreibung“ ihres „innere[n] Wesen[s]“ uns „*lesbar*“ machen. Ganz in Übereinstimmung mit der Gattungshierarchie klassizistischer Kunsttheorie kann Moritz so behaupten:

> Eben darum rührt uns die Schönheit der menschlichen Gestalt am meisten, weil sie die inwohnende Vollkommenheit der Natur am deutlichsten durch ihre zarte Oberfläche schimmern, und uns, wie in einem hellen Spiegel, auf den Grund unsres eignen Wesens, durch sich schauen läßt.
>
> Die Nacktheit selber [...] ist bei dem Menschen das höchste Siegel der Vollendung seiner Schönheit [...].
>
> Denn die Nacktheit selbst entsteht ja aus der vollkommensten *Bestimmtheit* aller Teile, wodurch alles Zufällige von der vollendeten Bildung ausgeschlossen wird, und nur das Wesentliche auf der Oberfläche erscheint.“ (II, 995)

„Nacktheit“ scheint für Moritz identisch zu sein mit dem idealen Kontur der menschlichen Gestalt. Mit dem wie beiläufig erwähnten „Siegel“ wird die Bestimmtheit der menschlichen Körperoberfläche, deren äußerste Begrenzung der Kontur ist, wiederum in die Tradition der Spuren- bzw. Signaturenlehre eingereiht; der menschliche Körper in seiner größten sichtbaren, bestimmten Formvollendung zeugt von der prägenden

30 Sabine Schneider, *Die schwierige Sprache des Schönen*, 11, hat auf „[d]ie immanente Nähe der Autonomievorstellung zu Bildern des Todes“ hingewiesen, die „besonders bei Moritz evident“ sei. In diesem Kontext stehe neben der zeittypischen „Konjunktur des Pygmalionmotivs“ und den „Verlebendigungs- und Verschmelzungsphantasien“ vor allem auch „die normierende Festschreibung des ‚Kontur‘, der reinen, begrenzenden Form“.

Schöpfungsmacht der Natur.[31] Die „allervollkommenste[ ] *Bestimmtheit*" finde sich „in der Gestalt des Menschen", wo sie sich „bis auf die feinsten Züge [...] erstreck[e]". Und nun

> tritt endlich, in dem beweglichsten Teile des Organs, die *redende Stimme* selbst ein, welche als das Resultat der vollkommensten Bestimmheit [die in den feinen Werkzeugen der Rede und dem rational-diskursiven Denken als Grundlage des Sprechens liegt], nun auch alles übrige in der Natur *bestimmt*, und durch das Wort ihm seine Grenzen vorschreibt. – (II, 997)

Sprache und sprachbestimmtes Handeln werden hier nicht nur theoretisch als weltgestaltendes Potential dargestellt, dessen „Definitionen" Gegenstände der Welterkenntnis sondern und isolieren; Moritz setzt dieses Potential vielmehr auch praktisch um, indem er *sprachlich* die „feinsten Züge", denen diese Äußerung doch allererst entspringt, in einer reflexiven Bewegung beschreibt und ihnen wie ihrem sprachlichen Potential die „Grenzen vorschreibt".

Beweglichkeit, Bestimmheit und Bedeutung-in-sich-selber werden von Moritz als kongruent dargestellt: „Jemehr" sich „aus der harten, umgebenden Hülle das Zarte, Bewegliche [...] entwickelt, um desto redender und bedeutender wird es durch sich selber" (II, 997) – als Beispiel für die starre Hülle gilt ihm der Baum, während die vollkommenste Verfeinerung in der Sprache des Menschen erreicht werde. Diese Kette der Lebewesen, gestaffelt nach den eben genannten drei kongruenten Kriterien, verknüpft Moritz durch einen vagen Pneuma-Begriff, den er wie sein Monaden-Modell ästhetisch modifiziert, indem er bemerkt, es sei „derselbe Hauch der Luft", der „in den Blättern des Baumes rauscht", „in der Kehle der Nachtigall zu schmelzenden Tönen, und auf der redenden Lippe des Menschen zum verständlichen Laut sich bildet". Es ist signifikant, wie Moritz die Sprache als Ausdruck höchster Bestimmtheit und rückwirkender Gestaltungskraft nochmals steigert, indem er das zunächst bloß pittoresk anmutende Beipiel eines Hirten nennt, der den „*Name[n]*" seiner Geliebten „mit scharfer Spitze der wachsenden Rind' [...] einverleibt." (II, 997) In diesem traditionellen Motiv schafft Moritz eine Miniatur seiner ästhetischen Theorie der „Signatur": „Dieser unabänderliche *Name*", der in dieser Textpassage nicht nur als Symbol für die Liebe als universalen Belebungs- und Bildungstrieb fungiert, sondern in seiner rationalen Irreduzibilität und „[U]nabänderlich[keit]" auch zugleich als Höhepunkt der Sprache *und* sie überwindende, über ihre begrifflichen Grenzen hinaus-

31 Vgl. auch Georg Braungart: „*Intransitive Zeichen*": „*Die Signatur des Schönen*" *im menschlichen Körper bei Karl Philipp* Moritz, in: Rhetorik 13 1994, 3–16.

gehende Instanz, grenzt strukturell und funktional an Moritz' Konzept des Schönen: Man kann von dem Namen und der damit bezeichneten Individualität, wie vom Schönen, nichts anderes sagen als: *„es ist!“* Indem Moritz den sprachlich fixierten Namen von Menschenhand in eine Baumrinde einritzen lässt, schafft er ein wiederum zyklisch strukturiertes Bild, da die subtilste Ausprägung des beweglichen, sichtbar bestimmten menschlichen Wesens – die Sprache der redenden Lippe, graphisch fixiert – seine Signatur (wie die eines Autors) demjenigen „einverleibt“, was auf Moritz' Skala der sichtbaren Bestimmtheit, in der das innere Wesen sich im Äußeren zeige und damit als Schönheit wahrgenommen werde, als das am meisten *unbestimmte,* am niedrigsten rangierende angeführt worden war: die das Innere verbergende Rinde des Baumes. Moritz zeigt hier, wie Sprache, die graphisch-plastisch im Akt des Einritzens Gestalt gewinnt und schafft, die materielle Natur bildet und formt. Zudem gibt Moritz mit dem Bild dieses Namen-Einritzens auch eine Art *sphragis,* die auf sein eigenes Konzept der Spur des Schönen in der Seele verweist, die wiederum auf den seit der Antike tradierten Siegel/Wachs-Vergleich rekurriert, mit dem die Erkenntnis- und Erinnerungsleistung veranschaulicht wurde.

16.2.1 Die „*Spur* auf dem Grunde der Einbildungskraft“

Der Mensch vereint nach Moritz' Ansicht die meisten Formen der ‚Bestimmtheit‘ in seinem Wesen: neben „Bildung“ und „Bewegung“ des Körpers insbesondere auch den „Laut“. Dies bewirke nun eine zirkuläre Struktur, indem „das Umfassende [der Hauch] sich wieder selbst umfassend“ – in der bestimmenden, definierenden Sprache – „auf seiner Umgrenzung wandelt – und mit dem aufmerksamen Ohre, von der äußersten Zungenspitze, seines Wesens Widerhall vernimmt. –“ (II, 997 f.) Die Sprache wird zur akustischen Monade bzw. zur akustischen Variante von Moritz' abstraktem Modell der metaphysischen Schönheitslinie (s. u.) stilisiert; die Loslösung der Sprache „von der äußersten Zungenspitze“ greift einmal mehr sein Modell des Kulminationspunktes, des Fokus oder „Vereinigungspunktes“ auf, in dem sich Schöpfer und Geschaffenes, wahrhaft-ewiges Schönes und artifiziell-scheinbares Schönes für einen Moment berühren. Nachdem Moritz diesen „Widerhall“ auch typographisch in der Textstruktur hat nachklingen lassen (auf den Gedankenstrich nach „Widerhall vernimmt. –“ [II, 998] folgt nach einer Leerzeile ein langer Querstrich) beginnt er mit dem zweiten Teil seiner Studie, eingeleitet durch die Feststellung:

> Hier ist es also, wo Bildung und Laut sich scheiden. – Durch das redende Organ beschreibt die menschliche Gestalt sich selber in allen *Äußrungen* ihres Wesens – da aber, wo das wesentliche Schöne selbst auf ihrer Oberfläche sich entfaltet, verstummt die Zunge, und macht der weisern Hand des bildenden Künstlers Platz.

Damit ist Moritz bei dem eigentlichen Anliegen seines Textes angelangt, der Frage nach dem Verhältnis von Bildung und Laut, Werken der bildenden Kunst und jenen der Literatur. Der Hauptunterscheid liegt für Moritz in der Mittelbarkeit der Darstellung des Schönen:

> Denn da, wo das Denkende Gebildete in den äußersten Fingerspitzen sich in sich selbst vollendet, vermag es erst, das Schöne *unmittelbar* wieder außer sich darzustellen. – Indes die Zunge durch eine bestimmte Folge von Lauten jedesmal harmonisch sich hindurch bewegend nur *mittelbar* das Schöne umfassen kann; in so fern nehmlich die mit jedem Wort erweckten und nie ganz wieder verlöschenden Bilder, zuletzt eine *Spur* auf dem Grunde der Einbildungskraft zurücklassen, die mit ihrem vollendeten Umriß dasselbe Schöne umschreibt, welches von der Hand des bildenden Künstlers dargestellt, auf einmal vors Auge tritt.
>
> Worte können daher das Schöne nicht eher beschreiben, als bis sie in der bleibenden Spur, die ihr vorübergehender Hauch auf dem Grunde der Einbildungskraft zurückläßt, *selbst wieder zum Schönen werden.* – (II, 998)

In einer weiteren (metonymischen) punktuellen Konzentration, diesmal auf die „Fingerspitzen" als Konnex zwischen Künstler und Werk, schafft Moritz hier ein theoretisches Strukturpendant zu seiner Beschreibung von Michelangelos *Schöpfung Adams* in der Sixtinischen Kapelle.[32] Gegenüber dieser „*unmittelbar[en]*" Darstellung des Schönen „außer sich", die es in graphischen Umrissen oder plastischen Konturen sichtbar machen kann,

32 Am 11. Oktober vermerkt Moritz unter der Überschrift *Michel Angelo* (II, 677 f.), in dessen „Gemälde" der Schöpfung Adams herrsche „der erhabenste Ausdruck […], wodurch die Malerei selbst zur Sprache wird, oder vielmehr die Sprache unendlich übertrifft. Der schaffende Vater […] hat die Schöpfung des Menschen vollendet, und der bildende Zeigefinger des Schaffenden berührt nur noch in der äußersten Spitze eben den Finger des Geschaffenen, den er, sich selber ähnlich, hervorgebracht hat." Adam zeige, wie sich „die schaffende Allmacht […] in ihrem schönen Ebenbilde" spiegele. Hier finden sich zugleich das monadologisch geprägte Spiegel-Modell und das Moment des Punktuellen, in dem sich der Umriss des in sich selbst Vollendeten schließt und von seinem Schöpfer ablöst: „Der Begriff der *Vollendung* konnte gewiß nie erhabener ausgesprochen werden, als durch diese redende Darstellung, wo der Meister von dem Werke, das er gebildet hat, nun seine Hand abzieht, nachdem es in einem vollkommenen Guß bis zu der äußersten Fingerspitze in dem Ebenmaß seiner Teile sich gewölbt und geründet hat."

bleibt dem Dichter jedoch nur die Möglichkeit, es „*mittelbar*" mit Worten zu „umfassen". Dabei ist Moritz Beschreibung stark von materieller Bildlichkeit geprägt,[33] um die tatsächlich *bildende* Kraft der Sprache zu inszenieren. Das Motiv der „*Spur*" „auf dem Grunde der Einbildungskraft" führt direkt zu dem Aspekt der Moritzschen Ästhetik, der für die Frage nach der Funktion von Umrisskonzepten in seinem Denken zentral ist. Auf den ersten Blick rekurriert die Bildlichkeit auf den Siegel-Wachs-Vergleich antiker Wahrnehmungstheorie (vgl. Kap. 1). Doch im Rahmen von Moritz' radikal autonomieästhetischer Konzeption des Kunstwerks unterzieht er dieses Modell einer fundamentalen Transformierung. Hatte in der Tradition der Aufklärungspoetiken gegolten, dass eine möglichst um *enargeia*, *evidentia*, also detaillierte Deutlichkeit bemühte Darstellung im literarischen „Gemählde" auch in der Seele des Zuhörers bzw. Lesers einen ebenso detallierten „vollendeten Umriss d[e]sselbe[n] Schöne[n]" nachzeichnen werde, so geht es Moritz darum, die literarische ‚Mahlerey' von ihrer Verpflichtung auf die Mimesis zu befreien. Dass die Worte jedoch „*selbst wieder zum Schönen werden*", sei erst dort möglich („auf dem Punkte"), wo „Dichtung" an die Stelle der detailgetreuen „Wahrheit" (einer Beschreibung) trete, „und die Beschreibung mit dem Beschriebnen eins wird, weil sie […] ihren Endzweck in sich selber hat" (II, 998). Das autonome literarische „Gemählde" soll also amimetisch einen „vollendeten Umriss" schaffen, der als „Spur" auf seine eigene in-sich-selbst-vollendete Weise und damit „im verjüngten Maßstabe" das inkommensurable höchste Schöne abbildet. Moritz' Konzept vom in sich selbst vollendeten Wortkunstwerk als „*Spur*" „auf dem Grunde der Einbildungskraft" ist das Konzept einer im engsten Wortsinne *plastischen* Kunst des literarischen Kontur. Aus all diesen Prämissen folgt für Moritz schließlich die ekphrastische Maxime:

> Bei der Beschreibung des Schönen durch Worte, müssen also die Worte, mit der Spur, die sie in der Einbildungskraft zurücklassen, zusammengenommen, selbst das Schöne sein.
>
> Und so müssen auch bei der Beschreibung des Schönen durch Linien, diese Linien selbst, zusammengenommen, das Schöne sein, welches nie anders als durch sich selbst bezeichnet werden kann; weil es eben da erst seinen Anfang nimmt, wo die Sache mit ihrer Bezeichnung eins wird. (II, 999)

33 Und dies gewissermaßen auf doppelte Weise, da bereits die „Folge von Lauten" geradezu als Masse dargestellt wird, durch die „hindurch" sich die Zunge „beweg[t]", als bahne sie sich einen Weg – und hinterlasse dabei eine „Spur".

Moritz integriert eine subtile Volte. Während in der bildenden Kunst „diese Linien selbst [also Konturen und Umrisse], zusammengenommen, das Schöne" bezeichnen und damit schon das Schöne *sind*, da dieses ja „nie anders als durch sich selbst bezeichnet werden" könne, müssen in literarischen Kunstwerken „die Worte", mit ihren inhaltlichen wie lautlichen Elementen, mit ihrer „Spur" in der Einbildungskraft *„zusammengenommen"* paradoxerweise *„selbst* das Schöne sein." [Meine Hervorhebungen, C. K.] Das Schöne, so scheint es, kann nur als ein plastisch *Gebildetes* gedacht werden.

Nachdem er solchermaßen die Relevanz der „Spur", die eine Dichtung hinterlässt, vorbereitet hat, gelangt Moritz schließlich zur radikalen Zuspitzung seiner These:

> Die echten Werke der Dichtkunst sind daher auch die einzige wahre Beschreibung durch Worte von dem Schönen in den Werken der bildenden Kunst, welches immer nur mittelbar durch Worte beschrieben werden kann, die oft erst einen sehr weiten Umweg nehmen [...] müssen, ehe sie auf dem Grunde unsers Wesens dasselbe Bild vollenden können, das von außen auf einmal vor unserm Auge steht.
>
> Man könnte in diesem Sinne sagen: das vollkommenste Gedicht sei, seinem Urheber unbewußt, zugleich die vollkommenste Beschreibung des höchsten Meisterstücks der bildenden Kunst [...]; – wenn wir nur einen Augenblick auf den Grund unsers Wesens schauen, und dort die Spur uns erklären könnten, welche nach Lesung des Homer dieselbe Empfindung des Schönen in uns zurückläßt, die der Anblick des höchsten Kunstwerks unmittelbar in uns erweckt. (II, 999)

Die in der *Bildenden Nachahmung* getroffene Unterscheidung zwischen den Erkenntnismöglichkeiten der Vermögen (Sinne, Denkkraft, Einbildungskraft, Tatkraft) wird hier auf die Unterscheidung von bildender Kunst und Literatur im Hinblick darauf übertragen, wie sich das „Schöne" an ihnen erkennen lasse: Werke der bildenden Kunst entsprechen in ihrer Wirkung dem Potential der dunkel ahndenden *Tatkraft*, die das Ganze momenthaft zu umfassen vermag. Dichterische Werke hingegen unterliegen wie die nebeneinanderstellende Einbildungskraft (und wie die subordinierende Denkkraft) dem Zwang des Sukzessiven. Dieses erkenntnistheoretische Defizit wird jedoch nivelliert, da diese plastisch „Spuren" einprägende Sprache für Moritz die äußerste Verfeinerung der menschlichen Gattung im Hinblick auf ihre *Bestimmtheit*, *Beweglichkeit* und das *in sich Bedeutungsvolle* darstellt. Nur als solche ist sie in der Lage, amimetisch das höchste Schöne darzustellen; und Moritz formuliert nun zugleich mit der Absage an die mimetische „poetische Mahlerey" eine Absage an eben das Denken, dessen Grundprinzip er sich anverwandelt hat: die Tradition der auf Analogien beruhenden Spuren- bzw. „Signaturenlehre“ als Residuum des Glaubens an eine wohlstrukturierte Weltordnung. Denn es sei deutlich,

> daß die zurückgelaßne Spur von irgend einer Sache, von dieser Sache selbst so unendlich verschieden sein könne, daß es zuletzt fast unmöglich wird, die Verwandtschaft der Spur mit der Gestalt des Dinges, wodurch sie eingedrückt ward, noch ferner zu erraten. – So wie denn jede sich fortbewegende Spitze einerlei Spur zurückläßt, die übrige Gestalt des Dinges, woran sie befindlich ist, mag auch beschaffen sein, wie sie wolle. (II, 999)

Damit pointiert Moritz sein Konzept der immer identischen „Spur“ des abstrakten höchsten Schönen, die in unserm Innern den „Grund“ unserer „Einbildungskraft“ prägend durchzieht, ohne uns jemals erkennbar sein. Der „Grund unserer Einbildungskraft“ wird damit ebenso zur *terra incognita* wie der inkommensurable Umkreis des höchsten Schönen, dessen Signatur ihm eingeschrieben ist.

In der zurückgelassnen jeweiligen *„letzten* Spur“, so argumentiert Moritz, könne

> [d]as Allerverschiedenste [...] sich wieder gleich werden; wie denn alles was da ist, sich auf dem Punkte gleich wird, wo seine äußersten Spitzen in unserm Denken zusammentreffen, und dort eine gemeinschaftliche Spur von sich zurücklassen, die mit nichts außer sich mehr Ähnlichkeit hat, und eben daher von allem was da ist, ohne Hinderung sagen kann: es ist. (II, 1000)

Als Vereinigungspunkt bezeichnet dieses Moment zugleich die Auflösung des Individuellen in die Emphase nicht hinterfragbaren Seins bzw. in Moritz’ Modell einer Abstraktion „der reinsten Verhältnisse“. Denn nach diesem Modell entstehe

> auf dem Grunde der Einbildungskraft, da, wo die in ihr erweckten Bilder ihre letzte, leiseste Spur zurücklassen, durch das Zusammentreffen aller dieser Spuren etwas von allen den einzelnen Bildern ganz Verschiednes [...], das bloß die reinsten Verhältnisse in sich faßt, nach welchen das ganz voneinander Verschiedne sich um und zu einander bewegt.

Was Moritz hieran anschließt, ist konsequent, mutet allerdings in dieser Konsequenz auch befremdlich an. Eben die Lineamente, die er in den Dingen bzw. in den Spuren der Dinge als Abstraktionen oder vielmehr Signaturen der universalen Harmonie entdeckt, bestimmen in gleicher Weise auch das wahrnehmende und erkennende Organ. Für Moritz gibt es

> in der ganzen Natur keine so sanften und reinen Bewegungen von Linien um und zu einander, als in der Bildung des Auges selbst, in dessen umschatteter

Wölbung Himmel und Erde ruht, während daß es das Allerverschiedenste in seinen reinsten Verhältnissen in sich faßt. –

Was sich zunächst als abstrakte Beschreibung einer subtilen Choreographie von Linienbewegungen liest, wird gebündelt im Organ der visuellen Erkenntnis, das der Signaturenlehre ebenso gemäß wie neuplatonischen Theoremen nicht anders beschrieben wird denn als monadenhafter Spiegel der allumfassenden Schöpfung und ihrer harmonischen Lineamente. Als einem solchen Spiegel muss Moritz dem Auge auch größte *ästhetische* Relevanz zusprechen:

> Daher kömmt nichts unter allem Sichtbaren dem Sehenden selbst an Schönheit gleich, und die sanfte Spur des Sehenden in seine ganze Umgebung verhältnismäßig eingedrückt, ist von allem Sichtbaren allein vermögend, uns *unmittelbar* Liebe und Zärtlichkeit einzuflößen. (II, 1000)

Zum zweiten Mal erscheint in diesem Text, der insgesamt nicht gerade zu den Hauptwerken empfindsamer Literatur gezählt werden wird, an unerwarteter Stelle die „Liebe". Galt es oben, im Bilde des verliebten Hirten, diese als spezifisch menschlichen umfassenden Bildungstrieb einzuführen, so dient sie nun als Mittlerinstanz zwischen Ästhetischem und der Empfindung – und wird doch, indem das liebeerweckende Auge als „eingedrückt[e]" „Spur" und abstrakte Konfiguration von Lineamenten beschrieben wird, eher zu einer Liebe zum höchsten Schönen-an-sich, die sich an dessen sichtbarer Spur im Umriss des Auges entzündet:[34] Hier sieht Moritz die „reinsten Verhältnisse[ ] der Bildung" vollendet ausgebildet: Wo

> die Scheidung des Gewölbten über [dem Auge] in den einander entgegenkommenden Augenbraunen sich sanft zu einander neigend, die Wiedervermählung des Getrennten in jedem untergeordneten Zuge vorbereitet, und der ganzen sich herabsenkenden Umgebung, bis zu den Spitzen der Zehen, die immerwährende Spur von Scheidung und von Wölbung eindrückt. (II, 1001)

Moritz' neuplatonisch akzentuierte Signaturenlehre mündet hier in solch bedingungslose Konsequenz, dass sich der Leser mitunter des ungläubigen Kopfschüttelns nicht enthalten kann, wenn er den menschlichen Körper dergestalt zu einer Konstellation von isolierenden und sich um sich selbst rundenden Lineamenten segmentiert. Eine solche *Formen*-Wahrnehmung ist letztlich alles andere als die ganzheitliche momenthafte Erkennntis, die Moritz theoretisch im gleichen Text propagiert; seine Beschreibung folgt

34 Vgl. Kestenholz, 103 f. zum „Auge" als „sichtbare[m] Symbol von Einheit und zugleich letzte[r] Instanz von homogenisierender Abstraktion".

analytisch der bezeichneten Spur in all ihren Windungen. Als Fokus dient dabei wieder und wieder das menschliche Gesicht:

> So sinkt die erhabne Wölbung der Stirn [...] bis zu dem leisesten, verlorensten Zuge des Mundes herab, dessen sanftgebogener Rand wiederum auf der stützenden Wölbung des Kinnes ruht, das durch sich selbst emporgetragen, und in sich ruhend, seinen eignen Umriß um sich selber zieht. (II, 1001)

Anthropomorphes wird ornamentalisiert und bis zur Unkennntlichkeit formalisiert; die Beschreibung des „Randes" könnte eben so gut einer Vase gelten – in genau umgekehrter Perspektive hatte Winckelmann in antiken Gefäßen den Kontur jugendlicher Körper wiedererkennen wollen (vgl. Kap. 10). Nicht mehr die Form als Form des Menschlichen Antlitzes ist bedeutend, sondern als schlichte bestimmte Form-an-sich. Moritz kommt hier dennoch in der *Methode* seiner Beschreibung, dem aktivisch geschilderten Verlauf quasi personifiziert dargestellter Linien, unversehens früheren Positionen der Kunstbeschreibung erstaunlich nahe. Sowohl bei Hagedorn als auch bei Winckelmann und bei Heinse findet sich ein ähnlicher, allerdings ungleich sinnlicherer Nachvollzug einmal des sanft sich verlierenden Farbschmelzes im menschlichen Antlitz, besonders am Mund (Hagedorn, vgl. Kap. 11) und dann der wellenförmig ineinander sich verlierenden Konturen der Muskulatur antiker Plastik (Winckelmanns *Torso*-Beschreibung und Heinses Notizen zum *Torso* sowie zum *Apoll*; vgl. Kap. 10 bzw. Kap. 15). Moritz jedoch seziert den Körper und bietet gleich einem ästhetischen Anatomen einen *écorché*, an dem anstelle der Muskelstränge die „Spuren" seiner universalen Geometrie freigelegt sind. Anders als bei Winckelmann, der eine allegorische Deutung selbst isoliert betrachteter Muskelpartien vornahm, wenn ihn der Rücken des Torso unversehens zur visionären Entrückung in heroische Landschaft inspirierte, sind jedoch bei Moritz die Konturen, wie alles in sich selbst Vollendete, an sich bedeutungsvoll,[35] als Signatur des höchsten Schönen.

35 Dass auch Moritz' programmatisch anti-allegorische Linear-Ästhetik nicht auf ähnliche Deutungsmuster verzichtet, sie vielmehr sogar synästhetisch anreichert, zeigt ein Blick auf seine Notizen zum *Apollo Musagetes* (II, 690): „Die schrägen Parallellinien, in welchen die Falten sich zurückbiegen, und nach unten zu wieder vorwärts treten, geben einen anschaulichen Begriff [!] von der Einheit des Mannigfaltigen, welcher macht, daß die Harmonie der Tonkunst selber in dieser Figur verkörpert zu sein scheint – –". In der Figur scheine alles „musikalische Bewegung" zu sein: „Denn selbst die Linie, in welcher der Arm sich emporhebt, und der Fuß vorwärts tritt, bezeichnet Takt und Rhythmus [...]". Vgl. Schneider, 186. Zur Draperie bei Moritz, jedoch ohne Bezug auf den Kontur, vgl. Claudia Sedlarz: *Rom*

Moritz führt Umrisse auf die letzte formal mögliche Abstraktionsstufe, der Blick gilt ihrer Eigenschaft *als Umrisse* und der Art ihres Bedeutens, nicht mehr dem, was sie außer sich selbst bzw. außer ihrem Darstellungsmodus bedeuten sollen.[36]

Im Druck folgt nach einem langen Querstrich ein argumentativer Sprung, und zwar zurück

> auf den Punkt […], daß die Werke der bildenden Künste selbst schon die vollkommenste Beschreibung ihrer selbst sind, welche nicht noch einmal wieder beschrieben werden kann.
>
> Denn die Beschreibung durch Konturen ist ja an sich selbst schon bedeutender und bestimmter, als jede Beschreibung durch Worte.
>
> Umrisse *vereinigen*, Worte können nur auseinander sondern; sie schneiden in die sanfteren Krümmungen der Konturen viel zu scharf ein, als daß diese nicht darunter leiden sollten. (II, 1002)

Moritz verknüpft den propagierten Primat des Gesichtssinnes bei der Erkenntnis der zugleich trennenden und verbindenden Funktion des Umrisses nun mit seinem Konzept der „Signatur des Schönen", die sich als Spur in den Umrissen des Kunstwerks „bedeutend[] und bestimmt[]" abbildet. Diese sich selbst beschreibenden sichtbaren Umrisse werden paradoxerweise allein der immanenten fortwährenden Bildung zwischen „sanfte[r] Trennung des Zusammengefügten, und der innigsten Zusammenfügung des Getrennten" gemäß, sie „bedeuten[] und bestimm[en]" diese „*sichtbare* Auflösung des Widerspruchs" als Bildungsprinzip, während Worten jegliche verbindende Funktion ermangele; jedes ein Kunstwerk beschreibende Wort (es geht hier wohlgemerkt nicht um autonome Werke der Dichtkunst) hinterlässt „auf dem Grunde der Einbildungskraft" demnach eindimensionale Spuren, deren Fixierung schematisch, *umrisshaft*, nicht dem unmittelbaren Eindruck des Kunstwerks an sich gleichkommen kann, der sich gewissermaßen im Relief darin abdrückt. Dabei ist es auffällig, dass Moritz, der sonst von „Umrissen" spricht, an dieser Stelle den Terminus „Kontur" wählt, denn unmittelbar darauf folgt seine Kritik an Winckelmann:

> WINKELMANNS Beschreibung vom Apollo im Belvedere zerreißt daher das Ganze dieses Kunstwerks, sobald sie unmittelbar darauf angewandt, und nicht

---

sehen und darüber reden. Karl Philipp Moritz' Italienreise 1786–1788 und die literarische Darstellung eines neuen Kunstdiskurses. Hannover-Laatzen 2007, 206 f.

36 Kestenholz bemerkt hierzu, die „reinsten Verhältnisse" seien „hier ganz eigentlich äußerste Reduktionsformen der Einbildungskraft, nicht metaphysische oder logische Relationen. […] ‚Spur' und Umriss' sind so die graphischen imprint-Figuren reiner Synthese" (Kestenholz, 103).

> vielmehr als eine bloß poetische Beschreibung des Apollo selbst betrachtet wird, die dem Kunstwerke gar nichts angeht. (II, 1002)

Die einzige Möglichkeit, „über Werke der bildenden Künste, und überhaupt über Kunstwerke etwas Würdiges“ zu sagen, sei, so Moritz, „keine bloße Beschreibung derselben nach ihren einzelnen Teilen“ anzufertigen, sondern „einen *nähern Aufschluss über das Ganze und die Notwendigkeit seiner Teile [zu] geben.*“ (II, 1003) Eben diese Absicht liegt demnach Moritz' Beschreibung der in sich vollendeten Physiognomie des menschlichen Gesichts zugrunde. Ob sie in ihrer synoptischen Qualität Winckelmanns Beschreibungen übertrifft und ob sie Moritz' Forderungen entsprechend gelungen ist, sei dahingestellt.

16.3 Linear-Theoreme in der Schrift *Die metaphysische Schönheitslinie*

Neben der *Signatur des Schönen* und der *Bildenden Nachahmung* ist unter Moritz' ästhetischen Studien *Die metaphysische Schönheitslinie*[37] die dritte Schrift, die zentrale Komponenten seiner Linear-Ästhetik ausformuliert, und zwar auf die abstrakteste Weise. Moritz geht davon aus, dass in der Seele des „wahren Künstler[s]“ (II, 950) seit „frühste[r] Kindheit“ ein „Reichtum großer und edler Gedanken“ reife, dabei aber „gleichsam in sein Ich verwebt“ bleibe. An einem gewissen Punkt jedoch „empfindet der Künstler einen Drang, sich mitzuteilen“. Seine „Gedanken“ konzentrieren sich schließlich

> auf einen besondern Zweck, dem sie sich am leichtesten und natürlichsten unterordnen können, und auf diese Weise nicht mehr zerstreut als Mittel zur Vollkommenheit eines größern Ganzen abzwecken, sondern selbst in sich vereinigt, ein Ganzes ausmachen: sie müssen gleichsam eine *Neigung gegen sich selbst erhalten,* und ein Faden nach dem andern muss abgeschnitten werden, der sie mit den übrigen Vorstellungen in der Seele des Künstlers, gleichsam nach einer *äußern Richtung*, zusammen knüpft.

Es bedarf also wieder des für Moritz' charakteristischen *Isolierens* und Umgrenzens. Worum es sich bei dem genannten Gravitationszentrum,

37 Moritz: *Werke*, II, 950–957. Vgl. dazu Costazza, *Genie und Tragische Kunst*, 37 ff. (zu den Quellen ebd., 51 ff.), sowie Achim Geisenhanslüke: *Allegorie und Schönheit bei Moritz*, in: U. Tintemann/Ch. Wingertszahn (Hg.): *Karl Philipp Moritz in Berlin*, 127–140, 136.

dem „Vereinigungspunkt" handelt, könne, so Moritz, gänzlich kontingent sein; alles balle sich zu dem hin,

> [w]as in dem Moment der höchsten Reife der großen und edlen Gedanken die lebhafteste und wichtigste Vorstellung in der Seele des Künstlers ist [;] an diese schließen sich plötzlich alle seine übrigen großen und edle [!] Gedanken, und lösen sich verhältnismäßig von dem Zusammenhange der übrigen Vorstellungen ab, je mehr sie sich an der einzigen Hauptvorstellung festhalten. (II, 951)

Als Beispiel für diesen Schaffensprozess dient Moritz die Bedeutung Achills, um den herum sich Homers *Ilias* formiert habe. Der Künstler bringe „gewissermaßen seinem Werke ein Opfer" dar, „indem er den großen und edeln Gedanken eine Neigung gegen einander gibt", wobei „sie aus dem Zusammenhange seiner Ichheit gleichsam gerissen werden." Ausführlich verweilt er bei dem Bild des schmerzhaft-gewaltvollen Heraustrennens;[38] diese „allmähliche Verwandlung der äußern Zweckmäßigkeit in die innre, oder kürzer *das in sich selbst Vollendete*" erscheint ihm als der „*leitende* Zweck des Künstlers bei seinem Kunstwerke".[39] Nur wenn dies gelinge, „sehen wir ein Ganzes, wo wir sonst nichts als abzweckende Teile erblickten." „Das Einzige wahre in sich Vollendete", so Moritz,

> ist nur die ganze Natur als ein Werk des Schöpfers, der allein mit seinem Blick das Ganze umfaßt, und den Zweck dieses großen Gegenstandes in ihn selbst zurückwälzt. In so fern also hier Zweck und Mittel zusammen gedrängt eins ausmachen, stellt sich das allerhöchste Schöne nur dem Auge Gottes dar.[40]

Nicht anders als im Bild von Gott als *deus artifex*, der mit dem Zirkel die *circumscriptio* seiner Schöpfung um das Weltganze vollzogen hat (vgl. Kap. 3 und 4), erscheint auch bei Moritz der Künstler als *alter deus* bzw.

---

38 Sabine Schneider, *Die schwierige Sprache des Schönen*, 190, betont das „Schmerzhafte jenes Schnitts, der das Schöne vom Bedeutenden abtrennt", wobei es sich bei Moritz aber m. E. nicht um das schmerzhafte Abtrennen vom „Bedeutenden" handelt, denn das autonome Kunstwerk bedeutet ja immerhin sich selbst und den Modus seines Bedeutens *als* Verweisen auf eine höhere Ganzheit, sondern eher um ein Abtrennen von der *Wahrheit:* Wird doch das in sich selbst vollendete Kunstwerk ein für alle Mal dem Modus des Scheins, des Als-ob überantwortet. Vgl. auch ebd., 181.

39 Vgl. Moritz' Schrift *Versuch einer Vereinigung aller schönen Künste und Wissenschaften unter dem Begriff des in sich selbst Vollendeten. An Herrn Moses Mendelssohn* (*Werke* II, 943–949), besonders auch Moritz' dortige Anwendung seiner zyklischen und linearen Strukturmodelle auf seine Dilettantismus-Kritik; ebd., 948 f.

40 Zur Akzentuierung der „rezeptiven Funktion" des Gottesauges vgl. Kestenholz, 162.

divino artista, der den kleineren Radius um sein Werk schließt, in dem das Urbild sich in einem Maß abbildet, das der menschlichen Denk- bzw. Einbildungskraft kommensurabel ist, denn:

> Unser umschränkter Verstand sieht in der großen Natur nichts als Mittel, und ahndet nur die Zwecke.
>
> Wenn wir uns die Natur als einen großen Zirkel denken, dessen Teile insgesamt eine Neigung gegen sich selbst haben, um miteinander ein Ganzes auszumachen, so sind uns wegen der unermeßlichen Größe des Umkreises die Krümmungen fast unmerkbar, und wir glauben da allenthalben nichts als grade Linien, oder bloß *abzweckende Mittel* zu sehen, wo doch eine immerwährende Neigung zum Zweck ist [...]. (II, 953)

Damit ist man auf der Peripherie des Moritzschen Modells vom Welt- und Kunstgebäude angelangt, das er als gestaffelte Folge von Zirkelsystemen präsentiert. Wolle der Künstler „das höchste Schöne in der allein in sich selbst vollendeten ganzen Schöpfung nach[]ahmen", so müsse man „demjenigen was uns in der Natur *gerade Linien*, oder bloß *abzweckende* Mittel zu sein scheinen, eine allmähliche Neigung gegen sich selber" (II, 954) erteilen,

> gleichsam als ob wir in dem großen unermeßlichen Zirkel einen kleineren im verjüngten Maßstabe nachbilden wollten.
>
> Indem wir uns aber die abzweckenden Mittel in der Natur, als gerade scheinende Linien denken, so müssen wir so viele solcher dicht an einander grenzenden Linien annehmen, als es abzweckende Mittel in der Natur gibt.

Das Moritzsche Universum erscheint solchermaßen durchzogen von dicht an dicht gelagerten Lineaturen von so unendlich subtiler Krümmung, dass sie uns als gerade Linien erscheinen.[41] In diese beinahe als unbegrenzte *Schraffur* zu denkende Bildfläche hinein projiziert der Linienästhetiker Moritz nun eine Silhouette, oder besser: Er schneidet sie aus dem schraffierten Untergrund heraus. Denn wolle man nun ein „Kunstwerk" schaffen, also

> die höchste Schönheit im verjüngten Maßstabe dar[stellen], so muß das gleichsam *negativ*, oder wie durch einen Schattenriß geschehen; indem ich von der ersten gerade scheinenden Linie einen willkürlichen Abschnitt, von der angrenzenden schon einen etwas stärkern, und von der folgenden noch einen stärkern Abschnitt mache, so daß diese Abschnitte der gerade scheinenden dicht aneinander grenzenden Linien, wiederum eine anscheinende krumme Linie bilden, die aber im Grunde nur aus lauter Bruchstücken besteht, und nicht in einem fortgehet.

41 Vgl. die Abb. bei Kestenholz, 170 f. und ebd., 184.

Man solle sich demnach „den unermeßlichen Zirkel in lauter aneinander grenzenden Linien denken, und in demselben eine krumme Linie, die im Kleinen einen Teil des großen Zirkels darstellt, indem sie eine Anzahl der eigentlichen Linien des großen Zirkels durchschneidet." Dieses Verhältnis gelte für „schöne[] Kunstwerke", in denen die „abzweckenden Mittel", die Moritz „mit den geradescheinenden aneinander grenzenden Linien verglichen" hat, „immermehr innre anscheinende Zweckmäßigkeit" erhalten, „jemehr sie äußere wahre Zweckmäßigkeit verlieren", bis zuletzt ein „Punkt" [!] erreicht sei, an dem „irgendein Gegenstand, der in der Natur auch nur Mittel war, selbst zum Zweck [...] wird, auf welchen sich nun alle die zusammengestellten Mittel wegen des *allmählichen* Abschnitts ihrer äußern Zweckmäßigkeit zu beziehen scheinen." (II, 954 f.) Dies entspreche dem Zirkelmodell, in dem

> die an einander grenzenden großen Linien durch ihren allmählichen Mangel oder durch ihre stufenweisen Abschnitte, eine krumme Linie bilden, wodurch sie selbst durchkreuzt werden, diese krumme Linie aber nur etwas Anscheinendes und Negatives ist [...]. (II, 954)

Damit diese Linie der Täuschung möglichst natürlich und überzeugend wirke, bedarf es subtiler künstlerischer Einschnitte in den Gesamtzusammenhang: „Je *allmählicher* und je sanfter" diese Umbiegung der „äußern Zweckmäßigkeit" zu einer „anscheinenden innern" erfolgt, „desto geründeter" gerate die „anscheinende krumme Linie, und ein desto getreuerer Schattenriß der höchsten Schönheit wird sie sein." (II, 955)

Das Moritzsche Linearsystem präsentiert sich somit als ein Ineinander von Zirkeln und gekrümmten, aber gerade erscheinenden Linien sowie solchen, die stärker gekrümmt sind, aber eben dadurch als anscheinend gerade erscheinen sollen. Zu diesen Lineaturen kommen „Punkte" hinzu, die in Moritz Koordinatensystem zumeist zeitlicher wie auch modellhaft-räumlicher Natur sind: Umschlagspunkte, die eine Gravitationsverschiebung bewirken und den neuen Fixpunkt des illusionistischen, in sich vollendeten Zirkels als Kunstwerk bezeichnen. Die einzelnen Komponenten dieses abstrakten geometrischen Modells vom Welt- und Kunstgebäude werden durch eine eigene Terminologie bestimmt: Die „anscheinend krumme[n] Linie[n]" bezeichnet Moritz als „Schönheitslinien", während er „die in dem unermeßlichen Zirkel gerade scheinenden Linien die Wahrheitslinien" nennt. „Die Schönheit", so Moritz, „wäre also die Wahrheit im verjüngten Maßstabe."

Dabei bleibt der Scheincharakter dieser Schönheitslinie unüberwindbar, denn der Künstler könne „nur machen, dass [die Wahrheitslinie] sich zu biegen scheinet“ und „das Zusammengesetzte vorgestellt wird, als ob es etwas aus einem Stück bestehendes wäre.“ (II, 956) Die *„Zusammenstellung*“ muss im Kunstwerk „auf eine anscheinende Art“ das hervorbringen, was die „Natur durch die *Succession*“ als „in sich vollendete[s]“ schafft. „Die eingebildete Schönheitslinie“, so Moritz, „durchkreuzt eine Anzahl Wahrheitslinien“ und schreibt ihnen dabei *„allmählich* engere Grenzen vor[ ], welche Grenzen eben das Wesen der Schönheitslinie ausmachen.“ (II, 956) Hieraus erhellt die Bedeutung der Umrissenheit des Kunstwerks, und auch die Notwendigkeit der sanften Konturen dieses in sich selbst Vollendeten, dem sein Pointillismus nicht angesehen werden darf. Umrissenheit und glatter Linienverlauf, *„Succession*“ der in sich selbst vollendeten Werkgestalt sind nicht nur ästhetizistischer Selbstzweck oder gegebenenfalls noch wahrnehmungsästhetisch im Sinne des ‚Totaleindrucks‘ begründet, sondern haben bei Moritz fundamentale Bedeutung, da einzig von ihnen Täuschung und damit Schönheit und Gelingen des Werkes abhängen, das als Darstellung des großen Ganzen „im verjüngten Maßstabe“, als sein „Schattenriß“,[42] erst durch diese auf menschliches Maß gebrachte Darstellung im Kunstwerk sowohl Ausmaße als auch innere Zweckmäßigkeit des Gesamten „ahnden“ lässt.[43]

Die „Krümmung“ der Schönheitslinien soll möglichst „unmerklich“ sein, um die Täuschung zu optimieren. Bei zu detailgetreuer Darstellung nähere sich die künstliche Schönheitslinie jedoch wieder den einzelnen zweckgebundenen „Wahrheitslinie[n]“ (II, 957). Auf das konkrete Beispiel der plastischen Darstellung einer Menschengestalt bezogen, entspräche dies einer zwar wahren und hochdifferenzierten, aber künstlerisch uninteressanten anatomischen Darstellung des Körpers. Bedenkt man das Beispiel plastischer Darstellung vor dem Hintergrund von Moritz’ Äußerungen zur möglichst „unmerklich[en]“ „Krümmung“ der abstrakten „Schönheitslinie“ weiter, so erhält in diesem Sinne der von Winckelmann

---

42 Moritz’ Linearästhetik des Isolierens, die „Schönheit“ als „Schattenriß“ der „Wahrheit“ konzipiert, definiert ex negativo: „Das Gehörige weglassen ist also eigentlich das wahre Wesen der Kunst, die mehr negativ, als positiv zu Werke gehen muß, wenn sie gefallen soll. Wie jener große Zeichner von sich sagte: er habe einen schönen Kopf mehr durch Auslöschen als durch Zeichnen hervorgebracht.“ (II, 956) Das Medium der maximalen Reduktion aber bleibt ebenso wie das Medium der notwendigen Umgrenzung der Umriss.

43 Für Moritz’ Variationen Leibnizscher Theoreme ist festzuhalten, dass bei Moritz die mit der „metaphysischen Schönheitslinie“ verknüpfte „Konzeption des Mikrokosmos“ mit einer „Konvertierung äußerer Zweckmäßigkeit in innere“, rein ästhetische, „nicht ans Theodizee-Postulat gebunden“ ist (Kestenholz, 173).

favorisierte sanft gewellte, fließende Kontur eine nachträgliche unerwartete Begründung, indem die Schönheit eines solchen Kontur das visuell-haptische Abbild der Wahrheit – in diesem Falle: des Ideals – gäbe, das in seiner unendlichen „Krümmung" nicht darstellbar ist; die sanfte Gewelltheit bezeichnete dann in ihrer „*Succession*" die allmähliche, gelinde Verknüpfung der einzelnen „hervorstehenden äußersten Spitzen der angrenzenden Wahrheitslinien" der idealen Gestalt (II, 956). Moritz nimmt eine solche Anwendung auf plastische Kunst oder gar im Rückgriff auf Winckelmann nicht vor, aber es erscheint ungemein reizvoll, beider Favorisierungen des sanften Linienverlaufs, sei er abstrakt oder plastisch gemeint, zu vergleichen – zumal, da Moritz die Winckelmannsche Ekphrasis ob ihrer Zerstückelung der Gegenstände tadelt.

16.4 Moritz' Äußerungen zum Apoll von Belvedere: Die „höhere Sprache" des Schönen

Der Gedanke der ‚Spur' als Signatur begegnet mit besonderem Nachdruck in Moritz' römischer Reisenotiz über den Apoll von Belvedere vom 12. Januar 1788. Dort heißt es unter der prägnanten Überschrift, die später auch in den Titel der Schrift *In wie fern Kunstwerke beschrieben werden können?* übernommen wurde:

> *Signatur des Schönen.* (bei der Betrachtung des Apollo von Belvedere.)
> Ist nicht alles in der Natur voller Bedeutung, und ist nicht alles Zeichen von etwas Größern, das in ihm sich offenbaret? [...] Die Hand ein Zeichen von der alles ergreifenden und in sich fassenden Kraft der menschlichen Organisation? (II, 745)

Hier zeigt sich abermals die Anverwandlung der Signaturenlehre zu Moritz' Modell der verjüngten Darstellung: „Lesen wir nicht in jedem kleinen Teile des Gebildeten die Spuren des Größern, das sich darin abdrückt? – Auf die Weise wird alles, was uns umgibt, zum Zeichen; es wird bedeutend, es wird zur Sprache." Da die „Sprache" das höchste Vermögen des Menschen sei, sei es das Höchste, zu sagen, dass das „Schöne [...] gleichsam durch eine höhere Sprache zu uns redet" (II, 745). Blickt man auf das Ende der Schrift *In wie fern Kunstwerke beschrieben werden können*, wo Moritz die „Beschreibung durch Konturen" als „an sich selbst schon bedeutender und bestimmter, als jede Beschreibung durch Worte" darstellt, so erhellt um so deutlicher, dass ihm Umrisse tatsächlich als *lesbare* „Signatur[en]", „Beschreibung[en]" mit Sprachcharakter erscheinen, deren Lineaturen sich zu einem eigenen *liber naturae* konfigurieren lassen.

Dem *Apollo in Belvedere* widmet Moritz mehrere Tagebucheinträge während seines römischen Aufenthalts; unter dem 16. Februar findet sich eine emphatische Notiz über die Betrachtung der „Statüen in Belvedere des Abends bei Fackelschein" (II, 753):

> Die allerfeinsten Erhöhungen werden dem Auge sichtbar, und in dem was sonst noch einförmig schien, zeigt sich wiederum eine unendliche Mannigfaltigkeit.
>
> Weil nun alle dies Mannigfaltige doch nur ein einziges vollkommenes Ganze ausmacht, so sieht man hier alles Schöne, was man sehen kann, *auf einmal*, der Begriff von Zeit verschwindet, und alles drängt sich in einen Moment zusammen, der immer dauern könnte, wenn wir bloß betrachtende Wesen wären.[44]

Moritz' Modell der scheinhaften Simultaneität im ewigen Augenblick eignet eine gewisse Affinität zum feurigen Element. Im Gleichnis vom Funkenrad veranschaulicht dies das für menschliche Erkenntnis scheinhafte, darin einer Wahrnehmung höherer Ordnung aber gerade gemäße simultane Nebeneinander desjenigen, was menschlichen Sinnen sonst sukzessiv erscheint, also die absolute Einfalt des Mannigfaltigen; hier, in der Fackelbeleuchtung des Kunstwerks, wird die Einheit zunächst analytisch zerstört, um dann die Mannigfaltigkeit in einer höheren Einheit wieder zu synthetisieren: Der Feuerschein ermöglicht so erst das eigentliche Sehen des „Ganze[n]", in seinem Lichte tritt der Betrachter, wie in der Schau des Funkenrades, indem er sich dem Schein des Simultanen hingibt, aus der zeitlichen Sukzession heraus. Am in sich selbst vollendeten Kunstwerk wird in der Fackelbeleuchtung auf optimale Weise das begrenzende Element, der Kontur, inszeniert – und zugleich der ewige Moment ausgedehnt an den Beginn der Kunst, deren einer Ursprungsmythos eben einen „Schattenriß" im Feuerschein kennt, der dazu diente, den Moment zu bannen, den Geliebten aus der Zeitlichkeit herauszulösen und im Medium der Kunst in festen Umrissen zu fixieren.

Der Sprachaspekt, wie Moritz ihn hier verhandelt, markiert einen neuralgischen Punkt in der Entwicklung des Kontur-Konzepts als Reflexionsmedium literarischer Darstellungsweise. Erstmals finden sich hier

44 Moritz kontrastiert auch hier sein eigenes Ideal von Kunstbetrachtung – unter dem Vorzeichen der scheinhaften Simultaneität in einem ewigen Moment – mit Winckelmanns dissoziierender Beschreibung, die auf die Statue des einen Gottes Attribute des halben Olymps verteile (II, 753 f.).

Antizipationen sprach- und erkenntniskritischer Konzepte, wie sie sich in Rilkes Rodin-Studien im Rekurs auf den plastischen „Kontur" und seine Bedeutungsmodi kristallisieren werden. Bereits Moritz setzt die „sinnliche ‚Bestimmheit' des Kunstwerks" im Hinblick auf die Menschengestalt als ein „spezifisch sinnliches Identitätskonzept" und zwar „gegen die tradierten Selbstvergewisserungen von Sprache und Vernunft": Die „immanente Bedeutung", die in der „Begrenzung durch den Kontur" der durch „Bestimmtheit und Individualtiät" ausgezeichneten „schönen Menschengestalt" aufscheint, steht einer „überindividuellen Sprache" gegenüber, die „in ihrer Abstraktheit ein Moment der Heteronomie und Zerstückung"[45] vergegenwärtigt. Diese Entfremdung versucht Moritz durch die Rückbindung an die konkrete sinnliche Gestalt derjenigen Organe zu überwinden,[46] die Sprache allererst ermöglichen.

16.5 Moritz' Konzept der Signatur: Die zeichenhafte Ganzheit des Körpers in einer zerfallenden Welt

Moritz steht mit seinem neuplatonisch geprägten Konzept einer dem menschlichen Körper eingeprägten Signatur durchaus nicht allein unter seinen Zeitgenossen, wie bereits das Kapitel zu Lavaters physiognomischen Studien gezeigt hat[47] und wie es sich teilweise auch in Winckelmanns formalästhetischen, auf Analogiedenken zurückgreifenden kunsthistorischen Konstellationen zeigte (vgl. Kap. 13 bzw. Kap. 10). Hans Blumenberg hat auf die besondere Attraktivität dieser Denkmodelle am Ende des 18. Jahrhunderts hingewiesen, die aus der wachsenden Sehnsucht nach Evidenzerfahrungen resultiert.[48] Säkularisierte Signaturenlehre und Sehnsucht nach Evidenz verdichten sich bei Moritz im Rahmen seiner Lineärästhetik (dabei die Leibnizsche Monadenlehre, ihre geometrischen Modelle und optischen Bildbereiche ebenfalls säkularisierend und transformierend) im allein den Totaleindruck des inkommensurablen großen

45 Schneider, *Die schwierige Sprache des Schönen*, 67 f. Vgl. ebd., 68: Die Passagen zur „Dichotomie von Bildung und Sprache" bemühten sich um ein „Konzept geformter Sinnlichkeit, das mit der Individualität des Kunstwerks auch die Identität des Menschen ohne die einst verbürgte, nun aber brüchige Selbstgewissheit von Vernunft und Sprache zu bestimmen versucht".

46 Vgl. Schneider, *Die schwierige Sprache des Schönen*, 69.

47 Auch Schneider, *Die schwierige Sprache des Schönen*, 70, verweist in diesem Zusammenhang auf Lavater.

48 Schneider, *Die schwierige Sprache des Schönen*, 70.

Ganzen im verjüngten Maßstabe abbildenden Umriss des in sich selbst vollendeten Kunstwerks, das Produkt des selbst von diesen Signaturen geprägten Menschen ist.

Gleichwohl steht die Anverwandlung durchaus atavistischer Theoreme „inmitten der hochdifferenzierten Rationalisierungen der Aufklärungssemiotik"[49] bei Moritz in beträchtlicher Spannung zu seinem Konzept des autonomen Kunstwerks.[50] Pfotenhauer sieht gerade in dem ungeheuren theoretischen Konstrukt, mit dem Moritz seine Ästhetik zu strukturieren sucht, den deutlichsten Reflex der Instabilität, welche die Autonomieästhetik wesentlich kennzeichnet. Kunst werde „mit Bedeutung vollgestopft, überdeterminiert [...], geschützt gegen [...] das tendenziell Sinnleere" des „Lebens, dem sie in äußerster Anstrengung abgewonnen ist. [...] So labil, so prekär sind die vom Leben sich losreißenden Gebilde."[51]

Sabine Schneider hat auf die zeitgenössische Virulenz der Metaphern „Schrift" und „Chiffer" in Bezug auf den menschlichen Körper hingewiesen, wie sie sich unter anderem in einer Formulierung Schillers zeige, der in *Über Anmuth und Würde* auf die „plastische Natur" verweise, die „stumme Züge", gleichsam „Chiffern der Natur", „in die menschliche Bildung" zeichne. Auch in diesem Zitat lässt sich eine (säkularisierte) Signaturenlehre erkennen, deren Fokus auf die – bezeichnenderweise den Akt des Schaffens pointierend „Züge" genannten – Spuren in der menschlichen Gestalt gerichtet ist. Die gängige Semiotik des Körpers, die dessen Zeichen „wie ein[en] Text" zu lesen unternimmt, stellt eine Kompensationshand-

49 Vgl. Schneider, *Die schwierige Sprache des Schönen*, 70; dort mit Bezug auf „vorrepräsentative[s] Denken in Ähnlichkeiten und Entsprechungen, das auf eine vorgängige Zeichenhaftigkeit der Welt gegründet" ist, nach Foucault (Michel Foucault: *Die Ordnung der Dinge. Eine Archäologie der Humanwissenschaften.* Frankfurt a.M. 1991, 46 ff. Vgl. ebd., 56–61, zu den „Signaturen", und 66–74 zur „Schrift der Dinge".) Dem noch nicht säkularisierten Analogiedenken des vormodernen Weltbildes gilt „[a]lles Geschaffene" gleichermaßen als „bedeutende Schrift, die auf einen transzendenten Zeichenerzeuger verweist". Menschenverfasste Texte und das Buch der Natur gelten als gleichermaßen bedeutungsvoll und lesbar (Schneider, 75 f.). Vgl. auch Schneider, ebd., mit Bezug auf Hans Blumenberg, *Die Lesbarkeit der Welt*, Frankfurt a.M. 1986, 214–232.

50 Zu dieser konstitutiven Paradoxie vgl. Pfotenhauer, *„Die Signatur des Schönen"*, 79.

51 Pfotenhauer, *„Die Signatur des Schönen"*, 78 f. Zentral sei für Moritz' Kunstauffassung, dass die „Erscheinungswelt [...] als ästhetisch geordnete" „monadologisch [einer] absoluten Vollkommenheit selbst teilhaftig" sei. Damit entgehen die „ästhetischen Zeichen" der „Sinnleere" der Alltagswelt. Daraus erhelle auch die Abgrenzung von Moritz' „neuplatonisch-symbolische[r]" Kunstauffassung gegen Winckelmanns allegorisierenden „Kunstplatonismus".

lung dar, indem sich „das Leseverlangen […] in Stellvertretung für das zunehmend unüberblickbar werdende ‚Buch der Natur' gleichsam auf die anthropologische Schwundstufe des Körperalphabeths konzentriert".[52] Die Konzepte Winckelmanns, Sulzers, Herders und Heinses (vgl. die jeweiligen Kapitel) belegen diesen Kompensationswunsch eindrücklich.

Die Omnipräsenz des Umrisses in Moritz' Ästhetik erscheint so vor dem Hintergrund, dass sich „[m]it dem Verlust der Einheit des Weltgebäudes" nunmehr „die Grenzen der ‚Ganzheit' auf den Umriss schöner Menschenbildung" konzentrieren, wobei diese Gestalt evidenter „Ausdruck" der „mit sich einige[n] Seele und sinnlich-geistige[n] Harmonie sein soll."[53] Daraus erhellt der Stellenwert der Plastik in Moritz' Kunstkonzept: „die Plastik *ist*, was sie bedeutet." Den „Grenzen der Gestalt" kommt damit besondere Relevanz zu, denn die „Bedeutung der Sinnlichkeit kann nur in umgrenzter Form erfahren werden".[54] Hiermit ist die „paradoxe Grundstruktur der Autonomieästhetik" mit all ihren sentimentalischen Tendenzen bezeichnet, die an die Stelle des Mimesis-Gebots getreten sind. Die radikal autonome Kunst soll die als Totalität verlorene Natur durch gesteigerte Künstlichkeit wiedergewinnen.[55] Als Darstellungs- wie auch Reflexionsmedium dieser sentimentalischen Ästhetik dienen abermals primär graphische Umrisse und plastische Konturen.

Die bezeichneten Spannungen korrelieren mit dem „Eindringen von Zeitlichkeit in den Raum der Natur […]. Die Gestalten verlieren ihre Festigkeit und müssen der auflösenden Macht der Zeit abgewonnen werden." Dabei wird einmal mehr ersichtlich, welcher Stellenwert der Kategorie ‚Kontur', die in wahrnehmungstheoretischer Hinsicht auch zuvor stets an der Grenze von Zeitlichkeit und Räumlichkeit operierte, innerhalb einer solchen Ästhetik zukommen muss. Die mit dieser „Dynamisierung" einhergehende „Herausforderung" an „die ästhetischen Formkonzepte" bleibt nicht ohne Auswirkungen auf die „[t]radierte[n] klassizistische[n] Paradigmen wie de[n] Kontur", der zuvor als „Träger einer *idea* und Garant des Gehalts" gegolten hat: Diese Paradigmen, so Schneider, „bedürfen [nun] einer neuen Begründung" – und in diesem Kontext haben Studien wie „Hogarth' oder Hemsterhuis' Linientheorien"

52 Schneider, *Die schwierige Sprache des Schönen*, 74, mit dem Hinweis auf Lichtenbergs Äußerung: „Jetzt sind es Zeichen an der Stirne, die man deuten will, ehmals waren es Zeichen am Himmel".

53 Schneider, *Die schwierige Sprache des Schönen*, 12.

54 Schneider, *Die schwierige Sprache des Schönen*, 13, das vorige Zitat ebd.

55 Schneider, *Die schwierige Sprache des Schönen*, 14. Die folgenden Zitate alle ebd.

ihren Platz,[56] die nicht an Gegenstände gebunden sind und in denen „die ‚Geschwindigkeit' zum entscheidenden Faktor der Auffassung des Schönen" wird.[57] Anhand dieser Studien lässt sich „die klassizistische Umrißtheorie mit den neuen sensualistischen Ansätzen" nach Hemsterhuis erklären: Umrisse müssen, statt „Gefäß[e] für göttliche Idee[n]" zu bilden, „dem wahrnehmungspsychologischen Grundgesetz [...] entsprechen", nach dem das schön ist, was im kürzesten Zeitraum die maximale Menge an Ideen evoziert. Das Verhältnis von „Zeichen und Rezeption" tritt somit an die Stelle des Verhältnisses der „idealistische[n] Einheit von Gehalt und Form".[58]

Moritz' Ansichten fügen sich bis zu einem gewissen Punkt in die zeitgenössische „spezifisch anthropologische[ ] Ästhetik" ein, deren „bevorzugte[s] Paradigma" die „antike Statue in ihrer idealen, transparenten Nacktheit" ist, deren ästhetisch-anthropologische Evidenz „authentische[ ] Erfahrung, Präsenz und Unmittelbarkeit"[59] gewährt. Dass ein Kunstwerk ‚Medium' solcher Evidenzerfahrung sein kann, beruht wesentlich auf seiner Umgrenzung, im Falle der Plastik also dem Kontur.[60] Das solchermaßen in sich selbst vollendete Kunstwerk, das aus der Umgebung heraus isoliert wird, ist „reine Gestalt" ohne externe Bezüge; seine Bedeutung wird „in ihrer sinnlichen Materialität allein durch Begrenzung und ‚Isolierung' konstituiert".[61] Moritz' Ästhetik ist in dieser Hinsicht weitaus radikaler als die manches Zeitgenossen: „‚Bildung' und ‚Gestalt'" können seiner Ansicht nach „nicht erkannt", sondern müssen „als Akt ästhetischer Formsetzung" aus den „Kontingenzen" einer Welt ohne weiter gültige „rationalistische[ ] Ordnungsschemata" isoliert werden.[62] In der Bedeutung der Menschengestalt ist zugleich der prekäre Status einer um sie zentrierten Ästhetik begründet, denn „eben jene Sinnlichkeit, in der das Bedeutende sich zu erweisen und die Form sich zu konturieren hat, birgt die drohende

56 1754 wird Hogarths Schrift ins Deutsche übersetzt, Hemsterhuis' Studie erscheint in deutscher Sprache 1780.

57 Schneider, *Die schwierige Sprache des Schönen*, 14.

58 Vgl. Schneider, *Die schwierige Sprache des Schönen*, 182 f.; alle Zitate ebd.

59 Schneider, *Die schwierige Sprache des Schönen*, 28; vgl. ebd., 58, zur damit verbundenen Änderung der Hierarchie der Künste bzw. Bildgattungen.

60 Vgl. Schneider, *Die schwierige Sprache des Schönen*, 56.

61 Schneider, *Die schwierige Sprache des Schönen*, 29.

62 Schneider, *Die schwierige Sprache des Schönen*, 66. Vgl. dies.: *Kunstautonomie als Semiotik des Todes? Digressionen im klassizistischen Diskurs der schönen Menschengestalt bei Karl Philipp Moritz*, in: German life and letters 52 1999, N. 2, 166–183.

Auflösung der Gestalt als unhintergehbare Gefährdung in sich."[63] Somit zeigt sich, dass das Konzept der „[l]ebende[n] Gestalt" als „geformte und bedeutende Sinnlichkeit" gleichermaßen „Anthropologie und Kunsttheorie am Ende des 18. Jh.s"[64] betrifft. Dabei kommt wiederum dem Moment des Linearen verknüpfende Funktion zu, einmal als Umrissenheit und einmal in seiner Erscheinungsform der *Spur* als *Signatur des Schönen*: Diese Lineamente konstituieren die individuelle Gestalt, verweisen aber zugleich auch auf denjenigen großen Zusammenhang, aus dem sie herausgelöst sind und der so allererst visualisiert werden kann; sie ermöglichen mit dieser Sichtbarmachung zudem die Selbsterkenntnis des Menschen in seinem höchsten Potential.[65] So notiert Moritz auch in einem Eintrag aus Rom vom 29. September 1787, die bildende Kunst lenke „den Blick des Menschen durch die Oberfläche seines Wesens auf sein inneres Selbst zurück[ ]" und bewahre „die schwindenden Züge auf[ ], die sonst, durch den Strom der Zeiten hinweggewischt, in der überlebenden und neuaufkeimenden Welt keine Spur zurücklassen" (II, 644).

16.6 Lineaturen des Zeitlichen: Festhalten in Umrissen und scheinhafte Simultaneität

Moritz' lineare Ästhetik ist in mehrfacher Hinsicht mit dem Moment der Zeitlichkeit verknüpft, wie bereits anhand wahrnehmungspsychologisch argumentierender zeitgenössischer Linientheorien gezeigt wurde. Die menschliche Zeiterfahrung, von den Vermögen der Denk- bzw. Einbildungskraft bestimmt, die über die Sukzession der Einzelmomente nicht hinausgelangen, wird durch den scheinhaft-simultanen *Totaleindruck* in der Wahrnehmung von Kunstwerken bzw. in der Ahndung des großen Ganzen durch die Tatkraft des Genies im Modus des Als-ob kontrastiert. Bei Moritz zielt „das Ästhetische" auf die „Stillstellung der Zeit [...] als Verräumlichung", die als „ästhetische Verdichtung" fungieren und „das sich entziehende Leben der Form" restituieren soll.[66] Diese Utopie findet ihren

63 Schneider, *Die schwierige Sprache des Schönen*, 57.

64 Schneider, *Die schwierige Sprache des Schönen*, 83. Vgl. auch ebd., 58.

65 Schneider, *Die schwierige Sprache des Schönen*, 84; dort Weiterführendes zu ähnlichen Konzepten bei Herder (vgl. Kap. 14).

66 Schneider, *Die schwierige Sprache des Schönen*, 230. – Vgl. ebd., 214, zu dem „um 1800 zu beobachtenden Paradigmenwechsel[ ] am Übergang von der klassischen zur modernen Episteme, die eine Umstrukturierung der Wissensysteme von einer räumlich strukturierten Ordnung zu einer zeitlichen Logik mit sich bringt". Vgl.

Ausdruck in Moritz' materialistisch-metaphorischem Modell der „*Spur* auf dem Grunde der Einbildungskraft", insofern sie als simultaner *Totaleindruck* des Ganzen gedacht wird. Die „gestaltende Kraft", die solche Effekte produzieren könnte, ist einerseits die „produktive[] Einbildungkraft", andererseits ist es die „Erinnerung", und zwar sowohl die „individuelle[]" als auch die „kulturelle[]", deren Spuren – Umrisse – sich in der Einbildungskraft synthetisieren: „Die palimpsestartigen Bilder der Einbildungskraft […] vermögen dem Entschwinden der Wirklichkeit in die Zeit Form in einem geglückten Moment ästhetischer Fülle abzuringen."[67] Die sistierende, ebenfalls (hier äußerlich manifest) verräumlichende Funktion künstlerischer Umrisse setzt Moritz in der *Anthousa* in das folgende Bild:

> Auf diese Weise muß das Gebildete in dem Geiste des Menschen, dessen Tage dahin eilen, wieder abgebildet sich verjüngen, und wir müssen in der Flucht der Zeit von den Bildern, die vorüberrauschen, gleichsam nur die Umrisse stehlen […].[68]

Es geht nicht mehr nur um konkreten organischen Verfall von Gestalten, sondern um komplexe kulturhistorische Zusammenhänge. Das „Gebildete", die „Bilder" einer Epoche, in deren beider Wortstamm die *bildende* menschliche Leistung bei der *Nachahmung des Schönen* wie eine Signatur eingeschrieben ist und die gleichsam archiviert und ganzheitlich erfasst werden sollen in der konzentrierenden Abbreviatur der „Umrisse", die „in dem Geiste des Menschen [verjüngend in doppeltem Wortsinn] abge*bildet*" werden müssen.

Somit zeigt sich bereits bei Moritz, in der *Anthousa* theoretisch und praktisch in der *Götterlehre* mit ihren Kupferstichen nach von Carstens erstellten Umrissdarstellungen nach Gemmen-Abdrücken (also ebenfalls einer prozessual mehrfach mittelbaren *Bildung*), ein sentimentalisches

---

jetzt auch dies.: *Opake Reste, Zeitfluchten, Raumzeiten: Dynamisierte Erinnerungstechniken in Spätaufklärung und Klassizismus*, in: F. Berndt/D. Fulda (Hg.): *Die Sachen der Aufklärung. Beiträge zur DGEJ-Jahrestagung 2010 in Halle a. d. Saale.* Hamburg 2013, 421–430.

67 Vgl. dazu Schneider, *Die schwierige Sprache des Schönen*, 230, alle Zitate ebd. – Bereits in Rom (29. Sept. 1787) notierte Moritz, wie oben zitiert, dass die bildende Kunst „die schwindenden Züge" (hier der Menschengestalt) aufbewahre, „die sonst, durch den Strom der Zeiten hinweggewischt, […] keine Spur zurücklassen".

68 Karl Philipp Moritz: *ΑΝΘΟΥΣΑ oder Roms Alterthümer. Ein Buch für die Menschheit. Die heiligen Gebräuche der Römer.* Berlin 1791, 6. Vgl. auch Irmgard Egger: *Die Tiefe der Jahrtausende. Zur Archäologie der Wahrnehmung in den ‚Reisen eines Deutschen in Italien'*, in: U. Tintemann/Ch. Wingertszahn (Hg.): *Moritz in Berlin*, 9–22.

Historizitätsbewusstsein,[69] wie es für die Umriss-,Mode' um 1800, besonders für die Stiche nach Flaxman (vgl. Kap. 17 und 20), allgemein diagnostiziert wird.

16.7 Moritz' *Götterlehre* und die Umrissillustrationen Carstens' als „Sprache der Phantasie"

Im Vorwort zur *Götterlehre* legt Moritz dar, dass er die „mythologischen Dichtungen der Alten in dem Sinne" dargestellt habe, wie sie bereits in der antiken Kunst und Literatur „als eine Sprache der Phantasie benutzt und in ihren Werken eingewebt sind"; deren Studium habe ihm „durch das Labyrinth dieser Dichtungen zum Leitfaden gedient".[70] Die Umrisszeichnungen Carstens' und die nach diesen angefertigen Kupferstiche dienen in der *Götterlehre* als symbolisch verdichtete, in sich selbst vollendete Werke, die jeweils auf das Ganze der Mythologie verweisen – in so fern sind sie „schön" im Moritzschen Sinne, und durch ihre Evidenz zugleich auch visueller Teil der „Sprache der Phantasie". Wenngleich Umrisszeichnungen nach Abdrücken von Gemmen in der zeitgenösssischen Gelehrtenkultur geläufig waren, erhält das Medium des Abdrucks bei Moritz eine zusätzliche Komponente. Die nochmals abstrahierende Umrissdarstellung und der danach gestaltete, *gedruckte* Kupferstich visualisieren *medial* die Moritzsche Erkenntnistheorie mit der *Signatur des Schönen* als *„Spur* auf dem

69 Vgl. zur artifiziellen „Präsenz des Schönen" in den „Umrissen" Schneider, *Die schwierige Sprache des Schönen*, 230.

70 Karl Philipp Moritz: *Götterlehre oder Mythologische Dichtungen der Alten* [= GL]. Leipzig. 1972, 5. Zitate werden im Folgenden nach dieser Ausgabe im Text nachgewiesen. – Zur Götterlehre vgl. Susanne Gödde: *Mythologie als ästhetische Anthropologie. Karl Philipp Moritz' „Götterlehre oder mythologische Dichtungen des Alten"*, in: Ch. Wingertszahn (Hg.): *„Das Dort ist nun Hier geworden"*, 155–182; Ulrike Münter: *Gebannter Bilderrausch. Bild und Text in Karl Philipp Moritz' ‚Götterlehre'*, in: U. Tintemann/Ch. Wingertszahn (Hg.): *Moritz in Berlin*, 39–56, zur Umriss-Ästhetik bes. 47, 52 f. und 50, Anm. 30; hinsichtlich der Berliner Kontexte vgl. Martin Disselkamp: *Gelehrte und poetische Mythenkunde. Zwei Varianten der Rezeption antiker Mythologie im Berlin des ausgehenden 18. und beginnenden 19. Jahrhunderts*, in: V. Elm/G. Lottes/V. de Senarclens (Hg.): *Die Antike der Moderne. Vom Umgang mit der Antike im Europa des 18. Jahrhunderts.* Hannover-Laatzen 2009, 165–185, bes. 171–176. Zum Verhältnis von Mythologie und Allegorie in der „Götterlehre" vgl. auch Joel B. Lande: *Moritz's Gods. Allegory, autonomy and art*, in: A. Krupp (Hg.): *Karl Philipp Moritz. Signaturen des Denkens.* Amsterdam [u. a.] 2010, 241–253.

Grunde der Einbildungskraft", in der sich letztlich der Abdruck dessen einzeichnet, was die *Sprache der Phantasie* hier bei Moritz in Kooperation von Illustration und ‚Literatur' als Eindruck (*typosis en psyche*) bzw. Ausdruck (wie es in der *Werther*-Deutung stets heißt, s. u.) erzeugt hat. Zum anderen ist, mit Blick auf den Beginn des Vorworts, der lineare Modus der Umrissdarstellungen von Bedeutung, denn auch diese Linearität dient als umgrenzende, fest bestimmende Form innerhalb des chaotischen Kosmos der alten Götterwelt und ihrer schwankenden Gestalten als ein „Leitfaden". Angesichts dieser Aspekte der Umrissdarstellungen ist markant, dass Moritz, in charakteristischer Ausweitung eines zunächst eher auf einen kleineren Aspekt angewandten Modells, dies auf kulturhistorisch-universale Ebene transponiert, indem er „in den Mythologischen Dichtungen [...] eine geheime *Spur* zu der ältesten verlorengegangenen Geschichte verborgen" sieht (GL 7 f., meine Hervorhebung, C. K.). Auch als augenscheinliche Spur dieser Spuren dienen die Umrissdarstellungen.

Wie sehr auch die *Götterlehre* der Moritzschen Zirkel- und Linear-Ästhetik des in sich selbst Vollendeten verpflichtet ist, zeigt sich besonders im ersten Abschnitt mit der programmatischen Überschrift „*Gesichtspunkt für die mythologischen Dichtungen*":

> Die mythologischen Dichtungen müssen als eine Sprache der Phantasie betrachtet werden. Als eine solche genommen, machen sie gleichsam eine Welt für sich aus und sind aus dem Zusammenhang der wirklichen Dinge herausgehoben. (GL 7)

Damit werden diese „Dichtungen" bzw. die Götterlehre zum in sich selbst geschlossenen Umkreis um ihr generatives Zentrum – den „Gesichtspunkt", sie so und nicht anders zu betrachten – erklärt. Das „Wesen" dieser „Sprache der Phantasie" sei es, „zu formen und zu bilden", also bestimmte Gestalten zu schaffen, keine „leere[n] Traumbild[er]" (GL 8 f.). Auch die allegorische Ausdeutung der Mythen, die nur zur Zerstückung des Ganzen in Einzelaspekte führen kann, wird abgelehnt, sie sollten „gerade so" genommen werden, „wie sie sind",

> um soviel wie möglich mit einem Überblick das Ganze zu betrachten, um auch den entfernteren Beziehungen und Verhältnissen zwischen den einzelnen Bruchstücken, die uns noch übrig sind, allmählich auf die Spur zu kommen. (GL 8)

Der unmittelbare Gesamteindruck, den die Umrissdarstellungen ermöglichen, steht somit als propädeutische Betrachtungsanleitung vor der *Götterlehre*, und wieder werden damit auch sie, die als vereinzelt erhaltene Erscheinungen der antiken Welt und als abstrahierende Darstellungen in doppeltem Sinne „Bruchstücke" sind, zur sichtbaren „Spur" erklärt. Freilich steht dieses Verweisungssystem in konstitutivem Widerspruch zu dem auch in der *Götterlehre* erwähnten Postulat, dass ein Kunstwerk anders zu betrachten sei als eine „Hieroglyphe oder ein[] tote[r] Buchstabe" die nur „etwas außer sich bedeute[n]." Hingegen sei

> [e]in wahres Kunstwerk, eine schöne Dichtung [...] etwas in sich Fertiges und Vollendetes, das um sein selbst willen da ist und dessen Wert in ihm selber und in dem wohlgeordneten Verhältnis seiner Teile liegt [...].
>
> [...] Alles, was eine schöne Dichtung bedeutet, liegt ja in ihr selber; sie spiegelt in ihrem großen oder kleinen Umfange die Verhältnisse der Dinge [...]. (GL 9)

Zugleich sieht Moritz in bestimmten Mythen das „Gebiet der Phantasie" so nahe mit der „Wirklichkeit" „aneinandergrenz[en]", dass die Gefahr „voreilige[r] historische[r] Ausdeutungen" bestehe (GL 10 f.). Die Mythen markieren somit die *Grenze*, die beide Gebiete zugleich trennt und vereint; darüber hinaus bezeichnen sie in Moritz' paradox zirkularem Modell von Teleologie epistemologisch die Grenze dessen, was gewusst werden kann:

> Denn diese Mischung des Wahren mit der Dichtung in der ältesten Geschichte macht an unserm Gesichtskreise, so weit wir in die Ferne zurückblicken, gleichsam den dämmernden Horizont aus. Soll uns hier eine neue Morgenröte aufgehen, so ist es nötig, die mythologischen Dichtungen als alte Völkersagen soviel wie möglich voneinander zu scheiden, um den Faden ihrer allmählichen Verwebungen und Übertragungen wieder aufzufinden. (GL 11)

Weltgeschichte und Mythologie stellen sich für Moritz gleichermaßen als labyrinthisch verschlungene Lineamente dar, innerhalb derer das Individuum sich durch Isolierung Orientierung verschaffen muss: indem es Linienverläufe differenzierend nachzieht, um so zumindest dasjenige zu überblicken, was sich innerhalb des „Gesichtskreises" befindet, der die Grenzen des Wissbaren wie ein Horizont umreißt.

Insbesondere das schöpferische Widerspiel von Bildung und Zerstörung reflektiert Moritz zu Beginn der *Götterlehre* und deutet die Kämpfe der Göttergeschlechter als ein Ringen um die Begriffe des Begrenzten, des „Gebildete[n]" und der maßvollen Gestalt:

> Das Gebildete hatte bei [den Alten] immer den Vorzug vor der Masse; und die ungeheuren Wesen, welche die Phantasie sich schuf, entstanden nur, um von der in die hohe Menschenbildung eingehüllten Götterkraft besiegt zu werden und unter ihrer eignen Unförmlichkeit zu erliegen.
>
> Gerade die Vermeidung des Ungeheuren, das edle Maß, wodurch allen Bildungen ihre Grenzen vorgeschrieben wurden, ist ein Hauptzug in der schönen Kunst der Alten [...]. (GL 20)

Folglich beschäftige sich „ihre Phantasie in den ältesten Dichtungen" auch

> immer [mit der] Vorstellung, daß das Unförmliche, Ungebildete, Unbegrenzte erst vertilgt und besiegt werden muß, ehe der Lauf der Dinge in sein Gleis kömmt.
>
> Die ganze Dichtung des Götterkrieges scheint sich mit auf diese Vorstellung zu gründen. Uranos oder die weit ausgebreitete Himmelswölbung ließ sich noch unter keinem Bilde fassen [...]. Die Phantasie flieht vor dem Grenzenlosen und Unbeschränkten; die neuen Götter siegen, das Reich der Titanen hört auf [...]. (GL 20)

Moritz' Götterlehre vollendet somit gewissermaßen die Teleologie der Phantasie, wie er sie aus den Mythen herausliest, indem er dem „Grenzenlosen und Unbeschränkten" der mythischen Urzeit die absolute Bestimmtheit der in Umrissen gebannten Göttergestalten gegenüberstellt. Diese, als mehrfach mittelbare Bildungen nach geschnittenen *Steinen*, visualisieren aber zugleich auch die *Petrifizierung* einer solchen „Sprache der Phantasie", die nicht mehr die ungeheure „Himmelswölbung" als „gestaltlos" wahrnimmt, sondern die Mythologie selbst schon als „Horizont" für den „Gesichtskreis" ihrer Bildungen begreift, an dem durch Unterfangen wie eine Umrisse definierende und Gestalten isolierende *Götterlehre* der Mensch selbst eine „neue Mörgenröte" heraufzubeschwören vermag: Er beherrscht die Grenzen und setzt das Maß.[71] Das Maßlose wird umgrenzt durch zunehmend anthropomorphe Göttergestalten.

Hier, in der menschengestaltigen Göttern und göttergestaltigen Menschen gemeinsamen aufrechten Haltung,[72] findet sich die basale Erscheinungsform des von Moritz favorisierten Überblicks-Topos, mit der

---

71 Die Betonung des „edle[n] Maß[es]" als „ein Hauptzug in der schönen Kunst der Alten" rückt in der Formulierung nahe an Winckelmanns Bestimmungsversuche in den *Gedancken* (vgl. Kap. 10).

72 Moritz' Gedanken zu diesem Prozess stehen unter der Überschrift „Bildung des Menschen" (GL 24 ff.): Die antike Mythologie habe Prometheus als Bildner der Menschen „nach dem Bilde der Götter" gedacht, worin die höchstmögliche „Bildung" impliziert sei, weil in der „erhabene[n] aufrechte[n] Stellung [...] die ganze Natur [...] erst zum Anschauen von sich selber kömmt." Moritz geht ausführlich auf die zugehörigen Illustrationen ein; bemerkenswert ist vor allem die Erläuterung zu der einen, über die es heißt, „Prometheus" sei „auf dem [...] beigefügten Umriß, nach einem geschnittenen Steine" mit einer „Vase" und einem „menschliche[n] Torso", an dem er noch arbeite, dargestellt, die beide Produkte seiner Töpferkunst präsentieren. (GL 26) Die Abfolge der Bildungen – Prometheus' irdener Torso, der „geschnittene[ ] Stein[ ]" mit *beider* Darstellung, Umriss und Kupferstich danach und schließlich Moritz' Beschreibung in Worten (die nicht seiner eigenen ekphrastischen Programmatik folgt) – veranschaulicht eine Genealogie menschlicher Schöpfungen.

die Spiegelung des göttlichen Blicks auf den Zusammenhang der Dinge im kleineren Gesichtskreis des Menschen aitiologisch dargestellt wird. Wie Moritz der Ansicht ist, der Mensch bringe sich selbst sein innerstes Wesen und seinen höchsten Wert vor Augen, indem er (menschengestaltige) Kunstwerke schaffe, die zugleich mit ihrer Loslösung vom Künstler im großen Ganzen der Natur aufgingen, wobei diese die Werke durch den Menschen mittelbar darstellen ließ, auf den sie, einmal vollendet, als Werke der *Natur* zurückwirkten, so heißt es in der *Götterlehre* über die Gestalt der Menschen nach dem Bilde der Götter: „Es scheint, als müsse die unermeßliche Natur sich erst in diese zarten Umrisse schmiegen, um sich selbst zu fassen und wieder umfaßt zu werden." (GL 25 f.) Diese „Umrisse" erscheinen somit nicht nur als notwendige Voraussetzung menschlicher Erkenntnis, sondern, indem der Natur gleichsam Verstand zugesprochen wird, als unabdingbares Konstituens zur Selbstvergewisserung dieser großen Natur als Grundlage allen Seins. Im Abschnitt „Die menschenähnliche Bildung der Götter" (GL 72 ff.) wird auf das frühere Kapitel zurückverwiesen:

> Das Unendliche, Unbegrenzte ohne Gestalt und Form ist ein untröstlicher Anblick. Das Gebildete sucht sich an dem Gebildeten festzuhalten. Und so wie dem Schiffer, der Land erblickt, sein Mut erhöhet und seine Kraft belebt wird, so ist für die Phantasie der tröstliche Umriß einer Menschenbildung das sichere Steuer, woran sie auf dem Ozean der großen Erscheinungen der Natur sich festhält. (GL 72)

Als verbindende Kraft, die ein wiederum frühromantische Theoreme antizipierendes, freies Schweben der Einbildungskraft in einer unabschließbaren Wechselbestimmung von Subjekt und Objekt in transzendentaler Anschauung vorwegnimmt, gilt die „Phantasie". Ihr Wirkungspotential in der Götterlehre der Alten und zugleich ihr Darstellungsmedium in Moritz' und Carstens' *Götterlehre* ist die Gestaltenbildung durch isolierende Umrisse, in den Illustrationen wie auch in den separaten Abschnitten.

Moritz' Morphologie der Umrissbildungen stellt die Gespinste der Phantasie als progressives Konglomerat von Gestalten dar, die es als selbst Isoliertes nur ertragen, sich ebenfalls Isoliertes, Gestaltetes gegenüber zu wissen. Zum dritten Male erscheint (hier implizit) das Bild des Horizontes, wo es darum geht, den Radius der gestaltenschaffenden Phantasie als Rahmen des Erkennbaren in der amorph erfahrenen Umwelt zu bestimmen. Es ist signifikant, wie eilig Moritz das durch den Horizont Bedeutete, kaum dass die Phantasie es in den Blick gefasst hat, dem schöpferischen Menschen als ein „Steuer" in die Hand gibt, so dass sich „[d]as Gebildete [...] an dem Gebildeten festzuhalten" vermag.

Unter den Umrissdarstellungen der *Götterlehre* fällt eine besonders ins Auge: Es handelt sich um die Darstellung der Nacht mit ihren Kindern Schlaf und Tod sowie den Traumgestalten – ist dies doch die einzige in der *Götterlehre*, die nur nach einer *literarischen* antiken Vorlage, nämlich einer Beschreibung bei Pausanias, gearbeitet ist. Die Nacht, so heißt es im zugehörigen Abschnitt, sei auch „die Mutter der ganzen Schar der Träume" (GL 35); die Abbildung zeige die Nacht mit Tod und Schlaf, die sie „in ihren Mantel hüllt", während unter ihnen „aus einer Felsengrotte [...] die phantastischen Gestalten der Träume hervorblicken". Carstens habe diesen Umriss „nach einer Beschreibung des Pausanias entworfen." (GL 36)[73]

Es fragt sich, warum Moritz gerade zu diesem Bildthema eine moderne Umrissdarstellung für notwendig hielt – und doch erscheint es plausibel, dass in einem Werk, das sich der „Sprache der Phantasie" widmet, die Traumgestalten nicht fehlen dürfen; galt doch Moritz „die ganze Religion der Alten" als „eine Religion der Phantasie und nicht des Verstandes", und „so ist auch ihre Götterlehre ein schöner Traum, der zwar viel Bedeutung und Zusammenhang in sich hat, [...] von dem man aber die Genauigkeit und Bestimmtheit der Ideen im wachenden Zustande nicht fordern muß." (GL 22) Die Götterlehre als „schöner Traum": Moritz und Carstens haben sich bzw. ihrer *Götterlehre*, so scheint es, mit dieser Vignette wie mit einer Signatur im Werk ein Denkmal gesetzt, wenn die einzige Umrissdarstellung, die Carstens' „inv." trägt, die phantastischen Gestalten der antiken Nacht vorstellt. So stellen sie sich in eine Genealogie der Einbildungskraft, die zur Antike zurückführt – und dies auch insofern, als die *inventio* Carstens' mit Pausanias auf einer antiken literarischen Quelle beruht, deren ‚Spur' der Worte sich hier in Umrissgestalt abdrückt (vgl. Abb. 8).

73 Zu Carstens' Entwurf für *Die Nacht mit ihren Kindern Schlaf und Tod* mit Blick auf die Bildtradition vgl. die grundlegende Studie von Herbert von Einem: *Asmus Jacob Carstens, Die Nacht mit ihren Kindern.* Köln/Opladen 1958; zur ‚Wiederentdeckung' der relevanten Pausanias-Stelle in Italien im 16. Jahrhundert ebd., 12 ff., zu Carstens' Illustration für die *Götterlehre* ebd., 21–27; 23 zum Motiv der Felsgrotte nach Hesiod. Vgl. auch Sabine Schulze (Hg.): *Goethe und die Kunst [Austellungskatalog Frankfurt/Weimar]* Stuttgart 1994, 350 (Kat. Nr. 221), sowie Harald Tausch, *Entfernung der Antike. Carl Ludwig Fernow im Kontext der Kunsttheorie um 1800.* Tübingen 2000, 108 f., zur hybriden Ikonographie von Carstens „Nacht", aber auch zu Carstens' Bemühungen um ‚archäologische' Rekonstruktion von Bildtraditionen unter dem Firnis barocker Topoi. – Zur Zusammenarbeit von Moritz und Carstens vgl. außerdem Frank Büttner: *Asmus Jacob Carstens und Karl Philipp Moritz,* in: Nordelbingen 52 1983, 95–127, zur Darstellung der „Nacht" ebd., 104 f.

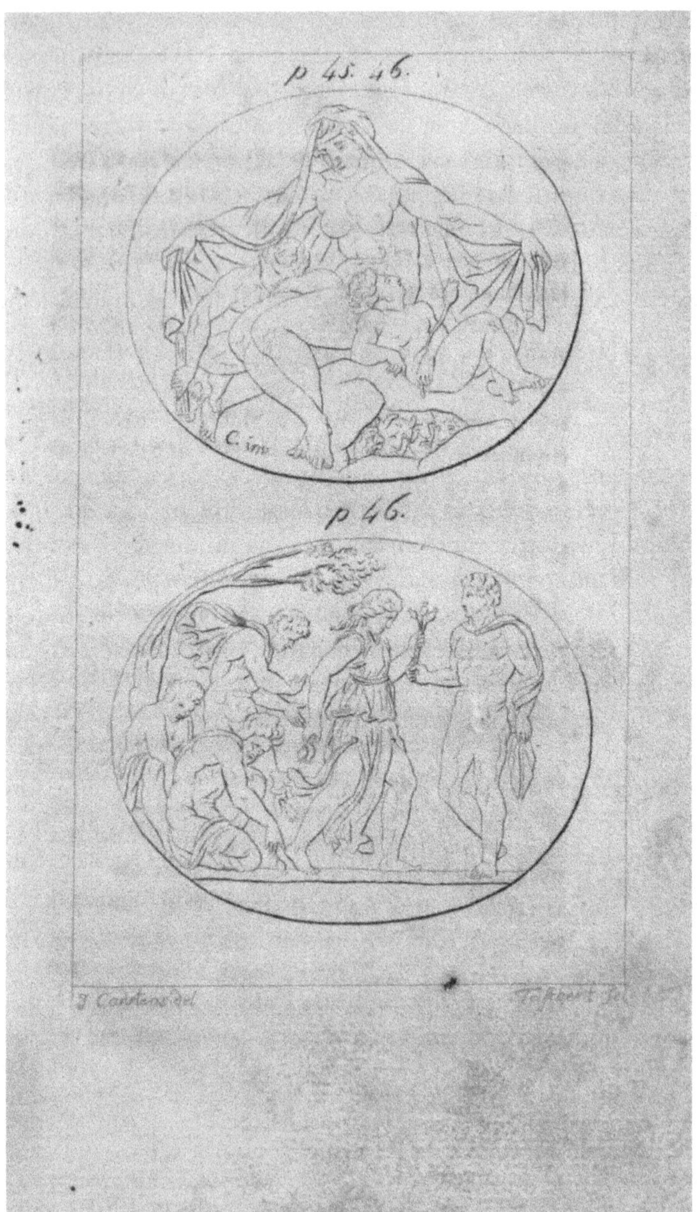

Abb. 8. Asmus Jacob Carstens: *Die Nacht und ihre Kinder*, in: Karl Philipp Moritz: *Götterlehre oder mythologische Dichtungen der Alten*. – Klassik Stiftung Weimar, Herzogin Anna Amalia Bibliothek, Signatur N 102 87.

16.8 Werthers literarische Umrisskunst und ihre Spur in Moritz' Einbildungskraft

In seiner 1789 in der *Deutschen Monatsschrift* veröffentlichten Studie *Über ein Gemälde von Goethe*[74] wendet Moritz seine ekphrastischen Grundsätze an und hebt sie zugleich auf eine höhere Abstraktionsstufe. Bei diesem „Gemälde" – der Landschaftsschilderung Werthers im Brief vom 10. Mai, bzw. der Schilderung der Eindrücke und Empfindungen, die die Landschaftsbetrachtung in ihm hervorruft – geht es nicht mehr um die literarische Wiedergabe eines Kunstwerks, sondern um die literarische Imagination eines solchen, das erst gar nicht entsteht, da die Empfindung zum *Ausdruck* der *Eindrücke* strebt, der durch Worte unmittelbarer erfolgen könne als im Medium der Zeichnung. Die „Vorbereitung zu diesem Gemälde" sieht Moritz in der Beteuerung Werthers: „‚Ich könnte jetzt nicht zeichnen, nicht einen Strich, und bin nie ein größerer Maler gewesen, als in diesen Augenblicken.' " In diesem Bekenntnis sei „die höchste Naivität und *Einfalt* des *Ausdrucks*" enthalten,

> der *auf einmal alles sagt*, was *in der Seele* des Dichters *schlummerte*, welcher, *ehe er noch sein Gemälde zu entwerfen anhebt*, es schon in seiner *ganzen Kraft und Fülle* in seinem Busen *fühlt*, und dies Gefühl zuerst ausspricht, dem er nun den Beweis unmittelbar hinzufügt, indem er sich, den wunderbaren *Eindruck*, welchen die *umgebende Natur* auf ihn macht, zu *entwickeln*, und seine innigsten Empfindungen durch den harmonischsten Silbenfall und den bedeutendsten Klang der Worte sich selber und dem Leser *vernehmbar* zu machen sucht. (II, 911; meine Hervorhebungen, C. K.)

Auf Werthers Situation wird das in der *Bildenden Nachahmung* verhandelte Schema der schöpferischen Tatkraft appliziert; das dunkel empfundene große Ganze drängt danach, entfaltet und äußerlich fassbar gemacht zu werden.[75] Der „Ausdruck" als Akt des Subjekts, welches das Wahrgenommene bzw. dunkel Empfundene außer sich zur Darstellung bringt, stellt einen zentralen Terminus von Moritz' Interpretation der *Werther*-Passage dar, in welcher der „Begriff von der Macht des *Ausdrucks*" zugleich erhaben formuliert und in dem „poetischen Gemälde" literarisch umgesetzt werde (II, 911). Moritz' Lektüre zeichnet die Schritte dieser bei

74 Vgl. dazu Gerhart Pickerodt: *Das „poetische Gemählde". Zu Karl Philipp Moritz „Werther"-Rezeption*, in: Weimarer Beiträge 36, 1990, 1364–1368.

75 Paradox bleibt dabei die Wertung der Unmittelbarkeit, die Moritz in Werthers poetischem Gemälde sieht, hatte er doch sonst stets die Mittelbarkeit der Darstellung durch Worte gegenüber dem unmittelbar fasslichen Gesamteindruck des simultan wirkenden Kunstwerks betont.

Werther bereits selbstreflexiven Ausgestaltung nach, indem er auf dieses Gemälde-an-Stelle-eines-Gemäldes seine eigene geometrische Folie idealer Bildbeschreibung als ideale Wirkungsbeschreibung auflegt und aus Goethes Text ein zunächst konzentrisches, dann exzentrisches Modell herauspräpariert, das sich um den Gesichtspunkt des wahrnehmenden Subjekts herum zwischen einem ersten „Umriss" und einem abschließenden „Große[n] Umriss" entspannt und sich dabei, in Moritz' Terminologie, in sich selbst vollendet. Ich gebe im Folgenden die von Moritz zitierte Passage aus Werthers Brief bereits mit den anschließend von Moritz entwickelten Segmentierungen wieder:

> [*Umriß*] ‚Wenn das liebe Tal um mich dampft, und die hohe Sonne an der Oberfläche der undurchdringlichen Finsternis meines Waldes ruht, [*Niedersenkung*] und nur einzelne Strahlen sich in das innere Heiligtum stehlen, [*Niedersenkung*] und ich dann im hohen Grase am fallenden Bache liege, [*Niedersenkung*] und nahe an der Erde tausend Gräschen mir merkwürdig werden; [*Niedersenkung*] wenn ich das Wimmeln der kleinen Welt zwischen Halmen, die unzähligen Gestalten der Würmchen, der Mückchen, näher an meinem Herzen fühle, [*Erhebung*] und fühle die Gegenwart des Allmächtigen, der uns nach seinem Bilde schuf, [*Erhebung*] das Wehen des Alliebenden, der uns, in ewiger Wonne schwebend, trägt und erhält; [*Großer Umriß*] mein Freund, wenns dann um meine Augen dämmert, und die Welt um mich her und Himmel ganz in meiner Seele ruht, wie die Gestalt einer Geliebten, [*Vollendung*] dann sehn' ich mich oft und denke, ach, könntest du dem Papier das einhauchen, was so voll so warm in meiner Seele lebt, daß es würde der Spiegel deiner Seele, so wie deine Seele ist der Spiegel des lebendigen Gottes!' (II, 911 f.)

Dem fügt Moritz hinzu:

> Was nun diesem, so wie andern Naturgemälden dieses Dichters einen so hohen Reiz gibt scheint vorzüglich die Kunst oder Wahl zu sein, womit die einzelnen Züge gestellt und geordnet sind, daß sie sich wie von selber zu einem vollendeten Ganzen bilden. (II, 912)

Wiederum erscheinen die „Züge", deren Ambivalenz hier nicht nur zwischen künstlerischem Schaffensmoment und Wirkung vermittelt, sondern beides metaphorisierend auf literarische Ebene transponiert. Und wirklich geht es Moritz um die „Wahl", *electio*, mit der im poetischen Gemälde die gleichsam zu Umrissen abstrahierten „einzelnen Züge" angeordnet werden zu einer *compositio*, die sich (in dieser *imaginierten* Autonomie eines Kunstwerks) „*wie* von selber zu einem vollendeten Ganzen bilden" (meine Hervorhebung, C. K.). Dessen „Züge" zeichnet Moritz nun nach:

> Zuerst wird mit wenigen Zügen ein *Umriß* um das Bild entworfen, dann *senkt* sich die Darstellung von ihrer Höhe immer tiefer bis zu dem kleinsten Ge-

> sichtskreise des Auges, zu dem Grashalm am Boden nieder; je tiefer sich die Darstellung *niedersenkt*, jemehr das Bild sich im *Kleinen* ausmalt, desto inniger und lebhafter wird die Empfindung, die dann gleichsam aus ihrem *Mittelpunkte* sich wieder erhebt, und die Darstellung wieder *steigen* läßt, so wie sie vorher sich niedersenkte, bis zuletzt ein *großer Umriß* sich wieder um das Ganze zieht, und eine das Ganze umfassende Empfindung zuletzt das Bild *vollendet.* (II, 912)

Moritz' Umriss-Skizze des poetischen Gemäldes ist ein Diagramm der „Empfindung": Der erste „Umriß" umschließt die subjektive Wahrnehmung des „*liebe*[n] Tal[es]", schließt sich immer enger um das empfindende Subjekt bis zu dessen „Herzen", in dem es nun nicht das große Ganze, aber doch dieses in „der kleinen Welt" ganz nahe fühlt, um sich dann wieder progressiv zu entgrenzen, bis die „Seele" in der Empfindung das große Ganze der Schöpfung umschließt. Signifikanterweise erfolgt die „Vollendung" für Moritz nicht bereits in diesem „Große[n] Umriß", sondern erst – um es mit Moritz' Modell der metaphysischen Schönheitslinie auszudrücken – im Rückbezug der in sich gekrümmten Schönheitslinie auf ihren Fixpunkt im Subjekt, nämlich in der selbstreflexiven Volte, die das Geschriebene gemeinsam mit der „Vorbereitung" (s. o.) umrahmt[76] und in einem Spiegelkabinett von Reflexionen mündet, das wie für Moritz' monadologisch inspiriertes Modell vom in sich selbst vollendeten Kunstwerk als aus dem empfindenden Subjekt heraus entworfener Spiegel des großen Ganzen geschaffen erscheint.[77]

Moritz' Empfindungs-Diagramm steht in seiner linearen Abstraktion in spannungsvoller Beziehung zu dem am Text so emphatisch bewunderten unmittelbaren „Ausdruck", der hier „[g]erade mit diesem Wunsche und mit jenem Selbstgefühl [in den rahmenden Sätzen] zusammengenommen" der „getreueste Spiegel der Seele" sei, „welchen vielleicht je eine Feder entworfen hat", wobei Moritz wie bei den „Zügen" ambivalent zwischen Zeichen- und Schreibfeder verbleibt. Denn jedermann „siehet [...] wohl ein",

76 Vgl. II, 913: „Das Bild schließt sich wie es anhub, mit dem unmittelbaren Ausdruck der Empfindung".

77 Zur „Spiegelung" als „Basis-Relation" der Leibnizschen Monadologie und deren Metaphorik, besonders zum temporalen Aspekt der „Fulgurations", den Emanationen und Nacheinanderstellungen als „unvollkommene Einzelperzeptionen" vgl. Kestenholz, 52 und 66 ff. Zum monadenartigen Widerspiegeln vgl. auch Pfotenhauer, „*Die Signatur des Schönen*", 79, und grundlegend Saine, *Die ästhetische Theodizee.*

> daß der Dichter, als er sein Gemälde entwarf, nicht an Umriß, Niedersenkung, Erhebung, oder Vollendung dachte, sondern daß nur durch das Bestreben, treu und wahr seine Empfindung auszusprechen, jener Umriß, jenes harmonische Fallen und Steigen, und jene reizende Vollendung sich bildete. (II, 914)[78]

So sehr Moritz hier die Selbstvergessenheit des Künstlers propagiert, der an alles andere als an kompositorische Umrisse denken dürfe, wenn sein Werk gelingen solle, so sehr erstaunt es, dass Moritz selbst im *Hartknopf* und in der *Neuen Cecilia* (ein Briefroman wie der *Werther*) durchaus forciert seine linearen Modelle als Grundriss nutzt und ausgestaltet.

Die von Moritz am Text beobachtete schweifende Bewegung des Auges, die sich dann immer weiter „beschränkt" bis auf den Mikrokosmos zwischen den „Grashalm[en]", um sich sodann wieder zu entgrenzen, entspricht Moritz eigenen monadologisch geprägten ästhetischen Modellen : „[Das Auge] blickt wieder auf, und spiegelt Himmel und Erde. – [...] Es gibt nichts Erhabeners als die Nebeneinanderstellung dieser Erscheinungen der Natur in ihrem größten und in ihrem kleinsten Umfange." Moritz bezeichnet hier die Visualisierung seiner geometrisch abstrahierten ästhetischen Konzepte, wenn er schreibt, diese „Malerei vom Großen ins Kleine, vom Weiten und Fernen ins Nahe und Enge" sei „so sehr der Natur gemäß, daß sie durch Täuschung der perspektivischen Darstellung die Natur selbst zu sein" scheine. Moritz „Umriss"-Analysen zeichnen in Werthers „Gemälde" die Fluchtlinien zwischen allumfassender Wahrheitslinie der „Natur selbst", „perspektivisch[ ]" verjüngter Darstellung und dem bildenden Subjekt ein.

Die Wirkung des „Bild[es]" beruht für Moritz primär auf der „ununterbrochene[n] Folge der Eindrücke" (II, 915). Weil die „Wahrheit der Empfindung [...] jedem einzelnen Ausdruck", jedem „einzelne[n] Zug in dem Gemälde" gleichsam „Leben ein[haucht]" und „macht daß Wort und Bild sich immer entgegen kommen" (II, 917), besitze, so Moritz,

> die Folge der Worte selber [...] eine Art von Zauberkraft, weil der folgende Eindruck den vorhergehenden niemals stört oder verdrängt, sondern vielmehr mit ihm eins wird, so daß zuletzt alles *ineinandersteht*, und der Eindruck eines Gemäldes wirklich in der Seele hervorgebracht wird. (II, 917 f.)

Hier zeigt sich auch in der Wortwahl die Nähe dieser Studie zu ihrem theoretischen Pendant *In wie fern Kunstwerke beschrieben werden können?*

78 Vgl. die *Bildende Nachahmung* zu der These, dass eine zweckorientierte Intention des Künstlers den Schwerpunkt aus dem in sich selbst vollendeten Werk hinaus verlagere (II, 976 f.).

mit der Frage nach der „*Spur* auf dem Grunde der Einbildungskraft". Der Moritzsche Text zum „Eindruck" von Goethes ‚poetischem Gemälde', den er gewissermaßen als Reproduktions-, als *Druck*graphik wiedergibt, liest sich wie ein Kommentar zu sensualistischen Wahrnehmungstheorien beziehungsweise als Stellungnahme zu der schon in der Antike an diesen geäußerten Kritik: Hatte doch bereits Sextus Empiricus das stoische Modell der *typosis en psyche* dahingehend bezweifelt, dass ein so verstandenes Seelenpneuma kaum viele nacheinanderfolgende Eindrücke aufnehmen könnte, da sie sich allesamt vermischen oder gegenseitig auslöschen würden (vgl. Kap. 1). Moritz hingegen betont sogleich die (allerdings unbedingt von der richtigen „*Folge*" abhängige) *Ineinander*bildung aller konsekutiven Eindrücke. In der *Werther*-Passage habe die „*Folge*" der Eindrücke in diesem „poetischen Gemälde" nicht verändert werden dürfen, denn da es eben nicht „wie ein wirkliches Gemälde auf einmal dasteht, so beruht hier das meiste auf der Folge, in welcher der Dichter die Eindrücke in der Seele des Lesers entstehen läßt. Es wäre unmalerischer gewesen, wenn der erste Umriß weggelassen wäre, und der Dichter gleich angefangen hätte". Es stellt sich aber die Frage, warum er selbst in seinem Text die Analyse dieser „Folge" von Eindrücken vielfach unterbricht, um dann beispielsweise an dieser Stelle abermals am Beginn des Zitats anzusetzen mit der Bemerkung, Goethes Werther habe, „um gleichsam den Genuss nicht zu lange zu unterbrechen, nach dem leichtesten und unmittelbarsten Ausdruck durch die Sprache gesucht", anstatt zu zeichnen: „[D]ie Umrisse verwandeln sich in Worte; der Zeichner oder Maler wird zum Dichter". Dabei habe der „Darstellungstrieb selber sich so getreu mit dargestellt", wie es in der Poesie selten geschehe (II, 916). Mit seiner ‚Kurvendiskussion' des „poetischen Gemälde[s]" transformiert Moritz dieses in seine ästhetisch-methodischen Lineament-Kategorien und stellt zwar nicht den „Darstellungstrieb", aber doch die Darstellungs*prinzipien* mit dar. Er führt dabei vor, welch anderen Gesetzen das theoretische Schreiben über „poetische Gemälde" unterliegt als diese selbst, welch andere Wirkungen es hervorruft, indem die „Folge" der „Eindrücke" diskursiv *partiellen* Umriss um *partiellen* Umriss übereinanderlegt: Die Struktur der Studie in Relation zum poetischen Gemälde illustriert das Verhältnis von ineinanderbildender Einbildungskraft und subordinierender Denkkraft, die Erörterung der „Folge" reflektiert dies implizit mit.

16.9 Italienische Lineaturen: Ästhetische Strukturmodelle in Moritz' Reisenotizen

In seinen Reisenotizen verfährt Moritz ähnlich, wie er es in seinem Modell der gekrümmten Schönheitslinie entwirft, die durch ihre Krümmung mehrere Wahrheitslinien durchschneidet. Er montiert collagenartig Miniaturen aus verschiedensten Lebensbereichen nebeneinander, die gleichberechtigt erscheinen: Berichte über allerprofanste Alltagsereignisse im gegenwärtigen Rom ebenso wie diffizile ästhetische Theoreme.[79] Dieses Verfahren bewirkt jedoch zugleich – besonders durch die Abschnittseinteilungen – eine Auratisierung *und* lässt „das Prekäre, das mühsam dem Leben abgerungene" hindurchscheinen,[80] welches das Kunstwerk, das aus dem Wirbel der amorphen Lebenswelt isoliert wird, konstitutiv prägt.[81]

In mehrfacher Hinsicht bemerkenswert ist Moritz' programmatisch-antiallegorische Betrachtung von Guido Renis *Fortuna*, dargestellt „mit dem fliegenden Haar, und den Spitzen der Zehen kaum die rollende Kugel berührend" (II, 715 f.). Diese Gestalt sei bereits „an sich eine schöne malerische Figur", bei der die Allegorie nicht die „Hauptsache" sei; die „Figur" habe vielmehr „Harmonie und Übereinstimmung in sich selbst", „alles [...] stimmt zu dem Eindruck des Ganzen überein".[82] Sie entspricht damit Moritz' Postulat vom in sich selbst vollendeten Schönen, und „[b]ei dem Schönen", so bemerkt Moritz hier, „kommt es immer darauf an, daß es selbst Hauptsache sei" (II, 716), weswegen er sich gegen die *Allegorie* als dominierende künstlerische Darstellungsweise wendet, durch welche „die Aufmerksamkeit [...] von der Hauptsache abgezogen" werde, „denn sobald eine schöne Figur noch etwas außer sich selber anzeigen und bedeuten" solle, nähere sie sich

> dem bloßen Symbol, bei dem es, so wie bei den Buchstaben [...] auf Schönheit nicht vorzüglich ankömmt.

---

79 Zur „Strukturierung durch Überschriften" und zu den „Tableaueffekte[n]" vgl. Sedlarz, *Rom sehen*, 102–105.

80 So erhielten „einzelne[ ] Textpassagen" zudem „durch die Konstellation, in welcher sie mit dem benachbarten stehen, zusätzliche Aussagequalitäten". Wie Pfotenhauer, *„Die Signatur des Schönen"*, 76, hervorhebt, handelt es sich dabei besonders häufig um „Konfrontationen [...] vom Schönen der Kunst und dem Hässlichen des Alltagslebens".

81 Vgl. Pfotenhauer, *„Die Signatur des Schönen"*, 77, und ebenso Schneider, *Die schwierige Sprache des Schönen*, 266.

82 Vgl. auch Achim Geisenhanslüke: *Allegorie und Schönheit bei Moritz*, in: U. Tintemann/Ch. Wingertszahn (Hg.): *Karl Philipp Moritz in Berlin*, 127–140.

> Das Kunstwerk hat alsdann seinen Zweck nicht mehr in sich selber [...] – Das wahre Schöne bestehet aber eben darin, daß eine Sache bloß sich selbst bedeute, sich selbst bezeichne, sich selbst umfasse, und ein in sich vollendetes Ganze [!] sei.

In der Schrift *Über die Allegorie* kommt Moritz nochmals, nicht minder programmatisch, auf die *Fortuna* zu sprechen. Er lobt, dass in ihr

> die Bezeichnung selbst zur Hauptsache wird, *und die Idee sich unterordnet.* – Denn wenn man die FORTUNA VON GUIDO erblickt, macht man keine Betrachtungen über den Wechsel des Glücks, sondern ergötzt sich an dem Umriß, und der Fülle, dieser leicht und zart entworfenen Luftgestalt. – (II, 1010)

Signfikant erscheint an den beiden zitierten Passagen vor allem das Verhältnis von Moritz' Formulierungen, seinem Anliegen und beschriebenem Gegenstand. Er lobt an der *Fortuna* (und damit eben gerade an einer allegorischen Gestalt), dass sie „in sich selbst" gerundet und bereits „an sich [...] schön[ ]" sei, also notwendig „sich selbst bezeichne, sich selbst umfasse". An der *Fortuna* werde laut Moritz auch tatsächlich „die Bezeichnung selbst zur Hauptsache" – diese „Bezeichnung" aber findet statt durch den „Umriß", der bei aller Fragilität doch eine „Fülle [...] dieser leicht und zart entworfenen Luftgestalt" umschließt. Guido Renis *Fortuna* erinnert hier an eine Herkulanische Tänzerin – in Kupferstichreproduktion. Diese klassizistische Überblendung und Vorausdeutung auf den Umrissstil um 1800 ist jedoch nicht das Entscheidende; entscheidend ist vielmehr, dass Moritz durch diese Konzentration auf die graphischen Bildmittel die strukturellen, genauer die geometrischen Merkmale der Darstellung betont. Denn die Allegorie, anhand derer er seine antiallegorische Programmatik exemplifiziert, steht auf einer „Kugel", die sie nur in einem „Punkte" berührt. Die erstaunliche Immaterialität der „Luftgestalt", die ja so gar nicht nach einem handfesten in sich selbst Vollendeten klingt, liest sich wie eine subversive Allegorie seiner eigenen Linear-Ästhetik, die „mit den Spitzen der Zehen kaum die rollende Kugel berührend" aus einer Figuration von Kreisen, die auch als zeitliche, z. B. jahreszeitliche oder menschheitsgeschichtliche Zyklen konzipiert werden, und Punkten oder „Spitzen" besteht: „Mittel-" oder „Gesichtspunkten",[83] und „Spitzen" der Wahrheitslinien, die durch die Schönheitslinien des Kunstwerks verbunden werden müssen, um mit

83 Vgl. Pfotenhauers Kritik an Moritz' „Strukturanalysen", deren „Suche nach dem zentrierenden Punkt" mitunter „auch zur beinahe komischen fixen Idee" geraten sei (Pfotenhauer, *„Die Signatur des Schönen"*, 75, Anm. 24). Zu Moritz' Kunstbeschreibungen vgl. auch Sedlarz, *Rom sehen*, 205–238.

möglichst großen Aussparungen doch die „Fülle" des großen Ganzen *ex negativo* in ihren „leicht und zart entworfenen" Umrissen abzubilden. Der prekäre Zustand der Gestalt auf ihrem rollenden Kreisgebilde lässt sich somit auch als Umriss einer Allegorie der Gefährdung künstlerischen Gelingens lesen – und als Allegorie einer solchen geometrischen Ästhetik,[84] die im *Hartknopf* virtuos literarisch ausgestaltet wird (Kap. 16.14).

Aufschlussreich für die Frage nach der Relevanz speziell des Kontur antiker Plastik für Moritz' Allegorie-Konzept ist eine seiner Notizen zu den Statuen des *„Belvedere"*:

> Aus diesen *Götteridealen* der Griechen, wenn man sie als Symbole [...] betrachtet, leuchtet noch itzt der helle Geist hervor, welcher die erhabensten Ideen des Verstandes in *Gestalt und Umrisse* übertrug, und die meisten Begriffe, welche eine aufgeklärte Philosphie lehren konnte, durch die Kunst anschaulich wieder darstellte. (Rom, 15. Oktober; II, 689 [meine Hervorhebung, C. K.])

Diese Deutung der „Götterideale" als Resultat eines menschlichen Bedürfnisses nach der Darstellung von Abstrakta in sichtbaren „Umrisse[n]" grenzt sehr nah an Allegorie-Konzepte, wenngleich Moritz sie ausdrücklich als „Symbole" qualifiziert. Der signifikante Unterschied macht aber zugleich die spezifische Eignung der *Umrisse* bei der Wahrnehmung deutlich: In der Schnelligkeit, mit der eine Gestalt durch ihre Umrisse augenblickshaft erfasst werden kann, wird diese zu einer symbolhaften Figur, deren Bedeutung sich idealerweise unmittelbar, ohne allegorische Hermeneutik erschließt.[85]

Die Schattenseite seiner eigenen Autonomieästhetik hingegen scheint Moritz in der *Medusa Rondanini* erblickt zu haben:

> *Das Haupt der Medusa*
>
> In diesem Meisterstücke der griechischen Kunst ist, durch die furchtbare Größe aller einzelnen Züge, die menschliche Gesichtsbildung, vom übrigen Körper abgesondert, wie ein schreckendes Ganzes dargestellt. –
> Dies Haupt scheint nur ein Wesen für sich; der Teil ist zum Ganzen geworden – Es ist geflügelt, mit Schlangen umwunden – Ulysses, da er im Reiche der Schatten die Scharen der Toten ankommen sieht, wendet sein Gesicht weg, damit nicht Persephone, die Königin der Unterwelt, dies furchtbare Hapt ihm entgegensende, und daß der grausenvolle Anblick ihn nicht vor Entsetzen versteinere. – (II, 691)

84 Vgl. Kestenholz, 98.

85 Ähnlich weist auch Kestenholz, 72, auf die Nähe von Moritz' Konzept des „rechten Gesichtspunktes" zum „klassischen Symbolbegriff" hin.

Moritz hält sich hier, im Schattenreich seiner Konzepte, die das Kunstwerk als „Schattenriß" des höchsten Schönen apostrophieren, mit dem Medusenhaupt das Zerrbild seiner eigenen Autonomie-Ästhetik als Apotropaikum entgegen. Das isolierte, aus allen Zusammenhängen gerissene Kunstwerk ist zugleich „Meisterstück" und widernatürliches Perhorreszendum, das alle Widersprüchlichkeit des isolierend-bewahrenden *und* petrifizierenden *Kontur* als liebster Denkfigur der zeitgenössischen Kunsttheorie exponiert. Auch in der *Götterlehre* erscheint die Passage zum „Haupt der Medusa" (GL 99). Dort heißt es unter markanter Akzentverschiebung: „Dies Haupt, vom Körper abgesondert, macht in seinen großen Zügen gleichsam für sich ein Ganzes aus und stellt sich wie eine furchtbare Erscheinung dar [...]." Das „Haupt" wird hier wesentlich mittelbarer erfahren und distanzierter dargestellt; das selbstreflexive Moment tritt zurück hinter der Einordnung in die *Umrisse* der *Götterlehre*, innerhalb deren System das *Haupt der Medusa* nicht mehr zwischen prekärer Vollendung und Petrifizierung des autonomen Kunstwerks oszilliert, sondern als „gleichsam [...] Ganzes" zur „Erscheinung" gebannt ist. Die Bannung des Medusenhauptes in der *Götterlehre* im Medium der Umrissdarstellung visualisiert gleichsam die Teleologie der „Bildung", an deren aktuellem Endpunkt die „ordnende" *Götterlehre* steht, die die „Gestalt" der Götter festschreibt. Inmitten der überwältigenden ästhetischen Erfahrung der Antike in Rom jedoch winden sich die Schlangen noch drohend um das *Haupt der Medusa.*

16.10 Moritz' räumliches Strukturmodell: Der Überblick über den Umkreis

Paradigmatisch findet sich der Überblick des aus der Höhe ein Ganzes übersehenden Betrachters, der als „Stift in dem Wirbel" (*Andreas Hartknopf*, I, 156) fungiert und damit „vielleicht das zentrale Movens des Moritzschen Philosophierens und Schreibens"[86] darstellt, in der Schilderung von Moritz' *Aussicht von der Peterskuppel* (II, 803 f.).[87] Der Blick hinab zeigt, wie sich

86 Schneider, *Die schwierige Sprache des Schönen*, 227. – Zur Subjektposition in der Erhebung zur strukturell „pseudogöttlichen Reflexionsinstanz" vgl. Kestenholz, passim.

87 Vgl. zu Moritz' Schilderungen von Ansichten auf seiner Italien-Reise Renata Gambino: *Moritz – Piranesi: der ‚Gesichtspunkt' – die Veduten*, in: U. Tintemann/

> tief unten [...] der Petersplatz in seiner schönen Krümmung [ründet], wo sich die Säulen der prächtigen Kolonnade wie Pünktchen stellen, und die schnellfahrenden Kutschen ganz langsam auf dem tiefen Boden fortzukriechen scheinen – wie ein Miniaturgemälde stellt sich die Engelsburg mit der Brücke dar – zur Rechten sehe ich den größten, zur linken den kleinsten Teil von der Stadt vor mir, gerade in der Figur, wie auf dem Grundriß, wovon auf dieser Anhöhe die Stadt an sich selber ein ganz ähnliches Bild in meinem Auge entwirft; so sehr verkleinert sich alles, und wird einer Darstellung im verjüngten Maßstabe ähnlich.

Die Stadt Rom, bzw. dasjenige, was der Betrachter aus seiner Höhe erblickt, verwandelt sich unter seinem Blick auf charakteristische Weise. Wo die meisten Reisebeschreibungen des 18. Jahrhunderts die Umgebung sofort als gestaltete Landschaft, als Kulturlandschaft und zumeist sogleich im Modus des Landschafts*gemäldes* wahrnehmen, zeigt sich bei Moritz nur ein kleiner pittoresker Pinselstrich im „Miniaturgemälde" von „Engelsburg" und „Brücke". Ansonsten blickt er auf die Stadt wie ein Geometer: „Krümmung[en]", „Pünktchen" und Zeitlupen-Spuren der Kutschen[88] konstituieren den Petersplatz und das Treiben auf ihm; die Stadt an sich erscheint „gerade in der Figur" – nämlich einer geometrischen – „wie auf dem Grundriß" und alles „verkleinert sich [...] und wird einer Darstellung im verjüngten Maßstabe ähnlich". Damit nähert sich die Wahrnehmung der Stadt aber auch Moritz' abstraktem Theorem von der *metaphysischen Schönheitslinie*, als deren „Figur" dann tatsächlich die wahrgenommene Szene erscheint: Der Blick aus der Höhe entspricht dem imaginierten Blick auf das Schöne als „Darstellung" der Wahrheit „im verjüngten Maßstabe", „Krümmung" und „Pünktchen" bezeichnen den Verlauf der Schönheitslinie entlang der Endpunkte der Wahrheitslinien im großen Zirkel. Dass St. Peter in christlicher Perspektive als Zentrum des „großen Zirkels" der göttlichen Schöpfung gelten kann und Rom als Mittelpunkt der antiken

---

Ch. Wingertszahn (Hg.): *Moritz in Berlin*, 23–38, sowie Béatrice Le Meec-Colson: *De „l'esquisse" au „tableau poétique". Les descriptions de paysages dans le récit du voyage en Italie de Karl Philipp Moritz*, in: Etudes germaniques 64 2009, 4, 841–855. – Gambino liest Moritz' italienische Reisebeschreibung als pädagogisches Lehrwerk vor dem Hintergrund aufklärerischer Pädagogik mit Betonung der Anschauung, zur Perspektivierung und zum Überblick über den Umkreis vgl. ebd., bes. 266 f. und 269 f.

88 Der zeitliche Aspekt ist hier konträr zu Moritz' Konzept vom *Funkenrad* als Bild der göttlichen Wahrnehmung, der alles als gleichzeitiges Ineinander erscheint, was der menschlichen Wahrnehmung nur sukzessive fassbar wird. Der Blick von St. Peter herab auf die in Zeitlupe sich formierenden Strukturen der „Figur" wirkt somit wie ein analytischer Blick auf die Genese menschlicher Warhnehmungsmuster.

Welt, erhöht den Symbolwert dieses Blickpunkts: „Der Blick des Dombesteigers ist der *metonymische* des ‚*Klassikers*'".[89]

16.11 Literarische Ausgestaltungen der Linearästhetik I: *Andreas Hartknopf*

Moritz' einigermaßen enigmatisches Werk *Andreas Hartknopf. Eine Allegorie* wird durchzogen von einem dichten Netz linearer Denkfiguren. Es scheint geradezu, als habe Moritz eine „Allegorie" seiner eigenen komplexen Linear-Ästhetik verfassen wollen. In jedem Falle findet sich in dem Text so gut wie jeder Aspekt von Moritz' Theoremen zu Lineaturen, Spuren, Signaturen, Umrissen und Umkreisen. Ein Beispiel für die Verquickung verschiedenster geometrischer Strukturmodelle bietet der Bericht des Erzählers, wie Hartknopf ihn einst in einer Nacht gelehrt habe, das dialektische Ineinander von „Tod und Leben", „Ruhe und Bewegung" zu lieben:

> Der Himmel umschloss uns von oben –
> So war alles zusammen bis auf den innersten Gedanken in unsrer Seele ein *vollendetes Ganze.*
> Ich fühlte mein Dasein zum erstenmale; fühlte mich in dieser großen Kette eingezwängt; sicher, fest und unerschütterlich –
> Ich ward zum erstenmale auf den rechten *Lebensfleck* geführt –
> Ich lernte die große Weisheit:
> *Das Alles im Moment.*
> Ich ward zum neuen geistigen Leben geboren. [...] [L]eicht und ungehindert strömte das Blut in frohen Kreisen fort – (I, 584)

Den Erzähler erfüllt nun die „schöne Ordnung der Natur, die sich jetzt unverfälscht in mir abdrückte"; „[d]as verwirrte Chaos der Ideen, die von Jugend auf in meine Seele geströmt waren, ordnete sich plötzlich zu einem schönen Ganzen." (I, 585 f.) Diese „schöne Ordnung" ist eine durch und durch geometrische, strukturiert durch den Umkreis des Himmels als „vollendete[s] Ganze[s]" mit dem „innersten Gedanken" der „Seele" als monadenhaftem Fixpunkt von Makro- und Mikrokosmos „dieser großen

89 Bei der Besteigung des Petersdoms erscheine das „*Auge Gottes* über der Vierung" als „das symbolische Bild des hypostasierten Blicks auf das Ganze der Schöpfung; um diesen absoluten Mittelpunkt runden sich die konzentrischen Kreise unserer Kultur [...]" (Kestenholz, 103 f., obiges Zitat ebd). Zusammenfassend zu charakteristischen „Sehformen" in der Italienreise, auch zur „Reduktion ins Graphische", vgl. ebd., 92 und 103 f.

Kette",[90] wobei der innerste Punkt des Individuums nun mit dem „rechten *Lebensfleck*" zur Deckung kommt. Die geometrische Kongruenz verbildlicht die zeitliche Utopie des „*Alles im Moment*". Aus diesem Punkt heraus wird ein weiterer „*Kreis*lauf" in Bewegung gesetzt, der im Individuum organisch den großen Lebenskreislauf des Ganzen widerspiegelt. Bedenkt man Moritz' Äußerungen zum Werdegang des Genies in der *Bildenden Nachahmung*, wonach die unzähligen verwirrten Ideen plötzlich sich an den nächstgebotenen Gegenstand anschließen, den sie zum Fixpunkt des Kunstwerks wählen, zu dem hin sie alle Schönheitslinien krümmen, so lässt sich diese vom Erzähler zur Initiationsszene stilisierte Begebenheit zugleich als Initiationsszene der eigenen (fiktiven) Autorschaft lesen. Hartknopf, der Initiator dieses neuen Weltverständnisses, wird zum (autopoietisch generierten) Fixpunkt, zu dem sich im *Ganzen* des allegorischen Textes alle *Linien* hinkrümmen.[91] Dies sind nicht zuletzt, in dieser Allegorie der eigenen Ästhetik, die allegorischen Linien der Moritzschen Lineartheoreme. Dies gilt es im Folgenden zu zeigen.

In vergleichsweise klassisch-konventioneller Funktion erscheint der Umriss im *Hartknopf* als Reflexionsmedium der schönen Ganzheit der menschlichen Gestalt, die in ihrer Integrität und möglichst immun gegen die Begriffe der Zerstörung und Verwesung zu erscheinen soll. Doch natürlich kann auch diese äußerlich vollendete Ganzheit bei Moritz nicht Bestand haben. So berichtet der Erzähler, wie er an einem Feiertage Hartknopf im Kartäuserkloster begegnete, wo dieser ihn unerbittlich daran erinnert, dass er „sterben müsse": „es war, als hätte er mich mit diesem Blick von Haut und Fleisch entblößt –" (I, 597). Hartknopf legt damit zunächst gewissermaßen die Binnenkonturen der menschlichen Gestalt als dem Tode verfallen frei, doch was sich im Innern des Erzählers ereignet, wird in den narrativ immens ausgedehnten Moment einer kurzen Berührung wie eine vorweggenommene Röntgen-Aufnahme eingeblendet und gerahmt durch typographische Konturenmuster: „Und indem [Hartknopf] meine Hand dabei anfasste, und schnell wieder fahren ließ – – – " fährt dem Erzähler erschütternd „der Gedanke an die Verwesung durch die Seele". Der Moment erscheint als Totentanz; Hartknopf berührt als Genius des

90 Vgl. dazu grundlegend Saine, *Die ästhetische Theodizee.*

91 Vgl. direkt im Anschluss an die eben zitierte Passage (I, 586): „O wer leihet mir *Hartknopfs* Sprache, womit er in meine Seele rief: es werde Licht! | Wer lenkt meine Feder, daß sie nur ein schwaches Bild jener unnachahmlichen Sprache durch gemalte Töne auf dem Papier entwerfe [...]. *Der Buchstabe tötet, aber der Geist macht lebendig.*"

Todes den in seiner Imagination unversehens erst zum Knochenmann entblößten und dann zu Staub zerfallenden Erzähler:

> Also – Staub, wie der, auf den ich trete – ohne Gestalt, ohne Form, ohne Umriß – in der ganzen weiten Welt *gleich* – und *eins* die Totenasche aller Sterblichen, wenn sie sich zusammen mischt –
>
> Die Schaumblase ist zerplatzt – dem Bilde ist sein Umriß genommen – [...]
>
> Hinweg mit dem täuschenden Schleier! Hier ist nicht der Jüngling mit der umgekehrten Fackel – hier ist schreckliche, schändliche Verwesung – das Meisterstück der Schöpfung liegt zertrümmert da, und der Wurm nagt an seinen Überresten [...]. (I, 597 f.)

Der Hartknopfsche Totentanz mit dem Erzähler gipfelt in der Absage an Lessings beschönigendes Todes-Modell, das der Antike die Todesvorstellung vom sanften „Jüngling mit der umgekehrten Fackel“ entnehmen zu können glaubte; die Rede des Erzählers entlarvt dieses aufklärerisch-klassizistische Ideal als Illusion, deren Bild der „Schleier“ ist. In radikaler Bildlichkeit setzt der Erzähler eben diesen „Schleier“ der Illusion gleich mit der „Seifenblase“ als Symbol der Vanitas und dem Umriss als Symbol für klassische Formvollendung und Unversehrtheit des Menschengeschlechts. Das Ideal „liegt zertrümmert da“, sein Ganzheit und Würde gewährleistender „Umriß“ zerplatzt als Seifenblase – und mit ihr die fragile, kleine in sich vollendete Ganzheit als Spiegel des großen Zusammenhangs.

Mit dieser Annihilierung der materiellen Gestalt wird naturgemäß nur ein weiterer dialektischer Prozess initiiert. Zunächst wird im noch immer andauernden inneren Monolog des Erzählers verdeutlicht, wie sehr die durch Umrisse verbildlichte Integrität dieses „Körper[s]“ konstitutiv für die Selbstgewissheit des Individuums erfahren wird. Nach ihrer ‚Auslöschung‘ kann deren Konstitution aus dem Geist des Individuums heraus beginnen, eingeleitet durch eine Fragenkette:

> Wer bin ich? Wo bin ich selber? Wo nimmt mein eigentliches Ich seinen Anfang? Wo hört es auf? Wo verschwimmt es sich in die umgebende Welt? Kann ich nicht alles mit in den Kreis meines Daseins ziehen, und kann ich nicht alles wieder heraus denken? Wo nimmt mein Ich seinen Anfang?[92]
>
> *Hartknopf* faßte meine Hand, und ließ sie schnell wieder fahren, wie die Hand eines Toten. (I, 598)

92 Diese Fragen ließen sich als Konstituentien eines Großteils der in dieser Studie versammelten Texte zum Kontur zumindest aus der zweiten Hälfte des 18. Jahrhunderts lesen.

Hier erst findet der ausgedehnte Moment scheinbar sein bezeichnendes Ende; der im Zustand vor seiner geistigen Auferstehung befindliche Erzähler wird als geradezu gestaltlos vorgestellt, ohne Individualität, ohne Ort, ohne Beginn und ohne Ende, ohne Umrisse und Grenze gegen das Ungeformte, ist aber dennoch bereits im Begriff, sich einen geistigen „Kreis [s]eines Daseins" zu schaffen, aus dem heraus er die Welt wiedergewinnen und sich darin verorten könnte. Dazu freilich bedarf es, wie oben gezeigt, eines Fixpunktes, und als dieser dient wiederum die autopoietisch-allegorische Figur des (auch im Druck in seiner Zeichenhaftigkeit hervorgehobenen) *Hartknopf*, der ihn an die Hand genommen hat. Dieser Moment wird indes noch ein weiteres Mal aufgegriffen, denn er dauert noch immer fort.

Der Erzähler geht nun plötzlich dazu über, das Verhältnis von Körper, Individuum bzw. Bewusstsein und „Denkkraft" zwischen *sein* und *haben* auszuspielen. Wie zuvor bemüht um eine Konstitution des Subjekts durch Grenzziehung zur amorphen Umgebung, fragt er nun nach der Definition dieser Hilfsverben (I, 598): „Wo hört denn das *Haben* auf? Wo nimmt das *sein* [!] seinen Anfang?" Er subsumiert letztlich alles dem *Sein*, das „den *stärksten Grad des Zusammenhangs*" bezeichne,[93] das „Sein" sei der

> Stift in dem Wirbel. Ohne Mittelpunkt ist kein Cirkel, ohne Sein ist kein Haben.
>
> Ich kann nicht so gut mehr sagen: ich habe eine Denkkraft oder ein denkendes Wesen, als ich sagen kann: ich habe einen Körper – Ich *bin* ein denkendes Wesen.
>
> Könnte je der innere feste Zusammenhang meiner Gedanken aufgelöst werden, so wie der Bau meines Körpers zerstört wird, dann würde ich aufhören zu sein –
>
> *Hartknopf* faßte meine Hand und ließ sie wieder fallen, wie die Hand eines Toten – – und ich schauderte nicht mehr zurück vor der Verwesung denn ich fühlte mich in mich selbst zurückgedrängt, fest und unerschütterlich, mein Körper war außer mir; war mir ein gleichgültiger Gegenstand meiner Betrachtung.
>
> Je enger der Cirkel von außen her um mich wird, je mehr diese Denkkraft in sich selber zurückgedrängt wird, desto fester wird der innere Zusammenhang meiner Gedanken in sich selber; desto fester und unerschütterlicher das Gefühl meines Daseins. (I, 599)

93 Das Sein bezeichne „den letzten Knoten, worin sich alles zusammenschlingt" (I, 599) – mithin eine weitere Ausdeutung jener Leerstelle, die in Moritz' Modell strukturell durch den Fixpunkt der in sich gekrümmten Linien bezeichnet wird. Dabei bleibt das Bild auch vor dem Hintergrund plausibel, dass die *Bildende Nachahmung* mit dem Satz schloss, es könne „von sterblichen [!] Lippen" kein erhabeneres Wort vom Schönen gesagt werden, als: *„es ist!"*

In einer anthropologischen Wendung des zuvor abstrakt ästhetischen Modells wird nun der Fixpunkt als Bewusstwerdung des Seins im Subjekt bestimmt, das den „innere[n] feste[n] Zusammenhang [der] Gedanken" konstituiert, der anders als die Umrisse des physischen Körpers nicht vergänglich gedacht wird. An dieser Stelle, an der das Subjekt innerhalb eines Momentes von außen vernichtet und aufgelöst wurde und sich von innen heraus um so fester wieder figuriert hat, endet der narrativ gedehnte *eine* Moment und in der nunmehr dritten Erwähnung[94] schließt sich mit „– –" der typographische Rahmen. Das Subjekt hat sich von innen her *definiert*, seinen „Anfang" in sich und seine Grenze zur „umgebende[n] Welt" von innen heraus um sich herum gesetzt. Aus dem „Gefühl [des] Daseins" im Fixpunkt des in-sich-selbst-vollendeten Subjekts erklingt von dessen „sterblichen Lippen" nun nicht nur ein „es ist!", sondern ein „Ich *bin* ein denkendes Wesen."[95]

Angesichts der vielfachen literarischen Ausgestaltungen der Moritzschen Linear-Ästhetik bereits im ersten Teil des *Hartknopf* verwundert es kaum, dass diese erste Hälfte der *Allegorie* mit einem treffenden Horaz-Zitat (Ep. I, 16, 79) endet (I, 601):[96]

„Mors ultima linea rerum est."

Danach beginnt Moritz' Linien-Literatur erst richtig. Der *zweite Teil* des *Hartknopf* bietet neben der *Neuen Cecilia* die komplexeste literarische Gestaltung von Moritz' eigener Linear-Ästhetik. Besonders konzentriert erscheint diese – auch hier allegorische – Umsetzung in den Passagen, die der Bekanntschaft mit dem Geschwisterpaar Heil (also mit Hartknopfs zukünftiger Frau Sophie und deren Bruder) gewidmet sind. Die Geschwister gelten ihm geradezu als leibhaft gewordene Allegorie für den

> Gleichlaut der Gemüter [...], in welchem dieses große Ganze, wie in seinem Mittelpunkte sich vollendet. –
>
> Wo alle Stürme schweigen, das Toben der Elemente aufhört, und die Sonne im stillen See sich spiegelt. –
>
> Wo das Getrennte, das Entfernte sich wiedererkennt und wiederfindet. –

94 Die drei Erwähnungen markieren demnach die drei Entwicklungsstationen: Vernichtung, Umschlagspunkt, gesteigerte Festigkeit.

95 Vgl. zum emphatischen „es ist!" Rüdiger Campe: *Preposition, pronoun, „Being": Moritz's grammar between aesthetics and ontology*, in: A. Krupp (Hg.): *Karl Philipp Moritz. Signaturen des Denkens.* Amsterdam [u.a.] 2010, 175–193.

96 Vgl. dazu Geisenhanslüke, 137.

> Wo das Labyrinth der Schicksale seinen Endpunkt erreicht, aus dem es sich mit einem Blicke durchschauen lässt, und enthüllet vor unsern Augen liegt. – (I, 613)

Wie bereits mehrfach klingt hier die Monadenlehre nach, doch wird sie prägnant variiert, indem mitten in die eine auserwählte Einzelmonade hinein, die eigentlich ein „Dividuum" ist, der „Mittelpunkt" versetzt wird, der der sonst nur extern und vor allem *göttlich* gedachten Instanz zukam. Hier nun überlagert sich das Bild der das „große Ganze" *spiegelnden* Einzelmonaden mit dem genuin Moritzschen Zirkelmodell, das von einer unbewegten Zentralinstanz mitten in der Schöpfung ausgeht, auf die nicht nur der gesamte Umkreis des Existierenden bezogen erscheint, sondern in der auch zugleich alle Extreme ineinander fallen. Hinzu tritt das Bild der verschlungenen und der sukzessiven Wahrnehmung unentwirrbaren Lineaturen der „Labyrinthe des Schicksals", als deren Zentrum wiederum die unbedingte Harmonie gilt, als deren leibhaftige Allegorie die Geschwister erscheinen. Aus diesem Gesichtspunkt betrachtet, fügt sich alle Kontingenz und Sukzession zu Zweckmäßigkeit und gleichzeitigem Nebeneinander. Als wäre es der Philosopheme nicht genug, folgt noch der Bezug zur Signaturenlehre: Ein solcher „Gleichlaut der Gemüter [...] drückt [...] unverkennbar seine Spur in Aug' und Wange, und zeichnet sich auf der freien und unumwölkten Stirne." (I, 614) Warum es dieses Aufwands bedurfte, um zuletzt mittels der Signaturenlehre die Gesichter der Geschwister zu lesbaren Lineamenten des großen ganzen Zusammenhangs zu machen, in deren zentrierter Ruhe im Sturm der Welt Zeit und Raum aufgehoben erscheinen im utopisch gleichzeitigen Nebeneinander des universalen Totaleindrucks, zeigt sich kurz darauf. Es handelt sich um die Erzählung, wie Hartknopf seine missglückte erste Predigt vor der Nachbargemeinde wiederholt. Unter den Gemeindemitgliedern sitzen auch die Geschwister Heil. Auf beider Gesichtern ruhen während seiner Predigt Hartknopfs „Auge und Seele":

> In diesen beiden Ovalen fand er die ruhige Stimmung seiner Seele, den harmonischen Kreislauf der Dinge, den heitern Himmel, die lachenden Fluren, und jeden Reiz dieser schönen Umgebung wieder, worin wir leben, weben und sind. –
>
> Denn diese Umrisse waren bezeichnend, und bedeutend – die höhere Menschheit leuchtete aus diesen Zügen mit sanftem Schimmer hervor. (I, 616)

Es ist relevant, dass die beiden Gesichtsformen als „Ovale" beschrieben werden, da diese Form eine Mittelposition einnimmt zwischen der unendlich gekrümmten „Wahrheitslinie" des für menschliche Sinne nicht kommensurablen, allumfassenden Zirkels einerseits, der auch in dem „harmonischen Kreislauf der Dinge" mitklingt, und der in sich gekrümmten, den Schein von Wahrheit in sichtbarer Zweckmäßigkeit verdichtenden „Schönheitslinie" des Kunstwerks.[97] In diese Ovale wird, indem sie „in verjüngtem Maßstab" wiederum monadenartig den gesamten Umkreis widerspiegeln, damit auch die Bedingung für drei Begriffe hineinprojiziert: Leben, Weben und Sein. Bei aller Entleerung der Metapher erscheint doch das Weben hier als ein Reflex der künstlerischen Schaffensbedingungen, wie sie von Moritz in der *Signatur des Schönen* entwickelt werden. Ein emphatischerer Begriff als das pure *Sein* kann bei Moritz nicht erscheinen. Heißt es in der *Bildenden Nachahmung*, vom Schönen könne nichts Höheres gesagt werden, als „es ist!", so tritt in den allegorischen *Figuren* der Geschwister hinzu, dass in deren abstrahierten Gesichtsovalen nicht nur die Schöpfung sich widerspiegelt, sondern diese (im allegorischen Roman) dem Menschen seinen Seinsgrund als Werk seiner eigenen subtilen Kunst gegenüberstellen und zur Anschauung bringen: als „bedeutsame" und „bezeichnende" Allegorien. In diesem Sinne werden die Ovale auch als Allegorien des allegorischen Romans als Allegorie der Moritzschen Anthropologie und Ästhetik lesbar, deren bedeutsame „Umrisse" und „Züge" in den Zeilen des *Hartknopf* nachgezogen werden.

Mit den allegorischen Formen der Vollendung, die Hartknopf in den Gesichtern der Geschwister findet, kontrastiert umso stärker die sie umgebende Menschenmenge:

> Die übrigen Gesichter waren mehr oder weniger durch Brutalität entstellt – es war eine chaotische Masse – das wandernde Auge des Menschenforschers [!] fand keinen Platz, auf dem es ruhen konnte. –
>
> Es war, als wäre über die Bildungen eine Furche hingezogen, die sie alle gleich machte. –
>
> Das Bezeichnende und Bedeutende war entstellt, zerrissen. – (I, 616)

Das Amorphe der Gesichter, eine „chaotische Masse", steht in krassem Gegensatz zu den in-sich-vollendeten, zugleich anthropomorphen und dabei geometrisch idealisierten Ovalen der Geschwister, deren bestimmte, formale Rundung in sich selbst nicht nur den Ruhepunkt inmitten des Wirbels der Welt ausdrückt, sondern in deren allegorischer Aufladung sich mit Moritz' Theorem, dass die Menschheit ihren höchsten Wert sich selbst im Kunstwerk sichtbar gegenüberstelle, auch der „Menschenforscher[ ]" zu

97 Zugleich steht die Form des Ovals im spannungsvollen Linien-Diskurs des 18. Jahrhunderts, in dem neben der Wellen- oder Schlangenlinie auch die Ellipse als ideale Form diskutiert wurde.

seinem Recht kommt. Während in den Gesichtsovalen der Geschwister die weltharmonieverbürgende „Spur" der Signaturenlehre sich „in Aug' und Wange" gedrückt hat, ist in den Gesichtern der zur „Masse" degradierten Gemeindemitglieder die denkbar negativste Spur eingeschrieben, die alle „Bildungen" (und damit einen Zentralbegriff der Moritzschen Ästhetik) entstellende und zertrennende „Furche", die jegliche Bestimmtheit und damit auch alles „Bezeichnende und Bedeutende", kurz: auch ihre allegorische Bedeutsamkeit zunichte macht.

Es ist signifikant, dass das Kapitel, in dem sich diese allegorisch-literarischen Ausgestaltungen von Moritz' Linien-Ästhetik finden, der Wiederholung von Hartknopfs Predigt gewidmet ist, und damit dem Dienst an derjenigen Komponente, die Hartknopf der Heiligen Dreieinigkeit zuschlägt und diese zu einer Viereinigkeit ergänzt: Sein besonderes Augenmerk gilt dem *Wort.*[98] Als wolle Moritz nun in diesem dem Wort gewidmeten Abschnitt demonstrieren, auf welch vielfältige Weise sich seine Linien-Konzepte literarisch anwenden lassen, folgen auf die bisherigen Lineaturen der Gesichtsovale, Spuren und Furchen nun auch noch virtuose Linien-Variationen in der Partitur seiner Predigt. Hartknopf, so berichtet der Erzähler, wiederholt dabei „beinahe von Wort zu Wort" die erste Predigt, deren erster Vortrag missglückt war. Dabei findet sich alles „hier in schönerer Ordnung wieder zusammen": „Denn die Höhe und Tiefe war einmal durch feste Punkte auf horizontalen Linien, und jeder Takt durch einen senkrechten Strich bezeichnet." Die Predigt ist somit detailliert wiederholbar „wie eine wohlgesetzte Musik" – oder wie „das Leben in der ganzen Natur". Dies dient jedoch nur als Überleitung zur Rede von der „Wiederholung des Schönen", das „vervielfältigten Reiz" erwecke, und zwar

> für den, welcher anfängt seine Spur zu ahnden – und so oft es ihm sich wieder darstellt, diese Spur verfolgt. –

98 Zu Hartknopfs Predigt in Hinsicht auf das Verhältnis von „Geist" und „Buchstabe" im Roman vgl. Christiane Frey: *Der Weg allen Fleisches. Geist und Buchstabe in Moritz' „Andreas Hartknopf", in:* M. Dauss/R. Haekel (Hg.): *Leib/Seele – Geist/Buchstabe*, 147–168, 164 f. Vgl. außerdem Daniel Weidner: *Erbauung, Satire und höhere Wahrheit. Komische Predigten bei Karl Philipp Moritz und Jean Paul*, in: K. Gvozdeva (Hg.): *„Risus sacer – sacrum risibile". Interaktionsfelder von Sakralität und Gelächter im kulturellen und historischen Wandel*, 201–214, hier 201–207 (zu Hartknopfs ‚Vierfaltigkeit' ebd., 203 f., zu seiner Wortkunst: 206), sowie Kelly Barry: *The sermon and the task of aesthetic reflection: Moritz's „Andreas Hartkopfs Predigerjahre"*, in: A. Krupp (Hg.), *Karl Philipp Moritz*, 305–314.

> So war Hartknopfs Antrittspredigt ein vollendetes unvergängliches Werk, das in sich selber seinen Wert hatte, den kein Zufall ihm rauben konnte. – (I, 617)

So kann der Erzähler auch behaupten, die Predigt, die doch bei so vielen Anstoß erregt hatte, habe „ihren Zweck, der in ihr selbst, in ihrem schönen Bau, und dem wohl abgemessenen Verhältnis ihrer Teile lag“, erreicht, „wodurch das Ganze eine Kraft erhielt“ (I, 617).[99] Wiederholbarkeit und darin begründete Wirkung der Predigt werden durch die Notation in Hartknopfs Partitur gewährleistet; das Hörbare hat seinen „Abdruck“ in Lineaturen gefunden, die den Grundriss des harmonischen Ganzen abbilden.[100] Von dieser Bildlichkeit (für die Funktionsweise des gesprochenen Wortes im Dienste der Viereinigkeit) liegt der Übergang zum harmonischen Ganzen des ewigen Naturkreislaufs nahe (ebd.). In welchem Verhältnis die Predigt als Kunstwerk zum „Schönen“ steht, erhellt aus ihrer Wiederholbarkeit. In der *Bildenden Nachahmung* heißt es:

> In der Tatkraft liegen nämlich *stets* die Anlässe und Anfänge zu so vielen Begriffen, als die Denkkraft nicht auf einmal einander *unterordnen*; die Einbildungskraft nicht auf einmal *neben einander stellen*, und der äußre Sinn noch weniger auf einmal in der *Wirklichkeit* außer sich fassen kann. (II, 971)

Nur durch vielfache Wiederholung könne die „Denkkraft“ demjenigen, „was die tätige Kraft in dunkler Ahnung *auf einmal* fasst“, nachkommen; die „Einbildungskraft“ bedürfe dazu noch weitaus mehrfacher Wiederholungen, da sie anders als die „in einander[stellende]“, subordinierende Denkkraft „nebeneinanderstellend“ sei und daher „jedesmal um so weniger

---

99 In der *Bildenden Nachahmung des Schönen* zeichnen weite Teile der Argumentation geradezu ein Kräfte-Parallelogramm, in dem Moritz u.a. die Vermögen von „Denkkraft“, „Einbildungskraft“, „Spähungskraft“ und vor allem „Tatkraft“ gegeneinander abgrenzt. Für die „Bildung“ ist dabei die *Tatkraft* die entscheidende Komponente, denn in ihr liege „unmittelbar“ der „Sinn für das höchste Schöne in dem harmonischen Bau des Ganzen, das die vorstellende Kraft des Menschen nicht umfaßt“. Um dahin zu gelangen, „greift [sie] in der Dinge Zusammenhang, und was sie faßt, will sie der Natur selbst ähnlich, zu einem *eigenmächtig* für sich bestehenden Ganzen bilden.“ (II, 970) – Vgl. dazu die Erwähnung der inneren Vollendung von Hartknopfs Predigt.

100 Hartknopf begleitet zudem seine Gottesdienste noch durch eine Choreographie, die dem Moritzschen Linien-System gemäßer ist, als es das Kreuzes-Zeichen wohl wäre. So heißt es inmitten eines Abschnittes, dessen Absätze wiederum vielfach durch „ – “ zugleich verbunden und getrennt werden, über den „Segen“, den Hartknopf seiner dadurch sehr verstimmten Gemeinde erteilt: „Er machte nehmlich statt des Kreuzes mit dem Mittel- und Zeigefinger nur einen geraden Querstrich zweimal durch die Luft […]“. (I, 620)

fassen" könne. „Der äußre Sinn" schließlich bleibe „ein immerwährendes Wiederholen seiner selbst". In diesem Kontext fungiert demnach im *Hartknopf* die „Wiederholung des Schönen", „für den, welcher anfängt seine Spur zu ahnden – und so oft es ihm sich wieder darstellt, diese Spur verfolgt." Ahndung der Spur und mehr noch die Ahndung des Ganzen hängen ab von der Tatkraft, deren Wirkung in der Wiederholung auch den rezeptiv Veranlagten fassbar wird. Denn da laut Moritz „der Horizont der Tatkraft mehr umfaßt, als der äußre Sinn, und Einbildungs- und Denkkraft fassen kann" (II, 971), musste die Natur „den Sinn für das höchste Schöne [...] in die Tatkraft pflanzen, und durch dieselbe erst mittelbar einen Abdruck dieses höchsten Schönen der Einbildungskraft faßbar, dem Auge sichtbar, dem Ohre hörbar, machen". Dieser „hörbar[e]" *Abdruck* ertönt in Hartknopfs Worten, er wird „sichtbar" in den Lineaturen seines Notationssystems – und im Druckbild der *Allegorie.* Allein die wiederholende, zyklische Lesebewegung könnte strukturell das „Ganze", das in „verjüngtem Maßstabe" in diesem Werk enthalten ist und augenblickshaft nur geahndet werden kann, in der jeweiligen Aktualisierung sukzessive wieder und wieder nach- und nebeneinanderordnend durchlaufen. Denn, wie der Erzähler in einer Schlusswendung in allegorisch-bedeutsamem Ton andeutet, in dieser Antrittspredigt werde man, „[w]enn Hartknopfs Predigten einst, dem Buchstaben nach, im Druck erscheinen" (I, 617 f.), erkennen, dass sie

> alle übrigen in sich faßt, wie die gefüllte Knospe ihre Blätter. –
> Daß alles ein Ganzes ist, welches gleich dem belebenden Atemzuge, in jeder Zeile, mit jedem Gedanken, nur sich selbst wiederholet. –

Dies mag man auch auf die mit dem *Hartknopf* „dem Buchstaben nach, im Druck" vorliegenden „Zeilen" behaupten, die sich auch als wiederholt allegorisch-variierte, mehr oder weniger virtuose, mitunter auch etwas gezwungene Improvisationen von Moritz' ästhetischen Konzepten lesen lassen,[101] so dass sich die einzelnen Texte, theoretischer wie literarischer Prägung, zu einem weiteren „Ganzen" runden, das zwar von einem nur „der Einbildungskraft fassbaren" Umriss umschlossen wird, aber durchzogen ist

101 Zum Allegorischen und zum Dualismus von „Geist und Buchstabe" im Hartknopf vgl. auch Frey, *Der Weg allen Fleisches.* Der „Lebensweg Hartknopfs, der [...] parodistisch als Lehrzeit im und am Buchstaben erzählt" werde, sei „vor allem ein „*Text*weg." Aus dem Text scheine es keinen Ausweg zu geben, „[n]icht einmal [...] in der Allegorie oder der Allegorese, die angetreten war, den Buchstaben zu überwinden." Auch keine Deutung des Romans komme über den „Buchstaben" oder „Text als dessen allegorische[] Bedeutung" hinaus (Frey, 167 f.).

von einem labyrinthischen System in sich gekrümmter, doch scheinbar wahrhaftiger und zweckmäßiger Lineaturen.

16.11.1 Spuren des Seelenkampfes: Linien der Melancholie und Allegorie

Während in der Predigt-Passage einige der lineärästhetischen Konzepte vornehmlich im Hinblick auf ihre künstlerische Umsetzung einerseits und ihre anthropologische Konnotierung andererseits ausgestaltet wurden, wird im Falle von Hartknopfs wenig erfreulichem Weg durch den „Fichtenwald" eine abstraktere Komponente von Moritz' Lineatur-Modellen literarisch variiert. Der Erzähler bemerkt über Hartknopfs Zustand: „Es war Ebbe in seiner Seele geworden – die angenehmen Bilder standen tief im Hintergrunde", und er

> machte mit seinem Stabe Figuren in den Sand. –
>
> Mit dieser Handlung begannen die fürchterlichsten Stunden seines Lebens – [...]. (I, 621)

Die „Figuren" im „Sand" sind allegorische Figuren, die, vorbereitet durch das Bild der „Ebbe" in Hartknopfs „Seele", als Allegorie des Denkvorgangs als Folge von Eindrücken und Spuren in der Seele erkennbar werden; sie sind, wie es im Hartknopf heißt, nach außen sichtbar dargestellte Zeichen der inneren „gänzlichen Leerheit, der Selbstermangelung, des dumpfen Hinbrütens, der Teilnehmungslosigkeit an allem" – und damit sind sie Requisiten einer Allegorie der Melancholie.[102] Im Gegensatz zur ‚positiven' Linienästhetik des in sich selbst vollendeten Kunstwerks, das monadenartig in verjüngtem Maßstabe die allumfassende Wahrheits- und Vollkommenheitslinie widerspiegelt, verweisen diese autoreflexiven „Zeichen" moderne Ästhetiken antizipierend auf sich selbst und ihre Zeichenhaftigkeit. Der Hartknopf dieser Zeichenszene, dessen Denken nur um die eigene innere Leere kreist und der außenliegenden realen Welt nichts als „Teilnehmungslosigkeit" entgegenbringt, hat sich selbst mit einer fensterlosen Mauer umgeben. Die Figuren spiegeln nichts wider, da die Tatkraft aus der Teilnahmslosigkeit nurmehr selbstbezügliche „Figuren" der Melancholie schaffen kann. In diese Verfassung war Hartknopf geraten, als er in den Wald eintrat: Zunächst fühlte er sich von einem „großen Gefühl"

102 Zum Spektrum der Melancholie-Debatten im 18. Jahrhundert und ihre Relevanz für Moritz vgl. Martina Wagner-Egelhaaf: *Die Melancholie der Literatur. Diskursgeschichte und Textfiguration.* Stuttgart [u. a.] 1997.

ergriffen, denn es war „die große leblose Natur, welche er in diesem Augenblicke fest an sich schloß" (I, 621), doch wurde er umso tiefer hinabgerissen, denn diese „Natur" verlor sofort

> wieder allen Reiz für ihn [...] – weil das schimmernde zarte Gebildete das Große verdunkelte, und doch war das zarte Gebildete nicht stark genug, das Große in seinem Umfange festzuhalten [...].
>
> Es entstand ein schrecklicher Kampf in Hartknopfs Seele – das Leere wollte die Fülle, das Chaos die Bildung verdrängen. – Nichts war der Mühe des Festhaltens, nichts des Fliehens, und nichts der Anschließung wert. – (I, 621 f.)

Moritz' Theorie von der „*Spur* auf dem Grunde der Einbildungskraft" entsprechend, nach der die „zurückgelassne Spur von einem Ding, von diesem Ding unendlich verschieden sein" könne, erscheinen die Figuren im Sande somit auch als Spuren auf diesem Kampfplatz (der Seele, als deren Allegorie der Grund ja hier fungiert). Signifikanterweise erfährt der Leser nichts über die genaue Beschaffenheit dieser Figuren, mit einer rettenden Ausnahme:

> Ohne Gedanken, ohne Empfindung, zog er noch immer Figuren im Staube, als sein guter Genius seine Hand leitete, und er auf einmal unwillkürlich den Namen *Elias* auf den Boden schrieb. –
>
> Durch diese trostreichen Züge stärkte die Hand des Engels ihn [...]. – (I, 622)

Ähnlich wie in der *Neuen Cecilia* (s. u.) den „Zügen", die auch hier nicht nur die Lettern des Namens bezeichnen, sondern in deren Erwähnung zugleich die charakteristischen Eigenschaften des Benannten mitklingen, stets eine magische Funktion zu eignen scheint, wenn ihr Nachzeichnen zumeist die Gegenwart des Gemeinten heraufbeschwört, retten sie auch hier als heilsames Menetekel den melancholischen Hartknopf in seinem solipsistischen Kreis. Der Realitätsbezug wird, punktuell, wieder hergestellt, die Umschließung gibt Hartknopf frei und der Welt wieder zurück:

> Er hatte einen Punkt gefaßt, an dem er sich wieder halten konnte, dem sich das übrige unterordnete. –
>
> Seine Phantasie fand wieder freien Spielraum – [...]. (II, 622)

Als den einen notwendigen Anschließungspunkt aus der allumfassenden Wahrheitslinie fasst Hartknopf den einen Punkt der Realität und macht ihn zum Mittelpunkt, dem Ruhepunkt im Wirbel, zu dem hin er die weiteren Linien in seiner Einbildungskraft krümmen kann: (Ästhetische) Freiheit wird erst durch einen Fixpunkt ermöglicht. Die externe Abbildung des Kampfes, die, eine moderne *écriture automatique* antizipierend, die abstrakt bezeichneten „Figuren" zuletzt in den Modus der Schriftlichkeit überführt und darin deren existentiell rettendes, auf das Leben rückwirkendes Potential entdeckt, lässt die kleine Schreibszene somit auch zu einer Allegorie des Melancholikers werden, der sich als Autor wie Münchhausen am eigenen Schopfe aus dem Sumpf der sinnleeren Zeichen zieht.

Wie um die Allegorie der Schriftlichkeit durch die gedruckte Materialität nochmals zu betonen, trägt ein Kapitel über Hartknopfs Rückweg durch den Fichtenwald eine bezeichnende Überschrift, die – was im Roman nicht immer so gehandhabt wird – als Erzählelement in den Textfluss übernommen wird (I, 635): „ELIAS. || Die Züge dieses Namens schienen noch nicht ganz verweht zu sein", als Hartknopf „wieder auf denselben Fleck, in dem Fichtenwalde" kommt, „wo er mit seinem Stabe Figuren in den Staub schrieb." Auch der Leser wird durch die isoliert gesetzte Überschrift in Versalien so zurückgeführt an den „Fleck" des Romans, der Hartknopfs melancholischen Zustand schilderte. Dessen Erinnerungsspur liegt mit den Lettern in Sande (bzw. im Druckbild) sichtbar in der Materialität der Zeichen vor, die nun, aus der melancholischen Sinnleere der Selbstreferenz heraus- und in die Romanhandlung eingeschrieben, deren allegorische Qualität exponieren.

Der Anlass, der Hartknopf überhaupt durch den Fichtenwald führte, ist ein Besuch bei seinem älteren Förderer Herrn v. G.. An die Allegorien der Schriftlichkeit anknüpfend, die zuvor durch die Zeichen im Sande figuriert wurden, wird der Moritzschen Linear-Ästhetik ein weiterer Aspekt hinzugefügt. Bevor Hartknopf seinem Gönner gegenübertritt, also dessen leibliche „Züge" erblickt, studiert er die „gewohnten Züge" in einem Brief: „Die Buchstabenschrift des Hrn. v. G.. flammete, wie sein Geist in die Höhe – wodurch aber der Nachteil entstand, daß die untere Zeile oft in die obere eingriff, und die Züge sich untereinander verwirrten." (I, 623)

Nach dieser graphologisch-allegorischen Charakterstudie wird sogleich die Graphologie der Hartknopfschen Lettern nachgereicht: „Hartknopfs Buchstaben standen mehr senkrecht in dichtgeschlossener Reihe aneinander – so daß auch die Wörter sich fast zu nahe aneinander drängten, und oft eine ganze Zeile wie ein einziges Wort aussahe. – "[103] Hier verknüpfen

103 Die Figuren im Sande und die graphologische Schriftallegorese finden einen Nachklang, als die Hausverwalterin des Herrn v. G.. Hartknopf nach dem Pächter Heil und dessen Schwester fragt. Hartknopf gerät „beinahe in Verwirrung": „Denn der Pächter Heil und seine Schwester standen wie zwei verschlungene Buchstaben in seinem Gedächtnis, deren Züge sich ineinander verwickelten [...]. – " (I, 631)

sich, allegorisch veranschaulicht, Moritz' eigene Signaturen-„Lehre" und Aspekte einer ‚erfahrungsseelenkundlichen' Graphologie.[104] Zugleich stellt sich die Frage nach dem ‚mehrfachen Schriftsinn' dieser auf zwei theologisch Versierte (von denen einer noch dazu das „Wort" als Viertel der Viereinigkeit verehrt) bezogenen Bildlichkeit.

Nicht nur in der Handschrift spiegeln sich die geistigen Eigenschaften des Herrn v. G.. wider, sondern auch in der Anlage seines Schlosses. Bereits beim ersten Blick durch die geöffnete Tür in das Schlossinnere bemerkt Hartknopf, es sei ein

> Heiligtum, das einen Geist umschloß, der in seiner sterblichen Hülle weit über die Erde emporragte, und doch in den Bezirk dieser Mauren, auf diesen einzelnen Fleck, seine bestimmte Wirksamkeit hingeheftet hatte; und gleichsam nur noch mit den Spitzen der Zehen diesen Punkt der rollenden Kugel berührte […]." (I, 626)

Hier herrscht das Moritzsche Modell von Kreis und zentriertem Vereinigungspunkt als allegorische Wohnform; und deutlich klingt die Beschreibung der *Fortuna* von Guido Reni nach, anhand derer Moritz abermals seine Absage an die Allegorie ausformuliert, indem er darlegt, wie alles an der Gestalt in sich selbst zweckmäßig wirke. In diesem als „allegorisch" betitelten Text scheint Moritz nun subversiv die Kontingenz des allegorischen Bedeutens zu exponieren, indem er die Allegorie *formal* übernimmt, sie aber dabei seinem eigenen abstrakten Strukturmodell einer konzentrischen Punkt-und-Linien-Ästhetik anverwandelt und inhaltlich umdeutet.

---

104 Über ihre graphologische Einordnung hinaus werden Charakter und religiöse Tendenzen von Hartknopf und dem Herrn v. G.. durch symbolische geometrische Formen verbildlicht: Der Herr v. G.., so heißt es, sei „für das Leichte, Auflodernde, Himmelanstrebende", als dessen Symbol „die Pyramidalform" steht. Dem entspricht des Herrn v. G..s Interesse an „mystische[n] Schriften", wodurch „seine ganze Denkart […] eine gleichsam *zugespitzte* Richtung bekommen" habe, dabei allerdings „immer zu früh dem Ende zu [eilte], ehe sie noch die Fülle gefaßt hatte", weshalb das „Fassende" hier „eine gewisse Einengung" erleiden musste (I, 623). Die eben zitierte graphologische Analyse verdeutlicht, wie sich die „Spur" als tatsächliche „Signatur" dieser Eigenschaften in seiner Handschrift abzeichnet. Hartknopf hingegen, so heißt es, bevorzuge „das Schwere, sich niedersenkende, in sich selbst ruhende", verbildlicht in seinem (auf die These von der Viereinigkeit verweisenden) Symbol des „Kubus". Vgl. dazu bereits I, 610; zum geometrisch allegorisierten Zusammentreffen der Veranlagungen von Hartknopf und seinem Gönner „in einem Punkte" vgl. I, 627.

Mit Hartknopf nähert sich der Leser vom Torweg durch die Eingangstür bis ins Gemach dem Herrn v. G..,[105] der gerade bei der Rasur ist (I, 626). Als gutem Moritz-Protagonisten, dessen Blick für das Isolierende geschult ist, fällt Hartknopf sogleich ins Auge, wie die „Schärfe des Schermessers" aus der unförmigen Schaummasse das Gesicht hervorisoliert: „Dabei gab er auf seine [des Herrn v. G..] Augen und Hände Acht, wie die Schärfe des Schermessers das Kinn [!] des Greisen umwandelte – während dass in der ruhigen Miene ein schöner Zug nach dem andern sich enthüllte [...]." Der Weg ins Zentrum, zum Hausherrn, erscheint erst tatsächlich vollendet in der Enthüllung desjenigen „Punktes", in dem sich, wie Moritz in der *Bildenden Nachahmung* entwickelt hat, das menschliche Antlitz in sich selbst rundet, der physiognomische Umriss sich im Kinn um sich selber zieht. Noch einmal, wie in den Ovalen der Geschwister Heil, wird hier das menschliche Gesicht als vollkommenste „Bildung" dargestellt, die wie ein gerade aus der amorphen Masse geschaffenes Kunstwerk dem Menschen sein eigenes Höchstes gegenüberstellt. Moritz hat mit diesem Bild der Rasur und in der Betonung der „Schärfe des Schermessers", mithin der Gefährdung des prekären Schönen im Widerstreit von Bildung und Zerstörung, eine ironisch-prägnante Allegorie für seine ästhetischen Prämissen gefunden.[106]

Doch schließlich werden auch im *Hartknopf* die bestimmten Formen wieder der Auflösung anheimgegeben, so dass Bildung und Zerstörung auch hier Hand in Hand gehen. Dies verbildlicht zuletzt ein weiteres Linearmotiv: dasjenige des Fadens, der den Zusammenhang der Dinge und Individuen verknüpft. Zugleich erinnert der „Faden", wird er durchtrennt, um etwas herauszulösen, an den isolierenden Umriss der Linear-Konzepte, wie in dem Kapitel „DIE TRENNUNG." (I, 664) deutlich wird. Diese sei „das erste große Gesetz der Natur", da sie „unaufhörlich die Gestalten" erneuere. Dies wird wiederum allegorisch gewendet und anthropologisch-teleologisch ausgedeutet: „Da, wo die Schere den Faden zerschneidet,

105 Die Annäherung weist Strukturparallelen zu Moritz' römischer Notiz über „Rahmen" auf: „Das Bild stellt etwas in sich Vollendetes dar; der Rahmen umgrenzt wieder das in sich Vollendete. Er erweitert sich nach außen zu, so daß wir gleichsam stufenweise in das innere Heiligtum blicken, welches durch diese Umgrenzung schimmert." („VERZIERUNGEN.", II, 795) Zum ‚Rahmen' bei Moritz vgl. Till Dembeck: *Texte rahmen: Grenzregionen literarischer Werke im 18. Jahrhundert (Gottsched, Wieland, Moritz, Jean Paul)*. Berlin 2007.

106 Zu weiteren Ausgestaltungen seiner Linientheoreme im *Hartknopf* vgl. u. a. das Kapitel „DER UMWEG" (I, 637 f.) und zuvor, I, 524, zu geraden oder krummen Linien als Bildern der „Zweckmäßigkeit" oder des Tändelnden.

beginnet ein höherer Anfang." Gewebemetaphorik, Linear-Ästhetik und Allegorie sollen somit zuletzt auch strukturell in dem „einen Punkt" koinzidieren, in dem in maximaler Verjüngung des großen Ganzen die gesamte „Fülle des Daseins" enthalten ist: *„Das Alles im Moment"*, Hartknopfs große Lehre.

Der folgende Abschnitt „EINE LÜCKE IN HARTKNOPFS GESCHICHTE" (I, 665) schließlich, eingeleitet mit einer Folge von „ – – – – – – – – – – – – –", wird vom Erzähler durch den Hinweis ergänzt, dass sich diese „Lücke [...] aus Hartknopfs vertrautestem Briefwechsel ergänzen" lassen werde. Es ist signifikant, dass gerade an dieser Stelle, an der Hartknopfs Weg diesen wiederum loslöst und aus seinem Umkreis herausführt, auf dieses literarische Darstellungsmedium verwiesen wird, das Moritz in der *Neuen Cecilia* konsequent einsetzen wird, um gleichsam literarische Miniaturen als in sich selbst geschlossene, das Ganze aber aus subjektiver Sicht spiegelnde Monaden zu schaffen. Indem sich Hartknopf nun wieder auf seine innere Bestimmung zu besinnen scheint, kann der von außen Urteilende nur auf die diesem Zustand (in Moritz' literarästhetischem Kosmos) einzig gemäße Darstellungsform, den Brief, verweisen. Der Zugang zu der darin vorgeblich dargestellten Innenwelt ist wie Hartknopfs Leben nunmehr getrennt von seinem vorigen Umkreis, aus dem umgebenden Gewebe wie aus dem Text gelöst: „Mit der Schärfe des Schwerts war der Knoten nun durchgehauen. –"[107]

16.12 Literarische Ausgestaltungen der Linearästhetik II: *Die Neue Cecilia*

Moritz' Fragment gebliebener, nachgelassener Briefroman *Die neue Cecilia* stellt ein ambitioniertes literarisches Formexperiment mit den linear- und hier ganz besonders umrisstheoretischen Facetten von Moritz' Denken dar. Nicht nur in der Anordnung der Briefe – von Cecilia, Augusta, Mario oder dessen Vater –, die jeweils spiegelbildliche Reflexe auf das „Ganze" der Verwicklungen werfen, dabei jedoch stets in der Individualität der Absender zentrierte, in sich gerundete Einheiten bilden, wird die Geschlossenheit der Form strukturell behandelt, sondern auch auf bildlicher Ebene. So erscheinen auffallend häufig die für Moritz charakteristischen Umriss-

107 Zum „abschließenden Linienzug" (noch nicht der hier zitierte), in dem der Roman *„Hartknopf* am Ende noch sein eigenes Ende buchstäblich" nimmt, vgl. Frey, *Der Weg allen Fleisches*, 167.

Reflexionsformen, vom Überblick über die Stadt bis hin zu verschiedenen Phänomenen und Überlagerungen von umrisshaften Eindrücken und Erinnerungsspuren. Zunächst schwärmt Cecilia in einem Brief an Augusta von der „Erleuchtung der Peterskuppel", die schon in ihrer Kindheit ihre „kleine Einbildungskraft" freudig erwartet habe (I, 768), bis

> in der Dämmerung die Erleuchtung anhub, und die Umrisse jenes majestätischen Gebäudes, sich nach und nach mit feurigen Zügen in der dunkeln Luft dem Auge darstellten, während die Masse in Schatten sank, und das Ganze wie eine Zeichnung mit Phosphor in der Luft schwebte.

Was sich als harmlose Kindheitserinnerung an ein Spektakel liest, stellt eine ausgesprochen subtile Inszenierung von sich überlagernden Elementen ästhetischer Programmatik dar. Cecilia beschwört, in der Erinnerung an eine Illumination vom Vortag, das Erinnerungsbild der Petersdom-Umrisse aus Kindheitstagen herauf, allerdings überlagert durch die damalige Vorstellung der „kleine[n] Einbildungskraft", wobei „das Ganze wie eine Zeichnung mit Phosphor in der Luft schweb[end]" gedacht werden muss. Darin wird also der Dom, im Moritzschen Sinne als vollendetes Kunstwerk in den Bereich der Natur-Gesamtheit eingegangen, nochmals ins Medium der Kunst transponiert, indem er nunmehr als *Zeichnung* wahrgenommen, erinnert und projiziert wird. Nun entspricht diese hochreflexive Überlagerung von Umriss-Strukturen Cecilias Eigenschaft als wahre Künstlerin, bei der, wie Augusta resümiert, die Empfindung des Schönen immer den Trieb zu eigener Darstellung rege werden lässt. Dies antizipiert auch die spiegelbildliche Antithese zu Mario, der in seinem Brief die Aufsicht auf die Stadt Rom lobt, die man von Trinità del Monte habe, und zwar ganz besonders die Ansicht von „St. Peter und de[m] Vatikan", der von oben gesehen „in seinem ganzen Umfange sich dem Auge darstellt" (I, 772). Bei ihm verbleibt das Gesehene jedoch in diesem Modus des rahmenden Blicks, es wird nicht zu einer eigenen, und sei es nur bildlichen, „Zeichnung" transformiert – gemäß seiner Veranlagung, die ihn, wie er dem Künstler-Freund Maratti mitteilt (I, 771), den Genuss des Schönen empfinden lasse, ihn aber nicht wie seinen Freund auch zur künstlerischen Darstellung dränge. Die spezifische Akzentuierung beider Wahrnehmungen des Petersdomes, die ja beide im Modus einer begrenzenden Umriss-Wahrnehmung erfolgen (der Phosphor-Zeichnung einerseits, dem vedutenartigen „ganzen Umfange" andererseits), dient in den beiden einander zugeordneten Briefen also der Kontrastierung – bzw. ‚Konturierung' – des von Moritz in der *Neuen Cecilia* dargestellten Chiasmus der Protagonisten und ihrer jeweiligen Veranlagung zu ästhetischer Produktivität oder Rezeptivität. Andererseits kommt jedoch im Falle von Cecilias Phosphor-Zeichnung noch ein weiterer Aspekt hinzu, der bereits zuvor in Moritz' Schriften begegnet ist: Es handelt sich um die besondere temporale Komponente dieser Illumination. Sie berichtet aus der Erinnerung, wie „die Umrisse jenes majestätischen Gebäudes, sich nach und nach mit feurigen Zügen in der dunkeln Luft dem Auge darstellten [...] und das Ganze wie eine Zeichnung mit Phosphor in der Luft schwebte." Die „feurigen Züge[ ]" und das „nach und nach" der Erscheinung verweisen auf das Moritzsche Bild vom Funkenrad: Cecilias Erinnerungsbild synthetisiert aber nun nicht etwa aus Einzelmomenten der sukzessiven Wahrnehmung ein letztlich glückendes Gesamtbild des „majestätischen" Ganzen (dessen Stellenwert als vornehmstes „Gebäude" der Christenheit wohl auch metonymisch für das Welt-„Gebäude" der göttlichen Schöpfung steht), sondern beschreibt vielmehr ein progressives Bewusstwerden, eine fortschreitende Empfindungsfähigkeit, die als negative „Aufklärung" des wahrnehmenden Gesichtssinns mit fortschreitender Dämmerung der Umgebung verbildlicht wird: Während die ungeformte „Masse" im „Schatten" versinkt, löst sich das Ganze[108] als Erscheinung, als Phänomen im eigentlichen Wortsinne, isolierend aus dem Amorphen heraus und wird darin als eigenständiges, in sich selbst vollendetes Ganzes erkennbar, als das es sich auch der Wahrnehmung als Spur gleichsam einbrennt. Durch dieses Feuer-Motiv, das bei Moritz so prägnant mit der (quasi-)göttlichen integralen Perspektive auf das für menschliche Sinne nur sukzessiv Wahrnehmbare verbunden ist, wird Cecilias herausragende Stellung als Künstlerin gleich zu Beginn effektvoll ins rechte Licht gerückt.[109]

Ergänzt wird diese signifikante Eingangssequenz durch bemerkenswert zahlreiche und virtuos variierte Erwähnungen von Umriss-Erscheinungen.

108 Das „nach und nach" bezieht sich mithin nicht auf eine Sukzession von Einzelmomenten, die die Wahrnehmung erst synthetisiert, sondern meint die zunehmende Intensität der immer schon als „Ganzes" erscheinenden leuchtenden Umriss-„Zeichnung"

109 Der Umriss des Petersdomes, bei Moritz auch an anderer Stelle Symbol für das „transzendente Ideal der Vollkommenheit", prägt sich in Cecilias Wahrnehmung „gleichsam als Vollkommenheits*linie* ein." Das „Ideal der Vollkommenheit" wird in dieser „zeichnerischen Umrisslinie eines Ganzen sichtbar und [...] überhaupt erst erfahrbar." (Kestenholz, 190) Dass es sich dabei um die Wahrnehmung der Linie „wie eine Zeichnung mit Phosphor in der Luft" handelt, illustriert auf prägnante Weise zugleich den visionären Moment der Totalahndung (wenn auch nicht des Totaleindrucks) des Ganzen in der Einbildungskraft des Künstlers und den prekären Status des Kunstwerks, das mit seinem ephemeren Umriss das große Ganze in verjüngtem Maßstabe abbilden soll.

So schreibt Cecilia an Augusta über die erste Begegnung mit Mario, sie habe in der Villa Borghese „vor der Urne, welche in einem dunkeln Gebüsche steht, und auf der in Basrelief der Tod des Phaeton gebildet ist, auf einem Zeichenstuhle sitzend, einen jungen Mann erblickt[ ], der vom Kopf bis zum Fuße schwarz [...] gekleidet war." (I, 780) Vor der Folie des antiken Basreliefs, dessen Sujet letztlich auch das Schicksal der Moritzschen Protagonisten grundiert, zeigt sich dem Künstlerinnenblick eine schwarze Gestalt vor weißem Grund (der sich wiederum vor dunklem Gebüsch abhebt); und diese Silhouette, die gleichsam eine zeitgemäße Illustration des Briefromans vorwegnimmt, wird in Marios Brief an Maratti (I, 783 f.) kontrastiert durch seine Beschreibung der „weißgekleidete[n] weibliche[n] Gestalt", die er bei dem „Marmorsarg" erblickte, als er die Szenerie gerade zeichnete.

Die Flächigkeit dieser bewusst als kontrastierende Silhouetten gehaltenen Charaktere wird, wiederum chiastisch, durch die zugehörigen Briefe des jeweils anderen ausgefüllt, in denen die Umrisse ausgetuscht und tatsächlich mit Leben, mit den individuellen, im Brief eingestandenen Empfindungen gefüllt werden. Eine Steigerung erfahren diese chiastischen Silhouetten-Figurationen durch die Tatsache, dass Cecilia anderntags, wie sie an Augusta schreibt, in der Villa Borghese „auf demselben Fleck gesessen, dieselbe Scene gezeichnet, und den Zeichner mit, so gut" ihr die „Phantasie sein Bild noch vormalte" (I, 781). Das silhouettenhafte Erinnerungsbild wird, während es beim Petersdom bloß eine sprachliche „Zeichnung" war, die der Imagination vorschwebte, diesmal konkretisiert zu einer tatsächlichen Zeichnung, und zwar einer, in der sich Cecilia einerseits selbst in die leeren Umrisse des Erinnerungsbildes hineinversetzt und sie ausfüllt, indem sie „auf demselben Fleck" wie der Zeichner sitzt (I, 785), also die perspektivische und geometrische Position des Mittelpunkts im entsprechenden Umkreis einnimmt. Andererseits dupliziert sie aber die Umriss-Eindrücke, indem sie zu dem silhouettenhaften Erinnerungsbild (vor dem Basrelief), in das sie sich selbst mit einzeichnet, auch noch die eigentliche Zeichnung überlappend hinzufügt, auf der sie die Figur des „Zeichners" aus der Erinnerung fixiert. Hierbei handelt es sich jedoch nicht nur um eine strukturelle Überlagerung, die nochmals gesteigert wird in dem Moment, in dem Cecilia gewahr wird, dass der Zeichner – der „schwarz gekleidete[ ] junge[ ] Mann, [...] dessen Züge [sie] eben im Bilde vollendet hatte"[110] – mittlerweile *ihr* über die Schulter und *in die Zeichnung*

110 Vgl. zur konturhaften Wahrnehmung in dieser Szene auch Kestenholz, 191.

hinein auf seine eigene Darstellung schaut:[111] Seine leibliche Präsenz am Ort seiner vorigen Anwesenheit, die Cecilia gerade im Begriff ist, aus der Erinnerung auf dem Papier zu fixieren, schafft auch eine temporale Überlappung, die abermals auf Moritz' Bild des Feuerrads als gleichzeitiges Nebeneinander des (für menschliche Sinne) Sukzessiven verweist; der Kreisgestalt des schnelldrehenden Rades entspricht hier die Ganzheit konstituierende Umrissgestalt.

Bemerkenswert ist die metaphorische Bezeichnung, die das postume Vorwort der *Neuen Cecilia* für den Briefroman findet: eine „Geschichte, in einer Galerie fortlaufender Gemälde". Auch die Deutung des *Werther*-Briefes trägt das „Gemälde" im Titel[112] – operiert dann aber primär mit dem zeichnerisch bestimmten „Umriss"-Begriff, wie es ebenso für die Briefe der *Neuen Cecilia* gilt, die Umrissphänomene im Medium des Zeichnerischen vielfach reflektieren, sowohl auf der Handlungsebene als auch auf immanent poetologisch-ästhetischer Ebene: „Sowohl die ästhetische Optik des Romans als auch die Optik der Figuren ist wesentlich diejenige der graphischen Reduktion auf die *Kontur*, die Umrisslinie, die auch eine Schönheitslinie genannt werden könnte."[113] Eine weitere Dimension erhält der Begriff „Gemälde" für die *Neue Cecilia*, blickt man auf den Endpassus der *Funkenrad*-Bildes: Auch dort wurde die (anti-)teleologische Vision der ewig-momentanen Simultaneität des gesamten menschlichen Schicksals als „Gemälde" bezeichnet. Moritz entwirft so mit seinen übereinander- und ineinandergeblendeten Umrisszeichnungen in der *Neuen Cecilia* etwas, das sich als ausgesprochen individuelle (und paradoxe) Form von *tableau vivant* bezeichnen ließe.

Aufschlussreich ist in diesem Zusammenhang ein Blick auf eine Moritzsche Reisenotiz aus Rom. Unter der Überschrift *Kraft des Gemäldes* notiert Moritz am 9. Januar 1788 zur Fähigkeit der Malerei, „[d]em fliehenden Momente Dauer zu geben" (II, 743 f.), sie alleine vermöge es,

111 Eine ähnliche Vertauschung der Perspektiven und, wenngleich nicht ebenso reflektierte, da nur rein rezeptive Ausfülllung des jeweils anderen Umrisses findet sich in Marios Brief an Carlo, in dem er seinerseits beschreibt, wie er „vor den brennenden Sonnenstrahlen in den Schatten [s]einer Phaetons Urne" flüchtete und dort (im dunklen Schatten) „dieselbe weiß gekleidete weibliche Gestalt" erblickt habe, in deren Zeichnung er jedoch die „Züge" des Dargestellten nicht als die seinigen erkennt (I, 787).

112 Dies bemerkt Kestenholz, 194. Vgl. ebd., 186, mit dem Hinweis, dass im Vorwort auch der für Moritz charakteristische „Gesichtspunkt[ ]" und die Rundung der Briefe zu einem „Ganze[n] für sich" betont werden.

113 Kestenholz, 194.

„die bloße Sichtbarkeit der Dinge von ihrer Körperlichkeit ab[zu]sonder[n] und aus dieser abgelösten Sichtbarkeit ein zartes Gewebe [zu] bilde[n]",

> das sich am meisten dem Gewebe der Ideen nähert, welches in der Seele schlummert.
>
> Sie hat einen Zauberkreis um sich her gezogen, wodurch sie sich auf das Gebiet eines einzigen Sinnes beschränkt, durch den sie mit Macht in die Seele dringt. – – (II, 744)

Mit dem Moritz eigenen Metaphern-Synkretismus[114] wird hier als „Gemälde" eine Konfiguration von entmaterialisierten Wahrnehmungselementen bezeichnet, die wie eine vom Schattenriss abgenommene Silhouette „Sichtbarkeit" gewährleisten und deren Abstraktion am ehesten dem – wie Moritz in der *Signatur des Schönen* suggeriert – „Gewebe der Ideen" im von Spuren durchzogenen Grund der Einbildungskraft gemäß ist. Zugleich generiert das „Gemälde" einen beschränkenden „Zauberkreis" (um sich selbst). Kondensiert in der schieren „abgelösten Sichtbarkeit", die in Moritz' Konzept des Kunstwerks als ‚Schattenriss' des höchsten Schönen vornehmlich im Modus der Umrissenheit gedacht wird, bewirkt diese so den maximalen Totaleindruck.

Über diese Aspekte hinaus erhalten bestimmte Formen von Umrissenheit, nämlich die „Eindrücke", in der *Neuen Cecilia* eine anthropologisch-psychologische Komponente. In einem Brief an Cecilia räumt Augusta ein, dass sie selbst mit dem passiven Genuss von Kunstwerken zufrieden sei und sich tröste, dass sie als weniger Empfindsame auch weniger vom Schicksal zu fürchten habe, während Cecilia als „Malerin und Dichterin", bei aller mit dieser Veranlagung einhergehenden Empfindsamkeit, immerhin auch über Möglichkeiten der Sublimierung ihrer Affekte bzw. ihrer „lebhafte[n] Phantasie" verfüge (I, 781). Zugleich sei sich Augusta aber bewusst, dass bei ihr selbst „alle [...] Eindrücke [...] schwächer" seien, „und leichter [...] über die Oberfläche [ihrer] Seele hingleiten"; daher bange sie auch nicht um ihre Zukunft, „weil nichts leicht einen so tiefen und unauslöschlichen Eindruck auf [sie] machen" werde (I, 782). Im Hinblick auf das geplante tragische Ende des Romans wird somit deutlich, dass die vielfachen Erwähnungen der Erinnerungsspuren als „Umrisse" und „Zeichnungen" im Zusammenhang mit dieser Annahme die Tiefe des „Eindrucks", den der „schwarz gekleidete[] junge[] Mann" in Cecilias Seele hinterlassen hat, verbildlichen, indem sie Zug um Zug mit

---

114 Vgl. auch Schneider, *Die schwierige Sprache des Schönen*, 63 f., zu (bereits zeitgenössischer) Kritik an Moritz' Stil in den ästhetischen Schriften.

jeder Nennung der Umrissgestalt deren Lineaturen nachzeichnend vertiefen.

Markant ist zuletzt die Transformation, die Moritz gattungshistorisch mit dem Briefroman vornimmt, indem er ihn in der *Neuen Cecilia* „als strukturelle Basis für in sich gerundete Klassizität" ausgestaltet, nachdem er die „‚klassische' Umpolung der Gattung" bereits in der Deutung des *Werther*-Briefes vorbereitet hat. Wird dort der Brief als eigenständiges „Gemälde" wahrgenommen, so bildet auch in der *Neuen Cecilia* jeder Brief zunächst ein „Ganzes" für sich, die Briefe aller Protagonisten konfigurieren sich sodann aber zu einer „ausgeklügelte[n] Spiegelsymmetrie", die im Hinblick auf den ganzen Roman „symbolische Totalität" beanspruchen kann.[115] Bei diesem Übereinanderblenden der einzelnen Perspektiven auf das Geschehen ist der Chiasmus der vier Protagonisten von Bedeutung, der sich aus ihrer unterschiedlichen praktisch-künstlerischen oder empfindend-dilettantischen Veranlagung ergiebt. Die Umrisse sind nur partiell kongruent und spiegeln damit auch die Diversität bei der Suche nach dem „‚rechten' Gesichtspunkt[ ]". Zugleich ergiebt sich aus der spiegelsymmetrischen Anordnung der Briefe „die von Moritz geforderte Krümmung [der Darstellung] in sich selbst", da „alle Teile [...] immanent auf einander bezogen" sind „in wechselseitiger Verschränkung".[116]

In der *Neuen Cecilia* erscheinen Umrissphänomene insgesamt in gebrochener Weise. Sie fungieren im Roman zwar als „Garant von Einheit", auch wenn Gegenstände nicht als Ganzes in den Blick gefasst werden können und daher abstrahierend auf den Umriss reduziert werden, der sie isolierend aus der Umgebung herausschält. Allerdings ersetzt der Umriss damit auch das optische Paradigma des umfassenden Überblicks, der einen übergeordneten Standpunkt erforderte. Die so generierte optische Totalität, in der es zu keiner „Erhebung des Subjekts" kommt, verbleibt im Modus des Als-ob.[117] Die Schicksalsverfallenheit der Protagonisten spiegelt sich somit in ihrer optischen Konditioniertheit; „die Figuren" fügen sich in das „Große[ ] Ganze[ ] der Natur und Kunst teleologisch ein" und nehmen „Ganzheit" immerhin „aus ihrer beschränkten Sicht" wahr. „Sie spiegeln im Sinne Leibniz' das *Ganze*, aber diffus: nicht ‚undeutlich' wie die Monaden, sondern *abstrakt* in der Reduktion auf den Umriß."[118]

115 Kestenholz, 194, zum Briefroman-Typus bei Moritz auch ebd., 186.
116 Kestenholz, 188.
117 Kestenholz, 193.
118 Kestenholz, 193.

17. Zu den ausgesparten Umrissen in Goethes Ästhetik

> Ich bin hinsichtlich meines sinnlichen Auffassungsvermögens so seltsam geartet, daß ich alle Umrisse und Formen aufs schärfste und bestimmteste in der Erinnerung behalte [...]
>
> *Goethe*

Bedenkt man, welche Bedeutung Johann Joachim Winckelmann und die Prinzipien seiner Kunstanschauung[1] für Goethes Kunstverständnis[2] besaßen, so erwartet man, auch hier einen starken Akzent auf der Kategorie des Kontur zu finden. Gerade mit Blick auf Goethes eisern klassizistische Haltung anlässlich der Weimarer Preisaufgaben[3] und in den Jahren von *Über Kunst und Alterthum* erscheint die klassizistische Kardinalkategorie prädestiniert als Leitlinie bei der ästhetischen Positionsbestimmung.[4] Eine solche Erwartung wird jedoch weitgehend enttäuscht. Zwar wendet sich Goethe an keiner Stelle ausdrücklich *gegen* das Darstellungsmedium des Umrisses oder seine Relevanz für die klassizistische Kunstauffassung. Gleichwohl spart er allein die Termini „Umrisse" und „Kontur" geradezu aus; vor allem erstere erscheinen am häufigsten in der *Italienischen Reise*, wenn Kniep wieder einmal seine Bleistifte gespitzt hat und die ‚Umrisse' einer Landschaft ‚abnimmt'. Auch hier aber bezeichnen die Umrisse auf spannungsvolle Weise die Grenze zwischen Goethes Natur- und Kunsterfahrung, auch hier treten sie, symptomatisch für Goethes grundsätzliche, wenngleich nie explizit gemachte Hierarchie der Interessen, in Spannung mit den Wirkungen der Farben in all ihrer italienischen Strahlkraft. Damit sind bereits zwei Punkte genannt, die Goethes Zurückhaltung in pro-

1 Vgl. dazu Jürgen Jacobs: *Athen in Weimar. Zu Goethes und Winckelmanns Klassizismus*, in: Lothar Blum (Hg.): *„Daß gepfleget werde der feste Buchstab"*. Trier 2001, 107–121.

2 Zu Goethes Kunstauffassung vgl. grundlegend Ernst Osterkamp: *Im Buchstabenbilde. Studien zum Verfahren Goethescher Bildbeschreibungen*. Stuttgart 1991.

3 Vgl. Ernst Osterkamp: *„Aus dem Gesichtspunkt reiner Menschlichkeit." Goethes Preisaufgaben für bildende Künstler 1799–1805*, in: Sabine Schulze (Hg.): *Goethe und die Kunst [Austellungskatalog Frankfurt/Weimar]* Stuttgart, 1994, 310–322.

4 Mit Akzent auf der „Zeitlichkeit der prägnanten Form" in Goethes Kunstanschauung generell vgl. zu seinem Blick auf Umrisse Sabine Schneider: *„ein strenger Umriß" – Prägnanz als Leitidee von Goethes Formdenken im Kontext der Weimarer Kunsttheorie*, in: Goethe-Jahrbuch 128, 2011, 98–106, besonders 103–105.

grammatischen Umriss-Äußerungen erklären können: Zum einen das Statisch-Fixierende der Umrisse und des Kontur, das in Widerspruch zu Goethes organisch-morphologischem Ganzheitsbegriff[5] steht (wobei mit gleicher Berechtigung Umrissphänomene als konstitutiv für denselben angeführt werden könnten, dazu unten ausführlicher), und andererseits Goethes zunehmendes Interesse an der *Farbenlehre.* Auch sind kunstpolitische Aspekte nicht zu unterschätzen: Wollte Goethe sich von den Frühromantikern und ihrer Begeisterung für die in streng umrissbetontem, „naivem" Stil malenden Künstler vor Raffael deutlich distanzieren, die um 1800 auch und gerade die durch Tischbein, mehr noch aber Flaxman ausgelöste Umriss-Mode eifrig im Zeichen der universalen Hieroglyphe propagierten, so war Zurückhaltung angesichts umrisshaft stilisierter Kunst angebracht.

Bevor jedoch das Phänomen des internationalen Umriss-Stils und seine Relevanz für die frühromantische Kunstanschauung betrachtet werden, ist ein Blick auf frühere Äußerungen Goethes zur Kategorie von Umriss und Kontur notwendig. Die meisten dieser Dokumente zentrieren sich um die Jahre 1798/99 und fallen damit unmittelbar in die Zeit vor der beginnenden Umriss-Hochkonjunktur. Dass die Kategorie der Umrisse, die seit Winckelmanns *Gedancken,* also immerhin seit 40 Jahren eine, wenn nicht *die* zentrale ästhetische Kategorie darstellt, in diesen zwei Jahren vor der Jahrhundertwende so viel Beachtung findet, kündigt bereits ihre zukünftige Virulenz an – dann freilich unter geänderten Vorzeichen.

Unter Goethes Schriften verdient vor allem die *Einleitung in die Propyläen* Beachtung sowie der im ersten Heft erschienene Aufsatz *Über Laokoon* (1798). Ferner bietet sich ein Blick auf die Übersetzung an, die er von Diderots Kapiteln über die Zeichnung und über die Farbe in dessen

5 Zur „Morphologie" bei Goethe, bezogen auf 1. „die Genese des Individuums", 2. „die Metamorphose" und 3. „den Typus" und auf eine Vergleichsmöglichkeit der „Organismen nach Gestalt und Struktur" zielend, vgl. zusammenfassend Dorothea Kuhn: *Typus und Metamorphose: Goethe-Studien.* Marbach am Neckar 1988, 144 f., und Dieter Kimpel: *Goethes gestaltästhetische Betrachtung der Natur,* in: Heike Hoffmann (Red.): *Goethe-Spuren. Ein Lese-Buch zum Konzertprojekt.* Göttingen 1998, 39–55. – Es ist bemerkenswert, dass sich gerade während der Arbeit an *Herrmann und Dorothea* in Goethes Tagebuch vom 25. September 1796 erstmals überhaupt das Wort „Morphologie" als „unkommentierte Tagebuchnotiz" (Kuhn, 196) findet. Vgl. auch den Abschnitt „‚Morphologische' Kunstbetrachtung?" bei: Johannes Grave: *Der ideale Kunstkörper. Johann Wolfgang Goethe als Sammler von Druckgraphiken und Zeichnungen.* Göttingen 2006, 396 ff.

Versuch über die Malerei (1798)[6] angefertigt hatte; und nicht zuletzt erscheinen verschiedene Umriss-Phänomene im Kontext von Goethes Dilettantismus-Kritik:[7] In den Schemata in *Der Sammler und die Seinigen* (1799) wird unter anderem Kritik an Schattenrissen und an den sogenannten zeichnerischen *Undulisten* und *Skizzisten*[8] geübt.

17.1 Die *Einleitung in die Propyläen* (1798): Zur Kenntnis der „menschliche[n] Gestalt"

In der programmatischen *Einleitung in die Propyläen* findet sich eine Sequenz von Bemerkungen, die zum Ausdruck bringen, aus welchen Gründen Goethe den Kontur-Begriff der klassizistischen Kunsttheorie nicht rein affirmativ verwenden konnte. Er schreibt:

> Die menschliche Gestalt kann nicht bloß durch das Beschauen ihrer Oberfläche begriffen werden, man muß ihr Inneres entblößen, ihre Teile sondern, die Verbindungen derselben bemerken, die Verschiedenheiten kennen, sich von Wirkung und Gegenwirkung unterrichten, das Verborgne, Ruhende, das Fundament der Erscheinung sich einprägen, wenn man dasjenige wirklich schauen und nachahmen will, was sich, als ein schönes ungetrenntes Ganze, in lebendigen Wellen, vor unserm Auge bewegt. Der Blick auf die Oberfläche eines lebendigen Wesens verwirrt den Beobachter, und man darf wohl hier, wie in andern Fällen, den wahren Spruch anbringen: Was man weiß, sieht man erst! denn wie derjenige, der ein kurzes Gesicht hat, einen Gegenstand besser sieht, von dem er sich wieder entfernt, als einen, dem er sich erst nähert, weil ihm das geistige Gesicht nunmehr zu Hülfe kommt, so liegt eigentlich in der Kenntnis die Vollendung des Anschauens. (MA 6, 2, 14)

---

6 *Diderots Versuch über die Malerei. Übersetzt und mit Anmerkungen begleitet, in:* J. W. Goethe: *Sämtliche Werke nach Epochen seines Schaffens. Münchner Ausgabe [MA].* Hg. v. Karl Richter in Zusammenarbeit mit Herbert G. Göpfert, Norbert Miller, Gerhard Suder und Edith Zehm. München 2006 [= seitenidentisch mit der Ausgabe München 1992], hier MA 7, 517 ff., besonders *„Erstes Kapitel. Meine wunderlichen Gedanken über die Zeichnung"*, ebd., 521 ff. Zitate werden im Folgenden nach der MA mit Band- und Seitenangaben im Text nachgewiesen.

7 Zu Goethes Auseinandersetzung mit dem Dilettantismus vgl. Hans Rudolf Vaget: *Dilettantismus und Meisterschaft. Zum Problem des Dilettantismus bei Goethe: Praxis, Theorie, Zeitkritik.* München 1971; zum „Problem des Dilettantismus" im „Weimarer Kulturprogramm" bes. 85 ff., zur kunstpädagogischen Programmatik der *Propyläen* 100 ff., zum *Sammler* 112 ff. Zum gemeinsam mit Schiller unternommenen „Dilettantismusprojekt" vgl. ebd., 135 ff.

8 *Der Sammler und die Seinigen*, zu den Nachahmern MA 6, 2, 122 f., zu den Undulisten ebd. 126 f., zu den Skizzisten 128 f.

Goethe ergänzt die rein visuelle Erfahrung der Oberflächenphänomene durch die wissenschaftliche Erkenntnis der inneren Gesetzmäßigkeiten der Natur, ohne welche die Gesetzmäßigkeiten der Kunst nie gefunden werden können. Anders als Winckelmann jedoch, dessen Beschreibungen sich dem wellenförmigen Kontur des *Torso* hingaben und sich so willig in imaginäre mythische Gegenden entrücken ließen, zielt Goethes Ästhetik auf lebendigen organischen Zusammenhang eines *Ganzen* und dessen innere Gesetzmäßigkeit (wohlgemerkt die Gesetzmäßigkeit eines lebendigen Organismus, nicht die Anatomie eines *écorché*). Dass die „lebendigen Wellen" des Kontur als verführerische Verwirrung erfahren werden können, versucht er durch die unbedingte reflexive Rückbindung der Anschauung[9] an die Kenntnis zu verhindern. Um „wirklich schauen und nachahmen" zu können, bedarf die sinnliche Erfahrung des „geistige[n] Gesicht[s]".

Goethes Verfahren, hier gleichsam die Schärfe eines Objektivs zu modifizieren und so das Wechselspiel von Anschauung und Erkenntnis zu visualisieren, ließe sich auch als Kommentar zu Horaz' *ut pictura poiesis* lesen. Der dort getroffenen Unterscheidung zwischen Werken, die aus der Nähe und solchen, die aus der Ferne besser gefallen, erteilt Goethe eine klare Absage: Nur was sicher erkannt ist und ebenso sicher erkannt werden kann, was also in jedem Falle dem nahen Blick standzuhalten vermag, fiele unter Goethes oberste Kategorie der Darstellungsweisen, den „Styl", der auf den „tiefsten Grundfesten der Erkenntnis" ruht.[10]

---

9 Zur „Anschauung" Goethes als Synthese von „Theorie und Empirie, Deduktion und Induktion, Idee und Erfahrung, Reflexion und Sinneswahrnehmung", die „zur geistigen Betrachtung sinnlicher Erscheinungen zusammen[treten]", vgl. Osterkamp, *Im Buchstabenbilde*, 86–92, Zitat 88.

10 MA 3, 2, 188. Vgl. dazu fast wörtlich Goethes Äußerungen in den morphologischen Schriften; so zu den Eigenschaften der Knochen in den *Entwürfen zu einem osteologischen Typus* (1795/1796; „mit Augen des Geistes" lerne der Kenntnisreiche auch dort die „Teile" der Gestalten zu erkennen, wenn es „keine sichtbaren Zeichen ihrer Absonderungen" mehr gibt [J. W. Goethe: *Sämtliche Werke. Briefe, Tagebücher und Gespräche.* I. Abt.: Sämtliche Werke. Bd. 24: Schriften zur Morphologie, hg. v. Dorothea Kuhn. Frankfurt a.M. 1987; = FA I, 24, 248]); und noch in den *Nacharbeiten zur Metamorphose* heißt es: „Muß doch derjenige der nachbilden, wieder hervorbringen will, die Sache verstehen, tief einsehen, sonst kommt ja nur ein Schein und nicht das Naturprodukt ins Bild. Solche Männer aber sind notwendig, wenn Pinsel, Radiernadel, Grabstichel Rechenschaft geben soll von den zarten Übergängen, wie Gestalt in Gestalt sich wandelt, sie […] müssen erst, mit geistigen Augen, in dem vorbereitenden Organe das Erwartete, das notwendig Folgende, in dem Abweichenden die Regel erblicken." (*Hefte zur Morphologie; Erster Band,* 1817–1822, FA I, 24, 461) – Im Hinblick auf die Verknüpfung von kunsttheoretischem Denken und Goethes Arbeiten zur Morphologie sind be-

Ganz im Sinne von Goethes zeitgleichen Äußerungen über die Gestalt und den geistigen Blick auf ihre Organisation heißt es in der *Einleitung in die Propyläen* (MA 6, 2, 15), die „vergleichende Anatomie" habe durch ihren „allgemeinen Begriff über organische Naturen" als Propädeutik darauf vorbereitet, „von Gestalt zu Gestalten" zu gelangen, um aus erhobener Perspektive im Überblick „ihre Eigenschaften in einem idealen Bilde zu erblicken". Daraus erkenne man, dass man „beim Kunstgebrauche, nur dann mit der Natur wetteifern könne[], wenn [man] die Art, wie sie bei Bildung ihrer Werke verfährt, ihr wenigstens einigermaßen abgelernt habe[]" – also ihre Verfahrensweise solle man nachahmen, und zwar mittels einer produktiven Urteilskraft, der die ‚Universalform aller Dinge' bekannt ist, wie es bei Vasari über den *disegno* heißt, nicht aber nur ihre Erscheinungen.

17.2 Abguss und Abformung: Erkenntnismetaphern des Klassischen

Es ist bemerkenswert, dass Goethe mehrfach, sowohl in der *Einleitung in die Propyläen* (und dem dort erschienenen Aufsatz *Über Laokoon*) als auch in der *Italienischen Reise*, die oben erwähnte progressive Kunsterkenntnis mit Vergleichen aus dem optischen Bereich, aber auch mit dem Prozess des Abformens bzw. Abgießens von plastischen Kunstwerken veranschaulicht. Dabei ist zunächst, im ‚morphologischen' Kontext eines Zusammenhangs von organischer Gestalt und deren progressiver, im idealen geistigen Blick auf den Typus resultierender Erkenntnis, relevant, mit welchem Interesse

sonders jene Entwürfe von Interesse, die seit der Mitte der neunziger Jahre entstehen und in die Vorbereitung der Beiträge für die *Propyläen* münden (wobei diese Entwürfe dort nicht erscheinen; vgl. FA I, 24, Komm. 1014). Charakteristisch hinsichtlich der kunsttheoretischen Prämissen ist, dass Goethes Methode auch in den morphologischen Entwürfen den Blick auf das Einzelne durch den Blick auf das Ganze und damit die „Gestalt" ergänzt wissen will; die „Augen des Geistes" erkennen in den Einzelformen den Typus. In der ebenfalls um 1798 im Vorfeld der *Propyläen* entstandenen *Betrachtung über Morphologie* vermerkt Goethe zur „Natur organischer Körper", „die vollkommensten derselben" erschienen „als eine von allen übrigen Wesen getrennte Einheit", und man werde „den vollkommensten Zustand der Gesundheit nur dadurch gewahr […] daß wir die Teile unseres Ganzen nicht, sondern nur das Ganze empfinden, da alles dieses nur existieren kann in so fern die Naturen organisiert sind, und sie nur durch den Zustand, den wir das Leben nennen, organisiert und in Tätigkeit erhalten werden können." (FA I, 24, 367)

Goethe in der *Italienischen Reise* die progressive Formwerdung beim Abgießen von Statuen schildert. Der Eintrag findet sich unter dem 25. Dezember 1786:

> Der Marmor ist ein seltsames Material, deswegen ist Apoll von Belvedere im Urbilde so grenzenlos erfreulich, denn der höchste Hauch des lebendigen, jünglingsfreien, ewig jungen Wesens, verschwindet gleich im besten Gips-Abguß.
>
> Gegen uns über im Palast Rondanini steht eine Medusenmaske,[11] wo, in einer hohen und schönen Gesichtsform, über Lebensgröße, das ängstliche Starren des Todes unsäglich trefflich ausgedrückt ist. Ich besitze schon einen guten Abguß, aber der Zauber des Marmors ist nicht übrig geblieben. Das edle Halbdurchsichtige des gilblichen, der Fleischfarbe sich nähernden Steins, ist verschwunden. Der Gips sieht immer dagegen kreidenhaft und tot.
>
> Und doch, was für eine Freude bringt es, zu einem Gipsgießer hineinzutreten, wo man die herrlichen Glieder der Statuen einzeln aus der Form hervorgehen sieht, und dadurch ganz neue Ansichten der Gestalten gewinnt. Alsdann erblickt man neben einander, was sich in Rom zerstreut befindet, welches zur Vergleichung unschätzbar dienlich ist. (MA 15, 178 f.)

An diesem Passus fallen vier Aspekte ins Auge: Zunächst das Stufenmodell der progressiven Kunsterkenntnis, mit dem Goethe seinen eigenen Verständnisgrad bemisst, dann die prinzipielle Kritik an der Sekundarität der Abgüsse, die allein schon aufgrund des stumpferen, opaken Materials nicht an die Ausdruckskraft und Lebendigkeit des marmornen „Urbilde[s]“ heranreichen; drittens räumt Goethe dennoch den kennerschaftlichen Nutzen von Abgüssen ein, die besonders in der Werkstatt des „Gipsgießer[s]“ Möglichkeit zu komparatistischen Betrachtungen bieten. Und viertens erscheint nun diese Werkstatt wie eine alchemistische Küche, in der keine Homunculi, wohl aber Körpersegmente zu idealen Prototypen menschlicher Gestalt verfertigt werden. Anstatt diese Segmentierung mit Befremden wahrzunehmen, gewinnt Goethe mit dem faszinierten Blick des Morphologen jenseits aller Vereinzelung vor dem Kunstwerk *in statu nascendi* „dadurch ganz neue Ansichten der Gestalt“ – nämlich des Ganzen

---

11 Zur frappierenden Bedeutung der Medusa für Goethes Denken vgl. Ernst Osterkamp: *Gewalt und Gestalt. Die Antike im Spätwerk Goethes.* Basel 2007; zur Medusa Rondanini 50 ff.; vgl. besonders die Akzentuierung der Medusa vor dem zeithistorischen Hintergrund der „Gewalterfahrungen der Moderne“, die zwischen der Italien-Reise Goethes und der „Redaktion des Zweiten Römischen Aufenthalts“ die „Geschichte seiner [Goethes] Zeit in den Vernichtungsblick der Medusa“ hatten geraten lassen (ebd., 56). Indem die Maske der Medusa, an deren Abguss Goethe so viel gelegen ist, dem Perhorreszendum „ästhetische Gestalt“ (57) verleiht, wird der „Schrecken der Geschichte im Medium ästhetischer Darstellung in ein Bild [ge]bannt.“ (58)

als eines organischen Zusammenhangs.[12] (Diese ideelle Ganzheit wird sodann noch durch den erwähnten komparatistischen Blick auf die Gesamtheit der römischen Kunstgestalten in deren Gips-Doubles überhöht.) Die Betrachtung der potenziert-artifiziellen Genese der künstlerischen Gestalt gewährt Erkenntnisse über den Typus der menschlichen Gestalt, wenngleich deren eigentliche Genese und lebendige Organisation von der partiellen Reproduktion gänzlich verschieden verläuft.

Doch noch etwas ist hinsichtlich der kunsttheoretischen Parallelen relevant. Goethe impliziert bereits hier die Gegenläufigkeit von progressivem Kunstverstand und Medialität des (reproduzierten) Kunstwerks, die er in der *Einleitung in die Propyläen* ausformuliert. Dort wird die Entwicklung des Kunstbetrachters im Fortschreiten vom ersten Anblick eines „stumpfe[n], unvollkommene[n] Gipsabgu[sses] eines trefflichen alten Werks“ über einen scharfen Abguß bis hin zum Original selbst verbildlicht:

> Auf jeden, der ein zwar ungeübtes, aber für das Schöne empfängliches Auge hat, wird ein stumpfer, unvollkommener Gipsabguß eines trefflichen alten Werks, noch immer eine große Wirkung tun, denn in einer solchen Nachbildung bleibt doch immer die Idee, die Einfalt und Größe der Form, genug das Allgemeinste noch übrig; so viel als man mit schlechten Augen allenfalls in der Ferne gewahr werden könnte. (MA 6, 2, 21)

Die imaginierte Abstraktion in der Fernsicht – also die „allgemeinsten Umrisse“, wie es im *Laokoon*-Aufsatz heißt – entspricht im Flächig-Visuellen dem auch haptisch „stumpfe[n]“ Abguss einer meisterlichen antiken Plastik. Dass auch ein solcher noch die „Idee“ des Kunstwerks auszudrücken vermöchte, befremdet zunächst, zumal, wenn man bedenkt, wie die Darstellung der Idee bei Winckelmann mit dem exakten Verlauf des Kontur verknüpft war. Doch sieht Goethe graduelle Unterschiede vor:

> Man kann bemerken, daß oft eine lebhafte Neigung zur Kunst durch solche ganz unvollkommene Nachbildungen entzündet wird. Allein die Wirkung ist dem Gegenstande gleich, es wird mehr, ein dunkles unbestimmtes Gefühl erregt, als daß eigentlich der Gegenstand, in seinem Wert und in seiner Würde, solchen angehenden Kunstfreunden erscheinen sollte. (MA 6, 2, 22)

Eben diese „Kunstfreunde[]“ seien es auch, welche sich gegen eine „Würdigung des Einzelnen“ wehrten und meinten, die Analyse eines

12 Zu Goethes Beschäftigung mit der „Menschengestalt“ im Zusammenhang mit der „intensive[n] Beschäftigung mit der griechischen Bildhauerkunst“ vgl. Ernst Osterkamp: *Goethes Kunsterlebnis in Italien und das klassizistische Kunstprogramm,* in: K. Scheurmann (Hg.) *„... endlich in dieser Hauptstadt der Welt angelangt!“* Bd. 1: Essays. Mainz 1997, 140–147, 142.

Kunstwerks zerstöre den Genuss. Wer auf dieser Stufe verbleibt und sich der differenzierenden, fundierten Erkenntnis verweigert, entspricht damit den Liebhabern der „Skizzisten", wie sie in *Der Sammler und die Seinigen* charakterisiert werden (Kap. 17.4). Die Deutlichkeit der Erkenntnis verhält sich proportional zur Deutlichkeit der Darstellung; ist diese unbestimmt, kann auch die erweckte Idee nur als „dunkles unbestimmtes Gefühl" zur Vorstellung kommen. Die Beobachtung, dass gerade solche Anreize oft eine Begeisterung für die Kunst entfachen, ist insofern ambivalent. Positiv ist dieser Anreiz, sofern er Anlass zu differenziertem Studium gibt; negativ zu bewerten ist er, wenn der Geschmack über das dilettantische Stadium des „dunkle[n], unbestimmte[n] Gefühl[s]" nicht hinauskommt und zur klaren Erkenntnis gelangt:

> Wenn ihnen aber nach und nach, bei weiterer Erfahrung und Übung, ein scharfer Abguß statt eines stumpfen, ein Original statt eines Abgusses vorgelegt wird, dann wächst mit der Einsicht auch das Vergnügen, und so steigt es, wenn Originale selbst, wenn vollkommene Originale ihnen endlich bekannt werden. […] [E]s ist ein großer Unterschied, ein stumpfes Ganze mit dunklem Sinne, oder ein vollendetes mit hellem Sinne zu beschauen, und zu fassen. (MA 6, 2, 22)

Die Geschmacksbildung des Kunstliebhabers erfolgt als Aufstieg aus einer platonischen Höhle voll stumpfer Abgüsse hinauf zur klaren Erkenntnis endlich auch „vollkommene[r] Originale",[13] in denen die „Idee" der Gegenstände nun in all ihrem „Wert und [ihrer] Würde" *„[ge]schau[t]"* (meine Hervorhebung, C. K.) werden kann. An die Stelle der flächigen platonischen Schatten und Spiegelbilder treten die Abstufungen zunehmend schärferer *plastischer* Abgüsse, in beiden Fällen steht die *Schau* des Klaren, Hellen der Ideen am Ende des Aufstiegs. Wenngleich Goethe nicht ausdrücklich auf Baumgartens *dunkle* ästhetische Erkenntnis Bezug nimmt, so ist doch in seinen Formulierungen eine Absage an das Konzept einer solchermaßen verstandenen Ästhetik impliziert: Immer wieder findet sich die Forderung nach *bestimmter* Darstellung oder nach *bestimmtesten* Gedanken über Kunstwerke, das Adjektiv *dunkel* erscheint mit dem ambivalenten „Sinn[]" und dem „unbestimmte[n] Gefühl" verbunden, wird aber nicht mit der *Erkenntnis* verknüpft. Diese hat für Goethe konstitutiv *klar und deutlich* zu erfolgen, sie beruht nicht auf dunklem Gefühl, sondern auf *Kenntnis*, im Falle der menschlichen Gestalt des lebendigen Zusam-

13 Vgl. auch Soichita, *Eine kurze Geschichte des Schattens*, 11 ff., zu einer Parallellektüre des platonischen Höhlengleichnisses mit Plinius' Überlieferung zu den Ursprungslegenden der Kunst im Schattenriss.

menhangs aller Teile, wie Goethe mehrfach hervorhebt. Goethes Definition von ästhetischer Erkenntnis, die eigentlich eine *Anschauung* wäre, lautete wohl, mit den Worten der *Einleitung in die Propyläen:* „[S]o liegt eigentlich in der Kenntnis die Vollendung des Anschauens" (MA 6, 2, 14).

Anknüpfend an Goethes Veranschaulichung des progressiv sich ausbildenden Kunstverstandes am Beispiel der feineren Statuenabgüsse ist die Variation dieser Denkfigur in Goethes Aufsatz *Über Laokoon* (1798) aufschlussreich, die in vielerlei Hinsicht die Programmatik der *Einleitung* aufgreift und ausgestaltet.[14] Die „höchste[n] Kunstwerke", so Goethe, zeigten uns „*[l]ebendige, hochorganisierte Naturen.* Man erwartet vor allem Kenntnis des menschlichen Körpers in seinen Teilen, Maßen, innern und äußern Zwecken, Formen und Bewegungen im allgemeinen." Der Künstler solle dabei „Charaktere" zeigen; insgesamt strebe er nach der Darstellung des „Ideal[s]", während der „Gegenstand [...] und die Art ihn vorzustellen" über „Anmut" und „Schönheit" verfügen sollen. (MA 4, 2, 74) Fragt man sich, in welchem Verhältnis diese Anforderungen zu einer möglichen Realisierung in Umrissen stehen, so steht zunächst der Anspruch auf Lebendigkeit stets in Spannung zu der sistierenden, stilisierenden Darstellungsweise von Umrissen, jedoch erscheinen Proportionsregeln, anatomische Kenntnisse sowie „Formen und Bewegungen im allgemeinen" und auch das ‚Charakteristische' prinzipiell durch Umrisse darstellbar – vor allem jedoch entspräche eine Umrissdarstellung Goethes Forderung nach der Darstellung des „Ideal[s]": Um zu dieser zu gelangen, bedürfe der Künstler außer eines „tiefen, gründlichen, ausdauernden Sinnes" noch eines „hohe[n] Sinn[es]",

> um den Gegenstand in seinem ganzen Umfange zu übersehen, den höchsten darzustellenden Moment zu finden, und ihn also aus seiner beschränkten Wirklichkeit herauszuheben, und ihm in einer idealen Welt Maß, Grenze, Realität und Würde zu geben. (MA 4, 2, 73)

Das *ideale* Kunstwerk, den prägnanten Moment darstellend und ihn so zugleich aus der „Flucht der Zeit" (Moritz) isolierend und rettend, wird als

---

14 MA 4, 2, 73–88. Vgl. dazu Ernst Osterkamp: „Die programmatischen Sätze der Einleitung finden deshalb ihr vielfaches Echo in der Laokoon-Studie" (E. Osterkamp: *Nachwort*, in: J. W. Goethe: *Über Laokoon*. Nachdruck der Ausgabe von 1896; in: *Goethes Werke. Weimarer Ausgabe*. I. Abteilung, 47. Band. Mit einem Nachwort von Ernst Osterkamp. Stuttgart/Weimar 1998, 1–34, 30).

ein „in sich selbst Vollendetes" nach Moritzscher Art propagiert,[15] dem „gleichsam nur die Umrisse" gestohlen werden können – welche als „Grenze" sein „Maß", seine „Realität und Würde" konstituieren in der „idealen Welt" der Kunst(-theorie). Doch ist dieser implizite Umrissbegriff des *Laokoon*-Aufsatzes ein denkbar abstrakter: Er entspricht dem geistigen Formideal des Künstlers und ist damit zugleich dasjenige Moment, das den Gegenstand als Kunstwerk erst konstituiert.

Um sich als ein solches „Kunstwerk" zu zeigen, bedarf dieses der „sinnliche[n] Schönheit oder Anmut"[16] (MA 4, 2, 77), und Goethe weist auf den Unterschied zwischen der Kunstauffassung des Altertums und dem seiner Ansicht nach irrigen Streben zeitgenössischer Künstler hin, die versuchten, Kunstwerke als Naturwerke erscheinen zu lassen. Die antiken Künstler hingegen hätten den Kunstcharakter des Kunstwerks nicht verhehlt, im Gegenteil: sie „bezeichneten ihre Kunstwerke als solche", und zwar „durch gewählte Ordnung der Teile", so dass sie „dem Auge die Einsicht in die Verhältnisse durch Symmetrie" erleichterten,

> und so ward ein verwickeltes Werk faßlich. Durch eben diese Symmetrie und durch Gegenstellungen wurden in leisen Abweichungen die höchsten Kontraste möglich. Die Sorgfalt der Künstler, mannigfaltige Massen gegen einander zu stellen, [...] war äußerst überlegt und glücklich, so daß ein jedes Kunstwerk, wenn man auch von dem Inhalt abstrahiert, wenn man *in der Entfernung auch nur die allgemeinsten Umrisse* sieht, noch immer dem Auge als ein Zierrat erscheint. (MA 4, 2, 77; meine Hervorhebung, C. K.)

Werner Busch hat hervorgehoben, dass Goethe nie dem Kunstmittel der Linie autonomen Wert zuerkenne;[17] auch hier, in der verfremdenden

---

15 Vgl. auch: „Es ist ein großer Vorteil für ein Kunstwerk, wenn es selbstständig, wenn es geschlossen ist. Ein ruhiger Gegenstand zeigt sich bloß in seinem Dasein, er ist also durch und durch in sich selbst geschlossen." (MA 4, 2, 77 f.)

16 Als Darstellungsmomente, die notwendig seien, um „Anmut" zu erreichen, hatte Goethe zuvor die „sinnlichen Kunstgesetze[] [...] Ordnung, Fasslichkeit, Symmetrie, Gegenstellung etc." genannt, also vorwiegend Prinzipien, die durch den Kontur realisiert werden. (MA 4, 2, 74)

17 Goethe habe zwar, so Busch, die „Kunst autonom" gesetzt, und ihr „eine, der Naturbildung analoge, schöpferische eigenständige Potenz zu[gesprochen]", habe damit „aber zugleich [versucht], ihren klassischen Anspruch zu retten. Damit war ihm die Anerkennung des Emanzipationsprozesses der Kunstmittel, in Sonderheit von Linie und Farbe, verstellt. Ihren Autonomieanspruch musste er als zum Bruch künstlerischer Ganzheit führend verstehen. Die Kunst als solche und damit die gegenstandgebundene Erfindung des Künstlers waren für Goethe autonom zu denken, die Kunstmittel hatten ihr nach wie vor zu dienen und nicht selbst Autonomieanspruch zu stellen"; die Darstellungsmedien durften „nicht [...] selbst die

Distanzierung vom Kunstwerk, selbst bei gänzlicher Abstraktion „von dem Inhalt“, erscheinen „die allgemeinsten Umrisse“ (vollkommener antiker Werke) zwar als „Zierrat“, doch bleiben sie gegenstandbezogen. Denn dass dieser „Zierrat“ keine Rocaille und keine frühromantische Arabeske sein kann, wird durch die strengen Forderungen an die „sinnlichen Kunstgesetze“ wie Symmetrie und Kontrapost gewährleistet. Auch ein „verwickeltes Werk“, sofern es diesen Formalia entspricht, stilisiert sich gleichsam selbst in der Entfernung zum linearen Umriss, der als Medium der Erkenntnis das Kunstwerk „wieder faßlich“ macht.

Goethes Wortwahl verdient hier ebenso Beachtung wie der Gegenstand der Äußerung: eine Skulptur bzw. Skulpturengruppe. Denn der Aufsatz *Über Laokoon* steht im ersten Heft der *Propyläen* zugleich am Beginn des kunsttheoretisch-pädagogischen Weges, den der Kunstadept beschreiten soll;[18] und Goethes verfremdender Blick aus der imaginierten Distanz nimmt jene Perspektive wieder auf, die er in der *Einleitung in die Propyläen* dem „zwar ungeübte[n], aber für das Schöne empfängliche[n] Auge“ zugesprochen hatte, das sich bereits für einen „stumpfe[n], unvollkommene[n] Gipsabguß eines trefflichen alten Werks“ begeistern werde, da selbst darin „doch immer die Idee, die Einfalt und Größe der Form, genug das Allgemeinste noch übrig [ist]; so viel als man mit schlechten Augen allenfalls in der Ferne gewahr werden könnte.“ Und es werde, so fügt Goethe hinzu, „oft eine lebhafte Neigung zur Kunst durch solche ganz unvollkommene Nachbildungen entzündet“ (MA 6, 2, 21 f.). Buchstäblich entfernt sich Goethe von der *Laokoon*-Gruppe und lässt sie ganz zum inhaltslosen, „allgemeinsten“ Umriss werden, zum „Zierrat“, zu einem verfremdenden Abguss gleichsam, der nur noch „Idee, Einfalt und Größe der Form“ – aber dies umso deutlicher – präsentiert. Von diesem gewissermaßen ‚stumpfen Abguß‘ kann der Kunstadept seinen Weg hin zur differenzierenden Betrachtung der „[l]ebendigen, hochorganisierten“ (MA 4, 2, 74; *Über Laokoon*) und charaktervollen Gestalten beginnen; als propädeutische Richtlinie dienen ihm die *Umrisse.*

Das in der *Einleitung in die Propyläen* formulierte Modell einer fortschreitenden Erkenntnis durch größere Kenntnis findet sich bereits in den Notizen der *Italienischen Reise*; so heißt es im Eintrag vom 20. Januar 1787,

---

Rolle primärer Sinnstiftung übernehmen“ (Werner Busch: *Die „große, simple Linie“ und die „allgemeine Harmonie“ der Farben. Zum Konflikt zwischen Goethes Kunstbegriff, seiner Naturerfahrung und seiner künstlerischen Praxis auf der italienischen Reise*, in: Goethe-Jahrbuch 105, 1988, 144–164, 164).

18 Zum Plan der „Erziehung des Publikums“ durch die *Propyläen* vgl. Vaget, 104.

„dass ohne gründliche Kenntnis doch auch der wahre Genuss ermangelt", immerhin sei Goethe auf „Anatomie [...] so ziemlich vorbereitet",

> und ich habe mir die Kenntnis des menschlichen Körpers, bis auf einen gewissen Grad nicht ohne Mühe erworben. Hier wird man durch die ewige Betrachtung der Statuen immerfort, aber auf eine höhere Weise hingewiesen. Bei unserer medizinisch-chirurgischen Anatomie, kommt es bloß darauf an, den Teil zu kennen, und hierzu dient auch wohl ein kümmerlicher Muskel. In Rom aber wollen die Teile nichts heißen, wenn sie nicht zugleich eine edle, schöne Form darbieten. (MA 15, 194)

Der Begriff der „edle[n], schöne[n] Form" zeigt sich dabei untrennbar mit dem organischen Zusammenhang des Ganzen verbunden; dies wird noch deutlicher in einem späteren Bericht über die zuletzt noch in Rom (11. April 1788) betrachtete Sammlung von Abgüssen in der französischen Akademie. Dort fühle man, so Goethe,

> das Würdigste womit man sich beschäftigen sollte, sei die menschliche Gestalt, die man hier in aller mannigfaltigen Herrlichkeit gewahr wird. Doch wer fühlt bei einem solchen Anblick nicht alsobald wie unzulänglich er sei; selbst vorbereitet steht man wie vernichtet. Hatte ich doch Proportion, Anatomie, Regelmäßigkeit der Bewegung mir einigermaßen zu verdeutlichen gesucht, hier aber fiel mir nur zu sehr auf daß die *Form* zuletzt alles einschließe, der Glieder Zweckmäßigkeit, Verhältnis, Charakter und Schönheit. (MA 15, 638)

Was Goethe hier als „Form" bezeichnet, kommt Winckelmanns Kontur-Begriff sehr nahe: die Synthese von vollkommener Naturnachahmung und idealischer Schönheit, hier aber gesteigert durch das später bei Hirt und Fernow der klassischen Ästhetik implementierte „Charakteristische". Goethes morphologischen Interessen, die seine Naturbetrachtung mit seiner Anschauung der Kunstwerke verknüpften,[19] konnte jedoch der Terminus des „Kontur" nicht als geeignetes begriffliches Instrumentarium dienen. Anders als „Form"[20] oder „Gestalt"[21] ließ er sich, da er in seiner

---

19 Zum „Einblick in die morphologischen Gesetzmäßigkeiten der Natur" vgl. Katharina Grätz: *Zwischen Empirie und Ideenschau. Goethes System der Kunst in „Einfache Nachahmung der Natur, Manier, Styl"*, in: Hee-Ju Kim (Hg.): *Wechselleben der Weltgegenstände. Beiträge zu Goethes kunsttheoretischem und literarischem Werk.* Heidelberg 2010, 135–151, hier 147 f.

20 Vgl. zum Konzept der „[g]eprägten Form, die lebend sich entwickelt" (in Goethes Skulptur-Anschauung) Christa Lichtenstern: *„Geprägte Form, die lebend sich entwickelt". Goethe und die Skulptur*, in: Karl Richter (Hg.): *Goethe. Ungewohnte Ansichten.* Sankt Ingbert 2001, 23–63. Mit Bezug auf die „antike Auffassung vom Wesen der Form [...], derzufolge die Form etwas ist, das sich wie ein Stempel in die Münze einprägt (forma = Münzstempel)", und zum „Typos" vgl. ebd., 49. Vgl.

Bedeutungsgeschichte so unmittelbar mit kunsttheoretischen Diskussionen verknüpft war, kaum zugleich als naturgeschichtlicher Terminus etablieren, ohne bereits das durch Fixierung zu negieren, was für Goethe ja das Prinzip der Morphologie war: die Meta-morphose, der Gestaltwandel.[22] Konturen aber definieren Formen, die sich nicht mehr wandeln. Sie eignen sich für stilisierte, abstrahierte Fixierungen eines (charakteristischen) Typus bzw. des Ideals, aber kaum als Terminus zur sprachlichen Beschreibung eines lebendigen organischen Zusammenhangs des Ganzen.

Es findet sich in der *Einleitung in die Propyläen* allerdings eine Äußerung, die an Moritz' Konzept des in sich selbst vollendeten Kunstwerks anknüpft und damit indirekt die definit-umrissene Form als Abstraktum, aber eben auch nur als solches, hervorhebt; Goethe bemerkt:

> Indem der Künstler irgend einen Gegenstand der Natur ergreift, so gehört dieser schon nicht mehr der Natur an, ja man kann sagen: daß der Künstler ihn in diesem Augenblicke erschaffe, indem er ihm das Bedeutende, Charakteristische, Interessante, abgewinnt, oder vielmehr erst den höhern Wert hineinlegt.
>
> Auf diese Weise werden der menschlichen Gestalt die schönern Proportionen, die edlern Formen, die höhern Charaktere gleichsam erst aufge-

---

Goethes gegen die „Symboliker" gerichtete Äußerung im Gespräch mit Sulpiz Boisserée (19. Mai 1826), er sei „Plastiker" und habe „gesucht", sich „die Welt und die Natur klar zu machen" (*Goethes Gespräche. Eine Sammlung zeitgenössischer Berichte aus seinem Umgang auf Grund der Ausgabe und des Nachlasses von Flodoard Freiherrn von Biedermann ergänzt und hrsg. von Wolfgang Herwig*. 5 Bde. Zürich/Stuttgart, Bd. 4–5: Zürich/München 1965–1987, hier Bd. 3, 2, 40; vgl. dazu Lichtenstern, 23). Goethe deutete dabei laut Boisserée „auf die Büste der Juno Ludovisi im Saal". Zur „inneren Plastizität" von Goethes „Dichtung" vgl. Lichtenstern, 25 f.

21 Zur „Gestalt" als „Denkfigur" vgl. grundlegend: Annette Simonis: *Gestalttheorie von Goethe bis Benjamin. Diskursgeschichte einer deutschen Denkfigur.* Köln/Weimar/Wien 2001, 23–70 zu „Goethes Gestaltkonzeption zwischen Biologie, Naturphilosophie und Ästhetik". Zu Goethes Gestalt-Begriff vgl. auch: Ernst Cassirer, *Goethes Pandora*, in: ders.: *Idee und Gestalt: Goethe, Schiller, Hölderlin, Kleist. Fünf Aufsätze.* Berlin 1921, 1–26, bes. 25 f. zur *Pandora* als „Anfang des neuen Alterstils Goethes, – eines Stils, dessen Geheimnis darin besteht, dass er nicht nur die besonderen Lebens*erscheinungen*, sondern die allgemeinen Lebens*mächte* sichtbar werden und in geschlossenen Gestalten heraustreten lässt. Das Dringen auf das ‚Urbildliche' und ‚Typische', das Goethes ganze klassische Periode kennzeichnet, ist in ihm aufs höchste gesteigert".

22 So notiert Goethe, wohl im Herbst 1796: „Die Gestalt ist ein Bewegliches, ein Werdendes, ein Vergehendes. Gestaltenlehre ist Verwandlungslehre. Die Lehre der Metamorphose ist der Schlüssel zu allen Zeichen der Natur." Zitiert nach Kuhn, *Typus und Metamorphose*, 197.

drungen, der Kreis der Regelmäßigkeit, Vollkommenheit, Bedeutsamkeit und Vollendung wird gezogen, in welchem die Natur ihr Bestes gerne niederlegt [...]. (MA 6, 2, 17)

Der abstrakte „Kreis" meint auf gewisse Weise den ideellen Kontur der Gestalt, der als konstitutives Moment des Kunstwerks Garant ist für „das Bedeutende, Charakteristische, Interessante, [...] oder vielmehr erst den höhern Wert". Zugleich ist er es auch, der die schmale Trennlinie zwischen Natur und Kunst bezeichnet.

In den Publikationprinzipien der *Propyläen* tritt ein weiterer Aspekt in Erscheinung, der nochmals ein anderes Licht auf die Frage nach den Umrissen und ihrem ästhetischen Wert wirft. Goethes auch andernorts geäußerte Maxime lautet in der *Einleitung:*

> Um von Kunstwerken, eigentlich und mit wahrem Nutzen für sich und andere, zu sprechen, sollte es freilich nur in Gegenwart derselben geschehen. Alles kommt aufs Anschauen an, es kommt darauf an, daß bei dem Wort, wodurch man ein Kunstwerk zu erläutern hofft, das bestimmteste gedacht werde, weil sonst gar nichts gedacht wird. (MA 6, 2, 22)

Da diese *Bestimmtheit* sich nun in der Zeitschrift nicht anders realisieren lässt, sollen ihr Kupferstiche beigefügt werden. Goethe weist darauf hin, die „beigefügten Kupfer" könnten „nur den Zweck haben, dem Leser eine schnelle, allgemeine, sinnliche Anschauung von Gegenständen zu geben, die eben zur Sprache kommen." (MA 6, 2, 27) Damit ist der – auch für August Wilhelm Schlegels Auffassung von Umrisszeichnungen – zentrale Aspekt der Hemsterhuisschen Wahrnehmungspsychologie benannt: die Geschwindigkeit der Wahrnehmung, die in einem Minimum an Zeit ein Maximum an Eindrücken bzw. Ideen zu bewirken mag (vgl. Kap. 20), wobei es hier, charakteristisch für Goethes Auffassung von Umrissen und ein wesentlicher Unterschied zu Hemsterhuis, auf die „allgemeine [...] Anschauung" ankommt, die zudem, im Gegensatz zu einer rein diskursiven Beschreibung, eine „sinnliche Anschauung" ist. Die Anschaulichkeit des *Allgemeinen* stellt somit das Bindeglied zwischen den Äußerungen Goethes über Umriss-Momente dar, sowohl in den oben betrachteten Gedanken aus der *Italienischen Reise* zu unterschiedlichen Qualitäten von Abgüssen und progressivem Kunstverständnis als auch in der *Propyläen*-Einleitung. Um das „Bestimmteste" der Anschaulichkeit (und damit um die zweite konstitutive Facette von Umrissdarstellungen) geht es jedoch auch. Goethe bemerkt in der *Einleitung:*

> Die erste Tafel stellt einen Umriß der Gruppe des Laokoons vor, weil nicht leicht jemand sich der verwickelten Anordnung derselben, worauf doch so viel,

> bei jedem Worte das man darüber äußert, ankommt, deutlich erinnern möchte. (MA 6, 2, 27)

Anschauliche Verwicklung der Anordnung im plastischen Kunstwerk und diskursive Erörterung desselben (bzw. derselben) erscheinen somit in einem Bedingungsverhältnis. Die Kupfer dienen als Substitut für mangelnde Präsenz, um wenigstens geringfügig zu gewährleisten, dass „das bestimmteste gedacht werde", und zwar „bei jedem Worte" und „deutlich". Implizit scheint hier die Parallele von linearer Beschreibungssprache und den Lineamenten der Reproduktionsgraphik auf, die beide gemeinsam Klarheit und Deutlichkeit, *Evidenz* also, generieren sollen – die unabdingbare Voraussetzung ist, wenn die Kunstwerke, wie Goethe es verlangt, sich selbst aussprechen sollen.

17.3 Auch eine Abguss-Kritik: Die Medusa als Muse, „doch sie müsste neu geformt werden"

Bereits oben war Goethes Faszination durch die Medusa Rondanini angeklungen; an späterer Stelle in der *Italienischen Reise* kommt er darauf nochmals zurück – mit einem besonders suggestiven Unterton:

> Sonntag den 29 Juli 87
>
> War ich mit Angelika in dem Palast Rondanini. Ihr werdet Euch aus meinen ersten römischen Briefen einer Meduse erinnern [...]. Nur einen Begriff zu haben daß so etwas in der Welt ist, daß so etwas zu machen möglich war, macht einen zum doppelten Menschen. Wie gern sagt' ich etwas drüber, wenn nicht alles, was man über so ein Werk sagen kann, leerer Windhauch wäre. Die Kunst ist deshalb da, daß man sie sehe, nicht davon spreche, als höchstens in ihrer Gegenwart. [...] Wenn es möglich ist einen guten Gypsabguß von dieser Medusa zu haben, so bring ich ihn mit, doch sie müßte neu geformt werden. Es sind einige hier zu Kaufe die ich nicht möchte, denn sie verderben mehr die Idee als daß sie uns den Begriff gäben und erhielten. Besonders ist der Mund unaussprechlich und unnachahmlich groß. (MA 15, 453)

Bemerkenswert ist hier die Verbindung von Unsagbarkeitstopos (auf sprachliche Wiedergabe des zumal *antiken* Kunstwerks bezogen) und Abguss-Kritik, die, charakteristisch für Goethes Prinzip, sich über Kunst am besten nur in Gegenwart der Werke zu äußern, auch auf die *Propyläen*-Einleitung vorausdeutet. Da es sich hier jedoch um ein plastisches Werk handelt, rücken Goethes Äußerungen zur Beschreibbarkeit des Werkes in die Nähe von Winckelmanns Konzept der *Empfindung des Schönen*, die sich den Konturen des Kunstwerks anschmiegt und es „in allen Teil umhüllt und umgiebt" – ganz wie ein ‚flüßiger Gips' (vgl. Kap. 10). Wie auch die Empfindung dies nur stets aufs Neue im unmittelbaren Anblick des Kunstwerks vermag, so können es auch die Worte am ehesten noch in Gegenwart des Werkes. Auch Winckelmanns *Kontur*-Konzept wirkt in Goethes Äußerungen nach: Bei Winckelmann hieß es: „Der edelste Contour vereiniget oder umschreibet alle Theile der schönsten Natur und der Idealischen Schönheit in den Figuren der Griechen; oder er ist vielmehr der höchste Begrif in beyden." Goethe bemerkt, beim Abformen und Abgießen der Medusa – und damit durch die Verfälschung ihrer Konturen – werden zugleich „Idee" und „Begriff" verdorben. Die Medusa müsste also „neu geformt" werden, um adäquate Abgüsse herzustellen, die ihre „Idee" nicht verfälschten und dem Betrachter einen „Begriff" gäben. Eine solche neue Formung bemüht sich Goethes klassische Ästhetik in den literarischen Werken, formal und inhaltlich, einzulösen: Der Mund der Medusa,[23] der „[b]esonders [...] unaussprechlich und unnachahmlich groß" ist, wird damit geradezu zu einem Bild für die Quelle klassischen Sprechens; die gipserne Abformung des todesstarrenden Antlitzes, die Goethe in den kritisierten Abgüssen erkennt, wird durch neu geformte Empfindung, die sich der „Idee" in den Konturen der antiken Werke anschmiegt, wieder zum Leben und Sprechen erweckt. Die Spiegelung von *Abformung* des antiken Marmors und *Anschmiegen* der Worte an seine Gestalt wird so zum genetischen Modell klassischer Ästhetik.

17.4 Kleine Phänomenologie der Umriss-Verfehlungen: *Der Sammler und die Seinigen*

Auch in Goethes kleinem Kunstroman *Der Sammler und die Seinigen* finden verschiedene Aspekte Erwähnung, die für bestimmte, von Goethe als dilettantisch bezeichnete Ausformungen von Umrisszeichnungen konstitutiv sein können. Während die Umrisszeichnung an sich nicht unter den kritisierten Dilettantismen erscheint, werden u. a. „Undulisten" und „Skizzisten" mit charakterisierender Kritik bedacht. Zunächst trifft diese jedoch die „Nachahmer". Zwar, so heißt es dort (MA 6, 2, 122 f.), sei die Nachahmung die „Base der bildenden Kunst", doch müsse der Künstler sich notwendigerweise davon weiter fortentwickeln. Im Hinblick auf die Wertung von Umrissphänomenen ist es interessant, dass an dieser Stelle die

23 Vgl. zur Relevanz der Medusa für Goethes Denken: Osterkamp, *Gestalt und Gewalt* (s. o.).

Silhouettenmode der Nachahmung subsumiert wird; Schattenrisse hätten ihre Daseinsberechtigung im Portefeuille: „Nur müssen die Wände nicht mit diesen traurigen, halben Wirklichkeitserscheinungen verziert werden." (MA 6, 2, 123) Alles, was Schattenrisse vermöchten, sei, uns in „das einzige höchst beschränkte Dasein hinein[zuziehen]"; sie erschienen als eine bloße Verdoppelung des Nachgeahmten, „ohne uns [...] weiter zu bringen", denn dem Werk fehle „die Kunstwahrheit als schöner Schein". Schattenrisse fungieren nicht als Epiphanien der Transzendenz in der Immanenz, sondern ziehen erst recht erdenschwer ins Diesseits herab.[24] Ungeachtet Goethes einstiger Mitarbeit an Lavaters *Physiognomischen Fragmenten* findet hier der tiefere Anspruch dieser „traurigen, halben Wirklichkeitserscheinungen" keinerlei Erwähnung; sie werden ausschließlich formalästhetisch betrachtet und zwar nicht als inferiores Abbild, aber doch als „bloße Verdoppelung" abgetan. Die von Goethe stets verfochtene grundlegende Verschiedenheit von Kunst und Natur ist das zentrale Argumentationsmoment: Die Natur wird nicht gesteigert, die Umrisse zeigen keine ideale Gestalt, sondern sind bloß Notate und damit eine wiederholende Konservierung der existenten Natur, „halbe[] *Wirklichkeitserscheinungen*" an Stelle der „Kunst*wahrheit* als *schöne[m] Schein*" (meine Hervorhebungen, C. K.). Die Wahrheit ist auf Seiten der Kunst, die die Wirklichkeit der Natur von der passiven Erscheinung zum aktiv gebildeten „schöne[n] Schein" steigert.

Nachdem mit der Silhouettenmode bereits ein populäres Umrissphänomen des ausgehenden 18. Jahrhunderts verabschiedet wurde, finden sich kurz darauf auch jene kritisiert, die in der Schlangenlinie die Linie der Schönheit sahen, wie es William Hogarth in der *Analysis of Beauty* vorexerziert hatte. Die Kritik gilt nun den sogenannten „Undulisten" (MA 6, 2, 126 f.), „auch *Schlängler* genannt", welche die „Schlangenlinie zum

24 Vgl. Vaget, 117 f., zu Goethes „entschlossene[m] Widerstand[] gegen den Naturalismus in der Kunst" im *Sammler und die Seinigen*. – Die Ablehnung von Schattenrissen, die nur immer dem Diesseits verhaftet bleiben, lässt wohl auch eine spezifisch Goethesche Abwehrhaltung gegen alles, was auf Vergänglichkeit deutet, erkennen: Wie in der Beschwörung des integren Kontur bei Herder die Zersetzungsangst hervorscheint (Kap. 14), erscheint in Goethes Ablehnung der Schattenrisse der dunkle Fond schon der Ursprungslegenden der Kunst. Vermochte es doch keine Silhouette, den Geliebten unsterblich zu machen, seine Gestalt zu bewahren; die Silhouette fixiert sogar als *Medium* der vergehenden Zeit, wenn der Schatten von der Sonne projiziert wird, Zeitlichkeit und Zeitverfallenheit des Menschen, statt sie durch die Überhöhung ins Idealische imaginär zu transzendieren.

Vorbild und Symbol der Schönheit genommen". Die Präferenz für diese Form wird psychologisch ausgedeutet: „Diese Schlängelei und Weichheit bezieht sich, sowohl beim Künstler als Liebhaber, auf eine gewisse Schwäche, Schläfrigkeit und, wenn man will, auf eine gewisse kränkliche Reizbarkeit" (MA 6, 2, 126).[25] In etwas bedenklicher Weise werden hier Stilphänomene und Geschmacksfragen nicht nur psychologisiert, sondern, sei es auch nur polemisch, pathologisiert. Die fragwürdige Polemik wird jedoch sogleich wieder umgebogen zur augenzwinkernden Satire: Die Produkte dieses Umrissphänomens seien nur eine „Seifenblase", gerade „etwas mehr als nichts". Wer sich also an Seifenblasen ergötzen könne, der werde auch Gefallen an den Kunstwerken der Schlängler finden. Wie schon die Schattenrisse als „halbe[] Wirklichkeiterscheinungen" disqualifiziert wurden, so wird nun auch den Werken der Undulisten die Plastizität und damit die Substanz als Bedingung der Lebendigkeit abgesprochen. Sie könnten, so heißt es, „kaum einen Körper, oder andern reellen Gehalt haben", ihr Verdienst liege meist in der „Behandlung" und in einem „gewissen lieblichen Schein". Und es folgt der Kommentar: „Es fehlt ihnen Bedeutung und Kraft und deswegen sind sie im allgemeinen willkommen, so wie die Nullität in der Gesellschaft. Denn von rechtswegen soll eine gesellige Unterhaltung auch nur etwas mehr als nichts sein." Die Briefsituation ironisiert damit auch vermeintliche Kunstgespräche. Dilettantisches Kunstgeplauder als „gesellige Unterhaltung", das noch dazu um dilettantische Phänomene wie die Werke der Undulisten, also um substanzlose Erscheinungen kreist, hat, so wird hier impliziert, in diesen Schemen einen adäquaten „Gegenstand" gefunden. Der Geschmack an diesen spezifischen Ausprägungen von Umrissphänomenen ist somit nicht nur psychologisches Symptom; die Darstellungsform wird vielmehr zum Index einer ihrem Wesen analogen null-und-nichtigen-Gesellschaftsform.

Der sinnenreizenden „Schlängelei" der Undulisten stehen die sogenannten „Skizzisten" gegenüber, die ebenfalls in einem eigenen Abschnitt mit Kritik bedacht werden (MA 6, 2, 128 f.). Die Wirkungsweise ihrer Werke ist insofern konträr, als der „Skizzist [...] unmittelbar zum Geiste" spricht, während doch Bildende Kunst auch den äußeren Sinn befriedigen solle:

> Ein glücklicher Einfall, halbwege [!] deutlich, und nur gleichsam symbolisch dargestellt, eilt durch das Auge, regt den Geist, den Witz, die Einbildungskraft

25 Die Kategorie des „Undulisten" übernimmt Goethe (bzw. Meyer) im übrigen auch für die Plastik; vgl. dazu die Bernini-Schelte in *Winkelmann und sein Jahrhundert* (MA 6, 2, 225).

> auf, und der überraschte Liebhaber sieht was nicht da steht. Hier ist nicht mehr von Zeichnung, von Proportion, von Formen, Charakter, Ausdruck, Zusammenstellung, Übereinstimmung, Ausführung die Rede, sondern ein Schein von allem tritt an die Stelle. Der Geist spricht zum Geiste und das Mittel wodurch es geschehen sollte, wird zu nichte.

Abermals ist der „Schein" zentraler Ansatzpunkt der Kritik: Die Darstellung erschöpft sich im ersten Moment der künstlerischen Praxis, der *inventio*, der keine kunstgemäße Komposition, „Zeichnung" mit „Charakter" oder „Ausdruck" oder gar weiterer „Ausführung" folgt – und auch in den Augen der Liebhaber nicht folgen muss, da „Geist zum Geiste" spricht und eine reine Ideen-Kunst so an die Stelle der zeichnenden Künste als an ihre „Mittel" gebundene Kunstgattungen tritt. „Geist", „Witz" und „Einbildungskraft" – Termini, welche die frühromantische Kunstbetrachtung als primäre Rezeptionsmodi der Kunstbetrachtung ansehen wird – vollenden das nur Angedeutete selbst, dessen „symbolisch[e]" Bedeutungsweise nur eines Minimums an Darstellung bedarf, um ihre Appelle an die Einbildungskraft des Betrachters zu formulieren. So verwundert es nicht, dass im anschließenden Satz der zentrale Terminus frühromantischer Kunstanschauung erscheint: „Verdienstvolle Skizzen großer Meister, diese bezaubernde Hieroglyphen, veranlassen meist diese Liebhaberei" (MA 6, 2, 128), so heißt es über die Ursprünge des *skizzistischen* Geschmacks. Wichtig ist, dass auch hier die Skizzen nicht an sich abgewertet werden – sie haben ihre Berechtigung als Stufe im Werkprozess und eben bei „große[n] Meister[n]". Solchermaßen integriert wird auch der Begriff der „Hieroglyphe" ganz unironisch gebraucht – er wird geradezu redigiert: Denn die Skizzen, die auf ein Werk (oder zumindest dessen Konzept) verweisen und nicht nur auf eine bloße Idee, die außerhalb der Einbildungskraft gar keine sinnliche Realität gewinnen soll, wirken, so wird hier insinuiert, tatsächlich als „Hieroglyphen" – die aber nur auf Kunst(-konzepte) verweisen, jedoch nicht als Darstellungsmedien des Undarstellbaren (oder gar katholischer Dogmen, vgl. Kap. 21) gedacht sind. Als berechtigte Stufen im Werkprozess können Skizzen auch pädagogischen Wert sowohl in der Geschmacksbildung des Betrachters als auch in der Ausbildung des Malers haben; sie können den Betrachter zur Schwelle der Kunst und weiter führen, verlocken aber auch den Künstler, auf der Schwelle zu verweilen (MA 6, 2, 128). Bedenkt man Goethes pädagogisches Konzept der *Propyläen*, an deren „Schwelle", im Vorhof des Heiligtums der Kunst, er in der *Einleitung* den Leser mit dem Vergleich der Wahrnehmung aus Ferne und Nähe bzw. des Genusses und der Erkenntnis an stumpfen oder scharfen Abgüssen von Statuen begrüßt, so fügen sich auch die Skizzen in diese propädeutischen Reihen. Sie können wie die „allgemeinsten Umrisse" im *Laokoon*-Aufsatz als pädagogische Leitlinien wirken.

Nicht zuletzt scheint ein konkreter Künstler und die durch ihn popularisierte Umrissmode das Modell für die Kritik an den Skizzisten geliefert zu haben: John Flaxman, der „Abgott der Dilettanten" (MA 6, 2, 144), dem Goethe (s. u.) den „glückliche[n] Einfall" durchaus nicht abspricht, und dessen *Achills Kampf mit den Flüssen* er in der Besprechung der Weimarer Preisaufgaben von 1801 als vorbildlich erwähnt (MA 6, 2, 477) – aber in signifikanter Weise von den Künstlern erwartet hätte, diese Vorlage weiterzuentwickeln, sie also aus dem skizzenhaften Zustand zur individuellen Ausführung zu bringen. In der Einbildungskraft der frühromantischen Kunstanschauung hingegen stellten Flaxmans Entwürfe vollgültige hieroglyphische Kunstwerke dar. Die Umrissdarstellung zieht an dieser Stelle die trennende Linie zwischen klassizistischer und frühromantischer Kunstauffassung (vgl. Kap. 20).

Als neutrales zeichnerisches Darstellungsmedium betrachtet, erscheint der ‚Umriss' in *Der Sammler und die Seinigen* in der Phänomenologie seiner stilistischen Diversifizierungen, die nie ganz verworfen, nur in ihrem eigenständigen künstlerischen Geltungsanspruch revidiert und als Mittel der eigentlichen „Kunstwahrheit als schöne[m] Schein" untergeordnet werden. Er ist schmaler Grat zwischen tatsächlich künstlerischer Darstellung, die auf eine höhere Wahrheit zielt, als sie die Natur formulieren kann, und dem entweder rein rezeptiv-repetitiven (Schattenrisse), sich im darstellerischen Medium erschöpfenden (Undulisten) oder dieses schließlich auslöschenden (Skizzisten) Dilettantismus.

In diesem Kontext ist ein Blick auf Goethes *Gutachten über die Ausbildung eines jungen Malers* (MA 6, 2, 139–142) angebracht, in dem nochmals die Notwendigkeit des „deutlich[en]", „verstanden[en]" Umrisses – hier synonym mit „Kontur" gebraucht – als Darstellungsmedium der Erkenntnis betont wird (MA 6, 2, 140). Für einen jungen Maler seien, so heißt es, Kenntnisse in Anatomie und Perspektive unabdingbar, durch die man zur „Richtigkeit des Umrisses und zur Schönheit in den Formen" gelange. Empfohlen wird dem angehenden Maler in akademischer Tradition das Zeichnen „nach antiken Statuen, oder guten Abgüssen derselben", wobei die Ausführung sekundär sei, da diese Zeichnungen bloß Übungscharakter hätten: „Genug wenn nur der Umriß verstanden, Form und Proportion genau in acht genommen sind."[26] Während den Skizzisten

26 Hier, wo die Skizze keinen hieroglyphischen „Schein" von Bedeutung evozieren soll, wie es in *Der Sammler und die Seinigen* getadelt wird, sondern als Notat, als

im *Sammler* vorgeworfen wird, sie machten ihr eigentliches Darstellungsmittel „zu nichte" zugunsten einer bloß vom „Geist [...] zum Geiste" sprechenden hieroglyphischen Andeutungskunst, unterstreicht Goethe hier nicht nur generell die Relevanz der „Mittel", sondern unterscheidet die konkreten Zeichenmedien und ihre Techniken im Hinblick auf ihre Aussagekraft und den Erkenntniswert: Es sei nämlich besser „den Kontur, bedächtlich, mit der Feder, zu ziehen und leicht zu tuschen, als mit weißer und schwarzer Kreide auf graues Papier zu zeichnen; denn die erste Manier lässt nichts unbestimmtes zu, alles muß verstanden und deutlich gemacht werden, da hingegen bei der letzten manches ohnbemerkt, zweideutig bleiben kann." Der Kontur,[27] so wird unmissverständlich erklärt, soll auf Evidenz und deutliche Erkenntnis gemäß dem Postulat des *clare et distincte* zielen, die „Feder" vermag dies zu leisten, wenn sie „bedächtlich", also unter der Aufsicht des Verstandes, gezogen wird, wohingegen Kreidezeichnungen zwar effektvoll, aber „zweideutig" bleiben können – und, so ließe sich ergänzen, leicht auf „unbestimmte[ ]" Weise zur Einbildungskraft sprechen und so in ihrem andeutenden Charakter zum Selbstzweck werden, wie es an den Werken der Skizzisten gerügt wird.

Eine nebensächlich erscheinende Bemerkung, die Goethe in der *Italienischen Reise* über J. H. Meyer äußert, mag aufschlussreich sein, um Goethes Verknüpfung der Begriffe „Klarheit" und „Wahrheit" mit dem Umrisshaft-Linearen zu zeigen. Er schreibt, Meyer habe ihm „zuerst die Augen über das Detail, über die Eigenschaften der einzelnen Formen aufgeschlossen"; er habe ihn

---

Abbreviatur der *Erkenntnis* von „Form und Proportion" dient, ist sie als Stufe im Werkprozess gerechtfertigt.

27 Wenngleich Goethe nur von zeichnerischen Umrissen spricht, denkt er hier die rundplastische Komponente des Kontur mit, wie aus dem weiteren Textverlauf erhellt; so bemerkt er kurz darauf, später könne dem Maler-Adepten auch eine Übung mit „plastischen Arbeiten" von Nutzen sein: „Die Verschlingungen der Muskeln, ihre Gestalt das heraus und hereintreten derselben, wird dadurch deutlicher und leichter gefasst, ein Maler muß ohnehin seine Figuren, wenn er sie richtig zeichnen will als rund denken" (MA 6, 2, 140). Vgl. zum Verhältnis von Zeichnung und Plastischem auch Goethes Übersetzung vom *Leben des Benvenuto Cellini*, wo es zum „Rangstreit der Skulptur und Malerei" (MA 7, 511 f.) mit üblichen Paragone-Argumenten und zugleich im impliziten Rückgriff auf den Ursprung der Kunst im Schattenriss heißt, „die wahre Zeichnung sei nichts anderes als der Schatten des Runden, und so kann man sagen daß das Runde der Vater der Zeichnung sei; die Malerei aber ist eine Zeichnung, mit Farben gefärbt, wie sie uns die Natur weist." (MA 7, 512)

> in das eigentliche *Machen* initiiert […]. Er hat eine himmlische Klarheit der Begriffe […]. Er spricht niemals mit mir ohne daß ich alles aufschreiben möchte was er sagt; so bestimmt, richtig, die einzige wahre Linie beschreibend sind seine Worte.[28] (25. Dez. 1787; MA 15, 531)

Der differenzierte Blick, der zur Formerkenntnis auch im Einzelnen führt, ist ebenso wie die (daraus erst resultierende) Einsicht in den „eigentliche[n]" künstlerischen Schaffensprozess verbunden mit der „himmlischen Klarheit der Begriffe" einer kunstverständigen „bestimmt[en]" Rede: Begriffliche Evidenz, die aus einer *clare et distincte* erfolgten Erkenntnis der Kunst hervorgeht – und die metaphorisch als die „einzige wahre Linie beschreibend" veranschaulicht wird.

17.5 Goethes Auseinandersetzung mit Flaxmans „symbolisch[] andeutende[r] Tournüre"

Das bekannteste Dokument für das vielfältige Spannungsverhältnis, in dem Umrissphänome innerhalb von Goethes kunsttheoretischem Denken stehen, sind sicherlich jene vielzitierten Äußerungen, die Goethes überaus ambivalente Haltung gegenüber den Umrissstichen nach Zeichnungen von John Flaxman zum Ausdruck bringen. Die Stiche erschienen in den 1790er Jahren mit Motiven zu Homers *Ilias* und *Odyssee*, zu Aischylos' Tragödien, aber auch – und dies ist signifikant für die Wende um 1800 – zu Dantes *Divina Commedia*; sie lösten, nachdem seit 1791 Tischbeins Stichwerk nach der Vasensammlung Lord Hamiltons[29] erste Impulse gegeben hatte, eine internationale Umrissmode großen Stils aus, die Robert Rosenblum als „*The international style*"[30] bezeichnet hat.

---

28 Zum Einfluss Meyers auf Goethes Form-Verständnis vgl. auch Jost Schillemeit: *Goethe und Heinrich Meyer. Zu den römischen Anfängen der klassischen Weimarer Kunstlehre*, in: Jost Schillemeit: *Studien zur Goethezeit.* Hg. v. Rosemarie Schillemeit. Göttingen 2006, 275–288, 287.

29 *Recueil de Gravures d'après des Vases Antiques d'un Ouvrage Grec trouvés dans des Tombeaux dans le Royaume des Deux Siciles mais principalement dans les environs de Naples l'années 1789. & 1790. Tirées du Cabinet de Monsieur le Chevalier Hamilton […] Publié par Monsieur Guillaume Tischbein […]*, 4 Bde., Neapel 1791–1795.

30 Vgl. Robert Rosenblum: *The international style of 1800. A study in linear abstraction.* New York, NY 1976. Vgl. jetzt auch David Bindmann: *Das Umreißen einer Idee. Ein künstlerischer Neubeginn*, in: Maraike Bückling/Eva Mongi-Vollmer (Hg.): *Schönheit und Revolution. Klassizismus 1770–1820.* [Kat. Frankfurt] München 2013, 191–196.

August Wilhelm Schlegel legte Goethe im Frühjahr 1799 erstmals Umrissstiche nach Zeichnungen Flaxmans vor. Goethe notiert am 29. März, die betreffenden Kupfer gesehen zu haben. Unter Goethes Aufzeichnungen finden sich Notizen *Über die Flaxmannischen Werke*, die erst nach seinem Tode publiziert wurden; brieflich äußerte er sich darüber jedoch am 1. April 1799, dem Tag, an dem er auch das Diktat seiner sonstigen Gedanken zu Flaxman beendete, in einem Schreiben an Meyer.[31] Es ist aufschlussreich, dass Goethe zu eben dieser Zeit auch mit der Lektüre von Meyers Masaccio-Aufsatz beschäftigt war, der durch besondere Aufmerksamkeit für die stilistischen Eigenheiten im Linearen und eine entsprechende Arbeit am Beschreibungsvokabular dieser Umrisse geprägt ist (Kap. 17.9).

Eine umfassende Aufmerksamkeit für Umrissmomente, ihre Stilistik und darstellungstheoretischen Implikationen kennzeichnet mithin besonders die Jahre 1798 und 1799 in Goethes kunsttheoretischem Denken; die Auseinandersetzung mit dem Mode-Phänomen ‚Flaxman' bezeichnet dabei nicht nur einen Dreh- und Angelpunkt allgemeiner zeitgenössischer Ästhetik,[32] sondern vielmehr eine Selbstpositionierung in den um 1800 divergierenden Strömungen, als deren Reflexions- und sogar Separationsmedium die Diskussion um die Deutung der Umrisslinien dient. Aus dieser ambivalenten Position, zwischen der Wertschätzung des klassizistisch edel-einfältigen Kontur und der vorausahnenden Ablehnung der zu Ornamentierung und Autonomisierung hinmäandrierenden frühromantischen Arabeske, erklärt sich Goethes mitunter paradoxe, meist aber despektierlich ablehnende Haltung gegenüber Flaxman, dessen Entwürfe A. W. Schlegel im Frühjahr 1799 im *Athenäum* euphorisch im Geiste der Frühromantik als bedeutungsvolle „Hieroglyphen" feiert. Goethe hingegen schlägt in seinen Gedanken *Über die Flaxmannischen Werke* (MA 6, 2, 144 f.) ganz andere Töne an. Er verstehe nun, so Goethe, warum Flaxman der „Abgott aller Dilettanten" sei: „[S]eine Verdienste sind alle leicht zu

31 Vgl. dazu Goethes Tagebucheintrag (Johann Wolfgang Goethe: *Tagebücher.* Im Auftr. der Stiftung Weimarer Klassik hg. v. Jochen Golz u. a. Historisch-kritische Ausg. Bd. 2, 1: *1790–1800.* Text. Hg. v. Edith Zehm. Stuttgart [u. a.] 2000, 288) und den Kommentar in MA, 6, 1, 1098.

32 William Vaughan (W. V.: *Goethe, line and outline*, in: Walter Hinderer (Hg.): *Goethe und das Zeitalter der Romantik.* Würzburg 2002, 265–279) behandelt knapp Goethes Position zu Flaxman, geht aber nicht näher auf das reflexive ästhetische Potential der Umriss-Kategorie für Goethe ein; vgl. aber ebd. zu seinem (frühen) Interesse an Silhouetten (265 f.) und v. a. zu Umriss-Illustrationen (bes. von Moritz Retzsch; 270 ff.) und den „Randzeichnungen" Neureuthers (273).

fassen und haben von vielen Seiten eine Annäherung an das was man im allgemeinsten empfindet, kennt, liebt und schätzt." (MA 6, 2, 144) Dilettantismus, leichte Fasslichkeit, approximative Andeutung des „[A]llgemeinsten"[33] und damit reichlich Appelle an die Einbildungskraft des Betrachters: Mit wenigen Strichen ist Goethes Kritik am Phänomen Flaxman bezeichnet; im *Sammler und die Seinigen* wären der englische Künstler und seine Anhänger unter den dilettierenden *Skizzisten* zu verbuchen. In diesem Sinne weitet Goethe seine Beobachtungen zur „Einbildungskraft" und der „symbolische[n]" Darstellungsweise aus:

> Eine lebhafte, bewegliche Einbildungskraft, um dem Dichter [in diesem Falle Dante] leicht zu folgen, eine Fähigkeit das so empfangene sinnlich bequem wieder darzustellen, eine symbolische andeutende Tournüre, eine Gabe sich in den unschuldigen Sinn der ältern Italiänischen Schule zu versetzen, ein Gefühl von Einfalt und Natürlichkeit. Die Naivität seiner Motive, ein gewisser Geschmack, ich will nicht sagen seine Figuren immer zu komponieren, aber artig ins Blatt zu stellen [...] Dabei hat er, als Bildhauer, so viel Kenntnis der Proportionen, Formen und anderer antiken Vorzüge, daß er diese leicht improvisierten Zeichnungen mit einem Anschein von Ernst und Gründlichkeit würzen kann.
>
> Indem er die griechischen Gegenstände behandelt sieht man daß er vorzüglich den Eindruck von den Vasengemälden empfangen hat in diesem Sinne hat er einige recht lobenswürdige Sachen gemacht [...]. (MA 6, 2, 144 f.)

Goethe benennt die beiden stilistischen Quellen Flaxmans: Die Künstler des italienischen Quattrocento einerseits und die griechische Vasenmalerei andererseits, die besonders Flaxmans Entwürfe für die Firma Wedgwood beeinflusste. Benannt wird auch, wie mittelbar diese stilistische Aneignung ist: Flaxman „versetz[e]" sich „in den unschuldigen Sinn" der damaligen Zeit, das „Gefühl *von* Einfalt und Natürlichkeit" (meine Hervorhebung, C. K.) ist eben keine unmittelbare „Einfalt und Natürlichkeit" *des Gefühls.* Die „Motive" sind naiv, nicht aber das Konzept – es ist vielmehr, wie vor allem Werner Busch mehrfach gezeigt hat, ein gänzlich sentimentalisches Kunstprogramm, das im historistischen Bewusstsein den Vergangenheitscharakter früherer Stilepochen durch Ornamentalisierung und Stili-

33 Eine „allgemeinste" Darstellung im Hinblick auf Umrisse erscheint jedoch bei Goethe auch in positiver Wertung, so im *Laokoon*-Aufsatz und in der *Einleitung* in die *Propyläen*, wo es allerdings um die *an sich bedeutungsvollen* Formen antiker Plastik geht, an deren Gestalten selbst die „allgemeinsten Umrisse" noch als „Zierrat" erscheinen.

sierung reflektiert und exponiert.[34] Goethe weist denn auch auf Flaxmans künstlerisches Potential hin und erkennt den Stilwillen, der seine „symbolische andeutende Tournüre" (die sich auch als eine begrifflich differenzierte Form von „Contour" lesen lässt) und das „artig[e]", dekorativornamentale Kompositionsprinzip über die Ansprüche der durchaus vorhandenen „Kenntnis" um die Kunstgesetze stellt, die im Einklang mit antiker bzw. klassisch-akademischer Darstellungsweise stünden. Diese „Kenntnis[se]" dienen dem Skizzisten Flaxman, dem „Abgott aller Dilettanten", in seinen als „leicht improvisierten Zeichnungen" arrangierten Kompositionen nur als Zitat, um den „Anschein" dieser Darstellungstradition zu erwecken.

Goethes Zwiespalt tritt zu Tage, wenn er einräumt, im Gegensatz zu den Entwürfen nach Dante – bei denen er auf die „älter[e] Italiänische[] Schule" verweist und die natürlich ein christliches Sujet behandeln – habe Flaxman in seinen Zeichnungen zu „griechischen Gegenstände[n]", beeinflusst von antiken „Vasengemälden", durchaus „einige lobenswürdige Sachen gemacht". Den Umrissstil an sich kann und will Goethe nicht verwerfen, und so kommt ihm eine Aufspaltung entgegen, die sich gerade durch die Sujets ergibt, von denen er das christlich hochsymbolische implizit zugleich mit dem stilisiert-sentimentalischen Darstellungsmodus ablehnen kann, während er sich über den auch klassizistisch modellhaften Stil der antiken Vasenmalerei und Flaxmans Anlehnung daran nicht negativ äußert – zumal ja auch hier die Sujets frei sind von christlichem Symbolismus. Und dennoch zeige sich Flaxman den „griechischen Gegenstände[n]" stilistisch nicht gewachsen; „im heroischen ist er meistenteils schwach", lautet Goethes Kritik; es ließe sich genauer erweisen, „wie an diesem artigen gefälligen und in manchem Sinne nicht unverdienstlichen Phänomen wenig musterhaftes sich zeige." Flaxmans Arbeiten werden abermals als nicht ganz „unverdienstlich[]", zugleich aber als dekorativornamental beurteilt; die sentimentalische Abstraktion vermag zwar ein „Gefühl von Einfalt und Natürlichkeit" zu demonstrieren, scheitert aber an dem sentimentalisch scheinbar nicht reproduzierbaren „heroischen". Ganz, als wolle Goethe Flaxman auch nicht die Möglichkeit zusprechen,

34 Vgl. hierzu: Werner Busch: *Umrißzeichnung und Arabeske als Kunstprinzipien des 19. Jahrhunderts*, in: Regine Timm (Hg.): *Buchillustration im 19. Jahrhundert*. Wiesbaden 1988, 117–148, 117.

seine Entwürfe zu vollgültigen Werken auszuarbeiten,[35] bemerkt Goethe ausdrücklich, „diese Zeichnungen" seien „dergestalt ziklisch", dass gar nicht erst der Wunsch aufkomme, auch nur eine einzige davon „in einem Gemälde völlig ausgeführt zu sehen" (MA 6, 2, 145). Die „symbolische" Darstellung erschöpft sich in ihrer bedeutsamen, aber unanschaulichen Andeutungsweise.

Unter den wenigen positiven Kommentaren Goethes „über Flaxmanns Kompositionen"[36] ist besonders eine bemerkenswert, die Flaxmans Darstellung von *Achills Kampf mit den Flüssen* behandelt (vgl. Abb. 9). Goethe notiert dazu: „Achill in und mit den Flüssen kämpfend sehr schön gedacht und komponiert. Die Flüsse wälzen gleichsam die Leichname auf den Wellen hin es entsteht ein Raum in dem Achill kämpft." (MA 6, 2, 148)

Dieser Entwurf, den Goethe zwei Jahre später – als den eines Skizzisten freilich nur als auszuarbeitende Entwurfszeichnung (die er nun *doch* „ausgeführt [...] sehen" mochte) – für die Weimarer Preisaufgabe 1801 als Vorbild benennen wird, zeichnet sich signifikanterweise durch die Suggestion von *Räumlichkeit* aus, wie Goethe betont: Anders als in den „typischen" Flaxman-Kompositionen wird die Räumlichkeit nicht zugunsten einer Ornamentalisierung aufgegeben, in der die Bildflächen und Linien einen eigenen, „autonome[n] Bildflächenwert"[37] erhalten. In der Besprechung der Ausstellung der Weimarer Preisaufgabe aus dem Jahr 1801 bedauert Goethe, dass keiner Flaxmans „glücklichen Gedanken" weiterentwickelt habe:

> Daß Flaxmann die Leichen, auf dem Saume der Wellen, gegen Achill losschieben läßt, ist vortrefflich und wahrhaft antik. Hier kann man nicht weiter! Welle, Flußgott und Leiche werden dadurch zur Einheit, sowohl in der Idee,

35 Gemäß dem Ordnungsschema im *Sammler*, wo Flaxman unter die Skizzisten fiele, denen dies in Aussicht gestellt wird, solange es sich bei ihrem Skizzistentum nur um eine Entwicklungs- oder Schaffensphase handle (vgl. Kap. 16.4).

36 MA 6, 2, 145–150. – Im Einzelnen lesen sich Goethes Urteile meist ambivalent, nämlich nachsichtig lobend und zugleich herablassend kritisch. Häufig erscheint das zweifelhafte Lob „artig", das sogleich gemindert wird. So heißt es beispielsweise, indem Goethe zugleich Flaxmans Stil generell charakterisiert: „Eos und die Horen, artig nur möchte man sagen ins antike manieriert" (150); ein andermal notiert Goethe, ein Entwurf sei „artig gedacht", „naiv aber mager", oder: „Die beiden Brüder kämpfend im alten Vasenstyl. Der heranschreitende Apoll tut nicht gut"; ein anderes Blatt ist „nicht bedeutend" (146), ein weiteres „artig aber mager und kraftlos" (147), wieder ein anderes „treuherzig und artig aber sehr schwach" (148). Als müsse er sich selbst von der Schwäche des neuen frühromantischen Kunstideals überzeugen, hält Goethe akribisch diese Kurzkritiken zu Flaxman fest.

37 Busch, *Umrisszeichnung und Arabeske*, 122.

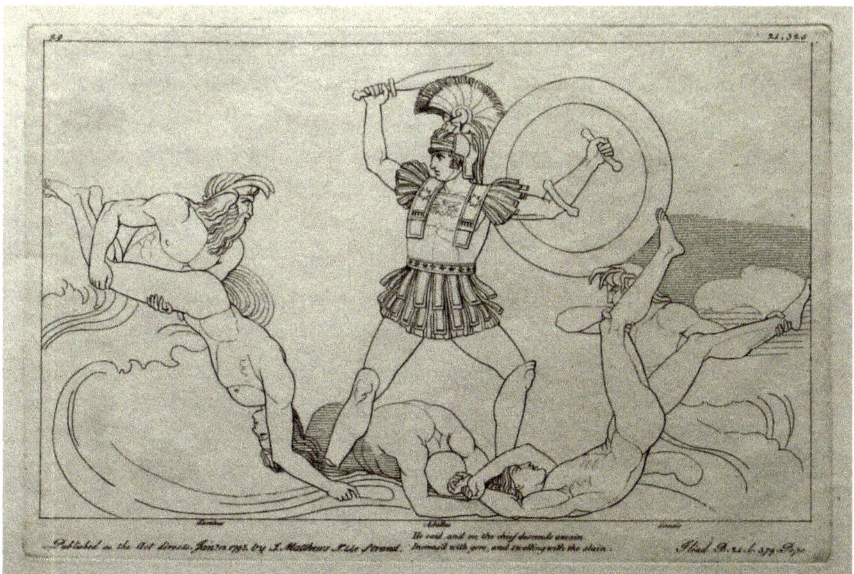

Abb. 9 *The Iliad of Homer Engraved by Thomas Piroli from the Compositions of Iohn Flaxman, Sculptor, Rome 1793* [London, 1795]. Illustration zur *Ilias*, 21. Gesang, Taf. 29 (Achills Kampf mit den Flüssen), Kupferstich von Tommaso Piroli nach einer Zeichnung von John Flaxman. Foto: © H.-P. Haack.

> als in der Darstellung; und da, was das wichtigste ist, Flußgötter und Leichen oben gehalten sind, so wird der Kontur organisch geformt, und die Welle als unorganischer Stoff, wird ganz bei Seite gedrängt. (MA 6, 2, 477 f.)

Bei allem Lob steht für Goethe aber fest, dass Flaxmans Zeichnung eine „glückliche Skizze" und daher der Verbesserung fähig sei. Aufschlussreich ist an Goethes Äußerung aber vor allem die Spezifizierung, mit der er den gelungenen Kontur lobt: Er lobt ihn dort, wo er „organisch geformt" werde, nämlich durch „Flußgötter und Leichen"; den „unorganische[n]" Kontur der „Welle" hingegen sieht er gerne „ganz bei Seite gedrängt." Mit diesem beinahe anti-winckelmannisch anmutenden Urteil, das eben nicht unorganisch-wellenförmige Konturen an organischen Gestalten befürwortet, macht Goethe nochmals deutlich, dass er Flaxman nur da gelungen findet, wo dieser nicht die Tendenz zu Stilisierung und Ornamentalisierung exponiert und nicht durch eine Autonomisierung der Linie als Kunstmittel einen „Bruch künstlerischer Ganzheit" herbeiführt.[38] Die

38 Busch, *Die „große, simple Linie"*, 164.

ideelle und künstlerisch realisierte „Einheit“ von „Welle, Flußgott und Leiche“ resultiert für Goethe aus der Dominanz des organischen Lineaments: Der ideale Kontur ist für Goethe „organisch“, nämlich bedeutender Kontur der Gestalt, und nicht bedeutsames „unorganische[s]“ Ornament.

Damit versucht er gerade denjenigen Aspekt an Flaxman zu „retten“, der diesen mit klassizistischer Ästhetik verbinden kann. Die durchaus charakteristische Darstellungsweise Flaxmans ist aber eben diejenige, die zu Abstraktion und Ornamentalisierung tendiert und damit zu einem „Auseinanderfallen von Form und Inhalt“. Die Linien erhalten somit eine „Doppelfunktion“: Sie sind einerseits „gegenstandbezeichnend“, andererseits erhalten sie durch ihre Stilisierung einen „autonome[n] Bildflächenwert“.[39] Die dadurch evozierten Syntheseappelle an die Einbildungskraft des Betrachters, die gerade die frühromantische Ästhetik faszinieren wird (vgl. Kap. 20), sind es jedoch, die Goethes Ideal widersprechen, dass sich der Gegenstand in der künstlerischen Darstellung selbst ausspreche. Zudem steht die Ornamentalisierung im Widerspruch zu den oben zitierten Forderungen Goethes nach „organischer“ Durchformung der Darstellung. An die Stelle der organischen Gestalt tritt bei Flaxman als „Bildungsordnungsprinzip“ die „rhyhmische[ ] Reihung“ der Gegenstände, die Darstellung erhält somit einen „Friescharakter“. Dessen Konsequenz, jenseits aller organischen Formung, ist neben der „Ornamentalisierung“ eine „Vereinzelung“ der Bildgegenstände, die zugleich die „Möglichkeit von räumlicher Interaktion still[legt]“.[40]

Werner Busch hat für die Zeit ab 1800 ausführlich dargelegt, auf welch umfassende Weise sich „Umrisszeichnung und Arabeske“[41] als charakteristische, hochreflexive „Kunstprinzipien des 19. Jahrhunderts“[42] präsentieren. Spätestens seit den Umrissdarstellungen Flaxmans, die sich zwar an antiker Vasenmalerei orientieren, deren Darstellungsweise aber noch weiter

39 Busch, *Umrisszeichnung und Arabeske*, 121 f.

40 Busch, *Umrisszeichnung und Arabeske*, 122.

41 Da diese Studie sich in erster Linie mit gegenständlichen *Umrissen* befasst, werden hier, auch angesichts der umfassenderen Forschung zur Reflexionsfigur der *Arabeske*, nur diejenigen Aspekte weiter verfolgt, die auf die zumindest primär gegenstandbezeichnenden Umrisse zutreffen. Für Untersuchungen zur Arabeske vgl. neben dem Aufsatz von W. Busch (*Umrißzeichnung und Arabeske als Kunstprinzipien des 19. Jahrhunderts*) auch dessen Monographie *Die notwendige Arabeske: Wirklichkeitsaneignung und Stilisierung in der deutschen Kunst des 19. Jahrhunderts*. Berlin 1985, sowie Günter Oesterle: *Das Faszinosum der Arabeske um 1800,* in: Walter Hinderer (Hg.): *Goethe und das Zeitalter der Romantik*, 51–70.

42 Busch, *Umrisszeichnung und Arabeske*, 117.

stilisieren, lässt sich beobachten, „dass die Strukturprinzipien von Umrisszeichnung und Arabeske mit Notwendigkeit die Erfahrungen der Gegenwart, sofern sie Geschichte und Kunst betreffen, in sich fassen."[43] Beide Darstellungsweisen seien, so Busch, „für das 19. Jahrhundert besonders typische Reflexionsformen", die „die Erfahrung vom Vergangenheitscharakter von Geschichte und Kunst durch Abstraktion und Stilisierung" reflektieren, indem „[i]n der Adaption der vergangenen Kunstform […] der Künstler der Gegenwart, wir dürfen ruhig sagen: der Moderne, das verlorene uneinholbare Ideal" reflektiere. Dabei erfolgt zugleich eine Umdeutung dieses Ideals: Die *Götter* erscheinen in dieser Kunst visuell *aufgelöst* in die „Abstraktion", wie Busch es für Flaxman und Carstens aufweist. Die Medien dieser Abstraktion sind „die neuen Strukturprinzipien Symmetrie, rhythmische Reihung, Isolierung oder das Aufgehen der Figur im Flächenwert."[44] Damit sind zugleich die Stilideale der Umrissdarstellungen für die Zeit um 1800 und die nachfolgenden Jahre benannt, die jene von Winckelmann verfochtenen Qualitäten des Kontur oder die von Goethe postulierten Darstellungskriterien an dieser Jahrhundert- und Epochenschwelle abzulösen beginnen. Mehr noch: Ein Blick auf die frühromantischen Stellungnahmen zu Umrissdarstellungen – handle es sich um Flaxman (A. W. Schlegel, Kap. 20) oder italienische Malerei des Quattrocento (F. Schlegel, Kap. 21) – wird zeigen, auf welche Weise die Reflexion über Umrissdarstellungen sogar als bevorzugtes Abgrenzungsmedium zu Positionen klassizistischer Ästhetik ausgestaltet werden.[45]

43 Busch, *Umrisszeichnung und Arabeske*, 117.
44 Busch, *Umrisszeichnung und Arabeske*, 130.
45 Die Schwellensituation der sich differenzierenden, aber noch koexistenten Kunstanschauungen von Klassik und Romantik bezeichnet deutlich eine Äußerung Jacob Grimms, der am 1. März 1805 aus Paris an seinen Bruder Wilhelm schreibt: „[I]ch wünschte nur Europa und Propyläen bei der Hand zu haben." (Zit. nach Ingrid Oesterle: *Der „neue Kunstkörper" in Paris und der „Untergang Italiens": Goethe und seine deutschen Zeitgenossen bedenken die „große Veränderung" für die Kunst um 1800 durch den „Kunstraub"*, in: Dagmar Ottmann (Hg.): *Poesie als Auftrag*. Würzburg 2001, 55–70, 70.)

17.6 Goethes *Achilleis:* Literatur an der Grenze zur Umrisskunst?

Es ist auffällig, dass sich in Goethes *Achilleis*, an der er in genau jenen Tagen und Wochen im März und April 1799 arbeitete, als ihm A. W. Schlegel erstmals Flaxmans Darstellungen vorlegte, durchaus Verse finden, die ähnliche Strukturprinzipien im Literarischen aufweisen wie die Darstellungen Flaxmans im Visuellen. Besonders fällt hier jener Abschnitt ins Auge, in dem der Einzug der Götter in „Zeus Kronions Heiliges Haus" auf dem Olymp geschildert wird (*Achilleis* I, 123 ff.; MA 6, 1, 797):

Unterdessen betraten den Saal die übrigen Götter.
Artemis kam, die frühe, schon freudig des siegenden Pfeiles,
Der den stärksten Hirsch ihr erlegt an den Quellen des Ida.
Auch mit Iris Hermeias, dazu die erhabene Leto,
Ewig der Here verhaßt, ihr ähnlich, milderes Wesens.
Phöbos folgt ihr, des Sehns erfreut sich die göttliche Mutter.
Ares schreitet mächtig heran, behende, der Krieger,
Keinem freundlich, und nur bezähmt ihn Kypris die holde.
Spät kam Aphrodite herbei, die äugelnde Göttin,
Die von Liebenden sich in Morgenstunden so ungern
Trennet. Reizend ermattet, als hätte die Nacht ihr zur Ruhe
Nicht genüget, so senkte sie sich in die Arme des Thrones.

„Rhythmische Reihung" und „Friescharakter" wird man allemal auch hier feststellen können, auch eine durch Versgrenzen häufig bewirkte Isolierung der einzelnen Gestalten und deren umrissartig stilisierte Charakterisierung durch typische Attribute oder Wesenszüge; ebenso lässt sich ein nicht genauer bestimmtes Lokal, eine diffuse Räumlichkeit beobachten, wie sie auch für Flaxmans Darstellungsweise bezeichnend ist (vgl. Abb. 10) – und dennoch hat Goethe laut Tagebuch-Eintrag die betreffenden Verse (bzw. die gesamten ersten 187 Verse) in dieser Form bereits vom 10. bis zum 13. März verfasst (die restlichen folgten vom 22. März bis zum 5. April),[46] während Schlegel ihn mit den Darstellungen Flaxmans erst am 29. März vertraut machte. Wenngleich also eine stilistische Beeinflussung Goethes durch Flaxman auszuschließen ist, bleibt festzuhalten, dass ähnliche Strukturprinzipien scheinbar in der zeitgenössischen Kunst ebenso wie in der Literatur wirkten, die sich, bei gemeinsamer Ausgangsbasis in der

---

46 Vgl. Johann Wolfgang Goethe: *Tagebücher.* Im Auftr. der Stiftung Weimarer Klassik hg. v. Jochen Golz u. a. Historisch-kritische Ausg. Bd. 2, 1: *1790–1800.* Text. Hg. v. Edith Zehm. Stuttgart [u. a.] 2000, 286–290. Am 9. März findet sich der Eintrag „Schema der Achilleis aufs neue vorgenommen." (Ebd., 286.)

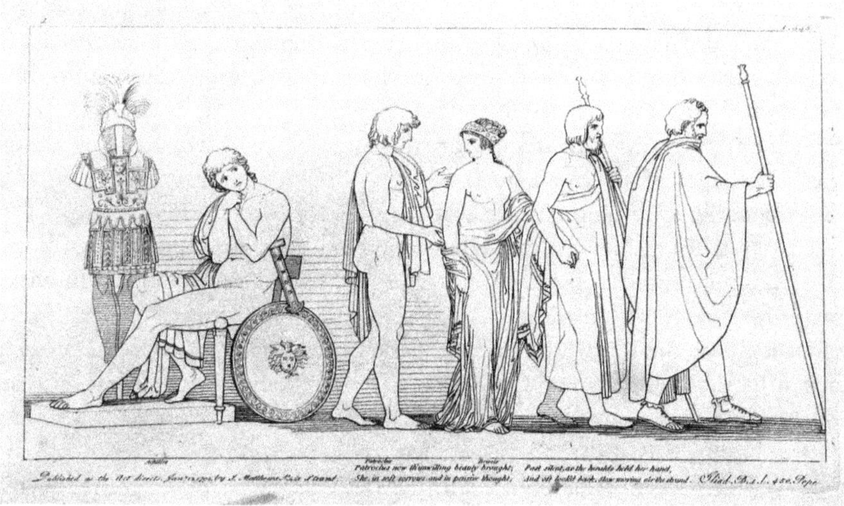

Abb. 10 *The Iliad of Homer Engraved by Thomas Piroli from the Compositions of Iohn Flaxman, Sculptor, Rome 1793* [London, 1795]. Illustration zur *Ilias*, 1. Gesang, Taf. 1 (Briseis wird aus dem Zelt Achills geführt), Kupferstich von Tommaso Piroli nach einer Zeichnung von John Flaxman. Foto: © H.-P. Haack.

antiken Darstellungsweise, jeweils gebrochen durch die spezifische, sentimentalische Perspektive der Moderne, unabhängig von einander entwickelten – sei es auch ohne Bekenntnis des Künstlers bzw. Autors (oder sogar gegen seine ästhetischen Prinzipien) im Hinblick auf eine entsprechende sentimentalische Haltung.

Gestützt wird diese These durch einen Brief Goethes an Schiller, in dem er am 8. April 1797 über die Arbeit an *Herrmann und Dorothea* bemerkt:

> Diejenigen Vorteile, deren ich mich in meinem letzten Gedicht bediente, habe ich alle von der bildenden Kunst gelernt. [...] So erschienen mir diese Tage einige Szenen im Aristophanes völlig wie antike Ba<s>reliefen und sind gewiß auch in diesem Sinne vorgestellt worden. (MA 8, 1, 325 f.) [47]

Daraus kann zweierlei folgen: Zum einen musste Goethe entsprechende Reflexionsprozesse über parallele Darstellungsweisen beispielsweise des

47 Vgl. Lydia Dippel: *Wilhelm von Humboldt: Ästhetik und Anthropologie.* Würzburg 1990, 169 f. – Goethe äußert sich in diesem Kontext darüber, wie vorteilhaft die Orientierung an Darstellungsverfahren der bildenden Kunst insbesondere für das Theater wäre, insbesondere im Hinblick auf die Reduktion des „[Ü]berflüssige[n]“.

Reliefs[48] nicht mehr zur Zeit der *Achilleis* äußern, da er sie bereits während der Arbeit an *Herrmann und Dorothea* durchlaufen hatte. Zum andern ist es jedoch nicht auszuschließen, dass Goethe in der Auseinandersetzung mit Flaxmans Kunst eine gewisse Neigung der eigenen literarischen Werke zum Sentimentalischen,[49] und sei es nur stilistisch, bewusst wurde. Dies würde das Unbehagen an Flaxman, auch wenn es ohnehin im Zusammenhang mit den ebenfalls 1799 gemeinsam mit Schiller erstellten Schemata zum Dilettantismus plausibel ist, zusätzlich erklären – denn Goethes detaillierte Auseinandersetzung mit jedem einzelnen Blatt und dessen Mängeln wirkt mitunter wie eine Argumentation gegen eigene Ambivalenzen. Sollte Goethe durch die Kritik an Flaxman der eigene, in *Herrmann und Dorothea* nur stilistische Aspekt von Sentimentalischem bewusst geworden sein, so wäre es immerhin möglich, dass er durch die Konfrontation mit Flaxmans Sentimentalismus während der Arbeit an der *Achilleis* auf deren potenzierten, nun auch inhaltlich sentimentalischen Charakter aufmerksam geworden wäre und zumindest auch daher die Arbeit als ‚letzter Homeride' aufgab. In jedem Falle bleibt die erstaunliche zeitliche Koinzidenz von Aufgabe der Arbeit am Epos und der Ablehnung von Flaxmans sentimentalischem Stil, der mit dem eigenen zumindest in Einzelaspekten übereinstimmt.[50]

48 Diese sind im Hinblick auf ihre Formgesetze – Umrissenheit bei mangelnder Plastizität, „rhythmische Reihung", „Friescharakter" und stilisierte räumliche Struktur – jenen der Vasengemälde zumindest ähnlich.

49 Vgl. zu diesen „sentimental[en]" „Aporien des Weimarer Klassizismus" im *Achilleis*-Projekt auch Jacobs, *Athen in Weimar*, 115.

50 Eine umfassendere Untersuchung der poetischen Werke Goethes (und auch anderer nicht unbedingt frühromantischer Autoren) aus dieser Zeit könnte relevante Aufschlüsse über diese Koinzidenzen geben; da jedoch angesichts mangelnder Äußerungen der Autoren entsprechende Untersuchungen lediglich spekulativen Charakter haben können, wird hier darauf verzichtet; die Perspektive sollte dennoch angedeutet worden sein. – Einen komplementären Aspekt stellen die druckgraphischen Illustrationen zu literarischen Werken, ihre Deutung derselben und ihr Einfluss auf das Verständnis der Vorlage dar (vgl. die obige *Einleitung*). Die Fragestellung dieser Studie gilt jedoch der umgekehrten Wirkung des Graphischen auf die literarischen Reflexionen. Dennoch ist es im Falle Goethes signifikant, dass dieser, geradezu im Widerspruch zu seiner Ablehnung der romantischen Begeisterung für Illustrationsgraphik, die ab 1829 erscheinenden Randzeichnungen, die Eugen Neureuther zu Goethes Balladen und Romanzen entwirft, durchaus positiv aufnimmt. Goethe, so Busch, sieht diese Zeichnungen „nicht als bloße Illustration", sondern als Möglichkeit, „der Einbildungskraft neue Richtlinien" (so Goethe) zu geben. Das Zitat nach: Theodor Stettner: *Goethe und Eugen Neureuther*, in: *Monatsberichte über Kunstwissenschaft und Kunsthandel* 1, 1900/1901,

Festzuhalten ist vorerst, dass es in Goethes Auseinandersetzung mit der bildenden Kunst eine konzentrierte ‚Umriss-Periode' gab, während derer sich Goethe mehrfach mit umrissbetonter Kunst oder dem Zusammenhang von Kunstwahrnehmung und Umrissphänomenen sowie deren Wirkungsbedingungen befasste. Diese Zeit – besonders die Jahre 1798 und 1799, aber auch die nachfolgenden Jahre um die Jahrhundertwende – koinzidiert mit der beginnenden Umrissbegeisterung der Frühromantiker und der durch Flaxmans Illustrationsfolgen eingeleiteten ‚Umrissmode' zu Beginn des 19. Jahrhunderts. Goethe befand sich also genau am Puls der ästhetischen Debatten seiner Zeit, so dass sein relatives Schweigen um den Begriff des ‚Umrisses', der als visuelle Kategorie den plastischen ‚Kontur' als zentralen Reflexionsterminus in kunsttheoretischen Debatten abzulösen begann, als durchaus programmatische kunstpolitische Entscheidung zu werten ist. Der Begriff des ‚Kontur' war akademisch-konventionell besetzt, ihm konnten keine neuen Facetten mehr abgewonnen werden, und gegen die alten führten die Frühromantiker die Konzepte der frei schwebenden Einbildungskraft ins Felde, die sich mit dem zu Autonomie und Ornamentalisierung tendierenden ‚Umriss' verbinden ließen. Goethe umgeht also die begrifflich determinierten Lager in dieser Hinsicht und versucht vielmehr, eine Autonomisierung der Linien jenseits ihrer gegenstandbezeichnenden Funktion durch eine Rückbindung an die oberste Instanz klassischer Kunstgegenstände zu unterbinden: An Stelle von ‚Umriss' oder ‚Kontur' führt er in den betreffenden Kontexten auffallend häufig den Begriff der ‚Gestalt' an;[51] die menschliche Gestalt gewährleistet und fordert

---

287, bei Busch, *Umrisszeichnung und Arabeske*, 138. Zu Goethes Äußerung über Neureuthers Randzeichnungen zu seinen Balladen und Romanzen, erschienen ab 1829, vgl. Busch: *Die notwendige Arabeske*, 58–73.

51 An dieser Stelle ist eine frühe Prägung Goethes im Hinblick auf sein Verständnis von poetischer Plastizität erwähnenswert. Maßgeblich beeinflusst wurde er hierin von Herder, dem er Mitte Juli 1772 in einem Brief aus Wetzlar (*Goethes Werke. Weimarer Ausgabe (WA).* Fotomechanischer Nachdr. d. Ausg. Weimar 1887–1919. München 1987; *Briefe* IV, 2, 15–19) zunächst einen euphorischen Bericht über seine Pindar-Lektüre gibt, aus der ihm „aufgegangen" sei, was „Meisterschaft, *επικρατειν*, Virtuosität" sei. Schließlich kommt er auf die Wirkung zu sprechen, die Herders Denken, zumal zur Plastik, auf ihn gehabt habe: „Wenn ich nun aber überall herumspaziert bin, überall nur dreingeguckt habe, nirgends zugegriffen. Drein greifen, packen ist das Wesen jeder Meisterschaft. Ihr habt das der Bildhauerei vindicirt, und ich finde, daß jeder Künstler, so lange seine Hände nicht plastisch arbeiten, nichts ist. Es ist alles so Blick bei Euch, sagtet Ihr mir oft. | Jetzt versteh' ichs, thue die Augen zu und tappe. Es muß gehn oder brechen." (17) Es scheint, als hätten diese Formulierungen Gottfried Keller als Vorlage gedient, als er

die Konzentration auf das – jenseits aller Sistierung *lebendige* – organisch-morphologisch Ganzheitliche, auf das für Goethe alle Kunst zielen müsse.

Hinzu kommt, dass diese ‚Umriss'-Jahre sich mit Goethes (beginnender) Arbeit an der Farbenlehre (von 1798 bis zur Veröffentlichung 1810) überschneiden, woraus sich eine – im Hinblick auf kunstpolitische Formkriterien paradoxe – Interessengewichtung zugunsten farblicher Phänomene erklären ließe, wie sie sich in der Diderot-Übersetzung zeigt.

den ‚Grünen Heinrich' (situativ ironisch gebrochen, vgl. Kap. 24) von plastischer „Tätigkeit im lebendigen Menschenstoffe" schwärmen lässt. In Goethes Bezug auf „jede[n] Künstler" zeigt sich, wie er Herders Prinzipien „für die Bildhauerei" auf seine literarischen Gestalten bezieht, deren Plastizität damit bereits hier explizites Programm ist. (Vgl. Irmscher, 76, zum Einfluss von Herders Plastizitäts-Denken auf Goethes poetische Prinzipien.) Kurz darauf äußert Goethe sich begeistert über Herders „Fragmente" (17 f.), besonders sei „wie eine Göttererscheinung über [ihn] herabgestiegen", „wie *Gedank'* und *Empfindung* den *Ausdruck* bildet." (18) Unter den „Fragmenten" Herders, auf die Goethe sich bezieht, findet sich in der dritten Sammlung derselben von 1767 eines mit der These „In der Dichtkunst ist Gedanke und Ausdruck wie Seele und Leib, und nie zu trennen" (*Ueber die neuere Deutsche Litteratur. Fragmente, als Beilagen zu den Briefen, die neueste Litteratur betreffend. Dritte Sammlung.* [Riga 1767] In: J. G. Herder, SW I, 399). Herder bemerkt darin, bei dem „vollendeten Ausdrucke eines ganzen Werks der ältesten Zeiten" „bilde" er sich „Gedanken und Rede eines Schriftstellers [...] zu einem Ganzen": „Wenn hier die Stärke der Gedanken sich mit dem starken Ausdrucke paaret: so steht ein Bild vor mir, wo der einförmige Umriß des Körpers für mich blos ein Zeuge jenes Gedankens ist, der sich denselben formte: die äußere Gestalt der wohlgebildeten Form erinnert mich des bildenden Gedankens, der sich hier in seinem Werke spiegelt [...]." – Auch dieses Konzept von der Einheit des poetischen Ausdrucks, der metrischen Form (vgl. ebd.) und des beseelenden Gedankens in einem untrennbaren Ganzen hebt Goethe implizit hervor; Herder formulierte es in seinem *Ossian*-Beitrag in *Von Deutscher Art und Kunst* bekanntlich noch einmal prägnant aus mit dem „runde[n] Contour" der alten Poesie und deren Vergleich mit dem ‚einen Umriß' eines Raffael oder Apelles, der keines regelästhetischen Nachzirkelns bedarf. (Vgl. Kap. 14.) Charakteristisch für die Sturm-und-Drang-Phase ist freilich, dass der damals als regelloses Genie enthusiastisch verehrte Pindar das antike Beispiel gibt (vgl. Kap. 15 zu Heinses Reisenotizen zum „pindarische[n] Schwung" in Gewandfalten), aber natürlich keinesfalls der bei Winckelmann und den späteren Klassizisten so umriss-affine Aischylos.

17.7 Goethes Diderot-Übersetzung: Das Kapitel zur „Zeichnung"

Fragt man nach der Relevanz der Kategorie ‚Umriss' bzw. ‚Kontur' für Goethes Denken, so bietet sich auch ein Blick auf die Übersetzungen an, die Goethe 1798 von *Diderots Versuch über die Malerei* anfertigte und mit eigenen kritischen Anmerkungen durchflocht.[52] Erwartet man jedoch angesichts der zentralen Position, die der Kategorie ‚Contour' in der Tradition der französischen Académie zukam (selbst wenn Diderot gerade deren Regeln vehement attackierte), zumindest in Goethes Kommentaren eigene Äußerungen über den ‚Kontur' und dessen Rolle in der Kunst, so wird man abermals enttäuscht. Goethes Kommentare zielen primär auf das Verhältnis von Natur und Kunst.[53] Goethe bemerkt einleitend, mit Bezug auf den kolloquialen Stil von Diderots Vorlage,[54] dass „Wirkung und Gegenwirkung" (MA 7, 520), die Gespräche so anregend machten, zu seinen Anmerkungen als Modell gedient hätten; und er inszeniert sein literarisches Vorgehen als lebhaften intellektuellen Disput – zwar mit einem Verstorbenen, aber dennoch nicht um Gegenstände, die ihre Aktualität eingebüßt hätten. Diderots Text sei keineswegs nur historisch interessant, da seine Ansichten „in der neuern Zeit als theoretische Grundmaximen fortspuken, und sehr willkommen sind, indem sie eine leichtsinnige Praktik begünstigen" (MA 7, 520) – nämlich, indem sie von

52 MA 7, 517–565. – Zur „Nähe" der Diderot-Kommentierung zur *Einleitung in die Propyläen* und zur „Undeutlichkeit und Verworrenheit der Diderotschen Gedanken über das Verhältnis zwischen Kunst und Natur" vgl. Roland Krebs: *Diderots Versuch über die Malerei*, in: Andreas Beyer/Ernst Osterkamp (Hg.): *Goethe-Handbuch. Supplemente Bd. 3: Kunst.* Stuttgart 2011, 506–511, 511.

53 Vgl. dazu den Kommentar in MA 7, 1042, und Busch, *Die „große, simple Linie"*, 144 ff. – Die Anmerkungen zum ersten Kapitel schließen zeitlich nah an die *Einleitung in die Propyläen* an, worauf Goethe in den einführenden Worten zu seiner Übersetzung Bezug nimmt. Die Arbeit an der Übersetzung des ersten Diderot-Kapitels erfolgte am 11. und 12. August und gegen Ende September 1798, die Übersetzung des zweiten Kapitels (zur Farbe) folgte vom 16. bis zum 21. November; Goethe las schließlich „die Aushängebogen vom ersten Kapitel [...] Anfang Dezember, die vom zweiten im Februar 1799". Vgl. den Kommentar in MA 7, 1041 f.; das zweite Kapitel steht natürlich im Kontext von Goethes Studien zur Farbenlehre.

54 Goethes Kommentare entsprechen stilistisch der Form von Diderots *Essais sur la peinture*, da diese im Zusammenhang seiner als Briefe an den Freund Friedrich Melchior von Grimm verfassten Salon-Kritiken entstanden und damit ebenfalls von dem sehr persönlich gefärbten, dialogartigen Stil geprägt waren. Vgl. den Kommentar in MA 7, 1037.

rigiden akademischen Regeln und deren Studium abraten und zu Dilettantismus unter der Flagge der Naturnachahmung verlocken könnten. Also habe es auch Goethe mit jenen zu tun, die die Künste an „ihrem wahren Fortgange hindern", indem sie in „Dilettantismus" und „Pfuscherei", „zwischen Kunst und Natur hinschleifen" ohne Kenntnis der einen und fundierte Tätigkeit in der andern. Die Auseinandersetzung mit Diderot oder vielmehr mit denjenigen Positionen, die sich in seinen Postulaten bereits anbahnen, steht somit ebenfalls im Kontext von Goethes kunstpolitischen Interessen, wie er sie zeitgleich mit den *Propyläen* zu propagieren versuchte.

Diderots erstes Kapitel trägt in der Goetheschen Übersetzung den Titel *„Meine wunderlichen Gedanken über die Zeichnung"* (MA 7, 521 ff.).[55] Diderot fürchtet darin, bei einem zu rigiden „Studium des Muskelmanns" bliebe womöglich dieser „Geschundne" dem Künstler „beständig in der Einbildungskraft", und da dieser sich stets „gelehrt" werde zeigen wollen, werde auch „sein verwöhntes Auge nicht mehr auf der Oberfläche verweilen könne[n]", so „daß er, ohngeachtet der Haut und des Fettes, immer nur den Muskel sehe [...]!" Diderot befürchtet weiter, ob ein solchermaßen gebildeter Künstler „nicht alles zu stark ausdrücken [werde]? [...] nicht hart und trocken arbeiten", so dass man „den verwünschten Geschundnen auch in Weiberfiguren wieder finden" werde? (MA 7, 532 f.) Um solch anatomische Trockenheit zu vermeiden, empfiehlt Diderot eine sehr pragmatische ‚phänomenologische' Epoché: „Weil ich denn doch einmal nur das Äußere zu zeigen habe, so wünschte ich, man lehrte mich das Äußere nur recht gut sehen, und erließe mir eine gefährliche Kenntnis, die ich vergessen soll." (MA 7, 533) Goethe, für den bekanntlich erst die Kenntnis die Vollendung der Anschauung gewährleisten kann, entgegnet darauf in seinem Kommentar energisch:

> Ja, das Äußere soll der Künstler darstellen! Aber was ist das Äußere einer organischen Natur anders, als die ewig veränderte Erscheinung des Innern. Dieses Äußere, diese Oberfläche ist einem mannigfaltigen, verwickelten, zarten, innern Bau so genau angepaßt, daß sie dadurch selbst ein Inneres wird, indem beide Bestimmungen, die äußere und die innere, im ruhigsten Dasein, so wie in der stärksten Bewegung stets im unmittelbarsten Verhältnisse stehen. (MA 7, 533)

55 Auf die einzelnen Kritikpunkte Diderots am normativen System der Akademischen Ausbildung kann hier nicht eingegangen werden; zu betrachten sind lediglich die Äußerungen, die für die Frage nach dem Stellenwert, den Goethe darin Konturen beimisst, relevant sind.

Damit ist zugleich Goethes Konturkonzept formuliert: Eine „Erscheinung des Innern“, welche sich diesem „so genau“ anschmiegt, dass sie in einer Ausstülpung oder Inversion „selbst ein Inneres wird“, das den „ewig veränderte[n]“ Seelenzustand „des Innern“ nicht nur zeigt, sondern selbst bedeutet. Abermals erscheint der für Goethes Kunst- und umso mehr Konturkonzept zentrale Aspekt der Bestimmtheit. Goethe versteht den Kontur als einen der „organischen Natur“ inhärenten, ebenfalls organischen Teil der Gestalt, nicht als ein äußerliches, sie lediglich wie ein Fremdkörper oder additiver Rahmen begrenzendes Element. In Goethes ‚Kontur‘ kann sich der Blick nicht verlieren, die Einbildungskraft des Betrachters wird nicht in mythologische Gefilde entrückt wie bei Winckelmann (vgl. Kap. 10). Goethes ‚Kontur‘ ist von absoluter Transparenz auf das Dargestellte, er ist ‚organisch‘ eins mit der Gestalt. Vielleicht tritt auch daher der Konturbegriff so wenig in Erscheinung: Kontur und Gestalt sind als Konzept identisch.

Gerade den Schattenriss, den Goethe sonst als naiv-mimetische, „traurige[ ], halbe[ ] Wirklichkeitserscheinung[ ]“ nicht jenseits seines Erinnerungswertes in Portefeuilles gelten lassen will (s. o.), führt er nun ins Feld, um Diderots Ansichten, obgleich er ihnen gar nicht widerspricht, zurechtzurücken. Denn Diderot wolle, so leitet Goethe ein, den „Kunstschüler, besonders den Maler, aufmerksam machen: daß eine Figur rund und vielseitig sei, daß der Maler die Seite, die er sehen läßt, so lebhaft darstellen müsse, daß sie die übrigen gleichsam in sich enthalte.“ (MA 7, 538) Diderots Ratschlag an die Künstler lautet, sie sollten versuchen,

> die Figur als durchsichtig zu denken und euer Auge in den Mittelpunkt derselben zu bringen. Von da werdet ihr das ganze äußere Spiel der Maschine beobachten, […] und ihr werdet immer, von dem Ganzen durchdrungen in der Einen Seite des Gegenstands, die Euer Gemälde mir zeigt, die schickliche Übereinstimmung mit der andern fühlen lassen, die ich nicht sehe; und ob ihr mir gleich nur Eine Ansicht darstellt, so werdet ihr doch meine Einbildungskraft zwingen, auch die entgegengesetzte zu sehen. (MA 7, 538 f.)

Goethe bemerkt dazu:

> Denn gewiß schon eine richtige Zeichnung, ohne Licht und Schatten erscheint rund, so wie vor und zurücktretend. Warum erscheint eine Silhouette so belebt? weil der Umriß der Gestalt richtig ist, daß man sowohl die vordere, als Rückseite der Figur hinein zeichnen könnte. Der junge Künstler, dem unsers Verfassers Rat nicht ganz deutlich sein sollte, mache den eben angezeigten Versuch mit der Silhouette, und sein Auge, von zwei Seiten auf denselben Contour gerichtet, wird das ohngefähr wirklich ausüben können, was Diderot, durch Abstraktion aus der Mitte der Figur herausgedacht haben will. (MA 7, 539)

Wo Diderot auf Einfühlung und Einbildungskraft setzt, weist Goethe den Künstler ganz zurück auf die basalen Darstellungsgesetze der Kunst: Wenn der „Umriß der Gestalt richtig ist“, bedarf es keiner Imagination, da der Umriss alles Notwendige ja bereits darstellt. Die von Goethe sonst künstlerisch gering geschätzte Silhouette wird nun, als formales Gegenmoment zum „Mittelpunkt“ der *Einbildungskraft*, wie ihn Diderot propagiert, gleichsam zur nicht nur linearen, sondern gestalthaft umrissförmigen Achse der *Anschauung*. Der korrekte Contour *enthält* den rundplastischen Körper, so dass dieser sich jederzeit, auch ohne Bemühen von Einfühlung und Einbildungskraft, gleichsam *projizieren* ließe, indem man nur das Blatt drehte. Es ist bemerkenswert, dass dieser Terminus, wohl nicht nur aus Variationsgründen, nach „Umriß“ und „Silhouette“ erst genau jetzt erscheint, wo es um die Abbreviatur der *Plastizität* und damit auch die bedeutendste Funktion des Umrisses geht.

Wie in anderen Fällen scheint auch Goethes Auseinandersetzung mit Diderots Konzepten von Umrissphänomenen insgesamt manche Position vor allem aus Freude am kunstpolitisch bzw. -polemisch motivierten Widerspruch stärker forciert zu haben, als es aus sachlichen Gründen und tatsächlichen Differenzen der Auffassung notwendig gewesen wäre. Zumindest verabschiedet sich Goethe von seinem Gesprächspartner am Ende des ersten Kapitels dieses Totengesprächs mit folgenden Worten, die, gemäß Goethes derzeitigem Interesse an der Farbenlehre, das Zeichnungs-Kapitel augenzwinkernd als schemenhafte Unterwelt erscheinen lassen, aus dem er Diderots Geist emporgeleiten wird (oder sich von ihm leiten lässt): „Und so lebe wohl, ehrwürdiger Schatten [...]. Im Farbenreiche sehen wir uns wieder.“ (MA 7, 541)

17.8 Italienische Konturen – Zum Gebrauch eines Terminus in der *Italienischen Reise*

Der Terminus „Kontur“ erscheint bei Goethe besonders in der *Italienischen Reise* in der konventionellen kunsttheoretischen Bedeutung. Häufig begegnet der Terminus gerade dort, wo es um die dokumentarischen Zeichnungen geht, die Kniep für Goethe auf der Reise anfertigt. Als feststehende Formulierung dafür erscheint ‚einen Kontur von etwas nehmen‘ (MA 15, 272); einmal wird ein „prächtige[r] Berg, welcher sich gerade vor uns scharf am Himmel abzeichnete, [...] reinlich und charakteristisch im Umriß aufs Papier [...] befestig[t]“ (ebd.). Der Umriss des

Gegenstands oder der Landschaft wird demnach abbildlich auf das „Papier übertragen“.[56] Diese Notizen sind jedoch meist wenig ergiebig für die Frage nach einem tieferen reflexiven Gehalt in der Begriffsverwendung. „Kontur“[57] kann bei Goethe auch jenseits des im engeren Sinne Künstlerischen eine „Gestalt“ und „(körperliche) Form“ bedeuten, „mit dem Nebensinn der Geschlossenheit, Unversehrtheit, Wohlgeformtheit“;[58] bemerkenswert ist, dass Goethe dennoch über etwas so Amorph-Wandelbares wie Wolkenformationen (über „*Schichtstreifen am Horizont*“) bemerkt: „Bald ist ihr Umriß bergrückenartig .. bald bewegt sich der Contur als Wolke, da denn eine art Cumulo-stratus daraus ensteht“.[59] Allein die Tatsache, dass Goethe einen „Contur“ als Akteur einer *Bewegung* beschreibt, die zudem den kompletten Wesenswandel der Erscheinung – von „Bergrücken“ zu „Wolke“ – initiiert, gibt vielleicht bereits Aufschluss darüber, warum die Kategorie keinen zentralen Stellenwert in seinem ästhetischen System einnimmt, in dem Lebendigkeit und Metamorphose über statisch-definiter Form rangieren.

Goethe gebraucht den Terminus „Kontur“ jedoch auch als Reflexionsfigur für die Gestaltung eines eigenen literarischen Werkes. Goethe verknüpft in einem Brief an Herder und dessen Frau 1785 die literarische Ausarbeitung des gerade abgeschlossenen 6. Buches der *Theatralischen Sendung* mit der „Reinlichkeit des Contours“, die ihm „Sorge gemacht habe“ – bemühe man sich um diese, so „macht man sich nie was zu Dancke“ (11. 11. 1785).[60] Weniger den genialisch skizzenhaften Entwurf eines ersten Konzepts meint also dieses frühe und auch konventionelle Kontur-Verständnis, als vielmehr die präzise und kunstgemäß vollendete

---

56 *Goethe-Wörterbuch* [GWb], hg. v. der Berlin-Brandenburgischen Akademie der Wissenschaften, der Akademie der Wissenschaften in Göttingen und der Heidelberger Akademie der Wissenschaften. Berlin/Stuttgart 1978 ff. Fünfter Band, fünfte Lieferung, 2007; s. v. „Kontur“, V, 5, Sp. 609 f. – Zu den kunsthistorischen Prädispositionen, die den Kniepschen Umrissen im Hinblick auf Auswahl der Ansichten und deren zeichnerische Realisierung zugrunde liegen, vgl. Ruth Formanek: *„Die Welt mit malerischen Augen sehen“. Goethe und Kniep in Sizilien*, in: Dominique Iehl/Centre de Recherche sur l’Allemagne Moderne Toulouse (Hg.): *Les songes de la raison.* Bern [u. a.] 1995, 437–456), v. a. 449 f., mit besonderem Akzent auf der „Präzision“ und „Genauigkeit“ (447) der damit dokumentarischen Umrisse.

57 Laut Goethe-Wörterbuch erscheint zumeist die Schreibung mit C-, mehrheitlich auch in der französischen Form ‚Contour‘; ebd., V, 5, 609 f.

58 GWb, ebd.

59 Zit. nach GWb, ebd.

60 WA IV, 7, 122.

Ausgestaltung, die das Werk stimmig in sich schließt. Goethe deutet dabei auf die später in den *Propyläen* geforderte ‚Bestimmtheit' voraus, die Kunstwerke ebenso wie das über sie Geäußerte unbedingt kennzeichnen müsse. So ist es auch nicht nur als Äußerung über seine Zeichenversuche und sein Verständnis von *bildender* Kunst zu verstehen, wenn Goethe in der *Italienischen Reise* bemerkt:

> Die wenigen Linien, die ich aufs Papier ziehe, oft übereilt, selten richtig, erleichtern mir jede Vorstellung von sinnlichen Dingen, denn man erhebt sich ja eher zum Allgemeinen, wenn man die Gegenstände genauer und schärfer betrachtet. (17. Februar 1787; MA 15, 208)

Der Blick auf die Einzelheiten ermöglicht erst die Abstraktion auf das Allgemeine; die Schule des Sehens wird zur Schule der Imaginationskraft.[61]

Werner Busch hat auf die in Goethes *Italienischer Reise* „dokumentierte[] Spannung zwischen eigenem Kunstbegriff, der bei aller klassischen Tendenz von unmittelbarer Naturerfahrung geprägt ist, konventioneller Kunstkritik und fast verzweifelten und geradezu notwendig, nicht etwa nur an der Begabung, scheiternden Zeichenbemühungen" hingewiesen.[62] Es ist naheliegend, dass diese Spannung gerade am Begriff des Kontur besonders virulent wird; ist dieser doch zugleich Inbegriff klassizistischer Kunsttheorie und notwendiges Reflexionsmedium des Zeichenadepten als auch, wie sich in Goethes Bemerkungen in der *Italienischen Reise* zeigt, wesentliches Moment der Naturerfahrung und ihrer als objektiv erachteten künstlerischen Fixierung. Gerade weil der Kontur aber die zentrale Kategorie der akademischen Malerei und damit Medium einer konventionellen Norm ist, tut Goethe sich schwer mit diesem Terminus – wenn er in der *Italienischen Reise* erscheint, so ist es dort, wo er als Garant objektiver

---

61 Vgl. zur erkenntistheoretischen Relevanz des Zeichnens für Goethe Peter Hofmann: *„Erkenne jedes Dings Gestalt". Goethes Zeichnen als angewandte Erkenntnistheorie*, in: DVjS 77 2003, H. 2, 242–273. Zum Zusammenhang von „Zeichnen, Sehen und Bildlichkeit" in Goethes Kunstauffassung, v. a. im Hinblick auf die Dilettantismus-Kritik und die eigenen Zeichenversuche, vgl. Johannes Grave: *„Sehen lernen". Über Goethes dilettantische Arbeit am Bild*, in: DVjS 80 2006, H. 3, 357–377, bes. 360 f. zum Konzept des „Totaleindrucks"; zur „dialektische[n] Spannung zwischen Bildganzem und einzelnen dargestellten Gegenständen, zwischen einer simultanen Schau und einem sukzessiven Sehen des Bildes": 372. Vgl. auch ebd. zum ‚Nachzeichnen' als „Ersatz für die Bildbeschreibung und als Versuch, das Werk ‚sich selbst aussprechen' zu lassen".

62 Werner Busch: *Die „große, simple Linie" und die „allgemeine Harmonie" der Farben. Zum Konflikt zwischen Goethes Kunstbegriff, seiner Naturerfahrung und seiner künstlerischen Praxis auf der italienischen Reise*, in: Goethe-Jahrbuch 105, 1988, 144–164, 147.

Erfassung eines Naturphänomens gelten soll: in den „Umrissen", die Kniep allüberall ‚abnimmt'. Besonderen Stellenwert nimmt innerhalb der Eindrücke der *Italienischen Reise* gerade in dieser Hinsicht die Erfahrung der sizilianischen Landschaft ein. Goethe bemerkt über seine Überfahrt nach Palermo:

> Hat man sich nicht ringsum vom Meere umgeben gesehen, so hat man keinen Begriff von Welt und von seinem Verhältnis zur Welt. Als Landschaftszeichner hat mir diese große, simple Linie ganz neue Gedanken gegeben. (MA 15, 287 f.)

Wie vereinbart halte Kniep, der ihn begleitet, alles in Zeichnungen fest; doch beschwört Goethe die Unauslöschbarkeit der inneren Erinnerungsbilder:

> Mit keinen Worten ist die dunstige Klarheit auszudrücken die um die Küsten schwebte als wir am schönsten Nachmittage gegen Palermo anfuhren. Die Reinheit der Conture, die Weichheit des Ganzen, das Auseinanderweichen der Töne, die Harmonie von Himmel, Meer und Erde. [...] Nun versteh' ich erst die Claude Lorrain und habe Hoffnung auch dereinst in Norden aus meiner Seele Schattenbilder dieser glücklichen Wohnung hervor zu bringen. (MA 15, 288)

Die „große, simple Linie" des Horizonts, die Goethe so fasziniert hat, ist so simpel nicht; sie geht vielmehr, wie aus dem weiteren Zitat deutlich wird, sogleich über in eine paradoxe „dunstige Klarheit", in der die „Reinheit der Konture" mit einer „Weichheit des Ganzen" und einem „Auseinanderweichen der Töne", also einem *sfumato*-Effekt, wie er Hagedorn begeistert hätte (vgl. Kap. 11), *verschmilzt.* Konsequent steht hier der Bezug auf die Malerei Lorrains – und wenngleich als Hoffnung formuliert, so klingt doch die Resignation in Goethes Worten mit, wenn er die „Schattenbilder" antizipiert, die er nach seiner Rückkehr „in [s]einer Seele [...] hervorzubringen" hofft: Es scheint, als sei der Modus des *sfumato* an den glücklichen Augenblick, an die wahrgenommene Gegenwart gebunden, während in einem als Unterwelt imaginierten nördlichen Weimar die „Schattenbilder" – als deren Vorlage die umrisshaften Erinnerungsnotate dienen werden, die Kniep mit seinen „Konturen" fixiert – gerade die Plastizität und Sinnlichkeit des *sfumato* in schemenhafter und abstrahierter Linearität erstarren lassen, sie aber damit immerhin der „Idee" nach zu bewahren vermögen.

Wollte man einen Moment ausmachen, in dem für Goethe das Darstellungsmedium der scharfen Linie, deren Darstellungsmöglichkeiten er an Mantegna so ekstatisch bewundert (s. den folgenden Abschnitt), seine Dominanz verliert (oder in dem eine solche Wandlung zumindest inszeniert wird), so wäre es vermutlich diese sizilianische Wahrnehmung der „dunstigen Klarheit". Eine Zurückhaltung Goethes gegenüber primär linear geprägter Malerei in der Folgezeit mag also zu einem Teil auch in dieser Erfahrung einer *Natur*wahrnehmung liegen, die keineswegs streng linear war, die aber – im Grunde als (uneingestandenes) Zeichen bereits *sentimentalischer* Auffassung des Mediums – im „Norden" nurmehr in einer Stilisierung zu fassen ist, die die Distanz zur „dunstigen Klarheit" als „Schattenbild[]" reflektiert und für die nur gedämpfte Begeisterung aufzukommen vermag.

17.9 Rhetorik und Umrissenheit in Goethes Äußerungen über Mantegna: „eine scharfe, sichere Gegenwart" als Gegenstand der Ekphrasis

Unter den Künstlern, denen Goethe in der *Italienischen Reise* besondere Aufmerksamkeit widmet, kommt im Hinblick auf Umriss-Wertungen Andrea Mantegna die größte Bedeutung zu; Goethes im *Reisetagebuch* und dann in der *Italienischen Reise* dokumentierter erster Kontakt mit Mantegna ist der Auftakt zu einer lebenslangen Faszination durch dessen Werke. Über seine Betrachtung von Mantegnas Fresken in Padua notiert Goethe mit einem Nachdruck, der gegenüber dem Reisetagebuch nicht gemildert ist:

> In der Kirche der Eremitaner habe ich Gemälde von Mantegna gesehen, einem der älteren Maler, vor denen ich erstaunt bin. Was in diesen Bildern für eine scharfe, sichere Gegenwart dasteht! Von dieser ganz wahren, nicht etwa scheinbaren, effektlügenden, bloß zur Einbildungskraft sprechenden, sondern derben, reinen, lichten, ausführlichen, gewissenhaften, zarten, umschriebenen Gegenwart, die zugleich etwas strenges, emsiges, mühsames hatte, gingen die folgenden Maler aus [...], und nun konnte die Lebhaftigkeit ihres Genies, die Energie ihrer Natur, erleuchtet von dem Geiste ihrer Vorfahren, auferbaut durch ihre Kraft, immer höher und höher steigen, sich von der Erde heben und himmlische aber wahre Gestalten hervorbringen. So entwickelte sich die Kunst, nach der barbarischen Zeit. (MA 15, 71)

Diese emphatische Passage, die den streng umrissbetonten Stil Mantegnas wortreich charakterisiert – und zwar mit einer Gruppierung von Adjektiven, die bemerkenswert häufig auch zur Bezeichnung rhetorischer, genauer: ekphrastischer Leistungen von *Sprache* dienen können – liest sich als Versuch, Mantegnas graphisch strenge Umrisse nicht nur sprachlich wiederzugeben, sondern zugleich eine Definition der Umriss-Leistung im Allgemeinen zu entwerfen, in der die rhetorischen Qualitäten der Adjektive auf den zeichnerischen Stil übertragen werden: die *„scharfe, sichere Gegenwart*", die *„da*steht"; eine *„ganze[] wahre[], nicht etwa scheinbare[], effektlügende[]*, bloß zur *Einbildungskraft* sprechende[], sondern *derbe[], reine[], lichte[], ausführliche[], gewissenhafte[]*, zarte[], *umschriebene[] Gegenwart*" [meine Hervorhebungen, C. K.]. – Charakterisiert wird hier ein Ideal an Präsenz und Evidenz, gewährleistet durch *„Strenge[]*" und damit Deutlichkeit sowie *„lichte*" Klarheit der Darstellung, die stilistisch durch die festen Umrisse von Mantegnas Fresken erzielt wird.[63] Angesichts dieser Übertragung rhetorischer und erkenntnistheoretischer Kategorien (Klarheit und Deutlichkeit im Dienste der Evidenzerzeugung als *enargeia*) stellt sich die Frage, ob Goethe mit dieser Charakteristik strengen Umriss-Stils nicht auch ein allegorisches Ideal der Ekphrasis formulieren wollte, die, wie es in der *Propyläen*-Einleitung heißen wird, das „bestimmteste" denken lassen müsse. Die „umschriebene[] Gegenwart" ist in jedem Falle ambivalent zu verstehen: als mit Umrissen umgrenzte und als sprachlich entlang dieser Umrisse beschriebene Gegenwart. Die Frage, inwiefern Mantegnas Umriss-Stil als Reflexionsmedium eigener Ekphrasiskonzepte dient, stellt sich umso mehr für Goethes späten Aufsatz über Mantegnas *Triumphzug*,[64] wo der Aspekt der statischen, „ausführliche[n]" Deutlichkeit, der *enargeia*, in Spannung zu dem Begriff der *energeia*, der dynamischen Lebendigkeit der Darstellung als anderem Konstituens von „Gegenwart" tritt.

Im Vergleich mit dem Beschreibungsvokabular, das Goethe in seinem Bericht über Mantegnas Werke im *Reisetagebuch* und der *Italienischen Reise* verwendet, ist der wenngleich erst 1799 entstandene Aufsatz von Interesse,

63 Zu Mantegnas Eremitani-Fresken, auch zu Goethes Adjektivwahl, jedoch mit Fokus auf der „körperlichen Präsenz" und ohne auf das Darstellungsmittel der Umrisse einzugehen, vgl. Klaus Mönig: *Goethes heidnischer Blick auf die christliche Malerei*, in: Hee-Ju Kim (Hg.): *Wechselleben der Weltgegenstände. Beiträge zu Goethes kunsttheoretischem und literarischem Werk.* Heidelberg 2010, 13–40, 15 f., Zitat: 16.

64 Zumal Goethe dort methodologische Kritik an Vasaris Beschreibungsverfahren übt. Zu Goethes spätem Beschreibungsverfahren in der Auseinandersetzung mit Mantegnas *Triumphzug* vgl. Osterkamp, *Im Buchstabenbilde*, 365; zur Kritik an Vasaris Beschreibung ebd., 369 f. Zum Aspekt des ‚Unaussprechlichen' bei Goethe zu *Mantegnas Triumphzug* vgl. Wilhelm Voßkamp: *„Jeder sey auf seine Art ein Grieche! Aber er sey's.". Zu Goethes Romantikkritik in der Zeitschrift ‚Ueber Kunst und Alterthum'*, in: W. Hinderer (Hg.): *Goethe und das Zeitalter der Romantik*, 121–131, 127, und Osterkamp, *Im Buchstabenbilde*, 226. Zu Goethes Aufsatz vgl. auch Mönig, *Goethes heidnischer Blick*, 17 f.

den Heinrich Meyer über Masaccio verfasste. Meyer bemerkt dort zu Mantegnas Stil:

> Mantegna arbeitete seine Werke mit unglaublichem Fleiße und Genauigkeit aus. Haarscharf sind die Umrisse und freilich nicht selten hart, aber diese Härte ist mit solchem Geist und Lebendigkeit des Ausdrucks begleitet, die nie übertroffen worden sind. (MA 7, 967)

Die Statik der streng umrissenen „Härte" wird hier durch die „Lebendigkeit" in der Kategorie des „Ausdrucks" ins ästhetische Gleichgewicht gebracht; und nicht zuletzt erfährt Mantegna wohl auch eine Adelung durch ein implizites Winckelmann-Zitat, das die „[h]aarscharf[en] […] Umrisse" des neuzeitlichen Künstlers mit dem „Kontur" der antiken Künstler verbindet, den sie, so Winckelmann, „auf die Spitze eines Haars gesetzt" haben (vgl. Kap. 10). Doch Mantegnas Umrissstil gilt gar nicht Meyers Hauptaugenmerk; ein Passus über Masaccios Handzeichnungen in der „großherzogliche[n] Gallerie zu Florenz" (MA 7, 961 f.) hingegen liest sich – Goethes Beschreibungsarsenal in der Mantegna-Notiz sehr ähnlich – wie ein Adjektiv-Thesaurus zur Beschreibung von Umrissen. Meyer formuliert:

> Die Reinheit, Deutlichkeit und Sicherheit der Umrisse in diesen Zeichnungen [Masaccios] ist so groß, die Ökonomie der Striche so bewundernswürdig, daß man sich in der Tat auf keine andere Weise als nur durch unmittelbare Anschauung einen ganz deutlichen Begriff davon zu machen vermag. No. 6. und 7. sind die vorzüglichsten. An der ersten ist der Contour wirklich unverbesserlich, geistreich, scharf und sicher; die andere ist unbegreiflich wahrhaft aufgefaßt, man möchte glauben und sagen: es sei ohnmöglich eine menschliche Gestalt natürlicher und mit weniger Aufwand darzustellen. (MA 7, 962)

Die Charakteristik Masaccios aus dem Munde Meyers klingt wie ein Anti-Flaxman: Eine „Ökonomie der Striche", die nicht hieroglyphisch zur Einbildungskraft spricht, sondern alles „deutlich", „sicher", „scharf", „geistreich" und „wahrhaft" zur Anschauung bringt. Und dieser „unmittelbare[n] Anschauung" bedarf es dann auch unbedingt, um „einen ganz deutlichen Begriff davon" zu haben. Mit den zitierten Adjektiven sind bei Meyer die wesentlichen ästhetischen Qualitäten von Umrissen in klassizistischem Sinne genannt: Sie verweisen als „geistreich[e]" auf die künstlerische Idee, sie zeugen als „deutlich[e]", „scharf[e]", „sichere" und „wahrhaft[e]" ebenso von fundierter Kenntnis des Künstlers, wie sie in der Anschauung die differenzierte und vollkommene Erkenntnis des kunstverständigen Betrachters ermöglichen. Die „Ökonomie der Striche" gewährleistet zudem die schnellstmögliche Auffassung des Gegenstands.

17.10 Wahrnehmungstheoretische Disposition und literarische Konditionierung: „jenes scharfe Auffassungs- und Eindrucksvermögen“

Es gibt zumindest eine Selbstcharakteristik, die darauf schließen lässt, dass Goethe durchaus bewusst Umrissphänomene als Reflexionsmedium für die eigene literarische Imaginationskraft gesehen hat.[65] Die bemerkenswerte Gesprächsnotiz findet sich interessanterweise an dem Tag, an dem Sulpiz Boiserée in Weimar eintrifft, am 17. Mai 1826, und damit etwa drei Wochen, nachdem Ottilie von Goethe am 28. April vom Pferd gestürzt war und sich – das ist in diesem Kontext relevant –, von den Verletzungen entstellt, bisher noch nicht wieder gezeigt hatte. Laut Friedrich von Müller hatte auch

> Goethe [...] sich bis jetzt selbst noch immer gescheut, ihr entstelltes Antlitz zu sehen. „Denn“, sagte er, „ich werde solche häßliche Eindrücke nicht wieder los, sie verderben mir für immer die Erinnerung. Ich bin hinsichtlich meines sinnlichen Auffassungsvermögens so seltsam geartet, daß ich alle Umrisse und Formen aufs schärfste und bestimmteste in der Erinnerung behalte, dabei aber durch Mißgestaltungen und Mängel mich aufs lebhafteste affiziert finde. Der schönste, kostbarste Kupferstich, wenn er einen Flecken oder Bruch bekommt, ist mir sofort unleidlich. Wie könnte ich mich über diese oft freilich peinliche Eigentümlichkeit ärgern, da sie mit andern erfreulichen Eigenschaften meiner Natur innigst zusammenhängt? Denn ohne jenes scharfe Auffassungs- und Eindrucksvermögen könnte ich ja auch nicht meine Gestalten so lebendig und scharf individualisiert hervorbringen! Diese unglaubliche Leichtigkeit und Präzision der Auffassung hat mich früher lange Jahre hindurch zu dem Wahne verführt, ich hätte Beruf und Talent zum Zeichnen und Malen. Erst spät gewahrte ich, daß es mir an dem Vermögen fehle, in gleichem Grade die empfangenen Eindrücke nach außen wiederzugeben.[66]

---

65 Vgl. Formanek, *„Die Welt mit malerischen Augen sehen“*, 447 f., die mit Blick auf Unsagbarkeitstopoi in Goethes Sizilien-Berichten die Umrisse Knieps als Substitute für dasjenige deutet, was verbal nicht beschrieben werden könne. Vgl. ebd., 455, zur „Entlastungsfunktion“ Knieps, die es Goethe ermögliche, das ihm Gemäße zu tun und in Taormina, statt Landschaften zur Erinnerung zu beschreiben, „die gegenwärtige herrliche Umgebung [...] durch poetische würdige Gestalten zu beleben und mir auf und aus diesem Local eine Komposition zu bilden, in einem Sinne und in einem Ton, wie ich sie noch nicht hervorgebracht.“ (MA 15, 367) Kniep realisiert die zeichnerischen Umrisse, während Goethe die Erfahrung der sizilianischen Welt in den literarischen „Gestalten“ – der *Nausikaa* – auch einen Kontur gewinnen lässt.

66 Gesprächsnotiz Friedrich von Müllers zum 17. Mai 1826, *Goethes Gespräche. Eine Sammlung zeitgenössischer Berichte aus seinem Umgang.* Auf Grund der Ausgabe und

Diese Äußerung ist zum einen insofern interessant, als sie durch die folgende Anwesenheit Boisserées und wiederholtes gemeinsames Studium von Kupferstichen abermals in einen Zeitraum fällt, der von intensiver Beschäftigung mit Fragen nach den medialen Qualitäten von Druckgraphik (und deren literarischer Umsetzung) geprägt war.[67] Signifikant ist an dieser späten Gesprächsnotiz aber vor allem, dass Goethe hier ausdrücklich Umrissphänomene mit seiner literarischen Imaginationskraft in Verbindung setzt, indem er die – nicht nur der Kunst, sondern auch der lebensweltlichen Umgebung geltende – eigene Blickkonditionierung, „jenes scharfe Auffassungs- und Eindrucksvermögen" und die davon unmittelbar abhängende literarische Poiesis betont. Dabei ist es bemerkenswert, dass dieses „scharfe Auffassungs- und Eindrucksvermögen", diese „unglaubliche Leichtigkeit und Präzision der Auffassung" Goethes, auf die Übertragung ins Literarische bezogen, ausschließlich seine „Gestalten" meint, die er aufgrund dieses Eindrucksvermögens „so lebendig und scharf individualisiert hervor[zu]bringen" beansprucht. Somit fügt sich auch diese Transponierung ins Literarische in Goethes Konzept des organischen Kontur der „Gestalt", wie es sich bereits in seinen Notizen der *Italienischen Reise* und in seinen Äußerungen über Flaxman gezeigt hatte. Dem Interesse an morphologischer Wahrheit der Gestalten im Zeichnerisch-Bildnerischen der Künste entspricht im Literarischen das Bemühen um „[L]ebendig[keit] und scharf[e] [I]ndividualisier[ung]" der Charaktere.[68]

Wenngleich Goethe also bemerkt, er habe zu spät eingesehen, dass es sich bei seiner schnellen visuellen Auffassungsgabe nur um ein rein rezeptives Vermögen gehandelt habe, das ihm bei weitem nicht die produktive Gestaltung als bildender Künstler ermöglichte, so gilt dies doch nicht für den literarischen Bereich: Goethe impliziert, als zeichnender Künstler im literarischen Medium zu wirken, der seine Gestalten mit scharfen individuellen Umrissen lebendig auf dem weißen Papier „wieder [gibt]", wie er sie sich in seiner Imagination vorgestellt und eingeprägt hat.

---

des Nachlasses von Flodoard Freiherrn von Biedermann ergänzt und hg. v. Wolfgang Herwig, 5 in 6 Bden., München 1998, Bd. 3.2, 38 f.

67 Goethe notiert beispielsweise zehn Tage später, am 27. Mai 1826, er habe mit Boisserée zusammen „die Mantegna's" betrachtet. (WA III, 10, 197)

68 Hinzu kommt die Verbindung des unbedingt zu bewahrenden Ideals der integren Umrissgestalt, die durch Deformation bedroht erscheint – ein bereits für das spätere 18. Jahrhundert allgemein relevanter Aspekt, der jedoch angesichts Goethes ganz persönlicher Disposition (bekanntlich perhorreszierte ihn alles an Vergänglichkeit Gemahnende) umso größere Brisanz erhält. Dies wirkt durch die Transponierung in den Bereich des Ästhetischen nicht weniger akut.

So wird es auch kein Zufall sein, dass es sich in den wiederkehrenden Formulierungen des „scharfe[n] Auffassungs- und Eindrucksvermögen[s]", der „scharf individualisiert[en]" Gestalten und der „unglaubliche[n] Leichtigkeit und Präzision der Auffassung" um Charakteristiken handelt, die Goethe in den Äußerungen über Mantegnas umrissbetonte Malerei oder im *Laokoon*-Aufsatz wie in der *Propyläen*-Einleitung auf die von Umrissphänomenen konditionierte Kunstwahrnehmung angewandt hatte.

Morphologisch-charakteristische Naturbetrachtung als Vorstufe zur Kunstproduktion, kennerschaftlich-gelehrte Kunstbetrachtung der organisch gebildeten, ideal gesteigerten Gestalten und literarische Imaginationskraft im Dienste der Fiktion plastisch-lebendiger Figuren unterliegen somit den gleichen, als Umrissphänomene verbildlichten Prozessen.

18. Wilhelm von Humboldt liest Goethe: Umrissenheit als Schlüsselkonzept der *Herrmann und Dorothea*-Deutung

18.1 *Ueber Göthes Herrmann und Dorothea:* Humboldts Einleitung zu seiner Methode

Was bei Goethe, abgesehen von der späten Gesprächsnotiz, nur implizit als literarische Reflexionsfigur erschlossen werden kann, wird bei einem seiner prominentesten Exegeten zu der zentralen und programmatischen Denkfigur eines Werkes erhoben: In Wilhelm von Humboldts großer Studie über Goethes *Herrmann und Dorothea* (1798)[1] erscheint der Begriff des „Umrisses" als roter Faden der Argumentation, sofern sie sich – und darin stimmt Humboldts Empfinden ganz mit Goethes Konzepten überein – den *Gestalten* der Dichtung widmet und ihrer „scharfen" Individualisierung, wie Goethe es später nennen wird.

Dass der Begriff ‚Umriss' in Humboldts Goethe-Studie eine so zentrale Position einnimmt, ist umso bemerkenswerter, als Humboldt in *Herrmann und Dorothea* eines jener vollkommenen „Gedicht[e]" sieht, deren „absolute[r] Werth" darin liege, dass sie „zugleich den sichtbaren Ausdruck [ihrer] Gattung und das lebendige Gepräge [ihres] Urhebers an sich" tragen und so „von selbst eine Art der Kritik herbei[führen], die in dem einzelnen Beispiel zugleich die Gattung, in dem Werke zugleich den Künstler

1 Die Studie wurde im Winter 1797/98 verfasst und erschien 1799. Der Publikation von *Herrmann und Dorothea* war ein enger Kontakt Humboldts und Goethes während dessen Arbeit an dem Epos vorausgegangen, vgl. dazu Georg Höfner (ders.: *Kunst, Literatur und Sprache in Wilhelm von Humboldts Versuch ‚Ueber Göthes Herrmann und Dorothea'*; in: Peter Schmitter (Hg.): *Multum – non multa? Studien zur „Einheit der Reflexion" im Werk Wilhelm von Humboldts; mit der Edition zweier bisher unveröffentlichter Texte aus Humboldts baskischen Arbeitsbüchern.* Münster 1991, 85–109, 87). Vgl. auch Eberhard Haufe: *Wilhelm von Humboldt über Schiller und Goethe,* in: ders.: *Schriften zur deutschen Literatur.* Hg. v. Heinz Härtl und Gerhard R. Kaiser unter Mitwirkung v. Ursula Härtl. Göttingen 2011, 243–252, zu *Herrmann und Dorothea* ebd., 248 f. Zu Humboldts Redaktion seiner Goethe-Studie in Paris vgl. Michel Espagne: *Humboldt à Paris, lecteur de Goethe,* in: *Goethe cosmopolite.* Paris 1999, 195–209.

schildert."[2] Humboldts erklärte Absicht ist es, „in das Wesen der dichterischen Einbildungskraft einzudringen" und ihr „mit Begriffen näher zu kommen".[3] Einer dieser „Begriffe" ist der „Umriss", der damit zur zentralen Denkfigur für Humboldts literarästhetisches Denken wird[4] – und zugleich

---

2 *Wilhelm von Humboldts gesammelte Schriften.* Bd. 2: Abt. 1, Werke 1796–1799. Nachdr. d. Ausg. 1904, Berlin 1968, *Einleitung*, 115.

3 Humboldt, *Einleitung*, 116.

4 In der Forschung zu Humboldts Studie wird zwar häufig auf die Relevanz der „Umrisse" hingewiesen, meist jedoch wird die Kategorie schematisch aufgefasst und entweder mit Bezug auf Winckelmanns Kontur-Begriff oder mit Hinweis auf das der Ratio verhaftete Moment des Zeichnerischen gegenüber dem Colorit abgehandelt. Eine systematische Verortung in zeitgenössischen Positionen zu dieser Kategorie erfolgt nirgends, ebensowenig eine differenzierte Untersuchung ihrer literarkritischen Funktionen in Humboldts Goethe-Studie. Am ausführlichsten, jedoch ebenfalls ohne systematische Untersuchung der literarkritischen Funktionen der Umriss-Kategorie, sind die Ausführungen von Lydia Dippel: *Wilhelm von Humboldt. Ästhetik und Anthropologie.* Würzburg 1990, 151 f.: Humboldt gehe in den „Grundprinzipien seiner Kunstauffassung" ebenso wie in den von ihm genannten „drei ‚Stufen der Objektivität'" „von dem für den Klassizismus zentralen Begriff des Kontur" aus, um „Goethes bildhafte, ‚plastische' Darstellunsgweise zu beschreiben." Vgl. ebd., 165 ff., zur Relevanz des Kontur für Winckelmann und seiner „unumstößliche[n] Geltung auf dem Feld der klassizistischen Kunsttheorie". Die konturzentrierte Kunstanschauung, die Dippel als klassizistische „weltanschauliche" Fehldeutung erachtet, habe die „gedankliche Komponente der griechischen Skulptur […] mit der Reduktion des Bildinhaltes in Richtung auf plastisch-isolierendes Sehen" verbunden, „das dem Dasein der Figuren das ‚Bedeutende' abgewinnen half". Dieses „geistige Formprinzip klassizistischer Kunst" habe sich dann „vor allem als literarisches Gestaltungsprinzip manifestiert, besonders im Werk Goethes, der durch seine starke optische Veranlagung auch im Epischen das Bildhafte, Typische, Überzeitliche und Symbolische darzustellen suchte. Humboldts Interpretation setzt hier an." (166) Dippel reflektiert in dieser Würdigung der Kontur-Kategorie allerdings nicht die formalästhetische, progressiv-lineare Komponente, die der Kontur (bzw. der Umriss) für den Akt der Betrachtung im Zusammenspiel mit der Einbildungskraft sowohl bei Winckelmann als auch bei Humboldt gewinnt (dazu nur andeutend ebd., 166 f.). – Armin Goebels (*Das Verfahren der Einbildung. Ästhetische Erfahrung bei Schiller und Humboldt.* Frankfurt a.M. [u. a.] 1994; zu Humboldt 216–258), äußert sich über Humboldts „Formbegriff" (239 ff.), wobei „Form" für diesen „geometrische Gestalt" bedeute; Goebel betont, Humboldt verwende „Begriffe wie ‚Umriss', ‚Zeichnung', ‚Größe' etc." mit „Entschiedenheit" (239), analysiert ihre literarkritische Funktion im einzelnen jedoch nicht. Vgl. auch seine Bemerkung 216 f.: Bei Humboldt seien „‚Form', ‚Gestalt' und ‚Umriss'" „äquivalente Begriffe", die „von Humboldt zwar immer im Zusammenhang mit der Mathematik genannt werden – was ihre Objektivität garantieren soll – ", gleichzeitig seien sie aber „auf eine Erzeugungstätigkeit der Einbildungskraft bezogen". Andreas Thomasberger

auch zu einer zentralen kunstpsychologischen Denkfigur, denn Humboldt betont, er habe „die Betrachtung des Gedichtes so wenig als möglich von der Betrachtung des Dichters getrennt" und versucht, es möglichst immer „nur als den lebendig dargestellten Gedanken einer individuellen dichterischen Einbildungskraft" zu beurteilen, denn deren „Natur" sei „hauptsächlichster Endzweck"[5] seiner Studien gewesen.

Indem Humboldt also den Umriss zur programmatischen Denkfigur von *Herrmann und Dorothea* erhebt, impliziert er zugleich die generelle Relevanz dieser Denkfigur sowohl für die „Gattung" des *Epos* als auch für den „Künstler" Goethe – und mehr noch, beansprucht er doch, „dass diess Gedicht die allgemeine Natur der Poesie und der Kunst reiner, als nicht leicht ein andres, sich zum besondern Charakter aneignet"; um dies zu zeigen, habe er „nothwendig, das Wesen der Kunst in ihren ersten Gründen aufsuchend, bis auf die höchsten Principien der Elementar-Aesthetik zurückgehn" müssen.[6] Inwiefern dabei die „Umrisse" als solche „ersten Gründe[ ]" und „höchsten Principien der Elementar-Aesthetik" fungieren, sei im Folgenden an einigen Textpassagen dargelegt.

Humboldt betrachtet seine ganzheitliche „Methode" nicht als ästhetisch-literarischen Selbstzweck, sondern zielt damit vielmehr auf eine über die Erkenntnis der „objektive[n] Beschaffenheit des Werks" und so „die Gesetzmässigkeit" der Kritik hinausgehende ‚Bildung' unseres „Gemüths", die aus der Einsicht in den „Geist" entstehe, „der nothwendig war, [das Werk] hervorzubringen".[7] Durch die komplexe Organisation aller menschlichen „Kraftäusserung[en]" im „Gemüthe" habe ein jeder Erkenntnisgegenstand „auf das Ganze [der] intellectuellen und moralischen Organisation" des Menschen Einfluss; all dies lasse sich, wie jede „Philosophie", jedes naturwissenschaftliche „System" und jede „politische[ ] Einrichtung" zu einander in Beziehung setzen und nach dem Gewinn für die Verbindung all dieser Bereiche fragen. Darüber hinaus aber folgt für Humboldt aus dieser

> Untersuchung die noch allgemeinere […], um wie viel dadurch der menschliche Geist überhaupt dem letzten Ziele seines Strebens näher gerückt ist, dem Ziele nemlich: die ganze Masse des Stoffs, welchen ihm die Welt um

---

(*Sprachlichkeit der Kunst. Überlegungen ausgehend von Wilhelm von Humboldts ästhetischen Versuchen*, in: DVjS 66, 1992, 597–612), bemerkt pauschal, gegenüber dem Colorit seien die „Umrisse" bei Humboldt die „mehr dem Verstande gemäß[e]" Kategorie (602).

5 Humboldt, *Einleitung*, 116.

6 Humboldt, *Einleitung*, 116.

7 Humboldt, *Einleitung*, 117.

ihn her und sein inneres Selbst darbietet, mit allen Werkzeugen seiner Empfänglichkeit in sich aufzunehmen und mit allen Kräften seiner Selbstthätigkeit umzugestalten und sich anzueignen und dadurch sein Ich mit der Natur in die allgemeinste, regste und übereinstimmendste Wechselwirkung zu bringen.

Eine solche Methode hält Humboldt für unabddingbar, wann immer man „von der Kunst spricht, die aus dem Innersten des menschlichen Gemüths selbst entspringt, und von einem Kunstwerke, das mit dem Gepräge einer grossen Eigenthümlichkeit gestempelt ist."[8] Die Denkfigur des Kontur, die hier im signaturentheoretischen Stempelabdruck als Bild des ‚Charakteristischen' ebenfalls anklingt, wird damit, wie an Textbeispielen zu zeigen ist, als konzeptuelle Metapher zu einem solchen geistigen „Werkzeug" zur *Erkenntnis* der Welt *und* zur *Gestaltung* des eigenen Imaginationspotentials durch die Kunst; die Denkfigur operiert damit an der Scharnierstelle jener „allgemeinste[n], regste[n] und übereinstimmendste[n] Wechselwirkung"[9] zwischen den Vermögen und wird zum pädagogischen Medium der „Bildung" des „Gemüths".

Den großen Anspruch, den Humboldt mit seiner „Methode" verbindet, verdeutlicht nochmals seine Bemerkung, bei dieser Sichtweise beziehe „man seinen einzelnen Gegenstand auf einen allgemeinen, ausser demselben liegenden Mittelpunkt", nämlich die *„Bildung des Menschen"*,[10] und arbeite „an einem mehr oder minder beträchtlichen Theil eines weiten und erhabenen Gebäudes", und zwar der *„Charakteristik des menschlichen Gemüths in seinen möglichen Anlagen und in den wirklichen Verschiedenheiten, welche die Erfahrung aufzeigt"*.[11] Er versteht seine Art von literarischer Untersuchung somit als ebenso spekulative wie empirische Anthropologie,[12] die einen Weg (eine „Idee" und damit auch die notwendige „Kraft" aus der „Begeisterung") aufzeige, *„durch die That* als Dichter, Denker oder Forscher, aber vor allem als handelnder Mensch" der „idealische[n]" „Summe" des bisher von Menschen Erreichten „Neues" hinzuzufügen „und damit die Gränzen der Menschheit selbst weiter" zu rücken. Dies – auch

8 Humboldt, *Einleitung*, 117.

9 Humboldt, *Einleitung*, 117.

10 Zum Aspekt der „Bildung" in Humboldts ästhetischem Denken vgl. Wolf Dieter Otto: *Ästhetische Bildung. Studien zur Kunsttheorie Wilhelm von Humboldts.* Frankfurt [u. a.] 1987.

11 Humboldt, *Einleitung*, 117 f.

12 Vgl. allerdings Humboldts Einschränkung, man müsse gegebenenfalls für diese spezifische „philosophisch geordnete Erfahrungstheorie" einen „eignen Namen[]" finden (ebd., 119).

eine Art von Umriss-Metaphorik – formuliert Humboldts fernes Ziel: „eine philosophisch empirische Menschenkenntniss“, auf welcher die Hoffnung auf eine „philosophische Theorie der Menschenbildung“ beruhe.[13] Im Zeichen dieses obersten Zieles steht auch die Denkfigur des „Umrisses“, die in zyklischer Struktur das „Gepräge“ der Individualität des Künstlers und die plastische Individualität seiner fiktiven Gestalten ebenso umfassen kann wie die angestrebte Konturierung des durch die Kunst zu bildenden Menschen.

Doch das Konzept der Umrissenheit hat auch für Humboldts eigene „Methode“ Relevanz: So mahnt er, man möge bei Einzelbeobachtungen seiner Untersuchung, die einem nicht aus dem unmittelbaren Beispiel plausibel erscheinen, beachten, dass ihm stets „der Totaleindruck vorgeschwebt“ habe (und damit eines der wichtigsten Umrissenheits-Konzepte um 1800);[14] er „kenne in ästhetischen Beurtheilungen keine andre Absonderungs-Methode“ als diesen hermeneutischen Zirkel.[15] Die beiden komplementären Perspektiven seiner Untersuchung hätten ihm einerseits „die Bahn, die [er] zu durchlaufen hatte, eröfnet[] [!]“, andererseits aber durch die Fokussierung „sie zu begränzen“ gedient.[16] Und zuletzt betont Humboldt, dass es „wesentlich“ sein Anliegen war, „den gesammten Vorrath [s]einer Ideen über diesen Gegenstand [nämlich die „Grundprincipien einer allgemeingültigen Philosophie der Kunst überhaupt“] zu einem, auch von jeder fremden Beziehung unabhängigen und so viel möglich in sich selbst vollendeten Ganzen systematisch zu ordnen.“[17] Mit einem abermaligen, hier besonders ‚klassischen‘ Bild der Umrissenheit erscheint hier das In-sich-selbst-Vollendete Moritzscher Prägung als hermeneutische Methode – Umrissenheit im Dienste, als Werkzeug und notwendiges Konstituens der ‚Menschen*bildung*‘ und ihrer Theorie. Inwiefern Humboldt jedoch nach diesen methodologisch-metaphorischen Konturierungen „Umrisse“ als konkrete Denkfigur in Betrachtungen der Goetheschen Dichtung ausgestaltet, soll nun exemplarisch untersucht werden.

---

13 Humboldt, *Einleitung*, 118.

14 Zum „Totaleindruck“ als „Schlüsselbegriff der ästhetischen Theorien um 1800“ vgl. Johannes Grave: *„Sehen lernen“. Über Goethes dilettantische Arbeit am Bild*, in: DVjS 80 2006, H. 3, 357–377, 360 f.

15 Humboldt, *Einleitung*, 121.

16 Humboldt, *Einleitung*, 122.

17 Humboldt, *Einleitung*, 122. Im Folgenden zit. mit Seitenzahlen der Abhandlung in Klammern im Text.

18.2 *Ueber Göthes Herrmann und Dorothea:* Der Beginn der Studie

> Die Schlichte und Einfachheit des geschilderten Gegenstandes und die Größe und Tiefe der dadurch hervorgebrachten Wirkung, diese beiden Stücke sind es, welche in *Göthes Herrmann und Dorothea* die Bewunderung des Lesers am stärksten und unwillkührlichsten an sich reissen. (123)

Mit dieser Beobachtung beginnt Humboldt seine Studie über Goethes Epos; er lobt, wie sehr darin das Verschiedenste verknüpft werde, dass man es „auf einmal vor [seiner] Seele gegenwärtig“ finde: „Gestalten, so *wahr* und *individuell*, als nur die Natur und die lebendige Gegenwart sie zu geben, und zugleich so *rein* und *idealisch*, als die Wirklichkeit sie niemals darzustellen vermag.“ (123)[18] Damit sind bereits entscheidende Parallelen benannt zwischen dem, was Humboldt an Goethes Werk fasziniert (und was als Beispiel klassischer Ästhetik gemäß der ‚edlen Einfalt und stillen Größe‘ ebenso wie im Hinblick auf die Darstellung des Charakteristischen und zugleich des Idealischen gelten kann), und demjenigen Merkmal, das in den zeitgenössischen Diskussionen, zumal seit Hemsterhuis' Äußerungen, als wirkungsästhetische Qualität von Umrissdarstellungen gesehen wird: eine Darstellungsweise, die der Wahrnehmung in möglichst kurzer Zeit möglichst komplexe Inhalte nachdrücklich einzuprägen vermag (vgl. Kap. 17.5 und Kap. 20). Signifikant ist nun, dass Humboldts Begeisterung vor allem der Goetheschen „Gestalten“-Darstellung gilt, also demjenigen Gegenstand, der in der klassischen Ästhetik als der oberste Bildgegenstand der Künste gilt und an dessen Ausgestaltung sich Aspekte gelungener Plastizität und Konturierung, zumal in Handlung und Bewegung – auf die Humboldt auch eingeht –, in besonderer Weise verhandeln lassen. Humboldts Aufmerksamkeit auf die Gestalten-Formung in Goethes Werk ist in diesem Kontext um so bemerkenswerter, als Goethe schließlich selbst, wenngleich erst zwei Jahrzehnte später, die Abhängigkeit seiner literarischen Gestalten-Fiktion von der eigenen Blickkonditionierung in Hinsicht auf bildnerische Umrisserscheinungen unterstreichen wird.

---

18 Zur (als „teleologisches Ideal“ des Charakters gedachten) „radikale[n] Individualisierung des Humanitätsideals“ bei Humboldt vgl. Jürgen Kost: *Individualität und Soziabilität. Überlegungen zum kulturgeschichtlichen Ort des Humanitätsideals Wilhelm von Humboldts und der Weimarer Klassik*, in: Volker C. Dörr/Michael Hofmann (Hg.): *„Verteufelt human“? Zum Humanitätsideal der Weimarer Klassik*, Berlin 2008, 15–29, bes. 21–25.

Humboldt sieht in der „Verbindung des Einfachsten und des Höchsten, des durchaus Individuellen und vollkommen Idealischen (dieser beiden Hauptbestandtheile aller künstlerischen Wirkung) in derselben Schilderung und derselben Gestalt" das oberste Prinzip literarischer Darstellung (125). Dies bedeutet, dass der Dichter „durch einzelne Bilder der Phantasie den Geist auf einen hohen und weitumschauenden Standpunkt [...] führen" solle und so

> vermittelst durchgängiger Begränzung seines Stoffs eine unbegränzte und unendliche Wirkung hervor[]bringen, durch ein Individuum einer Idee Genüge [...] leisten und von Einem Punkt aus eine ganze Welt von Erscheinungen [...] eröfnen [!]. (125)

Aus diesen Preliminarien erschließt sich bereits, warum dem Begriff ‚Umriss' in Humboldts Betrachtung der literarischen Gestalten so große Bedeutung zukommt: Er ist dasjenige Moment, das zugleich, indem es ein „Individuum" präsentiert, „[]begränzt[]" und, insofern es auf das Ideal zielt, die „Wirkung" ins „[U]nendliche" paradox eröffnet.

Dadurch, dass die Einbildungskraft des Künstlers jeden „Gegenstand, selbst wenn er ihn unmittelbar aus der Natur entlehnt, doch immer von neuem durch seine Einbildungskraft erzeugt", tilge er daran alles Zufällige und isoliere den Gegenstand, so dass er „nur von sich selbst abhängig" werde (129). Die dadurch „in ihm herrschend[e]" Einheit sei jedoch „keine Einheit des Begriffs, sondern durchaus nur eine Einheit der Form", da die Einbildungskraft sich den Gegenstand „nur unter der doppelten Bedingung völliger Selbstbestimmung und völliger Formalität" selbst bilden könne. Gelinge dies, so Humboldt, dann stelle der Künstler

> lauter reine Charakterformen auf, blosse Gestalten, welche die lautre, nicht durch einzelne wechselnde Umstände entstellte Natur an sich tragen; so ist jede mit dem Gepräge ihrer Eigenthümlichkeit gestempelt, und diese Eigenthümlichkeit liegt bloss in der Form, kann nie anders, als durch Anschauen gefasst, nie aber in einem Begriff ausgedrückt werden. (129)

Es ist bezeichnend, dass Humboldt daher in den folgenden Untersuchungen die Metapher des „Umrisses" verwendet, die einerseits eben die gemeinte formale Abstraktion und Stilisierung bzw. Idealisierung des Charakteristischen treffend bezeichnet, andererseits aber der Umriss als bildgestalterisches Medium immer nur die unanschaulichste Form der Anschaulichkeit präsentiert – wie ja auch die *Metapher* des Umrisses zugleich Anschaulichkeit suggeriert und deren Bestimmtheit, als Metapher und eben nicht Begriff, zugleich wieder auflöst.

Humboldt betont mehrfach, dass Natur und Kunst unterschiedlichen Ebenen angehörten und ihre Gegenstände daher nicht mit demselben Maßstab zu messen seien; dies erkenne man besonders, wenn die Kunst ihren Gegenstand im „einfachsten Fall" bloß getreu nachahme:

> An einer schön gemahlten Frucht bemerkt man ein Schwellen der Contoure, eine Zartheit des Fleisches, eine flaumartige Weichheit der Haut,[19] ein Glühen der Farben, das – so sehr ist es bloß idealisch – die Natur nie zu erreichen vermag. Man kann darum nicht sagen, dass die gemahlte Frucht schöner sey, als die natürliche; die Natur ist überhaupt nie schön, als insofern die Phantasie sie sich vorstellt. Man kann nicht sagen, dass die Umrisse in der Natur weniger vollendet, die Farben minder lebhaft wären; der Unterschied ist allein der, dass die Wirklichkeit zu den *Sinnen*, die Kunst zu der *Phantasie* spricht, dass jene harte und schneidende Umrisse, diese zwar immer bestimmte, aber immer auch unendliche giebt.
>
> Selbst der unläugbare Widerspruch, der in diesen beiden Eigenschaften enthalten ist, beweist, dass alle Wirkung der Kunst nur durch die Stimmung des Empfindenden hervorgebracht wird. Denn sonst ist es offenbar klar, dass der Umriss, der bestimmt, zugleich begränzt, dass, indem er angiebt, wie weit eine Linie, eine Fläche gehen soll, er zugleich alles Fernere ausschliesst; aber die Phantasie begränzt nie, sie geht immer ins Unendliche fort, und sobald also das Genie des Künstlers sie begeistert, verbindet sie ihre Unendlichkeit mit den Formen, die er ihr vorlegt, ohne sich um einen Widerspruch zu bekümmern, der zwar den Verstand und die blosse sinnliche Anschauung, nicht aber sie angeht.
>
> Eben daher kommt es auch, dass die Kunst uns immer in uns zurück versenkt, da die Wirklichkeit uns aus uns herausführt, unsre Begierde zum Genuss, unsre Thätigkeit zum Handeln weckt. (130 f.)

Erst indem das vollendete Kunstwerk „den Menschen sich selbst giebt, schenkt es ihn der Welt." (131) Die „Phantasie" steht für Humboldt an oberster Stelle im Wirkungssystem der Kunst – und um ihre Leistung zu verdeutlichen, gestaltet er die „Umrisse" der Gegenstände in der Natur und in der künstlerischen Darstellung zur paradoxen Denkfigur aus, die den fundamentalen Gegensatz veranschaulicht: Während die Form eines natürlichen Gegenstandes von den physischen Sinnen als notwendig faktisch begrenzt wahrgenommen wird und dem Gegenstand damit keine andere Gestalt als eben diese eine, „hart[] und schneidend[]" *umrissene* verleihen kann, während Umrisse in der Natur also immer eine definite Grenze der Wahrnehmung darstellen, so sieht Humboldt in den wenngleich auch „immer bestimmte[n]" Umrissen der künstlerisch dargestellten Gegen-

19 Vgl. Kap. 11 zu Hagedorn, der mit dem Beispiel der flaumigen Haut eines Pfirsichs seine Erörterungen zu den „verblasenen Umrissen" illustriert hatte. Humboldts Argumentation zielt allerdings auf andere Zwecke.

stände keine isolierende Grenze, sondern vielmehr eine Schwelle hinüber in das „unendliche" Reich der „Phantasie": Geradezu unbeabsichtigt, „bloss indem er [...] die Ausführung seines Geschäfts der Phantasie überlässt, hebt [der Dichter] die Natur aus den Schranken der Wirklichkeit empor und führt sie in das Land der Ideen hinüber"; damit „schaft [!] er seine Individuen in Ideale um." (132)

Umrisse werden so zum Transformationsmedium der Wahrnehmung, zum Grat, an dem sich begrenzte Sinne und unbegrenzte Phantasie[20] ebenso scheiden wie Wirklichkeit und Ideal. Die künstlerisch „bestimmte" Form dient als notwendiges Imaginationssubstrat, das den Sinnen unterlegt wird, um der Phantasie einen Grundriss zu geben, auf dem sie ihre plastischen Gebäude errichten kann. Im Gegensatz zu den zeitgleich sich entwickelnden frühromantischen Vorstellungen vom Schweben der Einbildungskraft, die auch durch Flaxmans ‚hieroglyphische' Umrissdarstellungen zum imaginativen Fortspinnen der Gebilde angeregt werden kann (vgl. Kap. 20), bleibt aber die „Phantasie" bei Humboldt an die konkrete „Form" gebunden.[21] Denn nicht zuletzt steht diese, mit ihrer durch die Kunst im Menschen hervorgerufenen Wirkung, im Dienste der Menschenbildung: Plastische *Gestalten*, individuelle und zugleich ideale Charaktere mit „unendliche[n]" Umrissen mögen dazu reizen – über ethische oder pragmatische Wirkungen einer Arabeske äußert sich Humboldt nicht.

Die Parallele zu Moritz' Konzepten des In-sich-selbst-Vollendeten und der unendlichen Vollkommenheitslinie zeigt sich nochmals in Humboldts Erläuterung des Begriffs des Idealischen. Ihm erscheint dieser Begriff „vollkommen bestimmt", da „alles [...] idealisch" sei, „was die Phantasie in ihrer reinen Selbstthätigkeit erzeugt, was daher vollkommne Phantasie-Einheit besitzt. Diese nun ist immer eine geschlossene Grösse" (133). Der Gedanke des in-sich-selbst-Geschlossenen erscheint in Humboldts Studie häufig; er betont, dass Goethe nicht nur zu „*Idealität*", sondern auch zu „*Totalität*" (133 f.), zur Darstellung „einer *Welt*", eines „geschlossene[n] Kreises alles Wirklichen", gelange. Diese „Totalität" erreiche er, indem er „entweder den Kreis der Objecte oder den Kreis der Empfindungen

20 Zu den ‚unendlichen Umrissen' als „unabschließbare[m] inneren Formprozess[ ]" und Setzung einer „bestimmte[n] Grenze, innerhalb welcher die Phantasie nun ‚unendlich fortschreitend' sich selbst reproduziert", vgl. auch Goebels, 253 f.

21 Otto, 120, sieht in der „Idee der Vollendung des Werks durch den Leser den entscheidenden Berührungspunkt" von Humboldts Ästhetik „mit der frühromantischen Poetik", weist aber nicht die Differenzen auf.

durchläuft, die sie hervorbringen." (134)[22] Die hier zugrundeliegende Denkfigur des in sich geschlossenen Kreises, die zu den übrigen bei Humboldt nicht seltenen Figuren von ‚Grenze', ‚Schranke' und, vor allem, ‚Umriss' hinzutritt, ist zentral. Ähnlich wie in Moritz' Konzept einer immer identischen „*Spur* auf dem Grunde der Einbildungskraft", die als universale „Signatur des Schönen" der notwendige Effekt jedes vollkommen Schönen sein müsste, ist auch diese Humboldtsche Kreisfigur unendlich abstrakt gedacht: „Jede Hymne des Pindar, jeder grössere Chor der Tragiker, jede Ode des Horaz durchläuft, nur in unendlich abwechselnder Mannigfaltigkeit, denselben Kreis" (134 f.) der Totalität. Eine solche Totalität entstehe geradezu notwendig, sofern nur die Einbildungskraft ganz über die „Stimmung" des Lesers herrsche und alles Einzelne „auf einmal" zusammenknüpfe, das aus der „Absonderung von Individuen [...] nur durch Beschränkung entsteht", aus dem aber, „da alles Positive [...] eigentlich Eins ist", „nothwendig von selbst ein Streben nach einer in sich selbst geschlossenen Vollständigkeit" erfolge (136 f.). „Das *Gemüth* also" ist es, das von irgendeinem „Objecte" ausgehend „den ganzen damit verwandten Kreis zu vollenden und immer [...] eine Welt von Erscheinungen auf einmal zusammenzufassen" (137) vermag. Die Umrissenheit der Charaktere sieht Humboldt als Initialmoment für die Konstitution von Totalität in der Einbildungskraft, die sich an der inneren Beschränktheit stößt und eine äußere „geschlossene[] Vollständigkeit" um sie herumprojiziert. In produktionsästhetischer Hinsicht erreiche derjenige Künstler am leichtesten diese Totalität, „der die Einbildungskraft am zartesten und leisesten zu bewegen versteht", da gerade darin „diess *Allumfassende*" der stetig umherschweifenden Einbildungskraft bestehe, die dennoch dabei „immer den ganzen Kreis zugleich beherrscht" (137). Nicht nur in Parallele zu den bei Moritz häufigen Überblicks-Szenarien,[23] sondern vielmehr in Rekurs auf das aristotelische Konzept des unbewegten Bewegers – und sekundär in Übereinstimmung mit dem mittelalterlichen Konzept des *deus incircumscriptus*, der außerhalb der *circumscriptio* seiner Schöpfung steht

22 Auf Humboldts daran anknüpfende Differenzierungen der Methoden des epischen und des lyrischen Dichters kann hier nicht weiter eingegangen werden.

23 Zum Bildbereich der Über- und Umsicht aus dem Mittelpunkt eines Kreises vgl. auch Goebels, 258, jedoch ohne Hinweis auf Moritz. Auf die Moritz-Parallelen in Humboldts „Totalitätsbegriff" weist Dippel, 161 f., hin. Zu Humboldts „Totalitätsbegriff" in der Goethe-Studie und ihrer Verbindung mit dem Kreis-Motiv (als „Inbegriff einer stetigen und sich selbst aufhebenden Dynamik, die nicht mehr über sich hinausweist auf mögliche andere Figuren") vgl. auch Goebels, 254 f. (Zitat 255).

(vgl. Kap. 3) – fügt Humboldt hinzu, es sei „nicht mehr schwer, eine Welt zu bewegen, wenn man einen Punkt ausserhalb derselben gefunden hat, auf den man mit Sicherheit fussen kann." (137)

18.3 Die „Totalwirkung" des Werkes und die Bestimmtheit seiner Umrisse

Wie bereits mehrfach vorweggenommen, wird für die Diskussionen um die Wirkung und Leistung von Umrissen ab 1800 zunehmend der Begriff des ‚Totaleindrucks' an Relevanz gewinnen. Gerade Humboldt bezieht sich im Zusammenhang seiner Umriss-Semantik mehrfach auf die „Totalwirkung" von Goethes *Herrmann und Dorothea.*[24] Dies ist nicht nur seiner hermeneutisch-zirkulären, sondern vor allem seiner streng formorientierten Perspektive auf das Werk gemäß; so ist es charakteristisch, dass er gerade im XIV. Abschnitt zur „Zweite[n] Stufe der Objectivität unsres Gedichts. – Verwandtschaft seines Styls mit dem Styl der bildenden Kunst" (146) auf die „Totalwirkung" von *Herrmann und Dorothea* eingeht und dann auf die „Umrisse" der Gestalten zu sprechen kommt: „Schon die Totalwirkung [des Werkes] beweist, wie emsig unser Dichter bemüht ist, bloss und allein die Form Eines Gegenstandes zu zeichnen." Dies habe man auf einer ersten „Stufe" der „Objectivität" bereits gesehen: an der „Bestimmtheit", mit welcher das Werk „einen rein durch die Einbildungskraft erzeugten Gegenstand hinstellt." (147) Aus dieser mikroskopisch-isolierenden Perspektive erhebt Humboldt den Blick auf das gesamte „Gedicht", doch ist diese Überschau notwendigerweise eine analytische, streng isolierende, dann aber verbindende Synthese. Wenn man dem Gedicht aufmerksam „in allen seinen einzelnen Theilen folge[ ]", sehe man,

> wie vollendet alle Umrisse sind, wie fest sich jede Gestalt unsrer Phantasie einprägt, wie klar jede sich an die andre stellt, um zusammen eine schön geschlossene und leicht übersehbare Gruppe zu bilden; dann können wir uns nicht verläugnen, dass die Stimmung, mit der wir es verlassen, der Stimmung ähnlich ist, mit welcher sonst ihrer Gattung nach ganz verschiedene Künste, mit welcher die Werke der Mahlerei und der Plastik auf uns einwirken. Denselben Charakter trägt auch die Bewegung an sich, die es uns darstellt. (147 f.)

24 Vgl. beispielsweise die Rede von den „Hauptumrissen d[es] Ganze[n]", Humboldt, 265.

Sie reiße uns nirgend „in lyrischem Taumel mit sich fort“, sei jedoch „überall“

> so lebendig und mannigfaltig, dass wir einer bewegten Welt zuzusehen meynen. Ueberall ist Handlung und Gestalt; wir fühlen so wenig, dass wir bloss Zuhörer des Dichters sind, dass wir unmittelbar vor dem Gemählde seines Pinsels zu stehen glauben.
>
> Wir sehen daher *hier* eine höhere Stufe der Objectivität; wir erblicken *die reinen Formen sinnlicher Gegenstände*; wir können es als ein charakteristisches Merkmahl dieses Gedichts aufstellen, *dass es mehr an die Forderungen und das Wesen der Kunst überhaupt und der bildenden insbesondre, als einseitig an die eigenthümliche Natur der Dichtkunst erinnert.* (148)

Die Begriffe „Umrisse“, „Form“, „Totalwirkung“ und „Objektivität“ erscheinen in Humboldts Deutung untrennbar verbunden; die „Umrisse“ werden dabei zu demjenigen darstellerischen Medium, von dem das abhängt, was in Humboldts Hierarchie ästhetischer Termini zuoberst steht: Denn „[k]ein Begriff“, so schreibt er zu Beginn des XIV. Abschnitts, sei „in der Theorie der Kunst so wichtig, als der der Objectivität“ (146). Goethes literarischer „Styl“ wird als plastischer wahrgenommen;[25] seine fest umrissene Gestaltendarstellung – und ihre klare ‚Einprägung‘ in die „Phantasie“ – entspricht für Humboldt dem Kontur einer Statue oder dem „schön geschlossene[n] und leicht übersehbare[n]“ Kontur einer „Gruppe“ (wobei mit der Geschlossenheit und der schnellen Eindrücklichkeit abermals wesentliche Eigenschaften von Umrissdarstellungen genannt sind). Humboldt überträgt somit den Begriff des Umrisses systematisch auf die Literatur; er beschränkt sich dabei aber nicht auf die Darstellung der einzelnen „Gestalt“ oder von „Gruppen“, sondern kombiniert dieses lineare Moment mit dem im 18. Jahrhundert eher als ‚linear‘ geltenden Moment von Literatur: ihrer Zeitlichkeit und Bewegtheit. Allerdings tut er dies so subtil, dass „Handlung und Gestalt“ gleichgeordnet werden; „Handlung“ wird, als fest umrissene, *gestalthaft* wahrgenommen: als prägnanter Moment, der im Kontur einer Statuengruppe sistiert wird. Denn ein plastisches Konzept von „Umriss“ liegt hier eher vor als ein malerisches – das „Gemählde“ des dichterischen „Pinsels“ erscheint nur als konventioneller Rekurs auf den Topos der Aufklärungspoetik, und nicht zuletzt weist Humboldt selbst darauf hin, in Goethes Gedicht eher Aufschluss

25 Vgl. dazu auch Otto, *Ästhetische Bildung*, 138 f., der in Humboldts Ästhetik einen „Primat des Plastischen“ (eher als einen „Primat der Plastik“) sieht, gründend in seiner „um eine bestimmte um Objektivität bemühte[n] ‚Sehweise‘“.

über „*das Wesen der Kunst überhaupt*" als nur „einseitig" über die „Dichtkunst" zu finden.

18.4 „Ex ungue leonem": Zum Suggestionspotential von Goethes literarischen Umrissen

Humboldt überträgt ein weiteres mit dem Kontur verknüpftes Prinzip der bildenden Kunst auf die Literatur. Sandrart hatte bemerkenswert oft in seiner *Teutschen Academie* auf das sprichwörtliche „Ex ungue leonem" der antiken Kunstliteratur hingewiesen,[26] das impliziert, dass ein Künstler aus einem Fragment, also beispielsweise der Klaue eines Löwen, mittels der Kenntis um die richtige Proportionenlehre (die antike *symmetria*) auf die Gestalt des gesamten Kunstwerks schließen könne. Nach eben diesem Prinzip verfährt auch Winckelmanns ‚empfindende' Rekonstruktion des *Torso von Belvedere*, wenn ihm in der Kontemplation der fragmentarischen Konturen „ein Ausfluss aus dem Gegenwärtigen" erscheint, der dem Torso seine ursprüngliche Gestalt wiedergibt (Kap. 10). Humboldt nun leistet seine Übertragung auf die Literatur, indem er bemerkt, ein Dichter „braucht nicht die ganze Figur hinzustellen; er kann nur den Theil zeichnen, und indem er die Schilderung desselben der Empfindung seines Lesers wichtig macht, diesen nöthigen, das Fehlende selbst auszumahlen." (152) Habe er so erst einmal „z. B. in der Schilderung einer weiblichen Gestalt durch einen einzelnen Zug das Herz" des Lesers gewonnen, „so vollendet alsdann seine Phantasie von selbst nach demselben Massstab [!] und in demselben Charakter auch die ganze übrige Figur und kommt also dem Dichter dadurch auf halbem Wege entgegen." (152 f.) Humboldt weist aber darauf hin, dass im Falle einer solchen Form-Suggestion „auch die Schilderung [...] minder objectiv" sei: „die Gestalt zeichnet sich dem Blick weniger bestimmt, die Empfindung ahndet mehr ihren Charakter, als dass ihre Umrisse dem Auge sichtbar würden." (153) Humboldt setzt damit ‚Charakteristisches' und bestimmte Umrisse einander gleich. Wolle der Dichter also „dem allgemeinsten und reinsten Begriff der Kunst treu bleiben" – der für Humboldt mithin durch deutliche Umrisse der Gestalten verbürgt wird – müsse er doch das „Ganze" schildern und dessen „Eindruck" im Auge haben (153). Um ein gelungenes Beispiel solcher Dichtkunst zu geben, leitet Humboldt über zu einer „*Erläuterung des*

26 Vgl. dazu Kap. 8 sowie Winner, „*Ex ungue leonem*".

Gesagten an der Schilderung der Gestalt Dorotheens“, einem „Gemählde“ derselben:

> Nachdem Herrmann sie nur mit wenigen Zügen [...] so gezeichnet hat, wie er sie zuerst antraf, wie sie ihre schwangre Verwandte rettet und die Ochsen lenkt, die den Wagen führen, beschreibt er sie [...] den Freunden, die unter den übrigen Ausgewanderten Nachricht von ihr einzuziehen abgeschickt sind.
>
> Und Ihr werdet sie bald,
>
> sagt er,
>
> vor allen andern erkennen;
> Denn wohl schwerlich ist an Bildung ihr eine vergleichbar.
> Aber ich geb' Euch noch die Zeichen der reinlichen Kleider.
>
> Also nur nach den Kleidern wird die Gestalt geschildert. Dadurch gewinnt der Dichter einen doppelten Vortheil. Er ist gewiss, bloss dem Auge zu mahlen, durch keine Nebenvorstellung die Aufmerksamkeit von der Gestalt abzuziehen [...]; und zugleich kann er auf diese Weise die ganze Figur in allen ihren Umrissen zeichnen. Wählte er dagegen die Bildung selbst, so konnte er immer nur einzelne Theile schildern, die Gestalt nur beschreiben, nicht unmittelbar vor die Augen stellen. Auch zeigt er sie uns in der That vom Haupte bis zu den Füssen und wählt lauter solche einzelne Züge aus, welche die äussern Umrisse bezeichnen, die Wölbung des Busens, die Schlankheit des Wuchses, die Form des Kopfes. Vorzüglich sorgt er dafür, dass der Phantasie in dem ganzen Contour schlechterdings keine Lücke bleibe. Er zeichnet genau, wie über der Brust um den Hals sich das Hemde zur Krause faltet, wie das Kinn daran anstösst und sich der Kopf darüber erhebt, und auch abwärts vollendet er die Figur bis zum Knöchel herunter. (153 f.)[27]

Die Merkmale, die Humboldt hier als „Umrisse“ und „Contour“ interessieren, sind keine vielleicht zu erwartenden Beschreibungen des Charakters oder der Haltung, sondern tatsächlich in allerwörtlichstem Sinne die körperlich distinkten Formen Dorotheas.[28] Als trüge sie koische Gewänder, die den Körperkontur hindurchscheinen ließen, gilt ihm daher auch die Beschreibung der Kleidung als exakte Umschreibung der Gestalt, deren „Contour schlechterdings keine Lücke“ haben dürfe. Er legt also die selben Maßstäbe an wie für eine Plastik, deren „Contour“ dem Auge ein müheloses Fortgleiten ermöglichen soll. Das lineare Verfahren der „Schilderung“, das diesem visuellen Fortgleiten ebenso gemäß ist wie dem zeichnerischen Umrissziehen, bewertet Humboldt aus eben denselben

27 Ausgelassen sind in diesem Zitat jeweils nur Seitenangaben Humboldts.

28 Nach Humboldts Ansicht diene Herrmanns Beschreibung dazu, dass seine Freunde Dorothea „sicher und schnell aus dem Haufen heraus[ ]finden“ könnten. Dies sei nun einmal nicht leichter möglich als durch die Beschreibung von „den Umrissen der Gestalt, dem Schnitt und der Farbe der Kleidung“ (156).

Gründen positiv, die bereits Breitinger als Vorteile der „poetischen Mahlerey“ angeführt hatte: Der Dichter „ist gewiss, bloss dem Auge zu mahlen, durch keine Nebenvorstellung die Aufmerksamkeit von der Gestalt abzuziehen [...]; und zugleich kann er auf diese Weise die ganze Figur in allen ihren Umrissen zeichnen.“ (153 f.) Der Dichter wolle die Gestalt Dorotheas jedoch „der Einbildungskraft nicht bloss zeigen, er will sie ihr unauslöschlich fest einprägen.“ Dies erreiche er, indem er ihre „Stellung“ verändere: „Jetzt haben wir sie im Gehen gesehn; eine Strecke weiter zeichnet er sie uns [...] sitzend. Dieselbe Beschreibung kehrt mit denselben Worten zurück, nur mit den Veränderungen, welche diese Lage erfordert.“ (154) Die Gestalt erscheine uns nun dadurch wie im „Leben“,

> wo auch dieselben Gestalten in mannigfaltigen Bewegungen erscheinen; jetzt hat sich diess Bild für die ganze Folge des Gedichts fest eingeprägt; wo sie nun auftritt, steht es vor uns da, begleitet alle ihre Worte, Gebehrden und Handlungen. (154)

Humboldt erblickt im Ablauf von Goethes Personenschilderung ein *Musterbuch:* In diesem erscheinen die bekannten Umrisse Dorotheas immer wiederkehrend in den verschiedensten charakteristischen Attitüden – wie sie Lady Hamilton verkörperte und wie sie die zeitgenössischen Künstler in ihren Werken verewigten. Diese charakteristischen Umrisse für „alle ihre Worte, Gebehrden und Handlungen“[29] haben durch ihre schlichte Eindrücklichkeit Humboldts Meinung nach gleichsam Modeln in der Einbildungskraft geformt, in denen bei gegebenem Anlass die Gestalt von der und für die Phantasie konturgetreu gebildet wird. Eine solche Modellbildung, die erlaubt, die einmal umrissenen Gestalten umgehend in der jeweils erforderlichen Haltung vor der Einbildungskraft erscheinen zu lassen, ist dabei unabdingbar für die Gattung des Epos, wie sie Humboldt idealiter in Goethes Werk erblickt. Es müsse „dem aufmerksamen Leser“, so bemerkt er, bereits

> von selbst aufgefallen seyn, wie passend eine Schilderung, die nur Contoure, aber diese in der grössesten Vollständigkeit zeichnet, für eine Gattung der Dichtkunst ist, deren ganze Wirkung nur auf nie stillstehender Bewegung und ununterbrochener Stetigkeit beruht. (155)

Diese Beobachtungen, zusammengenommen mit der obigen Forderung, dass der „Contour schlechterdings keine Lücke“ haben dürfe“, setzt

29 Die Modellhaftigkeit und damit universale Applizierbarkeit all dieser Haltungen ist von größter Bedeutung für Humboldts Vorstellung von den ‚unendlichen Umrissen‘ als Charakteristikum der epischen Dichtung, s. u.

Humboldt zu der „reine[n] Objectivität“ in Beziehung, die das wichtigste Ziel des „epischen Dichter[s]“ darstelle und „vorzüglich durch die ununterbrochene Stetigkeit der Umrisse bewirkt“ werde[30] (236). Dieser müsse in seinem Werk, gerade weil es „bestimmt“ sei, auf die ganze Natur eine freie Aussicht“ eröffnen, und zwar durch „eine Mannigfaltigkeit einzelner Gruppen“, in denen wiederum

> jede Gestalt in ihren einzelnen Theilen, jede Gruppe in ihren einzelnen Gestalten, endlich das Ganze in seinen einzelnen Gruppen durch nirgends unterbrochene Umrisse eine einzige Form bilden [muss]. Aber diese Stetigkeit wird auch noch ausserdem durch die erforderliche Bewegung nothwendig. Denn jede Unterbrechung derselben würde eben so gut ein Stillstand in dieser, als eine Lücke in der Gestalt seyn. (236)

Das letzte Ziel des „epische[n] Gedicht[s]“ sei daher „eine [vollkommene] Einheit der Gestalt und der Handlung“; diese dürfe immer nur „Eine Handlung“ sein, die ein „durch sich allein vollständiges, von allem ausser sich unabhängiges Ganzes“ darstelle (236), und „deren fortlaufende Linien man als Bewegungen der Umrisse betrachten kann“ (280). Die lückenlosen Umrisse sind unerlässliches Konstituens des epischen Kunstwerks, das sich wie bei Moritz als In-sich-selbst-Vollendetes präsentieren soll.

Der „ununterbrochene[]“ literarische „Contour“ wird somit in doppelter Weise – als Gestalten konstituierendes und ein Gestalten- und Handlungskontinuum gewährleistendes Medium – für Humboldt zur Signatur des Epos. Es ist dies ein bemerkenswerter gattungstheoretischer Unterschied, der Humboldt sowohl von Winckelmann als auch von August Wilhelm Schlegel trennt, die beide streng umrissbetonte Kunst (griechisch-archaische Vasenmalerei einerseits, Flaxmans stilisierte Darstellungen andererseits) mit dem strengen Stil der *Tragödie* besonders des Aischylos parallelisierten. Humboldt hingegen widmet sich in seinem Aufsatz kaum der Tragödie, räumt aber immerhin ein, dass diese „eben so sehr, als das Epos und vollkommen plastisch“ sei, und schlägt eine prinzipielle Unterteilung der Dichtung „in *plastische* und *lyrische*“ vor, wobei die

30 So erscheint denn auch das „Gesetz durchgängiger Stetigkeit“ (neben dem „Gesetz der höchsten Sinnlichkeit“ und dem „Gesetz der Einheit“) unter den drei „Gesetze[n] der Epopee“, die Humboldt als Voraussetzungen benennt, unter denen der Dichter die größte „Objectivität“ seines Werkes erlange (278 ff.). Dabei sei das „Gesetz durchgängiger Stetigkeit“ eine „doppelte Anwendung des [Gesetzes der höchsten Sinnlichkeit] auf den Begriff der Handlung und der Gestalt, deren fortlaufende Linien man als Bewegungen der Umrisse betrachten kann. In dieser letzteren Bedeutung hat der epische Dichter diess Gesetz mit dem Mahler und Bildner, in der ersteren eigentlich mit keiner andern Kunst gemein.“ (280)

„*plastische*“ Poesie[31] „als Darstellung einer Handlung“ sowohl die „*epische*“ als auch die „*dramatische*“ umfasse (245).[32]

18.5 Monumentale Einzelformen oder bewegte Handlungslinien?

Bei der Frage nach den Vorzügen einer dichterischen Darstellung gegenüber den Möglichkeiten der bildenden Kunst greift Humboldt auf die Linearität der dichterischen „Umrisse“ zurück, wie sie bereits in den aufklärungspoetischen Entwürfen zur ‚poetischen Mahlerey‘ betont wurde, und verknüpft sie mit dem Aspekt der „Bewegung“:

> Der Dichtkunst ist die Bewegung so eigenthümlich, dass sie eigentlich keinen Ausdruck für das Stillstehende hat. Nur dadurch, dass sie das Auge die Umrisse der Figur durchlaufen lässt, kann sie eine Gestalt zeichnen. Diess aber prägt dieselben der Einbildungskraft nur um so fester ein, da der Dichter sie nun vor ihr selbst erzeugt, sie im eigentlichsten Verstande nöthigt, sie selbst zu beschreiben. Sie wirkt ganz in der Zeit, greift dadurch tiefer, als die immer kältere bildende Kunst in unsre Empfindung ein und beseelt ihre Schilderungen mit einem volleren Leben. Ihre Gemählde sind nicht bloss Gruppen, in denen sich Gestalt an Gestalt anschliesst; sie gleichen auch vollkommen gegliederten Ketten, in welchen Bewegung aus Bewegung, Figur aus Figur entspringt. (157)

31 Vgl. auch Humboldts Ausführungen zur unbedingt notwendigen „Anordnung der Détails“ in der „dichterische[n] Erfindung des Ganzen“ (291): „Wie in einer vollkommen ausgearbeiteten Bildsäule nichts mehr blosser Stoff ist, wie auch der kleinste Raum, über den der Finger hinweggleitet, seine eigne Form und seine eigne Begränzung hat, so ist auch hier alles bestimmt und jede Bestimmung erzeugt immer von selbst wieder die folgende“. Vgl. die Ausführungen zum „Gesetz durchgängiger Stetigkeit“, das auch hier durch den vollendeten Kontur veranschaulicht wird, über den die Wahrnehmung (hier tatsächlich ganz konkret der Tastsinn) ohne Unterbrechung „hinweggleite[n]“ kann (291 f.). Zudem verdeutlicht er an anderer Stelle die „reine[ ], hohe[ ] und idealische[ ] Form“ durch einen Vergleich mit den „Werken der Sculptur“ und der absoluten Konzentration des Bildhauers auf den jeweils zu bearbeitenden „kleine[n] Fleck“: „Wochen, Monate und Jahre halten ihn diese engen Gränzen gefangen“. Dabei stehe ihm immer „das Bild, das er darstellen will, vor Augen“ und finde in den „engen Gränzen“ eine „Welt“, der seine „Kräfte“ kaum genügen in dem Versuch, „ganz und vollkommen den Gedanken seiner Einbildungskraft dem rohen Stein [abzugewinnen]“ (161 f.). Das Kräfteparallelogramm von innerem Formprinzip und „engen Gränzen“ der Materie dient Humboldt als Reflexionsmodell für die Enstehung der dichterischen Umrisse in Goethes Werk.

32 Vgl. dazu weiter 245 f.

Wie bereits zuvor leitet Humboldt so die individualisierenden Umrisse einzelner Gestalten in einer imaginären unabgesetzten Zeichenlinie (die freilich zu „vollkommen gegliederten Ketten“ schönster Ordnung, nicht aber zu wuchernden Arabesken der Einbildungskraft führt) in den Bewegungs- und damit Handlungsablauf des Epos über. Dabei verhalte es sich nicht so, dass der Dichter „bloss […] Gestalten schildert und Handlungen beschreibt“:

> Sein Schildern der Gestalt ist selbst eine Handlung, und seine Handlung wird zur Gestalt. Denn jeder vorige Zug, den ein nachfolgender verdrängt, bleibt doch in der ganzen Gruppe stehen. Wir sehen nun wirklich vor uns, was wir bei dem Gemählde immer nur unvollkommen hinzudenken, wie nemlich der vorgestellte Moment entstanden ist und wohin er übergeht. (157)

Wollte man eine Parallele zu Moritz' „*Spur* auf dem Grunde der Einbildungskraft“ ziehen, wo Eindruck sich an Eindruck reiht, bis (auch dort auf ein literarisches „Gemälde“ Goethes angewandt, vgl. Kap. 16.8) das Bild sich vervollkommnet, so gewänne die sukzessiv-lineare, dichterisch generierte Spur hier bei Humboldt eine mehrdimensionale Zeit-Raum-Tiefe, während ein augenblicklich generierter Abdruck eines sichtbaren Kunstwerks immer auf den prägnanten Moment beschränkt bleibt und der zeitlichen Dimension gänzlich ermangelt. Die dichterischen „Umrisse“ werden somit zum Signum der nach Lessing[33] wesentlichen Eigenschaft der Literatur: Sie werden als ein Element, das aus der bildenden Kunst als einer Kunst im Raum stammt und dort allererst Räume (bzw. Flächen) konstituiert, zum Reflexionsmedium der davon unterschiedenen Literatur als einer Kunst in der Zeit.[34]

Humboldts Auffassung von dem ‚umrissenen‘ Charakter der episch-literarischen Darstellungsweise als einer Gattung, die geprägt ist von „Handlung“ und „Bewegung“, steht dennoch in einem gewissen inneren Widerspruch zu seinem anderen mit den ‚Umrissen‘ verknüpften Konzept, nämlich der ausgesprochen monumentalen Auffassung der Einzelform. So greift Humboldt zurück auf die bereits dargelegte „hohe Objectivität“ von *Herrmann und Dorothea* und die Leistung Goethes, darin „bloss sinnliche

33 Zu Humboldts Verhältnis zu Lessing in seiner Verbindung von Handlungsbegriff und der Forderung nach „plastische[r] Wirkung“ der Gestalten vgl. Dippel, 168.

34 Dabei darf nicht übersehen werden, dass Humboldt keinesfalls deskriptive Poesie meint; seine Beobachtungen gelten allein für das betrachtete epische Beispiel. So betont er, es gebe dort „[n]irgends […] blosse Beschreibung des Ruhenden, überall Schilderung des Fortschreitenden, […] überall eine Reihe von Veränderungen, in welcher jede einzelne immer klar und geschieden umgränzt ist“ (158).

Gegenstände und diese in ihren vollständigen Umrissen, in den reinen Formen der Einbildungskraft" (161) zu zeichnen. „Wo der höchste Grad der Objectivität erreicht ist, da steht schlechterdings nur Ein Gegenstand vor der Einbildungskraft da", dem alle Einzelmomente synthetisierend subordiniert würden; „da ist alles Form und durch das Ganze hin nur Ein und eben dieselbe." (161) Der „Eindruck" dieser Form sei eine unvergleichliche „Klarheit" und „Ruhe", „alle Kräfte unsres Gemüths gehören der Phantasie und diese ausschließend der Einen reinen, hohen und idealischen Form an, die aus einem solchen Kunstwerke uns entgegenstralt [!]." (161) Dem ununterbrochenen ‚Relief' der bewegt-linearen Handlung des Epos wird also eine abstrakte höchste Form der Totalität übergeordnet, die von einer alles subsumierenden „Ruhe", einem harmonischen Stillstand über aller Bewegung, dominiert wird.[35] Die „Eine[] reine[], hohe[] und idealische[] Form", die „uns entgegenstralt", wird, ähnlich wie bei Winckelmann die Synthesis von Natur und Ideal dem Betrachter über die Kontemplation des Kontur erkennbar wird, auch bei Humboldt durch die Vermittlungsleistung der Umrisse wahrnehmbar – dass sie aus dem Werk hervor „[]stralt", verweist nicht zuletzt auf ihre literarische Verfasstheit, denn hervorstrahlen, lateinisch *evideri*, kann die „reine[], [...] idealische[] Form" durch die rhetorische *Evidenz* der dichterischen Konturierung.

18.6 Metaphorische Umrisse der Kritik bei Humboldt

Humboldt verwendet die Denkfigur der Umrissenheit auch auf anderer Ebene; so spricht er von dem Bemühen, durch eine Untersuchung der besonders „hohe[n] Objectivität" in *Herrmann und Dorothea* zu einer Bestimmung der „äussersten Linien des Charakters" dieses „Gedichts" beizutragen, und es „aus der Masse beschreibender Gedichte heraus[zuheben]" (161); Umrissenheit (sein Untersuchungsgegenstand) dient Humboldt somit zugleich als literaturwissenschaftliche Metapher und Denkfigur seiner eigenen Methode. Besonders signifikant ist im Hinblick auf die sentimentalische Akzentuierung, die ab 1800 zunehmend mit dem Darstellungsmedium der Umrisse verbunden wird, dass diese auch Humboldt als Signatur einer vergangenen Epoche erscheinen. Zur *„Möglichkeit der heroischen Epopee in unserer Zeit"* bemerkt er:

35 Damit zeigt sich eine weitere Parallele zu Moritz' ästhetischen Konzepten (vgl. Kap. 16).

> Der prächtige Glanz der Epopee scheint mit dem Sinken der Griechischen Sonne erloschen zu seyn; glücklich genug, dass unser Dichter zeigt, dass sich wenigstens die reine Bestimmtheit ihrer Umrisse, das rege Leben ihrer Figuren, mit Einem Wort ihre volle und blühende Kraft überhaupt noch bis zu uns frisch und ungeschwächt erhalten hat. (307 f.)

Humboldts Vergleich vollzieht hier eine eigentümliche Volte: Was zunächst an Moritz' Formulierung in der *Anthousa* erinnert, man „müsse[] in der Flucht der Zeit von den Bildern, die vorüberrauschen, gleichsam nur die Umrisse stehlen" (Kap. 16), oder als Reminiszenz an das Ende von Winckelmanns *Geschichte der Kunst des Alterthums* erscheint, wo der imaginäre „Schattenriß" zur Abbreviatur der „Sehnsucht nach dem Verlohrnen" (GK I, 836, vgl. das Ende von Kap. 10) wird, füllt Humboldt hier dennoch mit „rege[m] Leben" und „Kraft", mit Frische und Blüte aus – indem der moderne Gehalt die antiken Umrisse von innen heraus durchdringt.

18.7 Literarische Gestaltungsmittel: Metrische „Farbenschleier" und unendliche Umrisse

Wenn Humboldt den Akzent so stark auf den Form-Begriff des dichterischen Werkes setzt, kann er die metrische Gestalt desselben nicht übergehen, und so unterscheidet er zwei „Gattungen von Gedichten" (171), denen entweder primär am „Gegenstand" gelegen sei (die also auf eine „höhere Objectivität" zielten und damit einer „strengere[n] *Gesetzmäßigkeit*" unterlägen) oder die auf die Schilderung einer „innern Stimmung" (170) zielten und spielerischer geartet seien; beide forderten je „ihren eignen Versbau". Dabei sei „diess die eigentliche Gränzlinie [...], wo in beschreibenden Gedichten *der Reim* und der *Griechische Vers* gebraucht werden muss". Ersterer gebe „immer ein Colorit", das sich für das „Auge" in den Vordergrund dränge, während der „Hexameter" (wie alle antiken „Silbenmaass[e]") „seinen noch reicheren und glänzenderen Farbenschleier immer nur als ein bescheidnes Gewand um die Schönheit der Formen giesst." (171) Das antike Versmaß bildet so auch einen metaphorischen *Umriss* um die formstrenge Poesie der ‚höheren Objectivität' und grenzt sie gegen als modern propagierte Stimmungsdichtung ab; zugleich erscheint das antike Versmaß aber selbst als sprachkünstlerischer „[S]chleier" (eine im 18. Jahrhundert gängige Metapher für die Metapher selbst, nicht aber für Versmaße, die eigentlich eher das formale Element an sich präsentieren, vgl. die *Einleitung* dieser Studie), der die „Schönheit der Formen" umfließt und sie modellierend betont wie ein (koisches) Gewand. Die Frage, zu welcher der beiden Gattungen *Herrmann und Dorothea* gehöre, erübrigt sich. Humboldt weist nochmals darauf hin, dass Goethe „seine Gestalten dem Leser in die Seele präg[e]", indem er sie nicht detailliert „beschreibt, sondern nur ihre Umrisse zeichnet",[36] und selbst dies nicht häufig, denn:

> Er kennt ein andres, tiefer eingreifendes Mittel sie aufzuführen und wichtig zu machen; die Kunst nemlich, sie durch den Grund herauszuheben, auf dem sie auftreten, die Einbildungskraft durch die gehörige Stimmung zu nöthigen, sie von selbst und in der Grösse zu erzeugen, die er ihnen mittheilen will.
>
> Dadurch erhält er ihre Umrisse, ohne ihrer Bestimmtheit zu schaden, dennoch immer gränzenlos und unendlich: sie wachsen in der That immerfort vor der Phantasie, so wie allmählig die eigne Stimmung derselben fortschreitend erhöht wird; das Ganze knüpft sich fester zusammen, wenn immer ein Theil den andren und nicht jedesmal der Dichter jeden besonders zu bilden scheint; und die ganze Wirkung wird um so viel dichterischer und künstlerischer, als sie reiner und selbstthätiger bloss durch die Einbildungskraft vollendet wird. (172)

Legte Humboldt nicht so großen Wert auf die hohe „Objectivität" der Darstellung und ihre „strenge[] *Gesetzmäßigkeit*" – ihn trennte wenig von den frühromantischen Umriss-Konzepten, die deren Appelle an die Einbildungskraft euphorisch begrüßten. Allerdings betont Humboldt hier eine Darstellung ex negativo, bei der die Umrisse der Gestalten sich erst vor dem grundierten Hintergrund abzuzeichnen beginnen, während die eigentliche Gestalt ausgespart wird. Durch diese gewisse ‚Unschärferelation' kann Humboldt die Umrisse, und damit die denkbar definite Formkomponente, zu einem paradox progressiven Potential entgrenzen: Die „Umrisse" werden „immer gränzenlos und unendlich" ‚erhalten', doch nicht nur dies, sie „wachsen" sogar noch „immerfort vor der Phantasie" und bilden gleichzeitig eben jene Totalität, die er in den „vollkommen gegliederten Ketten, in welchen Bewegung aus Bewegung, Figur aus Figur entspringt", so gelobt hatte. Wären nicht der starke Akzent auf der „*Gesetzmäßigkeit*" und die „vollkommen[e]" ‚Gliederung' dieses komplex verknüpften „Ganze[n]" gegeben, wäre Humboldts Lob der „selbstthäti-

36 Humboldt führt dies in ähnlicher Weise mehrfach aus, vgl. auch ebd., 190. – Vgl. Goebels, 250 f., zum Aspekt des „Zeichnens" in Humboldts Studie unter Rückbezug auf Kants *Kritk der reinen Vernunft*, wo „[d]er Ausdruck des Zeichnens […] im Schematismuskapitel […] zur Beschreibung des Verfahrens der Einbildungskraft gebraucht" werde; Humboldt diene das „Zeichnen" als „Garant für eine untergründige Identifikation von Subjekt und Objekt in der ästhetischen Erfahrung": „Der ‚Umriss' ist die transzendentale Bedingung der Möglichkeit einer produktiven Phantasietätigkeit".

ge[n] Einbildungskraft“[37] nicht weit entfernt von frühromantischen Positionen.

Dieser Eindruck wird bestätigt durch einen weiteren Rückgriff Humboldts auf die Unendlichkeitssemantik,[38] indem er von den „Umrissen“ Herrmanns und Dorotheas handelt, die jeweils durch den anderen konstituiert werden. Beide „Figuren“, so beobachtet Humboldt,

> tragen und heben [...] sich immer nur gegenseitig; und indem die Phantasie, den fixen Punkt aufsuchend, an dem das Ganze befestigt ist, immer von der einen zur andren hinüberschwanken muss, indem das Bild beider, wie ein Licht zwischen zwei Spiegeln, immerfort von der einen in die andre zurückgeworfen wird, erhalten sie immer schwellende und unendliche Umrisse. (175)

Auch dieses Verfahren der „unendliche[n]“ Spiegelung oder *Reflexion*, das zur Entgrenzung der sonst definiten „Umrisse“ beiträgt,[39] nähert Humboldts Position den frühromantischen Theoremen von stetiger Reflexion und „[u]nendlicher Verdopplung“[40] an. Dabei ist das Paradox von Unendlichkeitssemantik und Umriss-Terminologie bei Humboldt auch Signum der epischen Gattung in ihrem Bemühen um „Objectivität“ und

37 Zu Humboldts Konzept der produktiven Einbildungskraft vgl. Thomasberger, 599 f.; Höfner, 91 ff.; ferner Dippel, 153 ff.; und Otto, 98 ff., sowie Goebels, 216–258.

38 Zur Dialektik von Bestimmtheit und Unendlichkeit und der „hohe[n] Attraktivität“, welche die „Idee der Unendlichkeit und Unendlichkeitserfahrungen“, die „geradezu ins Zentrum seines Selbstverständnisses [weisen]“, für Humboldt besaßen (allerdings mit Bezug auf die Liebe zu seiner Frau), vgl. Ernst Osterkamp: *Unendlichkeit. Über die Bedeutung eines Begriffs im Briefwechsel Caroline und Wilhelm von Humboldts*, in: *itinera litterarum. Auf Schreibwegen mit Wilhelm von Humboldt.* Katalog, hg. von der Humboldt-Universität zu Berlin, Berlin 2009.

39 Zur Unendlichkeit der Umrisse tragen für Humboldt auch die oben erwähnten wiederkehrenden Umrisse bei (gewissermaßen komplementär zu den wiederkehrenden Versen der *oral poetry* im antiken Epos): So beruhe „die dichterische und vorzüglich die epische Wirkung [...] gerade darauf, dass man in allen verschiednen Lagen und Stellungen derselben Figur immer sie selbst klar wiedererkennt, [...] und dass die Einbildungskraft mit vollkommen ungehinderter Leichtigkeit immer von jeder auf alle übergehen kann. Dadurch allein erlangt sie wahrhaft unendliche Umrisse, verbindet sie alles Wechselnde und Mannigfaltige in Ein Bild, dass sie, sich immer im Mittelpunkte erhaltend, von da aus diese Uebergänge wirklich versucht und überall zwar bestimmt, [...] überall fest, aber mit schon wieder weiter gleitendem Fusse auftritt.“ (Humboldt, 185.)

40 Vgl. dazu Winfried Menninghaus: *Unendliche Verdopplung. Die frühromantische Grundlegung der Kunsttheorie im Begriff absoluter Selbstreflexion.* Frankfurt a.M. 1987.

„Totalität“, denn der „epische“ Dichter müsse, „was über alle Wirklichkeit erhaben“ sei, „immer in der Totalität eines geschlossenen Kreises zu finden verstehn“.[41] Die epische Dichtung wird charakterisiert durch die paradoxe Figur von Unendlichkeit in der Begrenzung: Dies ist aber nicht nur das Wesen der antiken Kunst in der Sicht des 18. Jahrhunderts, sondern auch das Wesen des Klassischen. Dessen favorisierte Denkfigur im Bereich der Literatur ist, wie für die Plastik der unbezeichnete „Contour“ Winckelmanns,[42] für Humboldt der unendliche Umriss.

18.8 Gestalten literarischer Humanität: Umrisse des Innern und „Formen eines grossen Ideals“

Hat Humboldt zunächst nur von den äußeren Umrissen der Gestalten Goethes gesprochen, so überträgt er in einem nächsten Schritt seine Thesen auf das innere Wesen derselben. Neben der „vollendete[n] Objectivität“ seien „schlichte Einfalt und [...] natürliche Wahrheit“ die vorzüglichsten „Ei-

41 Humboldt, 182. Er verdeutlicht dies exemplarisch durch Goethes Erweiterung des Blicks von den „so bestimmt gezeichnet[en]“ „Umrisse[n] seiner beiden Hauptfiguren“ in „höhere Sphären“, wie sie sich zeige, wenn Herrmann den Vater aufrufe, sich doch das gegenwärtige politische „Schicksal der Welt“ vorzustellen, das sich so „an das ihrige an[knüpfe]“ (182).

42 Ähnlich den Charakteristika der griechischen Kunst in Winckelmanns *Gedancken über die Nachahmung* erstellt Humboldt eine solche ‚Liste‘ für die epische Gattung: „Das undurchdringliche Geheimniss der Kunst, [...] die Technik, wodurch die Alten diese Wirkung zu Wege brachten, [...] beruht [...] grösstentheils auf einer dreifachen Eigenthümlichkeit ihrer Künstlermethode: | 1., auf der natürlichen [organischen] Zusammenfügung aller Theile zum Ganzen [...] | 2., auf der Grösse und Reinheit der Elemente, aus welchen sie ihre Formen zusammensetzten; und endlich [...] | 3., auf einer gewissen kühnen Manier, mit der sie [...] die Phantasie nur mit Begeisterung und Kraft ausrüsteten, den bloss angelegten Umriss selbst zu vollenden.“ (Humboldt, 195 f.) – Dem fluide-unbezeichneten „edelste[n] Contour“ Winckelmanns als Kennzeichen künstlerischer Synthesis von Natur und Ideal „in den Figuren der Griechen“ korrespondiert bei Humboldt der Umriss der antiken Dichtung, der an die „Phantasie“ appelliert. Deutlich zeigt sich der Unterschied zwischen Humboldts Position und frühromantischen Umriss-Konzepten: Ihm geht es nicht um das *freie* Spiel der unendlich reflektierten Einbildungskraft, sondern um „natürlichen Zusammenhang“ und „organische[] Schöpfung“; die „Phantasie“ soll keine Arabesken fortspinnen, sondern „nothwendig[]“ den „angelegten Umriss selbst [...] vollenden“. Bei Humboldt stehen Totalität, Umriss und Unendlichkeit in einem spannungsvollen, aber untrennbaren Bedingungsgefüge.

genschaft[en]" des „*Göthischen Gedichte[s]*" (191 f.) – eine der ‚edle Einfalt und stille Grösse'-Formel nicht unähnliche Beobachtung. Indem Humboldt nun die „Objectivität" auf einen „rein beobachtenden und bestimmt bildenden Sinn" zurückführt, „auf [die] Fähigkeit, die Natur in aller ihrer Wahrheit aufzufassen und in der ganzen Bestimmtheit ihrer Formen, der Festigkeit ihres Zusammenhanges wieder darzustellen" – also den naturwissenschaftlich-morphologischen Ordnungsblick (vgl. Kap. 17) –, geht er davon aus, dass diesem „äussern Sinn [...] ein ähnlicher innrer entsprechen" müsse: Wie ersterer „in der äussern Natur vorzugsweise [...] ihrer Gesetzmässigkeit und ihrer Realität" gelte, so richte sich der innere Sinn auf „dieselben Eigenschaften in dem Innern des Gemüths und dem Charakter der Menschheit". Daher konzentriere er sich auch nur auf ihre „grössesten, einfachsten und wesentlichsten Formen" (192) – die also bei gelungener Darstellung zu „kolossalischen Umrissen" (s. u.) gesteigert werden können. Ein darauf zielender Dichter werde stets „nur die Natur mahlen", und dabei den „Menschen" vorzugsweise „von den Seiten", wo er sich am meisten mit ihr im Einklang befinde, nämlich dort, „wo er als Gattung erscheint". So werde der Dichter auch „immer den treffendsten und kräftigsten", „[n]ie aber einen bloss kühnen oder glänzenden [Ausdruck] suchen" (192). Der klassische Stil, der „innern Charakter" und „äusser[e] Gestalt" in „kolossalischen Umrissen" darstellt, lässt bei Humboldt also der Kategorie des ‚Charakteristischen' keinen Raum. Ihm geht es um den „ganzen Menschen in seiner natürlichen Wahrheit [,] in seiner besten und höchsten Eigenthümlichkeit", dargestellt mit dem „sichtbarste[n] Gepräge der Kunst" (215), wie Humboldt bei der Betrachtung der „Verbindung [des] wahrhaft modernen Gehalts mit jener ächt antiken Form" betont, indem er auf die Umrisse des Innern zurückkommt:

> Indem wir aber nur diesen Gestalten zuzusehen glauben und überall Bewegung und Umrisse vor uns erblicken, werden wir dennoch eigentlich nur von ihrem innern geistigen Wesen gerührt [.] Jene Gestalten scheinen uns jetzt nur *der zartgebildete Körper der Seele*, die so lebendig aus ihnen hervorstralt. (214 f.)

Diese abermalige *Evidenz*, das ‚Hervorstrahlen' der inneren Form in der dichterischen Darstellung der äusseren „Umrisse", zeige uns „immer den ganzen Menschen"; und eben darin, in diesem „doppelte[n] Verfahren", so Humboldt, werde Goethes Behandlung des modernen „Stoff[es]" „den Werken der Alten ähnlich" (215). Die bewegten Umrisse fungieren als anthropologische Zeichen. Drückt sich in dieser Nähe zu Konzepten von plastischer Darstellung der Antike bereits Humboldts ebenfalls plastisches Dichtungsverständnis aus, so ergänzt er kurz darauf die Liste der Darstellungsprinzipien, durch die Goethe „im eminenten Verstande bildend“ werde, nämlich „im eminenten Verstande nach Bestimmtheit der Umrisse, Einheit des Ganzen und Ebenmaass der Theile strebend“: Diese Prinzipien der an Goethe beobachteten Gestaltenpoetik stimmen mit Bildungskonzepten der antiken Plastik überein, wie Humboldts Zusatz noch verdeutlicht: Goethe ziele „mit aller seiner Kraft bloss darauf [...], die Formen eines grossen Ideals aufzustellen, eines Ideals, das dem Geiste der Menschheit und der Natur (der im Grunde nur Einer und ebenderselbe ist) gleich sey.“ (220) Diesem abstrakten, universalen „grossen Ideal[]“ ließen sich nun tatsächlich die von Humboldt erwähnten „kolossalischen“, die „unendlichen Umrisse“ zuschreiben.

18.9 „Kolossalische Umrisse“: Zum Spannungsverhältnis von Antike und Moderne als Ausblick auf die (Umriss-)Kunst im 19. Jahrhundert

Eine andeutende, aussparende „epische[] Schilderung“, wie Humboldt sie für *Herrmann und Dorothea* konstatiert, sieht er prinzipiell als charakteristisch für antike Werke im Gegensatz zur detaillierten Ausmalung bei den neueren Dichtern; durch diese Darstellungsweise und deren Wirkung auf die Einbildungskraft erhielten die „Figuren“ der antiken Dichter „eine andere Größe, eine andre Würde und wahrhaft kolossalische Umrisse“.[43] Diese These Humboldts sollte man im Gedächtnis behalten, bevor unten der Blick auf die Literatur des Realismus gewendet wird mit der Frage, warum die „Umrisse“ ab der Mitte des 19. Jahrhunderts als Reflexionsmedium keine Rolle mehr spielen. Hierzu gehört die schlichte Tatsache, dass die romantische Arabeskenbegeisterung auch den Begriff des Umrisses aushöhlt und Umriss-Illustrationen als ein stilistisch weitenteils nicht mehr experimentelles Medium zunehmend von Holzstichen und Lithographien abgelöst werden, die mit ihren Möglichkeiten, malerische Effekte wiederzugeben, attraktiver wirken. Hinzu kommt der symbolische Gehalt des Umrissstils, der für eine sich selbst als epigonal empfindende Epoche sentimentalischen Charakter gewinnt, wie das Kapitel zu Keller zeigt.

43 Humboldt, 172 f. Vgl. dazu auch die Bemerkung zum „ersten Erscheinen Dorotheens“: „Man glaubt eine der hohen Gestalten zu sehen, die man bisweilen auf den Werken der Alten, auf geschnittenen Steinen erblickt.“ Hier dient abermals ein besonders umrissbetontes Medium als Vergleichsmodell (176). Vgl. auch Kap. 6.5 zum *dessein* in der Literatur.

Daneben aber sind es vielleicht vor allem der neue Stil der literarischen Schilderungen und die geänderten Wirkungsabsichten einer zunächst realistischen Literatur, die einen photographisch genau detaillierten oder später impressionistischen Duktus propagieren. In beiden Darstellungsweisen empfehlen sich Umrisse kaum als relevantes Reflexionsmedium. Bei Humboldt jedoch wird ihnen noch eine denkbar emphatische Bedeutung beigemessen, wie das Ende seiner Studie nochmals pointiert.

18.10 Das Ende der Studie im Angesicht von „Umsturz“ und „Gewalt“: Die Gefährdung der „innern Formen des Charakters“ und ihre notwendige „Bildung“

Humboldt äußert am Ende seiner Studie *Ueber Göthes Herrmann und Dorothea* die Hoffnung, damit ein „Fragment einer […] Theorie der Kunst“, also „der Aesthetik im Allgemeinen“ (318 f.) gegeben zu haben. Und ganz im Einklang mit dem darstellerischen Verfahren, das er für die Epopee mit ihrem Anspruch auf „Objectivität“ und Totalität propagiert hat, weitet er auch am Ende seiner eigenen kritischen Studie den Blick aus, „versetzt […] den Gegenstand, der uns […] so einzig beschäftigt, plötzlich wie in höhere Sphären“ und knüpft ihn an das gegenwärtige „Schicksal der Welt“ (182). Humboldt stellt abschließend fest, die „Methode der Aesthetik im Allgemeinen“ müsse „alle ihre Gesetze allein aus der Natur der Einbildungskraft […] ableiten und, um vollständig zu seyn, einen doppelten Kreis vollenden“, nämlich „einmal objectiv den der Möglichkeit ästhetischer Wirkungen, dann subjectiv den der Möglichkeit ästhetischer Stimmungen“. Dies bedeute für die Kritik der „Dichtkunst“, sie müsse „eben so wohl die verschiednen Dichternaturen, als die verschiednen Dichtungsarten einzeln dar[]stellen und […] würdigen“ (318 f.). Eben diese Methode habe die abgeschlossene Untersuchung befolgt. Nachdem Humboldt nun um die „Einbildungskraft“ als Mittelpunkt „einzeln[e]“ „Dichternaturen“ und „Dichtungsformen“ umgrenzt und diese methodisch mit dem „doppelten Kreis“ von Objektivität und Wirkung einerseits und Subjektivität und Stimmung andererseits umzirkt hat, verleiht er auch diesen seinen methodologischen Umrissen ‚unendlichen‘ Charakter: Denn die „vollständige Ausführung einer solchen Theorie“, so schreibt Humboldt im letzten Absatz,

> dürfte nie erwünschter, als jetzt erscheinen, da sie die Kunst, sie immer auf den Menschen und sein innres Wesen beziehend, mit der moralischen Bildung in

> nähere Verbindung setzen würde, als bisher geschehen ist, und es nie nöthiger war, die innern Formen des Charakters zu bilden und zu befestigen, als jetzt, wo die äussern der Umstände und der Gewohnheit mit so furchtbarer Gewalt einen allgemeinen Umsturz drohen. (319)

Damit endet der Text. Humboldts literarkritische Umrisstheorie steht somit im Zeichen eines umfassenden „moralischen" Bildungsprogramms; aus dieser Perspektive erhält seine Methodik – mit der Konzentration zunächst auf die äusseren Umrisse und sodann deren Rückführung auf die inneren Konturen des Charakters, der aus den äusseren Umrissen hervorstrahle – eine zusätzliche Bedeutungsebene. Zu deren Absicht trägt in einer Zeit, die als eine des absoluten Umsturzes alles Gewohnten erfahren wird, auch der „wahrhaft moderne Gehalt" von *Herrmann und Dorothea* bei.[44] Humboldt kommt es wohl als einzigem der Autoren, die sich um 1800 theoretisch über Umrisse äußern, zu, im Angesicht einer als haltlos und amorph erfahrenen Lebenswelt die eigene Favorisierung des begrenzenden, festbestimmte Formen definierenden Umrisses als Darstellungsmedium und ästhetische Denkfigur kritisch reflektiert zu haben. Der integre Kontur zumal der menschlichen Gestalt und ihres Schicksals als Individuum wie auch als Gattung dient als zentrales Reflexionsmedium, dessen Unversehrtheit und Lückenlosigkeit sich der Ästhetiker beständig

44 Bemerkenswert ist die stilistische Parallele zwischen Goethes literarischer ‚Umrisskunst', wie Humboldts sie analysiert, und der zeitgleich in Mode kommenden Umrissmanier in den Stichen nach Flaxman: Lässt sich doch in Humboldts Studie das Bemühen spüren, „den zwangvoll-idyllischen und dabei doch so nachdrücklich ‚sentimentalischen' Zug" in Goethes *Hermann und Dorothea* zu erklären, „insgesamt also das schrille Verhältnis, in das Goethe die zitathaft antike Form der Versepik zu dem zeitbürgerlichen Gehalt – der Spannung zwischen Revolutionsgeschehen und familiärer Einhegung – bewusst gesetzt hat" (Joachim Wohlleben: *Wilhelm von Humboldts ästhetische Versuche*, in: Bernfried Schlerath (Hg.): *Wilhelm von Humboldt. Vortragszyklus zum 150. Todestag*. Berlin/New York 1986, 184–211, 203). Signifikant an diesem Verhältnis, auf das sich Werner Buschs Überlegungen zum stilistisch sentimentalischen Charakter der Flaxman-Entwürfe übertragen ließen, ist, dass es gerade in diesem Werk mit seiner Schere zwischen Form und Inhalt deutlich zu Tage tritt, während es in der *Achilleis*, wo Form und Inhalt kongruent sein dürfen, assimilativ verschleiert wird. Dass Goethe seine Imagination bei der Aristophanes-Lektüre mit antiken Reliefs vergleicht (vgl. Kap. 17), gewinnt in dieser Perspektive auch Bedeutung für die oben versuchte Parallelisierung mit dem friesartigen Stil der Figurengestaltung bei Goethe und die These, dass sein mit großem argumentativem Aufwand geäußertes Unbehagen an Flaxmans Darstellungsweise nicht zuletzt auch auf eine wenig willkommene Erkenntnis des eigenen sentimentalischen Gestus zurückzuführen sein mag, die womöglich mit zum Abbruch der Arbeiten an dem Epos beigetragen hat.

versichern muss. Er kann nur versuchen, dieses Anliegen mittels der Literatur in einer Bildungsmission an den „innern Formen des Charakters“ voranzutreiben – „jetzt, wo die äussern der Umstände und der Gewohnheit mit so furchtbarer Gewalt einen allgemeinen Umsturz drohen.“

Die Reflexionen über Umrisse erscheinen so als Notate eines Seismographen, der die Erschütterungen der Zeit in den Konturen der Gestalten sichtbar macht.

19. Carl Ludwig Fernow: ‚Charakteristische' Konturen klassizistischer Ästhetik und ein anschmiegsames „Schema der Schönheit"

Mit Blick auf die Rezeptionsmechanismen der Winckelmannschen Theoreme in der Weimarer Klassik verdienen die entsprechenden Äußerungen Carl Ludwig Fernows Beachtung, der in Goethes Umfeld die Ausgabe der Schriften Winckelmanns unternahm.[1] Unter Fernows eigenen *Römischen Studien* sind hier besonders die Schrift *Über den Bildhauer Canova und dessen Werke* und jene *Über das Kunstschöne* (1806)[2] von Interesse. Seit der aristotelischen Akzentuierung der Materie, *hyle*, als weiblich, und der Form, *eidos*, als männlich[3] wurden entsprechende ‚*gender*'-Momente unterschwellig im formtheoretischen Denken mitreflektiert; in diesem Kontext stehen auch, teilweise durch das grammati-

1 Die ersten beiden Bände erschienen 1808, im Todesjahr Fernows: *Erster Band, welcher die Schriften über die Nachahmung der Griechung die kleinen Aufsätze, und die Anmerkungen über die Baukunst der Alten enthält [...]*, und *Zweiter Band, welcher die Schriften über die Herculanischen Alterthümer, die Abhandlungen von der Fähigkeit des Schönen, und den Versuch einer Allegorie enthält.* Dresden 1808. – Zu „Fernows Editionsplan für die erste Gesamtausgabe der Winckelmannischen Schriften" vgl. Tausch, *Entfernung der Antike*, 271 f., sowie Helmut Pfotenhauer: *Fernow als Kunsttheoretiker in Kontinuität und Abgrenzung von Winckelmanns Klassizismus*, in: Michael Knoche (Hg.): *Von Rom nach Weimar – Carl Ludwig Fernow*; Tübingen 2000, 38–51, 38, und Franz-Joachim Verspohl: *Carl Ludwig Fernows Winckelmann. Seine Edition der Werke.* Stendal 2004.

2 Erschienen in: C. L. Fernow: *Römische Studien*, 3 Bde., Zürich 1806–1808; beide Abhandlungen in Bd. 1 (1806): *Über den Bildhauer Canova und dessen Werke,* 11–248, und *Über das Kunstschöne*, 279–450. Zitate werden im Folgenden nach dieser Ausgabe mit Seitenzahlen im Text nachgewiesen. – Da Fernows Konzept des plastischen *Kontur* ungleich individueller ist als seine Auffassung von zeichnerischen Umrissen (wie es sich auch in der Carstens-Monographie zeigt), gehe ich primär auf die plastischen Aspekte ein. Vgl. aber Tausch, *Entfernung der Antike*, 81–105, zur „Zeichnung zwischen Bildlektüre und Darstellung" und zu Fernows Wertung der Zeichnung im Kontext der Ästhetik des 18. Jahrhunderts.

3 Allerdings erscheint ebenso der Begriff der *morphé.* Vgl. Dieter Burdorf: *Poetik der Form. Eine Begriffs- und Problemgeschichte.* Stuttgart/Weimar 2001, 19. Zum „männlichen" und „weiblichen Prinzip" von „Zeichnung" bzw. „Farbe" vgl. auch Imdahl, *Farbe*, 31 f.

kalische Geschlecht bedingte, Genealogien wie Vasaris Konzept vom „Vater" *disegno* oder die „Seugamme" Zeichnung bei Sandrart. Bei Fernow bietet sich nun ein bisher nicht in Erscheinung getretener ‚*gender*'-Aspekt: Er kritisiert an Canovas Werken, dieser sei so schwach in der Zeichnung, „so form- und karakterlos", dass man seine Werke für die einer Frau halten könne, sogar Angelika Kauffmann sei bestimmter als er – Canova erweise sich „gleichsam [als] ein Rubens in der Plastik" (235). Form – fest definierter Kontur mithin – gilt Fernow nicht nur als genuin männliches Stilmoment, sondern vor allem als Index des Charakteristischen: ein in Fernows Ästhetik zentraler Begriff, der in seiner Hierarchie ästhetischer Prinzipien noch über dem Idealschönen rangiert. Dem Vergleich mit den *sfumato*-haften Umrissen in den Gemälden Angelika Kauffmanns geht Fernow weiter nach, und wie bei so vielen Theoretikern des 18. Jahrhunderts lassen sich terminologische Lektürespuren von Hagedorns *Betrachtungen* erkennen, in denen dieser den von ihm eingeführten Terminus des „Verblasenen" auch explizit auf die Plastik bezog (vgl. Kap. 11). So bemerkt Fernow über Canovas plastische Werke:

> [S]eine Umrisse sind im höchsten Grade verblasen und vernebelt, so dass man die Köpfe und Figuren zuweilen durch einen Duft zu sehen glaubt, in dem sie selbst halb aufgelöst erscheinen. (236)

In dieser Hinsicht setzt Fernow ihn mit Mengs gleich; für beide konstatiert er einen „Mangel an ächtplastischer Einbildungskraft" – und steht in dieser Missachtung in scharfem Kontrast zu Hagedorn, der „verblasene" Umrisse sowohl in Plastik als auch Malerei gerade deswegen schätzte, weil sie die komplementäre Einbildungskraft des *Betrachters* zur imaginären Rundung der angedeuteten Plastizität anregten. Bei dieser Geringschätzung der ‚verblasenen' Behandlung (238 f.) bezieht sich Fernow jedoch auch auf Johann Heinrich Meyer, der in *Winckelmann und sein Jahrhundert* in eben dieser Hinsicht Canova mit Mengs gleichgesetzt hatte;[4] auch Meyer beklage an beider Werken „eben den Mangel an ächtplastischer Einbildungskraft, und daher die Unfähigkeit, karakteristische Gestalten zu erfinden, und das atomistische Bilden". Der fest konturierte Körper gilt Fernow mithin nicht nur als Garant des ‚Charakteristischen' (dazu s. u.), sondern damit zugleich auch als Zeichen eines gelungenen Aktes der „Einbildungskraft", der allein „ächtplastische" Gestalten zu schaffen vermag. Canovas – und Mengs' – Darstellungsweise zeige „eben das Unvermögen für das Bestimmte, Strenge der Form und für ernste, kraftvolle,

4 Vgl. Fernow, 238 f.

heroische, pathetische Gegenstände"; Fernow konstatiert insgesamt sogar einen „Mangel an Stil" (239).[5] Diese Äußerungen gehen von zwei Prämissen aus: erstens, dass „Stil" notwendigerweise in Bestimmtheit und „Strenge der Form", also in scharfen Umrissen und Konturen liegen müsse, und zweitens, dass bestimmte Gegenstände und Inhalte der Kunst als *genus sublime* unbedingt nach einem solchen komplementären „Stil" als einzig gemäßer Darstellungsweise (*aptum*) verlangten. Es sind dies, als „ernste, kraftvolle, heroische, pathetische Gegenstände" allesamt im oberen Bereich einer Gattungshierarchie rangierend, sämtlich Elemente der Historienmalerei, mithin gebunden an die Darstellung menschlicher Figuren.

Gegenüber einer mitunter zu beobachtenden Kritik an Abgüssen wegen ihrer stumpfen, Feinheiten des Kontur nivellierenden Wiedergabe empfiehlt sich die Reproduktionstechnik für Fernow gerade aufgrund ihrer Abstraktionsleistung als heuristische Methodik des Kunstkritikers, wie er am Beispiel der Reproduktionen von Werken Canovas illustriert (230 f.), denn „in den Abgüssen zeigt[en die Fehler] sich schon deutlicher", und „alles fliest da mehr rundlich und unbestimmt in einander" (230 f.). Dabei gilt die Kritik nicht der Fülligkeit der Gestalten, sondern der mangelnden inneren Festigkeit und Spannkraft;[6] deren gelungenes Verhältnis finde man jedoch an den Antiken. Bei diesen „zeigen die Muskeln bei ihrer zarten Fülle doch immer eine gewisse Fläche, wodurch sie bei dem reinen Ausdruk der Form zugleich fest und spankräftig erscheinen". Fernow scheint geradezu eine Verbindung zwischen dem plastisch von der Gestalt abge-

---

5 Zu Fernows Canova-Wertungen vgl. Martin Dönike: *Pathos, Ausdruck und Bewegung. Zur Ästhetik des Weimarer Klassizismus 1796–1806.* Berlin [u. a.] 2005, 314–370; zur bewussten Antithetik der Monographien zu Canova und Carstens 340 f.

6 Fernow bezieht sich hier auf A. W. Schlegels *Artistische und literarische Nachrichten aus Rom. Im Frühling 1805*, die, im Untertitel an Goethe adressiert, im Oktober 1806 im *Intelligenzblatt* der *Jenaischen Allgemeinen Literatur-Zeitung* erschienen waren. Auch Schlegel hatte an Canovas *Faustkämpfern* „ungeachtet der angeschwellten Muskeln [...] etwas speckiges, was sie weichlich macht", kritisiert (JALZ 120, 23. Oktober 1805, 1001–1016 und weiter in JALZ 121, 28. Oktober 1805, 1017–1024, hier 1004). Dieses „Aufgedunsene, Angeschwellte der Muskeln" findet sich bei Fernow wieder, der es besonders deutlich an den „Abgüssen" meint erkennen zu können, da hier die „vortreffliche Behandlung des Marmors" nicht darüber hinwegtäusche. Vgl. hierzu Alexander auf der Heyde: *Carl Ludwig Fernows Monographie „Über den Bildhauer Canova und dessen Werke" (1806) im Kontext von Kunstraub und Musealisierung*, in: E. Costadura/I. Daum/O. Müller (Hg.): *Frankreich oder Italien? Konkurrierende Paradigmen des Kulturaustausches in Weimar und Jena um 1800.* Heidelberg 2008, 87–108, 92–94.

drückten „Abguss" und dem wörtlich ebenfalls ein plastisch ausgeformtes Gepräge bezeichnenden „reinen Ausdruk der Form" zu implizieren, die er als Konstituens des Charakteristischen hoch bewerten muss.

Prinzipiell ist Fernows Verständnis von plastischer Konturengestaltung sehr haptisch, unterscheidet sich jedoch von Herders Ästhetik des „Gefühls" in signifikanter Weise, die zugleich auch für Fernows Position im Weimarer Klassizismus bezeichnend ist. An die Stelle von Herders sinnlich-unmittelbarem „Gefühl" ist das imaginierte sekundäre, artifzielle Anschmiegen des Gipses, die nachahmende Abformung des Ideals getreten. Dies reicht bis in Fernows Definition des Kunstschönen hinein. In seiner Schrift *Über das Kunstschöne* bemerkt er, eben diese „Kunstschönheit", umhülle das „Misfällige des Inhalts", ohne seinen Ausdruck zu schwächen, und erhöhe sein Gefälliges, „ohne die Wahrheit zu verletzen":

> Dies kann sie nur dadurch, daß sie, *unabhängig von dem Inhalt*, an der *bloßen Form der Darstellung* enthalten ist, und daß sie sich der zwar jedesmal durch den Inhalt im Wesentlichen bestimten, aber des Künstlers Freiheit nicht beschränkenden Form der Darstellung so anschmiegt, daß die schönste und kunstmässigste Form auch zugleich als die zweckmässigste und natürlichste für den wahren Ausdruk des Inhalts erscheint. (335)

Fernow fügt zu Inhalt und Darstellung die „Kunstschönheit" als dritte Kategorie hinzu, die zwischen beiden vermittelt und wie ein mildernd-verschönernder, dabei aber transparenter Firnis Wahrheit und Ausdruck des Inhalts mit virtuoser künstlerischer Darstellung gleichsam chemisch verbindet und als ein charakteristisches Ganzes zur Wirkung bringt. Selbst widrige Gegenstände können so auf angemessene Weise „schön[ ]" und zugleich „natürlich[ ]" dargestellt empfunden werden, ohne dass ihr Gehalt beeinträchtigt würde; dessen „wahre[r] Ausdruk" wird vielmehr durch diese Darstellungsweise erhöht. Diese „Kunstschönheit", die mit wundersamer und sehr abstrakter Kraft die Kunstwerke wie mit einer Lasur überzieht, oder eher noch sich mit Inhalt und Darstellung wie in einer Legierung verknüpft, indem sie sich bereits im Schaffensprozess der „Form der Darstellung […] anschmiegt", ist zentrales Element des Fernowschen Konzepts vom Charakteristischen, das er über die reine Darstellung des Ideals setzt; ja, die „idealische Gestalt" stellt für ihn nur das Substrat dar, auf dessen Basis das Charakteristische entwickelt und zum Ausdruck gebracht werden kann:

> Indem die idealische Gestalt und die ihr anhängende Schönheit einen Inhalt bekommen, werden sie auch durch denselben modifizirt, und erhalten eine Bedeutung, einen bestimten fisiognomischen Karakter, der durch das fi-

siognomische Gefühl im Totaleindruk der Gestalt wahrgenommen und verstanden wird. (365)

Hier erscheint das dreigliedrige Schaffensprinzip nun aus anderer Perspektive; Form und Kunstschönheit werden als vorgängig gedacht und nun durch den „Inhalt" erst „modifizirt". Signifikant ist Fernows Wortwahl, wenn er von dem „bestimten fisiognomischen Karakter" wie von einer vermeintlich aussagekräftigen Lavaterschen Silhouette spricht und als dessen rezeptionsästhetisches Korrelat den „Totaleindruk der Gestalt"[7] nennt, der durch das „fisiognomische Gefühl" unmittelbar zugleich „wahrgenommen und verstanden" wird. Zwar mutet Fernows Konzept der anschmiegsamen Kunstschönheit zunächst wie eine eher auf rundplastische Oberflächen als auf linear-konturierte Plastizität zielende Ästhetik an, doch erweist sich diese in der Erwähnung der um 1800 so zentralen Denkfigur des ‚Totaleindrucks' im Rekurs auf eine Lavatersche Silhouetten-Physiognomik als eine weitere Umriss-Konfiguration: Das Kunstwerk erhält durch die Verschmelzung seiner drei Konstituentien von (idealischer) Form, Kunstschönheit und Inhalt einen „bestimten fisiognomischen Karakter", dessen Intensität des Ausdrucks klar definierten Schattenrissen gleicht – und sich in seiner Bedeutung vermeintlich ebenso unmittelbar dem Betrachter erschließt.

Markant ist an Fernows Ästhetik der Plastik die konzeptuelle Koexistenz von definit-flächiger Umrissenheit einerseits, die im „Totaleindruk" zum „fisiognomischen Gefühl" spricht, und einem rundplastischen Anschmiegen an die Konturen der Kunstwerke andererseits. Ist die erste, streng linear-graphische Komponente, wenngleich sie anknüpft an physiognomische Konzepte einer dreißig Jahre zurückliegenden Silhouettenmode, vor allem im Kontext jener Umrissmode zu sehen, die um 1800 besonders in der Graphik ihre Hochkonjuktur erlebt, so steht das quasi-

7 Dieses Konzept stellt somit auch eine *ästhetische* Fortentwicklung von Fernows Konzept von „*physiognomische[m]* Ausdruk" dar, wie er es einige Jahre zuvor formuliert hatte: „Der *physiognomische* Ausdruk, welcher durch Organisazion, Temperament und Karakter bestimmt wird, haftet unmittelbar und *bleibend* an der Gestalt. Er liegt in den eigenthümlichen, sich bis auf die feinsten Züge der Bildung erstrekkenden, Verhältnisse ihrer Theile zu einander und zum Ganzen, und wird durch den Totaleindruk desselben *gefühlt.* Diese Fähigkeit, den *Karakter* einer Gestalt zu fühlen, besizzen alle Menschen in höherem oder geringerem Grade; sie heißt der *physiognomische* Sinn." C. L. Fernow: *Über den Zwek der bildenden Kunst*, in: *Deutsches Magazin*, Bd. 18, 1799, 337–375, 343; zit. nach: Roland Kanz/Jürgen Schönwälder (Hg.): *Ästhetik des Charakteristischen. Quellentexte zu Kunstkritik und Streitkultur in Klassizismus und Romantik.* Göttingen 2008, 89.

haptische Konzept des Anschmiegens weniger in der Folge eines Herderschen „Gefühls", mit dem sich der Liebhaber die Plastik aneignet, als vielmehr in der Tradition Winckelmanns. Dies zeigt sich in aller Deutlichkeit, wenn Fernow die „idealische Schönheit" definiert. Sie sei *„das der Einbildungskraft des Künstlers vorschwebende, zugleich mit dem Schema der Gestalt jedem Karakter, jedem Ausdruk sich anschmiegende, Schema der Schönheit.*" (355)

Setzt man eine Beschäftigung Fernows mit Winckelmanns *Abhandlung von der Fähigkeit der Empfindung des Schönen* auch vor der Herausgabe des entsprechenden Bandes in seiner Edition (1808) voraus,[8] so erschließt sich, woher das Konzept einer sich plastisch anschmiegenden, die Darstellung mit dem Inhalt wirkungsvoll verschmelzenden „Kunstschönheit" stammt: Es ist die ins Produktionsästhetische gewandte Entsprechung zu Winckelmanns „wahre[m] Gefühl des Schönen", das „einem flüßigen Gipse" gleiche, „der den Kopf des Apollo in allen Teilen berührt und umgibt." (KS 217, vgl. Kap. 10.2) Was bei Winckelmann aber der geistige, immaterielle Kontur der idealen Gestalt in all ihrer nie realisierbaren Vollkommenheit ist, dem sich die „Empfindung" des Betrachters im Nachvollzug des sichtbaren Kontur als ‚Graphem' des künstlerischen Konzepts erkennend anschmiegen kann, das sind bei Fernow schwebende Schemata als Versatzstücke normativ-klassizistischer Ästhetik. Der Winckelmannsche Kontur als sichtbare Gestaltwerdung der Idee teilt sich bei Fernow in zwei Komponenten: das „Schema der Gestalt" und das „Schema der Schönheit".

Den „Totaleindruk" einer solchen Gestalt kann man sich freilich kaum mit solchem Gepräge denken, wie es noch ein vollplastischer „flüßige[r] Gips[]" evoziert. Der Kontur als Schema: der Siegelabdruck des späten Klassizismus?

19.1 Zum Konzept des Charakteristischen bei Fernow

Doch spannungsvoll zu diesen Schemata verhält sich das Konzept des Charakteristischen, dem in Fernows Ästhetik zentraler Stellenwert zukommt.[9] Die Diskussion um die Bedeutung der ästhetischen Kategorie des

8 Vgl. zu Fernows früherer Beschäftigung mit Winckelmann Pfotenhauer, *Fernow als Kunsttheoretiker*, 38.

9 Vgl. dazu Reinhard Wegner: *Kunst als Wissenschaft: Carl Ludwig Fernow – ein Begründer der Kunstgeschichte.* Göttingen 2005, 105.

Charakteristischen[10] in seinem Verhältnis zum Individuellen einerseits und dem Ideal andererseits war durch Aloys Hirts Aufsatz *Versuch über das Kunstschöne* in den *Horen* 1797[11] verstärkt angefacht worden. In Hirts Formulierungen scheint der „Aspekt des Geprägtseins" auf, der dem Begriff des „Charakteristischen" etymologisch und konzeptuell eignet;[12] im Abschnitt „Charakteristik als Hauptgrundsatz des Kunstschönen" konstatiert Hirt: „Nur durch die Beobachtung dieser Individualität [des distinkt Charakteristischen] kann ein Kunstwerk ein wahrer Typus, ein ächter Abdruk der Natur werden."[13] Die ‚Prägung', die *typosis*, erscheint hier jedoch im Rahmen des Mimesispostulats, wie es sich schon in den Konzepten zur „Poetischen Mahlerey" (vgl. Kap. 9) findet, wo die Rede vom (keineswegs subjektivistischen) „Pitschaft" der Natur ist, das der Dichter als ein „guter Abdrücker" derselben in der Hand führt.[14]

Insgesamt blieb Hirt „auf der Linie klassisch-akademischer Auffassung", so dass Schiller und Goethe mit Hirts Abhandlung nicht gänzlich

---

10 Vgl. dazu allgemein: Roland Kanz/Jürgen Schönwälder (Hg.): *Ästhetik des Charakteristischen*, besonders die Einleitung: Roland Kanz: *Vom Charakteristischen in der Kunst – Einleitende Bemerkungen*, 7–14.

11 Aloys Hirt: *Versuch über das Kunstschöne*, in: *Die Horen, eine Monatsschrift*, hg. v. Friedrich Schiller, 3. Jg., 1797, 7. Stück, 1–37. Zum Charakteristischen bei Hirt und seinen möglichen Quellen vgl. Dönike, 18–28. Zu Fernows Auseinandersetzung mit Hirts Begriff des „Charakteristischen" vgl. ebd., 334 f. Dönike weist darauf hin, dass Fernows Konzept des Charakteristischen nicht gänzlich mit dem von Hirt übereinstimme; das Charakteristische müsse seiner Ansicht nach in einer „schönen Darstellung des Ideals unter karakteristischen Bedingungen" vereinigt werden. Vgl. auch Tausch, 132–143, und Alessandro Costazza: *Das „Charakteristische" als ästhetische Kategorie der deutschen Klassik. Eine Diskussion zwischen Hirt, Fernow und Goethe nach 200 Jahren,* in: Jahrbuch der Deutschen Schillergesellschaft 42 (1998), 64–94, 79 f.

12 Vgl. Kanz' Einleitung zum „Aspekt des Geprägtseins"; das griechische „‚Charaktér'", abgeleitet von griech. „charássein", „einritzen, eingravieren, vor allem von Zeichen", habe einen „pragmatischen Wert von ‚Prägung' als einer Formgebung" (Kanz/Schönwälder, 8); dies zeigt sich häufig in den Umschreibungen und Synonymen der Theoretiker des Charakteristischen, siehe dazu das Folgende.

13 Hirt, 35 (*Horen*), zit. nach Kanz/Schönwälder, 31.

14 Ich gehe hier nicht auf die produktionsästhetische Perspektive ein, die die Werke der Künstler als ‚charakteristischen' *Abdruck* ihres Wesens deutet; Kanz (Einleitung, 11) weist auf de Piles hin, der in seiner *Idee du Peintre Parfait* den „Caractère" eines Künstlers als dessen „Siegelring" [„Cachet"] bezeichnet. Mittels dieses Siegelringes unterscheide er sich von anderen, indem er ihn seinem Werk *eindrücke*, „imprime […] comme la vive image de son Esprit." (zit. nach Kanz, ebd.). Auch hier spielt die wenngleich produktionsästhetisch transformierte Denkfigur der *typosis* bzw. des *typos* mit hinein.

zufrieden waren, da sie „eine Bestimmung des Charakteristischen als derjenigen Form der Kunst“ erhofft hatten, „der es möglich ist, zugleich die Individualität einer Sache wiederzugeben, als auch deren überindividuelles gattungsmäßiges Abstrakt anschaulich werden zu lassen.“[15] Auch in diesem Zusammenhang ist demnach Fernows Bemühen um ein Konzept des Charakteristischen zu verstehen, wie es sich in den komplexen Satzwindungen seiner Definitionen zum „Kunstschönen“ erkennen lässt: Das „Schema der Gestalt“ und das „Schema der Schönheit“ *als* „idealische Schönheit“ müssen sich „jedem Karakter“ erst anschmiegen. Sie erschließen sich dem Betrachter nicht in einer *Empfindung des (idealischen) Schönen*, sondern in einem semiotisch-anthropologisch geschulten „*fisiognomische[n] Gefühl*“, das sich keinem rein idealischen Kontur anschmiegt, sondern „im Totaleindruk der Gestalt“ den ‚*ganzen* (dargestellten) Menschen“ zu erfassen versucht. In *diesem* Sinne sind die Schemata der Gestalt und des Schönen, die sich „jedem Karakter“ anschmiegen, Siegelabdrücke des späten Klassizismus.

15 Busch, *Umrisszeichnung und Arabeske*, 119 f.

20. Umrisskonzepte als Schwellenfigur an der Grenze zwischen Klassik und Frühromantik bei August Wilhelm Schlegel

Wollte man August Wilhelm Schlegels Wertungen von Umrissphänomenen mit Punkten über oder unter einer Achse markieren, die Positionen klassizistischer und (früh)romantischer Ästhetik in seinen Äußerungen der Jahre zwischen 1800 und 1830 trennte, so ergäbe sich eine Wellenlinie von schöner Unregelmäßigkeit, die jeden Linientheoretiker faszinieren müsste. Dabei zeichnen sich in den früheren Jahren um die Jahrhundertwende bedeutend größere Ausschläge auf Seiten der Frühromantik ab, während in den Ästhetik-Vorlesungen der Jahre 1803–1827 eher wieder ein stetiges Wechseln zwischen beiden Seiten zu beobachten ist. Gerade in der akademischen Auseinandersetzung und Vermittlung zeigt sich Schlegel zunächst in der gefestigten klassizistischen Lehrmeinung verwurzelt – um dann jedoch, sei es subtil-suggestiv oder unwillkürlich, in einem orthodox-klassisch begonnenen Absatz mitten in einer These, die mit Zitaten einer klassizistischen Autorität untermauert wird, in einer arabesken Gedankenwendung auf die frühromantische Seite der ästhetischen Epochenachse zu wechseln und weit jenseits von deren Demarkationslinie anzugelangen. Was sich bereits in Wilhelm von Humboldts Terminologie der literarischen und literaturkritischen ‚Umrisse' abzeichnete, tritt nun bei August Wilhelm Schlegel noch deutlicher zu Tage: Während in der klassizistischen Ästhetik vor allem dem *plastischen* Kontur zentrale Bedeutung zukam, tritt um 1800 zunehmend die *graphische* Umrisslinie als Reflexionsmedium an seine Stelle. In August Wilhelm Schlegels ästhetischen Vorlesungen fällt dies weniger auf, da eine (zumal in klassizistischer Ästhetik wurzelnde) Behandlung der einzelnen Künste notwendigerweise auch auf die Skulptur eingehen muss, doch ist es besonders ein Text Schlegels, der in seinem Kontrast zu Goethes Ansichten nicht umsonst häufig als Schaltstelle zwischen Klassik und Romantik zitiert wird, indem er den Medienwechsel zwischen den zwei Formen der Denkfigur Umriss/Kontur klar vor Augen führt. Es handelt sich um Schlegels 1799 im *Athenaeum* erschienenen Aufsatz *Über Zeichnungen zu Gedichten und John Flaxman's Umrisse.*[1]

20.1 Die Schrift *Über Flaxmans Umrisse:* Schlegels „Chiffersprache" des Sentimentalischen

Die Studie Schlegels beginnt mit allgemeineren und nicht besonders wohlwollenden Betrachtungen über die zumal in Deutschland gängigen Erscheinungsformen der Buchillustration. Die Blätter seien generell künstlerisch wenig ambitioniert, von fadem Geschmack und außerdem als „embryonische[] Geburten" in viel zu kleine und vor allem unvorteilhaft schmale, hohe Formate gezwängt (193 f.). Dennoch wertet Schlegel die künstlerische Leistung der Zeichner, gemessen an den literarischen Vorlagen, bedeutend auf. Sie hätten „Wunder von Psychologie [...] in den engsten Raum zusammengedrängt!" Man sehe „die geheimsten Triebfedern der menschlichen Seele auf der Breite eines Haares schweben." (195) Winckelmanns Beobachtung, die antiken Künstler hätten den Kontur ihrer Plastiken auf die „Spitze eines Haars gesetzt" (Kap. 10), gewinnt hier eine ganz neue Akzentuierung, indem Schlegel sie auf die *graphische* Andeutung von Seelenleben überträgt. Allerdings kritisiert Schlegel, dass in Romanen, die bestimmt seien, „die zarteren Geheimnisse des Lebens, die nie vollständig ausgesprochen werden können, in reizenden Sinnbildern errathen zu lassen" (201), allzu explizite Illustrationen häufig schon gattungsbedingt fehl am Platze seien. Dort gebe es keinerlei angemessene Darstellungsmöglichkeit für den bildenden Künstler mit den Mitteln seiner Kunst. Diese Ansicht ist bemerkenswert insofern, als gerade das *Sinnbildhafte* hier als Argument *gegen* die zeichnerische Darstellung angeführt wird: Offensichtlich legt Schlegel ein differenziertes Konzept von Sinnbild als Allegorie (als diskursiv-narrativer Darstellungsmodus) einerseits und Hieroglyphe bzw. Symbol andererseits zugrunde,[2] wenn er die Darstellung von „Sinnbildern" geradezu klassizistisch aus dem Bereich der

1 August Wilhelm Schlegel: *Über Zeichnungen zu Gedichten und John Flaxman's Umrisse* [zuerst in: *Athenaeum. Eine Zeitschrift.* Hg. v. A. W. Schlegel und F. Schlegel, Bd. 2, 2. Stück, 1799, 193–246], im Folgenden mit Seitenzahlen im Text zitiert nach: *Athenaeum. [...]* Reprographischer Nachdruck. Darmstadt 1983.

2 Vgl. hierzu auch Claudia Albert: *Bild, Symbol, Allegorie, Zeichen. Schlegels Ästhetik der Moderne*, in: York-Gothart Mix/Jochen Strobel (Hg.): *Der Europäer August Wilhelm Schlegel. Romantischer Kulturtransfer.* Berlin [u.a.] 2010, 107–123, bes. 106–109.

bildenden Kunst verbannt und kurz darauf die symbolische Darstellungsweise dagegen propagiert.

Doch gebe es auch zur zeichnerischen Adaption geeignete dichterische Werke, in denen

> der Dichter dem Zeichner eigentlich die Hand bietet, wo bestimmter Umriß und Gruppirung für die Fantasie ist, wo sich schöne kräftige Gestalten, nicht von zweifelhafter oder verwickelter Deutung, in idealischem Kostum entschieden bewegen […] (201)

– doch da werde selten die Gelegenheit zur gelungenen Illustration erkannt. Mit diesen Sätzen beginnt Schlegel, seine Gedanken über die Umrissdarstellungen Flaxmanns vorzubereiten, indem er hier bereits auf den „bestimmte[n] Umriß" anspielt, der schon in der Dichtung grundgelegt sein müsse, wo die Illustration glücken solle.

Schlegel erachtet jedoch Illustrationen nicht als autonome Darstellung; vielmehr könne „das Gedicht des Zeichners über das Poëm des Dichters" nur dann „vollständig verstanden" werden, wenn auch dieses bekannt sei, nur dürfe man deswegen die „Gattung" nicht „verwerfen" (202). Dies gibt Schlegel Anlass, sich mit der Forderung eines „scharfsinnige[n] Kenner[s]" auseinanderzusetzen – nämlich Goethes in den *Propyläen* geäußerter Ansicht, „dass jedes Kunstwerk sich selbst ganz aussprechen soll" und der damit einhergehenden Ablehnung von Gegenständen, bei denen das Wirkungsvollste nur „hinzugedacht" werden müsse (Kap. 17). Diese künstlerische „Freiheit" der bloßen Andeutung verteidigt Schlegel jedoch, wo es um allgemein bekannte Stoffe gehe – er stellt sich einen gemeinsamen Motiv-Fundus vor, einen „Kreis von Mythen oder Legenden […] als das gemeinschaftliche Gedicht eines Volkes oder Zeitalters". Ebenfalls mit Bezug auf Goethe legitimiert Schlegel demnach besonders die Darstellungsweise in einem „Cyklus von Gemählden", in denen einzelne „Auftritte […] erst durch vorhergehende oder folgende ihre volle Deutung erhalten." (202) Umso mehr gelte dies, wenn es nicht um autonom aufzustellende Kunstwerke gehe, sondern um sich „verbrüdern[de]" künstlerische Mischformen (202). In einer solchen „pittoreske[n] Begleitung der Poesie, nach Art der musikalischen", in welcher der Zeichner immer „stätiger" und „liebevoller […] das Ganze des Gedichts umfaßte", könnte er auch immer „kühner" werden, indem er sich auf sein eigenstes Potential konzentrierte und „den Dichter für das Uebrige sorgen" ließe (203):

> So erhielte man das seltene aber entzückende Schauspiel des Zusammenwirkens zweyer Künste, in Eintracht und ohne Dienstbarkeit. Der bildende Künstler gäbe uns ein neues Organ den Dichter zu fühlen, und dieser doll-

metschte wiederum in seiner hohen Mundart die reizende Chiffersprache der Linien und Formen [...].

Damit geht Schlegel zu denjenigen Werken über, die eigentlicher Anlass zu seiner Studie waren: die Stichfolgen, die Tommaso Piroli nach Umrisszeichnungen des englischen Bildhauers John Flaxman angefertigt hatte. Die Blätter mit Illustrationen zu Aischylos, zu Homers *Ilias* und *Odyssee* sowie zu Dantes *Divina Commedia*[3] gaben in den 1790er Jahren (vorbereitet durch reproduktionsgraphische Publikationen wie Tischbeins Stichwerk zu Lord Hamiltons Sammlung antiker Vasen 1791/95[4]) die Initialimpulse für die umfassende Neubewertung von Umrissphänomenen im Lichte einer Ästhetik, die besonders die Appelle an die Einbildungskraft schätzte, wie sie von den stilisiert-suggestiven Entwürfen Flaxmans ausgingen. Während Goethe sich, wie oben dargelegt (vgl. Kap. 17), über Flaxmans abstrahierende Umrisszeichnungen – mit denen Schlegel ihn bekannt gemacht hatte – skeptisch äußerte und ihre Darstellungsweise als dilettantisch bezeichnete,[5] übte deren Stil auf August Wilhelm Schlegel große Faszination aus, die in dem *Athenaeums*-Aufsatz ihren Niederschlag fand. Er wünsche sich, so bemerkt Schlegel, „bald glückliche und selbständige Nachfolger" in der „Gattung",[6] als deren „Erfinder" Flaxman mit seinen Werken voller „Verstand, Geist, und klassischem Schönheitssinne" gelten könne (203). Schlegel weist einleitend auf den positiven Nebeneffekt hin, dass Umrissstiche nach Flaxmans Art bedeutende ökonomische Vorteile mit sich brächten und so zur „Verbreitung eines bessern Ge-

3 Vgl. den Ausstellungskatalog: Werner Hofmann (Hg.): *John Flaxman: Mythologie und Industrie*, München 1979.

4 *Recueil de Gravures d'après des Vases Antiques d'un Ouvrage Grec trouvés dans des Tombeaux dans le Royaume des Deux Siciles mais principalement dans les environs de Naples l'années 1789 & 1790: tirées du Cabinet de Monsieur le Chevalier Hamilton* [...]/ *Publié par Monsieur Guillaume Tischbein Directeur de l'Academie Royale de Peinture*, 4 Bde., Neapel 1791–1795. Vgl. David Bindmann: *Das Umreißen einer Idee. Ein künstlerischer Neubeginn*, in: Maraike Bückling/Eva Mongi-Vollmer (Hg.): *Schönheit und Revolution. Klassizismus 1770–1820.* [Kat. Frankfurt] München 2013, 191–196.

5 Vgl. dazu Peter Klaus Schuster: *‚Flaxman der Abgott aller Dilettanten'. Zu einem Dilemma des klassischen Goethe und den Folgen*, in: Hofmann (Hg.): *Flaxman: Mythologie und Industrie*, 32–35, sowie Oesterle, *Die folgenreiche und strittige Konjunktur des Umrisses in Klassizismus und Romantik*, 38–48.

6 Auch Goethe stimmt mit diesem Wunsch in gewisser Weise noch überein, wenn er in den Weimarer Preisaufgaben Flaxmans Darstellung als Vorbild nennt, das jedoch keiner der Künstler weiterentwickelt hätte (vgl. oben, Kap. 17). Er verlangt freilich von einem „selbständige[n] Nachfolger" mehr, als Schlegel hier meint.

schmacks" wesentlich beitragen könnten: Umrissdarstellungen werden so aus ganz materiellen publikationstechnischen Gründen zum ästhetisch-pädagogischen Medium einer populären Geschmacksbildung (204 f.). Doch sei der „wesentliche Vortheil" vielmehr

> der, daß die bildende Kunst, je mehr sie bey den ersten leichten Andeutungen stehen bleibt, auf eine der Poesie desto analogere Weise wirkt. Ihre Zeichen werden fast Hieroglyphen, wie die des Dichters; die Phantasie wird aufgefodert zu ergänzen, und nach der empfangenen Anregung selbständig fortzubilden, statt daß das ausgeführte Gemählde sie durch entgegen kommende Befriedigung gefangen nimmt. (205)

Bereits Hemsterhuis, so Schlegel, habe „den großen Reiz flüchtig entworfener Skizzen dadurch erklärt", denn:

> So wie die Worte des Dichters eigentlich Beschwörungsformeln für Leben und Schönheit sind, denen man nach ihren Bestandteilen ihre geheime Gewalt nicht anmerkt, so kommt es einem bei dem gelungenen Umriß wie eine wahre Zauberey vor, daß in so wenigen und zarten Strichen so viel Seele wohnen kann. Zwar muß man seine Phantasie schon malerisch geübt und vollständige Kunstwerke viel gesehen haben, um diese Sprache geläufig lesen zu können. Daher ist auch die Liebhaberei für bloße Kontourzeichnungen ungleich seltner. (205)

Dabei gehe Flaxman äußerst sparsam mit seinen Bildmitteln um: Man finde nirgends „überflüßige[] Striche, auch nichts von jenen Schwungzügen, die bloß zur Verbindung dienen, und die man sich bey flüchtigen Entwürfen erlaubt" (206 f.) – oder die man hinzufüge, um genialisch zu wirken:

> Alles ist mit dem wenigsten gemacht; [Flaxmans] Umrisse vereinigen die bedeutsame Keckheit des ersten Gedankens mit der Sorgfalt und Zierlichkeit der ausgeführtesten Behandlung. Er schreibt den menschlichen Körper in seinen verschiedensten Bestimmungen und Ansichten mit Sicherheit hin, ohne sich dabey, wie meistens die fertigen Schreiber, Schnörkel an den Buchstaben angewöhnt zu haben. (207)[7]

Von Beginn an wird in Schlegels Text die Parallele von „Worte[n] des Dichters" und Umrissen des Bildenden Künstlers vorausgesetzt – und zwar prinzipiell wirkungsästhetisch, nicht nur auf deren Interaktion in Um-

7 Wenn E. T. A. Hoffmann in der Erzählung *Der Artushof* seinen Protagonisten im Begriff zeigt, einen solchen Schreiberschnörkel zu fabrizieren, der junge verhinderte Künstler aber stattdessen eine Umrisszeichnung zu Papier bringt, die geradezu die Gestalten aus der Wandmalerei herabholt und verlebendigt (Kap. 22), scheint eine in wahrstem romantischen Sinne ‚ironische' Referenz auf Schlegels berühmten Umriss-Aufsatz vorzuliegen.

riss*illustrationen* bezogen. Damit, und vor allem mit der Selbstverständlichkeit dieser Parallelisierung, unterscheidet sich A. W. Schlegel von den meisten Umriss-Konzepten des 18. Jahrhunderts, in denen zwar schon vereinzelte Vergleiche zwischen Sprachduktus und Umrissverlauf (Sulzer, vgl. Kap. 12) oder zwischen dem Epochenstil der frühen griechischen Vasenmalerei und der strengen Form der Tragödien von Aischylos (Winckelmann, vgl. Kap. 10) erschienen, die jedoch nie systematisch die Wirkungsweisen der Kunstformen im Medium des Umrisses reflektierten. Schlegel hingegen spricht programmatisch davon, dass man eine „malerisch [!] geübt[e]" „Phantasie" haben müsse, um diese „Sprache" der Umrisse „geläufig lesen zu können"; Flaxman „schreibt" für ihn seine Gestalten „hin", und zwar ohne „Schnörkel *an den Buchstaben*" (meine Hervorhebung, C. K.). Doch mehr noch als rationalsprachlich kodierte, abstrakte „Buchstaben" sind die zur Phantasie sprechenden Umriss-Gestalten Flaxmans für Schlegel. Die Leistung der Umrissdarstellungen kristallisiert sich für ihn im zentralen frühromantischen Begriff der „Hieroglyphe" und ihrer Wirkung auf die „Phantasie" des Betrachters. Wie in Flaxmans Blättern Vergil Dante mitten in die Höllenkreise führt, so führt Schlegels Argumentation mitten in die brodelnde frühromantische Ästhetik hinein.

Gerade das Andeutungshafte der Umrisse, das Goethe als dilettantisch verurteilte, macht Flaxmans Darstellungen für Schlegel interessant, da er in ihnen die Möglichkeit sieht, ganz im Sinne des 149. *Athenäums*-Fragments, das „klassisch-antike Erbe mit modernen (früh)romantischen"[8] Elementen zu verbinden. Dies gilt besonders im Falle der Blätter zu Dante, da hier ein christliches Sujet mit antikisierenden Mitteln dargestellt und so eine Synthese von Antike und christlicher Moderne ebenso wie von Klassizismus und Romantik verbildlicht wird.[9] Wichtiger noch ist jedoch die ästhetische Dimension: So entspricht der von A. W. Schlegel den Zeichnungen attestierte „Hieroglyphencharakter" der frühromantischen Programmatik, die „Phantasie [des Betrachters] anzuregen"[10] und an der Konstitution des Kunstwerks zu beteiligen. Das Darstellungsmedium der Umrisszeichnung korrespondiert dem mit Fichtes Philosophie verbundenen frühromantischen Konzept der schöpferischen Selbsttätigkeit der

8 Claudia Becker: *„Naturgeschichte der Kunst": August Wilhelm Schlegels ästhetischer Ansatz im Schnittpunkt zwischen Aufklärung, Klassik und Frühromantik.* München 1998, 139.

9 Vgl. Becker, *Naturgeschichte der Kunst*, 142.

10 Becker, *Naturgeschichte der Kunst*, 140.

Einbildungskraft. In diesem wirkungsästhetischen Aspekt entsprechen die Umrisszeichnungen auch den Wirkungsbedingungen der Poesie: Ihre Verfahren sind „analog", da beide auf Andeutungen beruhen.[11] A. W. Schlegel konnte sich bei der Parallelisierung von poetischen und graphischen Verfahren mit Recht auf Hemsterhuis' Schrift über die Skulptur (*Lettre sur la Sculpture* (1769), in deutscher Übersetzung (*Über die Bildhauerei*) gerade 1797 erschienen[12]) berufen, worin dieser besonders dasjenige als „schön und erhaben" definiert,[13] was in einem „möglichst kurzen Zeitraum die möglichst größte Anzahl von Ideen" hervorruft[14] – eine Bestimmung, der die Wirkungsweise von Umrissdarstellungen sehr entgegenkommt. Hemsterhuis sieht eine „Analogie" zwischen „Umriss, Dichtkunst und Rhetorik", da sie alle „die dichtende und reproducirende Fähigkeit der Seele in Bewegung und Thätigkeit" setzen, die sogleich das nur Angedeutete vollende.[15] Auch A. W. Schlegel attestiert den Umrissen, dass sie – wie Dichtung und Rhetorik – als „Beschwörungsformeln" dienen, „denen man nach ihren Bestandteilen ihre geheime Gewalt nicht anmerkt." (205)[16] Die als *Hieroglyphen* „gelesenen" Umrisszeichnungen Flaxmans schreiben so an der frühromantischen Universalpoesie mit, wie sie im 116. Athenäums-Fragment postuliert wird.

Gemäß A. W. Schlegels Kunstverständnis, das auf der Grundannahme eines gemeinsamen ursprünglichen Prinzips aller Künste in der Poesie beruht,[17] bedarf der Gehalt bildlicher Darstellungen der Poesie, die, wie er im *Gemählde*-Gespräch geschrieben hatte, „immer Führerin der bildenden Künste" sein solle, die ihr „als Dollmetscherinnen dienen müssen".[18] In

11 Vgl. Becker, *Naturgeschichte der Kunst*, 138.

12 Auch in: François Hemsterhuis: *Ueber die Bildhauerey in einem Briefe an H. Theodor von Smeth zu Amsterdam* [*Lettre sur la sculpture*; 1769], in: F. H.: *Vermischte philosophische Schriften des H. Hemsterhuis*, Bd. I. Leipzig 1782, 1–70.

13 Vgl. Oesterle, *Die folgenreiche und strittige Konjunktur des Umrisses in Klassizismus und Romantik*, 37.

14 Vgl. Becker, *Naturgeschichte der Kunst*, 140.

15 F. Hemsterhuis: *Über die Bildhauerey*, zit. nach Becker, *Naturgeschichte der Kunst*, 140.

16 Vgl. Becker, *Naturgeschichte der Kunst*, 140.

17 Vgl. Becker, *Naturgeschichte der Kunst*, 119. Zur Rolle der „Poesie im System der Künste" in A. W. Schlegels Vorlesungen vgl. Detlef Kremer: *Ästhetik und Kulturpolitik in A. W. Schlegels „Vorlesungen über schöne Literatur und Kunst"*, in: Y.-G. Mix/J. Strobel (Hg.): *Der Europäer August Wilhelm Schlegel*, 31–44, bes. 36–39.

18 A. W. Schlegel: *Die Gemählde. Ein Gespräch* [zuerst in: *Athenaeum. Eine Zeitschrift.* Hg. v. A. W. Schlegel und F. Schlegel, Bd. 2, 1. Stück, 1799, 39–151], zitiert nach: *Athenaeum. [...]* Reprograph. Nachdruck Darmstadt 1983, 134.

seinem Flaxman-Aufsatz heißt es über gelungene Illustrationen: „Der bildende Künstler gäbe uns ein neues Organ den Dichter zu fühlen, und dieser dollmetschte wiederum in seiner hohen Mundart die reizende Chiffersprache der Linien und Formen.“[19]

Für Schlegel handelt es sich daher bei Flaxmans Darstellungen um ein Übersetzungsverfahren zwischen zwei kompatiblen Zeichen- bzw. Sprachsystemen, so dass er die Illustrationen Flaxmans mit „*poetische[n]* Uebersetzungen“ parallelisieren kann.[20] Die Analogien von Umrisszeichnungen und Poesie führt er auch mit Blick auf die konstitutiven Charakteristika beider Künste aus, wobei er auf Lessings Differenzierungen im *Laokoon* zurückgreift, indem er bemerkt, was „der Zeichner aus der Poesie für sich nehmen“ könne, seien „die in Handlung gesetzten Wesen, die er nach ihrem Charakter gestaltet“ (205 f.);[21] dabei ist die Umrisszeichnung, im Gegensatz zu der „ausgeführten Zeichnung“, der poetischen Verfahrensweise besonders gemäß, weil sie sich, wie der Dichter, auf „die rein charakteristischen Züge in den Umrissen der bewegten Gruppen“ (206) konzentriert. Eben hierin sieht Schlegel den „Punkt, wo die Strahlen der beyden Künste einander kreuzen und jenseit dessen sie wieder divergiren.“ Während „Farbengebung“ und „Helldunkel“ nur in „metaphorischer Bedeutung“ auf Dichtung anwendbar seien, könne man „Zeichnung“ doch „der Poesie gewissermaaßen zuschreiben“ (206).

Flaxman, so Schlegel, beweise „plastisches Dichtergefühl“ bei seiner „Wahl der Dichter sowohl als der einzelnen Gegenstände aus ihnen“; ganz besonders lobt er, dass Flaxman die Epen Homers gewählt habe, da dieser, „nach Winkelmanns [sic] Ausdruck, nicht in Bildern spricht, sondern fortschreitende Bilder giebt“ (207).[22] Zudem hebt er lobend die Wahl Aischylos' hervor, „wenn die strenge Hoheit der idealischen Bühne der Griechen sichtbar gemacht werden sollte“ (207 f.) – und stimmt darin mit Winckelmanns bereits zitiertem Urteil über dessen streng umrissenen literarischen Stil überein (vgl. Kap. 10). Die stilistisch „strenge Hoheit“ der „idealischen“ Kunst tritt somit neben den Aspekt der poetischen Plastizität von „Charaktere[n]“ und der „Handlung“, also räumlicher bzw. zeitlicher Sukzession. Diese Beobachtungen ähneln beträchtlich jenen, die Hum-

19 A. W. Schlegel, *Über Zeichnungen zu Gedichten*, 203.

20 Vgl. A. W. Schlegel, *Über Zeichnungen zu Gedichten*, 246 (meine Hervorhebung, C. K.), und dazu Becker, *Naturgeschichte der Kunst*, 138.

21 A. W. Schlegel, *Über Zeichnungen zu Gedichten*, 205 f. Vgl. auch Becker, *Naturgeschichte der Kunst*, 141.

22 Vgl. Becker, *Naturgeschichte der Kunst*, 142.

boldt zu Goethes *Herrmann und Dorothea* formulieren wird – und ebenso jener Bemerkung, die Goethe Schiller gegenüber am 8. April 1797 äußert, wenn er mit Bezug auf sein Epos davon spricht, dass ihm bei seiner gegenwärtigen Lektüre „Szenen im Aristophanes völlig wie antike Basreliefen“ erschienen (vgl. Kap. 17). Solche Interferenzen sind miteinzukalkulieren, wenn man über die Effekte nachdenkt, die Schlegels Äußerungen auf Goethe gehabt haben mögen – umso mehr, als es ja Schlegel sein wird, der Goethe allererst die Flaxman-Illustrationen vorlegt, während dieser an der *Achilleis* schreibt und als ‚letzter‘ Homeride sentimentalische Diskrepanzen zwischen Stil, Inhalt und Epochenzugehörigkeit sensibel empfindet, wie sie gleich mit Blick auf Flaxman zu erläutern sind.

Es ist überaus bezeichnend, dass sich gerade in dieser Konstellation der Abgrenzungsprozess der frühromantischen Ästhetik von der klassischen so prägnant abzeichnet und Umrissdarstellungen wie jene Stiche nach Flaxman hier wirklich zum seismographischen Notat der Epochenverschiebungen werden, wenn sich die frühromantische Kontinentalplatte des beginnenden 19. Jahrhunderts über den klassischen Kunstkontinent des späten 18. Jahrhunderts schiebt. An Schlegels verschiedenen Beiträgen zur ästhetischen Diskussion um Umrissphänomene, vor allem in den Vorlesungen, lässt sich exemplarisch ablesen, wie schwankend mitunter noch die Differenzierung geschieht. Wenngleich die Tendenz im vorliegenden *Athenaeums*-Aufsatz aufscheint, da der Text in vielerlei Hinsicht den Stempel frühromantischer Theoreme trägt, so dominieren doch noch immer die klassizistischen Züge von A. W. Schlegels Ästhetik: nicht zuletzt durch den Vorrang, der der Zeichnung vor der Farbgebung zugestanden wird.[23]

Flaxmans Darstellungsweise weist nun ein besonderes Charakteristikum auf: Die stilisierten, teils an antiker Vasenmalerei, teils an Basreliefs orientierten Umrissdarstellungen sind ebenso symbolisch wie sentimentalisch:[24] Ihre „bedeutsame[n]“ Linien reflektieren ein längst vergangenes Ideal und exponieren dessen Historizität durch Abstraktion.[25] In den

23 Dies zeigt sich mit einem Blick zurück auf A. W. Schlegels *Gemählde*-Gespräch, wo einer der Betrachter vor Raffaels *Sixtinischer Madonna* die Frage äußert: „Müßte das Bild nicht beynah ohne Kolorit bestehen können?“ Von einer solchen Frage lässt sich unschwer die Linie zu Schlegels Faszination durch reine Umrissdarstellungen ziehen (A. W. Schlegel: *Die Gemählde*, 129 f.; vgl. auch Becker, *Naturgeschichte der Kunst*, 132 f.).

24 Vgl. Becker, *Naturgeschichte der Kunst*, 146 f.

25 Vgl. hierzu grundlegend: Werner Busch: *Umrißzeichnung und Arabeske als Kunstprinzipien des 19. Jahrhunderts*, in: Regine Timm (Hg.): *Buchillustration im*

solchermaßen stilisierten Linien streben Form und Inhalt auseinander: Die Linien neigen zur ornamentalen Autonomisierung jenseits des von ihnen zu Bezeichnenden, sie tendieren zum frühromantischen Stilelement der Arabeske. Symmetrie, „rhythmische Reihung" und ein prozessionsartiger Friescharakter prägen oftmals die Darstellungen, die räumlich mitunter kaum zu verorten sind.[26] Die Einheit von Zeichen und Bezeichnetem ist ebenso aufgelöst wie die Einheit von Natur und Kunst in zunehmend dissoziierenden Lebensumständen. Diese „Reflexionsformen", die Werner Busch als epochentypisch für das Historizitätsbewusstsein um 1800 charakterisiert hat,[27] mit zu entziffern, gehört zu der Aufgabe des Betrachters dieser „Hieroglyphen", wenn seine Phantasie, angeregt von der magischen Chiffernsprache, das Kunstwerk fortspinnt. Umrissphänomene und ihre Wertungen erweisen sich hier als Indikator gewandelten ästhetischen Denkens *und* eines Epochen-Bewusstseins, bzw. des Bewusstseins, an einer Epochenschwelle zu stehen – ebenso scheint es am Ende von Humboldts Studie über *Herrmann und Dorothea* auf (vgl. Kap. 18), wo Humboldt noch einmal zur emphatischen Besinnung auf die fest umrissene Form aufrief, die exemplarisch auf die *innere* Form, Gestalt und Charakter der Rezipienten wirken sollte – im Angesicht äußerer Lebensumstände, die sich nicht nur als amorph darstellten, sondern ständig im Begriff schienen, auseinanderzubrechen an einer weiteren hegemonialen Bruchkante der europäischen Kontinentaldrift um 1800, deren Erschütterungen die zeitgenössischen Umriss-Konzepte in Diagrammen ästhetischer Diskurse verzeichnen.

20.1.1 Schlegels Parallelisierung von Umrisszeichnungen und poetischen Verfahren in Flaxmans Dante-Illustrationen

Es lohnt sich, anhand einzelner Beispiele zu betrachten, inwiefern Schlegel in seinen Äußerungen über Flaxmans Darstellungen besonders die reine Umrisshaftigkeit und ihre Verwandtschaft mit poetischen Verfahren akzentuiert. So bemerkt er anlässlich der *Dante*-Blätter über die wieder-

---

19. Jahrhundert. Wiesbaden 1988, 117–148, 117, und W. Busch: *Die „große, simple Linie"*, besonders 163.

26 Vgl. Busch: *Umrißzeichnung und Arabeske als Kunstprinzipien des 19. Jahrhunderts*, besonders 122, und ders.: *Die „große, simple Linie"*.

27 Busch: *Umrißzeichnung und Arabeske als Kunstprinzipien des 19. Jahrhunderts*, 117. Vgl. auch ders.: *Die „große, simple Linie"*, 163.

kehrenden Darstellungen von Vergil und Dante, die dadurch, dass sie bereits „bekannte[ ] Personen" – man könnte auch sagen: Zeichen – sind, die „Deutung" der Bildmotive erleichtern. Sie fungieren also wie bekannte Hieroglyphen, anhand derer man auf die Bedeutung der übrigen, unbekannten Ideogramme schließen kann. Dabei seien die Figuren „immer charakteristisch und doch mit beständiger Abwechselung": „Mehrmals bildet schon ihr bloßes vereintes Fortschreiten eine *sprechende* Gegenwart" (210, meine Hervorhebung, C. K.). Hier ist es der Friescharakter der Darstellung, der zugleich der Sukzession poetischer Darstellung ähnelt und Evidenz erzeugt, die bildlich unmittelbar ein *Sprechen* der poetisch-bedeutsamen Zeichen suggeriert.

An einer weiteren Darstellungskomponente, die Schlegel besonders akzentuiert, lässt sich wiederum die distanzierende Auseinandersetzung mit der klassischen Ästhetik ablesen. Es handelt sich um die Draperie. Ähnlich wie Humboldt Goethe dafür lobt, Dorotheas Gestalt durch die Beschreibung ihrer Bekleidung entlang der Umrisse derselben dargestellt zu haben, beschreibt Schlegel anhand des Gewandverlaufs Flaxmans Gestaltung von Beatrice. Mit wallendem Schleier und sich „fliegend in Falten" ‚brechendem' Kleid präsentiert sich die weibliche Gestalt, hingegen werde bei Dante und Vergil „der ganze Wurf [...] männliche[r] Gewänder durch ein paar Striche bestimmt" (211). Männliche und weibliche Gestalten werden durch stilistisch differenzierte Behandlung ihrer Gewänder charakterisiert, auch alle „andern weiblichen Wesen des Himmels" seien ähnlich gekleidet wie Beatrice, wodurch sich „ohne nonnenhafte Verhüllung [...] eine so eigne Jungfräulichkeit" ausdrücke. Dies führt Schlegel zu einer signifikanten Beobachtung:

> unmöglich könnte man eine Griechisch drappirte Frau für eine solche religiöse Grazie erkennen. Die schlanken Körper entfernen jeden irdischen Begriff, und die Formen zeichnen sich, zum Beyspiel bey dem Tanz der Tugenden um den symbolischen Wagen, auf das bescheidenste durch. (211)

Die Umrisse der weiblichen Gewänder – oder eigentlich Gewandfiguren, denn Körper dürfen sich hier noch „auf das bescheidenste durch[zeichnen]" (vgl. Abb. 11)– erscheinen als Signatur der Abgrenzung von den homerisch-heroischen, kraftvollen Körpern griechischer Plastik auch bei der Darstellung weiblicher Gestalten: Die „religiöse[n] Grazie[n]" der sich anbahnenden, mit dem Katholizismus liebäugelnden Kunstreligion müssen vergeistigt und entkörperlicht erscheinen. Galt Winckelmann der vollendete Kontur in seiner plastisch-körperlichen Präsenz als Synthesis von idealer Schönheit und schöner Natur, als „höchste[r] *Begriff* in bey-

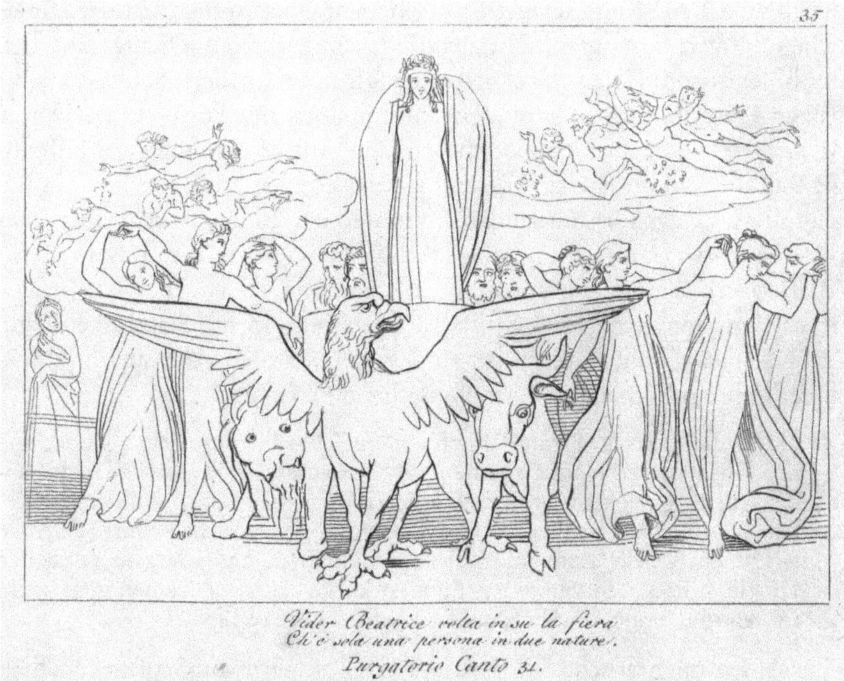

Abb. 11. John Flaxman: *Der symbolische Wagen* (Tafel „Purgatorio 35“ zu Canto 31), in: *La Divina Comedia di Dante Alighieri, Cioè L'Inferno, il Purgatorio, ed il Paradiso.* Composto da Giovanni Flaxman, Scultore Inglese, ed inciso da Tommaso Piroli. Rom, 1802. – Klassik Stiftung Weimar, Herzogin Anna Amalia Bibliothek, Signatur MAG 19 A 4984.

den“, so scheint hier eine bewusste Kontrafaktur vorzuliegen, in der „jede[r] irdische[] *Begriff*“ (meine Hervorhebungen, C. K.) entfernt wird. In Flaxmans „schlanken Körper[n]“ sieht Schlegel nicht das künstlerische Ideal im Kontur ausgedrückt, um „irdisch[]“ ‚begriffen‘ werden zu können, die Körper erscheinen vielmehr nur noch in der absolut notwendigen, minimalsten Reduktionsform: als graphische Umrissfiguren, die in der Tat dazu taugen, so ganz anders als die substanziellen ‚herkulanischen Tänzerinnen‘ um einen „symbolischen Wagen“ zu tanzen in einem ornamentalen Hieroglyphen-Reigen der reinen Bedeutsamkeit.

Schlegels Sensibilität für die Stilisierungsmechanismen Flaxmans[28] wird deutlich in seinen Betrachtungen über diejenigen Ungeheuer, die in

28 Diese zeigt sich auch darin, dass er manierierte Stellungen und übertriebene Anatomie als legitime Strategien deutet, um nicht das Hässliche darstellen zu

den Blättern zu Dante textgetreu erscheinen, aber mitnichten der christlichen Höllen-Ikonographie angehören, sondern vom Dichter aus den mythologischen Tiefen der Antike heraufgeholt wurden. Schlegel rechtfertigt – ganz im Einklang mit dem frühromantischen Postulat einer *Neuen Mythologie* – den „großen Zusammenhang" von „heidnische[r] Mythologie" und „katholische[r] Vorstellungsart[ ]", den „das tiefere Gefühl [ ]ahndet": „Es gehört mit zu den Mysterien der Hölle, die Fantome einer blinden Vorwelt, in schreckliche Wirklichkeit verwandelt, aufzustellen." (216) Doch haben die heidnischen „Fantome" eine charakteristische Transformation erfahren: „[S]o bald jene Bilder in die Seltsamkeit" von Dantes „Geist[ ] wie eingetaucht sind, treten sie auch als einheimische in seine Welt ein." In ebensolcher Weise habe Flaxman

> die mythologischen Figuren durch ein ähnliches Medium gehen lassen, und den Charon, Cerberus, die Furien, die Centauren u.s.w. ganz anders behandelt, als er bey einem antiken Gegenstande gethan haben würde. Bey der näheren Betrachtung seiner Homerischen und Aeschylischen Umrisse werden wir sehen, welche Enthaltung dieß von ihm war, und wie ganz er seinem Dichter hingegeben sein musste, um etwas das klassische Namen trägt, nicht im reinsten Sinne des Alterthums auszuführen. (216 f.)

Was als sentimentalische Stilisierung erscheint, wird von Schlegel auch als solche gesehen, doch verschiebt er diesbezüglich die Autorität, indem er die Transformation bereits bei Dante verortet, während Flaxman diese konzeptuelle Umgestaltung im zeichnerischen Medium (das in Schlegels Formulierung geradezu gegenständliche Züge erhält, als gingen die „mythologischen Figuren" durch einen Zuber voll Firnis) kongenial nachgestalte.

Parallelen zwischen Flaxmans Gestaltung favorisierter Bildmotive und frühromantischer Ästhetik – hier dem Konzept des *Schwebens* – scheinen abermals auf in Schlegels ausführlicher Würdigung der „Stärke in schwebenden Gestalten" (217), die Flaxman im *Paradiso* besonders vor Augen führen konnte: „und mit welcher Leichtigkeit schweben und schwingen sie sich! Die Gesetze der Schwere scheinen wirklich für den ätherischen Körper aufgehoben zu seyn." Die „schwebenden Gestalten" mit ihren „ätherischen Körpern" erscheinen somit geradezu als Projektionen des frühromantischen poetischen Subjekts in transzendentaler Anschauung der eigenen Poiesis.

---

müssen und zugleich einen Zuwachs an Bedeutung „auf die Oberfläche" (214) – und das heißt hier: Umrisse der Zeichnung – bringen zu können.

Aber Schlegel bindet die Gestalten sogleich wieder an die historische Bedingtheit ihrer Darstellungsweise zurück: „Bey der Darstellung der Engel hat [Flaxman] mehrentheils die ältere Weise der christlichen Mahlerey vorgezogen", die sie im Gegensatz zu den unbekleideten genienähnlichen Putten späterer Jahrhunderte „mit lang herabwallenden Kleidern und großen Fittigen" abbildete. Gemäß „der strengen kirchlichen Sitte, [...] den keuschen Entzückungen eines katholischen Himmels" zeigte diese Darstellungsweise sie in „liebliche[r] fromme[r] Beschränktheit [...], womit sie in der heiligen Schrift und Sage ihre Botschaften verrichten" (217). Wie einige Jahre später in den Gemäldebeschreibungen Friedrich Schlegels zeigt sich in August Wilhelms Bemerkungen die Favorisierung der sentimentalischen Darstellungsweise jener „liebliche[n] fromme[n] Beschränktheit" aus dem goldenen Zeitalter der phantasmagorisch unreflektierten Vormoderne. Dort, wo Flaxmans Kompositionen stark ornamentalisieren, sucht Schlegel nach der „geistige[n]" Bedeutsamkeit, wie im Falle derjenigen Engel, deren Gewänder

> noch unterhalb der Füße in Falten fliegen, und in welchen der schlanke Körper, bis auf die Theile worin der geistige Ausdruck wohnt, das Gesicht und die entzückt verbreiteten oder über die Brust gefalteten Arme, fast verschwindet [...]. (218)

Doch nicht nur Mimik und Gestik werden hieroglyphisch bedeutsam, wo die Körperhaftigkeit sich in den linearen Ornamenten der fliegenden Fältelungen auflöst, sondern die Anordnung selbst. In jenen Blättern, in denen diese Faltenfiguren „einen zahlreichen Kreis in lauter ähnlichen Stellungen schließen" und die „Glorie in der Mitte [...] umschweben", erscheinen sie Schlegel „gleichsam wie Seufzerchen der innigsten und demuthvollsten Andacht" (218).

Während hier die bedeutsame Formation der Figuren dem primären Inhalt der Blätter eine sekundäre Sinnebene zuordnet, bemerkt Schlegel an anderen Blättern Flaxmans, dass sie gänzlich abstrakte, theologische Textstellen Dantes symbolisch darstellen: „[W]as figürlich und mystisch zu nehmen" sei, habe er „sinnlich vorgestellt, oder auch wohl [...] eine Metapher [...] zum unabhängigen Gegenstande ausgebildet." (218) Die so entstandenen Umrissdarstellungen entsprechen abermals frühromantischen Konzepten von einer alle Künste synthetisierenden Universalpoesie ebenso wie der zentralen Denkfigur der sich potenzierend fortgestaltenden Arabeske: Flaxmans Entwürfe zu den „figürlich oder mystisch" gemeinten Dante-Passagen seien „dann nicht sowohl Komposizionen der angeführten Zeilen des Dichters, als eigne durch sie veranlaßte pittoreske Fantasien, und als solche zu beurtheilen." (218) Wie schon eingangs betont Schlegel damit die Autonomie der Illustrationen als eigengültige Kunstform. Und doch gesteht er die Grenzen des Mediums ein, wo es um die Darstellung des Lichts und der ätherischen Farbigkeit geht, wie sie in der Textvorlage geschildert werden. Schon ein „in irdische Farben getauchter Pinsel" könne dort

> wenig ausrichten, und wie muß sich vollends der Zeichner resigniren, der nur Linien hat! Die Mahlerey kann nicht zum Wetteifer in die Schranken treten wollen, wo die Darstellung der unbegränzten Poesie selbst eigentlich ein beständiges Erliegen unter ihrem Gegenstande ist. (219 f.)

Doch eben die „Schranken" des Turnierplatzes, „nur Linien", sind es, in denen und mittels derer Flaxmans Darstellungsweise das Unendliche gerade durch das begrenzende Medium der Umrisszeichnung versinnlichen kann, indem deren lineare Stilistik selbst symbolisch bedeutet, was sie nicht abbilden kann. Das „Symbolische" gehe jedoch „ins Unendliche hinaus" in „Licht und Farbenspiel"; durch diese allein könne „[d]as Höchste und Festlichste der himmlischen Freuden [...] versinnlicht werden, denn eben durch diese hängt unsre Erde mit den ätherischen Regionen zusammen" (221). Form hingegen sei immer an das Irdisch-Beschränkte gebunden. Schlegel benennt jedoch ein Drittes neben Form und Farbe: die bedeutsame „mathematische Regelmäßigkeit" der „[g]eometrische[n] Figuren", die ebenfalls einer „mystischen Beziehung fähig" seien, „weil bei ihnen die Anschauung mit dem Begriffe eins ist, und dieser jene ganz erschöpft". Als Beispiele führt er das Dreieck als Symbol der Trinität und den Zirkel als Symbol für „das Ewige und in sich Vollendete" (221) an. Mit diesem Dritten in seinem symbolischen Bedeutungsmodus erklärt sich Schlegels Begeisterung für Flaxmans symbolisch-bedeutsame Figurationen in jenen Blättern, in denen Flaxmans Stilisierung besonders zum Ornamentalen tendiert: je abstrakter, desto bedeutsamer.

Dass Schlegels Favorisierung geschlossen-geometrischer Formen jedoch kein Zeichen von Ästhetizismus ist, sondern vielmehr epochenspezifisches Merkmal in einer Zeit der Umbrüche – wie es sich in Humboldts Aufsatz über die umrissenen Gestalten Goethes zeigte – wird deutlich, indem Schlegel von den Nachteilen spricht, die es für die Dichtung bedeute,

> [w]enn eine gelehrte und zurecht gewiesene Einbildungskraft die neueren Erweiterungen der Sternkunde in die Dichtung hinübertrug [...]. Denn für die Beobachtung ist die Natur jederzeit unendlich; und wie sie sich neue Welten unterwirft, dehnen sich immer von neuem jenseits derselben uner-

meßliche Gebiete aus, woraus unsere Unwissenheit uns als Unordnung und Gesetzlosigkeit zurückkommt. Mit chaotischer Größe ist es aber in der Poesie nicht gethan: eine harmonische Erscheinung ist das erste und letzte. (222)

Schlegel fordert signifikanterweise eine „harmonische *Erscheinung*" – gerade weil er mit dem Appell dieser begrenzten, gesetzmäßigen Gestalt an die Einbildungskraft rechnet, die anhand des Begrenzten das „[U]nermeßliche" projiziert. Vor allem aber soll die ‚Poesie' leisten, was die Wissenschaft der Zeit nicht vermag: Das Chaos zur Harmonie ordnen und in fassbaren Umrissen umgrenzen.

Auch die katholische Facette der Blätter ist für Schlegel nicht irrelevant; er bemerkt, das „eigentlichste Lob dieser Bilder" sei, „daß man weder katholischer noch Dantesker seyn" könne, als Flaxman in den allegorischen Darstellungen der „Ideen der Religion" (222). Dies liege – und das ist wichtig – nicht primär an der „Symbolik", „sondern im Styl der Komposizion selbst" (223). Hier zeigt sich abermals derjenige Aspekt, der auf die späteren Positionen seines Bruders Friedrich vorausweist, denn August Wilhelm meint hier die „steife Symmetrie auf den Bildern der Mahler aus dem vierzehnten und funfzehnten Jahrhundert", die es in „Beziehung auf die religiösen Gegenstände"

besser getroffen als manche Spätere, weil ihre Religion mit ihrer Kunst auf derselben Stufe stand. Zu der naiven demüthigen Frömmigkeit gehören gerade und viereckte Bewegungen des Körpers, den ja die Gebräuche *dieses* Gottesdienstes gänzlich unterjochen sollen; und jede heilige Geschichte oder Situazion wird als ein feyerlicher Akt gedacht, der strenge Zucht und einfältige Ordnung erfodert. (223)

Gerade in der „Symmetrie" erkennt Schlegel mithin das größte Wirkungspotential, und er warnt, man solle nur „in die Flaxmanschen Stücke [...] eine zierlichere Mannigfaltigkeit der Anordnung [...] bringen, und man wird unfehlbar [...] ihre ganze Bedeutung zerstören."

Während Schlegel jedoch die Parallele zwischen Religion und künstlerischer Ausdrucksweise für das vierzehnte und fünfzehnte Jahrhundert konstatiert, scheint er blind zu sein für die um 1800 ebenso parallele Ausprägung von künstlerischer Stilistik und Religion beziehungsweise Geisteshaltung in einer Zeit, in der eben der ‚Himmel', über dessen notwendig darzustellende harmonische Begrenztheit Schlegel kurz zuvor geschrieben hat, durch fortschreitende naturwissenschaftliche Entdeckungen immer weiter entgrenzt wird – während zu gleicher Zeit auch Europas Grenzen nicht mehr fest gezogen scheinen. Die nachdrückliche Favorisierung begrenzter, fest umrissener Darstellungsweise stellt die anschauliche Epochensignatur dieser Horizontverschiebungen dar.

20.1.2 Flaxmans Umrisse zu Homer als „Rückübersetzung [...] in das Aechtgriechische" gelesen

In den Würdigungen derjenigen Blätter, die Werke Homers und Aischylos' illustrieren, meint Schlegel, Flaxman auf eigenwillige Weise als wahren Klassizisten zu erkennen, der sich von den üblichen „halbe[n] Wesen" (224) der zeitgenössischen Kunstproduktion positiv absetze und das Antike „so rein in seiner Art zu erhalten" wisse (224), sieht jedoch auch die charakteristische Ausprägung dieses ‚Klassizismus', die er mit dem oben bereits erwähnten sprachlich-poetischen Konzept einer *Übersetzung* verbindet:

> Nach dem Anblick dieser Umrisse kann man nicht umhin, Flaxman für einen gelehrten Kenner der Klassiker zu halten, der mit den griechischen Dichtern in ihrer Sprache vertraut ist; [...] man könnte [...] seine Umrisse zum Homer eine Rückübersetzung aus Pope's Travestie in das Aechtgriechische und Heroische nennen, aus eigenmächtiger Befugniß des Künstlersinnes ohne grammatische Beyhülfe vollbracht. (225)

Gerade dies: die „Rückübersetzung" der Sujets aus einer Zeit, welche die großen klassischen Themen bereits als „Travestie" gestaltet hat, zurück in ihre „Aechtgriechische" Gestalt, ist jedoch nur noch im sentimentalischen Modus der Stilisierung möglich. Anders als im Falle Dantes beachtet Schlegel dieses Moment hier aber nicht. Stattdessen spricht er Flaxman im Prinzip das zu, was bei Winckelmann die „Empfindung des Schönen" war, wenn er von dem anempfindenden „Künstlersinn[]" spricht, der „ohne grammatische Beyhülfe" das Illustrationskunstwerk schafft. Wie der ideale Winckelmannsche Betrachter durch Kontemplation des Kontur das geistige Formprinzip zu erkennen und somit auch Fragmentarisches zu ergänzen im Stande ist, so verhält es sich Schlegels Ansicht nach mit der Empfindung des Antiken insgesamt:

> Allerdings ist die klassische Bildung ein großes untheilbares Ganzes: durch den vollkommnen Besitz einer Seite desselben muß einem also auch der Zugang zu den übrigen geöffnet werden. Wer die alten Dichter recht versteht, (man verstehe, was eigentlich *verstehen* heißt) dem mußten auch für die bildende Kunst der Alten die Augen aufgehn; und umgekehrt hat sich unser Künstler durch tiefes und liebevolles Studium der Antike mit den Dichtern in un-

> mittelbarere Berührung gesezt, als durch modernisierende Uebersetzungen hätte geschehen können. (225)

Die Emphase, die Schlegel auf das „verstehen“ legt, entspricht dem Winckelmannschen Konzept der „Empfindung“; was bei Winckelmann für die Ergänzung der fragmentarischen Plastik galt, gilt bei Schlegel für die Interaktion der Künste, wenn das Studium antiker Kunst zu einem besseren ‚Verständnis‘ der *Dichter* führen kann, als es „modernisierende Uebersetzungen“ vermöchten: So ist es Flaxman nach Ansicht Schlegels auch möglich gewesen, gewissermaßen durch ein Anschmiegen an die antiken Kunstwerke, mit diesen „in unmittelbarer[ ] Berührung“ (wie Winckelmanns metaphorischer „flüßige[r] Gips[ ]“), zum geistigen Konzept der antiken *Dichter* durchzudringen. Notat dieser ideellen Zeitreise sind die Umrisszeichnungen – die freilich, Schlegel unbewusst, auch eine radikal „modernisierende“, nämliche sentimentalische, „Uebersetzung[ ]“ darstellen.

Schlegels anschließende Bemerkungen über die bisherigen Versuche, „die Schriften und Kunstwerke der Alten gegenseitig aus einander erklären zu wollen“ (225), betonen signifikanterweise, dass man nicht „die ewigen Gränzen, welche die verschiednen Künste scheiden“, vergessen dürfe:

> Die Vergleichung kann nur dahin gehn, daß die Aeußerungen der heterogensten Anlagen bey strenger Begränzung dennoch durch ein gemeinschaftliches Streben beseelt werden. (225 f.)

In der zweimaligen Verwendung der Grenzmetaphorik scheint bereits die Nähe zum Medium der Umrisszeichnungen auf, die trotz oder gerade aufgrund „strenger Begränzung“ zwischen den beiden Territorien von Dichtung und bildender Kunst übersetzend vermitteln. Wenngleich es in diesem Zusammenhang zunächst ein wenig irritiert, wenn Schlegel sich direkt anschließend auf Winckelmann beruft, der „dem Genius der bildenden Kunst und Poesie zugleich auf die Spur gekommen“ sei (226), so fällt auf, dass Winckelmann in der *Geschichte der Kunst des Alterthums* eben *Aischylos* und seinen strengen Stil mit dem streng umrissenen Stil der archaischen Vasenmalerei verglichen hatte (vgl. Kap. 10), an dem er den Stolz auf die genaue anatomische Kenntnis hervorhob, ganz wie Schlegel es für den aufrichtigen Ausdruck der Frömmigkeit bei den spätmittelalterlichen christlichen Malern konstatiert. Wenn hier Winckelmanns Parallelisierung von strenger Umrisszeichnung und dichterischem Stil entscheidende Impulse gegeben hat, verwischt Schlegel deren Reichweite – möglicherweise, um das Phänomen Flaxman nicht gänzlich klassizistischen Normen subsumierbar werden zu lassen, sondern seine Umriss-Kunst für eigene, frühromantische Tendenzen theoretisch fruchtbar zu machen. Flaxmans präzise Zeichnungen sind Schlegel jenseits aller primär ästhetischen Aspekte zudem schätzenswert, da sie von antiquarischer Gelehrsamkeit in allen Details zeugen (227 f.); auf diese Weise werden sie abermals ästhetischen Zwecken der Einbildungskraft besonders dienlich. Das Verständnis der historisch weit entfernten „griechischen Dichter“, jenseits rein „grammatisch[en]“ Verstehens, könne zumindest approximativ verbessert werden, indem man die „Fantasie auf den Flügeln der alten bildenden Kunst zu ihnen empor[ ]hebe[ ]“ (230). Zwar räumt Schlegel ein, dass die Darstellungen Flaxmans kaum dem Stil jener Zeiten entsprächen, zu denen die homerischen Epen entstanden seien, doch immerhin könne man zufrieden sein, wenn die „Fantasie die Rhapsodien des Alten mit solchen Bildern begleitet, wie sie einem gebildeten Griechen aus den Zeiten der blühenden Kunst dabey gegenwärtig waren. Dahin streben nun grade Flaxmans Umrisse“ (231). Mehr noch: Für Schlegel bildet die fein ziselierte Darstellung der homerischen Epen bei Flaxman erst deren „unnachahmliche Schönheit, Ausbildung und Harmonie“ sichtbar ab: „Ein vollendeter Styl der Poesie kann nur durch einen eben so vollendeten Styl der bildenden Kunst ausgedrückt werden.“ (231) Flaxmans Umrissillustrationen werden somit nicht nur zur universalpoetischen Übersetzung der antiken Werke, sondern fungieren als Seismographen literarischer Stilistik, deren unsichtbare „Ausbildung“ die Lineaturen der Umrisse sichbar machen.

Ausführlich geht Schlegel darauf ein, inwiefern Flaxman sich bei den Illustrationen zu Aischylos an die Darstellungsmodi der griechischen Vasenmalerei angelehnt habe. Zunächst benennt er jedoch einen Aspekt, der Flaxmans Entwürfe in signifikanter Weise von Darstellungen derselben Sujets in griechischen Vasenmalereien unterscheidet. Während auf Vasen häufig Tragödien (und Komödien) *als Inszenierungen* dargestellt werden, in denen die Charaktere durch Beischrift ihrer Namen identifiziert werden, ansonsten aber Tragöden-Masken tragen und auf Kothurnen einherschreiten, stellt Flaxman die Stoffe Aischylos’ als eine Handlung dar, die nicht als Bühnengeschehen erkennbar oder von der Aufführungspraxis in ihrer Darstellung geprägt ist. Was Schlegel als Verdienst Flaxmans wertet, da er die Vermittlung „aus der zweyten Hand […] durch das Medium der theatralischen Darstellung“ übersprungen habe, stellt zugleich auch eine charakteristische neuzeitliche Fiktion dar, die historisch eigenständig künstlerische Werke einem (bei aller antiquarischen Gelehrsamkeit im Detail, die den Anspruch des Ganzen auf Authentizität forciert) fiktiven integrativen Konzept von ‚Alterthum‘ subsumiert. Zu dessen Darstellungsmedium avanciert um 1800 die stilisierte Umrisszeichnung als eklektizistisch-fiktive Wiederbelebung der griechischen Vasenmalerei. Das Gefäß, das sie im sentimentalischen Stil der Trauer um unrettbar Vergangenes schmückt, ist die klassizistische Urne, in der die Asche der Antike ruht.

Schlegels Beobachtungen, inwiefern Flaxman stilistisch von Vasenmalereien inspiriert sei und wo er von ihrer Darstellungsweise abweiche, sind ausgesprochen aufschlussreich. Flaxman liefere keine „blinde und knechtische Nachahmung", er habe sich „im Ganzen [...] den Styl der Vasengemälde selbstständig [!] angeeignet, und nach seinen Bedürfnissen mit Verstand und Eigenthümlichkeit modifizirt." (233) Die Art dieser Modifizierungen ist oben bereits behandelt worden; wichtig ist nun aber mit Blick auf die Epochenschwelle von Klassik zu Romantik und den mit ihr verbundenen Medienwechsel der ästhetischen Reflexionsparadigmen von der Plastik zur Malerei, dass Schlegel hier, auf Flaxmans Stilistik bezogen, sehr genau die medialen Spezifika von Vasenmalerei einerseits und Skulptur bzw. Basrelief andererseits reflektiert. Die Gestaltungsvorteile für einen Künstler, der sich an der Vasenmalerei orientiere, liegen für Schlegel „namentlich im Wurf der Gewänder und der Anordnung und dem Putz der Haare"; zu deren Darstellung sei die Skulptur weniger geeignet, denn „[w]as in der Natur durch die Leichtigkeit des Stoffes, durch das wechselnde Spiel der Bewegungen, auch wohl der Farben reizend ist, wird der Skulptur zur Masse". Versuche, „bauschige Falten und fliegende Wimpel von Stein" in die Skulptur zu integrieren, gelten Schlegel als „fehlerhafte[r] Geschmack neuerer Bildhauer" (233). Als Beispiel für Potentiale der Zeichnung gegenüber der plastischen Ausgestaltung führt er die „gewaltigen Helmbüsche auf [Flaxmans] Umrissen" an, „wodurch die Figuren nur desto svelter werden", sowie den in „Vasengemählden häufig vorkommenden und [bei Flaxman] daraus entlehnten weiblichen Kopfputz[ ]", bei dem das hochgebundene Haar „oft flammenartig so weit hinterwärts hinaus[geht]", wie er es noch an keiner „alten Statue gesehen" habe (233 f.). Für Schlegel scheint also die in die Fläche gebannte Flammenlinie, Hogarths lebendige ‚Linie des Reizes', dort sogar ein besonderes Potential zu entwickeln. Was ihm mithin an Flaxmans Darstellungen den Vasengemälden besonders gelungen entlehnt scheint, sind eben diejenigen Elemente, die zu einer Ornamentalisierung der Lineaturen beitragen: „gewaltige[ ] Helmbüsche", die die Proportionen „svelter" erscheinen lassen, und „flammenartig" bewegte Wirbel von Haaren. Diese an Verzierungen reiche „üppige[ ] Zartheit des Styls" (234) ist einem in sich selbst vollendeten, still und edel gebändigten Klassizismus kaum mehr gemäß.

Zwei wesentliche Unterschiede, die Schlegel zwischen Flaxmans Umrissen und jenen der griechischen Vasengemälde benennt, liegen zum einen in der durchaus nicht reinen Umrisshaftigkeit der antiken Darstellungen, die mit schwarzer Farbe in die monochromatischen roten Figuren hineinarbeiten und ihnen so Plastizität verleihen; die reine Umrissdarstellung erscheint somit bereits als historistische Fiktion. Zum anderen bestehen Unterschiede in der Darstellung krasser Verkürzungen, die Flaxman effektvoll anwendet – gerade dies sind jedoch abermals Elemente, die nicht wenig zu Abstraktion und eigenwilliger Stilisierung beitragen, zumal dort, wo es sich um eine Reihung von ähnlichen Figuren handelt wie bei den „hineinwärts jagenden Rosse[n] des Achill" (235), oder bei einer „so *gerundete[n]* Gruppe wie [den] drey Töchter[n] des Pandareus, die sich [...] fest mit den Armen *umschlingen.*" (235; meine Hervorhebungen, C. K.) Eine Ornamentalisierung der Komposition zeigt sich also gerade dort, wo sich Flaxman von antiker Darstellungsweise deutlich absetzt.

Auch die unbestimmte Räumlichkeit bemerkt Schlegel, die zugunsten der Komposition „mahlerisch gruppirt und die Figuren auf verschiedene Plane [ ]stellt" (235) oder, nun am Basrelief orientiert, „mehrere Figuren auf demselben Plane hinter oder gegeneinander" anordnet, ohne dass ein „Hintergrund vertieft wird." „Symmetrie" und „geordnete Wiederholung" treten als Stilisierungsmomente hinzu, und zwar „von einer ganz andern Art als die beym Dante erwähnte: es ist die gebildete Simplizität eines Geschmacks, der [...] mit den leichtesten Mitteln grade zum Ziele geht" (235) – in diesen Kompositionen ist also nicht die geometrische Symbolik wesentlich, sondern allein ihre formalästhetische Qualität.[29] Bedeutungsvoll ist allerdings das Reihungsmoment der „geordnte[n] Wiederholung", deren Darstellung an Prozessionsfriese erinnert.[30] Ob Goethe diese schriftlichen Bemerkungen Schlegels bekannt waren,[31] als er den Einzug der Götter in seiner *Achilleis* verfasste, oder nicht: Das zugrundeliegende Strukturprinzip und die rhythmische Gliederung der literarischen Figurenkonturierung entsprechen dem an Flaxman beobachteten Verfahren von einzeln umrissenen Gestalten, die hinter einander herschreiten.

29 Es handelt sich hierbei um eben diejenigen formalen Kriterien, die Busch als stilistische Mittel der Reflexion des Sentimentalischen hervorgehoben hat.

30 Schlegel nennt als Beispiel das Blatt mit Elektra, die „mit drey Choephoren ein Trankopfer zum Grabe ihres Vaters trägt" (235).

31 Die Illustrationen selbst wurden ihm, wie oben dargelegt, erstmals von Schlegel vorgelegt, als Teile der *Achilleis* bereits verfasst waren; die Beeinflussung könnte also zuvor höchstens von Schlegels Formulierungen im Aufsatz ausgegangen sein (oder auf eigenen Betrachtungen antiker Kunst beruhen, vgl. Kap. 17).

Ein eigenwilliges Gespür für die Sentimentalität von Flaxmans Darstellungen bezeugt Schlegel nicht zuletzt, wenn er gerade die „Umrisse zum Aeschylus für die vorzüglichsten" hält, und unter diesen wiederum jene, welche „die Götter" und ganz besonders „die alten, die Titanen, wie Prometheus und die Eumeniden", darstellen. Der Prometheus scheine Schlegel

> auf dem letzten der zu dieser Tragödie gehörigen Umrisse im größesten Charakter gerathen zu seyn: die unbezwingliche Kraft ist nicht durch übermäßige Schwellung der Muskeln sondern durch ihre Derbheit und scharfe Bezeichnung erreicht. (241)

Flaxmans sentimentalische Darstellung entspricht für Schlegel, triadischem Denkmuster gemäß, also besonders jenen hier nicht wie bei Dante *naiv empfundenen*, aber möglichst *archaischen* Sujets. Deren machtvolle Wirkung beruht weniger auf ‚barocker' Üppigkeit der Darstellung als auf ‚derber' und vor allem „scharfe[r] Bezeichnung" der reinen Umrisse.

Auf reizvolle Weise greifen das Ende von Schlegels Aufsatz und, wider Erwarten, Goethesche Kunstpolitik ineinander. Denn zuletzt weist Schlegel die zeitgenössischen Künstler darauf hin, dass „unter den Umrissen zur Ilias der berühmte Abschied der Andromache vom Hektor" noch fehle und also nach einer Bearbeitung verlange. Die Weimarischen Kunstfreunde sollten auch dies zum Gegenstand der Weimarer Preisaufgaben machen. Zudem bemerkt Schlegel, dass weder Sophokles noch Euripides mit entsprechenden Zeichnungen versehen worden seien, dass auch der „göttliche Aristophanes" noch seiner Illustrierung harre, „für den mit genialisch entworfenen Bildern eine ganz neue Epoche des Verständnisses angehen würde." Abermals propagiert Schlegel also Umrisszeichnungen nicht nur als dolmetschendes, sondern als fundamental *hermeneutisches* Medium, als konkrete *Denkfigur*, die das rein literarische Verständnis erweitern müsse.[32] Und mit großem Nachdruck bemerkt Schlegel, dass „besonders Pindars Oden unübersehlich viele Veranlassungen" zu „begleiten[den]" Zeichnungen geben; zwar nicht primär durch „ausführlich erzählte Mythen und Geschichten", aber doch so, dass man – wie Flaxman zu Dante und teilweise auch zu Aischylos – „bloße dichterische Bilder und Anspielungen […] zu pittoresken Fantasien entfalte[n]"

---

32 Schlegel benennt ebenfalls die antiquarische Quelle, die zu diesen Gestaltungen noch ausgeschöpft werden könne: Anders als bei Flaxmans ‚realistischer' Wiedergabe von Aischylos' Tragödien empfiehlt er hier nun die Bühnendarbietungen abbildenden „Vasengemählde, die ein Menge komische Maskenfiguren enthalten" (245).

könne (245). Es liegt auf der Hand, dass diese „pittoresken Fantasien", nicht an Handlung und Ort gebunden, auch Gelegenheit zu fortschreitender Stilisierung und Abstraktion bieten können, also die Ornamentalisierung der Umrisse und damit die formale Autonomisierung der Lineaturen jenseits der Sujets fördern.

Flaxman wird von Schlegel nicht zuletzt auf äußerst subtile Weise als ein Pindar der Gegenwartskunst dargestellt, dem die anderen zeitgenössischen Künstler nacheifern sollten wie einst ein meisterhafter Horaz dem griechischen Vorbild: Hatte dieser in Carm. IV, 2 einer solchen Hybris (in vollendeter Poesie) das ikarische Scheitern prophezeit, so sind in Schlegels Formulierung „welch ein unermessliches Feld für den Künstler, der sich berufen fühlte, mit Flaxman zu wetteifern!" die vielen zum Scheitern verurteilten Versuche letztlich epigonal bleibender Künstler vorauszuahnen, die nur eine bereits sentimentalische Kunstform nochmals steigernd eine sentimentalische Kunst aus dritter Hand schufen. Ihre Werke sandten sie zu den Weimarer Preisaufgaben.

20.2 Umrisskonzepte in Schlegels *Vorlesungen über Ästhetik*: Allgemeine Grundlagen

In ganz andere Richtung zielen, Zweck und Adressatengruppe entsprechend, August Wilhelm Schlegels Äußerungen über Umrisse und Konturen in seinen *Vorlesungen über Ästhetik*.[33] In seiner „*Übersicht und Eintheilung der schönen Künste*" erläutert er den Unterschied zwischen Malerei und Plastik durch den Abstraktionsgrad des haptischen Sehens, denn bei einer Skulptur könne das Gefühl, so Schlegel, „die entfernten angeschauten Formen gleichsam durch Vermittlung des Auges betasten".[34] Der Gesichtssinn ist für ihn also auch bei der Wahrnehmung von Skulptur die primäre Instanz, aus deren Gesetzen *und* deren Verknüpfung mit dem

33 August Wilhelm Schlegel: *Vorlesungen über Ästhetik I [1798–1803]*. Mit Kommentar und Nachwort herausgegeben von Ernst Behler. Paderborn/München [u. a.] 1989. (*Kritische Ausgabe der Vorlesungen*. Hg. v. Ernst Behler in Zusammenarbeit mit Frank Jolles. Erster Band.) – Zu einer kritischen Wertung der Berliner Vorlesungen sowie zur Rezeptionsgeschichte vgl. Manfred Bauer: *August Wilhelm Schlegels Vorlesungen über schöne Literatur und Kunst: die Summe der Frühromantik?*, in: Y.-G. Mix/J. Strobel (Hg.): *Der Europäer August Wilhelm Schlegel*, 125–140.

34 *Vorlesungen über Ästhetik I*, 267.

Tastsinn er auch sein Konzept malerischer Umrisse ableitet. Er bemerkt, es lasse sich

> eine noch ursprünglichere Zusammenhaltung beyder Sinne nachweisen. Das Auge sieht nämlich zuerst nichts als Farben und Licht und Schatten, und diese muß es wie auf einer flachen gemahlten Tafel erblicken; da wo sie sich gegen einander absetzen, erblickt es die Gränze, und bekommt also den Umriß einer Figur. Aber erst durch die Erfahrungen des Gefühls belehrt, kann es wissen wie die Beleuchtung nach den Veränderungen der Oberfläche sich graduirt und wechselt, wie z. B. eine Kugel sich schattirt, wie durch Entfernung die Farben sich abdämpfen: es lernt die Lagen der Körper gegen einander, und ihre Formen, auch nach den von uns weggekehrten Seiten beurtheilen und glaubt dieß alles unmittelbar zu sehen. Es kann also eine zwiefache Kunst für den Sinn des Gesichts geben: die, welche die Formen durch sich selbst darstellt, und die es vermittelst der Farben und der Beleuchtung thut, Plastik und Mahlerey.[35]

In einem Argumentationsgang, der an die im 18. Jahrhundert beliebten Berichte über die Seherfahrungen von Personen erinnert, die vom Star geheilt wurden, leitet Schlegel den Plastizität suggerierenden Umriss aus der haptischen Empirie her; jeder visuell wahrgenommene Umriss stellt dabei immer schon einen Abstraktionsgrad dar, der dort eine „Gränze" zieht und einen Körper hinzuprojiziert, wo dem Auge eigentlich nur „Farben und Licht und Schatten" auf einer Fläche erscheinen.[36] In Anbetracht dieser Abstraktionsleistung gilt August Wilhelm Schlegel auch die Plastik als die ursprüngliche Kunst, die älter sein müsse als die Malerei; darauf deuteten nicht nur die Mythen von Prometheus und Pygmalion, sondern es scheine ihm generell „näher zu liegen und weniger sinnreich zu seyn, Körper durch Körper, als vermittelst der Farben auf einer Fläche nachzubilden."[37] Um seine These zu unterstützen, differenziert Schlegel bewusst zwischen „Mythos" und „Mährchen" vom Ursprung der Kunst, denn er bemerkt, Mythen wie die von den archetypischen ‚Bildhauern' Pygmalion und Prometheus gebe es für die Malerei nicht, aber dennoch mangele „es auch nicht an Anleitungen der Natur, welche den Menschen auf die Erfindung der Mahlerey führen konnten. Die größte und unförmlichste natürliche Projection eines Körpers auf einen Plan ist der

35 *Vorlesungen über Ästhetik I*, 267.

36 Vgl. zur „Mahlerey" ebd., 323: „Wo Licht und Schatten, und verschiedne Farben aneinander gränzen, und nicht durch allmähliche Übergänge sondern plötzlich sich absetzen, erhalten wir den Umriß. [...] Der reine Gesichtssinn giebt uns [...] Lichtgrade und Farben, Gränzen derselben und folglich Umrisse und Figuren [...]."

37 *Vorlesungen über Ästhetik I*, 277, mit Verweis auf „Winkelmann" und „Hemsterhuys".

Schatten.“ Darauf beziehe sich die Geschichte von der Töpferstochter, und die

> ältesten sogenannten hetrurischen Vasen, wo man die Figuren schwarz im rothen Felde sieht, scheinen uns jenes frühe Zeitalter der Mahlerey vorzustellen. Wo der Schatten noch ihr bestes Vorbild war. Überhaupt mochte sich die erste Mahlerey wohl damit begnügen, den Umriß einfärbig auszufüllen, sie war nach einem Kunstausdrucke monochromatisch und also eigentlich [weiter] nichts als bloße Zeichnung.[38]

Diese stereotypen, auf Plinius' Überlieferung fußenden (Kap. 2) und bei Dutzenden Kunstschriftstellern immer wieder zu findenden Äußerungen (die in einer Überblicksvorlesung ihren berechtigten Platz haben) ergänzt Schlegel durch seine oben vorbereiteten Gedanken über die Abstraktionsleistung des Umrisses und dessen separierende, grenzziehende Funktion:

> Nun scheint der Umriß zwar das abstracteste in der ganzen Mahlerkunst zu seyn, denn er ist die bloße Gränze der Körper, mit Weglassung alles übrigen sichtbaren an ihnen. Indessen ist auf der andern Seite der Umriß gerade das, was sich dem Auge zuerst darbietet: denn wir erblicken nichts durch sich selbst als abgesonderten Gegenstand, sondern durch das wovon es umgeben ist, und wovon es einen Theil deckt; wir werden also zuerst auf die Art gelenkt, wie sich alles sichtbare gegeneinander absetzt, d. h. auf die Umrisse der Figuren.

In Schlegels Defintion des Umrisses zeigt sich nun ein wesentlich von der klassischen Auffassung verschiedenes Konzept des Umrisses: Galt er dort als integraler Bestandteil des Körpers bzw. der Gestalt, der mit deren innerem Wesen als sichtbares Oberflächenzeichen in untrennbarer Beziehung stand, ist er bei Schlegel schon fast zu etwas von diesem Ablösbarem geworden, das dem Innern nurmehr äußerlich ist: eine abstrakte „bloße Gränze“. Eine solche Wahrnehmung hat aber wiederum Rückwirkungen auf die Wirklichkeitserfahrung: Diese erscheint für den Blick des Theoretikers, der versucht, sich der empirisch-konventionellen Projektionsleistung des haptisch-räumlichen Blicks zu enthalten, als eine ornamentale Konfiguration von Lineaturen, in denen „sich alles sichtbare gegeneinander absetzt“.

Was die Frage anbelangt, von welcher Beschaffenheit denn nun eigentlich die Umrisse des antiken Meisters der Umrisslinie, des Griechen Parrhasius, gewesen sein mögen (ein Dauerbrenner antiquarischer Polemik

38 *Vorlesungen über Ästhetik I*, 277, das folgende Zitat ebd. – Zitate aus dem ersten Band der Vorlesungen werden im Folgenden mit Seitenzahlen im Text nachgewiesen.

im 18. Jahrhundert), zieht sich A. W. Schlegel übrigens elegant aus der Affäre. In einer späteren Vorlesung verweist er, als er auf antike Malerei und Skulptur zu sprechen kommt, auf seine eigene, Goethe gewidmete Elegie, in der er zur kritischen Frage lediglich Plinius' Äußerung paraphrasiert. Man liest also unter anderem:

> Leisern Umriss zog Parrhasios; fliehende Gränzen
> Lockten das Auge sich nach um das gerundete Bild.[39]

Wie das Auge in den nächstfolgenden Vers ‚nachgelockt' wird, so wirkten auch des Parrhasius Umrisse. Von diesen erfahren wir, einigermaßen poetisiert, aber gänzlich unanschaulich, sie seien „[l]eiser[ ]" gewesen. Ob diese akustische Metapher nun jedoch „feiner" im Sinne von „dünner" oder „unauffälliger" im Sinne von *sfumato* bedeuten soll, das klärt auch die Erwähnung der „fliehende[n] Gränzen" nicht, die, ebenso wie in Plinius' Fomulierung „visum effugientes" aus der Episode um Apelles und Protogenes, sowohl als perspektivisch-lineare Darstellung einer Verkürzung aufgefasst werden können wie auch als luftperspektivisch verschwommene *sfumato*-Umrisse.

20.2.1 Schlegels Ästhetik der Plastik: Umrisse der Skulptur im Raum

Konventionell und dem klassizistischen Skulpturkonzept enstprechend ist in Schlegels Ästhetik-Vorlesung wiederum die Definition der Draperie in den griechischen Gewändern, welche die „Wirkungen jeder Bewegung [...] mit erhöheter Klarheit" betonten: „Der Faltenwurf ist für die Gewänder eben das, was die Zeichnung der Muskeln für den belebten Körper" (286). Wie bereits in Winckelmanns Kontur- und Draperie-Konzept die Kritik an

39 A. W. Schlegel: *Kritische Ausgabe der Vorlesungen.* Hg. v. Georg Braungart. Begründet von Ernst Behler (†) in Zusammenarbeit mit Frank Jolles. Zweiter Band, erster Teil: *Vorlesungen über Ästhetik* [1803–1827] [= Vorlesungen II, 1]. Textzusammenstellung von Ernst Behler (†). Mit einer Nachbemerkung von Georg Braungart. Paderborn/München [u. a.] 2007, 340. Kurz darauf folgen Verse zu der anderen umrissrelevanten Überlieferung der antiken Kunstliteratur, nämlich zur *linea* des Apelles, die man jedoch kaum erkennt. Es heißt: „Allzu bescheidene Hand des Protogenes! immer noch weilend/ Am Vollendeten selbst; leichterem Schwung und Vertraun/ Lehrt' ihn der Maler von Ros [sic], dem vor den bewunderten Meistern/ Anmuth, jedes Bemühns Blüthe, sich eigen ergab." Der „leichtere[ ] Schwung" scheint Schlegels komprimierte und wohl auch dem Metrum geschuldete Übersetzung bzw. Deutung der *summa subtilitas* zu sein, mit der Apelles die *linea* des Protogenes übertraf.

der zeitgenössisch deformierenden Mode als Symptom gesellschaftlicher Zustände zum Ausdruck kam, ergänzt auch Schlegel diese Äußerungen um eine erhellende Anekdote:

> Eine Maroccanerin fragte einmal die Frau eines Engländischen Gesandten, die im Reifrock und sonstigem Hofputz zu ihr kam, naiver Weise: bist du das alles selbst? Bey einer schön bekleideten Griechischen Statue wäre die Frage nicht mehr lächerlich. Sie ist wirklich ganz sie selbst und die Bekleidung kaum von der Person zu unterscheiden. Nicht nur zeichnet der Bau der Glieder durch das anschmiegende Gewand hindurch, sondern in seinem Wurf und Fall, seinen Flächen und Falten drückt sich der Charakter der Figur aus, und der beseelende Geist ist bis auf die Oberfläche der nächsten Umgebungen gedrungen. (286)

Wo Schlegel sich wie hier über den plastischen Kontur und dessen Bedeutung für die Charakterisierung der plastisch dargestellten Gestalten äußert, erweisen sich seine Äußerungen wesentlich konformer mit der klassischen Ästhetik[40] als in jenen Passagen, die graphisch-malerischen Umrissmomenten gelten.

Dennoch finden sich in Schlegels Auffassung der Skulptur Aspekte, in denen frühromantische Konzepte die klassische Ästhetik durchdringen. Dies zeigt sich besonders an seinen Äußerungen zur Mehransichtigkeit, indem er zunächst feststellt, die „Sculptur" sei

> eine Kunst der Formen, das heißt der vollständigen Körperbegränzung, sie stellt folglich ihre Werke für eine allseitige Betrachtung auf, und verwirft, in ihrer ganzen Reinheit gedacht, durchaus die Beschränkung auf einen Gesichtspunkt. Dieser ist hingegen der Mahlerey wesentlich, weil sie nur unter

40 Zu A. W. Schlegels Ästhetik der Skulptur in seinen Vorlesungszyklen und deren Verhältnis zum Klassizismus Winckelmanns sowie zu den programmatischen Schriften Meyers und Goethes in den *Propyläen* vgl. Lothar Müller: *Achsendrehung des Klassizismus. Die antiken Statuen und die Kategorie des „Plastischen" bei Friedrich und August Wilhelm Schlegel*, in: Mix/Strobel (Hg.): *Der Europäer August Wilhelm Schlegel*, 57–75, bes. 69–72. A. W. Schlegels „Bekenntnis zum Klassizismus Winckelmanns" gelte „freilich ausschließlich für die Skulptur" (72). Auch Lothar Müller legt dar, „dass Friedrich und August Wilhelm Schlegel in ihren theoretischen wie kritischen Äußerungen zur bildenden Kunst über ihre Jenenser Anfänge hinaus den Kern des Winckelmannschen Klassizismus bewahren und [...] in die romantische Kunstlehre integrieren." (57) Vgl. auch Müller, bes. 67 f., zur „Verschränkung der geschichtsphilosophischen Antinomie von Antike und Moderne mit der Isolierung der Skulptur von der Malerei" (57), sowohl im Hinblick auf F. Schlegels Fragmente als auch auf A. W. Schlegels Vorlesungen; leitend ist dabei die Kategorie der Progression, die der (antiken) Skulptur nicht zugesprochen wird, da sie anders als Malerei in einem Zyklus der „‚Naturgeschichte' des Schönen" zu verorten sei.

> Voraussetzung desselben das Sichtbare richtig abschildern kann. Die Sculptur ist die körperliche Wahrheit selbst[41] [...]. (287)

Dabei komme es jedoch nicht nur auf die Richtigkeit der Darstellung von allen Seiten an; die Figuren müssten vielmehr, wie Schlegel unter Bezug auf Hemsterhuis bemerkt, so angeordnet werden, „daß jede Ansicht die größte Mannichfaltigkeit verschiedner Glieder gewähre“, dabei solle der Künstler „alle möglichen Profile in gleichem Maße zu bereichern suchen.“ (288) Die „Profile“ meinen den ‚Kontur‘; dieser soll mithin aus jedem Blickwinkel für sich wahr sein und, so Schlegel, durch die Darstellung von maximaler Mannigfaltigkeit „etwas anziehendes und den Geist beschäftigendes zu sehen geben“ (287 f.). Hier zeigt sich der Einfluss, den Hemsterhuis' Theorie vom Ideen evozierenden Potential der Umrisse auf die frühromantische Ästhetik hatte; wesentlich für das plastische Kontur-Konzept Schlegels ist nicht die *Einheit* des Mannigfaltigen, sondern dessen Potential, die Einbildungskraft anzuregen.

So ist es auch überaus charakteristisch, dass Schlegel an späterer Stelle zu Lessings Forderung, die bildende Kunst solle den ‚prägnantesten‘ Moment darstellen, bemerkt: „Bey der äußersten Spannung finde die Einbildungskraft sogleich ihre Gränze, und müsse, weil sie nicht darüber hinaus könne, unfreywillig umkehren.“ (289) Schlegel operiert, wie auch hier, gerade an den Stellen, wo es um formale Kriterien der Darstellung geht, mehrfach auch metaphorisch mit Begriffen wie Grenze und Beschränkung.

Einige Ausführungen Schlegels zur Plastik sind vor allem bemerkenswert,[42] weil sich hier abzeichnet, inwiefern seine Auffassung von

41 Gegenüber der „Wahrheit“ der Skulptur in ihrer greifbar körperlichen Gestalt und Vielansichtigkeit zeigt sich die Malerei als Kunst des Scheins, denn sie „kann nur Eine Ansicht geben, und muß daher die Lineamente der Form auffassen, wie sie in dieser erscheinen. Mit Einem Wort sie zeichnet perspectivisch.“ (So Schlegel in seinen Äußerungen zu Malerei, ebd., 325.) Bereits Schlegels geometrisch-abstrakte Formulierungen – die „Lineamente der Form“ und ihre ‚perspektivische‘ Darstellung – bringen zum Ausdruck, in welchem Maße ihm graphisch-malerische Umrisse als stilisiertes Medium erscheinen und im wörtlichsten Sinne ‚Perspektiven‘ ins Illusionäre eröffnen.

42 Erstaunlich selten wird in der Kunstliteratur dort, wo es um das Darstellungsmedium der Umrisse geht, das Basrelief mit seinen spezifischen Darstellungs- und Wirkungsprinzipien gesondert untersucht. August Wilhelm Schlegel stellt hier eine Ausnahme dar (Noch in einer späteren Vorlesung (II, 310) bemerkt er: „Eine Theorie des Reliefs fehlt noch in allen Kunsttheorien.“). Sein Interesse an diesem Gegenstand liegt nahe, zieht man seinen, wie oben bereits mehrfach gezeigt, auch bei der Beschäftigung mit Skulptur primär visuell-malerischen Blick in Betracht –

plastischen Konturen zumindest in Ansätzen die Erweiterung der Kontur-Konzepte vorwegnimmt, wie sie ein Jahrhundert später in Rilkes Beschäftigung mit der Plastik Rodins entwickelt werden (vgl. Kap. 26). Es handelt sich um das Verhältnis der Plastik zum sie umgebenden Raum.[43] Schlegel hebt hervor, dass „auf einem Gemählde [...] die verschiednen Figuren einer Composition durch eben das Medium vereinigt" seien, „wodurch sie überhaupt dargestellt werden", denn

> es ist, wenn auch sonst nichts, doch gemahlte Luft zwischen ihnen, und alles in Continuität. Nicht so bey Statuen; wenn sie sich nicht unmittelbar berühren, so kann sie nur der Boden, worauf sie stehen in Verbindung setzen. Dieser ist sonst nur nothwendige Bedingung, weil die Figur, die ganz allein die Aufmerksamkeit [auf sich] lenken soll, doch irgend worauf stehen muß; dehnt man ihn zu einem steinernen Schlachtfelde aus, worauf sich eine Menge Personen herumtummeln können, so wird ihm dadurch eine ungebührliche Wichtigkeit beygelegt, zu geschweigen daß die Umrisse von manchen Figuren, auf diese gleichartige Masse projektirt, sich nicht gehörig abheben würden. (288)

Schlegel nimmt den Sockel einer freistehenden Skulpturengruppe mithin primär visuell-flächig auf, indem er die „Umrisse" der „Figuren" darauf „projektirt" wie auf einen malerischen Hintergrund. In einer zumal mar-

---

und die Faszination für die Umrissdarstellungen Flaxmans mit ihrer auffälligen Orientierung an den Darstellungsprinzipien nicht nur von Vasengemälden, sondern auch Basreliefs. Vgl. dazu I, 296 ff., u. a. zur „verhältnißmäßige[n] Verlohrenheit und Unbestimmtheit des Umrisses" (I, 297).

43 Schlegels ‚graphische' Wahrnehmung der Wirklichkeit und sein dementsprechend konditionierter Blick auf Kunstwerke kommt auch in einer Äußerung über die Architektur zum Ausdruck, die sich in einer späteren Vorlesung von 1827 findet. Er bemerkt dort „über die Farben der Stoffe der Baukunst": „Einfarbigkeit ist das Günstigste und zwar hat der lichtere Ton den Vorzug vor dem dunklen; das Buntscheckige verhindert das Hervortreten der reinen Formen und einfachen Linien. [...] Welchen wohlthätigen Eindruck die gleichmäßige Färbung einem Gebäude giebt, bemerken wir, wenn wir es im Mondlichte betrachten, wo noch hinzukömmt, daß die kleineren Partien zurücktreten und nur die großen Umrisse sich gegen den dunklen Horizont abzeichnen. Dann versöhnen wir uns oft mit Gebäuden, die uns bei heller Tagesbeleuchtung verwirren, wie dies z. B. mit dem Eingang der Peterskirche in Rom der Fall ist. | So sehen wir, wie die geometrischen Linien die festen Grundverhältnisse des Gebäudes bilden; die Symmetrie kündigt [...] das Werk als ein Werk des menschlichen Geistes an, das sein Dasein durch sich selbst haben soll [...]." (II, 302 f.) – In der Architektur zumindest erweist sich auch der spätere Schlegel durchaus als Klassizist, der ein in sich selbst vollendetes Gebäude favorisiert, das ihm am reinsten in der abstrahierten nächtlichen Beleuchtung wie eine Architekturzeichnung erscheint. Vgl. allerdings auch Kap. 21.7.1 zu Friedrich Schlegel.

morweißen, nicht farbig gefassten Plastik kann dies natürlich kaum die gewünschten Raumeffekte hervorrufen, auch als gültigen künstlerischen Bestandtteil der Plastik zieht Schlegel den Sockel nicht in Betracht; stattdessen geht er auf die etablierte Darstellungskonvention ein,

> die zusammen gehörenden Figuren auf verschiedne Pedestals zu stellen, und etwa an einer Wand herum oder in Nischen zu ordnen. [...] Das Piedestal ist gleichsam der Rahmen der Statue, dasjenige was außer ihrer eignen Umgränzung noch dient, sie gänzlich von der umgebenden Wirklichkeit abzusondern. (Und jedes ächte Kunstwerk, sagte mir einmal ein großer Künstler, wird mit einem Rahmen gebohren.) (288 f.)

Die Aufteilung einer Statuengruppe auf einzelne Piedestals und deren Verteilung im Raume bedeutet für Schlegel zugleich eine Zerstückelung des Zusammenhangs des Ganzen und eine Verdoppelung der konstitutiven Grenzen des Dargestellten; wie oben gesehen, galten ihm ja bereits die Oberfläche der Figur und deren „Profile" als beinahe *äußerliche* Bestandteile der plastischen Figuren. Abermals zeigt sich seine primär visuelle Perspektive auf die Skulptur, wenn er das Prinzip der externen, additiven Rahmung eines Gemäldes auf die Plastik überträgt: „Eine solche Zusammenstellung ist also gerade als wenn man in verschiednen durch Rahmen von einander getrennten Fächern eines Gemähldes Figuren in Beziehung auf einander handeln lässt." Das Prinzip der in sich selbst vollendeten, autonomen Kunstgestalt, die auch ohne Kenntnis ihrer Bedeutung im ‚Rahmen' einer dargestellten Handlung *schön* im Sinne einer klassizistischen Ästhetik wie bei Moritz erschiene, besitzt für Schlegel keine Gültigkeit mehr: Nicht bloß integre Umrisse der einzelnen Menschengestalt fordert er, sondern lebendigen Zusammenhang des Ganzen, Einheit statt Dissoziation. Nicht mehr der Rückbezug auf das Individuum, sondern dessen Integration in eine intakte ‚Kommunikationsgemeinschaft'. Was die Zeitverhältnisse der äußeren Umstände nicht erlauben, das soll zumindest die ästhetische Erfahrung leisten können.[44]

Die Schwellensituation zwischen Klassik und Romantik, in der sich August Wilhelm Schlegel befindet, zeigt sich besonders deutlich dort, wo seine Argumentation klassizistisch beginnt und sich dann, selbst wie eine frühromantische Arabeske, im Sinne der neueren Ästhetik verselbständigt.

---

44 Dennoch scheint ein klassizistisches Moment in der Ablehnung von „durch Rahmen voneinander getrennten Fächern eines Gemähldes" auf: Denn gerade ein solches Darstellungsprinzip ist ja durchaus charakteristisch für mittelalterliche Polyptychen, wie sie (früh)romantische Kunstanschauung (und -produktion) wiederentdecken.

So bemerkt Schlegel, zunächst in Übereinstimmung mit der klassischen Ästhetik, in welcher der Kontur den Charakter und Gemütszustand des Dargestellten bilden sollte, und ganz ähnlich, wie er es oben als Gegenentwurf zu der verstellenden Kleidung der Engländerin im Reifrock formuliert hatte, es komme in der Skulptur darauf an,

> daß, wie die Formen durchaus charakteristisch ohne fremdartige Einwirkung seyn sollen (so daß die Schöpfungen der Sculptur Geistern gleichen, die ihre äußre Hülle überall durchdrungen, und die Umgränzung derselben ihrem Wesen gemäß geordnet haben), auch die Bewegung frey und durch sich selbst bestimmt, aus dem Innern hervorgehe. (290)

So weit, so klassizistisch. Doch nun führt Schlegel als Beispiel die Venus Pudica an, und zwar auf bemerkenswerte Weise:

> Venus kann immerfort leise in sich geschmiegt stehn und ihre Arme vor sich schweben lassen um ihre Reize damit zu verhüllen, welches aber kein körperliches Verhüllen sondern bloß das aetherische Bild davon ist, sie kann immerfort aus dem Meer gebohren scheinen, als wenn sie sich wie eine Knospe dem Daseyn schüchtern aufschlösse, und doch die süßen Ströme des Verlangens, die von ihr ausgehen, selbst wieder einathmete [...]. (290)

Was Schlegel hier formuliert, ähnelt sowohl in Struktur als auch in Bildlichkeit sehr viel mehr den „Morgen“-Arabesken, wie sie Philipp Otto Runge zeichnet, als einer antiken Skulptur in klassisch-ästhetischem Verständnis. Der „schwebend[e]“ Moment des Verhüllens und das mit Pflanzen- und Wassermetaphorik evozierte zyklische Fließen und Emporwachsen – all dies hat wenig gemein mit dem wenn auch ‚unbezeichneten‘ Kontur in Winckelmanns Verständnis. Die Aufhebung der Zeitlichkeit in einem ewigen Moment, den Schlegel mit diesem Beispiel nun Lessings Forderung nach dem prägnanten Moment entgegenhält, ist eben kein Moment der augenblicklichen Präsenz- und Evidenzerfahrung, wie sie im Symbolbegriff der Klassik enthalten wäre, sondern ein zyklisch-schwebendes Kontinuum, in dem Zeit in den rankenden Knospen und fließenden Strömen verräumlicht wird.

Wie Schlegel bereits zuvor seine Betrachtung der plastischen Umrisse um Aspekte der Aufstellung der Skulpturen und den Anteil der Raumwahrnehmung an der Wahrnehmung der Skulpturen erweitert hatte, und wie er nun den unmittelbaren Raum um die Statue der Venus herum in Bewegung versetzt und so nicht nur zu einem am ästhetischen Eindruck mitwirkenden, sondern mit der Statue interagierenden darstellerischen Element werden lässt, antizipiert Schlegel tatsächlich Momente, die in Rilkes Betrachtung von Rodins Plastik prägend werden (ohne dass hier eine

Wirkung Schlegels auf Rilke behauptet werden soll). Der entscheidende Unterschied liegt jedoch darin, dass Schlegel zwar eine Interaktion von Raum und Skulptur im Medium des „aetherische[n] Bild[es]“ seiner Einbildungskraft imaginiert, wohingegen Rilke aber eine unmittelbare Deformierung der Skulptur durch die Einflüsse der Außenwelt bereits im Akt der Gestaltung suggeriert, die er mit der Verwitterung der mittelalterlichen Kathedralplastik im beginnenden 20. Jahrhundert vergleicht.

Schlegels Statuen sehnen sich nach Zusammenhang, nach Synthese, doch sie sind, hundert Jahre vor Rilke und Rodin, nur *isoliert* in ihren gesetzten Rahmen, in die sie sich fügen müssen; deformiert und ausgesetzt sind sie noch nicht. Aber die frühromantische Arbeit am Fragment hat bereits begonnen.

21. Friedrich Schlegels romantische Hieroglyphik: „schwebende Umrisse“ und „strenge [...] Formen in scharfen Umrissen“ als „lieblich bedeutende[] Sinnbilder der weltumfassenden Religion“

Wenn auch auf andere Weise als bei seinem Bruder August Wilhelm, erweist sich doch auch in Friedrich Schlegels Kunstanschauung die Denkfigur der Umrisse als hochgradig ambivalentes Reflexionsmedium, an dessen Umdeutungen, seien es programmatisch-polemische Reinterpretationen oder stillschweigende Nuancenverschiebungen, sichtbar wird, wie sich die romantische Kunstanschauung aus der klassischen Ästhetik entwickeln konnte.

Wiederholt wurde darauf hingewiesen, dass Schlegel sich bis etwa 1800 kaum um Einsichten in die bildende Kunst bemüht hatte und auch lediglich oberflächliche Kenntnis der ästhetischen Theorien des 18. Jahrhunderts besaß.[1] Bei dem Unterfangen, im Rahmen der neu begründeten Zeitschrift *Europa*[2] den deutschen Lesern über die Pariser Kunstschätze zu berichten, die in Folge der nachrevolutionären Säkularisierungen und der napoleonischen Feldzüge im Louvre versammelt waren,[3] habe sich jedoch

1 Élisabeth Décultot: *Friedrich Schlegel et „l'art divin de la peinture“*, in: Etudes germaniques 53 1997, N. 4, 629–648, 630 f., vgl. auch ebd., Anm. 12, zu den überwiegend von August Wilhelm stammenden Fragmenten, die sich mit bildender Kunst beschäftigen.

2 Zu Schlegels *Europa* vgl. auch Patrizio Collini: *Revolutionäre Museumsgänge. Von Heinse bis F. Schlegel*, in: Kenneth S. Calhoon (Hg.): *„Es trübt mein Auge sich in Glück und Licht“. Über den Blick in der Literatur.* Berlin 2010, 159–170, zu F. Schlegel bes. 166–170.

3 Zum Louvre, ab 1803 das „Musée Napoléon“, vgl. das Nachwort in: Friedrich Schlegel: *Gemälde alter Meister.* [=Schlegel, *Gemälde*] Mit Kommentar u. Nachw. von Hans Eichner u. Norma Lelless. Darmstadt 1984, 209). – Zu den revolutionären Kirchenenteignungen ab 1790 und zum internationalen Kunstraub ab 1797, besonders durch Napoleons Italien-Feldzug, vgl. ebd., 208 f. – Décultot, *Friedrich Schlegel et „l'art divin de la peinture“*, 644, hebt die „fortes connotations anti-françaises“ in Schlegels Ablehnung des Klassizismus hervor und weist auf das ‚geographische‘ Paradox hin, dass Schlegels patriotische Kunstanschauung ihre Initialreize gerade im Louvre empfängt, und damit im Herzen eines Museums, das

„ein Teil seiner Literaturtheorie unschwer auf die Kunstkritik übertragen" lassen.[4]

Angesichts der beträchtlichen Wirkung, die Winckelmanns Konzepte auf Schlegels Aufsatz *Über das Studium der Griechischen Poesie* (1795/97) hatten[5] – nicht zuletzt im Hinblick auf die Relevanz der ‚Umrisse' eines Kunstwerkes, sei es plastisch, graphisch oder literarisch (s. u.) –, stellt sich jedoch die Frage, ob es nicht zu kurz greift, nur anzumerken, Schlegel habe seine literarische Ästhetik auf die bildende Kunst übertragen – eher scheint es sich um eine Zirkelbewegung zu handeln. Dies zeigt die Äußerung im *Studiums*-Aufsatz, derzufolge das „Ziel des Deutschen [...] das Objektive" (1, 260) sei. Und so bemerkt er über Goethe:

> Das Schöne ist der wahre Maßstab, seine [= Goethes] liebenswürdige Dichtung zu würdigen. – Was kann reizender sein als die leichte Fröhlichkeit, die ruhige Heiterkeit seiner Stimmung? Die reine Bestimmtheit, die zarte Weichheit seiner Umrisse? Hier ist nicht bloß Kraft, sondern auch Ebenmaß und Gleichgewicht! Die Grazien selbst verrieten ihrem Lieblinge das Geheimnis einer schönen Stellung. Durch einen wohltätigen Wechsel von Ruhe und Bewegung weiß er das reizendste Leben über das Ganze gleichmäßig zu verbreiten, und in einfachen Massen ordnet sich die freie Fülle von selbst zu einer leichten Einheit.[6]

Attribute der bildenden Kunst erscheinen hier auf *Literatur* übertragen – in einem ästhetischen Wertekanon, der noch an klassischen Idealen orientiert erscheint. Gleichwohl wird die Bewunderung für die „reine Bestimmtheit [...] der Umrisse" später zum wesentlichen Charakteristikum von Schlegels

---

als Symbol der politischen Vormachtstellung Frankreichs errichtet wurde, aber auch getragen wird vom Traum einer „convergence artistique paneuropéenne", so dass Schlegel „dans un double refus du paradigme français et de l'idée supranationale" die deutsche ästhetische Tradition entdeckt (vgl. ebd., bes. Anm. 65–67). Dabei vermischt Schlegel freilich häufig deutsche, holländische und flämische Schulen; er verbindet die „idée de germanité dans l'art" mit den Elementen der Naivität und „simplicité populaire", Frömmigkeit und „sensibilité profonde" (ebd.).

4 Nachwort, 209.

5 Zum Verhältnis von F. Schlegels Ästhetik zu Winckelmann und den Anknüpfungspunkten des Frühromantikers an den Klassizismus Winckelmanns vgl. die differenzierte Darstellung von Lothar Müller: *Achsendrehung des Klassizismus. Die antiken Statuen und die Kategorie des „Plastischen" bei Friedrich und August Wilhelm Schlegel*, bes. 67; zu F. Schlegels Anspruch, „der Winckelmann der griechischen Poesie zu werden", ebd., 68.

6 Friedrich Schlegel: *Kritische Friedrich-Schlegel-Ausgabe [KFSA]*, begr. und hg. v. Ernst Behler. Paderborn [u. a.] 1958ff, hier KFSA 1, 261. Zitate werden im Folgenden nach der KFSA mit Band- und Seitenangabe im Text nachgewiesen.

frühromantischen Gemäldebeschreibungen werden. An Schlegels Ästhetik erweist sich somit, wie sehr die an die Einbildungskraft appellierende Denkfigur „Umriss" um 1800 bei der Abgrenzung der Frühromantiker von der klassischen Ästhetik geeignet ist, selbst bei gleichbleibender Attribuierung zum überaus versatilen Reflexionsmedium verschiedener Epochen und Tendenzen umgedeutet zu werden.[7]

21.1 Umriss-Akzentuierungen in Schlegels Gemäldebeschreibungen in der *Europa*

Unter Friedrich Schlegels Schriften zur bildenden Kunst sind es vor allem seine von 1803 bis 1805 in der *Europa*[8] erschienenen Gemäldebeschreibungen,[9] an denen sich seine spezifische Akzentuierung der ‚Umrisse' beobachten lässt.[10]

---

7 Zu der inneren Spannung in Schlegels ästhetischem Denken, das zwischen konventionellen klassizistisch-akademischen Traditionen und modernen Kategorien schwanke, die er dem *Athenaeum*, v. a. den eigenen früheren Schriften, besonders den Konzepten zur Literatur entlehnt habe, vgl. Décultot, *Friedrich Schlegel*, 647, die auch das relativ geringe Interesse, das die Forschung an Schlegels Schriften zur Kunst zeigte, auf seine letztlich nicht konsequente Modernität zurückführt, die „riche de contradictions et d'alliances inattendues" sei (ebd., 648). Zur Frage nach Schlegels ‚Klassizismus' (insbesondere mit Blick auf die Philologie) vgl. auch Matthias Buschmeier: *Friedrich Schlegels Klassizismus*, in: Christian Benne (Hg.): *Antike – Philologie – Romantik: Friedrich Schlegels altertumswissenschaftliche Manuskripte*, Paderborn 2011, 227–250.

8 Das erste Heft der *Europa* mit der *Nachricht von den Gemälden in Paris* erschien im Februar 1803; das zweite Heft, das den Aufsatz *Vom Raffael* enthielt, wurde im April an den Verleger Wilmans gesandt und im Hochsommer publiziert; der erste *Nachtrag italiänischer Gemälde* wurde am 30. Juli aus Paris abgeschickt und konnte Ende September im dritten Heft erscheinen. Danach setzten Verzögerungen im Erscheinen der *Europa* ein, und der *Zweite* und *Dritte Nachtrag*, verfasst im Frühjahr und Sommer 1804, konnten erst 1805 im vierten und letzten Heft der Europa publiziert werden. Dies brachte jedoch den Vorteil mit sich, dass zuletzt auch Raum war für Schlegels Kunstbetrachtungen von der im Frühjahr 1804 unternommenen Reise nach Köln, wo er für vier Jahre bleiben sollte (vgl. das Nachwort, 210, und die Einleitung zum 4. Bd. der KFSA (Friedrich Schlegel: *Nachricht von den Gemälden in Paris, 1802*, Bd. 4, Abt. 1: *Ansichten und Ideen von der christlichen Kunst.* Paderborn [u. a.] 1959, XXI. Zitate aus diesem Band werden im Folgenden mit Seitenzahlen im Text nachgewiesen). Die Zeit zwischen dem Erscheinen des dritten und vierten Heftes der *Europa* hatte für Schlegel prägende Erfahrungen mit sich gebracht. Erst durch die Anregungen der Brüder Boisserée und Johann Baptist Bertrams wurde Schlegel für Architektur sensibilisiert; auf der

Gleich auf den ersten Seiten seiner *Nachricht von den Gemälden in Paris* macht Schlegel seine Präferenzen deutlich. Er schreibt: „Ich habe durchaus [W: vorzüglich][11] nur Sinn für die alte Malerei [W: den alten Styl in der christlichen Malerei;], nur diese verstehe ich und begreife ich, und nur über diese kann ich reden." (13) Diese Vorliebe, die vor allem jenen vor Raffael tätigen Malern wie Perugino gilt, wird, wie aus der Überarbeitung ersichtlich wird, später noch dahingehend eingegrenzt, dass Schlegel den

---

Reise nach Köln über Brüssel, Louvain, Lüttich, Aachen und Düsseldorf begleiteten sie ihn, wo er weitere Kunstwerke und neben den Gemäldegalerien in Brüssel und Düsseldorf auch gotische Architektur in Augenschein nahm. Hinzu kam, dass in Folge der Säkularisierungen von Kirchenbesitz in den an Frankreich gefallenen Gebieten links des Rheines viele Kunstschätze vom Verfall bedroht waren; an den Bemühungen der Boisserées, diese Werke zu retten, nahm Schlegel großen Anteil (vgl. dazu die Einleitung, XXI f.). In diesem Kontext sind seine Äußerungen über bildende Kunst zu verstehen.

9 Zu deren „subjektiv-intimem, oftmals auch polemischem Charakter" in mehr oder weniger fiktivem Briefduktus vgl. Claudia Becker: *Germania und Italia. Die Bedeutung der präraffaelitischen Malerei in der Kunstauffassung Friedrich Schlegels, in:* H. Pfotenhauer (Hg.): *Kunstliteratur als Italienerfahrung*, Tübingen 1991, 222–241, 224. Seine „Bildbeschreibungen" beanspruchen nicht, „Ersatz für die eigene Anschauung" zu bieten, sondern „‚Charakteristiken', in denen, wie Schlegels Theorie der Kritik fordert, der Eindruck dargestellt wird, den die Bilder auf einen qualifizierten Beobachter machen, und die uns mit der Beschreibung zugleich auch die Interpretation und die ‚ästhetische Würdigung' [KFSA 16, 274, Nr. 245] liefern." – Vgl. dazu das Nachwort (Schlegel, *Gemälde*), 210, Zitat ebd.

10 Zur Frage, ob man „von der in der „Europa" aufgestellten Theorie der Malerei oder auch nur von Schlegels Berichten aus dem Musée Napoléon schlechthin sprechen" könne, vgl., allerdings ohne Klärung der Frage, Henri Chélin: *Friedrich Schlegels ‚Europa'.* Frankfurt a.M. [u. a.] 1981, 83. Bereits Eichner hat auf die Notwendigkeit hingewiesen, „sorgfältig" zwischen den Schlegelschen Kunstaufsätzen aus Paris 1802/03 und jenen aus der Kölner Zeit um 1804 „zu unterscheiden"; als Herausgeber wolle er jedoch alle Kunstaufsätze der *Europa* „als ein Ganzes" darstellen (Einleitung zum 4. Bd. der KFSA, XXII). Da, wie gezeigt werden soll, die Umrisskategorie weder gänzliche noch graduelle Neubewertungen erfährt, sondern im Gegenteil dasjenige konstant ambivalente Moment darstellt, das ebenso stets mit seinem Ursprung in der klassischen Ästhetik verbunden bleibt wie es romantisch umgedeutet wird, kann eine Differenzierung der einzelnen Phasen in Schlegels Kunstanschauung *in dieser Hinsicht* hier unterbleiben. Wichtig hingegen sind die eingreifenden, teils Sinn verändernden Überarbeitungen Schlegels für die Werkausgabe, auf die jeweils am betreffenden Ort hingewiesen wird.

11 Im Folgenden werden diejenigen Überarbeitungen der ursprünglichen Textfassungen in der *Europa* für die Werkausgabe [W] in eckigen Klammern angegeben, die für die zu erörternden Kontexte relevant sind. Für die übrigen, vor allem die Interpunktion betreffenden Überarbeitungen sei auf den umfassenden kritischen Apparat der KFSA verwiesen.

Akzent besonders auf die Bindung der Kunst an die christliche (und das heißt für ihn nunmehr katholische) Religion setzt. Der „alte[] Styl in der christlichen Malerei" ist für Schlegel neben der naiv-aufrichtigen Frömmigkeit, deren Ausdruck die Werke bestimmt, formalästhetisch primär durch diejenigen Elemente geprägt, die er fortan in seinen Gemäldebeschreibungen mit stereotyper Semantik von Strenge, Reinheit und scharfer Umrissenheit beschwört. Paradigmatisch wird Schlegels Auffassung von diesem „alten Styl in der christlichen Malerei" bereits am Beginn seiner *Nachricht* formuliert. In diesen Werken zeigen sich dem Betrachter

> [k]eine verworrene Haufen von Menschen, sondern wenige und einzelne Figuren, aber mit dem Fleiß vollendet, der dem Gefühl von der Würde und Heiligkeit der höchsten aller Hieroglyphen, des menschlichen Leibes, natürlich ist; strenge, ja magre Formen in scharfen Umrissen, die bestimmt heraustreten, keine Malerei aus Helldunkel und Schmutz in Nacht und Schlagschatten, sondern reine Verhältnisse und Massen von Farben, wie in deutlichen Akkorden [...]. (1803)[12]

Im *Nachtrag italiänischer Gemälde* (*Europa* 1803, Nr.II) verdeutlicht eine Bemerkung über ein Gemälde Peruginos[13] Schlegels Akzentuierung der Umrisskategorie: Wenngleich das Werk in Peruginos „beschränktere[r] Manier" gehalten sei, bleibt ihm

> jede [...] Erinnerung schätzbar an den schönen Styl der ältesten Zeit, da der bescheidne Künstler nicht seinsollende Riesenphantome in Schimmer und Nebel theatralisch erscheinen ließ, sondern auf heitrer Lichtfläche, in strengen Umrissen und einfacher Symmetrie der Figuren, auch in kleinerm Maßstabe noch die lieblich bedeutenden Sinnbilder der weltumfassenden Religion in reiner Farben-Schönheit mit stillem Fleiße schrieb. (65 f.)

Zunächst zeigt sich auch hier der Gedanke des zwischen Poesie und Zeichnung vermittelnden *Hinschreibens* der „bedeutenden Sinnbilder";[14] es handelt sich also wie bei seinem Bruder um einen symbolischen Zeichenbegriff. Die „Poetizität" der malerischen Darstellungen als „Hieroglyphe[n]" muss in ihrer Bedeutung „durch ‚Lektüre' erschlossen werden",[15] denn „das *Bedeutende*", so Schlegel, „ist überhaupt der Zweck aller Malerei" (72). Ähnlich wie August Wilhelm sieht Friedrich Schlegel in der Poesie die „universellste Kunst aller Künste" (76) und damit „unter allen

12 KFSA 4, 14.

13 Diesen und den *frühen* Raffael, dazu s. u., schätzt Schlegel besonders.

14 Zur Häufung von Vokabeln wie „bedeutend, bedeutsam, Gedanke, Idee" in F. Schlegels Gemäldebeschreibungen vgl. Décultot: *Friedrich Schlegel et „l'art divin de la peinture"*, 639.

15 Vgl. Claudia Becker: *Germania und Italia*, 227.

Künsten allein gleichsam eine allgemeine alle übrigen verbindende Mitkunst" (78), wobei die Poesie in der Malerei sich ausschließlich auf die „Erfindung" beziehe. Denn unter diese fällt für Schlegel alles das, „was man Anordnung und Komposition nennt [...]; mit einem Worte, die *Poesie* in dem Gemälde." (75) Demnach sieht er zwei „Bestandteile der Malerei": „Geist und Buchstabe [...], das Mechanische und die Poesie" (75). Unter letzterer versteht er also in der Malerei nicht nur das ‚poetische' Potential,[16] sondern auch den erfindenden und zugleich – wie aus dem Kontext deutlich wird – Zeichnung und Farbgebung in der Komposition anordnenden „Geist", gewissermaßen einen *disegno interno.* Schließlich bemerkt Schlegel zur „Poesie" in der Malerei: „Der Maler soll ein Dichter sein [...], aber nicht eben ein Dichter in Worten, sondern in Farben." (76)[17]

Wenngleich Schlegel die „Farben" hier möglicherweise um des Kontrasts willen *pars pro toto* für die Darstellungsmittel der Malerei nennt, zeigt sich doch durchgehend in seinen Gemäldebeschreibungen eine Aufwertung der Farbigkeit im Gegensatz zur klassizistisch-linearen Kunsttradition,[18] während sonst die von ihm genannten Stilprinzipien – wie die Strenge der Umrisse – oftmals durchaus mit dem Paradigma klassischer Ästhetik übereinstimmen. Diese Wertschätzung der Farbigkeit bedeutet jedoch keineswegs eine Abwertung der Zeichnung mit ihren ausdrücklich symbolisch bedeutsamen scharfen Umrissen, sondern steht zunächst im Zu-

16 Für Schlegels „Poesie"-Verständnis, auf die „Erfindung" in der bildenden Kunst bezogen, ist seine Auffassung bestimmend, dass zu den Zeiten der bewunderten „alten" Maler „Religion" und „mystische Philosophie" „poetischer" gewesen seien als die eigentliche zeitgenössische Poesie; in der Gegenwart hingegen sei die Philosophie gänzlich abstrakt geworden, wohin es dem Künstler „keineswegs angemessen" sei zu folgen, und da die Religion immer mehr verschwunden sei, müsse der Maler mit seiner „umfassende[n], universelle[n]" Kunst, die „nicht so beschränkt[ ]" sei wie „Plastik und Musik", „sich an die universellste Kunst aller Künste", nämlich die „Poesie" anschließen, die bestenfalls beides – Philosophie und Religion – vereinige (76).

17 Chélin, 85, sieht in dieser Formulierung eine Reaktion auf die Vorwürfe, die romantische Kunstauffassung missachte im Schwunge ihrer Begeisterung für das rein Ideelle, für die Auffrichtigkeit und die edle „Gesinnung" des Malers dessen künstlerisch-technisches Können. Er bemerkt, dass sich der *Zweite* und *Dritte Nachtrag* durch vergleichsweise zahlreiche und genaue „maltechnische[ ] Bemerkungen" auszeichneten; auch messe Schlegel zunehmend dem „Mechanischen" größere Bedeutung bei. Vgl. Chélin, 84. (Schlegel erwähnt allerdings vor allem die nicht zwingend auf große Kenntnisse verweisende „Gründlichkeit" der Darstellungen.)

18 Zu Schlegels Abgrenzung durch die „Betonung der Eigenwertigkeit der Farbe" vgl. Becker, *Italia und Germania*, 229 f.

sammenhang mit Schlegels Auffassung von der Einheit der Kunstmittel, die sich notwendigerweise gegenseitig bedingten. Er verurteilt eine Aufspaltung nach dem Rubrikenschema,[19] denn in einem Gemälde sei stets „alles nur ein einziges harmonisches und untrennbares Ganzes" (75). Erfindung, Umrisse und Farbigkeit potenzieren einander in ihrer poetischen Bedeutsamkeit.

Es zeigt sich, dass die stilistischen Kriterien der Strenge und Reinheit, die für Schlegel geradezu synonym sind mit der Erhabenheit und Göttlichkeit der Darstellung, durchaus nicht auf scharfe Umrissenheit wie in den Werken Mantegnas oder Peruginos beschränkt sind, sondern auch für einen venezianischen Maler wie Bellini gelten, dessen „lehrende[r] Christus in Lebensgröße [...] zu Dresden" ihm als „strenger, reiner, eben darum erhabener und göttlicher" gilt als eine Darstellung Christi von Fra Bartolomeo (14). So sind seine Äußerungen über die Strenge der Darstellung nicht immer als bloße Äußerungen über lineare Umrisse, sondern auch über indirekte Grenzlinien von Farbkontrasten zu verstehen. Dies wird deutlich, wenn er über Mantegnas Malweise bemerkt, das „Verhältnis der Farben" sei „beinah grell und die Formen, wie sichs bei diesem Künstler denken lässt, streng und herbe" (15), oder auch an der durchaus vorhandenen Bewunderung für Tizian. Über einen „Christuskopf" dieses Virtuosen der Farbensinnlichkeit bemerkt Schlegel, er sei zwar „als Portrait behandelt" – das Schlegel eigentlich als eigenständige Gattung nicht gelten lassen will und sonst allenfalls gering schätzt –, sei „aber doch fast eben so streng in Form und Ausdruck als der Christus von Bellin in Dresden [...]. Er ist ganz im Profil." (19) Zu dieser Ansicht in ihrer willkommenen Simplizität und Strenge kommt die „Schönheit der Farbe" hinzu, die „so rein und so deutlich" erscheine, und Schlegel setzt in seiner Beschreibung Farbwort an Farbwort, mit solch starkem Akzent auf der Reinheit der Farben, dass sie mit scharfen Grenzen aneinander zu stoßen scheinen: Der

---

19 Vgl. dazu auch seine Kritik an differenzierenden Schemata in dem Aufsatz „Vom Raffael" (1803) (54): „Zeichnung" und „Ausdruck[]" von „Helldunkel und Farbengebung" zu trennen, sei „widersinnig". Sei bei Correggio „nicht gerade diese Manier der Contoure [in der Zweitfassung geändert zu „Umrisse"] passend, so wie die Farben des Raffael mit seiner Zeichnung wesentlich zusammen gehören? Ist Zeichnung und Licht, Charakter, Farbe nicht bei jedem guten Maler ein harmonisches untrennbares Ganze?" Man solle daher als Kritiker nur historisierend „die individuelle Absicht jedes Werks, so wie der Künstler selbst in jener alten von der unsrigen sehr verschieden denkenden Zeit sie wirklich hatte, aufs sorgfältigste zu ergründen" suchen. Dieses Prinzip der Kunstbetrachtung begründet Schlegels gleichberechtigte Wertschätzung unterschiedlichster Umrissgestaltungen.

„reine blaue Himmel [...], das kühne Dunkelblau, und helle Rot [...], das kräftige Schwarz [...] und das reine Gelbbraun" sind es, die in Schlegels Augen „das Ganze zu einer farbigen Hieroglyphe" vollenden. (20)

Allerdings erscheint bei Friedrich Schlegel der frühromantische Topos der Hieroglyphe anders akzentuiert als bei seinem Bruder und beschränkt sich keineswegs auf die graphischen Elemente des Gemäldes: War der „menschliche[] Leib[]" – bzw. sein Kontur! – in seiner rundplastischen Gestaltung für die klassizistische Ästhetik der Inbegriff der Synthese von Ideal und schöner Natur (vgl. Kap. 20), so wird von Friedrich Schlegel der Umriss der flächigen Gestalten mittelalterlicher Malerei, deren „Würde und Heiligkeit" die „Hieroglyphe" des „menschlichen Leibes"[20] glänzen lässt, zur Insignie religiös motivierter Kunstandacht; ihre Würde bezieht die „Hieroglyphe" des „menschlichen Leibes" allein aus der Gottesebenbildlichkeit des Menschen und damit aus der Theologie.[21] War die antike Kunst eine „Kunst des Endlichen", die einen begrenzten Gegenstand in seiner ganzen Präsenz plastisch darstellte, propagiert Schlegel eine „Kunst des Unendlichen", die symbolisch sein muss, „um das Undarstellbare darstellen zu können".[22] Anders als die antike Kunst, die in der „Grundtendenz plastisch" gewesen sei, ist für Schlegel die Kunst der Neueren „in ihrer Grundtendenz malerisch",[23] da die Malerei den „Ausblick ins Unendliche eröffnen und zwischen der Vergangenheit und der Vorahnung der Zukunft schweben"[24] könne. Aus dieser Verpflichtung auf das Unendliche folgt für Schlegel seine Gattungshierarchie, d. h. eigentlicher die aus-

20 Vgl. das Nachwort, 216.

21 Zu diesem wesentlichen Unterschied zur klassischen Ästhetik und ihrer Wertschätzung des Menschen als des höchsten Gegenstands der Kunst vgl. Décultot, *Friedrich Schlegel et „l'art divin de la peinture"*, 642 f., und das Nachwort (Schlegel, *Gemälde*), 216.

22 Vgl. das Nachwort (Schlegel, *Gemälde*), 214. Bis zu den Zeiten der *Europa* hatte er noch „in der Vereinigung des Klassischen und des Romantischen den idealen Höhepunkt aller Kunst gesehen", doch nachdem er nun „eine *unüberwindliche* Dichotomie zwischen der „plastischen" Antike und der „malerischen" Moderne" konstruiert hatte, war, so Eichner, „eine solche Synthese nicht mehr möglich". (Ebd.) Signifikant ist in dieser Hinsicht die gänzliche Abwesenheit antiker Kunst in Schlegels kunsttheoretischen Schriften der *Europa*; vgl. dazu Décultot, *Friedrich Schlegel et „l'art divin de la peinture"*, 633.

23 Aus dieser prinzipiellen Verschiedenheit folgt für Schlegel die strikte Abgrenzung von klassizistischer Ästhetik und Kunstpraxis; so solle die Malerei nicht mehr den Darstellungsgesetzen der Plastik unterworfen sein. Vgl. das Nachwort (Schlegel, *Gemälde*), 214.

24 Zur Denkfigur des Schwebens in Schlegels Malerei-Anschauung s. u.

schließliche Geltung der einen, sogenannten „historisch[en]" Gattung, die alleine „ganz vollständige Gemälde" darstelle und für die er die Bezeichnung „symbolische" vorzieht (72). Denn Landschaften, Portraits und Stilleben hätten nur Berechtigung als *Teile* eines solchen vollständigen symbolischen Gemäldes, in dessen Zusammenhang sie erst „bedeutend" würden. Dies aber ist für ihn der eigentliche „Zweck" der Malerei.[25] Der Primat der Historienmalerei verbindet Schlegel zwar mit der klassizistischen Gattungshierarchie,[26] doch unter gänzlich anderen Vorzeichen. So formuliert Schlegel die Absicht, mittels einiger von ihm darzustellender „Grundsätze", zu denen auch seine Gattungshierarchie gehört, „zu dem großen Style" der von ihm favorisierten „alten Schule" der italienischen und deutschen Maler „zurückzukehren" (70). Vor allem jedoch trennt ihn von klassizistischer Ästhetik radikal seine Auffassung von der ‚Bedeutsamkeit' nicht zuletzt der Darstellung des Menschen. Indem es Schlegel bei der Darstellung nämlich nicht um die Schönheit an sich, sondern um die Darstellung der „göttliche[n] Bedeutung" als „eigentliche[n] Zweck der Malerei"[27] zu tun ist, knüpft er an Wilhelm Heinrich Wackenroders für die romantische Kunstprogrammatik so folgenreiche Schrift *Herzensergießungen eines kunstliebenden Klosterbruders* von 1797 an,[28] in der sich das

25 Nachwort (Schlegel, *Gemälde*), 215.

26 Vgl. dazu Décultot, *Friedrich Schlegel et „l'art divin de la peinture"*, 636 ff.

27 Nachwort (Schlegel, *Gemälde*), 216.

28 Schlegel geht allerdings in vielerlei Hinsicht über Wackenroders Ansätze hinaus. Vgl. dazu die Einleitung, KFSA 4, XXVII: Während Wackenroder nur von *Malern* und *Künstleranekdoten* nach dem Vorbild Vasaris spricht, behandelt Schlegel in der *Europa* die Kunst*werke.* Entsprachen Wackenroders Präferenzen weitgehend dem klassizistischen Kanon mit Werken der Hochrenaissance und nannte er, abgesehen von Dürer, keine neuen Orientierungsgrößen, wies Schlegel auf die naiven frühen Maler hin und schuf „als erster der neuen Kunst eine zusammenhängende theoretische Grundlage", die er zugleich – zunächst subtil polemisch – dem Klassizismus der *Propyläen* gegenüberstellte. Vgl. auch das Nachwort (Schlegel, *Gemälde*), 217 f., zu Wackenroders „bei aller Genialität" mangelndem „historische[n] Zugang und [...] kritische[m] Geist". Auch die Raffael-Verehrung der Klassik einerseits und Schlegels andererseits divergiert hinsichtlich der bevorzugten *Schaffensphasen* signifikant: dem späten Raffael, den die Klassiker favorisierten, stellt Schlegel den jungen Schüler Peruginos gegenüber. Vgl. dazu die missbilligende Stimme Savignys und die Vorbehalte Dorotheas, die in ihrem Tagebuch erwog, lieber nicht Schlegels wahre Meinung über die *Transfiguratio*, das klassizistisch gesehen ‚beste' Bild Raffaels, abzudrucken (bei Chélin, 93). Schlegels Vorgehen in der ‚Raffael-Frage' ist, wie Chélin (94) darlegt, ausgesprochen strategisch; er pointiert seine Präferenzen nicht mit einem Male, sondern bahnt seine Umwertung der Schaffensphasen Raffaels allmählich an, um sodann darauf zu-

zentrale Konzept von der „religiöse[n]“ bzw. „christliche[n] Bestimmung der Kunst“[29] findet, die bereits dort als symbolische „Hieroglyphenschrift“[30] für die Sprache des Göttlichen erscheint.[31] Nur durch göttlich bewirkte Begeisterung ist der Künstler Wackenroders Ansicht nach in der Lage, wahrhafte Kunst zu schaffen – indem Schlegel diesen Gedanken zustimmt, verabschiedet auch er den Autonomiegedanken der Kunst.[32] Denn nach Schlegels Auffassung ist die „heilige[ ] Kunst der Malerei“ „eins der wirksamsten Mittel [...], sich mit dem Göttlichen zu verbinden, und sich der Gottheit zu nähern“. In diesem Sinne ist die Malerei für ihn eine „weit mehr als vernünftige[ ], sondern gottbegeisterte[ ] Kunst“ (71). Wie an der Favorisierung strenger Umrisshaftigkeit gesehen, werden mit dieser Neubewertung der Malerei und ihrer Inspirationsquellen auch die Umrisse umakzentuiert. Standen sie zuvor im Zeichen einer klassizistischen, am *disegno* orientierten und damit verstandesbetonten Kunsttheorie, in der sie als wesentliches Konstituens des in-sich-selbst-vollendeten Schönen und zugleich als ‚Graphem‘, Signatur des künstlerischen Konzepts galten, werden sie nun für Schlegel zum Notat der Gottesbegeisterung und ihrer Fixierung in der konzentrierenden, begrenzenden Darstellung.

Auf der Rückreise von Paris über Köln erklärt Schlegel schließlich, die Kunst habe stets ihre „ursprüngliche[ ] Bestimmung“ darin gehabt, „die Religion zu verherrlichen und die Geheimnisse derselben noch schöner und deutlicher zu offenbaren, als es durch Worte geschehen kann“.[33] Diese Auffassung stellt er exponiert an den Beginn des *Zweiten Nachtrags alter Gemälde* (1804) (79 ff.); in der Werkausgabe ist signifikanterweise nicht mehr die Rede von der allgemein formulierten „Religion“, sondern die Kunst hat ihre „Bestimmung“ nunmehr in der Verherrlichung der „Kirche und de[s] katholischen Glauben[s]“.[34]

Während August Wilhelm Schlegel sich gegen die Beschränkung von ästhetischem Kunstgenuss auf religiöse Andacht verwahrt, da diese das freie

rückgreifen zu können wie auf etwas, das allgemein vorausgesetzt werden kann. Chélin (ebd.) erkennt darin ein generell strukturbildendes Verfahren in Schlegels kunsttheoretischen Schriften in der *Europa*.

29 Vgl. das Nachwort (Schlegel, *Gemälde*), 211 ff., das Zitat auf Seite 212.

30 Wilhelm Heinrich Wackenroder/Ludwig Tieck: *Herzensergießungen eines kunstliebenden Klosterbruders*. Stuttgart 1979, 62.

31 Vgl. Wackenroder, 60 f., und das Nachwort (Schlegel, *Gemälde*), 212.

32 Zum Autonomieverlust vgl. auch die Einleitung, KFSA 4, LIV.

33 Vgl. dazu Becker, *Germania und Italia*, 226.

34 Zu einer „Wechselwirkung“ von Schlegels „Kunstanschauung“ und seiner „Wendung zum Katholizismus“ vgl. die Einleitung, KFSA 4, XXIII, und Chélin, 87 f.

Spiel der Einbildungskraft beim Betrachter zwangsläufig einschränke und von der genuinen künstlerischen Darstellungsweise ablenke,[35] erscheinen Friedrich Schlegel christlich-religiöse Inhalte als die vorteilhaftesten und würdigsten Gegenstände für die Malerei,[36] die dadurch auf alle Menschen wirken könne – anders als die elitäre antike Mythologie es vermocht habe.[37] Das geeignete gestalterische Wirkungsmedium stellen die streng umrissenen Gestalten als „Hieroglyphen" dieser integrierenden sozialen Funktion von christlicher Malerei dar. Und so erscheint bei der Überarbeitung von Schlegels Gemäldebeschreibungen für die Werkausgabe seiner Texte (1823) im oben an zweiter Stelle zitierten Absatz eine charakteristische Änderung: Dort geht es nun um die Sinnbilder der „katholischen Frömmigkeit, in eigner Farben-Schönheit, mit stillem Fleiße, wie eine Schrift von Hieroglyphen". – An die Stelle des klassizistischen Kontur als Synthese von antikischem Ideal und schöner Natur ist der Umriss als Hieroglyphe katholischer Kunstandacht getreten.

21.2 Die thematische ‚Beschränkung': Katholische Umrisse

Wie sehr für Schlegel die formalästhetische Begrenzung umrissbetonter Kunst als Ideal auch inhaltlicher ‚Beschränkung' auf Nationaltypisches und Individuelles,[38] vor allem aber Christliches (also Katholisches) galt, zeigt sich in seiner Schrift *Vom Raffael*, wenn er an Michelangelo und späteren

35 Vgl. dazu Becker, *Naturgeschichte der Kunst*, 133.

36 Damit stellte er sich der von Goethe vertretenen Ablehnung allegorischer Sujets, besonders aber – neben Martyrien und Kreuzigungen – der Darstellung von religiösen Dogmen emphatisch entgegen. Goethes Ablehnung (als Reaktion gegen das „klosterbrudisierende Unwesen" in den *Propyläen* verfochten) beruhte u. a. darauf, dass sie sich nicht aus sich selbst erschließen ließen und zudem „das Interesse an der Darstellung selbst zerstör[t]en". Vgl. dazu Décultot, *Friedrich Schlegel et „l'art divin de la peinture"*, 640 f., die Einleitung, KFSA 4, XXVIII f., und Osterkamp, *Im Buchstabenbilde.* Zu Schlegels Antiklassizismus vgl. Becker, *Germania und Italia*, 224. Generell zur Darstellung von Martyrien in der Kunst sowie zu Goethe, allerdings fast nur auf den *Wilhelm Meister* bezogen, vgl. Anne-Rose Meyer: *Zeigeverbot und Schaulust: Zur Stellung von Martyrien und der Passion im Bereich des Schönen, in:* DVjS 83 2009, H. 1, 165–178, 172 ff.

37 Vgl. F. Schlegel: *Aussichten für die Kunst in dem österreichischen Kaiserstaat*, KFSA 4, 230 f. (ursprünglich in: *Deutsches Museum*, 1812); vgl. auch Décultot, *Friedrich Schlegel et „l'art divin de la peinture"*, 637 f., und Becker, *Germania und Italia*, 241.

38 Vgl. dazu den *Nachtrag italiänischer Gemälde* (64) mit der Feststellung, Dürer habe „nur Deutsche gemalt"; wie bei den „alten Maler[n]" müsse „die Malerei durchaus individuell, und also auch national sein".

Künstler „das weit umfassende, alles ergreifende, aber eben darum auch leicht nach allen Seiten abschweifende Streben der neuern Schule" kritisiert, das „deutlich im Gegensatze der engen und strengen Beschränkung eines Mantegna, Bellin, Perugin" und Masaccios stehe (56). Zu der von Schlegel gelobten ‚Beschränkung' gehört auch jene des Sujets. Die „großen alten Maler" hätten sich nicht nur „beschränkt[ ]", „in der Sphäre der christlichen Sinnbilder hinreichenden Spielraum für die Fülle ihrer Erfindsamkeit" zu suchen, sondern seien sogar „niemals müde geworden", „einen vielleicht dem ersten Anscheine nach sogar ungünstigen und unfruchtbaren Stoff [...] unablässig zu variieren." (58)[39] Beschränkung in formalästhetischer wie in thematischer Hinsicht: Ein immer-enger-Ziehen der Grenzen ‚bedeutet' für Schlegel mithin einen meditativen Akt der geistigen Kondensierung, der symbolischen Konzentration des Inkommensurablen auf das Gravitationszentrum der künstlerischen Darstellung (die strukturell an frühromantische Konzepte der gerade an Grenzen sich stets neu reflektierenden Einbildungskraft erinnert).[40] Sichtbare Signatur dieses symbolischen Konzentrationsprozesses sind die scharf umrissenen Gestalten der frühen Maler.

Schlegel bezieht sich in seinen Gemäldebetrachtungen ausschließlich auf *Umrisse*, also auf gegenständliche Lineaturen, und erwähnt keinerlei Abstraktionsansätze zu einer Autonomie der Linien, die er als mögliche Antizipationen frühromantischer Arabesken vereinnahmen könnte. Dies musste auch gar nicht in seiner Absicht liegen, da es ihm hier, anders als in früheren poetologischen Fragmenten, nicht um die frei mäandrierenden Ranken der Einbildungskraft zu tun ist, sondern um verbindliche *Bedeutsamkeit*, als deren visuelles Reflexionsmedium sich weitaus eher der

39 Schlegel beklagt, dass „die Künstler der jetzigen Zeit von dem Ideenkreise und den Gegenständen der ältern Maler" so weit „entfernt" seien, denn „wie unendlich reich und umfassend ist nicht jener Kreis an malerischer Schönheit und Bedeutsamkeit jeder Art!" Der gegenwärtige Zustand hingegen sei „traurig[ ]", die Künstler „schwank[en]" „in der Fülle des Unbestimmten" umher zwischen „unschicklich[en] Gegenst[ä]nde[n]" – u. a. mit Sujets „aus der alten Mythologie, deren innerstes Wesen so ganz mit der Plastik übereinstimmt, daß [es] in der Malerei durchaus nicht ausgedrückt werden kann" (57 f.)

40 Schlegel hat die Spannung von äußerer Begrenzung und innerer Unendlichkeit (vgl. die strukturelle Parallele bei Humboldt, Kap. 18) bereits in einem *Athenaeums*-Fragment pointiert: „Gebildet ist ein Werk, wenn es überall scharf begrenzt, innerhalb der Grenzen aber grenzenlos und unerschöpflich ist, wenn es sich selbst ganz treu, überall gleich, und doch über sich selbst erhaben ist." (Nr. 297, KFSA. Erste Abteilung: Kritische Neuausgabe, Bd. 2, München, Paderborn [u. a.] 1967, 212)

scharfe, strenge Umriss der menschlichen „Hieroglyphe" eignet. Dennoch lassen sich Ansätze zu einer Ästhetik der Arabeske auch im *Nachtrag* noch ausmachen, und zwar bezogen auf eine *Heilige Familie* von Bellini (68). Schlegel bemerkt über den dort dargestellten Jesusknaben:

> Aber diese Heiterkeit und Stille, die traubenähnlichen Locken, die das Haupt recht eigentlich umkränzen, diese rein und regelmäßig geschwungnen und konstruierten Contouren und Formen, die dennoch kindlich und übervoll sind, erregen allerdings den Gedanken, und müssen ihn erregen, daß dieses Kind mehr als ein Kind sei, daß es ein göttliches Kind sei. Und was anders als dies kann und soll der Zweck des Malers bei diesem Gegenstande sein, oder richtiger bei diesem Ideale? denn die Vereinigung des scheinbar widerstreitenden, die dennoch indirekt erreichte Darstellung des an sich Undarstellbaren ist ja gerade das einzige was auf diesen Namen wenigstens in der Malerei mit Recht Anspruch machen kann. (68 f.)

Jenseits der im engeren Sinne symbolischen Bedeutsamkeit der „Locken", die das dereinst von einer Dornenkrone zu „umkränzen[de]" Haupt umgeben und schon jetzt an Trauben, also den Wein der Eucharistie, gemahnen, eignet den „rein und regelmäßig geschwungnen und konstruierten Contouren und Formen" eine formalästhetische Symbolik. Da sie gesetzmäßige Konstruiertheit (des göttlichen Vorsehung)[41] mit Kindlichkeit verbinden, meint Schlegel in ihnen genau jene ambivalente Grenzlinie zu erkennen, an der beide Bereiche, das Irdische und das Göttliche, sich berühren. Der Verlauf der bedeutsamen Lineaturen – der „Contouren und Formen" – wird zur „indirekt erreichte[n] Darstellung des an sich Undarstellbaren" und damit zum zentralen Ausdrucksmedium der Malerei und ihres eigentlichen Zweckes.

Im Rahmen seiner Überlegungen zum symbolischen Charakter christlicher Sujets kommt Schlegel auf ein Gemälde zu sprechen, in dessen Bewertung er Goethes Meinung vielleicht so diametral entgegengesetzt ist wie in keiner anderen Hinsicht. Es handelt sich um eine – erst in der Werkausgabe hinzugefügte – Fußnote zur Darstellung des *Schweißtuches der Heiligen Veronika* aus der Boisseréeschen Sammlung. Prinzipiell

41 In dieser Hinsicht ist es auch signifikant, dass Schlegel in der Überarbeitung für die Werkausgabe die Zuordnungen verschiebt und nun von diesen „regelmäßig geschwungnen und [...] so deutlich und rein konstruierten Umrisse[n] und Formen" schreibt. Bereits die Syntax ist nun ausgesprochen „regelmäßig", „deutlich und rein konstruiert[]", an Stelle der etwas assoziativen Beschreibung in der *Europa* tritt nun die Vorstellung einer regelmäßigen Wellen-, also Schönheitslinie, die sich in jedem ihrer Punkte gesetzmäßig erfassen ließe. Diese Gesetzmäßigkeit steht ganz im Zeichen der Offenbarung christlicher Religion.

stünden Darstellungen dieses Sujets immer am Übergang von symbolischer Repräsentation zur „vollständigen, wahren Abbildung des sterbenden Erlösers", doch dieses „wunderbare altdeutsche Bild in der ältesten, mehr griechischen Art" zeige, so Schlegel, „den erhabensten Grundtypus":

> Das Haupt allein, von aller Verbindung mit dem Körper abgerissen, als wunderbarer Schattenriß [!] und Abdruck [!] auf dem heiligen Tuche bleibend, hält gleichsam die Mitte zwischen einem wirklichen Bilde und bloßen Zeichen. (91 f.)

Was Goethe als schreckliches Medusenhaupt perhorreszierte,[42] gilt Schlegel als Inbegriff symbolisch-christlicher Darstellung. Bemerkenswert ist dabei, dass er den Darstellungsmodus mit „Schattenriß" und „Abdruck" bezeichnet und damit eben diejenigen abbildenden Verfahren nennt, die einerseits auf einem Kontiguitätsverhältnis beruhen und somit einen (hier fiktiven) reliquienhaften Status legitimieren, die andererseits aber auch durch ihre entweder lineare Umrisshaftigkeit oder ihre zwar in die Fläche übertragene, aber dennoch ehemals plastische Konturiertheit gekennzeichnet sind. Wie bereits in Lavaters Wertschätzung von Schattenrissen ist es auch für Schlegel die Ursprünglichkeitserfahrung *und zugleich* die Fixierung der *imago dei*, die sich im Bilde offenbart – nicht zuletzt mussten auch Lavater die Züge Christi, des Gottessohnes, als die denkbar schönsten gelten, die er in zahllosen künstlerischen Darstellungen sammelte und analysierte (vgl. Kap. 13).

Wo bei Winckelmann die „Empfindung des Schönen" mit einem „flüßigen Gipse" verglichen wird, der „den Kopf des Apollo [...] in allen Teilen berührt und umgibt", ist hier die „erhabenste[]" Darstellung des christlichen Mysteriums die malerische Reproduktion einer Leinwand, die das Schmerzensantlitz des Erlösers in allen Teilen berührt und umgibt.

42 Zu Goethes Auseinandersetzung mit der Boisseréschen Sammlung und besonders zur zeitgenössischen Auseinandersetzung mit der *Heiligen Veronika* vgl. Osterkamp, *Im Buchstabenbilde*, 224 ff. Zum stets präsenten „implizite[n] Gegner" Friedrich Schlegel ebd., 232 ff., zu Goethes eigener Beschreibung des Bildes mit der Bezeichnung als „furchtbare[s] medusenhaftes Angesicht[]": ebd., 293, sowie zum „Vergleich der Leidenszüge des Gottessohns" mit „der Gorgo Medusa" ebd., „Christus als Gorgo", 302–308, Zitat 303.

21.3 Gemälde als „Hieroglyphen" aus dem *liber naturae*

Schlegels spezifische Auffassung vom „Hieroglyphen"-Charakter der Malerei wird im *Dritten Nachtrag* deutlich ausformuliert und mit der Hoffnung verbunden, es möge doch ein zeitgenössisches Talent „den richtigen Begriff von der Kunst" – nämlich ihre notwendig religiöse „symbolische Bedeutung[sweise]" – wiederfinden. Ein solcher Künstler könnte dann

> vielleicht merkwürdige Werke ganz neuer Art hervorbringen; *Hieroglyphen*, wahrhafte Sinnbilder, aber mehr aus Naturgefühlen und Naturansichten oder Ahndungen willkürlich zusammengesetzt [...], als sich anschließend an die alte Weise der Vorwelt. Eine Hieroglyphe, ein göttliches Sinnbild soll jedes wahrhaft so zu nennende Gemälde sein [...]. (151)

Schlegels Konzept der malerischen Hieroglyphe distanziert sich also von all jenen Quellen, aus denen sich einst die Renaissance-Hieroglyphik gespeist hatte, von ägyptischer Kultur und griechisch-römischer Mythologie und Geschichte, deren Gestalten und Begebenheiten den Bilderkosmos bis ins 18. Jahrhundert bevölkert haben. Stattdessen fordert er für die neuen „göttliche[n] Sinnbild[er]", dass ihre Bedeutungsweise „willkürlich" auf (reichlich vage formulierten) „Naturgefühlen und Naturansichten oder Ahndungen" beruhen solle. Eine solche Arbitrarität der Zeichen wird freilich aufgefangen durch das unausgesprochene christliche Konzept des *liber naturae*, in welchem ohnehin allen „Naturansichten" die Signatur der göttlichen Schöpfungsordnung eingeschrieben ist – doch sei es gar nicht notwendig, wenngleich möglich, eigene solcher Hieroglyphen zu ersinnen, denn die Bilderfindungen der „alten Maler[ ]" beruhten eben auf diesen Prinzipien. Somit sei es „[s]ichrer", „ganz und gar den alten Malern zu folgen, besonders den ältesten, und das einzig Rechte und Naive so lange treulich nachzubilden, bis es dem Aug und Geiste zur andern Natur geworden wäre." Folge man dabei dem „Styl der altdeutschen Schule", so könne man den „sichre[n] Weg der alten Wahrheit und das Hieroglyphische" (151) vereinigen, welches für ihn das wahre „Wesen der Kunst" ist.

Erschien Schlegels Forderung im *Raffael*-Aufsatz, der moderne Maler möge sich wie seine „alten" Vorbilder auf einen bestimmten Kreis scheinbar sperriger Sujets beschränken, noch als methodische Konzentrationsleistung, so geht es hier um mehr: Die Einübung in den alten Stil soll nicht nur eine ästhetische, sondern auch eine ethische (und zugleich ‚individuell-nationale') Rückkehr in den Stand der Unschuld initiieren, hin zu jenem

„einzig Rechte[n] und Naive[n]“ im stilistischen Paradiesgärtlein der altdeutschen Malerschule (wo jedes natürlich Seiende ein natürlich Bedeutendes ist), dem Schlegel in der Werkausgabe die ‚Naivität‘ nimmt und es selbstbewusst durch das „einzig Rechte und Schöne“[43] ersetzt.

Einen wirkungsästhetischen (und gewissermaßen missionarischen) Vorteil von Darstellungen, die diesen hieroglyphischen Prinzipien entsprechen, wird Schlegel später in den *Aussichten für die Kunst* deutlicher benennen: Bei „religiösen“ Gegenständen würden nicht wie im Falle der „gelehrten und mythologischen Gegenstände des Altertums“ nur einige wenige „gebildete[ ] Kenner“ angesprochen, sondern die Kunst wirke darin „auf alle Stände ohne Unterschied“, mehr noch: „unabhängig von dem Wechsel der Zeit wirkt sie hier recht eigentlich auf den Menschen überhaupt“ (230 f.).

Mit der Beschränkung auf christliche Sujets ist Schlegels Ansicht nach ein darstellerischer Aspekt verbunden, den er in seiner Verteidigungsschrift der deutschen Künstler in Rom hervorhebt, um die spezifische Stilisierung ihrer Werke zu legitimieren – bedurfte doch deren Kunst jedes noch so kleinen Arguments zu ihren Gunsten, nachdem die Ausstellung, die man anlässlich des Kaiserbesuchs 1819 initiiert hatte, mit wenig Interesse, dafür aber mit umso mehr Hohn bedacht worden war.[44] Schlegel erläutert in seinem Aufsatz *Über die deutsche Kunstausstellung zu Rom*, die „Frage von

43 Vgl. den kritischen Apparat ad loc.

44 Zum wiederholt angeforderten publizistischen Beistand Schlegels (Dorothea schrieb ihm, er sei es den Künstlern schuldig zu intervenieren, da sie nicht zuletzt durch seine kunstprogrammatischen Anregungen dieser harschen Kritik ausgesetzt seien), vgl. die Einleitung, XLV f. Zur Entstehung der nazarenischen/deutschrömischen Bündnisse um Overbeck und Pforr u. a. ab 1810 in Rom vgl. ebd., XXXVI f. Für den kaiserlichen Besuch in Rom hatten die dortigen deutschen Künstler im Palazzo Caffarelli 178 „Gemälde, Kartons und Statuen“, ausgestellt; der Kaiser kam, obwohl die Ausstellung seit Anfang April bestand, erst am 16. des Monats und blieb nur anderthalb Stunden. Vgl. dazu die Einleitung, XLII. Die Enttäuschung der Künstler war immens, auch in den Folgemonaten blieben die erhofften Aufträge aus (vgl. XLIII, auch zu Dorotheas brieflichem Bericht hierüber an Friedrich). Im Oktober erschien in den *Wiener Jahrbüchern der Litteratur* schließlich Schlegels Aufsatz; hier, in seiner „letzte[n] große[n], bedeutenden Arbeit zur bildenden Kunst“ (XLVII), entwickelt er nochmals „seine Ansichten […] in gemäßigterer Form als je zuvor, aus den Grundsätzen“. Vorausgegangen war in der *Allgemeinen Zeitung* (393–396 in der Beilage vom 23. Juli 1819) eine anonyme Kritik der Ausstellung (vgl. XLIII ff.), die über die affektierte Naivität und christliche Gesinnung spottete und die Uneinsichtigkeit in die historische Bedingtheit einer Kunst tadelte, die keine anderen technischen Mittel oder perspektivischen Darstellungsweisen gekannt hatte.

der Wahl der Gegenstände, vorzüglich der christlichen", hänge „sehr wesentlich zusammen mit jener andern von der Altertümlichkeit der Behandlung", die

> besonders für eine Gattung von Gegenständen [...] allerdings anwendbar und angemessen sei. Denn nachdem alle christlichen Gegenstände der Malerei entweder schon an und für sich symbolisch sind, oder doch um ihrem Wesen zu entsprechen, symbolisch behandelt werden sollen, so ist eben dazu auch dieser strengere und ernste Styl der Behandlung erforderlich, welcher eben den Eindruck des Altertümlichen macht. (255)

Symbolischer Gehalt und „strenge[]" Umriss-Stilisierung gehören für Schlegel untrennbar zusammen, da eine solche Abstraktion selbst symbolisch ist und zugleich in der Reproduktion des „Eindruck[s] des Altertümlichen" den *Ausdruck* ungebrochener Frömmigkeit jener Vergangenheit einholen soll, die es mittels der Kunstform zu reanimieren gilt.[45]

21.4 Vorzüge der „alten Malerei": Anthropologie und Physiognomik

In Anbetracht der Tatsache, dass Schlegel die bevorzugterweise streng umrissene Darstellung des Menschen als „Hieroglyphe" der Gottesebenbildlichkeit schätzt, verwundert es wenig, dass sich Parallelen zu Lavaters Physiognomik zeigen: Denn auch die schon zitierten „Hieroglyphen" des „streng[]" umrissenen „menschlichen Leibes" im „alten Styl in der christlichen Malerei" besitzen für Schlegel, über die symbolische ‚Bedeutsamkeit' hinaus, ein anthropologisches Moment.[46] Zu ihren „Gewänder[n] und Costume[n]" bemerkt er, dass sie

45 Angesichts des prinzipiell symbolischen Charakters der christlichen Sujets sei es auch verfehlt, diese Gegenstände „rein weltlich, bloß menschlich und natürlich" zu behandeln und auf die „*dramatische* Wirkung" abzuzielen (255) – wie es die Künstler nach Michelangelo bis zur Gegenwart praktizierten, denn gerade dadurch würden „diese heiligen Gegenstände allerdings ungünstig für die Kunst, ja zum Teil kaum erträglich; und [wir] können [...] in dieser Beziehung die Abneigung der Gegner leicht entschuldigen." (256) Hatte Goethe die „bloß menschlich[e] und natürlich[e]" Darstellungsweise gefordert, so dass jedes Bild aus sich selbst verständlich sei, so weist Schlegel ihn zurecht, dass eben diese Prämisse dazu führe, dass mangelnde Stilisierung, die die Symbolik erkennbar werden lasse, durch weltliche Theatralik kompensiert würde und *dadurch* in der Tat widerwärtig erscheine. Vgl. auch das Nachwort (Schlegel, *Gemälde*), 216.

46 Vgl. Becker, *Germania und Italia*, 229.

> mit zu dem Menschen zu gehören scheinen, so schlicht und naiv als diese; in den Gesichtern (der Stelle, wo das Licht des göttlichen Malergeistes am hellsten durchscheint) aber, bei aller Mannichfaltigkeit des Ausdrucks oder Individualität der Züge durchaus und überall jene kindliche, gutmütige Einfalt und Beschränktheit, die ich geneigt bin, für den ursprünglichen Charakter der Menschen zu halten; das ist der Styl der alten Malerei, der Styl, der mir, ich bekenne hierin meine Einseitigkeit, ausschließlich gefällt, wenn nicht irgend ein großes Prinzip, wie beim Correggio oder Raffael, die Ausnahme rechtfertigt. (14)

In der Tradition Lavaters entdeckt Schlegel „ursprüngliche[ ]“ Physiognomien in den Gesichtern auf den Gemälden, deren fromm-naiver Stil auf den „Charakter“ der dargestellten Menschen anthropologisch idealisierend übertragen wird, ohne einen von der Realität divergierenden, nicht weniger idealisierenden Stilwillen des Quattrocento bzw. der altdeutschen Maler anzunehmen. Durchaus nicht in der Tradition Lavaters steht aber eine Modifizierung der Schlegelschen Physiognomik: Denn für ihn zeichnet sich im Gesicht der Dargestellten nicht die verwaschene Spur der *imago dei* ab, sondern es ist „das Licht des göttlichen Malergeistes“, das hier „am hellsten durchscheint“. So sehr er jedoch auch in den folgenden Sätzen das „große[ ] Prinzip“ des malerischen Genies von seinen sonstigen Kautelen ausnimmt und preist, ist dennoch dieser „göttliche[ ] Malergeist[ ]“ für Schlegel kein autonomer künstlerischer Genius, sondern unmittelbare Einwirkung der göttlichen Inspiration; der Maler dient lediglich als Medium, das diese sichtbar macht. Während bei Lavater also die *Schattenrisse* aufgrund ihres Kontiguitätsverhältnisses zum lebenden Vorbild weit oberhalb der freien, niemals an Authentizität an die Schattenrisse heranreichenden freien Zeichnungen von Umrissen rangierten (vgl. Kap. 13), lassen sich solche Vorbehalte bei Schlegel keineswegs ausmachen; im Gegenteil: Die ‚göttliche‘ Vermittlungsleistung des Malers legitimiert die Medialität der Darstellung, deren spezifische stilistische Ausprägung – als strenge, reine, scharf umrissene Wiedergabe – den Wert der Darstellung potenziert, da nicht nur das Dargestellte, sondern auch die symbolische Darstellungsweise von jenem göttlichen „Licht“ zeugt, in dessen Schein die bedeutsamen Silhouetten sich zeigen.[47]

---

47 Bemerkenswert sind in dieser Hinsicht auch Schlegels Äußerungen „Vom Portrait“ (35). Die Darstellung der „strengste[n] Objektivität“ rechtfertige die „abgesonderte Gattung“ Portrait als solche, denn statt die Gesichtszüge zu idealisieren, gelte es für den Maler, „das Beschränkte des Individuums [...] auf diesem Wege am stärksten [hervorzuheben], so dass der Charakter recht in seiner Beschränktheit konzentriert, und gleichsam fest eingeschlossen erscheint.“ Mit wörtlichem Anklang an Lavaters

21.5 Von Schlegel zu Schlegel: Differenzen zu August Wilhelm Schlegel und Wandel eigener Positionen

Während sich an den Äußerungen August Wilhelm Schlegels über die sentimentalischen Darstellungsmomente der Flaxmanschen Manier zeigte, in welchem Maße die Unwiederbringlichkeit der Antike stilisierend reflektiert wurde, wird in Friedrich Schlegels Sätzen über mittelalterliche Malerei deutlich, wie sein Blick nur drei Jahre später, nicht zuletzt konditioniert durch eine nun zeitgenössische antikisierend-sentimentalische Kunst, nicht weniger sentimentalisch zurückgewandt wird auf die Kunst einer anderen vergangenen Epoche: An die Stelle der idealen Antike der Klassik tritt nun, wegweisend für die Romantik, das – vorzugsweise altdeutsche – Mittelalter. Was Schlegel allerdings keinesfalls propagiert, ist eine sentimentalische Kunst, welche die Historizität ihrer idealen Kunstepoche stilisierend reflektierte statt imitierte.

Insgesamt lässt sich an Schlegels kunsttheoretischen Schriften und ihrer Überarbeitung der „kontinuierliche[] Wandel" seiner „geistigen Existenz" beobachten,[48] der besonders um die Jahrhundertwende zwei wesentliche Aspekte betrifft: „Aus dem Kosmopoliten der späten neunziger Jahre", besonders auch in weltliterarischen Fragen, wurde, nicht zuletzt in der Auseinandersetzung mit der bildenden Kunst, „allmählich der deutsche Patriot", der schließlich der altdeutschen Malerei den Vorzug auch vor der italienischen gab. Zudem wurde „aus dem mystischen Pantheisten" der „überzeugte Christ, dessen katholische Sympathien schon 1803 kaum mehr übersehen werden können. Diese Wandlungen haben in der ‚Europa' ihren ersten bedeutenden Ausdruck gefunden",[49] deutlicher noch zeigen sie sich an den Überarbeitungen dieser Schriften für die Werkausgabe, wie am obigen Beispiel (vgl. Kap. 21.1) zu erkennen ist. Ein charakteristisches Detail der sprachlichen Überarbeitungen betrifft die Gemäldebeschreibungen in besonderem Maße: In der Werkausgabe wird an all jenen Stellen, an denen in der *Europa* noch vom „Contour" der Gemälde die Rede ist, der französische Terminus, *der* Inbegriff nicht nur der klassizistischen Ästhetik (zumal der Plastik), sondern auch Inbegriff deren französisch-akademischer Prägung, konsequent geändert: Man liest nunmehr überall von den „Umrissen". Die kunstterminologische Rückbesinnung auf

XII. Fragment wird hier die pointierende *Konzentrationsleistung* der Gesichtszüge in umrissbetonter Darstellung hervorgehoben.

48 Nachwort (Schlegel, *Gemälde*), 215.

49 Nachwort (Schlegel, *Gemälde*), 215.

den Begriff, der auch zuvor neben „Riss“ und „Umbreissung“ in der verspätet erwachenden deutschsprachigen Kunstliteratur erschienen war, die sich ihre Terminologie erst erschaffen musste, stellt somit mehr als die zahlreichen Verdeutschungen anderer französischer Ausdrücke, nicht nur Fachtermini, in der Werkausgabe eine nicht nur kunstpolitische Aussage dar: „Umrisse“ werden für Schlegel, als Darstellungselement der Malerei ebenso wie als kunsttheoretischer Terminus, zum Propagandamedium eines Konzepts, das die Weimarischen Kunstfreunde als ‚neudeutsche religios-patriotische Kunst‘ bezeichnen werden.

Schlegel lieferte damit nicht nur Beiträge zu einer kunsthistorischen Umwertung, sondern schuf als maßgeblicher Impulsgeber für eine „junge[ ] Generation von Malern die Theorie ihrer Kunst,[50] […] die zu den damals vorherrschenden Überzeugungen und den Praktiken an den Kunstakademien in gezieltem Gegensatz stand.“[51] Schlegel galt gerade deren Orientierung an der Plastik als völlig verfehlt; er propagierte die absolute Verschiedenheit beider Künste und sah die Malerei als genuin moderne Kunstform, die auf die Darstellung des Unendlichen ziele und dazu allein auch in der Lage sei.

---

50 Vgl. aber Becker, *Germania und Italia*, 238, zum Interesse an der frühitalienischen Malerei unter deutschen Künstlern in Rom bereits in den 1770er Jahren (Tischbein, Bury, Hirt); diese gaben auch Kupferstiche der frühitalienischen Werke heraus, um sie bekannt zu machen. Signifikanterweise war diese „erste Hinwendung zu den Frühwerken […] zunächst weniger begründet durch deren religiöse Motivik als durch das von Winckelmann übernommene Stildeal der ‚Semplicità‘ und ‚Verità‘, das man hier erfüllt sah.“ Diese Interessenlage habe jedoch bereits den „Paradigmenwechsel“ (Becker, 238) der Frühromantik angekündigt, mit der „Abwendung vom ‚grand goût‘ und den Mimesispostulaten“ des Klassizismus, an deren Stelle die „Hinwendung zu einer von Inspiration und (religiösem) Sentiment geprägten Ausdruckskunst“ trat (Becker, 240). Zu früheren Favorisierungen altitalienischer Malerei im 18. Jh. und, daran anschließend, der altdeutschen, vgl. auch das Nachwort, 213. Eine bewusst an diesen Tendenzen orientierte Kunstproduktion setzte jedoch erst ein, „nachdem Schlegel in der ‚Europa‘ die Theorie dazu“ geschaffen hatte (214). Vgl. ebd., 220, zur problematischen Differenzierung, wann genau die Wirkung von Schlegels Aufsätzen in der *Europa* durchgreifend einsetzte, wo primär *seine* Ansichten fruchtbar gemacht wurden und wo es sich um Wirkungen von Theoremen handelte, die bereits bei Wackenroder, Tieck oder auch seinem Bruder August Wilhelm grundgelegt waren.

51 Nachwort (Schlegel, *Gemälde*), 210. Vgl. auch die Einleitung, KFSA 4, XXVI.

21.6 Die nationale Beschränkung: Dürer, „aus härterem Metall gebildet"

Schlegels Auffassung von der unbedingten Zusammengehörigkeit aller Teile eines Kunstwerks wird angesichts der virtuosen Kupferstiche Dürers (95 ff.)[52] auf eine Probe gestellt, doch integriert er diese in seine Prinzipien, indem er (mit einem Zusatz aus der Werkausgabe) feststellt, ihr Wert liege darin, dass sie eine „Sammlung von künstlerischen Gedankenfragmenten" (95) repräsentierten. Als solche bilden sie gleichsam den fragmentarischen Charakter der christlichen Kunst im Allgemeinen ab, wie Schlegel ihn zuvor konstatiert hat (80), und gerade daher sollen diese Fragmente zeitgenössischen Künstlern als Nucleus für eigene Schöpfungen dienen, um eine neue katholische Kunst ins Leben zu rufen.

An kaum einer Stelle werden Schlegels Ansichten von den Kunstmitteln so deutlich formuliert wie hier. Bereits in der Fassung der *Europa* schreibt er, in Dürers Stichen vermisse

> man kaum die Farben, man sieht diese Stiche, wenn man anders einen guten Abdruck hat, so wie ein gutes Gemälde, nie zu Ende; und wenn sonst das individuell Unerschöpfliche der geistigen Bedeutung und des Charakters nur ein Eigentum und Vorrecht des himmlischen Farbengeistes [W: alles durchwebenden Farben-Elements] zu sein scheint, nicht der körperlichen farblosen Linien, so ist hier gleichsam das Unmögliche geleistet, [...] an die äußerste Grenze der Kunst und ihres Gebietes zu streifen und selbst diese, des Rückweges immer sicher, auf einen Augenblick kühn zu überschreiten. (96)

Die Umrisse Dürers überschreiten gerade in ihrer strengen Bezeichnung die „äußerste Grenze" des Kupferstichs, die er sonst durch den Mangel an Farbe notwendig gezogen sieht. Hier gilt Schlegel einmal die *Farbe* als Medium der „geistigen Bedeutung", und diese Variante seiner sonstigen Wertschätzung von Umrisspotentialen veranlasst Schlegel abermals zur Kritik an „der alles verderbenden und zerrüttenden theoretischen und praktischen Trennung von Zeichnung und Kolorit", die er als den „Grundquell aller abgeleiteten Irrrtümer" bezeichnet (96). Zur Kennzeichnung von Dürers Stil findet Schlegel schließlich auch anschaulichere Vokabeln als die stereotype Reinheit und Strenge der sonst gelobten

52 Zur Wertung Dürers vgl. Chélin, 83 f.; dort auch zum Vorwurf, Dürer habe zu dem verderblichen „Grundirrtum" (Chélin) der „Trennung von Zeichnung und Colorit" (KFSA 4, 96) beigetragen. Zur fortschreitenden Relativierung der zunächst zentralen Bedeutung Dürers in Schlegels Gemäldebeschreibungen (wohl u. a. durch enttäuschte Erwartungen, sobald er die Werke selbst betrachtete), vgl. Chélin, 84.

Umrisse, bezeichnenderweise allerdings erst in einem Zusatz der Werkausgabe. Dort heißt es im Bericht über die Brüsseler Gemälde über Schoreel, dass er „in seinen vollendeten Gemälden eine Weichheit und Zartheit der Umrisse und Farben“ zeige, „welche bei Dürer, dessen Kunstcharakter aus härterem Metall gebildet war, durchaus nicht in gleichem Maße gefunden werden.“ (125) Es entging Schlegel wohl, dass diese Metaphorik genau dem entsprach, was er aufs heftigste befocht: *plastische* Darstellungsmomente in der Malerei, wenn Fältelungen wie aus scharfem Metall getrieben erscheinen.

Doch Dürer dient Schlegel auch als Gallionsfigur seiner These, „dass die Malerei durchaus individuell, und also auch national sein“ müsse: Bereits im *Nachtrag italiänischer Gemälde* behauptet Schlegel, Dürer habe „nur Deutsche gemalt“ (64). Die Forderung nach der lokalen und individuellen ‚Begrenzung‘ der Malerei begründet Schlegel dann im *Dritten Nachtrag alter Gemälde* mit den unterschiedlichen Vermögen des „Verstand[es]“, der „Einbildungskraft“ – die der Poesie zuzuordnen ist – und des „Sinn[es]“, den er bei der Betrachtung von Malerei im Werke sieht:

> Der Sinn, und was er wirken soll, kann nur in bestimmter Beschränkung kräftig und eigen gedeihen und sich gestalten. Die Wahrheiten des Verstandes sind allgemein; die Einbildungskraft sucht in das unbestimmte Ferne zu schweben, der Sinn aber geht vielmehr darauf aus, das Einzelne und Nächste bis in seine letzte Tiefe und eigentliche Wurzel zu durchdringen und es dann im Bilde von neuem zu gebären […]. (121)

Aus dieser Doppelfunktion des Sinnes als rezeptives *und* produktives Vermögen resultiert Schlegels Forderung mit dem häufig zitierten Diktum, die „reinsinnliche Kunst“ ziele „aufs Einzelne und Nächste; das heißt, sie muß lokal sein und national.“ (121) Dies solle die Kunst davor bewahren, „sich in abstrakte Allgemeinheit oder charakterlose idealistische Flachheit zu verlieren“, denn „[i]n jener engen Beschränkung“ ihres eigenen Nationalstils seien einst „Griechen und Ägypter, Italiäner und Deutsche, groß gewesen in der Kunst, die überall gleich verloren ging in den Zeiten, da die Nachahmerei begann.“ (125) Schlegel konterkariert damit nicht nur (in paradoxer Weise) das Winckelmannsche Nachahmungs-Postulat[53] als „eintzige[n] Weg für uns, groß, ja […] unnachahmlich zu werden“,[54]

53 Vgl. Becker, *Germania und Italia* 232 f.: Die „größte Schwäche“ der Kunstauffassung Friedrich Schlegels liege in seiner Empfehlung der *Nachahmung* (der ältesten Maler), die er doch gerade den Klassizisten (im Hinblick auf das antike Paradigma) vorgeworfen hatte.

54 Winckelmann, *Gedancken* (in: *Bibliothek der Kunstliteratur*, Bd. 2), 14.

sondern er modifiziert auch den Begriff des Idealischen im Zeichen des Individuellen:

> Die malerische Schönheit insonderheit, welche die körperliche Form nur im Umriß erraten lassen kann, dafür aber das Eigenste und wahrhaft Geistige im Sinnlichen zu ergreifen und in ihrem Farbenspiel magisch zu fixiren vermag, muß durchaus eine individuelle sein im Idealischen; aber freilich individuell in größerer Dimension, objektiv individuell, wie dies bei dem wahrhaft Lokalen und Nationalen der Fall ist. (123)

Die malerische Reduktion der körperlichen Form auf den bloß andeutenden Umriss ist notwendige Voraussetzung, um das eigentliche Potential der Malerei zur Entfaltung bringen zu können: die „magisch[e]" Fixierung des „wahrhaft Geistige[n]" im „Farbenspiel", dem die Bedeutung als das Wesentliche der Malerei übertragen wird – jenem Darstellungsmittel, das in der klassi(zisti)schen Hierarchie der Bildmittel dem „Umriss" untergeordnet ist. Schlegels Bevorzugung der Malerei vor der Skulptur und die Aufwertung ihres spezifischen Wirkungspotentials, der Farbgebung, unterstützt somit konsequent seine Forderung, entgegen der klassizistisch-akademischen Konvention, Gesetze der Skulptur auf die Malerei zu übertragen, solle die Malerei *Malerei* sein und nichts sonst (77, s. u.). Gerade in ihrem „Farbenspiel", das von keiner antiken Tradition beeinflusst wird, liege sodann auch die Chance, ‚individuell', ‚lokal' und ‚national' zu wirken.

21.7 Einbildungskraft und „schwebende Umrisse": *sfumato*-Malerei „mit einer nie zu ergründenden Gründlichkeit"

Dass sich Schlegels Konzept von „Strenge" der Umrisse nicht nur auf scharfe Linien und prägnante Farbkontraste beschränkt, zeigt seine eigenwillige Einschätzung Leonardo da Vincis. Dieser, der in der Kunstgeschichte allgemein neben dem späteren Correggio als Virtuose der *sfumato*-Malweise erscheint, wird von Schlegel gerade gepriesen, weil er „so strenge [...] in seinen Umrissen" sei und in seinen Werken „der Begriff über das bloße Gefühl zu herrschen" scheine. Hier, wenngleich auf *sfumato*-hafte Umrisse bezogen, findet sich die traditionell klassizistische Auffassung vom *disegno* bzw. *dessin* als demjenigen Kunstmittel, das gegenüber dem Kolorit als Medium des „Gefühl[s]" den „Begriff", also die Ratio repräsentiert. Wenngleich Schlegel um eine ganzheitliche Auffassung der Kunstmittel bemüht ist und die Farbigkeit gegenüber der klassizistischen Ästhetik deutlich aufwertet und ihr autonome ‚Bedeutsamkeit‘ als „Hieroglyphe“ (wie im Falle Tizians) zuerkennt, zeigt sich doch insgesamt, dass *Umrissen* in seiner Kunstanschauung besondere Bedeutung zukommt. Dabei scheint es weniger relevant zu sein, ob es sich um wirklich scharfe Umrisslinien, um scharf kontrastierende Farbflächen oder um duftig ineinander verschwimmende *sfumato*-Effekte handelt: Was für Schlegel zählt, ist, dass die Umrisse auf die eine oder andere Weise ‚bedeutsam‘ erscheinen. Im Falle des *sfumato* wird diese Bedeutsamkeit, die den höchsten Zweck der Kunst, ihren religiösen Symbolwert gewährleistet, durch das generiert, was Hagedorn mit dem „Verblasenen“ bezeichnete (vgl. Kap. 11). Bei Schlegel ist nun die Rede von den *„verschwebenden“* Umrissen. Das Motiv der „verschwebenden“ oder „schwebenden“ Umrisse kehrt in Schlegels Gemäldebeschreibungen häufiger wieder. Es ist zum einen mit dem besonderen Fleiß der illusionistischen Ausführung, dann aber vor allem mit dem Konzept der *musikalischen* Malerei verbunden, wie sich in einer Äußerung über ein Gemälde von Murillo zeigt, in dessen Darstellung „nicht der Styl der alten italiänischen Schule, nicht die strengen Umrisse eines Leonardo“ vorherrschen: „nein, es sind die schwebenden Umrisse, diese mit unendlichem Fleiß verschmolzne und ausgearbeitete Natürlichkeit und Täuschung der Farbenmischung“ (62). Warum auch immer Schlegel gerade Leonardo zu den Malern besonders „strenge[r] Umrisse“ zählt – während er deren stilisierte Darstellungsweise aufgrund ihrer Bedeutsamkeit, aber eben nicht aufgrund eines Illusionismus schätzt, gilt dies für die *sfumato*-Effekte umso mehr; er lobt ausdrücklich Murillos „unendlichen Fleiß der Ausführung bei diesen schwebenden Umrissen und verschmolzenen Farben“ (63), und vielleicht nur Correggio sei mit ihm vergleichbar, denn auch Murillo gehöre „gleichfalls unstreitig zu den ganz musikalischen Malern“: Das „vollendet Verschmolzene[]“ (62) gilt Schlegel als Charakteristikum der „musikalischen Behandlungsart“ (63), die er in den Kontext der „innigen Verwandtschaft und ursprünglichen Einheit“ (18) der Künste stellt. Es ist damit, analog zur Bedeutung der Musik für die romantische Kunstlehre, jedoch auf andere Weise als die ‚symbolischen‘ strengen Umrisse, in der Lage, das Unsagbare darzustellen. Ob strenge Umrisse oder verschmolzene Farbverläufe: In beiden Fällen sind es besonders ausgearbeitete Umrissgestaltungen, die eine Möglichkeit bieten, das Undarstellbare und damit das erklärte eigentliche Ziel der (romantischen) Kunst darzustellen. Strenge Umrisse erreichen dies durch die paradoxe Darstellung des Unendlichen in der stilisiert-begrenzten Form, verschmolzene Umrisse hingegen durch ihr beständiges Verschwimmen und Verschweben, das dem Reflexionsprozess der Einbildungskraft strukturell entspricht.

Verschmolzene Umrisse sind auch Schlegels Prinzipien gemäß, denen zufolge die neueren Künstler endlich die akademisch-klassische Konfundierung von Skulptur und Malerei aufgeben und die Eigengesetzlichkeit der Malerei anerkennen sollten, denn, wie er fordert, „*die Malerei sei Malerei* und nichts anders" (77). Im Falle Correggios[55] gewinnen die verschmolzenen Umrisse darüber hinaus noch eine weitere Bedeutung, wobei abermals, wie auch bei strengen Umrissen, die Darstellungsweise selbst symbolisch wird (23): „Was andern Malern oft mit Recht der letzte Zweck ist, die Formen, die Gestalten, die sind dem Correggio nur Mittel, einzelne Töne, Sylben oder Worte zum Ausdruck für den Gedanken des Ganzen. Alle seine Bilder sind allegorisch [...]." Wenngleich Schlegel hiermit konkret „jene Art der Allegorie" meint, „die darauf ausgeht, den unendlichen Gegensatz und Kampf des Guten und des Bösen deutlich zu machen" (23), scheint doch das Konzept, dass die formalen Kriterien gerade in *Correggios* Malweise ebenso Ausdrucksträger seien wie die dargestellten Gegenstände, auf eine Lektüre von Hagedorns einst so einflussreichen *Betrachtungen* hinzudeuten,[56] in denen Correggio als Ideal des „Verblasenen" in der Malerei gelobt wird – und damit als Exponent jener Malweise, die dem Darstellungs- und Bedeutungsmodus der *Allegorie* strukturell gleicht. So gilt auch Schlegel Correggio als Maler von „alle-

55 Vgl. zu Schlegels Correggio-Wertung auch Chélin, 90.

56 Vgl. Kap. 11. – Auch in Schlegels Äußerungen zur Kathedralplastik (!) in den *Briefen auf einer Reise* [1804/05, gedr. 1806] deutet sich eine Lektüre von Hagedorns *Betrachtungen* an. Nachdem er den Baustil von St. Denis umsichtig historisiert und die bedeutsame Stilistik der plastischen Arbeiten mit Blick auf den Zweck der Dekorationen kontextualisiert hat (die er mit der Eigengesetzlichkeit antiker Bas-Reliefs vergleicht), bemerkt er über die „Bildnisse" der „alten fränkischen Könige" aus Sandstein: „Freilich kann ein steinernes Bildnis nie das natürlich Weiche und Belebte des Marmors haben, und auch nicht die Zartheit des Umrisses; doch kann die Sauberkeit der Arbeit am dicht anliegenden Gewande, der schlichte grade Stand und die einfältige fromme Wahrheit des Ausdrucks im Gesicht, sie zu bedeutenden und schönen Zierraten erheben." (158) Schlegel, der sonst nicht auf plastische Konturen eingeht, hebt wie im Graphischen auch hier die schlicht-einfältigen (analog zu klassischen Idealen, aber hier „fromm[]" akzentuierten) Formen hervor. Da er die illusionistischen Qualitäten des Marmornen aber vermisst, muss er das einheimische Material der ‚gotischen' Plastik dadurch aufwerten, dass es größere Abstraktionen notwendig mache und dadurch (bei „scharfer Sauberkeit der Arbeit") zu „bedeutende[r]", also symbolischer Darstellung prädestiniert erscheint. Vgl. Chélins (85) Hinweis, Schlegel zeige bereits im *Dritten Nachtrag* mehr Aufmerksamkeit für die Wechselwirkungen von Aufstellungsort, Material und Kunstwerk.

gorische[m] Geist“,[57] und in einer Ergänzung der Werkausgabe fügt er an anderer Stelle hinzu, die Malerei sei im Gegensatz zu der Plastik, in der das Nackte nie unschicklich wirke, „ihrem innersten Wesen nach, eine reizend verhüllende und zart andeutende Kunst“ und „soll[e]“ dies auch sein, „indem ihr der magische Farbenschleier eben dazu gegeben worden“ sei (110). Die metaphorische Semantik von Schleier und andeutender Verhüllung, die bei Hagedorn den Allegorie-Diskurs kennzeichnet, kehrt damit bei Schlegel wieder, um auch hier die spezifische malerische Bedeutungsweise zu veranschaulichen, die sich in besonderer Weise in den verschmolzenen, „schwebenden“ Umrissen exponiert. Ähnlich, wie es August Wilhelm für Flaxmans stilisierte Umrissdarstellungen konstatiert hatte – und wie es auch für die strenge Simplizität frühitalienischer Malerei zutrifft[58] –, appelliert eine solche andeutend-schwebende Umrissgestaltung an die Einbildungskraft und beteiligt den Betrachter an der Konstitution des Kunstwerks. Inwiefern sich auch Friedrich Schlegels Theoreme von den „schwebenden“ Umrissen von frühromantischen, aus Fichtes Philosophie entwickelten Konzepten vom *Schweben* und der schöpferischen Selbsttätigkeit der Einbildungskraft herschreiben,[59] zeigt sich an den Bemerkungen über Leonardo da Vincis *Johannes der Täufer*, der ihm als „wichtigstes“ Gemälde in der Pariser Sammlung gilt:

> Die hohe Form des Kopfs, von einem stolzen Überfluß von Haaren umwallt, ist idealisch erhaben; um den Mund aber schwebt jenes Lächeln, jene Grazie, wie man es in mehreren Bildern des Leonardo findet, und die nachher in der Schule des Correggio zur Regel, ja zur Manier ward. Aber welches Wunderwerk der Ausführung; wie gemalt, und wie sind die zarten Umrisse und der feinste Hauch des Ausdrucks im Vorüberschweben ergriffen, und [W: ~~und~~] schwebend erhalten, und [W: ~~und~~] hingestellt und ausgearbeitet mit einer nie zu ergründenden Gründlichkeit (202)

57 Vgl. dazu auch die bei Schlegel nachträglich für die Werkausgabe eingefügte Inhaltsübersicht über die „Nachricht von den Gemälden in Paris“, wo Schlegel bereits den Passus „von dem eigentümlichen Kunstcharakter und allegorischen Geist des Corregio“ ankündigt (9).

58 Vgl. Becker, *Germania und Italia*, 241, zu den Charakteristika der Malerei des Quattrocento wie Typisierung der Figuren, wodurch das „Bild [...] sich wesentlich im Rezeptionsprozess [konstituierte]“. Voraussetzung dafür sei, dass „Rezipient wie Künstler über den gleichen ‚Code‘ verfügen“.

59 Im 116. *Athenaeums*-Fragment (KFSA 2, 182 f.) hieß es über die „romantische Poesie“ als „progressive Universalpoesie“, sie könne „am meisten zwischen dem Dargestellten und dem Darstellenden, frei von allem realen und idealen Interesse auf den Flügeln der poetischen Reflexion in der Mitte schweben, diese Reflexion immer wieder potenzieren und wie in einer endlosen Reihe von Spiegeln vervielfachen.“

Das „Lächeln", „die zarten Umrisse" und „der feinste Hauch des Ausdrucks": Wie die Cheshire Cat in *Alice in Wonderland*, von der mitunter, in einem Baum schwebend, lediglich ein Lächeln sichtbar wird, wird dieser Johannes gänzlich in schwebende Elemente aufgelöst, zwischen denen die poetische Einbildungskraft nach dem Modell der unendlichen Reflexion, in „nie zu ergründende[r]" Grund-Losigkeit, gründlich hin- und herprojiziert wird.

21.8 Historische Konturen um 1800: Fragmente der Gegenwart

Weshalb der Konzentration auf strenge Umrisse in Schlegels Kunstanschauung solch großer Stellenwert zukommt, erhellt angesichts einer charakteristischen historischen Situation. Eine „Anschauung" der Kunstwerke, wie Schlegel sie propagiert, so gesteht er selbst ein, könne notwendig nicht anders als „fragmentarisch" geschehen, „da die Kunst selber nichts anders ist, als ein Fragment, eine Ruine vergangner Zeiten. Zerrissen und zerstreut ist selbst der Körper der italiänischen Malerei", wie Schlegel die Folge der Napoleonischen Kunst-Translokationen beschreibt. Doch um die altdeutsche Malerei sei es noch schlimmer bestellt; diese sei

> noch so gut als völlig unbekannt. Das Ganze der Kunst ist nicht mehr vorhanden, es ist zerstört; nur verlorne einzelne Spuren derselben sind uns geblieben, die derjenige, der den Geist der Vergangenheit gefaßt hat, allenfalls zur Idee für die Zukunft wieder beseelen kann. (80)

Zum einen bietet Schlegel hier eine Paraphrase dessen, was Winckelmann am Ende seiner *Geschichte der Kunst* für das Verhältnis der Gegenwart zur Kunst *der Griechen* formuliert hatte: Erschien dort im Schlussabsatz der „Kontur" als Signatur der Kunstanschauung Winckelmanns und zugleich wichtigstes Medium der Annäherung an das Verlorene und seiner geistigen Rekonstruktion (vgl. Kap. 10), so treten bei Schlegel die Bruchkanten des fragmentarischen *christlichen* Kunstkörpers der italienischen und, mehr noch, der deutschen Malerei an die Stelle der antiken Torsi.

Zum andern jedoch steht Schlegel, indem er die fest und sicher umrissenen Gestalten zumal der frühen deutschen Malerei beschwört, in eben derjenigen historischen Konstellation, die bereits im letzten Viertel des 18. Jahrhunderts eine Besinnung auf die anthropologische wie formale Integrität des *ganzen* Menschen initiiert hatte, und in deren Zuge der plastische Kontur zum Ideal der anthropologisch-ästhetischen Ganzheitsreflexionen avancierte. Was jedoch bereits Humboldt in seiner Studie zu den fest umrissenen Gestalten in Goethes *Herrmann und Dorothea* aussprach (vgl. Kap. 18): wie notwendig es sei, sich auf die Vorbildlichkeit dieser (wenngleich fiktiven) Gestalten in ihrer in jeder Hinsicht fest umrissenen *Bildung* zu konzentrieren in Zeiten wie den gegenwärtigen, in denen alle äußeren Verhältnisse auseinanderzubrechen drohen – dies hat in Schlegels Klage über die *disiecta membra* des Kunstkörpers eine neue Brisanz gewonnen. Dieser Zerstückung setzt er das Ideal der sicher umrissenen Gestalten der alten christlichen Malerei entgegen, deren Umrisse von einer Zeit zeugen, in der noch keine Klöster säkularisiert wurden – von anderen Umstürzen ganz zu schweigen.[60]

21.8.1 Die „leeren Stellen" der Architektur vor dem „blendenden Hintergrunde" der Zeitgeschichte: Die „großen Umrisse" der Dämmerung

In den Äußerungen, die Schlegel vor allem in den *Briefen auf einer Reise* über Architektur notierte, nachdem die Brüder Boisserée in Paris seine Aufmerksamkeit auf die Besonderheiten gotischer Baukunst gelenkt hatten, finden sich kaum Bemerkungen zu Umrisserscheinungen. Eine Äußerung, die er über das „gotische[ ]" Rathaus von Löwen notiert, ist daher umso aufschlussreicher. Er schreibt:

> Wir betrachteten es aufmerksam beim grauen Scheine des ersten Morgenlichts; ich habe oft wahrgenommen, daß bei einer hellen Nacht, oder in der Dämmerung, die großen Umrisse an Gebäuden noch deutlicher und reiner hervortreten von dem nicht so blendenden Hintergrunde. (166 f.)

Wie sonst die Italienreisenden ihre klassische Ästhetik von edler Einfalt und stiller Größe gerne bei der Betrachtung von Architektur in der natürlich graphischen Abstraktion, welche die Dämmerung hervorruft, bestätigt fanden, da diese die Formen und Massen simpler erscheinen lässt und sie harmonisiert, beobachtet nun Schlegel am gotischen Gegenstand seiner romantischen Anschauung, dass der „Ausdruck" des Gebäudes „der einer schönen Einfalt und eines reinen Ebenmaßes" sei, die man eben auch in der

60 Seine (auf die christliche Kunstform bezogenen) restaurativen Hoffnungen führt Schlegel in einem Zusatz der Werkausgabe fort: „Nicht bloß der gesamte Kunstkörper der wirklich vorhandenen Werke ist fragmentarisch verteilt in entlegene Länder, und zerstreut in die verschiedenartigsten Sammlungen […]. Die christliche Kunst selbst ist auch außerdem schon an sich selbst ein Bruchstück geblieben und eigentlich nie vollendet worden". Dieser fragmentarische Charakter werde besonders augenfällig an den unvollendeten Kathedralbauten (80).

„gotischen Baukunst" finde. In einem Detail jedoch ähnelt Schlegels Perspektive zwar der klassischen Anschauung, unterscheidet sich aber fundamental von deren historischen Voraussetzungen. Wo Goethe beim nächtlichen Blick durch das Gitter, welches das Kolosseum versperrt und zugleich, wie das Raster einer zu vergößernden Zeichnung, die Wahrnehmung zum Kunstwerk präpariert, in den Rauchschwaden der nächtlichen Feuer eine ephemere Architektur der Imagination wiedererstehen lässt, dabei aber bewusst mit der faktischen Vergangenheit der nurmehr in Ruinen gegenwärtigen Epoche spielt und sie als Anreiz zur imaginären Rekonstruktion nimmt,[61] gilt Schlegels abstrahierende Perspektive der Geschichts-Kaschierung: Denn in der Wahrnehmung der architektonischen Umrisse verlöschen in gleichem Maße, wie Einfalt und Ebenmaß hervortreten, die Spuren der unmittelbaren Vergangenheit:

> Da alle Bilder an der Vorderseite des Rathauses in Löwen, herausgeworfen sind, wo ihrer über hundert waren, wie man an den leeren Stellen der kleinen Blenden zählen kann, wo sie gestanden hatten; so ist dieses schöne Kunstwerk freilich nun sehr entstellt und verunstaltet. (167)

Schlegels Dämmerungs-Phantasma hingegen evoziert eine architektonische Unversehrtheit; die graphische Reduktion auf die Umrisse des Rathauses kann die klaffenden plastischen Leerstellen, wo die Architektur der skulpturalen Ausschmückung entbehren muss, als medial bedingte Leerstellen der Imagination aussparen. Wo die entblößten Skulpturennischen den Betrachter wie leere Augenhöhlen im Antlitz der Zeitgeschichte anstarren müssten, breitet Schlegel den Schleier der Umrissästhetik mit all ihren Integritätssuggestionen aus. Die „großen Umrisse" verraten nicht die ruinöse Gegenwart, sondern sistieren die Fiktion einer „großen", vergangenen Zeit.

21.9 Die amimetischen „Umrisse des Anordnung" im romantischen Bildgedicht

Während Schlegels emphatische Favorisierung christlich-symbolischer Kunstwerke der Autonomieästhetik Karl Philipp Moritz' diametral entgegengesetzt ist, führt er doch dessen Anschauungen in einem Punkt konsequent fort: Hatte Moritz die Frage *Inwiefern Kunstwerke beschrieben werden können?* mit einer amimetischen Darstellungsweise beantwortet, in

61 Goethe, *Italienische Reise*, MA 15, 201 (2. Februar 1787).

der das vollendeteste Gedicht zugleich eine vollendete Wiedergabe des vollkommenen Schönen der bildenden Kunst sei (vgl. Kap. 16), so findet sich – in der Werkausgabe zum *Dritten Nachtrag* ergänzt – ein Bildgedicht Dorothea Schlegels an eben der Stelle, an welcher Friedrich angesichts des vollkommensten Gemäldes in der *Europa* mit einem Unsagbarkeitstopos verstummt war. Es handelt sich um die Kölner *Anbetung der Heiligen Drei Könige* (139 ff.); Schlegel bemerkt in der *Europa* abschließend: „Doch wie ließen sich alle Schönheiten dieses Gemäldes aufzählen oder auch nur die Umrisse der Anordnung und des Gedankens einigermaßen befriedigend beschreiben?“ (141) In der Werkausgabe folgt jedoch die signifikante Erweiterung mit drei Sonetten Dorothea Schlegels: „Es sei vergönnt, den Eindruck, welchen dieses herrliche Altargemälde der Stadt Köln, in seiner dreifachen Abteilung hervorbringt, in der gleichen Anzahl poetischer Nachbilder wieder zu geben.“ Als beziehe er sich wörtlich auf Moritz' Gedanken zur amimetischen Darstellung des höchsten Schönen in der Kunst, rekurriert Schlegel hier auf den „Eindruck“ und die „Umrisse der Anordnung“ dieses in seinen Augen vollkommenen Kunstwerks, die nicht in deskriptiven Worten darzustellen wären. Ob freilich die Sonette Dorotheas als „poetische[] Nachbilder“, also als *„Spur* auf dem Grunde der Einbildungskraft“, tatsächlich das bei Moritz imaginierte „vollkommenste Gedicht“ repräsentieren, sei dahingestellt.

21.10 Frühe literarästhetische Umriss-Begrifflichkeit

Auch in Friedrich Schlegels literarkritischen Schriften, allerdings vornehmlich den früheren und besonders im Aufsatz *Über das Studium der griechischen Poesie* (1795/96),[62] findet sich (wohl kaum zufällig) die Rede von den „Umrissen“ in Übertragung auf den literarischen Bereich. Gemeint sein können damit sowohl allgemeine Züge eines individuellen (oder nationalen) poetischen Stils[63] als auch der Charakter literarischer Gestalten

62 In: KFSA 1, 217–367. – Zum Schlegels Studie zugrundeliegenden Geschichtskonzept vgl. Stefan Matuschek: *Winckelmänner der Poesie. Herders und Friedrich Schlegels Anknüpfung an die ‚Geschichte der Kunst des Altertums‘*, in: DVjS 77 2003, H. 4, 548–563. Zur Bedeutung der Antike für F. Schlegel vgl. die Studie von Dorit Messlin: *Antike und Moderne: Friedrich Schlegels Poetik, Philosophie und Lebenskunst.* Berlin [u. a.] 2011, zu seinen „Studien des klassischen Altertums“ und seinem Verständnis von Philologie vgl. ebd., bes. 87–93.

63 Vgl. die Bemerkung über den homerischen Achill: „Der allgemeine Umriß eines Charakters, wie Achilles hätte vielleicht auch in der Fantasie eines Nord- oder Süd-

oder, mit Akzent auf der Geschlossenheit des Umrisses, auch die Vollständigkeit der Darstellung alles Menschlichen in dem gewählten Ausschnitt. In diesem Sinne, durchaus vergleichbar mit Herders Konzept vom „Schattenriß“ in Shakespeares Dramen, Karl Philipp Moritz' Konzept von der Darstellung des inkommensurablen Umkreises des höchsten Schönen im verjüngten Maßstabe oder Humboldts zugleich bestimmten und unendlichen „Umrissen“ (vgl. Kap. 14, 16 und 18), zählt Schlegel die „*Vollständigkeit*“ Homers zu den „charakteristische[n] Züge[n] der Homerischen Poesie, welche dem *Griechen* allein eigen sind“, der „*Umfang* seiner Dichtung“ sei

> so unbeschränkt, wie der Umfang der ganzen menschlichen Natur selbst. Die äußersten Enden der verschiedensten Richtungen, deren ursprüngliche Keime schon in der allgemeinen Menschennatur verborgen liegen, gesellen sich hier freundlich zueinander [...]. Seine heitre und reine Darstellung vereinigt hinreißende Gewalt mit inniger Ruhe, die schärfste Bestimmtheit mit der weichsten Zartheit der Umrisse. (1, 279)

Auch bei Schlegel erscheinen ‚literarische‘ Umrisse so in ihrer häufigsten Verwendungsform als Kennzeichen „reine[r]“ und „schärfste[r]“ Darstellungsweise, die jedoch wie der Kontur griechischer Statuen bei aller „Bestimmtheit“ von „weichste[r] Zartheit der Umrisse“ ist. In ähnlicher Verwendung des „Umriss“-Terminus heißt es über die Werke von Sophokles:

> Der Attische Zauber seiner Sprache vereinigt die rege Fülle des Homerus, und die sanfte Pracht des Pindarus mit durchgearbeiteter Bestimmtheit. Die kühnen und großen aber harten, eckichten und schneidenden Umrisse des Äschylus sind in der Diktion des Sophokles bis zu einer scharfen Richtigkeit, bis zu einer weichen Vollendung verfeinert, gemildert und ausgebildet. – (1, 299)

In diesen Beobachtungen zeigt sich die gleiche literarische Periodisierung, die ebenso durch eine Stilistik graphisch-plastischer Umrisse veranschaulicht wird, wie sie von Winckelmann besonders für die frühe, „hetrurische“ Vasenmalerei beschrieben wurde; und Winckelmann ist es auch, dem Schlegel den Vergleich mit dem literarischen Stil des Aischylos entlehnt – ebenso, wie es sein Bruder 1799 im Aufsatz über Flaxmans Illustrationen zu dessen Tragödien tut: Die „kühnen und großen aber harten, eckichten und

Homerus [d. h. eines keltischen oder indischen Epikers] entstehen können: diese feineren Züge der Ausbildung“ jedoch – wie die Trauer um Patroklos, die gemeinsam mit Priamos geweinten Tränen – „waren nur dem Griechen möglich.“ (KFSA 1, 279)

schneidenden Umrisse des Äschylus“[64] gewinnen um 1800 topischen Charakter.[65]

Doch neben den Aischylos-Referenzen wendet Schlegel die Umriss-Metaphorik auch über die eben zitierte sprachliche Charakteristik hinaus auf Sophokles an,[66] allerdings mit anderer Akzentuierung als im Falle Aischylos'. Schlegel bewundert Sophokles' „Überlegenheit über den *Stoff*, seine glückliche Auswahl desselben, seine weise Benutzung der gegebenen Umrisse“, unter dem Begriff also nicht die Naturnotwendigkeit, aber jene der Überlieferung fassend:

> Unter so vielen vielleicht zahllosen möglichen Auflösungen immer sicher die beste zu treffen, nie von der zarten Gränze zu verirren und selbst unter den verwickeltsten Schranken, mit geschickter Fügung in das Notwendige, seine völlige Freiheit behaupten; das ist das Meisterstück der künstlerischen Weisheit. (1, 299)

Wiederum zeigt sich Schlegels Spiel mit Varianten des Umriss-Begriffes zwischen künstlerischer Freiheit und Notwendigkeit: die positiv gewertete

---

64 Nicht nur seinen Werken, sondern auch der Gattung der Tragödie hat Aischylos, Schlegels Ansicht nach, Umrisse verliehen: „Mit echter Schöpferkraft“ habe er „die Tragödie erfunden, ihre Umrisse entworfen“, wie ein Maler die Skizze einer Gestalt anlegt, in der bereits alles angelegt ist; so hatte auch Aischylos für die Tragödie „ihre Gränzen, ihre Richtung und ihr Ziel bestimmt“ (KFSA 1, 296). – Vgl. zu den Umrissen der Gattungen eine auf die „Theorie der Dichtarten“ zielende Äußerung von Marcus im *Gespräch über die Poesie* (1800): „Das Wesentlichste sind die bestimmten Zwecke, die Absonderung wodurch allein das Kunstwerk Umriß erhält und in sich selbst vollendet wird. Die Fantasie des Dichters soll sich nicht in eine chaotische Überhauptpoesie ergießen, sondern jedes Werk soll der Form und der Gattung nach einen durchaus bestimmten Charakter haben.“ (KFSA 2, 306)

65 Vgl. zu den topischen „Umrissen“ des Aischylos im *Studiums*-Aufsatz auch ebd., KFSA 1, 340: „*Schillers* ursprüngliches Genie ist so entschieden tragisch, wie etwa der Charakter des Äschylus, dessen kühne Umrisse die bildende Natur in einem Augenblick hoher Begeistrung plötzlich hingeworfen zu haben scheint.“

66 Es ist bemerkenswert, dass der einzige zeitgenössische Dichter, an dessen Werken Friedrich Schlegel neben den antiken Tragödiendichtern (die auch Winckelmann und sein Bruder August Wilhelm nannten) literarische „Umrisse“ hervorhebt, Goethe ist, zu dessen *Herrmann und Dorothea* auch Humboldt eben diesen Vergleich extensiv zog (vgl. Kap. 18). Schlegel nun bemerkt in seinem Aufsatz *Über Goethes Meister:* „Die Umrisse sind allgemein und leicht, aber sie sind genau, scharf und sicher. Der kleinste Zug ist bedeutsam, jeder Strich ist ein leiser Wink und alles ist durch helle und lebhafte Gegensätze gehoben.“ (F. Schlegel: *Über Goethes Meister* (1798), KFSA 2, 126) Auch hier findet sich der ambivalente, zwischen Darstellung und Dargestelltem vermittelnde „Zug“ wie bei Humboldt; doch ebenso deutet sich Schlegels eigene spätere Akzentuierung der „bedeutsam[en]“ Umrisse und die Favorisierung starker Kontraste an.

„zarte[] Gränze“ der gelungenen Darstellung ebenso wie die normativen „Schranken“ von Gattung und Stoff oder, im kurz darauf folgenden Satz, die Umrisse der Handlung:

> Auch den an einzelnen großen Umrissen und glücklichen Veranlassungen reichen, im Ganzen aber ungünstigen und lückenhaften Stoff des *Philoktetes* wußte er zu einer vollständigen Handlung zu bilden, zu runden, und zu ergänzen, welcher es weder an einer leichten Einheit noch an einer völligen Befriedigung fehlt. (1, 299)

Wie ein Restaurator die Szenen einer griechischen Vasenmalerei aus Scherben zusammenfügt und ergänzt, so projiziert hier Schlegel das Verfahren der sophokleischen Dramenkunst.

In Schlegels *Studium*-Aufsatz erscheinen Umrisse schließlich auch in ihrer Steigerung durch die „letzte Gränze“ als Metapher für ungewisses Potential und faktische Vollendung der griechischen *Poesie:*

> Trifft nun die höchste Stufe der Bildung der vollkommensten Gattung der trefflichsten Kunst mit dem günstigsten Augenblick im Strome des öffentlichen Geschmacks glücklich zusammen; verdient ein großer Künstler die Gunst des Schicksals, und weiß die unbestimmten Umrisse, welche die Notwendigkeit vorzeichnete, würdig auszufüllen; so wird das äußerste Ziel schöner Kunst erreicht, welches durch die freieste Entwicklung der glücklichsten Anlage erreichbar ist.
>
> Diese *letzte Gränze der natürlichen Bildung* der Kunst und des Geschmacks, *diesen höchsten Gipfel freier Schönheit* hat die Griechische Poesie wirklich erreicht. (1, 287)

Wie nach manchen Deutungen der antiken Anekdote um den Linienwettstreit zwischen Apelles und Protogenes der eine den Umriss des andern verbesserte, so gelingt es Schlegels griechischem Idealkünstler, die „unbestimmten Umrisse“ der Notwendigkeit mit künstlerisch vollendet entwickelter Freiheit zu vervollkommnen. Der entstehende Umriss ist zugleich die *„letzte Gränze“* der Poesie eines „freie[n]“ Menschen, wie auch laut Winckelmann der griechische Kontur, den Spuren unverformter Ringer-Körper im Sande abgenommen, als Produkt freier Staatsform gedeutet wurde. Schlegels poetischer *Umriss* bezeichnet die feine Linie, an der sich Naturnotwendigkeit und menschliche Geistesfreiheit berühren und scheiden – im Medium der Poesie.

Indem er das Motiv der „Gränze“ wiederaufgreift und es nun auf die gesamte Geschichte der griechischen Dichtung bezieht, weitet Schlegel sein literarisches „Umriss“-Konzept, über die individuelle Stilistik von Autoren wie Aischylos hinausgehend, aus:

> Die verschiednen Stufen der sukzessiven Entwicklung, sondern sich zwar in Masse deutlich und entschieden voneinander ab, aber in dem stetigen Fluß der Geschichte verschmelzen die äußersten Gränzen, wie Wellen des Stromes, ineinander. Desto unvermischter sind die Gränzen der koexistenten Richtungen des Geschmacks und Arten der Kunst. Ihre Zusammensetzung ist durchaus gleichartig, rein und einfach, wie der Organismus der plastischen Natur [...]. (1, 305)

Deutlicher als zuvor werden in dieser gestalthaften Wahrnehmung der Literaturgeschichte die Anklänge an Winckelmanns Konzept vom plastischen *Contour*,[67] bis hin zu wörtlichen Bezügen auf seine Wellenmetaphorik (vgl. Kap. 10). Es verwundert fast, mit welcher Insistenz Schlegel im *Studiums*-Aufsatz den *Contour*, um den es sich bei den „äußersten Gränzen" ja handelt, immer wieder als Denkfigur für neue Sachverhalte verwendet: Neben die diachronen, leicht schwingenden Grenzverläufe jener Gestalt der Literaturgeschichte, die sich über eine lange Zeitachse lagert, treten vertikal darin positioniert die in sich „rein und einfach" bestimmten „koexistenten" Gattungen und „Richtungen des Geschmacks" hervor, die als synchrone Galerie von Statuen erscheinen, von denen jede ihre Funktion im Ganzen der diachronen Gestalt hat, wie einzelne Organe im „Organismus der plastischen Natur" der Literaturgeschichte, deren Text-Corpus sich so auch als ‚Kunstkörper' beschreiben ließe.

Während dieser jedoch als ganzer imaginativ rekonstruiert wird – wobei das imaginäre Moment dabei ausgeblendet wird, als handle es sich um eine sinnliche ‚Schau' des literarhistorischen Corpus der griechischen Antike, das faktisch nur in wenigen einzelnen Gliedmaßen überliefert ist – setzt Schlegel ihm den hier noch ganz uneuphorisch und unprogrammatisch als fragmentarisch erachteten Torso der modernen Literatur entgegen:

67 Zu einem deutlichen (allerdings anders akzentuierten) Spiel mit dem „Kontur"-Begriff Winckelmanns vgl. das 149. Athenaeums-Fragment: „Der systematische Winckelmann, der alle Alten gleichsam wie Einen Autor las, alles im ganzen sah, und seine gesamte Kraft auf die Griechen konzentrierte, legte durch die Wahrnehmung der absoluten Verschiedenheit des Antiken und des Modernen, den ersten Grund zu einer materialen Altertumslehre. Erst wenn der Standpunkt und die Bedingungen der absoluten Identität des Antiken und Modernen, die war, ist oder sein wird, gefunden ist, darf man sagen, daß wenigstens der Kontur der Wissenschaft fertig sei, und nun an die methodische Ausführung gedacht werden könne." Die hier noch postulierte „Identität" von Antike und Moderne lässt sich freilich keineswegs auf Friedrich Schlegels Konzepte späterer Zeit übertragen. (KFSA 2, 188 f.) Vgl. Décultot, *Friedrich Schlegel et „l'art divin de la peinture"*, 631, Anm. 12, zu diesem sowie zu dem allerdings von August Wilhelm Schlegel verfassten 271. Athenaeums-Fragment mit dem Lob Winckelmanns (KFSA 2, 211).

> Die ganze Masse der modernen Poesie ist ein unvollendeter Anfang, dessen Zusammenhang nur in Gedanken zur Vollständigkeit ergänzt werden kann. [...] Die gleichartige Masse der Griechischen Poesie hingegen ist ein selbständiges, in sich vollendetes, vollkommnes Ganzes, und die einfache Verknüpfung ihres durchgängigen Zusammenhanges ist die Einheit einer *schönen Organisation* [...]. [...] *Die sichtbare Regelmäßigkeit ihrer progressiven Entwicklung* verrät mehr als Zufall. Der größte wie der kleinste Fortschritt entwickelt sich wie von selbst aus der vorhergehenden, und enthält den vollständigen Keim der folgenden Stufe. Die sonst auch in der Menschengeschichte oft so tief verhüllten *innern Prinzipien der lebendigen Bildung* liegen hier offenbar am Tage, und sind selbst der äußern Gestalt mit bestimmter und einfacher Schrift eingeprägt. (1, 305)

Nochmals wird das wellenförmige Ineinanderfließen der literarhistorischen Epochen deutlich, das dennoch dem *ex ungue leonem*-Prinzip der antiken Plastik und der „Regelmäßigkeit" ihrer Bildungen folgt. Der letzte Satz des Zitats schließlich zeigt Schlegels ungemein komplexe Transformation des *Contour*-Konzeptes: An der Gestalt des plastisch imaginierten ‚Kunstkörpers' der griechischen Literaturgeschichte lassen sich die allgemeinen „*inneren Prinzipien der lebendigen Bildung*" menschlicher Kulturgeschichte ablesen, wie am *Contour* der griechischen Plastik das geistige Konzept, die künstlerische Synthese von schönster Natur und idealischer Schönheit. Wie die Muskeln und Sehnen eines Athleten liegen am griechischen Text-Corpus diese anthropologischen Bildungsprinzipien „offenbar am Tage"[68] – und zwar werden sie *lesbar* (hier erweist sich Schlegels Metaphorik in einer *mise-en-abîme* nicht nur als frühromantisch-arabesk, sondern beinahe als kafkaesker Exkurs in die *Strafkolonie* schriftbildlicher Selbstreflexivität) in einer „Schrift", die mit denselben Attributen wie die bevorzugten Umrisse als graphisch „bestimmt[ ] und einfach[ ]" bezeichnet wird und „der äußern Gestalt" – des Text-Corpus – „eingeprägt" ist, so dass sie über das Graphische hinaus plastisches Profil gewinnt.

68 KFSA 1, 317 f. Selbst jene Werke, „deren Stil tadelhaft ist", seien wertvoll, da sie „durch die dreiste Bestimmtheit der reinen Umrisse, und die kräftige Vollendung der bildenden Natur *einzige*, für alle Zeitalter gültige, und *gesetzgebende Anschauungen*" (1, 318) repräsentierten. Schlegel geht hier von einem normativen Konzept aus, wie es die Maßstäbe der *symmetria* für die antike Plastik definierten; gleiche Gültigkeit spricht er also den „reinen Umrisse[n]" wenn auch derber griechischer Poesie zu.

22. E. T. A. Hoffmann: Umriss-Bilder und Serapiontisches Erzähl-Prinzip an der Grenze zwischen Kunst und Leben in *Der Artushof*

Angesichts der ebenso umfassenden wie nachhaltigen Wirkung, die Friedrich Schlegels kunsttheoretische Schriften mit ihrer Umwertung der „bedeutsamen" Umrisse auf die zeitgenössischen Maler ausübten, ist es verwunderlich, wie wenige Reflexe seine Konzepte in der zeitgenössischen Literatur fanden. So wurde, wie in den Sonetten Dorothea Schlegels zum Kölner Dreikönigsaltar, versucht, die Bedeutsamkeit der Gemälde amimetisch im Bildgedicht wiederzugeben, doch ‚Umrisse' als literarische Kategorie schienen in ihrem Reflexionspotential weitgehend durch die mehr oder weniger klassische *Literaturkritik*, wie in den Schriften Humboldts zu Goethe oder in Friedrich Schlegels *Studiums*-Aufsatz zu den griechischen Tragikern, so mit dem festen Ideal-Charakterbild fiktiver Gestalten oder einem ‚gemeißelten', klaren literarischen Stil klassischer Prägung besetzt gewesen zu sein, dass eine romantische Umakzentuierung hier nicht möglich war. Konnten graphische Umrisse unmittelbar das beabsichtigte historische Ideal – die altitalienische oder altdeutsche „naive" Kunst – vor Augen stellen, so hätten literarische Inszenierungen ‚umrissbetonter' Gestalten oder Geschehnisse Mühe gehabt, der Einbildungskraft des Lesers verbal andere als *klassische* Bilder zu suggerieren, für die stilistische Ideale der Simplizität und Reinheit schließlich ebenfalls zutrafen. Zudem war die Position der obersten visuellen Reflexionsfigur für die romantische Poetik bereits seit den frühromantischen Anfängen mit der *Arabeske* mehr als hinreichend besetzt, die sich einschlägiger als gegenständliche Umrisse als narratives Modell eignete, umso mehr für eine Literatur, der nicht an klassisch-statuarischem Stil gelegen war. So finden sich denn in romantischen Texten auch kaum ‚Umrisse' als literarisches Reflexionsmedium; eine Ausnahme stellt die kurze, wenig beachtete Erzählung *Der Artushof* aus E. T. A. Hoffmanns *Serapionsbrüdern* dar, in der die ‚Umrisse' bezeichnenderweise als Element einer Künstler-Geschichte fungieren, dabei jedoch äußerst aufschlussreiche Reflexe auf eine sich bereits abzeichnende Ironisierung der zeitgenössischen ‚deutsch-römischen' Tendenzen einer auf Umrisse fixierten Malerei werfen.

22.1 Hoffmanns Erzählungen: Die Rahmenhandlung der *Serapionsbrüder*

Eingebettet ist die Erzählung *Der Artushof* in die Rahmenhandlung der *Serapionsbrüder:* Eine Gruppe von Freunden – Lothar, Theodor, Ottmar und Cyprian – trifft regelmäßig zusammen, wobei abwechselnd Erzählungen vorgetragen werden. Die „Serapionsbrüder" berufen sich mit ihrem Namen auf ihren Schutzpatron, den Heiligen Serapion, mit dem nun allerdings mitnichten der eigentliche Heilige gemeint ist, sondern ein Graf, der, wie Cyprian zu Beginn der Sammlung berichtet, als Einsiedler im Walde lebte – in dem Wahne, er sei der vor Jahrhunderten als Märtyrer gestorbene Heilige Serapion. Dieser Einsiedler verfügte, wie man nur von Cyprian erfährt, nie jedoch durch eine exemplarische Binnenerzählung, über „ein ausgezeichnetes Dichtertalent" und erzählte Geschichten „von einer feurigen Fantasie, von einem besondern Geiste, der in die tiefste Tiefe schaute, beseelt".[1] Er trägt Cyprian „Novelle[n]" vor, in denen sämtliche „Gestalten [...] mit einer plastischen Ründung, mit einem glühenden Leben hervor[traten]", so „daß man fortgerissen [...] von magischer Gewalt wie im Traum daran glauben mußte, daß Serapion alles selbst wirklich von seinem Berge erschaut."[2] (34) Serapion weist Cyprian darauf hin, dass der Einwand, er könne nicht der besagte Märtyrer sein, „weil Menschen nicht so lange auf Erden zu wandeln vermögen" (31), keine Grundlage habe, da, abgesehen von der sowieso unleugbaren „Allmacht Gottes", „die Zeit ein eben so relativer Begriff wie die Zahl" sei. (31) So erzählt er von den häufigen Besuchen, die er von „Ariost", „Dante und Petrarch", aber auch von Kirchenlehrern alter Zeit erhalte, und dass er in der Umgebung die „Türme von Alexandrien" erblicken könne (33), wenngleich „[v]iele [...] das auch unglaublich gefunden und gemeint" hätten, er „bilde [sich] nur ein, das vor [sich] im äußern Leben wirklich sich ereignen zu sehen was sich nur als Geburt [s]eines Geistes, [s]einer Fantasie gestalte." (33) Dabei sei es

1 E. T. A. Hoffmann: *Sämtliche Werke in sechs Bänden.* Bd. 4: *Die Serapionsbrüder.* Hg. v. Wulf Segebrecht. Frankfurt a.M. 2001, 25 (Zitate werden im Folgenden nach dieser Ausgabe mit Seitenzahl im Text nachgewiesen). – Zum „Rahmenzyklus in der deutschen Literatur" und zur Rahmenerzählung der *Serapionsbrüder* in ihrem Verhältnis zu den Binnenerzählungen vgl. Andres Beck: *Geselliges Erzählen in Rahmenzyklen. Goethe – Tieck – E. T. A. Hoffmann.* Heidelberg 2008, 13–52 (zum Rahmenzyklus allgemein) und 426–478 (zu den *Serapionsbrüdern*).

2 Vgl. allgemein zur Bedeutung der „Lebendigkeit" für Hoffmanns erzählerische Darstellungstechnik Ilse Winter: *Untersuchungen zum serapiontischen Prinzip E. T. A. Hoffmanns.* The Hague 1976, 28 ff.

doch „der Geist allein, der das was sich um uns her begibt in Raum und Zeit, zu erfassen vermag“. (33 f.) Wenn es also nur „der Geist allein“ sei, „der die Begebenheit vor uns erfaßt“, und nicht „die toten Maschinen“ der Sinnensorgane, „so hat sich das auch wirklich begeben, was er dafür anerkennt.“

Diese Verabsolutierung der inneren Schau stilisiert Serapion in den Augen der Freunde um Cyprian zur poetologischen Modellfigur des idealen Dichters, der wirklich innerlich *schaut*, was er *erzählt.* Lothar gibt daher als Losung für die künftigen Vorträge eigener „poetische[r] Produktlein“ (69) der Freunde das sogenannte „Serapionische[] Prinzip“[3] aus (70):

> Jeder prüfe wohl, ob er auch wirklich das geschaut, was er zu verkünden unternommen, ehe er es wagt laut damit zu werden. Wenigstens strebe jeder recht ernstlich darnach, das Bild, das ihm im Innern aufgegangen recht zu erfassen mit allen seinen Gestalten, Farben, Lichtern und Schatten, und dann, wenn er sich recht entzündet davon fühlt, die Darstellung ins äußere Leben <zu> tragen. (69)

Dieser „Poetik des Schauens“[4] gemäß muss also der Dichter in seinem Innern eine vollständig durchgestaltete Vorstellung dessen haben, was er erzählen will, bevor er „dieses innere[] Bild[] in eine äußere Darstellung“[5] zu übersetzen beginnt – der *disegno interno* muss gewissermaßen vollkommen ausgebildet sein, und – dies ist im Hinblick auf die Geschehnisse im *Artushof* relevant – er muss als inneres Bild ein solches Eigen*leben* ge-

---

3 Dieses wird in der Forschung als „Serapiontisches Prinzip“ diskutiert, vgl. Hilda M. Brown: *E. T. A. Hoffmann and the Serapiontic principle: critique and creativity.* Rochester, NY 2006, und Winter, *Untersuchungen zum serapiontischen Prinzip E. T. A. Hoffmanns*, bes. 65 ff. zum Serapiontischen Prinzip im Hinblick auf die Rahmenerzählung. Zur poetologisch stringenten Verquickung von Rahmenhandlung und Binnenerzählungen durch das Serapiontische Prinzip vgl. auch Beck, *Geselliges Erzählen*, 408 ff. Vgl. ebd., 445 f., zu einer differenzierten Sicht auf das Serapiontische Erzählprinzip, die zwischen Erzählerstandpunkt der Novellen und den Ansichten des Anachoreten unterscheidet.

4 Kommentar, in: *Serapionsbrüder*, 1247. Zur Bedeutung des „Schauens“ für Hoffmann und zu dessen eigenen Aussagen dazu vgl. das Nachwort, ebd. 1248 f. Zur Bedeutung von Gemälde-Wahrnehmungen in den Serapions-Brüdern, jedoch ohne Berücksichtigung von Umriss-Erscheinungen, vgl. Melanie Klier: *Kunstsehen. Literarische Konstruktion und Reflexion von Gemälden in E. T. A. Hoffmanns „Serapions-Brüdern“ mit Blick auf die Prosa Georg Heyms.* Frankfurt a.M. [u. a.] 2002, bes. 45–52 zum „‚serapiontischen Prinzip‘ als Basis des ‚Kunstsehens‘“. Klier geht jedoch nicht auf die in dieser Hinsicht paradigmatische Erzählung *Der Artushof* ein.

5 Vgl. den Kommentar, 1246 f., Zitat ebd.

wonnen haben, dass es den Dichter zur „Darstellung" seiner selbst im „äußere[n] Leben" begeistern kann, bevor der *disegno esterno* entstehen kann. Das Serapiontische Prinzip verläuft damit zweistufig:[6] Auf die Transformation von Wirklichkeit in ein geistiges Bild folgt die Übersetzung dieser Vorstellung eines innerlich Geschauten in das erzählerische Kunstwerk; alles steht und fällt mit dem autopoietischen Enthusiasmus des Dichters.

Das serapiontische Prinzip impliziert mit seiner Verabsolutierung der inneren Schau eine Aufwertung der Subjektivität, welche die reine „Wiedergabe einer empirischen Wirklichkeit erheblich ein[schränkt]", da es „nicht um die Wirklichkeit selbst" geht, „sondern allenfalls um das Bild von ihr", also die innere Vorstellung im Geiste des Dichters als eine gänzlich individuelle „Auffassung, eine Deutung von Wirklichkeit". Diese ist damit auch mit dem Dichter selbst eng verbunden, weshalb „die Intensität des Vorstellungsbildes und [...] seine Identität mit seinem Urheber" poetologisch betrachtet „wichtiger als der Realitätsgehalt einer Erzählung" ist.[7]

Stellt die spannungsvolle Duplizität von Kunst und Leben generell eine zentrale Thematik der Hoffmannschen Erzählungen dar (die auch im *Artushof* die Handlung wesentlich bestimmt), so präsentiert sich die Problematik in der Rahmenhandlung um den Einsiedler Serapion in all ihrem Potential der Gefährdung und des Misslingens. Lothar bemerkt, Serapions „Wahnsinn" habe allein darin bestanden, dass ihm „die Erkenntnis der Duplizität" mangelte (68),

> von der eigentlich allein unser irdisches Sein bedingt ist. Es gibt eine innere Welt, und die geistige Kraft, sie in voller Klarheit, in dem vollendetsten Glanze des regesten Lebens zu schauen, aber es ist unser irrdisches [!] Erbteil, daß eben die Außenwelt in der wir eingeschachtet, als der Hebel wirkt, der jene Kraft in Bewegung setzt. Die innern Erscheinungen gehen auf in dem Kreise, den die äußeren um uns bilden und den der Geist nur zu überfliegen vermag in dunklen geheimnisvollen Ahnungen, die sich nie zum deutlichen Bilde gestalten.

Serapion hingegen habe die „Außenwelt" gar nicht „statuiert[]" (68); in seinem Falle wird die Duplizität von Kunst und Leben nicht in ausgleichender Schwebe gehalten, beide Komponenten kollabieren und führen

6 Vgl. den Kommentar, 1247.

7 Vgl. den Kommentar, 1247 (Zitate ebd.); aufgrund dieses Subjektivismus mit dem Akzent auf „Identität" und „Intensität" sei es auch gar nicht notwendig, etwas über den *Inhalt* der Erzählungen der Einsiedlers zu erfahren.

zum augenscheinlichen „Wahnsinn", der drohend über jedem künstlerisch Veranlagten schwebt. Diese Gefährdung und die prekäre Balance zwischen Kunst und Leben, innerer Schau und äußerer Wirklichkeit ist es, die im *Artushof* an der Figur des alten Malers Berklinger und am Protagonisten Traugott, dem angehenden Maler, auf zwei möglichen Entwicklungs- und Erkenntnisniveaus durchdekliniert wird. Und auch für die Serapionsbrüder der Rahmenhandlung gilt, dass sie „beladen vom Bewusstsein, belastet von der ‚Duplizität des Seins'" sind, und dies zudem in einem seit Jahrzehnten sentimentalischen Zeitalter. Somit „repräsentiert" Serapion auch „eine vormoderne Bewusstseinsstufe, die Gegenstand der Sehnsucht der Nachgeborenen sein, nicht aber ihr praktisches Verhalten bestimmen kann".[8] Er ist damit „Relikt eines verlorenengegangenen Weltzustands", das nun als Fremdkörper in einer Epoche erscheint, „deren Signatur die Disharmonie, der Verlust des Paradieses ist. Die Funktion des Serapion ist es gleichermaßen, die Erinnerung an die verlorene und die Hoffnung auf eine künftige Harmonie wachzuhalten. Er ist eine Inkarnation des triadischen Denkens".[9] So gesehen verwundert es wenig, dass die Erzählung *Der Artushof* sentimentalische Momente auf potenzierte Weise reflektiert (s. u.), und zwar im Medium der Umrissdarstellung. Gleichwohl beginnt die Rahmenhandlung mit einem Bekenntnis zur Unwiederbringlichkeit alles einmal Vergangenen. Die ersten Worte der *Serapionsbrüder*, gesprochen von Lothar, lauten:

> Stelle man sich auch an wie man wolle, nicht wegzuleugnen, nicht wegzubannen ist die bittre Überzeugung, daß nimmer – nimmer wiederkehrt, was einmal da gewesen. […] Nur die Schattenbilder des in tiefe Nacht versunkenen Lebens bleiben zurück, und walten in unserm Innern, und necken und höhnen uns oft, wie spukhafte Träume. (13)

Mit dieser Einsicht wird bereits die Grundproblematik des *Artushofs* antizipiert: die Differenzierung von innerer subjektiv transformierter Welt und äußerer Realität. Signifikant ist, dass mit den „Schattenbilder[n]" auch die Funktion sentimentalisch geprägter Kunstbetrachtung – und deren Verselbständigung, wenn die „Duplizität" der Künstlerexistenz nicht im Ausgleich gehalten werden kann – subtil angedeutet wird.

Zu verinnerlichten „Schattenbilder[n]", deren einstiges Leben ganz in der Bildung des Subjekts aufgegangen ist, sind die Serapionsbrüder auch einander und sogar sich selbst geworden seit ihren gemeinsamen Jugendtagen; denn nach zwölf Jahren kommen sie wieder zusammen – nach einer

8 Kommentar, 1262.
9 Kommentar, 1261 f.

ereignisreichen Zeit epochaler Umbrüche,[10] die ihre „Spur" in allen Beteiligten untilgbar hinterlassen hat, wie Theodor, damit alle Illusionen auf harmonische Fortsetzung des Längstvergangenen verabschiedend, bemerkt: „Konnte denn [...] alles Entsetzen, alles Ungeheure der Zeit an uns vorübergehen ohne uns gewaltig zu erfassen, ohne tief in unser Inneres hinein seine blutige Spur einzugraben?" Daher solle man „versuchen, wie sich ein neues Band unter uns verknüpft" (15), dabei aber eingedenk der unmittelbaren Vergangenheit und der historischen Distanz zu früheren Zusammenkünften. Angesichts der These, das gesellige Erzählen der Serapionsbrüder ziele, anders als in den literarischen Vorbildern der Gattung bei Boccaccio oder in Goethes *Unterhaltungen deutscher Ausgewanderten*, nicht auf die „Überbrückung einer konkreten, zeitlich befristeten Gefahr" beziehungsweise „die Überwindung einer grundsätzlichen Gefährdung der Gesellschaft durch die Entwicklung einer besseren Gesellschaft",[11] so stellt sich die Frage, ob nicht die Erzählung *Der Artushof* eine andere Deutung zulässt: Ob sie nicht als kritischer Kommentar zu den harmonisierenden Tendenzen der sentimentalischen Gegenwart und besonders ihrer Kunstproduktion zu lesen ist, deren künstliche Welten der Regression als Illusion entlarvt werden, indem gezeigt wird, wohin Künstler geraten, die sich

10 Hoffmanns Erzählung *Der Artushof* erschien erstmals 1817 in der *Urania.*

11 Zum „gesellschaftsgeschichtliche[n] Kontext rahmenzyklisch-geselligen Erzählens um 1800" vgl. Beck, *Geselliges Erzählen*, bes. 43–52. Beck sieht den „Rahmenzyklus der *Serapions-Brüder*" als „Summe Hoffmannscher Sozialpoesie" (407 ff.). Vgl. das Nachwort, 1245, zur Erzähltradition einer Konstellation von mehreren Personen, die einander mit Geschichten unterhalten, wobei das direkte Vorbild, das Hoffmann auch seine Figuren erwähnen lässt, Tiecks *Fantasus* ist. Während in Bocaccios ‚Urmodell' die in den Städten wütende Pest den bedrohlichen zeitgeschichtlichen Rahmen abgibt und am Ende des 18. Jahrhunderts Revolution und Kriegsgeschehen den lebensweltlichen Hintergrund der esoterischen Erzählerrunden darstellen, ist das „serapiontische Erzählen [...] nicht in erster Linie als eine Reaktion auf ein äußeres Unheil" angelegt, „gegen das die heilenden Kräfte der Poesie und der Geselligkeit eingesetzt werden müssen." (1245) Das Wiedersehen findet erst nach dem Ende der „verhängnisvollen Zeit" (14) statt, und die Frage lautet nicht, „ob mithilfe der Poesie die äußere Not überlebt werden könne, sondern ob nach dem erlebten Schrecken der Vergangenheit überhaupt noch an die Zeit früherer Gemeinsamkeit angeschlossen werden kann" (1245). So sei das „Ziel des serapiontischen Erzählens" der „Versuch der Begründung eines ‚neuen Bundes' auf der Basis des alten mithilfe der Poesie"; zugleich stellten Thematik und Konstellationen der Texte die Frage, ob es notwendig sei, die „Grenzen zwischen Künstler und Bürger, Wahnsinn und Vernunft, Sein und Schein, Traum und Wachen" zu revidieren (1246). – Auch *diese* Grenzen werden im *Artushof* mittels *Umrissphänomenen* reflektiert.

davon in Bann ziehen lassen, und wie sehr erst derjenige scheitert, der versucht, das historistische Ideal seiner sentimentalischen Weltsicht, das seine alleinige Legitimation vielleicht noch in der Kunst haben mag, ins wirkliche Leben hinüberzutragen.

22.2 Umrisse als ‚Figur‘ der deutschrömischen Malerei und Spiegelachse des Künstlerlebens: *Der Artushof*

Die Erzählung, die Hoffmann von Cyprian vortragen lässt, beginnt mit vielfältigen Anreden an den Leser, der aus seiner Außenposition somit hineingezogen wird in das schummrige Innere des „Artushofes“, wie die Danziger Börse genannt wird. Der Erzähler evoziert deren üppige Ausstattung mit Schnitzereien und Gemälden, und in dem „magische[n] Helldunkel“, das „durch die trüben Fenster“ scheint, wird vor dem Betrachter „all’ das seltsame Bild- und Schnitzwerk, womit die Wände überreich verziert, [...] rege und lebendig“ (177). Nach der ersten Grenzverwischung zwischen dem Leser (d. h. auf erster Ebene den – auf den *Artushof* bezogen – heterodiegetischen Zuhörern Cyprians, den Serapionsbrüdern, und auf zweiter Ebene dem realen Leser der gedruckten Erzählung Hoffmanns) und der erzählten Welt des *Artushof* verschwimmen nun also auch die Grenzen zwischen der homodiegetisch ‚realen‘ Welt und ihren malerischen sowie plastischen Darstellungen, die sich zu verlebendigen scheinen.

Besonders eine Darstellung an der Seite des Innenraumes lenkt die Aufmerksamkeit des Betrachters auf sich: ein „schmale[r] Streif, der beinahe rings um den Saal geht, und auf dem sehr anmutig lange Züge buntgekleideter Miliz aus alter reichsstädtischer Zeit abgebildet sind.“ (177) Neben dem Verwirrspiel zwischen Realität und Kunst, das sich als zentrales Motiv der Erzählung erweisen wird, wird mit der Evokation der „alte[n] reichstädtische[n] Zeit“ zugleich die ebenso zentrale sentimentalische Grundierung der Erzählung eingeführt. Wieder wendet sich der Erzähler an den „günstige[n] Leser“, der, da der Zug der vergangenen Gestalten wohl „fortziehen“ wolle, „nicht umhin“ könne, „in so fern [er] nämlich ein rüstiger Zeichner“ sei, „mit Tinte und Feder jenen prächtigen Bürgermeister mit seinem wunderschönen Pagen abzukonterfeien.“ (178) Schließlich liegen „rings umher“ stets

> Papier, Tinte und Feder bereit, das Material war also bei der Hand und lockte Dich unwiderstehlich an. Dir, günstiger Leser! war so etwas erlaubt, aber nicht

> dem jungen Kaufherrn Traugott, der über ähnlichem Beginnen in tausend Not und Verdruß geriet.

Der Leser (der heterodiegetische wie auch der reale) wird so in die Position einer intradiegetischen Figur projiziert;[12] er soll einen weiteren, eigenen Beitrag zur Verknüfung der Ebenen leisten, indem er das, was als bildliche Darstellung so flüchtig erscheint, wie dessen vergangener Gegenstand es historisch wirklich war, zeichnerisch fixieren, es durch künstlerische Darstellung zweiten Grades bannen soll – ähnlich, wie es Karl Philipp Moritz als Anliegen seiner *Anthousa* formuliert hatte, „in der Flucht der Zeiten, die vorüberrauschen", doch wenigstens „die Umrisse zu stehlen" (vgl. Kap. 17).[13] An dieser Stelle jedoch wendet der Erzähler den Blick (und auch den des Lesers, dessen Griff nach Feder und Tinte nun ins Leere seiner Realität geht) auf den Protagonisten der nun beginnenden, subtil vorbereiteten Handlung – und durch die Art dieser Überleitung wird abermals der Grundkonflikt von Kunst und Leben exponiert, der seine volle Problematik an Traugott entfalten wird. Dem Leser wäre ein solches Spiel mit den Darstellungsebenen erlaubt, weil (bzw. solange) er sich der Fiktionalität, der „Duplizität" bewusst ist, wenngleich der Erzähler alles daran setzt, dieses Bewusstsein auszulöschen und es zugleich gerade dadurch wach hält.[14]

Traugott hingegen hat in seiner intradiegetischen Welt deren *interne* „Duplizität" von Kunst und Leben in all ihrer Spannung auszuhalten, denn im „Leben" ist es nicht seine Aufgabe, sentimentalischer Zeichenlust

---

12 Diese Verfahrensweise ist charakteristisch für die Wirkungsabsichten des Serapiontischen Erzählprinzips; vgl. dazu Hans Toggenburger: *Die späten Almanach-Erzählungen E. T. A. Hoffmanns.* Bern [u. a.] 1983, 38–56, v. a. im Hinblick auf die Erfahrung „[d]ämonische[r] Wirklichkeit" in den Verabsolutierungen der Projektionen der Imaginationskraft. Zum für das Serapiontische Prinzip charakteristischen „Miteinbezug des Lesers": 52 ff.; Toggenburger spricht von „Lesermystifikation" (52). Vgl. auch Winter, *Untersuchungen zum serapiontischen Prinzip*, 54 ff.

13 Günter Oesterle (*Romantische Urbanität? Börse und Kunst in E. T. A. Hoffmanns „Der Artushof"*, in: Gerhard Neumann (Hg.): *„Hoffmanneske Geschichte". Zu einer Literaturwissenschaft als Kulturwissenschaft.* Würzburg 2005, 243–258, 251) erwähnt die sistierende Funktion des „Umrisses und Kontur" im Hinblick auf die Verlockung an den Leser, die Gestalten des *Artushofes* festzuhalten, damit sie nicht „fortziehen".

14 Zur romantischen Ironie als Erzählprinzip bei Hoffmann vgl. Georg Wellenberger: *Der Unernst des Unendlichen. Die Poetologie der Romantik und ihre Umsetzung durch E. T. A. Hoffmann.* Marburg 1986, 63–91, bes. 69–80 zur „Permanente[n] Parekbase".

nachzugeben, sondern eine Überweisung für seinen Vorgesetzten anzufertigen. Gerade will er diese „mit einem kecken kalligraphischen Schnörkel beginnen“, als er nachdenklich „die Augen in die Höhe warf“ – was sich bereits als ironischer Hinweis auf die zeitgenössische Disposition zu einer sentimentalischen Kunst mit religiöser Tendenz lesen ließe – und zufällig gerade vor dem Gemälde reichsstädtischer Figuren steht, „deren Anblick ihn jedesmal mit unbegreiflicher Wehmut befing.“ (178) Auf Traugott wirkt mithin jene „Sehnsucht“, die der Erzähler dem Leser zuschreiben wollte. Diese nimmt nur zu angesichts eines besonderen Paares, das nicht als Bild beschrieben wird, sondern als existiere es wirklich:

> Ein ernster beinahe düsterer Mann mit schwarzem krausem Barte ritt in reichen Kleidern auf einem schwarzen Rosse, dessen Zügel ein wundersamer Jüngling führte, der in seiner Lockenfülle und zierlicher bunter Tracht beinahe weiblich anzusehen war: die Gestalt, das Gesicht des Mannes erregten dem Traugott innern Schauer, aber aus dem Gesichte des holden Jünglings strahlte ihm eine ganze Welt süßer Ahnungen entgegen. Niemals konnte er loskommen von dieser beider Anblick (178)

– so dass er, statt einen Aviso zu schreiben, „nur das wundersame Bild anschaute und gedankenlos mit der Feder auf dem Papier herumkritzelte.“ (179) Diese sentimentalische Initiation wird zwar einerseits ausgelöst durch den Blick auf eine malerische Darstellung des Vergangenen, doch andererseits erscheint Traugott prädestiniert bzw. kulturhistorisch präformiert für ein solches Empfinden, denn derjenige, der einen Aviso-Brief „mit einem kecken kalligraphischen Schnörkel beginnen“ will, erweist sich als würdiges Kind romantischer Zeit, in der die Arabeske als narratives Modell für eine mäandrierende, Rahmen- und Binnenerzählungen kunstvoll verschlingende Erzählweise 1817 bereits auf eine beträchtliche Tradition zurückblicken kann. Die Abkehr von den Torsionen der Arabeske und die Zuwendung zu einer sentimentalisch akzentuierten Kunstbetrachtung wurde indes bereits knapp zwanzig Jahre zuvor einmal reflektiert: Es war August Wilhelm Schlegel, der in seiner Flaxman-Rezension lobte, dass dessen

> Umrisse die bedeutsame *Keckheit* des ersten Gedankens mit der Sorgfalt und Zierlichkeit der ausgeführtesten Behandlung [vereinigen]. Er schreibt den menschlichen Körper [...] mit Sicherheit hin, ohne sich dabei, wie meistens die fertigen Schreiber, *Schnörkel* an den Buchstaben angewöhnt zu haben.[15]

15 August Wilhelm Schlegel: *Über Zeichnungen zu Gedichten und John Flaxman's Umrisse* (1799), Zitate 205 und 207 (vgl. Kap. 20; meine Hervorhebungen, C. K.). – In diesem Spiel mit den grundlegenden Schlegelschen Sätzen zur Umrisskunst

Hoffmanns „kecke[r]" Schreiberschnörkel stellt also erzählerisch selbst eine romantische Schleife dar: Die romantische Arabeske, die zunächst als scheinbar gängige zeitgenössische Praxis selbst eines angehenden Kaufmanns erscheint, offenbart zugleich dessen Disposition zum Künstler – freilich zu einem solchen, der sich von den Schnörkeln der Form ab- und den strengen „Umrissen" sentimentalischer Bedeutsamkeit zuwenden wird. Zudem deutet die hier aufscheinende ‚arabeske' Konditionierung des Blicks, dem die Torsionen der Einbildungskraft eingesetzt sind wie eine epochentypische Linse, bereits die Gefährdung an, die in der – der Arabeske eigenen – Verschlingung der Ebenen von Kunst und ‚Rahmen', der Realität, liegt. Hoffmann hat als ein überaus „fertiger Schreiber" mit diesem Schnörkel bereits einen Rahmen um seine Erzählung gezogen und ihn ihr zugleich *en miniature* und lediglich im schwebenden Gedankenmodus eingefügt.[16] Denn anstatt einen Schreiberschnörkel zu entwerfen, „[k]ritzelt" Traugott „gedankenlos mit der Feder auf dem Papier herum" – um plötzlich für eben diese Kritzeleien gelobt zu werden: „[E]s traf ihn wie ein Blitzstrahl", denn „er starrte hinein in das Gesicht des düstern Mannes, der vor ihm abgebildet", und „neben ihm stand der zarte wunderschöne Jüngling". Traugott steht daraufhin lange Zeit „wie zur starren Bildsäule geworden" (179), mithin in einer weiteren (metaphorischen) Umkehrung der Ebenen von Kunst und Leben: Wie der Bärtige aus dem Gemälde sich verlebendigt zu haben scheint (der „Blitzstrahl" als Requisit zeitgenössischer Elektrizitäts-Faszination steht mit für diese Verlebendigung), so versteinert Traugott bei seinem Anblick – und empfindet dabei (in einem weiteren narrativen „Schnörkel", der Rahmen- und Binnenerzählung verknüpft) wohl ähnlich, wie es Cyprian, der Erzähler des *Artushofes*, in der Rahmenhandlung über seine erste Begegnung mit dem Einsiedler Serapion berichtet hatte: Erregte doch dieser „leise Schauer" in ihm, wie man sie empfinde, „wenn das, was man nur auf Bildern sah oder nur aus Büchern kannte, plötzlich ins wirkliche Leben tritt." (24)

---

zeigt sich, dass die „Umrisse" im Zusammenhang der Hoffmanschen Erzählung mehr sind als ein bloßes verbales Requisit in einer Künstler-Novelle, das ebenso durch ‚Zeichnung' ersetzt werden könnte.

16 Vgl. Oesterle, *Romantische Urbanität*, 252, zum Wechsel von „Ornament, Schrift und Zahl" zu „Ornament, Schrift und Figur" im Hinblick auf den „Diskurswechsel" „von der Zahl zur Figur" im Sinne der Opposition von ökonomischer und künstlerischer Welt.

Unversehens kommt der auf den Aviso-Brief wartende Comptoir-Besitzer und tadelt Traugott,[17] weil dieser bei seiner vermeintlichen Kritzelei „in zierlichem kecken Umriss jene beiden wundersamen Figuren", die ihn so faszinierten, „gezeichnet" hatte. Einer der fremden Herren, die den Comptoir-Besitzer begleiten, lobt indessen Traugotts „mit fester Hand keck und sauber umrissene[] Figuren", in denen „wahrhaftig ein eigener Genius" zu erkennen sei. (180) Wie dem Leser unterstellt wurde, er möchte wohl gerne jene Figuren „ab[]konterfeien", so scheint es hier geschehen: Als habe Traugott eine lebendiges Gegenstück (Konterfei) geschaffen und in einem magischen Akt, indem er die Umrisse der Gestalten zog, diese[18] aus der Ebene der Kunst und von der Wand auf den Boden der Realität (der Erzählebene) *geschrieben.* Zum einen ist damit tatsächlich narrativ eingelöst, was in der legendenhaften Geburtsstunde der Kunst als Schattenriss uneinlösbar schien, und mehr noch: nicht nur die eingangs dem Leser ja anheimgestellte Fixierung des Vergänglichen, sondern sogar die wiederbelebende Rückholung des Vergangenen. In der phantastischen Erzählung allein könnte demnach die Kunst all ihre Magie – in der Einbildungskraft – entfalten. Zum andern aber erfolgt die Verlebendigung just in dem Moment, in dem der *disegno interno* im *disegno esterno* manifest wird, wobei allerdings das geistige Konzept im Sinne des „serapiontischen Prinzips" bereits als ein transformiertes Bild der Wirklichkeit zu verstehen ist, das ein solches Eigen*leben* gewonnen haben muss, dass es den Dichter zur „Darstellung" seiner selbst im „äußere[n] Leben" begeistern kann. Für Traugotts „Umrisse" im *Artushof* aber heißt dies, dass bereits die *Wirklichkeit,* die seiner inneren Schau als Muster dient, ein *Gemälde,* ein künstlerisch gestaltetes Bild einer noch dazu längst vergangenen Wirklichkeit ist. In diesem Zirkel enthusiastischer Verlebendigungs-„Sehnsucht" ist den Projektionen der Einbildungskraft die Perspektive bereits vorgegeben: Das Spiegelkabinett der Erzählung ist eröffnet.

Damit auch der Leser sich nicht von diesem ausgeschlossen fühlt, wird das „Umriss"-Konzept sogleich wieder auf der Erzählebene gespiegelt, indem der Erzähler über ein nun folgendes „Mittagsmahl"[19] bemerkt:

---

17 Die Ausdrücke, mit denen er ihn bedenkt – „Kinderstreiche" (179) und „Satanskind" (180) – ließen sich, zusammen mit dem Namen „Traugott", als Ironisierung der nazarenischen naiv-religiösen Malerei verstehen.

18 Der vermeintliche „Jüngling" erscheint kurze Zeit darauf an der Seite seines Vaters vor Traugott.

19 An diesem nehmen teil: Traugott, der Comptoir-Besitzer, dessen Tochter Christina (Traugotts Verlobte) und die zwei fremden Herren.

> Wohl könnte ich Dir, günstiger Leser! die fünf Personen, während sie bei Tische sitzen, bildlich vor Augen bringen, ich werde aber nur zu flüchtigen Umrissen gelangen, und zwar viel schlechteren als wie sie Traugott in dem ominösen Avisobriefe recht verwegen hinkritzelte, denn bald ist das Mahl geendet, und die wundersame Geschichte des wackern Traugott [...] reißt mich fort mit unwiderstehlicher Gewalt! (181)

Zum einen findet hier abermals ein ironisches Spiel mit der Zeitlichkeit von Kunst statt, indem suggeriert wird, während des Erzählens (als Umriss-Ziehen) entwickele sich die Handlung unabhängig von diesem uneinholbar weiter, ähnlich, wie zuvor dem Leser unterstellt wurde, er wolle wohl die Figuren des Wandgemäldes zeichnend bannen, bevor sie aus diesem verschwänden (wie aus der Zeitgeschichte). Zum andern jedoch dienen nun die „Umrisse" Traugotts als narratives Modell, das angesichts der forteilenden Handlung nonchalant nur skizzenhaft unterboten werden kann. Diese Sparsamkeit der umrisshaften narrativen Darstellung hat allerdings konsequent poetologischen Charakter, der abermals mit der Spannung zwischen sinnlicher Anschauung und innerer Schau à la Serapion operiert: So wird der Comptoir-Besitzer nicht nach seiner äußeren Gestalt beschrieben; vielmehr soll die ihm in den Mund gelegte Rede auch seine physische Erscheinung charakterisieren, wenn der Erzähler anstelle einer Beschreibung nur bemerkt: „[N]ach dem was er gesprochen, siehst Du jetzt schon den kleinen rundlichen Mann" (daran aber doch noch eine weitere Beschreibung des Äußeren, zumal der Kleidung, anschließt). Deutlicher wird die Programmatik im Falle Traugotts, dessen physisches Erscheinungsbild zu schildern der Erzähler ebenso wenig bereit zu sein vorgibt, denn, so rechtfertigt er sich, wenn wirklich „Gesinnung, Tun und Treiben aus dem Innern heraustretend, so die äußere Gestalt modeln und formen", dass sich eine „Harmonie des Ganzen" ergebe, die man „Charakter" nenne, werde dem Leser die Gestalt aus den „Worten" des Erzählers „von selbst recht lebendig" werden. (181 f.) Sonst könne der Leser schließlich ebenso gut sagen, er habe die Erzählung nicht gelesen.

Dem Serapiontischen Prinzip in produktionsästhetischer Hinsicht wird damit gleichsam ein rezeptionsästhetisches Serapiontisches Prinzip gegenübergestellt, das auf einer universalen Physiognomik beruht: Die „Umrisse" der „äußere[n] Gestalt", die der Erzähler *mit beschreibenden Worten* nur *flüchtig* skizzieren kann, sollen sich in einer inneren Schau vor dem Leser sogar plastisch ausgeprägt „modeln und formen", um sodann in ihm ebenso „recht lebendig" zu werden, wie sie es bei ihrer Schöpfung zuvor im Geiste des Dichters gewesen sein müssen, um ihn allererst zu ihrer Darstellung im „äußere[n] Leben" zu begeistern. Diese Poetik der Personenschilderung nach dem Äußeren als implizite Darstellung ihres Ethos, die zu den zeichnerischen Umrissen in Bezug gesetzt wird, stellt eine der wenigen ausdrücklichen Reflexionen über die spezifische Beschaffenheit narrativer „Umrisse" überhaupt dar. Es ist dies vielleicht bereits 1817 symptomatisch für die Entwicklung, die Ernst Osterkamp am Beispiel von Gottfried Kellers *Grünem Heinrich* für die Literatur des Realismus um 1850 konstatiert hat: Die Innovations- und damit auch Reflexionspotentiale gehen von der Bildenden Kunst auf die Literatur über (vgl. Kap. 24).

Der erste Funke künstlerischer Erweckung wird in Traugott weiter angefacht, als er eine eigene Kinderzeichnung aus „seiner frühern Knabenzeit" findet, auf der

> in freilich verzerrten, jedoch sehr kenntlichen Umrissen, jener alte Bürgermeister mit dem schönen Pagen abgebildet war, und er erinnerte sich recht gut, daß schon damals jene Figuren seltsam auf ihn wirkten, und er einst in der Abenddämmerung wie von einer unwiderstehlichen Gewalt vom Knabenspiele fort in den Artushof gelockt wurde, wo er emsig sich bemühte, das Bild abzuzeichnen. – Traugott wurde, diese Zeichnung anschauend, von der tiefsten wehmütigsten Sehnsucht befangen! (186)

Abermals werden so die Umrisse bedeutsam aufgeladen, indem sie nun als ‚Spur' der Erinnerung an die vergangene und vergessene eigene Kindheit fungieren und damit ein weiteres Refugium des Sentimentalischen evozieren. Darüber hinaus bleibt, da Traugott schon als Knabe die besagten Figuren abgezeichnet hat, offen, ob nicht dieser Reflex aus dem Paradies der kindlichen Einbildungskraft in einem prädisponierten Gemüt dazu beigetragen hat, Jahre später eine Ähnlichkeit zwischen lebenden Gestalten und jenen im Gemälde zu projizieren. Zugleich impliziert die kindliche Umriss-Zeichnung Traugotts eine weitere Verknüpfung (und Verwirrung) mehrerer Zeitebenen, wie im Handlungsverlauf deutlich wird: Denn eben diese beiden Figuren, der bärtige Alte und der Jüngling, tauchen in der Börse auf, wo Traugott Zeuge wird, wie sie notgedrungen einen ungemein schlechten Handel frühzeitig einlösen, obwohl er ihnen zum Abwarten rät. Allen Anwesenden erscheinen die merkwürdigen Gestalten wie Figuren aus einer anderen, längst vergangenen Zeit; der Buchhalter bemerkt mit Schaudern, der bärtige Alte habe „mit seinem krausen Barte und dem schwarzen Mantel" ausgesehen „wie ein altes Bild de Anno 1400 in der Pfarrkirche zu St. Johannis!" (189) Es ist allerdings signifikant, dass keiner der Anwesenden im Artushof die von Traugott beobachtete Ähnlichkeit zu den *dort* dargestellten Figuren bemerkt.

Einige Tage später trifft Traugott den Alten und den Jüngling im Artushof wieder, beide stehen pittoresk „dicht vor den beiden gemalten Figuren" (189), und Traugott spricht sie direkt auf die „große[] Ähnlichkeit" an. Suggestiv vertraulich eröffnet ihm der Alte, er sei „der deutsche Maler Godofredus Berklinger" und habe „die Figuren [...] vor sehr langer Zeit, als [er] noch ein Schüler der Kunst war, selbst [gemalt]." Traugott „merkte aber wohl bald, daß der Alte, der sich für den Meister der mehr als zweihundert Jahre alten Gemälde hielt, von einem besondern Wahnwitze befangen sein müsse" (190). Damit stellt Berklinger das Korrelat der bildenden Kunst zu dem Serapion der Rahmenhandlung als Exempelfigur der ungezügelten dichterischen Begeisterung dar; beider innerlich geschaute Welt hat den Blick von der ‚Realität' abgezogen. Ebenso findet auch die zeitliche Konfusion Berklingers ihre Entsprechung im Wahnsinn Serapions, der Cyprian darauf hingewiesen hatte, dass „die Zeit ein eben so relativer Begriff wie die Zahl" sei. (31) Alle folgenden rationalen Erklärungen für die Ähnlichkeit der lebendigen Gestalten mit ihren zweihundertjährigen Vorbildern im Wandgemälde bleiben bis zuletzt widersprüchlich, besonders das Mysterium, wie denn Berklinger bereits in seiner eigenen Jugend seinen „Sohn" als eben den „Jüngling" gezeichnet haben will, der dieser noch heute ist, und den auch Traugott bereits in *seiner* „Kindheit" neben dem Alten abzeichnen konnte.

Beim Besuch im Atelier des Malers zeigt Berklinger Traugott sein aktuelles Werk, „das wiedergewonnene Paradies" darstellend und als „Gegenstück" zu einem früheren Werk mit der Darstellung des „verlorene[n] Paradies[es]" (191) angelegt.[20] Er mahnt Traugott, bloß keine „Allegorie herausklügeln" zu wollen, denn sein „Bild soll nicht *bedeuten*, sondern *sein*." Mit diesem Anspruch, der in genauem Gegensatz zu dem Programm der romantischen Malerei zu stehen scheint, wie es Friedrich Schlegel mit seiner stetigen Beschwörung der ‚Bedeutsamkeit' in den Gemäldebeschreibungen entworfen hatte, trifft er gerade in seinem Verfehlen genau den Kern der triadischen Utopie, die in dem Konzept des verlorenen Paradieses der Naivität und seiner Wiedergewinnung in der Kunst und durch die Kunst geborgen ist.[21] Sentimentalische Kunst *kann*

20 Reinhold Grimm (*Zwei InterTEXTetüden: Zu E. T. A. Hoffmanns ‚Der Artushof' und H. Bölls ‚Wanderer, kommst du nach Spa ...'*, in: Wirkendes Wort 51 2001, H. 3, 352–361) verweist auf mögliche literarische Vorlagen für die im *Artushof* angedeuteten Darstellungen (*Artus*-Stoff, *Nibelungen*, *Paradise Lost* etc.), ohne jedoch auf Funktion oder Bedeutung für die Erzählung einzugehen.

21 Vgl. dazu auch den Kommentar, 1320.

nicht wieder naiv werden, sondern muss immerzu die eigene Sentimentalität – auch formal – reflektieren und diese, wenn auch unfreiwillig, *mitbedeuten.*

In der Betrachtung seines Gemäldes, die sich mit „wunderbaren Gestalten, die aus Lilienkelchen steigend sich in die Reigen himmlisch schöner Jünglinge und Mädchen verschlangen", (191) wie eine Beschreibung von Runges Bilderfindungen liest, oder wohl eher in der inneren Schau dessen, was seiner Einbildungskraft vorschwebt, steigert Berklinger[22] sich zunehmend in künstlerischen Enthusiasmus hinein, in dem er zu Gestalten seiner Einbildungskraft spricht und schließlich, wie in einer Rücknahme des initiierenden Blitzschlags bei seiner ‚Vivifizierung', „wie vom Blitze getroffen zusammen[sinkt]". (192) Der Jüngling berichtet Traugott daraufhin über den zerrütteten Geisteszustand seines Vaters, der „ganze Tage hindurch vor der aufgespannten grundierten Leinwand" sitze, „den starren Blick darauf geheftet; das nennt er malen, und in welchen exaltierten Zustande ihn dann die Beschreibung eines solchen Gemäldes versetzt" (192), habe er ja gerade erlebt. Abgesehen von der Ironisierung romantischer Kunstliteratur, die in der Bemerkung über den autopoietischen, durch eine verbale Wiedergabe des eigenen Kunstwerks generierten Enthusiasmus aufscheint, wird hiermit die Grenzüberschreitung benannt, die den Künstler, der in der inneren Schau auch sein Selbst gänzlich zu einem Teil der inneren Welt der Kunst werden lässt und die Verbindung zum Leben verliert, zwar zum vollkommenen Künstler der „Schau" werden lässt, aber ihm keine Darstellung im „äußere[n] Leben", wie es im serapiontischen Prinzip gefordert wird, mehr gestattet. Berklingers künstliches Paradies bleibt für alle anderen ein ewiges *chef-d'œuvre inconnu.* Verhängnisvoll bekannt hingegen wird Traugott, den der Jüngling vor ältere Gemälde seines Vaters führt, mit einem Bild, das eine „wunderliebliche Jungfrau in altteutscher Tracht, aber ganz [mit dem] Gesicht des Jünglings" (192 f.) zeigt. Dieses Gemälde reißt Traugott in Verzückung dahin, und er erkennt darin „in wahnsinniger Lust" die „Geliebte [s]einer Seele, die [er] so lange im Herzen trug" und „nur in Ahnungen erkannte!"[23] (193) Der Jüngling eröffnet ihm tiefbewegt, es handle sich um seine Schwester Felizitas, die auf immer verloren sei.

22 Der natürlich seinen Namen in Anlehnung an einen Protagonisten aus dem Gründungsdokument der frühromantischen Kunstreligion, Wackenroders *Herzensergießungen*, trägt. Vgl. dazu den Kommentar, 1319.

23 Auch hierin zeigt sich die Prädisposition Traugotts, die vielleicht das phantasmagorische Spiel zwischen Kunst und Leben erst in Gang setzt.

Traugott, der schließlich Schüler des alten Berklinger wird, das Bild aber nimmer wiedersieht, fühlt sich in Gegenwart des Jünglings häufig, „als stehe lichthell das geliebte Bild neben ihm“ (195), bis er eines Abends unversehens in eine Kammer tritt, in der „eine weibliche Gestalt, altteutsch gekleidet mit hohem Spitzenkragen, ganz der auf dem Gemälde gleich“, sitzt und auf der Laute spielt. Es handelt sich natürlich um Felizitas, das „geliebte[] Himmelsbild[]“ (195), doch der alte Maler stürzt herein und vertreibt, mit einem Messer drohend, den jungen Traugott. Am nächsten Morgen ist die Wohnung verlassen und geräumt; schließlich erfährt Traugott, dass Berklinger „nun mit seiner Tochter schon seit geraumer Zeit ruhig in Sorrent“ lebe, denn „[h]alb Danzig“ habe gewusst, dass der Jüngling ein Mädchen war; dem Maler war prophezeit worden, ein „Liebesbund“ seiner Tochter würde ihm einen „schmählichen Tod[]“ bereiten, so dass er sie stets als Jungen verkleidet hatte (198). Für Traugott gilt nun die Losung: „Ihr nach in das Land der Kunst“, denn er „erkenne den Wink des Schicksals“ (199) – der eher ein Wink der eigenen Prädisposition und der epochentypischen Konditionierung von Künstlertum ist –, und so zieht er nach Italien, doch zunächst gar nicht so eilig nach Sorrent, wie „es die Sehnsucht, Felizitas wieder zu finden“, hätte fordern sollen (200). Stattdessen nehmen ihn in Rom „die deutschen Künstler auf in den Kreis ihrer Studien“ – übrigens zwei Jahre, bevor diese durch den desillusionierenden Besuch des Kaisers in ihrer Ausstellung in tiefe Frustration gestürzt und mit Spott und Hohn für ihre ‚altteutschen‘ Röcke wie für ihren sentimentalischen Stil bedacht wurden (vgl. Kap. 21).

Die reale Felizitas ist verschwunden, doch die Sehnsucht nach ihr war „milder […] geworden, sie gestaltete sich im Innern, wie ein wonnevoller Traum, dessen duftiger Schimmer sein ganzes Leben umfloß“ (200). Konsequent trägt demnach „[j]ede weibliche Gestalt“, die Traugott schafft, „die Züge der holden Felizitas“: Sie ist zum geistigen Konzept, zum Ideal interiorisiert – und enthusiasmiert die Künstler um Traugott, die ausschwärmen, um das Urbild zu finden. Man wird fündig in der Tochter eines „armen alten Malers […], der eben jetzt die Wände der Kirche Trinita del Monte anstreiche“ (200 f.). Und wirklich meint Traugott „in dem Maler […] auf einem sehr hohen Gerüste […] den alten Berklinger zu erkennen“ – was sich kurz darauf jedoch als Täuschung erweist, hervorgerufen durch einen „trügerische[n] Schlagschatten“ (201), in dem nun einmal *der* Inbegriff der Umrisszeichnung, der „Schlagschatten“, als Medium der Illusion demaskiert wird. Alle eilen zur Wohnung des vermeintlichen Berklinger, wo sie „Felizitas“ vorfinden, als welche Traugott die Tochter des Malers anspricht – und „[s]ie hatte die Züge der Felizitas, sie war es aber nicht." Es ist eine „Dorina", die dennoch Traugott tief anrührt: „Sie war in der Tat beinahe Felizitas selbst, nur schienen ihm die Züge stärker, bestimmter, so wie das Haar dunkler. Es war dasselbe Bild von Raphael und von Rubens gemalt" (201), also gewissermaßen die lebendig gewordenen Figuren der epochentypischen Italiensehnsucht: Germania und Italia. Traugott setzt zwar auch hier sein Kunst und Leben vermischendes Verwirrspiel fort, indem er Dorina als Gemälde Raffaels wahrnimmt, doch ist ihm bewusst, dass diese Dame aus Fleisch und Blut ist, im Gegensatz zu seinem *Bild* von Felizitas:

> Auf wunderbare Weise konnte er sich den Besitz der entschwundenen Geliebten als Frau nicht wohl denken. Felizitas stellte sich ihm dar als ein geistig Bild, das er nie verlieren, nie gewinnen könne. Ewiges geistiges Inwohnen der Geliebten – niemals physisches Haben und Besitzen. (202)

Da er jedoch noch nicht den notwendigen Schnitt zwischen Kunst und Leben, dem Ideal seiner inneren Vorstellung und dem Gegenstand seiner ‚weltlichen' Liebe, zu vollziehen vermag, reagiert er auf die Heiratspläne, die Dorinas Vater hegt, mit Flucht – die ihn nunmehr auch nach Sorrent führt, wo er ja einst Felizitas wähnte, wo er jedoch nicht mehr als eine „Sage" zu Ohren bekommt, „daß ein alter deutscher Maler sich vor mehreren Jahren in Sorrent blicken lassen" (203). Die auf Künstlerlegenden à la Vasari so versessenen romantischen deutschen Maler sind mittlerweile selbst zum Gegenstand der „Sage" geworden, und Hoffmanns Erzählung spielt virtuos mit diesem Zirkel, der jenem gleicht, in dem die historistisch gewandeten ‚Altteutschen' ebenso als Wiedergänger aus reichsstädtischen Tagen erscheinen wie auch deren Darstellung erst im Lichte des historistischen Wiederauflebens enstanden sein könnte. Traugott indessen denkt auf seiner Suche, so sehr er auch seine ‚Raffael'-Frau vermisst, „[b]eim Malen [...] niemals an Dorina, wohl aber an Felizitas, die blieb sein stetes Ideal." (203) Schließlich muss er aus geschäftlichen Gründen nach Danzig zurückreisen, und wo, wenn nicht im Artushof, unter den Augen der verhängnisvollen Gestalten an der Wand, sollte es sein, dass Traugott von einem Makler eröffnet wird, dass er gänzlich in die Irre geleitet war, indem er nach Italien zog, um Felizitas zu finden, denn bei dem „Sorrent", in dem sich diese all die Zeit über aufgehalten habe, handle es sich um ein „kleines Landhaus dicht am Fuß des Karlsberges, im Tannenwäldchen", das dem „Herr[n] Aloysius Brandstetter", dem „verehrte[n] Ratsherr[n] und Gildeälteste[n]" gehöre. Dieser habe Berklingers Werke gekauft und den Maler samt Tochter ins Haus – nach „Sorrent" – genommen, wo Traugott „in den Garten hineinschauen und die Mamsell

Felizitas in wunderlichen altdeutschen Weiberkleidern, wie auf seinen Bildern dort", hätte „herumwandeln sehn können" (204). Traugott jedoch hatte den Blick mitnichten in die Gärten dieser Welt gerichtet, sondern auf die Schau des hohen Ideals in seinem Innern konzentriert. Dort lebte eine sublimierte Felizitas ihr ideelles Eigenleben und stand nicht in „altdeutschen Weiberkleidern" in „wunderliche[m]" Kontrast zur Gegenwart – und hat auch nicht die biedere Wandlung zur nunmehr zweimal verheirateten „Frau Kriminalrätin" mitgemacht, als welche die reale Felizitas bereits „diverse Kinder in Cours gesetzt haben" (205) soll, wie Traugott nunmehr zu seinem „Entsetzen" erfährt. Doch folgt bald die Einsicht, dass sein „getrübter Blick [...] nicht das höhere Wesen" erkannt habe, das er in Felizitas sah und liebte, denn „vermessen" habe er gewähnt, „das, was vom alten Meister geschaffen, wunderbar zum Leben erwacht auf [ihn] zutrat, sei [s]eines Gleichen, und [er] könne es herabziehen in die klägliche Existenz des irdischen Augenblicks." (205 f.) Und so mündet sein Ausruf in die Erkenntnis: „Nein, nein, Felizitas, nie habe ich Dich verloren, du bleibst mein immerdar, denn du selbst bist ja die schaffende Kunst, die in mir lebt. Nun – nun erst habe ich Dich erkannt." (206) Die Konsequenz, mit der die Erzählung endet, ist Traugotts Entschluss, sogleich nach Rom abzureisen und Dorina zu heiraten, der nun sein ungeteiltes Empfinden gilt, nachdem er zu der Erkenntnis gelangt ist, dass die Sphären von Kunst und Leben zu trennen sind und der Künstler in einer Vermischung der Sphären nur ewig einer Illusion nachjage, die Projektion der eignen inneren Disposition bleibt und ihn auf immer narrt und zum Scheitern verurteilt. Erst, indem er Felizitas als inneres Bild (in all seiner mysteriösen zyklischen Genese zwischen Kunst und Leben) erkennt und akzeptiert, dass ein solches Idealisches niemals besessen werden kann,[24] wird er lebens- und liebensfähig; er hat die Gefährdung eines Serapion oder Berklinger überwunden, indem er die „Duplizität" von innerer Schau, der Sphäre der Kunst, und äußerem Leben in ihrer spannungsvollen Ambivalenz ausbalanciert.

Nun bedarf es kaum des Hinweises auf die „tiefe Ironie" besonders des Schlussstücks, die auch sogleich von den Serapionsbrüdern unmittelbar hervorgehoben wird (206), um vor allem die Ironisierung des deutschen Künstlertums in seiner Italiensehnsucht zu bemerken. Wie die ‚altteutsche' Mode die Gestalten in ihrer Gegenwart als historisch erscheinen lässt und ein Verwirrspiel zwischen Kunst und Leben, Vergangenheit und Moderne in Bewegung setzt, so verhält es sich auch mit dem Sehnsuchtsort Italien: Der Name „Sorrent" veranlasst einen angehenden Künstler, der aufgrund

24 Vgl. dazu auch den Kommentar, 1319 f.

seiner epochentypischen Konditionierung gar nicht anders kann, dazu, unverzüglich nach Italien zu stürmen, um seinem Ideal nachzujagen, das er noch nicht als solches erkannt hat – in der prosaischen Wirklichkeit des Danziger Bürgertums bietet aber „Sorrent“ als vorstädtisches Landhaus eines Ratsherrn der gänzlich unidealischen künftigen Frau Kriminalrätin Obdach.

Eine kleine Wendung gegen zeitgenössische Kunsttendenzen mag man auch darin erkennen, dass Traugott als *Ideal* zwar die ‚Germania‘ Felizitas im Sinne hat und ihrer auch in Italien nicht entsagt, die in ihrer „altdeutschen“ Tracht mit „Spitzenkragen“ ganz den Forderungen Friedrich Schlegels nach einer ‚lokalen‘ und ‚nationalen‘ Kunst entspricht, dass diese jedoch ausdrücklich mit einem *Rubens*-Gemälde verglichen wird, dessen Stil nun allem anderen als dem frühromantischen Ideal beispielsweise eines Perugino entspricht. Dass Rubens wohl zuletzt in Heinses Düsseldorfer Gemäldebriefen 1774 als Gegenbild zum strengen Klassizismus euphorisch gefeiert wurde, lässt Hoffmanns Rubens-Ideal als eine bemerkenswerte Perspektive erscheinen, die die klassizistischen Wurzeln der *formalen* Strenge deutschrömischer Malerei offenlegt und dagegen den üppigen Stil eines Rubens in Position bringt. Deutlicher könnte die gelungene Trennung von Kunst und Leben nicht inszeniert werden als in einem deutschen Maler, der mit einer idealischen Rubens-Frau im Künstlersinn nach Rom zieht, um dort die Raffael-Inkorporation Dorina, deren „Züge stärker, bestimmter“, also linear sind und dem romantischen Ideal der ‚bestimmten Umrisse‘ weitaus eher entsprechen als die Rubens-Formen, zum ganz realen „liebe[n] Weib“ zu nehmen. Das hehre Ideal aller deutschrömischen Raffael-Jünger, das wohl stets einer Madonna oder Fornarina zum Verwechseln ähnlich sieht, ist für Traugott zum ganz irdischen „Weib“ geworden, *sein* Ideal aber entpuppt sich eben doch als „Frau Kriminalrätin“. In Hoffmanns Spiegelkabinett muss es unentschieden bleiben, ob damit die absolute Ironisierung des Deutschrömertums impliziert ist oder ob Traugott sich im Gegenteil gänzlich im Netzwerk seiner Epochenkonditionierungen verloren hat.

Inmitten dieses Spiegelkabinetts von naiver und sentimentalischer Malerei, zwischen den Sphären von Kunst und Leben, Vergangenheit und Gegenwart, sind es die *Umrisse*, die den Spiegel zum Wunderland der sentimentalischen Kunst darstellen, der in dem Moment durchschritten wird, in dem Traugott die Gestalten des Wandgemäldes im Umriss fixiert.[25]

25 Die Bedeutung von Umrissen in der Erzählung wurde bisher nicht beachtet; auch die semiotische Untersuchung von Mitsunori Owari (*Versteckspiel des Zeichens: Zu*

Umrisse bilden im *Artushof* die Spiegelachse und die ewig trennende und dennoch verknüpfende Grenze zwischen innerer Schau und äußerem Leben, Vergangenheit und Gegenwart, und zugleich dienen sie, indem sie als bevorzugtes Kunstmittel der deutsch-römischen Malerei in all ihrer Sentimentalität als symbolische ‚Figur' dieser Kunstströmung erscheinen, zur Ironisierung einer Kunst, deren Protagonisten zeitweise den ‚altteutschen Rock' tragen und also tatsächlich gerade unter den Malern wandelnde Kunstgestalten produzieren, die wie aus den eigenen Gemälden entsprungen scheinen, und deren Perspektive so universal sentimentalisch konditioniert ist, dass sie sich bereitwillig Illusionen einer mysteriösen Konvergenz von Kunst und Leben hingeben, in der die Kluft der Zeiten nach dem triadischen Modell einer Wiedergewinnung des Paradieses durch die Mittel der Kunst übersprungen werden kann. Zudem erscheinen die Umrisse als – vielleicht aufschlussreiche, da Traugotts Projektionen erklärende – äußerlich sichtbare Erinnerungs‚spur' aus seiner Kindheit, die auch für das verlorene ‚naive' Paradies der Kindheit der Kunst steht, als welches die altdeutsche bzw. altitalienische Malerei den Romantikern galt. Darüber hinaus werden die zeichnerischen Umrisse vom Erzähler Cyprian als narrative Reflexionsfigur gestaltet, um einerseits die Temporalität – d. h. Linearität – des Erzählens (während dessen die Handlung ihn ‚überholen' könnte, wenn er versuchte, sie in erzählerischen Umrissen zu bannen) gegen die sinnliche *Wirkung* einer Umrisszeichnung abzugrenzen, und andererseits, um die spezifischen Möglichkeiten literarischer Gestalten‚konturierung' durch deren eigene Rede und ihr in der Handlung sich abzeichnendes Ethos hervorzuheben. Damit deutet diese narratologische Reflexion der Umrisse bereits den Medienwechsel der kommenden Jahrhundertmitte an, in der sich die künstlerischen Innovationspotentiale von der Bildenden Kunst auf die Literatur verschieben. Endgültiger und ungleich melancholischer wird dies gut drei Jahrzehnte später in Gottfried Kellers *Grünem Heinrich* evident.

E. T. A. Hoffmanns „Der Artushof", in: E.-T.-A.-Hoffmann-Jahrbuch 12 2004, 52–67), geht nicht auf ‚Umrisse' als Zeichen ein. Gunther Pix (*Der Variationskünstler E. T. A. Hoffmann und seine Erzählung ‚Der Artushof'*, in: Mitteilungen der E.-T.-A.-Hoffmann-Gesellschaft [Bamberg] 35 1989, 4–20) betrachtet hauptsächlich werkinterne Parallelen in Hoffmanns Erzählungen; auf die Nazarener weist er kurz hin, geht aber nicht auf die Relevanz des Umrisses als Darstellungsmedium und Reflexionsfigur ein (18). Auch Beck geht nicht auf die Umrissthematik im *Artushof* ein, vgl. Beck, *Geselliges Erzählen*, 434.

23. Retrospektiven auf den Umriss in August Kestners *Römischen Studien* (1850)

August Kestner lebte lange Jahre in Rom, u.a. war er von 1817 an als Legationssekretär der hannoverschen Gesandtschaft zum „Abschluss eine Konkordats mit der Kurie" in der Ewigen Stadt, wo er regen Umgang mit den deutschen Künstlern vor Ort pflegte,[1] unter ihnen die Brüder Riepenhausen, Peter Cornelius und Friedrich Overbeck. Im Jahr 1850 erschienen in Berlin seine *Römischen Studien.*[2] Unter den dort versammelten Texten findet sich eine Studie mit dem Titel *Historischer Styl*, deren Reflexionen über die Umrisskategorie in mehrererlei Hinsicht bemerkenswert sind. Sie markieren, beinahe schon retrospektiv, den Schlusspunkt derjenigen Konzeption des Umrisstils, wie sie die frühromantische Wertschätzung der Flaxmanschen Werke propagiert hatte, und leiten über zu dem deutlichen Epigonalitätsbewusstsein, zu dessen Reflexionsmedium Umrissphänomene in Gottfried Kellers Grünem Heinrich ausgestaltet werden, und zwar 1854/55 gerade mit Blick auf die Malerei der Nazarener, in deren Umfeld Kestner viele Jahre verbracht hatte.[3]

---

1 Vgl. Marie Jorns: *August Kestner und seine Zeit. 1777–1853. Das glückliche Leben des Diplomaten, Kunstsammlers und Mäzens in Hannover und Rom. Aus Briefen und Tagebüchern zusammengestellt von Marie Jorns.* Hannover 1986, V und 99. Zu den *Römischen Studien* vgl. die knappen Bemerkungen ebd., 426–428. Vgl. auch Hans-Georg Aschoff: *August Kestner und die deutsche ‚Kolonie' in Rom*, in: *Auf den Spuren von August Kestner* [Ausstellungskatalog], hg. v. Kestner-Museum Hannover u.a. Überarbeitete Aufl. Hannover 2004, 12–15.

2 August Kestner: *Römische Studien.* Berlin 1850.

3 Zu seiner durchaus kritischen Haltung gegenüber manchen Ansichten und Lebensgewohnheiten bei aller Wertschätzung ihrer Kunst vgl. die zahlreichen brieflichen Dokumente bei Jorns, beispielsweise den Brief an seine Schwester Lotte vom 26. März 1817, in dem er über seine Wiederbegegnung mit Overbeck berichtet: „Leider nur ist die Bigotterie in ihn gefahren. Er ist, wie manche andere junge Leute, katholisch geworden und dieses mit solcher Strenge, dass er auf das Intoleranteste jeden verwirft, der es nicht ist". Am 13. August berichtet Kestner weiter, Overbeck sei „sehr spröde gegen" ihn, und er sehe ihn „fast nie", wie er annimmt, weil er „Protestant" sei (Jorns, 104).

23.1 Kestners Hierarchie geschwisterlicher Darstellungsprinzipien: Der „Umriß, der denkende und anordnende Bruder"

Kestner äußert sich an mehreren Stellen seiner *Römischen Studien* programmatisch über Umrisse; entsprechende Bemerkungen finden sich auch im Passus *Von der Farbe.* Kestner zeigt sich, in begrenztem Maße, um einen Ausgleich der Prinzipien von Zeichnung und Farbe bemüht; er stützt sich in seiner Argumentation auf eine ausgesprochen originell ausgestaltete Genealogiebildung, die ihren Ursprung in Vasaris Definition vom *disegno* als Vater der Künste einerseits und der topischen Rede von den Schwesterkünsten Literatur (als dem stärker geistig akzentuierten Prinzip) und der Malerei (als der auf die Sinne wirkenden Kunst) andererseits hat. Zunächst betont Kestner den Primat der geistigen Komponente:

> Zeichnung und Farbe sind Geschwister: der Umriß, der denkende und anordnende Bruder, die Farbe, seine anmuthige, phantastische Schwester, schmückend seine Gedanken und Werke. Die Zeichnung hat Geltung allein, die Farbe [...] findet nur in ihr einen Anlaß des Lebens.

Wie bei Fernow kehrt hier die (unter ‚gender'-Aspekten wohl diskussionsbedürftige) Geschlechter-Stereotypie wieder, der die feste Form als kraftvoll und geistig und damit genuin männlich gilt, die vermeintlich unbestimmt-sinnliche Farbigkeit aber (wie bei Fernow die verschwommene Darstellungsweise, die mit Farbverläufen statt Umrissen operiert, vgl. Kap. 19) als schwach, untergeordnet und damit typisch weiblich. Doch ermannt sich Kestners Allegorie der Schwester Farbe und wird unerwartet zu einer der starken Frauengestalten, denen im 19. Jahrhundert die Männer in Literatur und Kunst so zahlreich willfahren: Denn die Farbe als „Schwester des Umrisses", so argumentiert Kestner, dürfe die Betrachter „in ihre weiblich=träumende Unbestimmtheit fortziehen":

> Der Bruder selbst ist willig etwas aufzugeben von seinen männlichen Rechten, er giebt nach, und wie kann er anders; denn *sie* sagt zu ihm: ‚ich habe Dich zum Auffressen lieb'. Männer also fügen sich den Ansprüchen der sie geistig anduftenden weiblichen Macht, das Wirkliche durch Geträumtes zu verdrängen.[4]

Dieses eigenartige geschwisterliche Verführungs- und Verschlingungsszenario, in dem in der Allegorie der Formaufweichung ein „geistig[es]

---

4 Ebd., „*Von der Farbe*", Zitate 181 und 183. Dieses Nachgeben sei jedoch nur dann angemessen, wenn dieses Opfer als Mittel zum Gewinn des Schönen diene.

[A]nduften[]" die feste Form in den Modus des sinnlichen *sfumato* überführt, wird von Kestner zudem in einen kulturhistorischen Zusammenhang im Vergleich der Alten und der Moderne gestellt. Er bemerkt, über antike Maler sei nichts Ähnliches bekannt,[5] und dies erscheint ihm als charakteristisch, „weil ihre Phantasie mehr gestaltete als träumte" (184). Von dieser Prämisse ausgehend entwirft er eine Genealogie der Künste, derzufolge die moderne Plastik aus der Malerei hervorgegangen sei, die antike Malerei aber umgekehrt aus der Plastik. Die vieldiskutierte Frage nach dem absoluten Ursprung der Kunst in der einen oder anderen Kunstform wird bei ihm somit durch den historisierend differenzierenden Blick auf unterschiedliche Epochen ersetzt.

Kestner spiegelt also das Spannungsverhältnis von antiker und moderner Kunst in der Konstellation der Gestaltungsmedien Form (Umriss) und Farbe, die ihm als Indices für eine überwiegend träumerische Phantasie – die nördlich-romantische – oder für einen kräftig gestalterischen Wirklichkeitssinn gelten, die jeweils wiederum als konstitutiv für Malerei oder Plastik gesehen werden. Kestners Schema der Künste beruht damit auf den Gegensätzen von *träumender Phantasie – Farbe (weiblich) – nur als Schmuck berechtigter Erscheinung – Malerei – Moderne* auf der einen Seite und *gestalterischem Wirklichkeitssinn – Form (Umriss; männlich) – „denkend"/Bedeutung in sich – Plastik – Antike* auf der anderen. Markant ist dabei Kestners implizit (und zwar kritiklos und keineswegs abwertend) vorgenommene Apostrophierung der modernen Kunst als weiblich und dekorativ – umso mehr, als seine Studien, 1850 erschienen, dagegen doch historische Gegenstände als die würdigsten propagieren, da die historische Gattung am stärksten ideell konditioniert sei und dementsprechend den deutlichsten Ausdruck dieser Idee und zwar mittels scharfer Umrisse verlange. In diesem Sinne bemerkt er auch in dem Passus *Von der Farbe:* „die Würde der Idee ist das Gewissen der Hand, und befiehlt dem Künstler [...] ihr klares Erscheinen durch den erkennbarsten Umriß" (180).

5 Kestner scheinen demnach Deutungen unbekannt gewesen zu sein, die – wie Hagedorn – in Plinius' Lob für Parrhasius eine Beschreibung verschwommener Umrisse erkannten.

23.2 Kestners Hierarchie der Gattungen: Die umrissene Bestimmtheit der Idee im „Historische[n] Styl“

Entsprechend der nazarenischen Wertschätzung der scharfen Umrisse verteidigt auch Kestner gleich zu Begin seiner Studie zum *Historischen Styl* die „harte[n]“ Umrisse, er sieht deren „scharfe Bezeichnung“ als die „nothwendige Grundlage der Bestimmtheit, welche die höhere Kunst verlangt“ (150). Gemäß einer Gattungshierarchie, in der die Historienmalerei den obersten Rang einnimmt, sieht er somit die Schärfe der Umrisse als gattungsabhängiges Stilmerkmal: „Der Umriß ist die Begrenzung der Idee des Künstlers. Hieraus folgt, daß, je erheblicher und schöner eine Idee, desto wichtiger ist es, daß sie aufs Bestimmteste erkannt und demgemäß behandelt werde.“ (150)

Bevor jedoch der zentrale Abschnitt genauer betrachtet wird, ist kurz die Positionierung dieses Passus in Kestners Buch hervorzuheben: Der Abschnitt *Historischer Styl* findet sich in der größeren Studie über *Cornelius und Overbeck.* Diese wiederum stellt jedoch in wesentlichen Teilen eine Auseinandersetzung mit der Kunstauffassung Goethes dar und versucht, Werke und Stil der im Titel genannten Künstler zu legitimieren – und zwar vor dem Hintergrund der harschen Ablehnung, die die „neudeutsche religios-patriotische“ Kunst durch die Weimarischen Kunstfreunde in *Über Kunst und Alterthum* erfahren hatte. Eben dort war auch 1819 die *Recension* einer – anonym publizierten – Schrift *Über die Nachahmung* erschienen, welche sich 1818 in moderatem, aber bestimmtem Gestus gegen die Auffassungen der Weimarischen Kunstfreunde gewandt hatte.[6] Die Rezension der Weimarischen Kunstfreunde lobt den Verfasser der Schrift für seinen Kunstverstand und einige neuartige Ansichten, insgesamt erfährt er jedoch Tadel für sein Anliegen, den Stil der „neudeutsch[] religios-patriotischen“ Künstler zu rechtfertigen.[7] Bei diesem Verfasser handelte es sich um Kestner selbst, was er aber nicht explizit erwähnt. Wie schon bei einem anderen, damals aber Epoche machenden Werk *Über die Nachahmung* 60 Jahre zuvor, dessen Rezeptionsgeschichte der Verfasser anonym in *Erläuterungen* und einem *Sendschreiben* in Gang brachte, springt nun auch

6 Vgl. Jorns, *August Kestner und seine Zeit*, 482: „‚Geschrieben zu Rom im Oktober 1817.‘ Anonym in Frankfurt am Main bei Franz Varrentrapp 1818 erschienen.“

7 Zu Kestners aufwendigen Vorbereitungen der Schrift, an der ihm sehr gelegen war, vgl. den Brief an seine Schwester Lotte (19. September bis 22. Oktober 1817; „Gott möge mir nur Kraft verleihen, die Wahrheit, von der ich durchdrungen bin, recht klar und womöglich frappant zu entwicklen“), zit. bei Jorns, 109 f.

Kestner sich selbst zur Seite. Da der nicht auf Konfrontation zielende Kestner nach eigenem Bekunden gehofft hatte, dass Goethe selbst möglichst keinen Anteil an der mit *W. K. F.* unterzeichneten *Recension* gehabt haben möge (wenngleich auch diese auf einen Ausgleich bemüht war und damit schloss, dass „der Verfasser [den Weimarischen Kunstfreunden] im wesentlichen gleichgesinnt und vielleicht weniger [ihr] Gegner ist, als er wohl selbst glauben mag"),[8] wird die Tatsache, dass nunmehr fast 20 Jahre seit Goethes Tode vergangen waren, wohl mit erhellen, warum Kestner nun doch noch die lange zurückliegende Angelegenheit wiederaufgreift und seine Ansicht zu legitimieren sucht. In einer um Ausgleich – und Selbstlegitimation – bemühten Strategie stellt er Gemeinsamkeiten zwischen der Kunstauffassung Goethes und der eigenen heraus, betont aber zugleich die Historizität zumal der Kunstauffassungen Goethes, wenn er mehrfach eine scheinbare Balance zwischen dessen Kunstansichten und den eigenen etabliert hat, die aber nur dadurch zustande kommt, dass er sich auf Äußerungen aus der Sturm-und-Drang-Phase des jungen Goethe bezieht.[9]

Kestners Anliegen ist es, den Stil der sogenannten „alt-modernen Künstler" zu legitimieren (127), die sich von den Antiken und (dem späten) Raffael als absoluten Vorbildern lösten; seiner Ansicht nach wirkten vollendete Meisterwerke eher lähmend auf die Kunstproduktion, und so fordert er eine stärkere Hinwendung zum Naturstudium: Es sei daher der „richtigste Takt der Neu-Deutschen" gewesen, sich an die „einfache naive Natur" zu halten, wie sie die Künstler *vor* Raffael – „Ghirlandajo, Luca Signorelli und Pietro Perugino" – diesem und Michelangelo „überliefert hatten". Statt die vollendeten Künstler nachzuahmen, sollten die neuen Künstler lieber „mit ihnen zugleich aus der reinen Quelle der Natur […] schöpfen" (126). Wo Winckelmann die „Art" der griechischen Künstler „zu arbeiten" zur Nachahmung empfohlen hatte, um „groß, ja unnachahmlich zu werden", empfiehlt Kestner die Nachahmung der Art, wie die Künstler des Quattrocento „aus der reinen Quelle der Natur" schöpften – er empfiehlt jedoch nicht, nach den *Prinzipien der Natur* zu verfahren.

Seinen Abschnitt über den „Historische[n] Styl" beginnt Kestner nun mit der oben bereits teilweise zitierten Entgegnung an die „Unkundigen

8 Vgl. zu den Reaktionen auf Kestners Schrift Jorns, 111–114, das Zitat der *Recension* ebd., 114.

9 Freilich unterschlägt er in dieser Argumentation die Historizität der Kunststile und ihre Wechselwirkungen mit der konstatierten Historizität der Kunstansichten.

[…], denen in tüchtigen Gemälden die scharfe Bezeichnung der Umrisse als Fehler erscheint“:

> Eine solche Härte der Umrisse – wie es genannt zu werden pflegt – welche die Gegenstände abgesonderter hinstellt, als unser Gesicht sie in der Wirklichkeit empfängt, ist eine nothwendige Grundlage der Bestimmtheit, welche die höhere Kunst verlangt; während übrigens fast in allen Fällen unbestimmte Umrisse schlimmer als zu harte sind. Der Umriß ist die Begrenzung der Idee des Künstlers. Hieraus folgt, daß, je erheblicher und schöner eine Idee, desto wichtiger ist es, daß sie aufs Bestimmteste erkannt und demgemäß behandelt werde. (150)

Solche „Härte der Umrisse“ sei eigentlich charakteristisch für die „früheren Zeiten der Kunst“, da „die früheren Künstler so sehr von der Wahrheit und Würde ihrer Ideen durchdrungen“ gewesen seien, „daß es ihnen in ihrer Naivität ein Bedürfniß“ gewesen sei, „sich mit dem Nachdruck eines Kindes auszudrücken“.[10] Damit entwickelt er eine doppelte ‚Naivität‘ als Basis ihrer Kunst – sowohl eine psychologisch-anthropologische als auch eine religiöse. Für die sentimentalischen Künstler wird das Quattrocento so zum dreifachen Paradies: 1. der Frühzeit der Kunst, 2. des (fiktiven) unschuldigen Gemüts der Künstler, die nach keinem anderen Stil strebten als der Deutlichkeit ihrer ‚Idee‘, und 3. der unerschütterten Glaubensgewissheit und Frömmigkeit. Kestner imaginiert, diese Künstler seien, da „Wahrheit und Würde ihrer Idee“ ihnen so am Herzen gelegen habe, „nur von dem Wesen derselben erfüllt“ gewesen und hätten „kein größeres Interesse“ gekannt, „als scharf verstanden zu werden“ – eben deswegen hätten „sie nur an die Begrenzung derselben“ gedacht. Die elementare Definition des scharfen Umrisses lautet also für Kestner, dass er die „Be-

---

10 Vgl. die frühen Notizen Kestners über Overbecks Stil (7. Juni 1817): „Seine Konturen hat alle die Seele gemacht, und er hat die Klarheit der Anschauung in der Natur und seiner Seele, die sich bis auf jeden Nasenzipfel, jede Lippenbewegung, jedes Wallen in der kleinsten Haarlocke erstreckt, wie die alten Maler aus der guten Zeit es hatten. […] Auf allem, was er macht, schwebt eine schöne Seele umher, die in lauter Liebesverkehr mit ihren Schöpfungen ist.“ (Zit. nach Jorns, 104.) Was bei Winckelmann die Synthesis von schönem Ideal und schönster Natur war, die sich im Kontur manifestierte, ist bei Kestner die Synthesis der ‚klaren‘ Naturanschauung und einer ‚klaren‘, „schönen Seele“; das künstlerische Ethos hat das geistig-konzeptuelle Moment ersetzt bzw. durchdrungen, der ‚Kontur‘ der Gestalten (Kestner verwendet hier noch diesen Begriff, anders als in den *Römischen Studien*) wird ‚umschwebt‘ von dieser „schönen Seele“, deren Schöpfungen fortan von ihr zeugen.

grenzung" des „Wesen[s]" der „Idee" darstelle.[11] In dieser Funktion habe der Umriss überzeitliche Geltung als ästhetisches Darstellungprinzip und behaupte seine Eigengesetzlichkeit selbst dort, wo seine Stilisierung im Widerspruch zur Erscheinungsweise der Natur stehe. Kestner beruft sich auf das schlagkräftigste Argument auch klassizistischer Ästhetik, Raffaels *Transfiguration:*

> Da nun der Contur das Wesen der Ideen umfaßt, so haben auch die späteren Maler, nach gesundem Menschenverstande [...] daran festgehalten, und wir dürfen uns keineswegs entsetzen, wenn wir den Contur in den höheren Sphären der Kunst, der historischen, eine Geltung behaupten sehen, welche sich den gewöhnlichen Gesetzen der Erscheinung in der Natur entzieht. Das berühmteste historische Gemälde, die Transfiguration von Raphael, ist eine unverwerfliche Authorität hierfür. Denn die Kunst=Idee erhebt sich über die Natur, und diese, ihr Stoff, ist den Gesetzen der Kunst unterthan. (150)

Die Annahme, die Kunst sei denselben Gesetzen unterworfen wie die Natur, besitze nur Gültigkeit für „die niederen Regionen" der Kunst; Kestner nennt als Beispiel Stillleben und „Hautoberflächen, die nur mit kleinsehenden Werkzeugen bewundert werden" (151) – und beruft sich, strategisch subtil, auf Goethe, der in seinen *Propyläen* nichts anderes dargelegt habe. Damit suggeriert Kestner jedoch auch, dass Goethes Ablehnung der „alt=modernen" Künstler zumindest im Hinblick auf die Kritik an deren strengem Umrissstil Goethes eigenen ästhetischen Prinzipien widerspreche. Kestner betont nachdrücklich die Unterschiede zwischen Naturgesetzen und Kunstgesetzen, im Bewusstsein, dass von dieser Differenz die Wertschätzung des stilisierten Kunstwollens der ‚Alt-Modernen' abhängt:

> Solchen großen Unterschied geltend zu machen, ist uns hier eine wichtige Angelegenheit, um für die alt=modernen Künstler die ihnen zukommende hohe Stelle zu behaupten, und um zu erläutern, wie sehr das befruchtende Wesen ihrer Werke die nothwendige Grundlage ist, aus der die reiche Entwickelung sich erhoben, deren wir uns nach kaum einem halben Jahrhundert erfreuen. (151)[12]

---

11 Während Friedrich Schlegel in den Gemäldebeschreibungen der *Europa* (vgl. Kap. 21) ebenfalls die *naive* Frömmigkeit der alten Malerei gelobt hatte, da deren scharf umrissene Gestalten ihm als deutliche *Hieroglyphen* erschienen, entspricht Kestners Konzept eher einem klassizistischen Symbolverständnis.

12 So erwähnt Kestner lobend das „erste[] Werk[] al Fresco im Style der tüchtigen Zeit" mit der „Geschichte Josephs", das Cornelius, Overbeck und Philipp Veit in der Casa Bartholdi in Rom ausführten (120). Vgl. dazu Jorns, 111.

Diese „Befruchtung" besteht für Kestner nicht nur in der Aneignung der „Formen" der ‚Alt-Modernen' durch die nachfolgenden Künstler, sondern in deren schierer Künstlerexistenz als „Naturmänner", wie Kestner sie bezeichnet, deren Art „zu sehen und zu handeln" den Späteren als Beispiel diente. So sehr Kestner zu Enthusiasmus in der Malerei neigt, so scheint er einigermaßen unempfänglich gewesen zu sein für den künstlerischen Gehalt literarischer Werke: Mehr als alle „Vorschriften" und auch „die Welt von Belehrung", die Goethe „für Jahrhunderte uns hinterlassen" habe, wirke, so Kestner, die „thaterweckende Kraft", die sich also in Gemälden manifestiere, beispielhaft, da sie „dem Handeln näher als das Wort" sei. Daher seien auch Gemälde „unterrichtend[er]", da, wenngleich die Maler nicht mehr lebten, der „aus ihren Werken überfließende Gehalt die Seelen der ihnen zugewandten Schüler kunst=sympathisch und befruchtend umfaßt." (151) – Kestner spricht hier wie ein Frühromantiker, allerdings fünfzig Jahre nachdem der *Kunstliebende Klosterbruder* die Epoche der Kunstfrömmigkeit eingeläutet hatte. Bei Kestner erscheinen die Künstler jedoch zunächst weniger als göttlich Verklärte denn als aktiv für die „höchsten Interessen der Menschheit" wirksame Fürsten, die er in Dynastien von Lehrern und Schülern organisiert sieht; als Machtinstrument dient ihnen dabei „die zur Kunst gewordene Natur". Mittels dieser mächtigen Transsubstantiation erscheinen Künstler, „diese Muster=Männer", als „höhere Menschen, schaffend in höheren Regionen" – aber sie werden nicht als göttlich apostrophiert, sondern erstaunlicherweise mündet die Klimax in die gattungssystematische Zuordnung: „[S]ie waren historische Künstler." Und Kestner fügt in lakonisch-erhabenem Gestus hinzu:

> Was können einige Mängel früherer Kunstzeit gelten gegen die Erhabenheit des Prinzips.
> Der historische Maler steht auf der Stufe des epischen Dichters […]. (151)

Beide „knüpfen" sie „mit ihrer schaffenden Phantasie die Schicksale des Menschengeschlechts an die Gottheit." (152) Und nun fällt der Terminus: „Die historische Malerei in der Hand des Genie's ist die Thätigkeit der höchsten Menschenkraft" (152) – als wolle Kestner nochmals bekräftigen, dass zu Sturm-und-Drang-Zeiten auch Goethe die „alt=modernen" Künstler befürwortet hätte. In jedem Falle aber ist die explizite Parallelisierung von epischer Dichtung und Historienmalerei festzuhalten: ‚Plastischen Gestalten' in der Dichtung (die sich an der Antike orientiert) wird der streng umrissene Stil der historischen Malerei an die Seite gestellt, die sich an spätmittelalterlicher christlicher Kunst orientiert.

Die historische Malerei als eine Ideen-Kunst wird mit denkbarem Aufwand intellektuell aufgewertet, als gälte es, den Künstler durch die Berufung auf den *disegno* nochmals neu zu nobilitieren; wie der „epische[ ] Dichter" in Worten und Versen seine Charaktere umreißt, so schreibt nach Kestners Ansicht der historische Maler seine Ideen mit Linien und Umrissen (im Idealfall) auf die Wand. Kestners ausdrückliche Gleichsetzung des „historische[n] Maler[s]" mit dem „epischen Dichter[ ]" und der euphorische Hinweis auf die „Thätigkeit der höchsten Menschenkraft" in den Werken des Historienmalers erinnern daran, wie Wilhelm von Humboldt in seiner Studie *Ueber Goethes Herrmann und Dorothea* die ‚Umrisse' der epischen Gestalten hinsichtlich ihres ‚Bildungspotentiales' gepriesen hatte (Kap. 18). Sentimentalische Kunst (gerade in ihrer Ausprägung in Freskenzyklen) und ihr wichtigstes Stilmittel, die Umrisse als Träger der ‚Idee', erscheinen so als Signatur einer politischen Utopie auf wirkungsvolle Teilhabe ausgezeichneter Künstler an einer idealen Gesellschaftsform um 1850.

Wie Kestner mehrfach die Gleichrangigkeit des historischen Malers mit dem Ependichter betont, ja sogar die Überlegenheit des bildenden Künstlers durch dessen praktisches Handeln patriotisch überhöht, so begegnen auch beiläufig verschiedene Vergleiche beider Kunstformen; einmal bemerkt er: „Die alt=deutsche und alt=italiänische Kunst ist ähnlich einem Buche voll Weisheit, geschrieben in einer veralteten Sprache, die gelernt werden muß, um den Inhalt zu verstehen." (123) Wie bereits August Wilhelm Schlegel sieht mithin Kestner, dem die Umrisse als primäres Ausdrucksmedium des „Historische[n] Styl[s]" gelten, künstlerischen Stil, *sofern er Umrissstil ist*, als eine „Sprache", deren Zeichen als *Formen* an sich bedeutungsvoll sind (was in der frühromantischen Kunstauffassung als „Hieroglyphe" bezeichnet wird, vgl. Kap. 20 und 21), hier auch bereits vor ikonographischen Inhalten, die es hermeneutisch zu entschlüsseln gilt. Die Umrisse ihres Stils sind die Vokabeln der historischen Ideen-Kunst.

Die Härte des Stils, die Kestner kurz darauf auf die Naivität der Künstler und ihr Erfülltsein von der Wichtigkeit ihrer Idee zurückführt, verfolgt er – wie Winckelmann im Falle der „hetrurischen" Kunst – nicht nur allgemein kunst- bzw. stilhistorisch zurück, sondern deutet sie auch als individualstilistisches Übergangsphänomen, das sich ebenso bei Raffael höchstpersönlich gefunden habe, wie es sich auch an den Anfängen derjenigen zeitgenössischen Maler zeigen lasse, die – über die Jahrhunderte hinweg – bei denselben Meistern in die Lehre gingen wie der Heros der klassizistischen Kunstauffassung:

> Daß Steifheit, Magerkeit und Härte, wovon keine Spur mehr in den oben aufgeführten Werken, in den früheren Arbeiten der Nachahmer alt=moderner Malereien gefunden wurden, ist eben so unausbleiblich, als daß selbst Raphaels, des Schülers, frühere Werke denen des Pietro Perugino oft fast zum Verwechseln ähnlich sind. [...] Auch solche Knaben begannen mit Buchstabieren, die nachher große Scribenten wurden. (149)

Mit diesen Sätzen, die abermals malerischen Stil und schriftliche Zeichen, Umrisse und Buchstaben parallelisieren, endet der Passus zu Overbeck; direkt darauf folgt der Abschnitt *„Historischer Styl"* mit der Eloge auf die Umrisse als Medium der Ideen.

Kestners Studie über *Cornelius und Overbeck* markiert mit ihrem Erscheinen im Jahr 1850 eine signifikante Schwelle für die ästhetische Entwicklung um die Mitte des 19. Jahrhunderts: Wo Kestner das „befruchtende Wesen" der nazarenischen Malerei beschwört, kann bereits fünf Jahre später Gottfried Kellers *Grüner Heinrich* nurmehr verzweifelnd die unbedingte Epigonalität der zeitgenössischen Malerei erblicken.

24. Umrissphänomene als Reflexionsmedium epigonalen künstlerischen Bewusstseins in Gottfried Kellers *Der Grüne Heinrich*

Unübersehbar ist die konzeptuelle Wandlung, die die ästhetischen Reflexionen über Umrissphänomene wenige Jahrzehnte später, um die Mitte des 19. Jahrhunderts, erfahren haben. Am Übergang von der Romantik zum Realismus gewinnt eine mitunter wenig berücksichtigte, dabei konstitutive Facette von Umrissphänomenen wieder an Relevanz: Scheint doch bereits im mythischen Ursprung der Malerei, in der Umzeichnung des menschlichen Schattens, als prinzipielle, ontologische und strukturelle Eigenschaft von Umrißphänomenen impliziert zu sein, dass der Schattenriss, in dem der „Schatten der Dinge" die „erste, bildliche Struktur" annimmt, stets „wie ein Vorgriff" erscheint, „eine Metapher von Struktur, auf das hin, was dieser vorausgeht an Form, um ihr von nun an als Form auf ewig zu entgehen".[1] Ausgehend von dieser Prämisse lässt sich an Gottfried Kellers Künstler- und „Desillusionierungsroman"[2] *Der Grüne Heinrich* (1854/55)[3] zeigen, dass in diesem Sinne auch den Umrissphänomenen in literarischen Texten einer vom eigenen Epigonalitätsbewusstsein durchzogenen Epoche der Index des künstlerischen Scheiterns eingeschrieben ist. In Kellers Roman

1 Anselm Haverkamp: *Figura Cryptica. Theorie der literarischen Latenz.* Frankfurt a.M. 2002, 61.

2 Ernst Osterkamp: *Gottfried Kellers erzählte Landschaften*, in: Sabine Schneider (Hg.): *Die Dinge und die Zeichen. Dimensionen des Realistischen in der Erzählliteratur des 19. Jahrhunderts; für Helmut Pfotenhauer.* Würzburg 2008, 237–253, 238. Vgl. ebd. (238) zur Rolle der „Zeichnung" als „Medium der Desillusionierung" im *Grünen Heinrich.*

3 Ich zitiere jeweils mit Seitenzahlen im fortlaufenden Text nach den Ausgaben: Gottfried Keller: *Sämtliche Werke in sieben Bänden.* Hg. v. Thomas Böning u. a. Bd. 2: *Der grüne Heinrich. Erste Fassung.* Frankfurt a.M. 1985, und G. K.: *Sämtliche Werke in sieben Bänden.* Bd. 3: *Der grüne Heinrich. Zweite Fassung,* Frankfurt a.M. 1996. Zu Entstehung und Gestalt beider Fassungen vgl. Walther Morgenthaler: *Die ‚Grünen Heinriche'. Zur Text- und Überlieferungsgeschichte eines Romans*, in: Wolfram Groddeck (Hg.): *Der grüne Heinrich. Gottfried Kellers Lebensbuch – neu gelesen.* Zürich 2009, 11–32.

lassen sich Umrissphänomene geradezu als Allegorie von Epigonalität schlechthin lesen.

24.1 Der Zeichenversuch: „eines jener frommen nazarenischen Stengelbäumchen"

So schreitet Kellers Protagonist, der Maleradept Heinrich, hoffnungsvoll mit seinen Zeichenutensilien „unter den grünen Hallen des Bergwaldes hin" (239), der jedoch in den dicht geschlossenen Reihen „keinen seiner Söhne einzeln preisgab". Alles verband sich „mit dem großen Ganzen", das Heinrichs „zu spotten schien":

> Endlich trat ein gewaltiger Buchbaum mit reichem Stamme und prächtigem Mantel und Krone herausfordernd vor die verschränkten Reihen, wie ein König aus alter Zeit, der den Feind zum Einzelkampfe aufruft. Dieser Recke war in jedem Aste und jeder Laubmasse so fest und klar, [...] daß seine Sicherheit mich blendete und ich mit leichter Mühe seine Gestalt bezwingen zu können wähnte. (239)

Dennoch zögert Heinrich lange vor dem „ersten Strich" (239), da ihn auch dieser „Riese[]" zu narren scheint: „je mehr" er ihn „an einer bestimmten Stelle genauer ansah, desto unnahbarer schien [ihm] dieselbe und mit jeder Minute verlor [er] mehr [s]eine Unbefangenheit." (239) Heinrich zeichnet „hastig und blindlings" weiter, sich „selbst betrügend", obwohl ihn der ewige Wechsel der Lichtreflexe und Farbphänomene beständig mit „neuen Erscheinungen" narrt; er hält sich stets „ängstlich nur an die Partie", die er „gerade zeichnete, [...] gänzlich unfähig, sie in ein Verhältnis zum Ganzen zu bringen, abgesehen von der Formlosigkeit der einzelnen Striche." Und so wächst „die Gestalt auf [s]einem Papiere [...] ins Ungeheuerliche, besonders in die Breite" – und als Heinrich zur „Krone" gelangt, findet er

> keinen Raum mehr für sie und mußte sie, breit gezogen und niedrig, wie die Stirne eines Lumpen, auf den unförmlichen Klumpen zwingen, daß der Rand des Bogens dicht am letzten Blatte stand, während der Fuß unten im Leeren taumelte. Wie ich aufsah und endlich das Ganze überflog, grinste ein lächerliches Zerrbild mich an, wie ein Zwerg aus einem Hohlspiegel, die lebendige Buche aber strahlte noch einen Augenblick in noch größerer Majestät als vorher [...]. (240)

Die Sonne sinkt, und der Baum hebt sich nicht mehr von seinen „Brüder[n]" ab: „Ich sah nichts mehr, als *eine* grüne Wirrnis und das Spottbild auf meinen Knien" (240) – das erzählerisch zu einer Karikatur Lavaterscher

(Pflanzen-)Physiognomik geworden ist,[4] die gleichwohl in ihrer Anthropomorphisierung die Umrisse zu einem nicht nur passiven, sondern spöttisch-aktiven Reflexionsmedium des Zeichners werden lässt. Heinrich, der sich eben noch hoffnungsvoll an eine hehre Eiche gewagt hat, fühlt sich „abgewiesen und hinausgeworfen aus dem Tempel [s]einer jugendlichen Hoffnung“ (240). Doch er findet etwas Anderes, das sein malerisch geschultes Auge anzieht:

> Da traf ich auf eine junge Esche, welche mitten in einer Waldlücke auf einem niedrigen Erdwalle emporwuchs [...]. Das Bäumchen hatte einen schwanken Stamm von nur zwei Zoll Dicke und trug oben eine zierliche Laubkrone, deren regelmäßig gereihte Blätter zu zählen waren und sich, sowie der Stamm, einfach, deutlich und anmutig auf das klare Gold des Abendhimmels zeichneten. Weil das Licht hinter der Pflanze war, sah man nur den scharfen Umriß des Schattenbildes, es schien wie absichtlich zur Übung eines Schülers hingestellt. (241)

Heinrich versucht, „flugs das kindliche Stämmchen mit zwei parallelen Linien auf [s]ein Papier [zu] stehlen“, fühlt sich jedoch abermals

> gehöhnt, indem der einfache, grünende Stab im selben Augenblicke, wo ich ihn zu zeichnen und genauer anzusehen begann, eine unendliche Feinheit und Mannigfaltigkeit der Bewegung annahm. Die beiden aufstrebenden Linien schmiegten sich in allen kaum merklichen Biegungen so streng aneinander, sie verjüngten sich nach oben so fein und die jungen Äste gingen endlich in so gemessenen Winkeln daraus hervor, daß um kein Haar abgewichen werden durfte, wenn das Bäumchen seine schöne Gestalt behalten sollte. (241 f.)

An dem Baumriesen, der seine Wurzeln schon in den Boden schlug, als die Heroen der klassischen Landschaftsmalerei des 18. Jahrhunderts ihren Baumschlag praktizierten, ist Heinrich gescheitert; nun scheint sich ihm auch der kleine Sprößling einer neuen Zeit zu entziehen mit elusiven Linien, die zugleich die wörtlich genommene ‚Autonomie‘ der Linie vor-

---

4 Barbara Naumann (*Die „kolossale Kritzelei“, der „borghesische Fechter“ und andere Versuche*, in: Groddeck (Hg.): *Der grüne Heinrich. Gottfried Kellers Lebensbuch*, 159 – 199, hier 163 – 166) liest den „Buchbaum“ der Zeichenszene als „sprachlich genaue Figuration der Ungegenständlichkeit“ (164) und als pygmalionische „Bedrohung des künstlerischen Aktes“, indem sich der Bildgegenstand zu verlebendigen scheint und den Künstler verspottet. Franziska Schößler (*„Fleißige Tätigkeit im lebendigen Menschenstoffe“. Die Vision körperlicher Kunst und ihre immanente Poetik in Gottfried Kellers ‚Der Grüne Heinrich‘*, in: *Sprachkunst. Beiträge zur Literaturwissenschaft.* Jg. XXVIII/1997, 181 – 198) sieht, auf Lacan verweisend (187), in diesem Zeichenversuch des „vaterlosen Protagonisten“ das Bestreben, sich den „Kontur“ der „königlich-potente[n] Vaterfigur, die er in Übernahme seines Bildes [...] entthronen“ wolle, „im Spiegel seines Gemäldes anzueignen“ (181).

exerzieren und an Winckelmanns Lob des ‚unbezeichneten' Kontur erinnern, den dieser in den vollkommenen Werken der Griechen „auf die Spitze eines Haares gesetzt" fand – und von einer solchen haarfeinen Präzision darf auch Heinrich nicht abweichen, doch fabriziert er in seinem „ängstlich[en]" Bemühen keine „sichere und elegante Skizze, sondern ein zaghaftes, aber ziemlich treues Gebilde", das sich in seiner Konstruktion als „Gebilde" bereits begrifflich von der organischen „Gestalt" des Vorbildes absetzt. Heinrich, „einmal im Zuge", arbeitet seine Zeichnung nun in bedeutungsvoller Weise wie ein frommer Kunstjünger „mit Andacht" aus, indem er treulich „die nächsten Gräser und Würzelchen des Bodens hinzu [fügt]" – und nun sieht er „auf [s]einem Blatte eines jener frommen nazarenischen Stengelbäumchen, welche auf den Bildern der alten Kirchenmaler und ihrer heutigen Epigonen den Horizont so anmutig und naiv durchschneiden." (242)

Die Schilderung dieses Zeichenversuches ist bemerkenswert: Da das „Licht hinter der Pflanze war", und man „nur den scharfen Umriß des Schattenbildes" sah, erscheint Heinrich der Baum „wie absichtlich zur Übung eines Schülers hingestellt", weil sich die Blätter der Krone „einfach, deutlich" – also umrisshaft – „auf das klare Gold des Abendhimmels" *zeichnen.* Seine eigene Zeichnung erscheint ihm jedoch nur als „frommes nazarenisches Stengelbäumchen", und Heinrich fühlt sich an die „alten Kirchenmaler und ihre heutigen Epigonen" erinnert. Deutlich spricht sich der bereits auf zweiter Stufe epigonalitätsbewusste Blick aus: Selbst das ‚fromme Nazarenertum' der romantischen Maler ist wenige Jahrzehnte später dem Protagonisten Kellers als sentimentalischer und von ihm als illusionär erkannter Zufluchtsraum verschlossen.[5] Dies gilt freilich für den Raum der bildenden Kunst: Ernst Osterkamp hat an Kellers *Grünem Heinrich* gezeigt, wie im Roman „die Orientierungskrise der deutschen Kunst im Übergang von der Romantik zum Realismus in Form eines Medienwechsels" reflektiert wird, und zwar im Hinblick auf eine Verschiebung der „Innovationspotentiale", die sich von der Malerei und Zeichnung zur Literatur hin verlagern, in der die „Kraft der zeichnerischen

5 Zur Epigonalitätsproblematik im Grünen Heinrich vgl. Nadja Wick: *Apotheosen narzisstischer Individualität: Dilettantismus bei Karl Philipp Moritz, Gottfried Keller und Robert Gernhardt.* Bielefeld 2008, 186–195. Schössler (*„Fleißige Tätigkeit im lebendigen Menschenstoffe"*) bemerkt zwar, dass im *Grünen Heinrich* „romantische Tendenzen zum Signum künstlerischen Versagens" würden (182), doch deutet sie dies als anachronistische Verhaftung „in der Konfrontation von Weimarer Klassik und Romantik", ohne die stets mitlaufende Reflexion des eigenen epigonalen künstlerischen Bewusstseins zu beachten.

Erfindung [...] durch diejenige der poetischen Imagination ersetzt“ werde. So misslinge „[d]er künstlerische Übergang von der Romantik zum Realismus, der ja nicht ein individuelles, sondern ein epochales Problem ist, [...] im Leben wie in der Zeichnung; er gelingt aber im Roman im Darstellungsprinzip des poetischen Realismus“.[6]

In diesem Zusammenhang erhellt daher auch, warum es sich im Gegensatz zu den bisher betrachteten Quellen bei Kellers historisch signifikantem Beitrag zur Umriss-Ästhetik nicht um einen primär kunsttheoretischen, sondern um einen *poetischen* Text handelt. Bemerkenswert ist, dass Keller mit seiner subtilen literarischen Ausgestaltung von Umrissphänomenen epochale und künstlerisch-medientheoretische Aspekte nun gerade in derjenigen Darstellungskomponente reflektiert, die als plastischer „Kontur“ in der klassizistischen Ästhetik eben solche Leitfunktion inne hatte wie in ihrer graphischen Erscheinungsform als strenger Umriss in der frühromantisch akzentuierten Kunstauffassung: Diese Darstellungskomponente kann nun gerade aufgrund jener einstigen Bedeutungen in Verbindung mit ihren oben skizzierten, konstitutiven strukturellen und ontologischen Eigenschaften transformiert werden zum Reflexionsmedium des genau an diesen vorherigen ästhetischen Positionen sich abarbeitenden künstlerischen Epigonalitätsbewusstseins, das bei Keller durch die

6 Osterkamp, *Gottfried Kellers erzählte Landschaften*, 241. Zum „Paragone von Kunst und Literatur“ im *Grünen Heinrich*, der zugunsten der Literatur entschieden werde, vgl. auch Wick, *Apotheosen narzisstischer Individualität*, 186. Auch Günter Hess (*Die Bilder des ‚Grünen Heinrich‘*, in: G. Boehm/H. Pfotenhauer (Hg.): *Beschreibungskunst – Kunstbeschreibung*, 373–395.) weist auf die „Krise der Malerei im 19. Jahrhundert zwischen Klassizismus, Historismus und Realismus“ hin, in der sich der *Grüne Heinrich* „zwischen den extremen Polen“ der Epochen und Stilrichtungen verorte, wobei Keller „als ein gescheiterter Maler auf dem Weg zur Poesie im Prozeß der Analyse seines Falles das Schreiben lernt“ (Hess, 376). Es geht Hess dabei wohlgemerkt um die biographische Komponente in *Kellers* Leben, während mein Anliegen primär den werkimmanenten Reflexionsformen im Hinblick auf die Figur *Heinrich*, also auf Erzähl- und Handlungsebene gilt. Zu Kellers literarischer Reflexion seiner Doppelbegabung, besonders zu den intermedialen Reflexionen über „Malerei [...] *im Zeichen der Sprache*“, vgl. Naumann, *Die „kolossale Kritzelei“*, 161. Nichtsdestoweniger sind die Reflexionen, die Keller zu Beginn der Arbeit am *Grünen Heinrich* über zeichnerische und autobiographische Darstellungsweisen anstellt, aufschlussreich; vgl. den Kommentar, 1096 und 1099, und Hess, 379. Vgl. auch Kellers Notiz zu Erinnerungs-„Umrissen“ der Münchner Zeit in seinem ersten Tagebucheintrag vom 8. Juli 1843 (G. K.: *Aufsätze, Dramen, Tagebücher.* Hg. v. Dominik Müller, in: G. K.: *Sämtliche Werke in sieben Bänden.* Frankfurt a.M. 1996, Bd. 7, 638). Vgl. den Kommentar zum *Grünen Heinrich*, 1100.

literarische Inszenierung im Roman eine weitere Nuance im Zeichen sich wandelnder künstlerischer Medienhierarchien erhält.

Die über rein ästhetische Belange hinausweisende Referenz auf die vorgeblich „naiv[e]" nazarenische Kunst, deren *sentimentalischer* Imaginationsraum dem Protagonisten Kellers als illusionär erkannter nicht mehr verfügbar ist, vergegenwärtigt jedoch eine umfassendere, nunmehr potenzierte epochale Krisenerfahrung: Die strukturell begrenzende Darstellungsform des Umrisses bzw. des Kontur, so zeigt sich, wird abermals in einer Epoche, die – nun noch stärker als an der Jahrhundertschwelle – ihre Lebenswelt als dissoziierend wahrnimmt, zur sentimentalischen Denkfigur und zum Reflexionsmedium letztlich universell ästhetisch-anthropologischer Sehnsucht ausgestaltet.

24.2 Vexierbild nach „Art Van Eyckscher Engel": Eine Portraitkunst wird objektiv zu Grabe getragen

Die sentimentalische Begeisterung der Nazarener für den Stil „alter Kirchenmaler" erfährt in einer eindrucksvollen Passage des *Grünen Heinrich* eine weitere Inszenierung als ungemein subtile Allegorie universaler Unwiederbringlichkeit, nicht nur derjenigen vergangener Kunstepochen.

Die junge Anna, der Heinrich in zärtlich-geistiger Liebe zugetan ist, verstirbt nach langer Krankheit, und Heinrich, „beinahe eine Art glücklichen Stolzes" empfindend, „eine so poetisch schöne tote Jugendgeliebte" (528) zu haben, geht am Flussufer bei der Ausstattung ihres Sarges zur Hand: „Am Haupte hatte der Schreiner der Sitte gemäß eine Öffnung mit einem Schieber angebracht, durch welche man das Gesicht sehen konnte, bis der Sarg versenkt wurde; es galt nun noch eine Glasscheibe einzusetzen", und Heinrich eilt nach Hause, um das Gesuchte zu holen. Er „wußte schon, dass auf einem Schranke ein alter kleiner Rahmen lag, aus welchem das Bild lange verschwunden" (533); aus diesem entnimmt er die Glasscheibe und eilt mit ihr zurück zum Fluss. Dort taucht Heinrich sie, „da sie ganz bestaubt und verdunkelt war, in den klaren Bach und wusch sie sorgfältig". Nun jedoch offenbart sich ihm ein höchst verwunderliches Phänomen:

> Dann hob ich sie empor und ließ das lautere Wasser ablaufen, und indem ich das glänzende Glas hoch gegen die Sonne hielt und durch dasselbe schaute, erblickte ich das lieblichste Wunder, das ich je gesehen. Ich sah nämlich drei reizende, musizierende Engelknaben; der mittlere hielt ein Notenblatt und sang, die beiden anderen spielten auf altertümlichen Geigen, und alle

> schaueten freudig und andachtsvoll nach oben; aber die Erscheinung war so luftig und zart durchsichtig, daß ich nicht wußte, ob sie auf den Sonnenstrahlen, im Glase, oder nur in meiner Phantasie schwebte. Wenn ich die Scheibe bewegte, so verschwanden die Engel auf Augenblicke, bis ich sie plötzlich mit einer anderen Wendung wieder entdeckte. Ich habe seither erfahren, daß Kupferstiche oder Zeichnungen, welche lange, lange Jahre hinter einem Glase ungestört liegen, während der dunklen Nächte dieser Jahre sich dem Glase mitteilen und gleichsam ihr dauerndes Spiegelbild in demselben zurücklassen. Ich ahnte jetzt auch etwas dergleichen, als ich die fromme Schraffierung altdeutscher Kupferstecherei und in dem Bilde die Art Van Eyckscher Engel entdeckte. (533)

Konturiertheit selbst, als Signum klassischer Kunst (wie Winckelmanns Kontur) oder als Sehnsuchtszeichen romantischer Malerei, erscheint als „fromme Schraffierung" hier nur noch in irisierenden, bald schemenhaft sichtbaren, bald imaginären Spuren eines alten Kupferstichs gerade jener im zeitgenössisch weiten Sinne „altdeutsche[n]" Malerei, die bei den Romantikern beliebt war. An Stelle eines Kunstwunders jedoch, mit dem aus dem Vexierbild der malerischen Tradition die Ikone der romantischen Kunstreligion erdichtet werden könnte, folgt ein geradezu szientifisch anmutender Exkurs zum *chemischen* Entstehungsprozess des wundersamen Engelsbildes, der sodann abgehandelt wird. Nicht zuletzt erscheint auch Heinrichs Epoche epigonalen künstlerischen Bewusstseins als nurmehr musealisierendes, rahmendes Glas über den Werken vergangener Größe, die sich ihm seit „lange[n], lange[n] Jahre[n]" und vielen „dunklen Nächte[n]" schon „mittheilen und gleichsam ihr dauerndes Spiegelbild in ihm zurücklassen". Das „fromme" Vorbild der alten Kunst und die – narrativ uneingelösten – kunstreligiösen Mystifizierungen der epigonalen Malerschule werden an diesem Punkt des Romanes, gegen Ende der autobiographisch berichteten Jugendgeschichte, mit der Geliebten als einer „nazarenischen Kirchenheiligen"[7] wörtlich zu Grabe getragen.

Der irisierenden Epiphanie der alten Kunst, die gewissermaßen am Rande ihres Grabes noch einmal im Strom der Geschichte aufscheint, kommt indessen auch poetologische Bedeutung zu, denn nicht zufällig findet sich an dieser Stelle gegen Ende der Jugendgeschichte, deren Niederschrift sich kurz an das soeben Geschehene anschließt und durch die Heinrich zum Autor wird, die Wendung hin zum narrativen, poetisch-realistischen Ideal der Objektivität.

Heinrich steht an Annas Sarg, und der „letzte Sonnenstrahl leuchtete nun durch die Glasscheibe in das bleiche Gesicht", doch das „Gefühl", das

7 Hess, 382.

Heinrich dabei empfindet, könne er, wie er als Beobachter seiner selbst konstatiert, „nicht anders als mit dem fremden hochtrabenden und kalten Worte ‚objektiv' benennen", „welches die deutsche Ästhetik erfunden" habe (536).

Heinrich glaubt, die „Glasscheibe" verursachte, dass er das, was sie verschloss, „gleich einem in Glas und Rahmen gefaßten Theil meiner Erfahrung, meines Lebens, in gehobener und feierlicher Stimmung, aber in vollkommener Ruhe begraben sah", und er „genoss" es viel eher, als dass er es „erduldete". Wenn er nach eigenem Bekunden noch zu dem Zeitpunkt, als er seine Jugendgeschichte abfasst, nicht sicher ist, ob diese ‚objektive' Haltung eine Stärke oder Schwäche zeigte, so erscheinen die ‚objektive' *literarische Darstellung* und *narrative Haltung*, die aus dieser visuell konditionierten Initiation resultieren, als deutliche Stärke des Textes, der in dieser Szene den Medienwechsel und die sich mit ihm verschiebenden Innovationspotentiale aus der Malerei in die Dichtung nicht nur erkennen lässt, sondern selbst reflektiert (vgl. Kap. 24.3)

Das ‚Hinterglas-Bild' der toten Anna verweist indes zurück auf einen frühen Versuch Heinrichs, mit Wasserfarben ein Portrait Annas anzufertigen. Das erste Resultat wird von der Einsicht begleitet, dass er „nicht zeichnen" konnte, „das Ganze" fällt „etwas byzantinisch aus": Anna ist in „ganzer Figur" dargestellt

> und stand in einem reichen Blumenbeete, dessen hohe Blüten und Kronen mit Annas Haupt in den tiefblauen Himmel ragten; der obere Teil der Zeichnung war bogenförmig abgerundet und mit Rankenwerk eingefaßt, in welchem glänzende Vögel und Schmetterlinge saßen, deren Farben ich noch mit Goldlichtern erhöhte. (355)

Die Beschreibung der Darstellung deutet auf große stilistische Ähnlichkeiten mit dem „fromme[n] nazarenische[n] Stengelbäumchen" in seiner strengen Umrissenheit hin;[8] dieser nazarenische Charakter wird jedoch noch bedeutsam potenziert, indem dieses Portrait Annas, kostbar gerahmt, seinen Platz im heimischen „Orgelsaale" erhält, „wo es sich wie das Bild einer märchenhaften Kirchenheiligen ausnahm." (363) Dabei wird die Assoziierung Annas mit einer „heilige[n] Cäcilie" (344) durch die „musizierende[n] Engelknaben" auf dem Glas im Sarge nochmals aufgegriffen; doch weniger die genaue Zuordnung einer Heiligen ist von Bedeutung, als vielmehr die Stilisierung Annas zu einer „nazarenischen Kirchenheiligen",[9]

8 Auch Hess weist auf die Nähe zu „Malweise und Ikonographie der Nazarener" hin; Hess, 382.

9 Hess, 382.

die ein später, nicht mehr lebensfähiger Widerschein frommer Kunstreligion ist.

Die Inszenierung Annas im Sarge als nazarenische Hinterglas-Ikone lässt sich zudem in einem weiteren Kontext der Künstlerthematik des Romans sehen. Denn Heinrich hegt während seiner Zeit im Dorfe eine Doppelliebe:[10] Die geistige Hälfte seines Wesens fühlt sich von der zarten Anna angezogen, in der er „den besseren und geistigeren Theil [s]einer selbst liebte“ (490), während sein sinnliches Begehren sich auf die ungleich körperlicher inszenierte Judith richtet. Die erotische Antithetik der kontrastierenden Frauenbilder[11] erscheint dabei zugleich als Doppelallegorie der ‚Schwesterkünste‘ Malerei und Skulptur: Wird Anna als Allegorie der Malerei akzentuiert, indem sie als ‚nazarenische Kirchenheilige‘ apostrophiert und von Heinrich mit naiven malerischen Darstellungen beschenkt wird – und nicht zuletzt unter dem Objektiv der altdeutschen Malerei in ihrer reproduktionsgraphischen linearen Abstraktion ‚gerahmt‘ erscheint wie eine volkstümlich naive Hinterglasmalerei –, so präsentiert Judith vollends die plastische Kunst, wenn sie mit ihren marmorweißen Gliedern in aller Pracht dem nächtlichen Bade im Weiher entsteigt als ein postromantisches „Marmorbild[]“ (521). Wie Heinrich zu einer umfassenden Liebe zu *einer* Frau noch nicht reif ist, dennoch aber die Sehnsucht verspürt, so gilt auch sein künstlerisches Streben dem Malerischen und verliert sich später in der gigantischen „Kritzelei“ ganz im Labyrinthisch-Linearen (s. u.), bis die kleine, bestoßene Replik einer Plastik – des *Borghesischen Fechters* – ihm zum neuen Fixpunkt des Lebendigen wird: „Zusammenziehen und Ausdehnung vereinigten sich in einem Momente“, „in welchem das schönste Spiel der Muskeln darstellte, wie das Leben recht eigentlich durch sich selbst um sich selber kämpfte in dieser munteren Menschenkrabbe.“ (662) In unvergleichlich Kellerscher Prägung erscheint die Sehnsucht nach plastischer Realität und Lebensintensität nicht zuletzt in jener Szene gegen Ende des Romans, als Heinrich beobachtet, wie ein Waldaufseher eine alte Frau drangsaliert: Diesem schlägt Heinrich sein Paket mit dem Jugendbericht um die Ohren (791 f.) – auch *dies* ein weiteres, durchaus schlagkräftiges Argument für die These vom Medien-

10 Vgl. Caroline von Loewenich: *Gottfried Keller: Frauenbild und Frauengestalten im erzählerischen Werk.* Würzburg 2000, zu „Anna und Judith“ im *Grünen Heinrich:* 43–71.

11 Zu den Frauenbildern im Grünen Heinrich vgl. Kristina Eisert: *Kunst und Künstlerwerdung in Gottfried Kellers „Der grüne Heinrich“ und Ludwig Tiecks „Franz Sternbalds Wanderungen“.* Marburg 2008, 55–68, zu Anna und Judith bes. 55–65.

wechsel und den größeren *literarischen* Potentialen im *Grünen Heinrich.*[12] Tatsächlich wird nämlich damit, wenngleich augenzwinkernderweise, der Literatur eine andere Substantialität, ein bester ‚poetischer Realismus'[13] zugesprochen, den die schemenhafte, nur mehr epigonale Malerei nicht mehr zu erreichen vermag: Die Literatur schmiegt sich an das Leben und seine unschönen Formen an – und wirkt prägend auf deren Realität zurück. So kann Heinrich nach diesem durchaus plastischen Intermezzo fröhlich bemerken, „solche fortgesetzte und fleißige Thätigkeit in lebendigem Menschenstoffe" sei „doch etwas ganz anderes [...], als das abgeschlossene Phantasieren auf Papier und Leinwand", und lebendiger noch als durch den *Borghesischen Fechter* kann er nun das „runde lebendige Menschenleben" deutlich in seiner „Hand abgedruckt" „nachfühl[en], im Gegensatz zu dem kalten Flächenleben" (792). All diese Plastizität, all dieser sozialreformatorische Realismus erfolgt freilich einerseits auch nur „auf Papier", als „Flächenleben" – aber anders als die epigonale Malerei kann sich dessen Plastizität im Raum des literarischen Imaginären, in der „Einbildungskraft", in die volle Tiefendimension entfalten.

12 Schössler deutet die spätere Szene, in der Heinrich dem Waldaufseher das Manuskript seiner Jugendgeschichte ins Gesicht schlägt (746), bis das Blut fließt, als Entlarvung der ‚leiblichen' Poetik als Groteske (Schössler, 196); damit werde das „poetische Programm [...] endgültig als unrealisierbares [...] zu Grabe getragen". Es ist jedoch einzuschränken, dass für *den bildenden Künstler Heinrich* zutreffen mag, dass er der Umsetzung des ‚realistischen' Programms in einer ‚plastischen' Kunst nicht gewachsen war; ganz anderes hat jedoch für den Autor Keller zu gelten, gerade in den virtuosen Reflexionen zu Plastizität und Schriftlichkeit.

13 Der Begriff nach Wolfgang Preisendanz: *Wege des Realismus: Zur Poetik und Erzählkunst im 19. Jahrhundert.* München 1977. – Naumann vertritt die These, es müsse angesichts der intermedialen Übertragungen, die die Reflexionen über Malerei und Literatur im *Grünen Heinrich* charakterisieren, auch „das, was wir als ‚poetischen Realismus' aufzufassen gewohnt sind, im Sinne der komplizierten Übertragung von Bild und Bildgedächtnis zu Schrift und Text" neu überdacht werden (161). Zum Realismus-Aspekt im *Grünen Heinrich* vgl. Todd Curtis Kontje: *Der gescheiterte Realist im Zeitalter der Abstraktion. Gottfried Kellers „Der grüne Heinrich I" (1855)*, in: Daniela Gretz (Hg.): *Medialer Realismus.* Freiburg 2011, 79–97, und Gunter H. Hertling: *Zwischen Imagination und Realität. Gottfried Kellers ästhetische (Un-)Vereinbarkeiten in der Landschafts- und Erzählmalerei seines Grünen Heinrich (II: 1879/80).* Würzburg 2010.

24.3 Transparenz und Perspektive: Determinierende Denkfiguren der Narration

Zur programmatischen Denkfigur des poetischen Realismus taugt also in letzter Konsequenz nur die reine Transparenz, die absolute *Objektivität* (vgl. Kap. 24.2). Wie bestimmend das Konzept der Transparenz in poetologischer Hinsicht für den Roman des poetischen Realismus ist, und in welche Spannungen diese Transparenz zu dem ‚klassischen' Konzept der fest umrissenen Gestalt tritt, wird sogleich auf dem ersten Gang deutlich, bei dem der Leser den jungen Heinrich Lee, „den zwanzigjährigen Gefühlsmenschen" (15), zu Beginn des Romans durch seine Heimatstadt begleitet. Die Alpen werden als omnipräsenter Hintergrund eingeführt, die in jede Gasse „blau und silbern hineinleuchteten":

> Jedes Bild, klein oder groß, war mit diesem bedeutenden Grunde versehen: vor der niedrigen Wohnung armer Leute stand Heinrich still und guckte durch die Fensterlein, die einander entsprechend, an zwei Wänden angebracht waren, quer durch das braune Gerümpel in die blendende Ferne, welche durch das jenseitige Fenster der Stube glänzte. Er sah bei dieser Gelegenheit den grauen Kopf einer Matrone nebst einer kupfernen Kaffeekanne sich dunkel auf die Silberfläche einer zehn Meilen fernen Gletscherfirne zeichnen und erinnerte sich, daß er dieses Bild unverändert gesehen, seit er sich denken mochte. (18)

Der ‚reale' Hintergrund des Romans, der Ort der Handlung, bietet die Projektionsfläche, auf die sich in perspektivischer Verfremdung (im wörtlichsten Sinne) die umso schärferen Konturen einzelner, an sich disparater, in ihrer Assemblage jedoch bedeutsam aufgeladener Dinge in den vielen erzählten „Bild[ern]" des Romans „zeichnen". Sehnsucht in eine ferne Zukunft, der sehnsuchtsvolle Blick durch die vom „Gerümpel" vergangener Kunstepochen beschränkten Verhältnisse hindurch in den Freiraum einer „blendende[n] Ferne", die jedoch zugleich (bzw. vom Autobiographen Heinrich nachträglich) als „jenseitige" utopische Perspektive entkräftet wird, und der genaue Blick auf die Einzelheiten des Alltags, die in dieser Präzision ebenso verfremdet werden wie die naturgegebenen Daseinsbedingungen, wenn die Dinge auf einer Fläche erscheinen, die meilenweit entfernt ist: Diese Aspekte werden allesamt in der erzählerischen Vignette vorweggenommen, die abermals unter Beweis stellt, welche Darstellungspotentiale sich der Dichtung im poetischen Realismus eröffnen, die in der Malerei Effekte größter Verfremdung hervorriefen. Nicht zuletzt fügen sich auch die (nicht so genannten) Umrisse, die sich „dunkel" auf der „Silberfläche" der Projektionsfläche des Imaginären „zeichnen", in Heinrichs später geäußerte immanente Poetik derjenigen Umrisse, die sich als Kindheitsprägungen dem Empfinden und „Wissen“ des Subjekts einschreiben und dessen spätere ‚Geschichte‘ prädeterminieren: So wird später der Maleradept Heinrich vergeblich versuchen, vermeintlich sich selbst schon auf natürliche Hintergründe „zeichnende“ Bäume auf das Papier zu bannen (was ihm nur in der Erzählung *darüber*) gelingt. Seiner Erinnerung ist jedoch dieses Ur-Phänomen des Umrisshaft-Zeichnerischen, der natürlichen Perspektive und zufälliger ‚Objektivität‘ abgeschaut, eingeschrieben nicht nur als *typos*, sondern als *Archetyp*, dessen Umriss all sein Leben mitbestimmt, da er „dieses Bild unverändert gesehen, seit er sich denken mochte.“

24.4 Narrative Umrisse der (psychologischen) Prädestination

Die Zeichenszene vor dem „nazarenische[n] Stengelbäumchen“ wird vorbereitet durch ein poetisches Landschaftsbild über die Morgenstimmung in den Bergen,[14] das aus Heinrichs Perspektive geschildert wird:

> [J]enseits des Tales lag der Wald in silbergrauem Duft, die Terrassen hoben sich merklich voneinander los, ihre laubigen Umrisse, von der Morgensonne bestreift, waren hellgrün, jede bedeutende Baumgruppe zeichnete sich groß und schön in dem zusammenhaltenden Dufte und schien ein Spielwerk für die nachahmende Hand zu sein [...]. (236)

Im naturgegebenen „zusammenhaltenden Dufte“ (also dem sfumatohaften Gegenbild zum silhouettierenden Abendrot) konfigurieren sich die deutlich von einander geschiedenen „bedeutende[n]“ Versatzstücke des Landschaftsgemäldes; die Wahrnehmung der erzählten Landschaft antizipiert die malerische Umsetzung – und überspielt deren technische Voraussetzungen. Die Wahrnehmung der Landschaft und vor allem die durch das „schien“ bereits konterkarierte Leichtigkeit der Darstellung nehmen in jedem Falle die kurz darauf folgende Zeichenerfahrung Heinrichs vorweg.

14 Heinrichs malerische Ausbildung vollzieht im Zeitraffer die Tendenzen der vergangenen siebzig Jahre nach, signifikanterweise jedoch immer in der Auseinandersetzung mit Werken von Künstlern, die ihrer Zeit hinterherhinkten. Zuerst lernt er die Theorie des „Baumschlag[s]“ nach Junker Felix' Art (231), der nach Auskunft des Oheims „Anfang der zwanziger Jahre“ als zopftragendes Relikt von den Nazarenern auf die Obsoletheit seiner Kunst hingewiesen worden sei, denn „die ganze alte Kunst [...] würde eben jetzt in Rom wiedergeboren von deutschen Männern“ (230). Die Technik des Baumschlags weckt in Heinrich weitere malerische Ambitionen, und an dieser Stelle beobachtet er die beschriebene Morgenszenerie.

Die Tatsache, dass es sich hier um eine hoffnungsvolle Morgenszene in „silbergrauem Duft" handelt, später jedoch bereits um eine Abendszene vor „goldene[m]" Himmelshintergrund, ist signifikant für Heinrichs künstlerische Laufbahn. Die Komplementarität der Morgen- und Abendszenerien mit den jeweils verheißungsvoll sich dem Künstler darbietenden deutlichen Umrissen als miniaturhafte Darstellung der Romanstruktur fügt sich damit in ein poetologisches Konzept vom prädeterminierenden „Umriss" im „Wissen" des Subjekts, wie es Heinrich kurz zuvor entwickelt hat in der Annahme,

> daß die Kindheit schon ein Vorspiel des ganzen Lebens ist und bis zu ihrem Abschlusse schon die Hauptzüge der menschlichen Zerwürfnisse im kleinen abspiegele, so daß später nur wenige Erlebnisse vorkommen mögen, deren Umriß nicht wie ein Traum schon in unserm Wissen vorhanden, wie ein Schema, welches, wenn es Gutes bedeutet, froh zu erfüllen ist, wenn aber Übles, als frühe Warnung gelten kann [...].(205)

Umrisshaftigkeit fungiert hier zum einen als Strukturmodell für narrative Techniken dieses mit einer autobiographischen „Jugendgeschichte" beginnenden Bildungs- bzw. Desillusionierungsromans, das auf die typologische Bedeutungshaftigkeit von Motiven hindeutet, welche spätere Entwicklungen erkennen lassen; darüber hinaus jedoch erscheinen „Umrisse" geradezu drohend als Menetekel der calvinistischen – hier poetologisch säkularisierten – Prädestinationslehre[15] und zugleich, da sie ja auch zeichnerisches Medium des Malers Heinrich sind, als Signum für den Zirkelschluss einer davon ausgehenden Deutung, da schließlich Heinrich selbst der *Autor* seiner fiktional autobiographisch wiedergegebenen „Jugendgeschichte" ist und mithin von *seiner* Darstellung, Perspektive, Auswahl und Deutung des Lesers Wahrnehmung der *gesamten* Geschichte abhängt. Im Hinblick auf den Medienwechsel um die Mitte des 19. Jahrhunderts und die sich damit verschiebenden Kunstpotentiale ist es signifikant, dass Heinrichs zeichnerische Umrisse nicht über epigonale Nachahmung naiver Kunst oder inventiösen Spiritualismus[16] – wenn auch

15 Vgl. zu dieser psychologisch säkularisierten Pädetermination auch Hartmut Laufhütte (*Wirklichkeit und Kunst in Gottfried Kellers Roman ‚Der Grüne Heinrich'*. Bonn 1969) zu Widerspiegelung und „Parallel- und Kontrastgeschichten" im *Grünen Heinrich*, (ebd., 359–372, v. a. 362 ff.): „In einer Welt ohne sinngebendes göttliches Prinzip [...] sind die schicksalbestimmenden Faktoren in die außerhalb der Persönlichkeit liegenden Bereiche, in die äußeren Lebensbeziehungen des Individuums herabgesunken."

16 Zu Heinrichs Beeinflussung durch den Maler Römer vgl. bes. 463 und unten, Kap. 24.6.

zugleich wegweisend in dessen radikalster Konsequenz im Abstrakten – hinausreichen, gewissermaßen also nie zur vollen Ausgestaltung im großen gelungenen Gemälde gelangen, während die literarischen „Umrisse" der Jugendgeschichte ein gleichermaßen kunstvoll komponiertes wie ausgeführtes „Schema" des gesamten Romans darstellen.

Ähnlich wie wahrnehmungstheoretisch die Erinnerung mit *Eindrücken* im Gedächtnis veranschaulicht wurde, schreibt sich also nach Heinrichs Überzeugung die Kindheitsbiographie monadisch, „im Kleinen" die „Hauptzüge" des Ganzen „abspiegel[nd]", als „Umriß" in das „Wissen" des Subjekts ein (wobei das eigentliche Vermögen oder die Eigenschaft dieses „Wissen[s]" zu klären wären) – und hier treten sie nun in unmittelbare Verknüpfung mit dem „Schema", das eine für den *Grünen Heinrich* gleichermaßen wichtige wie elusive mit dem Moment des Umrisshaften verbundene Denkfigur darstellt.

24.5 Schemata und Phänomene

In besonders aufschlussreicher Akzentuierung begegnet das „Schema" in einer Episode aus Heinrichs krisenhafter Phase im Kreise seiner Malerfreunde.[17] Mit Blick auf die Frauen, denen Heinrich sich zugetan fühlt,

17 Die Künstlerfreunde um Heinrich repräsentieren den zeitgenössischen Stilpluralismus, wie er symptomatisch ist für die epigonalitätsbewusste Kunst der Jahrhundertmitte, die der *Grüne Heinrich* in all ihren hoffnungslos suchenden Verästelungen vorführt. Gemeinsam ist allen Tendenzen das gebrochene Verhältnis zwischen Darstellung und ideellem Gehalt: Der Hüne Erikson malt, komisch in der Diskrepanz zwischen eigener Physis und malerischem Stil, lamentierend an seinen nur handtellergroßen Miniaturbildern, die bei aller minimalistischen Darstellungsweise doch mit „geistreichen Schwänzchen und Schnörkelchen" aufwarten (547). Der Holländer Lys hingegen, in dessen Können sich Zeichnung und Farbe vereinigen, kehrt von seiner Italienreise als „Realist" zurück und zerstört seine früheren historischen und mythologischen Werke; alles, was „nach Dichtungen gebildet" war, ist ihm zuwider geworden, denn, wie er unbarmherzig gegen das Epigonentum seiner Zeit urteilt, die Alten hätten bereits für unser Jahrtausend alles erreicht, und auch an die italienische Renaissance lange man nicht mehr heran. Und selbst, wenn man dies noch vermöchte, so fehlte doch der „Gegenstand": Die „alte Staats- und religiöse Geschichte" achte man „nicht mehr und habe[] noch keine neue [...] die zu malen wäre, das Gesicht Napoleons etwa ausgenommen; wir haben das Paradies der Unschuld, in welchem jene noch alles malen konnten, [...] verloren und leben nur in einem Fegefeuer." (549) Die Anzahl der Jahre, die vergangen sind, seit Nachrichten um Napoleons Schicksal die Gemüter beschäftigten, taucht die Epoche in ein fatales Abendlicht, in dessen Schein es geradezu

macht sein Freund Lys die Bemerkung, bei Anna habe es sich um ein „transparente[s] Mädchen" gehandelt, und ebenso stelle die von ihm selbst nunmehr verschmähte Agnes nur ein „Phänomen" (570) dar: Eine „vergängliche Spezialität" sei sie, ein „phänomenartiges Wesen" (637),[18] und auch Heinrich solle sich schämen, fügt Lys hinzu, „als solch ein zierlich entworfenes, aber noch leeres Schema in der Welt umherzulaufen, wie ein Schatten ohne Körper!" (637) Wie Heinrich als Person auf seine noch wenig ausgebildete Persönlichkeit und das bisherige Scheitern seiner Ziele hingewiesen wird, so lässt sich dies auch als ironische Kommentierung auf Erzählerebene lesen, die bemerkt, dass die Figur Heinrich – in ihrem biographischen Scheitern als Maler in einem Künstler-*Bildungs*roman – noch keine *plastische Gestalt* geworden ist, wie sie ein Goethescher Roman modelliert hätte;[19] stattdessen ist dem Exponenten des epochalen Epigo-

---

konsequent erscheint, wenn Lys' Diagnose in der Feststellung kulminiert: „wir sind bloßes Übergangsgeschiebe" (549). So ist Lys' Malen wie ein „Tasten nach der Zukunft", ein „Suchen nach dem ruhevollen Ausdruck des menschlichen Wesens, in dem Beseligtsein seiner eigenen körperlichen Form" (550). Abermals tritt an dieser Stelle einer nunmehr fortgeschrittenen Verunsicherung sozialer und zeitgeschichtlicher Gewissheiten ein erstarkendes Formbewusstsein auf den Plan, mit dem unweigerlich eine Konzentrierung auf die menschliche Gestalt als elementare – und einzig erreichbare – Vergewisserung des integren Selbst einhergeht. – Zu Heinrichs Münchner Künstlerfreunden vgl. Eisert, 111 ff.

18 Diesem ‚phänomenartigen Wesen' von Agnes entspricht ihre Inszenierung als Mondgöttin Diana beim Künstlerfest (599; vgl. dazu Laufhütte, 191) – strahlt doch auch der Mond nicht im eigenen Lichte, sondern (wie die epigonale Kunst der Zeit) im späten Abglanze der untergegangenen Sonne. Zu Kellers Bezügen auf Feuerbachs Schrift *Das Wesen des Christenthums* in diesen Äußerungen über inhaltsleere, schematische Figuren vgl. Schössler, 195. – Zum Festzug vgl. Kontje, 89–92; zum Künstlerfest im Kontext der Desillusionierung Heinrichs vgl. Wick, 182 f.

19 Schössler weist auf Feuerbachs emphatisch „lebendigen Realismus" hin (182, der Begriff bei Schössler nach Feuerbach), dem der „Leib […] nichts [ist] ohne Fleisch und Blut": „Fleisch und Blut ist Leben und Leben allein die Wirklichkeit des Leibes." (Zit. nach Schössler, 195). Vor diesem Hintergrund versteht sie die Wunde, die Heinrich Lys im Duell schließlich zufügt, als poetologische „Gegenschrift zu Heinrichs entleerten Zeichen, vielleicht auch zu denen des Autors", da Heinrich an Lys als „an ein köstliches Pergament" (*Der Grüne Heinrich*, 640) denke, „auf welches man seine heiligste Überzeugung schreiben will". Aus der von Heinrich geschlagenen Wunde tropft dann das Blut, das sich als diese poetologische „Gegenschrift" deuten lässt, zumal, wenn Lys noch bemerken kann: „Der grüne Heinrich hat nur die Feder, mit welcher er seine Jugendgeschichte geschrieben, an meiner Lunge ausgewischt […]." (642). Laut Schössler werde hier „[e]pisch" das, „was im poetologischen Kontext Programm ist [,] blutvolles

nalitätsbewusstseins nur vergönnt, „ein Schatten ohne Körper“ zu sein. In dieser Perspektive entfaltet erst die zeitliche Paradoxie ihren Sinn, denn dass Heinrich *zunächst* ein Schatten sei, dem *noch* der Körper mangle, verkehrt das romantische Bild des Mannes, der keinen Schatten *mehr* hat, zu einer Vignette der Epigonalität: Das unrettbar Nachzeitige erscheint als zweidimensionale Projektion, die in keinem Punkt mehr mit dem unwiderbringlich verlorenen Vergangenen verbunden ist, deren schwachen Schattenschlag sie einzig repräsentiert. Literarisch wie im Hinblick auf das Künstlersubjekt ist an die Stelle der plastischen Gestalt das „Schema“ getreten. Wie sehr der Tadel des Freundes Lys poetologisch-ironisch grundiert ist, verdeutlicht auch dessen Mahnung an Heinrich: „Suche, daß du endlich einen Inhalt, eine solide Füllung bekommst, anstatt Anderen mit deinem Wortgeklingel beschwerlich zu fallen.“ (637) Von leerem „Wortgeklingel“ lässt sich im Falle des *Grünen Heinrich* – als *literarisches* Kunstwerk gesehen – jedoch sicher so wenig sprechen wie von einem schwachen Schema.

In der zweiten Fassung des *Grünen Heinrich* wird dieser subjekttheoretische (und, für den Bildungsroman, narrativ-poetologische) Aspekt des leeren „Schemas“ ein weiteres Mal prägnant in Szene gesetzt, und zwar mittels eines treffenden weiteren Umrissbildes. Heinrich, der mittlerweile Vorlesungen an der Universität hört, beobachtet seine Zwiegespaltenheit zwischen künstlerischem Schaffen und akademischem Studium und bemerkt, wie

> das langsame, kaum mehr von Hoffnung beseelte Hervorbringen eines einzigen Gedankens durch die Hände […] voll unnützer Mühsal zu sein [schien], wenn in der gleichen Zeit tausend Vorstellungen auf den Flügeln des unsichtbaren Wortes vorüberzogen. Diese verkehrte Empfindung beschlich mich um so unbewachter, als meine Teilnahme an wissenschaftlichen Dingen sich auf Hören und Lesen, auf bloßes Empfangen und Genießen beschränkte und ich die Arbeit wissenschaftlichen Hervorbringens nicht aus Erfahrung kannte. So drehte ich mich gleich einem Schatten umher, der durch zwei verschiedene Lichtquellen doppelte Umrisse und einen verfließenden Kern erhält. (*Der Grüne Heinrich*, 2. Fassung, 661 f.)

Das auf Heinrich gemünzte Bild vom „Schatten ohne Körper“ erfährt in diesem Vergleich eine andere Akzentuierung und wird zugleich gesteigert:

Schreiben“, nämlich in einer „leibliche[n] Schrift“ (196), die somit die Poetik des „lebendigen Realismus“ als Kontrafaktur zum Schematismus-Vorwurf (bezogen auf Heinrichs malerische und biographische wie auch des *Grünen Heinrich* poetische Eigenschaften) auf der Handlungsebene veranschaulicht – und in ihrer Drastik zugleich konterkariert. Vgl. auch Naumann, 192 ff.

Erschien er oben vor allem im Hinblick auf die Substanzlosigkeit des historisch Nachzeitigen als reiner Effekt des Vergangenen, so steht hier die generelle reine Rezeptivität des zagenden Protagonisten im Mittelpunkt. Aber auch der Wortlaut erhält von einer zweiten Lichtquelle einen weiteren Deutungsschatten, wenn man die „doppelte[n] Umrisse“ als Reflex auch der zwei Fassungen des Romanes ansieht, in deren Charakteristiken die Reflexions*figur* Heinrich „doppelte Umrisse und einen verfließenden Kern erhält.“ In diesem (vom Ich-Erzähler geäußerten) Spiel mit dem eigenen fiktionalen Charakter erscheint Heinrich somit auch als doppelt umrissener Schattenwurf der beiden künstlerischen Veranlagungen des Autors und Malers Keller: Die *Figur* Heinrich hält (als Exponent einer Epoche künstlerischer Epigonalität) nicht selbst in der einen Hand die Fackel des *disegno* und zieht mit der anderen die Umrisse einer anderen Gestalt nach, sondern ist selbst nur Gegenstand der Abbildung. Dass dies, und in der Zweitfassung durchgehend, jedoch in der *Erzähl*form eines Ich-Erzählers geschieht, ist, im Lichte des obigen Vergleichs, ein weiterer Beleg für den Medienwechsel und die Verschiebung der reflexiven Potentiale von der Malerei hin zur Literatur, in der „tausend Vorstellungen auf den Flügeln des unsichtbaren Wortes vorüber[ziehen]“.

24.6 Die Krise des Umrisses: Dezimalsystem, Schraffuren und eine „Kritzelei“

Eine zunächst unscheinbare weitere Umrisserscheinung eröffnet eine bezeichnende Tiefendimension in der berühmten Atelierszene um Heinrichs große ungegenständliche „Kritzelei“. Die virtuose literarische Raumbeschreibung generiert die Atmosphäre eines Limbus der künstlerischen Orientierungskrise in der Mitte des 19. Jahrhunderts: In dem neuen, großen und leeren Atelier Heinrichs, das als Raumentwurf damit in krassem Gegensatz zu den überbordend engen Kuriositätenkabinetten der Kindheit und den behaglichen Stuben der Jugendzeit steht, bilden ungeheure Cartons und blasse Bilder Heinrichs ein „Labyrinth“ von Stellwänden, als ob ein einziger riesiger Paravent den Raum durchziehe. Als einzig plastisches Kunstobjekt behauptet sich ein allerdings beschädigter *Borghesischer Fechter*, der Heinrich zu Anatomiestudien dient, „und von der Fensternische herab hing zerrissen und verdorrt eine große Efeuranke. Auf der kahlen Mauer“ jedoch,

> wo der Efeu früher in die Höhe gewachsen, sah man dieselbe Ranke mit Kohle höchst sorgfältig und reinlich nachgezeichnet, nämlich nach den Umrissen des Schattens, welchen der Efeu einst in der frühen Morgensonne [!] auf die Mauer geworfen hatte. (655)

Eine präzisere Vignette für das epigonale künstlerische Bewusstsein ließe sich wohl nicht finden als diese Brechung der Ursprungslegende der Kunst: Hatte gerade der (profil-)linien-affine Klassizismus die legendäre Urszene, in der das junge Mädchen den Umriss des Geliebten im Schattenwurf bannt, wieder und wieder malerisch inszeniert, so bleibt dem epigonalitätsbewussten Maler Heinrich nun nicht einmal mehr, den Schatten einer rankenden Pflanze, die sich nicht aus eigener Kraft emporrichten kann und der Stütze eines kräftigeren Stammes, einer Mauer oder Säule bedarf, im hoffnungsvollen Morgenlicht nachzuzeichnen – einer Pflanze zumal, die zwar einst dionysische Feste schmückte, die nun aber – als Signum der epigonalen Kunstepoche – nur noch „zerrissen und verdorrt" herabhängt von der einst stützenden Mauer des Klassizismus als *monumentum aere perennius.*

Vor diesem hintergründigen ‚Bild im Bild' präsentiert sich demjenigen, der in Heinrichs Atelier tritt, auf einer ins Licht gerückten Staffelei ein großer Rahmen, auf den graues Papier gespannt ist. Im Vordergrund sind darauf mit Kohle einige Föhrenstämme „mit zwei leichten Strichen angegeben", doch „[ü]ber den ganzen übrigen leeren Raum schien ein ungeheures graues Spinnennetz zu hangen, welches sich aber bei näherer Untersuchung als die sonderbarste Arbeit von der Welt auswies." (655 f.) Denn der Zeichner hatte, so scheint es, an eine „gedankenlose Kritzelei", die in einer Ecke zur Federprobe unternommen worden war, „nach und nach" noch „ein unendliches Gewebe von Federstrichen angesetzt" (656). In dieser linearen „Wirrsal" zeigt sich jedoch der „bewunderungswerteste[ ] Zusammenhang"; ist doch „in *einem* fortgesetzten Zuge von Federstrichen und Krümmungen" auf der Leinwand „ein Labyrinth" entstanden, in dem sich bisweilen eine „neue Manier", eine „neue Epoche der Arbeit" erkennen lässt (656). Nachdem direkt zuvor die antike Überlieferung zum Ursprung der Kunst bedeutsam umgeformt wurde, scheint es sich nunmehr beinahe um eine Transformation des Wettstreits um die subtilste *linea* zu handeln, in dem allerdings Heinrich nur gegen sich selbst antritt – und gegen die künstlerische Last der Jahrhunderte. Das Resultat ist eine radikal autonome Erscheinungsform der suchenden Linie, die dennoch geradezu triadisch umschlägt in virtuosen Illusionismus: Wo (dies wäre gewissermaßen die dritte antike Künstler-Überlieferung auf knappem Raume) Parrhasius den Malerkollegen Zeuxis übertrumpft hatte, indem er einen *Vorhang* malte, den der Kollege wegzuziehen verlangte, gerät Heinrichs ungegenständliche Zeichnung zum organischen Gebilde des „ungeheure[n] graue[n] Spinnennetz[es]", das wie ein Zeichen der längst vergangenen Epochen die Leinwand zudeckt. Wer das zarte, ephemere „Gewebe" jedoch hinfortziehen wollte, entdeckte darunter mitnichten ein zeichnerisches Kunstwerk, sondern hielte in seinen Händen den *Text* des *literarischen Kunstwerks*, der die komplexe Struktur nach und nach zusammenknüpft zum Roman und dem Leser so den Ariadne-Faden durch das „Labyrinth" von Heinrichs künstlerischem Scheitern legt, der ihn zum Ende des gelungenen Romans eines ganz unepigonalen poetischen Realismus führen wird.

Diese „kolossale[ ] Kritzelei" (656) oder „Gruselei" (659) als Psychogramm von Heinrichs Schaffenskrise, in dem sich „hier und da" einmal „kleinere oder größere Stockungen, gewissermaßen Verknotungen in diesen Irrgängen einer zerstreuten, gramseligen Seele" (656) zeigen, eröffnet, wie Erikson in seiner ironischen Kritik konstatiert, unwillkürlich eine „frei[ ] und für sich bestehende[ ] Welt des Schönen", die „durch keine Realität (oder Tendenz) getrübt" werden dürfe. Damit habe Heinrich einen „gewaltigen Schritt vorwärts getan von noch nicht zu bestimmender Tragweite".[20] Solchermaßen wird das Konzept autonomer Kunst auf die Spitze getrieben: „Denn was ist das Schöne? Eine reine Idee, dargestellt mit Zweckmäßigkeit, Klarheit, gelungener Absicht!" (657 f.) Dies, so Erikson in seiner Persiflage auf das zeitgenössische Kunstkritikertum, sei Heinrich gelungen, indem er die Linien einer potentiellen Landschaft isoliert und „alles Gegenständliche hinausgeworfen" habe; seine „Schraffierungen" seien „Schraffierungen an sich, in der vollkommensten Freiheit des Schönen schwebend". Dies sei die „Zweckmäßigkeit, die Klarheit an sich, in der [...] reizendsten Abstraction". (658)

In der Retrospektive erhalten somit – in ironischem Modus auf der Erzählerebene – auch jene Schraffuren wegweisende Bedeutung, mit denen einst der Maler Römer nichtsahnend die besonders „poetischen", also ideell

20 Die viel diskutierte Frage über die Tragweite dieser frühen literarischen Vorwegnahme abstrakter Kunst muss hier offen gelassen werden; vgl. Eriksons Bemerkung, Heinrich habe eine ganz „neue Phase" eröffnet und sich angeschickt, ein „Problem zu lösen", das „von größtem Einflusse" auf die „deutsche Kunstentwicklung sein kann". (657) Zu der Annahme, dass die „kolossale Kritzelei" mit Balzacs *Chef d'œuvre inconnu* (1831) als früheste Fiktion ungegenständlicher Malerei gelten kann, vgl. Hess, 385, und Naumann, 170 ff., zu Balzac-Parallelen. Vgl. auch Wick, 183–185, die in der Episode keine Vorwegnahme von „Formprinzipien des 20. Jahrhunderts" (ebd., 183) erkennen will.

bedeutsamen, Stellen in Heinrichs Entwürfen überdeckt hatte.[21] Wie der Leser von Heinrich erfährt, habe Römer jedoch in seinem normativ-idealisierenden Blick oft die eigentlich poetischen Partien in Heinrichs Werken übersehen, die er stattdessen im Furor seiner eigenen epigonal-klassischen Manier „überschraffierte": Der ideelle Gehalt des Bildes löst sich *bereits beim Spätklassizisten* Römer auf in Schraffuren, die hier die verselbständigten Schraffuren epigonaler Manier sind, und dennoch vorausweisen auf Heinrichs spätere radikal autonome Schraffuren und Lineaturen, in denen Erikson im ironischen Gestus die Vision einer kommenden Kunst der Abstraktion erkennt. Diese wird damit, durch Römers geläufig-automatisierte Schraffuren, als *Konsequenz* der bisherigen Kunstentwicklung dargestellt (494).

Das absolut freie, autonome Schöne, dessen Idee im autonomieästhetischen Konzept von Karl Philipp Moritz gerade der fest umschlossenen Isolierung und in sich gerundeten Darstellung bedurfte, um aus der prekären, amorphen Umwelt gerettet zu sein (vgl. Kap. 16), wird im *Grünen Heinrich*, im ironischen Gestus, der als solcher nur die epochale Unsicherheit exponiert, um seinen ideellen Gehalt ‚erleichtert'. Die Linien sind nicht ‚schön' als sichtbare Begrenzung der Idee, als Graphem des künstlerischen Konzepts von *etwas*, sondern sind in sich zweckmäßig. Damit jedoch löst sich auch das Konzept des „Umrisses" auf; an seine Stelle tritt die freie Linie – oder die stereotypen Strichkonfigurationen zu Zehner-, Hunderter- oder Tausenderblöcken des reinen Dezimalsystems. Eriksons Entwurf kulminiert in einer ‚Vision' der vollendeten Kunstautonomie in Gestalt eben dieses Dezimalsystems. Und nicht nur auf die Malerei will Erikson diese Tendenz beschränkt wissen: Womöglich werfe auch bald die Dichtung die „zu schweren Wortzeilen weg[ ]" und vermähle sich mit der bildenden Kunst zu jenem Dezimalsystem der leichtbeschwingten Striche [...] in *einer* äußeren Form" (659 f.).[22] Diese Vision der absoluten Vereinigung der Darstellungsmedien beider im etymologischen Wortsinne ‚graphischen' Künste, Zeichnen und Schreiben, die auch Keller selbst ausübte, wird jedoch konterkariert durch die literarische Gestalt des Romanes, der gerade im Motiv des Dezimalsystems mit seinen Strichko-

21 Vgl. zum Einfluss des Malers Römer, bei dem der Name Programm ist, auf Heinrichs Malerei und seinen fortschreitenden „Spiritualismus" bes. 463; vgl. auch Eisert, 110.

22 Vgl. Naumann, 166 ff., zur „Grenzenlosigkeit" und „schockierende[n] Formlosigkeit" (169) der Kritzelei sowie zu Eriksons Kunstkritik im Verhältnis zur Relevanz der „Form" und „Begrenzung" in der kantisch geprägten Ästhetik. Naumann weist zudem auf den Schriftcharakter der Kritzelei hin (173).

lonnen getreu dem Heinrich in den Mund gelegten poetologischen Konzept verfährt, nach dem die Kindheitsgeschichte als dem Subjekt eingeprägter Umriss das ganze Leben determiniert: Denn bereits den kleinen Jungen Heinrich faszinierten die Chiffren und Zahlenkolonnen, die Frau Margret wie eine „altheidnische Zauberschrift"[23] mit Kreide auf die Tischplatte ihres Trödlerladens schrieb (102). Auch die absolute Abstraktion und von aller Tradition gelöste Autonomie einer visionären neuen Kunst, verbildlicht im in sich zweckmäßigen Dezimalsystem der Striche, verweist somit zurück auf den unweigerlich determinierenden ‚Umriss' der Geschichte, deren demodierte Artefakte als Relikte vergangener Epochen die Regale und Truhen des Trödlerladens beherbergen (103), wenn selbst die autonomen Striche sich als Spuren der Archivierung und Verwaltung, der Aufzeichnung der Tradition erweisen, wie sie auch literarisch den ‚Umriss' des Romans bestimmen.

24.7 Umriss-Akzentuierungen der Zweitfassung

24.7.1 Die konturlose Hybrid-Sprache der Kunstkritik

In der zweiten Fassung des *Grünen Heinrich*, erschienen 1879/80,[24] begegnet eine Episode, die, wenngleich zeitlich verschoben, prägnante Reflexe auf die künstlerische Orientierungslosigkeit der Epoche wirft. Heinrich bemerkt dort die „seit einiger Zeit" übliche „wunderliche Manier, in welcher die verschiedenen Künste ihre technische Ausdrucksweise vertauschen." Er habe (504 f.)

> kürzlich die Kritik einer Symphonie gelesen, worin nur von der Wärme des Kolorites, Verteilung des Lichtes, von dem tiefen Schlagschatten der Bässe,

23 Selbst der absoluten Abstraktion wohnt somit sogar noch der Zauber des magischen Potentials inne, das den Ursprung der Kunst geprägt hatte. Deren reduziertestes Signum, die reine Linie, wird nun zum Hoffnungsträger einer neuen Genesis *ex nihilo* – freilich nur für die *bildende Kunst*, denn der Roman gelingt in ausgesprochen virtuoser, aber konventioneller verbalsprachlicher und schriftlicher Form.

24 Vgl. zur zweiten Fassung des Romans den Kommentar von Peter Villwock in: Gottfried Keller: *Sämtliche Werke in sieben Bänden.* Hg. v. Thomas Böning u. a. Bd. 3: *Der grüne Heinrich. Zweite Fassung*, Frankfurt a.M. 1996, und den Überblick bei Dominik Müller: *Wiederlesen und weiterschreiben. Gottfried Kellers Neugestaltung des „Grünen Heinrich".* Mit einer Synopse der beiden Fassungen. Bern [u. a.] 1988.

> vom verschwimmenden Horizonte der begleitenden Stimmen, vom durchsichtigen Helldunkel der Mittelpartieen, von den gewagten Konturen des Schlußsatzes u. dgl. die Rede sei, so daß man durchaus die Rezension eines Bildes zu lesen glaube;

„gleich darauf" habe er „den rhetorischen Vortrag eines Naturforschers" gehört, „der den tierischen Verdauungsprozeß beschrieb" und diesen

> mit einer gewaltigen Symphonie, ja mit einem Gesange der göttlichen Komödie [verglich], während an einem andern Tische des öffentlichen Lokales einige Maler die neue historische Komposition des berühmten Akademiedirektors besprochen und von der logischen Anordnung, der schneidenden Sprache, der dialektischen Auseinanderhaltung der begrifflichen Gegensätze, der polemischen Technik bei einem dennoch harmonischen Ausklingen der Skepsis in der bejahenden Tendenz des Gesamttones zu reden gewußt hätten, kurz, es scheine keiner Zunft mehr wohl in ihrer Haut zu sein und jede im Habitus der andern einherziehen zu wollen. (505)

Heinrich knüpft an diese begrifflichen Grenzüberschreitungen die Vermutung, es handle „sich um das Ermitteln und Feststellen eines neuen Inhaltes für sämtliche Wissenschaften und Künste, wobei man sich beeilen müsse, nicht zu kurz zu kommen." (505) Vor dem Hintergrund einer solchen Epochendiagnose der universalen Vermischung aller etablierten künstlerischen Formen verwundert es wenig, auch die „Konturen" selbst in der Reihe der diffundierenden Termini zu finden[25] – so sehr sie auch als darstellerisches Medium der Malerei zum Signum des epigonalen Bewusstseins geworden sind, so gelungen fungierten sie doch bereits in der ersten Fassung des Romans als ästhetische und besonders auch narrative Denkfigur. Allerdings waren es dort stets real vorliegende künstlerische Umrisse, die auf unvergleichlich subtilere Weise in den *erzählten* Bildern fungierten als in der platt metaphorischen Sprache dieser fingierten „Rezension eines [musikalischen] Bildes".

24.7.2 Der *Borghesische Fechter:* Von „Form zu Form" eine „kleine[] Republik von Wehrmännern, […] um ihren Verband gegen die Zerstörung zu schützen"

In der zweiten Fassung wird dem *Borghesischen Fechter* noch größere Aufmerksamkeit zuteil als in der ersten Fassung, wo seine lebendige

25 Zum „terminologischen Transfer" an dieser Stelle vgl. Naumann, *Die „kolossale Kritzelei"*, 162.

Plastizität Heinrich einen Ausweg aus dessen Schaffenskrise aufzeigt.[26] In der Zweitfassung berichtet Heinrich (die Erzählperspektive mag in diesem hochreflexiven Moment besonders bedeutsam sein und damit in Wechselwirkung stehen) akribisch, wie er die plastischen Konturen zeichnerisch nachvollzieht. Heinrich räumt, bezeichnenderweise, alle seine „Bilder und Staffeleien" beiseite und stellt die „Figur in die Mitte des Zimmers auf ein Tischchen" – und auch die *disegno*-Metaphorik fehlt nun nicht, wenn der kreative Impuls von der Plastik ausgeht, die Heinrich „ins Licht" rückte:

> Ein helleres Licht ging aber trotz dem geräucherten Zustande von dem Bilde aus, in welchem das Leben im goldenen Zirkel von Verteidigung und Angriff sich selbst erhielt. Von der erhobenen Faust des linken Armes über die Schultern weg bis zur gesenkten des rechten, von der Stirn bis zur Zehe, dem Nacken bis zur Ferse wallte von Muskel zu Muskel, von Form zu Form die Bewegung, der Schritt aus der Not zum Siege oder zum rühmlichen Untergange. Und welche Formen in ihrer Verschiedenheit! Alle diese Organe glichen einer kleinen Republik von Wehrmännern, welche von einem Willen beseelt vorandrangen, um ihren Verband gegen die Zerstörung zu schützen.
>
> Unversehens suchte ich einen reinen Bogen Papier, spitzte einen Kohlenstengel sorgfältig zu und begann mich in den Umrissen dieses und jenes Gliedes zu versuchen, dann, als hiemit nicht viel herauskommen wollte, den linken Arm bis in die Achselhöhle und die von da fortlaufende Bewegung bis in die linke Weichengegend hastiger in ganzer Form rasch zu packen; aber die Hand war ungeübt hiefür, und erst als die Kohle sich etwas abgestumpft hatte, wollte der Strich von selbst leibhafter werden und ein gewisses Leben in die Finger fahren. Aber nun war das Auge nicht gewöhnt, angesichts der menschlichen Gestalt der Hand rasch genug vorzuleuchten; ich mußte aufstehen und die Begrenzungen und Übergänge genauer untersuchen […]. (619 f.)

Heinrich, dem aus Mangel an anatomischen Kenntnissen allerdings nur die Darstellung dieser einzigen Körperhaltung gelingen wird, vollzieht hier eine quasitaktile Annäherung an die Plastik in Herders Sinne. Der auf eine Perspektive beschränkte Gesichtssinn genügt nicht, und so erschließt er sich den Kontur („Begrenzungen und Übergänge") durch räumliche Bewegung um die Gestalt herum. Freilich gibt Heinrich zu erkennen, dass sein Entwurf von einer gewissen Skizzenhaftigkeit ist, die aber keine ‚komponierte', erfundene mehr ist, sondern eine Loslösung von überdeutlicher Detailgenauigkeit zugunsten der Erfassung einer gestalthaften „ganze[n] Form" bezeugt, wenn er bemerkt, erst die „abgestumpft[e] Kohle" habe den gewünschten Effekt gehabt: dass der Strich „von selbst leibhafter" – also plastisch, körperlich – wurde und „ein gewisses Leben"

26 Zum Borghesischen Fechter (mit einem Überblick zur Rezeption der Statue im 18. Jahrhundert) vgl. Naumann, *Die „kolossale Kritzelei"*, 178 ff.

dem Zeichner selbst „in die Finger“ fuhr. Die Loslösung von der streng bezeichneten, detailliert-distinkten Umrisslinie eines Stengelbäumchens vollzieht sich in der Wiedergabe eines *Ganzen*, die Heinrich damals misslungen war.

Eine Beziehung zwischen beiden Zeichenszenen als Szenarien eines Kampfes wird gewährleistet durch die Metaphorik, mit welcher der Kontur-Verlauf beschrieben wird. Hier ist es kein Zweikampf von Baumriese und Zeichner, sondern der Zeichner steht einer „kleinen Republik von Wehrmännern“ gegenüber: lauter Einzelkämpfern der mannigfaltig bewegten Konturen. Selbst der defizitäre kleinformatige Abguss des *Fechters* wird bei Keller noch einmal zum Symbol all dessen, was dem Kontur der Plastik in der Ästhetik des späteren 18. Jahrhunderts aufgebürdet wurde: den „Verband“ der Identität des Subjektes „gegen die Zerstörung zu schützen“, auf dass „das Leben im goldenen Zirkel von Verteidigung und Angriff sich selbst“ erhalten könne. In dieser Formulierung scheint, wie auch in dem folgenden „von selbst leibhafter werden[den]“ „Strich“, sowohl das Faszinationspotential des mit einem emphatischen Lebens- und Leibhaftigkeitsideal aufgeladenen Gestaltkonzepts auf als auch die Ahnung von dessen Unverfügbarkeit. Dass „das Leben [...] sich selbst“ erhalten könne also – und zwar gewährleistet durch die formale, plastische Integrität des Kontur. Es ist Heinrichs Unglück, literarischer Protagonist in einer Epoche zu sein, der auch diese Rettung des Subjekts im Ästhetischen nurmehr historisch geworden war.

25. Konturen und Umrisse – Schatten und Schemen einer Denkfigur in der zweiten Hälfte des 19. Jahrhunderts (Paul Heyse, Theodor Fontane)

Nachdem der plastische „Kontur" bereits um 1800 allmählich und schließlich gänzlich als ästhetische Reflexionsfigur verschwunden war, während die graphisch-malerischen „Umrisse" zunächst noch Reflexionspotential bereithielten, wenngleich sie eher ein Schattendasein neben den (früh)romantisch emanzipierten Arabesken führten, verlieren auch diese Umrisse in der zweiten Hälfte des 19. Jahrhunderts ihren Status als Reflexionsmedium der Literatur. In dem Nachlassen des künstlerischen Reflexionspotentials umrissdefinierter Darstellungsmedien wirken mehrere Faktoren zusammen: Zum einen boten Umrissdarstellungen in der Buchillustration keine neuartigen Reize mehr dar, da reproduktionstechnische Neuerungen den Markt bestimmten (die Lithographie, besonders aber der Holzstich), die besser geeignet waren, um malerische Effekte wiederzugeben – und somit auch andere Blickkonditionierungen und sekundär literarische Reflexionsprozesse bedingten. Zudem generierte wohl auch das restaurative Klima ein anderes Subjektsgefühl als Basis künstlerischer Gestaltung, als dies in der Umbruchssituation an der Epochenschwelle um 1800 der Fall gewesen war: Die Konzentration, der Rückbezug auf den integren Kontur der fest umrissenen Menschengestalt in einer amorph erfahrenen Lebenswelt wirkte nicht mehr stilbildend. Den folgenden künstlerischen Stilrichtungen, zunächst Realismus und Naturalismus, dann aber vor allem Impressionsmus, konnten Umrisse und Konturen kaum als gemäße Reflexionsfiguren erscheinen: Eine realistische[1] oder naturalistische literarische Wiedergabe von Welt zielte auf andere Effekte als den entweder klassizistisch geschlossenen Kontur oder die romantisch an die Einbildungskraft appellierenden suggestiv-sentimentalischen Umrisse; noch weniger konnte einer impressionistischen Darstellung (oder ihren literarischen Reflexen) an Umrisseffekten gelegen sein. In dem gleichen Maße also, in dem die ‚Umrisse' ihr Reflexionspotential für

---

1 Eine Ausnahme bietet der in Kap. 24 gezeigte Sonderfall des *Grünen Heinrich*, der gerade als Künstlerroman zur Reflexion dieser Problematik geeignet erscheint.

die Literatur in der Auseinandersetzung mit der bildenden Kunst verlieren, erscheinen sie auch als bloße metaphorische Schemen bzw. Schematismen, die tatsächlich als solche: als Schemen oder Bedeutungsschatten mit großer Beliebigkeit und reflexiver Sinnentleertheit inflationär gebraucht werden können.

25.1 Paul Heyse: Umrisse in der Lyrik als „eines Schattens Schattenrisse“

Als Paradebeispiel präsentiert sich der Epilog, den Paul von Heyse seiner lyrischen Folge von *Landschaften mit Staffage* anfügte.[2] Zunächst einmal sind nun Landschaften unter allen Gattungen der Malerei diejenige, die wohl am wenigstens von Umrissen und am meisten von atmosphärisch-luftperspektivischen Farbübergängen geprägt ist. Dass Heyses *Landschaften mit Staffage* bereits im Titel des Zyklus die sekundäre Bedeutung der darin erscheinenden menschlichen Gestalten anzeigen, lässt ebenfalls kaum vermuten, dass deren Konturen lyrisch besonders klar modelliert werden könnten.

Der Gedichtzyklus besteht aus 16 Gedichten, gerahmt von einem Prolog und dem genannten Epilog; die Gedichte mit Titeln wie *Morgen am*

2 Ich zitiere nach der Ausgabe: Paul Heyse: *Hadrian/Alkibiades. Gedichte und Übersetzungen.* Stuttgart 1924 (Paul Heyse: *Gesammelte Werke.* Dritte Reihe. Bd. V), 283–295. Heyses Gedichtzyklus *Landschaften mit Staffage* ist in der Ausgabe seiner *Gesammelten Werke* ohne Datumsangabe abgedruckt zwischen Gedichten und Zyklen überwiegend aus den 70er und 80er Jahren, sofern sie datiert sind; die Anordnung scheint primär durch den darauffolgenden Zyklus „Italienisches Skizzenbuch“ bedingt zu sein (diesem folgen die Zyklen „Römische Sonette“ und „Kunst und Künstler“). Bereits in der erweiterten Ausgabe von Heyses Gedichten aus dem Jahre 1889 (4. Aufl., Berlin: Hertz) befindet sich der *Landschaften*-Zyklus vor dem *Italienischen Skizzenbuch.* Dieses wiederum beginnt mit einem titellosen Eingangsgedicht, in dem ein Ich „[m]it der Palette […] durchs Land“ wandert, um „[i]n raschen Zügen farbig aufzuschreiben“, was ihm „Aug- und Seelenweide“ war, und es fingiert das Bekenntis: „Ich hatte just kein bessres Thun zur Hand./ Ein alter Pinsler kann nicht müßig bleiben. […] So sind die losen Blätter angeschwollen/ Notizen, Studien, Stimmungen, Motive,/ Bald schlicht und ernsthaft, bald im Stil des Berni. // Man muss nicht jederzeit das Höchste wollen,/ Nicht stets die Welt betrachten in der Tiefe,/ Nicht jeden Floh *sub specie aeterni.*“ (Heyse, *Gesammelte Werke,* V, 262) Der Epilog erscheint damit auch als gemäßer *Pro*log zu diesem Zyklus, in dem sich Motive auf Tiefe leider bloß mäßig reimen und dessen Eingangsgedicht auch die „losen Blätter“ der vorangegangenen „Landschaften“ treffend charakterisiert.

Ufer. Motiv am Gardasee, Auf der Höhe, Abendstimmung, Am Genfer See, Alpenfeuer, aber auch *Neuer Wein* oder *Vogelscheuche* vereinigen überwiegend ‚gemütlich‘-stimmungsvolle, von leichter Alterswehmut grundierte ‚Bilder‘ aus verschiedenen ‚Landschaften‘ – neben dem Garda- oder dem Genfer See erscheint auch eine Gegend „Am Rhein“. Die Landschaften selbst sind nicht von besonderer Konturiertheit; einmal nur heißt es „Der Zypressen dunkle Flammen/ Züngeln still empor am Hügel“ (*Abendstimmung,* 285, V. 7 f.).[3] Zur „Staffage“ dienen mehrfach junge Mädchen: eine „Dirn‘“ im Gebirg, die gleich dem über ihr schwebenden „Weih“ einen jähen „Schrei“ ausstößt, „daß die Stille/ Nicht sprengt ihre Brust“ (*Auf der Höhe,* 284 f.), oder ein „Wäschermägdlein“, ein „Jugendblut, kaum funfzehn Jahr/ Verschlafen noch ihr Augenpaar/ Das Röckchen dürftig, hochgeschürzt“ (*In der Bucht,* 286); es treten aber auch Kühe auf, „die grasen vorbei mit Gebrumm“ (*Die Tabaksmühle,* 293), „[d]ort auf der Wies' ein alter Gaul/ Nascht wählig saft'ge Spitzen./ Vorzeiten war er auch nicht faul,/ Jetzt läßt er andre schwitzen“ – und wird so zur Sehnsuchtsfigur des alternden Menschen, der sich schließlich immer noch um seine Kinder sorgen müsse, „die im Examen schwitzen“ (*Am Fluss,* 287 f.). Ein Hirsch fürchtet sich im *Abend auf der Heide* vor dem „Nebelwolf“ (290), und im *Hochsommer* sieht „[d]as Reh aus grünen Schatten/ [...] träumend in die Welt“, „[d]er Kutscher, das Pferd und die Peitsche/ Nicken schläfrig alle drei.“ (294) Ähnlich oszillieren alle diese befremdlichen „Landschaften“ zwischen flirrender Mittagshitze und Abendrot, die beide von einer gewissen Müdigkeit grundiert sind.

Während der *Epilog* mit Metaphern der Sichtbarkeit wuchert (s. u.), korrespondiert ihm im *Prolog* ein Gedicht, das die sprachlich-poetische Unzulänglichkeit thematisiert, es beginnt: „Ein irres Stammeln nur,/ Ein schüchtern Radebrechen!/ Wie glückte mir's, Natur, Dein Wesen auszusprechen!“ Das durch und durch epigonale Gedicht integriert auch noch einen Anklang an Goethes *An den Mond* in den Versen „Magst du in Frühlingspracht/ Der eignen Schönheit staunen, In Sturm und Wetternacht/ Erhabne Sprüche raunen.// Dann wieder lächelst du/ Und wandelst Deine Bahnen,/ Und ohne Rast und Ruh/ Folg' ich in dumpfem Ahnen“ (283). Goethes „Rausche, Fluß, das Tal entlang/ Ohne Rast und Ruh,/

3 Doch wird diese Silhouette sogleich im folgenden Vers in ein Helldunkel mit wenigen Farbakzenten aufgelöst: „Rings die Welt in falbem Lichte/ Aus dem Laub nur dunkelhelle/ Leuchten noch wie Zauberfrüchte/ Der Orangen goldne Bälle.“

Rausche, flüstre meinem Sang/ Melodien zu!"[4] hat Heyse recht wörtlich genommen.

Im Epilog nun folgt der Abgesang des ‚schläfrigen' Ich:

Epilog

Nur mit flinkem Stift umschrieben,
Angetuscht mit leichten Tönen,
Kaum ein Umriß ist geblieben
All des farbenkräftig Schönen.

Und vorbei noch schattenhafter
Wird euch die Staffage gleiten,
Ein im Schlendern aufgerafft ter
Haufe schlichter Menschlichkeiten.

Doch des Malers Bild – gleich jenen
Schwindet's bald ins Ungewisse.
Sollten sich unsterblich wähnen
Eines Schattens Schattenrisse?[5]

Bereits der Titel „Epilog" kündigt es an: Es handelt sich um etwas nach dem Eigentlichen Gesprochenes, um ein Etwas, das dem Gegenstand nachfolgt wie ein Schatten. Und Heyse entfaltet tatsächlich in den drei Strophen kreuzgereimter vierhebiger Jamben eine Phänomenologie – oder man müsste eher sagen: Paraphänomenologie des Schemenhaften.

Der Epilog folgt, wie gesehen, auf 16 Landschaftsgedichte. Im Medium der Landschaftsskizze reflektiert Heyse bildlich das poetische Verfahren und dessen – genau so intendierte – Wirkung: Die „Landschaften" werden „mit flinkem Stift umschrieben" und dann mit andeutenden „leichten Tönen" „[a]ngetuscht". Bezeichnenderweise reimen sich dabei „umschrieben" und „geblieben" sowie „mit leichten Tönen" und „des Farbenkräftig Schönen": Die Farbe verblasst wie auf alten Stichen, während das zwar nur „flink[ ]" „Umschrieben[e]" und nur als „[k]aum ein Umriss", aber immerhin als solcher *bleibt.* Dem Umriss, gewissermaßen dem Schatten der farbigen Landschaft, folgt in der zweiten Strophe, die eine Beschleunigung wie in einem Kinematographen suggeriert, in dem die Silhouettenbilder vorübereilen, eine Steigerung, das heißt hier also *Abschwächung* des Dargestellten ins „noch [S]chattenhafter[e]". Dasjenige, worum es hier nun geht, ist aber nicht die „Staffage" als malerisch Dargestelltes, sondern deren reales Vorbild – das als undifferenzierter, wahllos

4 MA 2, 1, 35, V. 21–24, vgl. V. 25–28: „Wenn Du in der Winternacht/ Wütend überschwillst,/ Oder um die Frühlingspracht/ Junger Knospen quillst."

5 Heyse, *Gesammelte Werke,* V, 295.

„im Schlendern aufgerafft er/ Haufe schlichter Menschlichkeiten“ bezeichnet wird. Der Reim von „gleiten“ und „Menschlichkeiten“ stellt die kategorische Umkehrung des sistierenden, integren Kontur der individuellen Menschengestalt dar (die hier bestenfalls noch im Modus des gesteigert „[S]chattenhafter[en]“ umrissen werden kann); die durch zahlreiche „sch“- und „ch“-Laute sowie das weiche „g“ in „Staffage“ klanglich vorüberhuschenden anonymen „Menschlichkeiten“ im Plural erinnern an die ebenfalls „im Schlendern“ des Flaneurs vorüberströmenden Menschenmengen. Generell geht es in diesem Zyklus der verblassenden Schemen wohl eher um die nurmehr am alternden Betrachter vorübergleitenden, ihn aber nicht mehr in ihr Leben hineinziehenden Nachfolgenden wie die jungen Mädchen in der „Staffage“ seiner Gedichte. Immerhin ist es wiederum der Reim auf „schattenhafter“, der den einzigen semantischen Haltepunkt der Strophe bildet: Doch ein „aufgerafft er/ Haufe“ ist es, der zwar kurzfristig gebunden wird, doch durch die Assonanz „auf“ sogleich die Fixierung des im Schattenhaften Zusammengerafften in den nächsten Vers mitzieht und sie so auflöst im amorph Ununterschiedenen.

Die dritte Strophe nun legt Schattenriss auf Schattenriss und suggeriert so, dass die vermeintlich verewigende Leistung des (lyrischen) Malers und die Vergänglichkeit der vorübergleitenden „Menschlichkeiten“ deckungsgleich seien: „gleich jenen“; das Los der Menschen wird so auf das eitle „wähnen“ gereimt, das den hoffnungslosen Anspruch des poetischen Landschaftsgemäldes im deliberativen Fragemodus bezeichnet. Angesichts des universellen Vorübergleitens aller „Menschlichkeiten“, die nurmehr als „Staffage“ taugen, aber nicht zu charakteristischer, poetisch-plastischer Individualität von Gestalten, ist der Reim, auf den sich „eines Schattens Schattenrisse“ beziehen, das „Ungewisse“ – doch zugleich biegen sie natürlich den Kreis zurück zum ersten Vers der ersten Strophe: Die Silhouette des Gedichtes schließt sich so, „mit flinkem Stift umschrieben“. Mag das Gedicht auch implizieren, dass im Gegensatz zur vergänglichen „Staffage“ der wechselnden „Menschlichkeiten“ der Hintergrund, die „Landschaften“, jenseits ihrer menschlich abgeschwächten, medialisierten Erscheinung in der Kunst, einzig unverändert und strahlend von frischen Farben bleiben – Heyses wenngleich kunstfertig durchexerzierte Fingerübung gleitet in der Lektüre ebenso widerstands- wie rückstandslos vorüber; die Stimme aus dem Schattenreich gibt nurmehr ein mattes semantisches Echo dessen, was einmal das Reflexionspotential von Umrissphänomenen ausmachte, als mit ihnen mehr verbunden wurde als ihre offensichtliche Eignung zur schematischen Metapher des Schemenhaften. Sucht man in

Heyses Gedicht unter den verschiedenen Grauschattierungen von Metaphern des Substanzlosen nach dessen eigener Substanz, sollte es nicht verwundern, wenn sich vom weißen Papier nur die Schriftzeichen als distinkter schwarzer „Haufe" aufgeraffter *loci communes* abheben, die zwar alle schattig sind, von denen aber keiner ein *locus amoenus* in der Geschichte der Denkfigur der „Umrisse" ist.

25.2 Theodor Fontane: Umrisse als seismographische Notate der gesellschaftlichen Form im „Zeitroman" *Der Stechlin*

In Theodor Fontanes Roman *Der Stechlin*, 1897 zuerst veröffentlicht,[6] erscheint die Frage nach der Geltung von Farbe und Umrissen als künstlerischen Darstellungsmedien in einer Dialogszene, doch nicht ohne augenzwinkernd gebrochene Perspektive, durch welche die Wertung, die der Sprechende, der „alte[] Malerprofessor" Cujacius (242), den Umrissen gibt, relativiert wird. Die Aspekte, die von Cujacius mit umrissbetonter Darstellungsweise verbunden werden, setzen zwar einen neuen Akzent in der Geschichte ihrer Konnotierungen, doch lässt sich dieser durchaus konsequent aus den früheren Momenten der Konzeptgeschichte ableiten. Abgesehen davon jedoch, dass diese Neuakzentuierung auf bestimmte Weise charakteristisch für Fontanes Zeit ist, zeigt sie sich auch als charakteristisches Darstellungsmoment seiner dem Roman zugrundeliegenden Poetik, die wiederum dazu beiträgt, den Roman als einen „Zeitroman", so Fontane, erscheinen zu lassen. Bestimmend dafür sind zum einen die zahlreichen Gespräche der Charaktere,[7] in denen ein Panorama von beständigen Gesinnungen und aufflackernden Meinungen entworfen wird.[8]

6 In der Zeitschrift *Über Land und Meer*; als Buch wurde der Roman 1899 publiziert. Im Folgenden mit Seitenzahlen im Text zitiert nach der Ausgabe: Theodor Fontane: *Der Stechlin.* Mit einem Nachwort von Walter Müller-Seidel. Frankfurt a.M. 1975.

7 Vgl. Lieselotte Grevel (*Das Alte und das Neue. Ambivalenz und Eindeutigkeit in Theodor Fontanes Roman „Der Stechlin"*, in: Zeitschrift für deutsche Philologie 127 2008, H. 4, 517–533) zum Dualismus von Altem und Neuem bei Fontane, besonders zum Konzepts des Zeitromans und zur virtuosen Gesprächsführung im *Stechlin*, v.a. zur „symbolische[n] Wertigkeit" der vermeintlich äußerst realistischen Konversationen (518).

8 Vgl. zur „Gesprächskunst" Fontanes Peter Hasubek: *„… wer am meisten red't, ist der reinste Mensch". Das Gespräch in Theodor Fontanes Roman „Der Stechlin".* Berlin 1998, v.a. 43 ff. mit einem Forschungsüberblick zur Relevanz des Gesprächs bei Fontane sowohl im Hinblick auf die Kompensation mangelnder politisch-

Fontane selbst bemerkte über den *Stechlin* in einem Briefentwurf, es sei darin „[a]lles Plauderei, Dialog, in dem sich die Charaktere geben, mit und in ihnen die Geschichte. Natürlich halte ich dies nicht nur für die richtige, sondern sogar die gebotene Art einen Zeitroman zu schreiben [...].“[9]

Zum andern tragen auch Kunstwerke und Kunstanschauungen der Charaktere dazu bei, die Eigenschaft des *Stechlins* als ‚Zeitroman‘ zu veranschaulichen;[10] nicht zuletzt geschieht dies aber auch durch ein subtiles Gefüge von Korrespondenzen des Kleinsten mit dem Lauf der großen Weltgeschichte, wie sie in den geologisch außerordentlichen Reaktionen des märkischen Stechlin-Sees augenfällig in Erscheinung tritt, der „in einer halb rätselhaften Verbindung“[11] seine „großen Beziehungen“ zu den Geschehnissen in der großen weiten Welt unterhält, die er durch „Strudel und Trichter und stäubende Wasserhosen“ anzeigt[12]. Der Stechlin-See fungiert gleichsam als überzeitliches und nicht auf eine Aussage reduzierbares Mahnmal für den großen Zusammenhang der Dinge. Wie sich der See mit seinen Wasserphänomenen als Seismograph geologisch-physikalischer Erschütterungen der Welt- und Naturgeschichte erweist, so erscheinen in der betreffenden Dialog-Passage die Präferenzen für künstlerische Darstellungsweisen (vor allem Umrissphänomene) als seismographische Notate für gesellschaftliche Erschütterungen der Zeitgeschichte.

Die zentrale Äußerung begegnet in einem Dialog zwischen Woldemar, dem Sohn des alten Stechlin, und Cujacius, der zuvor mit dem bedeutsamen Hinweis auf seinen „unentwegten Peter-Cornelius-Enthusiasmus“ (242 f.) eingeführt worden ist. Woldemar bemerkt, er habe sich in seiner

---

sozialer Einflussnahmemöglichkeit, in der die Reflexion das Handeln ersetze, als auch hinsichtlich des Realismus, da *Gespräche* nicht erst in Sprache transformiert werden müssen. – Zu funktionalen „Figurationen“ von Rede und Gesprächen bei Fontane vgl. auch Christine Renz: *Geglückte Rede. Zu Erzählstrukturen in Theodor Fontanes „Effi Briest“, „Frau Jenny Treibel“ und „Der Stechlin“.* München 1999.

9 Entwurf zu einem Brief an Adolf Hoffmann, Berlin, wohl im Mai/Juni 1897, in: Theodor Fontane: *Werke, Schriften und Briefe.* Hg. v. Walter Keitel. München 1982 (Briefe: 1890–1898, Abt. 4, Briefe, 4), 650.

10 Eda Sagarra: *Theodor Fontane: „Der Stechlin“.* München 1986, 72, zur Bedeutung von „Kunst und Kunstdenkmäler[n]“ im *Stechlin,* die auch „als ‚Vorausdeutungen‘ auf den Einbruch des Revolutionären“ fungieren sowie natürlich zur Charakterisierung der Figuren des Romans.

11 Brief-Entwurf an Adolf Hoffmann; *Briefe* 4, 4, 650.

12 Vgl. Fontanes Beschreibung des Sees in den *Wanderungen durch die Mark Brandenburg* (Erster Band, erschienen 1862; Theodor Fontane: *Werke, Schriften und Briefe.* Hg. v. Walter Keitel. München 1966. Abt. 2, *Wanderungen durch die Mark Brandenburg,* 1; Zitate ebd., 341).

Londoner Zeit „auch gern um Künstlerisches gekümmert, speziell um Malerisches. So zum Beispiel um die Schule der Präraffaeliten." Cujacius weist diese Kunstrichtung jedoch sogleich von sich mit den Worten, es sei „[e]in überwundener Standpunkt" (281), und es entspannt sich ein Kunstgespräch, das auf einem Missverständnis zwischen Woldemar und Cujacius beruht: Während letzterer immerhin nicht gänzlich abfällig den Maler Millais anführt, „den englischen Millais", denkt Woldemar, den Namen phonetisch missdeutend, an den Franzosen „Millet" (282). Indem das Gespräch vorführt, wie Cujacius Woldemar für seinen mangelnden Kunstverstand vor den anderen Zuhörern (den Damen der Gesellschaft) genüsslich bloßstellt, kann hier ein plastisches Charakterbild des „alte[n] Malerprofessor[s]" sowie seiner gesellschaftlichen Ansichten gezeichnet werden, denn die Bloßstellung Woldemars dient „sehr zur Erbauung des Professors, dessen rasch wachsendes Überlegenheitsgefühl unter dem Eindruck dieses Fauxpas immer neue Blüten übermütiger Laune trieb." (282) So bemerkt er, „Millais" und „Millet" seien „‚[…] einander wert' [.] Der französische Millet ist eine Null, ein Zwerg, neben dem der englische vergleichsweise zum Riesen anwächst" (282). Dennoch hätten sich früher auch Cujacius und seine Kunstkameraden für ihn interessiert:

> „Und mit Recht. Denn das Präraffaelitentum, als dessen Begründer und Vertreter ich ihn ansehe, trug damals einen Zukunftskeim in sich; eine große Revolution schien sich anbahnen zu wollen, jene große Revolution, die Rückkehr heißt. Oder wenn Sie wollen ‚Reaktion'. Man hat vor solchen Wörtern nicht zu erschrecken. Wörter sind Kinderklappern." (282)

Damit führt das beiläufige Kunstgespräch mitten in den gesellschaftpolitischen Kern des *Stechlins* als „Zeitroman"[13] und gibt darüber hinaus auch ein Beispiel für Fontanes „Dialogisierung der gesellschaftlichen Prozesse".[14] Cujacius, durch und durch konservativ, versteht in dem Worte „Revolution" am liebsten das Präfix „Re-", und so erhofft er sich eine künstlerische „Rückkehr", lieber aber noch eine *aktive* „‚Reaktion'" – denn die künstlerischen Strömungen erscheinen ihm, wie sich gleich zeigen wird, als graphische Notate des gesellschaftspolitischen Klimas. Die Selbstbeschwichtigung, „solchen Wörtern" nicht so viel Bedeutung beizulegen, sie

13 Zur „Wilhelminische[n] Politik in der Perspektive des Romans" vgl. Sagarra, 59–65, und ebd., 66–77, zur „Symbolik der Revolution im Roman". Sie spricht angesichts der „Fülle von Hinweisen auf die Revolution und das ‚Revolutionäre'" von einem „Leitmotiv". (66)

14 Vgl. auch Hugo Aust: *Theodor Fontane: Ein Studienbuch*. Tübingen/Basel 1998, 30.

seien ja nur „Kinderklappern", mag zwar seiner Ansicht nach die Parolen und Schlagworte der von ihm gefürchteten ‚Revolutionäre' entschärfen, doch enthüllt er damit zugleich unfreiwillig die Substanzlosigkeit seiner eigenen Phrasen, in denen er wie hier sophistisch die Worte und ihre nun wirklich arbitrairen Bedeutungen gegeneinander austauscht wie in einem Hütchenspiel.

In historischer Perspektive ist es ausgesprochen interessant, dass nach den wirklich vor Raffael tätigen Künstlern, die den Frühromantikern als Inspirationsquelle und Ideal erschienen, und den Nazarenern, deren Werke Keller bereits als epigonal galten, nun ausgerechnet die Präraffaeliten als nicht linear bestimmte Kunstrichtung in der zeitgenössischen Literatur als Gegenmodell zu den überkommenen Nazarenern in Erscheinung treten – wie es Cujacius beobachtet, wechseln tatsächlich die künstlerischen Stile einander wie Moden immer schneller ab (284). Immer schneller wird auch der Turnus, in dem primär linear oder primär koloristisch geprägte Kunsttendenzen einander ablösen – nicht von ungefähr vielleicht in Jahrzehnten, die von Revolution und Restauration geprägt werden. So kann auch das Darstellungsprinzip der „Umrisse", das als formkonstituierendes Prinzip stets die irreduzible Grenze zwischen beiden Tendenzen markiert, in immer kürzeren Abständen wieder zum Medium kunsttheoretischer Abgrenzung ausgestaltet werden – und wird dabei zugleich in seinem Reflexionspotential, auch für die Literatur, zunehmend ausgehöhlt, bis bloß die klischeehaften ‚Umrisse' als einigermaßen beliebig mit Bedeutung zu füllende Metapher verbleiben. Wie virtuos diese substanzlosen Linienphantasien gleichwohl durchgeführt werden können, zeigt das oben behandelte Gedicht von Paul Heyse.

Woldemar versucht höflich, Cujacius' dogmatischem Argumentationsgang zu folgen und fragt genauer nach dem „‚ais'-Millais", dem „große[n] Reformer", woraufhin Cujacius erläutert, Millais „und seine Schule" seien „in Exzentrizitäten" verfallen:

> „Die Zucht ging verloren, und das straft sich auf jedem Gebiet. Was da neuerdings in der Welt zusammengekleckst wird, zumal in der schottischen und amerikanischen Schule, die sich jetzt auch bei uns breitzumachen sucht, das ist der Überschwang einer an sich beachtenswerten Richtung. Der Zug, der unter Mitteldampf gut und erfreulich fuhr, unter Doppeldampf (und das reicht noch nicht einmal aus) ist er entgleist; er liegt jetzt neben den Schienen und pustet und keucht. Und ein Jammer nur, daß seine Heizer nicht mit auf dem Platze geblieben sind." (282 f.)

Immer noch im ‚Bilde' des Kunsturteils, äußert sich hier durch Cujacius zugleich die konservative Sicht auf die Gegenwart „auf jedem Gebiet". So lässt sich die Metapher des Dampfzuges (neben ihrem Hinweis auf eine unkontrollierte, sich überhitzende und so zu einem Zusammenbruch führende Kraft im Allgemeinen) auch zugleich auf die Gesellschaft eines mittlerweile hochindustrialisierten Zeitalters beziehen, in dem die „Heizer" dem Konservativen als Gefahrenpotential erscheinen. Zugleich aber leitet die Bildlichkeit über zu den Werken eines Malers, den Woldemar im folgenden Absatz nennt, um abermals höflich die Konversation in Gang zu halten:

> „Von Neueren hab ich eigentlich nur Seestücke kennen gelernt; dazu die Phantastika des Malers William Turner, leider nur flüchtig. Er hat die ‚drei Männer im feurigen Ofen' gemalt. Stupend. Etwas Großartiges schien mir aus seinen Schöpfungen zu sprechen, wenigstens in allem, was das Kolorit angeht."
>
> „Eine gewisse Großartigkeit", nahm Cujacius mit lächelnd überlegener Miene wieder das Wort, „ist ihm nicht abzusprechen. Aber aller Wahnsinn wächst sich leicht ins Großartige hinein und düpiert dann regelmäßig die Menge. Mundus vult decipi. Allem vorauf in England. Es gibt nur ein Heil: Umkehr, Rückkehr zur keuschen Linie. Die Koloristen sind das Unglück in der Kunst. Einige wenige waren hervorragend, aber nicht parce que, sondern quoique. Noch heute wird es mir obliegen, in unserm Verein über eben dieses Thema zu sprechen. Gewiß unter Widerspruch, vielleicht auch unter Lärm und Gepolter; denn mit den richtigen Linien in der Kunst sind auch die richtigen Formen in der Gesellschaft verlorengegangen. Aber viel Feind', viel Ehr', und jede Stelle verlangt heutzutage ihren Mann von Worms, ihren Luther. ‚Hier stehe ich.'" (283)

An dieser Stelle unterbricht Melusine, „(froh, überhaupt unterbrechen zu können)", den Kunstkenner, der sich durch seine abermals mit Zitaten, Überpointierungen und fremdsprachigen Einsprengseln ausstaffierte Rede nun vollends desavouiert hat, und lenkt das Gespräch in andere Bahnen, bevor Cujacius schließlich aufbricht – bedauernd, aus einer Gesellschaft zu scheiden, „wo man so vielem Verständnis und Entgegenkommen begegnet." (284) Und bezeichnenderweise kündigt er an, Woldemar „morgen eine Radierung nach einem Bilde des richtigen englischen Millais zu schicken".[15]

Doch noch einmal genauer zu der eben zitierten Passage. Woldemar fühlt sich angezogen von den „Phantastika" Turners, aus denen ihm

---

15 Vgl. G. W. Field: *Professor Cujacius, Turner und die Präraffaeliten in Fontanes ‚Stechlin'*; Fontane-Blätter 1987, 580–587, ausführlicher zu möglichen inhaltlichen Implikationen der von Cujacius und Woldemar genannten Gemälde für die Deutung des Romans; da diese Deutungshorizonte sich hier nicht mit den Implikationen der Linien-Momente berühren (anders als im Falle der Cornelius-Cartons), gehe ich nicht weiter darauf ein.

„[e]twas Großartiges" – bezeichnenderweise zumindest im „Kolorit" – zu sprechen scheint. Dies sind jedoch Begriffe, die nicht dazu angetan sind, den (Kunst-)Reaktionär Cujacius zu überzeugen: Stehen doch „Phantastika" und das „Großartige" konträr zu den klassischen Idealen der ‚edlen Einfalt' und ‚stillen Größe' – denn „eine gewisse Großartigkeit" ist eben keine klassische ‚Größe', wie Cujacius zu verstehen gibt, indem er den von Woldemar arglos gebrauchten Begriff entscheidend variiert wiederaufgreift. Der ‚ästhetische' Gegenentwurf Cujacius' wird mit religiöser Metaphorik untermauert: Die Rückkehr nicht zur strengen, sondern zur „keuschen Linie" wird als einziges „Heil" dargestellt: Farbgeschichte der Malerei als Sündenfall, als Szenario der Dekadenz. Die Favorisierung von Werken, die dem Kolorit die Vorherrschaft über die Linie geben, gilt Cujacius abermals als Zeugnis gesellschaftlicher Verfallszustände: Er setzt ästhetische Form und gesellschaftliche Form gleich, die progressive Auflösung der einen ist ihm warnendes, drohendes seismographisches Notat der gesellschaftspolitischen Veränderungen, und dagegen wendet er sich mit aller Gewalt seiner Kunstrodomontaden. Die Äußerung zu den Linien als Reflexionsmedium gesellschaftlicher Formen führt damit in den „Kern des Romans": zum „Problem von ‚alt und neu', erfolgreicher oder missglückter Anpassung an eine neue Epoche".[16]

Die oben bereits angedeutete quasi-religiöse Würde linienstrenger Kunst betont der Mann, der die „keusche Linie" verträte, auch wenn die Welt voll Farbteufel wär', indem er sich selbst zum Neuen Luther stilisiert. Damit verortet er umrissgeprägte Kunst im Bereich der ‚reformierten' Kunst einer geistigen Kunstbetrachtung, die nur *‚sola linea'* zum „Heil" führen kann (im Gegensatz zu einer damit implizit als sinnbetörend erachteten katholischen Farbdominanz). Ein Jahrhundert zuvor hingegen waren die strengen Umrisse der Maler des Quattrocento Friedrich Schlegel als verehrungswürdige ‚Hieroglyphen' der *katholischen Kunstfrömmigkeit* erschienen – auch für religiöse Vereinnahmungen lassen sich somit Umrisse als Reflexionsmedium *variabel* ausgestalten. Dass dies in Cujacius' Falle in der Figurenrede eines Charakters geschieht, der sich durch die formelhaften Versatzstücke seiner Äußerungen (und die Aussage, Wörter seien ohnehin „Kinderklappern") selbst disqualifiziert, wirft einiges Licht auf die

16 Field, 582. Vgl. auch Grevel, *Das Alte und das Neue.* Zum „Modernen" im Stechlin vgl. auch Margret Walter-Schneider: *Von Wetterfahnen, Schönheitskuren und Straßenmalern. Über das Moderne in Fontanes „Stechlin"*, in: Ursula Amrein/Regina Dieterle: *Gottfried Keller und Fontane. Vom Realismus zur Moderne.* Berlin [u. a.] 2008, 113–125.

noch verbliebene Substanz der Kategorie der „Umrisse" am Ende des 19. Jahrhunderts: Sie erscheinen hier, als konventionell ‚rationale' Kategorie, bloß noch als Schablone zur Illustration einer konservativen Weltanschauung. Dass diese Reflexion jedoch im Medium eben dieses vermeintlich obsoleten künstlerischen Darstellungsprinzips geschehen kann, das damit für den Leser doch wieder eine neue Akzentuierung erfährt, ist immerhin bemerkenswert.

Zusätzlich zu den Charakteristiken, die der Leser dem Text entnehmen kann, ist jedoch zu beachten, dass Fontane selbst 1857 anlässlich der Kunstausstellung in Manchester ausgiebig über die Präraffaeliten referiert hatte:[17] Er brachte ihnen deutliche Sympathien entgegen und stellte sie in seinem Bericht positiv „als ‚das oppositionsmachende, weiter forschende Element der Gesellschaft, (welches) der jungen Schule aufmunternd entgegengekommen' sei",[18] dar. Cujacius hingegen ist, wie bemerkt, ein eifriger Befürworter von Peter Cornelius, und diese ‚ästhetische Opposition' (Mattenklott) inszeniert Fontane virtuos und deutlicher noch als in dem eben wiedergegebenen Kunstgespräch in den Äußerungen, die der konservative Kunstprofessor bei seinem ersten Auftreten macht. Hier wird die zeithistorische Brisanz, mit der Fontane Cujacius' Abwehr alles Koloristischen auflädt, indem er diesen zum eifrigen (und überaus treuen) Anhänger von Cornelius macht, besonders evident: Denn Cujacius nimmt unter Cornelius' Werken bezeichnenderweise auf dessen Entwürfe (1845/46) zum „Jüngsten Gericht" für die „Fresken der Grabstätte der Hohenzollern im geplanten Berliner Dom" Bezug.[19] Über alles schätzt Cujacius Cornelius' für diesen Bau konzipierte „Kartons, die mir das Bedeutendste scheinen, was wir überhaupt hier haben. Auf dem einen Karton steht im

17 Vgl. Helmut Pfotenhauer: *Zeichenversessener Realismus. Fontanes ‚Stechlin'*, in: ders: *Sprachbilder. Untersuchungen zur Literatur seit dem achtzehnten Jahrhundert.* Würzburg 2000, 187–206, 198–201 zu den „Bildern" im *Stechlin*, vgl. 202 f.: Im Kunstgespräch zwischen Cujacius und Woldemar erkenne man „ausnahmsweise deutlich" die Präferenzen des Autors, der sich den Präraffaeliten zugetan fühlte. Dass es diesen eher um das *Wie* als um das *Was* gegangen sei, „nicht allein um die Durchsichtigkeit der Zeichen auf einen Hintersinn [...] hin", versteht Pfotenhauer im Hinblick auf Fontane poetologisch: als Parallele zu einem Realismus, der keine „Wahrheit" als „abzubildende Realität" darstellen wolle, sondern die „Zeichen" akzentuiere, welche „die ‚Realität', wenn überhaupt, konstituieren, sie im Grunde allererst ausmachen".

18 Sagarra, 73.

19 Fontane erwähnte Cornelius' Cartons und besonders die ‚Apokalyptischen Reiter' bereits in seinem Nachruf auf den Maler (1867), vgl. Sagarra, 73.

Vordergrund ein Tubabläser und setzt das Horn an den Mund, um zu Gericht zu rufen“ (243).

Bedenkt man, dass der Bau durch die Revolution von 1848 verhindert und erst von Wilhelm II. 1894 wiederaufgenommen wurde, der Dom also im Entstehen begriffen war, als der *Stechlin* entstand,[20] so gewinnen die Cartons, in Cujacius' Favorisierung einer längst historisch gewordenen Stilrichtung, umso mehr den Charakter einer universalen Epochensignatur, die nun selbst sentimentalisch als ‚Spur‘ der guten alten Ordnung betrachtet wird. Eine Realisierung der Cartons, in denen noch der Geist der Entstehungszeit lebt, wäre so mit der Hoffnung auf Restauration der realen Lebensordnungen verbunden – als knüpfe man nahtlos an die Zeit vor einem halben geschichtsträchtigen Jahrhundert an – die Zeit, als bereits Kellers *Grüner Heinrich* die Epigonalität auch des Sentimentalischen konstatiert hatte (und damit Fontanes Cujacius eine Einsicht voraus hat). Die Kartons gelten Cujacius als Unterpfand der guten Ordnung; käme eine Zeit, da sie wieder geschätzt würden, so bräche das Jüngste Gericht für seine (und ihre) Kontrahenten an. Doch die Lebenswelt sieht anders aus: Der ‚Niedergang‘ der Epoche wird für Cujacius auch daran sichtbar, dass man nun Cornelius' Cartons „fortschaffen“ wolle, da „solch schwarzes Zeug mit Kohlenstrichen […] überhaupt nicht soviel Raum einnehmen“ dürfe (243):

> „Ich aber sage Ihnen, meine Herrschaften, ein Kohlenstrich von Cornelius ist mehr wert als alle modernen Paletten zusammengenommen, und die Tuba, die dieser Tubabläser da an den Mund setzt – verzeihen Sie mir altem Jüngling diesen Kalauer –, diese Tuba wiegt alle Tuben auf, aus denen sie jetzt ihre Farben herausdrücken. Beiläufig auch eine miserable Neuerung. Zu meiner Zeit gab es noch Beutel, und diese Beutel aus Schweinsblase waren viel besser.“ (243)

Der Tubabläser des guten Linienstils wird (in charakteristischem Cujacius-Stil) mit den Farbtuben der zeitgenössischen Koloristen kontrastiert, um zugleich Gegenwartsmode und Kolorismus zu verurteilen. Auch dies, die Abschaffung der guten alten „Schweinsblase“, ist für Cujacius symptomatisch für die „jetzt etablierte Niedergangsepoche“, die er nur als „eine Zeit des Abfalls, so recht eigentlich eine Zeit der apokalyptischen Reiter“[21] (243) sehen kann. Bloß habe sich zu den drei apokalyptischen Reitern in der Gegenwart noch ein vierter gesellt, wie Cujacius bemerkt: „ein

20 Vgl. Sagarra, 73 f.

21 Vgl. dazu Sagarra, 74, jedoch ohne Bezug auf die Relevanz des Linearen oder Einzelheiten des Gesprächs dazu.

Mischling von Neid und Ungeschmack. Und dieser vierte sichelt am stärksten.“ (243) – Coloristen und Revolutionäre mähen die aufrechten Verfechter der strengen Linie nieder! Blickt man von hier auf den Vergleich zurück, mit dem Keller in der Zweitfassung des *Grünen Heinrich* die Konturen des *Borghesischen Fechters* veranschaulichte – eine „kleine[] Republik von Wehrmännern, [...] um ihren Verband gegen die Zerstörung zu schützen“ (vgl. Kap. 24) –, so scheint die universale, in der künstlerischen Form reflektierte Zersetzungsangst des Konservativisten in ihrer konstanten mentalitätsgeschichtlichen Entwicklungslinie auf.

26. Entmaterialisierung, Entidealisierung, Entgrenzung: Konzeptuelle und typographische Transformationen des Kontur im Zeichen moderner Sprach- und Erkenntniskritik in Rainer Maria Rilkes *Rodin*-Studien

Angesichts der konzeptuellen Schematisierung von einer zentralen ästhetischen Denkfigur zur bloßen Metapher, wie sie der *Umriss* in der zweiten Hälfte des 19. Jahrhunderts erfahren hat, erstaunt es zunächst, dass der „Kontur" in Rainer Maria Rilkes Rodin-Studien aus den Jahren 1902 bis 1907[1] noch einmal eine unerwartete Renaissance erlebt. Dieser Rekurs eines Autors der ästhetischen Moderne auf den (wenngleich wesentlich modifizierten) Kardinalbegriff klassizistischer Ästhetik macht den „Kontur" zu einem ungemein facettenreichen und zugleich ausgesprochen paradoxen Begriff.

Obwohl Rodin in der einzeln modellierten *Fläche* die „Zelle" seiner Kunst entdeckt hatte,[2] subsumiert Rilkes Kommentar dessen Werke doch

1 Zum Entstehungskontext vgl. Antje Büssgen: *Bildende Kunst,* in: *Rilke-Handbuch. Leben – Werk – Wirkung,* hg. v. Manfred Engel unter Mitarb. v. Dorothea Lauterbach. Darmstadt 2004, 130–150, 139 f. Anfang September 1902 hielt sich Rilke erstmals im Pariser Atelier Rodins auf, von Mitte November bis Mitte Dezember erfolgte die Niederschrift der Monographie, die 1903 publiziert wurde. 1904 erschien eine veränderte zweite Auflage, eine dritte Auflage mit der Vorrede und dem Vortrag von 1905/07 erschien 1907. Zu Rilke und Rodin vgl. grundlegend Michaela Kopp: *Rilke und Rodin. Auf der Suche nach der wahren Art des Schreibens.* Frankfurt a.M. [u.a.] 1999, sowie Martina Krießbach: *Rilke und Rodin. Wege einer Erfahrung des Plastischen.* Frankfurt a.M. [u.a.] 1984. Zu Rodin im Werke Rilkes vgl. auch Mi-Ri Park: *Jenseits der Referenz? Ästhetik und Poetik der Abstraktion im mittleren Werk R. M. Rilkes („Auguste Rodin"; „Briefe über Cézanne"; „Neue Gedichte").* München 2008, 15–78, und Helen Bridge: *Rilke and the visual arts,* in: Karen Leeder/Robert Vilain (Hg.): *The Cambridge Companion to Rilke.* Cambridge 2010, 145–158), zu Rodin 150–153; Bridge geht jedoch nicht auf den Kontur-Begriff und nur knapp auf das Konzept der Oberfläche („expressive surfaces", 152) ein.

2 Rainer Maria Rilke: *Auguste Rodin.* Erster Teil 1902, in: R. M. Rilke: *Auguste Rodin.* Mit sechsundsechzig Abbildungen. Frankfurt a.M. [10]2005, 17. Zitate

zumeist, so scheint es zunächst, unter den synthetisierenden klassizistischen Konturbegriff. Er tut dies freilich unter gänzlich geänderten ästhetischen Vorzeichen. Rilkes Auseinandersetzung mit dem ‚Kontur'-Begriff, wie er ihn an Rodins Plastik entwickelt, stellt zugleich ein wesentliches Dokument seiner Haltung zu den Zerrissenheiten der Moderne im ästhetischen wie sozialhistorischen Sinne dar.[3] Darüber hinaus jedoch geben ihm Werke und Arbeitsweise Rodins den Impuls, seine eigene Poetik systematisch neu zu konfigurieren, wie abschließend dargestellt werden soll – und damit soll zuletzt die Bedeutung der Denkfigur ‚Kontur' an der Schwelle zu ihrer Auflösung (oder eher Zersplitterung) in die vielgestaltige Kunst des 20. Jahrhunderts (und mit ihr der ästhetischen Bezugsmodelle) noch einmal umrissen werden.

26.1 Der Kontur der Moderne: Rodins Plastik aus Rilkes Sicht

Galt Winckelmann der vollkommene Kontur der Plastik als Graphem des künstlerischen Konzepts in der Synthese von schönster Natur und idealischer Schönheit, also als sichtbare Manifestation eines tieferen Gehaltes, der auf dem Wege der – rational akzentuierten – „Empfindung" erschlossen werden konnte, so ist der Kontur-Begriff Rilkes von einer Oberflächen-Ästhetik bestimmt, die durch und durch im Zeichen der Moderne und ihrer philosophischen Voraussetzungen steht. Diente die bildende Kunst Rilke prinzipiell als zentrales Reflexionsmedium „[p]oetologische[r] Positionsbestimmungen",[4] so bündeln sich in den Rodin-Studien all diese poetologischen Aspekte in besonderer Weise am Konzept des Kontur und dessen spezifischer Erscheinungsweise in den Werken Rodins. Denn während der Kontur nach klassizistischer Auffassung haptisch wie visuell definite Form war, besteht eine wesentliche Modifikation des Kontur-Konzeptes, das Rilke an Rodins Plastiken entwickelt, darin, dass er den Kontur dort in den Raum hinein entgrenzt sieht.

> Wenn Rodin das Bestreben hatte, die Luft so nahe als möglich an die Oberfläche seiner Dinge heranzuziehen, so ist es, als hätte er hier den Stein geradezu in ihr aufgelöst: der Marmor scheint nur der feste, fruchtbare Kern zu

werden im Folgenden in Anmerkungen oder mit Seitenzahlen im Text nach dieser Ausgabe nachgewiesen.

3 Vgl. dazu Engel, *Rilke als Autor der literarischen Moderne*, in: *Rilke-Handbuch*, 507–528, 508.

4 Büssgen, 131.

> sein und sein letzter leisester Kontur schwingende Luft. Das Licht, welches zu diesem Steine kommt, verliert seinen Willen: es geht nicht über ihn hin zu anderen Dingen; es schmiegt sich ihm an, es zögert, es verweilt, es wohnt in ihm.[5]

Das Winckelmannsche Konzept vom Anschmiegen der Empfindung des Betrachters wird hier zu einer vom Betrachter gelösten Gravitationswirkung des autonomen und (wie sich an anderen Stellen zeigt) unverfügbaren Kunstgegenstands auf das Licht und die „schwingende Luft" als immateriellen Kontur, umgeben von einem „Licht- und Schattenspiel", „das wie ein bewegtes Kraftfeld" um die modellierte Oberfläche herum wirkt.[6] Diese Schwingungen sind von der wellenförmigen Bewegtheit des ‚unbezeichneten' Kontur bei Winckelmann gänzlich verschieden; es geht nicht so sehr um die dargestellte oder darstellerische Bewegtheit der *Plastik*; dies wäre, so Rilke, „auch keine Neuerung gewesen":

> Neu ist die Art von Bewegung, zu der das Licht gezwungen wird durch die eigentümliche Beschaffenheit dieser Oberfläche, deren Gefälle so vielfach abgewandelt ist, daß es da langsam fließt und dort stürzt, bald seicht und bald tief erscheint, spiegelnd oder matt. Das Licht, das eines dieser Dinge berührt, ist nicht mehr irgend ein Licht, es hat keine zufälligen Wendungen mehr; das Ding nimmt von ihm Besitz und gebraucht es wie sein eigenes.
>
> Diese Erwerbung und Aneignung des Lichts als Folge einer ganz klar bestimmten Oberfläche hat Rodin als eine wesentliche Eigenschaft plastischer Dinge wiedererkannt.[7] (81 f.)

Rilkes Bemerkungen zur Auflösung des Kontur sind verbunden mit einem weiteren Aspekt, der charakteristisch ist für die Modifikation des Kontur-Konzepts am Beginn des 20. Jahrhunderts. Er bemerkt über einige „kleine Gruppen" Rodins (63), dass sie

> durch ihre Geschlossenheit wirken und durch die wunderbar sanfte Behandlung des Marmors. Diese Steine behalten auch mitten im Tage jenes geheimnisvolle Schimmern, das weiße Dinge ausströmen, wenn es dämmert.

An vielen Stellen weist Rilke auf diese *sfumato*-Effekte hin. Dabei ist diese Aufmerksamkeit für die Entgrenzung der skulpturalen Form, die zusätzlich mit einer Absorption des Blicks in der kleinteiligen Oberflächenmodellierung verbunden ist, symptomatisch für die veränderten zeitgenössischen

---

5 R. M. Rilke: *Auguste Rodin.* Erster Teil 1902, 63 f.

6 Manfred Koch: *Schriften zu Kunst und Literatur*, in: *Rilke-Handbuch*, 480–497, 494.

7 Vgl. zur Bewegung des Lichtes auch 135 f. in der *Ursprünglichen Fassung des Vortrags von 1905.*

(künstlerischen) Blickkonditionierungen. Korrespondierte der unmittelbaren räumlich-plastischen Erfahrung von Skulptur jahrhundertelang die auf Umrisse konzentrierte Reproduktionsgraphik, so ist nun endgültig die Photographie an deren Stelle getreten. Die Effekte zeitgenössischer photographischer Reproduktionen von Rodins Plastiken zeigen (und verstärken bzw. generieren) ausgesprochen suggestive *sfumato*-Effekte, wie sie Rilke hier beschreibt, die die Skulpturen umhüllen und ihre Präsenz in den umgebenden Raum hinein erweitern.[8] Dieses ‚Phänomen' ist von nicht zu unterschätzender Tragweite für die schwindende Bedeutung der Denkfigur *Kontur*; zeigt sich doch darin deutlich der Wandel der Reproduktionsmedien und der mit ihnen einhergehende Wandel der *Reflexionsfiguren.* Die Photographie mit ihren atmosphärischen Werten trägt mit dazu bei, die Relevanz des Kontur als eines notwendig abstrahierenden Mediums der Reproduktionsgraphik zurückzudrängen; damit einher geht auch eine veränderte Blickkonditionierung des Betrachters, die nunmehr stärker für die Lockungen eines *Chiaroscuro* empfänglich wird als für die fixiert-stilisierten Umrisslinien. Signifikanterweise ist es jedoch nicht mehr das *sfumato* des Rokoko-Geschmacks, der sich am zarten Flaum eines Pfirsichs entzückt, sondern die weichzeichnende Verschwommenheit technischer Objektiv-Einstellungen und Belichtungszeiten. Der veränderten Wahrnehmung von Konturen ist am Beginn des 20. Jahrhunderts die ‚Perspektive' der Moderne vorgesetzt wie eine Linse.

Die Auflösung des fixierten Kontur in „schwingende Luft" stellt zugleich eine visuelle Entsprechung zum Ideal nicht-begrifflicher Wahrnehmung im Kontext der „Sprach- und Erkenntniskrise der Moderne" dar.[9] Denn signifikant ist die epochale Zäsur, die Rilke in Rodins Plastiken ausgedrückt sieht: Zu Beginn seiner Monographie reflektiert er über das Verlangen der menschlichen Seele, „an lichten oder bangen Wendepunkten" eine Kunst zu haben, die eine „Dingwerdung ihrer Sehnsüchte oder Ängste" leiste.[10] In einer ästhetisch-anthropologischen Epochendiagnostik fragt Rilke dann:

---

8 Zu diesen Parallelen im „powerful chiaroscuro" vgl. Alex Potts: *Dolls and thing: The reification and disentegration of sculpture in Rodin and Rilke*, in: John Onians (Hg.): *Sight & insight. Essays on art and culture in honour of E. H. Gombrich at 85.* London 1994, 355–378, 363.

9 Büssgen, 136. Zur Sprachkrise vgl. auch Sabine Schneider: *Klaffende Augen, starre Blicke. Krisen und Epiphanien des Sehens als Medium der Sprachreflexion bei Hofmannsthal und Rilke*, in: Mauro Ponzi: *Klassische Moderne. Ein Paradigma des 20. Jahrhunderts.* Würzburg 2010, 167–179.

10 R.M. Rilke: *Auguste Rodin.* Erster Teil 1902, 13. Vgl. auch Büssgen, 131.

> Und jetzt? War nicht wieder eine Zeit gekommen, die nach diesem Ausdruck drängte, nach dieser starken und eindringlichen Auslegung dessen, was in ihr unsagbar war, wirr und rätselhaft? [Die Plastik] mußte einer Zeit helfen können, deren Qual es war, daß fast alle ihre Konflikte im Unsichtbaren lagen. Ihre Sprache war der Körper.[11]

Rilkes sieht das Bedürfnis nach einer neuen Plastik, die im Sichtbarmachen des Unbenannten eine Möglichkeit der Konfliktbewältigung bietet, eng verbunden mit der Sprachkrise der (ästhetischen) Moderne und dem Ungenügen der tradierten Worte für die unsagbaren Konflikte des neuen Jahrhunderts.[12] Dem gestalteten Körper und seinen Gebärden wird zugetraut, dieses Unsagbare dennoch zu äußern – in der Sprache des Kontur, den es erst freizulegen gilt:

> Und diesen Körper, wann hatte man ihn zuletzt gesehen? Schichte um Schichte hatten sich die Trachten darüber gelegt, wie ein immer erneuter Anstrich, aber unter dem Schutz dieser Krusten hatte die wachsende Seele ihn verändert, während sie atemlos an den Gesichtern arbeitete. [...] Wenn man ihn jetzt aufdeckte, vielleicht enthielt er tausend Ausdrücke für alles Namenlose und Neue, das inzwischen entstanden war, und für jene alten Geheimnisse, die, aufgestiegen aus dem Unbewußten, wie fremde Flußgötter ihre triefenden Gesichter aus dem Rauschen des Blutes hoben. Und dieser Körper konnte nicht weniger schön sein als der der Antike, er mußte von noch größerer Schönheit sein. Zwei Jahrtausende länger hatte das Leben ihn in den Händen behalten und hatte an ihm gearbeitet, gehorcht und gehämmert Tag und Nacht. (14)[13]

Wie ein Archäologe Schicht um Schicht von einer Fundstelle abhebt, entfernt Rilke die akademisch-kunsthistorischen Sedimente der Kategorie ‚Kontur', um den eigentlichen „Körper" in seiner mutmaßlich gänzlich transformierten Gestalt bloßzulegen. Wenn es in Rilkes Rodin-Studien eine ‚tiefere' „Idee" oder ein „Ideal" gibt, so ist es diese Fiktion einer *idealen Oberfläche*, die dem begrifflich Unsagbaren sichtbare Gestalt verliehe und der Moderne-Erfahrung des Menschen gerecht würde. Diese archäologisch-anthropologische Leistung sieht Rilke von Rodin vollbracht;[14] zu-

11 R.M. Rilke: *Auguste Rodin.* Erster Teil 1902, 13 f.

12 Vgl. dazu Büssgen, 141: „Insbesondere gegen Ende des Vortragstextes" werde Rodins Kunst in eine „umfassende Epochencharakteristik transzendentaler ‚Obdachlosigkeit'" eingeordnet; über ästhetische Kommentare zum Werk Rodins hinaus bieten Rilkes Studien „Analysen der modernen ‚condition humaine'".

13 R.M. Rilke: *Auguste Rodin.* Erster Teil 1902, 14.

14 Zugleich verfährt der Künstler beim Modellieren wie im ‚Zeitraffer'; Rilke vergleicht den plastischen Schaffensprozess mit den steinernen „Tieren auf Kathedralen": „wenn Rodin die Oberfläche seiner Werke in Höhepunkten zusam-

gleich wird damit eine Antwort auf die alte *Querelle des Anciens et des Modernes* gegeben: Denn die althergebrachten Ausdrucksformen der Kunst mit ihren Posen sind nicht mehr geeignet, das radikal Neue der Zeit auszudrücken, an ihre Stelle treten einerseits die feinen Oberflächenmodellierungen und andererseits die stummen Gesten und Gebärden der Rodinschen Plastiken, die es, anders als die akademische Tradition, vermögen, die Zerrissenheiten und das Changieren zwischen allen Zuständen zum Ausdruck zu bringen, die die moderne *condition humaine* prägen. Und auch der Begriff der Schönheit wandelt sich, und zwar im Zeichen des emphatischen ‚Lebens'-Begriffs der Moderne. Das Leben selbst hat die Körper modelliert, die Rodin in seiner Plastik ausbildet. Bei aller unbedingten Neuheit der Gestalt und ihres Ausdruckspotentials taucht doch, mit den „triefenden Gesichtern" der alten Flussgötter, abermals der Genius des ästhetischen Urahns Winckelmann wieder empor, der sein Kontur-Konzept bevorzugt durch Wellenmetaphorik veranschaulichte.

Diese begegnet auch in Rilkes Rodin-Studien mehrfach; so in den Bemerkungen zu den *Bürgern von Calais*, an denen Rilke feststellt,

> was sie vereinte, war nur die Luft, die an ihnen teilnahm in einer besonderen Art. Ging man um diese Gruppe herum, so war man überrascht zu sehen, wie aus dem Wellenschlag der Konturen rein und groß die Gebärden stiegen, sich erhoben, standen und zurückfielen in die Masse, wie Fahnen, die man einzieht. Das war alles klar und bestimmt. […] auch diese [Gruppe war] in sich selbst verschlossen, eine eigene Welt, ein Ganzes, erfüllt von einem Leben, das kreiste und sich nirgends ausströmend verlor. (58)

Die Wassermetaphorik Winckelmanns kehrt auch hier wieder, wird jedoch wie der Konturbegriff entgrenzt und von der direkten Oberfläche der Plastik in den Raum hin ausgedehnt – „aus dem Wellenschlag der Konturen" erhebt sich die nonverbale Gebärdensprache der modernen Plastik in die Luft hinein. Wie häufig lassen sich auch an diesem kurzen Passus fast alle Momente beobachten, die für Rilkes Rodin-Studien charakteristisch sind: die vereinigende Luft als externer, immaterieller Kontur, die Sprache der Gebärden, die zyklische Bewegung von Steigen und Sinken als Erfüllung der allgemeinen menschlichen Daseinsweise, die innere Bewegtheit durch das „Leben" und die Autonomie des Kunstwerks, das sich in sich selbst zu einem „Ganze[n]" rundet.

---

menfaßte, wenn er Erhabenes erhöhte und einer Höhlung größere Tiefe gab, verfuhr er ähnlich mit seinem Werke, wie die Atmosphäre mit jenen Dingen verfahren war, die ihr preisgegeben waren seit Jahrhunderten." (59)

Die weder mit den konventionellen akademischen Posen des Klassizismus[15] darstellbare noch mit konventionellen Begriffen benennbare Neuheit der modernen *condition humaine* ist ausschlaggebend für Rilkes Ideal ‚enthaltsamer' plastischer Gestaltungsweise, das er in Rodin verwirklicht sieht: Der Plastiker müsse sich an den Konturen des Darzustellenden voraussetzungs- und urteilslos vorantasten „wie der Wurm, der seinen Gang macht im Dunkel von Stelle zu Stelle", denn die „Arbeit am Modelé", wie Rodin sie praktizierte,

> war die gleiche bei allem was man machte, und sie mußte so demütig, so dienend, so hingegeben getan sein, so ohne Wahl an Gesicht und Hand und Leib, daß nichts Benanntes mehr da war, daß man nur formte, ohne zu wissen, was gerade entstand, wie der Wurm, der seinen Gang macht im Dunkel von Stelle zu Stelle. Denn wer ist noch unbefangen Formen gegenüber, die einen Namen haben? Wer wählt nicht schon aus, wenn er etwas Gesicht nennt? Der Schaffende aber hat nicht das Recht, zu wählen. […] Uneröffnet gleichsam, wie Anvertrautes, müssen die Formen durch seine Finger gehen, um rein und heil in seinem Werke zu sein.
>
> Und das sind die Formen in Rodin's Werk: rein und heil; ohne zu fragen hat er sie weitergegeben an seine Dinge […].[16]

Diese notwendige Enthaltung des Künstlers bedingt das zentrale gestalterische Moment in Rodins Plastik:

> Langsam, forschend war er bis zu seiner Oberfläche vorgeschritten, und nun streckte sich von Außen eine Hand entgegen, welche diese Oberfläche von der anderen Seite ebenso genau bestimmte und begrenzte, wie sie es von Innen war. Je weiter er ging auf seinem entlegenen Wege, desto mehr blieb der Zufall zurück, und ein Gesetz führte ihn dem anderen zu. Und schließlich war es diese Oberfläche, auf die seine Forschung sich wandte. Sie bestand aus unendlich vielen Begegnungen des Lichtes mit dem Dinge, und es zeigte sich, daß jede dieser Begegnungen anders war und jede merkwürdig […] und es gab Stellen ohne Ende und keine, auf der nicht etwas geschah. Es gab keine Leere.
>
> In diesem Augenblick hatte Rodin das Grundelement seiner Kunst entdeckt, gleichsam die Zelle seiner Welt. Das war die Fläche, diese verschieden große, verschieden betonte, genau bestimmte Fläche, aus der alles gemacht werden mußte. (17)

Mit diesen kleinsten Flächen der unendlich gebrochenen Oberfläche zersplittert auch der ohnehin in Luft und Licht hinein aufgelöste Kontur nochmals in unzählige facettierte Einzelkonturen. Bemerkenswert ist in dem eben zitierten Passus das Moment der inneren Formbestimmung, die

---

15 Vgl. dazu Büssgen, 141.

16 R.M. Rilke: *Auguste Rodin.* Zweiter Teil 1907. Ein Vortrag, in: R.M. Rilke: *Auguste Rodin*, 81.

als solche – und nicht als verborgene Idee – die innere Gesetzmäßigkeit des Kunstgegenstandes bestimmt.[17] Angesichts dieses plastischen Verfahrens und angesichts Rilkes eigener Poetologie einer Inversionstechnik der Blickrichtungen und Gedankenbewegungen, wie sie sich in den *Neuen Gedichten* der nächsten Jahre zeigen wird (s. u.), lässt sich wohl auch für die Rodin-Monographie Rilkes eigene Formulierung der „eindringlichen Auslegung", die er als Aufgabe moderner Plastik definierte, als ekphrastisches Prinzip und Poetologie begreifen.

Die Oberflächen-Ästhetik als einzig der Moderne angemessene führt Rilke indes bis zur letzten Konsequenz, indem er die Frage stellt, „ob nicht alles Oberfläche" sei, selbst dasjenige,

> was wir Geist und Seele und Liebe nennen: ist das nicht alles nur eine leise Veränderung auf der kleinen Oberfläche eines nahen Gesichts? Und wer uns das geformt geben will, muß er sich nicht an das Greifbare halten, das seinen Mitteln entspricht, an die Form, die er fassen und nachfühlen kann? […] Alles, was je Sehnsucht oder Schmerz oder Seligkeit genannt war oder gar keinen Namen haben kann in seiner unsagbaren Geistigkeit? (76)

Für all diese Empfindungen

> gab [es] einen Augenblick, da sie nichts waren als das Schürzen von Lippen, das Hochziehn von Augenbrauen, schattige Stellen auf Stirnen; und dieser Zug um den Mund, diese Linie über den Lidern, diese Dunkelheit auf einem Gesicht, – vielleicht waren sie genau so schon vorher da: als Zeichnung auf einem Tier, als Furche in einem Felsen, als Vertiefung auf einer Frucht …
>
> Es giebt nur eine einzige, tausendfältig bewegte und abgewandelte Oberfläche. In diesem Gedanken konnte man einen Moment die ganze Welt denken, und sie wurde einfach und als Aufgabe dem in die Hände gelegt, der diesen Gedanken dachte. (77)

So radikal die Reduktion aller Emotionen, die den Menschen als Lebewesen besonders kennzeichnen, auf reine Form- oder sogar Schattenphänomene erscheint – auf „Linie[n]" des Gesichts, geologische „Furche[n]", pflanzliche „Vertiefung[en]" oder immerhin noch die animalische „Zeichnung auf einem Tier" –, so alt ist diese Denkfigur doch, die auf das gänzlich vormoderne Modell universaler Formanalogien verweist, in dem diese Phänomene als Belege einer Signaturenlehre die gottgewollte Ordnung der Welt dem sichtbar werden ließen, der im *liber naturae* zu lesen

17 Rilkes anthropomorphisierende Bildlichkeit erinnert allerdings verdächtig an Konzepte, die bereits durchaus idealistisch beispielsweise in Michelangelos Sonett zum Ausdruck kamen, wo es um die Idee als *forma potentialis* geht, die vom Künstler in der Materie ‚herausschälend' zur Aktualität gebracht werden muss (vgl. Kap. 4).

verstand. Bei Rilke jedoch verweisen die Signaturen, fatalerweise auf Oberflächeneffekte reduziert, endlos aufeinander und bedeuten nur – aber immerhin – ihre eigene universale Analogie. Die „Bedeutung" der Plastiken „ist das Ereignis dieser tausendfach gegliederten Oberfläche, die sich in ihrer Zerstreuungsdynamik doch zu einer signifikanten Figur zusammenschließt."[18] In deren Zeichen kehrt Rilke, wie noch zu zeigen ist, auch das Prinzip vom *liber naturae* um und leitet aus der Oberflächenästhetik der (Kunst-)Dinge eine textuelle Oberflächenästhetik ab, die von dem an Rodin entwickelten Kontur-Begriff bestimmt ist.[19]

Bei aller Dissoziation in kleinste, bewegte Flächenelemente erkennt Rilke eine „Gesetzmäßigkeit" der Oberfläche, die sich Rodin erschlossen habe, indem er „Dinge draußen in der Natur" und „einzelne Kunstdinge von erhabener Abstammung" studiert habe; diese

> wiederholten ihm jedesmal eine Gesetzmäßigkeit, von der sie erfüllt waren und die er nach und nach begriff. Sie gewährten ihm einen Blick in eine geheimnisvolle Geometrie des Raumes, die ihn einsehen ließ, daß die Konturen eines Dinges in der Richtung einiger gegeneinander geneigter Ebenen sich ordnen müssen, damit dieses Ding vom Raume wirklich aufgenommen, gleichsam von ihm anerkannt sei in seiner kosmischen Selbständigkeit.
>
> [...] Immer energischer und sicherer werden die vorhandenen Details in starken Flächen-Einheiten zusammengefaßt, und endlich stellen sie sich, wie unter dem Einfluß rotierender Kräfte, in einigen großen Ebenen auf, [...] und man meint zu sehen wie diese Ebenen zum Himmels-Globus gehören und ins Unendliche sich fortsetzen lassen. (83)

Es ist in der Tat auch etwas „schwer, diese Erkenntnis präzise" nachzuvollziehen (ebd.), doch erinnert Rilkes raunende Rede von der Autonomie des Kunst-„Dinges" zumindest *strukturell* an Karl Philipp Moritz' Konzept vom in sich selbst vollendeten Schönen, das im Kunstwerk in kleinerem Maßstabe die inkommensurable Schönheitslinie zur Darstellung bringt – wobei Rilke eben nicht von einem inkommensurablen Schönen *hinter* den Dingen ausgeht, sondern diese selbst unendliche Gravitation und zugleich unendliche Explikation entwickeln. Er zeigt sich bemüht, eine geometrische, wenngleich von akademischen Proportionsschemata gelöste Gesetzmäßigkeit an Rodins Werken zu entdecken:

18 Zu Rilkes Absage an eine traditionelle Konzeption von Plastik, der sie als sichtbarer Ausdruck eines inneren Gehalts, einer Idee galt, vgl. Koch, 494, Zitat ebd.

19 Dennoch ist festzuhalten, dass Rilke massiv auf den ästhetischen Kernbegriff des Klassizismus zurückgreift und interpretativ letztlich doch eine *Synthese* der dissoziierenden Einzelflächen der bewegten Oberfläche leistet.

> Nicht in Zahlen und Formen, aber mit den nicht weniger exakten Sicherheiten des Gefühls wird ihm bewiesen, daß die Konturen eines Dinges in zwei oder drei, oft senkrecht gegeneinander geneigte Ebenen fallen müssen, damit dieses Ding vom Raum wirklich aufgenommen sei, damit es, ruhig und ohne aus sich herauszulangen, in einem gewissen kosmischen Gleichgewicht bestehe. (137)

Dem Leser erscheinen jedoch die „senkrecht gegeneinander geneigte[n] Ebenen" weniger als Medium einer Gravitationswirkung denn vielmehr als Antizipationen der dissoziierenden Prismenbilder, in die der Kubismus die moderne Welt zerlegen wird.

26.2 Die unendliche Bewegung der Linien und Flächen: Der *Homme au nez cassé*

Abgesehen von typographischen und akustischen ‚Konturen' kann exemplarisch für alle sonstigen Facetten des Kontur-Konzeptes, wie Rilke es an Rodins Werken entwickelt, seine Würdigung des *Homme au nez cassé* (23 ff.) stehen:

> Dieses Gesicht war nicht vom Leben berührt worden, es war um und um davon angetan, als hätte eine unerbittliche Hand es in das Schicksal hineingehalten wie in die Wirbel eines waschenden, nagenden Wassers. Wenn man diese Maske in den Händen hält und dreht, ist man überrascht über den fortwährenden Wechsel der Profile, von denen keines zufällig ist, ratend oder unbestimmt. Es giebt an diesem Kopf keine Linie, keine Überschneidung, keinen Kontur, den Rodin nicht gesehen und gewollt hat. Man glaubt zu fühlen, wie einige von diesen Furchen früher kamen, andere später, wie zwischen dem und jenem Riß, der durch die Züge geht, Jahre liegen, bange Jahre, man weiß, daß von den Zeichen dieses Gesichtes einige langsam eingeschrieben wurden, gleichsam zögernd, daß andere erst leise vorgezeichnet waren und von einer Gewohnheit oder einem Gedanken, der immer wiederkam, nachgezogen wurden, und man erkennt jene scharfen Scharten, die in einer Nacht entstanden sein mußten, wie vom Schnabel eines Vogels hineingehackt in die überwache Stirn eines Schlaflosen. Man muß sich mühsam erinnern, daß alles das auf dem Raume eines Gesichtes steht, so viel schweres, namenloses Leben erhebt sich aus diesem Werke. (23 f.)

Die Modellierung wird verglichen mit „nagende[m] Wasser[ ]" – das ja auch bei Winckelmann, wenngleich bei weitem nicht „nagend[ ]", als Formmodell diente –; es erscheinen die zahllosen Profile, die sich aus den abertausend kleinsten Flächenelementen der Modellierung ergeben, die aber doch immer noch zu „Kontur[en]" synthetisiert werden, es findet sich das Konzept von eben diesen Konturen als eingravierten Chroniken des dargestellten Lebens, als lesbar fixiertes Archiv der schieren vergangenen Zeit, und es findet sich auch die namenlose Ausdruckskraft jenseits aller begriffsprachlichen Prädikationen, an deren Stelle die semantische Dissoziierung durch metaphorische Gleichungen tritt. Doch Rilkes literarische Transformation ist noch lange nicht abgeschlossen:

> Legt man die Maske vor sich nieder, so meint man auf der Höhe eines Turmes zu stehen und auf ein unebenes Land herabzusehen, über dessen wirre Wege viele Völker gezogen sind. Und hebt man sie wieder auf, so hält man ein Ding, das man schön nennen muß um seiner Vollendung willen. Aber nicht aus der unvergleichlichen Durchbildung allein ergiebt sich diese Schönheit. Sie entsteht aus der Empfindung des Gleichgewichts, des Ausgleichs aller dieser bewegten Flächen untereinander, aus der Erkenntnis dessen, daß alle diese Erregungsmomente in dem Dinge selbst ausschwingen und zu Ende gehen. (24)

Die Art und Weise, in der Rilke die plastische Oberflächengestaltung Rodins als geologische und historisch geprägte Landschaftsformation wahrnimmt, erinnert an Winckelmanns Landschaftsvision bei der Betrachtung des Apoll vom Belvedere, doch geht es Rilke auch hier um die Oberfläche-an-sich und die Möglichkeit ihrer nicht diskursiv-rationalen Beschreibung, nicht aber um die unter der Oberfläche verborgene oder durch sie dargestellte Idee, auch nicht um einen Heros wie Herkules, dessen mythische Taten und Aufenthaltsorte Winckelmann ‚schaute', indem er sich durch die Kontemplation in den Kontur des Torso vom Belvedere in mythische Zeiten entrückt wähnte.

Zugleich erscheint in dem Passus das Konzept der neuartigen Schönheit jenseits klassischer Ideale, die sich aus der inneren Vollendung des Kunstwerks und des darin eingeschlossenen Wechselspiels der Flächen ergibt. Diese sind von dem (charakteristisch für die Jahrhundertwende) emphatischen Begriff des „Lebens" und damit der „Bewegung" geprägt:

> Als Rodin diese Maske schuf, hatte er einen ruhig sitzenden Menschen vor sich und ein ruhiges Gesicht. Aber es war das Gesicht eines Lebendigen und als er es durchforschte, da zeigte sich, daß es voll von Bewegung war, voll von Unruhe und Wellenschlag. In dem Verlauf der Linien war Bewegung, Bewegung war in der Neigung der Flächen, die Schatten rührten sich wie im Schlafe, und leise schien das Licht an der Stirne vorbeizugehen. Es gab also keine Ruhe, nicht einmal im Tode; denn mit dem Verfall, der auch Bewegung ist, war selbst das Tote dem Leben noch untergeordnet. Es gab nur Bewegung in der Natur; und eine Kunst, die eine gewissenhafte und gläubige Auslegung des Lebens geben wollte, durfte nicht jene Ruhe, die es nirgends gab, zu ihrem Ideale machen. In Wirklichkeit hat auch die Antike nichts von einem solchen Ideal gewußt. Man mußte nur an die *Nike* denken. Diese Skulptur hat uns nicht nur die Bewegung eines schönen Mädchens überliefert, das seinem Geliebten entgegengeht, sie

> ist zugleich ein ewiges Bildnis griechischen Windes, seiner Weite und Herrlichkeit. (24 f.)

Deutlich ist diese Absage an die „edle Einfalt“ und „stille Größe“ des klassizistischen „Ideal[s]“ hiermit formuliert. Wellenmetaphorik erscheint hier anders als bei Winckelmann nunmehr im Kontext einer Ästhetik der unaufhörlich ruhelosen „Bewegung“ des Lebens. Selbst die antike Statue der Nike wird, nach dem Prinzip des voraussetzungslosen Schauens, ihrer mythologischen ‚Konturen‘ entkleidet und zur Form ihrer Bewegtheit abstrahiert – und zuletzt ganz ins Immaterielle des „Windes“, der reinen Bewegtheit, aufgelöst. Doch Rilke geht noch einen Schritt weiter in seiner Auseinandersetzug mit Winckelmanns Kontur-Konzept:

> Und sogar die Steine älterer Kulturen waren nicht ruhig. In die hieratisch verhaltene Gebärde uralter Kulte war die Unruhe lebendiger Flächen eingeschlossen, wie Wasser in die Wände des Gefäßes. Es waren Strömungen in den verschlossenen Göttern, welche saßen, und in den stehenden war eine Gebärde, die wie eine Fontäne aus dem Steine stieg und wieder in denselben zurückfiel, ihn mit vielen Wellen erfüllend. (25)

Wo bei Winckelmann – Vasaris bloßen Vergleich wörtlich nehmend und somit missverstehend – Michelangelos plastisches Schaffensprinzip in einem Wasserkasten-Modell entworfen wurde, in dem sich durch kontrolliertes, maßvolles Regulieren des Wasserstandes der exakte Verlauf des dennoch elusiven Kontur fixierend übertragen ließ (Kap. 10.7), setzt Rilke (sicher nicht im Rekurs darauf) autonome „Strömungen“ und, ganz charakteristisch für sein ‚figuratives‘ Formenvokabular, „Fontäne[n]“ in den Skulpturen, die zu allerlei „Wellen“ führen. Und hier folgt der Umschlagspunkt (der für Rilke, rein strukturell, auch charakteristisch ist, hier aber vielleicht nicht beabsichtigt):

> Nicht die Bewegung war es, die dem Sinne der Skulptur (und das heißt einfach dem Wesen des Dinges) widerstrebte; es war nur die Bewegung, die nicht zu Ende geht, die nicht von anderen in Gleichgewicht gehalten wird, die hinausweist über die Grenzen des Dinges. Das plastische Ding gleicht jenen Städten der alten Zeit, die ganz in ihren Mauern lebten: die Bewohner hielten deshalb nicht ihren Atem an und die Gebärden ihres Lebens brachen nicht ab. Aber nichts drang über die Grenzen des Kreises, der sie umgab, nichts war jenseits davon, nichts zeigte aus den Toren heraus und keine Erwartung war offen nach außen. Wie groß auch die Bewegung eines Bildwerkes sein mag, sie muß, und sei es aus unendlichen Weiten […], sie muß zu ihm zurückkehren, der große Kreis muß sich schließen, der Kreis der Einsamkeit, in der ein Kunst-

> Ding seine Tage verbringt.[20] Das war das Gesetz, welches, ungeschrieben, lebte in den Skulpturen vergangener Zeiten. Rodin erkannte es. Was die Dinge auszeichnet, dieses Ganz-mit-sich-Beschäftigtsein, das war es, was einer Plastik ihre Ruhe gab; sie durfte nichts von außen verlangen oder erwarten, sich auf nichts beziehen, was draußen lag, nichts sehen, was nicht in ihr war. Ihre Umgebung mußte *in* ihr liegen. (25 f.)

Abermals subsumiert Rilke die ungestüme Bewegtheit des Lebendigen unter einen abstrakten, synthetisierenden Kontur, der in der völligen Autonomie in den „Grenzen des Kreises" wiederum sehr an Konzepte erinnert, wie sie besonders Moritz vertreten hat. Bei aller Modernität entspricht auch Rilkes Forderung nach der äußeren Ruhe der Darstellung trotz größter innerer Bewegtheit durchaus klassizistischer Ästhetik.

26.3 Die Namenlosigkeit der Dinge und die Modellierung ihrer sprachlichen Konturen

Signifikant an Rilkes Bemerkungen über die absichtslos suchende Arbeit des Künstlers an der Form sind besonders die sprach- und erkenntnistheoretischen Implikationen, denn das voraussetzungs- und urteilslose Schauen und Modellieren der Dinge jenseits „von erlernten Wahrnehmungsschemata, von rational-begrifflich bestimmten Kategorien und Erkenntnisstrukturen",[21] die für die moderne Lebenswelt ohnehin nicht mehr genügen, stellt somit auch einen Ausweg aus der diagnostizierten Sprach- und Erkenntniskrise der Moderne dar, wie sich deutlich an der Betonung der Namenlosigkeit ablesen lässt.

Geradezu eine Inversion der üblichen ‚Tiefenhermeneutik', die nach einem unter der Oberfläche verborgenen eigentlichen Sinn der Darstellung sucht, präsentiert Rilke in der ursprünglichen Vortragsfassung von 1905 in einer weiteren Auseinandersetzung mit der Voraussetzungslosigkeit, die nicht nur produktions-, sondern auch rezeptionsästhetische Maxime sein soll. Rilke geht von den Titeln der Rodinschen Plastiken aus:

> Die Namen [der Skulpturen] beschwören Ihnen Schicksal um Schicksal herauf –: aber auf einmal sind sie *fort*, wie ein Glanz der sich zurückzieht von der

20 Zu Rilkes „anthropomorphisierender Metaphorik", die zeigt, wie sehr die Auseinandersetzung mit Rodins Werken neben der ästhetischen und poetologischen auch der existenziellen Selbstvergewisserung diente, wie sie sich hier präsentiert, vgl. Büssgen, 140 f. (141).

21 Büssgen, 135.

> Oberfläche eines Sees – und
> man
> sieht
> den
> *Grund.*
>
> Man sieht Männer und Frauen, Männer und Frauen, immer wieder Männer und Frauen. Und je länger man hinsieht, desto mehr vereinfacht sich auch *dieser* Inhalt, und man sieht:
>
> Dinge.
>
> Und in diesem Augenblicke werden meine Worte machtlos. Was soll ich Ihnen sagen: Dinge – Dinge – Dinge – Namenloses – *Gefäße.*[22] (132)

Jenseits aller begriffsprachlichen Klassifizierungen erscheint die Bedeutung der „Dinge" in ihrem reinen So-Sein, sie werden abstrahiert zu Formalia. Für das moderne Kunstverständnis, so suggeriert Rilke, gibt es nichts als die Oberfläche, es gibt kein „Dahinter" von Transzendenz und Metaphysik.[23] Das Kunstwerk ist nicht länger Ausdruck eines verborgenen Sinns oder einer Idee, und es beruht nicht auf Inspiration, sondern auf Arbeit – der Arbeit des Sehens und der Arbeit der Hände. Die Oberfläche und die Geschehnisse des Lichts auf ihr sind Gehalt und Sinn der Darstellung,[24] deren Ziel es nicht sein soll, etwas Schönes zu schaffen, sondern nur

> *gut gemacht* zu sein.
> Dieses *Gut-Machen,*
> dieses Arbeiten mit reinstem Gewissen: *war Alles.*
>
> Ein Ding nachformen – das hieß: über jede Stelle gegangen sein, – nichts verschwiegen, nichts übersehen, nirgends betrogen haben; alle die hundert *Profile* kennen, alle die Aufsichten und Untersichten, – *jede* Überschneidung.
>
> Erst dann war ein Ding *da,* erst dann war es Insel, überall abgelöst von dem Kontinent des Ungewissen.[25]

Aus dem amorphen „Kontinent des Ungewissen", den die moderne Lebenswelt darstellt, isoliert Rodin, ganz wie es Karl Philipp Moritz gefallen hätte (vgl. Kap. 16), das Kunstwerk. Während an anderen Stellen der

---

22 Vgl. zu Rilkes Gefäß-Begriff die Bemerkung über die „riesigen Dynastien der Dinge. […] ob es nicht alles Gefäße sind; ob es nicht immer darauf ankam, Etwas anzulocken und aufzunehmen was unter gewissen Bedingungen *kam* …. […]?" (125 f.) Vgl. auch Winckelmanns Kontur-Konzept (Kap. 10).

23 Zur Herleitung von Rilkes Widerruf aller Ästhetik des Idealen aus der Beschäftigung mit Nietzsches Philosophie und der „Überzeugung vom Zusammenbruch der metaphysischen Hinterwelt der Ideen" vgl. Büssgen, 142.

24 Vgl. dazu Koch, 494.

25 R. M. Rilke: <*Rodin*> <*Ursprüngliche Fassung des Vortrags aus dem Jahre 1905*>, in: R. M. Rilke: *Auguste Rodin,* 134 (die Hervorhebungen von Rilke). Vgl. dazu Büssgen, 141 f.

Eindruck erweckt wird, als gelte das Hauptaugenmerk Rilkes nicht dem Kontur, sondern wirklich nur der „Fläche“, so zeigt dieser Entwurf deutlich, wie sehr es auch um die zahllosen „*Profile*“, also Konturen, der Plastik geht – die freilich allesamt gänzlich intentionslos geformt sein müssen.

Dieser produktionsästhetischen Maxime entspricht auch der Gedanke eines von der Natur selbst abgelegten Kontur, der keinen Umweg über die Reflexion genommen hat, wie Rilke über Rodins Zeichnungen bemerkt: Diese enthielten das „Endgültigste“,

> in einem Nichts, in einem raschen Umriß, in einem atemlos der Natur abgenommenen Kontur, in dem Kontur eines Konturs, den sie selber abgelegt zu haben scheint, weil er ihr zu zart und zu kostbar war. Niemals sind Linien [...] von solcher Ausdrucksfähigkeit gewesen und zugleich so absichtslos. Denn hier ist [...] keine Spur von einem Namen.[26]

Aus dem Postulat, dass die begrifflich definierte Wahrnehmung des Sujets ganz zurücktreten solle hinter ein absichtsloses, nicht identifizierendes und die Dinge unvoreingenommen erscheinen lassendes Sehen, resultiert für Rilke das poetologische Konzept des *sachlichen* Darstellens.[27] Brieflich äußert Rilke im August 1903, er wolle Rodin in der „inneren Anordnung des künstlerischen Prozesses“ folgen.[28] Abgesehen von einer Orientierung am Paradigma des intentionslosen Schauens müsste ein solches poetisches Äquivalent zu Rodins Plastik mithin nicht primär auf einen tieferen ideellen Gehalt zielen, sondern als „Sprachgeschehen“[29] seine Bedeutung in seiner textuellen Struktur exponieren. Den Leser verwiese eine solche Sprache auf ihre Materialität und bannte den Blick an der Oberfläche des Texts. Für Rilkes Rodin-Texte stellt sich somit die Frage, wie sich Konturen im Zeichen moderner Sprachkritik gemäß einer Rodin entlehnten Oberflächen-Ästhetik[30] vergegenwärtigen lassen. Dies lässt sich exemplarisch an folgendem Passus aus einem Entwurf zum Vortrag über Rodin beobachten:

---

26 R.M. Rilke: *Auguste Rodin.* Zweiter Teil 1907. Ein Vortrag, 84.

27 Vgl. dazu Büssgen, 140.

28 Rilke an Lou Andreas-Salomé am 10. August 1903 (Rainer Maria Rilke/Lou Andreas-Salomé: *Briefwechsel.* Hg. v. Ernst Pfeiffer. Frankfurt a.M. 1975, 103). Vgl. dazu auch Martina Krießbach-Thomasberger: *Rilke und Rodin*, in: Peter Demetz (Hg.): *Rilke – ein europäischer Dichter aus Prag.* Würzburg 1998, 149–163, 153.

29 Koch, 494.

30 Zum Konzept einer „geheime[n] Poetik der ‚Oberflächen‘-Gestaltung moderner Texte“ bei Rilke vgl. Koch: „Unübersehbar ist die Rodin-Studie selbst aber der Versuch, im Medium Sprache Rodins figurative Leistungen nachzubilden oder

> Aber da ich versuche, mein Thema zu überschauen, wird mir klar, daß ich Ihnen nicht von Menschen zu reden habe, sondern von Dingen.
> Dinge.
> Indem ich das ausspreche –
> hören Sie –? entsteht eine Stille, die Stille, die um die Dinge ist. Alle Bewegung der Welt verwandelt sich in Kontur, und die Zeit, aufgenommen von der großen Gleichzeitigkeit des Raumes, – zeigt ihren ganzen Kreis und kehrt in sich selbst zurück.[31]

Die Gravitationswirkung auf die umgebende Luft, die Rilke an Rodins Plastik zu beobachten meint, bringen im literarischen Bereich nun Stille als akustischer und leere Zeilen als typographischer „Kontur" zum Ausdruck. Bewegung und Zeit, die Elemente der linearen Kunstform der Poesie (und des Umrisses) werden in einen Konturbegriff transformiert, der seinen Ort in einem akustisch-typographischen Sprach-Raum hat.

Mehrfach begegnen in den Vortrags-Entwürfen weitere prägnante Vergegenwärtigungen von plastischen Konturen in akustischen und typographisch-mimetischen Umrissen; wie in Figurengedichten und zudem durch Konturenmuster von Satzzeichen und Leerzeilen werden hier die plastischen Konturen auf der Oberfläche des Textes (und im Schweigen) *modelliert.*

Rilke verfährt dabei nach jenem Prinzip, das er an Rodins Plastik damit verglich, „wie man ein Ding vor den Himmel hält, um seine Formen reiner und einfacher zu verstehen." (47) So bemerkt er, nachdem er an die ‚wertlosen' Dinge der Kindheit erinnert hat, die jedoch mit der größten Bedeutung aufgeladen waren:

> Könnt' ich, in ein einziges Wort zusammengeballt, Ihnen die Fülle dieser Erinnerung
> hochhalten
> hinhalten:
> Sie würden, wenn ich wieder – Dinge – sage, *beteiligt* sein dabei, und Sie würden mit einemmal begreifen: daß Sie auch jetzt noch Dinge nötig haben für Ihre einsamsten, Ihre merkwürdigsten, unerklärlichsten Stunden. (123)

In dem typographischen Leerraum und dem Schweigen formt sich das individuelle „Ding", das nicht nur dem Einzelnen zeigt, wie bedürftig gerade der moderne Mensch nach auratisierten greifbaren „Dinge[n]" ist, die entweder projizierend aufgeladen und so zum Gravitationszentrum des

---

sogar zu übertreffen"; er strebe die „Wiedererschaffung des Gegenstands durch autonome sprachliche Prozeduren" an (Koch, 494).

31 R. M. Rilke: <*Rodin*> <*Ursprüngliche Fassung des Vortrags aus dem Jahre 1905*>, 122.

Unaussprechlichen seiner inneren Erfahrungswelt werden oder diesem, ihm allererst Gestalt verleihend, einen Ausdruck schaffen. Dass diese suggestive Gestaltwerdung, die ‚Ding'-Werdung des an sich Unaussprechlichen, sich jedoch tatsächlich imaginär „in ein eiziges Wort zusammen[]ballt", erreicht Rilke eben durch die typographischen, akustischen – und zuletzt doch semantischen Konturen seines Textes, gerade indem er nur das Abstraktum „Wort" als Leerstelle „hochhalten/hinhalten" kann. Und so kann er mit den Worten und dem Leser spielen, wenn er abermals die Rolle des Modelleurs übernimmt, um Arbeit am Begriff zu leisten:

> Ich muß Ihnen das Wort Dinge noch einmal fortnehmen, um an ihm zu arbeiten.
> Ich muß fragen:
> *Wo* beginnen die Dinge?
> Die Dinge beginnen mit der Welt; sie *sind* die Welt. (124)

Auf die strukturellen Parallelen zu vormodernen Analogiemodellen wurde oben eingegangen; hier sei schließlich noch auf die Entsprechung verwiesen, die Rilkes typographisch-akustische Konturen-Technik auch dort findet, wo er über Rodins graphische Umrisse in den Zeichnungen spricht. Er bemerkt, dass für den Zeichner Rodin „das All […] sich klein" mache;

> es kommt in seine Hand,
> kommt in jene seltsamen, unbeschreiblichen *Blätter*, die vielleicht die Vollendung seines Werkes sind […].
> Die unabsehbare Fülle seiner Erfahrung – (nein, nicht seiner –: der Erfahrung der Jahrtausende, in die er sich, still und willig, eingestellt hat) giebt sich in diesen letzten Zeichnungen *als – Umriß hin.*
> Die schwingenden Konturen ruhender und bewegter Leiber – – – ja: sobald man es ausspricht entfernt man sich davon / wie ein Fallender / – wie kann man sagen, was das für Leiber sind?? (139)[32]

32 Rilkes Bemerkungen über graphische Umrisse in Rodins Zeichnungen bleiben meist schematisch oder übernehmen die Konzepte zum plastischen Kontur; beispielsweise heißt es über Aktzeichnungen, sie zeigten „Formen, ausgefüllt von allen ihren Konturen, modelliert mit vielen schnellen Federstrichen, und andere, eingeschlossen in die Melodie eines einzigen vibrierenden Umrisses, aus dem sich mit unvergeßlicher Reinheit eine Gebärde erhebt (43). Abgesehen von der gesteigerten Synästhesie erscheint hier die bekannte ‚Figur' der sich aus den Umrissen erhebenden „Gebärde". Einzig die Immaterialität des graphischen Umrisses ist gegenüber der Plastik gesteigert: „Und so sind auch die Radierungen mit der kalten Nadel, in denen der Lauf unendlich zarter Linien wie der äußerste Umriß eines schönen gläsernen Dinges erscheint, der, in jedem Augenblicke genau bestimmt, hinfließt über das Wesen einer Wirklichkeit." (44) Hier wie dort findet sich jedoch

Mit dem Unsagbarkeitstopos lösen sich hier zunehmend auch die Sätze in typographisch figurale Konstellationen von graphischen Elementen von Strichen, Punkten, Klammern und Leerzeilen auf. Die äußerste Variation und Konzentration graphischer „Konturen" findet sich jedoch, mit einer selbstreflexiven poetologischen Komponente, bei der Plastik mit dem Namen[33]

– – – : >Der Dichter< . . . .

26.4 Poetologische Konsequenzen

In Rilkes Vergegenwärtigung des *Homme au nez cassé* lässt sich besonders deutlich sein Versuch einer „Wiedererschaffung des Gegenstands durch autonome sprachliche Prozeduren"[34] erkennen, zu denen u. a. die Dissoziation des zu vergegenwärtigenden Gegenstands durch zahlreiche disparate „metaphorische[] Prädikationen" gehört[35] – eine Technik, die sich auch in Rilkes *Neuen Gedichten* wiederfindet, die die poetische Umsetzung der in den Rodin-Studien gewonnenen poetologischen Reflexionen darstellen.[36]

Vor dem Hintergrund der von Rilke selbst empfundenen „Sprach- und Erkenntniskrise der Moderne" wird deutlich, wie er gerade auch in der Auseinandersetzung mit Rodin und dessen Schaffensweise seine „Zuflucht

---

das Moment des ‚Fließens' – und abermals das Residuum einer unter der Oberfläche liegenden Idee, dem „Wesen einer Wirklichkeit", das man sich nur etwas mühsam als rein formales denken kann.

33 R. M. Rilke: *<Rodin> <Ursprüngliche Fassung des Vortrags aus dem Jahre 1905>*, 131.

34 Koch, 494.

35 Vgl. dazu aber auch Winckelmanns dissoziierenden Blick auf Details, der bei ihm mit der Verschlingung des Blicks in den Wellen des Kontur einherging, dort aber nicht urteilsfrei war, sondern im Gegenteil hoch voraussetzungsvoll, indem er als ‚Graphem' des Herkules-Mythos fungierte (vgl. Kap. 10). Vgl. zum Verlust des Ganzen in Rilkes Rodin-Studien: Potts, *Dolls and things*, 362.

36 Zu Rodins Einfluss auf Rilkes *Neue Gedichte* vgl. auch Ralph Freedman, *Dichtung und bildende Kunst in den Neuen Gedichten: Rilke, Rodin, Baudelaire*, in: Erich Unglaub (Hg.): *Rilkes Paris, 1920–1925. Neue Gedichte.* Göttingen 2010, 187–190. Vgl. insbesondere zum sogenannten ‚Dinggedicht' auch Gerhard Neumann: *Rilkes Dinggedicht*, in: Dagmar Ottmann (Hg.): *Poesie als Auftrag.* Würzburg 2001, 143–161, sowie Ralf Simon: *Die Bildlichkeit des lyrischen Textes. Studien zu Hölderlin, Brentano, Eichendorff, Heine, Mörike, George und Rilke.* München [u. a.] 2011, 305 ff.

zum unendlichen Nuancenreichtum des Sichtbaren" nahm; die Möglichkeit eines – neben der grundlegenden Änderung des ‚Schauens' – daraus resultierenden „poetisch-metaphorischen Sprechen[s]" gegenüber der „abstrakt-rationalen Begriffssprache"[37] bewahrte ihm die Möglichkeit dichterischen Ausdrucks jenseits der schal gewordenen arbiträren und konventionellen Begriffe. An die Stelle abstrakter Bezeichnungen tritt die Evidenz ikonisch-sinnlicher Elemente, die begrifflich definierte Wahrnehmung des Sujets tritt ganz zurück hinter ein absichtsloses, nicht identifizierendes und die Dinge unvoreingenommen erscheinen lassendes Sehen. Dem korrespondiert in den *Neuen Gedichten* eine semantische Dissoziation, die stilistische Parallelen zu den Rodin-Studien im Gebrauch „artistische[r] Ent-stellungen des Sujets"[38] aufweist, die zu einem „schwindelerregende[n] Gefüge von metaphorischen Prädikationen und Vergleichen"[39] führen – jedoch jenseits der rational-begriffssprachlichen Definitionen der Dinge.

Im Hinblick auf die poetologischen Konsequenzen der an Rodin entwickelten Konzepte kommt besondere Bedeutung auch Rilkes Anmerkungen über dessen Baudelaire-Lektüre zu: Rodin habe, so schreibt Rilke, bei Baudelaire Verse gefunden, in denen Stellen

> heraustraten aus der Schrift, die nicht geschrieben, sondern geformt schienen, Worte und Gruppen von Worten, die geschmolzen waren in den heißen Händen des Dichters, Zeilen, die sich wie Reliefs anfühlten, und Sonette, die wie Säulen mit verworrenen Kapitälen die Last eines bangen Gedankens trugen […].[40]

Und über Rodins Zeichnungen zu Baudelaires *Fleurs du Mal* bemerkt Rilke, dass dieser dort eine an sich unmögliche „Ergänzung und Steige-

---

37 Büssgen, 136. Zum Konzept des „neuen Sehens" in den *Neuen Gedichten* vgl. Ralph Köhnen: *Wahrnehmung wahrnehmen. Die Poetik der „Neuen Gedichte" zwischen Biologie und Phänomenologie. Von Uexküll, Husserl und Rilke*, in: Unglaub (Hg.): *Rilkes Paris*, 196–211.

38 Koch, 494.

39 Koch, 495. Vgl. ebd. die Bemerkung, die Rodin-Studien seien Rilkes „Metaphern-Laboratorium" für die *Neuen Gedichte*, in dem er „eine moderne Poetik der textuellen Oberfläche" entfalte, die aber auch „zugleich schon deren experimenteller Vollzug" sei.

40 R. M. Rilke: *Auguste Rodin.* Erster Teil 1902, in: R. M. Rilke: *Auguste Rodin*, 20. – Zur zyklischen Wechselwirkung von Literatur und plastischer Gestaltung vgl. auch Koch, 494: In Rodins Plastiken seien für Rilke die „textuellen Gebärden der *Fleurs du mal* […] zur plastischen Sprache von Körpern im Raum geworden", die wiederum „dem Dichter R[ilke] […] einen Weg zu neuen Figurationen der Schrift weisen sollen."

rung" der Gedichte erreicht hätte, „wo Rodin'sche Linien sich diesem Werke anschmiegen" (43). Winckelmanns Konzept des ästhetisch empfindenden Anschmiegens wird hier mit einer *plastischen* Vorstellung von Poesie kombiniert, die einen Blick auf Rilkes lyrische Auseinandersetzungen zumal mit antiker Skulptur im Lichte von Winckelmanns Kontur-Ästhetik geradezu herausfordert.

26.5 Die Poetik der ‚Figur' und der Kontur als ästhetische Denkfigur

Rilkes Auseinandersetzung mit den möglichen poetologischen Konsequenzen seiner Rodin-Erfahrung „vollzieht sich weitgehend implizit"; ihre Spuren finden sich in den *Neuen Gedichten*, wo Rilke poetische „Verfahren" zu entwickeln sucht, mittels derer sich ein „‚Ding'-Erlebnis […] in ein lyrisches ‚Kunst-Ding', ein Gedicht […] transformieren" lässt.[41]

Zentraler Stellenwert kommt unter diesen Verfahrensweisen der Poetik der ‚Figur'[42] zu, die, wenngleich erst im Spätwerk voll entwickelt, bereits im mittleren Werk sich abzeichnet. Engel hat deutlich herausgestellt, dass der Begriff der Figur sich in besonderer Weise eignet, um mehrere „Bedeutungsebenen miteinander [zu] verbinde[n]", die auch wirklich „in R[ilke]s Figuren-Poetik […] miteinander verschmelzen": Zunächst handelt es sich um die Ebene der autonomen Kunstwerke der Plastik, die als Figuren „in sich geschlossen[ ]" sind und „in sich ruhen[ ]"; dann um die rhetorische ‚Figur' als uneigentlichen Redemodus und um „die metaphorische Bedeutung des Wortes in der Wendung ‚Sinnfigur'", und zuletzt um die besonders in Rilkes mittlerer Werkphase zentrale Bedeutung der ‚Figur' im Sinne einer „Linie, als bewegtes Lineament, etwa als Tanzfigur oder als malerisch-ornamentale Linie."[43]

Diese Momente des ‚Figuralen' berühren sich auf signifikante Weise mit Aspekten des ‚Kontur' als *ästhetische Denkfigur:* Rilke reflektiert das ursprünglich der Plastik entlehnte lineare Moment im Hinblick auf seinen *figuralen* Charakter als poetologische Denkfigur, die verschiedene Bereiche

41 Engel, *Moderne*, 521.

42 Zur ‚Figur'-Poetik und dem Konzept des ‚Gefäßes' v. a. aber in der späten Dichtung vgl. Beda Allemann: *Zeit und Figur beim späten Rilke. Ein Beitrag zur Poetik des modernen Gedichtes.* Pfullingen 1961, 54 ff. Zur „Poetik der Figur" vgl. Park, 171 ff., 173 ff. zur „Bewegungslinie oder -kurve", 184 ff. zur „Kreisfigur".

43 Alle Zitate bei Engel, *Moderne*, 521.

seiner Ästhetik – und seine Auffassung von der Position des Individuums in der Moderne – verknüpft und gleichzeitig zum zentralen darstellerischen Medium in den *Neuen Gedichten* wie auch in den *Rodin*-Studien werden kann, sei es auf der Ebene des Sujets, des dynamisch-strukturellen Verlaufs der immanenten Textbewegungen oder im Bereich des Akustischen oder der Typographie wie in ‚Figurengedichten'.

Im Folgenden werden die textuellen Lineamente, die tänzerische oder rein ornamentale, nicht gegenstandkonstituierende Bewegungen zeichnen, nicht weiter untersucht;[44] stattdessen konzentriere ich mich auf diejenigen Erscheinungsformen der „Figur", in denen der Bezug auf den ‚Kontur' und gegebenenfalls seine ästhetikgeschichtlichen Implikationen erkennbar ist.

Engel hat auf die Nähe von Rilkes Poetik der ‚Figur' zu Mallarmés Konzept der „constellation" hingewiesen, mit der der Symbolist in *Un coup de dés* „das äußerste Ergebnis menschlicher Gestaltungs- und Ordnungsbemühungen bezeichnet". Ebenso wie die ‚Figur' beschreibe die „‚Konstellation'" somit einen „puren Akt gestaltender Sinngebung" – wie sie dem Konzept des Kontur in seiner langen ästhetischen Geschichte in Zeiten fortschreitender Modernisierung und Amorphisierung der Lebensverhältnisse stets eingeschrieben war. An der Schwelle zum 20. Jahrhundert jedoch treten diese Aspekte auch rein formal betrachtet nochmals deutlicher in Erscheinung, indem dieser „Akt gestaltender Sinngebung" nun „in moderner, abstrakter und konkreter Kunst unvermittelter zutage tritt als in traditionell mimetischer", da „diese künstlerische Ordnung nicht mehr verborgen ist hinter dem Fingieren einer ‚realistischen' Wirklichkeit".[45] Diese Geschichte weiterzuschreiben ist jedoch nicht Gegenstand dieser Untersuchung.[46]

Rilkes Tendenz zur Gestaltung von linearen Bewegungsstrukturen steht zugleich im zeitgenössischen Kontext der „Bestimmung von Wirk-

44 Vgl. dazu grundlegend Allemann, *Zeit und Figur beim späten Rilke.* Diese Momente verwiesen zudem in die Strömungen des Jugendstil (vgl. auch Engel, *Moderne*, 521 f.), dessen gegenstandauflösende ornamentale Verschlingungen ebenso wie die romantische Theorie der Arabeske ich bei einer Beschränkung auf den Kontur-Begriff im engen, gegenständlichen Sinne in dieser Studie ausklammere.

45 Engel, *Moderne*, 521.

46 Unternommen hat dies Sabine Mainberger in ihrer umfassenden Studie *Experiment Linie: Künste und ihre Wissenschaften um 1900*, die sich in einigen Aspekten (beispielsweise dem Konzept der Schönheitslinie) mit dem Gegenstand meiner Untersuchung berührt, jedoch primär auf Theorien der freien Linie und die Zeit um 1900 zielt und sich somit komplementär zu dieser Studie verhält, die das Konzept des *gegenstandbezogenen* Kontur durch die Epochen bis zum Beginn des 20. Jahrhunderts verfolgt. Vgl. Kap. I, *Einleitung*.

lichkeit als ‚Leben'" und damit als eine fortwährend im Wandel begriffene Bewegtheit aller Dinge in einer „Lebensdynamik, die Außen und Innen verbindet."[47] Rilkes Strukturierung dieser „Lebensdynamik" in seinen poetischen ‚Figuren' erweist sich somit auch als Versuch, den fluktuierenden Prozessen abermals gestalterisch Sinn zu verleihen und diesen anschaulich zu machen; dass der Kontur der Rodinschen Plastiken, die voll innerer Bewegtheit sind und einen gravitätischen Sog auf die Umwelt ausüben, von der sie zugleich deformiert und autonom, isoliert erscheinen, sich besonders als Reflexionsmedium einer eben solchen Suche nach literarischen Darstellungsäquivalenten anbot, liegt auf der Hand.

Die von Engel herauspräparierten charakteristischen Bewegungs-‚Figuren', die sich in Rilkes Gedichten finden, sind (neben einem im Gleichgewicht gehaltenen Zustand des Ausgleichs) „Figuren der Begegnung", sei es zwischen Subjekt und Subjekt oder „zwischen Subjekt und Objekt". Am einfachsten erscheinen sie realisiert in Momenten „des Sehens" und „Erblickens" – wie es schließlich besonders für die Kunstbetrachtung relevant ist. Besonders prägnant ist ferner die *Umschlagsfigur* zwischen zwei Bewegungen oder Zuständen („Werden" und „Vergehen" oder „Steigen und Fallen") und die diese fortentwickelnde, „komplexere" in sich wieder einmündende „Kreisfigur", die für Rilke „wichtigste Existenzmetapher", mit der die „für menschliches Dasein, für alles Leben vorgeschriebene[] Grundfigur des Werdens und Vergehens"[48] reflektiert und dargestellt wird.

26.6 Probleme einer Suche nach konkreten Kontur-Transformationen

Da in den Gedichten Rilkes die Realisierung der linearen Momente häufig mit „Klang, Metrum und Rhythmus, Syntax und Bildlichkeit" vollzogen wird,[49] deren Bezüge zu dem an Rodin entwickelten Kontur-Konzept zwar aufscheinen, aber nicht immer plausibel nachzuweisen sind, sollen hier exemplarisch nur wenige poetische Gestaltungen des Kontur betrachtet werden, an denen die Problematik sich bereits zeigt.

Vereinzelt finden sich in Rilkes Gedichten nach der Rodin-Begegnung auch motivische Erwähnungen von „Konturen"; in dem Gedicht *Der*

47 Engel, *Moderne*, 522.
48 Engel, *Moderne*, 523.
49 Engel, *Moderne*, 523.

Stifter,[50] einem ‚Bildgedicht', heißt es über die vage eingeführte Gestalt des dargestellten Stifters in den letzten beiden von drei Strophen:

> Vielleicht war dieses alles: *so* zu knien
> (so wie es alles ist was wir erfuhren):
> zu knien: daß man die eigenen Konturen,
> die auswärtswollenden, ganz angespannt
> im Herzen hält, wie Pferde in der Hand.
>
> Daß wenn ein Ungeheueres geschähe,
> das nicht versprochen ist und nieverbrieft,
> wir hoffen könnten, daß es uns nicht sähe
> und näher käme, ganz in unsre Nähe,
> mit sich beschäftigt und in sich vertieft.

Es muss spekulativ bleiben, ob sich die Erwähnung der „Konturen" auf den streng umrissenen Stil des wohl mittelalterlichen Gemäldes beziehen lässt; gedeutet werden die Konturen zum einen als Darstellungsmedium einer strikten Selbstbeherrschung, in welcher die (vermutlich betenden) Hände des Stifters die Konturen des eigenen Lebensdranges fest umschlossen halten, als wären es die Zügel vitalistisch ungestümer Pferde. Auch der Ausdruck des Stifters ist ganz auf eine Geste, das Knien, reduziert, das in seinem *„so"*-Sein wie auch in dem ‚ganz mit sich beschäftigt Sein' den Rodinschen Plastiken entspricht – wobei letzteres auch auf die imaginäre, utopische Parousie des Ungeheuren übertragen wird. Typographisch wird in diesem Gedicht das Subjekt bzw. seine Erkenntnismöglichkeit ‚konturiert' durch die Zeichen „ ( ): " Diese Konturierung, der im Akustischen die

50 Rainer Maria Rilke: *Die Gedichte.* Frankfurt a.M. 1986, 454. Die folgenden Äußerungen zu den zitierten Gedichten Rilkes sollen keine Interpretation unternehmen, sondern nur die Problematik andeuten. Eine eingehendere Interpretation müsste auch die späte Werkphase miteinbeziehen und besonders die Einflüsse des anderen bedeutenden Faktors für Rilkes Theorie des „Sichtbaren", die Malerei Cézannes, berücksichtigen. – Auch Sabine Schneider (*Verheißung der Bilder. Das andere Medium in der Literatur um 1900.* Tübingen 2006, betrachtet Rilkes *Neue Gedichte* im Hinblick auf die Farbthematik, die für Rilke an Cézannes Malerei virulent wird: „Im Unterschied zum Klassizismus Winckelmanns, der die Bändigung der ichauflösenden Leidenschaften dem umgrenzenden Kontur der weißen Marmorstatue zubilligte", vertraue sich das „Konzept des ‚Gleichgewicht[s]', von dem Rilke im Zusammenhang mit Cézannes Malerei spreche, „der dynamischen Potenz der Farbe an und damit einem energetischen Unruhepotential" (ebd., 263). Was sich in dieser Hinsicht bereits in den Rodin-Studien andeute, sei das „dynamogene [...] Spiel des Lichts auf der glänzenden Oberfläche der Bronze oder des Marmors". Die „anthropomorphen Beschreibungen dieses Bewegungsspiels" antizipierten die „Farbbeschreibungen" der Cézanne-Auseinandersetzung (ebd., 261).

geschlossene Rahmung durch den Reim „erfuhren / Konturen" korrespondiert, entspricht den begrenzenden Konturen des Stifters und projiziert den Leser in eine Position eng beschränkter Deutungsmöglichkeit hinein; die Konturen symbolisieren die Undurchdringbarkeit der Erfahrungswelt. Sie dienen dabei als Inversionsachse für den Rilkeschen Chiasmus von Innen und Außen, Leere und Fülle: In die Leerstelle bzw. Opazität des dargestellten Objekts wird die Hermeneutik des Lesers projiziert, die aber nun nicht mehr aus ihren ‚(Konturen):' nach außen dringen könnte. So erfahren wir nichts aus dem ‚Innern' dieses Kontur, als dass es sich um eine einigermaßen subtile poetische Gestaltung des an Rodin entwickelten Kontur-Konzeptes handelt.[51] Weniger subtil und stärker motivisch am Sujet orientiert als im *Stifter* erscheinen Aspekte, die in den Kontext der an Rodin entwickelten Poetik der ‚Figur' gehören, in dem Gedicht

Das Kapitäl

Wie sich aus eines Traumes Ausgeburten
aufsteigend aus verwirrendem Gequäl
der nächste Tag erhebt: so gehn die Gurten
der Wölbung aus dem wirren Kapitäl

und lassen drin, gedrängt und rätselhaft
verschlungen, flügelschlagende Geschöpfe:
ihr Zögern und das Plötzliche der Köpfe
und jene starken Blätter, deren Saft

wie Jähzorn steigt, sich schließlich überschlagend
in einer schnellen Geste, die sich ballt
und sich heraushält – : alles aufwärtsjagend,

51 Vgl. auch die (spätere) *Vierte Duineser Elegie* (Rilke, *Gedichte*, 641–644); es heißt dort, nachdem die Rede von „Liebenden" war, die „immerfort an Ränder" treten: „Da wird für eines Augenblickes Zeichnung/ Ein Grund von Gegenteil bereitet, mühsam,/ daß wir sie sähen; denn man ist sehr deutlich/ mit uns. Wir kennen den Kontur/ des Fühlens nicht: nur, was ihn formt von außen." – Radikal abgesehen von allen Kontexten der Elegie bzw. des Zyklus und nur auf die Formalia des Bildbereiches bezogen, fallen die Positionierungen der Worte „Zeichnung – mühsam – deutlich – Kontur – außen" ins Auge, die, allesamt an diesen Versrändern stehend, einen Bezug zu Eigenschaften präziser Konturen aufweisen. Geschehnisse heben sich als „Zeichnungen" aus dem „Grund" des sonstigen Erlebten mit starkem Kontrast ab und konditionieren so die Erkenntnis; das Innere („Fühlen") ist abermals unzugänglich gedacht; einer autonomen Bildung steht die heteronome Formung durch die Außenwelt gegenüber, wie Rilke es als Formungsprozess von Rodins Plastiken mit den dem Wetter ausgesetzten Kathedralplastiken verbildlichte.

was immer wieder mit dem Dunkel kalt
herunterfällt, wie Regen Sorge tragend
für dieses alten Wachstums Unterhalt.[52]

Hier findet sich Rilkes favorisierte ‚Figur' des Steigens und Fallens ebenso wie das Motiv eines skulpturalen Gegenstandes als Gefäß, in dem wiederum „Saft", noch dazu affektiv anthropomorphisiert als „Jähzorn" einer ‚Säftelehre', ansteigen kann. Besonders prägnant wird jedoch die – auch in den Rodin-Studien zentrale – Gebärde, die „Geste" als nonverbale Ausdrucksform jenseits der modernen Sprachkritik inszeniert, deren ‚Ballung' (wie in den Entwürfen zu den Rodin-Beiträgen) auch im Sinne einer Oberflächenpoetik typographisch Gestalt annimmt, indem sich Syntax und Semantik in der Unterbrechung „ – : ", die einer Aposiopese gleichkommt, ebenfalls ‚ballen'. Nicht zuletzt fügen sich auch motivisch die „Geschöpfe" des „Kapitäls" in den Bildbereich der Rodin-Studien, wo Rilke die Plastiken Rodins mit den „Dingen auf den Kathedralen" verglich. Zugleich entspricht dieses in der Strophenform des Sonetts konzipierte Gedicht nahezu wörtlich dem, was Rilke über Rodins Baudelaire-Lektüren bemerkte: Dort fand der Bildhauer „Zeilen, die sich wie Reliefs anfühlten, und Sonette, die wie Säulen mit verworrenen Kapitälen die Last eines bangen Gedankens trugen." (20) Die inneren, unsagbaren Konflikte des Zeitalters – des vergangenen wie des gegenwärtigen – drücken sich in den „Gesten" der Plastik (und des Gedichtes) aus; die ‚Gebärde' des Gedichtes vollzieht sich, das kann an diesem Beispiel gut gezeigt werden, im Rahmen der Figuren-Poetik Rilkes jedoch *nicht* primär am Reflexionsmedium des Kontur, sondern durch motivische und syntaktisch-metrische ‚Figurationen'.

Das an Rodins plastischer Technik entwickelte Konzept einer auch von innen her, aus dem Objekt heraus betriebenen Formgebung, die wesentlich mit Rilkes Kontur-Konzept verbunden ist, zeigt sich in seinem *Requiem* für Paula Modersohn-Becker aus dem Dezember 1908, wo der Bildbereich durch die Künstler-Thematik nahelag. Rilke schreibt über Modersohn-Beckers Darstellungen von „Fraun" und „Kinder[n]", sie habe diese „von innen her/ getrieben in die Formen ihres Daseins" gesehen, bevor er in den folgenden Versen die Anfertigung eines Selbstportraits mittels einer Inversionsfigur inszeniert, bei welcher die Malerin sich „vor den Spiegel" trug, sich „hinein" ließ „bis auf [ihr] Schauen; das blieb groß davor/ und sagte nicht: das bin ich; nein: dies ist."[53] Wenn Rilke jedoch schließlich, noch

52 Rilke, *Gedichte* (*Neue Gedichte)*, 447 f.
53 Rilke, *Gedichte*, 593.

immer auf ein (imaginäres) Selbstportrait der Verstorbenen bezogen, diese anspricht: „was heißt dich die Konturen deines Leibes/ auslegen wie die Linien einer Hand,/ daß ich sie nicht mehr sehn kann ohne Schicksal?“,[54] so ist dies nach den darüber stehenden, typographischen Konturen „: ; ; “, welche die ästhetische Distanzierung vom Subjekt zum Objekt im Prozess des Selbstportraitierens verbildlichten, eine etwas populär-physiognomische bzw. mantische Akzentuierung der ‚Konturen‘.

Von der Rodin-Beschäftigung zeugen indes auch kurz darauf die Verse, in denen Rilke den Tod (und die imaginierte Anwesenheit der Toten) zu „begreifen“ versucht: „Ganz wie ein Blinder rings ein Ding begreift,/ fühl ich dein Los und weiß ihm keinen Namen.“[55] Die Namenlosigkeit der modernen *condition humaine*, die Rilke in Rodins Plastiken zugleich manifestiert und durch die ‚Gebärde‘ erlöst sah, wird hier modifiziert, indem das „Begreifen“ und Betasten vom Haptischen ins Metaphorische gewandt wird und vor allem seine produktionsästhetisch spezifisch ‚moderne‘ Komponente der Enthaltung von jeder ideellen Intention einbüßt; aus der programmatischen Intentions- und Namenslosigkeit des plastischen Aktes wird eine individuelle Fassungslosigkeit.

Es zeigt sich also, dass Rilkes an Rodin entwickelte Poetik in den *Neuen Gedichten* sich nicht gerade am prägnantesten in (motivischen) Ausgestaltungen des Kontur-Konzeptes präsentiert – zumindest nicht in solchen, die als entsprechende Transformationen noch zu erkennen wären. Freilich lässt sich besonders das Gedicht *Archaïscher Torso Apolls* im Hinblick darauf untersuchen, zumal, da es, komplementär zu dem anderen Apoll-Gedicht (*Früher Apollo*) am Anfang der *Neuen Gedichte*, am Beginn von *Der Neuen Gedichte anderer Theil* positioniert ist (direkt auf die Widmung *À mon grand ami Auguste Rodin* folgend). Ich möchte jedoch nicht ausführlich auf die bereits an anderer Stelle aufgezeigten Bezüge des Gedichtes zur Ästhetik des Plastischen (vor allem bei Winckelmann) eingehen,[56] die in Anbetracht des Sujets zwangsläufig erscheinen müssen; in dieser Hinsicht zeigen die oben genannten Beispiele charakteristischer Rilkes poetische Transformationen des Kontur-Konzeptes. Stattdessen beschränke ich mich auf einen bestimmten Aspekt, der mit diesem Konzept auf besondere Weise

54 Rilke, *Gedichte*, 594.

55 Rilke, *Gedichte*, 594.

56 Vgl. dazu Bernhard Böschenstein: *Apoll und seine Schatten: Winckelmann in der deutschen Dichtung der beiden Jahrhundertwenden,* in: Thomas W. Gaethgens (Hg.): *Johann Joachim Winckelmann: 1717–1768*; 327–342, sowie Wolfgang Schadewaldt: *Winckelmann und Rilke. Zwei Beschreibungen des Apollon.* Pfullingen 1968.

verbunden ist: Die von Paul de Man aufgewiesene Struktur der Inversion, mittels derer Rilke in seinen Gedichten eine Fluktuation von Innen und Außen, von Subjekt und Objekt evoziere,[57] erhält im *Archaischen Torso Apolls* einen besonderen Akzent hinsichtlich der Tradition der Statuenästhetik und besonders von Winckelmanns Kontur-Konzept, das auf eine Verschlingung des Blicks in den ‚unbezeichneten' Konturen der Statuen zielte, die zur produktiven, imaginären Rekonstruktion des Fragmentarischen in der Einbildungskraft des Betrachters führte. Im Hinblick auf eine Fragment-Ästhetik gilt aber für Rilke (nach Rodin) ganz unklassizistisch und mehr noch als für die Romantiker, dass zwar „[v]iele Werke der Alten [...] Fragmente geworden" sind, aber „[v]iele Werke der Neuern [...] es gleich bei der Entstehung" sind (24. *Athenaeums*-Frg.):[58] Der fragmentarische Kontur ist Epochensignatur der Moderne und ihrer Zerrissenheiten, ihrer amorphen Deformationen. So kann auch Rilke von Rodins Plastiken sagen, dass sie autonome, in sich geschlossene Gebilde seien, wenngleich sie ‚fragmentarisch' bleiben; der Fragment-Begriff wird komplett umgewertet – und damit auch die Bedeutung des Kontur des Fragmentarischen, der nun nicht mehr nach Maßgabe der inneren Formgesetze zur Rekonstruktion von etwas Vorgängigem dient.

Der rein visuell erfasste, ‚geschaute' Kontur eines Rodinschen Torso wird als vollständig erfahren, der Begriff des Fragmentarischen ergibt sich nur aus rationalen Erkenntnisstrukturen und deren Vorraussetzung von ‚Ganzheit'. In diesem Sinne kann gerade das Fragmentarische die Auto-

---

57 Paul de Man: *Tropen (Rilke)*, in: ders.: *Allegorien des Lesens.* Aus dem Amerik. v. Werner Hamacher und Peter Krumme. Mit einer Einl. v. W. Hamacher. Frankfurt a.M. 1988, 52–90; zum *Archaischen Torso Apolls* vgl. ebd., 76, mit dem Hinweis auf das „negative[] Moment[]", in diesem Fall das Fragmentarische des Torso, das erst durch seine „Abwesenheiten" „den Raum und das für die Umkehrungen benötigte Spiel" erschaffe und so „schließlich in eine Totalisierung" führe, die es „zunächst zu vereiteln schien[]". Vgl. ebd., 67, zu der für Rilkes *Neue Gedichte* charakteristischen Inversions-Struktur: „Die Innerlichkeit, die per definitionem zum Subjekt gehören sollte, befindet sich statt dessen inmitten der Dinge." Vgl. auch ebd., 81, zum „Chiasmus" als „Grundfigur der *Neuen Gedichte*", der „nur als Ergebnis einer Leere, eines Verlustes entstehen" kann, „der die rotierende Bewegung zwischen den Polaritäten ermöglicht." Dies gelte auch für Erfahrungen, die „ähnlich wie die figuralen Objekte eine Leere oder einen Verlust enthalten" müssen, „wenn sie in Figuren umgewandelt werden sollen." (de Man, 82)

58 *Kritische Friedrich-Schlegel-Ausgabe.* Hg. v. Ernst Behler unter Mitwirkung von Jean-Jacques Anstett und Hans Eichner. Erste Abteilung: Kritische Neuausgabe, Bd. 2, München, Paderborn [u.a.] 1967, 169.

nomie des Kunstgegenstands zusätzlich exponieren,[59] und auf eigenwillige Weise fallen so für Rilke Antike und Moderne in eins: An antiken Kunstwerken fasziniert ihn besonders, dass sie oftmals jahrhundertelang verschüttet waren und nun, dekontextualisiert, „als [...] autonome künstlerische Gebilde betrachtet [...] werden“[60] können. Die Betrachtung des Kontur einer antiken Skulptur kann schließlich umschlagen von der Nachempfindung des Kontur einer vergangenen Epoche, die in dieser Anempfindung wieder gegenwärtig wird (wie in Winckelmanns *Empfindung*), zu einer jähen Empfindung des plastischen Kontur als eines ästhetisch-ethischen Imperativs mit dem Ausrufezeichen der unmittelbaren Gegenwart: Der Kontur des *Apoll* wird in der vielzitierten Schlusswendung vom „Da ist keine Stelle die Dich nicht sieht“ zu einer ‚Konstellation‘ unzähliger Punkte, die der – auf das eigene Leben rückwirkenden – gestalterischen Sinngebung des Betrachters (und sei es nur im Blick) bedürfen. Durch Dekontextualisierung der Kunstwerke beansprucht Rilke somit ihre „überzeitliche Autorität“ und reduziert sie auf eine „emphatische Formel“,[61] die auch von Karl Philipp Moritz stammen könnte: „sie sind. Und das ist alles.“[62]

Es ist dieses bloße, voraussetzunglose (oder eben ‚dekontextualisierte‘) ‚Sein‘, dass sich auch in seinen typographischen Konturen der Rodin-Studie ausbildet, wenn er mit den Worten verfährt, wie er es für die Dinge imaginiert hatte, die man vor den Himmel halte, um ihre Formen bestimmter zu erkennen.

Im August 1903 schreibt Rilke über antike Kunstwerke an Lou Andreas-Salomé, der „unvergleichliche Wert dieser wiedergefundenen Dinge“ liege darin, dass man sie „so ganz wie Unbekannte betrachten kann“, und er schwärmt, dass „nichts Stoffliches“ und „keine Geschichte [...] ihre entkleidete Klarheit“ überschatte.[63] Die schönste Form des Ideals ist auch ohne einen ideellen Gehalt *autonom* als Schönes erfahrbar, und dies umso mehr im Zeichen der Moderneerfahrung. Wo bei Moritz jedoch das ‚in sich selbst vollendete Schöne‘ eben darum schön war, weil es auf das inkom-

59 Vgl. zu Rilkes Konzeption der Ganzheit von Rodins Torsi: Büssgen, 135 und 141.

60 Thorsten Valk: *Antikenrezeption und Dichtungstheorie in Rilkes Sonetten ‚Früher Apollo‘ und ‚Archaischer Torso Apollos‘*, in: Olaf Hildebrand/Thomas Pittrof (Hg.): *„... auf klassischem Boden begeistert“. Antike-Rezeptionen in der deutschen Literatur.* Freiburg 2004, 335–363, 341.

61 Vgl. Valk, 341.

62 Rilke über die Antiken im August 1903 an Lou Andreas-Salomé (Rilke/Andreas-Salomé, *Briefwechsel*, 111).

63 Rilke/Andreas-Salomé, *Briefwechsel*, 110 f.

mensurable höchste Schöne verwies, schätzt Rilke die (zudem fragmentarische) Form um ihrer Form willen. Die Entidealisierung geht notwendig mit einer Dekontextualisierung einher – die zugleich *Symptom*, *Programm* und: *Leiden* der Moderne ist, wie sie Rilke als amorphen Wirbel der Dissoziierungen erfährt. Am Kontur der Kunstwerke, der alten wie der modernen, brechen sich somit die Ängste und Sehnsüchte der Epoche.

Über die Zeichnungen Rodins notiert Rilke einmal, „daß alles das Welt ist, auch noch diese Figur, die, wie ein Sternbild im Tierkreis, für immer entrückt ist und festgehalten in ihrer leidenschaftlichen Vereinsamung." (85)[64] – Die gezeichnete *Figur* wird in ihrer absoluten Autonomie und Unzugänglichkeit (und zugleich symptomatischen anthropomorphisierenden Einsamkeit) entmaterialisiert und „entrückt". Im oben zitierten Brief aus dem August 1903 berichtet Rilke von einem weiteren stellaren Phänomen: dass sich ihm die antiken Statuen im Louvre mitunter erschlössen, indem sie erstrahlten „wie ein erster Stern, neben welchem plötzlich, wenn man ihn merkt, hunderte ankommen aus den Tiefen des Himmels". Ein solches Erstrahlen glüht dem Betrachter auch aus dem Innern des *Archaischen Torso Apolls* entgegen. Dessen fragmentarischer Kontur, gesehen mit den Augen eines Autors der Moderne, dem er nicht als fragmentarisch gilt, sondern als Konstituens eines zeitlosen Kunstwerks unbedingter Autonomie und somit als Reflexionsfigur der eigenen Poetik, schließt den Bogen dieser Untersuchung von der Antike bis zum Beginn des 20. Jahrhunderts.

Rilkes antik-moderner *Katasterismos* fügt sich damit zur Konstellation der anderen Sterne dieser Geschichte der ästhetischen Denkfigur *Kontur.*

---

64 Vgl. zum „Sternbild" als „wichtigste[r] Figur im Spätwerk Rilkes" Allemann, 70 ff.

27. Epilog

Walter Benjamin schreibt in der erkenntniskritischen Vorrede seines Trauerspiel-Buches, die „Ideen" verhielten „sich zu den Dingen wie die Sternbilder zu den Sternen"; „sie sind weder deren Begriffe noch deren Gesetze. Sie dienen nicht zur Erkennntis der Phänomene, und in keiner Weise können diese Kriterien für den Bestand der Ideen sein."[1] Ebensowenig, wie die Sternbilder etwas über die Gesetzmäßigkeiten der Sterne aussagen, geben die Sterne Aufschluss über die Existenz der Sternbilder. Die Bedeutung der Phänomene für die Ideen erschöpft sich in ihren begrifflichen Elementen, die, auf diese Weise zerstückend wahrgenommen, in den Sternbildern der Ideen als vereinzelte Punkte erscheinen. Diese werden, indem sie in die „ewige[n] Konstellationen" integriert werden, „dargestellt" und damit auch „gerettet".[2] Ähnlich verhält es sich nun mit der „Denkfigur" des Kontur. Diese Studie hat den Versuch unternommen, wie eine Sternkarte eine Konstellation ästhetikgeschichtlicher Phänomene darzustellen. Die Einzelphänomene zu Umrissmomenten bei einzelnen Autoren wurden zunächst zu Konfigurationen für ein einzelnes Werk, ein einzelnes Sternbild, zusammengeschlossen, wobei sich manchmal geschlossene Gestalten ergaben, ein andermal aber auch ein paar Lichtjahre vom Zentrum entfernte ästhetische Ausläufer, die sich in keine systematisch gerundete Denkfigur einer Umriss-Ästhetik des betreffenden Autors integrieren ließen. Wie jede Idee laut Benjamin Monade[3] ist und das Ganze in verkleinertem Maßstab in sich spiegelt, so hat die vorliegende Studie zu zeigen versucht, wie aber doch bei vielen Autoren das jeweilige Kontur-Konzept zugleich als Nukleus der jeweiligen generellen Ästhetik eines Autors gelten kann.

Nähme man eine raumzeitliche Aufteilung auf einer Himmelssphäre an, bei welcher der Südpol die Antike und der Nordpol die deutsche Jahrhundertwende um 1900 markiert, so wäre der Urknall der Denkfigur „Umriss" am Südpol der Antike zu verorten, mit einigen wenigen uns

1 Walter Benjamin: *Ursprung des deutschen Trauerspiels.* Hg. v. Rolf Tiedemann. Frankfurt a.M. 1978, 16.

2 Walter Benjamin: *Ursprung des deutschen Trauerspiels*, 17.

3 Walter Benjamin: *Ursprung des deutschen Trauerspiels*, 30.

zumindest überlieferten Äußerungen, die sich als vereinzelte Sternbilder in Polnähe zeigen; die Erscheinungsdichte nähme über Mittelalter, italienische Renaissance, französischen Klassizismus und deutsche Barockzeit allmählich und schließlich beträchtlich zu, bis die Streuung der Sternbilder im 18. Jahrhundert zu dichten Sternhaufen nördlich des Äquators führt, die sich teilweise perspektivisch zu überlappen scheinen. Es sind zumeist hell gleißende, weiße Riesen in heroischer Gestalt. Nach 1800 erscheinen nach Norden hin einige recht katholisch anmutende Sternbilder, bevor die Sternbilddichte mit dem fortschreitenden 19. Jahrhundert immer mehr abnimmt und auch die vorhandenen Konfigurationen, mit wenigen hell strahlenden Ausnahmesternen, meistenteils nur schwach aufflackern, mit bloßem Auge manchmal kaum zu erkennen sind und insgesamt eher aus wenigen Sternen bestehen. Recht einsam sitzt dann Rilke hier am Nordpol um 1900, nicht ausgesetzt „auf den Bergen des Herzens" in einem „letzte[n] Gehöft von Gefühl,"[4] sondern in einem signifikant ausgefransten Sternhaufen mit gewaltiger Gravitation.

Die *Geschichte der ästhetischen Denkfigur ‚Kontur'*, wie sie hier vorliegt, hat aus der sehr speziellen Perspektive dieser Denkfigur den Versuch unternommen, *eine* mögliche Ästhetik- und teilweise Poetik-Geschichte zu schreiben, in der die einzelnen Phänomene *Konfigurationen* bilden, die hier als Sternbilder verzeichnet sind – mit all den perspektivischen Verzerrungen, die eine solche Konstruktion mit sich bringt.

Trotzdem steht am Ende die Hoffnung, dass bei der Betrachtung dieser Konstellationen deutlich werden möge, dass diese nicht beliebig sind, sondern dass die Denkfigur des ‚Kontur', all seiner ihm üblicherweise attestierten ‚Klarheit' zum Trotz, gewissermaßen als dunkle Materie tatsächlich die Geschichte ästhetischen Denkens zusammenhält – und die Einzelphänomene somit linear zu Sternbildern verknüpft.[5] Ihre Sternkarte sei diese Studie.

4 Vgl. Rainer Maria Rilke: *Die Gedichte.* Frankfurt a.M. 1986, 880.

5 Ein programmatisches Sternbild erscheint in Rilkes *Sonetten an Orpheus* (I, XI; Rilke, *Gedichte,* 681 f.,); das letzte Terzett lautet: „Auch die sternische Verbindung trügt./ Doch uns freue eine Weile nun/ der Figur zu glauben. Das genügt."

28. Anhang

28.1 Siglen und Anmerkungen zur Zitierweise

Da die vorliegende Studie als Kompendium gedacht ist, werden die Quellen gelegentlich in größerem Kontext zitiert – auch, um dadurch die Verknüpfung von Sprache und jeweiligem Kontur-Konzept eng am Text herausarbeiten zu können. Anstelle eines Registers finden sich Querverweise zwischen den Kapiteln, um Bezüge und Traditionslinien deutlich zu machen.

Hervorhebungen in den Quellen wurden einheitlich durch Kursivierungen wiedergegeben.

Verfasser und Werke sind in den Anmerkungen jeweils so knapp wie möglich zitiert, jedoch immer in einer Weise, die eine schnelle Orientierung erlaubt: Verfasser, die mit nur einem Werk (bzw. Titel oder Aufsatz) zitiert werden, erscheinen nach der Erstnennung im jeweiligen Kapitel in der Regel nur mit dem Nachnamen unter Angabe der Seitenzahl; wenn der betreffende Titel lange nicht Erwähnung gefunden hat oder primär einem anderen Kapitel zuzuordnen ist, wird ggf. ein Kurztitel hinzugefügt. Bei Verfassern, die mit verschiedenen Titeln zitiert werden, erscheinen immer Kurztitel.

Die wesentlichen Quellen zum Werk des Autors, der jeweils im Mittelpunkt eines Kapitels steht, werden bei der Erstnennung im Kapitel ausführlich angegeben; die Zitate aus diesen Werken werden innerhalb des jeweiligen Kapitels dann entweder durch Kurztitel bei Einzelschriften oder verstreuten Druckorten bzw. nur durch Angabe von Band und Seitenzahlen bei Werkausgaben nachgewiesen, teils mit Siglen.

Durchgängig erscheinen die Siglen:

A Heinse, Wilhelm: *Ardinghello und die glückseligen Inseln. Eine Italiänische Geschichte aus dem sechszehnten Jahrhundert.* Lemgo: Meyer 1787, zit. nach der Kritischen Studienausgabe, Stuttgart: Reclam, 1998 (Bibliographisch ergänzte Ausgabe der Ausgabe 1975)

AGK Winckelmann, Johann Joachim: *Anmerkungen über die Geschichte der Kunst des Alterthums,* Dresden 1767. Texte und Kommentar. Hg. v. Adolf H. Borbein und Max Kunze. Bearbeitet v. Eva

Hofstetter, Max Kunze, Brice Maucolin und Axel Rügler. Mainz: von Zabern, 2008 (= J. J. W.: Schriften und Nachlaß. Band 4, 4: Anmerkungen über die Geschichte der Kunst des Alterthums, Texte und Kommentar)

AT Sulzer, Johann Georg: *Allgemeine Theorie der Schönen Künste in einzeln, nach alphabetischer Ordnung der Kunstwörter auf einander folgenden, Artikeln abgehandelt.* 4 Bde. Neue vermehrte zweyte Auflage. Leipzig: Weidmanns Erben und Reich, 1792–1794 [= Reprographischer Nachdruck der 2., vermehrten Auflage Leipzig 1792. Mit einer Einleitung v. Giorgio Tonelli. Hildesheim 1967/70]

FA Goethe, Johann Wolfgang: *Sämtliche Werke. Briefe, Tagebücher und Gespräche.* 40 Bde. Hg. von Hendrik Birus u. a. Frankfurt a.M.: Deutscher Klassiker Verlag, 1987 ff.

GB Heinse, Wilhelm: *Briefe aus der Düsseldorfer Gemäldegalerie 1776–1777.* Hg. v. Arnold Winkler. Leipzig/Wien: Schmid, 1912

GWb *Goethe-Wörterbuch.* Hg. von der Berlin-Brandenburgischen Akademie der Wissenschaften, der Akademie der Wissenschaften in Göttingen und der Heidelberger Akademie der Wissenschaften. Bd. 1 ff. Berlin/Stuttgart: Kohlhammer, 1978 ff.

HWRh *Historisches Wörterbuch der Rhetorik.* Hg. v. Gert Ueding. Tübingen: Niemeyer, 1992 ff.

KFSA Schlegel, Friedrich: *Kritische Friedrich-Schlegel-Ausgabe,* begr. und hg. v. Ernst Behler. Paderborn [u. a.]: Schöningh [u. a.], 1958 ff.

KS Winckelmann, Johann Joachim: *Kleine Schriften. Vorreden. Entwürfe* . Hg. v. Walther Rehm. Berlin: de Gruyter, 1968

MA Goethe, Johann Wolfgang: *Sämtliche Werke nach Epochen seines Schaffens. Münchner Ausgabe.* Hg. v. Karl Richter in Zusammenarbeit mit Herbert G. Göpfert, Norbert Miller, Gerhard Suder und Edith Zehm. München: btb, 2006 [= seitenidentisch mit der Ausgabe Hanser, 1992]

NA Heinse, Wilhelm: *Die Aufzeichnungen: Frankfurter Nachlass.* Hg. v. Markus Bernauer u. a. 5 Bände. München: Hanser, 2003–2005

SK Sulzer, Johann Georg: *Die Schönen Künste, in ihrem Ursprung, ihrer wahren Natur und besten Anwendung betrachtet von J. G. Sulzer.* Leipzig: Weidmann, 1772

SW *Herders Sämmtliche Werke.* Hg. v. Bernhard Suphan. 32 Bände. Berlin: Weidmann, 1877–1909

WA *Goethes Werke.* Hg. i. Auftr. d. Großherzogin Sophie von Sachsen. Weimarer Ausgabe. Fotomechanischer Nachdr. d. Ausg. Weimar: Böhlau, 1887–1919. München: dtv, 1987

28.2 Quellen

Alberti, Leon Battista: *Das Standbild. Die Malkunst. Grundlagen der Malerei. [De Statua. De Pictura. Elementa Picturae]* Hg., eingeleitet und komm. v. Oskar Bätschmann und Christian Schäublin unter Mitarbeit von Kristine Patz. Darmstadt: WBG, 2000

Aristotelis De Anima Libri III. Rec. Adolfus Torstrik. Hildesheim/New York: Olms, 1970 (= reprograph. Nachdruck der Ausgabe Berlin 1862)

Aristoteles: *Opera Omnia Graece et Latine cum indice nominum et rerum absolutissimo.* Vol. III ed. Cats Bussemaker. Hildesheim/New York: Olms, 1973

Aristoteles: *Philosophische Schriften in sechs Bänden. Bd. 6: Physik. Über die Seele* [nach der Übersetzung von Willy Theiler bearb. v. Horst Seidel.] Hamburg: Meiner, 1995

Aristoteles: *Werke in deutscher Übersetzung.* Begründet v. E. Grumach. Hg. v. Hellmut Flashar. Bd. 14, 2: *Parva Naturalia. De memoria et reminiscentia.* Übers. u. erläut. v. R. A. H. King. Darmstadt: WBG, 2004

Aristoteles: *Werke in deutscher Übersetzung.* Hg. v. Ernst Grumach. Bd. 13: *Über die Seele.* Übers. v. Willy Theiler. 3., durchg. Aufl. Darmstadt: WBG, 1969

Athenaeum. Eine Zeitschrift. Hg. v. A. W. Schlegel und F. Schlegel. Reprograph. Nachdruck. Darmstadt: WBG, 1983

Baumgarten, Alexander Gottlieb: *Metaphysica/Metaphysik.* Historisch-kritische Ausgabe. Übs., eingeleitet u. hg. v. Günter Gawlick u. Lothar Kreimendahl. Stuttgart: Frommann-Holzboog, 2011

Bibliothek der Kunstliteratur. [...] Bd. 2: *Frühklassizismus. Position und Opposition: Winckelmann, Mengs, Heinse.* Hg. v. Helmuth Pfotenhauer, Markus Bernauer und Norbert Miller unter Mitarbeit von Thomas Franke. Frankfurt: Deutscher Klassiker Verlag, 1995

Die Bibel. Altes und Neues Testament. Einheitsübersetzung. Freiburg [u. a.]: Herder, 1980

Bodmer: *Johann Jacob Bodmers Critische Betrachtungen über die Poetischen Gemählde Der Dichter.* Mit einer Vorrede von Johann Jacob Breitinger. Zürich: Orell und Comp., 1741

Breitinger: *Johann Jacob Breitingers Critische Dichtkunst Worinnen die Poetische Mahlerey in Absicht auf die Erfindung Im Grunde untersuchet und mit Beyspielen aus den berühmtesten Alten und Neuern erläutert wird.* Mit einer Vorrede eingeführet von Johann Jacob Bodemer. Zürich: Orell und Comp., 1740

Breitinger: *Johann Jacob Breitingers Fortsetzung Der Critischen Dichtkunst Worinnen die Poetische Mahlerey In Absicht auf den Ausdruck und die Farben abgehandelt wird,* mit einer Vorrede von Johann Jacob Bodemer. Zürich: Orell und Comp., 1740

[Cicero] M. Tullius Cicero: *Orator.* Lat.-dt. Hg. v. Bernhard Kytzler. München: Heimeran, 1975

Diogenes Laertius: *Leben und Meinungen berühmter Philosophen.* Buch I–X. Aus d. Griech. übers. von Otto Apelt, neu hg. sowie mit Vorw., Einl. u. neuen Anm. zu Text u. Übers. vers. von Klaus Reich. 2. Aufl. Hamburg: Meiner, 1967

Diogenis Laertii Vitae Philosophorum, ed. H. S. Long, Tom. II, Oxford: Clarendon 1964

Félibien, André: *Des Principes de l'Architecture, de la Sculpture, de la Peinture, et des autres Arts qui en dependent. Avec un Dictionnaire des Termes propres à chacun de ces Arts.* Paris: Coignard, 1676

Fernow, Carl Ludwig: *Römische Studien*, 3 Bände. Zürich: Gessner, 1806–1808

Flaxman, John: *Illustrations to Homer. Drawn by John Flaxman. Engraved by William Blake and others.* Ed. with an intr. and comm. by Robert Essick and Jenijoiy La Belle. New York, NY: Dover Publ., 1977

Fontane, Theodor: *Der Stechlin.* Mit einem Nachwort von Walter Müller-Seidel. Frankfurt a.M.: Insel, 1975

Fontane, Theodor: *Werke, Schriften und Briefe. Wanderungen durch die Mark Brandenburg. Erster Band* (Abt. 2, *Wanderungen durch die Mark Brandenburg*, 1). Hg. v. Walter Keitel. München: Hanser, 1966

Theodor Fontane: *Werke, Schriften und Briefe. Briefe:* 1890–1898 (Abt. 4, *Briefe*, 4). Hg. v. Walter Keitel. München: Hanser, 1982

[Gauricus]: *Pomponii Gaurici Neapolitani De Sculptura.* Nürnberg: Petreius, 1542

Goethe, Johann Wolfgang: *Sämtliche Werke. Briefe, Tagebücher und Gespräche [FA].* 40 Bde. Hrsg. von Hendrik Birus u.a. Frankfurt a.M.: Deutscher Klassiker Verlag, 1987 ff.

Goethe, Johann Wolfgang: *Sämtliche Werke nach Epochen seines Schaffens. Münchner Ausgabe [MA].* Hg. v. Karl Richter in Zusammenarbeit mit Herbert G. Göpfert, Norbert Miller, Gerhard Suder und Edith Zehm. München: btb 2006 [= seitenidentisch mit der Ausgabe Hanser 1992]

Goethe, Johann Wolfgang: *Tagebücher. Historisch-kritische Ausgabe.* Im Auftrag der Klassik Stiftung Weimar hg. v. Jochen Golz unter Mitarbeit von Wolfgang Albrecht, Andreas Döhler und Edith Zehm. Stuttgart, Weimar: Metzler, 1998 ff.

Goethes Gespräche. Eine Sammlung zeitgenössischer Berichte aus seinem Umgang. Auf Grund der Ausgabe und des Nachlasses von Flodoard Freiherrn von Biedermann ergänzt und hg. v. Wolfgang Herwig, 5 in 6 Bänden, München: dtv, 1998

Goethes Werke. Hg. i. Auftr. d. Großherzogin Sophie von Sachsen. Weimarer Ausgabe [WA]. Fotomechanischer Nachdr. d. Ausg. Weimar: Böhlau, 1887–1919. München: dtv, 1987

Goethe-Wörterbuch. [GWb] Hg. v. der Berlin-Brandenburgischen Akademie der Wissenschaften, der Akademie der Wissenschaften in Göttingen und der Heidelberger Akademie der Wissenschaften. Bd. 1 ff. Berlin/Stuttgart: Kohlhammer, 1978 ff.

Gottsched, Johann Christoph: *Handlexicon oder Kurzgefaßtes Wörterbuch der schönen Wissenschaften und freyen Künste. Zum Gebrauche der Liebhaber derselben herausgegeben*, von Johann Christoph Gottscheden [...]. Leipzig: Fritsch, 1760

Gottsched, J. Ch.: *Versuch einer Critischen Dichtkunst vor die Deutschen;/ Darinnen erstlich die allgemeinen Regeln der Poesie, hernach alle besondere Gattungen der Gedichte, abgehandelt und mit Exempeln erläutert werden:/ Uberall [!] aber gezeiget wird/ Daß das innere Wesen der Poesie in einer Nachahmung der Natur bestehe./ Anstatt einer Einleitung ist Horatii Dichtkunst in deutsche Verse übersetzt, und mit Anmerckungen erläutert* von M. Joh. Christoph Gottsched. Leipzig: Breitkopf, 1730

Grund, Johann Jakob Norbert: *Die Malerey der Griechen oder Entstehung, Fortschritt, Vollendung und Verfall der Malerey.* Dresden: Walther, 1810–11

Hagedorn, Christian Ludwig von: *Betrachtungen über die Mahlerey. Erster Theil.* Leipzig, bey Johann Wendlern, 1762

Hagedorn, Christian Ludwig von: *Briefe über die Kunst von und an Christian Ludwig von Hagedorn.* Leipzig: Weidmann, 1797

Heinse, Wilhelm: *Ardinghello und die glückseligen Inseln. Eine Italiänische Geschichte aus dem sechszehnten Jahrhundert.* [A] Lemgo: Meyer 1787, zit. nach der Kritischen Studienausgabe, Stuttgart: Reclam, 1998 (Bibliographisch ergänzte Ausgabe der Ausgabe 1975)

Heinse, Wilhelm: *Briefe aus der Düsseldorfer Gemäldegalerie 1776–1777.* [GB] Hg. v. Arnold Winkler. Leipzig/Wien: Schmid, 1912

Heinse, Wilhelm: *Die Aufzeichnungen: Frankfurter Nachlass.* [NA] Hg. v. Markus Bernauer u. a. 5 Bände. München: Hanser, 2003–2005

Hemsterhuis, François: *Ueber die Bildhauerey in einem Briefe an H. Theodor von Smeth zu Amsterdam* [*Lettre sur la sculpture*; 1769], in: F. H.: *Vermischte philosophische Schriften des H. Hemsterhuis*, Bd. I. Leipzig 1782, 1–70

Herder, Johann Gottfried: *Auszug aus einem Briefwechsel über Ossian und die Lieder alter Völker*, in: Herder/Goethe/Frisi/Möser: *Von deutscher Art und Kunst. Einige fliegende Blätter.* Stuttgart: Reclam, 1999, 5–62

Herder, Johann Gottfried: *Bloß für dich geschrieben: Briefe u. Aufzeichnungen über eine Reise nach Italien 1788/89.* Hg. v. Walter Dietze u. Ernst Loeb. Berlin: Rütten & Loening, 1980

Herder, Johann Gottfried: *Werke in zehn Bänden.* [W] Hg. v. Martin Bollacher u. a. Bd. 2: *Schriften zur Ästhetik und Literatur 1767–1781.* Hg. von Gunter E. Grimm. Frankfurt a.M.: Deutscher Klassiker Verlag, 1993

Herder, Johann Gottfried: *Werke in zehn Bänden.* [W] Hg. v. Martin Bollacher u. a. Bd. 4.: *Schriften zu Philosophie, Literatur, Kunst und Altertum 1774–1787.* Hg. v. Jürgen Brummack u. Martin Bollacher. Frankfurt a.M.: Deutscher Klassiker Verlag, 1994

Herders Sämmtliche Werke [= SW]. Hg. v. Bernhard Suphan. 32 Bde. Berlin: Weidmann, 1877–1909

Heyse, Paul: *Hadrian / Alkibiades. Gedichte und Übersetzungen.* Stuttgart 1924 (Paul Heyse: *Gesammelte Werke.* Dritte Reihe. Band V)

Heyse, Paul: *Gedichte.* Berlin: Hertz, ^{4}1889

Hirt, Aloys: *Versuch über das Kunstschöne*, in: *Die Horen, eine Monatsschrift.* Hg. v. Friedrich Schiller, 3. Jg., 1797, 7. Stück, 1–37

Hoffmann, E. T. A.: *Sämtliche Werke in sechs Bänden.* Bd. 4: *Die Serapionsbrüder.* Hg. v. Wulf Segebrecht. Frankfurt a.M.: Deutscher Klassiker Verlag, 2001

Hogarth, William: *The Analysis of Beauty.* With the rejected passages from the manuscript drafts and autobiographical notes. Edited with an introduction by Joseph Burke. Oxford: Clarendon Press, 1955

Hogarth, William: *Zergliederung der Schönheit, die schwankenden Begriffe von dem Geschmack festzusetzen* / geschrieben von Wilhelm Hogarth. Aus dem Englischen übersetzt von C. Mylius. Berlin und Potsdam: bey Christian Friederich Voß, 1754

Humboldt, Wilhelm von: *Wilhelm von Humboldts gesammelte Schriften.* Bd. 2, Abt. 1, Werke 1796–1799. Berlin: Behr, Nachdr. d. Ausg. 1904, 1968

Johann Dominicus Fiorillo: *Ueber eine Stelle des Plinius Hist. Natur. XXXV.*10, in: *Kleine Schriften artistischen Inhalts.* Erster Band. Mit Kupfern. Göttingen bey Heinrich Dieterich, 1803, 229–242

Jombert, Charles-Antoine: *Méthode pour apprendre le dessin, ou l'on donne les regles générales de ce grand art, & des préceptes pour acquérir la connoissance, & s'y perfectionner en peu de temps.* Par Charles-Antoine Jombert. Paris: 1755

Junius, Franciscus: *De pictura veterum libri tres (Roterodami 1694).* Edition, traduction et commentaire du livre I par Colette Nativel. Genf: Droz, 1996

Junius, Franciscus: *The Literature of Classical Art. I The Painting of the Ancients. De Pictura Veterum, according to the English translation (1638)* [*The Painting of the Ancients, in three Bookes: Declaring by Historicall Observations and Examples, The Beginning, Progresse, and Consummation of that most Noble Art.* [...] Written first in Latine by Franciscus Junius, F. F. And now by Him Englished, with some Additions and Alterations. London: Hodgkinsonne 1638.], ed. by Keith Aldrich/Philipp Fehl/Raina Fehl. Berkeley [u. a.]: University of California Press, 1992

Junius, Franciscus: *The Printed Sources of Western Art.* General editor: Theodore Bestermann. 25: François du Jon: *De pictura veterum.* Collegium Graphicum, Portland, Oregon 1972 (= Francisci Iunii F. F. *De pictura veterum libri tres.* Amstelaedami, Apud Iohannem Blaev, MDCXXXVII)

[Junius:] *Franciscus Junius von der Mahlerey der Alten in drey Büchern.* Aus dem Lateinischen. Breslau, bey Johann Ernst Meyer, 1770

Kant, Immanuel: Kritik der reinen Vernunft. Nach der 1. und 2. Orig.-Ausg. hg. v. Jens Timmermann. Hamburg: Meiner, 1998

Kant, Immanuel: *Kritik der Urteilskraft.* Mit einer Einleitung und Bibliographie hg. v. Heiner F. Klemme. Hamburg: Meiner, 2001

Kants Werke: *Akademie – Textausgabe.* Nachdruck: Berlin: de Gruyter, Abhandlungen nach 1781 (Bd. 8), 1968

Keller, Gottfried: *Der grüne Heinrich. Erste Fassung. Text und Kommentar,* in: G. K.: *Sämtliche Werke in sieben Bänden.* Hg. v. Thomas Böning u. a. Frankfurt a.M.: Deutscher Klassiker Verlag, 1985 [Bd. 2]

Keller, Gottfried: *Der grüne Heinrich. Zweite Fassung. Text und Kommentar,* in: G. K.: *Sämtliche Werke in sieben Bänden.* Hg. v. Thomas Böning u. a. Frankfurt a.M.: Deutscher Klassiker Verlag, 1996 [Bd. 3]

Keller, Gottfried: *Aufsätze, Dramen, Tagebücher.* Hg. v. Dominik Müller, in: G. K.: *Sämtliche Werke in sieben Bänden.* Hg. v. Thomas Böning u. a.: Frankfurt a.M.: Deutscher Klassiker Verlag, 1996 [Bd. 7]

Kestner, August: *Römische Studien.* Berlin: Decker, 1850

Kunstbüchlin/ Darinn allerley Lineamenten von Gesichtern/ an Händen und Füssen/ deßgleichen viel alten Mann unnd Weibs Trachten/ auch schönen Kriegsristungen/ wol unnd künstlich abgerissen/ und zusamen begriffen. Newlichen allen Malern/ Bildschnitzlern / unnd sonst dieser löblichen Kunst Liebhabern/ zu sonderm nutz unnd gefallen in Truck verfertigt. Getruckt zu Wienn in Osterreich/ per Nicolam Pierium. Anno M. D. LXXXXII

Lavater, Johann Caspar: *Aussichten in die Ewigkeit, in Briefen an Herrn Joh. George Zimmermann*, Bd. 3 (1773), in: J. C. L.: *Ausgewählte Werke in historisch-kritischer Ausgabe*; Bd. 2: *Aussichten in die Ewigkeit*, 1768–1773/78. Hg. v. Ursula Caflisch-Schnetzler. Zürich: Verlag Neue Zürcher Zeitung, 2001

Lavater, Johann Caspar: *Physiognomische Fragmente. Zur Beförderung der Menschenkenntnis und Menschenliebe*, 4 Bände, Zürich: Orell Füssli/Leipzig: Edition Leipzig, 1968–1969 [Faksimiliedruck nach der Ausgabe 1775–1778, Leipzig: Weidmanns Erben und Reich/Winterthur: Heinrich Steiner und Compagnie]

Lavater, Johann Caspar: *Physiognomische Fragmente. Zur Beförderung der Menschenkenntnis und Menschenliebe. Eine Auswahl.* Hg. v. Christoph Siegrist. Stuttgart: Reclam, 1984

Mander, Karel van: *Das Lehrgedicht des Karel van Mander. Text, Übersetzung und Kommentar nebst Anhang über Manders Geschichtskonstruktion und Kunsttheorie*, von Dr. R. Hoecker. Haag: Martinus Nijhoff, 1916 (= Quellenstudien zur Holländischen Kunstgeschichte; hg. unter der Leitung von Dr. C. Hofstede de Groot; VIII: Das Lehrgedicht des Karel van Mander [...])

Leibniz, Gottfried Wilhelm: *Monadologie und andere metaphysische Schriften.* Frz./dt. Hg., übs., mit Einl., Anm. u. Registern versehen v. Ulrich Johannes Schneider. Hamburg: Meiner, 2002

Lessing, Gotthold Ephraim: *Emilia Galotti. Ein Trauerspiel in fünf Aufzügen*, in: G. E. L.: *Werke in drei Bänden.* Bd. 1: *Fabeln. Gedichte. Dramen.* München: dtv, 2003

Michelangelo, *Gedichte*, Ital. u. dt. Hg. u. übers. v. Michael Engelhard. Frankfurt a.M.: Insel, 1999

Moritz, Karl Philipp: *Werke in zwei Bänden.* Hg. v. Heide Hollmer. Frankfurt a.M.: Deutscher Klassiker Verlag, Bd. 1: *Dichtungen und Schriften zur Erfahrungsseelenkunde*, 1999

Moritz, Karl Philipp: *Werke in zwei Bänden.* Hg. v. Heide Hollmer. Frankfurt a.M.: Deutscher Klassiker Verlag, Bd. 2: *Popularphilosophie. Reisen [u. a.]*, 1997

Moritz, Karl Philipp: *ΑΝΘΟΥΣΑ oder Roms Alterthümer. Ein Buch für die Menschheit. Die heiligen Gebräuche der Römer.* Berlin: bei Friedrich Maurer, 1791

Moritz, Karl Philipp: *Götterlehre oder Mythologische Dichtungen der Alten.* [GL] Leipzig: Insel, 1972

Piles, Roger de: *Cours de Peinture par Principes.* Paris: 1708

Piles, Roger de: *Dialogue sur le Coloris.* Paris: 1699

Piles, Roger de: *Abregé de la vie des peintres, avec des reflexions sur leurs ouvrages.* Paris: 1699

Piles, Roger de: *Historie Und Leben Der berühmtesten Europæischen Mahler/ So sich durch ihre Kunst-Stücke bekand gemacht/ samt einigen REFLEXIONS darüber/*

Und Abbildung eines Vollkommenen Mahlers/ Nach welcher die Mahlerey als einer Regul kann beurtheilet werden/ Wobey auch der Nutzen und Gebrauch der Kupferstücke/ und Erklärung der gebräuchlichen Mahler-Wörter/ Verfertiget von Mons. de Piles. Hamburg, bey Benjamin Schillern/ 1710

Platon: *Werke in acht Bänden* (Griech. u. dt); Bd. 6: *Theaitetos [u.a].* Hg. v. Gunther Eigler. Übers. von Friedrich Schleiermacher. Darmstadt: WBG, 1970

Pline l'Ancien: *Histoire naturelle*, Livre 35. Paris: Les Belles Lettres (Collection des universités de France; Série latine), 1985

[Plinius d. Ä.]: *C. Plini Secundi naturalis historiae libri XXXVII* / post Ludovici Iani obitum recogn. et scripturae discrepantia adiecta ed. Carolus Mayhoff. Lipsiae: Teubner, 1967 (Biblioteca scriptorum Graecorum et Romanorum Teubneriana) [Bd. 5:] Libri XXXI – XXXVII. Ed. stereotypa ed. prioris (1897))

[Plinius d. Ä.]: C. Plinius Secundus d. Ä.: *Naturkunde* (lat.-dt.). Bd. 1: *Widmung, Inhaltsverzeichnis des Gesamtwerkes, Zeugnisse, Fragmente.* Hg. u. übers. von Roderich König. München [u. a.]: Artemis, 1973

[Plinius d. Ä.]: C. Plinius Secundus d. Ä.: *Naturkunde* (lat.-dt.). Bd. 2: *Kosmologie.* Hg. u. übers. von Roderich König. München [u. a.]: Artemis, 1974

[Plinius d. Ä.]: C. Plinius Secundus d. Ä.: *Naturkunde* (lat.-dt.). Bd. 35: *Farben, Malerei, Plastik.* Hg. u. übers. von Roderich König. München [u. a.]: Artemis, 1978

[Quintilian]: *M. Fabi Quintiliani institutionis oratoriae libri XII*; ed. Ludwig Radermacher. Lipsiae: Teubner. (= Bibliotheca scriptorum Graecorum et Romanorum Teubneriana) Tom. I: Libros I – VI continens. Ed. stereotypa corr. ed. primae, 1959

[Quintilian]: *M. Fabi Quintiliani institutionis oratoriae libri XII*, ed. Ludwig Radermacher. Tom. II: Libros VII – XII continens. Lipsiae: Teubner (Bibliotheca scriptorum Graecorum et Romanorum Teubneriana) Ed. stereotypa corr. ed. primae XXXV, 1965

[Quintilian]: M. Fabius Quintilianus: *Ausbildung des Redners* [Institutionis Oratoriae Libri XII]. Zwölf Bücher. Hg. u. übs. v. Helmut Rahn. Zweiter Teil: Buch VII–XII. Darmstadt: WBG, 1975

Rapin, P.: *Œuvres du P.Rapin qui contiennent les reflexions sur l'Eloquence, la Poetique, l'Histoire et la Philosophie. Dernière edition, augmentée du Poëme des Jardins.* T. II. La Haye: 1725

Rapin, P.: *Principes de Dessein, Appliqués à la Pratique*, Paris: 1773

Rilke, Rainer Maria/Lou Andreas-Salomé: *Briefwechsel.* Hg. v. Ernst Pfeiffer. Frankfurt a.M.: Insel, 1975

Rilke, Rainer Maria: *Auguste Rodin.* Mit sechsundsechzig Abbildungen. Frankfurt a.M.: Insel, [10] 2005

Rilke, Rainer Maria: *Die Gedichte.* Frankfurt a.M.: Insel, 1986

[Rivius]: Walther Hermann Ryff bzw. Gualtherus Hermenius Rivius: *Der furnembsten, notwendigsten, der gantzen Architectur angehörigen Mathematischen vnd Mechanischen Künst, eygentlicher bericht, vnd vast klare, verstendliche vnterrichtung, zu rechtem verstandt der lehr Vitruuij, in drey furneme Bücher abgetheilet […].* Nürnberg 1547 bei Johann Petreius

[Rivius]: Walther Hermann Ryff bzw. Gualtherus Hermenius Rivius: *Vitruvius Teutsch//Nemlichen des allernamhafftigisten vnd hocherfarnesten/ Römischen Architecti/ vnd Kunstreichen Werck oder Bawmeisters/ Marci Vitruuij Pollionis/ Zehen Bücher von der Architectur vnd künstlichem Bawen.* [...] Nürnberg bei Johann Petreius 1548

Rivius, Walter: *Vitruvius Teutsch. Nemlichen des allernamhafftigisten vnd hocherfarnesten/ Römischen Architecti/ vnd Kunstreichen Werck oder Bawmeisters/ Marci Vitruuij Pollionis/ Zehen Bücher von der Architectur vnd künstlichem Bawen* (Reprint, ed. Erik Forssmann, Hildesheim: Olms, 1973)

[Sandrart online]: Joachim von Sandrart: *Teutsche Academie der Bau-, Bild- und Mahlerey-Künste,* Nürnberg 1675–1680. Online-Edition des Projektes Sandrart.net (www.sandrart.net, Kunstgeschichtliches Institut Frankfurt am Main/Kunsthistorisches Institut Florenz)

Sandrart, Joachim von: *L'Academia Todesca della Architectura, Scultura & Pittura [TA]: Oder Teutsche Accademie der Edlen Bau-Bild-und Mahlerey-Künste: Darinn enthalten Ein gründlicher Unterricht von dieser dreyer Künste Eigenschafft/ Lehr-Sätzen und Geheimnissen* [...] Durch Joachim von Sandrart auff Stockau. Nürnberg: Miltenberger M DC LXXV

Schlegel, August Wilhelm: *Die Gemählde. Ein Gespräch* [zuerst in: *Athenaeum. Eine Zeitschrift.* Hg. v. A. W. Schlegel und F. Schlegel, Bd. 2, 1. Stück, 1799, 39–151], zitiert nach: *Athenaeum. [...]* Reprograph. Nachdruck. Darmstadt: WBG, 1983

Schlegel, August Wilhelm: *Kritische Ausgabe der Vorlesungen.* Hg. v. Georg Braungart. Begründet von Ernst Behler (†) in Zusammenarbeit mit Frank Jolles. *Vorlesungen über Ästhetik I [1798–1803].* Mit Kommentar und Nachwort herausgegeben von Ernst Behler. Paderborn [u. a.]: Schöningh 1989 (A. W. Schlegel: *Kritische Ausgabe der Vorlesungen.* Hg. v. Ernst Behler in Zusammenarbeit mit Frank Jolles. Erster Band)

Schlegel, August Wilhelm: *Kritische Ausgabe der Vorlesungen. Zweiter Band, erster Teil: Vorlesungen über Ästhetik [1803–1827].* Textzusammenstellung von Ernst Behler (†). Mit einer Nachbemerkung von Georg Braungart. Paderborn [u. a.]: Schöningh, 2007

Schlegel, Friedrich: *Kritische Friedrich-Schlegel-Ausgabe [KFSA],* begr. und hg. v. Ernst Behler. Paderborn [u. a.]: Schöningh [u. a.], 1958 ff.

Schlegel, Friedrich: *Gemälde alter Meister.* Mit Kommentar u. Nachw. von Hans Eichner u. Norma Lelless. Darmstadt: WBG, 1984

Sexti Empirici Opera rec. Hermannus Mutschmann. Vol. I. Pyrrhoneion hypotyposeon libros tres continens editionem stereotypam emendatam curavit addenda et corrigenda adiecit I. Mau. Leipzig: Teubner, 1958

Sextus Empiricus: *Grundriss der pyrrhonischen Skepsis.* Eingeleitet u. übers. von Malte Hossenfelder. Frankfurt a.M.: Suhrkamp, 1985

Sulzer, Johann Georg: *Allgemeine Theorie der Schönen Künste in einzeln, nach alphabetischer Ordnung der Kunstwörter auf einander folgenden, Artikeln abgehandelt.* [AT] 4 Bde. Neue vermehrte zweyte Auflage. Leipzig: Weidmanns Erben und Reich, 1792–1794 [= Reprographischer Nachdruck der 2., vermehrten Auflage Leipzig 1792. Mit einer Einleitung v. Giorgio Tonelli. Hildesheim 1967/70]

Sulzer, Johann Georg: *Die Schönen Künste, in ihrem Ursprung, ihrer wahren Natur und besten Anwendung betrachtet von J. G. Sulzer.* [SK] Leipzig: Weidmann, 1772

Sulzer, Johann Georg: *Vermischte philosophische Schriften. Aus den Jahrbüchern der Akademie der Wissenschaften zu Berlin gesammelt.* Bd. I: Leipzig: Weidmann, 1773

Tischbein, Wilhelm: *Recueil de Gravures d'après des Vases Antiques d'un Ouvrage Grec trouvés dans des Tombeaux dans le Royaume des Deux Siciles mais principalement dans les environs de Naples l'années 1789. & 1790. : tirées du Cabinet de Monsieur le Chevalier Hamilton Envoyé Extraordinaire et Plenipotentaire de Sa Majesté Britanique à Naples / Publié par Monsieur Guillaume Tischbein Directeur de l'Academie Royale de Peinture*, 4 Bde., Neapel: 1791–1795

Trattati d'arte del Cinquecento fra Manierismo e Controriforma, Volume primo: Varchi – Pino – Dolce – Danti – Sorte. A Cura di Paola Barocchi. Bari: Laterza & Figli, 1960

Vasari, Giorgio: *Einführung in die Künste der Architektur, Bildhauerei und Malerei. Die künstlerischen Techniken der Renaissance als Medien des disegno.* Erstmals übersetzt von Victoria Lorini. Hg., kommentiert und eingeleitet von Matteo Burioni. Berlin: Wagenbach, 2006

Vasari, Giorgio: *Kunstgeschichte und Kunsttheorie. Eine Einführung in die Lebensbeschreibungen berühmter Künstler anhand der Proemien.* Neu übersetzt von Victoria Lorini. Hg. und kommentiert v. Matteo Burioni und Sabine Freser. Berlin: Wagenbach, 2004

Vasari, Giorgio: *Le vite de' più eccellenti pittori, scultori e architettori: nelle redazioni del 1550 e 1568.* Testo a cura di Paola Barocchi. Commento secolare a cura di Rosanna Bettarini. Firenze: Sansoni, 6 Vol., 1966–1987

[Vitruvius:] *Vitruvii de architectura : libri decem = Zehn Bücher über Architektur.* Übers. und mit Anmerkungen versehen von Curt Fensterbusch. Darmstadt: WBG, 1991

Vico, Giambattista: *Die neue Wissenschaft über die gemeinschaftliche Natur der Völker.* Nach der Ausg. von 1744 übers. und eingel. von Erich Auerbach. 2. Aufl. Mit einem Nachw. von Wilhelm Schmidt-Biggemann. Berlin/New York: de Gruyter, 2000

Vogtherr, Heinrich: *Ein fremds und wunderbars Kunstbüchlein allen Malern, Bildschnitzern, Goldschmiden, Steinmetzen, Schreinern, Waffen- und Messerschmiden hochnützlich zu gebrauchen. Der gleich vor nie keins gesehen oder inn Truck kommen ist.* Straßburg: 1537

Volkmann, Johann Jacob: *Teutsche Academie der Bau- Bildhauer- und Maler-Kunst: worinn die Regeln und Lehrsätze dieser Künste gegeben, nicht weniger zu mehrerer Erläuterung die besten Exempel der alten und neuen Künstler in Kupfer beygefüget worden [...]* / Zusammengetragen und mit vielen Kupfern gezieret durch Joachim von Sandrart auf Stockau. Nunmehr aber bey dieser neuen Ausgabe verändert, in eine bessere Ordnung gebracht und durchgehends verbessert von Johann Jacob Volkmann Dr. Nürnberg: Endter, 1768 ff.

Wackenroder, Wilhelm Henrich/Ludwig Tieck: *Herzensergießungen eines kunstliebenden Klosterbruders.* Stuttgart: Reclam, 1979

Wieland, Christoph Martin: *Musarion oder Die Philosophie der Grazien.* Ein Gedicht in drei Büchern. Mit Erläuterungen und einem Nachwort hg. v. Alfred Anger. Stuttgart: Reclam, 2001

Winckelmann, Johann Joachim: *Abhandlung von der Fähigkeit der Empfindung des Schönen in der Kunst, und dem Unterrichte in derselben [...]* [Dresden, 1763], in: *Winckelmann's Werke.* Hg. v. C. L. Fernow. *Zweyter Band, welcher die Schriften über die Herculanischen Alterthümer, die Abhandlung von der Fähigkeit der Empfindung des Schönen, und den Versuch einer Allegorie enthält.* Dresden: Walther, 1808

Winckelmann's Werke. Hg. v. C. L. Fernow. *Zweyter Band, welcher die Schriften über die Herculanischen Alterthümer, die Abhandlung von der Fähigkeit der Empfindung des Schönen, und den Versuch einer Allegorie enthält.* Dresden: Walther, 1808

Winckelmann, Johann Joachim: *Beschreibung des Torso im Belvedere zu Rom* [ursprünglich erschienen in der Bibliothek der schönen Wissenschaften und der freyen Künste, 5, 1 (1762)], in: *Bibliothek der Kunstliteratur.* Hg. v. Gottfried Boehm und Norbert Miller. Bd. 2: *Frühklassizismus. Position und Opposition: Winckelmann, Mengs, Heinse.* Hg. v. Helmuth Pfotenhauer, Markus Bernauer und Norbert Miller unter Mitarbeit von Thomas Franke. Frankfurt: Deutscher Klassiker Verlag, 1995, 174–180

Winckelmann, Johann Joachim: *Geschichte der Kunst des Alterthums. [GK] Textband. Erste Auflage Dresden 1764, zweite Auflage Wien 1776.* Hg. v. Adolf H. Borbein, Thomas W. Gaethgens, Johannes Irmscher (†) und Max Kunze. Bearbeitet von Max Kunze (Mainz: von Zabern, 2002) [= Akademie der Wissenschaften und der Literatur, Mainz; Akademie Gemeinnütziger Wissenschaften zu Erfurt; Winckelmann-Gesellschaft: J. J. Winckelmann: *Schriften und Nachlaß.* Bd. 4: Geschichte der Kunst des Alterthums]

Winckelmann, Johann Joachim: *Geschichte der Kunst des Alterthums. Allgemeiner Kommentar.* Erste Auflage Dresden 1764; Zweite Auflage Wien 1776. Hg. v. Adolf H. Borbein, Thomas W. Gaethgens, Johannes Irmscher (†) und Max Kunze. Bearbeitet von Max Kunze, Marianne Kreikenbom, Brice Maucolin, Axel Rügler. Mainz: von Zabern, 2007 (= J. J. W.: *Schriften und Nachlaß.* Bd. 4,3)

Winckelmann, Johann Joachim: *Anmerkungen über die Geschichte der Kunst des Alterthums* [AGK], Dresden 1767. Texte und Kommentar. Hg. v. Adolf H. Borbein und Max Kunze. Bearbeitet v. Eva Hofstetter, Max Kunze, Brice Maucolin und Axel Rügler. Mainz: von Zabern, 2008 (= J. J. W.: *Schriften und Nachlaß.* Bd. 4,4)

Winckelmann, Johann Joachim: *Geschichte der Kunst des Alterthums. Statuenbeschreibungen. Materialien zur ‚Geschichte der Kunst des Alterthums'. Rezensionen.* Hg. v. Adolf H. Borbein und Max Kunze. Mainz: von Zabern, 2012 (= J. J. W.: *Schriften und Nachlaß*, Bd. 4,5)

Winckelmann, Johann Joachim: *Versuch einer Allegorie, besonders für die Kunst* (Studien zur deutschen Kunstgeschichte, Bd. 339; J. J. W.: Kunsttheoretische Schriften IV. Baden-Baden/Strasbourg: Heitz, 1964, Faksimileneudruck der 1. Aufl. Dresden 1766)

Winckelmann, Johann Joachim: *Kleine Schriften. Vorreden. Entwürfe* . [KS] Hg. v. Walther Rehm. Berlin: de Gruyter, 1968

[Zuccari:] *Scritti d'arte di Federico Zuccaro* a cura di Detlef Heikamp. Firenze: Olschki, 1961

28.3 Forschungsliteratur

Adler, Hans/Wulf Koepke (Hg.): *A companion to the works of Johann Gottfried Herder.* Rochester, NY: Camden House, 2009

Adler, Hans: *Die Prägnanz des Dunklen. Gnoseologie – Ästhetik – Geschichtsphilosophie bei Johann Gottfried Herder.* Hamburg: Meiner, 1990 (= Studien zum achtzehnten Jahrhundert. Hg. v. der Deutschen Gesellschaft für die Erforschung des achtzehnten Jahrhunderts; Bd. 13)

Adler, Hans: *Herders Stil als Rezeptionsbarriere*, in: T. Borsche (Hg.): *Herder im Spiegel der Zeiten. Verwerfungen der Rezeptionsgeschichte und Chancen einer Relektüre.* München [u. a.]: Fink, 2006, 15–31

Adler, Hans: *Herder's style*, in: ders./Wulf Koepke (Hg.): *A companion to the works of Johann Gottfried Herder.* Rochester, NY: Camden House, 2009, 331–350

Agazzi, Elena (Hg.): *Tropen und Metaphern im Gelehrtendiskurs des 18. Jahrhunderts.* Hg. v. E. Agazzi in Zusammenarbeit mit Ulrike Zeuch unter Mitwirkung von Guglielmo Gabbiadini. Archiv für Begriffsgeschichte, Sonderheft 10 (Jg. 2011)

Albert, Claudia: *Bild, Symbol, Allegorie, Zeichen: Schlegels Ästhetik der Moderne*, in: Y.-G. Mix/J. Strobel (Hg.): *Der Europäer August Wilhelm Schlegel. Romantischer Kulturtransfer.* Berlin [u. a.]: de Gruyter, 2010, 107–123

Allemann, Beda: *Zeit und Figur beim späten Rilke. Ein Beitrag zur Poetik des modernen Gedichtes.* Pfullingen: Neske, 1961

Amrein, Ursula/Regina Dieterle (Hg.): *Gottfried Keller und Fontane. Vom Realismus zur Moderne.* Berlin [u. a.]: de Gruyter, 2008

Andreae, Bernard: *Goethes Betrachtung antiker Kunst*, in: K. Scheurmann (Hg.): *„... endlich in dieser Hauptstadt der Welt angelangt!" – Goethe in Rom: Publikation zur Eröffnung der Casa di Goethe in Rom.* Mainz: von Zabern. Bd. 1: Essays, 1997, 132–139

Annas, Julia: *Hellenistic Philosophy of Mind.* Berkeley [u. a.]: University of California Press, 1992

Apel, Friedmar: *Der lebendige Blick. Goethes Kunstanschauung*, in: S. Schulze (Hg.): *Goethe und die Kunst [Austellungskatalog Frankfurt/Weimar]* Stuttgart: Hatje, 1994, 571–578

Apel, Kim: *Predigten in der Literatur. Homiletische Erkundungen bei Karl Philipp Moritz.* Tübingen: Mohr Siebeck, 2009

Arburg, Hans-Georg von: *„Die bloße Vocalmusik ist eigentlich, was in den bildenden Künsten das Nackende ist". Pathosformeln zwischen Literatur, Musik und Malerei bei Wilhelm Heinse*, in: P. Kofler (Hg.): *Ekstatische Kunst – besonnenes Wort. Aby Warburg und die Denkräume der Ekphrasis.* Bozen: Ed. Sturzflüge, 2009, 145–164

Arnold, Heinz Ludwig (Hg.): K. P. Moritz. Text + Kritik, H. 118/119, April 1993

Aschoff, Hans-Georg: *August Kestner und die deutsche ‚Kolonie' in Rom*, in: *Auf den Spuren von August Kestner [Ausstellungskatalog]*, hg. v. Kestner-Museum

Hannover u.a. Überarbeitete Aufl. Hannover: Kestner-Museum, 2004 (= Museum Kestnerianum 5), 12–15

Auerbach, Erich: *Figura*, in: *Archivum Romanicum* Jg. 22, 1938, 436–489

auf der Heyde, Alexander: *Carl Ludwig Fernows Monographie „Über den Bildhauer Canova und dessen Werke" (1806) im Kontext von Kunstraub und Musealisierung*, in: Edoardo Costadura/I. Daum/O. Müller (Hg.): *Frankreich oder Italien? Konkurrierende Paradigmen des Kulturaustausches in Weimar und Jena um 1800.* Heidelberg: Winter, 2008, 87–108

Aust, Hugo: *Theodor Fontane: Ein Studienbuch.* Tübingen/Basel: Francke, 1998

Barck, Karlheinz (Hg.): *Ästhetische Grundbegriffe (ÄGB). Historisches Wörterbuch in sieben Bänden.* Stuttgart [u.a.]: Metzler. Bd. 7: Supplemente, Register, 2005

Barolsky, Paul: *Warum lächelt Mona Lisa? Vasaris Erfindungen.* Berlin: Wagenbach, 1996

Barry, Kelly: *The sermon and the task of aesthetic reflection: Moritz's „Andreas Hartkopfs Predigerjahre"*, in: A. Krupp (Hg.): *Karl Philipp Moritz. Signaturen des Denkens.* Amsterdam [u.a.]: Rodopi, 2010, 305–314

Bauer, Manuel: *August Wilhelm Schlegels „Vorlesungen über schöne Literatur und Kunst": Die „Summe" der Frühromantik?*, in: Y.-G. Mix/J.Strobel (Hg.): *Der Europäer August Wilhelm Schlegel. Romantischer Kulturtransfer.* Berlin [u.a.]: de Gruyter, 2010, 125–140

Bauer, Manuel: *Schlegel und Schleiermacher. Frühromantische Kunstkritik und Hermeneutik.* Paderborn: Schöningh, 2011

Beck, Andreas: *Geselliges Erzählen in Rahmenzyklen: Goethe – Tieck – E. T. A. Hoffmann.* Heidelberg: Winter, 2008

Becker, Claudia: *„Naturgeschichte der Kunst". August Wilhelm Schlegels ästhetischer Ansatz im Schnittpunkt zwischen Aufklärung, Klassik und Frühromantik.* München: Fink, 1998

Becker, Claudia: *Germania und Italia. Die Bedeutung der präraffaelitischen Malerei in der Kunstauffassung Friedrich Schlegels*, in: H. Pfotenhauer (Hg.): *Kunstliteratur als Italienerfahrung*, Tübingen: Niemeyer, 1991, 222–241

Benjamin, Walter: *Ursprung des deutschen Trauerspiels.* Hg. v. Rolf Tiedemann. Frankfurt a.M.: Suhrkamp, 1978

Benne, Christian (Hg.): *Antike – Philologie – Romantik : Friedrich Schlegels altertumswissenschaftliche Manuskripte*, Paderborn [u.a.]: Schöningh, 2011

Berghahn, Cord-Friedrich: *„Zu weiterm Gebrauch für künftige poetische Werke". Wilhelm Heinse: Forschung und Philologie 2002–2010*, in: Zeitschrift für Germanistik 21 2011, 2, 345–356

Bernauer, Markus (Hg.): *Wilhelm Heinse. Der andere Klassizismus.* Göttingen: Wallstein, 2007

Berndt, Frauke/Daniel Fulda (Hg.): *Die Sachen der Aufklärung: Beiträge zur DGEJ-Jahrestagung 2010 in Halle a.d. Saale.* Hamburg, Meiner 2013

Bernhart, Toni: *Die neuere Forschung zu Goethes Ästhetik und Kunsttheorie*, in: Bernd Hamacher/Rüdiger Nutt-Kofoth (Hg.): *Johann Wolfgang Goethe. Romane und theoretische Schriften.* Darmstadt: WBG, 2007, 164–189

Bertsch, Markus: *Räume der Kunst. Blicke auf Goethes Sammlungen.* Göttingen: Vandenhoeck & Ruprecht, 2005

Beyer, Andreas/Ernst Osterkamp (Hg.): *Goethe-Handbuch. Supplemente Bd. 3: Kunst.* Stuttgart: Metzler, 2011

Beyer, Andreas (Hg.): *Klassik und Romantik. Geschichte der bildenden Kunst in Deutschland.* München; Berlin [u. a.]: Prestel, 2006

Beyer, Andreas: *Kunstfahrt und Kunstgebilde. Goethes ‚Italienische Reise' als neoklassizistische Programmschrift, in:* S. Schulze (Hg.): *Goethe und die Kunst [Austellungskatalog Frankfurt/Weimar]* Stuttgart: Hatje, 1994, 447–454

Binczek, Natalie: *Zur Deutung der Gewänder: „Viertes kritisches Wäldchen", „Plastik" und „Kalligone"*, in: S. Groß/G. Sauder (Hg.): *Der frühe und der späte Herder: Kontinuität und/oder Korrektur.* Heidelberg: Synchron, 2007, 331–339

Binczek, Natalie: *Kontakt. Der Tastsinn in Texten der Aufklärung.* Tübingen: Niemeyer, 2007

Bindmann, David: *Das Umreißen einer Idee. Ein künstlerischer Neubeginn,* in: Maraike Bückling/Eva Mongi-Vollmer (Hg.): *Schönheit und Revolution. Klassizismus 1770–1820.* [Kat. Frankfurt] München: Hirmer, 2013, 191–196

Bircher, Martin/Andreas Herz (Hg.): *Die Fruchtbringende Gesellschaft unter Herzog August von Sachsen-Weißenfels. Süddeutsche und österreichische Mitglieder,* Tübingen: Niemeyer, 1997 (= *Die Deutsche Akademie des 17. Jahrhunderts Fruchtbringende Gesellschaft: Reihe 2, Dokumente und Darstellungen 3:* Abt. C, Halle; Bd. 2)

Blank, Juliane: *„Ein rechtes Wollustferkel". Erotisierung und Selbstzensur in Wilhelm Heinses italienischen Kunstbeschreibungen,* in: Lenz-Jahrbuch 17 2011, 45–73

Blumenberg, Hans: *Die Lesbarkeit der Welt.* Frankfurt a.M.: Suhrkamp, 1986

Boehm, Gottfried/Helmut Pfotenhauer (Hg.): *Beschreibungskunst – Kunstbeschreibung. Ekphrasis von der Antike bis zur Gegenwart.* München: Fink, 1995

Bohde, Daniela: *Kunstgeschichte als physiognomische Wissenschaft. Kritik einer Denkfigur der 1920er bis 1940er Jahre.* Berlin: Akademie-Verlag, 2012

Borgards, Roland: *Die Wissenschaft vom Auge und die Kunst des Sehens. Von Descartes zu Soemmerring, von Lessing zu A. W. Schlegel,* in: Thomas Lange (Hg.): *Kunst und Wissenschaft um 1800.* Würzburg: Königshausen & Neumann 2000, 39–61

Borsche, Tilman (Hg.): *Herder im Spiegel der Zeiten. Verwerfungen der Rezeptionsgeschichte und Chancen einer Relektüre.* München [u. a.]: Fink, 2006

Böschenstein, Bernhard: *Apoll und seine Schatten: Winckelmann in der deutschen Dichtung der beiden Jahrhundertwenden,* in: Thomas W. Gaethgens (Hg.): *Johann Joachim Winckelmann: 1717–1768*; Hamburg: Meiner, 1986, 327–342

Boyle, A. J./W. J. Dominik (Hg.): *Flavian Rome. Culture, Image, Text.* Leiden/Boston: Brill, 2003

Braungart, Georg: *„Intransitive Zeichen": „Die Signatur des Schönen" im menschlichen Körper bei Karl Philipp Moritz,* in: Rhetorik 13 1994, 3–16

Brenner, Anne: *Leseräume. Untersuchungen zu Lektüreverfahren und -funktionen in Gottfried Kellers Roman ‚Der grüne Heinrich'.* Würzburg: Königshausen & Neumann, 2000

Bridge, Helen: *Rilke and the visual arts,* in: K. Leeder/R.Vilain (Hg.): *The Cambridge Companion to Rilke.* Cambridge: University Press, 2010, 145–158

Brinkmann, Richard (Hg.): *Romantik in Deutschland. Ein interdisziplinäres Symposion.* Stuttgart: Metzler, 1978, 369–391 (= DVjS Sonderband; 52)

Broch, Jan/Markus Rassiler (Hg.): *Schrift-Zeiten. Poetologische Konstellationen von der Frühen Neuzeit bis zur Postmoderne.* Köln: Univ.- und Stadtbibliothek, 2006

Broch, Jan: *Poetik des Notats. Wilhelm Heinses nachgelassene Aufzeichnungen,* in: J. Broch/M. Rassiler (Hg.): *Schrift-Zeiten. Poetologische Konstellationen von der Frühen Neuzeit bis zur Postmoderne.* Köl: Univ.- und Stadtbibliothek, 2006, 65–87

Brown, Hilda M.: *E. T. A. Hoffmann and the Serapiontic principle. Critique and creativity.* Rochester, NY: Camden House, 2006

Buchbinder, Reinhard: *Bibliographie zu Karl Philipp Moritz ab 2002,* in: Ch. Wingertszahn (Hg.): *„Das Dort ist nun Hier geworden". Karl Philipp Moritz heute.* Hannover: Wehrhahn, 2010, 261–297

Burdorf, Dieter: *Poetik der Form. Eine Begriffs- und Problemgeschichte.* Stuttgart/ Weimar: Metzler, 2001

Burioni, Matteo: *Gattung, Medien, Techniken. Vasaris Einführung in die drei Künste des disegno,* in: Giorgio Vasari: *Einführung in die Künste der Architektur, Bildhauerei und Malerei. Die künstlerischen Techniken der Renaissance als Medien des disegno.* Erstmals übersetzt von Victoria Lorini. Hg., kommentiert u. eingeleitet v. Matteo Burioni. Berlin: Wagenbach, 2006, 7–24

Bückling, Maraike/Eva Mongi-Vollmer (Hg.): *Schönheit und Revolution. Klassizismus 1770–1820.* [Kat. Frankfurt] München: Hirmer, 2013

Busch, Werner: *Die „große, simple Linie" und die „allgemeine Harmonie" der Farben. Zum Konflikt zwischen Goethes Kunstbegriff, seiner Naturerfahrung und seiner künstlerischen Praxis auf der italienischen Reise,* in: Goethe-Jahrbuch 105, 1988, 144–164

Busch, Werner: *Umrißzeichnung und Arabeske als Kunstprinzipien des 19. Jahrhunderts,* in: Regine Timm (Hg.): *Buchillustration im 19. Jahrhundert.* Wiesbaden: Harassowitz, 1988, 117–148

Busch, Werner: *Die notwendige Arabeske : Wirklichkeitsaneignung und Stilisierung in der deutschen Kunst des 19. Jahrhunderts.* Berlin: Gebr. Mann, 1985

Büssgen, Antje: *Bildende Kunst,* in: Manfred Engel (Hg.): *Rilke-Handbuch. Leben – Werk – Wirkung.* Hg. v. Manfred Engel unter Mitarb. von Dorothea Lauterbach. Darmstadt: WBG, 2004, 130–150

Büttner, Frank: *Asmus Jacob Carstens und Karl Philipp Moritz,* in: *Nordelbingen* 52 1983, 95–127

Caflisch-Schnetzler, Ursula: *„Wegzuleuchten die Nacht menschlicher Lehren, die Gottes Wahrheit umwölkt". Johann Caspar Lavaters literarische Suche nach dem Göttlichen im Menschen, dargestellt an den Wurzeln der Zürcher Aufklärung,* in: A. Lütteken/B. Mahlmann-Bauer (Hg.): *Bodmer und Breitinger im Netzwerk der europäischen Aufklärung.* Göttingen: Wallstein, 2009, 497–533

Calhoon, Kenneth S. (Hg.): *„Es trübt mein Auge sich in Glück und Licht". Über den Blick in der Literatur* (FS Helmut J. Schneider). Berlin: Schmidt, 2010

Campe, Rüdiger: *Vor Augen Stellen. Über den Rahmen rhetorischer Bildgebung,* in: G. Neumann (Hg.): *Poststrukturalismus. Herausforderung an die Literaturwissenschaft.* Stuttgart [u. a.]: Metzler, 1997 (DFG-Symposion; 1995; Germanistische Symposien-Berichtsbände; 18), 208–225

Campe, Rüdiger: *Preposition, pronoun, „Being“: Moritz's grammar between aesthetics and ontology*, in: A. Krupp (Hg.): *Karl Philipp Moritz. Signaturen des Denkens.* Amsterdam [u. a.]: Rodopi, 2010, 175–193

Cantarutti, Giulia/Stefano Ferari (Hg.): *Paesaggi europei del Neoclassicismo.* Bologna: Società Editrice il Mulino, 2007

Carey, Sorcha: *Pliny's Catalogue of Culture. Art and Empire in the Natural History.* Oxford: University Press, 2003

Cassirer, Ernst: *Goethes Pandora*, in: E. C.: *Idee und Gestalt: Goethe, Schiller, Hölderlin, Kleist. Fünf Aufsätze.* Berlin: Cassirer, 1921, 1–26

Cassirer, Ernst: *Idee und Gestalt: Goethe, Schiller, Hölderlin, Kleist. Fünf Aufsätze.* Berlin: Cassirer, 1921

Catalano, Gabriella: *Sintassi testuale e stile nella „Kunstbeschreibung“ di Winckelmann. A proposito delle descrizione del Torso del Belvedere*, in: Heinz Georg Held (Hg.): *Winckelmann und die Mythologie der Klassik. Narrative Tendenzen in der Ekphrasis der Kunstperiode.* Tübingen: Niemeyer, 2009, 151–162

Chélin, Henri: *Friedrich Schlegels ‚Europa‘.* Frankfurt a.M. [u. a.]: Lang, 1981

Chiarini, Paolo: *„Alte Meister“ in klassisch-romantischem Kontext. Goethe, Friedrich Schlegel und die ‚Deutsche Renaissance‘*, in: Walter Hinderer (Hg.): *Goethe und das Zeitalter der Romantik.* Würzburg: Königshausen & Neumann, 2002, 245–263

Collini, Patrizio: *Revolutionäre Museumsgänge. Von Heinse bis F. Schlegel*, in: Kenneth S. Calhoon (Hg.): *„Es trübt mein Auge sich in Glück und Licht“. Über den Blick in der Literatur* (FS Helmut J. Schneider). Berlin: Schmidt, 2010, 159–170

Costadura, Edoardo/I. Daum/O. Müller (Hg.): *Frankreich oder Italien? Konkurrierende Paradigmen des Kulturaustausches in Weimar und Jena um 1800.* Heidelberg 2008. Heidelberg: Winter, 2008

Costazza, Alessandro: *Das „Charakteristische“ als ästhetische Kategorie der deutschen Klassik. Eine Diskussion zwischen Hirt, Fernow und Goethe nach 200 Jahren*, in: Jahrbuch der Deutschen Schillergesellschaft 42 1998, 64–94

Costazza, Alessandro: *Schönheit und Nützlichkeit. Karl Philipp Moritz und die Ästhetik des 18. Jahrhunderts.* Bern [u. a.]: Lang, 1996

Costazza, Alessandro: *Genie und Tragische Kunst. Karl Philipp Moritz und die Ästhetik des 18. Jahrhunderts.* Bern/Berlin [u. a.]: Lang, 1999

Cremer, Claudia Susannah: *Hagedorns Geschmack. Studien zur Kunstkennerschaft in Deutschland im 18. Jahrhundert.* Bonn, Univ. Diss., 1987

Dauss, Markus/Ralf Haekel (Hg.): *Leib/Seele – Geist/Buchstabe. Dualismen in der Ästhetik und den Künsten um 1800 und 1900.* Würzburg: Königshausen & Neumann, 2006

Décultot, Élisabeth: *Friedrich Schlegel et „ l'art divin de la peinture “*, in: Etudes germaniques 53 1997, N. 4, 629–648

Décultot, Élisabeth: *Johann Joachim Winckelmann. Enquêtes sur la genèse de l'histoire de l'art.* Paris: Presses Universitaires de France, 2000

Décultot, Élisabeth: *Anthropologie et ethnologie de l'histoire de l'art au XVIIIe siècle. Winckelmann et le tableau des peuples antiques*, in: Etudes germaniques 64 2009, H. 4, 821–840

Décultot, Élisabeth: *Heinse als Leser Winckelmanns. Eine kritische Beleuchtung*, in: Markus Bernauer (Hg.): *Wilhelm Heinse: der andere Klassizismus*, Göttingen: Wallstein, 2007, 86–98

Décultot, Élisabeth: *Theorie und Praxis der Nachahmung. Untersuchungen zu Winckelmanns Exzerptheften*, in: DVjS 76 2002, H. 1, 27–49

Décultot, Élisabeth: *Untersuchungen zu Winckelmanns Exzerptheften. Ein Beitrag zur Genealogie der Kunstgeschichte im 18. Jahrhundert.* Ruhpolding: Rutzen, 2004

Décultot, Élisabeth: *Von der Seelenkunde zur Kunsttheorie. Zu Sulzers „Untersuchung über den Ursprung der angenehmen und unangenehmen Empfindungen" (1751/52)*, in: Scientia poetica 12 2008, 69–88

Décultot, Élisabeth: *Winckelmann e Caylus: alcuni aspetti di un dibattito storiografico*, in: G. Cantarutti/S. Ferari (Hg.): *Paesaggi europei del Neoclassicismo.* Bologna: Società Editrice il Mulino, 2007, 37–60

Dembeck, Till: *Texte rahmen. Grenzregionen literarischer Werke im 18. Jahrhundert (Gottsched, Wieland, Moritz, Jean Paul).* Berlin [u. a.]: de Gruyter, 2007

Demetz, Peter: (Hg.): *Rilke – ein europäischer Dichter aus Prag.* Würzburg: Königshausen & Neumann, 1998

Dethlefs, Hans Joachim: *Zur Theorie der Haltung in Johann Georg Sulzers „Allgemeiner Theorie der schönen Künste"*, in: Germanisch-romanische Monatsschrift 59 2009, H. 2, 257–279

Deutsches Wörterbuch von Jacob und Wilhelm Grimm. Leipzig: Hirzel, 1854 ff.

Dippel, Lydia: *Wilhelm von Humboldt: Ästhetik und Anthropologie.* Würzburg: Königshausen & Neumann, 1990

Disselkamp, Martin: *Gelehrte und poetische Mythenkunde. Zwei Varianten der Rezeption antiker Mythologie im Berlin des ausgehenden 18. und beginnenden 19. Jahrhunderts*, in: V. Elm/G. Lottes/V. de Senarclens (Hg.): *Die Antike der Moderne. Vom Umgang mit der Antike im Europa des 18. Jahrhunderts.* Hannover-Laatzen: Wehrhahn, 2009, 165–185

Dobai, Johannes: *Die bildenden Künste in Johann Georg Sulzers Ästhetik. Seine „Allgemeine Theorie der Schönen Künste".* 308. Neujahrsblatt der Stadtbibliothek Winterthur, 1978

Dönike, Martin: *Pathos, Ausdruck und Bewegung. Zur Ästhetik des Weimarer Klassizismus 1796–1806.* Berlin [u. a.]: de Gruyter, 2005

Dörr, Volker C./Michael Hofmann (Hg.): *„Verteufelt human"? Zum Humanitätsideal der Weimarer Klassik*, Berlin: Schmidt, 2008

Drügh, Heinz J.: *„Eine Summer der Zerstörung, ineinander gehüllt". Über Kunst und Wirklichkeit bei Karl Philipp Moritz*, in: Lenz-Jahrbuch 13–14 2008, 123–142

Ebert Schifferer, Sibylle/Cecilia Mazzetti di Pietralata (Hg.): *Joachim von Sandrart. Ein europäischer Künstler und Theoretiker zwischen Italien und Deutschland. Akten des Internationalen Studientages der Bibliotheca Hertziana Rom 2006.* München: Hirmer, 2009

Eckardt, Philipp: *Maß und Umriss. Bilder als Regulative bei Winckelmann und Warburg*, in: Ingeborg Reichle/Steffen Siegel (Hg.): *Maßlose Bilder.* München: Fink, 2009, 247–262

Einem, Herbert von: *Asmus Jacob Carstens, Die Nacht mit ihren Kindern.* Köln/Opladen: Westdeutscher Verlag, 1958

Eisert, Kristina: *Kunst und Künstlerwerdung in Gottfried Kellers „Der grüne Heinrich" und Ludwig Tiecks „Franz Sternbalds Wanderungen".* Marburg: Tectum, 2008

Elm, Veit/Günter Lottes/Vanessa de Senarclens: *Die Antike der Moderne. Vom Umgang mit der Antike im Europa des 18. Jahrhunderts.* Hannover-Laatzen: Wehrhahn, 2009

Egger, Irmgard: *Die Tiefe der Jahrtausende. Zur Archäologie der Wahrnehmung in den ‚Reisen eines Deutschen in Italien'*, in: U. Tintemann/Ch. Wingertszahn (Hg.): *Karl Philipp Moritz in Berlin 1789–1793.* Hannover-Laatzen: Wehrhahn, 2005, 9–22

Engel, Manfred: *Rilke als Autor der literarischen Moderne*, in: M. Engel (Hg.): *Rilke-Handbuch. Leben – Werk – Wirkung.* Hg. v. Manfred Engel unter Mitarb. von Dorothea Lauterbach. Darmstadt: WBG, 2004, 507–528

Engel, Manfred: *Rilke-Handbuch. Leben – Werk – Wirkung.* Hg. v. Manfred Engel unter Mitarb. von Dorothea Lauterbach. Darmstadt: WBG, 2004

Espagne, Michel: *Humboldt à Paris, lecteur de Goethe*, in: *Goethe cosmopolite.* Paris: Presses Universitaires de France, 1999, 195–209

Favaro, Francesca: *I „Pensieri sull'imitazione" di Winckelmann. Grecità e frammento*, in: M. A. Rigoni (Hg.): *La brevità felice. Contributi alla teoria e alla storia dell'aforisma.* Venezia: Marsilio, 2006, 277–287

Field, G. W.: *Professor Cujacius, Turner und die Präraffaeliten in Fontanes ‚Stechlin'*; Fontane-Blätter 1987, 580–587

Fischer, Bernhard: *Kunstautonomie und Ende der Ikonographie. Zur historischen Problematik von „Allegorie" und „Symbol" in Winckelmanns, Moritz' und Goethes Kunsttheorie*, in: DVjS 64 1990, 247–277

Fitzon, Thorsten: *„Sein Auge ward Hand, der Lichtstrahl Finger". Johann Gottfried Herders synästhetische Kunstbeschreibungen in Rom*, in: Germanisch-romanische Monatsschrift 57 2007, H. 1, 73–89

Flashar, H.: *Die Philosophie der Antike.* Bd. 4: *Die hellenistische Philosophie.* Von Michael Erler, Hellmut Flashar, Günther Gawlick, Woldemar Görler, Peter Steinmetz. Hg. v. Hellmut Flashar. Basel: Schwabe & Co, 1994

Fögen, Thorsten: *Wissen, Kommunikation und Selbstdarstellung. Zur Struktur und Charakteristik römischer Fachtexte der frühen Kaiserzeit.* München: Beck, 2009 (= Zetemata; H. 134)

Fögen, Thorsten: *Plinius der Ältere zwischen Tradition und Innovation: Zur „Ideologie" der Naturalis Historia*, in: Norbert Kramer/Christiane Reitz (Hg.): *Tradition und Erneuerung. Mediale Strategien in der Zeit der Flavier.* Berlin [u. a.]: de Gruyter, 2010, 41–62

Fögen, Thorsten: *Zur Rolle des Fachwortschatzes in der Naturalis historia des Älteren Plinius*, in: Annette Imhausen/Tanja Pommerening (Hg.): *Writings of Early Scholars in the Ancient Near East, Egypt, Rome and Greece. Translating Ancient Scientific Texts.* Berlin [u. a.]: de Gruyter, 2010, 93–115

Formanek, Ruth: *„Die Welt mit malerischen Augen sehen". Goethe und Kniep in Sizilien, in:* Dominique Iehl/ Centre de Recherche sur l'Allemagne Moderne Toulouse (Hg.): *Les songes de la raison. Mélanges offerts à Dominique Iehl.* Université de Toulouse-LeMirail (CERAM). Bern [u. a.]: Lang, 1995, 437–456

Forssmann, Erik (Hg.): *Walter Rivius: Vitruvius Teutsch. Nemlichen des allernamhafftigisten vnd hocherfarnesten/ Römischen Architecti/ vnd Kunstreichen Werck oder Bawmeisters/ Marci Vitruuij Pollionis/ Zehen Bücher von der Architectur vnd künstlichem Bawen* (Reprint, Hildesheim: Olms, 1973)

Foucault, Michel: *Die Ordnung der Dinge. Eine Archäologie der Humanwissenschaften.* Frankfurt a.M.: Suhrkamp, 1991

Freedman, Ralph: *Dichtung und bildende Kunst in den Neuen Gedichten: Rilke, Rodin, Baudelaire,* in: Erich Unglaub (Hg.): *Rilkes Paris, 1920–1925. Neue Gedichte.* Göttingen: Wallstein, 2010, 185–195

Frey, Christiane: *Der Weg allen Fleisches. Geist und Buchstabe in Moritz' „Andreas Hartknopf"*, in: M. Dauss/R. Haekel (Hg.): *Leib/Seele – Geist/Buchstabe. Dualismen in der Ästhetik und den Künsten um 1800 und 1900.* Würzburg: Königshausen & Neumann, 2006, 147–168

Frey, Christiane: *Genie, Empfindung, Beruf. Herders „Vom Erkennen und Empfinden der menschlichen Seele" wissenssoziologisch gelesen*, in: Herder-Jahrbuch 9 2008, 37–50

Gaethgens, Thomas W. (Hg.): *Johann Joachim Winckelmann: 1717–1768*; Hamburg: Meiner, 1986 (Studien zum achtzehnten Jahrhundert; 7)

Gambino, Renata: *Auf dem Weg zum „Mittelpunkt des Schönen". Das pädagogische Konzept von Karl Philipp Moritz' italienischer Reisebeschreibung*, in: A. Krupp (Hg.): *Karl Philipp Moritz. Signaturen des Denkens.* Amsterdam [u.a.]: Rodopi, 2010, 255–276

Gambino, Renata: *Moritz – Piranesi: der ‚Gesichtspunkt' – die Veduten*, in: U. Tintemann/Ch. Wingertszahn (Hg.): *Karl Philipp Moritz in Berlin 1789–1793.* Hannover-Laatzen: Wehrhahn, 2005, 23–38

Geisenhanslüke, Achim: *Allegorie und Schönheit bei Moritz*, in: U. Tintemann/Ch. Wingertszahn (Hg.): *Karl Philipp Moritz in Berlin 1789–1793*, 127–140

Gelshorn, Julia: *Ornament und Bewegung. Die Grazie der Linie im 18. Jh.*, in: M. Haldemann (Hg.*): LINEA. Vom Umriss zur Aktion. Die Kunst der Linie zwischen Antike und Gegenwart* [Austellungskatalog Zug], Ostfildern: Cantz, 2010, 87–99

Georges Deutsch-lateinisches Handwörterbuch. Aus d. Quellen zusammengetr. u. mit bes. Bezugnahme auf Synonymik u. Antiquitäten mit Berücksichtigung d. besten Hülfsmittel, ausgearb. von Karl Ernst Georges. Leipzig: Hahn, 1861

Gerstl, Doris: *Joachim von Sandrarts Teutsche Academie der Edlen Bau-, Bild- und Mahlerey-Künste – zur Genese*, in: H. Laufhütte (Hg.): *Künste und Natur in Diskursen der Frühen Neuzeit*, Wiesbaden: Harrassowitz, 2000, Bd. 2, 883–898

Gethmann-Siefert, A./O. Pöggeler (Hg.): *Kunst als Kulturgut. Die Bildersammlung der Brüder Boisserée. Ein Schritt in der Begründung des Museums.* Bonn: Bouvier, 1995

Gibson, Roy K./Ruth Morello (Hg.): *Pliny the Elder: Themes and Contexts.* (Mnemosyne. Supplements, 329). Leiden/Boston: Brill, 2011

Gillies, Alexander: *Herder und Ossian.* Berlin: Junker und Dünnhaupt, 1933

Gödde, Susanne: *Mythologie als ästhetische Anthropologie. Karl Philipp Moritz' „Götterlehre oder mythologische Dichtungen der Alten"*, in: Ch. Wingertszahn (Hg.): *„Das Dort ist nun Hier geworden". Karl Philipp Moritz heute.* Hannover: Wehrhahn 2010, 155–182

Goebel, Eckart: *Charis und Charisma. Grazie und Gewalt von Winckelmann bis Heidegger.* Berlin: Kulturverlag Kadmos, 2006

Goebels, Armin: *Das Verfahren der Einbildung. Ästhetische Erfahrung bei Schiller und Humboldt.* Frankfurt a.M. [u. a.]: Lang, 1994

Goer, Charis: *Ungleiche Geschwister. Literatur und die Künste bei Wilhelm Heinse.* München: Fink, 2006

Goethe cosmopolite. Paris: Presses Univ. de France, 1999

Gombrich, Ernst H.: *The Heritage of Apelles.* Studies in the art of the Renaissance III. Oxford: Phaidon, 1976

Goritschnig, Ingrid: *Faszination des Porträts,* in: Mraz/Schögl (Hg.): *Das Kunstkabinett des Johann Caspar Lavater.* Wien: Böhlau, 1999, 138–151

Graeser, Andreas: *Zenon von Kition. Positionen und Probleme.* Berlin [u. a.]: de Gruyter, 1975

Grätz, Katharina: *Zwischen Empirie und Ideenschau. Goethes System der Kunst in „Einfache Nachahmung der Natur, Manier, Styl", in:* Hee-Ju Kim (Hg.): *Wechselleben der Weltgegenstände. Beiträge zu Goethes kunsttheoretischem und literarischem Werk* (FS Günter Saße). Heidelberg: Winter, 2010, 135–151

Grave, Johannes: *„Sehen lernen". Über Goethes dilettantische Arbeit am Bild,* in: DVjS 80 2006, H. 3, 357–377

Grave, Johannes: *Der „ideale Kunstkörper". Johann Wolfgang Goethe als Sammler von Druckgraphiken und Zeichnungen.* Göttingen: Vandenhoeck und Ruprecht, 2006

Grave, Johannes: *Medien der Reflexion. Die graphischen Künste im Zeitalter von Klassizismus und Romantik,* in: A. Beyer (Hg.): *Geschichte der bildenden Kunst in Deutschland. Bd. 6: Klassik und Romantik.* München [u. a.]: Prestel/dtv, 2006, 439–455

Gretz, Daniela (Hg.): Medialer Realismus. Freiburg: Rombach, 2011

Grevel, Liselotte: *Das Alte und das Neue. Ambivalenz und Eindeutigkeit in Theodor Fontanes Roman „Der Stechlin",* in: Zeitschrift für deutsche Philologie 127 2008, H. 4, 517–533

Grimm, Gunter E.: *Kunst als Schule der Humanität. Beobachtungen zur Funktion griechischer Plastik in Herders Kunst-Philosophie,* in: G. Sauder (Hg.): *Johann Gottfried Herder: 1744–1803.* Hamburg: Meiner, 1987 (= Studien zum achtzehnten Jahrhundert; Bd. 9), 352–363

Grimm, Reinhold: *Zwei InterTEXTetüden: Zu E. T. A. Hoffmanns ‚Der Artushof' und H. Bölls ‚Wanderer, kommst du nach Spa …',* in: Wirkendes Wort 51 2001, H. 3, 352–361

Groddeck, Wolfram (Hg.): *Der grüne Heinrich. Gottfried Kellers Lebensbuch – neu gelesen.* Zürich: Chronos, 2009

Groddeck, Wolfram: *„Traumcomposition": Erzählung, Verdichtung, Gedicht,* in: W. Groddeck (Hg.): *Der grüne Heinrich. Gottfried Kellers Lebensbuch – neu gelesen.* Zürich: Chronos, 2009, 221–244

Groß, Sabine/Gerhard Sauder (Hg.): *Der frühe und der späte Herder. Kontinuität und/oder Korrektur.* Heidelberg: Synchron, 2007, 321–329

Groß, Sabine: *Vom „Körper der Seele" zum „Damm der Affekte". Zu Johann Gottfried Herders Metaphorik,* in: Groß/Sauder (Hg.): *Der frühe und der späte Herder. Kontinuität und/oder Korrektur.* Heidelberg: Synchron, 2007, 369–383

Güse, Ernst-Gerhard/Alexander Perrig (Hg.): *Zeichnungen aus der Toskana. Das Zeitalter Michelangelos. (Ausst.-Kat. Saarland Museum Saarbrücken).* München/New York: Prestel, 1997

Gvozdeva, Katja (Hg.): *„Risus sacer – sacrum risibile". Interaktionsfelder von Sakralität und Gelächter im kulturellen und historischen Wandel* (= Zeitschrift für Germanistik. Neue Folge. Publikationen 20, 2009)

Härb, Florian: *Theorie und Praxis der Zeichnung bei Giorgio Vasari*, in: *Zeichnungen aus der Toskana. Das Zeitalter Michelangelos.* [Ausstellungskatalog Saarbrücken]. Hg. v. Ernst-Gerhard Güse und Alexander Perrig. München/ New York: Prestel, 1997, 54–63

Haldemann, Matthias (Hg.): *LINEA. Vom Umriss zur Aktion. Die Kunst der Linie zwischen Antike und Gegenwart* [Austellungskatalog Zug], Ostfildern: Hatje Cantz, 2010

Hamacher, Bernd/Rüdiger Nutt-Kofoth (Hg.): *Johann Wolfgang Goethe. Romane und theoretische Schriften.* Darmstadt: WBG, 2007

Happ, Julia S. (Hg.): *Jahrhundert(w)ende(n). Ästhetische und epochale Transformationen und Kontinuitäten 1800/1900.* Berlin: LIT, 2010

Hasubek, Peter: *„... wer am meisten red't, ist der reinste Mensch". Das Gespräch in Theodor Fontanes Roman „Der Stechlin".* Berlin: Schmidt, 1998

Haufe, Eberhard: *Schriften zur deutschen Literatur.* Hg. v. Heinz Härtl und Gerhard R. Kaiser unter Mitwirkung v. Ursula Härtl. Göttingen: Wallstein, 2011

Haufe, Eberhard: *Wilhelm von Humboldt über Schiller und Goethe*, in: E. Haufe: *Schriften zur deutschen Literatur.* Hg. v. Heinz Härtl und Gerhard R. Kaiser unter Mitwirkung v. Ursula Härtl. Göttingen: Wallstein, 2011, 243–252

Haverkamp, Anselm: *Figura Cryptica. Theorie der literarischen Latenz.* Frankfurt a.M.: Suhrkamp, 2002

Heck, Michèle-Caroline et. al. (Hg.): *Théorie des arts et création artistique dans l'Europe du Nord du XVIe au début due XVIIIe siècle.* Lille: UL3, 2002

Heck, Michèle-Caroline: *La 'Teutsche Academie' de Joachim von Sandrart: Une compilation ou une relecture de Vasari et de van Mander?*, in: Michèle-Caroline Heck et. al. (Hg.): *Théorie des arts et création artistique dans l'Europe du Nord du XVIe au début due XVIIIe siècle*, Lille: UL3 2002, 241–253

Heck, Michèle-Caroline: *Théorie et pratique de la peinture. Sandrart et la Teutsche Academie.* Préface de Christian Michel. Paris: Éd. de la Maison des Sciences de l'Homme, 2006

Heinz, Marion (Hg.): *Herder und die Philosophie des deutschen Idealismus.* Amsterdam: Rodopi, 1997

Heinz, Marion: *Sensualistischer Idealismus. Untersuchungen zur Erkenntnistheorie des jungen Herder (1763–1778).* Hamburg: Meiner, 1994 (= Studien zum achtzehnten Jahrhundert; Bd. 17)

Held, Heinz Georg (Hg.): *Winckelmann und die Mythologie der Klassik. Narrative Tendenzen in der Ekphrasis der Kunstperiode.* Tübingen: Niemeyer, 2009

Herrmann, Leonhard: *Klassiker jenseits der Klassik: Wilhelm Heinses „Ardinghello" – Individualitätskonzeption und Rezeptionsgeschichte.* Berlin [u.a.]: de Gruyter, 2010

Hertling, Gunter H.: *Zwischen Imagination und Realität: Gottfried Kellers ästhetische (Un-)Vereinbarkeiten in der Landschafts- und Erzählmalerei seines Grünen Heinrich (II: 1879/80).* Würzburg: Königshausen & Neumann, 2010

Herz, Andreas: *‚Der Gemeinnützige'. Joachim von Sandrart und die fruchtbringende Gesellschaft*, in: Anna Schreurs (Hg.): *Unter Minervas Schutz. Bildung durch Kunst in Joachim von Sandrarts „Teutscher Academie"*. Kat. Wolfenbüttel 2012. Wiesbaden 2012, 33–41

Hess, Günter: *Die Bilder des ‚Grünen Heinrich'*, in: G. Boehm/H. Pfotenhauer (Hg.): *Beschreibungskunst – Kunstbeschreibung. Ekphrasis von der Antike bis zur Gegenwart*. München: Fink, 1995, 373–395

Hildebrand, Olaf/Thomas Pittrof (Hg.): *„... auf klassischem Boden begeistert". Antike-Rezeptionen in der deutschen Literatur*. Freiburg: Rombach 2004 (Festschrift für Jochen Schmidt zum 65. Geburtstag)

Hildebrand-Schat, Viola: *Zeichnung im Dienste der Literaturvermittlung. Moritz Retzschs Illustrationen als Ausdruck bürgerlichen Kunstverstehens*. Würzburg: Königshausen & Neumann 2004

Hinderer, Walter (Hg.): *Goethe und das Zeitalter der Romantik*. Würzburg: Königshausen & Neumann, 2002

Historisches Wörterbuch der Rhetorik [HWRh]. Hg. v. Gert Ueding. Tübingen: Niemeyer 1992 ff.

Hoffmann, Heike (Red.): *Goethe-Spuren. Ein Lese-Buch zum Konzertprojekt*; Konzerthaus Berlin 1998/99. Göttingen: Wallstein, 1998

Hofmann, Peter: *„Erkenne jedes Dings Gestalt". Goethes Zeichnen als angewandte Erkenntnistheorie*, in: DVjS 77 2003, H. 2, 242–273

Hofmann, Werner (Hg.): *John Flaxman: Mythologie und Industrie* [Ausstellungskatalog Hamburg], München: Prestel, 1979

Höfner, Georg: *Kunst, Literatur und Sprache in Wilhelm von Humboldts Versuch Ueber Göthes Herrmann und Dorothea;* in: P. Schmitter (Hg.): *Multum – non multa? Studien zur „Einheit der Reflexion" im Werk Wilhelm von Humboldts; mit der Edition zweier bisher unveröffentlichter Texte aus Humboldts baskischen Arbeitsbüchern*. Münster: Nodus, 1991, 85–109

Höltenschmidt, Edith: *Die Mittelalter-Rezeption der Brüder Schlegel*. Paderborn; München [u. a.]: Schöningh, 2000

Holzer, Angela: *ΑΝΘΟΥΣΑ oder Dauer und Nachleben der Antike. Karl Philipp Moritz als Kulturanthropologe*, in: V. Elm/G. Lottes/V. de Senarclens (Hg.): *Die Antike der Moderne. Vom Umgang mit der Antike im Europa des 18. Jahrhunderts*. Hannover-Laatzen: Wehrhahn, 2009, 187–224

Holzhey, Helmut: *Befreiung und Bindung der Einbildungskraft im Prozess der Aufklärung*, in: A. Lütteken/B. Mahlmann-Bauer (Hg.): *Bodmer und Breitinger im Netzwerk der europäischen Aufklärung*. Göttingen: Wallstein 2009, 42–59

Honold, Alexander: *Das erzählende und das erzählte Bild*. München: Fink, 2010

Iehl, Dominique/Centre de Recherche sur l'Allemagne Moderne Toulouse (Hg.): *Les songes de la raison: mélanges offerts à Dominique Iehl*. Université de Toulouse-LeMirail (CERAM). Bern [u. a.]: Lang, 1995

Imhausen, Annette/Tanja Pommerening (Hg.): *Writings of Early Scholars in the Ancient Near East, Egypt, Rome and Greece. Translating Ancient Scientific Texts* (Beiträge zur Altertumskunde, 286). Berlin [u. a.]: de Gruyter, 2010

Irmscher, Hans Dietrich: *„Aspekte der Geschichtsphilosophie Johann Gottfried Herders"*, in: M. Heinz (Hg.): *Herder und die Philosophie des deutschen Idealismus*. Amsterdam: Rodopi, 1997, 5–47

Irmscher, Hans Dietrich: *„Weitstrahlsinniges" Denken. Studien zu Johann Gottfried Herder.* Hg. v. Marion Heinz. Würzburg: Königshausen & Neumann, 2009

Irmscher, Hans Dietrich: *„Zur Ästhetik des jungen Herder"*, in: Gerhard Sauder (Hg.): *Johann Gottfried Herder: 1744–1803.* Hamburg: Meiner, 1987, 43–76

Jacobs, Jürgen: *Athen in Weimar. Zu Goethes und Winckelmanns Klassizismus*, in: L. Bluhm (Hg.): *„Daß gepfleget werde der feste Buchstab".* Festschrift für Heinz Rölleke zum 65. Geburtstag am 6. November 2001. Trier: WVT, 2001, 107–121

Jaeger, Stephan (Hg.): *Das Denken der Sprache und die Performanz des Literarischen um 1800.* Würzburg: Königshausen & Neumann, 2000

Jäkel, Olaf: *Wie Metaphern Wissen schaffen.* Hamburg: Dr. Kovac, 2003

Johnson, W. R.: *Neoteric Poetics*, in: Marilyn B. Skinner (Hg.): *A Companion to Catullus*, Oxford: Blackwell, 2007, 175–189

Justi, Carl: *Winckelmann und seine Zeitgenossen.* Bd. 1: *Winckelmann in Deutschland.* Leipzig: Vogel, 1923

Käfer, Markus: *Winckelmanns hermeneutische Prinzipien.* Heidelberg: Winter, 1986

Kaiser, Gerhard: *Goethe – Nähe durch Abstand. Vorträge und Studien.* 2., verb. Aufl. Weimar: VDG, 2001

Kaiser, Gerhard: *Gottfried Keller: Das gedichtete Leben.* Frankfurt a.M.: Insel, 1981

Kaiser, Gerhard: *Idee oder Körper. Zu Schillers und Goethes Rezeptionsweise antiker Plastik*, in: G. Kaiser: *Goethe – Nähe durch Abstand*, 147–162

Kansteiner, Sascha: *Heinses Umgang mit antiker Skulptur*, in: M. Bernauer (Hg.): *Wilhelm Heinse. Der andere Klassizismus.* Göttingen: Wallstein, 2007, 208–231

Kanz, Roland/Jürgen Schönwälder (Hg.): *Ästhetik des Charakteristischen. Quellentexte zu Kunstkritik und Streitkultur in Klassizismus und Romantik*, Göttingen: V&R unipress, 2008

Kanz, Roland: *Christian Ludwig von Hagedorn als Kunsttheoretiker der Aufklärung*, in: *Das achtzehnte Jahrhundert.* Zeitschrift der Deutschen Gesellschaft für die Erforschung des achtzehnten Jahrhunderts. Jg. 37 (2013), 251–261

Kemp, Wolfgang: *Disegno. Beiträge zur Geschichte des Begriffs zwischen 1547 und 1607*, in: Marburger Jahrbuch für Kunstwissenschaft, 19. Bd., 1974, 219–240

Kestenholz, Claudia: *Die Sicht der Dinge. Metaphorische Visualität und Subjektivitätsideal im Werk von Karl Philipp Moritz.* München: Fink, 1987

Kestner-Museum Hannover u. a. (Hg.): *Auf den Spuren von August Kestner* [Ausstellungskatalog]. Überarbeitete Aufl. Hannover: Kestner-Museum, 2004 (= Museum Kestnerianum 5)

Kim, Hee-Ju (Hg.): *Wechselleben der Weltgegenstände. Beiträge zu Goethes kunsttheoretischem und literarischem Werk* (FS Günter Saße). Heidelberg: Winter, 2010

Kimpel, Dieter: *Goethes gestaltästhetische Betrachtung der Natur*, in: Heike Hoffmann (Red.): *Goethe-Spuren. Ein Lese-Buch zum Konzertprojekt*; Konzerthaus Berlin 1998/99. Göttingen: Wallstein, 1998, 39–55.

Kleinbeck, Julia/Carolin Ott: *Einführungstext [IV. Orte des Künstlerwissens]*, in: A. Schreurs (Hg.): *Unter Minervas Schutz. Bildung durch Kunst in Joachim von*

Sandrarts „Teutscher Academie“. Kat. Wolfenbüttel 2012. Wiesbaden: Harrassowitz, 2012, 225–229

Kleinbeck, Julia: *Künstlerwissen in und aus dem Buch – Zu einigen deutschsprachigen Kunstbüchlein vor Sandrarts ‚Teutscher Academie‘*, in: A. Schreurs (Hg.): *Unter Minervas Schutz. Bildung durch Kunst in Joachim von Sandrarts „Teutscher Academie“.* Kat. Wolfenbüttel 2012. Wiesbaden: Harrassowitz, 2012, 123–133

Klemm, Christian: *Joachim von Sandrart. Kunst-Werke u. Lebens-Lauf.* Berlin: Deutscher Verlag für Kunstwissenschaft, 1986

Klemm, Christian: *Sigmund von Birken und Joachim von Sandrart. Zur Entstehung der Teutschen Academie und zu anderen Beziehungen von Literat und Maler*, in: John Roger Paas (Hg.): *Der Franken Rom. Nürnbergs Blütezeit in der zweiten Hälfte des 17. Jahrhunderts*, Wiesbaden: Harrassowitz, 1995, 289–313

Klier, Melanie: *Kunstsehen. Literarische Konstruktion und Reflexion von Gemälden in E. T. A. Hoffmanns „Serapions-Brüdern“ mit Blick auf die Prosa Georg Heyms.* Frankfurt a.M. [u. a.]: Lang, 2002

Knabe, Peter-Eckard: *Schlüsselbegriffe des kunsttheoretischen Denkens in Frankreich von der Spätklassik bis zum Ende der Aufklärung*, Düsseldorf: Schwann, 1972

Knape, Joachim: Art. *Figurenlehre*, in: *Historisches Wörterbuch der Rhetorik.* Hg. v. Gert Ueding. Tübingen: Niemeyer 1992 ff.; Bd. 3 (1996), Sp. 289–342

Knoche, Michael (Hg.): *Von Rom nach Weimar – Carl Ludwig Fernow*; Tübingen: Narr, 2000

Knox, Peter E.: *Catullus and Callimachus*, in: Marilyn B. Skinner (Hg.): *A Companion to Catullus*, Oxford: Blackwell, 2007, 151–172

Kobel, Erwin: *Symbol oder Symptom? Überlegungen zum Stechlinsee*, in: Jahrbuch des Freien Deutschen Hochstifts 2007, 225–260

Koch, Hanna: *Johann Joachim Winckelmann. Sprache und Kunstwerk.* Berlin: Akademie-Verlag, 1957 (= Winckelmann-Gesellschaft Stendal, Jahresgabe 1956/57)

Koch, Manfred: *Schriften zu Kunst und Literatur*, in: Manfred Engel (Hg.): *Rilke-Handbuch: Leben – Werk – Wirkung.* Darmstadt: WBG, 2004, 480–497

Kochs, Susanne: *Untersuchungen zu Johann Joachim Winckelmanns Studien der antiken griechischen Literatur*, Mainz/Ruhpolding: Rutzen, 2005 (= Stendaler Winckelmann-Forschungen, Bd. 4)

Kockel, Valentin/ Daniel Graepler (Hg.): *Daktyliotheken. Götter & Caesaren aus der Schublade. Antike Gemmen in Abdrucksammlungen des 18. und 19. Jahrhunderts.* München: Biering & Brinkmann, 2006

Köhnen, Ralph: *Wahrnehmung wahrnehmen. Die Poetik der „Neuen Gedichte“ zwischen Biologie und Phänomenologie. Von Uexküll, Husserl und Rilke*, in Erich Unglaub (Hg.): *Rilkes Paris, 1920–1925. Neue Gedichte.* Göttingen: Wallstein, 2010, 196–211

König, Christoph: *Wilhelm von Humboldt 1798. Zu Goethe und der Problematik einer dichterischen Aktualität*, in: Grenzen der Germanistik 2004, 128–157

Kofler, Peter (Hg.): *Ekstatische Kunst – besonnenes Wort. Aby Warburg und die Denkräume der Ekphrasis.* Bozen: Ed. Sturzflüge, 2009

Kofler, Peter: *Wilhelm Heinse und Aby Warburg. Korrekturen an Lessings „Laokoon“*, in: P. Kofler (Hg.): *Ekstatische Kunst – besonnenes Wort. Aby Warburg und die Denkräume der Ekphrasis.* Bozen: Ed. Sturzflüge, 2009, 129–144

Konersmann, Ralf (Hg.): *Wörterbuch der philosophischen Metaphern.* Darmstadt: WBG, 2007

Konersmann, Ralf: *Figuratives Wissen*, in: ders. (Hg.): *Wörterbuch der philosophischen Metaphern.* Darmstadt: WBG, 2007, 7–21

Kontje, Todd Curtis: *Der gescheiterte Realist im Zeitalter der Abstraktion. Gottfried Kellers „Der grüne Heinrich I" (1855)*, in: Daniela Gretz (Hg.): *Medialer Realismus.* Freiburg: Rombach 2011, 79–97

Kopp, Michaela: *Rilke und Rodin: auf der Suche nach der wahren Art des Schreibens.* Frankfurt a.M. [u. a.]: Lang 1999

Kost, Jürgen: *Individualität und Soziabilität. Überlegungen zum kulturgeschichtlichen Ort des Humanitätsideals Wilhelm von Humboldts und der Weimarer Klassik*, in: V. Dörr/M. Hofmann (Hg.): *„Verteufelt human"? Zum Humanitätsideal der Weimarer Klassik*, Berlin: Schmidt, 2008, 15–29

Kramer, Norbert/Christiane Reitz (Hg.): *Tradition und Erneuerung. Mediale Strategien in der Zeit der Flavier.* Berlin [u. a.]: de Gruyter, 2010

Krebs, Roland: *Diderots Versuch über die Malerei*, in: Andreas Beyer/Ernst Osterkamp (Hg.): *Goethe-Handbuch. Supplemente Bd. 3: Kunst.* Stuttgart: Metzler, 2011, 506–511

Kremer, Detlef: *Ästhetik und Kulturpolitik in A. W. Schlegels „Vorlesungen über schöne Literatur und Kunst"*, in: York-Gothart Mix/Jochen Strobel (Hg.): *Der Europäer August Wilhelm Schlegel. Romantischer Kulturtransfer.* Berlin [u. a.]: de Gruyter, 2010, 31–44

Kreuzer, Ingrid: *Studien zu Winckelmanns Ästhetik. Normativität und historisches Bewußtsein.* Berlin: Akademie-Verlag, 1959 [= Winckelmann-Gesellschaft Stendal, Jahresgabe 1959]

Krießbach, Martina: *Rilke und Rodin: Wege einer Erfahrung des Plastischen.* Frankfurt a.M. [u. a.]: Lang 1984

Krießbach-Thomasberger, Martina: *Rilke und Rodin*, in: Peter Demetz (Hg.): *Rilke – ein europäischer Dichter aus Prag.* Würzburg: Königshausen & Neumann, 1998, 149–163

Kris, Ernst/Otto Kurz: *Die Legende vom Künstler. Ein geschichtlicher Versuch.* Mit einem Vorwort von Ernst H. Gombrich. Frankfurt a.M.: Suhrkamp, [3]2003

Krüger-Fürhoff, Irmela Marei: *„Die abgelöste Zunge sprach durch das redende Gewebe": Kunstautonomie, Gewalt und der Ursprung der Dichtung in Karl Philipp Moritz' ‚Die Signatur des Schönen oder In wie fern Kunstwerke beschrieben werden können?'*, in: Stephan Jaeger (Hg.): *Das Denken der Sprache und die Performanz des Literarischen um 1800.* Würzburg: Königshausen & Neumann, 2000, 95–112

Krupp, Anthony (Hg.): *Karl Philipp Moritz. Signaturen des Denkens.* Amsterdam [u. a.]: Rodopi, 2010

Kuhn, Dorothea: *Typus und Metamorphose. Goethe-Studien.* Marbach am Neckar: Dt. Schillergesellschaft, 1988

Kunze, Max: *Franciscus Junius bei Winckelmann*, in: K. Schade/D. Rößler/A. Schäfer (Hg.): *Zentren und Wirkungsräume der Antikerezeption. Zur Bedeutung von Raum und Kommunikation für die neuzeitliche Transformation der griechisch-römischen Antike.* Münster: Scriptorium, 2007, 145–150

Kunze, Max: *Il manoscritto fiorentino di J. J. Winckelmann/ Das Florentiner Winckelmann-Manuskript.* Hg. u. komm. v. Max Kunze. Florenz: Olschki, 1994

Kurbjuhn, Charlotte: *Konturen – Zur Geschichte einer ästhetischen Denkfigur zwischen Klassik und Moderne (Winckelmann, F. und A. W. Schlegel, Keller, Rilke)*, in: Julia S. Happ (Hg.): *Jahrhundert(w)ende(n). Ästhetische und epochale Transformationen und Kontinuitäten 1800/1900.* Berlin: LIT, 2010, 93–114

Kurbjuhn, Charlotte: *Zur konstitutiven Rolle der Metaphern „Umriss" und „Kontur" bei der Genese der deutschsprachigen Kunstliteratur. Entwurf einer Ikonologie*; in: Elena Agazzi (Hg.): *Tropen und Metaphern im Gelehrtendiskurs des 18. Jahrhunderts.* Hg. v. E. Agazzi in Zusammenarbeit mit Ulrike Zeuch unter Mitwirkung von Guglielmo Gabbiadini. Archiv für Begriffsgeschichte, Sonderheft 10 (Jg. 2011), 119–130

Laak, Lothar van: *Bildlichkeit und Bildkonzepte beim späten Herder*, in: S. Groß/G. Sauder (Hg.): *Der frühe und der späte Herder: Kontinuität und/oder Korrektur.* Heidelberg: Synchron, 2007, 321–329

Laak, Lothar van: *Selbstgefühl und literarische Imagination. Überlegungen zu einer Mediengeschichte der Einbildungskraft um 1800 (Goethe, Moritz, Tieck)*, in: *Theorien der Literatur* 5, 2011, 217–233

Lakoff, George/Mark Johnson: *Metaphors we live by.* Chicago [u. a.]: Univ. of Chicago Press, 1980

Lande, Joel B.: *Moritz's Gods. Allegory, autonomy and art*, in: A. Krupp (Hg.): *Karl Philipp Moritz. Signaturen des Denkens.* Amsterdam [u. a.]: Rodopi, 2010, 241–253

Landgraf, Edgar: *The psychology of aesthetic autonomy. The signature of the signature of beauty*, in: A. Krupp (Hg.): *Karl Philipp Moritz. Signaturen des Denkens.* Amsterdam [u. a.]: Rodopi, 2010, 205–226

Lange, Thomas (Hg.): *Kunst und Wissenschaft um 1800.* Würzburg: Königshausen & Neumann, 2000

Largier, Niklaus: *The plasticity of the soul: Mystical darkness, touch, and aesthetic experience*, in: MLN 125 2010, 3, 536–551

Laufhütte, Hartmut (Hg.): *Künste und Natur in Diskursen der Frühen Neuzeit.* (= Wolfenbütteler Arbeiten zur Barockforschung. In Zusammenarbeit mit dem Wolfenbütteler Arbeitskreis für Barockforschung hg. v. der Herzog August Bibliothek. Bd. 35) Wiesbaden: Harrassowitz, 2000

Laufhütte, Hartmut: *Wirklichkeit und Kunst in Gottfried Kellers Roman ‚Der Grüne Heinrich'.* Bonn: Bouvier, 1969

Le Meec-Colson, Béatrice: *De „l'esquisse" au „tableau poétique": les descriptions de paysages dans le récit du voyage en Italie de Karl Philipp Moritz*, in: Etudes germaniques 64 2009, 4, 841–855

Leeder, Karen/Robert Vilain (Hg.): *The Cambridge Companion to Rilke.* Cambridge: University Press, 2010

Lepenies, Wolf: *Johann Joachim Winckelmann. Kunst und Naturgeschichte im achtzehnten Jahrhundert*, in: Thomas W. Gaehtgens (Hg.): *Johann Joachim Winckelmann. 1717–1768.* Hamburg: Meiner, 1986 (= Studien zum achtzehnten Jahrhundert; Bd. 7), 221–237

Lepenies, Wolf: *Autoren und Wissenschaftler im 18. Jahrhundert. Linné – Buffon – Winckelmann – Georg Forster – Erasmus Darwin.* München/Wien: Hanser, 1988

Lepenies, Wolf: *Fast ein Poet. Johann Joachim Winckelmanns Begründung der Kunstgeschichte,* in: ders.: *Autoren und Wissenschaftler im 18. Jahrhundert. Linné – Buffon – Winckelmann – Georg Forster – Erasmus Darwin.* München/ Wien: Hanser, 1988, 91–120

Lichtenstern, Christa: *„Geprägte Form, die lebend sich entwickelt". Goethe und die Skulptur,* in: Karl Richter (Hg.): *Goethe. Ungewohnte Ansichten. Beiträge zu einer Ringvorlesung der Philosophischen Fakultäten der Universität des Saarlandes im Wintersemester 1999/2000.* Sankt Ingbert: Röhrig, 2001, 23–63.

Liebsch, Dimitri: *Herders Gefühle. Einige Anmerkungen zum „Vierten Kritischen Wäldchen" und zur „Plastik"*, in: Das achtzehnte Jahrhundert 34 2010, 1, 24–39

Loewenich, Caroline von: *Gottfried Keller: Frauenbild und Frauengestalten im erzählerischen Werk.* Würzburg: Königshausen & Neumann, 2000

Lütteken, Anett/Barbara Mahlmann-Bauer (Hg.): *Bodmer und Breitinger im Netzwerk der europäischen Aufklärung.* Göttingen: Wallstein, 2009

Mainberger, Sabine: *Experiment Linie. Künste und ihre Wissenschaften um 1900.* Berlin: Kulturverl. Kadmos, 2010

Mainberger, Sabine: *Einfach (und) verwickelt: zu Schillers „Linienästhetik"; mit einem Exkurs zum Tanz in Hogarths „Analysis of beauty"*, in: DVjS 79 2005, H. 2, 196–252

Maisak, Petra: *Der Zeichner Goethe oder „die practische Liebhaberey in den Künsten"*, in: S. Schulze (Hg.): *Goethe und die Kunst [Austellungskatalog Frankfurt/ Weimar]* Stuttgart: Hatje, 1994, 104–148

Man, Paul de: *Tropen (Rilke)*, in: P. d. M.: *Allegorien des Lesens.* Aus dem Amerik. v. Werner Hamacher und Peter Krumme. Mit einer Einl. v. W. Hamacher. Frankfurt a.M.: Suhrkamp, 1988, 52–90

Manger, Klaus/Ute Pott (Hg.): *Rituale der Freundschaft.* Heidelberg: Winter, 2006

Markwardt, Bruno: *Grundriss der Germanischen Philologie 13/II: Geschichte der deutschen Poetik von Bruno Markwardt. Band II: Aufklärung, Rokoko, Sturm und Drang.* Zweite, unveränderte Aufl. Berlin: de Gruyter, 1970

Matuschek, Stefan: *Winckelmänner der Poesie. Herders und Friedrich Schlegels Anknüpfung an die ‚Geschichte der Kunst des Altertums'*, in: DVjS 77 2003, H. 4, 548–563

Menninghaus, Winfried: *Unendliche Verdopplung. Die frühromantische Grundlegung der Kunsttheorie im Begriff absoluter Selbstreflexion.* Frankfurt a.M.: Suhrkamp, 1987

Messlin, Dorit: *Antike und Moderne: Friedrich Schlegels Poetik, Philosophie und Lebenskunst.* Berlin [u.a.]: de Gruyter, 2011

Metzger, Rainer: *Das göttliche Alphabet. Buchstäblichkeit bei Johann Caspar Lavater*, in: Dauss/Haeckel (Hg.): *Leib/Seele – Geist/Buchstabe. Dualismen in der Ästhetik und den Künsten um 1800 und 1900.* Würzburg: Königshausen & Neumann, 2006, 209–219

Meurer, Susanne: *Zu Herstellung, Vermarktung und Verkauf der ‚Teutschen Academie'*, in Anna Schreurs (Hg.): *Unter Minervas Schutz. Bildung durch Kunst in*

Joachim von Sandrarts „Teutscher Academie“. Kat. Wolfenbüttel 2012. Wiesbaden: Harrassowitz, 2012, 113–122

Meuthen, Erich: *Poesie des Neben-Sächlichen. Über Fontanes ‚Stechlin‘ und die Kunst der Rede*, in: Jahrbuch der Deutschen Schillergesellschaft 38 1994, 147–170

Meyer, Anne-Rose: *Zeigeverbot und Schaulust. Zur Stellung von Martyrien und der Passion im Bereich des Schönen*, in: DVjS 83 2009, H. 1, 165–178

Meyer-Sickendiek, Burkhard: *Die Ästhetik der Epigonalität. Theorie und Praxis wiederholenden Schreibens im 19. Jahrhundert: Immermann – Keller – Stifter – Nietzsche.* Tübingen: Francke, 2001

Miller, Norbert: *„… wie Hieroglyphen zur Rückerinnerung“: Wilhelm Heinses Kunst des sinnlich erfassten Augenblicks,* in: M. Bernauer (Hg.): *Wilhelm Heinse. Der andere Klassizismus.* Göttingen: Wallstein, 2007, 11–27

Mix, York-Gothart/Jochen Strobel (Hg.): *Der Europäer August Wilhelm Schlegel. Romantischer Kulturtransfer.* Berlin [u. a.]: de Gruyter 2010

Mönig, Klaus: *Goethes heidnischer Blick auf die christliche Malerei*, in: Hee-Ju Kim (Hg.): *Wechselleben der Weltgegenstände. Beiträge zu Goethes kunsttheoretischem und literarischem Werk* (FS Günter Saße). Heidelberg: Winter 2010, 13–40

Morgenthaler, Walter: *Die ‚Grünen Heinriche‘. Zur Text- und Überlieferungsgeschichte eines Romans*, in: W. Groddeck (Hg.): *Der grüne Heinrich: Gottfried Kellers Lebensbuch – neu gelesen.* Zürich: Chronos, 2009, 11–32

Morgenthaler, Walter (Hg.): *Gottfried Keller. Romane und Erzählungen.* Stuttgart: Reclam, 2007

Möseneder, Karl: *Ars docta – Joachim von Sandrarts* Teutsche Academie, in: H. Laufhütte (Hg.): *Künste und Natur in Diskursen der Frühen Neuzeit,* Wiesbaden: Harrassowitz, 2000, Bd. 1, 157–214

Mraz, Gerda/Uwe Schögl (Hg.): *Das Kunstkabinett des Johann Caspar Lavater.* Katalog. Wien: Böhlau, 1999

Mülder-Bach, Inka: *Im Zeichen Pygmalions. Das Modell der Statue und die Entdeckung der „Darstellung“ im 18. Jahrhundert.* München: Fink, 1998

Müller, Lothar: *Achsendrehung des Klassizismus. Die antiken Statuen und die Kategorie des „Plastischen“ bei Friedrich und August Wilhelm Schlegel*, in: York-Gothart Mix/Jochen Strobel (Hg.): *Der Europäer August Wilhelm Schlegel. Romantischer Kulturtransfer.* Berlin [u. a.]: de Gruyter, 2010, 57–75

Müller, Lothar: *Anthousa oder die Vergegenwärtigung der Antike*, in: Heinz Ludwig Arnold (Hg.): K. P. Moritz. Text + Kritik, H. 118/119, April 1993

Müller, Dominik: *„Der grüne Heinrich“ (1879/1880). Der späte Abschluß eines Frühwerks*, in: Walter Morgenthaler: *Gottfried Keller. Romane und Erzählungen.* Stuttgart: Reclam, 2007, 36–56

Müller, Dominik: *Wiederlesen und weiterschreiben. Gottfried Kellers Neugestaltung des „Grünen Heinrich“.* Mit einer Synopse der beiden Fassungen. Bern [u. a.]: Lang, 1988

Münter, Ulrike: *Gebannter Bilderrausch. Bild und Text in Karl Philipp Moritz' ‚Götterlehre‘*, in: U. Tintemann/Ch. Wingertszahn (Hg.): *Karl Philipp Moritz in Berlin 1789–1793.* Hannover-Laatzen: Wehrhahn, 2005, 39–56

Naas, Valérie: *Imperialism, Mirabilia, and Knowledge: Some Paradoxes in the Naturalis Historia*, in: Roy K. Gibson/Ruth Morello (Hg.): *Pliny the Elder: Themes and Contexts.* (Mnemosyne. Supplements, 329). Leiden/Boston: Brill, 2011, 57–70

Nativel, Colette: *Kommentar*, in: Franciscus Junius: *De pictura veterum libri tres (Roterodami 1694)*. Edition, traduction et commentaire du livre I par Colette Nativel. Genf: Droz, 1996

Naumann, Barbara: *Die „kolossale Kritzelei", der „borghesische Fechter" und andere Versuche*, in: W. Groddeck (Hg.): *Der grüne Heinrich: Gottfried Kellers Lebensbuch – neu gelesen*. Zürich: Chronos, 2009, 159–199

Nerling-Pietsch, Ingeborg: *Herders literarische Denkmale: Formen der Charakteristik vor Friedrich Schlegel*. Münster: LIT, 1997

Neumann, Gerhard (Hg.): *Poststrukturalismus. Herausforderung an die Literaturwissenschaft*. Stuttgart [u. a.]: Metzler, 1997 (DFG-Symposion; 1995; Germanistische Symposien-Berichtsbände; 18)

Neumann, Gerhard: *Rilkes Dinggedicht*, in: Dagmar Ottmann (Hg.): *Poesie als Auftrag*. Würzburg: Königshausen & Neumann, 2001, 143–161

Neumann, Gerhard (Hg.): *„Hoffmanneske Geschichte". Zu einer Literaturwissenschaft als Kulturwissenschaft*. Würzburg: Königshausen & Neumann, 2005

Neville, Armand: *Kunst- und Dichtungstheorien zwischen Aufklärung und Klassik*. 2., durchges. u. erg. Aufl. Berlin [u. a.]: de Gruyter, 1971

Nitikinski, Oleg: *Zum Ursprung des Spruches Nulla dies sine linea*, in: *Rheinisches Museum für Philologie*, 142, 1999, 430 f.

Oesterle, Günter: *Das Faszinosum der Arabeske um 1800*, in: W. Hinderer (Hg.): *Goethe und das Zeitalter der Romantik*. Würzburg: Königshausen & Neumann 2002, 51–70

Oesterle, Günter: *Die folgenreiche und strittige Konjunktur des Umrisses in Klassizismus und Romantik*, in: G. Neumann/ G. Oesterle (Hg.): *Bild und Schrift in der Romantik*. Würzburg: Königshausen und Neumann, 1999, 27–58

Oesterle, Günter: *Romantische Urbanität? Börse und Kunst in E. T. A. Hoffmanns „Der Artushof"*, in: G. Neumann (Hg.): *„Hoffmanneske Geschichte". Zu einer Literaturwissenschaft als Kulturwissenschaft*. Würzburg: Königshausen & Neumann, 2005, 243–258

Oesterle, Ingrid: *Der „neue Kunstkörper" in Paris und der „Untergang Italiens". Goethe und seine deutschen Zeitgenossen bedenken die „große Veränderung" für die Kunst um 1800 durch den „Kunstraub"*, in: Dagmar Ottmann (Hg.): *Poesie als Auftrag*. Würzburg: Königshausen & Neumann, 2001, 55–70

Ohly, Friedrich: *Deus incircumscriptus*. Mittellateinisches Jahrbuch Bd. 27 (1992), 7–16

Onians, John (Hg.): *Sight & insight. Essays on art and culture in honour of E. H. Gombrich at 85*. London: Phaidon Press, 1994

Osterkamp, Ernst: *Im Buchstabenbilde. Studien zum Verfahren Goethescher Bildbeschreibungen*. Stuttgart: Metzler, 1991

Osterkamp, Ernst: *„Aus dem Gesichtspunkt reiner Menschlichkeit." Goethes Preisaufgaben für bildende Künstler 1799–1805*, in: S. Schulze (Hg.): *Goethe und die Kunst [Austellungskatalog Frankfurt/Weimar]*, Stuttgart: Hatje, 1994, 310–322

Osterkamp, Ernst: *Die Geburt der Romantik aus dem Geiste des Klassizismus. Goethe als Mentor der Maler seiner Zeit*, in: Goethe-Jahrbuch 112 1995, 135–148

Osterkamp, Ernst: *Goethes Kunsterlebnis in Italien und das klassizistische Kunstprogramm*, in: K. Scheurmann (Hg.):*„... endlich in dieser Hauptstadt der Welt* *angelangt!" – Goethe in Rom: Publikation zur Eröffnung der Casa di Goethe in Rom.* Mainz: von Zabern. Bd. 1: Essays, 1997, 140–147

Osterkamp, Ernst: *Nachwort* zu: Johann Wolfgang Goethe: *Über Laokoon.* Nachdruck der Ausgabe von 1896; in: *Goethes Werke. Weimarer Ausgabe.* I. Abteilung, 47. Band. Stuttgart/Weimar: Metzler/Böhlau, 1998, 1–34

Osterkamp, Ernst: *Der Maler der Gestalt. Wilhelm Heinse und Raffael,* in: M. Bernauer (Hg.): *Wilhelm Heinse. Der andere Klassizismus.* Göttingen: Wallstein, 2007, 165–188

Osterkamp, Ernst: *Gewalt und Gestalt. Die Antike im Spätwerk Goethes.* Basel: Schwabe, 2007

Osterkamp, Ernst: *Gottfried Kellers erzählte Landschaften,* in: S. Schneider/B. Hunfeld (Hg.): *Die Dinge und die Zeichen: Dimensionen des Realistischen in der Erzählliteratur des 19. Jahrhunderts; für Helmut Pfotenhauer.* Würzburg: Königshausen & Neumann, 2008, 237–253

Osterkamp, Ernst: *Erzählte Landschaften,* in: Wolfram Groddeck (Hg.): *Der grüne Heinrich: Gottfried Kellers Lebensbuch – neu gelesen.* Zürich: Chronos, 2009, 141–158

Osterkamp, Ernst: *Laokoon in Präromantik und Romantik,* in: Jahrbuch des Freien Deutschen Hochstifts 2003, 1–18

Osterkamp, Ernst: *Unendlichkeit. Über die Bedeutung eines Begriffs im Briefwechsel Caroline und Wilhelm von Humboldts,* in: *itinera litterarum. Auf Schreibwegen mit Wilhelm von Humboldt.* Katalog, hg. von der Humboldt-Universität zu Berlin, MENZEL-DACH, Berlin, 2009

Ottmann, Dagmar (Hg.): *Poesie als Auftrag. Festschrift für Alexander von Bormann.* Würzburg: Königshausen & Neumann, 2001

Otto, Wolf Dieter: *Ästhetische Bildung. Studien zur Kunsttheorie Wilhelm von Humboldts.* Frankfurt a.M. [u.a.]: Lang, 1987

Overbeck, Johannes: *Die antiken Schriftquellen zur Geschichte der bildenden Künste bei den Griechen.* Leipzig 1868

Owari, Mitsunori: *Versteckspiel des Zeichens. Zu E. T. A. Hoffmanns „Der Artushof",* in: E.-T.-A.-Hoffmann-Jahrbuch 12 2004, 52–67

Panofsky, Erwin: *Idea. Ein Beitrag zur Begriffsgeschichte der älteren Kunsttheorie.* 3. unveränd. Aufl. Berlin: Hessling, 1975

Paparazzo, Ernesto: *Philosophy and Science in the Elder Pliny's naturalis historia,* in: Roy K. Gibson/Ruth Morello (Hg.): *Pliny the Elder: Themes and Contexts.* Leiden/Boston: Brill, 2011, 89–112

Park, MiRi: *Jenseits der Referenz? Ästhetik und Poetik der Abstraktion im mittleren Werk R. M. Rilkes („Auguste Rodin"; „Briefe über Cézanne"; „Neue Gedichte").* München: M-Press Meidenbauer, 2008

Patz, Kristine/Ulrike Müller Hofstede: *„Alberti Teutsch". Zur Rezeption rhetorischer Kunstlehre in Deutschland,* in: H. Laufhütte (Hg.): *Künste und Natur in Diskursen der Frühen Neuzeit.* Wiesbaden: Harrassowitz, 2000, Bd. 2, 809–822

Pestalozzi, Karl (Hg.): *Das Antlitz Gottes im Antlitz des Menschen. Zugänge zu Johann Kaspar Lavater.* Göttingen: Vandenhoeck & Ruprecht, 1994

Pestalozzi, Karl: *„Der grüne Heinrich" (1854/55). Komponierte Vielfalt,* in: W. Morgenthaler (Hg.): *Gottfried Keller. Romane und Erzählungen.* Stuttgart: Reclam, 2007, 15–35

Pfotenhauer, Helmut: *Um 1800: Konfigurationen der Literatur, Kunstliteratur und Ästhetik.* Tübingen: Niemeyer, 1991

Pfotenhauer, Helmut: *„Die Signatur des Schönen" oder „In wie fern Kunstwerke beschrieben werden können?" Zu Karl Philipp Moritz und seiner italienischen Ästhetik*, in: ders.: *Kunstliteratur als Italienerfahrung*, Tübingen: Niemeyer, 1991, 67–83

Pfotenhauer, Helmut: *Kunstliteratur als Italienerfahrung.* Tübingen: Niemeyer, 1991

Pfotenhauer, Helmut: *„Gemeißelte Sinnlichkeit. Herders Anthropologie des Plastischen und die Spannungen darin"*, in: ders., *Um 1800: Konfigurationen der Literatur, Kunstliteratur und Ästhetik.* Tübingen: Niemeyer, 1991, 79–102

Pfotenhauer, Helmut: *Fernow als Kunsttheoretiker in Kontinuität und Abgrenzung von Winckelmanns Klassizismus*, in: Michael Knoche (Hg.): *Von Rom nach Weimar – Carl Ludwig Fernow*, Tübingen: Narr, 2000, 38–51

Pfotenhauer, Helmut: *Winckelmann und Heinse. Die Typen der Beschreibungskunst im 18. Jh. oder die Geburt der neueren Kunstgeschichte*, in: G. Boehm/H. Pfotenhauer (Hg.): *Beschreibungskunst – Kunstbeschreibung. Ekphrasis von der Antike bis zur Gegenwart.* München: Fink, 1995, 313–340

Pfotenhauer, Helmut: *Zeichenversessener Realismus. Fontanes ‚Stechlin'*, in: ders.: *Sprachbilder. Untersuchungen zur Literatur seit dem 18. Jahrhundert.* Würzburg: Königshausen & Neumann, 2000, 187–206

Pfotenhauer, Helmut: *Sprachbilder. Untersuchungen zur Literatur seit dem 18. Jahrhundert.* Würzburg: Königshausen & Neumann, 2000

Pickerodt, Gerhart: *Das „poetische Gemählde". Zu Karl Philipp Moritz' „Werther"-Rezeption*, in: Weimarer Beiträge 36, 1990, 1364–1368

Pirro, Maurizio: *Sulzers Physik der Seele und die Dramentheorien Schillers*, in: Zeitschrift für Germanistik 16 2006, H. 2, 314–323

Pix, Gunther: *Der Variationskünstler E. T. A. Hoffmann und seine Erzählung ‚Der Artushof'*, in: E.-T.-A.-Hoffmann-Gesellschaft: Mitteilungen der E.-T.-A.-Hoffmann-Gesellschaft, Sitz in Bamberg 35 1989, 4–20

Pochat, Götz: *Geschichte der Ästhetik und Kunsttheorie. Von der Antike bis zum 19. Jahrhundert.* Köln: DuMont, 1986

Pohlenz, Max: *Kleine Schriften* I. Hg. v. Heinrich Dörrie. Hildesheim: Olms, 1965

Polansky, Ronald M.: *Aristotle's „De anima".* Cambridge [u. a.]: Cambridge Univ. Press, 2007

Ponzi, Mauro: *Le forme del bello. Winckelmann e il carattere „ellittico" della bellezza*, in: H. G. Held (Hg.): *Winckelmann und die Mythologie der Klassik. Narrative Tendenzen in der Ekphrasis der Kunstperiode.* Tübingen: Niemeyer, 2009, 119–138

Ponzi, Mauro: *Klassische Moderne. Ein Paradigma des 20. Jahrhunderts.* Würzburg: Königshausen & Neumann, 2010

Potts, Alex: *Dolls and thing. The reification and disentegration of sculpture in Rodin and Rilke*, in: J. Onians (Hg.): *Sight & insight. Essays on art and culture in honour of E. H. Gombrich at 85.* London: Phaidon Press, 1994, 355–378

Preisendanz, Wolfgang: *Wege des Realismus. Zur Poetik und Erzählkunst im 19. Jahrhundert.* München: Fink, 1977

Reichle, Ingeborg/Steffen Siegel (Hg.): *Maßlose Bilder. Visuelle Ästhetik der Transgression.* München: Fink, 2009

Renz, Christine: *Geglückte Rede. Zu Erzählstrukturen in Theodor Fontanes „Effi Briest", „Frau Jenny Treibel" und „Der Stechlin".* München: Fink, 1999

Reschke, Renate: *Die Erfindung eines Gottes aus dem Geist der Aufklärung. Johann Joachim Winckelmanns „Apollon im Belvedere", in:* V. Elm/G. Lottes/V. de Senarclens (Hg.): *Die Antike der Moderne. Vom Umgang mit der Antike im Europa des 18. Jahrhunderts.* Hannover-Laatzen: Wehrhahn, 2009, 309–341

Richter, Karl (Hg.): *Goethe. Ungewohnte Ansichten: Beiträge zu einer Ringvorlesung der Philosophischen Fakultäten der Universität des Saarlandes im Wintersemester 1999/2000.* Sankt Ingbert: Röhrig, 2001

Riedel, Volker: *Literarische Antikerezeption zwischen Kritik und Idealisierung. Aufsätze und Vorträge.* Bd. III. Jena: Dr. Bussert & Stadeler, 2009

Riedel, Volker: *Vom Muster der Kunst zur Beispielhaftigkeit des Lebens. Differenzierungen des Antikebildes bei Winckelmann und im weimarisch-jenaischen Kulturkreis,* in: ders.: *Literarische Antikerezeption zwischen Kritik und Idealisierung. Aufsätze und Vorträge.* Bd. III. Jena: Dr. Bussert & Stadeler, 2009, 107–133

Riedel, Volker: *Zwischen Klassizismus und Geschichtlichkeit. Goethes Buch „Winckelmann und sein Jahrhundert",* in: ders., *Literarische Antikerezeption zwischen Kritik und Idealisierung. Aufsätze und Vorträge.* Bd. III, Jena: Dr. Bussert & Stadeler, 2009, 161–187

Riedel, Wolfgang: *Erkennen und Empfinden. Anthropologische Achsendrehung und Wende zur Ästhetik bei Johann Georg Sulzer,* in: Hans-Jürgen Schings: *Der ganze Mensch: Anthropologie und Literatur im 18. Jahrhundert.* Stuttgart [u. a.]: Metzler 1994, 410–439

Rigoni, Mario Andrea (Hg.): *La brevità felice. Contributi alla teoria e alla storia dell'aforisma.* Venezia: Marsilio, 2006

Rodt, Barbara: *Ein „freundschaftliches" Beziehungsgeflecht anläßlich des Besuchs der Düsseldorfer Gemäldegalerie. Zur Druckgeschichte und Rezeption von Wilhelm Heinses Düsseldorfer Gemäldebriefen an Gleim,* in: Klaus Manger/Ute Pott (Hg.): *Rituale der Freundschaft.* Heidelberg: Winter, 2006, 83–100

Roggenkamp, Bernd: *Die Töchter des „Disegno". Zur Kanonisierung der drei bildenden Künste durch Giorgio Vasari.* Münster: Lit, 1996

Rosenbaum, Alexander: *Der Amateur als Künstler. Studien zu Geschichte und Funktion des Dilettantismus im 18. Jahrhundert.* Berlin: Gebr. Mann, 2010

Rosenberg, Raphael: *Johann Caspar Lavater. Die Revolution der Physiognomie aus dem Geist der ästhetischen Linientheorie,* in: M. Haldemann (Hg.): *LINEA. Vom Umriss zur Aktion. Die Kunst der Linie zwischen Antike und Gegenwart* [Austellungskatalog Zug], Ostfildern: Cantz, 2010, 73–86

Rosenblum, Robert: *The international style of 1800. A study in linear abstraction.* New York, NY: Garland Publ., 1976

Sagarra, Eda: *Symbolik der Revolution im Roman ‚Der Stechlin',* in: Fontane-Blätter Bd. 6 1987, H. 5, 534–543

Sagarra, Eda: *Theodor Fontane: „Der Stechlin".* München: Fink, 1986

Saine, Thomas P.: *Die ästhetische Theodizee. Karl Philipp Moritz und die Philosophie des 18. Jahrhunderts.* München: Fink, 1971

Sauder, Gerhard (Hg.): *Johann Gottfried Herder: 1744–1803.* Hamburg: Meiner, 1987 (= Studien zum achtzehnten Jahrhundert; Bd. 9)

Schade, Kathrin/Detlef Rößler/Alfred Schäfer (Hg.): *Zentren und Wirkungsräume der Antikerezeption. Zur Bedeutung von Raum und Kommunikation für die neuzeitliche Transformation der griechisch-römischen Antike.* Münster: Scriptorium, 2007

Schadewaldt, Wolfgang: *Winckelmann und Rilke. Zwei Beschreibungen des Apollon.* Pfullingen: Neske, 1968, 1968

Schanze, Helmut: *Friedrich Schlegel und die Kunsttheorie seiner Zeit.* Darmstadt: WBG, 1985

Scheibler, I.: *Zur Kunstgeschichte des Plinius,* in: [Plinius d. Ä.]: C. Plinius Secundus d. Ä.: *Naturkunde* (lat.-dt.). Bd. 35: *Farben, Malerei, Plastik.* Hg. u. übers. von Roderich König. München [u. a.]: Artemis, 1978, 378 ff.

Scheurmann, Konrad (Hg.): *„… endlich in dieser Hauptstadt der Welt angelangt!" – Goethe in Rom: Publikation zur Eröffnung der Casa di Goethe in Rom.* Mainz: von Zabern. Bd. 1: Essays, 1997

Schillemeit, Jost: *Goethe und Heinrich Meyer. Zu den römischen Anfängen der klassischen Weimarer Kunstlehre,* in: Jost Schillemeit: *Studien zur Goethezeit.* Hg. v. Rosemarie Schillemeit. Göttingen: Wallstein, 2006, 275–288

Schillemeit, Jost: *Studien zur Goethezeit.* Hg. v. Rosemarie Schillemeit. Göttingen: Wallstein, 2006

Schings, Hansjürgen (Hg.): *Der ganze Mensch. Anthropologie und Literatur im 18. Jahrhundert.* Stuttgart [u. a.]: Metzler, 1994

Schipper-Hönicke, Gerold: *Im klaren Rausch der Sinne. Wahrnehmung und Lebensphilosophie in den Schriften und Aufzeichnungen Wilhelm Heinse.* Würzburg: Königshausen & Neumann, 2003

Schlegel, Friedrich: *Sich „von dem Gemüthe des Lesers Meisters" machen. Zur Wirkungsästhetik der Poetik Bodmers und Breitingers.* Frankfurt a.M. [u. a.]: Lang, 1986

Schlerath, Bernfried (Hg.): *Wilhelm von Humboldt. Vortragszyklus zum 150. Todestag.* Berlin [u. a.] 1986

Schmitter, Peter (Hg.): *Multum – non multa? Studien zur „Einheit der Reflexion" im Werk Wilhelm von Humboldts; mit der Edition zweier bisher unveröffentlichter Texte aus Humboldts baskischen Arbeitsbüchern.* Münster: Nodus, 1991

Schneider, Klaus: *Natur – Körper – Kleider – Spiel. Johann Joachim Winckelmann: Studien zu Körper und Subjekt im 18. Jahrhundert.* Würzburg: Königshausen & Neumann, 1994

Schneider, Sabine M.: *Die schwierige Sprache des Schönen. Moritz' und Schillers Semiotik der Sinnlichkeit.* Würzburg: Königshausen & Neumann, 1998

Schneider, Sabine: *Kunstautonomie als Semiotik des Todes? Digressionen im klassizistischen Diskurs der schönen Menschengestalt bei Karl Philipp Moritz,* in: German life and letters 52 1999, N. 2, 166–183

Schneider, Sabine: *Verheißung der Bilder. Das andere Medium in der Literatur um 1900.* Tübingen: Niemeyer, 2006

Schneider, Sabine: *Ikonen der Liebe. Heinrichs Frauenbilder, in:* Wolfram Groddeck (Hg.): *Der grüne Heinrich. Gottfried Kellers Lebensbuch – neu gelesen.* Zürich: Chronos, 2009, 201–220

Schneider, Sabine: *Klaffende Augen, starre Blicke. Krisen und Epiphanien des Sehens als Medium der Sprachreflexion bei Hofmannsthal und Rilke,* in: Mauro Ponzi:

Klassische Moderne. Ein Paradigma des 20. Jahrhunderts. Würzburg: Königshausen & Neumann, 2010, 167–179

Schneider, Sabine: *„ein strenger Umriß" – Prägnanz als Leitidee von Goethes Formdenken im Kontext der Weimarer Kunsttheorie*, in: Goethe-Jahrbuch 128, 2011, 98–106

Schneider, Sabine: *Opake Reste, Zeitfluchten, Raumzeiten: Dynamisierte Erinnerungstechniken in Spätaufklärung und Klassizismus*, in: F. Berndt/D. Fulda (Hg.): *Die Sachen der Aufklärung: Beiträge zur DGEJ-Jahrestagung 2010 in Halle a. d. Saale.* Hamburg, Meiner, 2013, 421–430

Schössler, Franziska: *„Fleißige Tätigkeit im lebendigen Menschenstoffe". Die Vision körperlicher Kunst und ihre immanente Poetik in Gottfried Kellers ‚Der Grüne Heinrich'*, in: Sprachkunst. Beiträge zur Literaturwissenschaft. Jg. XXVIII/1997. Wien: Verlag der Österreichischen Akademie der Wissenschaften, 1997, 181–198

Schreurs, Anna (Hg.): *Unter Minervas Schutz. Bildung durch Kunst in Joachim von Sandrarts „Teutscher Academie"*. Kat. Wolfenbüttel 2012. Wiesbaden: Harrassowitz, 2012

Schrimpf, Hans Joachim: *Von der Allegorie zum Symbol. Karl Philipp Moritzens Winckelmann-Kritik*, in: Studi germanici 34 1996, N. 2/3, 303–327

Schulze, Sabine (Hg.): *Goethe und die Kunst [Austellungskatalog Frankfurt/Weimar]* Stuttgart: Hatje, 1994

Schuster, Peter Klaus: *‚Flaxman der Abgott aller Dilettanten'. Zu einem Dilemma des klassischen Goethe und den Folgen, in: Werner Hofmann (Hg.): John Flaxman: Mythologie und Industrie* [Ausstellungskatalog Hamburg]. München: Prestel, 1979, 32–35

Sedlarz, Claudia: *Rom sehen und darüber reden. Karl Philipp Moritz' Italienreise 1786–1788 und die literarische Darstellung eines neuen Kunstdiskurses.* Hannover-Laatzen: Wehrhahn, 2007

Sedlarz, Claudia: *Gehen, Sehen, Schreiben. Stadtwahrnehmungen und Geschichte in Moritz' „Reisen eines Deutschen in Italien"*, in: A. Krupp (Hg.): *Karl Philipp Moritz. Signaturen des Denkens.* Amsterdam [u.a.]: Rodopi, 2010, 277–292

Simon, Ralf: *Die Bildlichkeit des lyrischen Textes. Studien zu Hölderlin, Brentano, Eichendorff, Heine, Mörike, George und Rilke.* München [u.a.]: Fink, 2011

Simonis, Annette: *„Das Schöne ist eine höhere Sprache". Karl Philipp Moritz' Ästhetik zwischen Ontologie und Transzendentalphilosophie*, in: DVjS 68 1994, H. 3, 490–505

Simonis, Annette: *Gestalttheorie von Goethe bis Benjamin. Diskursgeschichte einer deutschen Denkfigur.* Köln [u.a.]: Böhlau, 2001

Sinclair, Patrick: *Rhetoric of Writing and Reading in the Preface to Pliny's Naturalis Historia*, in: A. J. Boyle/W. J. Dominik (Hg.): *Flavian Rome. Culture, Image, Text.* Leiden/Boston: Brill, 2003, 277–300

Skinner, Marilyn B. (Hg.): *A Companion to Catullus*, Oxford: Blackwell, 2007

Solms, Friedhelm: *Disciplina aesthetica. Zur Frühgeschichte der ästhetischen Theorie bei Baumgarten und Herder.* Stuttgart: Klett-Cotta, 1990

Sponsel, Jean Louis: *Sandrarts Teutsche Academie kritisch gesichtet*, Dresden: Hoffmann, 1896

Steinby, Liisa: *Die Situiertheit der Metapher und des Begriffs bei Herder*, in: Herder-Jahrbuch 10 2010, 143–163

Stoichita, Victor Ieronim: *Eine kurze Geschichte des Schattens.* München: Fink, 1999

Strack, Friedrich: *„Die „göttliche" Kunst und ihre Sprache. Zum Kunst- und Religionsbegriff bei Wackenroder, Tieck, Novalis„*, in: R. Brinkmann (Hg.): *Romantik in Deutschland. Ein interdisziplinäres Symposion.* Stuttgart: Metzler, 1978, 369–391 (= DVjS Sonderband; 52)

Stübel, Moritz: *Christian Ludwig von Hagedorn. Ein Diplomat und Sammler des 18. Jh.* Leipzig: Klinkhardt & Biermann, 1912

Tausch, Harald: *Entfernung der Antike. Carl Ludwig Fernow im Kontext der Kunsttheorie um 1800.* Tübingen: Niemeyer, 2000

Theile, Gert: *Wilhelm Heinse. Lebenskunst in der Goethezeit.* Paderborn: Fink, 2011

Thomasberger, Andreas: *Sprachlichkeit der Kunst. Überlegungen ausgehend von Wilhelm von Humboldts ästhetischen Versuchen*, in: DVjS 66, 1992, 597–612

Thimann, Michael: *Gedächtnis und Bildkunst. Die Ordnung des Künstlerwissens in Joachim von Sandrarts Teutscher Academie.* Freiburg: Rombach, 2007

Thums, Barbara: *Das feine Gewebe der Organisation. Zum Verhältnis von Biologie und Ästhetik in Karl Philipp Moritz' Kunstautonomie- und Ornamenttheorie*, in: Zeitschrift für Ästhetik und allgemeine Kunstwissenschaft 49 2004, 2, 237–260

Timm, Regine (Hg.): *Die Kunst der Illustration. Deutsche Buchillustration des 19. Jahrhunderts [Ausstellung „Die Kunst der Illustration, Deutsche Buchillustration des 19. Jahrhunderts" im Zeughaus der Herzog August Bibliothek Wolfenbüttel vom 12. November 1986 bis 22. März 1987].* Weinheim: Acta Humaniora, VCH (Ausstellungskataloge der Herzog-August-Bibliothek; 54), 1986

Timm, Regine (Hg.): *Buchillustration im 19. Jahrhundert [Vorträge, gehalten anläßlich eines Arbeitsgespräches in der Herzog-August-Bibliothek].* Wiesbaden: Harrassowitz, 1988

Tintemann, Ute/Christoph Wingertszahn (Hg.): *Karl Philipp Moritz in Berlin 1789–1793.* Hannover-Laatzen: Wehrhahn, 2005

Toggenburger, Hans: *Die späten Almanach-Erzählungen E. T. A. Hoffmanns.* Bern [u. a.]: Lang, 1983

Traeger, Jörg: *Zur Rolle der Gipsabgüsse in Goethes „Italienischer Reise"*, in: Hildegard Wiegel (Hg.): *Italiensehnsucht. Kunsthistorische Aspekte eines Topos.* München: Deutscher Kunstverlag, 2004, 45–57

Tumarkin, Anna: *Der Ästhetiker Johann Georg Sulzer.* Frauenfeld/Leipzig: von Huber, 1933

Unglaub, Erich (Hg.): *Rilkes Paris, 1920–1925. Neue Gedichte.* Göttingen: Wallstein, 2010 (Blätter der Rilke-Gesellschaft; 30)

Vaget, Hans Rudolf: *Dilettantismus und Meisterschaft. Zum Problem des Dilettantismus bei Goethe: Praxis, Theorie, Zeitkritik.* München: Winkler, 1971

Valk, Thorsten: *Antikenrezeption und Dichtungstheorie in Rilkes Sonetten ‚Früher Apollo' und ‚Archaischer Torso Apollos'*, in: Olaf Hildebrand/Thomas Pittrof (Hg.): *„... auf klassischem Boden begeistert". Antike-Rezeptionen in der deutschen Literatur.* Freiburg: Rombach, 2004 (Festschrift für Jochen Schmidt zum 65. Geburtstag), 335–363

Vaughan, William: *Goethe, line and outline*, in: Walter Hinderer (Hg.): *Goethe und das Zeitalter der Romantik*, Würzburg: Königshausen & Neumann, 2002, 265–279

Vedder, Björn: *Wilhelm Heinse und der so genannte Sturm und Drang. Künstliche Paradiese der Natur zwischen Rokoko und Klassik.* Würzburg: Königshausen & Neumann 2011

Verbeke, Gérard: *L'evolution de la doctrine du pneuma du stoicisme à S. Augustin.* Paris: Desclée De Brouwer, 1945 (Reprint).

Vermeulen, Ingrid R.: *„Wie mit einem Blicke": Cavaceppi's Collection of Drawings as a Visual Source for Winckelmann's History of Art,* in: Jahrbuch der Berliner Museen 45, 2003, 77–89

Verspohl, Franz-Joachim: *Carl Ludwig Fernows Winckelmann. Seine Edition der Werke.* Stendal: Winckelmann-Gesellschaft, 2004

Vitz-Manetti, Susanne: *Jenes alles Beste umschließende Etwas, das Gesinnung heißt. Ein Begriff im Werk Fontanes.* Frankfurt a.M. [u.a.]: Lang, 2004

Voßkamp, Wilhelm: *„Jeder sey auf seine Art ein Grieche! Aber er sey's." Zu Goethes Romantikkritik in der Zeitschrift ‚Ueber Kunst und Alterthum',* in: W. Hinderer (Hg.): *Goethe und das Zeitalter der Romantik,* Würzburg: Königshausen & Neumann, 2002, 121–131

Waal, Hans van de: *The Linea summae tenuitatis of Apelles. Pliny's Phrase and it's interpreters,* in: *Zeitschrift für Ästhetik und allgemeine Kunstwissenschaft* 12/1, 1967, 5–32

Waetzoldt, Wilhelm: *Deutsche Kunsthistoriker.* Leipzig: Seemann, Bd. 1: *Von Sandrart bis Rumohr,* 1921

Waetzoldt, Wilhelm: Deutsche Kunsthistoriker. Leipzig: Seemann; Bd. 2: Von Passavant bis Justi, 1924

Wagner-Egelhaaf, Martina: *Die Melancholie der Literatur. Diskursgeschichte und Textfiguration.* Stuttgart [u.a.]: Metzler, 1997

Walter-Schneider, Margret: *Von Wetterfahnen, Schönheitskuren und Straßenmalern. Über das Moderne in Fontanes „Stechlin",* in: U. Amrein/R. Dieterle (Hg.): *Gottfried Keller und Fontane. Vom Realismus zur Moderne.* Berlin [u.a.]: de Gruyter, 2008, 113–125

Weidner, Daniel: *Erbauung, Satire und höhere Wahrheit. Komische Predigten bei Karl Philipp Moritz und Jean Paul,* in: K. Gvozdeva (Hg.): *„Risus sacer – sacrum risibile". Interaktionsfelder von Sakralität und Gelächter im kulturellen und historischen Wandel* (= Zeitschrift für Germanistik. Neue Folge. Publikationen 20, 2009), 201–214

Weigelt, Horst: *Johann Kaspar Lavater. Leben, Werk und Wirkung.* Göttingen: Vandenhoeck & Ruprecht, 1991

Weissert, Caecilie: *Reproduktionsstichwerke. Vermittlung alter und neuer Kunst im 18. und frühen 19. Jahrhundert.* Berlin: Reimer, 1999

Wellbery, David: *Retrait/Re-entry. Zur poststrukturalistischen Metapherndiskussion,* in: G. Neumann (Hg.): *Poststrukturalismus. Herausforderung an die Literaturwissenschaft.* Stuttgart/Weimar: Metzler, 1997, 194–207

Wellenberger, Georg: *Der Unernst des Unendlichen. Die Poetologie der Romantik und ihre Umsetzung durch E. T. A. Hoffmann.* Marburg: Hitzeroth, 1986

Wick, Nadja: *Apotheosen narzisstischer Individualität. Dilettantismus bei Karl Philipp Moritz, Gottfried Keller und Robert Gernhardt.* Bielefeld: Aisthesis, 2008

Wiegel, Hildegard (Hg.): *Italiensehnsucht. Kunsthistorische Aspekte eines Topos.* München: Deutscher Kunstverlag, 2004

Willer, Stefan: *Metapher/metaphorisch*, in: K. Barck (Hg.): *Ästhetische Grundbegriffe. Historisches Wörterbuch in sieben Bänden.* Stuttgart [u. a.]: Metzler, Bd. 7, 89–147

Williams, Robert: *Art, Theory, and Culture in Sixteenth-Century Italy. From Techne to Metatechne.* Cambridge: University Press, 1997

Wimmel, Walter: *Kallimachos in Rom. Die Nachfolge seines apologetischen Dichtens in der Augusteerzeit.* Wiesbaden: Steiner, 1960 (Hermes/Einzelschriften; 16)

Wingertszahn, Christoph (Hg.): *„Das Dort ist nun Hier geworden". Karl Philipp Moritz heute.* Hannover: Wehrhahn, 2010

Winner, Matthias: *„Ex Ungue Leonem". Eine kunsttheoretische Vignette in Sandrarts „Teutscher Academie", in: Joachim von Sandrart – Ein europäischer Künstler und Theoretiker zwischen Italien und Deutschland.* Akten des int. Studientages Rom 3.–4. April 2006. München: Hirmer, 2008 (= Römische Studien der Bibliotheca Hertziana Bd. 25)

Winter, Ilse: *Untersuchungen zum serapiontischen Prinzip E. T. A. Hoffmanns.* The Hague [u. a.]: Mouton, 1976

Witte, Bernd (Hg.): *Goethe-Handbuch in vier Bänden.* Stuttgart/Weimar: Metzler, Bd. 3: *Prosaschriften*, 1997

Wohlleben, Joachim: *Wilhelm von Humboldts ästhetische Versuche*, in: Bernfried Schlerath (Hg.): *Wilhelm von Humboldt. Vortragszyklus zum 150. Todestag.* Berlin [u. a.]: de Gruyter, 1986, 184–211

Wolf, Gerhard/Georg Traska: *Povero Pastore. Die Unerreichbarkeit der Physiognomie Christi*, in: G. Mraz/U. Schögl (Hg.): *Das Kunstkabinett des Johann Caspar Lavater.* Katalog. Wien 1999, 120–137

Wünsche, Raimund (Hg.): *Der Torso. Ruhm und Rätsel.* Kat. München/Rom 1998

Yoshio, Tomishige: *Spur und Zeit. „In wie fern Kunstwerke beschrieben werden können?" von Karl Philipp Moritz*, in: U. Tintemann/Ch. Wingertszahn (Hg.): *Karl Philipp Moritz in Berlin 1789–1793.* Hannover-Laatzen: Wehrhahn, 2005, 119–126

Zelle, Carsten: *„Vernünftige Gedanken von der Beredsamkeit". Bodmers und Breitingers ästhetische Schriften und Literaturkritik*, in: A. Lütteken/B. Mahlmann-Bauer (Hg.): *Bodmer und Breitinger im Netzwerk der europäischen Aufklärung.* Göttingen: Wallstein, 2009, 25–41

Zelle, Carsten: *Ästhetischer Enzyklopädismus. Johann George Sulzers europäische Dimension*, in: Berliner Aufklärung 4 2011, 63–93

Zeller, Hans: *Winckelmanns Beschreibung des Apollo im Belvedere.* Zürich: Atlantis, 1955

Zeuch, Ulrike: *Umkehr der Sinneshierarchie. Herder und die Aufwertung des Tastsinns seit der frühen Neuzeit.* Tübingen: Niemeyer, 2000

Zill, Rüdiger: Art. *Grenze*, in: R. Konersmann (Hg.): *Wörterbuch der philosophischen Metaphern.* Darmstadt: WBG, 2007, 135–146

28.4 Abbildungsverzeichnis

Abb. 8 Asmus Jacob Carstens: *Die Nacht und ihre Kinder*, in: Karl Philipp Moritz: *Götterlehre oder mythologische Dichtungen der Alten.* Mit fünf und sechzig in Kupfer gestochenen Abbildungen nach antiken geschnittenen Steinen und andern Denkmälern des Altertums. Berlin: Unger, 1791. Foto und Exemplar der Klassik Stiftung Weimar, Herzogin Anna Amalia Bibliothek, Signatur N 102 87.

Abb. 9 *The Iliad of Homer Engraved by Thomas Piroli from the Compositions of Iohn Flaxman, Sculptor, Rome 1793* [London, 1795].
Illustration zur *Ilias*, 21. Gesang, Taf. 29 (Achills Kampf mit den Flüssen), Kupferstich von Tommaso Piroli nach einer Zeichnung von John Flaxman.
http://commons.wikimedia.org/wiki/File:(29)_Flaxman_Ilias_1793,_gestochen_1795,_185_x_275.jpg?uselang=de, 28.01.2014. Quelle: Katalog Antiquariat Dr. Haack Leipzig, Foto: © H.-P. Haack.

Abb. 10 *The Iliad of Homer Engraved by Thomas Piroli from the Compositions of Iohn Flaxman, Sculptor, Rome 1793* [London, 1795].
Illustration zur *Ilias*, 1. Gesang, Taf. 1 (Briseis wird aus dem Zelt Achills geführt), Kupferstich von Tommaso Piroli nach einer Zeichnung von John Flaxman.
http://commons.wikimedia.org/wiki/File:%281%29_Flaxman_Ilias_1793%2c_gestochen_1795%2c_184_x_310_mm.jpg?uselang=de, 28.01.2014. Quelle: Katalog Antiquariat Dr. Haack Leipzig, Foto: © H.-P. Haack.

Abb. 11 John Flaxman: *Der symbolische Wagen* (Tafel „Purgatorio 35“ zu Canto 31), in: *La Divina Comedia di Dante Alighieri*, Cioè L'Inferno, il Purgatorio, ed il Paradiso. Composto da Giovanni Flaxman, Scultore Inglese, ed inciso da Tommaso Piroli. Rom, 1802. Foto und Exemplar der Klassik Stiftung Weimar, Herzogin Anna Amalia Bibliothek, Signatur MAG 19 A 4984.

www.ingramcontent.com/pod-product-compliance
Lightning Source LLC
LaVergne TN
LVHW010850110826
845149LV00005B/1380